W0078559

Kompendium Kinder- und Jugendhilfe

Karin Böllert
(Hrsg.)

Kompendium Kinder- und Jugendhilfe

Band 1

 Springer VS

Herausgeber
Karin Böllert
Münster, Deutschland

ISBN 978-3-531-18530-9   ISBN 978-3-531-19096-9   (eBook)
https://doi.org/10.1007/978-3-531-19096-9

Die Deutsche Nationalbibliothek verzeichnet diese Publikation in der Deutschen Nationalbibliografie; detaillierte bibliografische Daten sind im Internet über http://dnb.d-nb.de abrufbar.

Springer VS
© Springer Fachmedien Wiesbaden 2018
Das Werk einschließlich aller seiner Teile ist urheberrechtlich geschützt. Jede Verwertung, die nicht
ausdrücklich vom Urheberrechtsgesetz zugelassen ist, bedarf der vorherigen Zustimmung des Verlags.
Das gilt insbesondere für Vervielfältigungen, Bearbeitungen, Übersetzungen, Mikroverfilmungen und die
Einspeicherung und Verarbeitung in elektronischen Systemen.
Die Wiedergabe von Gebrauchsnamen, Handelsnamen, Warenbezeichnungen usw. in diesem Werk berechtigt
auch ohne besondere Kennzeichnung nicht zu der Annahme, dass solche Namen im Sinne der Warenzeichen-
und Markenschutz-Gesetzgebung als frei zu betrachten wären und daher von jedermann benutzt werden
dürften.
Der Verlag, die Autoren und die Herausgeber gehen davon aus, dass die Angaben und Informationen in
diesem Werk zum Zeitpunkt der Veröffentlichung vollständig und korrekt sind. Weder der Verlag noch
die Autoren oder die Herausgeber übernehmen, ausdrücklich oder implizit, Gewähr für den Inhalt des
Werkes, etwaige Fehler oder Äußerungen. Der Verlag bleibt im Hinblick auf geografische Zuordnungen und
Gebietsbezeichnungen in veröffentlichten Karten und Institutionsadressen neutral.

Gedruckt auf säurefreiem und chlorfrei gebleichtem Papier

Springer VS ist Teil von Springer Nature
Die eingetragene Gesellschaft ist Springer Fachmedien Wiesbaden GmbH
Die Anschrift der Gesellschaft ist: Abraham-Lincoln-Str. 46, 65189 Wiesbaden, Germany

Inhalt

Band 1

Einleitung

Strukturen der Kinder- und Jugendhilfe

Aufgaben und Funktionen

Adressaten und Adressatinnen

Lebenslagen und Lebensorte von Kindern und Jugendlichen

Fachkräfte

Handlungsfelder

Band 2

Theoretische Positionen

Forschung

Politische Rahmenbedingungen

Perspektiven

Einleitung

Einleitung: Kinder- und Jugendhilfe – Entwicklungen und Herausforderungen einer unübersichtlichen sozialen Infrastruktur

Karin Böllert

Zusammenfassung

In dem einleitenden Beitrag zum Kompendium wird davon ausgegangen, dass eine Gegenwartsbestimmung der Kinder- und Jugendhilfe und die Pointierung ihrer zukünftigen Weiterentwicklungsnotwendigkeiten voraussetzt, dass die Analyse der Entwicklungsstränge der Kinder- und Jugendhilfe eingebunden ist in sozialpädagogische Fachdiskurse und einer Kontextualisierung in sozialpolitische sowie kinder- und jugend(hilfe)politische Debatten bedarf. Vor diesem Hintergrund werden die Strukturen der Kinder- und Jugendhilfe als Pluralität zwischen Konstanz und Wandel, ihre Aufgaben als Vervielfältigung von Handlungsaufträgen, Kinder- und Jugendhilfe als Wegbegleiterin ihrer Adressat_innen sowie ihre Fachlichkeit als herausgeforderte Profession analysiert, um hieran anschließend die wissenschaftliche Fundierung der Kinder- und Jugendhilfe als theoretische Vergewisserungen und empirische Analysen zu skizzieren. Der Beitrag endet mit der Hervorhebung einiger zentraler Herausforderungen und Perspektiven der Kinder- und Jugendhilfe.

Schlüsselwörter

Adressat_innen, ASD, Bildung, Empirie, Europa, Fachkräfte, Familie, Handlungsfelder, Inklusion, Jugend, Jugendamt, Junge Erwachsene, Jugendverbände, Kinder- und Jugendhilfestatistik, Kinder- und Jugendberichte, Kindheit, Kinderrechte, Kindertagesbetreuung, Offene Kinder- und Jugendarbeit, Profession, SGB VIII, Sozialpolitik, Sozialraumorientierung, Strukturen der Kinder- und Jugendhilfe, Theorie, Träger der öffentlichen und freien Kinder- und Jugendhilfe, Wirkungsorientierung, Wohlfahrtsverbände

Die Kinder- und Jugendhilfe ist die soziale Infrastruktur des Aufwachsens junger Menschen und der Unterstützung ihrer Familien, die sozialstaatlich regulierte Angebote der Betreuung, Erziehung und Bildung sowie des Schutzes, der Förderung und Beteiligung beinhaltet, mit dem Ziel der individuellen Befähigung zur Entwicklung selbstbestimmter Lebensentwürfe und gemeinwohlorientierter Lebenspraxen sowie der strukturellen Ermöglichung gesellschaftlicher Teilhabe als Ausdruck der Wahrnehmung einer öffentlichen Verantwortung für gleichberechtigte Lebenschancen und den Abbau sozialer Ungleichheiten. Schon dieser Versuch einer Begriffsbestimmung der Kinder- und Jugendhilfe lässt die Vielfalt und Komplexität der Kinder- und Jugendhilfe erahnen, die in den zurückliegenden Jahren in vielfacher Hinsicht zugenommen hat. „Die Geschichte der Kinder- und Jugendhilfe ist eine Expansionsgeschichte. Nachdem es Anfang der 2000er-Jahre einmal danach ausgesehen hat, als könnte man nicht länger vorbehaltlos von einer allgemeinen Expansion der Kinder- und Jugendhilfe sprechen, zeigen aktuelle Ergebnisse der Kinder- und Jugendhilfestatistik, dass nicht nur die Kinder- und Jugendhilfe insgesamt, sondern auch die Arbeitsfelder sich weiter ausdehnen" (Fendrich et al. 2014). Demnach hat die Kinder- und Jugendhilfe in den letzten Jahren eine enorme dynamische Entwicklung durchlaufen, sowohl mit Blick auf die erreichten Adressatinnen und Adressaten, als auch in Bezug auf die Anzahl der beschäftigten Personen, und ebenfalls in Hinblick auf die Ausdifferenzierung ihrer Angebote hat sie einen Höchststand erreicht. Diese Entwicklung wirft Fragen danach auf, ob mit dem Ausbau der Leistungen tatsächlich auch eine grundlegende qualitative Verbesserung der Lebenssituationen der Adressatinnen und Adressaten erzielt werden konnte, und zugleich muss untersucht werden, was konkret die Auslöser für diese Entwicklung waren und sind.

Auf der Grundlage des SGB VIII hat sich eine Vervielfältigung der Arbeitsfelder entwickeln können, innerhalb derer eine nicht unerhebliche Pluralität von Trägern und eine nicht zu unterschätzende Methodenvielfalt selbstverständlich geworden sind. Auch der Blick auf die Adressat_innen hat sich erheblich gewandelt; aus Klienten sind Koproduzent_innen geworden, deren Mitwirkung am Hilfeprozess eine fundamentale Voraussetzung für eine wirkungsvolle Kinder- und Jugendhilfe ist, die in ihren konzeptionellen Grundlegungen von dem Anspruch partizipativer Gestaltungsprozesse der Hilfe – und Unterstützungsleistungen geprägt ist. Wesentlich ist außerdem, dass in den letzten Jahren eine weiterführende theoretische und empirische Fundierung der Kinder- und Jugendhilfe stattgefunden hat, mit der Wandlungsprozesse der Kinder- und Jugendhilfe in Hinblick auf ihre Aufgaben, Leistungen und Handlungsfelder analysiert werden. Nicht zuletzt wurden in diesem Kontext auch die Vorstellungen einer lebenswelt- und dienstleistungsorientierten Kinder- und Jugendhilfe wissenschaftlich begründet (Grundwald und Thiersch 2011; Oechler 2011).

Blickt man vor dem Hintergrund der historischen Entwicklung der Kinder- und Jugendhilfe auf ihre jeweils zentralen Strukturen, Organisationen, Aufgaben und Zuständigkeiten, dann ist die Kinder- und Jugendhilfe Spiegelbild der Geschichte des bundesrepublikanischen Sozialstaates und der hierin konzipierten Sozial-, Familien-,

Bildungs-, Gesundheits-, Kinder- und Jugendpolitik. Kinder- und Jugendhilfe repräsentiert von daher immer auch die gesellschaftlich anerkannten Vorstellungen davon, wie Kinder und Jugendliche aufwachsen und erzogen werden sollen, und welche gerechten Lebensverhältnisse dafür zu gewährleisten sind. Zusätzlich ist die Kinder- und Jugendhilfe für die professionelle und disziplinäre Sozialpädagogik immer mehr von besonderer Bedeutung, da viele sozialpädagogische Fachdiskurse an die Entwicklungsdimensionen in dem sozialen Dienstleistungsbereich Kinder- und Jugendhilfe zurückgebunden sind bzw. diesen maßgeblich beeinflusst haben. Auch sozialpädagogische Forschungsaktivitäten haben ihren Kern im Wesentlichen in den Strukturen der Kinder- und Jugendhilfe. Die Kinder- und Jugendhilfestatistik ist mittlerweile selbstverständlicher Bestandteil einer umfänglichen Sozial- und Bildungsberichterstattung; die Kinder- und Jugendberichte sind zentrale Orte der fachlichen Selbstvergewisserung und Initiatoren theoriebezogener und empirisch fundierter Perspektivenentwicklung.

Kinder- und Jugendhilfe – in der Mitte der Gesellschaft angekommen, so das mittlerweile populäre Motto des 14. Kinder- und Jugendberichtes (BMFSFJ 2013). Auf den ersten Blick ist dieses Motto sympathisch und zutreffend gleichermaßen. Es symbolisiert, dass die Kinder- und Jugendhilfe mit ihren Leistungen und Angeboten unverzichtbarer Bestandteil des Aufwachsens von immer mehr jungen Menschen geworden ist. Immer mehr junge Menschen und ihre Familien erfahren die Kinder- und Jugendhilfe als mehr oder weniger selbstverständlichen Bestandteil ihres Lebens. Die Ausdifferenzierung des Leistungsspektrums der Kinder- und Jugendhilfe, die zahlreichen Orte, an denen sie stattfindet, und die nicht wenigen Kooperationspartner, mit denen die Kinder- und Jugendhilfe vernetzt ist, spiegeln zusammengenommen diese Entwicklung eindeutig wieder. In diesem Sinne ist die Kinder- und Jugendhilfe tatsächlich in der Mitte der Gesellschaft angekommen, wenngleich sie nach wie vor eine unhintergehbare Zuständigkeit und Verantwortung gerade für diejenigen jungen Menschen und Familien wahrnimmt, deren Lebenssituation durch prekäre Lebensbedingungen beeinflusst ist. Somit agiert die Kinder- und Jugendhilfe einerseits aus der Mitte der Gesellschaft heraus, andererseits gibt sie ihre Zuständigkeit gegenüber jenen Menschen nicht auf, die entweder aus der Mitte der Gesellschaft herausgefallen oder in dieser nie angekommen sind. Vor diesem Hintergrund kann somit festgehalten werden, dass die Kinder- und Jugendhilfe an den Rändern der Gesellschaft mit ihren direkten personenbezogenen Leistungen ihre Adressatinnen und Adressaten unmittelbar im Kontext problematischer und belasteter Lebenssituationen im Prozess des Aufwachsens durch zahlreiche Angebote in vielfältigen Handlungsfeldern und Aufgabenbereichen unterstützt. Zusätzlich ist die Kinder- und Jugendhilfe in der Mitte der Gesellschaft insgesamt zu einem integralen Bestandteil einer sozialen Infrastruktur geworden, die Ausdruck einer sozialstaatlichen Grundversorgung ist, deren Leistungen prinzipiell allen zur Verfügung stehen.

Eine fundierte Gegenwartsbestimmung der Kinder- und Jugendhilfe und die Pointierung ihrer zukünftigen Herausforderungen und Perspektiven in einem Kom-

pendium Kinder- und Jugendhilfe setzt die Analyse dieser Entwicklungsstränge und
ihre Verortung in sozialpädagogische Fachdiskurse ebenso voraus, wie ihre Kontextualisierung in sozialpolitische sowie kinder- und jugend(hilfe)politische Debatten. In dem folgenden einleitenden Beitrag zu diesem Kompendium sollen einige
zentrale Inhalte einer Gegenwartsbestimmung der Kinder- und Jugendhilfe hervorgehoben werden und dabei insbesondere die sich daraus ergebenden Perspektiven,
Herausforderungen und Weiterentwicklungsnotwendigkeiten pointiert werden.

1 Strukturen der Kinder- und Jugendhilfe: Pluralität zwischen Konstanz und Wandel

Die Strukturen der Kinder- und Jugendhilfe sind nach wie vor durch die zentrale
Verantwortung des öffentlichen Trägers auf der kommunalen Ebene bei gleichzeitiger Zuständigkeit von Bund und Ländern (Gesetzgebung, modellhafte Förderung
und fachliche Anregung) sowie durch eine zweigliedrige Fachbehörde auf Landes-
und kommunaler Ebene (Verwaltung und Jugendhilfeausschuss) charakterisiert. Des
Weiteren ist für die Kinder- und Jugendhilfe ein Neben-, In- und Miteinander von
beruflich und professionell sowie ehrenamtlich organisierten Angeboten und Hilfen typisch. Ihre im SGB VIII geregelten Leistungen sind durch Rechtsansprüche auf
individuelle Hilfen gesichert bzw. als soziale Infrastrukturleistungen institutionalisiert und durch ein Dreiecksverhältnis von Leistungsberechtigten, Leistungsgewährer und Leistungserbringer geprägt, das im Hilfeplanverfahren seinen prominenten
Ausdruck findet.

Das Leistungsspektrum changiert zwischen Angeboten allgemeiner Förderung,
der Ermöglichung der Selbstorganisation junger Menschen und der Partizipation
der Adressaten und Adressatinnen, von familienunterstützenden, -ergänzenden
und -ersetzenden Leistungen bis hin zu kontrollierenden Zugriffen vor dem Hintergrund der Wahrnehmung des staatlichen Wächteramtes zur Sicherung des Kindeswohls im Rahmen stationärer, teilstationärer und ambulanter Angebote. Die
Aufgaben der Kinder- und Jugendhilfe lassen sich unterteilen in Angebote der Kin-
der- und Jugendarbeit, der Förderung der Jugendverbände, der Jugendsozialarbeit,
des erzieherischen Kinder- und Jugendschutzes und in den Bereich der Förderung
der Erziehung in der Familie. Hinzu kommt die Förderung von Kindern in Tageseinrichtungen und Tagespflege sowie der gesamte Komplex der Hilfen zur Erziehung
(Erziehungsberatung, Soziale Gruppenarbeit, Erziehungsbeistandschaft und Betreuungshelfer, Sozialpädagogische Familienhilfe, Erziehung in einer Tagesgruppe, Vollzeitpflege, Heimerziehung und sonstige betreute Wohnformen, intensive sozialpädagogische Einzelbetreuung), der Eingliederungshilfen für seelisch behinderte Kinder
und Jugendliche und Hilfen für junge Volljährige. Weitere Aufgaben (vorläufige
Maßnahmen zum Schutz von Kindern und Jugendlichen, Schutz von Kindern und
Jugendlichen in Familienpflege und Einrichtungen, Mitwirkung in gerichtlichen Ver-

fahren, Beistandschaft, Pflegschaft und Vormundschaft) ergänzen das umfängliche Leistungsangebot (Struck und Schröer 2015), das mittels einer stetig zunehmenden Methodenvielfalt realisiert wird.

Ressourcenbezogene Arbeitsformen haben eine ursprünglich dominante Defizit-orientierung abgelöst. Die Angebote der Kinder- und Jugendhilfe sollen in einer möglichst alltagsnahen und niedrigschwelligen Angebotsstruktur zum Ausdruck kommen, in der Kooperationsbezüge und die Vernetzung mit anderen Leistungsträgern eine zunehmend bedeutsame Rolle einnehmen und deren Bedarfsangemessen-heit durch eine kontinuierliche, beteiligungsorientierte Jugendhilfeplanung gewähr-leistet werden soll.

Kommunale Jugendämter sind die wichtigsten Institutionen für Fragen der Förderung und Hilfe für Kinder, Jugendliche und Familien – das „organisatorische Herz-stück" der Kinder- und Jugendhilfe, die auf der kommunalen Ebene als sozialpädago-gische Fachbehörde anerkannt sind und sich als eine von der Bevölkerung eindeutig identifizierbare Behörde konsolidiert haben (BMFSFJ 2013, S. 63 ff.). Die Träger der freien Kinder- und Jugendhilfe nehmen eine zentrale Rolle als Leistungserbringer ein und repräsentieren eine weltanschaulich plurale Angebotspalette, die die Grund-voraussetzung für ein Wunsch- und Wahlrecht der Adressatinnen und Adressaten bei der Leistungsgewährung ist.

Der größte Teil der Ausgaben für die Kinder- und Jugendhilfe von derzeit über 40 Milliarden Euro fällt bei den Städten und Gemeinden und damit auf der kommunalen Ebene an, die rund zwei Drittel der Ausgaben tragen. Die Länder einschließlich der Stadtstaaten beteiligten sich mit etwas weniger als einem Drittel und der Bund hat einen kleinen Anteil von unter 5 Prozent.

Bei aller über Jahrzehnte der historischen Entwicklung etablierten Konstanz dieser gewachsenen Strukturen sind Erfordernisse einer Strukturanpassung an die veränderten gesellschaftlichen Rahmenbedingungen der Kinder- und Jugendhilfe und die sich hierdurch ebenfalls verändernden Ansprüche an ihre Leistungen und Angebote unübersehbar, die die Träger der öffentlichen und freien Kinder- und Jugendhilfe gleichermaßen betreffen. So fordert die Kommission des 14. Kinder- und Jugendberichtes für den Träger der öffentlichen Jugendhilfe, dass die kommunalen *Jugendämter* zu lokalen strategischen Zentren für Fragen des Aufwachsens werden müssen (BMFSFJ 2013, S. 390), die ihrer Steuerungsverantwortung gerecht werden, ohne ihre Kooperationspartner zu bevormunden. Wiesner weist für die Angebots-palette der Kinder- und Jugendhilfe darauf hin, dass es um eine breite, an unter-schiedlichen Bedarfen orientierte Angebotslandschaft geht, in der die Interessen, Wünsche und Bedürfnisse der hilfebedürftigen (nicht immer Hilfe suchenden) Menschen trotz der rechtlichen Rhetorik in der Praxis nicht genügend im Mittelpunkt stehen. „Dies gilt in besonderer Weise für das breite Aufgabenfeld der Hilfen zur Erziehung, deren Inanspruchnahme im Kontext einer belastenden Familiensituation erfolgt und wo das Potenzial für die Wahrnehmung eigener Rechte entsprechend begrenzt ist. (...) Damit aus dem zweiseitigen Rechtsverhältnis zwischen öffentlichen und freien Trägern (wieder) ein Dreiecksverhältnis wird, bedarf es einer Stärkung der Rechte der Hilfe suchenden Personen" (Wiesner 2014, S. 431 ff.).

In diesem Kontext hebt Trede (2014, S. 485 ff.) hervor, dass die die Qualität der Kooperation in dem Dreieck ‚Leistungsberechtigter – Jugendamt – freier Träger' einen der bedeutendsten Faktoren für das Gelingen bzw. Misslingen einer erzieherischen Hilfe darstellt. Im Verhältnis Jugendamt – freier Träger muss von daher ein professioneller Arbeitszusammenhang gestaltet werden, der geprägt ist von Rollenklarheit, Fairness und Respekt, von offener, auch kritischer Kommunikation und Reflexion. Dabei verweist er darauf, dass die Zusammenarbeit zum einen durch äußere Rahmenbedingungen wie der ungleichen Machtverteilung zwischen Jugendamt als ‚Auftraggeber' und freiem Träger als ‚Auftragnehmer', Konkurrenzbeziehungen zu anderen freien Trägern und zu knappe Ressourcen beeinflusst ist, dass aber auch ‚innere' Belastungen hinzukommen, die sich aus der spezifischen Dynamik von Hilfeprozessen ergeben. Hilfesysteme können demnach durch divergierende Loyalitäten, die die fallzuständige Fachkraft des Allgemeinen Sozialen Dienstes (ASD) und die Fachkräfte des freien Trägers ausbilden, gespalten werden. Es ist für die Fachkräfte des ASD und der freien Träger somit eine große und stete Herausforderung im Wissen um diese strukturellen Belastungen zu konstatieren, eine von Wertschätzung, Fairness und konstruktiver Kritik geprägte Arbeitsbeziehung gestalten zu müssen und zu können. Aber auch gegenüber den Leistungsberechtigten müssen die unterschiedlichen Aufgaben, Zuständigkeiten und Verantwortlichkeiten im jugendhilferechtlichen Dreiecksverhältnis klar bleiben. „Es sollte in der Wahrnehmung von Eltern kein erstickendes Netz von professioneller Hilfe entstehen, von Professionellen, die alles besser wissen. Im Hilfeplangespräch muss es einen Raum für die Kinder und Eltern und ihre Wünsche (und ihre Abwehr) geben."

Sind damit schon einige wesentliche Herausforderungen für den kommunalen Träger der öffentlichen Kinder- und Jugendhilfe benannt, so können weitere Herausforderungen mit Hilfe eines Blicks in die Kinder- und Jugendhilfestatistik benannt werden. Die örtlichen Jugendämter sind aufgefordert, ihre Aufgaben in dem Maße unterschiedlich zu erfüllen, wie auch Bedarfslagen und Angebotsstrukturen regional verschieden sind. Konstatieren lassen sich allerdings gravierende ortsbezogene Differenzen insbesondere bei der Inanspruchnahme und Gewährleistungspraxis der Hilfen zur Erziehung und der Eingliederungshilfen – Differenzen, die allein mit dem Verweis auf die rechtlich verankerte Vielfalt der Kinder- und Jugendhilfe und unterschiedliche Lebensbedingungen vor Ort *nicht* erklärt werden können. Selbst wenn auf Extremwerte der Nicht- bzw. der Inanspruchnahmequoten verzichtet wird, ergeben sich Unterschiede von 130 bis 572 Hilfen pro 10 000 unter 21-Jährigen. Zwar besteht ein deutlicher Zusammenhang zwischen der Kinderarmut einer Region und dem Umfang der Inanspruchnahme der stationären Hilfen zur Erziehung. Weitere gesicherte Daten, die dieses Ungleichgewicht erklären könnten, sucht man aber vergeblich. So sind einerseits Familien, die Transferleistungen in Anspruch nehmen, in den Hilfen zur Erziehung deutlich überrepräsentiert. Andererseits lässt sich aber auch zeigen, dass der Bezug solcher Leistungen nicht quasi automatisch in die Hilfen zur Erziehung führt: rund 2 Millionen Minderjährigen, die diese Leistungen benötigen, stehen Ende 2015 rund 260 000 in den Hilfen zur Erziehung gegenüber.

Das enorme Ausmaß der Heterogenität des Jugendamtshandelns wirft grundlegende Fragen nach der Bedarfsgerechtigkeit auf. Vergleicht man zentrale Eckwerte der Kinder- und Jugendhilfestatistik differenziert nach den Zuständigkeitsbereichen der Jugendämter, sind teilweise erhebliche Unterschiede offensichtlich, wofür mehrere Gründe erörtert werden können: Auf der einen Seite werden von der Arbeitsstelle für Kinder- und Jugendhilfestatistik (2017) unterschiedliche Bedarfe in den entsprechenden Regionen benannt, z.B. dann, wenn mehr Menschen entsprechende Jugendhilfeleistungen benötigen oder wenn besonders kostenintensive Angebotsformen notwendig sind. Ursächlich hierfür könnten beispielsweise unterschiedliche sozialstrukturelle Bedingungen, wie etwa die Lebenshaltungskosten oder die Arbeitsmarktsituation sein. Eine andere Ursache für die Unterschiedlichkeit wird darin vermutet, dass die Kommunen unterschiedlich professionell und effizient arbeiten. Vermutet werden kann weiterhin, dass junge Menschen und ihre Familien je nach Wohnort in Abhängigkeit politischer Sparvorgaben unterschiedlich gefördert werden. Sollte sich diese Vermutung datenbasiert erhärten, dann hätte dies zur Konsequenz, dass im Prinzip die Gleichwertigkeit der örtlichen Lebensbedingungen mehr als nur gefährdet zu sein scheint. Die Chancen junger Menschen wären demnach nicht nur dadurch geprägt, in welche Familie sie hineingeboren werden. Sie sind auch dadurch beeinflusst, an welchem Ort diese Familie lebt (Arbeitsstelle für Kinder- und Jugendhilfestatistik 2017; El-Mafaalani und Strohmeier 2015).

Die Sicherung der Bedarfsgerechtigkeit des Angebotes der Kinder- und Jugendhilfe ist eine der Kernaufgaben des *Allgemeinen Sozialen Dienstes* (ASD), deren Wahrnehmung zentral von dessen Professionalität und Ausstattung abhängig ist. So hat die AGJ (2014) darauf hingewiesen, dass ein solches Aufgabenverständnis des Trägers der öffentlichen Kinder- und Jugendhilfe eine differenzierte Betrachtung unterschiedlicher Aufgabenbereiche voraussetzt. Fallspezifische Aufgaben sind insbesondere alle Beratungs- und Hilfeplanungsaufgaben sowie Fallsteuerungsaufgaben, die sich unmittelbar auf den Einzelfall beziehen, einschließlich Leistungsgewährung und Kooperation mit den Leistungserbringern. Fallübergreifende Aufgaben sind demnach fallbezogene, methodische, organisatorisch-strukturelle Verknüpfungen, die die Netzwerke primärerer (Familie und Freundschaften) und sekundärer Art (Einbindung in öffentlich institutionelle Netzwerke) in und mit dem Hilfeprozess einbinden. Schließlich sind fallunspezifische Aufgaben sozialräumlich orientierte Leistungen der ASD-Fachkraft, die unabhängig vom Einzelfall infrastrukturelle Ressourcen und Angebote ermitteln und erschließen und somit zur Verbesserung der Lebensbedingungen sowie der sozialen Infrastruktur beitragen sollen. Daraus ergibt sich die Anforderung der Sicherstellung der personellen, organisatorischen und finanziellen Rahmenbedingungen im Hinblick auf eine sozialräumliche und bedarfsorientierte Kombination von individuellen Leistungen und lebensfeldorientierten Angeboten

unter Wahrung der jeweiligen Leistungsprofile und Kernkompetenzen. Die Berücksichtigung von fallspezifischen, fallübergreifenden und fallunspezifischen Aufgaben
hat bei der Personalausstattung des ASD einzufließen, und auf der Grundlage von
vereinbarten Zielsetzungen und fachlichen Schwerpunkte sollte eine prozentuale
Gewichtung der drei ASD-Aufgabenfelder erfolgen. Zusätzlich geht es um die Stärkung der sozialpädagogischen Methodenkompetenz und der Beratungsaufgaben insbesondere mit Blick auf die Relevanz von Beziehungsstrukturen und Familiendyna-
miken bspw. durch Festlegung der Relation von Fach- und Verwaltungskräften und
der Relation von berufserfahrenen und/oder jungen Fachkräften. Auch die Sicherstellung und zeitliche Berücksichtigung von regelmäßiger externer Supervision bzw.
strukturierter kollegialer Beratung für die Fachkräfte des ASD sowie eine angemessene Führungskräfteunterstützung stellen weitere Herausforderungen dar. Häufig fehlt
zudem eine ausreichende Ausstattung der Jugendhilfeplanung im Hinblick auf die
erforderlichen Unterstützungsleistungen für den ASD und die Gesamtplanungsfunk-
tion für eine vernetzte sozialräumliche Kinder- und Jugendhilfe insbesondere an den
Schnittstellen zu Stadt(teil)entwicklung, Schule, Gesundheit und Soziales. Insgesamt
ist eine systematische Qualitätsentwicklung im Rahmen einer lernenden Organisation auch Grundlage für ein Krisenmanagement nach innen und gegenüber der Öffentlichkeit z. B. in strittigen Kinderschutzfällen nach außen (AGJ 2014; Enders 2013).

Fragen der Reorganisation des ASD's sind immer auch eingebunden in Debatten
über die *Sozialraumorientierung* der Kinder- und Jugendhilfe. Diskussionen über die
Sozialraumorientierung begleiten die Kinder- und Jugendhilfe bereits seit längerem.
Reutlinger et al. (2005) verweisen in diesem Zusammenhang auf eine Definition von
Sozialräumen als „lokale Nahräume". Nach van Santen und Seckinger (2005) entsprechen Sozialräume in der Praxis der Kinder- und Jugendhilfe allerdings oftmals geo-
graphischen Unterteilungen eines bestimmten Bezirkes. Die Vorstellung solcher primär territorial bestimmter Sozialräume, welche eindeutige örtliche Grenzen besitzen,
impliziert nach Reutlinger et al. (2005) gewisse Hoffnungen und Erwartungen, man
könne soziale Systeme in eine gewisse Form bringen bzw. sie mittels „statistischer Indikatoren" (ebd., S. 21) messen und erfassen. Eine Diskrepanz zwischen einem von
Planern festgelegten Sozialraum und der tatsächlichen Lebenswelt der Adressatinnen
und Adressaten wird vielfach thematisiert. So bezeichnen van Santen und Seckinger
(2005) die Idee, man könne alle Faktoren, die für die Lebenswelt eines Individuums
relevant seien, in einem Raum finden als „illusorisch" (ebd., S. 51).

Lebenswelten von Adressatinnen und Adressaten, welche sich permanent verändern, lassen sich dementsprechend nicht auf einen extern definierten Sozialraum
begrenzen und stimmen folglich selten mit diesem überein. So finden Freizeitaktivitäten, berufliche Tätigkeiten oder alltägliche Dinge, wie das Erledigen von Einkäufen
in der Regel nicht nur im jeweiligen Sozialraum statt (vgl. van Santen und Seckinger
2005, S. 51). Einer solchen Differenz kann in der Praxis entgegen gewirkt werden, „indem man die Zuständigkeitsräume nicht unnötig verkleinert und damit die Differenz
zwischen Lebenswelt und Sozialraum vergrößert" (ebd., S. 68).

Vor diesem Hintergrund hat sich der Diskurs um den Sozialraumbegriff mittlerweile von einem ausschließlich territorialen Raumverständnis entfernt. Stattdessen steht nun das soziale Handeln Einzelner oder einer Gemeinschaft im Mittelpunkt, welches einen sozialen Raum entstehen lässt (vgl. Kessl und Maurer 2005, S. 112). „Sozialräume sind keine fixierten, absoluten Einheiten, die sozialen Prozessen vorausgehen, sondern sie stellen selbst das Ergebnis sozialer Prozesse dar, das heißt sie sind ein ständig (re)produzierendes Gewebe sozialer Praktiken. Sozialräume sind in diesem Sinnen sinnvoll als ein heterogen-zellulärer Verbund, als ein Gewebe zu beschreiben, da in ihnen heterogene historische Entwicklungen, kulturelle Prägungen, politische Entscheidungen und damit bestehende Macht- und Herrschaftsverhältnisse eingeschrieben sind. Dieses Gewebe wirkt wiederum auf die Handlungen zurück" (Kessl und Reutlinger 2010, S. 253).

Kessl und Reutlinger (2007b) arbeiten die Kernstücke der Sozialraumorientierung mittels dreier Programmformeln heraus. Sie konstatieren, dass die Sozialraumorientierung „von unten" schaut und somit die Adressatinnen und Adressaten mitsamt ihren Bewältigungsleistungen in den Fokus rückt, was sie als Ressourcenaktivierung bezeichnen. Des Weiteren ist die Sozialraumorientierung entsprechend der zweiten Programmformel „modern", indem mithilfe dieses Modernisierungsversprechens versucht wird, der sogenannten Versäulung sowie der Orientierung am Einzelfall entgegenzuwirken. Als modern wird folglich u. a. die Orientierung am Feld, d. h. die fallunspezifische Vorgehensweise, betrachtet. Mit der dritten und letzten Programmformel wird die „Möglichkeit sozialpolitischer Mitgestaltung" angesprochen. Auf diese Weise kommt der Kinder- und Jugendhilfe eine aktive Rolle im Prozess der kommunalen Verwaltungsmodernisierung zu, mittels derer es ihr möglich wird auf institutioneller und politischer Ebene gestalterisch Einfluss auszuüben. „Sozialraumorientierung beschreibt eine kleinräumige Neujustierung sozialpädagogischer Handlungsvollzüge, mit der bisherige institutionelle Differenzierungen überwunden, Angebote Sozialer Arbeit passgenauer und bürgernäher gestaltet, die Betroffenen und ihre nahräumliche Umgebung stärker beteiligt und die Realisierung sozialpädagogischer Maßnahmen durch diesen konkreten Ortsbezug effektiver und effizienter realisiert werden sollen" (ebd., S. 42).

Insgesamt bleibt die Sozialraumorientierung aber umstritten. Während bspw. Otto und Ziegler (2004) ihre Bedenken dahingehend äußern, dass das Konzept der Sozialraumorientierung von materieller Verarmung und Segregation ablenkt und das Paradigma „vom Fall zum Feld" auf die „internen" Leistungspotentiale von Adressaten und Stadtteilen fokussiert ist, wird von Peters und Hamberger (2004) hervorgehoben, dass ‚Sozialraumorientierung' vermittelt über die theoretisch gehaltvollen Rahmungen der Lebenswelt-/Sozialraumorientierung eine Alternative zur funktional ausdifferenzierten, spezialisierten und insofern hoch selektiven Jugendhilfeinfrastruktur und -praxis vermittelt.

Ergebnisse eines Forschungsprojektes von Olk und Wiesner (2014) in Bremen veranschaulichen, dass eine angemessene Ausstattung und Qualifizierung und konsequente Sozialraumorientierung des ASD's durchaus einen erheblichen Einfluss auf das Fallaufkommen in den Hilfen zur Erziehung hat. Können die sozialpädagogischen Fachkräfte im ASD über Ressourcen verfügen, die u. a. zeitliche Kapazitäten für Beratungsleistungen eröffnen, dann werden seltener intensivere Hilfen zur Erziehung notwendig. Die Quasi-Delegation der eigenen Engpässe an die Träger der freien Kinder- und Jugendhilfe als Leistungserbringer wird der Tendenz nach abgelöst durch eigene Leistungen unterhalb des individuellen Rechtsanspruchs. Voraussetzungen hierfür sind im Einzelnen: die Requalifizierung der Fallarbeit durch Aufstockung und Qualifizierung des Personals, die Erweiterung des Personals durch neue Berufsprofile und Funktionen z. B. der Koordination und der Verwaltung, die Etablierung von Möglichkeiten der Reflektion zur Habitualisierung und Umsetzung erweiterter Handlungsstrategien, die konzeptuelle und strukturelle Neujustierung der Zusammenarbeit mit Trägern der freien Kinder- und Jugendhilfe, eine klare Definition der Möglichkeiten und Grenzen sozialräumlicher Arbeit, ein bedarfsgerechter Ausbau sowie die wechselseitige Verzahnung und Vernetzung der Regelangebote vor Ort, basierend auf einer entsprechend ausgebauten Jugendhilfeplanung, die Intensivierung der Fallarbeit sowie die Umsetzung sozialräumlicher Methoden, die sich nicht in der bloßen Dezentralisierung zentraler Strukturen erschöpft. Perspektivisch gelingt hierüber in einem mehrjährigen und zunächst kostenintensiven Prozess die Erweiterung von Handlungsspielräumen und des Handlungsrepertoires, eine verstärkte Adressat_innenorientierung, die Auseinandersetzung mit den Ressourcen im Sozialraum, der Rückgang der Maßnahmenzahlen im HzE-Bereich und der Interventionsintensität sowie der Kosten im HzE-Bereich. Schließlich wird eine höhere Arbeitsplatzzufriedenheit bei den Beschäftigten erreicht.

Aber nicht nur die Träger der öffentlichen Kinder- und Jugendhilfe sehen sich vielfältigen Herausforderungen gegenüber, auch die *Träger der freien Kinder- und Jugendhilfe* müssen nicht wenige Veränderungsbedarfe bewältigen. Seit der Weimarer Republik haben die Spitzenverbände der freien Wohlfahrtspflege und die ihnen angehörenden Träger eine privilegierte, gesetzlich durch das Subsidiaritätsprinzip normierte Stellung im deutschen Wohlfahrtssystem inne. Im Bereich der Kinder- und Jugendhilfe zeigt sich für das gesamte bundesdeutsche Gebiet eine vielfältige Trägerlandschaft, welche durch die Träger der freien Kinder- und Jugendhilfe und hier insbesondere durch die konfessionellen Träger geprägt ist. So ist in Westdeutschland der Anteil der Einrichtungen und Angebote in freier Trägerschaft gegenüber denen in öffentlicher Trägerschaft seit Jahrzehnten nahezu unverändert und auch in den ostdeutschen Bundesländern nähert sich dieses Verhältnis allmählich dem der westlichen Bundesländer an. Innerhalb der Träger der freien Kinder- und Jugendhilfe kann durch die Caritas und die Diakonie eine unverändert starke Stellung konfessioneller Träger als größte Anbieter festgehalten werden (Boeßenecker und Vilain 2013; Ehlke et al. 2016). Privat-nichtgemeinnützige Anbieter konkurrieren mit den Trägern der freien Kinder- und Jugendhilfe lediglich im Bereich der stationären Unterbringung in nennenswertem Umfang.

Dabei nehmen die Wohlfahrtsverbände insgesamt unterschiedliche Funktionen wahr. Als politische Akteure vertreten sie eine auf dem Solidaritätsprinzip beruhende anwaltschaftliche Funktion, die u. a. in Strategien des sozialpolitischen Lobbyings zum Ausdruck kommt. Als Unternehmer sind sie durch ihre Mitgliedsverbände strukturiert, nehmen eine Arbeitgeberfunktion wahr, übernehmen Aufgaben der Aus- und Weiterbildung des Personals und ergänzen einen verantwortungsvollen Umgang mit öffentlichen Mitteln durch Eigenmittel. Als Dienstleister garantieren sie eine professionelle Dienstleistungserbringung sowie die Ermöglichung von Ehrenamt und bürgerschaftlichem Engagement und sind fachliche Impulsgeber. Als Repräsentanten von Wertbindungen basieren sie auf einer wertgebundenen Legitimation von Gemeinnützigkeit, vertreten wertebezogene Deutungsmuster und sind Orte wertebezogener Selbstvergewisserungsprozesse.

Mit Einführung des SGB VIII erhielten die Träger der öffentlichen Kinder- und Jugendhilfe die Zuständigkeit für die Gesamtsteuerung der Kinder- und Jugendhilfe und damit für die Letztverantwortung einer pluralen Infrastruktur der Kinder- und Jugendhilfe. Ihre Zusammenarbeit mit den Trägern der freien Kinder- und Jugendhilfe soll seitdem auf dem Leitbild der partnerschaftlichen Zusammenarbeit beruhen. Mit der Novellierung des SGB VIII von 1998 und der damit einhergehenden Aufwertung privat-gewerblicher Träger sowie der Einführung von Leistungs- und Entgeltverträgen anstelle der bis dahin dominierenden Fehlkostenerstattung, die die öffentliche Refinanzierung der Leistungen der Träger der freien Kinder- und Jugendhilfe verlässlich gesichert hatte, wächst der Druck auf die Träger der freien Kinder- und Jugendhilfe sich stärker in Hinblick auf ihre Dienstleisterfunktion zu profilieren (Struck 2016). Von daher lassen sich zunehmend Tendenzen beobachten, dass die Verbände in ihren Modernisierungsbestrebungen tendenziell dazu neigen, ihre Multifunktionalität in Frage zu stellen und sich darauf konzentrieren, eine deutlichere Ausrichtung der Steuerung im Sozialbereich an sachrationalen Kriterien und ökonomischen Kalkülen umzusetzen (Beher 2016; Merchel 2011).

Diese Entwicklungen führen sowohl intern auf Seiten der Beschäftigten als auch öffentlich in der Infragestellung des Subsidiaritätsprinzips zu Debatten über das spezifische Profil, die wertebezogene Repräsentanzfunktion der freien Wohlfahrtspflege. Insbesondere die historisch aus unterschiedlichen Milieus erwachsenen und spitzenverbandlich etablierten christlichen Akteure sowie der Wohlfahrtsverband der Juden in Deutschland stellen wohlfahrtsstaatliche Akteure mit jeweils eigenem, religiösweltanschaulichen Begründungsanspruch und sozialstaatlichen Rechten dar. Diese normativ-weltanschaulichen Perspektiven berühren sowohl sozialpolitische Gestaltungsvorstellungen als auch – und dies erscheint für die Kinder- und Jugendhilfe von besonderer Bedeutung – Positionierungen zur sozialmoralischen Lebensführung ihrer Mitglieder. Von besonderer Relevanz für die Kinder- und Jugendhilfe ist dies nicht zuletzt deshalb, weil die beiden christlichen Wohlfahrtsverbände sowohl als Anbieter sozialer Dienstleistungen als auch als Arbeitgeber die größten Wohlfahrtserbringer darstellen. Ihre Verankerung in glaubensgemeinschaftlichen Bezügen entspricht zudem der lebensweltlichen Realität ihrer Adressatinnen und Adressaten, bei denen von einem vielfach prognostizierten Verschwinden des Religiosen nicht ausgegangen werden kann, ebenso wie für viele Fachkräfte der Kinder- und Jugendhilfe Glaubensfragen eine wesentliche Bedeutung haben und in katholischen und protestantischen Ausbildungsstätten sowie bei der Wahl glaubensgemeinschaftlich positionierter Anstellungsträger zum Tragen kommen (Böllert und Muckelmann 2016). Daten des DJI-Surveys AID:A (2015) veranschaulichen, dass knapp 35 % der null- bis 17-Jährigen der römisch-katholischen Kirche und 36 % der evangelischen Kirche, gut 3 % einer anderen christlichen Religionsgemeinschaft angehören; ca. 4 % sind Angehörige des Islam, knapp 1 % dem Judentum. Weitere 1 % sind Mitglieder einer anderen nicht-christlichen Religionsgemeinschaft; etwa 21 % gehören keiner Religionsgemeinschaft an. 38 % der 13- bis 17-Jährigen waren bei der Kommunion, 33 % sind konfirmiert, 7 % haben die Jugendweihe erhalten. Und auch innerhalb der Jugendverbände und ihrer engen Bindung an soziale Milieus (Gängler und Stecklina 2016) sind glaubensgemeinschaftliche Zugehörigkeiten für hunderttausende junge Menschen von großer Bedeutung. So ist der Bund der Deutschen Katholischen Jugend (BDKJ) der größte Dachverband katholischer Kinder- und Jugendverbände in der Bundesrepublik Deutschland mit 17 Mitgliedsorganisationen. In dem Dachverband der Arbeitsgemeinschaft der evangelischen Jugend in Deutschland arbeiten 33 Mitgliedsorganisationen zusammen. Der Bund der Alevitischen Jugendlichen in Deutschland e. V. ist ein Kinder- und Jugendverband der 78 000 Kinder und Jugendliche alevitischen Glaubens vertritt – um nur einige Beispiele zu nennen.

Umso erstaunlicher ist es, dass in der Sozialen Arbeit insgesamt und damit auch in der Kinder- und Jugendhilfe diese erhebliche Bedeutung von Religion und Glaubensfragen für die Wohlfahrtserbringung bislang kaum systematisch untersucht worden ist. „Im stillschweigenden Einvernehmen mit der modernisierungstheoretischen Säkularisierungsperspektive – verstanden als Verschwinden der Religion aus der Gesellschaft – geht auch der Mainstream der Sozialen Arbeit davon aus, dass Religion in ihren unterschiedlichen Praxisfeldern keine Rolle spielt. Das Thema Religion stößt anscheinend auf ein tiefsitzendes Misstrauen. (…). Gerade mit Blick auf die Religion hat die Soziale Arbeit aber über die Köpfe der Betroffenen hinweg ein negatives Urteil gefällt" (Bohmeyer 2009, S. 439).

Dieses Außerachtlassen glaubensgemeinschaftlicher Perspektiven stellt auch deshalb eine unzureichende Auseinandersetzung mit konstitutiven Elementen von Wohlfahrtsstaatlichkeit dar, weil Glaubensgemeinschaften für die politische Entwicklung in Europa eine erhebliche Bedeutung haben. So wird gegenwärtig in Europa die Frage nach einem Zusammenleben von Menschen unterschiedlicher Religionszugehörigkeiten nahezu alltäglich diskutiert. Zudem ist die Geschichte der Hilfe und die des Wohlfahrtsstaates in Europa ohne die Rückbindung an Glaubensgemeinschaften nicht erzählbar. Angesichts einer weltweiten Vernetzung wirken schließlich vielfältige religiöse Einflüsse auf das europäische Religionsverständnis ein. Diese feststellbare Pluralisierung von Religiosität und Religionen findet in ihrer Bedeutung für die Kinder- und Jugendhilfe erst in Anfängen eine Entsprechung. Kinder- und Jugendhilfe in einer postsäkularen Gesellschaft hat sich damit auseinanderzusetzen, dass in der sich weiterhin säkularisierenden Moderne religiöse Gemeinschaften und religiöse Einstellungen in der pluralistischen Öffentlichkeit auch weiterhin präsent sein werden. Umso wichtiger ist es, die Bedeutung glaubensgemeinschaftlicher Zugehörigkeiten wie auch des Religiosen für die Kinder- und Jugendhilfe aus der Perspektive der Adressatinnen und Adressaten, des Personals und ihrer Träger zu analysieren (Böllert und Muckelmann 2016; Bohmeyer 2009; Ehlke et al. 2017; Oelkers et al. 2016). Alle Träger der freien Kinder- und Jugendhilfe sind hier besonders gefordert, ihre unterschiedlichen Funktionen wieder stärker auszubalancieren und angesichts komplexer gewordener Bedingungen der Finanzierung ihrer Leistungen und Angebote die Vertretung von Wertbindungen nach innen und außen nicht aus dem Auge zu verlieren und auch weiterhin Orte einer wertbezogenen Selbstvergewisserung anzubieten.

Gemeinsames Anliegen der Träger der öffentlichen und freien Kinder- und Jugendhilfe ist die Umsetzung des fachlichen Standards und des Selbstverständnisses der *Beteiligung und Partizipation* ihrer Adressatinnen und Adressaten. Während die Kinder- und Jugendarbeit vielfältige Orte der Partizipation, Selbstorganisation und Verantwortungsübernahme Gleichaltriger beinhaltet, verweisen einschlägige empirische Studien vor allem für den Bereich der Hilfen zur Erziehung auf einen erheblichen Entwicklungsbedarf (Pluto 2007; Schäuble und Wagner 2017), sind unabhängige Ombudsstellen immer noch nicht rechtlich verpflichtend geregelt. Dagegen hat die Diskussion um institutionell verankerte Beteiligungsrechte vor dem Hintergrund der Aufarbeitung sexualisierter Gewalt in pädagogischen Institutionen und des Machtmissbrauchs in der Heimerziehung der 1950er und 1960er Jahre mittlerweile ihren Niederschlag in Regelungen des Bundeskinderschutzgesetzes gefunden, die Beteiligungs- und Beschwerdeverfahren als Voraussetzung einer Betriebserlaubnis regeln (Wolff 2016). Ob Kinder die Kindertageseinrichtung als einen von ihnen selbst gewünschten und positiv besetzten Lebensort erfahren, hängt schließlich ganz entscheidend davon ab, ob sie diesen Lebensort als einen von ihnen selbst mitbestimmten sozialen Raum erleben können, wie es im Kontext von Projekten der Kinderstube der Demokratie in Kitas gezeigt werden konnte (Richter et al. 2017). Maßstab einer Qualitätsentwicklung von Kitas ist dann das Ausmaß, in dem Kinder selbst erfahren können, wie sie diesen Lebensort eigenständig gestalten können, wie sie darin unterstützt werden, gemeinsam mit anderen autonom Regeln entwickeln, Perspektiven entfalten können, die ihnen eine aktive Teilhabe an der Gesellschaft ermöglichen (Böllert 2017).

Ein, wenn nicht der zentrale Ort der Kooperation der Träger der öffentlichen und freien Kinder- und Jugendhilfe sind die *Kinder- und Jugendhilfeausschüsse,* die als Ausdruck des Gebotes der partnerschaftlichen Zusammenarbeit zwischen öffentlicher und freier Kinder- und Jugendhilfe, einer breit repräsentierten Fachlichkeit und Bürgerbeteiligung im Sinne der Einbeziehung der Interessen junger Menschen und derer Familien und damit als moderne Form des Regierungs- und Verwaltungshandelns gelten (BMFSFJ 2013). Jugendhilfeausschüsse sind für die kommunale Kinder- und Jugendhilfepolitik das zentrale Gremium. Sie befassen sich mit allen Angelegenheiten der Kinder- und Jugendhilfe. Zu ihren Aufgaben gehören insbesondere die Erörterung aktueller Problemlagen junger Menschen und ihrer Familien sowie die Auseinandersetzung mit Anregungen und Vorschlägen für die Weiterentwicklung der Kinder- und Jugendhilfe. Zu ihren Aufgaben gehören außerdem die Förderung der freien Kinder- und Jugendhilfe und ihre Einbindung in die Jugendhilfeplanung. Erst in der Bündelung der vielfältigen Erfahrungen, Ansätze und Konzepte sowie in den Wertorientierungen eines breiten Trägerspektrums findet die Pluralität der Lebenswelten von Kindern, Jugendlichen und ihrer Familien ihren angemessenen Ausdruck. Vorrangige Aufgabe der Träger der Kinder- und Jugendhilfe ist es, in den Jugendhilfeausschüssen die Interessen der Adressaten und Adressatinnen zu vertreten. Jugendhilfeausschüsse haben somit nicht nur ein fachpolitisches, sondern vor allem auch ein kinder- und jugendpolitisches Mandat und nehmen von daher eine anwaltschaftliche Funktion wahr. Sie sind darüberhinausgehend auch der Ort, an dem die zunehmende Kooperation mit anderen Leistungserbringern systematisiert und strukturiert werden kann – und dies als Ausdruck der gemeinsam geteilten Verantwortung für das Aufwachsen junger Menschen.

Allerdings müssen die Potentiale der Ausschüsse genutzt und ausgebaut werden, wenn sie ihre einzigartige Stellung im Gefüge der kommunalen Sozialadministration nicht einbüßen wollen. So existiert ein nicht unerheblicher Qualifizierungsbedarf auf Seiten der Mitglieder. Daran, dass sie tatsächlich wichtige Orte der Zusammenarbeit von Trägern der öffentlichen und freien Kinder- und Jugendhilfe sind, gibt es ebenso Zweifel wie an ihrer aktiven Integration in die Jugendhilfeplanung und ihre Rolle bei der Initiierung kinder- und jugendpolitischer Debatten (Merchel 2004; Schneider, Beckmann und Roth 2011).

Auch die *Kinder- und Jugendhilfeplanung* wird in ihrer strategischen Bedeutung für die Kinder- und Jugendhilfe nicht selten in Frage gestellt, zumindest dann, wenn sie angesichts knapper kommunaler Haushaltsmittel als Fachplanung in der kommunalen Steuerungspraxis an Relevanz verliert (Seckinger, Pluto und van Santen 2014). Demgegenüber bleibt ihr Stellenwert in den entsprechenden Fachdiskursen unstrittig, der nur dann eingelöst werden kann, wenn die Träger der öffentlichen Kinder- und Jugendhilfe für die Entwicklung notwendiger Strukturen einer optimierten Jugendhilfeplanung ausreichende finanzielle und personelle Ressourcen zur Verfügung haben, an dem kontinuierlich kommunikativen Prozess der Jugendhilfeplanung die Träger und Anbieter von Jugendhilfeleistungen frühzeitig beteiligt werden und die Adressatinnen und Adressaten der Leistungen in angemessener Form in die Planungsprozesse integriert werden (Herrmann 2016; Merchel 2016).

Schließlich hat die Kinder- und Jugendhilfe nicht nur ihre eigenen Orte, zunehmend häufiger findet sie auch gemeinsam mit anderen Leistungserbringern statt, geht Kooperationen ein und wird in Netzwerkstrukturen unterschiedlicher Leistungserbringer nachgefragt. Solche Kooperationen und Vernetzungen bedeuten allerdings, dass einerseits sehr vielfältige und andererseits qualitativ auch sehr hohe Erwartungen erfüllt werden müssen.

In diesem Kontext versteht von Kardorff (1998, S. 210 f.) unter Kooperation eine „problembezogene, zeitlich und sachlich abgegrenzte Form der gleichberechtigten arbeitsteilig organisierten Zusammenarbeit zu festgelegten Bedingungen an einem von allen Beteiligten in einem Aushandlungsprozess abgestimmten Ziel mit definierten Zielkriterien. (…) [Sie beinhaltet] das organisierte Zusammenwirken verschiedener aufeinander abgestimmter Angebote in einer Versorgungsregion innerhalb eines Versorgungssystems, idealerweise vor dem Hintergrund eines gemeinsamen konzeptionellen Grundverständnisses". Damit aber ist Kooperation bzw. Vernetzung, wenn sie erfolgreich sein soll, ein anspruchsvolles Verfahren, das auf der individuellen Ebene, der Ebene der Kooperation und der der Organisation an vielschichtige Voraussetzungen geknüpft ist. So nennen van Santen und Seckinger (2003) die Bereitschaft der Individuen und deren Fähigkeit zur Kooperation, das Vorhandensein von Grundkenntnissen der Kooperation und die Übereinkunft mit Zielen (individuelle Ebene), die Klärung gegenseitiger Erwartungen, die Auflistung von Ressourcen und das Festlegen von Zielen (kooperative Ebene), die Anerkennung des Nutzens der Kooperation, die Abklärung von Zuständigkeiten und der Aufgabenverteilung sowie die institutionelle Verankerung (organisatorische Ebene) als notwendige Voraussetzungen bereits vor Beginn der Kooperation. Sie definieren Kooperation von daher als ein Verfahren, „bei dem in Hinblick auf geteilte oder sich überschneidende Zielsetzungen durch Abstimmung der Beteiligten eine Optimierung von Handlungsabläufen oder eine Erhöhung der Handlungsfähigkeit bzw. Problemlösekompetenz angestrebt wird. (…). Vernetzung wird verstanden als die Herausbildung, Aufrechterhaltung und Unterstützung einer Struktur, der die Förderung von kooperativen Arrangements unterschiedlicher Personen oder Institutionen dienlich ist" (ebd., S. 29).

Aktuell ist eine regelrechte Vernetzungseuphorie zu beobachten, die viele Initiatoren hat. So werden seit Jahrzehnten in der Kinder- und Jugendhilfe Ansätze der Stadtteil- und Gemeinwesenarbeit konzeptualisiert und praktiziert. Die Regionalisierung der Angebote und die Schaffung lokaler Bündnisse gehören schon immer zur Struktur vieler Leistungen der Kinder- und Jugendhilfe und sind für die meisten Träger Alltag. Hierzu gehören dann auch Konzepte einer kinder- und familienfreundlichen Kommune, die von zahlreichen Verbänden und Trägern gefordert und verabschiedet werden (so z. B. der Städte- und Gemeindetag) und mit deren Umsetzung die Abwanderung junger Familien gestoppt, deren Zuzug gefördert und insgesamt die Familiengründung positiv beeinflusst werden sollen. Zur Vielfalt der Vernetzungsansätze sowohl in Bezug auf die Handlungsfelder und Aufgaben der Kinder- und Jugendhilfe als auch im Hinblick auf die jeweiligen Kooperationspartner zählen des Weiteren Ausbildungsverbünde, in denen Träger der Jugendberufshilfe zur Schaffung von mehr Ausbildungsmöglichkeiten zusammenarbeiten oder deren Mitwirkung in Jugendberufsagenturen. Kriminal- und sozialpräventive Räte sind in unterschiedlicher Zusammensetzung mit der Bearbeitung von Kriminalitätsrisiken befasst. Kooperationen von Jugendhilfe und Schule finden klassisch in Form der Schulsozialarbeit statt, haben aber durch den Ausbau der Ganztagsschulen vielfältige, qualitativ höchst unterschiedliche Ausdifferenzierungen erfahren.

Wie ein roter Faden zieht sich somit durch sämtliche Debatten der Weiterentwicklung der Kinder- und Jugendhilfe die Frage nach den Möglichkeiten, Potentialen und Voraussetzungen der Kooperation und Vernetzungen von Leistungen der Kinder- und Jugendhilfe mit anderen Leistungsanbietern auf der einen Seite und einer Vernetzung und Kooperation der Leistungen innerhalb der Kinder- und Jugendhilfe selbst auf der anderen Seite. Charakteristisch ist diese Diskussion sowohl bei der Intensivierung präventiver Angebote, dem Auf- und Ausbau der Frühen Hilfen, der Institutionalisierung von Präventionsketten und der Sozialraumorientierung der Hilfen zur Erziehung. So ist auch im 14. Kinder- und Jugendbericht von der „Verzahnung mit anderen Akteuren" (BMFSFJ 2013, S. 257) die Rede. Eine solche Verzahnung sei „bedarfsgerecht" (ebd.) und vor allem bei Gruppenangeboten von Bedeutung. Beispielhaft wird eine Zusammenarbeit der Hilfen zur Erziehung mit dem Regelsystem Schule oder der offenen Kinder- und Jugendarbeit genannt. Neben dieser Verzahnung von Angeboten ist im 14. Kinder- und Jugendbericht dementsprechend auch von „Vernetzung und Abstimmung" (ebd.) die Rede. Eben diesen Elementen wird ein tendenzieller Bedeutungszuwachs auf der Sozialraumebene zugeschrieben. Ähnliches gilt für „die Zusammenarbeit vor Ort in Form von Stadtteilgruppen oder regionalen Planungsgruppen" (ebd.) sowie spezielle Projekte im Bereich der Frühen Hilfen oder des Offenen Ganztags (vgl. BMFSFJ 2013, S. 257). Schließlich kommt auch der 14. Kinder- und Jugendbericht zu dem Ergebnis, dass Kinder- und Jugendhilfe zum einen viele Orte hat, zum anderen die Zusammenarbeit mit anderen sozialstaatlichen Akteuren beständig zunimmt. Eine Zusammenarbeit verschiedener Einrichtungen im Sozialraum ist nach Schäfer (2014) vor allem deshalb notwendig, um den unterschiedlichen, spezifischen Problemlagen junger Menschen gerecht zu werden. „Im Kern geht es dabei um die Architektur einer ganzheitlich angelegten Förderung" (Schäfer 2014, S. 159). In dieser Perspektive erhält die Kinder- und Jugendhilfe so etwas wie die Funktion eines ‚Schnittstellenmanagers', erwünscht ist eine ‚Kultur der Ermöglichung', die Türen öffnet; notwendig sind zumindest perspektivisch entsprechende gesetzliche Regelungen, die Koordination und Vernetzung nicht einseitig zu einer Aufgabe der Kinder- und Jugendhilfe werden lassen, sondern mit denen auch andere Leistungserbringer zu mehr Kooperation und Zusammenarbeit verpflichtet werden (ebd.).

Kooperation lebt insgesamt von der Fachlichkeit der zusammenarbeitenden Personen, der verbindlichen Klärung von Verantwortlichkeiten und Zuständigkeiten. Und noch etwas: Kooperation gibt es nicht umsonst. Diejenigen Fachkräfte, die entweder auf der Steuerungsebene oder im unmittelbaren Handlungsvollzug zusammenarbeiten, benötigen hierzu die erforderlichen Ressourcen, sei es in Hinblick auf die Ausbildung einer entsprechenden Fachlichkeit oder sei es in Bezug auf zeitliche Kapazitäten (Böllert 2016).

2   Aufgaben der Kinder- und Jugendhilfe: Vervielfältigung von Handlungsaufträgen

Die kontinuierliche Expansion sozialstaatlich begründeter Interventionsnotwendig-keiten und damit auch die der sozialpädagogischen Handlungsfelder und des päd-agogischen Aufgabenspektrums hat dazu beigetragen, die Kinder- und Jugendhilfe immer mehr zu einem lebenslaufbegleitenden Medium der Sozialintegration in der Mitte der Gesellschaft werden zu lassen (Böhnisch et al. 2005). Ausgehend von einer Fokussierung auf soziale Probleme, einer vorrangigen Zuständigkeit für Menschen an den so genannten Rändern der Gesellschaft hat sich die Soziale Arbeit und da-mit auch die Kinder- und Jugendhilfe zu einer modernen Dienstleistungsprofession entwickelt, ist die Kinder- und Jugendhilfe mehr oder weniger zu einem Leistungs-angebot für alle jungen Menschen und ihre Familien geworden. Die Kinder- und Ju-gendhilfe hat sich normalisiert oder anders ausgedrückt, sie ist in Beziehung zu ihren ursprünglich begrenzten Aufgaben und Funktionen der Normalisierung, Disziplinie-rung und administrativen Fürsorge nahezu grenzenlos geworden; sie ist immer mehr selbstverständlicher Bestandteil einer sozialen, öffentlich gewährleisteten Infrastruk-tur (Füssenhäuser und Thiersch 2011) und damit auch immer stärker verwoben in Konstituierungsprozesse von Adressat_innen, die jenseits klassischer Zuschreibungs-muster verankert sind (Böllert 2013; Buschhorn und Böllert 2015).

Während die Kinder- und Jugendhilfe jahrzehntelang durch einen kontrollieren-den und normalisierenden Zugriff auf ihre Adressat_innen geprägt war, das Jugend-amt als Inbegriff der sozialadministrativ geregelten und stigmatisierenden Fürsorge galt, ist bereits seit längerem nachvollziehbar, dass es hier nicht nur zu entscheiden-den Neuorientierungen der Organisationsstrukturen der Kinder- und Jugendhilfe ge-kommen ist; insbesondere eine fachlich begründete Erweiterung von Zuständigkei-ten im Sinne der Gewährleistung eines Aufwachsens in öffentlicher Verantwortung hat dazu geführt, dass Aspekte der allgemeinen Förderung einen eindeutigen Vor-rang gegenüber dem Primat der sozialen Kontrolle erhalten haben. Auch wenn die Rolle der Kinder- und Jugendhilfe für den Schutz von Kindern und Jugendlichen vor Gefahren für ihr Wohl zahlreiche fachliche und mediale Debatten der letzten Jahre bestimmt hat und dies eine gesteigerte Sensibilität in Fachwelt und Öffentlichkeit und zu gesetzlichen und fachlichen Veränderungen geführt hat, die dazu beitragen, dass das staatliche Wächteramt seitens der Kinder- und Jugendhilfe wieder sichtbarer ausgeübt wird, kann keine Rede davon sein, dass sich der fachliche Anspruch der Kinder- und Jugendhilfe grundlegend verändert hat, ihre Aufgaben im Allgemeinen und den Schutzauftrag im Besonderen überwiegend mit partizipativen und weniger eingriffsorientierten Mitteln wahrzunehmen (Arbeitsstelle Kinder- und Jugendhilfe-statistik 2016). Auch die noch längst nicht beendeten Debatten über sexualisierte Ge-walt in pädagogischen Institutionen (Böllert und Wazlawik 2014) haben die Entwick-lung hin zu eher präventiven Schutzkonzepten und einer Kultur des Hinsehens und Hinhörens bestärkt (Derr et al. 2017).

Zu einer Verstärkung der Aufgabenwahrnehmung der Kinder- und Jugendhilfe vor dem Hintergrund der Ansätze und Angebote einer allgemeinen Förderung hat in den zurückliegenden Jahren auch die Auseinandersetzung der Kinder- und Jugendhilfe mit der Bildungsdebatte beigetragen. Über viele Jahrzehnte ist der *Bildungsauftrag* der Kinder- und Jugendhilfe mehr oder weniger ausgeblendet worden. Ihr Verhältnis zur Schule wurde in den Fachdebatten zumeist auf die Diskussionen über die Möglichkeiten der Schulsozialarbeit begrenzt und noch heute befürchten nicht wenige in der Kinder- und Jugendhilfe deren Indienstnahme durch die Schule. Demgegenüber wird heute konstatiert, dass eine zunehmende Komplexität gesellschaftlicher Verhältnisse zu verzeichnen ist, in denen junge Menschen groß werden, mit denen sie aber auch umzugehen lernen müssen. Schon im Elften Kinder- und Jugendbericht wird darauf verwiesen, dass eine Beschleunigung des kulturellen und technischen Wandels nur dann bewältigbar ist, wenn hierfür entsprechende Kompetenzen vermittelt werden. Ziel von Bildung ist vor diesem Hintergrund dann nicht nur die Verfügbarkeit von unmittelbar verwertbarem Wissen oder berufsverwertbaren Fertigkeiten, sondern die Befähigung zu einer befriedigenden und gleichermaßen verantwortungsvollen Lebensgestaltung (BMfFSFJ 2002; Böllert 2008).

Kinder und Jugendliche bleiben heute länger in Institutionen der Erziehung, Betreuung und Bildung als je eine Generation zuvor. Hinzu kommt, dass individuelle, informelle und selbstgesteuerte Bildungsprozesse zunehmen und zwar sowohl innerhalb wie außerhalb von Institutionen. In internationalen Bildungsdiskussionen hat sich daher die Unterscheidung von informeller, nichtformeller und formeller Bildung durchgesetzt. Während eine Dreiteilung von Bildungsprozessen in Hinblick auf ihren Formalisierungsgrad unstrittig ist, wird die damit häufig einhergehende Hierarchisierung von Bildungsprozessen nach dem Motto ‚je formalisierter desto wichtiger‘, zunehmend kritischer hinterfragt. Ganztagsbildung als ein neues, umfassendes Bildungsverständnis geht stattdessen davon aus, dass alle drei Bildungsprozesse von gleicher Bedeutung sind (Otto und Coelen 2004). Kinder und Jugendliche sollen dazu in die Lage versetzt werden, ihre subjektiven Vorstellungen von einem guten Leben in einem erweiterten Optionsrahmen nachgehen zu können.

Entsprechende Bildungsvorstellungen sind u. a. durch den Zwölften Kinder- und Jugendbericht (2006) fokussiert und gebündelt worden. Moderne Wissensgesellschaften sind demnach auf Menschen verwiesen, die „in der Lage sind, ihr Leben eigenständig zu regeln, die gelernt haben, sich in einer dinglichen, symbolischen, sozialen und subjektiven Welt verstehend, handelnd, kompetent zu bewegen" (ebd., S. 118). Im Mittelpunkt des Zwölften Kinder- und Jugendberichtes stehen von daher bildungsbiographisch fundierte Kompetenzen. Eine *kulturelle* Kompetenz ermöglicht eine sinnhafte Erschließung und Deutung der Welt, Verstehen und ein sich in Welt bewegen können. Eine *instrumentelle* Kompetenz erlaubt es Menschen, die inneren Zusammenhänge der Außenwelt zu verstehen und damit umgehen zu können. Eine *soziale* Kompetenz ist die Voraussetzung dafür, die soziale Außenwelt wahrzunehmen und sich handelnd damit auseinandersetzen zu können. Schließlich hilft die *per-

sonale Kompetenz dabei, die eigene Persönlichkeit entwickeln und einen sinnvollen Umgang mit dem eigenen Körper, den eigenen Gedanken und Gefühlen begründen zu können (Rauschenbach 2009; Zwölfter Kinder- und Jugendbericht 2006).

Auf der einen Seite kann damit festgehalten werden, dass die anfängliche stärker politische Losung ‚Bildung ist mehr als Schule‘ inhaltlich durch ein vielschichtiges und anspruchsvolles Bildungsverständnis gefüllt worden ist. Auf der anderen Seite ist in der Kinder- und Jugendhilfe nach wie vor ein nicht zu übersehendes Unbehagen gegenüber der Bildungsdebatte zu beobachten. Zunächst betont Kinder- und Jugendhilfe, dass das Aufwachsen der jungen Generation, Kindheit und Jugend mehr ist als nur Bildung. Dahinter steckt die Befürchtung, dass Bildung stark auf zukünftige Verwertungskontexte bezogen bleibt und die aktuelle Bildungsdebatte auch solchen Bestrebungen Rechnung trägt, die einer Ökonomisierung von Bildungsprozessen Vorschub leisten. „Über die Beziehung der Kinder- und Jugendhilfe zur Schule wird seit Jahrzehnten debattiert. Die Einschätzungen darüber, ob sich das Verhältnis verbessert habe und ob vielleicht sogar schon von einem fachlichen Miteinander gesprochen werden könne, gehen weit auseinander (…). An den Schulen erhöht sich allmählich die Bereitschaft zur Öffnung. (…) Der Kinder- und Jugendhilfe wächst dort, wo sie sich beteiligt, eine neue strategische Bedeutung im Kontext des Aufwachsens von Kindern und Jugendlichen in öffentlicher Verantwortung zu" – so der 14. Kinder- und Jugendbericht (BMFSFJ 2013, S. 42). Dass die Kinder- und Jugendhilfe an Schulen ihren eigenen Bildungsauftrag erfüllt, dass mit dem Ausbau der Kindertagesbetreuung unter dem Motto ‚Bildung von Anfang an‘ ein erweiterter Bildungsauftrag einhergeht, dass außer- und nachschulische Bildungsorte einen gewachsenen Stellenwert haben, ist innerhalb der Kinder- und Jugendhilfe von daher immer mehr unstrittig.

Das, was bislang allerdings allzu häufig unberücksichtigt bleibt, ist, dass auch die Familie ein außerschulischer Ort ist, der in seiner Bildungsrelevanz viel zu wenig wahrgenommen wird. Demgegenüber hat der Bildungsbericht 2012 deutlich gemacht, dass Familien für den Verlauf der Bildungsbiographien eine entscheidende Rolle spielen und dies nicht nur in Hinblick auf die frühe Kindheit, sondern bezogen auf das gesamte Kindheits- und Jugendalter. Eltern geben Orientierung, eröffnen Entfaltungsspielräume und treffen zentrale Bildungsentscheidungen (Autorengruppe Bildungsberichterstattung 2012, S. 48 ff.). Dass diese Bildungsfunktion von Familie bislang selten thematisiert und in den spezifischen Diskursen der Kinder- und Jugendhilfe eher randständig berücksichtigt wird, mag u. a. daran liegen, dass der Bildungsort Familie durch nicht wenige Ambivalenzen charakterisiert ist: „Auf der einen Seite erweist sich die Familie als Anlass einer sich verstärkenden, herkunftsbedingten sozialen Ungleichheit, also, wenn man so will, als Quelle der Bildungsbenachteiligung. Auf der anderen Seite wird (…) auf ihre Bedeutung als eigenständige Bildungswelt, als Ausgangspunkt elementarer Bildungsprozesse hingewiesen" (Rauschenbach 2009, S. 123). Diese Ambivalenzen zu negieren, macht wenig Sinn – „In Sachen Bildung fängt in der Familie alles an" (ebd., S. 131). Will man sie stattdessen ernst nehmen und als fachliche Herausforderung begreifen, dann muss die Kinder- und Jugendhilfe ihrer Auseinandersetzung mit zahlreichen Bildungsorten den der Familie hinzufügen und dazu beitragen, „Eltern in Sachen Erziehungs- und Bildungsort vom ‚Wollen‘ zum ‚Können‘ zu bringen" (ebd., S. 134) – nur so wird der erweiterte Blick auf Bildung der Vielzahl von Bildungsorten gerecht.

Trotz all ihrer Bedenken könnte die Kinder- und Jugendhilfe, wenn sie ihren eigenen Bildungsauftrag spezifiziert für ihre unterschiedlichen Handlungsfelder offensiver vertreten würde, sich in die Bildungsdebatte mit wesentlich mehr Selbstbewusstsein integrieren und auch mit umfassenderen Ansprüchen an Schule herantreten, als sie dies bislang tut. Das heißt nicht, dass Kinder- und Jugendhilfe nicht auch die Aufgabe zu bewältigen hätte, Allmachtsphantasien von Bildung offen zu legen. Allmachtsphantasien von Bildung beziehen sich aus der Perspektive der Kinder- und Jugendhilfe darauf, dass mit einem Mehr an Bildung alle gesellschaftlichen Probleme gelöst werden sollen, soziale Problemlagen als Ausdruck von strukturellen Ungleichheitsverhältnissen nahezu durchgängig mit einem Mangel an Bildung erklärt werden. Dies ist zum einen ein viel zu hoher Anspruch an Bildung, dies wird zum anderen aber auch wachsenden Ungleichheitsstrukturen in ihren vielfältigeren Verursachungsfaktoren nicht umfassend genug gerecht (Böllert 2010; Rauschenbach 2009a). Für die Kinder- und Jugendhilfe bedeutet dies, dass sie einerseits den Bildungsauftrag ihrer Handlungsfelder präzisieren muss, andererseits kann ihr umfassendes Aufgabenverständnis von Bildung, Erziehung, Betreuung, Schutz und Förderung nicht allein in Bildung aufgehen (Böllert 2010a). Stattdessen muss sie verdeutlichen, dass jenseits einer auf Zukunft zielenden Bildung Kinder und Jugendliche auch einen Anspruch darauf haben, das Hier und Jetzt sinnerfüllt und selbstbestimmt erleben zu können.

Dass Bildung in von der Kinder- und Jugendhilfe gestalteten non-formalen und informellen settings stattfindet und den Kompetenzerwerb junger Menschen befördern kann, haben sowohl die StEG Untersuchungen (2016) zur Bildungsqualität und Wirkungen außerunterrichtlicher Angebote und Untersuchungen zum Kompetenzerwerb im freiwilligen Engagement veranschaulicht (Düx et al. 2008), als auch Analysen von Freizeit, Kultur und offener Kinder- und Jugendarbeit als Orte des Kompetenzerwerbs von Kindern und Jugendlichen herausarbeiten können (Thole 2013; Thole und Höblich 2014). Der Themenkomplex „Anerkennung und Sichtbarmachung der Kinder- und Jugendarbeit als nonformales und informelles Lernfeld und Anerkennung bzw. Sichtbarmachung der in der Kinder- und Jugendarbeit erworbenen Kompetenzen" ist außerdem einer der drei zentralen Themenbereiche in der Umsetzung der EU-Jugendstrategie, der nicht wenige Herausforderungen und Perspektiven der Weiterentwicklung beinhaltet (Baumbast et al. 2013). Auch in diesem Kontext ist mehr Selbstbewusstsein, Reflexivität und offensive Diskursaneignung durch die Kinder- und Jugendhilfe gefordert; schließlich sind die EU-Mitgliedsstaaten durch eine Ratsempfehlung vom 20. Dezember 2012 dazu aufgefordert, bis spätestens 2018 nationale Regelungen für die Validierung von nonformal und informell erworbenen

Kompetenzen einzuführen, was für Deutschland bedeutet, nicht wenige bestehende Barrieren und ablehnende Positionierungen abbauen zu müssen.

3   Adressatinnen und Adressaten: Kinder- und Jugendhilfe als Wegbegleiterin

Legt man das SGB VIII zu Grunde, dann ist die Kinder- und Jugendhilfe für alle Kinder, Jugendlichen und jungen Erwachsenen in der Alterspanne von 0 bis 27 Jahren zuständig: das sind rund 27 Millionen Kinder, Jugendliche und junge Erwachsene. Zu diesen jungen Menschen zählen auch die geflüchteten jungen Menschen mit und ohne Familie, die in Deutschland Schutz suchen. Es wird davon ausgegangen, dass 2015 und 2016 zusammen rund 1,2 Millionen Menschen[6] nach Deutschland gekommen sind, von denen mehr als die Hälfte jünger als 25 Jahre alt ist und somit in den Zuständigkeitsbereich der Kinder- und Jugendhilfe fällt, da nach § 1 SGB VIII alle Kinder, Jugendlichen und jungen Erwachsenen in Deutschland gefördert werden, sich zu einer eigenständigen und gemeinschaftsfähigen Persönlichkeit entwickeln können sollen.

Alleine anhand der Bevölkerungsstatistik ist aber nicht zu klären, wer aus welchen Gründen zum Adressatenkreis der Kinder- und Jugendhilfe zählt. Von daher betont ein relationaler Adressat_innenbegriff ein sozialpolitisch kontextualisiertes und spezifisch präfiguriertes Verhältnis zwischen Programmatiken, Institutionen und Subjekt. Nur wenn ein Hilfe- oder Angebotsbedarf gewissermaßen institutionell festgestellt wird, können Personen zu Adressatinnen und Adressaten werden. Wenn also von Adressatinnen und Adressaten die Rede ist, stehen nicht nur vielfältig ausgeprägte, alltägliche Lebenssituationen und Bewältigungsprobleme von Personen im Fokus, es geht immer auch um deren institutionell-professionell konstituierte Formierung, um die Modalitäten ihrer professionellen Bearbeitung, um Auswirkungen auf die Lebensführung sowie deren Problematisierung. Die in der gesellschaftlichen und sozialpolitischen Rahmung der öffentlichen Wohlfahrtserbringung gleichsam enthaltenen normativen Vorstellungen der Gestaltung und Ordnung des Sozialen sind somit bestimmend dafür, wer wie zur Adressat_in in der Sozialen Arbeit wird, womit die Gefahr einhergeht, dass Adressatinnen und Adressaten ihren Subjektstatus verlieren und zu Objekten sozialpädagogischer Interventionen werden. Nicht irgendwie geartete Personengruppen sind Zielgruppen einer personenbezogenen Wohlfahrtserbringung, vielmehr geht es um deren organisatorisch und professionell konstituierte Bildung und damit auch um die Rückbindung des Adressat_innenbegriffes an die institutionalisierten Strukturbedingungen der Kinder- und Jugendhilfe (Böllert 2013a; Buschhorn und Böllert 2016). Junge Menschen und ihre Familien werden zu Adressat_innen gemacht, indem bestimmte ‚Probleme' oder biographische Lebensphasen, denen typische Mängellagen bzw. ein erhöhter Zuwendungsbedarf zugeschrieben werden, Aufmerksamkeit erfordern. Damit verbunden ist die sozialstaatlich be-

gründete Notwendigkeit eines Intervenierens oder der Definition als ‚bearbeitungs-
bedürftig'. Einem solchermaßen kritischen Adressat_innenverständnis zufolge sind
sozialstaatlich definierte Problemlagen und Bedarfsstellungen als machtvolle gesellschaftliche Stellgrößen zu hinterfragen (Dollinger 2011). Mit diesem Anspruch einher
geht die Kritik daran, dass Personen u. U. auf ihren Status als Zielgruppe bzw. auf ihre
„behandlungsbedürftigen Seiten" (Homfeld et al. 2008, S. 7) reduziert werden. Statt
der Fokussierung eines Problems und damit letztlich der Reduktion von Subjekten
auf ihre vermeintlichen „behandlungsbedürftigen" Defizite, wird von daher gefordert,
Menschen mit einem möglicherweise eingeschränkten Potential an Handlungsmächtigkeit in den Vordergrund rücken, die ggfs. Unterstützung bei der Entwicklung und/
oder Ausschöpfung ihres Potentials benötigen.

Im diesem Sinne gilt es zu diskutieren, wann und wie junge Menschen und ihre Eltern zu Adressat_innen der Angebote und Unterstützungsleistungen der Kinder- und
Jugendhilfe werden. Den Ausführungen Bitzans und Bolays (2011) folgend werden sie
es immer dann, wenn in allgemeiner Form oder individuell ein Förder-, Schutz-, Hil-
fe-, Erziehungs- und/oder Bildungsbedarf konstatiert wird. Damit werden normative Vorgaben vermittelt und auch Grenzen von Lebensweisen durchgesetzt. Das heißt
aber auch, dass die eigene subjektive Deutung oder die objektive soziale Situation von
Menschen nicht zwangsläufig dazu führt, dass Menschen zu Adressat_innen werden,
sondern vielmehr die Definition von normal oder abweichend, von bildungs- und
unterstützungsbedürftig etc. ausschlaggebend sein kann (vgl. ebd., S. 21).

Im Zuge dieser Zuordnung zu einem als Problem definierten Zustand und der institutionellen Zuweisung, ein Adressat, eine Adressatin zu sein, sind Betroffene aufgefordert, dieses in ihr Selbstbild zu integrieren, d. h., dass Problemdeutungen auch
in biografische Selbstdeutungen und in die kontextuellen Erfahrungen von Adressatinnen und Adressaten hinein erfolgen (vgl. Hanses 2008, S. 8). Die entsprechenden
Definitionen oder Zuordnungen können einerseits als Privileg, als Anerkennung und
Zuwendung aufgefasst werden, andererseits können sie aber auch als Beschämung
und Scheitern in entsprechende Selbstdeutungen einfließen (vgl. Bitzan und Bolay
2013, S. 40 ff.).

Um diesen möglichen Konflikten mit Blick auf die Integration der Zuschreibungsprozesse in das Selbstbild der adressierten Personen ein Stück weit zu begegnen, ist
die Kinder- und Jugendhilfe aufgefordert., Angebote und Hilfen an den Ressourcen
und Bedürfnissen der Adressatinnen und Adressaten auszurichten. Bedeutsam ist
dabei eine Kontextualisierung der Äußerungen mit der je individuellen Biografie bzw.
der je unterschiedlichen biografischen Selbstkonstruktion, die (auch) in der Wechselwirkung direkter oder vermittelter Erfahrungen mit Angeboten und Hilfen der Kin-
der- und Jugendhilfe und dem eigenen Bewältigungshandeln entstehen. Durch eine
solche Kontextualisierung werden je individuelle Lebenssituationen von Personen
und deren Verarbeitungsstrategien zum Ausgangspunkt fachlicher Überlegungen der
Kinder- und Jugendhilfe und dies mit dem Ziel, subjektive Anschlussoptionen an
Angebote und Hilfen zu ermöglichen, individuelle Handlungsmöglichkeiten zu er-

weitern, Selbstbestimmung stets unter der Berücksichtigung biografischer Perspektiven – als Lebensgeschichte und als soziale Wissensform (vgl. Hanses 2008) – zu erhöhen sowie eine kritische Analyse sozialer Bedingungen und der Subjektbildung in Abhängigkeit von Strukturen sozialer Ungleichheit zu ermöglichen (vgl. Bitzan und Bolay 2013, S. 47). Dies zu berücksichtigen, macht es erforderlich, nicht nach vorgefertigten Rastern der Bedarfs- und Problemdefinition zu entscheiden, sondern auf der Basis einer vertrauensvollen Beziehung flexible Angebote bereitzustellen, die den Adressatinnen und Adressaten neben Unterstützungsleistungen auch die Erfahrung des sozialen Verortetseins – im Sinne von Zugehörigkeit – vermitteln (Buschhorn und Böllert 2015).

Vor diesem Hintergrund ist das Wachstum der Kinder- und Jugendhilfe nicht allein durch eine Zunahme der Problemlagen ihrer Adressatinnen und Adressaten zu erklären. So lebt der größte Teil der Kinder und Jugendlichen in Deutschland in materieller Sicherheit. Auch haben die meisten jungen Menschen in Deutschland Eltern, die ihnen ein sorgenfreies Aufwachsen ermöglichen. Familie ist von daher aus der Perspektive von Kindern und Jugendlichen unverzichtbar: Mütter und Väter stehen für Emotionalität, Sicherheit und Rückhalt. Ein entspanntes Verhältnis zu den Eltern kommt u. a. darin zum Ausdruck, dass nur wenige junge Menschen ihre eigenen Kinder später einmal anders erziehen wollen, als sie selbst erzogen worden sind.

Typisch für die junge Generation ist zudem ein enormer Bildungsaufstieg. Dies trifft tendenziell auch auf die jungen Menschen zu, in deren Familien Migrationserfahrungen eine Rolle spielen. Die Hälfte aller Schulabgänger und Schulabgängerinnen erwirbt mittlerweile eine Hochschulzugangsberechtigung, die Zahl der Studienanfänger und -anfängerinnen hat einen neuen Höchststand erreicht. Auch der Anteil der jungen Menschen, die die Schule abbrechen und derjenigen, die ohne Schulabschluss die Schule verlassen, nimmt kontinuierlich ab. Von daher kann zunächst nicht überraschen, dass Zukunftsoptimismus das charakteristische Merkmal der jungen Generation ist (Autorengruppe Bildungsberichterstattung 2016; Böllert 2017a).

Die Kinder- und Jugendhilfe selbst leistet einen entscheidenden Beitrag dazu, dass für viele jungen Menschen ein relativ sorgenfreies Leben möglich ist. Noch nie hat die Kinder- und Jugendhilfe so viele Menschen erreicht wie heute. So gilt seit dem 01. 08. 2013 ein individueller Rechtsanspruch auf Kindertagesbetreuung für Kinder ab dem ersten Lebensjahr, der zu einem enormen quantitativen Ausbau des Platzangebotes geführt hat, was nicht zuletzt mit ausschlagegebend für die These einer Kinder- und Jugendhilfe in der Mitte der Gesellschaft ist, werden durch die Kindertagesbetreuung doch mittlerweile weit mehr als 90 Prozent aller Kinder unter sechs Jahren – wenn auch in unterschiedlichem zeitlichem Umfang – erreicht.

Immer mehr Schüler und Schülerinnen besuchen eine Ganztags(grund)schule und erleben auch dort Angebote der Kinder- und Jugendhilfe. In vielen tausend Einrichtungen findet Kinder- und Jugendarbeit statt. Jugendverbände erreichen mehrere Millionen junge Menschen. Kinder- und Jugendhilfe ist so im Alltag des Aufwachsens junger Menschen eine wichtige und selbstverständliche Größe, die als Gestalterin der Lebensbedingungen von Kindern, Jugendlichen und deren Familien zum Normalfall geworden ist.

Dennoch gilt in dieser Situation, dass das Aufwachsen junger Menschen noch nie so ungerecht war wie heute. Die Schere zwischen einem Aufwachsen in Sicherheit, Wohlbefinden und vielen Zukunftschancen und einem Aufwachsen in schwierigen, ungleichen Lebensbedingungen mit eingeschränkten Perspektiven klafft immer weiter auseinander. So wächst jedes sechste Kind in Deutschland in einer armen Familie auf, bei Kindern Alleinerziehender und bei Kindern mit Migrationshintergrund sind noch viel mehr Heranwachsende von dieser belastenden Situation betroffen. Aufwachsen in Armut heißt mit sozialer Ausgrenzung konfrontiert zu sein, nicht die gleichen Teilhabemöglichkeiten an Bildung, Kultur und Freizeitangeboten zu haben wie sie für Gleichaltrige üblich sind. Je früher und je länger ein Kind aber Armutserfahrungen macht, desto prägender wird diese Erfahrung für sein gesamtes späteres Leben sein.

Vor allem junge Migrantinnen und Migranten sind nicht nur überproportional von Armut betroffen, sie sind bei mittlerweile verbesserten Bildungsabschlüssen nach wie vor die Bildungsverlierer der jungen Generation im Vergleich der verschiedenen Schülerpopulationen. So weisen sie trotz insgesamt gestiegener Bildungsanstrengungen deutlich häufiger niedrigere Schulabschlüsse auf als Menschen ohne Migrationshintergrund. Ihnen bleiben zukunftssichernde Wege in Ausbildung und Arbeit vielfach versperrt.

Der Übergang von der Schule in Ausbildung ist zudem nach wie vor abhängig von dem höchsten allgemeinbildenden Abschluss, der eine zentrale Einflussgröße der Ausbildungsintegration bleibt. Je höher die schulische Bildung ist, desto höher ist die Wahrscheinlichkeit eine duale oder vollzeitschulische Ausbildung beginnen zu können. Hinzu kommen erhebliche regionale Unterschiede in der Relation von Ausbildungsplätzen und Ausbildungsplatzsuchenden. So ist die Ausbildungsplatzsuche in einigen Regionen Deutschlands aufgrund einer negativen Ausbildungs-Nachfrage-Relation mit erhöhten Risiken und Mobilitätserwartungen verbunden als in den Regionen, in denen die Anzahl der Ausbildungsplätze die der Nachfragenden übersteigt. Diejenigen jungen Menschen, die nicht auf umfassende privat-familiäre Unterstützungsleistungen zurückgreifen können und in prekären Lebenssituationen aufwachsen, haben ein deutlich höheres Risiko des Ausschlusses aus dem institutionalisierten Qualifizierungsprozess (BMFSFJ 2017, S. 166 ff., S. 429 ff.).

Eine immer wichtiger werdende Adressat_innengruppe der Kinder- und Jugendhilfe ist die *Familie* in ihrer privaten Verantwortung für das gelingende Aufwachsen von Kindern und Jugendlichen (Böllert und Peter 2014). Dabei ist die Familie nach wie vor die einflussreichste Institution für das Aufwachsen junger Menschen. In ihr erfolgen die wichtigsten Entwicklungen für das Aufwachsen der jungen Generation; sie spielt für den Verlauf der Bildungsbiografien eine entscheidende Rolle und dies nicht nur in Hinblick auf die frühe Kindheit, sondern bezogen auf das gesamte Kindheits- und Jugendalter.

Allerdings haben sich die Anforderungen an Eltern verändert: Erziehende Eltern müssen verstärkt in Außenbeziehungen agieren. Je mehr soziale Gruppenzusammenhänge, je mehr pädagogische Bildungsinstitutionen auf Kinder und Jugendliche einwirken, desto größer wird die Anzahl der Personen, bei denen Eltern vermittelnd agieren. Familiär geprägten Lebensmustern stehen Milieus anderer Lebenswelten gegenüber; Kinder und Jugendliche wachsen insofern stärker generationenspezifisch auf, als ihr Leben keine Verlängerung der biografischen Erfahrungen der Elterngeneration in jeder Hinsicht darstellen kann. Die Herausforderungen, die sich daraus für familiale Lebenswelten ergeben, bestehen u. a. darin, dass Familie zu einem öffentlichen Thema geworden. Vielfach erscheint sie als Leistungserbringerin, die die Potenziale des Nachwuchses optimal fördern muss und hierbei durch Angebote der Kinder- und Jugendhilfe wie bspw. den Ausbau der Kindertagesbetreuung unterstützt wird. Perspektiven von Familie als ‚doing family' veranschaulichen sehr deutlich, dass Familienleben heute alles andere als eine Selbstverständlichkeit und mit zunehmenden Erfordernissen des Ausbalancierens sehr unterschiedlicher internen und externen Anforderungen, Erwartungshaltungen und Aufgaben konfrontiert ist (Böllert 2014; Jurczyk et al. 2014).

Dabei ist es für die Chancen von Kindern und Jugendlichen insgesamt zentral, mit welchem sozialen, ökonomischen und kulturellen Kapital ihre Familie ausgestattet ist. Nicht außer Acht gelassen werden kann daher, dass mehr als jeder vierte junge Mensch mindestens von einer Risikolage (sozial, finanziell, formal gering qualifizierte Eltern) betroffen ist, was wiederum auf junge Menschen aus Familien mit Migrationshintergrund und in Alleinerziehenden Familien in besonderer Weise zutrifft (Autorengruppe Bildungsberichterstattung 2016). Das aber heißt, dass es einerseits Kindern und Jugendlichen in Deutschland im Durchschnitt noch nie so gut wie heute gegangen ist, dass aber andererseits dieser Befund keine Gültigkeit für alle jungen Menschen hat. Tatsächlich öffnet sich die Schere zwischen einer Mehrheit an Gewinnern und einer Minderheit an Verlieren im Prozess des Aufwachsens immer weiter (Böllert 2014).

Die aktuellen Anforderungen an Familie können nicht von allen Betroffenen aus eigener Kraft wie selbstverständlich gemeistert werden. Benötigen Familien dabei Unterstützung, dann ist die Kinder- und Jugendhilfe als zentraler Akteur im wohlfahrtsstaatlichen Kontext gefordert, diesen adäquate Hilfeleistungen sowohl mit Blick auf flexible und familienfreundliche Betreuungsarrangements als auch hinsichtlich familienorientierter Beratungs- und Hilfesettings zur Verfügung zu stellen (Böllert und Peter 2014). Zentral ist, dass diese Angebote und die in ihnen zum Ausdruck kommenden Adressierungsprozesse an den Belangen, Ressourcen sowie Sichtweisen der Familien ansetzen, dazu beitragen soziale Ungleichheiten abzubauen und der wachsenden Vielfalt von Familie gerecht werden (BMFSFJ 2013, S. 49 f.). Dabei wird Familie grundsätzlich als bedeutende Sozialisationsinstanz wahrgenommen, jedoch werden familiale Betreuungs-, Bildungs- und Erziehungsprozesse als unterstützungsbedürftig und damit auch als problematisch interpretiert (Uhlendorff et al. 2013, S. 18).

Familien als Adressatinnen der Kinder- und Jugendhilfe benötigen zum einen universelle und zum anderen gezielte Angebote, um die gewandelten Anforderungen erfolgreich bewältigen zu können. Die Kinder- und Jugendhilfe stellt heute ein heterogenes Hilfesetting an familienorientierten, präventiven sowie überwiegend an freiwilliger Inanspruchnahme orientierten Leistungsangeboten zur Verfügung, um Familien in ihren vielfältigen Lebenswirklichkeiten zu unterstützen, zu ergänzen und gegebenenfalls zu ersetzen. Dabei reicht die Spanne der Unterstützungsmöglichkeiten von einem stetig wachsenden Kindertagesbetreuungsangebot, verschiedenen Ausgestaltungsformen erzieherischer Hilfen bis hin zu einer breiten Palette an Unterstützungsmöglichkeiten im Kontext der Förderung der Erziehung in Familie sowie den Frühen Hilfen (Böllert und Peter 2014).

Dass Erziehung kein Selbstläufer ist, wird deutlich, wenn über eine Millionen junge Menschen Adressat_innen der Hilfen zur Erziehung sind. Nicht wenige Eltern sind in Erziehungsfragen unsicher und brauchen deshalb professionelle Hilfe. Deshalb suchen sie Rat, wenn es um den Wechsel von der Kita in die Grundschule und von der Grundschule zur weiterführenden Schule geht. Scheitern Eltern, ist die Kinder- und Jugendhilfe für ihre Kinder ein Ort von Schutz und Sicherheit, Pflegefamilien und Wohngruppen können diesen jungen Menschen neue Chancen bieten. Es deutet sich insgesamt an, dass nach der in den letzten Jahren vorherrschenden Diskussion um den Kinderschutz insbesondere von Klein- und Kleinstkindern auch die älteren Jahrgänge wieder stärker in den Fokus der erzieherischen Hilfen treten. Hierbei bleibt zum einen abzuwarten, welche weiteren Auswirkungen die aktuelle Diskussion um junge Volljährige und Übergangshilfen für sogenannte ,Care Leaver' auf die Entwicklung der Hilfen zur Erziehung haben wird (Schröer et al. 2012). Zudem leben durch die Betreuung junger unbegleiteter Geflüchteter aktuell deutlich mehr junge Menschen in einer stationären Einrichtung, auch für diese wird eine gelingende Integration davon abhängen, inwieweit es zukünftig gelingt, die Anliegen der Care Leaver ernst zu nehmen. Die Integration von jungen Geflüchteten, die mit ihren Familien in Deutschland leben, in das gesamte Leistungsspektrum der Kinder- und Jugendhilfe findet zudem erst in Anfängen statt (Arbeitsstelle Kinder-und Jugendhilfestatistik 2017; Espenhorst 2016). Dabei setzt die Integration Geflüchteter die Berücksichtigung zahlreicher Differenzierungen in den Adressierungsprozessen voraus: unterschiedliche Herkunftsländer und Fluchtursachen, einen differenten Rechtsstatus, das Alter und Geschlecht, die Unterscheidung von unbegleiteten und begleiteten jungen Geflüchteten sowie deren je spezifischen Lebensperspektiven und Lebensentwürfe. Beantwortet werden müssen zudem Fragen danach, wie es gelingen kann, die Kinder- und Jugendhilfe in Erstaufnahmeeinrichtungen und Gemeinschaftsunterkünften zu institutionalisieren und wie insgesamt eine niedrigschwellige Öffnung von Angeboten für junge Geflüchtete zu realisieren ist.

Die *Hilfen zur Erziehung* als ein zentrales sozialpädagogisches Angebot für Kinder, Jugendliche und deren Familien beziehen sich auf vielfältige familiale Problemkonstellationen, Sozialisations- und Erziehungsanforderungen. Nach der Kindertagesbetreuung stellen sie das zweitgrößte Arbeits- und Handlungsfeld der Kinder- und Jugendhilfe dar; ihre Inanspruchnahme ist in den letzten 15 Jahren um rund 60 Prozent gestiegen, was nicht zuletzt aufgrund der damit einhergehenden Kostensteigerungen zu erheblichen Debatten geführt hat, gleichzeitig aber auch Ausdruck gestiegener Bedarfslagen ist (Arbeitsstelle Kinder- und Jugendhilfestatistik 2017). In allen Leistungssegmenten der Hilfen zur Erziehung ist ein kontinuierlicher Anstieg der Adressat_innenzahlen zu verzeichnen. Selbst wenn man den bedeutsamen Teil der Erziehungsberatung herausrechnet, sind immer noch über 550 000 Kinder und Jugendliche für ein gelingendes Leben auf die Unterstützung der Kinder- und Jugendhilfe angewiesen.

In einem wachsenden Umfang sind Familien selbst die Initiatoren der Hilfen, was einerseits darauf verweist, dass nicht wenige Eltern in der Lage sind, die Grenzen ihrer privaten Erziehungsverantwortungsübernahme wahrzunehmen, was andererseits aber auch deutlich macht, dass die Hilfen zur Erziehung als öffentlich wahrgenommene Erziehungsverantwortung eine erhebliche Akzeptanz erfahren (Böllert 2014a).

In der Zunahme der Inanspruchnahme der Leistungen (Alleinerziehende sind in den Hilfen zur Erziehung überproportional vertreten; 60 % der Familien der HzE sind im Transfergeldbezug, bei den Alleinerziehenden sind dies sogar über 70 %) dokumentiert sich zudem ein vielschichtiger Zusammenhang von familialen Veränderungsprozessen, der Überforderung eines Teils von Familien, der Folgen prekärer Lebenslagen wie einer neuen Kultur des Hinsehens im Kontext der Kinderschutzdebatte und der zunehmenden Anerkennung professioneller Unterstützungsleistungen (Fendrich et al. 2011). Somit kann die Zunahme der Fallzahlen in den Hilfen zur Erziehung nicht eindimensional in Richtung einer abnehmenden Erziehungsfähigkeit der Personensorgeberechtigten oder hinsichtlich einer Zunahme familialer Gewalt interpretiert werden. Die Fallzahlen in den Hilfen zur Erziehung werden zudem erwartbar hoch bleiben und damit auch die notwendigen Ausgaben (Fendrich et al. 2014; www.hzemonitor.akjstat.tu-dortmund.de).

In der Kinder- und Jugendhilfe hat sich außerdem mit der Umsetzung des § 16 SGB VIII ein umfängliches Angebot von Einrichtungen und Institutionen entwickelt, das als Teil einer sozialen Infrastruktur für Familien ohne individuellen Rechtsanspruch eine unterstützende und präventive Funktion hat und darauf zielt, Selbsthilfekompetenzen zu fördern und Eltern dazu zu befähigen, ihrer Erziehungsverantwortung bestmöglich nachzukommen. Zentral für Angebote der *Familienbildung* ist aktuell die frühzeitige Inanspruchnahme auch durch werdende Eltern, wobei in den einschlägigen Fachdiskursen der letzten Jahre insbesondere die *Frühen Hilfen* eine hervorgehobene Rolle spielen. Diese Perspektivenerweiterung beruht weitgehend auf der Annahme, dass es für die Lebenslage 'Junge Eltern' bislang keine ausreichende Unterstützung gibt, und vor allem die Kinder- und Jugendhilfe dieser Lebenslage bisher zu wenig Aufmerksamkeit geschenkt hat. Sieht man sich vor diesem Hintergrund nun wiederum die beteiligten Angebote an, dann wird schnell deutlich, dass es sich dabei nicht um grundständig neue Unterstützungs-, Begleitungs- und Beratungsangebote handelt. Bei den Frühen Hilfen geht es in erster Linie nicht darum, bislang fehlende Angebote neu zu institutionalisieren. Vielmehr werden bereits existierende Angebote so miteinander vernetzt, dass unterschiedliche Berufsgruppen und Professionen weiterführend zusammenarbeiten können, indem die Strukturen, Kompetenzen und Handlungslogiken des jeweilig anderen Hilfesystems Anerkennung finden. Des Weiteren soll der niedrigschwellige Zugang die Perspektive eröffnen, auch solche Familien zu erreichen, die bislang durch die tradierten Angebote der Familienbildung nicht angesprochen werden konnten, womit Frühe Hilfen auch diejenigen Familien beteiligen können, die weniger informiert über unterschiedliche Unterstützungssysteme sind oder andere Zugangsbarrieren aufweisen. Koordiniert werden zudem systemübergreifende Leistungen im Interesse eines nicht-stigmatisierenden und wertschätzenden Zugangs zu jungen Familien, um weder diejenigen abzuschrecken, die Teilleistungen der Frühen Hilfen bislang schon problemlos und eigeninitiiert genutzt haben, noch diejenigen unberücksichtigt zu lassen, die im Rahmen einer vorrangigen Defizitorientierung die Infragestellung ihrer selbstbestimmten Problemsicht bzw. die Kontrolle ihrer Lebensführung befürchten müssen. Wollen Frühe Hilfen diesem Anspruch gerecht werden, dann müssen sie sich allerdings von einer Legitimationsfolie der Verhinderung von Kindeswohlgefährdung und Kindstötungen lösen. Die fachliche Begründung für Frühe Hilfen kann von daher nur lauten, ein transparentes, interdisziplinäres, offenes Angebot für alle Familien zu sein sowie professionell und nachvollziehbar Kriterien zu entwickeln, die über Information und Beratung hinausgehende Interventionen für bestimmte belastete Eltern fachlich rechtfertigen (Böllert 2012; Buschhorn 2012).

Es ist offensichtlich, dass die Kinder- und Jugendhilfe ein bedeutender sozialstaatlicher Akteur ist, der Familien mit ihren Ressourcen sowie Unterstützungsbedarfen in vielfältiger Weise in den Blick nimmt und eine große Bandbreite an familienorientierten Hilfeangeboten zur Verfügung stellt und zwar unabhängig davon, ob diese Leistungen auf einem individuellen Rechtsanspruch beruhen oder stärker an der Infrastruktur der allgemeinen Förderung der Erziehung in den Familien orientiert sind. Offensichtlich ist aber auch, dass ein Teil der Familien in der Kinder- und Jugendhilfe jene Familien repräsentieren, die von den Folgen sozialer Ungleichheit besonders betroffen sind und von denen nicht umstandslos erwartet werden kann, dass sie den gestiegenen Anforderungen an familiale Leistungen entsprechen können. Die Verursachungsbedingungen der Inanspruchnahme der Leistungen durch diese Familien sind durch die Kinder- und Jugendhilfe allerdings selbst kaum beeinflussbar, stattdessen liegt ihr Aufgabenschwerpunkt darin, die Folgen ungleicher Lebensbedingungen zu bearbeiten und so bewältigbar zu machen, dass es nicht zu einer Verfestigung von Ungleichheitsbedingungen und deren Folgen kommt. Vor diesem Hintergrund hat die Sachverständigenkommission des Fünfzehnten Kinder- und Jugendberichtes (BMFSFJ 2017, S. 427 ff.) insbesondere für die Hilfen zur Erziehung die Messlatte einer entsprechenden Wirkungsorientierung sehr hoch angesetzt, und es als gerechtigkeitspolitische Nagelprobe angesehen, inwieweit jungen Menschen in prekären Lebenskonstellationen eine eigenständige Lebensphase ermöglicht wird.

Mit dem Ausbau der Kindertagesbetreuung sind *Kinder* als weitere Adressat_innengruppe stärker in den Fokus der Kinder- und Jugendhilfe gerückt, wobei der quantitative Ausbau und damit die Einlösung eines Rechtsanspruches auf *Kindertagebetreuung* ab dem ersten Lebensjahr vor dem Hintergrund des enormen Ausbaubedarfes vor allem in den westlichen Bundesländern dazu beigetragen hat, die Frage der Qualität der Kindertagesbetreuung zu vernachlässigen. Die qualitative Einlösung des Rechtsanspruches gilt es somit abzuwarten (Schilling und Strunz 2013). So hat auch die AGJ (2014) in einem Positionspapier festgehalten, dass in den entsprechenden Diskursen, in der Fachwelt, der Politik und der Öffentlichkeit ein gemeinsames Bewusstsein darüber vorherrscht, dass nicht nur die Quantität, vielmehr auch die Qualität frühkindlicher Erziehung, Bildung und Betreuung mit hoher Intensität zu sichern und weiterzuentwickeln ist. Die dabei notwendige Diskussion über die entstehenden Kosten entbindet nicht von dem Auftrag, gleichwertige Bedingungen für das Aufwachsen von Kindern in öffentlicher Verantwortung zu schaffen und an ihren individuellen Bedarfen orientierte Rahmenbedingungen für eine gesunde Entwicklung, für Teilhabe- und Chancengerechtigkeit zu ermöglichen. Im Ergebnis darf der Zugang zu qualitativ hochwertiger Erziehung, Bildung und Betreuung nicht davon abhängig sein, wo ein Kind in Deutschland lebt oder in welchem familiären und sozialen Kontext es aufwächst.

Auch der 14. Kinder- und Jugendbericht hält hierzu fest, dass es insbesondere zur Qualität von Beziehungsgestaltung weitergehender Forschungen bedarf (BMFSFJ 2013, S. 109 ff.). Kindheit wird viel zu selten als etwas wahrgenommen, was Kinder selbstgestalten können. Stattdessen ist Kindheit zu einer Abfolge von immer mehr institutionalisieren Ereignissen geworden, die durch professionelle Fachkräfte gestaltet die Leistungsfähigkeit von Kindern erhöhen sollen (ebd.). Mittlerweile gibt es zwar mehr oder weniger konkrete Vorstellungen darüber, wie eine qualitative Weiterentwicklung der Kindertagesbetreuung aussehen muss und welche Weichenstellungen hierfür erforderlich sind, über die unmittelbare Perspektive der Kinder ist aber immer noch relativ wenig bekannt, ihre Wünsche, Bedarfe und Bedürfnisse stellen eher sehr selten den Ausgangspunkt entsprechender Überlegungen und Strategien und damit auch von kindorientierten Adressierungsprozessen dar (Bertram 2013, S. 10). Die konsequente Orientierung an den Bedürfnissen und den Rechten von Kindern sowie die Verpflichtung der Kinder- und Jugendhilfe, für eine bestmögliche Förderung, den umfassendsten Schutz und eine weitreichende Beteiligung aller in Deutschland lebenden Kinder zu sorgen, ist unerlässlich. Anhaltspunkte für einzelne Indikatoren einer guten Struktur- und Prozessqualität in der Kindertagesbetreuung finden sich mittlerweile in einer Reihe von empirischen Studien, die in den letzten Jahren veröffentlicht wurden. Beispielhaft können hier das „Ländermonitoring" der Bertelsmann Stiftung, der Abschlussbericht „STEGE – Strukturqualität und Erzieher_innengesundheit in Kindertageseinrichtungen" im Auftrag der Unfallkassen NRW (2012), die Studie „AQUA – Arbeitsplatz und Qualität in Kitas" (2014) des Staatsinstituts für Frühpädagogik (IFP), die Studien zum „Schlüssel zur guten Bildung, Erziehung und Betreuung" des Paritätischen Gesamtverbands, der GEW und der Diakonie Deutschland (2013) sowie die von zentralen Studienpartnern 2012 erstellte „Nationale Untersuchung zur Bildung, Betreuung und Erziehung in der frühen Kindheit" (NUBBEK) genannt werden. Diese Studien verdeutlichen, dass sich der Qualitätsdiskurs auf alle Handlungs- und Steuerungsebenen im Arbeitsfeld beziehen muss. Gerade im Hinblick auf die pädagogische Qualität sollte allerdings verstärkt im Mittelpunkt stehen, dass Kindertagesbetreuung in hohem Maße durch ein gelingendes Bindungs- und Beziehungsgeschehen bestimmt wird. Insbesondere mit Blick auf die zunehmende Bedeutung der frühkindlichen Erziehung, Bildung und Betreuung in einer komplexer und heterogener werdenden Gesellschaft und die wachsende Inanspruchnahme von immer jüngeren Kindern für einen zunehmend längeren Zeitraum ihres Lebens wird eine Weiterentwicklung des Systems der Kindertagesbetreuung benötigt, die die Qualität des vielfältigen Beziehungsgeschehen zwischen den Kindern, den Fachkräften und den Eltern in den Fokus einer entsprechenden Qualitätsentwicklung stellt, weil insbesondere hierüber den Bedürfnissen und Bedarfen der Kinder Rechnung getragen werden kann.

Viele Kinder verbringen heute mehr Zeit in der Kindertagesbetreuung als in der Grundschule. Vor diesem Hintergrund hat Kalicki (2013) darauf hingewiesen, dass länger werdende und zum Teil extrem lange Betreuungszeiten eine besondere Sorgfalt bei der Gewährleistung von Qualität erforderlich macht. Wenn ein Kind viele Stunden in der Kita verbringt, dann kommt es in einem sehr hohen Maße auf eine verlässliche Bindungsbeziehung zu den Fachkräften an, brauchen Kinder, wenn sie müde und weniger anpassungsfähig werden, mehr Aufmerksamkeit und Zuwendung. Kitas als Orte, an denen Kinder die Welt entdecken können, müssen von daher Angebote bereitstellen, die Bindungen, Zuneigung, stabile Beziehungen und das Gefühl, von anderen anerkannt zu sein, als grundlegende Voraussetzungen beinhalten, um hierdurch Kinder subjektorientiert mit all ihren je individuellen Fähigkeiten und Fertigkeiten angemessen unterstützen und fördern zu können (Bertram 2013, S. 15).

Statt in fachpolitischen Begründungen zum Ausbau der Kindertagesbetreuung die Bedarfe von Betreuung, Erziehung und Bildung der Kinder zu fokussieren, stehen nicht selten die Erfordernisse des Arbeitsmarktes der Eltern in den Blick und dienen dann vorrangig der Ermöglichung der Vereinbarkeit von Erwerbs- und Familientätigkeit (Böllert 2017). Kindertagesbetreuung dient damit auch der Durchsetzung eines neuen normativen Familienleitbildes: dem der bildungsinteressierten Familie mit zwei Einkommen. Damit geht es bei den entsprechenden familienpolitischen Programmatiken nicht nur um Kinder als Subjekte einer an sozialer Gerechtigkeit orientierten Kinder- und Jugendhilfe; vielmehr rückt die Forderung und Förderung der Leistungsfähigkeit und Erziehungsfunktion von Familien ins Zentrum der Aufmerksamkeit. Die Kindorientierung in der Kinder- und Jugendhilfe geht also gleichzeitig mit ihrer zunehmenden Familialisierung einher. Nicht das Aufwachsen von Kindern

in öffentlicher Verantwortung als Ausdruck strukturell bedingter Unterstützungs-
notwendigkeiten von Familien bildet vorrangig den Fokus dieser Politik. Stattdessen
wird anknüpfend an die Unterstellung ihrer abnehmenden individuellen Leistungsfähigkeit die Eigenverantwortung von Familie für die Erziehung, Bildung und gesellschaftliche Integration ihrer Kinder hervorgehoben. Eltern sollen in diesem Kontext
dafür Sorge tragen, dass ihre Kinder ausreichend gebildet werden, materiell abgesichert und zukünftig in der Lage sind, ihre Existenz ohne sozialstaatliche Alimen-
tierung sichern zu können. Gefordert werden in diesem Zusammenhang vermehrt
und verstärkt Investitionen in Kinder, Frauen und Familien, deren Inanspruchnahme an Eigenleistungen und eine Zunahme von Kontrolle familialer Erziehungs- und
Versorgungskompetenzen geknüpft wird. „Die ‚Sozialinvestition' ist gleichsam das
Premiumsegment aktivierender Sozialpolitik – und zu ihren Hauptklientel gehören
mit (…) ‚den' Frauen und Kindern diejenigen, die aus unterschiedlichen Gründen
(noch) nicht (voll) erwerbstätig und damit keine vollwertigen Mitglieder der gesellschaftlichen Produktivgemeinschaft sind, die diesen Status in näherer oder fernerer
Zukunft aber potenziell – mit öffentlicher Hilfe – erlangen können" (Lessenich 2008,
S. 98). Festgehalten werden kann in diesem Zusammenhang, dass die Familialisierung der Kinder- und Jugendhilfe mit großen Schritten voranschreitet, die Aktivierung von Elternverantwortung zu einem immer größeren Handlungsfeld der Kin-
der- und Jugendhilfe wird (Böllert 2010b; 2010c; Oelkers 2009). In dem Maße, wie
Familien immer stärker dazu veranlasst werden sollen, soziale Risiken privatisiert zu
bewältigen, in dem Maße besteht die Gefahr, dass die Kinder- und Jugendhilfe selbst
zu einem „Anhängsel" solcher Aktivierungsstrategien werden könnte (Richter et al.
2009). Teilhabe würde dann zu einem strukturell eingeforderten, letztendlich aber
individuell zu bewerkstelligen Unterfangen.

Aber nicht nur mögliche alternative Adressierungsprozesse einer Kinder- und
Jugendhilfe angesichts ihrer sozialinvestiven Familialisierung müssen analysiert
werden; darüberhinausgehend gilt es zu problematisieren, dass mit neuen und erweiterten Angeboten für Familien und ihre Kinder die in den Familien lebenden Jugendlichen bzw. jugendspezifische Bedarfslagen ebenso wie die junger Erwachsener
weitgehend ausgeblendet worden sind. In familienorientierten Maßnahmen kommen
weder die Jugendhilfe noch ihre Adressat_innen, die Jugendlichen und jungen Erwachsenen, deutlich erkennbar vor. Kurz um: nicht nur die Jugendhilfe, auch die
Jugendlichen und jungen Erwachsenen selbst stellen allzu häufig keine Adressat_in-
nengruppe dar, die öffentlich und politisch ausreichend genug von besonderem Interesse zu sein scheint, mit anderen Worten nur dann adressiert wird, wenn ihre
Lebensweisen und Ausdrucksformen von gesellschaftlich erwarteten Normalzuständen abweichen bzw. dann, wenn entsprechende Adressierungsprozesse Stigmatisie-
rungs- und Etikettierungseffekte zur Folge haben (Böllert 2009).

Jugend ermöglichen ist deshalb auch mehr als das Plädoyer für eine neue Jugend-
orientierung des aktuellen Fünfzehnten Jugendberichtes (BMFSFJ 2017). Den Ver-
kürzungen und Engführungen bisheriger Jugendbegriffe und damit auch einseitigen

Adressierungsprozessen stellt die Berichtskommission eine Sichtweise von Jugend gegenüber, die jenseits der Vielfalt von Lebensführungs- und Ausdrucksformen und der Diversität von Lebenslagen hervorhebt, dass Funktionszuschreibungen an Jugend identifizierbar sind, und dementsprechende Raum- und Zeitordnungen existieren. Sie unterscheidet vor diesem Hintergrund drei zentrale Kernherausforderungen des Jugendalters: Qualifizierung beinhaltet die Erwartung des Erwerbs von allgemeinbildenden, sozialen und beruflichen Handlungsfähigkeiten. Die soziokulturelle, ökonomische und politische Verantwortungsübernahme zielt auf Verselbstständigung, und mit der Selbstpositionierung wird die Anforderung formuliert, zwischen subjektiver Freiheit und sozialer Zugehörigkeit eine Balance ausbilden zu können.

Um Jugendliche und junge Erwachsene neu in den Horizont der politischen und gesellschaftlichen Aufmerksamkeit zu rücken, unterscheidet die Sachverständigenkommission zudem verschiedene Ebenen, die zwar ineinander übergehen, aber getrennt voneinander betrachtet werden. Im Grundsatz ist das Jugendbild neu zu diskutieren und die gesellschaftliche und politische Verantwortung gegenüber der Jugend zu profilieren. Notwendig ist es, die Lebenslagen Jugendlicher und junger Erwachsener differenziert zu betrachten und dementsprechend sozial-, bildungs- und jugendpolitisch zu gestalten. Zudem erfordern globale und (medien-)technologische Entwicklungen der Gegenwart eine spezifische Betrachtung von Herausforderungen des Jugendalters. Unterschiedliche Kristallisationspunkte der Jugendpolitik sind neu in den Kontext der Jugendbilder sowie der Lebenslagen Jugendlicher und junger Erwachsener zu stellen.

Entsprechende Empfehlungen begreifen Jugendliche und junge Erwachsene von daher vor allem als Ko-Produzenten von Zukunft. Jugend als Herausforderung an die Gestaltung gerechter Bedingungen des Aufwachsens zu begreifen, ist eine der zentralen Aufgaben, die der Jugendbericht auch, wenn nicht sogar vor allem für die Kinder- und Jugendhilfe sowie die Jugendpolitik definiert.

Ein Ort einer so verstandenen politischen und beteiligungsorientierten Bildung ist die *Kinder- und Jugendarbeit,* ein vielfältiges und in Veränderung begriffenes Handlungsfeld der Kinder- und Jugendhilfe, das sich in letzter Zeit – so zeigt es der 15. Kinder- und Jugendbericht – Schrumpfungstendenzen gegenübersieht (BMFSFJ 2017; Seckinger et al. 2016). Während nahezu alle anderen Handlungsfelder der Kinder- und Jugendhilfe wachsen, ist hier ein kontinuierlicher Rückgang des Personals und eine räumliche Ausdünnung der Angebote zu verzeichnen. Hieraus einen Bedeutungsverlust der Kinder- und Jugendarbeit abzuleiten, wäre vorschnell. Die Kinder- und Jugendarbeit bleibt im Prozess des Aufwachsens junger Menschen weiterhin bedeutsam. Bis zu 30 Prozent der jungen Menschen werden von der Jugendverbandsarbeit erreicht, in Sportvereinen liegen die Quoten noch deutlich darüber. Etwa die Hälfte der Jugendlichen im Alter von 12 bis 15 Jahren nimmt an Ferienfreizeiten teil. Etwa 10 Prozent der Jugendlichen besuchen ein Jugendzentrum. Auch Neugründungen von Jugendverbänden vor allem durch junge Migrantinnen und Migranten untermauern die Annahme, dass es sich lohnt, für den Fortbestand der Kinder- und

Jugendarbeit einzutreten. Die im Fünfzehnten Jugendbericht herausgestellten Spannungsfelder bspw. von Erreichbarkeit aller und tatsächlich erreichten Jugendlichen, von Eigeninteressen Jugendlicher und gesellschaftlichen Erwartungen, von vorstrukturierten und selbstorganisierten, von ehrenamtlich und professionell ausgerichteten Angeboten, verweisen auf eine notwendige Selbstvergewisserung der Kinder- und Jugendarbeit. Außerdem betont die Berichtskommission, dass für die Zukunft der Demokratie in einer komplexen und global vernetzten Welt sich die Frage stellt, wie Orientierungen in einer unübersichtlichen Welt vermittelt, wie politische Entscheidungen transparent gemacht und wie Räume für Partizipation eröffnet werden können. Die immer stärkere Entwicklung Deutschlands zu einer Einwanderungsgesellschaft macht es umso bedeutsamer, dass sich politische Bildung mit den Grundlagen und Werten einer freiheitlich demokratischen Gesellschaft beschäftigt. Kinder- und Jugendarbeit wird hierdurch zu einem zentralen Ort der Selbstpositionierung und der Selbstorganisation der Jugendlichen (BMFSFJ 2017, S. 365 ff.). Es bleibt abzuwarten, wie politische Bildungsprozesse zukünftig in der Kinder- und Jugendarbeit konzeptionell verankert werden und die Umsetzung der politischen Bildung zu einem Schwerpunkt der Kinder- und Jugendarbeit wird.

Weiterführende Ansätze einer *Jugendpolitik* finden sich in den Projekten, Initiativen und Beteiligungsformen einer Eigenständigen Jugendpolitik bzw. in der jugendpolitischen Strategie eines Handelns für eine jugendgerechte Gesellschaft (www.jugendgerecht.de), die perspektivisch ebenfalls um Ansätze einer politischen Bildung erweitert werden könnten. Die zentralen Vorhaben der Jugendstrategie 2015–2018 sind vielfältig: Die Eigenständige Jugendpolitik stellt Interessen und Bedürfnisse junger Menschen in den Mittelpunkt des gesellschaftlichen und politischen Handelns. Dieser Politikansatz soll bundesweit verbreitet und weiterentwickelt werden. Mit einem Jugend-Check sollen politische Vorhaben auf Jugendgerechtigkeit überprüft sowie Politik und Verwaltung dafür sensibilisiert werden. Die AG „Jugend gestaltet Zukunft" im Kontext der Demografiestrategie der Bundesregierung hat den demografischen Wandel aus der Perspektive der jungen Generation vor allem im ländlichen Raum diskutiert und zu entsprechenden Empfehlungen geführt. Die Koordinierungsstelle „Handeln für eine jugendgerechte Gesellschaft" bei der AGJ vernetzt Einzelvorhaben und Akteure der Jugendpolitik und begleitet Kommunen auf dem Weg zu mehr Jugendgerechtigkeit. Schließlich werden mit einem Innovationsfonds vielfältige Projekte gefördert – so bspw. Projekte der internationalen Jugendarbeit, der politischen und kulturellen Bildung. Mit Onlineplattformen wird eine breitere, jugendgemäße Beteiligung junger Menschen organisiert, und die EU-Jugendstrategie wird weiter umgesetzt, Austausch, Begegnung und Mobilität werden stärker gefördert.

Dies alles umfasst unterschiedliche Akteure und Orte der Jugendpolitik. Wichtig ist hierbei insgesamt die wirkungsvolle Beteiligung junger Menschen und ihrer Interessenvertretungen. Das alles veranschaulicht aber auch, dass eine jugendgerechte Gesellschaft mit wirkmächtigen Beteiligungsformen junger Menschen vielfach erst noch eingefordert und entsprechend ausgestaltet werden muss. Dass die Kinder- und Jugendhilfe dabei einer, wenn nicht sogar der zentrale Akteur ist, verweist zwar darauf, dass sie ihre vielfältigen Erfahrungen stellvertretend für und gemeinsam mit jungen Menschen in diesen Prozess einbringen kann. Es erwächst daraus aber auch die Notwendigkeit, sich selbstkritisch immer wieder zu fragen, ob die Adressierung von Gestaltungs- und Beteiligungsanforderungen an weitere Akteure der Jugendpolitik tatsächlich in jedem Fall auf der Erfahrung eigener Gestaltungsoptionen und Beteiligungschancen beruht.

4   Fachkräfte: Die herausgeforderte Profession

Gab es 1986 in Westdeutschland etwas über 300 000 Beschäftigte in der Kinder- und Jugendhilfe, so waren Ende 2006 nahezu 620 000 Personen in der Kinder- und Jugendhilfe tätig. Aktuell sind beinahe 800 000 Personen in der Kinder- und Jugendhilfe beschäftigt. Entscheidend ist in diesem Kontext, dass sowohl der Grad der Verfachlichung als auch der der Akademisierung und Professionalisierung des Personals stetig angestiegen ist, selbst in der Kindertagespflege sind Verberuflichungstendenzen erkennbar; Forderungen nach einer Qualifizierung von Pflegeeltern haben Eingang gefunden in entsprechende Konzeptualisierungen (Arbeitsstelle Kinder- und Jugendhilfestatistik 2017; Rauschenbach und Schilling 2016, Rauschenbach und Züchner 2015).

Dieser Personalzuwachs vollzieht sich vor dem Hintergrund einer Professionalisierungsdiskussion, die in Form eines reflexiven Handlungstypus die Strukturprobleme sozialpädagogisch professionellen Handelns in den Blick nimmt und dabei nicht mehr die Exklusivität der Zuständigkeit, sondern deren Qualität analysiert. Dabei wird dem herkömmlichen Professionsmodell mit seinem expertokratisch-zweckrationalem Wissen ein diskursives Wissen gegenübergestellt. „In der Sozialen Arbeit ist erfolgreiches Handeln an das Vermögen gebunden, Wissen fallspezifisch und in je besonderen Kontexten zu mobilisieren, zu generieren und differente Wissensinhalte und Wissensformen relational aufeinander zu beziehen. Es ist weiter an die organisationsstrukturell verankerte Befähigung gebunden, in Interaktionen mit den Adressaten eine Verständigung zu erzielen und zu klären, was aus der Sicht der Adressaten eine angemessene Unterstützung ihrer Lebensinteressen sein könnte" (Dewe und Otto, 2011, S. 1151). Demnach materialisiert sich Professionalität „gewissermaßen in einer spezifischen Qualität sozialpädagogischer Handlungspraxis, die eine Erhöhung der Handlungsoptionen, Chancenvervielfältigung und die Steigerung von Partizipations- und Zugangsmöglichkeiten aufseiten der Klienten zur Folge hat" (Dewe und Otto 2001, S. 1400).

Konstitutiv für dieses Professionsverständnis ist die besondere Relationierung von wissenschaftlichem Wissen, Professionswissen und Handlungswissen, die Spezifik eines sozialpädagogischen Fallverständnisses und seine dienstleistungstheoreti-

sche Fundierung. Dem herkömmlichen Professionsmodell mit seinem expertokratisch-zweckrationalem Wissen wird ein diskursives Wissen gegenübergestellt, „das
nicht nur wissenschaftlich, sondern immer auch sozialkulturell und lebenspraktisch
rückzubinden ist an die situativen Bedingungen der sozialen Handlungsvollzüge
und Handlungsprobleme. Professionelles Handeln ist in dieser Perspektive stellvertretendes Handeln (…), d. h. als die stellvertretende Interpretation von Handlungs-
problemen zu begreifen, die aber, so wie ihre Lösungen, in der Verantwortung der
AdressatInnen Sozialer Arbeit bleiben (…). Im Zentrum professionellen Handelns
steht also nicht das wissenschaftliche Wissen, sondern die Fähigkeit der diskursiven
Auslegung und Deutung von lebensweltlichen Schwierigkeiten und Einzelfällen mit
dem Ziel der Perspektiveneröffnung bzw. einer Entscheidungsbegündung unter Un-
gewissheitsbedingungen" (Dewe und Otto 2002, S. 179). Die sich daraus ergebende
Fallorientierung des sozialpädagogisch professionell Handelnden geht folglich weit
über die klassische Einzelfallhilfe hinaus. Die Verpflichtung zur Kontextualisierung
hat zur Konsequenz, dass Falldeutungen sich über personale Interaktionsbeziehun-
gen hinausgehend auch auf soziale Milieus, Organisationsstrukturen und Institutionen erstrecken.

Eine reflexive Professionalität beinhaltet von daher immer auch ein spezifisches Entsprechungsverhältnis von Wissen und Können, von Theorie und Praxis,
eine rein wissenschaftsbasierte Kompetenz ist als solche nicht hinreichend. So „betrachtet reflexive Sozialpädagogik das Professionswissen als nicht unmittelbar vom
Wissenschaftswissen abgeleitetes Wissen kategorial als Bestandteil des praktischen
Handlungswissens im Sinne einer spezifischen Kompetenz bzw. als Können. Wissenschaftswissen kann also ein professionelles Wissen und Können, das Handlungen anleitet, Orientierungen ermöglicht und durch Routinisierung entlastend wirkt, nicht
ersetzen. Das Handlungswissen der sozialpädagogischen Profession behauptet seinen Eigensinn" (Dewe und Otto 2002, S. 194). Mit einer systematischen Relationierung von Urteilsformen geht letztendlich eine Verpflichtung auf ein reflexives Wis-
sensverständnis und eine situative Angemessenheit einher.

Kernelement einer reflexiven Professionalität ist eine demokratische Rationalität,
die im unmittelbaren Handlungsvollzug auf der Partizipation der Adressatinnen und
Adressaten aufbaut, perspektivisch darüberhinausgehend zudem deren strukturellen Teilhaberechte institutionalisieren will. Die Forderung, einen eigenen Typus von
Professionalität zu entwickeln (Müller 2002, S. 735), schließt damit in Abgrenzung
von klassischen Professionen und neueren Expertenkulturen daran an, dass die Sicherung der „Sozialautonomie von Verfahrensteilnehmern" (Habermas 1997, S. 496)
sowohl Rechtsanspruch als auch professionelle Herausforderung ist. Die kommunikative Klärung des Gegenstandes des professionellen Handelns gemeinsam mit den
Adressaten und Adressatinnen und dies zumindest teilweise in Kooperation mit anderen Institutionen stellt somit eine der zentralen Besonderheiten professionellen sozialpädagogischen Handelns dar. Dessen organisatorisch-administrative Einbindung
steht in dieser Perspektive der Erreichung dieses Zieles nicht zwangsläufig im Wege.

Vielmehr ist die Qualität von Organisationsstrukturen selbst nur bedingt technisch herstellbar; stattdessen ist sie sehr viel häufiger Produkt der Wechselwirkungen von professionellem Handeln und organisatorischer Struktur (Böllert 2008a; Dewe und Stüwe 2016; Dewe und Peter 2016; Peter 2011).

Gefragt werden muss nach den Bedingungen, unter denen eine solchermaßen begründete reflexive Professionalität angeeignet und praxiswirksam eingelöst werden kann. Zunächst kann festgehalten werden, dass die Akademisierung der Kinder- und Jugendhilfe voranschreitet, jede zweite Fachkraft außerhalb der Kitas verfügt über einen Hochschulabschluss, die Anzahl der Studiengänge im Kontext der früh- und kindheitspädagogischen Studiengänge ist deutlich gestiegen und der Ausbau der Fachschulen für Sozialpädagogik und damit der Ausbildungskapazitäten setzt sich fort (Autorengruppe Fachkräftebarometer 2017). Erfreulich ist, dass der enorme Personalausbau der letzten Jahre bislang keine Prozesse der Dequalifizierung zur Folge gehabt hat, auch wenig qualifizierte Seiteneinsteiger sind bisher eine Ausnahme geblieben (BMFSFJ 2013, S. 273 ff.).

Festgehalten werden kann auch das Voranschreiten einer Feminisierung der Kinder- und Jugendhilfe. Gut 70 % des Personals ist weiblich. Alle Strategien, mehr Männer für die Kinder- und Jugendhilfe als Fachkräfte zu gewinnen, sind bislang mehr oder weniger gescheitert. Die Kinder- und Jugendhilfe wird außerdem gleichzeitig immer jünger und älter. Die höheren Altersgruppen, also die über 50-Jährigen, sind heute deutlich stärker besetzt als noch in früheren Erhebungsphasen. Die Kinder- und Jugendhilfe ist damit endgültig zu einem Lebensarbeitszeitberuf geworden. Dies macht Konzepte der Personalentwicklung und Qualitätssicherung notwendig, mit denen bspw. familienfreundliche Arbeitsplätze gestaltet werden können, die Erfahrung der älteren Kolleginnen und Kollegen wertgeschätzt wird und die Durchlässigkeit zwischen den verschiedenen Handlungsfeldern eröffnet wird.

Deutlich angestiegen sind die unter 30-Jährigen. Aufgrund des gestiegenen Personalbedarfs haben mehr neue und damit jüngere Fachkräfte Zugang zum Beschäftigungssystem gefunden. Nachdenklich stimmt, dass der Stellenzuwachs im Allgemeinen Sozialen Dienst nicht zu einer spürbaren Entlastung der Fachkräfte beigetragen hat, da gleichzeitig die Fallzahlen gestiegen sind. Nachdenklich stimmt auch, dass der Stellenzuwachs im ASD – wie auch der in den Hilfen zur Erziehung – überwiegend durch jüngere Fachkräfte und nicht selten durch Berufsanfängerinnen getragen wird. Angesichts des geringer gewordenen Praxisanteils in der Ausbildung der Fachkräfte, aber auch vor dem Hintergrund der komplexen Herausforderungen dieser Handlungsfelder ist es mehr als nur fragwürdig, die jungen Fachkräfte in dieser Situation alleine zu lassen. Die Träger der Kinder- und Jugendhilfe sind deshalb gefordert, den Berufsstart der Jüngeren fachlich zu begleiten und älteren Fachkräften Freiräume für eine kollegial gestaltete Berufseinmündung zur Verfügung zu stellen.

Vor allem für die Hilfen zur Erziehung gilt, dass die Betreuung von Kindern und Jugendlichen mit immer komplexeren Problemlagen zunehmend unter ökonomischem Druck erfolgt, mit immer kürzerer Verweildauer und entsprechend hoher

Fluktuation. Dem gegenüber stehen Teams, in denen ein großer Anteil über 40 Jahre alt und nach langjähriger Arbeit im Schicht-, Wochenend- und Nachtdienst zunehmender vom Burnout bedroht ist. Vor diesem Hintergrund verwundert es nicht, wenn die Befürchtung geäußert wird, dass der Verteilungskampf um pädagogisches Personal zu Lasten der Hilfen zur Erziehung gehen könnte (Böllert 2014).

Die Beschäftigung in Teilzeit ist in der Kinder- und Jugendhilfe umfassend zur Regel geworden. Selbst in anderen typisch weiblichen Arbeitsmarktsegmenten ist der Anteil der Vollzeitbeschäftigung höher. Dieses besondere Merkmal des Arbeitsmarktes Kinder- und Jugendhilfe aber einseitig als Prekarisierungstendenz zu kritisieren, hieße, etwas vorschnell zu werten. Wer sich von Trägern der Kinder- und Jugendhilfe beschreiben lässt, wie oft das Werben um eine Aufstockung der Stellen bei den Beschäftigten auf wenig Widerhall gestoßen ist, wer zuhört, wenn davon berichtet wird, dass als Teilzeitbeschäftigung ausgeschriebene Stellen manches Mal leichter zu besetzen sind als Vollzeitstellen, der wird in seinen Urteilen vorsichtiger sein müssen. Unterschieden werden muss stattdessen zwischen einer erzwungenen und einer selbst gewählten Teilzeitbeschäftigung. Letztere anzuerkennen hieße dann, die sich hierin äußernden Lebensentwürfe der Beschäftigten ernstzunehmen und zu akzeptieren, dass es auch in der Kinder- und Jugendhilfe selbstbestimmte Lebensvorstellungen jenseits einer dominanten Bezugnahme auf den Arbeitsmarkt gibt. Konzeptionell gilt es darüberhinausgehend zu überdenken, in welchen Handlungsfeldern eine kontinuierliche Beziehungsarbeit in Teilzeit überhaupt möglich ist.

Eindeutige Prekarisierungstendenzen sind vor allem dann unverkennbar, wenn erzwungene Teilzeitbeschäftigung, Beschäftigungsverhältnisse auch unterhalb der einer Halbtagsstelle immer häufiger anzutreffen sind, unfreiwillige Freiberuflichkeit, Beschäftigung auf Honorarbasis, Leiharbeit oder befristete Arbeitsverhältnisse zu typischen Beschäftigungsverhältnissen zu werden drohen (Fuchs-Rechlin 2016). Eine durch Erwerbsarbeit gesicherte Existenz gelingt diesen Fachkräften nicht, der Kinder- und Jugendhilfe droht in diesen Fällen eine De-Professionalisierung.

Die Möglichkeiten, durch eine reflexive Professionalität die Kinder- und Jugendhilfe zu gestalten, werden durch solche Beschäftigungsbedingungen nicht größer. Fachlichkeit ist aber auf Fachkräfte angewiesen, die bereits in ihrer Ausbildung die Erfahrung von Diskursivität machen können und die dann in der Kinder- und Jugendhilfe solche Strukturen vorfinden, die durch professionelle Steuerungsinstrumente zu deren Fachlichkeit im Interesse der Adressatinnen und Adressaten beitragen.

Aber nicht nur die aktuelle Personalstruktur in der Kinder- und Jugendhilfe gibt Anlass zu der Frage, ob die Realisierungschancen einer reflexiven Professionalität deutlich erschwert sind. Die einschneidenden Veränderungen im Rahmen des Bologna-Prozesses und die damit einhergehende Einführung von Bachelor- und Masterstudiengängen lassen ebenfalls eine gewisse Skepsis aufkommen (Böllert 2007). So ist die Soziale Arbeit in unterschiedlichster Form an den Hochschulen und den Universitäten in verschiedenem Umfang und in verschiedener Form in die neuen Studiengänge integriert. Vielfältigste Modulbeschreibungen und Abschlussbezeichnungen erschweren das Erkennen eines gemeinsamen Curriculums der Studiengänge. Die Kinder- und Jugendhilfe ist häufig nur randständig als genuiner Inhalt der entsprechenden Studiengänge erkennbar. Zumindest der Tendenz nach scheint eine Generalisierung zugunsten einer Spezialisierung aufgegeben worden zu sein; auch ein verbindlicher disziplinärer Kern ist vielfach im Wettbewerb der Hochschulen untereinander und der damit einhergehenden Suche nach Alleinstellungsmerkmalen verloren gegangen. Für potentielle Anstellungsträger ist in dieser Situation der Engführung von Studieninhalten, der Pluralisierung von Ausbildungswegen und der Vervielfältigung von Abschlussbezeichnungen oftmals nicht mehr eindeutig nachvollziehbar, von welchen Inhalten und vermittelten Kompetenzen sie bei den zukünftigen Absolventen und Absolventinnen ausgehen können.

Die Soziale Arbeit und damit auch die Kinder- und Jugendhilfe drohen als Ort der Disziplin und als Ort der Ausbildung einer Profession gleichermaßen zu erodieren. Wenn vor diesem Hintergrund die Erfolgsgeschichte der Professionalisierung der Kinder- und Jugendhilfe auch in der nahen Zukunft ihre Fortsetzung finden soll, sind also nicht nur entscheidende Verbesserungen die Personalstruktur betreffend erforderlich, vielmehr steht auch die Ausbildungssituation vor erheblichen Herausforderungen. Es gilt nach Wegen zu suchen, auch in Zukunft die Professionalisierung der Kinder- und Jugendhilfe voranzutreiben, statt sie vordergründigen Modernisierungsprozessen zu opfern.

Bildung und Lernen unterliegen heute einem lebenszyklischen Verständnis. Dynamische Prozesse in den unterschiedlichen Arbeitsfeldern verlangen und erwarten von den Beschäftigten eine kontinuierliche, lebenslange Fortschreibung ihres Wissens und Könnens. Weiterbildung als vierte Säule des Bildungssystems (neben Schulen, Betrieben, Hochschulen) gilt als die Fortsetzung oder die Wiederaufnahme organisierten und zertifizierten Lernens nach Abschluss einer Bildungsphase und zwischenzeitlicher Berufstätigkeit. Weiterbildung knüpft vor allem daran an, dass angesichts steigender Anforderungen an das berufliche Handeln die notwendige Fachlichkeit mit dem Abschluss einer Erstausbildung auf Dauer nicht mehr gewährleistet werden kann. Es geht in der Weiterbildung somit darum, das bereits erworbene Wissen, die angeeigneten Fähigkeiten und Fertigkeiten kumulativ weiterzuführen, grundlegend Versäumtes nachzuholen, ‚überholte' Qualifikationen durch neue zu ersetzen und das lebenslange Lernen systematisch zu ermöglichen. Weiterbildung soll die zur Bewältigung und Gestaltung neuer beruflicher Herausforderungen notwendige Innovationskraft sichern. Berufliche Fortbildung dient demgegenüber stärker dazu, arbeitsplatzbezogene Qualifizierungsmaßnahmen auch im Arbeitgeberinteresse mit dem Ziel umzusetzen, berufsspezifische Kompetenzen zu reflektieren, zu vertiefen, zu erneuern oder zu erweitern.

Das Konzept des lebensbegleitenden Lernens in einer Wissensgesellschaft gilt auch für die Fachkräfte der Kinder- und Jugendhilfe – so die Empfehlungen der AGJ (2007) zur Sicherung der Fachlichkeit der Kinder- und Jugendhilfe durch eine qualifizierte Fort- und Weiterbildung. Persönliche und fachliche Kompetenzen sowie berufliche Perspektiven der sich Fortbildenden werden gefördert. Fort- und Weiterbildung ist für die Fachkräfte der Kinder- und Jugendhilfe notwendiger Bestandteil einer – auch persönlichen – Strategie für ein lebenslanges Lernen. Ein Nutzen ergibt sich aus der Perspektive der Träger der Einrichtungen und Dienste der Kinder- und Jugendhilfe insbesondere hinsichtlich der Sicherung und Weiterentwicklung der Qualität des Angebotes und der Bereitstellung von qualifiziertem Personal. Es ist daher im Sinne der Träger der Einrichtungen und Dienste der Kinder- und Jugendhilfe, Fort- und Weiterbildung ihrer Mitarbeiter und Mitarbeiterinnen zu unterstützen. Dabei sollte der Anstellungsträger die Rahmenbedingungen für den Transfer des neu angeeigneten Wissens bzw. der zusätzlichen Kompetenzen so gestalten, dass die Fachkräfte die Gelegenheit haben, die erworbenen neuen fachlichen Erkenntnisse und Kompetenzen in der Praxis anzuwenden. Auch der Fortbildner ist in der Verantwortung für einen gelingenden Transfer, das heißt Fort- und Weiterbildung sollte grundsätzlich so konzipiert sein, dass die Umsetzung in den Alltag Bestandteil der Maßnahme ist. Auch zeigt sich der Nutzen aus der Perspektive der Adressatinnen und Adressaten der Kinder- und Jugendhilfe. Fortbildung befindet sich in einem ständigen Entwicklungsprozess, denn Kinder, Jugendliche, Eltern und Familien haben Anspruch auf kompetente Fachkräfte, die sie – in einer sich ständig wandelnden Gesellschaft – beim Aufwachsen und in der Erziehung unterstützen, begleiten und beraten. ‚Gute‘ Fortbildung fördert (oder erhält) die Fähigkeit zu Lernen sowie Kompetenzen und Potenziale der Teilnehmenden, sich auf neue fachliche Entwicklungen einstellen zu können. Dies ist eine wichtige Voraussetzung für die Weiterentwicklung des jeweiligen Arbeitsfeldes.

Im Kontext der Reform der sozialpädagogischen Ausbildungen hat die Jugendministerkonferenz bereits 2005 auf die Bedeutung der Fort- und Weiterbildung hingewiesen, und betont, dass die Herausbildung der fachlichen und professionellen Identität sozialpädagogischer Fachkräfte nicht mit der Ausbildung abgeschlossen ist, sondern in einem Prozess lebenslangen Lernens vonstattengeht. Die Vielfalt und Komplexität der sozialpädagogischen Praxis, die sich aus den Besonderheiten der jeweiligen Arbeitsfelder, den konkreten Aufgaben und den institutionellen und rechtlichen Rahmenbedingungen ergeben, können nicht annähernd in der Ausbildung abgebildet werden. Um die zur Bewältigung der jeweiligen Anforderungen erforderlichen Handlungskompetenzen systematisch erwerben zu können, braucht es deshalb auf die Ausbildung abgestimmte sowie konzeptionell vernetzte, die berufliche Tätigkeit begleitende qualifizierte Angebote der Fort- und Weiterbildung als Teil einer modularisierten Qualifizierungslandschaft.

Die systematische Berücksichtigung von Fort- und Weiterbildungsbedarfen in der Personalplanung der Träger der öffentlichen und freien Kinder- und Jugendhilfe ist ein Merkmal der qualitativen Gestaltung von Beschäftigungsverhältnissen, ein Merkmal unter anderen, dass die Attraktivität des Arbeitsfeldes Kinder- und Jugendhilfe erhöhen kann, beispielsweise dann, wenn eine Kostenbeteiligung des Anstellungsträgers stattfindet oder Arbeitszeiten so geregelt werden, dass die Teilnahme an berufsbegleitenden Qualifizierungsmaßnahmen und Studiengängen gelingen kann. Solche und viele andere qualitätsherstellenden und -sichernden Arbeitsplatzmaßnahmen werden in Zukunft zwingend erforderlich sein, will die Kinder- und Jugendhilfe ihre Fachlichkeit angesichts eines sich immer deutlicher abzeichnenden Fachkräftemangels nicht aufgeben.

Alleine für den Bereich der Kindertagesbetreuung einschließlich der Horte hat das DJI in einer aktuellen Prognose das Fehlen von bis zu 329 000 Fachkräften betont, sollen zukünftig der Geburtenanstieg, die Zuwanderung, nicht erfüllte Elternwünsche sowie der Personalersatz bzw. ein verbesserter Personalschlüssel umgesetzt werden (Rauschenbach et al. 2017). Da auch in anderen Handlungsfeldern der Kinder- und Jugendhilfe ein Fachkräftemangel droht, die Kinder- und Jugendhilfe vor dem Hintergrund des demografischen Wandels mit anderen Arbeitsmarktsegmenten um junge Fachkräfte konkurriert, werden erhebliche Anstrengungen gemeinsam von Ländern, Fachschulen, Hochschulen und Universitäten sowie der Anstellungsträger erforderlich sein, um hier Strategien zu entwickeln, in deren Folge die Ausbildungskapazitäten gesteigert, die Qualität von Aus-, Fort- und Weiterbildung gesichert, die Durchlässigkeit des Ausbildungssystems gewährleistet und die Arbeitsplatzqualität erhöht werden muss – mit dem Ziel, auch zukünftig die Fachlichkeit der Kinder- und Jugendhilfe als reflexive Professionalität gewährleisten zu können.

5 Wissenschaftliche Fundierung: Theoretische Vergewisserungen und empirischen Analysen

„Strukturell scheint ein empirisch aufgeklärter, reflexiv grundierter Theoriebildungsprozess am ehesten in der Lage, die Grundvokabeln des sich gegenwärtig vollziehenden gesellschaftlichen Wandels zu kontextualisieren, in Forschungsfragen zu operationalisieren und dabei nicht nur die Erfolge, sondern auch die Effekte und Nebenfolgen des disziplinären wie professionellen sozialpädagogischen Gesamtprojektes empirisch wie theoretisch in den Blick zu nehmen. Die sich so konstituierende neue Form der Theoriebildung konzentriert sich folglich (…) nicht ausschließlich auf die semantische Konstruktion eines stimmigen Theoriegebäudes. Das über die Modellierung einer eigenständigen Forschungskultur grundgelegte sozialpädagogische Projekt wird in dieser Perspektive zum Auslöser und Kristallisationspunkt des Theoriebildungsprozesses der Sozialen Arbeit und umgekehrt wird dieser selbst und die sozialpädagogische Praxis zum Gegenstand von Forschung" – so Böllert und Thole (2013, S. 6) in ihrer Skizze einer theoretischen Architektur der Sozialen Arbeit.

Bezieht man diese Architektur auf die Kinder- und Jugendhilfe als wesentlichen Teil des sozialpädagogischen Theoriebildungs- und Forschungsprozesses, dann finden theoretische Vergewisserungen und empirische Analysen in der Kinder- und Jugendhilfe vornehmlich als Praxis-Forschungs-Theorie-Transfer statt, d. h. die Praxis der Kinder- und Jugendhilfe ist nicht nur Gegenstand von Forschung und dabei

Anwendungsfeld empirischer Analysen, sie selbst und ihre Erforschung wird zum Ausgangspunkt einer sozialpädagogischen Theoriebildung. So haben gerechtigkeitstheoretische Überlegungen, Fragen der Organisationstheorie, Konzeptualisierungen der Professionalisierung der Kinder- und Jugendhilfe und wissenschaftliche Fundierungen einer Lebenswelt- und Dienstleistungsorientierung ihren wesentlichen Ausgangspunkt in der Auseinandersetzung mit der wohlfahrtsstaatlichen Regulierung der Kinder- und Jugendhilfe und den sozialstaatlichen Konstituierungsprozessen ihrer Adressatinnen und Adressaten vor dem Hintergrund gesellschaftlicher Transformationsprozesse.

Differenziert werden kann hierauf bezogen zum einen ein Forschungsverständnis, das in erster Linie die empirische Rekonstruktion der organisationalen, professionellen und wohlfahrtsstaatlichen Rahmungen der Kinder- und Jugendhilfe fokussiert und zum anderen ein Forschungsverständnis, das sich über die Rekonstruktion der Praktiken Sozialer Arbeit bzw. der Kinder- und Jugendhilfe realisiert. Beiden Forschungsperspektiven gemeinsam ist, dass sie die konkret realisierten Hilfe-, Bildungs- und Erziehungsprozesse sowie ihre Szenarien und die in ihnen zum Ausdruck kommenden Konzepte, Methoden, Techniken und Instrumente, organisationalen Rahmungen und normativen Diktionen, Deutungsweisen und Präsentationsformen der Produktion und Reproduktion von Sozialer Arbeit sowie die Subjektperspektiven der Akteur_innen verstehen wollen, womit gleichermaßen Fachkräfte wie Adressatinnen und Adressaten einbezogen sind. Hierüber sollen empirisch gesicherte und gleichsam theoriegenerierende Antworten auf die Frage gefunden werden, was Kinder- und Jugendhilfe in modernen Gesellschaften eigentlich bedeutet und ausmacht (ebd.). Folgt man einer solchen durch die Praxis der Kinder- und Jugendhilfe konstituierten „Theorie der Praxis", dann ist diese zusätzlich aufgefordert, neben Erklärungswissen auch Handlungswissen zur Verfügung zu stellen (Thole 2013a, S. 31). Eine solchermaßen begründete forschungsbezogene sozialpädagogische Theoriebildung kann ihr anspruchsvolles Programm nicht ohne die Bezugnahme auf andere erziehungswissenschaftliche Teildisziplinen und Theorien aus anderen Nachbardisziplinen realisieren. „Soziale Arbeit agiert hier als Grenzgängerin, um die Begrenzungen einer wissenschaftlich rein disziplinären Analyse aufzubrechen mit dem Ziel, eigene Sichtweisen zu erweitern, Praxiszusammenhänge theoretisch umfassender und Forschungen konzeptionell erweitert begründen zu können" (Böllert 2013a, S. 199).

Ein Blick in die Forschungslandschaft der Kinder- und Jugendhilfe auf der Grundlage dieser zunächst abstrakten Relationierung von Praxis, Forschung und Theoriebildung veranschaulicht, dass sich nicht nur die Kinder- und Jugendhilfe selbst ausdifferenziert hat, auch ihre Forschungsfundierung ist vielfältig und unübersichtlich geworden und das sowohl in Bezug auf die untersuchten Forschungsfragen, die Forschungsansätze, die Forschungsförderung, in Hinblick auf die Orte von Forschung, die Forschenden selbst und die Adressaten und Adressatinnen der Ergebnisse von Forschungsarbeiten. Auf der einen Seite stehen Daten einer Art Dauerbeobachtung der Kinder- und Jugendhilfe durch das Projekt „Jugendhilfe und sozialer Wandel" beim DJI in München zur Verfügung, mit dem die Strukturen, Angebote und Verfahren der Kinder- und Jugendhilfe in Deutschland und deren Veränderungen empirisch abgebildet und die Umsetzung des SGB VIII in der Praxis untersucht wird, Entwicklungen beschrieben, Herausforderungen für die Weiterentwicklung der Kinder- und Jugendhilfe zu formuliert werden. Dem stehen lokal begrenzte Einzelfallstudien kleinerer Forschungsvorhaben bspw. im Rahmen einer kommunalen Kinder- und Jugendberichterstattung gegenüber. So differenziert Schefold (2010) zwischen Forschungstypen einer sozialpädagogischen Ressort-, Bereichs- und Verbundforschung, einer sozialpädagogischen Adressat_innenforschung, feldübergreifenden Schwerpunktforschungen, lokaler und regionaler Forschung, internationaler Forschung, Forschung als Selbstbeobachtung der Praxis und einer Sozialberichterstattung als Forschung. Treptow (2011) setzt die Internationalisierung der Sozialen Arbeit in ein Verhältnis zu internationalen Vergleichen und Komparatistik. Jordan/Maykus und Stuckstätte setzen sich mit der Relevanz und den Problemfeldern der Praxisforschung auseinander (2015, S. 454 ff.) und Hansbauer (2011) analysiert die Bedeutung sozialpädagogischer Institute hinsichtlich ihrer Funktion für Forschung, Evaluation und Beratung.

Eine systematische Erfassung der unterschiedlichen Forschungsaktivitäten steht bislang noch aus und kann auch in diesem Beitrag nicht geleistet werden. Stattdessen soll auf jene für die Kinder- und Jugendhilfe mehr als nur entscheidende Datenzugänge verwiesen werden, die zwar durchaus unterschiedlich, dennoch aber aufeinander bezogen sind und ohne die Fachdiskurse innerhalb der Kinder- und Jugendhilfe ebenso wenig vorstellbar sind wie auf sie Bezug nehmende Forschungsarbeiten, an sie anknüpfende Fachdiskurse und sie ermöglichende sozial- und fachpolitische Positionierungen.

Zunächst ist hier die Arbeitsstelle für Kinder- und Jugendhilfestatistik beim Forschungsverbund des Deutschen Jugendinstituts und der TU Dortmund zu nennen. Die Kinder- und Jugendhilfestatistik ist so etwas wie die Leistungsshow der Kinder- und Jugendhilfe und gleichzeitig ihr Rückgrat für fachliche Auseinandersetzungen (Schilling 2016). So gibt sie Auskunft darüber, wie viele Menschen durch Angebote der Kinder- und Jugendhilfe erreicht werden, wie viele Personen in der Kinder- und Jugendhilfe einen Arbeitsplatz gefunden haben, schließlich, welches sozialstaatliche Gewicht die Kinder- und Jugendhilfe hat, was einhergeht mit der Analyse ihrer Kosten und Finanzierungsstrukturen. Umgekehrt heißt dies natürlich auch, dass die Kinder- und Jugendhilfestatistik auf Defizite, Angebotslücken und Fehlentwicklungen aufmerksam macht. Die Kinder- und Jugendhilfestatistik trägt in der Kinder- und Jugendhilfe zur empirischen Fundierung der entsprechenden Fachdebatten bei. Sie ist zwar kein Ersatz für Forschung, macht aber auf weitergehende Forschungsbedarfe aufmerksam und ermöglicht Aussagen zum Personal, zu Ausgaben und zu den Handlungsfeldern der Kinder- und Jugendhilfe, die einen bloß postulativen Charakter oder lediglich normative Begründungen weit hinter sich lassen. Sie ermöglicht außerdem die Integration der Kinder- und Jugendhilfe in Prozesse eines social monitorings, mit denen strukturelle Prozesse, Veränderungen und Wirkungen in Form einer Sozialberichterstattung erfasst werden können. Dass die Kinder- und Jugendhilfe heute nahezu selbstverständlicher Bestandteil auch der bundesweiten Bildungsberichterstattung ist, wäre jenseits einer Kinder- und Jugendhilfestatistik nicht vorstellbar. Schließlich sind mit der Kinder- und Jugendhilfestatistik fachpolitische Positionierungen möglich geworden, die ein ganz anderes, politisch bedeutsameres Gewicht haben, als dies ohne Kinder- und Jugendhilfestatistik möglich gewesen wäre. Fachpolitische Positionierungen werden durch die Kinder- und Jugendhilfestatistik geradezu unumgänglich, will man die Deutungshoheit über die Daten nicht fachfremden Interessenvertretern überlassen.

Zunächst einmal ist die Kinder- und Jugendhilfestatistik nicht mehr und nicht weniger als eine umfängliche Datensammlung, eine unendlich scheinende Sammlung von Zahlen und Statistiken. Ihre Relevanz erhalten diese Zahlenkolonnen erst in dem Augenblick, in dem sie kommentiert und interpretiert werden. Dabei erhält die bundesweite Statistik vielfach eine spezifische Dynamik erst dadurch, dass sie Vergleiche zwischen den einzelnen Bundesländern ermöglicht, Übereinstimmungen hervorhebt und Unterschiede begründungsbedürftig macht. Tatsache ist, dass sich die Länder, bedingt durch die Daten der Statistik, fachlich legitimieren und politisch positionieren müssen. Auch sie sind Akteure der Statistik, indem sie sie interpretieren, in politische Entscheidungsprozesse einmünden lassen bzw. zur Rechtfertigung ihres kinder- und jugendhilfepolitischen Handelns heranziehen. Dies alles trägt insgesamt zu einer Professionalisierung des kinder- und jugendhilfepolitischen Handelns beiträgt.

Zweitens ist auf die mittlerweile 15 Kinder- und Jugendberichte zu verweisen. Sieht man von den Schwierigkeiten einer anfänglichen Jugendberichterstattung ab, dann sind die Kinder- und Jugendberichte Instrumente der Politikberatung, bedeutsame Referenzpunkte der fachlichen Selbstvergewisserung der Kinder- und Jugendhilfe, dokumentieren interdisziplinär erzeugtes Wissen, gelten als unabhängige fachliche Autorität und belastbare Berufungsinstanz und beinhalten zahlreiche Anregungsmöglichkeiten wie diskursive Projektionsfläche (Lüders 1997; 2003; 2007). So haben die Gesamtberichte, wenn auch mit einer gewissen zeitlichen Verzögerung, Eingang gefunden in die Fachdebatten und die jeweiligen Diskurse über die Lebensweltorientierung, die Dienstleistungsorientierung, die Perspektiven des Aufwachsens junger Menschen in öffentlicher Verantwortung. Andere Berichte haben den Blick der Kinder- und Jugendhilfe für ihre Adressat_innengruppen geschärft, wie zunächst für die Kindheit und in dem aktuellen Bericht den für die Jugend. Wiederum andere Berichte haben die Notwendigkeit der Auseinandersetzung mit Fragen der Geschlechtergerechtigkeit, der Bildung und der Gesundheit junger Menschen befördert. Kinder- und Jugendberichte sind somit gleichermaßen die Synopse kinder- und jugendhilfespezifischer Fachdebatten, das Podium kinder- und jugendhilfespezifischer Positionierungen und Forum der Anregung ihrer Weiterentwicklung.

6   Kinder- und Jugendhilfe: Herausforderungen und Perspektiven

Betrachtet man die gegenwärtige Situation der Kinder und Jugendhilfe insgesamt, so ist diese durch eine eigentümliche Gemengelage zu charakterisieren. Auf der einen Seite stellt sich die Entwicklung der Kinder- und Jugendhilfe in Hinblick auf ihre gesellschaftliche Relevanz, in Bezug auf ihre Bedeutung für das öffentliche Aufwachsen von Kindern und Jugendlichen sowie für die Unterstützung von Familien in der Wahrnehmung ihrer privaten Erziehungsverantwortung als eine Erfolgsgeschichte dar, die ihresgleichen sucht. Betreuung, Erziehung und Bildung, Schutz und Förderung junger Menschen sind ohne die Kinder- und Jugendhilfe nicht vorstellbar. Auf der anderen Seite steht die Kinder- und Jugendhilfe zentral in dem Aufmerksamkeitsspektrum einer öffentlichen Debatte, die eine weiterentwickelte Kinder- und Jugendhilfe einfordert und die wachsenden Ausgaben für die Kinder- und Jugendhilfe zunehmend kritisch daraufhin überprüft, ob die damit einhergehenden Erwartungen an die Leistungsfähigkeit der Kinder- und Jugendhilfe auch tatsächlich erfüllt werden können. Vor diesem Hintergrund sollen abschließend einige der zentralen Herausforderungen und Perspektiven der Kinder- und Jugendhilfe benannt werden, die den vorausgegangenen Abschnitten noch keine besondere Erwähnung gefunden haben.

Reform des SGB VIII: Mehr als 25 Jahre seit Inkrafttreten des SGB VIII und trotz des Scheiterns der Reform des SGB VIII in der 18.Legilaturperiode des Bundestages und der an diesem Vorhaben formulierten Kritik (AGJ 2016; 2016a; Bernzen 2016; Böllert 2016a; Münder 2016) bleiben die Herausforderungen einer Weiterentwicklung der Kinder- und Jugendhilfe unverändert bestehen. Es gibt gute Gründe dafür, dass das, was weite Teile der Kinder- und Jugendhilfe immer wieder gefordert haben – die so genannte große bzw. *inklusive Lösung* – in der Kinder- und Jugendhilfe umgesetzt werden sollte. Zukünftig sollten alle Kinder und Jugendlichen, unabhängig von der Art ihrer Behinderung, in die Zuständigkeit der Kinder- und Jugendhilfe fallen. Der Verschiebebahnhof, dem Eltern und ihre behinderten Kinder in den Zuständigkeits- und Finanzierungsstreitigkeiten zwischen verschiedenen Leistungsträgern ausgesetzt sind, würde stillgelegt. Sollte eine solche Zuständigkeitserweiterung der Kinder- und Jugendhilfe umgesetzt werden, dann stehen entscheidende Veränderungen in der Kinder- und Jugendhilfe in vielfacher Hinsicht an. So würde das Jugendamt als strategisches Zentrum der Kinder- und Jugendhilfe endgültig zur mit Abstand größten Verwaltungseinheit im kommunalen Raum. Auch personell sind erhebliche Umschichtungen vorauszusehen. So wird ein nicht unerheblicher Teil der Verwaltungsfachkräfte aus der Sozialhilfe in die Kinder- und Jugendhilfe wechseln müssen. Damit trifft ein Personal, das bislang nicht über einschlägige Erfahrungen der Hilfeplanung und der Beteiligung von Adressaten und Adressatinnen verfügt, auf sozialpädagogische Fachkräfte, die ihrerseits kaum auf Kenntnisse in Bezug auf differenzierte Eingliederungshilfen, diagnostische Verfahren und hieraus ableitbare Unterstützungsbedarfe zurückgreifen können. Dies setzt die Umsetzung eines Fort- und Weiterbildungsbedarfes voraus, der, so wie die anderen Veränderungsprozesse auch, Zeit benötigt, was längere Übergangsfristen nötig macht. Entscheidend dürften vor allem die Haltungen der Fachkräfte sein, mit denen sie den ‚neuen' Adressatinnen und Adressaten gegenüber treten. Beeinträchtigte junge Menschen und deren Eltern in der Wahrnehmung und Zusammenarbeit nicht auf ihre Behinderung zu reduzieren, sondern diese mit ihren besonderen Potentialen und Ressourcen anzuerkennen, setzt entsprechende Haltungen voraus, die sich nicht auf die Vermittlung von Wissen und Kenntnissen reduzieren lassen.

Eine ‚inklusive' Lösung kann sich von daher auch nicht allein auf eine erweiterte Zuständigkeit der Hilfen zur Erziehung beziehen und den Inklusionsgedanken auch nicht auf die bloße Integration behinderter junger Menschen in die Kinder- und Jugendhilfe beschränken. Ein SGB VIII, das die Inhalte und Regelungen der Kinderrechtskonvention der Vereinten Nationen und die der Behindertenkonvention der UN gleichermaßen repräsentiert, befördert eine Kinder- und Jugendhilfe, die mehr sein muss, als die bislang diskutierte ‚große' Lösung. Erst, wenn alle jungen Menschen ein Recht auf die Förderung ihrer Entwicklung und auf Erziehung zu einer eigenverantwortlichen und gemeinschaftsfähigen Persönlichkeit unabhängig von ihrer sozialen Herkunft, ihrem Geschlecht, ihren kulturellen und sexuellen Orientierungen sowie unabhängig von ihren seelischen, geistigen und körperlichen Beeinträchtigung haben, erst dann wird in der Umsetzung eines solchermaßen präzisierten § 1 SGB VIII aus der ‚großen' Lösung eine ‚inklusive' Lösung und die Kinder- und Jugendhilfe nicht nur größer, sondern tatsächlich auch inklusiv.

Eine umfängliche Reform des SGB VIII hätte zudem auch an jene Inhalte anzuknüpfen, die für die Debatten über die Notwendigkeit der Weiterentwicklung der Kinder- und Jugendhilfe ursächlich waren: Stärkung der Steuerungsverantwortung des Jugendamtes bei Beibehaltung der partnerschaftlichen Zusammenarbeit den Trägern der freien Kinder- und Jugendhilfe, Reflexion der Organisationsgestaltung und Stärkung der Infrastrukturgestaltung durch Jugendhilfeplanung und entsprechende Finanzierungsformen, angemessene Ausgestaltung des ASD's, Unterstützung von Steuerungshandeln durch Forschung, Kooperation an den Schnittstellen innerhalb der Kinder- und Jugendhilfe: Kindertagesbetreuung, Kinder- und Jugendarbeit, Eltern- und Familienbildung sowie Familienerholung, Frühe Hilfen, Kooperation an den Schnittstellen zu anderen Systemen: Schule, Arbeitsförderung, Gesundheitssystem.

Wirkungsorientierung: Aktuell werden gut siebzig Prozent der Kosten für die Kinder- und Jugendhilfe von den Kommunen finanziert und da in den letzten Jahren kein anderer Leistungsbereich der Kommunen so deutlich gestiegen ist wie der der Kinder- und Jugendhilfe, steht die Kinder- und Jugendhilfe verstärkt vor der Aufgabe, ihre Ausgaben rechtfertigen zu müssen. Vor allem eine Kinder- und Jugendpolitik als gesamtgesellschaftliche Verantwortungsübernahme ist hier gefragt, damit die Gestaltung positiver Lebenswelten junger Menschen nicht abhängig wird von der jeweiligen kommunalen Haushaltssituation. Der Anteil der Jugendhilfeausgaben am gesamten kommunalen Haushalt beträgt mittlerweile über 15 %. Die Ausgaben für die Kinder- und Jugendhilfe werden vor diesem Hintergrund immer mehr zum Gegenstand kommunaler Haushaltsdebatten um mögliche Einsparpotentiale. Der Erhalt, der Auf- und Ausbau einer sozialen Infrastruktur für Familien und junge Menschen mit und jenseits einer Finanzierung über die Einlösung individueller Rechtsansprüche setzt von daher politische Vergewisserungsprozesse über den Stellenwert der Kinder- und Jugendhilfe voraus, die die Kinder- und Jugendhilfe selbst initiieren und befördern muss. Die Ausgaben für die Kinder und Jugendhilfe und insbesondere diejenigen für die Hilfen zur Erziehung sind und bleiben Gegenstand kommunaler Verteilungskämpfe.

Es zeichnet sich ab, dass es derzeit im Bereich der Hilfen zur Erziehung keine Indikatoren gibt, die dafür sprechen, dass selbst aufgrund einer Verbesserung der sozioökonomischen Verhältnisse betroffener Familien deutliche Rückgänge in den Bedarfslagen zu erwarten sind, und in den Jugendämtern wird sogar von einem wachsenden Bedarf im Kontext der ambulanten Hilfen ausgegangen (BMFSFJ 2013, S. 381). So werden erhebliche jugendhilfepolitische Anstrengungen erforderlich sein, die Ausgaben für die Kinder- und Jugendhilfe zu legitimieren, um angesichts der Legitimationsprobleme wachsender Ausgaben das Handeln auch weiterhin an Chancengleichheit ausrichten zu können.

Wesentlich ist in diesem Kontext der zentrale Hinweis darauf, dass für viele Handlungsfelder der Hilfen zur Erziehung anspruchsvolle Kriterien der Leistungsmessung fehlen. Gerade angesichts des Wachstums der Kinder- und Jugendhilfe müssen solche Kriterien verlässlich Auskunft darüber erteilen können, mit welchen positiven (oder auch negativen) Wirkungen Angebote der Kinder- und Jugendhilfe in Anspruch genommen werden. Solche Wirkfaktoren einer örtlichen Gestaltung der Kinder- und Jugendhilfe gewinnen insbesondere vor dem Hintergrund von Finanzierungsproblemen der Kommunen ein erhebliches Gewicht. Forschungen zur Wirkungsorientierung haben dabei eindeutig entsprechende Wirkfaktoren herausarbeiten können, deren Einlösung aber nicht flächendeckend vorausgesetzt werden kann und die eine Qualifizierung der sozialpädagogischen Praxis und ihre Steuerung über „weiche" Faktoren notwendig erscheinen lassen. Wichtig ist demzufolge das Ausmaß, in dem Kinder, Jugendliche und Eltern sich beteiligt fühlen, die Qualität der Arbeitsbeziehungen zwischen Fachkraft und jungen Menschen, die Verbindlichkeit gemeinsamer Verfahrensregeln im Hilfeprozess, die Qualität der Kooperation zwischen freien und öffentlichen Trägern (Micheel 2014).

Leistungen und Angebote der Kinder- und Jugendhilfe zielen darauf ab, die Handlungsfähigkeit der Adressatinnen und Adressaten zu stärken und einer Verfestigung von Problemlagen frühzeitig entgegenzuwirken. Eine der wesentlichen Voraussetzungen hierfür ist, dass sich die Adressatinnen und Adressaten als handlungsfähig und wirkmächtig erfahren. Partizipation ist Ausdruck von Menschen- und Kinderrechten und verlangt, jungen Menschen wie Erwachsenen als Subjekte zu begegnen. Sie ist das wichtigste pädagogische Mittel zur Erreichung von nachhaltigen Lösungen und Übernahme von Eigenverantwortung. Im Rahmen der Weiterentwicklung der Hilfen zur Erziehung bedeutet dies, junge Menschen und ihre Familien, wo immer es fachlich sinnvoll ist, aktiv an der Planung und Ausgestaltung von Angeboten und Maßnahmen zu beteiligen und entsprechend Zeit und Kompetenzen in die partizipative Gestaltung der jeweiligen Prozesse zu integrieren (Macsenaere 2013). Befähigungs- und Verwirklichungschancen als Maßstab zur Evaluation von Hilfen zur Erziehung am Beispiel der Bielefelder Evaluation des Bundemodellprogramms „Wirkungsorientierte Jugendhilfe" haben folgende Wirkmöglichkeiten ergeben: Optimismus, Selbstwert, Selbstwirksamkeit, Soziale Beziehungen, Selbstbestimmungskompetenzen, Sicherheit und Obhut, materielle Ressourcen, Normative Deutungsangebote sowie Fähigkeiten zur Selbstsorge (vgl. Albus et al. 2010).

Solche zu dokumentierenden Wirkungen können für die Hilfen zur Erziehung nicht nur maßgeblich und insbesondere aus der Perspektive der Adressaten und Adressatinnen ausgesprochen wünschenswert sein; sie würden außerdem den einseitigen Blick einer rein fiskalisch motivierten Messung von Wirkungen in Hinblick auf adressatenorientierte fachliche Standards deutlich erweitern.

Kinderrechte: In Deutschland wurde, insbesondere seit der Verabschiedung der UN-Kinderrechtskonvention (UN-KRK) und deren anschließender Ratifizierung, immer wieder die Frage einer expliziten Aufnahme der Kinderrechte in das Grundgesetz diskutiert. In den zahlreichen politischen und fachpolitischen Debatten der vergangenen drei Jahrzehnte ließen sich unterschiedliche Positionen hinsichtlich der Frage ausmachen, ob und wenn ja, wie eine solche Verankerung vorgenommen werden könne. Dennoch konnten bisher die Bemühungen, die Rechte Minderjähriger in das Grundgesetz aufzunehmen und sie damit mit Verfassungsrang auszustatten, keine bislang keine Umsetzung finden.

In den letzten Jahren hat sich bereits auf unterschiedlichen politischen Ebenen ein klarer Paradigmenwechsel vollzogen in Hinblick auf eine breite Orientierung an der Subjektstellung von Kindern und Jugendlichen. Die Verfassung bleibt jedoch, hinsichtlich der expliziten Formulierung subjektiver Rechte für Kinder und Jugendliche, hinter anderen Regelungen bspw. auf der Länder- und der kommunalen Ebene zurück.

Auch die völkerrechtliche Vorgabe der UN-KRK wurde mit Deutschlands Zustimmung schon im Jahr 2000 Teil der verabschiedeten Charta der Grundrechte der Europäischen Union und somit im europäischen Recht verankert. Dies veranlasste auch den UN-Kinderrechtsausschuss in Genf dazu, in seinen abschließenden Bemerkungen zum Staatenbericht Deutschlands Deutschland erneut anzumahnen, dass immer noch die Verankerung der Kinderrechte für Kinder und Jugendliche unter 18 Jahren im deutschen Grundgesetz ausstehe. Er fordert die Bundesrepublik mehrfach auf, ihren Verpflichtungen endlich nachzukommen.

Der Forderung nach einer Verankerung von Kinderrechten im Grundgesetz wird meist entgegengehalten, dass, unter Berücksichtigung der gefestigten Rechtsprechung des Bundesverfassungsgerichts, Kinder bereits von ihrer Geburt an, wie Erwachsene, uneingeschränkte Träger aller Grundrechte seien und daher eine rechtliche Notwendigkeit für eine explizite Erwähnung der Kinderrechte im Grundgesetz nicht bestehe.

Häufig wird argumentiert, dass bereits in Artikel 1, „Die Würde des Menschen ist unantastbar" und in Artikel 2, der jedem Menschen das Recht auf freie Entfaltung seiner
Persönlichkeit zugesteht, Kinder und Jugendliche als Menschen immer mitgemeint
sind. Was braucht es da noch mehr, heißt dann die in dieser Logik konsequente Frage.

Kinder sind im GG allerdings nicht explizit genannt. Dies trifft bisher nur für
die Eltern zu, deren Recht und „die zuvörderst ihnen obliegende Pflicht" (vgl. Art. 6
Abs. 2 Satz 1 GG) es ist, ihre Kinder zu erziehen. Das Grundgesetz sieht Kinder und
Jugendliche damit vorwiegend aus dem Blickwinkel der Zugehörigkeit zu ihren Sorgeberechtigten und teilt ihnen damit im Prinzip die Rolle als Bezugspunkt elterlicher
und staatlicher Sorge (Art. 6 Abs. 2 Satz 2 GG; § 1 Abs. 2 SGB VIII) zu.

Aus Sicht vieler, ja der meisten Fachkräfte spiegelt eine solche Stellung von Kindern und Jugendlichen die Art und Weise, wie sie im öffentlichen Bewusstsein wahrgenommen werden, nicht mehr umfassend genug wieder. Von daher kann es nicht
verwundern, dass es in Deutschland inzwischen eine breite Unterstützung für die
Aufnahme von Kinderrechten in die Verfassung gibt und zahlreiche Initiativen existieren. Auch die AGJ hat sich für die Aufnahme der Kinderrechte in das GG ausgesprochen. Nach einer langen und mehr als zehnjährigen äußerst kontroversen
Debatte, unterstützt sie seit Ende 2015 insbesondere jene Vorschläge, die eine Verankerung von Kinderrechten im Artikel 2 GG vorsehen. In einem hinzuzufügenden
Absatz des Artikels sollte auch aus Sicht der AGJ deutlich werden, dass jedes Kind
und jede(r) Jugendliche ein Recht auf Entwicklung zu einer freien, eigenverantwortlichen und gemeinschaftsfähigen Persönlichkeit hat und der Staat dies durch seine
Gesetzgebung, die vollziehende Gewalt und die Rechtsprechung fördert. Die Verankerung in einem neuen Absatz des Art. 2 GG wäre begründet aus der individuellen
Subjektstellung von Kindern und Jugendlichen, die nicht aus dem Zusammenhang
von Ehe, Familie oder Eltern abgeleitet ist und könnte somit den besonderen Bedingungen von Kindern und Jugendlichen in ihrer Entwicklung zu einer eigenständigen
Persönlichkeit gerecht werden. Elternrechte und Kinderrechte stehen dabei nicht im
Widerspruch, sondern sind als zwei Seiten einer Medaille im Interesse des Kindeswohls zu verstehen.

Eine Änderung im Grundgesetz in diesem Sinne hätte rechtlich klare Auswirkungen. In Zukunft würden Gesetze und Maßnahmen, die für die Gestaltung der Lebensverhältnisse von Kindern und Jugendlichen in besonderer Weise von Bedeutung
sind, auch aus ihrer Perspektive zu denken sein und ihr Recht auf Entwicklung zu
einer freien, eigenverantwortlichen und gemeinschaftsfähigen Persönlichkeit müsste
ernstzunehmend gestärkt werden. Dies würde beispielsweise auch dem im Zuge der
Reformbemühungen im SGB VIII formulierten Anliegen entsprechen, den Anspruch
auf Hilfen zur Erziehung nach § 27 SGB VIII nicht mehr ausschließlich aus der Perspektive von Personensorgeberechtigten zu formulieren. Vielmehr müsste durch individuelle Rechtsansprüche der Kinder und Jugendlichen selbst der Anspruch auf
Hilfe zur Erziehung erweitert werden, um ihre Subjektstellung zu stärken und ihrem
in der Verfassung festgeschriebenen Recht Rechnung zu tragen.

Politische Bildung: Rechte Gewalt und nationalistische Ideologien gepaart mit einer europafeindlichen Stimmung sind kein exklusives Jugendproblem, aber Jugendliche und junge Erwachsene sind Teil der nationalistisch-völkischen und rechten Szenen. Dies kann Anlass, aber nicht das alleinige Argument dafür sein, sich verstärkt mit neuen Formen der politischen Bildung auseinanderzusetzen. Angesichts eines wachsenden Rechtspopulismus und zur Stärkung der Demokratie ist der öffentliche Diskurs über eine neue politische Kultur gesamtgesellschaftlich notwendig. Politische Bildung muss sich verstärkt mit dem Wert der Demokratie und der Vielfalt unterschiedlicher Kulturen auseinandersetzen. Dabei hat sie viele Orte und braucht vielfältige Formen. Notwendig ist beginnend in den Kitas ein in den Institutionen des Aufwachsens verankertes verbindliches Konzept einer demokratischen und politischen Bildung, die zu einer eigenen Positionsfindung und zu demokratischer Handlungskompetenz beiträgt.

Die Jugendbroschüre zum aktuellen Jugendbericht (BMFSFJ 2017a) betont in diesem Zusammenhang, dass es ein erster wichtiger Schritt wäre, wenn die verschiedenen Akteure in Bildungseinrichtungen die Bedeutung politischer Bildung anerkennen und sie von einem größtenteils undefinierten, eher beiläufig behandelten Thema zu einer Priorität machen. Folgt man den jungen Menschen, dann sollte politische Bildung nicht in erster Linie in politischen Institutionen verortet sein, die für junge Menschen nur schwer zugänglich sind. Demokratie muss dort erlebbar sein, wo junge Menschen aufwachsen und ihren Alltag verbringen. Dies fördert Mitgestaltung auch auf lange Sicht. Die immer wieder eingeforderte Beteiligung junger Menschen kann nicht erzwungen werden, sie geschieht freiwillig, braucht Freiräume, muss auch in der Kinder- und Jugendhilfe ermöglicht und zugelassen werden sowie gewollt sein. Demokratie ist kein Geschenk, sie muss als Wert erfahrbar und als Lebensform gestaltbar sein.

Kinder- und Jugendhilfe in Europa: In Zeiten, in denen auch die Kinder- und Jugendhilfe mit einem wachsenden Rechtspopulismus konfrontiert ist, in denen nationalistische Tendenzen erstarken, in denen demokratisch entwickelte Werte und gleichberechtigte Formen des Zusammenlebens in Frage gestellt werden, in solchen Zeiten ist die Kinder- und Jugendhilfe gefordert, ihre Verankerung in Europa offensiv zu vertreten und gemeinsam mit anderen Akteuren für eine bewusste Rückbesinnung auf die Errungenschaften und Werte des europäischen Projektes einzutreten mit dem Ziel eine tiefgreifende Erneuerung hin zu einem sozialen Europa zu befördern.

Dabei kann die Kinder- und Jugendhilfe daran anknüpfen, dass junge Menschen überzeugte Europäer_innen sind: So empfinden sich mehr junge als alte Menschen als Europäer_in und verorten sich damit neben regionalen und nationalstaatlichen Zugehörigkeiten auch im europäischen Zusammenhang. Für die Mobilität junger Menschen innerhalb Europas zeigt sich in der jüngeren Entwicklung seit 2008 ein moderater Anstieg von kurz- und längerfristigen Aufenthalten von jungen Menschen in einem anderen EU-Land. Seit Mitte der 2000er-Jahre sind insbesondere Aufenthalte für einen Zeitraum von über drei Jahren angestiegen. Immer mehr junge Europäer und Europäerinnen leben in Deutschland. Die bildungsbezogene Mobilität junger Menschen über Ländergrenzen hinweg gewinnt an Relevanz. Bereits im frühen Jugendalter haben etwa 8 Prozent aller Jugendlichen im Alter von 17 Jahren ein Auslandsschuljahr absolviert. Im Bereich der Studierendenmobilität wird innerhalb Europas ein deutlicher Bedeutungszuwachs beobachtet. Während im Jahr 2004 etwa 40 000 Studierende einen Teil ihrer Ausbildung im europäischen Ausland absolvierten, stieg deren Zahl bis zum Jahr 2012 auf über 107 000 Studierende an (AGJ 2017; Böllert 2017a).

Die europäischen Werte der Demokratie, Solidarität, Offenheit, Vielfalt, Gerechtigkeit und des Friedens sowie des wirtschaftlichen und sozialen Zusammenhalts müssen das Fundament für eine Neuausrichtung des europäischen Projektes und für konkrete politische Reformen der EU sein. Ein soziales Europa muss allen Kindern und Jugendlichen Chancen und Potentiale für ein gelingendes Aufwachsen bieten. Wenn die Kinder- und Jugendhilfe sich aktiv in einen europäischen Erneuerungsprozess einbringen und ihrer europäischen Verantwortung nachkommen will, dann kann sie dies nur grenzüberschreitend und gemeinsam mit vielen Fachkräften aus den europäischen Ländern tun.

7   Das Kompendium Kinder- und Jugendhilfe

Die Vielfalt und Vielschichtigkeit der Kinder- und Jugendhilfe, ihre theoretischen und empirischen Fundierungen, ihre interdisziplinären Bezüge, ihre Herausforderungen und Perspektiven spiegeln sich auch in der Struktur und in den Beiträgen des Kompendiums Kinder- und Jugendhilfe wieder, mit dem Bedeutungszuwachs der Kinder- und Jugendhilfe für das Aufwachsen junger Menschen und ihrer Familien Rechnung getragen und die Kinder- und Jugendhilfe als unverzichtbaren sozialstaatlichen Akteur gewürdigt wird.

In einem ersten Block werden die historische Entwicklung der Kinder- und Jugendhilfe, ihre Strukturen, ihre Fachlichkeit, ihre Rechts- und Finanzierungsgrundlagen analysiert sowie das zivilgesellschaftliche Engagement in der Kinder- und Jugendhilfe und ihre Fachorganisationen dargelegt.

Die unterschiedlichen Aufgaben und Funktionen der Kinder- und Jugendhilfe kommen im zweiten Abschnitt zum Tragen, wodurch sowohl ihre sozialstaatliche Konturierung, als auch die Pluralisierung der Zuständigkeiten der Kinder- und Jugendhilfe hervorgehoben wird.

Die verschiedenen Adressat_innengruppen stehen im Fokus des dritten Abschnittes, auf der einen Seite in ihren je eigenen Lebenskontexten und auf der anderen Seite in ihren Bedeutsamkeiten für die Kinder- und Jugendhilfe.

Die im vierten Abschnitt thematisierten Lebenslagen und Lebensorte von Kindern und Jugendlichen dienen den vertiefenden Einblicken in das Aufwachsen in öffentlicher Verantwortung und den sich hieraus ergebenden Anknüpfungspunkten an ihr fachliches Handeln.

Bei der Thematisierung der Fachkräfte der Kinder- und Jugendhilfe im fünften Abschnitt stehen neben dem Personal selbst Fragen der Personalentwicklung und Leistungsaufgaben, der Kollegialen Fachberatung und Supervison sowie des Fachkräftebedarfs und des Fachkräftemangels im Mittelpunkt.

Die umfänglichen Handlungsfelder der Kinder- und Jugendhilfe werden im sechsten Abschnitt in ihren jeweiligen Strukturen als herausgeforderte Praxis in ihren Leistungen und Perspektiven dokumentiert.

Die Untersuchungen zu den Interventionsanlässen im siebten Abschnitt vermitteln einen tiefergehenden Einblick in die erweiterten Zuständigkeiten der Kinder- und Jugendhilfe.

Rechte und hier zunächst Partizipation und Beteiligungsrechte, aber auch der Kinderrechteansatz in der Kinder- und Jugendhilfe sind die zentralen Inhalte des achten Abschnittes.

Die Fachlichkeit der Kinder- und Jugendhilfe ist ohne ihre differenzierten Handlungsgrundlagen und Verfahren nicht vorstellbar. Im neunten Abschnitt des Kompendiums werden diese dementsprechend in ihren jeweiligen Grundannahmen und Begründungszusammenhänge entfaltet.

Die Orte, an denen die Kinder- und Jugendhilfe präsent oder mit denen sie vernetzt ist, haben zugenommen und beeinflussen ihr Handeln zunehmend. Von daher widmen sich die Beiträge des zehnten Abschnittes den jeweils spezifischen Kooperationen der Kinder- und Jugendhilfe.

Die Bedeutsamkeit der Kinder- und Jugendhilfe für die sozialpädagogische Theoriebildung ist unübersehbar. Die disziplinären und interdisziplinären theoretischen Positionen stehen von daher im Mittelpunkt des elften Abschnittes.

Was für den Einfluss der Kinder- und Jugendhilfe auf die sozialpädagogische Theoriebildung gilt, kommt auch in ihrer Relevanz für die Etablierung einer empirischen Forschungslandschaft zum Tragen. Forschung im Zentrum des zwölften Abschnitts dokumentiert deren zentralen Inhalte und Zugänge.

Schließlich werden im dreizehnten Abschnitt des Kompendiums die politischen Rahmenbedingungen als Spannungsverhältnis der Kinder- und Jugendhilfe zur Politik und in ihrem Verhältnis zur Familien- und Gesundheitspolitik bestimmt.

Im vierzehnten und damit letzten Abschnitt geht es schließlich um die Perspektiven der Kinder- und Jugendhilfe in ihren Auseinandersetzungen mit der Ökonomisierung, dem demografischen Wandel, ihren Beziehungen zu Europa und zu transnationalen Alltagswelten sowie um ihre Orientierung an Fragen der Gerechtigkeit.

Allen Autorinnen und Autoren, Fachvertretern und Fachvertreterinnen der Kinder- und Jugendhilfe, den Expertinnen und Experten aus Wissenschaft und Praxis der Kinder- und Jugendhilfe sei an dieser Stelle nicht nur für ihre Beiträge, sondern vor allem für ihren Langmut bis zur Fertigstellung des Kompendiums gedankt. Mein besonderer Dank gilt Stefanie Laux vom Springer VS-Verlag, die den Entstehungsprozess des Kompendiums nicht nur von Anfang an begleitet, sondern auch den Glauben daran, dass das Kompendium Kinder- und Jugendhilfe einmal in gedruckter Form vorliegen wird, bis zum Schluss nicht aufgegeben hat.

Gewidmet ist das Kompendium Kinder- und Jugendhilfe meinem Kollegen und Freund Roland Fehrenbacher, der meinen Blick auf die Kinder- und Jugendhilfe geschärft hat und mein Engagement in der Kinder- und Jugendhilfe maßgeblich beeinflusst.

Literatur

AGJ (2007). „*Die Fachlichkeit der Kinder- und Jugendhilfe sichern – Fort- und Weiterbildung qualifizieren".* Empfehlung der AGJ vom 18./19. April 2007. Berlin.

AGJ (2014). *Kernaufgaben und Ausstattung des ASD – Ein Beitrag zur fachlichen Ausrichtung und zur Personalbemessungsdebatte.* Diskussionspapier der Arbeitsgemeinschaft für Kinder- und Jugendhilfe. Berlin.

AGJ (2014a). *Nach dem U3-Ausbau: Qualität in der Kindertagesbetreuung kann nicht warten!* Positionspapier der Arbeitsgemeinschaft für Kinder- und Jugendhilfe – AGJ. Berlin.

AGJ (2015). *Verankerung von Kinderrechten im Grundgesetz.* Positionspapier der Arbeitsgemeinschaft für Kinder- und Jugendhilfe – AGJ. Berlin.

AGJ (2016). „*Vielfalt gestalten, Rechte für alle Kinder und Jugendlichen stärken!"* Empfehlungen zum Reformprozess SGB VIII der Arbeitsgemeinschaft für Kinder- und Jugendhilfe. Berlin.

AGJ (2016a). *Novellierung SGB VIII: Widersprüche im Reformprozess.* Stellungnahme der Arbeitsgemeinschaft für Kinder- und Jugendhilfe – AGJ anhand des Arbeitsentwurfs des BMFSFJ vom 23. August 2016. Berlin.

AGJ (2017). *22 mio. junge chancen gemeinsam.gesellschaft.gerecht.gestalten.* Kinder- und jugendpolitisches Leitpapier zum 16. Deutschen Kinder- und Jugendhilfetag. Berlin.

Arbeitsstelle Kinder- und Jugendhilfestatistik (2013). *Kindertagesbetreuung vor Ort – Der Betreuungsatlas 2013 – Eine Analyse lokaler Unterschiede.* Dortmund.

Albus, St. et al. (2010). *Wirkungsorientierte Jugendhilfe.* www.wirkungsorientierte-jugend hilfe.de.

Autorengruppe Bildungsberichterstattung (2012). *Bildung in Deutschland 2012.* Gütersloh.

Autorengruppe Bildungsberichterstattung (2014). *Bildung in Deutschland 2014.* Gütersloh.

Autorengruppe Fachkräftebarometer (2017). *Fachkräftebarometer Frühe Bildung 2017.* München.

Baumbast, St., Hofmann-van de Poll, F., & Lüders, Chr. (2014). *Non-formale und informelle Lernprozesse in der Kinder- und Jugendarbeit und ihre Nachweise.* München.

Beher, K. (2016). Träger der Kinder- und Jugendhilfe. In W. Schröer, N. Struck & M. Wolff (Hrsg.), *Handbuch Kinder- und Jugendhilfe* (S. 702–720). Weinheim und München.

Bernzen, Chr. (2016). „Förderung zur Entwicklung" statt „Hilfe zur Erziehung". In *neue Praxis,* 46. Jg., S. 581–587.

Bertelsmann Stiftung (2014). *Qualitätsausbau in KiTas – 7 Fragen zum Qualitätsausbau in deutschen KiTas.* Gütersloh.

Bertram, H. (2013). Reiche Kinder, kluge Kinder: Glückliche Kinder? In H. Bertram (Hrsg.), *Reiche Kinder, kluge Kinder: Glückliche Kinder? Der UNICEF-Bericht zur Lage der Kinder in Deutschland 2013* (S. 13–25). Weinheim und Basel.

Bitzan, M., & Bolay, E. (2011). Adressatin und Adressat. In H. Otto & H. Thiersch (Hrsg.), *Handbuch Soziale Arbeit. Grundlagen der Sozialarbeit und Sozialpädagogik* (S. 1125–1130). München/Basel.

Bitzan, M., & Bolay, E. (2013). Konturen eines kritischen Adressatenbegriffs. In G. Graßhoff (Hrsg), *Adressaten, Nutzer, Agency* (S. 35–52). Wiesbaden.

Bitzan, M., Bolay, E., & Thiersch, H. (2006). Die Stimme der AdressatInnen. Biografische Zugänge in den Ambivalenzen der Jugendhilfe. In dies. (Hrsg.), *Die Stimme der Adressaten. Empirische Forschung über Erfahrungen von Mädchen und Jungen mit der Jugendhilfe* (S. 257–288). Weinheim/München.

Boeßenecker, K.-H., & Vilain, M. (2013). *Spitzenverbände der Freien Wohlfahrtspflege. Eine Einführung in Organisationsstrukturen und Handlungsfelder sozialwirtschaftlicher Akteure in Deutschland.* Weinheim und Basel.

Bohmeyer, A. (2009). Soziale Arbeit und Religion – sozialwissenschaftliche und anthropologische Spurensuche in postsäkularer Gesellschaft. In *neue praxis,* 39. Jg., Heft 5, S. 439–450.

Böhnisch, L., Schröer, W., & Thiersch, H. (2005). *Sozialpädagogisches Denken. Wege zu einer Neubestimmung.* Weinheim und München.

Böllert, K. (2007). Sozialpädagogik in konsekutiven Studiengängen. In *Erziehungswissenschaft.* 18. Jahrgang, 2007, Heft 35. S. 57–63.

Böllert, K. (2008). Bildung ist mehr als Schule – Zur Kooperativen Verantwortung von Familie, Schule, Kinder- und Jugendhilfe. In K. Böllert (Hrsg.), *Von der Delegation zur Kooperation. Bildung in Familie, Schule, Kinder- und Jugendhilfe* (S. 7–33). Wiesbaden.

Böllert, K. (2008a). Disziplin und Disziplinpolitik. In Bielefelder Arbeitsgruppe 8 (Hrsg.), *Soziale Arbeit in Gesellschaft* (S. 65–72). Wiesbaden.

Böllert, K. (2009). Zwischen Familialisierung und Kindorientierung – Jugendhilfe unter Druck. In *Der pädagogische Blick,* 17. Jg., Heft 2, S. 93–106.

Böllert, K. (2010). Wie viel (Schul-)Sozialarbeit braucht die Schule? In *Theorie und Praxis der Sozialen Arbeit,* Heft 1, 61. Jg., S. 21–28.

Böllert, K. (2010a). Von der sozialdisziplinierenden Intervention zur partizipativen Dienstleistung. In W. Thole (Hrsg.), *Grundriss Soziale Arbeit* (S. 625–634). Wiesbaden.

Böllert, K. (2010b). Familienpolitik als Prävention. Zur Aktivierung von Müttern. In *Sozial Extra,* Heft 1, S. 12–15.

Böllert, K. (2012). Aufwachsen in öffentlicher Verantwortung – Aktuelle Herausforderungen und Perspektiven der Kinder- und Jugendhilfe. In *ISA-Jahrbuch zur Sozialen Arbeit 2012* (S. 30–46). Münster.

Böllert, K. (2012a). Die Familie der Sozialen Arbeit. In K. Böllert & C. Peter (Hrsg.), *Mutter + Vater = Eltern?* (S. 117–134). Wiesbaden.

Böllert, K. (2013). Soziale Arbeit als Wohlfahrtsproduktion. In N. Oelkers & M. Richter (Hrsg.), *Aktuelle Themen und Theoriediskurse in der Sozialen Arbeit* (S. 109–116). Frankfurt.

Böllert, K. (2013a). Grenzenlose Soziale Arbeit – Soziale Arbeit als Grenzgängerin? In H.-R. Müller, S. Bohne & W. Thole (Hrsg.), *Erziehungswissenschaftliche Grenzgänge. Markierungen und Vermessungen. Beiträge zum 23. Kongress der Deutschen Gesellschaft für Erziehungswissenschaft* (S. 197–216). Opladen, Berlin, Toronto.

Böllert, K. (2013b). Bildung – Eine Aufgabe mit sozialpädagogischer Fundierung. In C. Berndt & M. Walm (Hrsg.), In *Orientierung begriffen. Interdisziplinäre Perspektiven auf Bildung, Kultur und Kompetenz* (S. 49–64). Wiesbaden.

Böllert, K. (2014). Familienformen im sozialen Wandel – soziale Infrastruktur und Rechtsanspruch. In Arbeitsgemeinschaft für Kinder- und Jugendhilfe – AGJ (Hrsg.), *Gesellschaftlicher Wandel – Neue Herausforderungen für die Kinder- und Jugendhilfe?!* (S. 71–84). Berlin.

Böllert, K. (2014a). Kinderschutz(-Politik) als aktuelle Herausforderung der Kinder- und Jugendhilfe. *Interdisziplinäre Fachzeitschrift für Prävention und Intervention. Kindesmisshandlung und -vernachlässigung,* 17 (2), S. 162–179.

Böllert, K. (2016). *Kinder- und Jugendhilfe in der Weiterentwicklung – Fachliche und strukturelle Herausforderungen vor dem Hintergrund der Stärkung präventiver Ansätze. Expertise zum 10. Kinder- und Jugendbericht des Landes Nordrhein-Westfalen.* Düsseldorf.

Böllert, K. (2016a). Zur Reform des SGB VIII: Notwendige Sortierungen. In *neue praxis,* Heft 5, S. 500–513.

Böllert, K. (2017). Qualität in der Kindertagesbetreuung vom Kind ausgedacht. In *jugendhilfe,* Heft 3, S. 220–225.

Böllert, K. (2017a). 22 Mio. junge Chancen: Gemeinsam Gesellschaft gerecht gestalten! In *Forum Jugendhilfe,* Heft 2, S. 8–17.

Böllert, K., & Peter, C. (2014). Familien in der Kinder- und Jugendhilfe – eine Problemskizze. In R. Nave-Herz (Hrsg.), *Familiensoziologie. Ein Lehr- und Studienbuch* (S. 121–138). Oldenbourg.

Böllert, K., & Muckelmann, Chr. (2016). Sozialpädagogische Fachlichkeit und Religiosität. In *Soziale Passagen,* Heft 1, S. 29–38.

Böllert, K., & Thole, W. (2013). Zur theoretischen Architektur Sozialer Arbeit – zwischen disziplinären Grenzüberschreitungen und -markierungen. In *Soziale Passagen,* Heft 2, 5. Jg., S. 195–210.

Böllert, K., & Wazlawik, M. (Hrsg.). (2014). *Sexualisierte Gewalt. Institutionelle und professionelle Herausforderungen.* Wiesbaden.

BMFSFJ (2002). *11. Kinder- und Jugendbericht.* Berlin.

BMFSFJ (2006). *12. Kinder- und Jugendbericht.* Berlin.

BMFSFJ (2013). *14. Kinder- und Jugendbericht.* Berlin.

BMFSFJ (2017). *15. Kinder- und Jugendbericht.* Berlin.

BMFSFJ (2017a). *Jugend ermöglichen.* Die Jugendbroschüre zum 15. Kinder- und Jugendbericht. Berlin.

Buschhorn, C. (2012). *Frühe Hilfen. Versorgungskompetenz und Kompetenzüberzeugung von Eltern.* Wiesbaden.

Buschhorn, C., & Böllert, K. (2015). Adressierungen von (werdenden) Eltern in Familienbildung und Frühen Hilfen. In S. Fegter et al. (Hrsg.), *Neue Aufmerksamkeit für Familie. Diskurse, Bilder und Adressierungen in der Sozialen Arbeit* (S. 98–111). neue praxis Sonderheft 12. Lahnstein.

Debiel, St., & Wagner, L. (2017). Partizipation in der Sozialen Arbeit. Geschichtliche Entwicklung und professionstheoretische Verortung. In B. Schäuble & L. Wagner (Hrsg.), *Partizipative Hilfeplanung* (S. 9–11). Weinheim und München.

Derr, R., Hartl, J., Mosser, P., Eppinger, S., & Kindler, H. (2017). *Kultur des Hinhörens. Sprechen über sexuelle Gewalt, Organisationsklima und Prävention in stationären Einrichtungen der Jugendhilfe. Zentrale Ergebnisse.* München.

Dewe, B., & Peter, C. (2016). Professionelles Handeln – Relationierungen von Professionswissen und organisationalen Strukturen. Dargestellt am Beispiel der Familienhilfe im Kontext Sozialer Arbeit. In S. Busse, G. Ehlert, R. Becker-Lenz & S. Müller-Hermann (Hrsg.), *Professionalität und Organisation* (S. 127–157). Wiesbaden.

Dewe, B., & Stüwe, G. (2016). *Basiswissen Profession. Zur Aktualität und kritischen Substanz des Professionalisierungskonzeptes für die Soziale Arbeit.* Weinheim und München.

Dewe, B., & Otto, H.-U. (2002). Reflexive Sozialpädagogik. Grundstrukturen eines neuen Typs dienstleistungsorientierten Professionshandelns. In W. Thole (Hrsg.), *Grundriss Soziale Arbeit. Ein einführendes Handbuch* (S. 179–198). Opladen.

Dewe B., & Otto, H.-U. (2001). Profession. In H.-U. Otto & H. Thiersch (Hrsg.), *Handbuch Sozialarbeit Sozialpädagogik* (S. 1399–1423). Neuwied.

Dollinger, B. (2011). Die politische Identität der Sozialpädagogik. *In neue praxis,* 41. Jg., 3, S. 228–242.

Düx, W., Prien, G., Sass, E., & Tully, C. J. (2008). *Kompetenzerwerb im freiwilligen Engagement. Eine empirische Studie zum informellen Lernen im Jugendalter.* Wiesbaden.

Ehlke, C., Karic, S., & Schlegel, M. (2016). Religionen. In W. Schröer, N. Struck & M. Wolff (Hrsg.) *Handbuch Kinder- und Jugendhilfe* (S. 457–493). Weinheim und München.

Ehlke, C., Karic, S., Muckelmann, Ch., Böllert, K., Oelkers, N., & Schröer, W. (2017). *Soziale Dienste und Glaubensgemeinschaften.* Weinheim und München

El-Mafaalani, A. & Strohmeier, K. P. (2015). Segregation und Lebenswelt. Die räumliche Dimension sozialer Ungleichheit. In A. El-Mafaalani, S. Kurtenbach & K. P. Strohmeier (Hrsg.), *Auf die Adresse kommt es an …Segregierte Stadtteile als Problem- und Möglichkeitsspielräume begreifen* (S. 18–42). Weinheim und München.

Enders, S. (2013). *Das Jugendamt im Spiegel der Medien. Zerrbild zwischen Verantwortung und Versagen.* Weinheim und München.

Espenhorst, N. (2016). Kinder und Jugendliche auf der Flucht. In W. Schröer, N. Struck & M. Wolff (Hrsg.), *Handbuch Kinder- und Jugendhilfe* (S. 328–347).

Fendrich, S., Lange, J., & Pothmann, J. (2011). Vom Wandel des Wandels. Anfragen an den Stand von Expansions-, Differenzierungs- und Professionalisierungsprozessen in der Kinder- und Jugendhilfe. In Arbeitskreis ‚Jugendhilfe im Wandel‘ (Hrsg.), *Jugendhilfeforschung. Kontroversen – Transformationen – Adressierungen* (S. 47–68). Wiesbaden.

Fendrich, S., Pothmann, J., & Tabel, A. (2014). *Monitor Hilfen zur Erziehung*. Dortmund.

Fendrich, S., von der Gathen-Huy, J., Mühlmann, Th., Pothmann, J., Schilling, M., Strunz, E., & Tabel, A. (2014). *Expertise über die Leistungen der Kinder- und Jugendhilfe durch die Arbeitsstelle Kinder- und Jugendhilfestatistik zum 15. DJHT*. Dortmund.

Fuchs-Rechlin, K. (2016). Wachstum mit Ambivalenzen. In W. Schröer, N. Struck, & M. Wolff (Hrsg.), *Handbuch Kinder- und Jugendhilfe* (S. 1221–1224). Weinheim und München.

Füssenhäuser, C., & Thiersch, H. (2011). Theorie und Theoriegeschichte Sozialer Arbeit. In H.-U. Otto & H. Thiersch (Hrsg.), *Handbuch Soziale Arbeit* (S. 1632–1645). München/Basel.

Gängler, M., & Stecklina, G. (2016). Jugendverbände. In W. Schröer, N. Struck, & M. Wolff (Hrsg.), *Handbuch Kinder- und Jugendhilfe* (S. 721–736). Weinheim und München.

Graßhoff, G. (2008). Theoretische Überlegungen zu einem empirischen Programm sozialpädagogischer Adressatenforschung. In *neue praxis*, 38. Jg., 4, S. 399–408.

Grunwald, K., & Thiersch, H. (2011). Lebensweltorientierung. In H.-U. Otto & H. Thiersch (Hrsg.), *Handbuch Soziale Arbeit* (S. 854–863). München/Basel.

Habermas, J. (1997). *Faktizität und Geltung*. Frankfurt.

Hansbauer, P. (2010). Sozialpädagogische Institute und ihre Funktion für Forschung, Evaluation und Beratung. In W. Thole (Hrsg.), *Grundriss Soziale Arbeit* (S. 1205–1216). Wiesbaden.

Hanses, A. (2008). Biografie. In H. Homfeldt & A. Hanses (Hrsg.), *Lebensalter und Soziale Arbeit. Band 1. Eine Einführung* (S. 6–26). Baltmannsweiler.

Hermann, F. (2016), Jugendhilfeplanung. In W. Schröer, N. Struck, & M. Wolff (Hrsg.), *Handbuch Kinder- und Jugendhilfe* (S. 1029–1049). Weinheim und München.

Homfeld, H.-G., Schröer, W., & Schweppe, C. (2008). *Vom Adressaten zum Akteur. Soziale Arbeit und Agency*. Opladen/Farmington Hills.

Jordan, E., Maykus, St., & Stuckstätte, E. C. (2015). *Kinder- und Jugendhilfe. Einführung in Geschichte und Handlungsfelder, Organisationsformen und gesellschaftliche Problemlagen*. Weinheim und München.

Jurczyk, K. (2014). Familie als Herstellungsleistung. Hintergründe und Konturen einer neuen Perspektive auf Familie. In K. Jurczyk, A. Lange & B. Thiessen (Hrsg.), *Doing Familiy. Warum Familienleben heute nicht mehr selbstverständlich ist* (S. 50–70). Weinheim und Basel.

Kalicki, B. (2013). Interview. In *DJI Online Thema 08*, S. 16.

Kessl, F., & Reutlinger, Chr. (2010). Sozialraum. In Chr. Reutlinger, C. Fritsche & E. Lingg. (Hrsg.), *Raumwissenschaftliche Basics. Eine Einführung für die Soziale Arbeit* (S. 247–255). Wiesbaden.

Kessl, F., & Reutlinger, Chr. (2007). Die (sozialpädagogische) Rede von der Sozialraumorientierung. In F. Kessl & Chr. Reutlinger (Hrsg.), *Sozialraum. Eine Einführung* (S. 37–55). Wiesbaden.

Kessl, F., & Maurer, S. (2005). Die Rede vom Sozialraum – eine Einleitung. In F. Kessl, Chr. Reutlinger, S. Maurer & O. Frey. (Hrsg.), *Handbuch Sozialraum* (S. 111–1289. Wiesbaden.

Köngeter, S., Schröer, W., & Zeller, M. (2012). Statuspassage „Leaving Care": Biografische Herausforderungen nach der Heimerziehung. In *Diskurs Kindheits- und Jugendforschung*, Heft 3-2012, S. 261–276.

Lessenich, St. (2009). Aktivierungspolitik und Anerkennungsökonomie. Der Wandel des Sozialen im Umbau des Sozialstaates. In *Soziale Passagen*, Heft 2, 1. Jg., S. 163–176.

Lüders, Chr. (1997). Jugendberichterstattung zwischen Wissenschaft und Politik. In H. Richter & Th. Coelen (Hrsg.), *Jugendberichterstattung. Politik, Forschung, Praxis* (S. 33–47). Weinheim und München.

Lüders, Chr. (2003). Sozialberichterstattung und Evaluation – Rahmenbedingungen zukünftiger Jugendberichte. In AGJ (Hrsg.), *Aufwachsen in öffentlicher Verantwortung* (S. 233–247). Berlin.

Lüders, Chr. (2007). Kinder- und Jugendbericht. In Deutscher Verein für öffentliche und private Fürsorg e. V. (Hrsg.), *Fachlexikon der sozialen Arbeit*, Baden-Baden.

Macsenaere, M. (2013). Wirkungsforschung in den Hilfen zur Erziehung. In G. Graßhoff (Hrsg.), *Adressaten, Nutzer, Agency: Akteursbezogene Forschung in der Sozialen Arbeit* (S. 211–228). Wiesbaden.

Merchel, J. (2004). *Der Jugendhilfeausschuss*. Weinheim und München.

Merchel, J. (2016). *Jugendhilfeplanung. Anforderung, Profil, Umsetzung*. München

Micheel, H.-G. (2014). Wirkungsorientierung in der Kinder- und Jugendhilfe. In AGJ (Hrsg.), *Gesellschaftlicher Wandel – Neue Herausforderungen für die Kinder- und Jugendhilfe* (S. 103–116). Berlin.

Müller, B. (2002). Professionalisierung. In W. Thole (Hrsg.), *Grundriss Soziale Arbeit. Ein einführendes Handbuch* (S. 725–744). Opladen.

Münder, J. (2016). SGB VIII-Reform – einige Anmerkungen zum Arbeitsentwurf (AE). In *neue praxis*, 46 Jg., Heft 6, S. 588–598.

Nave-Herz, R. (2013). *Ehe- und Familiensoziologie. Eine Einführung in Geschichte, theoretische Ansätze und empirische Befunde*. 3., überarbeitete Auflage. Weinheim und München.

Oechler, M. (2009). *Dienstleistungsqualität in der Sozialen Arbeit. Eine rhetorische Modernisierung*. Wiesbaden.

Olk, Th., & Wiesner, T. (2014). Arbeit im Sozialraum oder gezielte Fallsteuerung. In *Forum Erziehungshilfen*, 20. Jg., Heft 4, S. 208–213.

Oelkers, N. (2009). Aktivierung von Elternverantwortung im Kontext der Kindeswohl-debatte. In Chr. Beckmann et al. (Hrsg.), *Neue Familialität als Herausforderung der Jugendhilfe* (S. 139–148). Sonderheft 9 der neuen praxis. Lahnstein.

Oelkers, N., Karic, S., Ehlke, C., Schröer, W., & Böllert, K. (2016). Religion – Wohlfahrts-erbringung – Soziale Arbeit. In R. Lutz & D. Kiesel (Hrsg.), *Sozialarbeit und Religion. Herausforderungen und Antworten* (S. 90–104). Weinheim und München.

Olk, Th., & Wiesner, T. (2014). Arbeit im Sozialraum oder gezielte Fallsteuerung. In *Forum Erziehungshilfen*, 20. Jg., Heft 4, S. 208–213.

Otto, H.-U., & Coelen, Th. (2004). Auf dem Weg zu einem neuen Bildungsverständnis: Ganztagsschule oder Ganztagsbildung? In H.-U. Otto & T. Coelen (Hrsg.), *Grund-begriffe der Ganztagsbildung. Beiträge zu einem neuen Bildungsverständnis in der Wissensgesellschaft* (S. 7–18). Wiesbaden.

Otto, H.-U., & Ziegler, H. (2004). Sozialraum und sozialer Ausschluss. Die analytische Ordnung neosozialer Integrationsrationalitäten in der Sozialen Arbeit. In *neue praxis*, Heft 3, S. 271–291.

Peter, C. (2011). Organisation und Wissen – Eine neo-institutionalistische Perspektive. In B. Dewe & M. P. Schwarz (Hrsg.), *Beruf – Betrieb – Organisation. Perspektiven der Betriebspädagogik und beruflichen Weiterbildung* (S. 49–67). Kempten.

Peters, F., & Hamberger, M. (2004). Integrierte flexible, sozialräumliche Hilfen (INTE-GRA) und der aktuelle Erziehungshilfediskurs. In F. Peters & J. Koch (Hrsg.), *Integrierte erzieherische Hilfen. Flexibilität, Integration und Sozialraumbezug in der Jugendhilfe* (S. 111–128). Weinheim und München.

Pluto, L. (2007). *Partizipation in den Hilfen zur Erziehung. Eine empirische Studie*. Wiesbaden.

Rauschenbach, Th. (2009). *Zukunftschance Bildung. Familie, Jugendhilfe und Schule in neuer Allianz*. Weinheim und München.

Rauschenbach, Th. (2009a). Bildung – eine ambivalente Herausforderung für die Soziale Arbeit? In *Soziale Passagen*, 1. Jg. Heft 2, S. 209–226.

Rauschenbach, Th. (2015). Zwischen Nischenangebot und Verberuflichung – Zur Entwicklung und Lage der Tagespflege. In *Nachrichtendienst des Deutschen Vereins für öffentliche und private Fürsorge e. V.*, Heft 7, S. 369–374.

Rauschenbach, Th., Schilling, M., & Meiner-Teubner, Chr. (2017). *Plätze. Personal. Finanzen – der Kita-Ausbau geht weiter. Zukunftsszenarien zur Kindertages- und Grundschulbetreuung in Deutschland*. München.

Rauschenbach, Th., & Schilling, M. (2016). Neuer Personalhöchststand in der Kinder- und Jugendhilfe. Die Kinder- und Jugendhilfe ist längst zum eigenen Teilarbeitsmarkt geworden. In *KomDat Jugendhilfe*, Heft 2, S. 1–5.

Rauschenbach, Th., & Züchner, I. (2015). Soziale Berufe. In W. Thole, D. Höblich & S. Ahmed (Hrsg.), *Taschenwörterbuch Soziale Arbeit* (S. 283–285). Bad Heilbrunn.

Reutlinger, Chr., Kessl, F., & Maurer, S. (2005). Die Rede vom Sozialraum – eine Einleitung. In F. Kessl, Chr. Reutlinger, S. Maurer & O. Frey (Hrsg.), *Handbuch Sozialraum* (S. 11–27). Wiesbaden.

Richter, M. et al. (2009). Neue Familialität als Herausforderung der Jugendhilfe. In Chr. Beckmann et al. (Hrsg.), *Neue Familialität als Herausforderung der Jugendhilfe* (S. 1–14). Sonderheft 9 der neuen praxis. Lahnstein.

Richter, E., Lehmann, T., & Sturzenhecker, B. (2017). *So machen Kitas Demokratiebildung. Empirische Erkenntnisse zur Umsetzung des Konzepts „Die Kinderstube der Demokratie".* Weinheim und Basel.

Schäfer, K. (2014). Schnittstellen in der Kinder- und Jugendhilfe: Bildung, Arbeit und Soziales. In AGJ (Hrsg.), *Gesellschaftlicher Wandel – Neue Herausforderungen für die Kinder- und Jugendhilfe* (S. 159–172). Berlin.

Schefold, W. (2010). Sozialpädagogische Forschung – Stand und Perspektiven. In W. Thole (Hrsg.), *Grundriss Soziale Arbeit* (S. 1123–1145). Wiesbaden.

Scherr, A. (2008). Subjekt- und Identitätsbildung. In T. Coelen & H. Otto (Hrsg.), *Grundbegriffe Ganztagsbildung* (S. 137–145). Wiesbaden.

Seckinger, M., Pluto, L., Peucker, Chr., & van Santen, E. (2016). *Einrichtungen der offenen Kinder- und Jugendarbeit. Eine empirische Bestandsaufnahme.* Weinheim und München.

Schilling, M. (2016). Kinder- und Jugendhilfestatistik. In W. Schröer, N. Struck & M. Wolff (Hrsg.), *Handbuch Kinder- und Jugendhilfe* (S. 737–751). Weinheim und München.

Schilling, M., & Strunz, E. (2013). U3-Ausbau: wenige Klagen = bedarfsgerechtes Angebot? In *KOMDAT,* Heft 2, 16. Jg., S. 1–4.

Schneider, A., Beckmann, K., & Roth, D. (2011). *Jugendhilfe: Ausschuss?* Wiesbaden.

Schreyer, I., Krause, M., Brandl, M., & Nicko, O. (2014). *AQUA – Arbeitsplatz und Qualität in Kitas. Ergebnisse einer bundesweiten Befragung.* München.

StEG (2015). *Ganztagsschule: Bildungsqualität und Wirkungen außerunterrichtlicher Angebote. Ergebnisse der Studie zur Entwicklung von Ganztagsschulen 2012–2015.* Frankfurt.

Struck, N. (2016). Finanzierung. In W. Schröer, N. Struck & M. Wolff (Hrsg.), *Handbuch Kinder- und Jugendhilfe* (S. 1140–1150). Weinheim und München.

Tietze, W., Becker-Stoll, F., Bensel, J., Eckhardt, A. G., Haug-Schnabel, G., Kalicki, B., Keller, H., & Leydendecker, B. (2012). *NUBBEK. Nationale Untersuchung zur Bildung, Betreuung und Erziehung in der frühen Kindheit.* Berlin.

Thole, W. (2013). Die Kinder- und Jugendarbeit ist ein Bildungsprojekt. Ein nochmaliges Plädoyer anlässlich der Etablierung ganztägiger Bildungslandschaften. In *deutsche jugend* 61 (1), S. 11–16.

Thole, W. (2013a). Überlegungen zu einer sozialpädagogischen Theorie der Praxis. Ein erster Aufschlag. In M. Schilling, H. Gängler, I. Züchner & W. Thole (Hrsg.), *Soziale Arbeit quo vadis?* (S. 19–36). Weinheim und Basel.

Thole, W., & Höblich, D. (2014). „Freizeit" und „Kultur" als Bildungsorte – Kompetenzerwerb über non-formale und informelle Praxen von Kindern und Jugendlichen. In C. Rohlfs, M. Harring & C. Palentien (Hrsg.), *Kompetenz-Bildung. Soziale, emotionale und kommunikative Kompetenzen von Kindern und Jugendlichen* (2. Aufl., S. 83–112). Wiesbaden.

Trede, W. (2014). Zwischen Expertentum und Diskursivität. In *RdJB*, Heft 4, S. 485–501, 494 ff.

Trede, W. (2014). Zwischen Expertentum und Diskursivität. Die Hilfeplanung gemäß § 36 SGB VIII in der Praxis der sozialen Arbeit. In *RdJB*, 62. Jg., Heft 4, S. 485–501.

Treptow, R. (2010). Internationalität und Vergleich in der Sozialen Arbeit. In W. Thole (Hrsg.), *Grundriss Soziale Arbeit* (S. 1145–1163). Wiesbaden.

van Santen, E., & Seckinger, M. (2005). Sozialraumorientierung ohne Sozialräume? In Projekt „Netzwerke im Stadtteil" (Hrsg.), *Grenzen des Sozialraums* (S. 49–71). Wiesbaden.

van Santen, E., & Seckinger, M. (2003). Kooperation in der Kinder- und Jugendhilfe. In C. Schweppe (Hrsg.), *Qualitative Forschung in der Sozialpädagogik* (S. 119–144). Opladen.

von Kardorff, E. (1998). Kooperation, Koordination und Vernetzung. Anmerkungen zur Schnittstellenproblematik in der psychosozialen Versorgung. In B. Röhrle, G. Sommer & F. Nestmann (Hrsg.), *Netzwerkintervention. Fortschritte der Gemeindepsychologie und Gesundheitsförderung Bd. 2* (S. 203–222). Tübingen.

Uhlendorff, U., Euteneuer, M., & Sabla, K.-P. (2013). *Soziale Arbeit mit Familien*. München/Basel.

Viernickel, S., Nentwig-Gesemann, I, Nicolai, K., Schwarz, St., & Zenker, L. (2013). *Schlüssel zu guter Bildung, Erziehung und Betreuung. – Bildungsaufgaben, Zeitkontingente und strukturelle Rahmenbedingungen in Kindertageseinrichtungen*. Berlin.

Viernickel, S., & Voss, A. (2012). *STEGE – Strukturqualität und Erzieher_innengesundheit in Kindertageseinrichtungen*. Berlin.

Walper, S., Bien, W., & Rauschenbach, Th. (Hrsg.). (2015). *Aufwachsen in Deutschland heute. Erste Befunde aus dem DJI-DSSDurvey AID:A 2015*. München.

Wiesner, R. (2014). 25 Jahre KJHG. In *RdJB*, Heft 4, S. 431–448, 442 ff.

Wirth, H., & Schutter, S. (2011). Versorger und Verlierer. In DJI Impulse. *Das Bulletin des Deutschen Jugendinstituts: Aufwachsen in Deutschland*. Nr. 92/93. H. 1, S 28–30.

Wolff, M. (2016). Partizipation. In W. Schröer, N. Struck & M. Wolff (Hrsg.), *Handbuch Kinder- und Jugendhilfe* (S. 1050–1066). Weinheim und München.

Prof.in Dr. Karin Böllert, Professorin für Kinder- und Jugendhilfe/Sozialpolitik an der Westfälischen Wilhelms-Universität Münster. Forschungsschwerpunkte: Theorieentwicklung der Sozialpädagogik im Kontext gesellschaftlicher Modernisierungsprozesse, Soziale Arbeit/Sozialpolitik und Sozialer Wandel, Kinder- und Jugendhilfe, Disziplin- und Professionspolitik, Soziale Dienste und Glaubensgemeinschaften.

Strukturen der Kinder- und Jugendhilfe

Von der Fürsorge zur Dienstleistung

Regina Rätz[1]

Zusammenfassung

Das Thema dieses Beitrages ‚Von der Fürsorge zur Dienstleistung' markiert zwei für die Kinder- und Jugendhilfe (KJH) zentrale Begriffe (Fürsorge und Dienstleistung) und es umfasst eine zeitliche Entwicklung, die ungefähr vom Beginn der öffentlichen Erziehung als eine staatlich organisierte Aufgabe in den 20er Jahren des vorherigen Jahrhunderts bis in die Gegenwart hinein eingegrenzt werden kann. Aktuell stellt sich die KJH als ein sozialer Dienstleistungssektor dar, der mit einer Vielzahl von Angeboten das Aufwachsen von Kindern, Jugendlichen und Heranwachsenden unterstützt. Diese umfassen sowohl eine öffentliche Infrastruktur der Förderung von Pflege, Entwicklung, Erziehung, Bildung und Sozialisation für *alle* jungen Menschen als auch Hilfen und Unterstützungsmaßnahmen in *individuellen* Krisen- und Problemsituationen bis hin zur Intervention und dem Wahrnehmen des staatlichen Wächteramtes. Im Folgenden Beitrag werden die gesellschaftlichen Entwicklungen unter der Perspektive, wie sich das Bild der öffentlich organisierten KJH von jungen Menschen und deren Familien im Zeitverlauf wandelte, nachgezeichnet. Es geht um eine grobe Rekonstruktion der gesellschaftlichen Rahmensetzungen und der damit einher gehenden fachlichen Entwicklungen der KJH. Anliegen dabei ist, unterschiedliche Konstruktionen von zentralen Begriffen sowie Veränderungen der Aufgaben und Funktionen der KJH nachvollziehen und verstehen zu können.

---

1   Ich danke Prof. Dr. C. Wolfgang Müller für die intensiven Gespräche und vielfältigen Anregungen sowie unterstützenden Beratungen während der Entstehung dieses Beitrages.

Schlüsselwörter

Achter Jugendbericht, DDR, Dienstleistung, Flexible Erziehungshilfen, freie Jugendhilfe, Freiwillige Erziehungshilfe (FEH), Fürsorge, Fürsorgeerziehung (FE), Gesetz für Jugendwohlfahrt (JWG), Integrierte Erziehungshilfen, Heimerziehung, Heranwachsende,
Jugend, Jugendamt, Jugendfürsorge, Jugendliche, Jugendpflege, Kinder, Kinder- und
Jugendhilfe (KJH), Kinder- und Jugendhilfegesetz (KJHG), Lebensweltorientierung, objektive Leistungsverpflichtung, öffentliche Erziehung, öffentliche Jugendhilfe, Reichsjugendwohlfahrtsgesetzes (RJWG), SGB VIII, subjektive Rechtsansprüche, Subsidiarität,
Verwahrlosung

Einleitung

Das Thema dieses Beitrages ‚*Von der Fürsorge zur Dienstleistung*‘ markiert zwei für
die Kinder- und Jugendhilfe (KJH) zentralen Begriffe (Fürsorge und Dienstleistung)
und es umfasst eine zeitliche Entwicklung, die ungefähr vom Beginn der öffentlichen
Erziehung als eine staatlich organisierte Aufgabe in den 20er Jahren des vorherigen
Jahrhunderts bis in die Gegenwart hinein eingegrenzt werden kann. Diese Phase ist
Ausdruck für einen enormen Bedeutungszuwachs und eine Expansion der KJH, die
sich vor allem an ihrem Stellenwert für den Erhalt und die Fortentwicklung der Gesellschaft in den vielfältigen Bemühungen um die nachwachsende Generation belegen lässt. Flankiert wurden diese Prozesse mit mehreren unübersehbaren Faktoren,
wie bspw. der Verrechtlichung, der Verberuflichung und Akademisierung, der Institutionalisierung, der Verwissenschaftlichung, der Ökonomisierung (vgl. Rauschenbach 2000, S. 466–472) sowie der „Veralltäglichung" (ebd., S. 475).

Aktuell stellt sich die KJH als ein sozialer Dienstleistungssektor dar, der mit
einer Vielzahl von Angeboten das Aufwachsen von Kindern, Jugendlichen und Heranwachsenden unterstützt. Diese umfassen sowohl eine öffentliche Infrastruktur der
Förderung von Pflege, Entwicklung, Erziehung, Bildung und Sozialisation für *alle*
jungen Menschen als auch Hilfen und Unterstützungsmaßnahmen in *individuellen*
Krisen- und Problemsituationen bis hin zur Intervention und dem Wahrnehmen des
staatlichen Wächteramtes (vgl. Rätz-Heinisch et al. 2009, S. 15).

Die vergangenen hundert Jahre gingen mit gravierenden gesellschaftlichen Veränderungen einher, die unmittelbaren Einfluss auf die Themensetzungen, Aufgaben
und Funktionen der KJH hatten. In theoretischen Diskursen über die Funktionsbestimmungen wurde deutlich, dass diese mit gesellschaftsanalytischen und profes-
sionsbezogenen Begründungszusammenhängen korrespondierten (vgl. Böllert 2012).
Das „Jahrhundert des Kindes" (Key 1902) wurde nicht nur ein Jahrhundert, in dem
sich das Sozialpädagogische in Bildung, Entwicklung und Lebenslauf etablierte (vgl.
Böhnisch 1997) und eine gesellschaftliche Funktion erlangte (vgl. Böhnisch 2002,
S. 1048) sowie Wechselwirkungen zwischen gesellschaftlichen Veränderungsprozes-

sen und Entwicklungen der KJH zu verzeichnen sind (vgl. Gadow et al. 2013). Es wurde auch ein Jahrhundert, in dem sich der Blick der Gesellschaft und der sozialpädagogischen[2] Fachwelt auf Kinder, Jugendliche und Heranwachsende mehrmals wandelte.

Ich werde im Folgenden diese Entwicklungen unter der Perspektive nachzeichnen, *wie sich das Bild der öffentlich organisierten KJH von jungen Menschen und deren Familien im Zeitverlauf wandelte.* Dies hatte jeweils Auswirkungen auf fachliche Bemühungen, rechtliche und institutionelle Rahmensetzungen sowie die Organisation der KJH. Ich werde diese Veränderungen auf die Begriffe *Fürsorge* und *Dienstleistung* beziehen. Unter dem Begriff der *Kinder- und Jugendhilfe* (KJH) fasse ich alle Aufgaben, Angebote und Leistungen für Kinder, Jugendliche und Heranwachsende, die durch die Gesellschaft öffentlich verantwortet werden, die sozialrechtlich geregelt sind und von Institutionen in freier und öffentlicher (ab Ende des 21. Jahrhundert auch zunehmend privat-gewerblicher) Trägerschaft organisiert und umgesetzt werden. Mir ist dabei deutlich, dass die Praxis der KJH weit vielfältiger ist und hier aufgezeigte Entwicklungen nicht an allen Orten, an denen Kinder, Jugendliche und Heranwachsende sozialpädagogische Angebote nutzen und nutzten, realisiert wurden und werden (und möglichweise sogar völlig gegenläufig waren). Entwicklungen der KJH haben sich im Zeitverlauf stets vielfältig, unterschiedlich und auch widersprüchlich dargestellt.[3] Ein Beitrag wie dieser verbleibt somit in einer begrenzten Betrachtung des gewählten Ausschnittes. Es geht mir nicht um Vollständigkeit – das wäre mit der Vorgabe des Umfanges dieses Beitrages auch nicht einlösbar –, sondern um eine grobe Rekonstruktion der gesellschaftlichen Rahmensetzungen und der damit einher gehenden fachlichen Entwicklungen der KJH. Anliegen dabei ist, unterschiedliche Konstruktionen von zentralen Begriffen sowie Veränderungen der Aufgaben und Funktionen der KJH nachvollziehen und verstehen zu können.

Die Fürsorgeerziehung in den 20er Jahren bis zum Ende des zweiten Weltkrieges

Als wesentlicher Beginn der Fürsorgeerziehung in öffentlicher, also staatlich organisierter, Verantwortung kann die Verabschiedung des Reichsjugendwohlfahrtsgesetzes (RJWG) in der ersten demokratisch verfassten Staatsform Deutschlands, der Weimarer Republik, im Jahr 1922 verstanden werden.[4] Hier wurde erstmalig das Recht

---

2 Wenn ich von sozialpädagogischen Themen und Tätigkeiten spreche, umfassen diese auch sozialarbeiterische.

3 Unterschiedliche Denk- und Handlungsansätze beziehen sich auf eine Betrachtung hergeleitet von der institutionellen Entwicklung der KJH, insbesondere der Entstehung von Jugendämtern, oder von Lebenslagen und Bedürfnissen von Kindern und Jugendlichen oder vom Blick auf Kinderrechte etc.

4 Die Geschichte der KJH hat keinen eindeutigen Beginn. In ihren Entstehungsgeschichten finden sich ebenso Kontrollmaßnahmen und Sozialdisziplinierung, wie soziale und pädagogische Reform-

der (deutschen) Kinder auf Erziehung in ein Gesetz geschrieben (§ 1 RJWG), die flächendeckende Schaffung von Jugendämtern als kollegial geführte Fachbehörden wurde geregelt, die Zusammenarbeit der freien mit der öffentlichen Jugendhilfe begründet (Stichwort Subsidiarität[5]) und es wurde unter dem Begriff *Jugendhilfe* ein breites Spektrum von Angeboten und Maßnahmen zusammengefasst, welches den Bereichen der *Jugendpflege*[6] und der *Jugendfürsorge*[7] zugeordnet wurden. Die Verabschiedung des RJWG beendete einen Prozess im Umgang mit Kindern und Jugendlichen, der auch als „von der Zwangserziehung zur Fürsorgeerziehung" (Rätz-Heinisch et al. 2009, S. 19) bezeichnet wird. Es war ein Meilenstein in der Entstehung der KJH und von der sozialpädagogischen Intention her zur damaligen Zeit ein bedeutender Schritt, auch wenn dieser mit politischen und fachlichen Kompromissen einherging (vgl. Müller 1994, S. 28–32) und wiederholt kritisch bewertet wurde (vgl. Jordan et al. 2012, S. 52–54). Er stellte eine paradigmatische Wende im Blick auf junge Menschen dar: Neben den Waisen(kindern) gerieten ab Ende des 19. Jahrhunderts zunehmend Jugendliche in den Blick der Gesellschaft. Die Jugend als eine eigenständige Lebensphase zwischen Kindheit und Erwachsenensein entstand im Kontext der Industriegesellschaft (vgl. Andresen 2005). Der Begriff der *Jugend* umfasste damals zunächst die männliche Arbeiterjugend, die in den Fabriken ihren Lebensunterhalt verdiente und mit dem Verlassen der Schule bis zum Eintritt ins Heer unabhängig von dem Einfluss der erwachsenen Generation, insbesondere ihrer Familien, leben konnte. So galt die *Jugend* zunächst als Prototyp für problematische Auffälligkeiten (vgl. Müller 1994, S. 19–21) und die sozialpädagogische Aufgabe bestand darin, diesen so gesehen gefährlichen Entwicklungen durch eine außerschulische und außerfamiliäre Sozialpädagogik entgegenzuwirken. Bemühungen dieser Zeit bestanden bspw. auch darin, für Jugendliche geeignete Sanktionen und Strafen beim Vorliegen

---

bemühungen. In der ersten Hälfte des 19. Jahrhunderts entstanden erste institutionelle Entwicklungen in lokalen Initiativen, die von bürgerlichen oder konfessionell motivierten Akteuren getragen wurde. Als erste staatliche Maßnahmen gelten das 1824 initiierte Gesetzesvorhaben zur Beschränkung der Kinderarbeit sowie eine behördliche Untersuchung von 1827 zum Zusammenhang von Armut, Kriminalität und Fürsorgeerziehung. 1839 wurde erstmals eine gesetzliche Beschränkung der Arbeitszeit jugendlicher Arbeiter in Fabriken festgesetzt. Mit der Begründung einer sozialstaatlichen Politik nach 1871 gewann die Kinder- und Jugendhilfe jedoch an gesellschaftlicher Bedeutung (vgl. Rätz-Heinisch et al. 2009, S. 16–21; auch Uhlendorff 2003).

5   Unter dem Begriff *Subsidiarität* wird sowohl der Vorrang der familiären Erziehungsverantwortung vor staatlichen Interventionen als auch der Vorrang der freien vor der öffentlichen Wohlfahrtspflege verstanden. Er bezieht sich u. a. auf die katholische Soziallehre, die den Schutz und die Verantwortung kleinerer sozialer Einheiten aber auch ihre Unterstützung durch die Allgemeinheit vertritt (vgl. Lange 2002).

6   „Mit dem Begriff Jugendpflege wurde im Reichsjugendwohlfahrtsgesetz (RJWG) die Förderung der Jugendarbeit und Jugendverbandsarbeit sowie der Kinder- und Jugendschutz als eine öffentliche Aufgabe der Jugendhilfe aufgenommen. Der Begriff Jugendpflege wurde später durch den der Jugendförderung abgelöst." (Rätz-Heinisch et al. 2009, S. 19)

7   Erfasst werden mit diesem Begriff Interventionen, die zu Erziehungsmaßnahmen oder -maßregeln führen.

delinquenten Handelns zu schaffen, die einen Erziehungsgedanken berücksichtigten (‚*Erziehung statt Strafe*‘ – Jugendgerichtsgesetzbewegung – vgl. Müller 1994, S. 21–22).

Vor allem die Zeit nach dem ersten Weltkrieg veränderte die gesellschaftliche Sicht auf die Jugend in der Weimarer Republik. Bedingt durch die Folgen des Krieges befand sich ein erheblicher Teil der Kinder und Jugendlichen in gravierenden Notlagen (vgl. Hering und Münchmeier 2000, S. 116–119). Hinzu kam, dass die erste demokratische Verfassung das deutsche Kaiserreich ablöste und sich die Hoffnung auf die Gestaltung einer zukünftigen demokratischen Gesellschaft mit u. a. sozialpädagogischen Bemühungen um die Jugend begründete. Diese Entwicklungen führten dazu, dass in einem politischen Kompromiss, der im Übrigen durch 33 fraktionsübergreifend tätige Frauen initiiert wurde, das RJWG mit dem Ansatz der Förderung aller (deutschen) Kinder und Jugendlichen – und nicht nur derjenigen mit spezifischen Problemen – verabschiedet werden konnte. Ein Gewicht erhielten im RJWG der Schutz und die Fürsorge von Minderjährigen. Es galt ein „Optimismus bezüglich der ‚Erziehbarkeit des Menschen‘" (Hering und Münchmeier 2000, S. 139), der durch das Handeln der Fachkräfte bei Bedarf realisiert werden sollte. Voraussetzung hierfür war, dass die Eltern und andere Erziehungs- oder Sorgeberechtigte dazu aus eigenen Kräften nicht (mehr) in der Lage waren. An ihre Stelle traten die staatlichen Erziehungsstellen und Orte. Eine große Bedeutung erhielt die Heimerziehung von Kindern und Jugendlichen, die in Form der Waisen- und Armenhäuser bereits eine längere Tradition hatte. Es entwickelten sich auch hier sozialpädagogische Bemühungen, die jedoch – so kann sehr allgemein zusammenfassend formuliert werden – die Tätigkeiten der Erwachsenen am Kind oder Jugendlichen begründeten. Es wurde eher der Einfluss der erwachsenen Generation und der sozialen Umwelt auf die Minderjährigen hervorgehoben und weniger deren eigene Handlungen und Tätigkeiten im Erziehungsprozess wahrgenommen. Kinder und Jugendliche waren häufig Objekte fürsorgerischen Handelns. Strafe, Zucht und Ordnung waren damals gängige Erziehungsmittel, auch in der Heimerziehung. Diese begründeten sich u. a. aus der Rechtslage der Minderjährigen. Eine eher am Kind oder Jugendlichen und dessen Bedürfnissen orientierte Sichtweise vertraten Sozialpädagogen und Sozialpädagoginnen, die innovative resp. reformpädagogische Ansätze realisierten. In der entstehenden akademischen Disziplin Sozialpädagogik wurden die individuellen Schwierigkeiten, welche die Kinder und Jugendlichen hatten (Nohl zit. n. Hering und Münchmeier 2000, S. 136), sowie zunehmend auch „ökonomisch-politische Ursachen" (ebd.) als Bedingungen der Umwelt wahrgenommen. Gerade in der Zeit des gesellschaftlichen Umbruchs der 20er Jahre gab es auch etliche reformpädagogische Projekte, die jedoch weniger durch Institutionen getragen als durch Personen initiiert wurden. In diesen zeigte sich eine Sozialpädagogik, die deutlicher an der Lebenssituation und der Lebenslage der jungen Menschen orientiert war und diese sensibel wahrnahm (bspw. Siegfried Bernfelds psychoanalytisch orientierte Heimerziehung im Kinderheim Baumgarten – vgl. Bernfeld 1974) oder Kinder als Träger von Grundrechten verstand (vgl. bspw. Korczak 1967 und die beginnende Kinderrechtsbewegung).

In den Jugendämtern gab es etliche Akteure mit innovativen sozialpädagogischen Ambitionen bezogen auf die damalige Zeit (vgl. bspw. Müller 1994, S. 42–45). Allerdings waren die staatlich organisierten Angebote der *Jugendpflege,* die außerschulische sozialpädagogische Lern- und Erfahrungsräume eröffneten, deutlich geringer als die Interventionen der *Jugendfürsorge.* Letztere war gefordert, sich mit existentiellen Notlagen von Kindern und Jugendlichen auseinanderzusetzen (vgl. ebd., S. 34–40) und es fehlte häufig an institutionellen, monetären und zwischenmenschlichen (heute würden wir sagen: lebensweltlichen) Unterstützungsmöglichkeiten. Das fachliche Handeln der Jugendfürsorgerinnen (häufig waren dies Frauen, zumindest im Außendienst des Jugendamtes) orientierte sich an dem Begriff der *Verwahrlosung,* der vor allem später in den ausgehenden 6oer Jahren zu einem Begriff einer stigmatisierenden, attribuierenden und repressiven Jugendhilfe wurde (vgl. Wensierski 2006, Gehltomholt und Hering 2006). Im RJWG wurde der Begriff *Verwahrlosung* nicht geregelt. Er wurde in der Praxis sowohl als „ungenügende Erziehung und Pflege durch Verantwortliche" (Gehltomholt und Hering 2006, S. 53) als auch als „physisches und psychisches Merkmal" (ebd.) von jungen Menschen definiert. Die Auseinandersetzungen deuten darauf hin, dass es keine Erwachsenen oder Umwelten gab, die sich um die Minderjährigen kümmerten. Eine Feststellung von *Verwahrlosung* begründete das tätig werden der öffentlichen Jugendhilfe, vertreten durch die Mitarbeiterinnen und Mitarbeiter des Jugendamtes. Nur wenige von diesen verfügten über eine fachbezogene Ausbildung und etliche von ihnen waren ehrenamtlich tätig. So blieb häufig eine wissenschaftlich abgesicherte Begründung der Einschätzung von *Verwahrlosung* aus. Dies obwohl es auch Bestrebungen zu methodischen Entwicklungen in der Sozialen Arbeit gab, deren weitreichendste in Deutschland sicherlich die „Soziale Diagnose" von Alice Salomon (1926/2004) darstellte.

Das RJWG trat 1924 mit – bedingt durch die existentielle Notsituation der 20er Jahre – Einschränkungen in Kraft, die sich vor allem auf die flächendeckende Errichtung von Jugendämtern sowie auf die Finanzierung bezogen (vgl. Müller 1994, S. 31). Festzuhalten bleibt, dass sich der Staat der Förderung und Erziehung der Minderjährigen annahm und hierfür eigene Fachbehörden gegründet wurden. Mit dem RJWG wurde der Versuch unternommen, sehr unterschiedliche gesellschaftliche Akteure, die sich um Kinder und Jugendliche kümmerten (bspw. konfessionelle und weltanschauliche Träger) und dabei sich widersprechende oder auch konkurrierende Positionen vertraten, in einer gemeinsamen gesellschaftlichen Aufgabe ,die Jugend'[8] betreffend zu vereinen. Die damit verbundenen Konfliktfelder bestehen bis in die Gegenwart.

---

8   C. W. Müller bemerkte, dass es bereits in den 20er Jahren ,die Jugend' nicht gab. Systematisieren lassen sich bis heute zwei Perspektiven: die eine, welche die Jugend als gefährlich und damit auch als gefährdet einschätzt und korrigierend tätig werden möchte; die andere, welche einen grundsätzlich positiven und zukunftsoffenen Blick auf die eigenen Entwicklungstätigkeiten von Jugendlichen einnimmt und diese fördern und unterstützen will (Telefonat am 28.02.2013).

Mit der Machtübernahme der Nationalsozialisten in Deutschland 1933 endeten die aufgezeigten Bemühungen und Auseinandersetzungen der 20er Jahre im Bereich der Jugendhilfe. Das RJWG blieb zwar in Kraft, dessen rechtliche Regelungen wurden jedoch durch die „Gleichschaltung' aller Behörden und freien Institutionen" (Rätz-Heinisch et al. 2009, S. 22) in der Umsetzung des Führerprinzips eingeschränkt. Die *Jugendpflege* wurde aus dem Zuständigkeitsbereich der Jugendämter herausgelöst und der Hitlerjugend übertragen (vgl. Müller 1994, S. 50). Die Jugendverbände wurden verboten (ebd.). Die Jugendämter waren angehalten, Aufgaben der *Jugendfürsorge* auf die Nationalsozialistische Volkswohlfahrt (NSV) zu übertragen (ebd.). „Die Nationalsozialisten setzen deshalb die schon mit der Notverordnung zur Fürsorgeerziehung von 1932 begonnene Auslesepraxis von Erziehungsfähigen einerseits und Unerziehbaren andererseits fort und begründeten sie quasi ‚wissenschaftlich' biologisch. Entsprechend wird die ‚Heimerziehungslandschaft' ausdifferenziert. Die förderungsfähigen, erbgesunden Jugendlichen sollen in Erziehungsheimen oder in den halboffenen ‚NSV-Jugendheimstätten' zu nützlichen Mitgliedern der Volksgemeinschaft erzogen werden; die nichtgemeinschaftsfähigen, minderwertigen, erbkranken und asozialen sollen in ‚Bewahrungsanstalten' untergebracht und festgesetzt werden" (Hering und Münchmeier 2000, S. 185).

Geprägt wurde in dieser Zeit das Bild von Kindern und Jugendlichen, welche im Sinne der nationalsozialistischen Gesellschaft (Volksgemeinschaft) erzogen werden sollten. Die Bedürfnisse der jungen Menschen wurden dabei nicht berücksichtigt (vgl. Müller 1994, S. 51). Eigenaktivitäten der Kinder und Jugendlichen waren nicht erwünscht. Das Erziehungsziel sollte durch die Anpassung des Individuums und die Ein- sowie Unterordnung in einen autoritär geprägten Rahmen, der durch die nationalsozialistische Ideologie festgelegt wurde, erreicht werden. Subjektive Förderung und Entfaltung der jungen Menschen waren in diesem Bestreben nicht vorgesehen. Im Gegenteil: Abweichungen wurden mit Ausgrenzung und auch Vernichtung sanktioniert. Ab 1940 wurden Jugendschutzlager für so genannte ‚*Schwerst'*- und ‚*Unerziehbare'* errichtet und ab 1944 wurden Jugendliche in Konzentrationslager eingewiesen (vgl. Rätz-Heinisch et al. 2009, S. 23, siehe auch Hering und Münchmeier 2000, S. 184–188).

Die Fürsorgeerziehung der 50er und 60er

Als eine Maßnahme auf die Probleme der Jugend in den 50er Jahren, insbesondere die der Heimatlosigkeit und zur Förderung von Berufs- und Arbeitsmaßnahmen, wurde 1950 der Bundesjugendplan vom Bundestag aufgelegt (vgl. Jordan et al. 2012, S. 63). Des Weiteren waren Jugendliche eine Zielgruppe der Erziehungsintentionen der amerikanischen Besatzungsmacht, der es darum ging, über Aktivitäten in der Freizeit ‚*die Jugend'* – als zukünftige Erwachsenengeneration – für die demokratische Gesellschaft und deren Gestaltung zu motivieren (‚*re-education'*). Jugendliche konnten (freiwillig) ihre Freizeit in extra dafür eingerichteten Klubs, in denen u. a. amerikanische Musik gespielt und Cola getrunken wurde, verbringen (vgl. Müller 1994, S. 62–63).

1953 wurde das RJWG ergänzt und in der Fassung von 1922 (bzw. 1924) in Kraft gesetzt. 1961 erfolgte eine Novelle und das ‚Gesetz für Jugendwohlfahrt‘ (JWG) wurde verabschiedet, welches überwiegend die Inhalte des RJWG fortsetzte. Die *Jugendpflege* war wieder ein Bereich der öffentlichen Jugendhilfe. Im Zentrum standen Interventionen (Eingriffe) der öffentlichen Jugendhilfe, die in der Fürsorgeerziehung auch als Strafrecht verstanden wurden. Das JWG wurde demzufolge auch als ein Ordnungsgesetz bezeichnet (vgl. Rätz-Heinisch et al. 2009, S. 23–24).

Ab den 50er Jahren bildete die Fürsorgeerziehung in der 1949 gegründeten Bundesrepublik Deutschland einen entscheidenden Schwerpunkt der Tätigkeit der Jugendämter. Die öffentlich organisierte Jugendhilfe blieb in dieser Zeit einer obrigkeitsstaatlichen Struktur verhaftet. Interventionen der *Jugendfürsorge* waren in großen Teilen auf das Herstellen von Ordnung orientiert und wurden mit repressiven Mitteln durchgesetzt (vgl. Wensierski 2006; Hering und Münchmeier 2000, S. 212; Gelmhorst und Hering 2006, S. 89–92). Diese Paralysierung der sozialpädagogischen Vorstellungen und Organisationsstrukturen der öffentlichen KJH kann aus heutiger Sicht schwer verstanden werden. Die 50er Jahre waren die Zeit des ‚Wirtschaftswunders‘, in den 60er Jahren begannen (zunächst verhalten) demokratische Strukturen die Institutionen zu erreichen. Die Kinder und minderjährigen Jugendlichen, vor allem die in (geschlossenen) Heimen untergebracht waren und sich an Orten befanden, die außerhalb von Ortschaften gelegen bzw. schwer einsehbar waren, wurden in diesen Jahren schlichtweg von der Gesellschaft vergessen. Ein nicht unerheblicher Teil der Minderjährigen war, bedingt durch die Folgen des zweiten Weltkrieges, verwaist.

Das dem fürsorgerischen Handeln zu Grunde liegende Bild vom Kind oder Jugendlichen war geprägt von den Gefahren und Gefährdungen der damaligen Zeit, denen junge Menschen ausgesetzt waren (und vor denen die Erwachsenengeneration teilweise Angst hatte). Es orientierte sich weiterhin an dem Begriff der *Verwahrlosung,* der jedoch vor allem eine vermeintliche Fehlentwicklung der jungen Menschen umfasste, welche durch das Handeln der Jugendhilfe korrigiert werden sollte. Mit dem Begriff *Verwahrlosung* wurden einzelnen Menschen Merkmale zugeschrieben, die als gefährdend und verwerflich galten. Individuelle und soziale Probleme wurden auf die jungen Menschen attributiert. Vor allem durch die Heimkampagne der 70er Jahre und die veröffentlichten Berichte damaliger ‚Heimkinder‘ zu Beginn des 21. Jahrhundert wurde bekannt, dass häufig aus heutiger Sicht minimale Anlässe wie Weglaufen, das Tragen von Miniröcken bei Mädchen, das Hören von ‚Ami-Musik‘ etc. (vgl. Wensierki 2006, Gehltomholt und Hering 2006) als Verwahrlosung eingeschätzt wurde, vor allem dann, wenn die Jugendlichen aus unteren sozialen Schichten kamen. Unehelich geborene Kinder gehörten uneingeschränkt zum Klientel der Fürsorge. Deutlich wird, dass die Einschätzung der Fürsorgerinnen und Fürsorger sich an einem vermeintlich einheitlichen Bild orientierte, *‚wie die Jugend zu sein hat‘*

und dass dieser normative Blick auf die Lebenslagen von Kindern und Jugendlichen häufig von vermeintlichen Standards einer guten Lebensführung des Mittelstandes geprägt war. Diese Perspektive wurde ab Ende der 60er Jahre sehr deutlich durch die Akteure der ‚Heimkampagne' und der späteren Emanzipationsbewegung kritisiert (vgl. Autorenkollektiv 1978). Die Ausdifferenzierung von Lebensformen hatte längst begonnen, wurde jedoch durch die staatliche Fürsorge zunächst ignoriert.

Fürsorgeerziehung (FE), in den 50er und 60er Jahren überwiegend als Heimerziehung, konnte angeordnet werden, d. h. weder die Minderjährigen noch deren Sorgeberechtigten konnten sich bei einer Anordnung dagegen verwehren. Sie konnten lediglich die von der Fürsorge festgestellten ‚Mängel' beheben, um aus der Fürsorgemaßnahme wieder entlassen zu werden. Auch Waisen gehörten zu den ‚Fürsorgezöglingen'. Des Weiteren gab es die Freiwillige Erziehungshilfe (FEH), deren Unterschied zur Fürsorgeerziehung darin bestand, dass die Sorgeberechtigten – meist die Eltern – selbst einen Antrag auf Unterstützung durch die Jugendhilfe stellten. Auch in diesem Fall wurden die Kinder und Jugendlichen in Kinderheimen, die häufig durch konfessionelle Träger verantwortet wurden, untergebracht. An vielen dieser Orte erlebten sie Repressionen, Gewalt, sexuellen Missbrauch und andere menschverachtenden Handlungen an ihnen, wie heute mehrere Dokumente belegen (bspw. Wensierski 2006, Benad et al. 2009, Döring 2011, Page 2006). Viele von ihnen leiden bis heute an den Folgen traumatisierender Erfahrungen. Diese autoritäre (verachtende) Erziehungspraxis dauerte an manchen Orten der Bundesrepublik bis Ende der 70er Jahre an und ist erst seit wenigen Jahren Gegenstand der Aufarbeitung (bspw. Runder Tisch Heimerziehung, Runder Tisch Sexueller Kindesmissbrauch in Abhängigkeits- und Machtverhältnissen in privaten und öffentlichen Einrichtungen und im familiären Bereich). Kinder und Jugendliche waren überwiegend Objekte sozialstaatlichen fürsorgerischen Handelns, hatten keine anwaltschaftliche Vertretung und verfügten über keine eigenen Rechte. Sie wurden in Entscheidungen der Jugendämter, die ihre Person und ihre Zukunft betrafen, nicht einbezogen und häufig sogar noch nicht einmal darüber informiert (vgl. Gehltomholt und Hering 2006). Diese machtvolle Einflussnahme der Jugendhilfe und das Gefühl des Ausgeliefertsein belastet viele Betroffene bis heute (vgl. Wensierski 2006).

Die Aufgaben und Funktionen der Jugendämter und die Tätigkeiten der Mitarbeiterinnen und Mitarbeiter umfassten selbstverständlich weitere Aufgaben, die an dieser Stelle nicht ausgeführt werden können (vgl. dazu Müller 1994, S. 58–79).

In der ebenso 1949 gegründeten Deutschen Demokratischen Republik (DDR) lag pädagogischen und sozialpädagogischen Tätigkeiten ein grundsätzlich anderes gesellschaftliches Verständnis vom Verhältnis zwischen dem Staat und der Familie zugrunde als in der Bundesrepublik. Während dort weiterhin die Erziehungsverantwortung und -verpflichtung in erster Linie die Aufgabe der personensorgeberechtigten Eltern bzw. anderer Erziehungspersonen, die an deren Stelle rücken konnten, darstellte und sozialstaatliche Unterstützungsleistungen wie die durch die Jugendhilfe nachrangig (subsidiär) verortet waren, übernahm in der DDR ‚der Staat' die vollumfäng-

liche Verantwortung für die Erziehung und Bildung der Kinder- und Jugendlichen.[9]
Die Aufgabe der Familien bestand darin, den Staat bei dieser Aufgabe zu unterstützen (vgl. Krause 2004, S. 90). Das Erziehungsziel beinhaltete einen neuen Typus des
Menschen, die ‚sozialistische Persönlichkeit‘ (vgl. Baske und Rögner-Francke (Hrsg.)
1984). Die damit verbundene Erziehungsleistung wurde den Familien nicht zugetraut. Die ‚sozialistische Persönlichkeit‘ sollte den Grundgedanken des Sozialismus/
Kommunismus, nämlich die Aufhebung von privatem Eigentum zugunsten der Vergemeinschaftung von Produktionsmitteln und Gütern als Grundlage sozialer Gerechtigkeit, vertreten und sich als Person in die Gestaltung einer so strukturierten
Gesellschaft einbringen. Dies war eine Vision. Um diese in den nachfolgenden Generationen zu erreichen, wurden die Kinder frühzeitig in Institutionen betreut und
erzogen, angefangen von der Kinderkrippe über den Kindergarten bis zur Schule mit
Hortbetreuung, der Ausbildung in einem sozialistischen Kollektiv bis zur Aufnahme
in die ebenso kollektiv organisierte Arbeitswelt. Die außerschulischen Freizeitangebote wurden durch die so genannten Massenorganisationen „Pionierorganisation
‚Ernst Thälmann‘“ (für 7- bis 13-Jährige) und ab 14 Jahren durch die ‚Freie Deutsche
Jugend‘ (FDJ) organisiert und angeboten, wobei diese Verbände an den Schulen angesiedelt waren und ihre Aktivitäten für die schulpflichtigen Kinder dort auch stattfanden. Die institutionelle Erziehung ermöglichte die Vollbeschäftigung von Frauen *und*
Männern, deren Arbeitskraft vor allem in der industriellen Produktion benötigt wurde. Die Gleichberechtigung der Frau in der Arbeitswelt brachte jedoch eine doppelte
soziale Ungleichheit (vgl. Schäfgen 1998) hervor, da ein Großteil der Frauen dennoch
für den Haushalt und die Versorgung der Kinder allein verantwortlich blieb. Das Bild
vom Kind in der DDR-Gesellschaft war das eines ‚unfertigen Erwachsenen‘. „Das Kind
wurde somit nicht als Partner in einer Beziehung wechselseitiger Beeinflussung gesehen, sondern als Beeinflussungsobjekt von Erziehung" (Krause 2004, S. 18). So wurde dem Einfluss durch die Erziehungsinstitutionen eine große Wirkung beigemessen,
das Kind selbst wurde jedoch frühzeitig in die Verantwortung genommen, selbst Aufgaben für die (sozialistische) Gemeinschaft in Kindergarten, Schule etc. zu übernehmen. Das Individuelle sollte so ein Teil des Kollektiven werden[10]. Die Institutionen
der DDR Gesellschaft waren neben ausgeprägten formalen Hierarchien über ehrenamtliche Strukturen organisiert, die bis in die Arbeitswelt reichten (vgl. Hering und
Münchmeier 2000, S. 219). Gab es Auffälligkeiten und Probleme einzelner Kinder
und Jugendlichen, die sich in einem Verlassen der kollektiven Strukturen äußerten,
wurden zunächst über so genannte Jugendausschüsse (ebd., S. 220) ehrenamtliche
Kräfte aktiviert, die Integration der Betroffenen in das entsprechende Kollektiv wieder herzustellen. Diese Organisationsstruktur traf auch auf die Fürsorgeerziehung zu,

---

9   Die Erziehungsfunktion der Eltern wurde durch das geltende Familiengesetz als eine staatsbürger-
    liche Aufgabe geregelt, auf die gezielt durch gesellschaftliche Institutionen Einfluss genommen wur-
    de (vgl. § 42 ff. Familiengesetzbuch (FGB) der DDR vom 20. Dezember 1965 (vgl. Ministerium der
    Justiz 1982 (Hrsg.), S. 127 ff.).
10 Diesbezüglich wurde gern Bezug auf Makarenko genommen.

die als einziger Bereich in der Jugendhilfe verblieb (alle anderen Aufgaben der KJH, insbesondere die der klassischen *Jugendpflege* wurden den Bereichen/Ressorts Schule und Kultur zugeordnet). Die Fürsorge betreute Kinder und Jugendliche, die durch ihre Eltern nicht ausreichend versorgt wurden bzw. diese verloren hatten. Zu diesen gehörten sowohl Waisen als auch Kinder, deren Eltern die DDR verlassen hatten oder inhaftiert waren. Des Weiteren war sie für Kinder und Jugendliche, die innerhalb ihrer Lebenswelt auffällig wurden, zuständig. In diesen Fällen organisierten die hauptamtlichen Fürsorger_innen ein ehrenamtliches Unterstützungssystem, welches ein hohes Maß an sozialer Kontrolle der Familien (!) produzierte, da u. a. auch Vertreter_innen aus den Arbeitskollektiven der Eltern hinzugezogen wurden. Stellten sich die kollektiven Erziehungsbemühungen als erfolglos heraus, wurde ,die Gesellschaft' entlastet und die Probleme des/der Jugendlichen wurden individualisiert, d. h. deren Ursache und Lösung wurde den Jugendlichen und deren Familien zugeschrieben, die dadurch häufig stigmatisiert wurden (vgl. Furian und Becker 2000). Häufig erfolgte dann die Einweisung der Kinder und Jugendlichen in Heimeinrichtungen resp. in (geschlossene) Jugendwerkhöfe.[11] Vor allem aus den (geschlossenen) Jugendwerkhöfen sind inzwischen Erzählungen und Berichte der damaligen Kinder- und Jugendlichen bekannt, die massive Erfahrungen mit Repressionen, Gewalt, sexuellem Missbrauch machten und Traumatisierungen erlitten haben.

Eine Modernisierung der Heimerziehung in der DDR, die durch die öffentlichen Institutionen getragen wurde, fand bis 1989 nicht statt. In vielen Kinderheimen der DDR gab es jedoch eine „nicht offizielle Erziehung" (Krause 2004, S. 16) sowie Reformbestrebungen. Diese wurden von den Fachkräften, die als Erzieher und Erzieherinnen in den Heimen tätig waren, verantwortet. Sie begannen, trotz der beschränkenden Rahmenbedingungen, Individualität zu ermöglichen und bspw. die Kinder in die Gestaltung des Heimalltages einzubeziehen und auf Repressionen zu verzichten (vgl. Krause 2004, S. 19–20).

Ich werde mich im Folgenden auf die Entwicklungen ab den 70er Jahren in der Bundesrepublik beziehen.

Emanzipationsbewegungen der 70er Jahre und 80er Jahre

In den Shell-Jugendstudien werden seit 1953 die Einstellungen, Werte, Gewohnheiten und das Verhalten von Jugendlichen in Deutschland regelmäßig untersucht. Sie sollen gewissermaßen einen Spiegel ,der Jugend' abbilden, in welcher der Erwachsenengesellschaft das Verhältnis zur nachwachsenden Generation mit der sich die Hoffnung auf den Erhalt des geschaffenen und die zukünftige Gestaltung der Gesellschaft verbindet, deutlich wird. ,Die Jugend' galt dabei als Anzeiger für den Zustand

---

11 Zu den stufenmäßigen Strukturen der KJH in der DDR und deren Einrichtungen vgl. den Neunten Jugendbericht (BMFSFJ 1994).

der Gesellschaft. Gab es mit ‚*der Jugend*' Probleme bzw. kündigten sich welche an, war auch die Gesellschaft der Bundesrepublik Deutschland gefährdet. Vor diesem Hintergrund sind die Entwicklungen der 70er und 80er Jahre auch für den Fortgang und die beginnende Modernisierung der öffentlich verantworteten KJH entscheidend. Die 70er Jahre waren geprägt von öffentlichen Jugendprotesten, die im Kontext der so genannten sozialen Bewegungen stattfanden. Bei diesen setzten sich Bürger für gesellschaftlich relevante Themen bspw. in den Bereichen Umwelt, Frauen, Frieden ein und forderten die Politik und die Verwaltungen auf, ihr Handeln zu reformieren. Es wurde Bürgerbeteiligung bspw. bei der Stadterneuerung gefordert. Demokratische Beteiligungsprozesse wurden in der Bundesrepublik Deutschland konkret. In den Städten besetzten junge Menschen Häuser, die entweder zum Zwecke einer geplanten Modernisierung oder zum Abriss leer standen (Hausbesetzerbewegung). In diesen Häusern wurden Kommunen gegründet und alternative Lebensformen realisiert. Im ländlichen Raum besetzten Jugendliche ebenso leer stehende Gebäude und forderten diese von den Kommunen als selbst verwaltete Jugendhäuser ein (Jugendzentrumsbewegung). Auf diese Entwicklungen war die öffentliche KJH gefordert zu reagieren und so fanden die Veränderungen, die eine Ausdifferenzierung der Angebote und Leistungen der KJH hervorbrachten, vor allem in der Praxis statt. Alternative Kulturprojekte entstanden ebenso wie Jugendfreizeitzentren, Projekte der Mädchenarbeit, Friedens-und Umweltgruppen. Gesellschaftliche Themen wurden aufgegriffen und häufig in Projektarbeit sozialpädagogisch umgesetzt, wobei die Rolle der Sozialpädagoginnen und Sozialpädagogen mehr eine begleitende wurde, welche die Eigenaktivitäten der Jugendlichen unterstützte. Der klassische Bereich der *Jugendpflege* wurde um die offene Jugendarbeit sowie um außerschulische Projektarbeit ergänzt. (vgl. Müller 2008, S. 102; S. 119)

Vor allem die durch die Studentenbewegung initiierte ‚*Heimkampagne*' führte zu gravierenden Veränderungen in der Heimerziehung. Die Zustände und die repressiven Erziehungspraktiken in den Heimen wurden heftig kritisiert. Im Umgang der Fürsorgeerziehung mit den Jugendlichen wurde die Frage nach dem Klassenkampf gestellt, denn häufig waren es Jugendliche aus Arbeiterfamilien, die in den Heimen untergebracht wurden (vgl. Autorenkollektiv 1978). In dem Film ‚*Bambule*', für den Ulrike Meinhof das Drehbuch schrieb[12], wird exemplarisch an einem Mädchenheim die Situation der Fürsorgeerziehung dargestellt. Jugendliche flohen aus den Heimen. Es wurden in den Städten Wohngemeinschaften gegründet, die durch reformbereite Fachkräfte unterstützt und ebenso von unkonventionellen Jugendämtern finanziert wurden[13]. Das Bild auf die Heim-Jugend – und dies wird auch in dem Film ‚*Bambule*' sehr deutlich dokumentiert – war dies einer politischen Avantgarde, welche sich aus den unterdrückenden Verhältnissen befreien kann, den Klassenkampf führt und

---

12 Der Film wurde 1970 gedreht und erst 1994 im dritten Programm der ARD ausgestrahlt.
13 Auch aus den Institutionen, wie den Jugendämtern, selbst entstanden in dieser Zeit Reformanliegen für die Heimerziehung (vgl. Müller 2008, S. 102).

sich emanzipatorisch einen Platz in der Gesellschaft einfordert (vgl. Autorenkollektiv 1978). Diese Hoffnungen konnten die Jugendlichen aus den Heimen zumeist nicht erfüllen. In den heute vorliegenden autobiografischen Berichten der damaligen von Heimerziehung betroffenen Kinder und Jugendlichen kann eine Antwort auf die Frage gefunden werden, weshalb die Jugendlichen diese Erwartungen damals nicht realisieren konnten.

In den 80er Jahren durchzog das Thema Jugendarbeitslosigkeit die Gesellschaft und bildete einen Hintergrund der ‚No Future‘ Stimmung der Jugendlichen. Projekte der Jugendsozialarbeit entstanden und boten Jugendlichen mit individuellen und sozialen Benachteiligungen Möglichkeiten der beruflichen Beschäftigung, Qualifizierung und der Berufsausbildung. Mädchen und junge Frauen sowie deren gesellschaftliche Benachteiligung erhielten öffentliche Aufmerksamkeit und es entstanden auch für diese Zielgruppe spezielle Angebote.

Zusammenfassend kann formuliert werden, dass sich über die sozialen Bewegungen und die Jugendproteste weitreichende Emanzipationsbestrebungen einer breiten Bevölkerung in der Bundesrepublik durchsetzten und dass sich diese auf alle Bereiche der KJH übertrugen. Dies äußerte sich darin, dass die ‚Klienten‘ zwar staatliche Unterstützung einforderten, sich jedoch nicht mehr bevormunden lassen wollten. Diese Entwicklungen zeigten sich in der sozialpädagogischen Arbeit mit Jugendlichen in Stadt und Land ebenso wie in der Familienhilfe sowie in der Stadtteil- und Gemeinwesengestaltung. Emanzipation und Partizipation wurden eingefordert und durch Studierende und Fachkräfte auf breiter Basis unterstützt. Obwohl es selbstverständlich auch hier gegenläufige Bewegungen gab. Wie eingangs erwähnt, stellt die KJH bis heute ein Konfliktfeld dar, in dem konträre gesellschaftliche Auseinandersetzungen ausgetragen werden.

Es entwickelten sich eine Vielzahl an ausdifferenzierten Angeboten und Hilfeformen innerhalb der KJH, die zum einen sehr zielgruppenspezifisch geprägt waren (bspw. für so genannte Ausreißer und Trebegänger sowie Drogenabhängige) und zum anderen die heterogenen Lebenswelten von Familien berücksichtigten (bspw. entstanden in dieser Zeit aufsuchende Formen der Familienhilfe, die heute ambulante Hilfen genannt werden). Die Entwicklungen in der Praxis veränderten die Arbeitsaufgaben der Jugendämter (Müller 1994, S. 113), die als Vertreter der öffentlichen Jugendhilfe Partner sein mussten.

Eine jahrzehntelang anhaltende Debatte gab es um die Reformierung des Jugendhilferechtes, welches in den 70er und 80er Jahren weiterhin mit dem JWG bestand. Mehrere Reformversuche scheiterten bis 1990 das neue Kinder- und Jugendhilfegesetz (KJHG) im Bundestag verabschiedet wurde. Der erste Artikel des KJHG wurde in das Sozialgesetzbuch der Bundesrepublik an achter Stelle aufgenommen und bildet seitdem das SGB VIII, welches seit 1990 mehrere Novellierungen erfuhr.

Maßgeblich hat Dr. Dr. h. c. Reinhard Wiesner, langjähriger Ministerialrat im Bundesministerium für Familien, Senioren, Frauen und Jugend und Leiter des Referats Kinder- und Jugendhilfe, den Gesetzestext des KJHG/SGB VIII formuliert. Das

KJHG/SGB VIII wurde ein Leistungs-, Ordnungs- und Organisationsgesetz. In den Leistungen, die im SGB VIII geregelt werden, wurde das vielfältige Spektrum der in der Praxis entstandenen Angebote der KJH aufgenommen.

Der Achte Jugendbericht und das SGB VIII 1990

Im gleichen Jahr der Verabschiedung des KJHG/SGB VIII wurde der Achte Jugend-bericht[14] mit der Stellungnahme der Bundesregierung der Öffentlichkeit vorgestellt (vgl. BMJFFG 1990). Der Achte Jugendbericht trägt den erweiterten Titel „Bericht über die Bestrebungen und Leistungen der Jugendhilfe" und ist ein Gesamtbericht. Er wurde von dem Tübinger Universitätsprofessor Hans Thiersch und seinen Kolleginnen und Kollegen erarbeitet. In ihm wird das übergreifende Paradigma der Lebens-weltorientierung[15] für das fachliche Handeln der KJH begründet. Ausgehend von den Erfahrungen in der Alltagswelt und den Selbstdeutungen der Adressatinnen und Adressaten der KJH sollten für das jeweilige Kind, die/den jeweiligen Jugendlichen bzw. die jeweilige Familie geeignete lebensweltunterstützende-, ergänzende- oder ersetzende Hilfeangebote unterbreitet bzw. entwickelt werden. In der genannten Differenzierung der Angebote erhielten ambulante Formen bspw. der Familienhilfe einen gleichrangigen fachlichen Stellenwert neben teilstationären oder stationären Hilfen. Letztere wurden deutlich ausdifferenziert, so dass neben der klassischen Heimerziehung Betreute Wohngruppen, Wohngemeinschaften oder andere Wohnformen einen gleichberechtigten Stellenwert erhielten, die innerhalb der Infrastruktur von Städten und Dörfern entstehen (und nicht mehr an separierten Orten der Gesellschaft verbleiben) sollten. Von zentraler Bedeutung in dem mit der Lebensweltorientierung formulierten fachlichen Ansatz sind aus meiner Sicht zwei Dinge: 1. der Ansatz eines hermeneutisch orientierten und rekonstruktiven Fallverstehens und 2. die professionelle Unterstützung möglichst *innerhalb* der Lebenswelt der Kinder, Jugendlichen und Familien unter Berücksichtigung der Eigenaktivitäten, Eigenkräfte, persönlichen und sozialen Ressourcen, nachbarschaftlichen Netzwerke, formellen Hilfesysteme ggf. mit der Möglichkeit der Erfindung ganz neuer Hilfeformen (und dieser Impuls knüpft natürlich an die Entwicklungen in der 8oer Jahren in der Praxis der KJH an).

Wichtig wurde der Achte Jugendbericht jedoch auch in anderer Hinsicht: Er forderte von den Institutionen (!) der KJH, sich so (um)zu organisieren, dass das fachliche Paradigma der Lebensweltorientierung tatsächlich umgesetzt werden kann. Zum ‚*Umbau*‘ der Institutionen, und hier wurden freie und öffentliche Träger als gemeinsame Akteure in ‚*partnerschaftlicher Zusammenarbeit*‘ adressiert, wurden Struk-

---

14 Die Kinder- und Jugendberichte werden in jeder Legislaturperiode, also alle vier Jahre, im Auftrag der Bundesregierung von einer Expertenkommission erstellt. Jeder dritte Kinder- und Jugendbericht ist ein Gesamtbericht.

15 Siehe Beitrag „*Lebensweltorientierung*" in diesem Band.

tur- und Handlungsmaximen formuliert. Die Maximen sind einschlägig bekannt geworden; ihre Umsetzung dauert bis heute an. Sie werden verdichtet auf die Begriffe: Prävention, Alltagsorientierung, Integration, Partizipation, Dezentralisierung/Regionalisierung (vgl. Thiersch 1992).

In der Praxis zeigten sich in den 90er Jahren u. a. „Flexible Erziehungshilfen" (vgl. Klatetzki 1995), oder auch „Integrierte Erziehungshilfen" (vgl. Wolff, M. 2000), bei denen die Gestaltung der Organisation/Institution den Bedarfen und Bedürfnissen der Kinder, Jugendlichen und Familien folgte.

Kritisiert wurde der Ansatz der Lebensweltorientierung mit der Benennung der Gefahr der ‚Kolonialisierung von Lebenswelten' (vgl. Habermas 1981, S. 522): Es bestehe die Gefahr, dass das Hilfesystem zu sehr in die Privatheit der Menschen eindringen und sie dadurch bevormunden könne. Eine kritische Reflexion der Mittel und Maßnahmen der KJH, vor dem Hintergrund der „Eigensinnigkeit" des Erfahrungshorizonts der Kinder, Jugendlichen und Familien, sei deshalb notwendig (vgl. Thiersch 1992, S. 247).

Im KJHG/SGB VIII ist die Programmatik der Lebensweltorientierung an vielen Stellen zu finden, so dass in diesem Gesetz auch fachliche sozialpädagogische Grundsätze verankert sind. Zunächst klärt der § 1 SGB VIII das Recht auf Entwicklung und Erziehung für jeden (!) jungen Menschen. Dies ist insofern wichtig, da damit eine eindeutige Aufgabenzuweisung an die KJH vorgenommen wird. Im SGB VIII werden Rechtsansprüche auf konkrete (sozialpädagogische) Leistungen formuliert, d. h. Hilfen dürfen von Fachkräften nicht angeordnet werden. Die ‚Klienten' werden zu Bürgern, die in prekären Lebenssituationen einen Anspruch auf unterstützende Leistungen haben. Dies schließt nicht aus, dass auf Grundlage des Art. 6 Abs. 2 GG (staatliches Wächteramt), die Sicherung des Wohls der Minderjährigen zu den zentralen Aufgaben der KJH gehört. Die sofortige Interventionsmöglichkeit beim Vorliegen einer akuten Gefährdung des Kindeswohls ist die Inobhutnahme gemäß § 42 Abs. 1 SGB VIII. Im § 2 SGB VIII werden die Aufgaben der KJH im Überblick aufgeführt. Diese bestehen aus Leistungen und anderen Aufgaben. Leistungen umfassen Rechtsansprüche auf Hilfe und Unterstützung. Mit den anderen Aufgaben werden hoheitliche Maßnahmen im Rahmen des staatlichen Wächteramtes konkretisiert. Die Gesamtverantwortung für die Umsetzung der Aufgaben nach dem SGB VIII obliegt dem Träger der öffentlichen Jugendhilfe, dem Jugendamt (§ 79 SGB VIII), der diese gemeinsam mit den freien Trägern in *partnerschaftlicher Zusammenarbeit* wahrnehmen soll. Die Kommunen sind gefordert, Jugendämter als Fachbehörden[16] zu errichten (§ 70, 71 SGB VIII), auf Landesebene sind es dann Landesjugendämter. Das Jugendamt ist zweigliedrig und besteht aus dem Jugendhilfeausschuss und der Verwaltung, d. h. auch im SGB VIII wird an der Schnittstelle zwischen Fachbehörde und

---

16 Diese Regelung wurde mit der Förderalismusreform 2003 geöffnet, so dass die Bundesländer auf der
    Grundlage des Art. 84 Abs. 1 GG über eine größere Autonomie in der Einrichtung von Behörden verfügen.

Politik und die Rahmensetzung der Jugendhilfe durch die Politik festgehalten (vgl. bspw. Merchel und Reismann 2004).

In mehreren Normen des SGB VIII wird die Beteiligung der Kinder, Jugendlichen und deren Sorgeberechtigten geregelt, bspw. im Wunsch- und Wahlrecht (§ 5 SGB VIII), dem Recht auf Beteiligung (§ 8 SGB VIII), in der Jugendarbeit (§ 11 SGB VIII), ganz zentral beim Hilfeplanverfahren (§ 36 SGB VIII) sowie auch beim Wahrnehmen des Schutzauftrages durch die KJH (wie der im Jahr 2005 aufgenommene § 8a SGB VIII nochmals verdeutlicht). Erwähnt werden soll, dass auch die Gleichstellung von Mädchen geregelt ist (§ 9 SGB VIII) und dass minderjährige unbegleitete Flüchtlinge zur Anspruchsgruppe des SGB VIII gehören (§ 6 SGB VIII und § 42 SGB VIII sowie nunmehr §§ 42a–f SGB VIII).

Die Begriffe *Fürsorge* und *Jugendpflege* sind im SGB VIII nicht mehr enthalten. Der Leistungsbereich wird im SGB VIII in ,*subjektive Rechtsansprüche*' (häufig der Personensorgeberechtigten) bspw. auf Hilfen zur Erziehung (HzE) gem. § 27 Abs. 1 SGB VIII[17] (als Rechtsfolge dieses Anspruchs werden dann konkrete sozialpädagogische Leistungen formuliert, bspw. § 31 SGB VIII Familienhilfe oder § 34 SGB VIII Heimerziehung und Sonstige Betreute Wohnform) und die ,*objektive Leistungsverpflichtung*' unterschieden (vgl. bspw. Münder und Tammen 2002). Zur ,*objektiven Leistungsverpflichtung*' gehören bspw. die Jugendarbeit gem. § 11 SGB VIII sowie die Jugendverbandarbeit gem. § 12 SGB VIII. Wie auch schon die *Jugendpflege* im JWG wird der Bereich der ,*objektiven Leistungsverpflichtung*' in vielen Kommunen vergleichsweise geringer gefördert als die ,*subjektiven Rechtsansprüche*'. Diese sind ggf. auch einklagbar.

Auch das SGB VIII stellt an vielen Stellen einen Kompromiss dar. So besteht eine Kritik darin, dass im SGB VIII nur wenige direkte Kinderrechte enthalten sind und dass die meisten Leistungen den Sorgeberechtigten zu Gute kommen und nicht direkt den Kindern. Auch zeigen die Entwicklungen seit 1990, dass die KJH quasi in ,Wellen' Schwerpunkte bearbeitet, die mit Themensetzungen durch Medien und Politik korrespondieren. In der Tat handelt es sich um ein sehr breites Aufgabespektrum (zum Überblick bspw. Jordan et al. 2012, S. 90–300), welches nicht in allen Bereichen gleichmäßig bearbeitet werden kann. Das KJHG/SGB VIII ist ein Bundesgesetz, welches von den Kommunen ausgestaltet und verantwortet werden muss. Trotz des Anliegens, annähernd gleiche Lebensbedingungen für junge Menschen in Deutschland herzustellen und über Leistungen aus dem SGB VIII Chancengleichheit und soziale Gerechtigkeit zu realisieren (vgl. § 1 SGB VIII), entwickelten sich regionale Disparitäten. Dies meint, dass die Entwicklungen der KJH in den jeweiligen Regionen Deutschlands unterschiedlich stattfinden und dies auch in den Leistungsangeboten zu verzeichnen ist.

---

17   Im Rahmen der Neufassung eines inklusiven SGB VIII wird eine Umbenennung des § 27 in ,Leistungen zur Entwicklung, Erziehung und Teilhabe' sowie eine kindzentrierte Legaldefinition des Rechtsanspruchs diskutiert (Stand April 2016).

Die Verbreitung der Lebensweltorientierung und die Umsetzung des SGB VIII in den Kommunen veränderte, zumindest programmatisch intendiert, das Bild von den Kindern, Jugendlichen und deren Eltern. Die neu entstandene Fachlichkeit setzte stark auf ein interaktionistisches Entwicklungs- und Sozialisationsverständnis, in dem Kinder und Jugendliche ihre psychischen und sozialen Entwicklungsprozesse selbst und aktiv gestalten, jedoch hierbei in Auseinandersetzung mit der umgebenden sozialen Umwelt sind und diese auch zur Unterstützung als eine aktive Umwelt benötigen (vgl. Bronfenbrenner 1981; Rätz-Heinisch et al. 2009, S. 56–65). Kinder und Jugendliche wurden zu Akteuren ihrer Entwicklung und des Hilfeprozesses, die „auch gefährlichen und gewaltsamen Beeinträchtigungen widerstehen, widrigen Entwicklungsbedingungen trotzen und somit nicht nur scheiternde, sondern gewissermaßen auch unverwüstliche junge Menschen sind, die Eigenkräfte selbst unter negativen Entwicklungsbedingungen mobilisieren und offensichtlich auch fremde Hilfe gut nutzen können" (Wolff, R. 2000, S. 413).[18] So entstanden fachliche Sichtweisen, die davon ausgingen, dass Erziehungsprozesse und -hilfen, dann gelingen, wenn es den jungen Menschen ermöglicht wird, ‚mit' zu handeln (Müller 1997, S. 49) und beteiligt zu werden.

Im § 1 SGB VIII wird als Ziel des Rechtes auf Erziehung und Entwicklung die Selbstentwicklung der jungen Menschen *und* die Gemeinschaftsfähigkeit formuliert: also individuelle selbstbewusste junge Menschen, die sich in die Gesellschaft einbringen und diese gemeinsam mit anderen gestalten. Leistungen der KJH richten sich *sowohl* an alle jungen Menschen in Deutschland, bspw. Kindertagesbetreuung *als auch* an Kinder in Notsituationen bzw. in konkreten Problemlagen bzw. mit konkreten Schwierigkeiten. Das SGB VIII stärkt des Weiteren Beteiligungsrechte von Kindern und Jugendlichen: Kinder und Jugendliche sind bspw. entsprechend ihrem Entwicklungsstand an allen sie betreffenden Entscheidungen der öffentlichen Jugendhilfe zu beteiligen (§ 8 SGB VIII) und an Entscheidungen über ihre Zukunft einzubeziehen (§ 36 SGB VIII). Kinder und Jugendliche werden somit zu Subjekten im Hilfegeschehen. In vielen Heimeinrichtungen haben sich bspw. seit Inkrafttreten des SGB VIII partizipative Strukturen entwickelt, die den Kindern und Jugendlichen in der Gestaltung des Heimalltages eine Stimme geben oder auch Ombudschaften, welche den Minderjährigen in Fällen von erlebten Unrecht zur Verfügung stehen. Der gesellschaftliche Aufbruch der 70er Jahre, mehr demokratische Strukturen zu etablieren, ist in der KJH angekommen.

Der Begriff der *Verwahrlosung* verschwand für das letzte Jahrzehnt des 20. Jahrhunderts aus dem Fachvokabular der KJH.

---

18 Diese Erkenntnis wurde später verstärkt mit den Ergebnissen aus der Resilienzforschung untersetzt.

Der Dienstleistungsbegriff ab den 90er Jahren

Die beginnenden 90er Jahre waren in der KJH vor allem durch die Veränderungen der Institutionen und konkret durch folgende Entwicklungen geprägt:

- Umsetzung der Organisationsstrukturen des KJHG/SGB VIII sowie der Realisierung des Leistungsangebotes auf kommunaler Ebene;
- Aufbau regionaler Strukturen der KJH in Ostdeutschland gem. des KJHG/SGB VIII[19];
- *Umbau* der Verwaltungen des Jugendamtes im Rahmen der *,Neuen Steuerung'*[20] mit dem Ziel, Bürokratie und Hierarchien abzubauen, mehr Transparenz des Verwaltungshandelns und Bürgernähe herzustellen sowie das Verhältnis von Politik und Verwaltung neu zu regeln (vgl. KGSt 1993, 1994, 1998). Im Kern ging es dabei um die Einführung und Etablierung von Managementmodellen in der öffentlichen Verwaltung und einer Verbindung von Fach- und Ressourcenverantwortung. (vgl. im Überblick dazu Rätz-Heinisch et al. 2009, S. 187–194)
- Die zunehmende Nachfrage, vor allem durch Politik und Medien, aber auch durch die Leistungsempfänger selbst, über die Wirkungen von sozialpädagogischen Maßnahmen, insbesondere in den Hilfen zur Erziehung. Erste Wirkungsstudien entstanden (vgl. bspw. BMFSFJ – Jule-Studie 1998) und es wurden evidenzbasierte Wirkungsansätze für die KJH diskutiert.

In diesen Bewegungen wurde der Begriff *,Dienstleistung'* für das (Selbst-)Verständnis der Organisationen der öffentlichen und freien Jugendhilfe bedeutsam. Es entstand eine neue Perspektive auf die Kinder, Jugendlichen und Sorgeberechtigten. Sie wurden zu Leistungsberechtigten mit sozialstaatlich garantiertem Rechtsanspruch (vgl. dazu auch Schaarschuch 2000).

Als eine ganz allgemeine Definition kann formuliert werden: Dienstleistungen sind immaterielle Güter, die durch das (fachliche professionelle) Handeln von Menschen in Beschäftigtenstrukturen *,produziert'* werden. Der Inhalt der Dienstleistung wird durch die personengebundene Arbeitsleistung des Produzenten hervorgebracht. Von Bedeutung ist hierbei die Gleichzeitigkeit von Produktion und Verbrauch. In der Betrachtung dieses Prozesses wird häufig von der Ko-Produktion (also dem Mit-Handeln) der Kunden an dem gewünschten Ergebnis der Dienstleistung gesprochen.

---

19 Das KJHG trat dort bereits früher als in der alten Bundesrepublik, nämlich mit der Wiedervereinigung am 3. 10. 1990, in Kraft.
20 Häufig wird in diesem Zusammenhang auch der Begriff *,New Public Management'* angeführt, der ganz allgemein eine Verlagerung staatlicher Tätigkeiten zugunsten privater Dienstleistungserbringer (bzw. für den sozialen Bereich vor allem zugunsten freier Träger) umfasst. Eine Folge der Debatte um die Neue Steuerung war demzufolge die Diskussion um das Ausgliedern (Outsourcing) von sozialen Dienstleistungsbereichen aus der öffentlichen Verwaltung (vgl. Hofemann 2005).

Allein in dieser knappen Begriffsdefinition wird das Einfließen einer Sprache in die KJH deutlich, die sich an Wirtschafts- und Managementvokabular orientiert.

Übertragen auf das fachliche Handeln und die Organisation der KJH veränderte das Dienstleistungsdenken einiges, vor allem im Verwaltungshandeln: Zum einen wurde nun stärker vom Ergebnis der Leistungen der KJH her gedacht (bspw. Was soll am Ende einer Erziehungshilfe erreicht sein und welche Vorhaben werden deshalb in den Hilfeplan aufgenommen? (Zielvereinbarung und Operationalisierung). Zum anderen konnte das oben geschilderte klassische Dienstleistungsverhältnis von Erbringer und Empfänger einer Dienstleistung auf die KJH nicht übertragen werden und es wurde hier vom „jugendhilferechtlichen Dreiecksverhältnis" (vgl. bspw. Münder und Tammen 2002, S. 114) gesprochen. Dieses kann kurz folgendermaßen umrissen werden: Die Bürger haben einen Rechtsanspruch auf soziale/sozialpädagogische Dienstleistungen gemäß SGB VIII (Leistungsberechtigte). Dieser Anspruch richtet sich gegen den Staat, der durch den öffentlichen Träger der KJH (Jugendamt) vertreten wird (Leistungsgewährer). Häufig erbringen die öffentlichen Träger die Leistung jedoch nicht selbst, sondern geben diese Aufgabe an freie Träger der KJH ab (Leistungserbringer).[21] In diesem Dreieck entstehen wechselseitige Verträge und Abhängigkeiten der Beteiligten, die an dieser Stelle nicht detaillierter ausgeführt werden können.

Betriebswirtschaftliches Denken wurde vom Gesetzgeber in einer Novellierung des SGB VIII im Rahmen der Leistungs-, Entgelt-, und Qualitätsvereinbarungen (§§ 78a–g SGB VIII) als eine wichtige Neuerung und Grundlage der Finanzierung in die Fachwelt eingeführt. Im Ergebnis wurden freie Träger zu Wirtschaftsorganisationen, die über die Entgelte für die Leistungserbringung (bspw. im Bereich der Hilfen zur Erziehung) frei verfügen und damit sowohl Gewinne als auch Verluste erwirtschaften können. Diese Regelung ermöglichte auch privaten gewerblichen Trägern den Einstieg in den Leistungsbereich der KJH. Problematisch zeigte sich als Folge dieser veränderten Rahmensetzungen, dass einige freie Träger ausschließlich zu Dienstleistern für den öffentlichen Träger wurden und ihre gesellschaftliche Gestaltungsaufgabe (vgl. Böhnisch und Schröer 2002) sowie ihre plurale Vielfalt aufgaben (vgl. differenziert zu diesen Entwicklungen Olk u. a. 1995).

---

21 Bspw. Familienhilfe: Die Personensorgeberechtigten stellen einen Antrag auf Hilfe zur Erziehung gem. § 27 Abs. 1 SGB VIII (Leistungsberechtigte); dieser wird beim Vorliegen der Tatbestandsvoraussetzungen vom Jugendamt als dem Vertreter der öffentlichen KJH, gewährt (Leistungsgewährer). Unter Berücksichtigung des Wunsch- und Wahlrechtes (§ 5 SGB VIII) sowie der Hilfeplanung gem. § 36 SGB VIII wird ein freier Träger der Jugendhilfe mit der Durchführung der Familienhilfe beauftragt (Leistungserbringer).

Zum Wandel des Dienstleistungsbegriffes im ersten Jahrzehnt des 21. Jahrhunderts

Im ersten Jahrzehnt des 21. Jahrhunderts stand die KJH unter hohem Druck: Die Ausgaben für die Leistungen der KJH stiegen in den 90er Jahren erheblich an (vgl. Rätz-Heinisch et al. 2009, S. 211 ff.) und die kommunalen Verantwortungsträger fragten im Zusammenhang der Kostenkonsolidierung der öffentlichen Haushalte nach dem Zweck und Nutzen dieses Bereiches. Dies ging einher mit einem Wandel in der Philosophie sozialstaatlicher Sicherung, die durch die Einführung des SGB II (umgangssprachlich Hartz-Gesetzgebung) eine gesellschaftliche Wirkung erlangte. Neu am SGB II war, dass der Erhalt einer sozialstaatlichen Leistung von konkreten Handlungen und Tätigkeiten der Leistungsberechtigten abhängig wurde (im SGB II im Bereich der Arbeitsförderung). Obwohl diese Logik in den Gesetzestext des SGB VIII keinen Einzug gehalten hat, veränderte sich mit diesem gesellschaftlichen Wandel die Praxis der Leistungserbringung in der KJH. Es wird verstärkt angefragt, welche Tätigkeiten die Kinder, Jugendlichen bzw. Sorgeberechtigten bereit wären für die Zielerreichung, also den Erfolg der Hilfe, beizutragen. Dies erscheint pädagogisch im Einzelfall sicherlich sinnvoll und angemessen, aber: Es wird die Gewährung einer individuellen Hilfe von diesen Bedingungen abhängig gemacht oder sie werden sogar als Voraussetzung der Gewährung von Leistungen formuliert (und dies widerspricht dem SGB VIII, in dem subjektive Rechtsansprüche mit dem Bedarf der Förderung von Entwicklung und Erziehung sowie der Gewährleistung des Kindeswohls begründet werden). Thomas Olk (2000) führte aus, dass der Sozialstaat zunehmend Probleme habe, die Kosten für die über Sozialgesetze und Rechtsansprüche geregelten Leistungen zu übernehmen. Er bleibt jedoch in der Gewährleistungsverpflichtung gegenüber den Bürgern. Dies führt dazu, dass die Dienstleistungsverpflichtung zunehmend vom Staat an die Bürger abgegeben wird. Die Bürger werden dazu aufgefordert – häufig unter dem Einsatz von Case-Management-Methoden-, konkrete Dinge zügig zu leisten, die den Sozialleistungsanspruch im Ergebnis erübrigen. Die Verantwortung für die Dienstleistungserbringung wird im „aktivierenden Staat" (ebd., S. 99) direkt an die Bürger abgegeben (vgl. diese Entwicklung für die Bedingungen der KJH vgl. Rätz-Heinisch 2005). Diese Veränderungen grenzen eine Gruppe von Kindern, Jugendlichen und deren Familien aus dem Bezug von Leistungen der KJH aus. Es ist interessant, dass – angefangen mit der Gründung des Berliner Rechtshilfefonds Jugendhilfe (BRJ e. V.) im Jahr 2002 – eine bundesweite Bewegung der Gründung von Ombudschaft-Vereinen als intermediäre Instanzen zwischen Bürgern und Staat begann. Ombudschaften werden für Menschen übernommen, deren begründete Leistungsansprüche von den öffentlichen Trägern der Jugendhilfe, den Jugendämtern, nicht gewährt wurden (vgl. bspw. www.brj-berlin.de).

In dem oben beschriebenen Zusammenhang wurde auch zunehmend die Zivilgesellschaft mit ihrem bürgerschaftlichen Engagement entdeckt und es entstand eine

Reihe von ehrenamtlichen Unterstützungsstrukturen für Kinder, Jugendliche und Familien (vgl. dazu Böllert 2000).

Trotz der sogenannten Konsolidierung der Kosten der öffentlichen Haushalte in den Kommunen, die sich an vielen Orten in einem Rückgang der Ausgaben für Bereiche der KJH, insbesondere der Jugendarbeit und der Jugendsozialarbeit zeigte, expandierte die KJH auch im neuen Jahrzehnt. Dies zeigte sich vor allem an den Beschäftigtenzahlen und der Gesamtausgabenentwicklung (vgl. KomDat 2012). Karin Böllert (2012a) hat die zahlenmäßige Entwicklung des Personals der KJH in Deutschland zwischen dem 11. und 13. Kinder- und Jugendbericht der Bundesregierung zusammenfassend beschrieben und für die Bereiche Kindertagesstätten und Hilfen zur Erziehung konkretisiert. Dabei stellte sie fest, dass die Familien offensichtlich „ihre hervorgehobene Stellung als dominante Institution der Weitergabe von Normen, Werten und Lebensstilen verloren haben" (ebd., S. 31). Gleichzeitig seien „noch nie so viele Personen in der Kinder- und Jugendhilfe beschäftigt, wie dies gegenwärtig der Fall ist [...] diese Zahlen verweisen rein quantitativ darauf, daß die Kinder- und Jugendhilfe sowohl zu einem zentralen Segment des Arbeitsmarktes als auch zu einer Institution herangewachsen ist, die in ihrem Umfang den Vergleich mit anderen zentralen Erziehungs-, Sozialisations- und Bildungsinstitutionen nicht scheuen muss" (ebd., S. 33–34).

In Forschung und Praxis wurde zunehmend den subjektiven Sichtweisen der jungen Menschen Interesse entgegengebracht und es wurde die Frage gestellt, wie diese das Hilfesystem erlebten und in ihrer lebensgeschichtlichen Bedeutung (Wirkung) einschätzen. In diesem Kontext entstanden eine Reihe von Forschungsarbeiten (bspw. Gehres 1997; Daigler 2008; Finkel 2004; Rätz-Heinisch 2005). Und es wurde gefragt: „Kann Heimerziehung demokratisch sein?" (Stork 2007) Zeitgleich wurden standardisierte Erhebungsinstrumente entwickelt, um die Wirkungen von Leistungen der KJH zu ermitteln (vgl. im Überblick in Macsenaere et al. (Hrsg.) 2000).

Zusammenfassend kann diese, zunächst widersprüchlich erscheinende, Entwicklung folgendermaßen verstanden werden: In der KJH veränderten sich Aufgabenbereiche und Schwerpunkte, die wiederrum eng mit politischen und medialen öffentlichen Diskursen einhergingen. Dies sei beispielhaft an zwei Strängen skizziert:

• Der Anstieg der medialen Aufmerksamkeit für Kinder, die von ihren Eltern vernachlässigt wurden und in dessen Folge einige sogar verstarben, führte zu einer Sensibilisierung von Politik und Fachwelt für diese Thematik. Die Bemühungen um den Kinderschutz innerhalb der KJH wurden verstärkt. Dies zeigte sich in konkretisierten und neu geschaffenen bundesgesetzlichen Regelungen zum Kinderschutz (bspw. Einfügung des § 8a ins SGB VIII „Schutzauftrag bei Kindeswohlgefährdung" sowie Verabschiedung des Bundeskinderschutzgesetzes – BKiSchG) sowie einer fachlichen Schwerpunktsetzung und Fortentwicklung dieser Thematik. In diesem Zusammenhang wurde der Begriff der *Verwahrlosung* wieder in die

Fachdiskussion aufgenommen, der häufig in Bezug sowohl auf die Beschreibung der äußeren Lebensumstände von Kindern und Jugendlichen (bspw. *,die Wohnung war verwahrlost'*) als auch in der Beschreibung von Merkmalen von Minderjährigen (bspw. *,der Junge wirkte verwahrlost'*)[22] angewendet wird.

- Die öffentlichen Diskussionen um die Ergebnisse der ersten Pisa-Studie 2000, Erfordernisse zur Gestaltung des demografischen Wandels sowie die Bedingungen und Anforderungen einer globalen Arbeitswelt brachten verstärkt den Begriff *Bildung* in die KJH sowie den Ausbau der Kindertagesbetreuung auf die politische Agenda. Diese Entwicklungen verändern die KJH erheblich: Zunehmend gelangen Kinder in den Fokus einer sozialpädagogischen Förderung. Kindertageseinrichtungen wurden um den Bereich der Frühkindlichen Bildung erweitert (Stichwort: *Bildung von Anfang an!*[23]). Im Zuge der Realisierung von Gesamtschulen wurden an vielen Orten Angebote der außerschulischen Jugendarbeit in die Schulen integriert.

Hinzu kommen bspw. Diskurse um die Inklusion von Kindern und Jugendlichen mit Behinderungen in das Leistungsspektrum der Kinder- und Jugendhilfe sowie um die Versorgung und Unterstützung unbegleiteter minderjähriger Flüchtlinge durch die KJH.

Im vergangenen Jahrzehnt wurden die Kinder, also die Altersgruppe der 0- bis ca. 13-Jährigen, zur vorrangigen Zielgruppe der KJH. Aus dem bis vor einigen Jahren geltenden Fachbegriff *Jugendhilfe* wurde die *Kinder- und Jugendhilfe* (KJH). Die Jugendlichen, also die ca. 14- bis 18-Jährigen, wurden kaum mehr von Politik, Medien und Fachwelt wahrgenommen und wenn, dann zumeist als dramatische Einzelfälle, die in den Medien skandalisiert wurden (vgl. BMFSFJ 2013, S. 44; S. 143). Diese Veränderung zeigt sich auch im Aufgabenbereich der Jugendsozialarbeit, die in Fragen der beruflichen Förderung von Heranwachsenden in den letzten fünfzehn Jahren an Bedeutung verloren hat (vgl. ebd., S. 186 ff.).

Im 14. Kinder- und Jugendbericht wird mit der Präambel „Aufwachsen in öffentlicher und privater Verantwortung" ein neues Verhältnis zwischen sorgeberechtigten Eltern und Staat formuliert (vgl. BMFSFJ 2013, bspw. S. 37 ff.; S. 63 ff.). In diesem wird die familiäre Erziehung, Bildung und Unterstützung der Kinder (und Jugendlichen sowie Heranwachsenden) bejaht. Es wird jedoch davon ausgegangen, dass unter den Bedingungen einer hochkomplexen Gesellschaft, eine öffentliche Unterstützungs- und Infrastruktur eine gleichrangige Bedeutung neben der familiären erhalten muss. Begründet wird dies mit den erhöhten Alltagsanforderungen und Bewältigungsleistungen von Familien in der globalisierten Welt (vgl. dazu auch Böhnisch 2002a). Der seit den 1920er Jahren bestehenden Auseinandersetzung in dem Vor- oder Nachrang

---

22 Eine kritische fachliche Auseinandersetzung mit dem Begriff *Verwahrlosung* ist dringend angezeigt (vgl. als Beginn Rätz und Kuhnle 2014).

23 Bildungsprogramme für Kindertageseinrichtungen entstanden bundesweit.

von Familie und Staat *(entweder – oder)* wird – zumindest für das Aufwachsen von Kindern und Jugendlichen in den Bildungsinstitutionen Kindertageseinrichtung und Schule – mit einem *sowohl-als-auch* begegnet. Untersetzt wird die Aussage durch einen analytischen Rahmen, der die Tätigkeiten der KJH in das Handeln von vier gesellschaftlichen Hauptakteuren (Familie, Staat, Markt und Zivilgesellschaft) einbettet (vgl. ebd., S. 65).[24] Die KJH wird aufgefordert, neue Kooperationen (,*Verschränkungen*') mit anderen gesellschaftlichen Akteuren einzugehen und sich auch politisch zu engagieren.[25] Sie ist des Weiteren gefordert, eine eigenständige Fachlichkeit zu bewahren, gerade, wenn ihre sozialpädagogischen Leistungen in anderen gesellschaftlich etablierten Institutionen, wie bspw. der Schule oder in Kooperation mit der Bundesagentur für Arbeit/Jobcenter, gefordert werden.

Der gesellschaftliche Blick geht derzeit überwiegend von den Anforderungen der Gesellschaft *an* Kinder und Jugendliche aus und weniger von der Förderung deren sehr heterogenen Lebens- und Erfahrungsräumen sowie von deren Bedürfnissen sowie subjektiven Entwicklungs- und Entfaltungsmöglichkeiten.[26] Die KJH wird aufgefordert, Probleme der Gesellschaft mit Blick auf junge Menschen und deren Familien zu lösen. Diese sind insbesondere Reaktionen auf Problemlagen wie: demografische Entwicklung, Armutslagen, Risiken und Schutzaufgaben, Bildung, Internationale Entwicklungen, Flucht und Migration, Wettbewerbsstrukturen. Aufgaben und Leistungsangebote der KJH werden vor diesem Hintergrund entwickelt. Im Bereich der Frühkindlichen Bildung und der Ganztagsschulen erhalten sozialpädagogische Ansätze eine Bedeutung, die an *alle* Kinder und Jugendlichen gerichtet sind. Sozialpädagogische Tätigkeiten werden zum Bestandteil etablierter Institutionen. Kinder- und Jugendliche, die erhöhten Gefährdungen in ihren Familien ausgesetzt sind und deren Wohl in ihrem häuslichen Umfeld nicht gesichert werden kann, wurden zu *einer* bedeutenden Zielgruppe im Bereich der Hilfen zur Erziehung (HzE) mit besonderen Problemen und Hilfebedarf. Obwohl auch in diesen Fällen Rechtsansprüche auf Leistungen der KJH und auf Beteiligungsrechte im Hilfeplanverfahren

---

24 „Es geht also nicht nur um die quantitative Frage nach Verschiebungen im Verhältnis zwischen öffentlicher und privater Verantwortung, sondern auch um die qualitative Frage nach der konkreten Organisation und Ausgestaltung dieser Verantwortung im (Spannungs-)Verhältnis von
   · Staat (öffentliche Verantwortung),
   · Drittem Sektor/Zivilgesellschaft (private Verantwortung im öffentlichen Raum),
   · Markt (private Verantwortung im öffentlichen Raum)
   und
   · privatem Sektor (insbesondere Familien)
   und ihren Auswirkungen auf die Lebenslagen von Kindern und Jugendlichen und ihren Eltern."
   (BMFSFJ 2013, S. 65).

25 Dies jedoch nicht im Sinne einer politischen Einmischungsstrategie (vgl. Mielenz 1984), sondern aus der erreichten Position als etablierter Teil der Gesellschaft in Kooperation mit anderen politischen Kräften.

26 Es wird nicht mehr von ,*der*' Kindheit/Jugend gesprochen, sondern von ,*Kindheiten*' und ,*Jugenden*', um die Ausdifferenzierung und Vielfalt dieser Lebensphasen zu verdeutlichen (vgl. BMFSFJ 2013, S. 136).

bestehen, ist in den letzten Jahren an Orten der kommunalen KJH zu beobachten, dass ein hoher sozialer Druck auf die betroffenen Familien ausgeübt wird. Es besteht die Gefahr, die Subjektivität der Familien und vor allem der betroffenen Kinder sowie deren Beteiligungsrechte zu vernachlässigen. Eine aktuelle Studie kommt bspw. zu dem Ergebnis, dass die von Kindeswohlgefährdung betroffenen Kinder bei Interventionen der öffentlichen KJH zu ihrem Wohl häufig nicht einbezogen werden (Wolff, R. et al. 2013).

So prägen zwei verschiedene Bilder von Kindern und Jugendlichen sowie deren Familien das sozialpädagogische Handeln: Ein von der Subjektivität und Beteiligung der Leistungsberechtigten ausgehendes dienstleistungsorientiertes Bild einerseits und ein von Unmündigkeit und Aktivierung geprägtes fürsorgerisches Bild mit Tendenzen der Therapeutisierung individueller und sozialer Probleme andererseits. Im gegenwärtigen Fachdiskurs wird konstatiert, dass die Aufspaltung in diese zwei Bilder mit der Differenzierung sozialer Lebenslagen einhergeht: Von Armutslagen und sozialer Benachteiligung betroffenen jungen Menschen und deren Familien werden tendenziell Subjektivität und Beteiligungsrechte abgesprochen.

Literatur

Andresen, S. (2005). *Einführung in die Jugendforschung.* Darmstadt: WBG.

Autorenkollektiv (1978). *Gefesselte Jugend. Fürsorgeerziehung im Kapitalismus,* 5. Aufl. Frankfurt a. M.: Suhrkamp Verlag.

Baske, S., & Rögner-Francke, H. (Hrsg.). (1984). *Jugendprobleme im geteilten Deutschland.* Berlin: Duncker und Humblot.

Benad, M., Schmuhl, H.-W., & Stockheck, K. (2009). *Endstation Freistatt. Fürsorgeerziehung in den v. Bodelschwinghschen Anstalten Bethel bis in die 1970er Jahre.* Gütersloh: Verlag für Regionalgeschichte.

Bernfeld, S. (1974). Antiautoritäre Erziehung und Psychoanalyse. Band 1. In L. von Werder & R. Wolff (Hrsg.), *Antiautoritäre Erziehung und Psychoanalyse. Band 1, 2 und 3.* Frankfurt a. M., Berlin und Wien: Ullstein.

BMFSFJ (Bundesministerium für Familie, Senioren, Frauen und Jugend). (1998). *Leistungen und Grenzen von Heimerziehung. Ergebnisse einer Evaluationsstudie stationärer und teil-stationärer Erziehungshilfen. Forschungsprojekt Jule.* Stuttgart, Berlin und Köln: Kohlhammer.

BMFSFJ (Bundesministerium für Familie, Senioren, Frauen und Jugend). (1994). *Bericht über die Situation der Kinder und Jugendlichen und die Entwicklung der Jugendhilfe in den neuen Bundesländern. Neunter Jugendbericht.* Bonn: Bonner Universitäts-Buchdruckerei.

BMFSFJ (Bundesministerium für Familie, Senioren, Frauen und Jugend). (2013). *14. Kinder- und Jugendbericht. Bericht über die Lebenssituation junger Menschen und die Leistungen der Kinder- und Jugendhilfe in Deutschland.* Paderborn: Bonifatius GmbH.

BMJFFG (Der Bundesminister für Jugend, Familie, Frauen und Gesundheit). (1990). *Achter Jugendbericht. Bericht über Bestrebungen und Leistungen der Jugendhilfe.* Bonn: Bonner Universitäts-Buchdruckerei.

Böhnisch, L. (1997). *Sozialpädagogik der Lebensalter.* Weinheim und München: Juventa.

Böhnisch, L. (2002). Jugendhilfe im gesellschaftlichen Wandel. In W. Schröer, N. Struck & M. Wolff (Hrsg.), *Handbuch Kinder- und Jugendhilfe* (S. 1035–1049). Weinheim und München: Juventa.

Böhnisch, L. (2002a). Lebensbewältigung. Ein sozialpolitisch inspiriertes Paradigma für die Soziale Arbeit. In W. Thole (Hrsg.), *Grundriss Soziale Arbeit. Ein einführendes Handbuch* (S. 199–214). Unter Mitarbeit von K. Bock und E.-U. Küster. Opladen: Leske und Budrich.

Böhnisch, L., & Schröer, W. (2002). *Die soziale Bürgergesellschaft. Zur Einbindung des Sozialpolitischen in den zivilgesellschaftlichen Diskurs.* Weinheim und München: Juventa.

Böllert, K. (2000). Dienstleistungsarbeit in der Zivilgesellschaft. In S. Müller, H. Sünker, H. Olk & K. Böllert (Hrsg.), *Soziale Arbeit. Gesellschaftliche Bedingungen und professionelle Perspektiven* (S. 241–252). Neuwied und Kriftel: Hermann Luchterhand Verlag.

Böllert, K. (2012). Von der sozialdisziplinierenden Intervention zur partizipativen Dienstleistung. In W. Thole (Hrsg.), *Grundriss Soziale Arbeit* (S. 625–633). Wiesbaden: VS Verlag für Sozialwissenschaften.

Böllert, K. (2012a). Aufwachsen in öffentlicher Verantwortung – Aktuelle Herausforderungen und Perspektiven der Kinder- und Jugendhilfe. In Institut für Soziale Arbeit Münster (Hrsg.), *ISA Jahrbuch zur Sozialen Arbeit* (S. 30–46). Münster: Waxmann.

Bronfenbrenner, U. (1981). *Die Ökologie der menschlichen Entwicklung. Natürliche und geplante Experimente.* Stuttgart: Ernst Klett.

Daigler, C. (2008). *Biografie und sozialpädagogische Profession. Eine Studie zur Entwicklung beruflicher Selbstverständnisse am Beispiel der Arbeit mit Mädchen und jungen Frauen.* Weinheim und München: Juventa.

Döring, M. (2011). *Winter im Herzen: Meine Kindheit zwischen Hoffnung und Heim.* Köln: Bastei Verlag.

Finkel, M. (2004). *Selbständigkeit und etwas Glück: Einflüsse öffentlicher Erziehung auf die biographischen Perspektiven junger Frauen.* Weinheim und München: Juventa.

Furian, G., & Becker, N. (2000). *„Auch im Osten trägt man Westen". Punks in der DDR – und was aus ihnen geworden ist.* Berlin: Tilsner-Verlag.

Gadow, T., Peucker, C., Pluto, L., van Santen, E., & Seckinger M. (2013). *Wie geht's der Kinder- und Jugendhilfe? Empirische Befunde und Analysen.* Weinheim: Beltz Juventa.

Gehltomholt, E., & Hering, S. (2006). *Das verwahrloste Mädchen – Diagnostik und Fürsorge in der Jugendhilfe zwischen Kriegsende und Reform (1945–1965).* Opladen: Verlag Barbara Budrich.

Gehres, W. (1997). *Das zweite Zuhause. Institutionelle Einflüsse, Lebensgeschichte und Persönlichkeitsentwicklung von dreißig ehemaligen Heimkindern.* Opladen: Leske und Budrich.

Habermas, J. (1981). *Theorie des kommunikativen Handelns,* Band 2. Frankfurt a. M.: Suhrkamp.

Hering, S., & Münchmeier, R. (2000). *Geschichte der Sozialen Arbeit. Eine Einführung.* Weinheim und München: Juventa.

Hofemann, K. (2005). Handlungsspielräume des Neuen Steuerungsmodells. In H. Schubert (Hrsg.), *Sozialmanagement. Zwischen Wirtschaftlichkeit und fachlichen Zielen,* 2., überarbeitete und erweiterte Aufl. (S. 27–47). Wiesbaden: VS Verlag für Sozialwissenschaften.

Jordan, E., Maykus, S., & Stuckstätte, E. (2012). *Kinder- und Jugendhilfe. Einführung in Geschichte und Handlungsfelder, Organisationsformen und gesellschaftliche Problemlagen,* 3., überarbeitete Aufl. Weinheim und Basel: Beltz Juventa.

Key, E. (1902). *Das Jahrhundert des Kindes. Studien.* Berlin: Fischer Verlag.

KGSt (Kommunale Gemeinschaftsstelle für Verwaltungsvereinfachung). (1993). *Das Neue Steuerungsmodell – Begründung, Konturen, Umsetzung,* Bericht 5. Köln: KGSt.

KGSt (Kommunale Gemeinschaftsstelle für Verwaltungsvereinfachung). (1994). *Outputorientierte Steuerung in der Jugendhilfe,* Bericht 9. Köln: KGSt.

KGSt (Kommunale Gemeinschaftsstelle für Verwaltungsvereinfachung). (1998). *Kontraktmanagement zwischen öffentlichen und freien Trägern in der Jugendhilfe,* Bericht 12. Köln: KGSt.

Klatetzki, T. (Hrsg.). (1995). *Flexible Erziehungshilfen. Ein Organisationskonzept in der Diskussion,* 2. überarbeitete Aufl. Münster: Votum.

KomDat (2012). *Kommentierte Daten der Kinder- und Jugendhilfe,* 15. Jg., Heft 1/12.

Korczak, J. (1967). *Wie man ein Kind lieben soll.* Göttingen: Vandenhoeck & Ruprecht.

Krause, H.-U. (2004). *Fazit einer Utopie. Heimerziehung in der DDR – eine Rekonstruktion.* Freiburg im Breisgau: Lambertus-Verlag.

Lange, C. (2002). Subsidiarität – ein hilfreiches oder ein nebulöses Prinzip? *Sozial Extra,* Heft 11/12'02, (S. 6–11).

Macsenaere, M., Hiller, S., & Fischer, K. (Hrsg.). (2010). *Outcome in der Jugendhilfe gemessen.* Freiburg im Breisgau: Lambertus.

Merchel, J., & Reismann, H. (2004). *Der Jugendhilfeausschuss.* Weinheim und München: Juventa.

Mielenz, I. (1984). *Aufgaben der Jugendhilfe bei Jugendarbeitslosigkeit und Berufsnot junger Menschen – Praxisbeispiele zur Einmischungsstrategie.* Hrsg. Arbeitsgemeinschaft für Jugendhilfe. Bonn: AGJ.

Ministerium der Justiz (Hrsg.). (1982). *Familienrecht. Kommentar zum Familiengesetzbuch der Deutschen Demokratischen Republik vom 20. Dezember 1965 und zum Einführungsgesetz zum Familiengesetzbuch der Deutschen Demokratischen Republik vom 20. Dezember 1965,* 5. überarbeitete Aufl. Berlin: Staatsverlag der Deutschen Demokratischen Republik.

Müller, B. (1997). *Sozialpädagogisches Können. Ein Lehrbuch zur multiperspektivischen Fallarbeit,* 3. Aufl. Freiburg im Breisgau: Lambertus.

Müller, C. W. (1994). *JugendAmt. Geschichte und Aufgabe einer reformpädagogischen Einrichtung.* Weinheim und Basel: Beltz Verlag.

Müller, C. W. (2008). *Helfen und Erziehen. Soziale Arbeit im 20. Jahrhundert,* 2., erweiterte Aufl. Weinheim und München: Juventa Verlag.

Münder, J., & Tammen, B. (2002). *Einführung in das Kinder- und Jugendhilfegesetz (KJHG).* Münster: Votum.

Olk, T. (2000). Der „aktivierende Staat" Perspektiven einer lebenslagenbezogenen Sozialpolitik für Kinder, Jugendliche, Frauen und älteren Menschen. In S. Müller, H. Sünker, T. Olk & K. Böllert (Hrsg.), *Soziale Arbeit. Gesellschaftliche Bedingungen und professionelle Perspektiven* (S. 99–118). Neuwied und Kriftel: Hermann Luchterhand Verlag.

Olk, T., Ruschenberger, T., & Sachße, C. (1995). Von der Wertgemeinschaft zum Dienstleistungsunternehmen. Oder: über die Schwierigkeit, Solidarität zu üben. Eine einführende Skizze. In T. Rauschenbach, C. Sachße & T. Olk (Hrsg.), *Von der Wertgemeinschaft zum Dienstleistungsunternehmen. Jugend- und Wohlfahrtsverbände im Umbruch* (S. 11–33). Frankfurt a. M.: Suhrkamp.

Page, R. (2006). *Der Albtraum meiner Kindheit und Jugend. Zwangseinweisung in deutsche Erziehungsheime.* Leipzig: Engelsdorfer Verlag.

Rätz, R., & Kuhnle, J. (2014). Verwahrlosung. In D. Düring, H.-U. Krause, F. Peters, R. Rätz, N. Rosenbauer & M. Vollhase (Hrsg.), *Kritisches Glossar Hilfen zur Erziehung* (S. 382–388). Frankfurt a. M.: IGFH-Eigenverlag.

Rätz-Heinisch, R. (2005). *Gelingende Jugendhilfe bei „aussichtslosen Fällen"! Biographische Rekonstruktionen von Lebensgeschichten junger Menschen.* Würzburg: Ergon-Verlag.

Rätz-Heinisch, R. (2005). Soziale Arbeit in der Bürgergesellschaft. Kann bürgerschaftliches Engagement gesteuert werden? *Sozial Extra,* Heft 7–8, (S. 44–48).

Rätz-Heinisch, R., Schröer, W., & Wolff, M. (2009). *Lehrbuch Kinder- und Jugendhilfe. Grundlagen, Handlungsfelder, Strukturen und Perspektiven.* Weinheim und München: Juventa.

Rauschenbach, T. (2000). Von der Jugendwohlfahrt zur modernen Kinder- und Jugendhilfe. Entwicklungslinien einer Jugendhilfe im Wandel. In S. Müller, H. Sünker, T. Olk & K. Böllert (Hrsg.), *Soziale Arbeit. Gesellschaftliche Bedingungen und professionelle Perspektiven* (S. 465–479). Neuwied und Kriftel: Hermann Luchterhand Verlag.

Salomon, A. (2004 [1926]). Soziale Diagnose. In A. Feustel (Hrsg.), *Frauenemanzipation und soziale Verantwortung. Ausgewählte Schriften,* Band 3: 1919–1948, (S. 255–314). München und Unterschleißheim: Luchterhand.

Schaarschuch, A. (2000). Gesellschaftliche Perspektiven sozialer Dienstleistung. In S. Müller, H. Sünker, T. Olk & K. Böllert (Hrsg.), *Soziale Arbeit. Gesellschaftliche Bedingungen und professionelle Perspektiven* (S. 165–177). Neuwied und Kriftel: Hermann Luchterhand Verlag.

Schäfgen, K. (1998). *Die Verdopplung der Ungleichheit. Sozialstruktur und Geschlechterverhältnisse in der Bundesrepublik und in der DDR. Dissertation.* Humboldt-Universität Berlin: http://edoc.hu-berlin.de/abstract.php3/dissertationen.

Stork, R. (2007). *Kann Heimerziehung demokratisch sein? Eine qualitative Studie zum Partizipationskonzept im Spannungsfeld von Theorie und Praxis.* Weinheim und München: Juventa.

Thiersch, H. (1992). *Lebensweltorientierte Soziale Arbeit. Aufgaben der Praxis im sozialen Wandel.* Weinheim und München: Juventa.

Uhlendorff, U. (2003). *Geschichte des Jugendamtes. Entwicklungslinien der öffentlichen Jugendhilfe 1871–1929.* Weinheim, Basel und Berlin: Beltz Votum.

Uhlendorff, U. (2003). *Geschichte des Jugendamtes.* Weinheim, Basel und Berlin: Votum.

Wensierski, P. (2006). *Schläge im Namen des Herrn. Die verdrängte Geschichte der Heimkinder in der Bundesrepublik,* 3. Aufl. München: Deutsche Verlags-Anstalt.

Wolff, M. (2000). *Integrierte Erziehungshilfen – Eine exemplarische Studie über neue Konzepte in der Jugendhilfe.* Weinheim und München: Juventa.

Wolff, R. (2000). Risiken und Problemfelder in der individuellen Entwicklung. In Senatsverwaltung für Schule, Jugend und Sport (Hrsg.), *Berliner Kinder- und Jugendbericht* (S. 411–429). Berlin: Kulturbuch-Verlag.

Wolff, R., Flick, U., Ackermann, T., Biesel, K., Brandhorst, F., Heinitz, S., Patschke, M., & Röhnsch, G. (2013). *Kinder im Kinderschutz. Zur Partizipation von Kindern und Jugendlichen im Hilfeprozess – Eine explorative Studie.* Bramsche: Nationalen Zentrum Frühe Hilfen (NZFH).

Regina Rätz, Prof. Dr., Alice Salomon Hochschule Berlin, Professur für Soziale Arbeit mit dem Schwerpunkt Kinder- und Jugendhilfe. Arbeits- und Forschungsschwerpunkte: Gesellschaftlicher Wandel und Soziale Arbeit; Kinder- und Jugendhilfe, Rekonstruktive Soziale Arbeit; Biografische Fallrekonstruktionen Fallverstehen und Biografiearbeit. Leiterin des konsekutiven Masterstudiengangs „Praxisforschung in Sozialer Arbeit und Pädagogik" sowie des weiterbildenden Masterstudiengangs „Kinderschutz". Kontakt: raetz@ash-berlin.eu.

Trägerstrukturen und Organisationsformen in der Kinder- und Jugendhilfe

Joachim Merchel

Zusammenfassung

Die Trägerstrukturen und die Entwicklungen von Organisationen in der Kinder- und Jugendhilfe sind sozialrechtlich durch das SGB VIII geprägt, durch sozialpolitische und fachpolitische Prozesse beeinflusst sowie mit vielfältigen träger- und verbandsinternen Dynamiken verknüpft. Die Kinder- und Jugendhilfe ist gekennzeichnet durch eine Trägerpluralität von Trägern der öffentlichen, der freien gemeinnützigen und der gewerblichen Kinder- und Jugendhilfe. Die Träger der öffentlichen Jugendhilfe, deren besonderes Strukturmerkmal in ihrer „Zweigliedrigkeit" als Verkoppelung von Verwaltung mit einem politischen Ausschuss (Jugendhilfeausschuss) liegt, haben die „Gesamtverantwortung einschließlich der Planungsverantwortung". Sie sind somit zum einen für die Infrastrukturgestaltung in der Kinder- und Jugendhilfe verantwortlich, und zum anderen haben sie Funktion eines Gewährleisters für die Einlösung individueller Rechtsansprüche auf Leistungen. Die freien Träger agieren vorwiegend in den Blöcken der Wohlfahrtsverbände (und der ihnen angeschlossenen Träger) und der Jugendverbände. Gewerbliche Träger haben quantitativ ein geringes Gewicht. Die Steuerung in der Kinder- und Jugendhilfe und das Verhältnis zwischen den öffentlichen und freien Trägern wird mit der Formel der „partnerschaftlichen Zusammenarbeit" charakterisiert, was eine Steuerung in Governance-Strukturen nahelegt; der traditionelle Leitbegriff „Subsidiarität" mit einer starren Vorrang-Nachrang-Interpretation ist dem Bemühen um Kooperationsarrangements gewichen. Als Entwicklungstendenzen in den Verhältnissen der Träger zueinander lassen sich feststellen: eine Entgrenzung traditioneller, relativ übersichtlicher Blockstrukturen, Ansätze zur Aufweichung der Grenzen zwischen den Verantwortungsbereichen öffentlicher und freier Träger sowie ein Nebeneinander von korporatistischen Strukturen und Wettbewerbsstrukturen. In den Organisationsmodalitäten der Träger lassen sich Entwicklungen beobachten, mit denen versucht wird, die Spannung zwischen betrieblichen Strukturierungserfordernissen und fachlichen Gestaltungsprinzipien auszubalancieren. Das Ausbalancieren verschiedener Anforderungen wird zu einer elementaren Herausforderung, denen sich die Träger kontinuierlich und immer wieder neu stellen müssen.

Schlüsselwörter

Träger der Kinder- und Jugendhilfe, Freie gemeinnützige Träger, Gewerbliche Träger, Träger der öffentlichen Jugendhilfe, Überörtliche Träger der öffentlichen Jugendhilfe, Zweigliedrigkeit des Jugendamtes, Jugendhilfeausschuss, Wohlfahrtsverbände, Jugendverbände, Steuerung der Kinder- und Jugendhilfe/Governance, Subsidiarität/„partnerschaftliche Zusammenarbeit", Trägerpluralität, Trägervielfalt, Korporatismus, Wettbewerb, Individualität und Flexibilität bei der Leistungserbringung, Betriebliche Gestaltungsanforderungen an Träger, Fachlichkeit und Ökonomie, Dezentrale Organisationsformen, Säulenstruktur der Arbeitsfelder der Kinder- und Jugendhilfe

In der traditionellen Aufteilung der sozialstaatlichen Leistungssysteme in die drei Bereiche „Sozialversicherung", „Versorgung" und „Fürsorge" (Ortmann 2010, S. 766 ff.) wird die Kinder- und Jugendhilfe den Fürsorgeleistungen zugeordnet. Nimmt man stärker die Formen sozialpolitischer Interventionen in den Blick, so kann man mit Kaufmann (2002) unterscheiden zwischen rechtlichen, ökonomischen, ökologischen und pädagogischen Interventionen; die Kinder- und Jugendhilfe bewegt sich hier im Schnittpunkt ökologischer und pädagogischer Interventionen. Hinsichtlich der traditionellen Aufteilung, die das sozialpolitische Ordnungsdenken weiterhin kennzeichnet, kann man kritisch anfragen, ob in konzeptioneller Hinsicht der Begriff ,Fürsorgeleistungen' die Leistungen der Kinder- und Jugendhilfe angemessen charakterisiert. Die stärkere Hinwendung von Teilen der Kinder- und Jugendhilfe zu Konzepten der non-formalen und der informellen Bildung im Rahmen eines „erweiterten Bildungsbegriffs" (u. a. BMFSFJ 2006; Otto und Rauschenbach 2008; Züchner 2007) sowie die Hervorhebung des Bildungscharakters der Erziehung in Kindertageseinrichtungen (u. a. Fölling-Albers 2008) kann man die Einordnung in die Begriffslogik der ,Fürsorge', die auf die Kompensation individueller und sozialer Mängel und Benachteiligungen ausgerichtet ist, zum Gegenstand kontroverser Diskussionen machen – mit möglichen ordnungsrechtlichen und finanzpolitischen Auswirkungen, die nachteilig für die Kinder- und Jugendhilfe sein könnten. Einstweilen ist die Kinder- und Jugendhilfe mit ihren unterschiedlichen Handlungsfeldern im sozialrechtlichen Gefüge in den Bereich der ,Fürsorge' eingeordnet. Die Trägerstrukturen und die Entwicklungen von Organisationen in der Kinder- und Jugendhilfe sind sozialrechtlich durch das SGB VIII geprägt, durch sozialpolitische und fachpolitische Prozesse beeinflusst sowie mit vielfältigen träger- und verbandsinternen Dynamiken verknüpft. Die zentralen Grundlinien der Trägerstrukturen und einige Entwicklungstendenzen in den Organisationsformen sollen in diesem Beitrag markiert werden.

1   Trägerkonstellationen in der Kinder- und Jugendhilfe

Damit Leistungen in der Kinder- und Jugendhilfe zustande kommen und damit diese für die Eltern und für die jungen Menschen als ein einigermaßen transparentes
und verlässliches Angebot präsentiert werden können, benötigt man Organisations-
gebilde, die in ihrer administrativ formalisierten Ausprägung als ‚Träger' bezeichnet
werden. ‚Träger' ist in der Sozialen Arbeit ein „Oberbegriff für Organisationen …,
die sich mit Sozialer Arbeit ideell fördernd, konzeptionell-entwickelnd, planend und
vor allem ausführend und finanzierend befassen" (Bieker 2011, S. 13). Dabei sind die
Adjektive „ausführend" und „finanzierend" entscheidend: Lediglich ideell fördernde
Organisationen (z. B. Forschungsinstitute oder Fachverbände, die Fachdiskurse organisieren wie z. B. die Arbeitsgemeinschaft für Jugendhilfe [AGJ] oder die Internationale Gesellschaft für erzieherische Hilfe [IGfH]) stehen weniger im Blickfeld, wenn
man von ‚Trägern der Kinder- und Jugendhilfe' spricht. Für die Kinder- und Jugendhilfe lassen sich im Hinblick auf planende, ausführende und finanzierende Funktionen
drei Typen von Trägern unterscheiden: Träger der öffentlichen Jugendhilfe (‚öffentliche Träger'), Träger der freien Jugendhilfe (‚freie gemeinnützige Träger') und freie
gewerbliche Träger.

Wer Träger der öffentlichen Jugendhilfe ist, wird gem. § 69 Abs. 1 SGB VIII durch
das jeweilige Landesrecht bestimmt. Auf der örtlichen Ebene sind das die kreisfreien
Städte und die Landkreise; in einigen Bundesländern können kreisangehörige Städte und Gemeinden ab einer bestimmten Größe (in NRW: ab 20 000 Einwohnern)
zum Träger der öffentlichen Jugendhilfe werden und ein eigenes Jugendamt errichten. Zur Realisierung der Aufgaben der Kinder- und Jugendhilfe errichten die örtlichen Träger ein Jugendamt (§ 69 Abs. 3 SGB VIII). Überörtliche Träger der öffentlichen Jugendhilfe, die ebenfalls nach Landesrecht festgelegt werden, sind entweder
höhere Kommunalverbände (in NRW: Landschaftsverbände) oder die Aufgaben der
überörtlichen Träger werden als unmittelbare Staatsaufgabe auf Landesebene wahrgenommen (einem Ministerium, einer Senatsverwaltung oder einer Bürgerschaft zugeordnet; genauer: Wiesner 2015, S. 1255 f.). Die überörtlichen Träger errichten zur
Wahrnehmung ihrer in § 85 Abs. 2 SGB VIII definierten Aufgaben ein Landesjugendamt (§ 69 Abs. 3 SGB VIII). Die Landesjugendämter haben Aufgaben in der Beratung
der örtlichen (insbesondere öffentlichen) Träger, in der fachlichen Innovationsför-
derung (Modellprojekte, Fortbildung, Orientierungshilfen und Empfehlungen) sowie in der hoheitlichen Funktion der Erteilung von Betriebserlaubnissen und des
Schutzes von Kindern und Jugendlichen in Einrichtungen (umgangssprachlich mit
dem Begriff ‚Heimaufsicht' gekennzeichnet). Die örtlichen Träger der öffentlichen Jugendhilfe haben die Aufgabe, alle im SGB VIII festgelegten Funktionen und Anforderungen für die in ihrem Zuständigkeitsbereich liegende Region zu erfüllen. Das
Jugendamt nimmt die ihm gesetzlich zugeschriebene Gesamtverantwortung des öffentlichen Trägers der Jugendhilfe wahr; dies bezieht zum einen die Verpflichtung für
die Infrastruktur ein, nach der alle in § 2 SGB VIII genannten Leistungen erbracht

und anderen Aufgaben erfüllt werden, und zum anderen bedeutet Gesamtverantwortung eine Letztverantwortung gegenüber dem Leistungsberechtigten, dass dieser seine Leistungsansprüche realisieren kann und dabei im Grundsatz qualitativ geeignete Einrichtungen vorfindet.

Ein besonderes Strukturmerkmal des Jugendamtes, das dieses Amt aus der gesamten Organisationsstruktur einer Kommunalverwaltung hervorhebt, ist die so genannte ,Zweigliedrigkeit': Das Jugendamt besteht aus der „Verwaltung des Jugendamtes" und dem „Jugendhilfeausschuss" (§ 70 SGB VIII) (zur Bedeutung und Praxis des Jugendhilfeausschusses s. Merchel und Reismann 2004). Die gesetzliche Verkoppelung zwischen einem Verwaltungselement und einem politischen Gremium zu einem „Amt" ist ein Strukturelement, das in keinem anderen Arbeitsfeld der kommunalen Aufgabenerfüllung vorzufinden ist und das mit administrativen und politischen Konsequenzen verbunden ist (s. den Beitrag zum zweigliedrigen Jugendamt in diesem Buch). Die zweigliedrige Struktur ist auch für das Landesjugendamt (Verwaltung des Landesjugendamtes und Landesjugendhilfeausschuss) gesetzlich vorgegeben (§ 70 Abs. 3 SGB VIII).

Das Jugendamt wirkt in einer Doppelfunktion zum einen als Träger von Einrichtungen und Diensten sowie zum anderen als Gewährleistungsträger sowohl für die Realisierung der individuellen Rechtsansprüche als auch für die Gestaltung einer angemessenen Infrastruktur. Damit steht es bei der Erfüllung seiner Planungs- und Steuerungsaufgaben in einem eigentümlichen Spannungsfeld: Einerseits verfolgt das Jugendamt spezifische Organisationsinteressen für die eigenen Einrichtungen, andererseits soll es Prozesse moderieren, in denen Fragen der Infrastrukturgestaltung (einschließlich der damit einhergehenden finanziellen Folgen) mit verschiedenen Trägern und mit politischen Akteuren ausgehandelt und entschieden werden sollen. Angesichts dieser Spannung zwischen Moderations- und Entscheidungsfunktion einerseits und Vertreter eigener trägerbezogener Organisationsinteressen andererseits hat die Sachverständigenkommission zum 11. Kinder- und Jugendbericht empfohlen, die Funktion des öffentlichen Jugendhilfeträgers auf Aufgaben der Gewährleistung und der Steuerung zu begrenzen und die Funktion der Leistungserbringer weitgehend bei den freien Trägern zuzuordnen (BMFSFJ 2002, S. 259 f.); in einer solchen Konsequenz ist die Praxis diesem Vorschlag nicht gefolgt. So befinden sich in den ostdeutschen Bundesländern 35 % und in westdeutschen Bundesländern 28,3 % der Kindertageseinrichtungen in öffentlicher Trägerschaft; für andere Handlungsfelder schwanken die Anteile der öffentlichen Träger – gemessen an den Mitarbeiterzahlen – zwischen 41 % (westliche Bundesländer) in der Jugendarbeit und 3 % (östliche Bundesländer) in der stationären Erziehungshilfe (Mühlmann und Pothmann 2014).

Die großen Blöcke bei den freien gemeinnützigen Trägern in der Kinder- und Jugendhilfe sind die Wohlfahrtsverbände und die Jugendverbände. Diese beiden Verbandsgruppen nehmen bündelnde Funktionen für die freien Träger wahr. Der größte Teil der freien gemeinnützigen Träger außerhalb der Jugendverbände hat sich in einem der sechs Wohlfahrtverbände organisiert, oder diese Wohlfahrtsverbände wirken selbst als Träger von Einrichtungen und Diensten der Kinder- und Jugendhilfe. Die sechs Spitzenverbände der freien Wohlfahrtspflege sind: Caritasverband, Diakonisches Werk, Zentralwohlfahrtsstelle der Juden in Deutschland, Paritätischer Wohlfahrtsverband, Arbeiterwohlfahrt, Deutsches Rotes Kreuz (Charakterisierung der einzelnen Wohlfahrtsverbänden s. Merchel 2008a, S. 91 ff.). Die freien gemeinnützigen Träger haben in der Regel die Rechtsform eines als gemeinnützig anerkannten eingetragenen Vereins, einer gemeinnützigen Gesellschaft mit beschränkter Haftung (gGmbH), oder, wenn Kirchengemeinden als freie Träger in der Kinder- und Jugendhilfe tätig werden, als Körperschaften des öffentlichen Rechts. Kirchengemeinden, die als Träger von Kindertageseinrichtungen oder Einrichtungen der Kinder- und Jugendarbeit wirken, sind in der Regel dem jeweiligen konfessionellen Wohlfahrtsverband verbunden und werden von diesem repräsentiert. Die Jugendverbände sind in Anzahl und in aufgaben- und zielgruppenspezifischer Ausrichtung weniger übersichtlich als die Wohlfahrtverbände: Es existieren weltanschaulich bzw. konfessionell orientierte, politisch orientierte, beruflich orientierte, freizeitorientierte und verschiedenartige fachlich orientierte Jugendverbände, wobei hier noch weiter zu differenzieren ist zwischen bundesweit tätigen Verbänden und regional tätigen Vereinen/Verbänden (Gängler 2015; Merchel 2008a, S. 153 ff.). Die Zahl der außerhalb der Wohlfahrtverbände oder der Jugendverbände tätigen freien gemeinnützigen Träger ist außerordentlich gering. Das deutsche Trägersystem ist deutlich auf Verbände und auf deren organisierende Funktionen zugeschnitten, sodass die Wohlfahrtsverbände und – in kleinerem Umfang und auf das Arbeitsfeld der Jugendarbeit spezialisiert – die Jugendverbände mit wenigen Ausnahmen fast den gesamten freien gemeinnützigen Trägerbereich in der Kinder- und Jugendhilfe repräsentieren.

Die freien gemeinnützigen Träger sind Arbeitgeber für fast zwei Drittel des Personals in der Kinder- und Jugendhilfe (Schilling 2010, S. 789; differenziert nach Arbeitsfeldern und Verbänden s. Rauschenbach und Schilling 2012), wobei Caritasverband und Diakonisches Werk die größten Wohlfahrtverbände sind, gefolgt mit einigem Abstand vom Paritätischen Wohlfahrtverband als drittgrößtem Wohlfahrtsverband. Der Paritätische Wohlfahrtsverband, der in den östlichen Bundesländern im Verhältnis zu den konfessionellen Wohlfahrtverbänden größere Trägeranteile aufweist als in den westlichen Bundesländern, ist trotz des Umfangs der in ihm gebündelten Aktivitäten als Träger bzw. Trägerverband deswegen weniger bekannt als die anderen Wohlfahrtverbände, weil sich seine Verbandsstruktur von den Strukturen der anderen Wohlfahrtverbände markant unterscheidet: Der Schwerpunkt der verbandlichen Tätigkeiten liegt in der Beratung, Unterstützung und Interessenvertretung seiner Mitgliedsorganisationen, die die Leistungen in der Kinder- und Jugendhilfe erbringen (bundesweit bekannt z. B. SOS-Kinderdorf e. V., Waldorf-Kindergärten, Deutscher Kinderschutzbund u. a.); dadurch sind diese stärker in der öffentlichen Wahrnehmung und mit ihren Angeboten und Leistungen häufig weitaus bekannter sind als der Paritätische Wohlfahrtverband.

Im quantitativen Anteil der freien gemeinnützigen Träger an den Gesamtangeboten dokumentiert sich bereits deren Bedeutung in der Kinder- und Jugendhilfe. Dies schlägt sich in ihrem Status im jugendhilfepolitischen Gefüge nieder. Die Wohlfahrtverbände stellen einen erheblichen Teil der Mitglieder in den kommunalen Jugendhilfeausschüssen. Über Kooperationsgremien (Arbeitsgemeinschaften nach § 78 SGB VIII, Planungsgruppen im Rahmen der Jugendhilfeplanung, trägerübergreifende Arbeitskreise und Gremien auf kommunaler Ebene) bringen sich die freien Träger in die Steuerung der kommunalen Kinder- und Jugendhilfe ein. Die Repräsentanten der Wohlfahrtverbände wirken in vielfältigen Gremien auf Landes- und Bundesebene mit und beeinflussen dort die politische Willensbildung und politisch-administrative Entscheidungsprozesse. Impulse zur Weiterentwicklung der Leistungen, der fachlichen Inhalte und Methoden sowie der Strukturen in der Kinder- und Jugendhilfe sind ohne die Beteiligung der freien Träger nicht wirkungsvoll umzusetzen. Dies lässt deren Beteiligung sowohl an der Konzipierung jugendhilfepolitischer Programme als auch an den Prozessen ihrer Umsetzung als notwendig erscheinen. Die Bedeutung der freien Träger und deren Verarbeitung in unterschiedlichen Formen und Möglichkeiten der Beteiligung und der Einbindung markiert ein Steuerungsfeld, das in der neueren politischen Steuerungsdiskussion unter dem Stichwort „Governance" im Bereich der sozialen Dienste erörtert wird (Nullmeier 2011).

Freie gewerbliche Träger sind solche, die keinen gemeinnützigen Status anstreben; sie können in unterschiedlichen Rechtsformen auftreten: GmbH, Gesellschaft bürgerlichen Rechts (GbR), als Unternehmerin tätige Einzelperson u. a. m. Sie unterscheiden sich von freien gemeinnützigen Trägern dadurch, dass sie die Möglichkeit zur Erwirtschaftung privat verwendbarer Gewinne haben, dass sie an privates Kapital gebunden sind und dass dementsprechend persönlich zu tragende wirtschaftliche Risiken im Hintergrund stehen (s. Merchel 2008a, S. 187 ff.). Gewerbliche Träger haben keine Möglichkeit, sich als Träger der freien Jugendhilfe nach § 75 SGB VII anerkennen zu lassen, mit der Folge, dass sie kein Recht auf Teilnahme an der Jugendhilfeplanung haben und nicht im Jugendhilfeausschuss mitwirken können, dass sie keine auf Dauer angelegte Förderung/Subvention im Sinne des § 74 Abs. 1 SGB VIII erhalten können und dass sie nicht mit der Wahrnehmung „anderer Aufgaben" (§ 76 SGB VIII) beauftragt werden können. Eine Finanzierung nach der Finanzierungslogik des Leistungsentgelts (§§ 78a–g SGB VIII) steht gewerblichen Trägern jedoch offen. Der Anteil der privatgewerblichen Träger in der gesamten Kinder- und Jugendhilfe ist – anders als z. B. in der stationären Altenhilfe oder in der Pflege – gering. Er liegt – gemessen am Umfang des Personalbestandes – bei insgesamt 1,4 % (Schilling 2010, S. 789), wobei hier allerdings nach Arbeitsfeldern zu differenzieren ist: In der teilstationären Erziehungshilfe liegt der Anteil privatgewerblicher Träger am Personalbestand bei 2 % und in der stationären Erziehungshilfe bei immerhin 6 % (Mühlmann und Pothmann 2014, S. 19); in der Jugendamtsbefragung des Deutschen Jugendinstituts im Jahr 2010 hat immerhin etwas mehr als ein Viertel der Jugendämter angegeben, im eigenen regionalen Zuständigkeitsbereich gebe es mindestens einen gewerblichen Träger in der ambulanten und in der stationären Erziehungshilfe (Gadow u. a. 2013, S. 105 ff.).

2 Das Verhältnis öffentlicher und freier Träger

Für die Gestaltung des Verhältnisses zwischen öffentlichen und freien Träger in der Kinder- und Jugendhilfe gilt die Formel der „partnerschaftlichen Zusammenarbeit" (§ 4 Abs. 1 SGB VIII). Der freien Jugendhilfe wird das Recht auf Autonomie im Hinblick auf Ziele, methodisches Handeln und Organisationsweisen zugesichert (§ 4 Abs. 2 SGB VIII). Dies entspricht der Pluralität von Trägern mit unterschiedlichen Werthaltungen, fachlichen Inhalten und Methoden und Arbeitsformen (§ 3 SGB VIII). Mit der Formel der „partnerschaftlichen Zusammenarbeit" und mit dem darin enthaltenen Kooperationsverständnis wird das für die Trägerstrukturen maßgebliche Urteil des Bundesverfassungsgerichts aus dem Jahr 1961 aufgegriffen: Statt einer formalen Vorrang-Nachrang-Regelung in einem starr-formalistischen Subsidiaritätsverständnis wird auf eine Kooperation zwischen den unterschiedlichen Trägern zum Wohl der jungen Menschen gesetzt. Kooperationsarrangements treten an die Stelle eines formal definierten und starren Vorrang-Nachrang-Verhältnisses. Zwar soll der Träger der öffentlichen Jugendhilfe von eigenen Maßnahmen absehen, wenn geeignete Angebote und Leistungen von freien Trägern rechtzeitig geschaffen werden können (§ 4 Abs. 2 SGB VIII), und damit ergibt sich ein Prinzip bei der Abwägung zu Trägern neuer Leistungen, jedoch sind solche Abwägungen eingebunden in das Kooperationsgeflecht zwischen öffentlichen und freien Trägern (zum Subsidiaritätsprinzip und zu dessen politischer Verarbeitung s. u. a. Sachße 2003; Merchel 2008a, S. 16 ff.).

Der in § 4 SGB VIII enthaltene Grundsatz der „partnerschaftlichen Zusammenarbeit" durchzieht als Leitorientierung die auf Steuerung der Kinder-und Jugendhilfe ausgerichteten Regelungen des SGB VIII: Den freien Trägern werden Mitwirkungsmöglichkeiten eingeräumt im Jugendhilfeausschuss (§ 71 SGB VIII), bei der Jugendhilfeplanung (§§ 79, 80 SGB VIII), über die Arbeitsgemeinschaften nach § 78 SGB VIII sowie über den Modus der Vertragsgestaltung bei den Leistungs-, Entgelt- und Qualitätsentwicklungsvereinbarungen in der Erziehungshilfe (§§ 78a–g SGB VIII). Auch die Logik der Qualitätsentwicklung (§ 79a SGB VIII) ist auf den Einbezug der freien Träger ausgerichtet (Deutscher Verein 2012).

3 Entwicklungstendenzen in den Trägerstrukturen

Trägerkonstellationen in der Kinder- und Jugendhilfe unterliegen einer gewissen Dynamik. In diesen Entwicklungen sind zum einen Auswirkungen von fachlichen und fachpolitischen Bewegungen und Kontroversen innerhalb der Jugendhilfe wahrzunehmen, und zum anderen spiegeln sich darin sozialpolitische Tendenzen, die in der gesamten Sozialen Arbeit erkennbar sind. Als solche Entwicklungstendenzen lassen sich vor allem drei Aspekte hervorheben: ein Trend zur Unübersichtlichkeit, eine Tendenz zur Aufweichung der Grenzen zwischen den Verantwortungsbereichen öffentlicher und freier Träger sowie ein zunehmendes Schwanken zwischen Korporatismus und Wettbewerbsorientierung.

3.1   Trend zur Unübersichtlichkeit

Das Feld der Träger und Einrichtungen in der Sozialen Arbeit ist bereits vor ca. 35 Jahren als ein *„Irrgarten"* charakterisiert worden, in dem selbst Fachleute Schwierigkeiten haben, sich einigermaßen verlässlich zurechtzufinden (Lüers 1977). Mittlerweile hat das Strukturmerkmal der Trägerpluralität zu weiteren Ausdifferenzierungen geführt – mit der Folge, dass es schon eines sehr professionellen und kontinuierlich wachen Blicks bedarf, um das vielgestaltige Feld der Träger und der Arbeitsansätze in der Kinder- und Jugendhilfe wahrnehmen und seine unterschiedliche Ausprägungen zu einem Bild zusammenfügen zu können, bei dem die einzelnen Teile noch als Bestandteile eines bunten Ganzen identifizierbar werden. Denn war es schon vor 35 Jahren nicht ganz einfach, die öffentlichen Träger und die Vielgestaltigkeit der freien Träger mit ihren Verbänden, Initiativgruppen mit ihren unterschiedlichen Größen, Traditionen und konzeptionellen Schwerpunkten zu überblicken, so hat sich in der Folgezeit das Überblicksproblem noch intensiviert:

- Die Trägervielfalt hat sich in einigen Handlungsfeldern (insbes. in der Jugendberufshilfe und bei den Erziehungshilfen) durch gewerbliche Träger bzw. durch Existenzgründungen einzelner Fachkräfte ausgeweitet, die zu den bisherigen wohlfahrtsverbandlich organisierten Trägern hinzugekommen sind.
- Die Träger haben sich – u. a. bedingt durch betriebswirtschaftliche Kalküle – ausdifferenziert durch Ausgründungen von (g)GmbH's, sich in Kooperationsverbünde mit anderen Trägern bzw. Einrichtungen begeben u. a. m., wodurch es Außenstehenden schwerfällt, die Grenzen von Trägern bzw. Einrichtungen noch eindeutig zu identifizieren.
- Einige Träger der öffentlichen Jugendhilfe haben eigene Einrichtungen ausgelagert in Eigenbetriebe, in von Jugendamtsmitarbeitern und/oder Politikern gebildete eingetragene Vereine, in vom öffentlichen Träger getragene oder gemeinsam mit freien Trägern gebildete (g)GmbH's – Organisationsformen, die mit dem generalisierenden Begriff des ‚öffentlichen Trägers' nur noch ungenau abzubilden sind.
- In der Erziehungshilfe flexibilisieren Träger bzw. Einrichtungen ihre Angebote so, dass die tradierten Orientierungen nach ambulanten, teilstationären und stationären Angeboten nicht mehr greifen und bisherige konzeptionelle Zuordnungen nur noch begrenzt aussagekräftig sind (vgl. u. a. Rosenbauer 2008).

- Durch Kooperationen von Jugendhilfeträgern mit Organisationen aus anderen Bereichen (insbes. Schule, Gesundheitswesen, Arbeitswelt, Kultur, Sport) – nicht zuletzt vor dem Hintergrund der häufig proklamierten Anforderungen zur ‚Vernetzung' (nicht nur, aber besonders deutlich bei den ‚frühen Hilfen' als Präventionsprogramm im Kinderschutz formuliert; s. Sann 2012; grundlegender Dahme und Wohlfahrt 2000) – werden die Grenzen der Jugendhilfe durchlässiger. Mit der Ausfransung an den Rändern der Jugendhilfe wird in einigen Fällen unklarer, was noch zur Jugendhilfe gerechnet werden kann und was außerhalb des Steuerungsbereichs der Jugendhilfe anzusiedeln ist.

Angesichts solcher Entwicklungen wird man genauer hinsehen müssen, wenn man künftig über die Trägerstrukturen in der Kinder- und Jugendhilfe spricht und einen Überblick gewinnen will: Die Pluralisierung der Trägermodalitäten und Trägerkonstellationen lässt es nicht mehr als selbstverständlich erscheinen, dass verschiedene Personen das Gleiche meinen, wenn sie über Trägerstrukturen in unterschiedlichen Regionen sprechen. Ferner wird sich die Pluralisierung der Trägerkonstellationen auswirken in Richtung auf eine Komplexitätserweiterung bei den Steuerungsmodalitäten in der Kinder- und Jugendhilfe: Es wird zu prüfen sein, welche Träger in die Steuerung über die traditionellen Trägerblöcke hinaus in die Steuerungsdiskurse (Jugendhilfeplanung, Qualitätsentwicklung) einzubeziehen sind und wie die dadurch hervorgerufene Komplexitätserweiterung organisatorisch und methodisch zu bewältigen sein wird. So wird es z. B. bei der Umsetzung der qualitätsbezogenen Steuerungserwartungen, die mit der Installierung des § 79a SGB VIII politisch verbunden wurden, schwieriger, Qualitätsmerkmale zu benennen, die einrichtungsübergreifend für ein Handlungsfeld anwendbar sind und die in einem solchen vielgestaltigen Feld Qualität zu gewährleisten; es wird also schwieriger, für eine einigermaßen wirkungsvolle Steuerung im Hinblick auf eine qualitativ angemessene Leistungserbringung zu sorgen (ausführlicher zu den Möglichkeiten der Qualitätssteuerung in der Kinder- und Jugendhilfe s. Merchel 2013 und zu den Steuerungsanforderungen an Jugendämter Merchel 2015a).

3.2 Aufweichung der Grenzen zwischen den Verantwortungsbereichen öffentlicher und freier Träger

Auch wenn es im Verhältnis zwischen öffentlichen und freien Trägern um eine „partnerschaftliche Zusammenarbeit" geht, so bedeutet das keine funktionale Gleichheit: Die Träger der öffentlichen Jugendhilfe haben die Gewährleistungsverantwortung sowohl für die Infrastruktur, also die regionale Angebotsstruktur der Kinder- und Jugendhilfe) als auch für die Hilfegewährung bzw. die Einlösung des Rechtsanspruchs auf Leistungen im Einzelfall. Die freien Träger wirken mit, indem sie ihre fachlichen, methodischen und organisationalen Kompetenzen einbringen und indem sie sich an der Leistungserbringung beteiligen, aber sie stehen nicht wie die öffentlichen Träger in der rechtlichen, politischen und administrativen Gewährleistungsverantwortung.

Diese elementare Funktionsdifferenzierung droht an einigen Stellen aufgeweicht zu werden:

- durch die Praxis einiger Jugendämter, bei der Hilfeplanung in der Erziehungshilfe (§ 36 SGB VIII) die Leistungserbringung bereits in den Prozess der Entscheidung über die angemessene Hilfeart und die angemessene Hilfeleistung einzubinden (so z. B. Tenhaken 2009, S. 108 ff.);
- durch die Handhabung von „Sozialraumbudgets", bei denen die Budgetsteuerung in „trägerübergreifenden Teams" erfolgt, die vom öffentlichen Träger und von den Mitarbeitern der für einen Sozialraum „zuständigen" freien Träger gebildet werden (so z. B. Kurz-Adam et al. 2006, S. 174).

Die für die Trägerstrukturen in der Kinder- und Jugendhilfe maßgeblichen Rollen-differenzierungen zwischen politischer, rechtlicher und administrativer Gewährleis-tungsverantwortung des öffentlichen Trägers einerseits und der Durchführungs- und Gestaltungsverantwortung der Leistungserbringer (zu einem hohen Anteil freie Trä-ger) andererseits werden durch die beiden angedeuteten Entwicklungen diffuser. Im Hinblick auf die Hilfesteuerung im Einzelfall gerät die Rollendifferenz dadurch ins Wanken, dass durch den Einbezug von Fachkräften der Leistungserbringer in die fallbezogenen Beratungen des Jugendamts die fallbezogene Steuerungsverantwort-lichkeit des öffentlichen Trägers im Bewusstsein und im Handeln der Beteiligten all-mählich erodiert; dies muss nicht zwangsläufig der Fall sein, aber es bedarf schon bei den Leitungspersonen eines aufmerksamen Beobachtens, um solche potentiellen Tendenzen, die dem Prozess inhärent sind, sensibel wahrzunehmen und ihnen mit entsprechenden Impulsen entgegenzutreten. Die Tendenz zur Entdifferenzierung der Funktionen tritt noch deutlicher zutage bei den „Sozialraumbudgets", einem der kon-zeptionellen Elemente und dem politischen Treibfaktor von Sozialraumkonzepten in der Jugendhilfe (Hinte et al. 2003; Budde und Früchtel 2005). Trägerübergreifende Teams sollen ein Budget steuern, aus dem die in einem Sozialraum erforderlichen Hilfeangebote und Förderungsleistungen in einem bestimmten Zeitraum (in der Re-gel in einem Haushaltsjahr) finanziert werden sollen. Damit wird eine „gemeinsame Verantwortung von Amt und Freien Trägern der Erziehungshilfe im Umgang mit knapper werdenden Finanzmitteln" proklamiert (Budde und Früchtel 2005, S. 291). Zwar wird formal die „*Regiekompetenz*" oder die „*Letztentscheidung*" des öffentlichen Trägers als Leistungsgewähr akzeptiert, aber mit der Einbindung von Leistungs-erbringern (also auch: freien Trägern) in die Steuerungsverantwortung geht eine fak-tische Entdifferenzierung zwischen den Funktionen der Leistungsgewährung und der Leistungserbringung einher; die formale „*Letztentscheidung*" des öffentlichen Trägers bleibt eine formale, sie wird letztlich in den praktischen Vollzügen nicht mehr sicht-bar (vgl. Merchel 2008b).

3.3   Korporatismus und Wettbewerb

In Kap. 2 wurde die Formel der „partnerschaftlichen Zusammenarbeit" als das programmatische Leitbild für die Kooperation von öffentlichen und freien Trägern in der Kinder- und Jugendhilfe charakterisiert. Diese Formel steht im Zusammenhang eines politischen Steuerungsmodus, der mit dem Begriff ‚Korporatismus' belegt wird: Gemeint ist damit eine Analyseperspektive, bei der die wechselseitige Verflechtung zwischen staatlichen Steuerungsinstanzen einerseits und Wohlfahrtsverbänden und den in ihnen organisierten freien Trägern andererseits im Mittelpunkt steht (vgl. u. a. Heinze 2000; Olk 2011, S. 417 ff.). Betont werden die Einbeziehung der Verbände in politische Prozesse der Formulierung und Implementation von sozial- und jugendhilfepolitischen Programmen, die Integration der Verbände als Repräsentanten gesellschaftlicher Interessen zu Zwecken der diskursiven Aushandlung politischer Zielsetzungen, der Festsetzung von Handlungsprioritäten und der Begleitung bei der Realisierung von politischen Programmen. Die Verbände und die die von ihnen repräsentierten freien Träger werden frühzeitig in Aushandlungsmodalitäten einbezogen, und es wird von ihnen erwartet, dass sie zwar die Interessen der ihnen angeschlossenen Träger und Einrichtungen einbringen, dass sie aber gleichzeitig hinsichtlich anderer Interessenartikulationen und unter Beachtung der Funktionsfähigkeit der Kinder- und Jugendhilfe insgesamt in Verhandlungen grundsätzlich in der Lage sind, eine Haltung der Gegenseitigkeit einzunehmen. Die Funktionsfähigkeit der Verhandlungssysteme ist im Grundsatz an die *freiwillige* Mitarbeit der beteiligten Organisationen gebunden, und um dies zu gewährleisten, bedarf es einer kooperativ eingespielten Austauschlogik. Die Beteiligten brauchen einander, um eine funktionsfähige Kinder- und Jugendhilfe zu gestalten: Die öffentlichen Träger benötigen die finanziellen, personellen und fachlichen Ressourcen der Verbände der freien Träger. Die Verbände ihrerseits haben ein grundlegendes Interesse an Mitwirkung, um zum einen die sie direkt oder indirekt betreffenden jugendhilfepolitischen Programmformulierungen beeinflussen zu können und zum anderen eine langfristige politische und finanzielle Sicherstellung ihrer Handlungsfähigkeit zu erreichen. Man kann von einer wechselseitigen Abhängigkeit der beteiligten Organisationen sprechen, durch die die Motivation zu einer kooperativen Steuerung der Kinder- und Jugendhilfe aufrechterhalten wird. Die Formel von der „partnerschaftlichen Zusammenarbeit" (§ 4 SGB VIII) und die daraus resultierenden, diesen Kooperationsgrundsatz konkretisierenden Modalitäten der Mitwirkung freier Träger (Jugendhilfeausschuss, Jugendhilfeplanung, Arbeitsgemeinschaften nach § 78 SGB VIII etc.) lassen sich interpretieren als Regelungen, die den Modus des Korporatismus für die Kinder- und Jugendhilfe programmatisch übersetzen und die den ‚Geist des Korporatismus' widerspiegeln.

Insbesondere die Ausweitung der Trägerformen sowie das Einfügen marktorientierter Steuerungselemente (Wettbewerb zwischen Trägern) seit Beginn der 1990er Jahre werden als Anzeichen für eine abnehmende Bedeutung korporatistischer Arrangements in der Sozial- und Jugendhilfepolitik identifiziert. Vor allem der Versuch, ,Wettbewerb' als Steuerungsmodus auch für die Sozial- und Jugendhilfepolitik zur Geltung zu bringen, sorge für verstärkte Zugangsoption von vormals marginal tätigen Trägertypen (gewerbliche Träger) auf den ,Trägermarkt'. Die Logik der Trägerauswahl erfolge nach stärker nach marktrationalen Kriterien und Verfahrensweisen (Ausschreibung, Preis-Leistungs-Verhältnisse etc.) und weniger nach kooperativen Aushandlungs- und Absprachemodalitäten. Die Bedeutung traditionsreicher Formeln von ,Subsidiarität' und ,partnerschaftlicher Zusammenarbeit' werde zunehmend durch rationale Vertragsbeziehungen ersetzt. Die Einführung von organisiertem Wettbewerb wird als interpretiert als ein wesentlicher Steuerungsimpuls einer Sozialpolitik, die um eine Begrenzung der finanziellen Aufwendungen für den Sozialsektor bemüht ist (vgl. u. a. Dahme et al. 2005; Beiträge in Hensen 2006).

Die skizzierten Versuche, Wettbewerb auch in der Jugendhilfe stärker zur Geltung zu bringen und auch solche Träger stärker ins Spiel zu bringen, die in den eingefahrenen Kooperationsarrangements zwischen Jugendämtern und traditionellen Wohlfahrtsverbänden nur begrenzt Betätigungsmöglichkeiten fanden, bringen sicherlich Bewegung in die tradierten Kooperationsstrukturen. Ob und in welcher Weise dies zu einer nachdrücklichen Veränderung korporatistischer Strukturen führt, muss allerdings je nach Handlungsfeldern der Sozialen Arbeit und je nach regionalen Konstellationen differenziert betrachtet werden. So wird man die Verhältnisse in der Kinder- und Jugendhilfe, die traditionell durch korporatistische Arrangements geprägt sind, anders bewerten müssen als z. B. den Bereich der Pflege und der stationären Altenhilfe. In den westlichen Bundesländern, in denen kooperative Strukturmuster über viele Jahrzehnte gewachsen sind, sind andere Verhältnisse zu konstatieren als in den östlichen Bundesländern, in denen die die Wohlfahrtsverbände nicht auf eine solche Tradition zurückgreifen können. Im kommunalen Bereich sind korporatistische Strukturen häufig in regionalen Traditionen stark verankert und haben vielfach sehr gefestigte Formen angenommen. In der Kinder- und Jugendhilfe lassen sich widersprüchliche Tendenzen erkennen: Propagierung von Wettbewerb zwischen Trägern auf der einen Seite (so z. B. in der Forderung nach einem „fachlich regulierten Qualitätswettbewerb", BMFSFJ 2002, oder in Versuchen, Preiswettbewerb zwischen Trägern der Erziehungshilfe zu forcieren) – die Zuspitzung korporatistischer Strukturen durch eine trägerübergreifend kooperative Steuerung von Sozialraumbudgets auf der anderen Seite. Insbesondere mit dem Plädoyer für eine „Strategie der gemeinsamen Verantwortung" bei der Steuerung in einem von Leistungsanbietern und öffentlichem Träger gemeinsam besetzten sozialräumlichen Steuerungsgremium wird der Korporatismus in einer Form zugespitzt, wie sie bis dahin als kaum möglich erschien. Mit ihrer Ausrichtung an korporatistischen Steuerungsmodalitäten setzen Sozialraumkonzepte geradezu einen Gegenpunkt zu Wettbewerbsstrategien. Ob und wie Korporatismus und Wettbewerb in den Trägerstrukturen der Kinder- und Jugendhilfe verarbeitet werden und zu welcher Dynamik dies führen wird, wird künftig differenziert zu beobachten sein. Auf jeden Fall wäre es ein vorschnelles Urteilen, würde man die Zeichen eines allmählich und eher vorsichtig initiierten Wettbewerbs generell als einen vermeintlich sicheren Indikator für ein perspektivisches Ende korporatistischer Strukturen in der Kinder- und Jugendhilfe interpretieren.

4 Entwicklungstendenzen in den Organisationsformen bei Trägern der Kinder- und Jugendhilfe

Die Träger der Kinder- und Jugendhilfe bewegen sich in einer sie umfassenden rechtlich definierten und politisch gestalteten Trägerstruktur, sie müssen aber auch eigene Organisationsformen herausbilden, die ihnen eine qualitativ angemessene und kontinuierlich verlässliche Erbringung von Leistungen ermöglichen. Dafür müssen sie bestimmte betriebliche Strukturerfordernisse realisieren: Sie müssen für die Leistungserbringung Konzepte erarbeiten und umsetzen, Strukturen und Abläufe in der internen Zusammenarbeit regeln, für eine tragfähige wirtschaftliche Steuerung sorgen, strukturierte Reflexionen und Weiterentwicklungen ermöglichen und herausfordern etc. Dies hier im Einzelnen beschreiben zu wollen, ist angesichts des zur Verfügung stehenden Beitragsumfangs nicht möglich; außerdem wären differenzierte Betrachtungen von Organisationen in den einzelnen Handlungsfeldern der Kinder und Jugendhilfe notwendig. Denn die Fragestellungen zu angemessenen Organisationsformen stellen sich nur zum Teil organisationsübergreifend, ein anderer nicht unwesentlicher Teil muss handlungsfeldspezifisch erörtert werden – für Jugendämter anders als für Kindertageseinrichtungen, für diese wiederum anders als für Einrichtungen der Heimerziehung oder offenen Kinder- und Jugendarbeit etc. (am Beispiel eines Handlungsfeldes, des ASD in Jugendämtern s. u. a. die Beiträge von Landes und Keil und Merchel in Merchel 2015b). An dieser Stelle sollen – *oberhalb* dieser basalen Erörterung von Anforderungen zur Organisationsgestaltung – vier Entwicklungstendenzen und handlungsfeldübergreifende Herausforderungen im Hinblick auf Organisationsformen markiert werden, mit denen sich ein Großteil der Träger und Einrichtungen der Kinder- und Jugendhilfe auseinandersetzen muss.

4.1 Aufrechterhaltung einer Balance zwischen Individualität/Flexibilität und Verlässlichkeit bei der Leistungserbringung

Bei der Kinder- und Jugendhilfe stehen weniger Geld- oder Sachleistungen, sondern vorwiegend Dienstleistungen im Mittelpunkt. Es ist ein Kennzeichen von personenbezogenen Dienstleistungen und zugleich ein Qualitätsmerkmal der Leistungserbringung, dass sie an den jeweiligen individuellen Lebenssituationen und Problemlagen der Leistungsadressaten ausgerichtet werden. Form und Inhalt der Leistungen müssen sich flexibel den jeweiligen Konstellationen anpassen. Eine routinisierte Leistungserbringung nach immer weitgehend gleichen Abläufen könnte dem Individualisierungsgrundsatz sozialpädagogischer Hilfe nicht gerecht werden. Nur ein begrenzter Anteil von Tätigkeit ist formalisierbar; eine weitgehende, die sozialpädagogische Arbeit durchdringende Formalisierung von Abläufen, die jeder Mitarbeiter in allen Fällen zu realisieren hätte, wäre für eine gute Leistungserstellung kontraproduktiv. Die Organisationsweise muss *reflexiv* sein: Sie muss die sorgfältige Beobachtung und die jeweils konstellationsangepasste Bearbeitung der einzelnen individuellen Probleme und eine systematische Berücksichtigung der Anforderungen der Einzelfälle und der jeweils spezifischen Situationen herausfordern. Sonst können in Organisationen der Kinder- und Jugendhilfe keine guten Leistungen erzeugt werden (vgl. Klatetzki 1998).

Gleichzeitig müssen die Organisationen der Kinder- und Jugendhilfe aber auch für ihre Leistungsadressaten und ihre Kooperationspartner berechenbar sein. Die Leistungen müssen bis zu einem gewissen Grad transparent und einigermaßen verlässlich kalkulierbar sein. Adressaten und Kooperationspartner müssen auf die Einhaltung eines (impliziten oder expliziten) Qualitätsversprechens der Einrichtung vertrauen können. Die Leistung darf nicht zu sehr von individuellen Eigenheiten einzelner Mitarbeiter abhängig sein (nach dem Motto ‚kommt drauf an, an wen man gerade gerät‘). Organisationen schaffen eine solche Verlässlichkeit, indem sie Konzepte Regelungen und Handlungsanweisungen entwerfen und diese für alle Mitarbeiter verbindlich machen sowie über Kontrollen auf die Einhaltung dieser Regeln achten. Organisationen sind also darauf angewiesen, Verlässlichkeit zu erzeugen, indem sie Abläufe und Regeln formalisieren und über deren Einhaltung wachen.

Organisationen, die personenbezogene Dienstleistungen erbringen, stehen also in einem elementaren Widerspruch, der nicht aufzulösen ist: Sie müssen über Formalisierung Verlässlichkeit und Verbindlichkeit erzeugen, und gleichzeitig wirkt die Formalisierung, mit deren Hilfe sie dieser Anforderung nachkommen, als ein mögliches Hindernis zur Herausbildung von Individualität und Flexibilität, von denen die Qualität ihrer Leistungserbringung maßgeblich abhängt. Gerade bei Organisationen mit dezidiert *sozialpädagogischen* Aufgaben zeigt sich dieser Widerspruch besonders deutlich. Bei solchen paradoxen Anforderungen, die nicht zu einer Seite hin aufzulösen sind, bleibt nur als Perspektive, Organisationsformen und Verfahren zu schaffen, mit denen Balancen hergestellt werden können. Schon im Begriff der Balance zeigt sich allerdings das Fragile solcher Vorhaben und Prozesse: Balancen sind immer gefährdet, man neigt schnell zum Abrutschen in den einen oder den anderen Schwerpunkt, und man weiß nie sicher, ob man gerade eine gute Balance gefunden hat und wie sie über eine gewissen Zeit in der Dynamik des Organisationsgeschehens zu halten ist. Organisationen der Kinder- und Jugendhilfe müssen also Reflexionsmechanismen schaffen und verankern, in denen kontinuierlich geprüft werden kann, ob eine einigermaßen tragfähige Balance erreicht und gehalten wird und auf welche Weise diese Balance gewahrt werden kann (s. Merchel 2015c, S. 107 ff.). Wie das konkret aussehen kann, welche Formen der Reflexion (Teamberatungen, Qualitätsmanagement, Organisationsreflexionen, systematische Überprüfung von Konzepten, Evaluationen u. a. m.) für eine Organisation angemessen sind, wird zwischen unterschiedlichen Einrichtungen/Trägern divergieren: Es wird bei einem Jugendamt in seinen behördlichen Strukturen anders sein als bei einem freien Träger, es wird unterschiedlich sein bei größeren und bei kleineren Organisationen, es wird verschiedenartig aussehen bei Einrichtungen aus verschiedenen Handlungsfeldern etc. Wie auch immer die einzelnen Träger/Einrichtungen Lösungen suchen – sie werden um eine kontinuierliche Bearbeitung der skizzierten Balance-Anforderung nicht herum kommen, wenn sie gute Leistungen in der Kinder- und Jugendhilfe erstellen wollen.

4.2 Verkoppelung fachlicher Handlungsprinzipien mit ökonomischen Kalkülen

Jede Einrichtung der Kinder- und Jugendhilfe ist nicht nur zu betrachten als eine Organisation, die sozialpädagogische Hilfen und Förderungsleistungen für junge Menschen und deren Eltern anbietet, sondern auch als ein Betrieb, der mit begrenzten Ressourcen (Geld; räumliche, sachliche und personelle Ausstattung) umgehen und dementsprechend wirtschaftlich gesteuert werden muss. Der auf der Sozialen Arbeit (und damit auch auf der Kinder- und Jugendhilfe) lastende Kostendruck, der auch in kommenden Zeiträumen voraussichtlich nicht markant nachlassen wird, zwingt die Einrichtungen/Träger zur stärkeren Beachtung ökonomischer Rationalität und zur Installierung von darauf ausgerichteten Verfahren in der Organisationsgestaltung. Dass damit Spannungen zwischen fachlichen Handlungsprinzipien und wirtschaftlichen Rationalitätskalkülen einhergehen, die sich auf die Zusammenarbeit von Personen innerhalb der Einrichtungen auswirken, ist nicht zu negieren. Die Bewältigung solcher Spannungen zwischen Steuerungsanforderungen, deren jeweilige Plausibilität an sich nicht zu leugnen ist, ist eine zentrale Aufgabe des Managements bzw. personenbezogen der Leitung in Einrichtungen der Kinder- und Jugendhilfe (einführend zu Leitungsaufgaben vgl. Merchel 2010). Die Managementanforderungen in den unterschiedlichen Steuerungsbereichen (einschließlich der ökonomischen Steuerung) müssen so zusammengebracht werden, dass die in den Leistungserwartungen der Adressaten begründeten und in der Fachdiskussion erzeugten qualitativen fachlichen Handlungsprinzipien verkoppelt werden können mit den Steuerungslogiken der anderen Managementbereiche, welche in einer Organisation ebenfalls verarbeitet werden müssen, wenn eine Einrichtung über einen längeren Zeitraum existieren und die für die Leistungserbringung erforderlichen Ressourcen erhalten will (s. Merchel 2015c, S. 152 ff.). Aus diesen kurzen Andeutungen wird bereits erkennbar, dass auch hier die Frage, wie Balancen zwischen spannungsvollen Imperativen der Organisationsgestaltung hergestellt und gewahrt werden können, aktuell und künftig eine bedeutsame Rolle spielt und spielen wird.

4.3 Dezentralisierung im Spannungsfeld zwischen Autonomie und Anbindung

Bereits in Kap. 4.1 ist die Notwendigkeit individuell ausgerichteter und flexibler Hilfegestaltung als Qualitätsmerkmal bei personenbezogenen Dienstleistungen hervorgehoben worden. Eine solche Flexibilität ist besser in dezentral ausgerichteten Organisationen zu gewährleisten, bei denen die einzelnen Organisationseinheiten (Teams; Gruppen) die Möglichkeit eingeräumt erhalten, ihre Arbeit an den jeweiligen Besonderheiten der Anforderungen, mit denen sie konfrontiert werden, auszurichten. Insbesondere große Träger, die Einrichtungen oder Einrichtungsteile in mehreren Regionen haben, orientieren sich in ihren Organisationsstrukturen häufig am Verbundgedanken: Die dezentralen Einheiten erhalten eine (Teil-)Autonomie, wodurch die Hoffnung gesetzt wird auf die problemnäheren Bearbeitungspotentiale, die in diesen dezentralen Organisationseinheiten herausgebildet werden können. Eine sozialraumorientierte Handlungsweise bzw. eine den Sozialraum einbeziehendes oder auf die Gegebenheiten des Sozialraums ausgerichtetes Vorgehen, wie es mittlerweile – zumindest auf der konzeptionellen Ebene – als eine selbstverständliche fachliche Anforderung für unterschiedliche Handlungsfelder der Kinder- und Jugendhilfe gilt, muss den Organisationen oder den Organisationsteilen, die sich in dem entsprechenden Sozialraum bewegen, die Möglichkeit zur relativ autonomen Entwicklung von eigenen situations- und problemnahen Handlungsstrategien eröffnen. Das Sozialraumprinzip liefert also ein weiteres Argument für eine dezentralisierte Organisationsform in der Kinder- und Jugendhilfe, bei der die einzelnen Organisationseinheiten gewisse autonome Handlungspotentiale zugesprochen erhalten.

Gleichzeitig muss ein Träger bzw. eine Einrichtung dafür sorgen, dass die Anbindung der dezentralen Organisationseinheiten an die Gesamtorganisation erhalten bleibt – dies nicht nur formal, sondern auch vor allem in den gelebten organisationsinternen Kooperationsweisen und Rückkoppelungsmechanismen. Denn zum einen muss die Gesamtorganisation als eine konzeptionelle und organisationale Einheit für die Umwelt erkennbar bleiben; sie darf in der Wahrnehmung von Kooperationspartnern und politischen Akteuren nicht in mangelhaft verkoppelte Segmente zerfallen. Zum anderen zeigt sich die Qualität einer Organisation und ihrer Leistungserbringung auch darin, dass die verschiedenen Organisationsteile (Teams; Abteilungen; Sachgebiete o. Ä.) fachlich und organisatorisch nicht sich selbst überlassen bleiben, sondern in der Gesamtorganisation Beratung, Unterstützung und Reflexionsimpulse für ihre Arbeit finden. Auch hier ist wiederum das Herstellen von Balancen ein Thema: Balancen zwischen einer (partiellen) Autonomie von Organisationsteilen/Teams zur Ermöglichung von flexiblen, problemnahen, den sozialräumlichen Erfordernissen angemessenen Handlungsweisen einerseits und einer Anbindung an die Gesamtorganisation zur Herausbildung einer organisationalen Einheit mit den Potentialen der Unterstützung und der Reflexionsimpulse und der darin enthaltenen Qualifizierungspotentiale andererseits.

4.4 Partielle Überwindung der Abgrenzung zwischen den Handlungsfeldern der Kinder- und Jugendhilfe

Die Trägerstrukturen in der Kinder- und Jugendhilfe folgen zu einem erheblichen Teil immer noch der tradierten ‚Säulenstruktur' der Arbeitsfelder. Der größte Teil der Träger bzw. Einrichtungen definiert seine Zugehörigkeit in der Regel zu einem der Leistungsfelder, die im zweiten Kapitel des SGB VIII aufgeführt sind: Kinder- und Jugendarbeit, Jugendsozialarbeit, Kindertageseinrichtungen/Kindertagespflege, Förderung der Erziehung in der Familie, Hilfen zur Erziehung. Jedes dieser Leistungsfelder hat eigene Zusammenhänge für fachliche Diskussionen und weist eine „leistungsfeldinterne" Struktur der Zusammenarbeit zwischen den Einrichtungen auf, die mit einer partiellen Abgrenzung zu den anderen Leistungsfeldern einhergeht. Eine solche Abgrenzung kann sich implizit ergeben, indem man wenig von der Handlungslogik und den Fachdiskussionen in den anderen Leistungsfeldern weiß, oder dadurch, dass man die eigene Einrichtung vor einer Komplexitätsausweitung, die durch einen Einbezug von Konzepten aus anderen Leistungsfeldern erfolgen würde, schützen will. Oder sie erfolgt explizit, indem man sich bewusst gegen mögliche Zumutungen aus anderen Leistungsfeldern abgrenzt (z. B. ein Jugendzentrum grenzt sich gegenüber eine ‚Indienstnahme' durch die Erziehungshilfe ab). Die Bereits innerhalb der Kinder- und Jugendhilfe wirksame ‚Säulenlogik' tritt noch stärker zutage im Verhältnis der Jugendhilfe zu anderen Bereichen (Schulbereich, Gesundheitswesen, Behindertenhilfe). Daraus resultieren vielfältige Kooperationsprobleme sowohl innerhalb der Jugendhilfe (zwischen ihren Handlungsfeldern) als auch zwischen der Jugendhilfe und anderen gesellschaftlichen Bereichen, in denen Kinder und Jugendliche Leistungen erhalten und die für deren Leben bedeutsam sind (van Santen und Seckinger 2003).

In den letzten Jahren ist immer deutlicher geworden, dass solche Versäulungen zwar einerseits nicht zu umgehen sind, weil ein Handlungsfeld nun einmal seine spezifischen Fragestellungen und Anforderungen hat, die zu bearbeiten sind und deren Bearbeitung in einem begrenzten Kreis von Akteuren erfolgen muss – mit der logischen Folge einer jeden ‚Identitätsbildung', nämlich der Abgrenzung gegenüber anderen Logiken und deren Bearbeitungsfeldern. Andererseits drängen sich jedoch auch Erfahrungen in den Vordergrund, die auf die Dysfunktionalität solcher Abgrenzungen hinweisen: nicht nur, weil bestimmte Formen der Abgrenzung Kooperationen zu anderen Handlungsfeldern und deren Organisationen erschweren, die aber im Sinne der Adressaten (der Kinder/Jugendlichen und deren Eltern) dringend notwendig sind, sondern auch, weil die Lebenssituation der Kinder und Jugendlichen es erfordert, Hilfen und Unterstützungsleistungen primär entlang ihres Bedarfs und nicht entlang der institutionalisierten Versäulungen und der damit einhergehenden Abgrenzungen zu organisieren. Beispiele für die Notwendigkeit, Versäulungen in den Konzepten und in den Organisationsformen (zumindest partiell) zu überwinden, und bereits sichtbare Ansätze in diese Richtung sind u. a.: flexible Erziehungshilfen, Familienzentren, die ‚frühen Hilfen' in der Verknüpfung von Kinder- und Jugendhilfe und Gesundheitswesen und Erwachsenenbildung, die konzeptionellen Debatten und die Ausgestaltung der Schulsozialarbeit, die Einbindung von Angeboten der Kinder- und Jugendarbeit oder partiell der Erziehungshilfe (Soziale Gruppenarbeit) in die Schulsozialarbeit.

Für die Träger und Einrichtungen in der Kinder- und Jugendhilfe ist dies mit der Anforderung verbunden, dass sie ihre Konzepte und Organisationsstrukturen flexibilisieren. Sie müssen sich in die Lage versetzen, ihre Organisationsformen und ihre Leistungen stärker aus der Perspektive ihrer Adressaten und deren Lebenssituationen zu strukturieren. Die Einrichtungen werden dadurch ihre primäre Zugehörigkeit zu einem bestimmten Handlungsfeld nicht verlieren, denn diese Handlungsfelder sind in ihrer Umwelt rechtlich, administrativ, politisch und fachlich konstituiert und bedeuten einen „sicheren Rahmen", in dem die Einrichtungen sich mit ihren Konzepten, ihrem Aufgabenverständnis und ihren Handlungsweisen bewegen. Aber sie werden diese Zugehörigkeit nicht zu starr interpretieren und handhaben dürfen; sie müssen sich flexibilisieren können, um den an sie gerichteten Leistungsanforderungen und Kooperationserfordernissen gerecht werden zu können. Verankerung in einem Handlungsfeld bei gleichzeitiger Flexibilisierung: Wer darin wie bei den drei vorher genannten Entwicklungstendenzen bei den Organisationsformen wiederum das Thema ‚Balancen finden und halten' erblickt, liegt nicht falsch. Balancen finden und halten zwischen spannungsreichen Anforderungen – darin liegt sicherlich eine der zentralen Anforderungen, mit denen sich die Kinder- und Jugendhilfe bei der Suche nach angemessenen Organisationsformen auseinanderzusetzen hat.

Literatur

Bieker, R. (2011). Trägerstrukturen in der Sozialen Arbeit – ein Überblick. In R. Bieke & P. Floerecke (Hrsg.), *Träger, Arbeitsfelder und Zielgruppen der Sozialen Arbeit* (S. 13–43). Stuttgart: Kohlhammer.

BMFSFJ (Bundesministerium für Familie, Senioren, Frauen und Jugend). (Hrsg.). (2002). *Elfter Kinder- und Jugendbericht*. Berlin.

BMFSFJ (Bundesministerium für Familie, Senioren, Frauen und Jugend). (Hrsg.). (2006). *Zwölfter Kinder- und Jugendbericht*. Berlin.

Budde, W., & Früchtel, F. (2005). Sozialraumorientierte soziale Arbeit – ein Modell zwischen Lebenswelt und Steuerung. *Nachrichtendienst des Deutschen Vereins für öffentliche und private Fürsorge*, Heft 7, (S. 238–242) (Teil 1) und Heft 8/2005, (S. 287–292) (Teil 2).

Dahme, H.-J., Kühnlein, G., & Wohlfahrt, N. (2005). *Zwischen Wettbewerb und Subsidiarität. Wohlfahrtsverbände unterwegs in die Sozialwirtschaft*. Berlin: Edition Sigma.

Dahme, H.-J., & Wohlfahrt, N. (Hrsg.). (2000). *Netzwerkökonomie im Wohlfahrtsstaat. Wettbewerb und Kooperation im Sozial- und Gesundheitssektor*. Berlin: Edition Sigma.

Deutscher Verein für öffentliche und private Fürsorge (2012). Qualitätsentwicklung in der Kinder- und Jugendhilfe – Diskussionspapier zum Umgang mit §§ 79, 79a SGB VIII. *Nachrichtendienst des Deutschen Vereins*, Heft 12/2012, (S. 555–561).

Fölling-Albers, M. (2008). *Bildung und Kindheit. Pädagogik der frühen Kindheit in Wissenschaft und Lehre.* Opladen: Budrich.

Gadow, T., Peucker, C., Pluto, L., van Santen, E., & Seckinger, M. (2013). *Wie geht's der Kinder- und Jugendhilfe? Empirische Befunde und Analysen.* Weinheim und Basel: Beltz Juventa.

Gängler, H. (2015). Jugendverbände und Jugendpolitik. In H.-U. Otto & H. Thiersch (Hrsg.), *Handbuch Soziale Arbeit* (S. 775–782), 5. Aufl. München und Basel: Ernst Reinhardt Verlag.

Heinze, R. G. (2000). Inszenierter Korporatismus im sozialen Sektor. Politische Steuerung durch Vernetzung. In H.-J. Dahme & N. Wohlfahrt (Hrsg.), *Netzwerkökonomie im Wohlfahrtsstaat. Wettbewerb und Kooperation im Sozialsektor* (S. 31–46). Berlin: Edition Sigma.

Hensen, G. (Hrsg.). (2006). *Markt und Wettbewerb in der Jugendhilfe. Ökonomisierung im Kontext von Zukunftsorientierung und fachlicher Notwendigkeit.* Weinheim und München: Juventa.

Hinte, W., Litges, G., & Groppe, J. (2003). *Sozialräumliche Finanzierungsmodelle. Qualifizierte Jugendhilfe auch in Zeiten knapper Kassen.* Berlin: Edition Sigma.

Kaufmann, F.-X. (2002). *Sozialpolitik und Sozialstaat: Soziologische Analysen.* Opladen: Leske und Budrich.

Klatetzki, T. (1998). Qualitäten der Organisation. In J. Merchel (Hrsg.), *Qualität in der Jugendhilfe. Kriterien und Bewertungsmöglichkeiten* (S. 61–75). Münster: Votum.

Kurz-Adam, M., Frick, U., & Sumser, M. (2006). Ökonomie und Bedarfsfeststellung in den Erziehungshilfen. Anmerkungen und empirische Befunde zur Indikationsfrage in den sozialräumlich organisierten Erziehungshilfen. *Zeitschrift für Kindschaftsrecht und Jugendhilfe (ZKJ)*, Heft 4/2006, (S. 171–180).

Lüers, U. (1977). Im Irrgarten der Sozial- und Jugendhilfeträger. Bericht und Bilder zur verbandlichen und öffentlichen Macht in der Sozial- und Jugendhilfe. In F. Barabas, T. Blanke, C. Sachße & U. Stachscheit (Hrsg.), *Jahrbuch der Sozialarbeit 1978* (S. 248–280). Reinbek: Rowohlt.

Merchel, J. (2008a). *Trägerstrukturen in der Sozialen Arbeit. Eine Einführung*, 2. Aufl. Weinheim und München: Juventa.

Merchel, J. (2008b). Sozialraumorientierung: Perspektiven, Unklarheiten und Widersprüche einer Konzeptformel in der Jugendhilfe. *Recht der Jugend und des Bildungswesens*, Heft 1/2008, (S. 33–51).

Merchel, J. (2010). *Leiten in Einrichtungen der Sozialen Arbeit.* München und Basel: Ernst Reinhardt.

Merchel, J. (2013). Qualität als Bezugspunkt für Steuerung? Zur Problematik qualitätsbezogener Steuerungserwartungen im Kinder- und Jugendhilferecht. *Recht der Jugend und des Bildungswesens*, Heft 1/2013, (S. 18–33).

Merchel, J. (2015a). „Wie soll das Jugendamt das alles hinbekommen!?" Intensivierte, komplexe und widersprüchliche Steuerungserwartungen an das Jugendamt. *Unsere Jugend,* Heft 11–12/2015, (S. 464–476).

Merchel, J. (Hrsg.). (2015b). *Handbuch Allgemeiner Sozialer Dienst (ASD).* München und Basel: Ernst Ernst Reinhardt Verlag.

Merchel, J. (2015c). *Management in Organisationen der Sozialen Arbeit.* Weinheim und Basel: Beltz Juventa.

Merchel, J., & Reismann, H. (2004). *Der Jugendhilfeausschuss. Eine Untersuchung über seien fachliche und jugendhilfepolitische Bedeutung am Beispiel NRW.* Weinheim und München: Juventa.

Mühlmann, T., & Pothmann, J. (2014). Stabile Verhältnisse – öffentliche, frei-gemeinnützige und prvat-gewerbliche Träger in der Kinder- und Jugendhilfe. *KOMDAT,* Heft 1–2/2014, (S. 17–19).

Nullmeier, F. (2011). Governance sozialer Dienste. In A. Evers, R. G. Heinze & T. Olk (Hrsg.), *Handbuch Soziale Dienste* (S. 284–298). Wiesbaden: VS Verlag für Sozialwissenschaften.

Olk, T. (2011). Freie Träger in der Sozialen Arbeit. In H.-U. Otto & H. Thiersch, (Hrsg.), *Handbuch Soziale Arbeit* (S. 415–428), 4. Aufl. München und Basel: Ernst Reinhardt Verlag.

Ortmann, F. (2010). Organisation und Verwaltung des „Sozialen". In W. Thole (Hrsg.), *Grundriss Soziale Arbeit* (S. 763–775), 3. Aufl. Wiesbaden: VS Verlag für Sozialwissenschaften.

Otto, H.-U., & Rauschenbach, T. (Hrsg.). (2008). *Die andere Seite der Bildung: Zum Verhältnis von formellen und informellen Bildungsprozessen,* 2. Aufl. Wiesbaden: VS Verlag für Sozialwissenschaften.

Rauschenbach, T., & Schilling, M. (2012). Die Trägerstruktur der Arbeitsgeber in der Kinder- und Jugendhilfe – ein wenig beachtetes Thema. *KOMDAT,* Heft 2/2012, (S. 1–4).

Rosenbauer, N. (2008). *Gewollte Unsicherheit? Flexibilität und Entgrenzung in Einrichtungen der Jugendhilfe.* Weinheim und München: Juventa.

Sachße, C. (2003). Subsidiarität: Leitmaxime deutscher Wohlfahrtsstaatlichkeit. In St. Lessenich (Hrsg.), *Wohlfahrtsstaatliche Grundbegriffe* (S. 191–212). Frankfurt M. und New York: Campus.

Sann, A. (2012). Frühe Hilfen. Entwicklung eines neuen Praxisfeldes in Deutschland. *Psychologie in Erziehung und Unterricht,* Heft 4/2012, (S. 256–274).

Santen, E. van, & Seckinger, M. (2003). *Kooperation: Mythos und Realität einer Praxis.* München: DJI-Verlag.

Schilling, M. (2010). Die Träger der Sozialen Arbeit in der Statistik. In W. Thole (Hrsg.), *Grundriss Soziale Arbeit* (S. 777–794), 3. Aufl. Wiesbaden: VS Verlag für Sozialwissenschaften.

Tenhaken, B. (2009). Cade Management – Integration: Beispiel Jugendamt Greven. In P. Löcherbach, H. Mennemann, & T. Hermsen (Hrsg.), *Cade Management in der Jugendhilfe* (S. 100–123). München und Basel, Ernst Reinhardt Verlag.

Wiesner, R. (Hrsg.). (2015). *SGB VIII. Kinder- und Jugendhilfe. Kommentar*, 5. Aufl. München: C. H. Beck.

Züchner, I. (2007). Bildungsqualität in der Kinder- und Jugendhilfe. *Zeitschrift für Soziologie der Erziehung und Sozialisation*, Heft 4/2007, (S. 385–401).

Merchel, Joachim; Prof. Dr. phil. Dipl.-Päd.; Fachhochschule Münster, Fachbereich Sozialwesen; Arbeitsschwerpunkte: Jugendhilfe/Jugendhilfeplanung; Qualitätsentwicklung/Evaluation; Sozialmanagement.

Das zweigliedrige Jugendamt

Peter Marquard und Wolfgang Trede

Zusammenfassung

Jugendämter sind in Deutschland die zentralen Institutionen der Kinder- und Jugendhilfe. Sie wirken als sozialpädagogische Dienstleister für junge Menschen und Familien, sind institutionalisierter Ausdruck des staatlichen Wächteramtes und die bürgergesellschaftliche Plattform der öffentlichen Gestaltung des Aufwachsens junger Menschen. Ein Charakteristikum ist ihre Ausgestaltung als zweigliedrige Kommunalbehörde, bestehend aus der hauptamtlichen Fachverwaltung und dem Jugendhilfeausschuss als ‚eigenem' Parlament. Die historische Entwicklung der Jugendämter in Deutschland, ihre derzeitigen Aufgaben, Strukturen, Arbeitsprinzipien sowie darin eingelagerte Spannungsverhältnisse werden in diesem Beitrag ebenso dargestellt wie zukünftige Herausforderungen an die Jugendämter.

Schlüsselbegriffe

ASD – Allgemeiner Sozialer Dienst, Beteiligung, Finanzierung, freie Jugendhilfe, freie Träger, Frühe Hilfen, Gesamtverantwortung, Gleichberechtigung, Interessensvertretung, Jugendamt, Jugendhilfeausschuss, Kinder- und Jugendhilfegesetz – SGB VIII, Kontraktmanagement, Kontrolle, Lebensweltorientierung, Neue Steuerung, Partizipation, Partnerschaft, Pluralität, Prävention, Reichsjugendwohlfahrtsgesetz – RJWG, Risiko- und Fehlermanagement, Schutzauftrag, Sozialraumbudget, Sozialraumorientierung, sozialrechtliches Dreiecksverhältnis, Spezialisierung, staatliches Wächteramt, Subsidiarität, Wirksamkeit, wirkungsorientierte Steuerung, Wunsch- und Wahlrecht

1   Geschichte des Jugendamtes

Bereits vor über 100 Jahren, um 1910, wurden in einigen Städten Deutschlands (u. a. in Hamburg, Leipzig und Mainz) die zuvor von unterschiedlichen karitativen Vereinen und kommunalen/staatlichen Stellen verantworteten Felder der Jugendfürsorge in einer kommunalen Behörde zusammengefasst. Diese ‚Zentralen für Jugendfürsorge‘ oder später ‚Jugendämter‘ genannten Behörden bündelten drei Kernaufgaben der Jugendhilfe:

- die Fürsorgeerziehung als auf Erziehung und Korrektur zielende Sonderbehandlung jugendlicher Straftäter,
- das Armen- und Pflegekinderwesen, das vor allem dem Schutz der privat in Pflege gegebenen Kinder und der unehelichen Minderjährigen diente sowie
- die Kinder- und Jugendpflege, die verschiedene Leistungen der Betreuung und Unterstützung der „normalen“ Jugend bündelte von der Säuglingsfürsorge über Kindergärten bis zur „Pflege der Schulkinder“ (vgl. Uhlendorff 2003, Scherpner 1979).

Mit dem ‚Reichsgesetz für die Jugendwohlfahrt‘ vom 9.7.1922 wurden diese bis dahin lediglich von einzelnen Kommunen und einzelnen Ländern (z. B. Jugendamtsgesetz Württemberg von 1919) geschaffenen kommunalen Jugendämter als einheitliche Jugendbehörden nach dem Vorbild der ‚Zentralen für Jugendfürsorge‘ reichsweit eingeführt. Jugendämter stehen dabei bis heute vor einer schwierigen doppelten Aufgabenstellung, einerseits Hilfen und Schutz für gefährdete Minderjährige und andererseits im Sinne von Regelangeboten einen Beitrag zu leisten, „positive Lebensbedingungen für junge Menschen und ihre Familien sowie eine kinder- und familienfreundliche Umwelt zu erhalten oder zu schaffen“, wie es heutzutage im § 1 SGB VIII heißt.

Die Geschichte des Jugendamtes kann im Weiteren als „Geschichte der Erfindung einer sozialpädagogischen Behörde“ (Müller 1994, S. 13) gelesen werden. In einer mitunter konfliktträchtigen Verschränkung von Verwaltungshandeln und sozialpädagogischer Fachlichkeit galt und gilt es, die „Einheit der Jugendhilfe“ (Hasenclever 1978) mit ihren vielen Aufgaben, die sowohl auf spezielle Notlagen reagieren als auch Angebote für alle jungen Menschen beinhalten, im Blick zu behalten und insofern eine kohärente Praxis kommunaler Sozial-, Jugend- und Bildungspolitik vor Ort zu entwickeln.

Das Reichsjugendwohlfahrtsgesetz (RJWG) beinhaltete zum ersten Mal einen öffentlich-rechtlichen (allerdings nicht einklagbaren) Anspruch für junge Menschen auf Erziehung im umfassenden Sinn. Die Erfüllung dieser neuen öffentlichen Aufgabe wurde dem Jugendamt zugewiesen. Gleichzeitig musste erstmals das Verhältnis der öffentlichen zu der traditionell in Deutschland besonders aktiven freien Jugendhilfe, das sind insbesondere kirchliche Träger oder andere zivilgesellschaftliche Akteure, strukturell geklärt werden. § 4 RJWG normierte für den Bereich der jugend-pflegerischen Aufgaben das Subsidiaritätsprinzip, demzufolge Jugendämter zwar Einrichtungen und Veranstaltungen anregen, aber nur dann diese Aufgaben selbst übernehmen sollten, wenn die Angebote der freien Träger nicht ausreichten. Zudem wurde die Selbstständigkeit der freien Träger anerkannt. „Das Gesetz bekräftigte die gemeinschaftliche, gleichberechtigte Form der Zusammenarbeit als zentrales Ar-beitsprinzip der Jugendhilfe" (Uhlendorff 2003, S. 312).

Seit der RJWG-Novelle von 1953 wird das Jugendamt als zweigliedrige Behörde konstruiert: Die Aufgaben des Jugendamtes sollten demnach durch die Verwaltung des Jugendamtes und den Jugendwohlfahrtsausschuss (heute: Jugendhilfeausschuss) wahrgenommen werden, wobei dem Ausschuss neben gewählten VertreterInnen der jeweiligen Kommunalparlamente auch VertreterInnen der freien Jugendhilfe, der Ju-gendverbände und weitere in der Jugendhilfe erfahrene Frauen und Männer angehö-ren sollen. Eine solche Konstruktion ist in der deutschen Kommunalverwaltung ein-zigartig, denn das Jugendamt soll nach dem Willen des Gesetzgebers so organisiert sein, dass Kinder- und Jugendhilfe nicht nur von Behördenmitarbeitern, sondern ge-wissermaßen von der ganzen Gesellschaft gestaltet wird. Bis heute dauert indes die Kritik von Kommunen an der vorgeschriebenen Beteiligung der freien Jugendhilfe und der Sonderkonstruktion des Jugendamtes an als einem angeblich unzulässigen Eingriff in die kommunale Selbstverwaltung und Verwaltungsorganisation.

Die Aufgaben der Jugendhilfe und ihre grundlegenden Normen werden seit 1990/1991 im Achten Sozialgesetzbuch Kinder- und Jugendhilfe (SGB VIII/KJHG) beschrieben. Der Gesetzgeber hat mit dem KJHG ein modernes Leistungsgesetz ge-schaffen, das an die Stelle der eher eingriffs- und ordnungsrechtlichen Regelungen des (Reichs-)Jugendwohlfahrtsgesetzes trat, die in den Jahren zwischen 1970 und 1990 erfolgte enorme Differenzierung des Leistungsspektrums rechtlich absicher-te und neue beteiligungsorientierte Verfahren (z.B. die Hilfeplanung gem. § 36 SGB VIII) einführte, die zu einer methodischen Qualifizierung sozialer Arbeit beitrugen. Der gesellschaftliche Auftrag der Jugendhilfe ist nicht auf die Sicherung individuel-ler Rechtsansprüche (z.B. Kindergartenplatz, Hilfen zur Erziehung) und allgemeine Förderung (z.B. Angebote der Jugendarbeit, der Jugendsozialarbeit, des erzieheri-schen Jugendschutzes) sowie die Gewährleistungsverpflichtung zum Vorhalten einer jugendhilfegerechten Infrastruktur beschränkt, sondern Jugendhilfe hat auch einen jugendpolitischen Auftrag zur allgemeinen Förderung von Kindern und Jugend-lichen. Das Jugendhilferecht normiert primär fördernde und präventive Angebote unter der Maßgabe, Leistungen in Kooperation mit den Leistungsberechtigten zu er-bringen, aber auch ordnungsrechtliche Aufgaben der Intervention. Jugendhilfe ist da-mit auch nach über 90 Jahren einheitlicher Jugendgesetzgebung als eine Einheit von allgemeiner Förderung und individueller Hilfe zu sehen (vgl. AGJ 1998).

2   Aufgaben und Struktur des Jugendamtes

Die Jugendämter fungieren als die zentralen Institutionen für Fragen der Förderung und Hilfe für Kinder, Jugendliche und Familien in Deutschland. Sie sind gemäß § 85 Abs. 1 i. V. m. § 69 Abs. 1 und 3 SGB VIII für grundsätzlich alle örtlichen und regionalen Aufgaben der Kinder- und Jugendhilfe sachlich zuständig und tragen die Gesamtverantwortung für ein gelingendes Aufwachsen von Kindern und Jugendlichen jenseits von Familie und Schule. Jugendämter sind der institutionelle Kern der Kinder- und Jugendhilfe, sind „gleichzeitig Agentur des Helfens, Instanz sozialer Kontrolle, Akteur im Sozialraum, aber auch Dienstleister für junge Menschen und Familien" (Pothmann 2008, S. 11).

2.1   Aufgaben

Mit dem KJHG wurden die Aufgaben des Jugendamts weit gefasst und das Zusammenwirken mit Familien partnerschaftlich angelegt: Zunächst soll Jugendhilfe eine familien- und kinderfreundliche Umwelt schaffen, sie soll verschiedene Formen der Selbsthilfe stärken, die Leistungsberechtigten (i. d. R. die Eltern) haben ein Wunsch- und Wahlrecht, Kinder und Jugendliche sind an allen sie betreffenden Entscheidungen zu beteiligen, die Gleichberechtigung von Mädchen und Jungen ist zu fördern und schließlich hat das Jugendamt und die freien Träger den Schutzauftrag bei Kindeswohlgefährdungen achtsam wahrzunehmen.

Jugendämter haben für die vier Kern-Leistungsfelder der Kinder- und Jugendhilfe die Gesamt-Gewährungsleistungs- und Planungsverantwortung inne:

1) Sie haben Sorge dafür zu tragen, dass es bedarfsgerechte *Angebote der Jugend(sozial)arbeit,* der außerschulischen Jugendbildung und der Kinder- und Jugenderholung gibt, dass Jugendverbände als selbst organisierte Formen der Jugendarbeit gefördert werden und wirksame Angebote des erzieherischen Kinder- und Jugend(medien)schutzes vorgehalten werden.
2) Jugendämter unterstützen auch die *Erziehung in der Familie* als dem zweiten und wachsenden Leistungsfeld des KJHG. Hierunter sind nicht nur Beratungsangebote bei Trennung und Scheidung und mit Blick auf eine kindeswohldienliche Ausgestaltung der Personensorge und des Umgangsrechts (z. B. begleiteter Umgang) sowie Unterhaltsbeistandschaften zu verstehen oder die Unterstützung von Müttern in einer Mutter-Kind-Einrichtung, sondern zunehmend auch Unterstützungsangebote für Schwangere und für Eltern von Säuglingen und Kleinkindern im Rahmen der Frühen Hilfen (vgl. Nationales Zentrum Frühe Hilfen 2011).
3) Die zunehmende öffentliche Bedeutung der Kinder- und Jugendhilfe wird beim dritten Leistungsfeld, für das Jugendämter Verantwortung tragen, besonders

deutlich: *die Bildung, Betreuung und Erziehung von Kindern in Tageseinrichtungen und in Kindertagespflege.*

4) Schließlich haben Jugendämter, sofern eine dem Wohl eines Minderjährigen entsprechende Erziehung nicht gewährleistet ist, eine Teilhabebeeinträchtigung aufgrund einer seelischen Erkrankung vorliegt oder ein junger Volljähriger bis 21 Jahren einen Hilfebedarf für seine Persönlichkeitsentwicklung hat, geeignete und notwendige *Hilfen zur Erziehung* im Einzelfall zu leisten.

Neben diesen vier Leistungsfeldern müssen sich Jugendämter auch noch um weitere sog. ,*andere Aufgaben*‘ kümmern:

- Inobhutnahmen als kurzfristige Krisenintervention bei Minderjährigen, die um Obhut bitten, akut gefährdet sind oder als unbegleitete minderjährige Flüchtlinge nach Deutschland kommen,
- die Mitwirkung in Verfahren vor dem Familiengericht (insbes. Sorge- und Umgangsregelungen nach Trennung und Scheidung) und vor dem Jugendgericht,
- das Betreiben einer Adoptionsvermittlungsstelle,
- das Führen von Amtspflegschaften und Amtsvormundschaften sowie
- die Gewährung von wirtschaftlichen Hilfen z. B. die Übernahme von Kita-Beiträgen bei einkommensschwachen Eltern.

In den meisten Jugendämtern werden auch die Leistungen nach dem Unterhaltsvorschussgesetz administriert.

Interessensvertretung

In der Praxis darf nun nicht bei der Umsetzung individueller Rechtsansprüche verharrt werden; Interessensvertretung und Einmischung sind bezogen auf die Lebenslagen nicht in einzelnen Hilfearten zu realisieren, sondern nur durch die Mobilisierung des demokratischen Gemeinwesens. Im Rahmen dieser Aufgabenstellung des Kinder- und Jugendhilferechtes gilt es, konkrete Rechte der Kinder und Jugendlichen auszubauen. Die Mitwirkung von Betroffenen durch ihre Organisationen und Verbände steht unter dem Gebot von Pluralismus und Partnerschaft aller Jugendhilfeträger. Die Jugendhilfe kann ihren Anspruch, Interessensvertretung für Kinder und Jugendliche wahrzunehmen, aus ihrem besonderen Handlungsansatz und ihrer gesetzlich normierten Zielsetzung ableiten. § 1 Abs. 1 Kinder- und Jugendhilfegesetz (SGB VIII) ist dafür die zentrale Grundlage: „Jeder junge Mensch hat ein Recht auf Förderung seiner Entwicklung und auf Erziehung zu einer eigenverantwortlichen und gemeinschaftsfähigen Persönlichkeit". Damit hebt sich die Jugendhilfe auch von anderen öffentlichen Aufgaben deutlich ab: Über die Sicherung des Kindeswohls und über die Unterstützung der Eltern hinaus soll Jugendhilfe insbesondere

- „junge Menschen in ihrer individuellen und sozialen Entwicklung fördern und
  dazu beitragen, Benachteiligungen zu vermeiden oder abzubauen" (§ 1, Abs. 3
  Nr. 1 SGB VIII);
- „dazu beitragen, positive Lebensbedingungen für junge Menschen und ihre Familien sowie eine kinder- und familienfreundliche Umwelt zu erhalten oder zu
  schaffen" (§ 1 Abs. 3 Nr. 4 SGB VIII);
- „die unterschiedlichen Lebenslagen von Mädchen und Jungen … (zu) berücksichtigen, Benachteiligungen ab(zu)bauen und die Gleichberechtigung von Mädchen
  und Jungen (zu) fördern" (§ 9 Nr. 3 SGB VIII).

2.2   Strukturen

In Deutschland existieren derzeit rund 560 Jugendämter, was es trotz einer einheitlichen bundesgesetzlichen Grundlage mit sich bringt, dass sich deutsche Jugendämter
in ihren Strukturen erheblich voneinander unterscheiden, wie dies auch insgesamt
für die örtlichen Jugendhilfesysteme zutrifft. Von einem „Verschwinden" der Jugendämter kann indes nicht die Rede sein, wie es u. a. im Zuge der sog. Neuen Steuerung
und der Föderalismusreform (vgl. AGJ 2006) befürchtet worden war. Seit der Föderalismusreform könnten Länder nämlich die Einrichtung von Behörden und das
Verwaltungsverfahren in der Jugendhilfe selbständig anders regeln. Dies ist aber auf
der örtlichen Ebene nirgendwo eingetreten, allerdings im Bereich der Landesjugendämter als überörtliche Träger der Jugendhilfe. Jugendämter haben sich – trotz einer
wiederholt kritischen medialen Berichterstattung – als eine von der Bevölkerung eindeutig identifizierbare, einheitliche Behörde, die für eine Gebietskörperschaft die Gesamtverantwortung für Leistungen der Kinder- und Jugendhilfe und den Schutz von
Minderjährigen wahrnimmt, konsolidiert. Allerdings ist nicht zu verkennen, dass es
immer wieder Bestrebungen gab und gibt, Teile der Aufgaben aus dem Jugendamt
auszulagern (etwa den Elementarbereich) oder die Zuständigkeit für bestimmte Bereiche bewusst in ein anderes Amt zu geben (z. B. die Schulsozialarbeit).

Partnerschaft und Pluralität

Die Kinder- und Jugendhilfe in Deutschland wird historisch durch eine Pluralität
von Trägern mit unterschiedlicher Wertorientierung und einer Vielzahl von Inhalten, Methoden und Arbeitsformen repräsentiert. Leistungen der Jugendhilfe werden
von Trägern der freien und öffentlichen Jugendhilfe erbracht, wobei sich die Leistungsverpflichtungen an die Träger der öffentlichen Jugendhilfe richten (§ 3 SGB
VIII). Der Grundsatz von Pluralität und Vielfalt gehört nicht nur zu den strukturbil-
denden Merkmalen von Jugendhilfe, sondern ist auch unter dem Aspekt demokratischer Beteiligung und Mitverantwortung für das Gemeinwesen von zentraler Bedeutung. Mit der Normierung von Pluralität und Partnerschaft sowie dem Gebot des § 4

Abs. 2 SGB VIII, die „Selbständigkeit [...] in Zielsetzung und Durchführung ihrer Aufgaben" zu achten, wird die eigenständige Stellung der freien Träger als Partner der öffentlichen Jugendhilfe beschrieben.

Mit trägerübergreifenden Arbeitsgruppen und Gremien sind in der Jugendhilfe Strukturen zu schaffen, die eine Beteiligung der im sozialen Bereich tätigen Träger, Initiativen und der Bürgerschaft an der sozialen Entwicklung vor Ort ermöglichen. Das Jugendamt benötigt die Mitwirkung eines breiten Trägerspektrums und von Bürgergruppen aber nicht nur, um eine breit verankerte familien- und kinderfreundliche kommunale Sozial- und Bildungspolitik gestalten zu können. Ohne die Beteiligung freier Träger wäre Jugendhilfe zudem schlicht nicht leistbar, weil beispielsweise 6 von 10 Erziehungsberatungsstellen, 4 von 5 ambulanten Erziehungshilfen und 9 von 10 Heimunterbringungen nicht von den öffentlichen Trägern erbracht werden (vgl. Pothmann und Fendrich 2009). Mit anderen Worten: Das Jugendamt bzw. der ASD ist bei der Erbringung von notwendigen Jugendhilfeleistungen auf die freien Träger angewiesen.

Der Jugendhilfeausschuss

Die Zweigliedrigkeit des Jugendamtes, die Position des Jugendhilfeausschusses (JHA) als Teil des Jugendamtes und die sich daraus gegenüber anderen Ratsausschüssen ergebenden weitergehenden Rechte und Aufgaben sind ebenso häufig kontrovers diskutiert worden wie die gesetzliche Organisationsverpflichtung zur Schaffung eines Jugendamtes und der Zusammenfassung aller Jugendhilfeaufgaben ebendort.

Jugendhilfeausschüsse können nur dann ihrem kinder- und jugendhilfepolitischen Gestaltungsauftrag umfassend nachkommen, wenn sie ihre Aufgaben selbstbewusst wahrnehmen und ihre Rechte offensiv nutzen. Zu diesen gehören insbesondere das Beschlussrecht in Angelegenheiten der Jugendhilfe im Rahmen der von der Vertretungskörperschaft bereitgestellten Mittel, der von ihr erlassenen Satzung und der von ihr gefassten Beschlüsse. Das Jugendamt könnte in seiner einzigartigen Struktur ein Modell für eine moderne kommunale Verwaltung und für ein zivilgesellschaftlich geerdetes Regierungshandeln darstellen (vgl. Gadow et al. 2012, S. 29).

Allerdings können die Jugendhilfeausschüsse empirischen Studien zufolge dieses Potenzial in vielen Fällen nicht ausschöpfen. Große Diskrepanzen etwa in Bezug auf die Sitzungshäufigkeit oder erkennbare Bedarfe hinsichtlich der Qualifizierung der Mitglieder belegen dies (vgl. Pluto u. a. 2007; Merchel und Reismann 2004).

3   Arbeitsprinzipien

Soziale Arbeit und speziell die Jugendhilfe verfügen mit ihren Strukturmaximen einer Lebensweltorientierung über adäquate Optionen für eine Aktivierung und Nutzung der Ressourcen des Gemeinwesens (Deutscher Bundestag 1990, S. 86 ff.). Dafür ist

Transparenz in der Kooperation, Koordination und Planung aller Dienste, Angebote und Maßnahmen wesentlich, und die Teilhabe der NutzerInnen ist gefordert. Die Entwicklung der Leistungen muss zudem in der Region offen und für alle zugänglich erfolgen. Schließlich muss es zwischen freien Trägern und der Kommune klare Absprachen, eine gemeinsame Planung mit nachvollziehbaren Standards und entsprechender Überprüfung geben. Soll sich Partizipation in Lebensweltorientierung und Transparenz realisieren, müssen sowohl öffentliche als auch freie Träger ihre unterschiedlichen Funktionen in Bezug auf Planung und Entwicklung, Beratung, Controlling und Bewilligung/Prüfung/Verwaltung offen legen. Dafür ist nun eine komplexe Kommunikationskultur erforderlich und sogar „Streitkultur verstanden als die Fähigkeit, die jeweils eigenen Standpunkte zu behaupten und sich doch in offen ausgetragenen Unterschiedlichkeiten und Konflikten zu verständigen" (a. a. O., S. 201).

Inzwischen sind fachliche Standards einer offensiven Jugendhilfe wissenschaftlich wie auch gesetzlich abgesichert (vgl. Deutscher Bundestag 2002). Aus den im 8. Jugendbericht formulierten Strukturmaximen *Prävention, Dezentralisierung, Alltagsorientierung, Integration und Partizipation* wurden zwischenzeitlich in der Praxis der Jugendämter Handlungsprinzipien abgeleitet, die heute die fachliche Entwicklung prägen: präventives Handeln, Lebensweltorientierung, Beteiligung und Freiwilligkeit, Existenzsicherung und Alltagsbewältigung sowie Einmischung. Diese zentralen Grundsätze sind sowohl Steuerungsinstrumente als auch Beurteilungskriterien für die Praxis der Jugendämter.

3.1   Sozialraumorientierung

Eine sozialräumliche Regionalisierung der Dienste des Jugendamtes (vgl. Kessl et al. 2005; Marquard 2009) hat sich aus den genannten Strukturmaximen als ein wesentliches Arbeitsprinzip heraus entwickelt. Es setzt auf eine die Einzelfallarbeit ergänzende Arbeit im Gemeinwesen und versucht die im lokalen Nahraum liegenden Ressourcen für die Hilfen im Einzelfall zu nutzen. Sozialraumorientierung setzt insofern auf Eigenverantwortlichkeit, Selbsthilfe, Selbstorganisation, Teilhabe; sie ist verwiesen auf reflexive Kommunikation und dialogische Politik und zielt darauf ab, junge Menschen und Familien möglichst vor Ort und in möglichst engem Kontakt mit Regelsystemen (Kita, Schule, Jugendarbeit) zu helfen. Diese übergeordneten Ziele dürfen nicht aus dem Blick geraten, wenn die fachliche, organisatorische und personelle Umsetzung für die Aufbau- und Ablauforganisation geprüft wird. Die Mitwirkung der politischen Gremien und der Bürgerschaft im offenen Dialog, ein Gesamtkonzept für die Gesamtverwaltung und vor allem die Einbeziehung der Mitarbeiterschaft sind nicht nur verfahrensrechtlich und pragmatisch geboten, sondern entsprechen der Entwicklungslogik und Funktionsweise der hier vorgestellten Konzeption für Soziale Dienste als Element einer (kommunalen) Sozialpolitik. Soziale Arbeit kann dabei auf eine lange Tradition entsprechender Konzepte zurückgreifen.

3.2   Sozialrechtliches Dreiecksverhältnis und das staatliche Wächteramt

Die Besonderheiten des „sozialrechtlichen Dreiecksverhältnisses" beruhen auf der Beziehung des/der Betroffenen (als LeistungsempfängerInnen) zum Leistungserbringer (häufig ein freier Träger) (vgl. Bernzen 1993, S. 119 ff.) und der Finanzierung dieser Leistung durch das Jugendamt (als leistungsverpflichtetem öffentlichen Träger). Zur Sicherung eines quantitativ und qualitativ ausreichenden Angebotes schließt das Jugendamt als leistungsverpflichteter Träger im Voraus Verträge mit den freien Trägern als den Leistungserbringern (die dadurch nicht zu Erfüllungsgehilfen auf Grundlage eines Beschaffungsvertrages werden), nach welchen Regeln er im Einzelfall das Entgelt übernimmt. Zentrale Grundlage für die Finanzierung ist nun, dass der/die BürgerIn ein Angebot des freien Trägers in Anspruch nimmt und dadurch verschiedene Rechtsbeziehungen entstehen (vgl. Münder 1998, S. 8). Unberührt bleibt die staatliche „Garantstellung", wonach das Jugendamt bei einer Kindeswohlgefährdung einzugreifen hat.

Der Auftrag des SGB VIII zielt immer auf das Kindeswohl und gilt insoweit immer gleichzeitig für die MitarbeiterInnen eines freien Trägers wie auch für solche des öffentlichen Trägers der Jugendhilfe. In einem ganzheitlichen Verständnis einer offensiven Jugendhilfe würde ein Gegensatz zwischen Prävention und Wächteramt oder zwischen Dienstleister und hoheitlichem Wächter zu Unrecht eine Alternative beschreiben. Freiheitsrechte und Elternrecht nach dem Grundgesetz, Rechte und Pflichten nach dem Bürgerlichen Gesetzbuch, das Strafgesetzbuch, der Datenschutz und vieles mehr *,beauftragen und begrenzen'* die Jugendhilfe – mit Recht! Auch bei Verstößen von Eltern gegen das Kindeswohl ist nach Artikel 6 GG zunächst zu versuchen, durch helfende, unterstützende, auf Herstellung oder Wiederherstellung eines verantwortungsbewussten Verhaltens der Eltern gerichtete Maßnahme das Ziel zu erreichen, das Kindeswohl durch die Eltern selbst herstellen zu lassen. Diese helfende, unterstützende Rolle entspricht ebenso dem staatlichen Wächteramt wie die, durch (gerichtlich beschlossene) Intervention gegen den Willen der Eltern den Schutz des Kindes sicherzustellen (wenn die Eltern trotz zur Verfügung gestellter Hilfen nicht bereit oder in der Lage sind, das Kindeswohl zu gewährleisten).

Durch Änderungen des Kinder- und Jugendhilfegesetzes und durch das 2012 in Kraft getretene *,Gesetz zur Kooperation und Information im Kinderschutz'* (KKG) wurde der Schutzauftrag der Jugendämter in einem § 8a SGB VIII präzisiert, eine engere Vernetzung mit dem Gesundheitswesen vorgeschrieben und ein neues Leistungsfeld der Kinder- und Jugendhilfe, die Frühen Hilfen, kodifiziert. Die dadurch initiierte Fachdebatte um Standards des Kinderschutzes sowie die Auseinandersetzung um Landeskinderschutzgesetze und das Bundeskinderschutzgesetz haben die Qualität der professionellen Reaktionen auf Gefährdungslagen von Minderjährigen deutlich erhöht, jedoch auch das Image der Jugendämter wieder mehr in Richtung einer eingreifenden Behörde verändert, was im Einzelfall eine durchaus kontraproduktive Wirkung haben kann.

4   Herausforderungen

Verwaltungsmodernisierung und Neue Steuerung

Waren die Reformen in früheren Jahren eher planungs- und politikwissenschaftlich orientiert, wurde mit dem Neuen Steuerungsmodell (NSM) der KGSt in den 1990er Jahren die betriebswirtschaftliche Orientierung priorisiert (vgl. KGSt, versch. Jahrgänge). Der Versuch, Methoden modernen Managements aus dem ausschließlich marktwirtschaftlicher Logik folgenden Profit-Bereich in den Bereich der öffentlichen Verwaltung zu übertragen, hat einerseits zu sehr unterschiedlichen Organisationsformen der Jugendhilfe auf der kommunalen Ebene geführt. Bisherige empirische Untersuchungen (bereits früh: Seckinger et al. 1999) lassen erkennen, dass das innovative Potential der Neuen Steuerung nicht ausgeschöpft und selektiv einzelne Elemente für die Durchsetzung vorhandener Sparzwänge instrumentalisiert wurden. Outputorientierte Steuerung, die Steuerung über Produkte, durch Kontraktmanagement, über Sozialraumbudgets oder Elemente wirkungsorientierter Steuerung – sie alle werden in einzelnen Regionen mehr oder weniger systematisch und konsequent angewendet oder eben nicht angewendet.

Im Ergebnis hat die *Neue Steuerung* zu einer nachhaltigen *Verbetriebwirtschaftlichung* der Kinder- und Jugendhilfe beigetragen, eine Entwicklung, die ihren rechtlichen Niederschlag in den Bestimmungen zu prospektiven Entgelten gem. §§ 78a–g SGB VIII gefunden hat und die Zusammenarbeit zwischen Jugendamt und freien Trägern marktwirtschaftlicher hat werden lassen (*Auftraggeber-/Auftragnehmer*-Verhältnis, *Einkaufen* von Leistungen). Die Kritiker weisen vor allem darauf hin, dass damit unreflektiert betriebswirtschaftliche Konzepte und deren Terminologie auf sozialpädagogische Handlungsfelder übertragen würden. Die Befürworter setzen sich verstärkt damit auseinander, wie die Instrumente des NSM offensiv auf die spezifischen Belange der Jugendhilfe transformiert und über eine veränderte Aufbau- und Ablauforganisation in den Jugendämtern wirkungsvoll implementiert werden können, um damit die qualitative Weiterentwicklung der Jugendhilfe zu fördern (vgl. Deutscher Bundestag 1994, S. 581 ff.; Bissinger et al. 2002; Wiesner 2011). Es ist eine Frage der Definitionsmacht, ob Jugendhilfe und Soziale Arbeit insgesamt vor Ort Objekt oder Subjekt der Verwaltungsreform sind. Qualität und Quantität sozialer Leistungen bleiben Gegenstand gesellschaftspolitischer Aushandlung!

Das Jugendamt: Vom Dienstleister zur Eingriffsbehörde?

Die Kinder- und Jugendhilfe nimmt immer stärker die Funktion einer zunehmend selbstverständlich genutzten sozialpädagogischen Dienstleistung ein, das zeigt sich schon im erheblichen quantitativen Wachstum praktisch aller Leistungsfelder (vgl. Deutscher Bundestag 2013). In den vergangenen rund zehn Jahren ist indes der

Schutzauftrag der Jugendhilfe *wiederentdeckt* worden: Ausgelöst vor allem durch tragische Todesfälle von Minderjährigen und dem folgenden politischen und medialen Druck, wurden Gesetze neu geschaffen (so das „Gesetz zur Kooperation und Information im Kinderschutz" – KKG) oder novelliert (§ 8a SGB VIII), die den Schutzauftrag des Jugendamtes präzisiert haben und verstärkt einfordern. Die Fachkräfte in den Jugendämtern, insbesondere in den Sozialen Diensten, haben sich diesbezüglich mit den Rechten, Vorgaben und Erwartungen sowohl der (potentiellen) NutzerInnen auseinander zu setzen als auch gleichermaßen mit denen der Mitarbeiterschaft sowie der Öffentlichkeit und der Politik.

In diesem Zusammenhang bedarf es einer neuen Verständigung über Ziele, Formen und Wirkung von ‚*Kontrolle*' in zumindest dreifacher Hinsicht:

- Kontrolle von Personensorgeberechtigten zur Gewährleistung des Kindeswohls,
- Kontrolle von Diensten, Einrichtungen und MitarbeiterInnen zur Sicherstellung der vereinbarten professionellen Arbeitsweisen,
- Kontrolle der Einhaltung einer rechtsstaatlichen Leistungsgewährung.

Die Einführung von Standards (z. B. Checklisten) und die Kontrolle ihrer Anwendung kann dabei nur ein Element einer (selbst)reflexiven Professionalität im Verbund mit regelhafter kollegialer Beratung, Supervision und Fortbildung sein. Die Etablierung geeigneter Formen eines Risiko- und Fehlermanagement sollte insbesondere dem sog. Allgemeinen Sozialen Dienst (ASD), dessen Handeln unvermeidbar durch prognostisch schwierig einzuschätzende Entscheidungen geprägt ist, ein höheres Maß an Sicherheit geben. Ziel ist eine Organisationskultur, in der aus (auch ‚*Beinahe*'-)Fehlern tatsächlich gelernt werden kann; dafür ist die proaktive Auseinandersetzung mit Fehlern und unsicheren Verläufen bezogen auf alle (möglichen) Partner und Beteiligte und alle Hierarchieebenen erforderlich. Eine solche Organisationskultur muss unterstützt werden durch eine angemessene Personalausstattung in Verbindung mit einer fehleroffenen, selbstkritischen Führungskultur. Auf einer solchen Basis kann das Jugendamt seine differenzierten Kontrollaufgaben nach dem SGB VIII und im Sinne des staatlichen Wächteramts fachlich weiterentwickeln und im Rahmen des grundrechtlich geschützten Elternrechts mit bzw. gegenüber den Personensorgeberechtigten qualifiziert umsetzen.

Gefahr der strukturellen Überforderung der Sozialen Dienste

Der ASD bildet in der Regel die mitarbeiterstärkste Organisationseinheit in einem Jugendamt, jede vierte Fachkraft arbeitet im ASD (Pothmann und Tabel 2012). Angesichts der steigenden gesetzlichen und gesellschaftlichen Anforderungen an die Tätigkeit und der Zunahme komplexer Problemlagen hat sich in den letzten Jahren trotz eines Ausbaus der personellen Ressourcen die Zahl der „Überlastungsanzei-

gen" in den Sozialen Diensten der Jugendämter stark erhöht (vgl. AGJ 2010). Viele
Jugendämter reagieren auf diese möglicherweise strukturelle Überforderung in Abkehr von der generalistischen Bezirkssozialarbeit sowohl zunehmend mit der Aus-
lagerung von originären ASD-Aufgaben auf Freie Träger (z. B. sog. Clearingaufträge)
als auch mit höherer Spezialisierung (vgl. Merchel et al. 2012). Neben den traditionellen Spezialdiensten Jugendgerichtshilfe und Pflegekinderdienst entstehen Krisen-
dienste, Dienste für die (ambulanten) Eingliederungshilfen für junge Menschen mit
einer seelischen Behinderung oder Fachkräfte für die Familiengerichtshilfe. Mit Blick
auf eine auch fiskalisch günstigere ,Fallsteuerung' treten zu diesen sektoralen Differenzierungen sequentielle: Es wird differenziert in ein Eingangs- und ein Fallmanagement.

Alle diese Formen der (Re-)Spezialisierung zuvor generalistisch erbrachter Be-
ratungs- und Hilfeleistungen mögen den psychologischen Druck auf die klassische
Bezirkssozialarbeit zwar vermindern helfen. Sie können aber auch Diskontinuitäten
und damit neue, qualitativ nachteilige Schnittstellen zulasten einer achtsamen, an
den Bedürfnissen der AdressatInnen orientierten und wirkungsvollen Kinder- und
Jugendhilfe schaffen.

Aufgabenwahrnehmung, politische Legitimation und Wirksamkeit der Kinder- und Jugendhilfe

Es gibt berechtigte Kritik an der jugendpolitischen Aufgabenwahrnehmung vieler
VertreterInnen in den Jugendhilfeausschüssen – sie sind oft nur Lobbyisten für ihre
Partei oder ihren Träger. Auch sollte die Verwaltung des Jugendamts über alle fachlichen und finanziellen Belange frühzeitiger und umfassender informieren. Kommunalparlamente müssen die Entscheidungskompetenzen des JHA achten und seine
Rechte stärken. Das zweigliedrige Jugendamt ist mit seiner verpflichtenden Kooperation von Verwaltung und freien Trägern eine sehr moderne Organisation im Hinblick auf die Beteiligung von Betroffenen und der Bürgerschaft. Seine Strukturen und
die umfassende Aufgabenstellung der Förderung von Kindern und Jugendlichen bieten die beste Grundlage für die Einheit der Jugendhilfe – ganzheitliche Wahrnehmung aller Aufgaben der Beratung, Erziehung, Förderung und Betreuung sowie Zusammenarbeit der MitarbeiterInnen der öffentlichen und der freien Jugendhilfe bei
fachlichen und jugendpolitischen Aufgaben!

Die Diskussion über die ,Steuerung' der Kinder- und Jugendhilfe lässt sich dabei
nicht von der Diskussion über fachliche Standards trennen. Es bleibt also eine Verständigung über fachliche, strukturelle und finanzielle Bedingungen für die Qualität
und Quantität des Angebots – vor Ort, im Stadtteil – erforderlich. Ein entsprechender
Prozess kann zu einem Kontraktmanagement führen, das wiederum die Definition
von klaren Zielen voraussetzt. Sozialberichterstattung und Jugendhilfeplanung haben
dabei eine wesentliche Funktion zur zielorientierten Wirkungsanalyse der fachlichen

und stadtteilbezogenen Systeme der Sozialen Dienste. Ein differenziertes Berichtswesen mit bereichsspezifischen Statistiken, Darstellung des Ressourceneinsatzes im Verhältnis zu Ergebnissen und Wirkungen unter Einbeziehung der Haushaltsdaten ist eine Voraussetzung gerade für die Steuerung der fachlichen und finanziellen Ressourcen in einem Konzept der Regionalisierung (Sozialraumorientierung).

Bis heute bleibt es jedoch eine große Herausforderung der Jugendämter, neben einer effizienten Mittelverwendung auch die Wirkungen der Arbeit zu dokumentieren oder gar die Wirksamkeit tatsächlich nachzuweisen (vgl. Gaugel und Trede 2009; Albus u. a. 2010). Nicht der Verweis auf das fachspezifische ‚Technologiedefizit' ist hier gefragt, sondern das gesellschaftspolitische Engagement der Professionellen für Standards, Strukturen und Ressourcen der eigenen Profession.

Literatur

Albus, S., Greschke, H., Klingler, B., Messmer, H., Micheel, H.-G., Otto, H.-U., & Polutta, A. (2010). *Wirkungsorientierte Jugendhilfe*. Münster, New York, München und Berlin: Waxmann.

Arbeitsgemeinschaft für Jugendhilfe (AGJ). (Hrsg.). (1998). *Einheit der Jugendhilfe. 50 Jahre Arbeitsgemeinschaft für Jugendhilfe*. Bonn.

AGJ (2006). *Auswirkungen der Föderalismusreform auf die Kinder- und Jugendhilfe*. Berlin.

AGJ (2010). ASD – mehr als Kinderschutz! Ziele, Aufgaben, Methoden, Werte und Orientierung im Hinblick auf die Kinder- und Jugendhilfe. Diskussionspapier des Geschäftsführenden Vorstands vom 28. 10. 2010. Berlin.

Bernzen, C. (1993). *Die rechtliche Stellung der freien Jugendhilfe*. Köln.

Bissinger, S., Böllert, K., Liebig, R., Lüders, C., Marquard, P., & Rauschenbach, T. (2002). Grundlagen der Kinder- und Jugendhilfe. Strukturanalysen zu fachlichen Eckwerten, Organisation, Finanzen und Personal. In *Sachverständigenkommission Elfter Kinder- und Jugendbericht (Hrsg.)*, Band 1 (S. 9–104). München.

Deutscher Bundestag (1990). *Achter Jugendbericht*. Bonn.

Deutscher Bundestag (1994). *Neunter Jugendbericht*. Bonn.

Deutscher Bundestag (2002). *Elfter Kinder- und Jugendbericht*. Berlin.

Deutscher Bundestag (2013). *14. Kinder- und Jugendbericht. Kinder- und Jugendhilfe in neuer Verantwortung*. Berlin.

Gadow, T., Peucker, C., Pluto, L., van Santen, E., & Seckinger, M. (2012). *Kinder- und Jugendhilfe. Potenziale, Probleme, Perspektiven*. München.

Gaugel, W., & Trede, W. (2010). Von der Wirkungsorientierung zur lernenden Jugendhilfe. Ein Erfahrungsbericht aus Böblingen nach dreijähriger Erprobung wirkungsorientierter Vereinbarungen. *Forum Jugendhilfe*, Heft 4/2010, (S. 41–45).

Hasenclever, C. (1978). *Jugendhilfe und Jugendgesetzgebung seit 1900*. Göttingen.

Kessl, F., Reutlinger, C., Maurer, S., & Frey, O. (Hrsg.). (2005). *Handbuch Sozialraum*. Wiesbaden: VS Verlag für Sozialwissenschaften.

Kommunale Gemeinschaftsstelle für Verwaltungsvereinfachung (KGSt). (1991). *Dezentrale Ressourcenverantwortung: Überlegungen zu einem neuen Steuerungsmodell*, Bericht 12/1991. Köln.

KGSt (1993). *Das Neue Steuerungsmodell. Begründung, Konturen, Umsetzung*, Bericht 5/1993. Köln.

KGSt (1994). *Outputorientierte Steuerung der Jugendhilfe*, Bericht 9/1994. Köln

KGSt (1996). *Integrierte Fach- und Ressourcenplanung in der Jugendhilfe*, Bericht 3/1996. Köln. (a)

KGSt (1996). *Das Verhältnis von Politik und Verwaltung im Neuen Steuerungsmodell*, Bericht 10/1996. Köln. (b)

KGSt (1998). *Kontraktmanagment zwischen öffentlichen und freien Trägern in der Jugendhilfe*, Bericht 12/1998. Köln.

Marquard, P. (2009). Auf den Nutzer kommt es an – und natürlich die Nutzerin: Konzeptionelle Grundlagen, Handlungslogiken und Entwicklungsprinzipien für eine sozialräumlich strukturierte Soziale Kommunalpolitik. In www.sozialraum.de (Ausgabe 2/2009: Grundlagen)

Merchel, J., & Reismann, H. (2004). *Der Jugendhilfeausschuss. Eine Untersuchung über seien fachliche und jugendhilfepolitische Bedeutung am Beispiel NRW.* Weinheim und München: Juventa.

Merchel, J., Pamme, H., & Khalaf, A. (2012). *Personalmanagement im Allgemeinen Sozialen Dienst. Standortbestimmung und Perspektiven für Leitung.* Weinheim und Basel: Beltz Juventa.

Müller, C. W. (1994). *JugendAmt – Geschichte und Aufgabe einer reformpädagogischen Einrichtung.* Weinheim und Basel: Beltz.

Münder, J. (1998). Von der Subsidiarität über den Korporatismus zum Markt? *Neue Praxis*, Heft 1, (S. 3–12).

Münder, J., Meysen, T., & Trenczek (2009). *Frankfurter Lehr- und Praxiskommentar zum KJHG/SGB VIII.* Münster: Nomos.

Nationales Zentrum Frühe Hilfen (NZFH). (Hrsg.). (2011). *Kommunale Praxis Früher Hilfen in Deutschland. Zweite Teiluntersuchung.* Köln.

Pluto, L., Gragert, N., Santen, E. van, & Seckinger, M. (2007). *Kinder- und Jugendhilfe im Wandel. Eine empirische Strukturanalyse.* München: Deutsches Jugendinstitut.

Pothmann, J. (2008). Jugendämter und der Allgemeine Soziale Dienst. Befunde zur Personalstruktur in den kommunalen Kinder- und Jugendbehörden. *KomDat Jugendhilfe*, Heft 1–2, (S. 11–13).

Pothmann, J., & Fendrich, S. (2009). Hilfen zur Erziehung – zur Struktur der Maßnahmen. *KomDat Jugendhilfe*, Heft 1, (S. 2–4).

Pothmann, J., & Tabel, A. (2012). Mehr Personal – aber keine Entlastung. Die Entwicklung der Beschäftigten im Allgemeinen Sozialen Dienst. *KomDat Jugendhilfe*, Heft 1, (S. 12–13).

Seckinger, M., Weigel, N., van Santen, E., & Markert, A. (1999). *Situation und Perspektiven der Jugendhilfe. Eine empirische Zwischenbilanz*, 2. unv. Aufl. München.

Scherpner, H. (1979). *Geschichte der Jugendfürsorge,* 2. Aufl. Göttingen: Vandenhoeck und Ruprecht.

Uhlendorff, U. (2003). *Geschichte des Jugendamtes.* Weinheim, Basel und Berlin: Votum.

Wiesner, R. (Hrsg.). (2011). *SGB VIII – Kinder- und Jugendhilfe. Kommentar.* München: Ch. Beck.

Dr. Peter Marquard, Dipl.-Päd., Leiter des Stiftungsbereichs Kinder- und Jugendhilfe Rauhes Haus, Hamburg.

Wolfgang Trede, Dipl.-Päd., Leiter des Amtes für Jugend und Bildung des Landkreises Böblingen.

Rechtliche Grundlagen der Kinder- und Jugendhilfe

Christian Bernzen und Anna-Maria Bruder

Zusammenfassung

Der Beitrag gibt einen Überblick über die rechtlichen Grundlagen der Kinder- und Jugendhilfe insgesamt und konzentriert sich dabei auf die öffentlich rechtlichen Regelungen im SGB VIII. Im Allgemeinen Teil wird ein Akzent auf das Zusammenwirken zwischen freien und öffentlichen Trägern und das Wunsch- und Wahlrecht der Bürgerinnen und Bürger gelegt. Die wichtigsten Themen der Jugendarbeit, der Jugendsozialarbeit und des Jugendschutzes werden anschließend vorgestellt. Im Bereich der Förderung der Erziehung der Familie liegt ein Augenmerk auf den allgemeinen Angeboten. Sodann werden die Vorschriften zur Kindertagesförderung und zu den besonders kostenintensiven Hilfen zur Erziehung vorgestellt. Der Gliederung des Gesetzes folgen Darstellungen zu den anderen Aufgaben der öffentlichen Jugendhilfe, die bereichsspezifischen Regelungen zum Datenschutz und zur Organisation der Träger der Jugendhilfe vorgestellt. Die besondere Funktion der freien Träger wird einschließlich deren Finanzierung eigens in den Blick genommen. Der Beitrag schließt mit Darstellungen zu den Aufgaben der Länder und des Bundes, den Zuständigkeiten und der Kostenerstattung und Kostenheranziehung.

Schlüsselwörter

Jugend, Eltern, SGB, KJHG, Erziehung, Schule, Leistungen und andere Aufgaben, freie Träger, öffentliche Träger, Mehrkosten, Kinderrechtskonvention (KRK), Kinderwohlgefährdungen bei Schutzauftrag, Eltern, Nachrang der Jugendhilfe, Rechtsansprüche, Jugendarbeit, Jugendverbandsarbeit, Jugendsozialarbeit, erzieherischer Kinder – und Jugendschutz, Jugendarbeit, Jugendverbände, Landrecht, Jugendsozialarbeit, Jugendschutz, Förderung der Erziehung in der Familie, Beratung in Fragen der Partnerschaft, Unterhalt, Mutter-Kind-Heim, Unterstützung der Kinder in Notsituationen, Unterstützung zur Erfüllung der Schulpflicht, Kindertagesförderung, Kindertageseinrichtungen, Tagespflege, Kindergartenplatz, Tagespflege, Landesrecht, Hilfe zur Erziehung, Eingliederungshilfe, Hilfe für junge Volljährige, Heimerziehung, Erziehungsberatung, soziale Gruppenarbeit, Erziehungsbeistand und Betreuungshelfer, sozialpädagogische Familienhilfe, Erziehung in einer Tagesgruppe, Vollzeitpflege, Heimerziehung, intensive sozialpädagogische Einzelbetreuung, Erziehungsberatung, soziale Gruppenarbeit, Erziehungsbeistandschaft, Betreuungshelfer, sozialpädagogische Familienhilfe, Erziehung in der Tagesgruppe, Vollzeitpflege, Heimerziehung, intensive sozialpädagogische Einzelbetreuung, Heimerziehung, geschlossene Unterbringung, sozialpädagogische Einzelbetreuung, Personensorgeberechtigte, junge Volljährige, Hilfeplanung, vorläufige Maßnahme, Inobhutnahme, Pflegeerlaubnis, Betriebserlaubnis, Mitwirkung im gerichtlichen Verfahren, Beglaubigte Beurkundungen, Schutz von Sozialdaten, Jugendhilfeplanung, § 203 StGB, freie Träger, öffentliche Träger, Jugendamt, Landesrecht, Landesjugendamt, Stadtstaaten, Jugendamt, Jugendhilfeausschuss, freie Träger, Fachkräfte, Gesamtverantwortung der öffentlichen Träger, Jugendarbeit, Jugendhilfe, freie Träger, Förderung, Kostenübernahme, Entgeltzahlung, Förderung, Förderungsbescheid, Nebenbestimmungen, Kostenvereinbarungen, Entgeltvereinbarungen, Leistungs-, Entgelt und Vergütungsvereinbarungen, Anerkennung als freier Träger der Jugendhilfe, Förderung, Kinder- und Jugendplan des Bundes, Bundesjugendkuratorium, Jugendarbeit, Zuständigkeiten und Kostenerstattung, sachliche Zuständigkeit, örtliche Zuständigkeit, Asyl, Kostenerstattung, Kostenheranziehung, pauschalisierte Kostenbeteiligung, Kostenheranziehung, Straf- und Bußgeldvorschriften

1   Einführung

Die Aktivitäten der Kinder- und Jugendhilfe in freier und öffentlicher Trägerschaft und die Angebote privatgewerblicher Veranstalter auf diesem Gebiet berühren eine Vielzahl von Rechtsgebieten und werden durch die Rechtsordnung vielfältig normiert. Von der größten praktischen Bedeutung dürften zivilrechtliche Regelungen etwa auf dem Gebiet des Arbeits- oder Mietrechts sein. Die spezifischen öffentlich-rechtlichen Regelungen trifft das SGB VIII, ein Sozialleistungsgesetz mit Annexregelungen aus verschiedenen Rechtsgebieten. Der Fokus dieses Kapitels liegt auf dem SGB VIII und seinen Regelungen.

Die rechtliche Befassung mit dem Phänomen *Jugend* begann mit Mitte des 19. Jahrhunderts als (Jugend-)Arbeitsschutz (vgl. Kunkel 2006, 1.2 Rn. 3). Der Bereich der Erziehung war aufgrund der gesellschaftlichen Umstände in Deutschland nur sehr begrenzt einer öffentlichen Normierung zugänglich. Konfessionelle und weltanschauliche Gruppen reklamierten die Deutungshoheit für dieses Handlungsfeld für die Eltern und für sich, ein eigenständiges Erziehungsrecht wurde dem Staat nur auf dem Gebiet der Schule zugestanden (vgl. Gries und Ringler 2003, S. 19). Das Jugendwohlfahrtsrecht hatte in dieser historischen Situation die Funktion, einen gesellschaftlichen Kompromiss zu organisieren. Kern dieses Kompromisses war die Verständigung auf ein Verfahren, mit dem verschiedene gesellschaftliche Gruppen ihre Eigenständigkeit wahrten und zugleich ihre Aktivitäten auf dem Gebiet der Jugendhilfe mit den staatlichen Maßnahmen in dem Jugendwohlfahrtsausschuss abstimmten (vgl. Münder und Wiesner 2007, 1.3 Rn. 4). Wesentliche tatsächliche Veränderungen wurden in der NS-Zeit herbeigeführt. Handlungsleitend war die Vorstellung einer wesentlich stärkeren öffentlichen Verantwortung für die Erziehung bei gleichzeitiger Zurückdrängung der kirchlichen und vor allem sozialistischen Einflüsse auf die Erziehung. Mit dieser neuen Gestaltung der Aufgabenverteilung auf dem Gebiet der Erziehung war eine Mehrheit der deutschen Bevölkerung einverstanden (vgl. ebd., 1.3 Rn. 10). Nach dem Ende der zweiten Weltkriegs und der Befreiung Deutschlands vom Nationalsozialismus wurde versucht, wieder an die Aufgaben- und Kompetenzverteilung in der Zeit der Weimarer Republik anzuknüpfen (vgl. Kunkel 2006, 1.2 Rn. 8). Unter der Geltung des Bonner Grundgesetzes erhielt diese mit dem Artikel 6 Verfassungsrang. Erziehung wurde als vorrangige Aufgabe der Eltern beschrieben, über deren Tun der Staat zu wachen hat (vgl. Mrozynski 2009, 1 Rn. 2). Zugleich war mit dem Artikel 20 der westdeutschen Verfassung der Auftrag formuliert worden, den Staat als Sozialstaat zu gestalten (vgl. Bernzen 2005, S. 5). Zentrales juristisches Projekt zur Umsetzung dieses Verfassungsauftrages war die Schaffung eines Sozialgesetzbuches. In dieses Sozialgesetzbuch (SGB) war das Jugendwohlfahrtsrecht von Beginn an im Wege einer Verweisung einbezogen worden (vgl. Wiesner 2015, VI Rn. 62). Erst Anfang der neunziger Jahre des vergangenen Jahrhunderts aber ist es nach einer 20-jährigen Reformdiskussion auch formal Bestandteil des SGB geworden. Seit dem 1.1.1991 gilt in der Bundesrepublik Deutschland das Kinder- und Jugendhilfegesetz (KJHG) (vgl. Kunkel 2007, 1.2 Rn. 12). Entsprechend dem Grundgedanken des SGB, Bedingungen für soziale Gerechtigkeit und soziale Sicherheit zu schaffen, wurde das Jugendhilferecht erstmals als Leistungsrecht gestaltet. Dies bedeutet, dass nun der Staat wesentliche Strukturen von Erziehung in öffentlicher Verantwortung beschrieb und sich damit festlegte, wie er Erziehung durch ein breitgefächertes Angebot an Leistungen der Jugendhilfe beförderte und damit sein Handeln im Rahmen seines Wächteramtes gestalten wollte (vgl. ebd., 1.2 Rn. 8).

2   Die allgemeinen Vorschriften

Das Recht junger Menschen auf Erziehung, die Elternverantwortung und die Rolle der Jugendhilfe werden im ersten Paragraphen des Gesetzes angesprochen. Die Vorschrift formuliert das weite Programm des Gesetzes. In Abs. 1 wird von dem Recht aller jungen Menschen auf Förderung seiner Entwicklung und Erziehung zu einer eigenverantwortlichen und gemeinschaftsfähigen Persönlichkeit gesprochen (vgl. Wiesner 2015, 1 § 1 Rn. 10). Hinter dieser Formulierung steht ein Leitbild, das Autonomie zwar voraussetzt, aber doch ihren Gebrauch in einer bestimmten Weise erwartet; formuliert wird gewissermaßen die Verpflichtung aller zu einem sinnvollen Leben in Freiheit. Richtigerweise wird damit das Freiheitsangebot des Grundgesetzes auf ein Ziel hin gerichtet verstanden, nämlich die Eigenverantwortung und die Fähigkeit zum Leben in der Gemeinschaft (vgl. BverfGE 24, 119, 144/BverfGE FamRZ 1999, 285, 287). Trotzdem bleibt die Formulierung in sich spannungsvoll; sie erinnert an das Motto des US-Staates New Hampshire: ‚*Live free or die*‘; ein selbstbestimmtes Leben ohne Eigenverantwortung und Gemeinschaftsfähigkeit sieht sie nicht vor. Der zweite Absatz der Norm betont die besondere Verantwortung der Eltern, indem er Art. 6 Abs. 2 GG zitiert. Mit diesem Zitat wird deutlich, dass die Jugendhilfe kein von dem Erziehungsauftrag der Eltern unabhängiges eigenes Erziehungsrecht hat. Insofern unterscheidet sie sich von der Schule (vgl. Böckenförde 1980, S. 62). Schließlich werden in Abs. 3 einzelne Aufgaben der Jugendhilfe benannt: die Unterstützung junger Menschen und ihrer Personensorgeberechtigten, der Schutz von Kindern und Jugendlichen und die Schaffung positiver Lebensbedingungen für junge Menschen und ihre Familien.

In den zweiten Paragraphen wird die Unterscheidung zwischen Leistungen und anderen Aufgaben der Jugendhilfe in das Gesetz eingeführt. Alles, was an wesentlichem Jugendhilfehandeln bruchlos in ein Sozialleistungsgesetz passt, ist in dem umfangreichen Leistungskapitel benannt (vgl. Mrozynski 2009, 1 Rn. 1). Die Handlungsbereiche der Jugendhilfe, die vor allem aus der Tradition der Fürsorge stammen und einen Bürgerinnen und Bürger beaufsichtigenden Anteil haben, sind den anderen Aufgaben zugeordnet.

In den §§ 3 und 4 SGB VIII werden grundlegende Bestimmungen zum Verhältnis zwischen den freien und öffentlichen Trägern der Jugendhilfe getroffen. Das Rechtsgebiet ist insgesamt dadurch geprägt, dass der Staat den Bürgern Leistungen verspricht, diese aber häufig nicht selbst erbringt und auch nicht erbringen will. Stattdessen wird eine Vielzahl von Leistungen von freien Trägern erbracht. Diese freien Träger haben also operativ eine Art Zwischenstellung zwischen Staat und Bürgern inne. § 3 SGB VIII nimmt diese Realität auf und bestimmt, dass die Leistungen der Jugendhilfe von freien und öffentlichen Trägern der Jugendhilfe erbracht werden, Verpflichtungen aus dem Gesetz aber nur die öffentlichen Träger treffen (vgl. BverfGE 22, 180, 203 zum JWG). Auch die Erfüllung der anderen Aufgaben der Jugendhilfe obliegt nur den öffentlichen Trägern (vgl. BverfGE 22, 180, 204 zum JWG). In § 4 SGB VIII werden die Grundlagen einer partnerschaftlichen Zusammenarbeit zwischen freien und öffentlichen Trägern der Jugendhilfe formuliert:

- die Verpflichtung zur Zusammenarbeit (vgl. OVG Münster FEVS 53, S. 512),
- das Verbot für die öffentlichen Träger, mit neu geschaffenen eigenen Angeboten in Konkurrenz zu bereits bestehenden Angeboten freier Träger zu treten und
- die Verpflichtung der öffentlichen Träger, die freien Träger auf unterschiedliche Weise zu fördern, wobei die Fähigkeit zur Selbsthilfe besonders hervorgehoben wird (vgl. Wiesner 2015, 1 § 5 Rn. 31).

Mit dem Wunsch- und Wahlrecht der Leistungsberechtigten formuliert § 5 SGB VIII eine wesentliche Voraussetzung dafür, dass das Sozialleistungsangebot der verfassungsrechtlich gebotenen Wahrung der Menschenwürde gerecht wird: Wären hilfebedürftige Bürgerinnen und Bürger verpflichtet, ein bestimmtes Leistungsangebot anzunehmen, müssten sie die handlungsleitenden Vorstellungen des oder der Helfenden als bestimmend für ihre Entwicklung akzeptieren. Dass die handlungsleitenden Vorstellungen der real Helfenden erheblich gestaltend auf die Hilfebedürftigen einwirken, ist gerade bei Erziehungsprozessen unvermeidlich und auch notwendig, in diesem Sinne gilt für die Jugendhilfe insgesamt: Helfen heißt Herrschen. Weil Menschen aber niemals schlicht zum Objekt staatlichen Handelns werden dürfen, muss auch in den Situationen, in denen sie auf Hilfe entscheidend angewiesen sind, möglichst viel Steuerungsmacht bei ihnen verbleiben (vgl. Münder 1998., RsDE 38, S. 55). Diesem dient das Recht der Leistungsberechtigten, er soll zwischen verschiedenen Angeboten verschiedener real vorhandener Anbieter von Hilfe auszuwählen können. Sofern das gewählte Angebot nicht mit unverhältnismäßigen Mehrkosten verbunden ist, muss der öffentliche Träger dem Wunsch des Hilfeempfängers entsprechen (vgl. BverwG FEVS 45 S. 412). Dieses bedeutet, dass der Hilfeempfänger nicht verpflichtet ist, das billigste Angebot zu wählen. Das von ihm gewählte Angebot kann auch mit Mehrkosten verbunden sein. Diese müssen in einer abwägenden Entscheidung in ein Verhältnis gesetzt werden zu den Vorteilen, die sich objektiv und aus der Sicht des Hilfeempfängers ergeben. Beispielsweise der Hinweis auf das religiöse Bekenntnis oder die Nähe zum Wohnort können hierbei eine maßgebliche Rolle spielen (vgl. Mrozynski 2009, 1 § 5 Rn. 5). Erst wenn sie unter dieser Rücksicht unverhältnismäßig sind, muss dem Wunsch nicht entsprochen werden, wiewohl der öffentliche Träger auch in diesen Fällen die Möglichkeit hat, dem Wunsch zu entsprechen. Wegen der hohen Bedeutung vor dem Hintergrund der verfassungsrechtlichen Bestimmungen hat er deshalb die öffentlichen Träger verpflichtet, die Leistungsberechtigten auf ihr Wunsch- und Wahlrecht hinzuweisen (vgl. Wiesner 2015, 1 § 5 Rn. 11a).

§ 6 SGB VIII bestimmt, dass alle jungen Menschen, die sich tatsächlich und rechtmäßig in Deutschland aufhalten, Jugendhilfeleistungen erhalten können. Junge Deutsche können unter bestimmten Umständen Jugendhilfeleistungen auch im Ausland erhalten (vgl. Münder in Münder et al. 2013, 1 § 6 Rn. 5). Dieses entspricht auch den internationalen Verpflichtungen der Bundesrepublik Deutschland aus der UN-Kinderrechtskonvention (KRK). Ausgeschlossen von Ansprüchen auf Jugendhilfeleistungen sind junge Menschen, die ohne legalen Aufenthaltsstatus in der Bundesrepublik leben (vgl. Mrozynski 2009, 1 § 6 Rn. 6); dieses ist fachlich und auch vor dem Hintergrund der KRK ein Missstand.

In dem Gesetz wird vielfach von jungen Menschen und Personensorgeberechtigten gesprochen. In § 7 SGB VIII werden dieses Begriffe und die Untergruppen zu diesen Gruppen von Menschen definiert.

Die Beteiligung von Kindern und Jugendlichen an allen sie betreffenden Entscheidungen ist in § 8 SGB VIII normiert. Die Anwendung dieser Vorschrift kann für die

Professionellen in der Jugendhilfe insbesondere dann Schwierigkeiten machen, wenn die Verhältnisse zwischen Kindern und Jugendlichen einerseits und deren Personensorgeberechtigten von Bedeutung sind. Deshalb bestimmt Abs. 3 der Norm, dass Kinder und Jugendliche ggf. auch ohne Kenntnis ihrer Personensorgeberechtigten beraten werden können (vgl. Mrozynski 2009, 1 § 8 Rn. 6).

Die §§ 8a f normieren einen (ohnedies bestehenden) eigenständigen Schutzauftrag bei Kindeswohlgefährdungen. Damit wird der Auftrag aus dem in der Verfassung konstituierten staatlichen Wächteramt konkretisiert. In der Norm werden im Kern konkrete Verfahrensbestimmungen getroffen (vgl. ebd., 1 § 8a Rn. 3). Hinweisen auf Kindeswohlgefährdungen soll stets in professioneller Weise, von Fachkräften aus dem Bereich der Sozialen Arbeit, der Psychologie oder der Medizin nachgegangen werden (vgl. DV, NDV 2006, S. 497; Slüter, Die „insoweit erfahrene Fachkraft" Überlegungen zu Standards der Fachberatung nach § 8a SGB VIII JAmt 2007, S. 515). Sorgeberechtigten sollen die erforderlichen Hilfen angeboten werden. Fehlt es an einer notwendigen Mitwirkung der Sorgeberechtigten bei der Abwendung der Gefahr ist die Einschaltung der Familiengerichte vorgesehen. Begleitet werden diese Verfahrensregelungen durch Beratungsverpflichtungen der öffentlichen Träger der Jugendhilfe (vgl. OLG Saarbrücken Jamt 2007, S. 432, Beschl. vom 20.03. 2007 – 9 UF 167/06).

Die pädagogischen Grundrichtungen der Erziehung sind in § 9 SGB VIII angesprochen. Zunächst wird festgestellt, dass diese von den Personensorgeberechtigten bestimmt werden. Damit wird die Regelung des § 1 Abs. 2 SGB VIII wieder aufgenommen (vgl. Wiesner 2015, 1 § 9 Rn. 7). Zugleich wird allerdings festgelegt, dass die wachsende Selbstständigkeit der Kinder und Jugendlichen zu achten und die Gleichberechtigung der Geschlechter zu fördern ist. Mit dieser Norm, die so etwas wie einen Minimalkonsens von Erziehungszielen formuliert, wird das Elternrecht zur Erziehung in den Rahmen der Ziele der Verfassung eingefügt und auf diese hin orientiert. Zugleich wird in der Bestimmung deutlich, dass in einer pluralistischen Gesellschaft die Bestimmung von allgemeinverbindlichen Erziehungszielen nur ganz schemenhaft gelingen kann.

§ 10 SGB VIII als letzte der allgemeinen Bestimmungen regelt das Verhältnis von Jugendhilfe zu anderen Leistungen. Dabei haben Unterhaltsverpflichtungen und Leistungen andere Sozialhilfeträger den Vorrang vor der Jugendhilfe (vgl. Kepert/ Vondung in Kunkel 2016, § 10 Rn. 2). Diese hingegen sind vorrangig vor Sozialleistungen zu gewähren, da diese Leistungen speziell auf die besonderen Bedürfnisse von Kindern- und Jugendlichen abgestimmt sind (vgl. ebd., § 10 Rn. 58). Eingliederungshilfeleistungen für Menschen mit Behinderungen allerdings haben Vorrang vor den Leistungen der Jugendhilfe, gesetzt dem Falle, dass es sich nicht um Leistungen für Menschen mit seelischen Behinderungen handelt. Die Grundaussage der Regelung – allgemeiner Nachrang der Jugendhilfe, Vorrang der Jugendhilfe vor der Sozialhilfe – ist einfach zu verstehen und sinnvoll. Die Unterscheidungen im Bereich der Hilfen für Menschen mit Behinderungen sind hingegen nicht nur rechtlich und tatsächlich kompliziert, eine fachliche Logik ist kaum zu erkennen (vgl. Münder 2001, S. 122).

3 Das Leistungskapitel

Das SGB VIII ist (wie das öffentliche Recht insgesamt) eigentlich eine interne Angelegenheit des Staates: Es enthält Befehle eines Teiles des Staates (nämlich des Parlaments) an andere Teile des Staates (nämlich an Kommunen, Länder und die Verwaltung des Bundes). Die Kontrolle, ob die Befehle des Gesetzes ausgeführt werden, steht grundsätzlich dem Auftraggeber, dem Parlament, oder dessen Beauftragten zu. Diese Kontrolle ist außerordentlich lose. Deshalb führt der schlichte Befehl des Parlaments an verschiedene öffentliche Körperschaften nicht stets dazu, dass diese sich wie angeordnet verhalten. Als Recht in seiner vollständigen Bedeutung bekommen diese Befehle erst dann Sinn, wenn ihre Einhaltung gerichtlich durchgesetzt werden kann. Deshalb hat das Parlament einem Teil seiner Befehle an die Verwaltung das Recht einer unmittelbaren Kontrolle durch betroffene Bürger zugeordnet, hier spricht man von ‚*subjektiven Rechten*‘ oder auch ‚*Rechtsansprüchen*‘. Die Gesamtheit der leistungsrechtlichen Befehle aber wird als ‚*objektives Leistungsrecht*‘ bezeichnet; freiwillige Aufgaben existieren auf dem Gebiet des Kinder- und Jugendhilferechts nicht.

3.1 Jugendarbeit, Jugendverbandsarbeit, Jugendsozialarbeit, erzieherischer Kinder- und Jugendschutz (§§ 11 – 15 SGB VIII)

Jugendarbeit ist unter mehrerlei Rücksicht allgemeinste Leistung der Jugendhilfe: Angebote der Jugendarbeit haben eine große Breite; praktisch alle Kinder und Jugendlichen kommen irgendwann einmal mit ihnen in Berührung und sie werden ohne besondere Voraussetzungen an alle erbracht. Dabei handelt es sich um allgemeine Förderungsangebote, welche von Kindern und Jugendlichen mit gestaltet und entwickelt werden sollen. Diese Angebote sollen, so sieht es § 11 Abs. 1 SGB VIII vor, allen jungen Menschen gemacht werden und sie zu Selbst- und Mitbestimmung und zu sozialem Engagement befähigen (vgl. Achter Jugendbericht 1990, S. 107). Abs. 2 Satz 1 nennt als Anbieter der Jugendarbeit Verbände, Gruppen und Initiativen der Jugend, andere freie Träger und öffentliche Träger der Jugendhilfe (vgl. Kunkel in Kunkel 2015 § 11 Rn. 9). Thematische Schwerpunkte der Jugendarbeit werden in Abs. 3 genannt. Dies sind

- die außerschulische Jugendbildung mit verschiedenen Themenfeldern,
- die Jugendarbeit in ‚*Sport, Spiel und Geselligkeit*‘,
- lebensweltbezogene Angebote,
- internationale Jugendarbeit,
- Kinder- und Jugenderholung und Jugendberatung.

Die Angebote von Jugendarbeit in ‚*Sport, Spiel und Geselligkeit*‘ formulieren in einer ungebräuchlich gewordenen Sprache den Kern und die zugleich wichtigste Methode der Jugendarbeit: die Bildung von Gruppen junger Menschen (vgl. ebd.).

Dem Selbsterziehungsprojekt der Verbände, Gruppen und Initiativen der Jugend ist der § 12 SGB VIII gewidmet. Abs. 1 verleiht nach der hier vertretenen (jedoch umstrittenen) Auffassung der Gesamtheit der Jugendverbände ein subjektives öffentliches Recht auf Förderung ihrer eigenen Tätigkeit (vgl. Fischer in Schellhorn 2012 § 12 Rn. 7). In Abs. 2 werden die Jugendverbände und -gruppen und ihre Arbeit beschrieben. Besonders betont wird hierbei die Interessenvertretungsfunktion für junge Menschen und deren Mitarbeit an der Ausgestaltung der Jugendarbeit (vgl. ebd.). Zu dem Bereich der Jugendarbeit und der Jugendverbandsarbeit besteht vielfältiges Landesausführungsrecht, welches vor allem die Förderverpflichtungen konkretisiert und zivilrechtliche Ansprüche auf Sonderurlaub normiert.

Mit der in § 13 SGB VIII genannten Jugendsozialarbeit wird ein traditionelles Feld der Tätigkeit der Jugendhilfe angesprochen. Seit es Jugend als eigenständige Lebensphase gibt und sich private und öffentliche Stellen um die Jugend gekümmert haben, galt deren besondere Aufmerksamkeit dem Übergang von schulischer Bildung in Berufsausbildung und Berufstätigkeit (vgl. Schäfer in Münder 2012 § 13 Rn. 1). Der Rechtsbegriff der Jugendsozialarbeit nimmt auf dieses traditionelle Tätigkeitsfeld Bezug: Jugendsozialarbeit dient als Jugendberufshilfe der Verbesserung der Möglichkeiten, einen Einstieg in das Berufsleben zu finden, und als Schulsozialarbeit dazu, auf diesen Einstieg zielgerichtet vorzubereiten. Jugendsozialarbeit ist ein Angebot für junge Menschen mit besonderen Schwierigkeiten (vgl. ebd.). Als Adressaten der Hilfe werden in Abs. 1 die jungen Menschen selbst genannt. Sie sind Anspruchsinhaber und damit antragsberechtigt. In Abs. 1 werden zudem die Anspruchsvoraussetzungen angegeben: Dies sind entweder die Notwendigkeit des Ausgleichs von sozialer Benachteiligungen oder die Erforderlichkeit von Hilfe zum Überwinden von individuellen Beeinträchtigungen (vgl. Zwölfter Kinder- und Jugendbericht 2005, S. 259). Damit werden die Gruppen junger Menschen angesprochen, die erfahrungsgemäß besondere Schwierigkeiten bei dem Übergang von Schule zu Beruf, beispielsweise durch das Fehlen eines Schulabschlusses, haben (vgl. Schäfer in Münder 2012 § 13 Rn. 11). Als Ziel und Inhalt der Hilfe und Förderung nach § 13 SGB VIII gibt Abs. 1 die Förderung der schulischen und beruflichen Ausbildung und der Eingliederung in die Arbeitswelt und die soziale Integration an (vgl. Hartleben-Baildon in Möller und Nix 2006 § 13 Rn. 1). Neben anderen Maßnahmen können zur Erreichung dieses Zweckes gem. Abs. 2 auch eigene Ausbildungs- und Beschäftigungsmaßnahmen vorgesehen werden.

Während der Teilnahme an einer schulischen oder beruflichen Bildungsmaßnahme kann den jungen Menschen die Unterkunft in einer sozialpädagogisch begleiteten Wohnform angeboten werden. Dabei handelt es sich um mehr als eine Hotelleistung. Zu einer Jugendhilfemaßnahme wird diese Unterkunft erst durch ihre sozialpädagogische Begleitung, genauso wie eine Ausbildungs- oder Beschäftigungsmaßnahme erst durch die sozialpädagogische Begleitung zu einer Jugendhilfemaßnahme wird (vgl. Schäfer in Münder 2012 § 13 Rn. 18).

Der Gedanke der Förderung junger Menschen und ihrer Erziehungsberechtigten wird auch in § 14 SGB VIII betont. Im Bereich des Jugendschutzes will der Staat seine Bemühungen nicht auf das im Wesentlichen repressive Handeln auf der Grundlage insbesondere des Jugendschutzgesetzes (JuSchG) und des Jugendarbeitsschutzgesetzes (JuArbSchG) beschränken (vgl. ebd. § 14 Rn. 1 f.). Vielmehr sollen wichtige Säulen des Schutzes die Schutzfähigkeit der Erziehungsberechtigten und vor allem die Schutzfähigkeit der jungen Menschen selbst sein. Diese sollen durch den erzieherischen Kinder- und Jugendschutz gestärkt werden (vgl. Nikles 1996, S. 67). Damit reagiert der Gesetzgeber auf zwei Umstände: Zum einen können die Ziele des Jugendschutzes nur im generellen Einvernehmen mit den Erziehungsberechtigten und auch den jungen Menschen selbst erreicht werden, denn erfolgversprechender Jugendschutz gegen deren Einsicht ist nicht realisierbar (vgl. Kunkel in Kunkel 2016 § 14 Rn. 3 ff.).

3.2 Förderung der Erziehung in der Familie (§§ 16–21 SBG VIII)

Der eigentliche Sinn der Vorschriften dieses Abschnittes liegt darin, dass sie ähnlich wie die Jugendarbeit ‚an alle‘ gerichtet sind, unabhängig davon, ob irgendeine Mangellage in der erzieherischen Fähigkeit der Eltern vorliegt (vgl. Proksch in Münder. 2012 § 16 Rn. 1 f.). Solche Jugendhilfeleistungen sind auch Ausdruck des staatlichen Wächteramtes aus Art. 6 GG, das dem Staat nicht nur die Aufgabe zuweist, in Notsituationen zu intervenieren, sondern auch Bedingungen für gelingende Erziehung in Elternverantwortung zu schaffen[1].

Leistungen nach dem 2. Abschnitt des Leistungskapitels können aber auch – ähnlich wie die Jugendsozialarbeit – an objektiven Schwierigkeiten ansetzen.

§ 16 Abs. 1 Satz 1 SGB VIII formuliert die allgemeine Pflicht der öffentlichen Jugendhilfeträger zur Förderung der Erziehung in der Familie. In Satz 2 der Vorschrift wird durch die Benennung des Zweckes der Leistung, nämlich die Verbesserung der Möglichkeiten, die Erziehungsverantwortung wahrzunehmen, der Charakter der Leistung als Jugendhilfeleistung deutlich (vgl. Proksch in Münder 2012 § 16 Rn. 5). In Abs. 2 der Vorschrift werden Angebote der allgemeinen Förderung nicht abschließend aufgezählt. Genannt werden die Familienbildung, die Familienberatung und Familienfreizeiten und -erholung (vgl. Textor 2006, S. 35 ff.).

In § 17 Abs. 1 SGB VIII wird eine besondere Form der Beratung in Fragen der Partnerschaft als Jugendhilfeleistung benannt: Kindeswohlbezogen sollen diejenigen, die tatsächlich erziehen, eine Beratung erhalten (vgl. Fischer in Schellhorn. 2012 § 17 Rn. 9). Mit dieser Beratung wird die Jugendhilfe parteilich für Kinder und Jugendliche tätig, indem sie die Chance gibt, dass in Konflikten der erziehenden Erwachsenen die Perspektive der Kinder und Jugendlichen gleichrangig und in einer

---

1   Vgl. BverfG E 24, 144

gleichgeordneten Gesprächssituation zur Sprache kommen kann (vgl. ebd.). Daraus bestimmen sich auch die Ziele dieser Beratung: Sie soll helfen, ein partnerschaftliches Verhältnis in der Familie aufzubauen, Konflikte und Krisen zu bewältigen und im Falle der Trennung eine möglichst weitgehende Berücksichtigung des Kindeswohles sichern (vgl. ebd.).

Die häufig schwierige Lage Alleinerziehender ist Ausgangspunkt für den Beratungsanspruch in § 18 Abs. 1 Satz 1 SGB VIII: Alle, die tatsächlich allein erziehen, sollen bei der Wahrnehmung der Erziehungsverantwortung beraten und unterstützt werden, womit finanzielle Unterstützungen nicht gemeint sind (vgl. ebd § 18 Rn. 4.). Eine nicht mit dem Vater ihres Kindes verheiratete Frau hat einen Anspruch auf Unterstützung bei der Durchsetzung ihres eigenen Unterhaltsanspruches (§ 18 Abs. 1 SGB VIII) und bei Sorgeerklärungen (§ 18 Abs. 2 SGB VIII) (vgl. ebd Rn. 18.). Kinder und Jugendliche haben gem. § 18 Abs. 3 SGB VIII einen Anspruch auf Beratung und Unterstützung bei der Ausübung des Umgangsrechts (vgl. ebd.). Dies kann auch als begleiteter Umgang – auch in den Räumen des Jugendhilfeträgers – stattfinden. Nach Abs. 4 der Vorschrift haben junge Volljährige bis zur Vollendung des 21. Lebensjahres einen eigenen Anspruch auf Unterstützung bei der Geltendmachung von Unterhalts- und Unterhaltsersatzansprüchen (vgl. ebd. 28).

Sogenannte Mütter-Kind-Heime sind der Regelungsgegenstand des § 19 SGB VIII. Sie dienen dazu, vor allem sehr jungen Müttern zu ermöglichen, einerseits ihre eigene Persönlichkeit zu entwickeln und eine Ausbildung zu beginnen oder abzuschließen und andererseits ihrer eigenen Elternverantwortung gerecht zu werden (vgl. Wiesner 1998 § 19 Rn. 9 f.). Abs. 1 verleiht Eltern, die solche Hilfen brauchen, einen Förderungsanspruch. Es besteht ein Anspruch auf gemeinsame Unterkunft, im Wesentlichen sozialpädagogische Maßnahmen zur Persönlichkeitsentwicklung und Unterstützungen im Bereich Ausbildung und Berufstätigkeit (vgl. Fischer in Schellhorn 2012 § 19 Rn. 1). Geschwisterkinder können mit betreut werden; auch bereits schwangere junge Frauen können aufgenommen werden. Die Hilfe endet, wenn das Kind, dem die Hilfe mittelbar nützen soll, das sechste Lebensjahr vollendet hat (vgl. ebd. Rn. 9).

Familien können in Situationen kommen, in denen überraschend die Betreuung und Versorgung der Kinder nicht sicher gestellt ist. Der wichtigste Grund hierfür sind ernsthafte Erkrankungen oder Todesfälle. Für diese Fälle sieht das SGB VIII in § 20 eine Pflicht der öffentlichen Träger der Jugendhilfe zur Unterstützung des anderen Elternteils bei der Erfüllung der Betreuungs- und Versorgungspflicht vor (vgl. ebd. § 20 Rn. 1). Voraussetzungen für die öffentliche Unterstützung ist, das der überwiegend betreuende Elternteil aus zwingenden Gründen für die Betreuung ausfällt, der andere Elternteil berufsbedingt nicht in der Lage ist, die Betreuung zu übernehmen, die Hilfe des Kindeswohles wegen erforderlich ist und Angebote der Kindestagesbetreuung nicht ausreichen (vgl. Zehnter Jugendbericht 1998, S. 59). Es geht also um die Betreuung und Versorgung von Kindern in Notsituationen in der vertrauten Umgebung. Der Anspruch kann auch bei dem Ausfall des allein erziehenden Elternteiles oder bei dem Ausfall beider Elternteile bestehen.

Als letzte Leistung nennt der Abschnitt den Beratungs- und Unterstützungs-anspruch zur Erfüllung der Schulpflicht. Adressaten dieser Leistung sind Eltern, die die berufsbedingt häufig ihren Aufenthalt wechseln müssen, dazu zählen traditionell Schausteller, Binnenschiffer oder Artisten (vgl. Kunkel in Kunkel 2016 § 21 Rn. 1). Möglich sind aber auch Leistungen an Eltern, die in sog. neuen Reiseberufen arbeiten. Können diese Eltern die Erfüllung der Schulpflicht nicht ohne Hilfe sicherstellen, haben sie einen Beratungs- und Unterstützungsanspruch. Dieser kann sich auch als Anspruch auf Übernahme von Internatskosten oder Anspruch auf Gewährung von besonderen stationären Hilfen für die betroffenen Kinder darstellen (vgl. ebd.). Die Hilfe nach § 21 SGB VIII kann auch jungen Menschen unter 21 Jahren weitergewährt werden, um ihnen den Abschluss der Schulausbildung zu ermöglichen (vgl. ebd. Rn. 4).

3.3 Kindertagesförderung

Im dritten Abschnitt des Leistungskapitels wird die Förderung von Kindern auf drei unterschiedliche Weisen angesprochen; es geht um die Förderung in Kindertageseinrichtungen, um die Tagespflege und die Förderung in den von den Eltern selbst organisierten Angeboten.

Förderungsgrundsätze sind in § 22 SGB VIII beschrieben. In Abs. 1 der Vorschrift wird der allgemeine Zweck von Kindertagesförderung in Einrichtungen und Tagespflege benannt (vgl. Fehlhaber in Möller und Nix 2006). Abs. 2 der Norm konkretisiert die Zwecke von Kindertageseinrichtungen.

Als Zweck der Kindertagesbetreuung wird in Nr. 1 die Förderung der Entwicklung zu eigenverantwortlichen und gemeinschaftsfähigen Persönlichkeiten genannt. In den beiden folgenden Nummern werden die Ergänzung der Erziehung und Bildung durch die Eltern und die Erleichterung der Vereinbarkeit von Familientätigkeit und Beruf bei den Eltern genannt (vgl. Struck in Wiesner 2015 § 22 12 ff.). Zur Verwirklichung dieser Aufgaben wird in Abs. 3 die Aufgabentrias Betreuung, Bildung und Erziehung beschrieben. Bisher nur unvollständig gelungen ist die Bestimmung des Inhalts von Erziehung und Bildung (vgl. Zwölfter Kinder- und Jugendbericht 2005): Diese Rechtsbegriffe werden zum einen durch die oben beschriebenen bundesrechtlichen Erziehungsziele gefüllt. Zum anderen werden landesrechtlich weitere Bildungs- und Erziehungsziele hinzugefügt: von der Achtung Menschen unterschiedlicher Rassen und Religionen bis zur Erziehung zu regelmäßiger Zahnpflege (vgl. Struck in Wiesner 2015 § 22 Rn. 21 f.).

Weitergehende Bestimmung für die Förderung in Einrichtungen trifft § 22a SGB VIII. In der Norm werden Voraussetzung dafür beschrieben, dass die gesetzlichen Aufträge in Bezug auf die Qualität der Kindertageseinrichtungen vollständig erfüllt werden können (vgl. ebd Rn. 2 f.). Eine entscheidende Schwierigkeit bei der Erfüllung dieser Verpflichtung liegt darin, dass nicht schlechthin davon ausgegangen werden darf, dass Kinder und ihre Eltern stets parallele Interessen haben. Dies gilt nicht einmal gegenüber dem Kindergartenträger. Für die Kinder dürfte sehr wichtig sein, dass sie drinnen und draußen spielen können und dass die anderen Kinder nett sind. Eltern hingegen müssen vielfach daran interessiert sein, dass die Einrichtung auf ihren aus beruflichen Gründen wechselnden Betreuungsbedarf flexibel reagieren kann. Das Gesetz nimmt diese Spannung auf, indem es von pädagogischen und organisatorischen Bedürfnissen spricht (vgl. Struck in Wiesner 2015 Rn. 154 ff.).

Die Anzahl von hinreichenden Kindertagesbetreuungsangeboten in Deutschland – insbesondere in den alten Bundesländern – ist nicht ausreichend. Deshalb ist die Frage, wie diese verteilt werden und bei welchen Angeboten Bürgerinnen und Bürger das Handeln der Verwaltung aufgrund subjektiver öffentlicher Rechte selbst kontrollieren können, praktisch außerordentlich bedeutsam. Die Kinder selbst haben einen Anspruch auf einen Kindergartenplatz (vgl. Fischer in Schellhorn 2012 § 24 Rn. 1); im Bereich der Krippen- und Hortangebote hingegen bestehen nur zum Teil subjektive öffentliche Rechte (vgl. ebd.). Praktisch ist es erforderlich, dass die Anspruchsinhaber, also die Kinder, bei der Durchsetzung ihres Anspruches durch ihre Personensorgeberechtigten vertreten werden.

Ganz ungenau ist das Bundesrecht bei dem Anspruchsinhalt: Das Gesetz garantiert den Besuch einer Tageseinrichtung (vgl. ebd. R. 10 f.). Dabei geht es um regelmäßigen Besuch an fünf Werktagen in der Woche. Durch das Gesetz nicht geklärt ist die Frage, was überhaupt ein Kindergarten ist: Ein Gebäude ist für ihn noch nicht einmal Voraussetzung, wie sich an den Waldkindergärten erkennen lässt. Aus der Aufgabentrias Betreuung, Bildung und Erziehung lässt sich ableiten, dass Personal zur Verfügung stehen muss (vgl. ebd. Rn. 12). Über dessen Ausbildung und auch über die Größe der Gruppen schweigt das Bundesrecht aber.

Die Tagespflege ist die Betreuung eines Kindes durch eine Tagesmutter (selten auch einen Tagesvater) in deren oder auch dem elterlichen Haushalt: So ist sie in § 22 Abs. 1 Satz 2 definiert (vgl. Struck in Wiesner 2015 § 22 Rn. 9 f.). Nähere Erläuterungen über diese Form der Kindertagesbeförderung und die Eignungskriterien derer, die Kindertagespflege anbieten möchten, gibt der Gesetzgeber in § 23 SGB VIII (vgl. Struck in Wiesner 2015 § 23 Rn. 3 ff.). Abs. 2 der Vorschrift regelt abschließend welche Kosten als Geldleistung bei Tagespflege von den öffentlichen Trägern der Jugendhilfe zu tragen sind, nämlich die Erstattung des Sachaufwandes, ein Betrag zur Anerkennung der Förderleistung und die Erstattung von Versicherungs- und Altersvorsorgeaufwendungen (vgl. Fischer in Schellhorn 2012 Rn. 8 ff.). Damit wird deutlich, dass sich der Gesetzgeber die Tätigkeit der Tagesmutter als ein Zwischending zwischen Beruf und Ehrenamt vorstellt, man könnte von einem *Halbberuf* sprechen.

Als Teil des objektiven Leistungsrechts bestimmt § 25 SGB VIII, dass Erziehungsberechtigte, die Tagesförderung von Kindern selbst organisieren, gefördert und unterstützt werden sollen (vgl. Wabnitz 2007, S. 68).

Im Kindertagesförderungsrecht ist Landesrecht von besonderer Bedeutung, in ihm finden sich vielfältige Bestimmungen zu Erziehungszielen, Gruppengrößen, Betreuungsschlüsseln, Öffnungszeiten, Mindestausstattung, Eltern- und Kinderbeteiligung und öffentlicher Mitfinanzierung von Kindertageseinrichtungen in freier und anderer privater Trägerschaft (vgl. ebd., S. 72.).

3.4 Hilfe zur Erziehung, Eingliederungshilfe, Hilfe für junge Volljährige

Die entscheidende Norm für alle Leistungen der Hilfe zur Erziehung ist § 27 Abs. 1 SGB VIII. Sie bestimmt Anspruchsinhaber, Anspruchsvoraussetzungen und Anspruchsinhalt. Anspruchsinhaber sind, was im Einzelfall – z. B. bei der Heimerziehung – manchmal eigentümlich erscheint, stets und ausschließlich die Personensorgeberechtigten (vgl. Schmid-Oberkirchner in Wiesner 2015 § 27 Rn. 1 ff.). Die Anspruchsvoraussetzung für eine Hilfe zur Erziehung ist juristisch einfach zu bestimmen: Die kindeswohlentsprechende Erziehung darf nicht gewährleistet sein. Wann dies tatsächlich der Fall ist, entzieht sich einer juristischen Bewertung völlig. Manchmal ist es offenkundig, z. B. in Fällen der Verwahrlosung. In anderen Fällen ist es für Juristen nur durch gutachterliche Äußerungen aus den Bereichen der Sozialarbeit, Pädagogik oder Psychologie erkennbar (vgl. Harnack-Bech 1995).

Der Anspruchsinhalt ist ebenfalls juristisch leicht zu beschreiben: Die Hilfe muss geeignet und notwendig sein[2]. Diese Definition des Anspruchsinhalts macht eine Prüfung in zwei Stufen erforderlich: Zunächst muss festgestellt werden, welche Hilfen geeignet sind, dann muss geprüft werden, welche dieser Hilfen ausreichen, den Hilfebedarf zu decken. Der Gesetzgeber hat für diese Prüfung vorgesehen, dass ein Prüfungsschwerpunkt auf die Eignung der im Gesetz selbst in den §§ 28–35 SGB VIII genannten Hilfearten zu legen ist. Die Prüfung darf sich aber nicht auf diese Hilfen beschränken; dies hat der Gesetzgeber dadurch angeordnet, dass er in § 27 Abs. 2 SGB VIII auf den Hilfekatalog in den §§ 28 ff. SGB VIII unter Verwendung des Wortes „insbesondere" hinweist (vgl. Schmid-Oberkirchner in Wiesner 2015 § 27 Rn. 29). Deshalb ist stets im Rahmen der Hilfeplanung zu prüfen, ob andere Leistungen nach dem SGB VIII, Hilfen anderer Sozialleistungsträger oder Maßnahmen ganz anderer Art in Betracht kommen.

Die vom Gesetzgeber vorgegebene Hilfetypen aus den §§ 28 ff. SGB VIII, umfassen sowohl ambulante, als auch teilstationäre sowie stationäre Hilfen.

Als ambulante Angebote nennt das Gesetz in

- § 28 SGB VIII Erziehungsberatung,
- § 29 SGB VIII soziale Gruppenarbeit,
- § 30 SGB VIII Erziehungsbeistand und Betreuungshelfer,
- § 31 SGB VIII sozialpädagogische Familienhilfe und

---

2 Vgl. zum Teil wird dies bereits als ein Teil der Anspruchsvoraussetzungen angesehen, vgl. dazu ablehnend Schmid-Oberkirchner in: Wiesner: SGB VIII, § 27, Rn. 25a m. w. N.

als teilstationäres Angebot

- § 32 SGB VIII Erziehung in einer Tagesgruppe.

stationäre Angebote

- Vollzeitpflege, § 33 SGB VIII,
- Heimerziehung, sonstige betreute Wohnform, § 34 SGB VIII und
- intensive sozialpädagogische Einzelbetreuung, § 35 SGB VIII

Zweck der in § 28 SGB VIII genannten Erziehungsberatung ist die Stärkung der Erziehungsfähigkeit der Erziehungsberechtigten (vgl. Hartleben-Baildon in Möller und Nix 2006 Rn. 1). Damit ist die Erziehungsberatung eine Jugendhilfeleistung, die Kindern und Jugendlichen indirekt zugute kommt. Um die Sorgeberechtigten stärken zu können, muss die Erziehungsberatung Problemlagen identifizieren, Hilfe bei individuellen und familienbezogenen Problemen und so zur Lösung von Erziehungsfragen beitragen wollen (vgl. Schmid-Oberkirchner in Wiesner 2015 Rn. 4 ff.). Mit dem Beratungsauftrag sind die wichtigsten Inhalte der Beratung bereits vorgegeben: Es geht um Lebensberatung unter vielfältiger Rücksicht.

Angebote der sozialen Gruppenarbeit (§ 29 SGB VIII) eignen sich insbesondere für Jugendliche, deren soziale Fähigkeiten erhebliche Defizite aufweisen, die von ihren Sorgeberechtigten nicht ausgeglichen werden können. Diesen soll mit Erziehungs- und Trainingskursen (z. b. mit Hilfe von erlebnispädagogischen Ansätzen) entgegen gewirkt werden. Ihr Zweck liegt darin, auf den Minderjährigen in seinem aktuellen Lebensumfeld einzuwirken und ihn bei der Verbesserung seiner sozialen Handlungsfähigkeit zu unterstützen (vgl. ebd. Rn. 4 ff.).

Das Leistungsangebot Erziehungsbeistandschaft, Betreuungshelfer (§ 30 SGB VIII) als niedrigschwelliges Angebot soll vor allem Jugendlichen die Chance gegeben werden, zu einer neuen Bezugsperson ein persönliches Vertrauensverhältnis aufzubauen (vgl. Wabnitz 2007).

Durch die sozialpädagogische Familienhilfe (§ 31 SGB VIII) soll die Fortsetzung der Erziehung in der Ursprungsfamilie ermöglicht werden und die Familie in ihrer Fähigkeit, sich selbst zu helfen, bestärkt werden (vgl. Frings in Kunkel 2016 § 31 Rn. 1). Im Rahmen von sozialpädagogischer Familienhilfe kann auch zur Weiterführung des Haushalts angeleitet werden – darin erschöpfen darf sich diese Hilfe zur Erziehung nicht.

Bei der Durchführung einer sozialpädagogischen Familienhilfe erfährt die eingesetzte Fachkraft notwendigerweise viele sehr persönliche Dinge der Menschen für die sie tätig ist. Da diese Informationen häufig unabsichtlich weitergeben werden, gewinnt der Geheimnisschutz in dieser Form der Hilfen zur Erziehung eine besondere Bedeutung (vgl. Papenheim in Frings et al. 1993, S. 54 ff.).

Erziehung in der Tagesgruppe (§ 32 SGB VIII) soll eine Förderung an allen Wochentagen als wohnortnahes teilstationäres Angebot bieten (vgl. Kunkel in Kunkel 2016 § 32 Rn. 1). Es soll Kindern und Jugendlichen, in deren Familien erhebliche Störungen vorhanden sind, den Verbleib in ihrer Ursprungsfamilie und in ihrem vertrauten Umfeld ermöglichen und zugleich tagsüber eine außerfamiliäre Erziehung sicherstellen (vgl. Wabnitz 2007).

Stationäre Angebote, also Leistungsangebote der Erziehung außerhalb der Familie, stellen auch Angebote der Hilfe zur Erziehung dar: Sie sind dann eine geeignete Hilfe, wenn die Herkunftsfamilie den Minderjährigen nicht mehr angemessen erziehen und betreuen kann (vgl. Kunkel in Kunkel 2016 § 33 Rn. 1). Folgende Formen sieht das Gesetz vor:

- Vollzeitpflege, § 33 SGB VIII,
- Heimerziehung, sonstige betreute Wohnform, § 34 SGB VIII und
- intensive sozialpädagogische Einzelbetreuung, § 35 SGB VIII.

Pflegekinder sind Kinder und Jugendliche, die für eine längere Zeit in einer anderen Familie als ihrer Herkunftsfamilie leben, nämlich in einer Pflegefamilie. Grundlage dieser Lebenssituation ist stets ein privatrechtlicher Pflegevertrag zwischen den Personensorgeberechtigten und der aufnehmenden Familie. Deshalb finden sich in den §§ 1630, 1632 BGB rechtliche Rahmenregelungen für diese Verträge (vgl. Windel 1997). Pflegeverhältnisse können als befristete Hilfe oder als Hilfe auf Dauer organisiert werden. Kurzfristige Pflegeverhältnisse können eher ausnahmsweise z. B. für sehr kleine Kinder als Bereitschaftspflege zur Vermeidung von kurzzeitigen Heimaufenthalten organisiert werden. Regelmäßig werden aber Pflegeverhältnisse auf längere Zeit angelegt und setzen nicht voraus, dass ein Kontakt zwischen Herkunftsfamilie und den Kindern besteht (vgl. Jordan 1992). Beide Formen setzen aber voraus, dass die Pflegeeltern die Pflegekinder wie eigene Kinder betreuen, d. h. dass zwischen Pflegeeltern und Pflegekindern auf Dauer ein familienadäquates emotionales Näheverhältnis entsteht (vgl. Schmid-Oberkirchner in Wiesner 2015 § 33 Rn. 1 f.). Für Kinder mit besonderen Problemen, z. B. Kinder mit einigen Arten von Behinderungen oder anderen besonderen Belastungen, können normale Pflegestellen nicht hinreichend sein. Sonderpflegestellen, die in Satz 2 der Norm genannt sind, können hier geeignete Hilfeangebote sein. Die Einrichtung solcher Pflegestellen setzt voraus, dass zumindest einer der Pflegeeltern über eine besonders qualifizierende Ausbildung verfügt (vgl. Schmid-Oberkirchner in Wiesner 2015 § 33 Rn. 39). Pflegeeltern vertreten die Personensorgeberechtigten bei Ausübung der Personensorge, soweit es um Angelegenheiten des alltäglichen Lebens geht. Sie erhalten vom öffentlichen Träger der Jugendhilfe einen finanziellen Ausgleich für den notwendigen Unterhalt des Pflegekindes und die Kosten der Erziehung. Einzelheiten hierzu finden sich in § 39 SGB VIII (vgl. Steding 1993). Da die einzelnen Jugendämter diese Beträge in unterschiedlicher Höhe festsetzen, kommt es in diesem Bereich nicht selten zu Unklarheiten und Auseinandersetzungen. Zur Verwandtenpflege schafft § 27 Abs. 2a SGB VIII Klarheit.

Die Heimerziehung ist ein traditionsreiches Angebot der Jugendhilfe; Waisenhäuser gibt es seit vielen Jahrhunderten; sie können als Vorläufer von Heimerziehung gelten.

In der Tradition der Heimerziehung wird in besonderem Maße deutlich, wie in der Jugendhilfe Förderung und Kontrolle, Prävention und Repression miteinander verschränkt sind. Heimerziehung ist eine Leistung der Jugendhilfe, die in einer Einrichtung „über Tag und Nacht" stattfindet (s. § 34 Satz 1 SGB VIII) (vgl. Wabnitz 2007). Sie und Hilfe in sonstigen betreuten Wohnformen sollen Kinder und Jugendliche durch eine Verbindung von Alltagserleben und pädagogischen und therapeutischen Angeboten fördern (s. § 34 Satz 2 SGB VIII). In dieser Beschreibung des Gesetzes ist Hilfe nach § 34 SGB VIII insbesondere dann geeignet, wenn eine außerfamiliäre Unterbringung erforderlich ist und eine Rückkehroption besteht. Erforderlich kann sie auch sein, wenn andere Formen von Hilfen zur Erziehung nicht zur Verfügung stehen (vgl. Fischer in Schellhorn 2012 § 34 Rn. 7).

In der oben dargestellten Weite des Satzes 1 ist das Gesetz für praktisch außerordentlich unterschiedliche Formen von stationärer Hilfe offen, vom betreuten Einzelwohnen bis zum klassischen Heim. Allen Formen gemeinsam ist die für diese Hilfe konstitutive Verbindung von Betreuung und Wohnangebot. Hilfe nach § 34 SGB VIII dient drei Zielen:

* Vorbereitung der Rückkehr des Minderjährigen in seine Herkunftsfamilie,
* Vorbereitung der Erziehung in einer anderen Familie und
* Angebot einer langfristigen Hilfe mit der Perspektive eines eigenständigen Lebens (vgl. Nonninger in Kunkel 2016 § 34 Rn. 24 f.).

Im Zusammenhang mit Heimerziehung wird auch über Formen geschlossener Unterbringung diskutiert. Diese wird teilweise insgesamt für unzulässig gehalten. Nach der hier vertretenen Auffassung ist dieses nicht richtig: Über den Aufenthalt Minderjähriger entscheiden die Personensorgeberechtigten; eine Entscheidung dieser, Minderjährigen die Freiheit (vollständig) zu entziehen ist allerdings ohne gerichtliche Genehmigung unwirksam (vgl. § 1631b BGB). Das Gericht darf eine Genehmigung nur erteilen, wenn und solange die Freiheitsentziehung zum Kindeswohl erforderlich ist (vgl. Bernzen 2005, S. 74).

Für besonders belastete Jugendliche sieht das Gesetz in § 35 SGB VIII intensive sozialpädagogische Einzelbetreuung vor. Diese kann sehr unterschiedliche Formen haben. Sie dient der sozialen Integration und soll den Minderjährigen eine eigenverantwortliche Lebensführung ermöglichen (vgl. Wabnitz 2007, S. 92). Hierzu kann sie mit anderen Hilfeangeboten verbunden werden. Weil intensive sozialpädagogische Einzelbetreuung regelmäßig als stationäres Angebot ausgestaltet ist, haben deren Träger gem. § 1688 Abs. 2 BGB die Befugnis, die Minderjährigen bei dem Abschluss bestimmter Rechtsgeschäfte zu vertreten (vgl. Schmid-Oberkirchner in Wiesner 2015 § 35 Rn. 23).

Junge Menschen, die seelisch behindert oder von seelischer Behinderung bedroht sind, haben einen Anspruch auf Eingliederungshilfe nach § 35a Abs. 1 Satz 1 SGB VIII (vgl. Wiesner 2015 Vor. § 35 Rn. 1). Ob eine seelische Behinderung vorliegt, hat das Jugendamt nach vollständiger Ermittlung des Sachverhaltes zu entscheiden (vgl. ebd.). Praktisch von einiger Bedeutung sind dabei die sog. Teilleistungsstörungen wie Lese-Rechtschreibschwäche oder Diskalkulie (Rechenschwierigkeiten). Nach einer stabilen Rechtsprechung handelt es sich bei diesen Schwierigkeiten nicht um seelische Behinderungen; aus ihnen können aber seelische Behinderungen resultieren (vgl. Lempp 2006, S. 55). Hilfen nach § 35a SGB VIII sollen möglichst aus einer Hand erbracht werden. Werden sie in Kindertageseinrichtungen angeboten, sollen behinderte und nichtbehinderte Kinder gemeinsam gefördert werden (vgl. Struck in Wiesner 2011).

Anspruchsberechtigt für Leistungen der Hilfe zur Erziehung sind ausschließlich die Personensorgeberechtigten. Dieses hat zur Folge, dass alle Formen der Hilfe zur Erziehung enden, wenn der junge Mensch das 18. Lebensjahr vollendet hat. Dieses würde insbesondere dann, wenn Erziehungs- und Bildungsprozesse noch nicht abgeschlossen sind, ohne die Möglichkeit der Hilfe für junge Volljährige zu absurden Ergebnissen führen. Aber auch in den Fällen, in denen vor Eintritt der Volljährigkeit noch keine Hilfe gewährt wurde, kann eine Hilfe zum Erwachsenwerden für junge Volljährige notwendig sein (vgl. Wiesner 2015 § 412 Rn. 1 f.). Der Gesetzgeber geht davon aus, dass bei jungen Menschen, die das 21. Lebensjahr vollendet haben, dieser Bedarf nur ausnahmsweise besteht. Hilfe nach § 41 SGB VIII soll die Persönlichkeitsentwicklung und eine eigenverantwortliche Lebensführung ermöglichen (vgl. ebd.). Praktisch bestehen oft große Schwierigkeiten, jungen Volljährigen den Zugang zu Jugendhilfeleistungen offen zu halten. Aus Kostengründen werden vielfach junge Menschen aus Pflegefamilien und Heimerziehung noch vor dem Schulabschluss *verselbständigt*. Damit werden sie gegenüber jungen Menschen, die in ihrem Elternhaus aufwachsen, noch einmal benachteiligt (vgl. Bernzen 2005, S. 78).

Eine sinnvolle und erfolgversprechende Hilfe sicherstellen soll § 36 SGB VIII, der die Hilfeplanung im Einzelfall vorschreibt. Teil dieser Planung ist ein Beratungsvorgang der Personensorgeberechtigten und der Minderjährigen von Amts wegen (vgl. § 36 Abs. 1 SGB VIII) (vgl. Schmid-Oberkirchner in Wiesner 2015 § 36 Rn. 1 ff.). Auch praktisch problematisch ist, dass der beratende öffentliche Träger der Jugendhilfe nicht ohne eigene Interessen berät und anders als beispielsweise bei ärztlicher oder anwaltlicher Beratung, diese im Rahmen der Hilfeplanung nach § 36 SGB VIII für die zu Beratenden nicht freiwillig erfolgt (vgl. Mrozynski 2009 Rn. 2 f.). Zudem wird die Verknüpfung von Beratungsverpflichtung und Entscheidungskompetenz des Jugendamtes von Betroffenen nicht selten als unangenehm empfunden. Hilfreich kann es sein, wenn sich die Personensorgeberechtigten in dieser für sie schwierigen Situation von einer Person ihres Vertrauens (vgl. § 13 Abs. 4 SGB X) oder einem anwaltlichen Bevollmächtigten begleiten lassen (vgl. von Wulffen 2010). Im Rahmen der Beratung sollen die Würde und die Autonomie der Hilfeempfänger so weit wie möglich gewahrt bleiben. Deshalb schreibt Abs. 1 Satz 3 und 4 vor, dass der Wahl und den Wünschen der Hilfeempfänger entsprechend der Bestimmung in § 5 SGB VIII nachzukommen ist (vgl. Mrozynski 2009 Rn. 6). Als Ergebnis der Hilfeplanung soll ein Hilfeplan entstehen, der bei länger andauernder Hilfe im Zusammenwirken mehrerer Fachkräfte in einer Erziehungskonferenz zu erstellen ist (vgl. Wabnitz 2007, S. 103).

4   Die anderen Aufgaben

Im Bereich der anderen Aufgaben lassen sich folgende Tätigkeitsfelder der Jugendhilfe unterscheiden:

- Vorläufige Maßnahmen,
- Schutz von Kindern und Jugendlichen,
- Mitwirkung im gerichtlichen Verfahren,
- Beistandschaft, Pflegschaft, Vormundschaft, Auskunft über Nichtabgabe von Sorgeerklärungen und
- Beurkundungen, Beglaubigungen, vollstreckbare Urkunden (vgl. Bernzen 2005, S. 83).

Als vorläufige Maßnahme, also als Eilmaßnahmen zur Gefahrenabwehr, sieht das Gesetz die Inobhutnahme von Kindern und Jugendlichen gem. § 42 SGB VIII vor (vgl. Wabnitz 2007, S. 107). In drei Fällen ist das Jugendamt verpflichtet, einem Kind oder Jugendlichen Obhut zu geben:

- Wenn dieser darum bittet (§ 42 Abs. 1 Satz 1 Nr. 1 SGB VIII),
- wenn er sich in einer dringenden Gefahr für sein Wohl befindet und diese eine Inobhutnahme erforderlich macht (§ 42 Abs. 1 Satz 1 Nr. 2 SGB VIII) oder
- ein unbegleitetes ausländisches Kind oder Jugendlicher einreist (§ 42 Abs. 1 Satz 1 Nr. 3 SGB VIII).

Liegt eine der Voraussetzungen für eine Inobhutnahme vor, hat der öffentliche Träger der Jugendhilfe dem jungen Menschen eine geeignete Unterkunft anzubieten und sich um das Wohl des Minderjährigen, seinen Unterhalt und Krankenhilfe zu sorgen (vgl. Proksch 1994). Ein junger Mensch, der in Obhut genommen wurde, hat die Möglichkeit eine Person seines Vertrauens zu benachrichtigen. Ob er von diesem Recht Gebrauch machen will, ist seine Sache. Das Jugendamt hingegen hat die unbedingte Pflicht, die Sorgeberechtigten von der Inobhutnahme zu benachrichtigen. Inobhutnahmen sind keine Dauermaßnahmen. Sie müssen beendet werden, wenn die dringende Gefahr wegfällt (vgl. Wabnitz 2007, S. 109 f.). Sie müssen auch beendet werden, wenn die Personensorgeberechtigten die Zustimmung verweigern und diese fehlende Zustimmung nicht durch eine gerichtliche Entscheidung ersetzt wird (vgl. Bernzen 2005, S. 84). Inobhutnahmen sind die einzigen Maßnahmen der Jugendhilfe, die jugendhilferechtlich mit einer Freiheitsentziehung verbunden werden können. Voraussetzung dafür ist, dass die Freiheitsentziehung erforderlich ist, um eine Gefahr für Leib und Leben des Minderjährigen oder eines Dritten zu beenden (vgl. Wabnitz 2007, S. 109 f.). So unterscheidet sich die jugendhilferechtliche Freiheitsentziehung von zivilrechtlichen Freiheitsentziehungen auf Grund von § 1631b BGB, die ausschließlich erfolgen dürfen, wenn und solange sie zum Kindeswohl erforderlich sind. Freiheitsentziehung auf der Grundlage des § 42 SGB VIII sind spätestens am Ende des Tages nach dem Tag, an dem sie begonnen haben, zu beenden, wenn nicht ein Gericht etwas anderes beschlossen hat (vgl. Trenczek in Münder 2011 § 42 Rn. 47 f.). Die richterliche Kontrolle des freiheitsentziehenden Verwaltungshandeln ist Ausdruck des Grundrechtsschutzes in einem gewaltgeteilten Staat (vgl. Bernzen 2005, S. 85).

Zum Schutz von Kindern und Jugendlichen ist die Betreuung Minderjähriger unter bestimmten Umständen verboten. Sie kann auf einen Antrag hin erlaubt werden. diese Erlaubnisse heißen „Pflegeerlaubnis" und „Betriebserlaubnis" (vgl. ebd.).

Ein zivilrechtlicher Pflegevertrag ist Gegenstand der Pflegeerlaubnis; diesen Vertrag dürfen die Pflegepersonen erst dann erfüllen, wenn sie hierfür eine öffentliche Erlaubnis erhalten haben. Ihnen geht es wie Menschen, die Autofahren wollen – sie unterliegen einem präventivem Verbot mit Erlaubnisvorbehalt. Die Voraussetzung, unter denen die Erlaubnis erteilt werden muss, ist in § 44 Abs. 2 SGB VIII genannt: Es muss dass Kindeswohl gewährleistet sein. Das Jugendamt soll auch vor Ort überprüfen, ob die Voraussetzungen für eine Pflegeerlaubnis vorliegen. Die Pflegepersonen müssen das Jugendamt über wichtige Ereignisse unterrichten, die das Kindeswohl betreffen (vgl. Lakies 1992, S. 157).

Einer Betriebserlaubnis nach § 45 SGB VIII bedarf, wer eine Einrichtung zur Betreuung von Kindern und Jugendlichen betreiben will (vgl. Nonninger in Kunkel 2015 § 45 Rn. 1 f.). Auch hier gilt also ein präventives Verbot. Wie bei präventiven Verboten typisch, hat die Aufsichtsbehörde die Pflicht zur Erlaubnis, wenn die Einrichtung geeignet ist (vgl. Mörsberger in Wiesner 2015 § 45 Rn. 25 f.). Dies bedeutet, dass die Frage, ob Bedarf für die Einrichtung besteht, von dem öffentlichen Jugendhilfeträger bei seiner Entscheidung über die Erlaubnis nicht berücksichtigt werden darf. Die Erlaubnisse dürfen mit Nebenbestimmungen und nachträgliche Anordnungen versehen werden werden. Der aufsichtspflichtige Jugendhilfeträger soll auch vor Ort überprüfen, ob die Voraussetzungen für die Erteilung der Erlaubnis vorliegen. Um die Aufsicht über Einrichtungen zur Betreuung von Kindern zu erleichtern, müssen die Betreiber solcher Einrichtungen dem öffentlichen Jugendhilfeträger regelmäßig die wichtigsten Informationen über ihre Einrichtung melden (vgl. ebd.). Neben der Versagung der Erlaubnis hat der aufsichtspflichtige Jugendhilfeträger als milderes Mittel die Möglichkeit, einem Einrichtungsträger die Beschäftigung bestimmter Personen ganz oder nur in bestimmten Funktionen zu untersagen.

Ein weiterer Teil der anderen Aufgaben der Jugendhilfe ist die Verpflichtung des öffentlichen Jugendhilfeträgers zur Mitwirkung in bestimmten gerichtlichen Verfahren. Hier soll die Jugendhilfe mit ihrem Sachverstand bessere Entscheidungen der Gerichte ermöglichen. Deshalb ist die Mitwirkung des Jugendamtes in drei Bereichen vorgesehen, in

- Verfahren vor Vormundschafts- und Familiengerichten, § 50 SGB VIII,
- bei der Annahme als Kind, § 51 SGB VIII und
- in Strafverfahren gegen junge Menschen, § 52 SGB VIII.

Im vierten Abschnitt des Kapitels zu den anderen Aufgaben werden die Jugendhilfebehörden zu Tätigkeiten verpflichtet, die zivilrechtliche Regelungen für Minderjährige ergänzen. Als Aufgaben sind in dem Abschnitt genannt:

- Beratungs- und Unterstützungstätigkeiten in den §§ 52a, 53 SGB VIII,
- die Genehmigung von Vereinsvormundschaften, § 54 SGB VIII,
- die Tätigkeit des Jugendamtes als Beistand, Pfleger oder Vormund, §§ 55, 56 SGB VIII,
- Mitteilungspflichten des Jugendamtes, § 57 SGB VIII,
- Regelungen für die Gegenvormundschaft, § 58 SGB VIII und
- und zu Auskünften zu Sorgeerklärungen, § 58a SGB VIII.

Der fünfte Abschnitt des Kapitels zu den anderen Aufgaben befasst sich mit Beurkundungen und Beglaubigungen durch das Jugendamt sowie mit von dem Jugendamt errichteten vollstreckbaren Urkunden (vgl. Bernzen 2005, S. 95). Neben Notaren und anderen öffentlichen Stellen können gemäß § 59 SGB VIII besonders ermächtigte Mitarbeiterinnen und Mitarbeiter der Jugendämter neun verschiedene Arten von Erklärungen aufnehmen, die sich auf die Elternschaft, Unterhalt, Adoptionen und die elterliche Sorge beziehen (vgl. Ettl und Kunkel in Kunkel 2015 § 59 Rn. 1 ff.). Die Erklärungen, die aufgenommen werden können, sind in § 59 Abs. 1 abschließend aufgezählt. Praktisch bedeutsam ist vor allem die Möglichkeit, Unterhaltsverpflichtungen zu beurkunden. Die Regelung dient der Vermeidung von Prozessen und der Kostenersparnis bei den betroffenen Eltern (vgl. Wabnitz 2007, S. 120).

5   Datenschutzrechtliche Regelungen

Der Schutz von Sozialdaten ist für das Vertrauen der Bürgerinnen und Bürger in diejenigen, die Angebote der sozialen Arbeit machen, von entscheidender Bedeutung; Diskretion gilt so seit alters her als besondere Pflicht der helfenden Berufe. Die Bestimmungen zur Sicherung des Sozialgeheimnisses setzen diese Berufspflicht in Gesetzesrecht um. In der Jugendhilfe ist ein effektiver Schutz der Sozialdaten Voraussetzung dafür, dass Bürgerinnen und Bürger die ihnen zustehende Jugendhilfe weitgehend ohne Misstrauen beantragen und die erforderlichen, häufig sehr privaten

Angaben machen können (vgl. Bernzen 2005, S. 99). § 61 Abs. 1 SGB VIII verpflichtet alle Träger und öffentliche Stellen, die Aufgaben der öffentlichen Träger wahrnehmen, zur umfassenden Anwendung der Datenschutzbestimmungen des SGB, nämlich des § 35 SGB I, der §§ 67 bis 85a SGB X und der §§ 61 bis 68 SGB VIII (vgl. Kunkel 2016 § 61 Rn. 1 f.). Ausnahmen gelten gem. Abs. 2 lediglich, wenn das Jugendamt als Amtspfleger, Amtsvormund, Beistand oder Gegenvormund tätig ist: Dann ist lediglich § 68 SGB VIII anzuwenden. Alle Einzelangaben über persönliche oder sachliche Verhältnisse, also nicht nur *Geheimnisse* werden nach diesen Vorschriften unabhängig davon geschützt, ob diejenigen, auf die sich diese Angaben beziehen, dieses wünschen. Dabei kommt es auf die Form der Speicherung nicht an; Sozialdatenschutz setzt die elektronische Speicherung nicht voraus. Datenerhebung ist jede Aufnahme von Informationen, sie ist in der sozialen Arbeit alltägliche Praxis und Voraussetzung für ein sinnvolles Handeln (vgl. Mann in Schellhorn 2012 § 61 Rn. 1 ff.). § 62 SGB VIII verfolgt deshalb auch nicht den Zweck, dieses zu erschweren, es werden lediglich praktisch ohnehin sinnvolle Regeln normiert. Hierzu gehören in erster Linie der Erforderlichkeitsgrundsatz und die Regel, dass Informationen grundsätzlich bei den Betroffenen zu beschaffen sind (vgl. ebd.).

Die Datenspeicherung ist ein Fall der Datenverwendung. § 63 Abs. 1 stellt zunächst klar, dass die Speicherung von Daten in Akten und sonstigen Datenträgern zulässig ist. Die Norm stellt dies aber unter die Bedingung der Erforderlichkeit (vgl. ebd.).

Nach § 69 Abs. 1 SGB X dürfen Sozialdaten zur Erfüllung aller Aufgaben nach dem SGB übermittelt werden. Diesen weiten Handlungsspielraum grenzt § 64 Abs. 2 SGB VIII erheblich ein. Jede Übermittlung nach § 69 SGB X ist dann unzulässig, wenn durch sie der Erfolg der Jugendhilfeleistung gefährdet wird (vgl. Bernzen 2005, S. 102). Nach § 64 Abs. 3 SGB VIII dürfen Sozialdaten von den öffentlichen Trägern für die Jugendhilfeplanung nach § 80 SGB VIII gespeichert oder genutzt werden. Sollen sie zu diesem Zweck verwendet werden, sind sie zu anonymisieren (vgl. Kunkel 1995, S. 363). Sie ähneln damit Daten, die für die Jugendhilfestatistik verwandt werden.

Einem besonderen, strengeren Schutz unterliegen die Daten, die im Rahmen von persönlichen und erzieherischen Hilfen anvertraut worden sind. Dadurch soll es Bürgerinnen und Bürger ermöglicht werden, auch für sie heikle Daten zu offenbaren. Diese Daten dürfen nur bei Einwilligung der Betroffenen oder wenn es zur Sicherung des Kindeswohls notwendig ist, an das Vormundschafts- oder Familiengericht oder unter der Voraussetzung des § 203 Abs. 1 und 3 StGB weitergegeben werden (vgl. ebd., S. 363).

Mitarbeiterinnen und Mitarbeiter des Jugendamtes, die im Bereich der Beistandschaft, Amtspflegschaft und Mitvormundschaft tätig sind, unterliegen der besonderen, abschließenden, sonstige Sozialdatenschutzregeln verdrängenden Sonderbestimmung in § 68 SGB VIII. Durch die Regelungen werden Unklarheiten beseitigt, die sich daraus ergeben könnten, dass diese Tätigkeiten zwar als traditionelle Tätigkeit der Jugendhilfe, nicht aber als klassisches Verwaltungshandeln zu qualifizieren sind (vgl. Mann in Schellhorn 2012 §§ 61–68 Rn. 96 f.). In der Sache finden im Wesentlichen die oben dargestellten datenschutzrechtlichen Prinzipien Anwendung und werden konkretisiert.

Die freien Träger der Jugendhilfe sind nicht Adressaten des SGB-Datenschutzes. Deshalb verpflichtet § 61 Abs. 3 SGB VIII die öffentlichen Träger zur Sicherstellung eines effektiven Sozialdatenschutzes auch in den Fällen, in denen die Leistungen freier Träger in Anspruch genommen werden. Diese kann zum Beispiel in Nebenbestimmungen zu Verwaltungsakten oder eigenen Klauseln in verwaltungsrechtlichen Verträgen gesichert werden (vgl. Mörsenberge in Wiesner 2016 § 61 Rn. 7).

6   Träger der Kinder- und Jugendhilfe

6.1   Die öffentlichen Träger der Kinder- und Jugendhilfe

Der erste Abschnitt des fünften Kapitels des SGB VIII regelt die Organisation der öffentlichen Träger der Jugendhilfe. Damit werden Bestimmungen der wichtigsten Gruppe der Träger der Jugendhilfe getroffen. Die Gesamtveranwortung in der Jugendhilfe liegt bei den öffentlichen Trägern (vgl. Münder in Münder. 2012 § 69 f.). Die öffentlichen Träger der Jugendhilfe haben nicht nur für das Vorhandensein einzelner Maßnahmen und Angebote der Jugendhilfe Sorge zu tragen, ihnen obliegt auch die Sorge für die Gestaltung der Gesamtheit der sozialen Einrichtungen und Dienste.

Örtliche Träger sind die über 300 Kreise und die kreisfreien Städte in Deutschland, so regelt es § 69 Abs. 1 Satz 2 SGB VIII (vgl. ebd.). Abs. 2 der Vorschrift bestimmt, dass auch kreisangehörige Gemeinden durch Landesrecht zum örtlichen Träger der Jugendhilfe bestimmt werden können. Im Ergebnis bestehen in Deutschland über 600 örtliche Jugendhilfeträger.

Die örtlichen Träger der Jugendhilfe haben jeweils ein Jugendamt einzurichten. Dieses Jugendamt hat die sich aus dem SGB VIII ergebenden Aufgaben zu erledigen, es kann auch mit der Erfüllung weiterer Aufgaben betraut werden (vgl. ebd.).

Welche öffentlich-rechtliche Körperschaft überörtlicher Träger der Jugendhilfe ist, wird durch Landesrecht bestimmt, in der Regel sind es die Bundesländer selbst. Bedeutsame Ausnahmen bestehen in Nordrhein-Westfalen, dort gibt es zwei kommunale Träger, und Baden-Württemberg, dort gibt es einen kommunalen Träger.

Die Aufgaben des überörtlichen Trägers werden durch das Landesjugendamt wahrgenommen (vgl. Bernzen 2005, S. 110).

Die sachliche Zuständigkeit des Landesjugendamtes ergibt sich aus dem Katalog des § 85 Abs. 2. danach ist das Landesjugendamt unter anderem zuständig für

- die Beratung der Jugendämter und die Förderung der Zusammenarbeit zwischen freien und öffentlichen Trägern der Jugendhilfe,
- die Anregung und Förderung von Veranstaltungen und Diensten,
- Modellvorhaben,

- die Wahrnehmung der Aufgaben zum Schutz von Kindern in Einrichtungen,
- die Beratung von Trägern von Einrichtungen,
- Leistungen für Deutsche im Ausland und
- die Erteilung der Erlaubnis für Vereinspflegschaften, -vormundschaften und -beistandschaften (vgl. ebd.).

Die Situation in den Stadtstaaten Berlin, Bremen und Hamburg weist – bezogen auf die Jugendhilfe – Besonderheiten gegenüber den Flächenländern auf: Die Länder Berlin und Hamburg sind ungeteilte Gebietskörperschaften, also zugleich Land und Stadt. Das Land Bremen besteht aus zwei Kommunen, Bremen und Bremerhaven, ist also „Zwei-Städte-Staat". Diese besonderen Strukturen von Stadtstaaten haben zu Schwierigkeiten im Jugendhilfebereich und zur Einführung einer Stadtstaatenklausel in Art. 22 KJHG geführt, mit der Abweichungen bei der Zuständigkeit und Organisation der Jugendhilfebehörden zugelassen werden (vgl. Wiesner in Wiesner 2015 § 70 Rn. 2).

Nach § 70 SGB VIII werden die Aufgaben des örtlichen öffentlichen Trägers der Jugendhilfe von der Verwaltung des Jugendamtes und dem Jugendhilfeausschuss wahrgenommen. Die Verwaltung führt die laufenden Geschäfte des Jugendamtes. Sie ist dabei an die Satzung des Jugendamtes, die Beschlüsse des kommunalen Parlamentes, der Vertretungskörperschaft und die Beschlüsse des Jugendhilfeausschusses gebunden. Geschäfte sind dann Angelegenheiten der laufenden Verwaltung, wenn sie nach feststehenden Grundsätzen erledigt werden (vgl. ebd.).

Das Jugendamt hatte bereits nach dem alten Jugendwohlfahrtsrecht wegen seiner besonderen Zusammensetzung eine Sonderstellung innerhalb der Verwaltung. Es bestand aus dem Jugendwohlfahrtsausschuss, in dem Mitglieder der Vertretungskörperschaft, in der Jugendarbeit erfahrene oder tätige Männer und Frauen sowie Vertretungen freier Träger stimmberechtigt zusammenwirkten, und der Verwaltung des Jugendamtes. So wirkten die freien Träger und erfahrene Personen in dem entscheidenden Organ mit und hatten bereits frühzeitig Einfluss auf Entscheidungen des Jugendamtes (vgl. Dritter Jugendbericht 1973, S. 56). Der Erhalt dieser Sonderstellung war während der Jugendhilferechtsreformdiskussion heftig umstritten. Bereits im dritten Jugendbericht war die Forderung enthalten, die Struktur der Jugendämter den im Kommunalverfassungsrecht üblichen Strukturen anzupassen und so die sog. „Zweigliedrigkeit" abzuschaffen (vgl. ebd., S. 139). Das heute geltende Jugendhilferecht hat die Formulierung des § 13 Abs. 2 JWG zwar ausdrücklich nicht übernommen, in der Sache sind die Regelungen des JWG aber erhalten geblieben. In der Organisation der Jugendhilfebehörde ist der Jugendhilfeträger im Übrigen weitgehend frei, er hat aber die Einheit der Jugendhilfebehörde zu wahren (vgl. Bernzen 2005, S. 112).

Der Jugendhilfeausschuss besteht zu drei Fünfteln aus Mitgliedern der Vertretungskörperschaft oder von ihr gewählter, in der Jugendhilfe erfahrenen Personen und zu zwei Fünfteln aus Personen, die von der Vertretungskörperschaft auf Vorschlag der im Bereich des öffentlichen Trägers tätigen, anerkannten freien Trägern

der Jugendhilfe gewählt werden (vgl. Wabnitz 2007, S. 128). Die Vorschläge der Ju-
gend- und Wohlfahrtsverbände sind dabei angemessen zu berücksichtigen. Regelungen über beratende Mitglieder treffen einzelne Ausführungsgesetze der Länder. Der
Jugendhilfeausschuss darf Beschlüsse nur im Rahmen der Beschlüsse der Vertretungskörperschaft fassen (vgl. Kunkel 2006). Der wichtigste dieser Beschlüsse der Vertretungskörperschaft ist die Haushaltssatzung. Es liegt dabei im Interesse der Jugendhilfe, dass der Jugendhilfeausschuss an der Erstellung des Haushaltsplanes bereits
beteiligt wird. Beschlüsse des Jugendhilfeausschusses, die sich nicht an den durch die
Vertretungskörperschaft gesetzten Rahmen halten, sind rechtswidrig. Auch Beschlüsse des Jugendhilfeausschusses, die sich innerhalb des gesetzten Rahmens halten, darf
die Vertretungskörperschaft im Einzelfall an sich ziehen (vgl. Wiesner in Wiesner
2015 § 70 Rn. 12 ff.). Gemäß § 71 Abs. 2 SGB VIII kann sich der Jugendhilfeausschuss
mit aktuellen Problemlagen junger Menschen befassen (vgl. Dritter Jugendbericht
1973, S. 138). Dieses Selbstbefassungsrecht des Jugendhilfeausschusses nimmt Bezug
auf die Beschreibung der Aufgaben der Jugendhilfe in § 1 SGB VIII. Eine besondere
Aufgabe hat der Jugendhilfeausschuss bei der Jugendhilfeplanung. Hier hat er die entscheidenden Schritte zu initiieren (vgl. Wiesner in Wiesner 2015 § 71 Rn. 20 ff.). Auch
bei der Förderung der Tätigkeit der freien Träger kommt dem Jugendhilfeausschuss
eine wichtige Aufgabe zu: Entweder muss er Förderrichtlinien beschließen, die der
Verwaltung eine eindeutige Vorgabe bei der Förderungsentscheidung geben, oder er
muss die Förderungsentscheidungen selbst treffen (vgl. ebd.).

Die Struktur des Landesjugendamtes entspricht der Struktur des Jugendamtes; das
Landesjugendamt besteht aus der Verwaltung und dem Landesjugendhilfeausschuss.
Die Verwaltung führt die laufenden Geschäfte. Der Landesjugendhilfeausschuss wird
aus Personen gewählt, von denen 2/5 von den freien Trägern vorgeschlagen sein
müssen, die anderen 3/5 werden gemäß Landesrecht bestimmt. Der Landesjugendhilfeausschuss kann sich wie der Jugendhilfeausschuss mit allen Angelegenheiten
der Jugendhilfe befassen. In Angelegenheiten grundsätzlicher Bedeutung hat er Beschlussrecht (vgl. Wabnitz 2007, S. 129).

§ 72 Abs. 1 SGB VIII lenkt den Blick auf diejenigen Personen, die bei den öffentlichen Trägern der Jugendhilfe wirken. Die Vorschrift definiert Fachkräfte als persönlich geeignete Personen mit einer verwendungsentsprechenden Ausbildung (vgl.
Schindler in Münder. 2013 § 78 Rn. 3).

In den § 72a SGB VIII werden Regelungen getroffen, die ausschließen sollen, dass
Personen, die wegen schweren Straftaten zum Nachteil von Kindern rechtskräftig
verurteilt wurden, in der Jugendhilfe beschäftigt werden (vgl. ebd.).

Gemäß § 78 SGB VIII sollen die öffentlichen Träger der Jugendhilfe die Bildung
von Arbeitsgemeinschaften von öffentlichen und freien Trägern der Jugendhilfe anstreben, in denen normalerweise Mitarbeiterinnen und Mitarbeiter freier und öffentlicher Träger kooperieren (vgl. Münder in Münder et al. 2013). Die Aufgaben der
Arbeitsgemeinschaften sollen in der gegenseitigen Unterrichtung, der Zusammenarbeit bei gemeinsamen Anliegen, der Beratung über die gemeinsame Planung, der

gemeinsamen Abstimmung, der Vermittlung bei Meinungsverschiedenheiten zwischen einzelnen Mitgliedern und schließlich der Vertretung gemeinsamer Interessen dienen. Eine Beschlusskompetenz für die Arbeitsgemeinschaften ist nicht vorgesehen (vgl. ebd.).

In der Diskussion um das SGB VIII als Sozialleistungsgesetz ist vielfach beklagt worden, dass Bürgerinnen und Bürger in viel zu geringem Umfang durchsetzbare Rechtsansprüche gegen die Sozialleistungsträger, die öffentlichen Träger der Jugendhilfe, haben (vgl. Bernzen 2005, S. 122). Der Gesetzgeber hat den Charakter des SGB VIII als Sozialleistungsgesetz dadurch zu sichern versucht, dass er in § 79 Abs. 1 SGB VIII eine Gesamtverantwortung der öffentlichen Träger angeordnet hat (vgl. Tammen in Münder. 2013 § 74 Rn. 1): Diese müssen alle Verpflichtungen aus dem SGB VIII erfüllen und Vorkehrungen dafür treffen, dass alle erforderlichen Einrichtungen und Dienste rechtzeitig zur Verfügung stehen. Deshalb haben sie auch die Verantwortung für die Jugendhilfeplanung nach § 80 SGB VIII (vgl. ebd.).

Zentraler Bestandteil der Gesamtverantwortung ist die Gewährleistungsverpflichtung aus § 79 Abs. 2 S. 1 SGB VIII. Nach diesem Teil der Vorschrift sind die öffentlichen Träger verpflichtet dafür zu sorgen, dass die

- erforderlichen Dienste, Einrichtungen, Veranstaltungen und die
- Pfleger, Beistände, Vormünder, Pflegepersonen
- in den verschiedenen pädagogischen und weltanschaulichen Grundausrichtungen
- rechtzeitig und ausreichend

zur Verfügung stehen (vgl. BverfGE 22, 180 201–202).

Entsprechend § 79 Abs. 2 S. 2 SGB VIII sind hinreichend Mittel für die Jugendarbeit zur Verfügung zu stellen. Die Norm schreibt vor, dass ein „angemessener Anteil" der für die Jugendhilfe eingesetzten Mittel für die Jugendarbeit vorzusehen ist (vgl. Wiesner in Wiesner 2015 § 79 Rn. 13). Dem wird jeder zustimmen, denn niemand kann dafür sein, dass ein unangemessener Anteil der für die Jugendhilfe vorgesehenen Mittel für die Jugendarbeit verwendet wird. Über die konkrete Höhe der Mittel oder den einen bestimmten Anteil an den Gesamtmitteln, gibt das Bundesrecht keine Auskunft (vgl. Mronzynski 2009 § 79 Rn. 3).

In § 79 Abs. 3 SGB VIII wird die Verpflichtung der öffentlichen Träger normiert, die Jugend- und Landesjugendämter angemessen auszustatten. Die Verpflichtung richtet sich an die Träger der Jugendhilfe als Gesamtverantwortliche. Sie besteht „gegenüber" den Ämtern, also nur in einem internen Verhältnis und ist entsprechend nicht gerichtlicher Kontrolle unterworfen (vgl. Wiesner in Wiesner 2015 § 79 Rn. 14). Ein öffentlicher Träger wird seiner Verpflichtung aus § 79 Abs. 3 SGB VIII gerecht, wenn er hinreichend finanzielle und sächliche Mittel und genügend Personal, einschließlich Fachkräften zur Verfügung stellt (vgl. ebd.).

Die Jugendhilfeplanung, zu der § 80 SGB VIII Regelungen trifft, ist ein wichtiges Instrument. Die öffentlichen Träger der Jugendhilfe können hiermit ihrer Gesamtverantwortung aus § 79 SGB VIII entsprechen. Deshalb hat der Gesetzgeber den öffentlichen Jugendhilfeträgern die Durchführung der Jugendhilfeplanung zur Verpflichtung gemacht (vgl. ebd.). Die Entscheidung über den Beginn der Planung und über den Planungsansatz sind keine Gegenstände der laufenden Verwaltung. Deshalb müssen beide Entscheidungen von dem Jugendhilfeausschuss bzw. dem Landesjugendhilfeausschuss getroffen werden (vgl. Mronzynski 2009 § 80 Rn. 1 f.).

Um eine sinnvolle Wahrnehmung der Gesamtverantwortung zu ermöglichen, verpflichtet das SGB VIII in § 81 die öffentlichen Träger der Jugendhilfe mit einer Vielzahl weiterer öffentlicher Stellen zusammenzuarbeiten (vgl. Schäfer in Münder 2013 § 81 Rn. 1 ff.).

6.2   Freie Träger

Die Tätigkeit freier Träger ist Ausdruck von persönlicher und organisatorischer Freiheit und der Pluralität der Gesellschaft. Die Bürger sollen im sozialen Bereich zwischen verschiedenen Angeboten wählen können (vgl. Wiesner in Wiesner 2011). Verwaltungshandeln auf dem Gebiet der Jugendhilfe steht vor der Notwendigkeit, bestimmte Gruppen von freien Trägern der Jugendhilfe zu beschreiben und bezogen auf Zusammenarbeit, Ansprüche und öffentliche Ko-Finanzierung zu Kriterien zu kommen. Wer ein Träger der Jugendhilfe ist, bestimmt das SGB VIII nicht, ihm lassen sich lediglich einige Merkmale entnehmen, die für freie Träger der Jugendhilfe konstitutiv sind. Dies sind

- eine Tätigkeit auf dem Gebiet der Jugendhilfe,
- das Fehlen einer Gewinnerzielungsabsicht,
- eine Personenmehrheit und
- der Umstand, dass die juristische Person nicht durch Gesetz oder öffentliche Stellen in ihrem Handeln vollständig bestimmt werden (vgl. ebd.).

Im SGB VIII werden verschiedene Gruppen von freien Trägern eigens genannt. Dies sind

- die Wohlfahrtsverbände,
- die Kirchen und Religionsgemeinschaften,
- die Jugendverbände und Jugendgruppen,
- die Initiativen der Jugend und
- die sonstigen Träger.

Die Finanzierung der Tätigkeit der freien Träger der Jugendhilfe ist traditionell ein zentrales Feld der Auseinandersetzungen in der Jugendhilfe. Im SGB VIII hat der Gesetzgeber zwei unterschiedliche Finanzierungswege vorgesehen:

Zum einen gibt es die Möglichkeit der Förderung der Arbeit der freien Träger durch die öffentlichen Träger der Jugendhilfe. Diese Förderung kann auf der Basis des § 74 SGB VIII entweder durch einen Förderbescheid gewährt oder in einem öffentlich-rechtlichen Fördervertrag vereinbart werden (vgl. Kunkel 2006, S. 201).

Zum anderen bestehen die Möglichkeiten der Kostenübernahme nach § 77 SGB VIII oder der Entgeltzahlung nach den §§ 78a ff. SGB VIII.

Beide Verfahren sind alternativ und nicht logisch sinnvoll miteinander kombinierbar (vgl. Bernzen 2005, S. 139).

Die öffentlichen Träger der Jugendhilfe sind objektiv-rechtlich verpflichtet, die Tätigkeit der freien Träger der Jugendhilfe zu fördern (vgl. Wiesner in Wiesner 2015 § 74 Rn. 9). Dieses ergibt sich aus § 74 Abs. 1 Satz 1 SGB VIII. Bei seiner Entscheidung über eine Förderung ist der öffentliche Träger im Übrigen strikt an den Gleichbehandlungsgrundsatz gebunden: Er hat alle freien Träger gleich zu behandeln. § 74 SGB VIII enthält aber eine Reihe von Bestimmungen, die den öffentlichen Trägern erlauben, freie Träger bei der Förderungsentscheidung in legaler Weise ungleich zu behandeln. So kann der öffentliche Träger seine Förderungsentscheidung an den in § 9 SGB VIII genannten Zielen orientieren und so wegen der Ausrichtung der Angebote (vgl. ebd.)

- an der von den Sorgeberechtigten bestimmten Grundrichtung der Erziehung
- an der Förderung der Selbstständigkeit der jungen Menschen und
- der Gleichberechtigung der Geschlechter

von dem Grundsatz strikter Gleichbehandlung abweichen. Würde die Befolgung des Gleichbehandlungsgrundsatzes dazu führen, dass die Fördersumme zersplittert würde, kann ein öffentlicher Träger seine Förderung gemäß § 74 Abs. 3 Satz 2 SGB VIII auf einen Träger konzentrieren (vgl. ebd.). Ein weiterer Ungleichbehandlungsmaßstab ist die unterschiedliche Finanzkraft der Träger und deren Eigenleistung. Auch die sonstigen Verhältnisse sind zu berücksichtigen. Für den Fall, dass auch unter diesen Kriterien sich noch keine sinnvolle Förderungsentscheidung ergibt, enthält § 74 Abs. 4 SGB VIII die Regel, dass dann die diejenige Maßnahme zu fördern ist, die stärker an den Interessen der Betroffenen orientiert ist (vgl. Münder in Münder. 2013 § 74 Rn. 25 ff.). Gleich zu behandeln sind die freien Träger insgesamt bei der Bemessung der Förderung mit den öffentlichen Trägern; für die Finanzierung der Maßnahmen sind gem. § 74 Abs. 5 SGB VIII gleichartige Maßstäbe anzulegen (vgl. Wiesner in Wiesner 2015 § 74 Rn. 49 f.).

Üblicherweise wird über eine Förderung durch einen Förderungsbescheid, einen Verwaltungsakt, entschieden. Solche Förderungsbescheide sind regelmäßig mit Nebenbestimmungen versehen. Solche Nebenbestimmungen legen freien Trägern häufig umfangreiche, und nicht selten auch unbillige Belastungen auf. Isoliert anfechtbar sind sie jedoch nur, wenn sie nicht unteilbar mit der Förderungsentscheidung verbunden sind (vgl. Münder in Münder 2013 § 74 Rn. 51).

Einen eigenen Hinweis auf die Finanzierung von Kindertageseinrichtungen enthält § 74a SGB VIII.

Die Verpflichtung zum Abschluss von Kostenvereinbarungen ist in § 77 SGB VIII angesprochen, die Norm ist von geringerer praktischer Bedeutung, enthält aber die Wurzeln des Kostenvereinbarungsrechts nach den §§ 78a ff. SGB VIII (vgl. Schindler in Kunkel 2016 § 77 Rn. 1). Für die stationären Bereiche der Jugendhilfe, insbesondere aus dem Bereich der Hilfen zur Erziehung, sehen die §§ 78a ff. SGB VIII den Abschluss von Leistungs-, Entgelt- und Qualitätsentwicklungsvereinbarungen vor.

Theoretischer Kernpunkt des Vereinbarungskonzepts sind die Leistungsvereinbarungen nach § 78c Abs. 1 SGB VIII. Hier müssten neben den Leistungsvoraussetzungen vor allem sinnvolle Bestimmungen zu den Leistungszielen und den Standards, mit denen deren Erreichen festgestellt wird, beschrieben werden (vgl. Gottlieb in Kunkel 2016 § 78c Rn. 1 ff.). Regelmäßig enthalten diese Verträge umfangreiche Angaben zu den Leistungsvoraussetzungen, also zu den Inputs. Bei der Bestimmung der Leistungsziele findet man normalerweise nur noch recht globale Bestimmungen (vgl. ebd.). Nur sehr selten finden sich Ansätze von Erfolgskriterien. Bei den Entgeltvereinbarungen nach § 78b Abs. 2 SGB VIII setzt sich die beschriebene Inputorientierung fort: Regelmäßig wird differenziert nach Investitions- und Maßnahmekosten und ein geschätzter notwendiger finanzieller Aufwand als Entgelt festgelegt (vgl. ebd.). Damit wird aber eigentlich nur frühere Pflegesatzsystem unter anderem Namen fortgeführt. Ein wirklich sinnvolles Leistungsentgelt lässt sich erst dann bestimmen, wenn auch der feststellbare Erfolg der Tätigkeit eines freien Trägers bei der Höhe des Entgeltes berücksichtigt wird. Gem. § 78b Abs. 1 Nr. 3 SGB VIII sind schließlich Qualitätsentwicklungsvereinbarungen abzuschließen (vgl. ebd.). Rahmenverträge auf Landesebene nach § 78f SGB VIII stellen einen wichtigen Bezugspunkt für die Leistungs-, Entgelt und Vergütungsvereinbarungen im Einzelfall dar (vgl. Münder in Münder 2013 § 78 Rn. 1 f.). Schiedsstellen nach § 78g SGB VIII können angerufen werden, wenn eine der drei Vereinbarungen sechs Wochen, nachdem eine Partei schriftlich zu Verhandlungen aufgefordert hat, nicht zustande gekommen sind (vgl. ebd.).

Die Anerkennung als freier Träger der Jugendhilfe ist weder eine Erlaubnis zum Tätigwerden, noch ersetzt sie Betriebserlaubnisse oder stellt eine staatliche Empfehlung dar. Sie ist lediglich eine Bedingung für eine intensivere Mitwirkung dieser Träger auf dem Gebiet insbesondere der öffentlichen Jugendhilfe. Die Anerkennungsvoraussetzungen werden in § 75 Abs. 1 SGB VIII genannt (vgl. ebd.). Dies sind

- eine Tätigkeit auf dem Gebiet der Jugendhilfe,
- das Verfolgen gemeinnütziger Ziele,
- das Bestehen der fachlichen Voraussetzungen für einen nicht unwesentlichen Beitrag auf dem Gebiet der Jugendhilfe und
- die Verfassungsgewähr.

Weitere Anerkennungskriterien dürfen auch vom Landesrecht nicht normiert werden.

7   Zentrale Aufgaben

Auch staatliche Stellen werden auf dem Gebiet der Jugendhilfe tätig. Dies sind die Bundesländer und die Bundesregierung. Die Länder haben die Aufgabe, durch die obersten Landesjugendbehörden die Tätigkeit der freien und öffentlichen Träger der Jugendhilfe und die Weiterentwicklung der Jugendhilfe zu fördern und anzuregen (vgl. Schäfer in Münder 2013 § 82 Rn. 1 ff.). Daneben haben die Länder auf einen gleichmäßigen Ausbau der Einrichtungen und Angebote der Jugendhilfe hinzuwirken und die Jugendämter und Landesjugendämter bei der Wahrnehmung ihrer Aufgaben zu unterstützen (vgl. ebd.). Zur Erfüllung der Aufgaben stehen ihnen die Instrumente der Planung, der Empfehlung und der finanziellen Förderung von Aktivitäten auf dem Gebiet der Jugendhilfe zur Verfügung. Gefördert werden zum einen regelmäßige Aktivitäten auf dem Gebiet der Jugendhilfe, sofern sie landesweite Bedeutung haben. Zum anderen können auch Modellprojekte gefördert werden (vgl. ebd.).

Die Bundesregierung entfaltet ihre Aktivitäten auf dem Gebiet der Jugendhilfe im Wesentlichen durch das zuständige Bundesministerium. Aufgabe der obersten Bundesbehörde ist die Anregung und Förderung der Jugendhilfe, soweit sie von überregionaler Bedeutung ist (vgl. ebd.). Neben der Förderung bundesweiter Träger der Jugendhilfe geschieht dies wesentlich durch die Förderung von Modellprojekten, deren Förderung durch ein Bundesland allein nicht wirksam erfolgen kann. Wichtigstes Förderungsinstrumentarium ist der Kinder- und Jugendplan des Bundes (vgl. ebd.). Die Bundesregierung wird in grundsätzlichen Fragen von dem Bundesjugendkuratorium – einem Sachverständigengremium – beraten. Das Bundesjugendkuratorium hat – im Gegensatz zum Jugendhilfeausschuss und zum Landesjugendhilfeausschuss – keine Entscheidungskompetenzen (vgl. Bernzen 2005, S. 130).

§ 84 SGB VIII verpflichtet die Bundesregierung, dem Bundestag einmal in jeder Legislaturperiode einen Jugendbericht vorzulegen (vgl. Schäfer in Münder 2013 § 84 Rn. 1 ff.). Die Berichte widmen sich überwiegend speziellen Themen, jeder 3. Bericht soll aber ein Gesamtbericht sein. Der Bericht besteht aus einem umfangreichen Text, der von einer Expertenkommission erstellt wird, und einer relativ kurzen Stellungnahme der Bundesregierung zu diesem Text. Die Berichte geben jeweils Auskunft über den Zustand der Jugendhilfe und den Stand der Diskussion in der Jugendhilfe. Sie sind deshalb auch lange nach ihrem Erscheinen noch wichtige Orientierungspunkte (vgl. Struck in Wiesner 2015 § 84 Rn. 1 ff.).

8   Zuständigkeiten und Kostenerstattung

Mit der Klärung der Zuständigkeit und Kostenerstattung der öffentlichen Träger untereinander werden zentrale jugendhilfepraktische Fragen geklärt, nämlich die Frage, welcher Jugendhilfeträger zum Handeln berufen ist und welcher Jugendhilfeträger die wirtschaftliche Last der Hilfegewährung zu tragen hat. Beides muss nach der

Systematik des SGB VIII nicht zusammenfallen. Die Regelungen zu den Zuständigkeiten und Kosten sind im 7. Kapitel des SGB VIII enthalten. Das System dieser Regelungen ist streng juristisch angelegt und anders als andere Kapitel des SGB VIII auf den Bezug auf Erkenntnisse aus anderen Wissenschaften praktisch nicht angewiesen.

Zuständigkeitsfragen sind auf zwei Ebenen zu klären. Welche Handlungsebene muss handeln, die örtliche oder die überörtliche? Die Antwort auf diese Frage ist die Klärung der sachlichen Zuständigkeit. Welcher der etwa 600 örtlichen bzw. 17 überörtlichen Träger der Jugendhilfe muss handeln? Die Antwort auf diese Frage ist die Klärung der örtlichen Zuständigkeit (vgl. Bernzen 2005, S. 150).

Die sachliche Zuständigkeit ist mit einem einfachen Regel/Ausnahme-Verhältnis normiert: Grundsätzlich sind die örtlichen Träger gemäß § 85 Abs. 1 SGB VIII zuständig (vgl. Wiesner in Wiesner 2015 § 85 Rn. 1), es sei denn, einer der in Abs. 2 enumerierten Fälle, liegt vor. Dann sind die überörtlichen Träger zuständig (vgl. ebd.).

Zur Bestimmung der örtlichen Zuständigkeit muss zwischen der Erbringung von Leistungen – hier ergibt sich die Zuständigkeit aus den §§ 86–86d SGB VIII – der Erfüllung der anderen Aufgaben – hier ergibt sich die Zuständigkeit aus den §§ 87–87e SGB VIII – und Regelungen bei Aufenthalt im Ausland – Zuständigkeit nach § 88 SGB VIII – unterschieden werden (vgl. Reisch 1993, S. 159).

Leistungen der Jugendhilfe werden regelmäßig für Kinder, Jugendliche und deren Eltern erbracht. Die Zuständigkeitsregeln hierfür finden sich in §§ 86 ff. SGB VIII (vgl. ebd., S. 158).

Am einfachsten für die Minderjährigen und deren Eltern wäre es, wenn alle Jugendämter für sie zuständig wären; sie könnten sich einfach an das Jugendamt wenden, welches sie am leichtesten erreichen können. Der Gesetzgeber hat diese Regelung jedoch nicht gewählt: Zuständig soll regelmäßig nur ein Jugendamt sein, nämlich das, in dessen Zuständigkeitsbereich die Eltern ihren gewöhnlichen Aufenthalt haben (vgl. Kunkel 2001, S. 363). Die weiteren Bestimmungen der Absätze 1 bis 5 des § 86 SGB VIII versuchen die Grundregeln sinngemäß auch in den Fällen anwendbar zu machen, in denen kein gemeinsamer gewöhnlicher Aufenthalt der Eltern festgestellt werden kann (vgl. ebd., S. 364). Abweichend von § 86 Abs. 1 Satz 1 SGB VIII bestimmt dessen Abs. 6, dass die Zuständigkeit bei Vollzeitpflege nach § 33 SGB VIII dann auf den Jugendhilfeträger wechselt, in dessen Zuständigkeitsbereich die Pflegeeltern leben, wenn die Vollzeitpflege 2 Jahre andauert und eine Fortsetzung zu erwarten ist (vgl. Wiesner in Wiesner 2015 § 86 Rn. 33 f.).

§ 86 Abs. 7 SGB VIII trifft Sonderregelungen für die Zuständigkeit für Kinder und Jugendliche, die Asyl suchen. Für Leistungen an junge Volljährige trifft § 86a SGB VIII die Anordnung, dass der gewöhnliche Aufenthalt des jungen Volljährigen selbst Anknüpfungspunkt für die Zuständigkeit ist. Hat dieser sich aber vor dem Beginn der Jugendhilfeleistung in einer Einrichtung der Jugendhilfe oder einer Strafanstalt aufgehalten, so wird auf den gewöhnlichen Aufenthalt vor der Aufnahme Bezug genommen (vgl. Kraushaar 1998, S. 309). Entsprechende Regelungen trifft § 86b SGB VIII für Leistungen in sog. Mutter-Kind-Einrichtungen.

Für den praktisch nicht seltenen Fall, dass während der Leistungsgewährung die Zuständigkeit nach den oben dargestellten Vorschriften wechselt, trifft § 86c SGB VIII eine Regelung: In diesen Fällen bleibt der eigentlich unzuständig gewordene Träger solange zuständig, bis der neu zuständig gewordene Träger die Angelegenheit übernimmt (vgl. Wiesner in Wiesner 201 § 86 Rn. 1 ff.).

Schließlich ist in diesem Unterabschnitt noch eine Bestimmung zum vorläufigen Tätigwerden enthalten. Der Tatbestand dieser Vorschrift liegt vor, wenn entweder die örtliche Zuständigkeit nicht feststeht oder der zuständiger Träger nicht tätig wird. Als Rechtsfolge ist dann eine *vorläufige* Zuständigkeit nach tatsächlichem Aufenthalt des jungen Menschen angeordnet (vgl. ebd.).

Die Regelungen der Zuständigkeit für die anderen Aufgaben folgen keiner einheitlichen Logik, hier sind die einzelnen Bestimmung jeweils aus den Gegebenheiten des Handlungsfeldes abgeleitet.

Für die Gewährung von Jugendhilfe im Ausland ist der überörtliche Träger zuständig, in dessen Zuständigkeitsbereich der junge Mensch geboren ist. Liegt der Geburtsort im Ausland oder ist er nicht zu ermitteln, ist das Land Berlin zuständig (vgl. Bernzen 2005, S. 155).

Mit den Regelungen zur Kostenerstattung zwischen den öffentlichen Trägern der Jugendhilfe soll erreicht werden, dass in den Fällen, in denen die Zuständigkeitsregeln zu unbilligen wirtschaftlichen Ergebnissen führen, ein angemessener Ausgleich zwischen den öffentlichen Trägern der Jugendhilfe erreicht wird (vgl. Wiesner in Wiesner 2015).

9 Kostenheranziehung

Die Kosten für die Erfüllung der Aufgaben der Jugendhilfe nach dem SGB VIII tragen die zuständigen öffentlichen Träger der Jugendhilfe. In dem achten Kapitel des SGB VIII geht es um die Frage, auf welcher Rechtsgrundlage und in welchem Umfang Hilfeempfängerinnen und Hilfeempfänger sowie andere Bürgerinnen und Bürger zu der Finanzierung der Jugendhilfe beizutragen haben (vgl. Schindler in Münder 2013 Vor. 8. Kapitel Rn. 1 f.). Dabei ist von dem Grundsatz auszugehen, dass zu einer Mitfinanzierung keine Pflicht besteht. Dieses ist nur in den von dem Gesetz geregelten Fällen anders. Dabei sieht das Gesetz zwei alternative Wege der Mitfinanzierung vor, nämlich die Erhebung von pauschalierten Kostenbeteiligungen und die Kostenheranziehung (vgl. ebd.).

Eine pauschalierte Kostenbeteiligung kann gemäß § 90 Abs. 1 SGB VIII nur erhoben werden für Angebote der Jugendarbeit, die allgemeine Förderung der Erziehung in der Familie und die Förderung von Kindern in Tageseinrichtungen (vgl. ebd.).

Die Kostenheranziehung ist gem. § 91 SGB VIII im Ergebnis vor allem für stationäre Formen der Jugendhilfe vorgesehen. Das System der Kostenheranziehung geht von dem Gedanken aus, dass die begünstigten Bürger dem leistenden öffentlichen Jugendhilfeträger die vollen Maßnahmekosten einschließlich Unterhalt und Kranken-hilfe zu erstatten haben. Voraussetzung für eine Heranziehung ist stets, dass der Bür-ger leistungsfähig und die Heranziehung ihm zumutbar ist (vgl. Mrozynski 2009 § 90 Rn. 1 ff.). Im Übrigen nimmt die Logik der Kostenheranziehung die unterhaltsrecht-lichen Strukturen auf und transformiert sie in das öffentliche Sozialleistungsrecht. Die Kostenheranziehung erfolgt entweder durch die Erhebung eines Kostenbeitrages oder durch die Überleitung und Realisierung eines Unterhaltsanspruches. Ein Kos-tenbeitrag wird durch einen Leistungsbescheid, also einen Verwaltungsakt festgesetzt. Die Höhe der Kostenheranziehung orientiert sich bei Eltern und jungen Volljährigen an deren Einkommen und Vermögen, dessen Höhe gem. der sozialhilferechtlichen Vorschriften festgestellt wird (vgl. Schindler in Münder 2013 § 92 Rn. 1 ff.).[3]

10   Straf- und Bußgeldvorschriften

Die Straf- und Bußgeldvorschriften der §§ 104 f. SGB VIII ergänzen im Wesentlichen das Betriebs- und Pflegeerlaubnisrecht (vgl. Schäfer in Münder 2013 § 104 Rn. 1 ff.). Wie bei präventiven Verboten üblich wird die unerlaubte Ausübung der präventiv verbotenen Tätigkeit sanktioniert.

Literatur

Kommentare

Kunkel, P.-C. (Hrsg.). (2016). *Kinder-und Jugendhilfe. Lehr- und Praxiskommentar (LPK-SGB VIII), 4.* Aufl. Baden-Baden: Nomos.

Möller, W., & Nix, C. (Hrsg.). (2006). *Kurzkommentar zum SGB VIII – Kinder-und Ju-gendhilfe.,* München und Basel: Ernst Reinhardt Verlag.

Münder, J., Meysen T., & Trenczek, T. (Hrsg.). (2013). *Frankfurter Kommentar zum SGB VIII Kinder- und Jugendhilfe, 7.* Aufl. Baden-Baden: Nomos.

Mrozynski, P. (2009). Kinder- und Jugendhilfe (SGB VIII), 5. Aufl. München: C. H. Beck.

Schellhorn, W., Fischer, L., Mann, H., & Kern, C. (2011). *SGB VIII Kinder- und Jugendhilfe,* 4. Aufl. Neuwied: Luchterhand.

v. Wulffen, M. (Hrsg.). (2010). *SGB X Sozialverwaltungsverfahren und Sozialschutz,* 7. Aufl. München: C. H. Beck.

Wiesner, R. (Hrsg). (2015). *SGB VIII Kinder- und Jugendhilferecht,* 5. Aufl. München: C. H. Beck.

---

3   Vgl. Kostenbeitragsverordung BGB1 2005, S. 2907.

Bernzen, C. (2005). *Einführung in das Kinder- Jugendhilferecht.* Stuttgart: Kohlhammer.

Böckenförde, E.-W. (1980). Elternrecht, Recht des Kindes, Recht des Staates. In J. Krautscheidt & H. Marré (Hrsg.), *Essener Gespräche zum Thema Staat und Kirche,* Band 14. Münster: Aschendorff.

Frings, P., Papenheim, H.-G., & Ludemann, G. (1993). *Sozialpädagogische Familienhilfe in freier Trägerschaft rechtliche Rahmenbedingungen.* Freiburg im Breisgau: Lambertus.

Gries, J., & Ringler, D. (2003). *Jugendamt und Jugendhilfe in der BRD,* Band 1. Hohengehren: Schneider Verlag.

Harnack-Bech, V. (1995). Psychosoziale Diagnostik bei „Hilfen zur Erziehung". *ZfJ,* 82, (S. 484–491).

Jordan, E. (1992). „Vollzeitpflege" als Hilfe zur Erziehung. *ZfJ,* 79, (S. 18–24).

Kraushaar, S. (1998). Neuerungen der gesetzlichen Regelungen der örtlichen Zuständigkeit und Kostenerstattung. *Jhilfe* 36, (S. 309–313).

Kunkel, P.-C. (1994). Datenschutz in der Jugendhilfe. *ZfJ,* 81, (S. 323–324).

Kunkel, P.-C. (1995). Der Datenschutz in der Jugendhilfe nach der Änderung des Sozialgesetzbuches. *ZfJ,* 82, (S. 354–365).

Kunkel, P.-C. (2001). §§ 86, 87 c SGB VIII – die Leuchttürme der örtlichen Zuständigkeit (Teil 1). *ZfJ,* 88, (S. 363–372).

Kunkel, P.-C. (2006). *Jugendhilferecht,* 5. Aufl. Baden-Baden: Nomos.

Lempp, R. (2006). *Die seelische Behinderung die Kindern und Jugendlichen als Aufgabe der Jugendhilfe,* 5. Aufl. Stuttgart, München, Hannover, Berlin, Weimar und Dresden: Richard Boorberg Verlag.

Münder, J., & Wiesner, R. (Hrsg.). (2006). *Kinder- und Jugendhilferecht, Handbuch.* Baden-Baden: Nomos.

Münder, J., Wiesner, R., & Meysen, T. (Hrsg.). (2011). *Kinder- und Jugendhilferecht, Handbuch,* 2. Aufl. Baden-Baden: Nomos.

Münder, J. (2001). Vorrang oder Nachrang zwischen Leistungen der Jugendhilfe und oder Sozialhilfe – § 10 Abs. 2 SGB VIII. *ZfJ,* 88, (S. 121–168).

Münder, J. (1998). Das Wunsch- und Wahlrecht der Leistungsberechtigten in der Jugendhilfe. *RsDE,* 38, (S. 55–75).

Nikles, B. (1996). Kinder- und Jugendschutz – nur eine Fiktion. *JuWo,* 77, (S. 67–69).

Proksch, R. (1994). Verfahrensbestimmungen der Inobhutnahme: Normative Vorgaben des KJHG und rechtliche Rahmenbedingungen. *Jhilfe,* 32, (S. 26–36).

Reisch, H. (1993). Novelliertes Kinder- und Jugendhilferecht (Teil I). *ZfJ,* 80, (S. 157–166).

Reisch, H. (1993). Novelliertes Kinder- und Jugendhilferecht (Teil II). *ZfJ,* 80, (S. 232–236).

Slüter, R. (2007). Die „insoweit erfahrene Fachkraft". Überlegungen zu Standards der Fachberatung nach § 8 a SGB VIII. *JAmt,* 80, (S. 515–520).

Steding, C. (1993). Das Rechtsverhältnis zwischen Pflegefamilie und Jugendamt. *ZfJ,* 80, (S. 576–579).

Textor, M. (2006). Dokumentation Empfehlungen des 16. Deutschen Familiengerichtstages. *ZKJ,* 2006, (S. 35–39).

Wabnitz, R. J. (2007). *Grundkurs Kinder- und Jugendhilferecht für die Soziale Arbeit.* München und Basel: Ernst Reinhardt Verlag.

Windel, P. (1997). Zur elterlichen Sorge bei Famlienpflege. *FamRZ, 44,* (S. 713–724).

Der Bundesminister für Jugend, Familie und Gesundheit (Hrsg.). *Dritter Jugendbericht (1973).* Bonn.

Der Bundesminister für Jugend, Familie und Gesundheit (Hrsg.). *Achter Jugendbericht (1990). Bericht über Bestrebungen und Leistungen der Jugendhilfe. Stellungnahme der Bundesregierung.* Bonn: Deutscher Bundestag.

Bundesministerium für Familie, Senioren, Frauen und Jugend (Hrsg.). *Zehnter Kinder- und Jugendbericht (1998). Bericht über die Lebenssituation von Kindern und die Leistungen der Kinderhilfe in Deutschland.* Bonn.

Zwölfter KJbericht (2005). http://dip.bundestag.de/b+d/15/060/1506014.pdf Berlin.

Christian Bernzen lehrt an der Katholischen Hochschule für Sozialwesen Berlin und ist Rechtsanwalt bei BERNZEN SONNTAG Rechtsanwälte Steuerberater.

Anna-Maria Bruder studiert an der Katholischen Hochschule für Sozialwesen Berlin im Masterstudiengang Soziale Arbeit.

Die Finanzierung der Kinder- und Jugendhilfe

Reinhard Wiesner

Zusammenfassung

Die finanziellen Aufwendungen für die Kinder- und Jugendhilfe haben sich in den vergangenen 20 Jahren – trotz rückläufiger Anzahl der unter 27-Jährigen – von 15 Mrd. € (1992) auf 30,5 Mrd. € (2011) erhöht und damit verdoppelt. Diese Entwicklung lässt sich u. a. mit der Einführung des Rechtsanspruchs auf einen Kindergartenplatz für Kinder ab dem 3. Lebensjahr, dem Ausbau von Betreuungsangeboten für unter Dreijährige seit 2005 sowie der vor allem im Kontext der Hilfen zur Erziehung geführten Kinderschutzdebatte erklären.

Der vorliegende Beitrag versucht die Finanzierung der Angebote und Leistungen der Kinder- und Jugendhilfe anhand der wesentlichen, rechtlichen Bestimmungen darzulegen. Dabei werden u. a. die zentralen Finanzierungsmodelle – die Objekt- und Subjektfinanzierung – dargestellt und deren fachpolitische Bedeutung erläutert. Ferner wird auf die Ausgestaltung der Finanzierungsformen und -möglichkeiten – wie sie im Achten Sozialgesetzbuch fixiert sind – eingegangen (u. a. Förderung freier Träger durch Zuwendungen (§ 74), Erstellung von Leistungsverträgen (§ 77) und Finanzierung mittels Entgeltvereinbarungen (§ 77)). Des Weiteren werden die Vereinbarung über Leistungsangebote, Entgelte und Qualitätsentwicklung (§§ 78 a ff) und die Finanzierung von Kindertageseinrichtungen (§ 74 a) thematisiert.

Schlüsselwörter

Finanzierungsquellen, Kostenbeteiligung, öffentliche und freie Träger, partnerschaftliche Zusammenarbeit, Subjektfinanzierung, Objektfinanzierung, Zuwendungen, Leistungsverträge, Entgeltvereinbarungen, Qualitätsentwicklung

1   Der (verfassungs)rechtliche Rahmen

1.1   Ausgaben der Kinder- und Jugendhilfe

Die Ausgaben für die Kinder- und Jugendhilfe sind in den vergangenen 20 Jahren
– bei einer rückläufigen Anzahl der unter 27-Jährigen – deutlich angestiegen, und
zwar im Zeitraum von 1992 bis 2011 von 15 Mrd. € auf 30,5 Mrd. €. Damit haben
sich die Aufwendungen in diesem Zeitraum verdoppelt. Die mit Abstand größten
Ausgabensteigerungen haben im Bereich der Tageseinrichtungen für Kinder stattgefunden, zunächst infolge der Einführung des Rechtsanspruchs auf einen Kindergartenplatz für Kinder ab dem 3. Lebensjahr und seit 2005 aufgrund des Ausbaus
der Betreuungsangebote für die unter Dreijährigen. Im Bereich der Hilfen zur Erziehung und verwandter Leistungen haben sich die Aufwendungen zwischen 1995
und 2011 vor allem im Kontext der Kinderschutzdebatte verdoppelt. Dementsprechend belaufen sich die Ausgaben nur für diese beiden größten Leistungsbereiche
der Kinder- und Jugendhilfe auf nunmehr insgesamt über 86 % der Gesamtausgaben
für die Kinder- und Jugendhilfe. Detaillierte Angaben enthält der 14. Kinder- und
Jugendbericht (Bundesministerium für Familie, Senioren, Frauen und Jugend 2013,
S. 265 ff.).

1.2   Die Finanzverfassung des Grundgesetzes

Nach der Finanzverfassung des Grundgesetzes gilt in Deutschland die so genannte
Vollzugskausalität. Die Kostenlast trifft demnach nicht diejenige Ebene, die für die
Gesetzgebung zuständig ist (dies wäre für das SGB VIII der Bund), sondern diejenige, die für die Ausführung zuständig ist. Dies sind im Grundsatz die Länder und
kommunalen Gebietskörperschaften (Art. 104a GG). Die Verwaltungskompetenz
des Bundes mit der daraus folgenden Kostenlast für den Bund ist im Bereich der
Kinder- und Jugendhilfe auf Aufgaben von überregionaler Bedeutung, die ihrer Art
nach nicht durch ein Land allein wirksam wahrgenommen werden können, begrenzt
(§ 83 Abs. 1 SGB VIII). Da die Länder bestimmt haben, dass die Aufgaben der Kinder-
und Jugendhilfe im Rahmen kommunaler Selbstverwaltung zu erfüllen sind, trifft die
Kostenlast primär die Kommunalen Gebietskörperschaften. Konkret bedeutet dies:
Rund 70 % (in den Flächenstaaten sogar ca. 80 %!) der Aufgaben der Kinder- und Jugendhilfe werden von den Kommunen und weniger als 30 % von den Ländern einschließlich aller Ausgaben der Stadtstaaten finanziert. Der Finanzierungsanteil des
Bundes hat sich in den letzten 20 Jahren von 1 % auf 2,7 % erhöht – noch ohne die Fi-
nanzierungsanteile des Bundes am ‚U-3-Ausbau‘.
    Finanzierungsquellen sind dabei insbesondere kommunale Steuern, aber auch all-
gemeine oder zweckgebundene Zuwendungen von Seiten der Länder. Schließlich
kommen die landesverfassungsrechtlich geregelten Mehrbelastungsausgleichsver-

pflichtungen der Länder gegenüber den Kommunen seit der Föderalismusreform I auch bei den durch Bundesrecht verursachten Belastungen zur Anwendung.

1.3 Die Kostenbeteiligung der Leistungsadressaten und ihrer Eltern

Die Kosten für die Erfüllung der Aufgaben der Kinder- und Jugendhilfe, namentlich der Leistungen, werden (zu einem geringen Teil) auch von den jungen Menschen und ihren Eltern aufgebracht: So werden neben den jungen Menschen auch unterhaltspflichtige Personen nach Maßgabe der §§ 90 bis 97b SGB VIII an den Kosten für Leistungen und vorläufige Maßnahmen nach dem SGB VIII beteiligt. Während § 90 SGB VIII die kommunalen Gebietskörperschaften (nur) dazu befugt, Kostenbeiträge für die Inanspruchnahme von Kindertageseinrichtungen und von Kindertagespflege zu erheben – wovon diese regional sehr unterschiedlich Gebrauch machen –, werden sie dazu verpflichtet, zu voll- und teilstationären Leistungen Kostenbeiträge zu erheben, und die kostenbeitragspflichtigen Personen insbesondere aus ihrem Einkommen in „angemessenem Umfang" zu den Kosten heranzuziehen. Das Nähere wird in der Verordnung zur Festsetzung der Kostenbeiträge für Leistungen und vorläufige Maßnahmen in der Kinder und Jugendhilfe geregelt (Kostenbeitragsverordnung vom 1. 10. 2005).

Durch Kostenbeiträge (der Eltern, Kinder oder Jugendlichen bzw. Ehegatten und Lebenspartner leistungsberechtigter Personen) werden allerdings nur etwa 5 Prozent der Kosten gedeckt.

1.4 Die Leistungserbringung durch öffentliche und freie Träger

Zu den Strukturprinzipien der Kinder- und Jugendhilfe in Deutschland gehört die *partnerschaftliche Zusammenarbeit* zwischen den Trägern der öffentlichen und den Trägern der freien Jugendhilfe (§§ 3,4 SGB VIII). Die autonome Tätigkeit nichtstaatlicher Organisationen und Verbände im Bereich der Kinder- und Jugendhilfe hat nicht nur eine große historische Bedeutung, sie ist vor allem die Voraussetzung für ein plurales Angebot, dessen Vorhaltung die Träger der öffentlichen Jugendhilfe im Rahmen Ihrer Gesamtverantwortung zu gewährleisten haben (§ 79 SGB VIII), und für die Ausübung des Wunsch und Wahlrechts im Einzelfall (§ 5 SGB VIII). Im Hinblick auf den spezifischen Charakter der einzelnen Leistungen als Erziehungs- und Bildungsleistungen kann die Neutralität des Staates im Bereich der Erziehung nur durch ein vielfältiges Angebot unterschiedlicher Träger mit verschiedenen Wertorientierungen sichergestellt werden. In den letzten Jahrzehnten hat sich die Rolle der freien Träger gewandelt. Durch die stärkere Verrechtlichung der Kinder- und Jugendhilfe sind sie zunehmend zu Leistungserbringern im Rahmen des so genannten sozialrechtlichen Dreiecksverhältnisses (Jugendamt – leistungsberechtigte Person – freier Träger als Leistungsanbieter) geworden. Zu den freien Trägern zählen neben einer Vielzahl nichtstaatlicher gemeinnütziger Organisationen (inzwischen) auch privat-gewerbliche Leistungserbringer.

Auf der Basis der *partnerschaftlichen Zusammenarbeit zwischen öffentlicher und freier Jugendhilfe* weist das SGB VIII dem Träger der öffentlichen Jugendhilfe die Gesamtverantwortung zu (§ 79 SGB VIII) und knüpft dabei an eine Grundsatzentscheidung des Bundesverfassungsgericht im sogenannten Subsidiaritätsstreit von 1967 an. Dort wird der Begriff der Gesamtverantwortung als Leitprinzip und Steuerungsinstrument für das Verhältnis von öffentlicher und freier Jugendhilfe, ihre partnerschaftliche Zusammenarbeit, den sinnvollen Einsatz finanzieller Mittel sowie die Koordinierung öffentlicher und privater Anstrengungen verwendet. Damit der gesetzlich normierte Anspruch auf die Gewährung von Leistungen jederzeit eingelöst werden kann, hat der Staat bzw. die kommunale Gebietskörperschaft die Garantie einer ausreichenden Versorgung zu übernehmen (Sicherstellungsverantwortung).

Während die so genannte Entgeltfinanzierung den freien Trägern kostendeckende Entgelte zusichert, bringen die freien Träger im Rahmen der Förderungsfinanzierung, die grundsätzlich eine angemessene Eigenleistung voraussetzt (§ 74 Abs. 1 SGB VIII), (immer noch) Eigenmittel ein, tragen also damit in gewissem Umfang zur Finanzierung der Kinder- und Jugendhilfe bei. Die Höhe dieser Eigenmittel ist jedoch nicht bekannt bzw. wird statistisch nicht erfasst. Sie richtet sich nach den finanziellen Verhältnissen der freien Träger (Wiesner 2012 § 74 Rn. 21). Angesichts rückläufiger Einnahmen aus Spenden oder aus dem Kirchensteueraufkommen dürften die Eigenmittel der (kirchennahen) Wohlfahrtsverbände weiter zurückgehen. Neuerdings werden Leistungen in begrenztem Umfang auch aus Stiftungen finanziert. Nähere Ausführungen dazu enthält der 14. Kinder- und Jugendbericht (Bundesministerium für Familie, Senioren, Frauen und Jugend 2013, S. 271 ff.).

2   Modelle der Finanzierung freier Träger

Erfolgt die Erbringung gesetzlich normierter Leistungen nicht durch Träger der öffentlichen Jugendhilfe, sondern durch Dritte – in der Regel freie Träger, aber etwa auch (Tages)Pflegepersonen –, so wird deren Tätigkeit aus öffentlichen Mitteln finanziert. In der Praxis werden zwei Finanzierungsformen unterschieden (Bundesministerium für Familie, Senioren, Frauen und Jugend 2013, S. 270 f.):

- die (klassische) Finanzierung eines Dienstes oder einer Einrichtung, sei es auf der Basis einer pauschalen Zuwendung oder auf der Basis von Verträgen (Objektfinanzierung) und
- die Finanzierung einer im Einzelfall von der leistungsberechtigten Person in Anspruch genommenen Leistung (Subjektfinanzierung).

Daneben bzw. dazwischen existieren auch verschiedene Formen der Mischfinanzierung, die Elemente der beiden Finanzierungsarten miteinander verknüpfen.

2.1 Objektfinanzierung

Die hier als Objektfinanzierung oder in der Fachliteratur auch als Sozialsubvention bezeichnete Form der Finanzierung wird im SGB VIII als „Förderung der freien Jugendhilfe" bezeichnet. Inhaltlich handelt es sich dabei um eine Form der Subvention: Subventionen sind vermögenswerte Leistungen, die von einem Träger der öffentlichen Verwaltung einem Privaten gewährt werden, damit dieser einen öffentlichen Zweck erfüllt, ohne dass der Subvention eine konkrete, marktmäßig gekaufte Gegenleistung gegenübersteht. In der Kinder- und Jugendhilfe kommt die Zuwendungsfinanzierung vor allem bei der Erbringung von Leistungen zum Einsatz, die nicht als einklagbarer Rechtsanspruch ausgestaltet sind, wie etwa der Jugendarbeit (§§ 11, 12) oder Teilen der Jugendsozialarbeit. In der Praxis kommt die Zuwendungsfinanzierung aber auch bei Beratungsleistungen, wie etwa der Erziehungsberatung (§ 28), der Beratung in Fragen der Partnerschaft, Trennung und Scheidung (§ 17) oder der Beratung bei der Ausübung des Umgangsrechts (§ 18 Abs. 3) zum Einsatz.

Die *Formen der Objektfinanzierung* können unterschiedlich sein: entweder in Form eines einseitigen Bescheids als Verwaltungsakt (Zuwendungsbescheid) oder als Zuwendungsvertrag. Dabei ergeben sich inzwischen Probleme, ob die engen Voraussetzungen für die Gewährung von Zuwendungen, die an die Gemeinnützigkeit anknüpfen (§ 74 SGB VIII), überhaupt mit dem Europäischen Unionsrecht vereinbar und damit rechtlich zulässig sind (Münder 2013 § 74 Rn. 5 ff.).

2.2 Subjektfinanzierung

Dort wo subjektive Rechte (Rechtsansprüche) durch Bescheid des Trägers der öffentlichen Jugendhilfe konkretisiert und bewilligt werden, erfolgt die Leistungserbringung und die darauf aufbauende Finanzierung auf der Rechtsgrundlage des so genannten jugendhilferechtlichen Dreiecksverhältnisses (Jugendamt – leistungsberechtigte Person – freier Träger als Leistungsanbieter). Für die in § 78a Abs. 1 SGB VIII genannten Leistungen (also teil- oder vollstationäre Leistungen) ist dieser Finanzierungsweg ausdrücklich vorgeschrieben. Auch bei den rechtsanspruchgestützten Leistungen, die im Katalog des § 78a Abs. 1 SGB VIII nicht genannt sind, wird in der Fachliteratur allgemein die Auffassung vertreten, dass auch hier die Finanzierung auf der Rechtsgrundlage des so genannten jugendhilferechtlichen Dreiecksverhältnisses erfolgen muss. Dies bedeutet, dass in diesen Fällen (erst) mit der Entscheidung des Trägers der öffentlichen Jugendhilfe über die Gewährung der Leistung im Einzelfall die Übernahme derjenigen Kosten verbunden ist, die bei dem vom Leistungsberechtigten ausgewählten Leistungsanbieter für die Erbringung der Leistung entstehen. Der Leistungserbringer erhält also keine – nutzungsunabhängige – Finanzierung, sondern ist abhängig davon, dass die von ihm bereitgehaltenen Leistungsangebote im Einzelfall von der leistungsberechtigten Person im Rahmen ihres Wunsch- und Wahlrechts auch tatsächlich in Anspruch genommen werden. Im Fachjargon ist davon die Rede, dass der Leistungserbringer das sogenannte ‚Betriebsrisiko‘ trägt.

2.3   Fachpolitische Bedeutung

Sowohl bei der Subvention als auch beim zweiseitigen Zuwendungsvertrag werden die Einrichtung bzw. der Dienst als solcher finanziert. Zuwendung und gegenseitiger Vertrag sind somit Formen objektbezogener Finanzierung. Die Leistungen kommen nur vermittelt durch diese Objekte den eigentlich begünstigten Adressaten zugute. Der Vorteil dieser Finanzierung ist für die Adressaten, dass ihre (Zugangs-)Berechtigung zur Einrichtung/zum Dienst nicht geprüft wird. Deshalb werden insbesondere niedrigschwellige Angebote (zum Beispiel Jugendfreizeitstätten, Beratungsangebote) auf diese Weise finanziert. Die begünstigten freien Träger erhalten die Fördermittel unabhängig davon, ob ihr Dienst bzw. ihre Einrichtung tatsächlich in dem angestrebten Umfang in Anspruch genommen wird.

Die auf dem jugendhilferechtlichen Dreiecksverhältnis beruhende Entgeltfinanzierung ist hingegen subjektbezogen. Finanziert werden dabei die Personen, die entsprechende Ansprüche auf Leistungen haben und zu diesem Zweck von ihrem Wunsch- und Wahlrecht Gebrauch machen. Die Finanzierung der Dienste und Einrichtungen erfolgt dort also ‚über‘ die leistungsberechtigten Personen. Dies bedeutet, dass die Finanzierung dieser Einrichtungen und Dienste nur dann gesichert ist, wenn (genügend) leistungsberechtigte Personen solche Angebote in Anspruch nehmen. Für die leistungsberechtigten Personen bedeutet dies, dass die Leistungsanbieter auf die Inanspruchnahme angewiesen und deshalb dazu gezwungen sind, ihr Angebot für die Nutzer attraktiv auszugestalten, weil sie im Wettbewerb zueinander stehen. Gleichzeitig kann die Finanzierung zielgenauer am Bedarf der jeweils leistungsberechtigten Personen ansetzen. Im Bereich der Kindertagesbetreuung ist in den Ländern ein Trend zu Subjektfinanzierung erkennbar – verbunden mit der Ausgabe von (Kita) Gutscheinen, die dann – je nach konkreter Ausgestaltung des Leistungsanspruchs – bei den einzelnen Anbietern eingelöst werden können (Betz et al. 2010).

3 Die Ausgestaltung im Achten Buch Sozialgesetzbuch – Kinder und Jugendhilfe (SGB VIII)

3.1 Förderung freier Träger

3.1.1 Zuwendungen (§ 74)

Nach wie vor wird insbesondere in den Bereichen der (allgemeinen) Förderung der Erziehung in der Familie (§ 16), der Jugendarbeit (§ 11) und der Jugendsozialarbeit (§ 13), sowie bei den verschiedenen Beratungsleistungen die Tätigkeit der freien Jugendhilfe über die Förderung nach § 74 finanziert (Subventionsfinanzierung). Über Zuwendungen werden in vielen Bundesländern auch (noch) Kindertageseinrichtungen finanziert. Die Grundlage dafür sind aber Finanzierungsregelungen im jeweiligen Landesrecht, nachdem der Bund mit der Einführung des § 74a SGB VIII zum 1. 1. 2005 sich insoweit aus seiner Regelungsbefugnis zurückgezogen hat. Siehe dazu unten die Ausführungen zu 3.3.

§ 74 SGB VIII enthält ein klassisches Konditionalprogramm (,Wenn-dann-Norm') mit präzisen Tatbestandsvoraussetzungen in Absatz 1 und Rechtsfolgen (sowie Maßstäben für die Ermessensausübung auf der Rechtsfolgenseite) in den Absätzen 3 bis 6. Darüber hinaus kann seitens des Trägers der öffentlichen Jugendhilfe gemäß § 74 Abs. 2 SGB VIII in den dort bestimmten Fällen die Förderung auch von der Bereitschaft des Trägers der freien Jugendhilfe abhängig gemacht werden, Einrichtungen, Dienste und Veranstaltungen nach Maßgabe der Jugendhilfeplanung und unter Beachtung der in § 9 genannten Grundsätze anzubieten.

Gemäß § 74 Abs. 1 Satz 1 SGB VIII ,sollen' die Träger der öffentlichen Jugendhilfe – es besteht insoweit also eine objektiv-rechtliche Verpflichtung – „die freiwillige Tätigkeit auf dem Gebiet der Jugendhilfe fördern", wenn der jeweilige Träger – die *fachlichen Voraussetzungen für die geplante Maßnahme* erfüllt (Nr. 1); dies bezieht sich vor allem auf die fachliche Qualifikation des Personals, die konzipierten Angebote und Leistungen und die Einhaltung adäquater, also auf die jeweilige konkrete Aufgabe der Jugendhilfe bezogener inhaltlicher Standards.

- Die *Gewähr für eine zweckentsprechende und wirtschaftliche Verwendung der Mittel* bietet (Nr. 2); Maßstab dafür sind neben den allgemeinen haushaltsrechtlichen Vorschriften insbesondere die konkreten Anforderungen der jeweiligen Förderrichtlinien.
- *Gemeinnützige Ziele* verfolgt (Nr. 3); diese Voraussetzung kann mit Hilfe der Anerkennung der Gemeinnützigkeit durch das zuständige Finanzamt nach den §§ 51 ff. der Abgabenordnung auf der Grundlage entsprechender Satzungsbestimmungen nachgewiesen werden;
- eine *angemessene Eigenleistung* erbringt (Nr. 4); diese Vorgabe entspricht der grundsätzlich subsidiären Funktion der öffentlichen Förderung. Dabei ist ent-

scheidend auf die konkrete Situation des freien Trägers abzustellen: z. B. auf die bisherige Dauer seiner Tätigkeit und Existenz, seine wirtschaftliche Leistungsfähigkeit, die eventuelle Einbindung in größere Verbands- und Trägerstrukturen, die Angliederung an bedeutende gesellschaftliche Organisationen, die Möglichkeit der Einwerbung von Mitteln oder Spenden von dritter Seite, überwiegend ehren- oder hauptamtliche Arbeitsstrukturen etc.

- die *Gewähr für eine den Zielen des Grundgesetzes förderliche Arbeit* bietet (Nr. 5); Diese Regelung hat immer wieder Probleme insbesondere im Zusammenhang mit der Förderung einzelner – kritischer – Jugendverbände aufgeworfen. Nach Auffassung des Bundesverwaltungsgerichts muss die Arbeit des freien Trägers positiv im Sinne der obersten Grundsätze der Demokratie und der tragenden Prinzipien des Verfassungssystems der Bundesrepublik Deutschland im Sinne der Rechtsprechung des Bundesverfassungsgerichts (Wiesner 2012 § 74 Rn. 22) wirken, mithin mehr beinhalten als lediglich eine „passive Toleranz" hinsichtlich der Ziele des Grundgesetzes.

Während sich für die freien Träger aus § 74 SGB VIII ein Rechtsanspruch auf Förderung „dem Grunde nach" ergibt (Wabnitz 2010), entscheidet über die Art und Höhe der Förderung der Träger der öffentlichen Jugendhilfe im Rahmen der verfügbaren Haushaltmittel nach pflichtgemäßem Ermessen (§ 74 Abs.3 Satz 1 SGB VIII). Der Ermessensentscheidung über die Art und Höhe der Förderung eines bestimmten Trägers vorgelagert ist regelmäßig eine Auswahlentscheidung, welche Maßnahmen der miteinander konkurrierenden Träger der freien Jugendhilfe – nach Art und Umfang – zu fördern sind. Dies gilt jedenfalls dann, wenn die für die Förderentscheidung verfügbaren Haushaltmittel nicht ausreichen, um alle beantragten Maßnahmen sachgerecht zu fördern. Maßgeblich für eine ermessensfehlerfreie Entscheidung sowohl hinsichtlich der Auswahl, welche Maßnahmen zu fördern sind, als auch hinsichtlich der Entscheidung über die Art und Höhe der Förderung ist eine *Förderkonzeption*, die anknüpfend an aktuelle Aussagen der Jugendhilfeplanung vor Ort zu entwickeln und immer wieder zu aktualisieren ist (Wiesner 2012 § 74 Rn. 40 ff.). Dabei kommt dem Jugendhilfeausschuss besondere Bedeutung zu, da er sowohl für die strategischen Entscheidungen der Jugendhilfeplanung, als auch die Förderung der freien Jugendhilfe zuständig ist (§ 71 Abs. 2 SGB VIII).

3.1.2 Leistungsverträge (§ 77)

Anstelle der Förderung wird dort, wo aus fachlichen oder inhaltlichen Gründen die Entgeltfinanzierung nicht infrage kommt, bisweilen der Weg des gegenseitigen Vertrages gewählt. In Abgrenzung zur (einseitigen) Zuwendung handelt es sich bei dieser Finanzierungsform um (zweiseitige) Verträge, in denen die Erbringung konkreter Leistungen gegen Entgelt vereinbart wird. Als Rechtsgrundlage dafür wird § 77 SGB VIII herangezogen, der wegen seiner abstrakten Formulierung auch auf diese Konstellation anwendbar ist. Mit der Einführung von § 36a SGB VIII im Rahmen des Kinder- und Jugendhilfeweiterentwicklungsgesetzes (KICK) im Jahre 2005 hat der Gesetzgeber für niedrigschwellige – und deshalb über das sozialrechtliche Dreiecksverhältnis kaum finanzier – und abrechenbare – Leistungen wie zum Beispiel die Erziehungsberatung ausdrücklich auf den Abschluss von Verträgen (auch) als Grundlage für die Finanzierung verwiesen (§ 36a Abs. 2 SGB VIII).

3.2   Finanzierung durch Entgelte

3.2.1   Entgeltvereinbarungen (§ 77)

Dort, wo Rechtsansprüche durch Bescheid des Trägers der öffentlichen Jugendhilfe als Leistungsträger konkretisiert und bewilligt werden, erfolgt die Leistungserbringung durch freie Träger und die darauf aufbauende Finanzierung auf der Rechtsgrundlage des jugendhilferechtlichen Dreiecksverhältnisses (Jugendamt – leistungsberechtigte Person – freier Träger als Leistungserbringer). Soweit es sich dabei nicht um (teil- bzw. vollstationäre) Leistungen handelt, für die der Anwendungsbereich der §§ 78a ff. SGB VIII eröffnet ist, wird als Rechtsgrundlage § 77 SGB VIII herangezogen. Mit der Einführung der Vorschriften zu den Vereinbarungen über Leistungsangebote, Entgelte und Qualitätsentwicklung (§§ 78a ff. SGB VIII) zum 1. Januar 1999 ist der Anwendungsbereich und die Bedeutung von § 77 SGB VIII für die Entgeltfinanzierung stark eingeschränkt worden.

3.2.2   Vereinbarungen über Leistungsangebote, Entgelte
und Qualitätsentwicklung (§§ 78a ff.)

Kernelement der am 1. Januar 1999 in Kraft getretenen §§ 78a ff SGB VIII ist die grundsätzliche Verpflichtung der Träger von voll- und teilstationären Einrichtungen der Kinder- und Jugendhilfe, mit den Trägern der öffentlichen Jugendhilfe Leistungs-, Qualitätsentwicklungs- und Entgeltvereinbarungen abzuschließen (§ 78b). Der Gesetzgeber ist damit einer Entwicklung gefolgt, die nicht die in der Sozialversicherung ihren Anfang genommen und dann im Bereich der Sozialhilfe fortgesetzt worden ist. Vor dem Hintergrund steigender Ausgaben im sozialen Bereich drängten vor allem die kommunalen Spitzenverbände darauf, auch im Bereich der Kinder- und Jugendhilfe Elemente der Angebotssteuerung einzuführen. Der Auswahl einer bestimmten Einrichtung durch die leistungsberechtigte Person im Einzelfall gehen Vereinbarungen zwischen dem Träger der öffentlichen Jugendhilfe und der Einrichtung über die finanzierungsfähigen Leistungsangebote voraus.

Damit wird die Übernahme der in einer Einrichtung entstandenen Kosten im Einzelfall (grundsätzlich) davon abhängig gemacht, dass mit dem Träger dieser Einrichtung (vorab) die entsprechenden Vereinbarungen abgeschlossen worden sind.

Diese beziehen sich nicht mehr nur – wie in § 77) – auf die Entgelte (Pflegesätze); vielmehr sind auch Vereinbarungen über Inhalt, Umfang und Qualität der Leistungsangebote (Leistungsvereinbarung) sowie über Grundsätze und Maßstäbe für die Bewertung der Leistungsangebote sowie über geeignete Maßnahmen zu ihrer Gewährleistung (Qualitätsentwicklungsvereinbarungen) abzuschließen. Die Vorschriften finden nicht nur auf freigemeinnützige und privat gewerbliche Träger von Einrichtungen Anwendung, sondern auch auf die Träger der öffentlichen Jugendhilfe selbst, so weit diese Einrichtungen betreiben. Damit sollen Transparenz im Leistungsangebot geschaffen und ein besserer Vergleich der verschiedenen Angebote und damit auch ein Wettbewerb ermöglicht werden. Die Entgelte sind vor Beginn der jeweiligen Periode für einen zukünftigen Zeitraum zu vereinbaren. Damit wurde das früher praktizierte Verfahren, das an der Deckung der tatsächlich entstandenen Selbstkosten der Einrichtung ausgerichtet war, abgelöst. Der Ausübung des Wunsch- und Wahlrechts im Einzelfall ist also der Abschluss von Verträgen der Anbieter mit dem örtlichen Jugendamt vorgelagert.

Die genannten Verträge sind mit den Leistungsanbietern abzuschließen, die unter Berücksichtigung der *Grundsätze der Leistungsfähigkeit, Wirtschaftlichkeit und Sparsamkeit* zur Erbringung der Leistung geeignet sind (§ 78 Abs. 2 SGB VIII). In der Fachliteratur besteht weitgehende Übereinstimmung, dass diejenigen Leistungsanbieter, die die gesetzlichen Voraussetzungen erfüllen, auch einen Anspruch auf Vertragsabschluss haben (Münder 2013 § 78b Rn.22).

Die (zu vereinbarenden) Entgelte *müssen leistungsgerecht* sein. Grundlage der Entgeltvereinbarung sind die in der Leistungs- und der Qualitätsentwicklungsvereinbarungen festgelegten Leistungs- und Qualitätsmerkmale (§ 78c Abs. 2 Satz 1 und 2 SGB VIII). Ob Vereinbarungen den Grundsätzen der Wirtschaftlichkeit, Sparsamkeit und Leistungsfähigkeit entsprechen, wird nach der Rechtsprechung der oberen Bundesgerichte durch einen *externen Vergleich* festgestellt: danach darf die verlangte Vergütung nicht höher sein als die Vergütungen anderer Leistungserbringer für vergleichbare Leistungen (Bundesverwaltungsgericht 1998). Für den Bereich der sozialen Pflegeversicherung hat das Bundessozialgericht seine Rechtsprechung inzwischen modifiziert und in einem ersten Prüfungsschritt die *Darlegung interner Gestehungskosten* in der Einrichtung verlangt. Ob diese neuere Rechtsprechung des Bundessozialgerichts auch auf das SGB VIII anwendbar ist, wird in der Fachliteratur wegen der unterschiedlichen Struktur der beiden Gesetze bezweifelt (Münder 2013 § 78 Rn. 18). Strittig ist auch nach wie vor, ob die Leistungsanbieter ihre Entstehungskosten offen legen müssen (Stähr 2013).

Nach dem Vorbild in anderen Sozialleistungsbereichen wurde zur Schlichtung von Streitfragen eine sachkundige, paritätisch besetzte Instanz, die so genannte *Schiedsstelle* geschaffen. Gegen deren Entscheidungen ist der Rechtsweg zu den Verwaltungsgerichten eröffnet (§ 78b SGB VIII).

Während die Praxis – mehr als zehn Jahre nach Inkrafttreten der Vorschriften – mit dem Abschluss und der Umsetzung der Leistung- sowie der Entgeltvereinbarungen offensichtlich keine größeren Schwierigkeiten hat – nur wenige Streitigkeiten kommen bei der Schiedsstelle an –, bestehen (immer noch) erhebliche Umsetzungsmängel beim Abschluss der *Qualitätsentwicklungsvereinbarungen* (Merchel 2006). Die Intentionen des Gesetzgebers scheinen in der Praxis bis heute nicht angekommen zu sein. Dazu mag auch die doppelte Verortung des Qualitätsbegriffs – nämlich sowohl in der Leistungsvereinbarung als auch in der Qualitätsentwicklungsvereinbarung – beigetragen haben. Deshalb wird eine Präzisierung durch den Gesetzgeber gefordert (Münder und Tammen 2003, S. 53).

3.3 Die Finanzierung der Tageseinrichtungen für Kinder (§ 74a)

Bei der Finanzierung von Tageseinrichtungen für Kinder sind die Länder von Anfang an unterschiedliche Wege gegangen. So kommen dort bis heute verschiedene Finanzierungsformen zum Einsatz, die von der trägerbezogenen Finanzierung genehmigter Plätze (Objektfinanzierung) über die Finanzierung belegter Plätze bis zur Entgeltfinanzierung nach individueller Bewilligung (gegebenenfalls unter Ausgabe von Gutscheinen) reichen. Dabei werden auch verschiedene Formen der Kofinanzierung von Ländern und Kommunen praktiziert. Schließlich beteiligt sich in den letzten Jahren auch der Bund an den Kosten der Kindertagesbetreuung. Da eine zweckgebundene Finanzierung seitens des Bundes im Hinblick auf die Finanzverfassung des Grundgesetzes nur in den engen Grenzen von so genannten Finanzhilfen für Investitionen nach Art. 104b GG möglich ist, haben sich Bund und Länder im Rahmen des Kinderförderungsgesetzes für die Realisierung des Rechtsanspruchs auf frühkindliche Förderung für Kinder, die das dritte Lebensjahr noch nicht vollendet haben, auf ein spezielles Modell der Mitfinanzierung des Bundes verständigt. So beteiligt sich der Bund an den Betriebskosten während der Ausbauphase und darüber hinaus durch einen Verzicht auf Anteile an der Umsatzsteuer im Wege des Vorwegabzugs (Art. 2 KiföG) und an den investiven Kosten über Finanzhilfen (Art. 3 KiföG) auf der Grundlage von Art. 104b GG, deren Einzelheiten in einer Verwaltungsvereinbarung geregelt sind (Art. 3 § 3 KiföG). Insgesamt gibt der Bund den Ländern bis 2014 fast 5,4 Milliarden Euro, um zusätzliche Plätze in Kitas und in der Kindertagespflege zu schaffen und ihren Betrieb zu finanzieren. Ab 2015 unterstützt der Bund den dauerhaften Betrieb der neu geschaffenen Kitaplätze mit jährlich 845 Millionen Euro.

Nachdem die Leistungen zur Förderung von Kindern in Tageseinrichtungen und in Tagespflege inzwischen weitestgehend als Rechtsansprüche ausgestaltet sind – zuletzt ist am 1. August 2013 der Rechtsanspruch auf frühkindliche Förderung für alle Kinder, die das erste Lebensjahr vollendet haben, in Kraft getreten – wäre nach der einhelligen Auffassung in der Fachliteratur auch im Bereich der Kindertagesbetreuung die Entgeltfinanzierung auf der Grundlage des sozialrechtlichen Dreiecksverhältnisses die gebotene Finanzierungsform. Dennoch ist es bis heute zu keiner bundesweiten Harmonisierung des Finanzierungsmodells – etwa nach der Struktur der §§ 78a ff. SGB VIII – gekommen.

Der Bundesgesetzgeber hat – im Gegenteil – vor dieser Rechtszersplitterung kapituliert und durch die Einfügung von § 74a im Rahmen des Tagesbetreuungsausbaugesetzes zum 1. Januar 2005 akzeptiert, dass die Finanzierung von Tageseinrichtungen durch das Landesrecht geregelt wird. Die mit der Regelung beabsichtigte Gleichstellung privat-gewerblicher Anbieter konnte aufgrund einer Intervention einzelner Bundesländer nicht erreicht werden (Wiesner 2012 § 74a Rn. 6). Damit bleibt die Frage einer bundesrechtlichen Harmonisierung der Finanzierung von Kindertageseinrichtungen weiterhin auf der (fach)politischen Agenda. Fachpolitisch sinnvoll und rechtlich geboten erscheint dabei ein Finanzierungsmodell auf der Grundlage der Subjektfinanzierung, wie es in einzelnen Bundesländern derzeit bereits praktiziert wird.

Literatur

Betz, T., Diller, A., & Rauschenbach, T. (Hrsg.). (2010). *Kita-Gutscheine. Ein Konzept zwischen Anspruch und Realisierung.* München: DJI Verlag.

Bundesministerium für Familie, Senioren, Frauen und Jugend (2013). *14. Kinder- und Jugendbericht Bundestags-Drucksache 17/12200.* Berlin.

Bundessozialgericht (2009). Entscheidung vom 29. 1. 2009 – B 3 P7/08 R – juris.

Bundesverwaltungsgericht (1998). Entscheidung vom 1. Dezember 1998 – 5 C 17. 97- juris.

Merchel, J. (2006). § 78 b als Instrument der Qualitätsentwicklung in der Erziehungshilfe? Zeitschrift für Kindschaftsrecht und Jugendhilfe. *ZKJ,* 2006, (S. 78–90).

Münder, J., Meysen T., & Trenczek, T. (Hrsg.). (2013). *Frankfurter Kommentar zum SGB VIII Kinder- und Jugendhilfe,* 7. Aufl. Baden-Baden: Nomos.

Münder, J., & Tammen, B. (2003). Die Vereinbarungen nach §§ 78a ff. SGB VIII. Eine Untersuchung von Leistungs-, Entgelt- und Qualitätsentwicklungsvereinbarungen. In Verein für Kommunikationswissenschaften e. V. & Arbeitsgemeinschaft für Erziehungshilfe (Hrsg.), Die Vereinbarungen nach §§ 78a ff. SGB VIII. Berlin.

Stähr, A. (2013). Offenlegung von Gestehungskosten. *Jugendamt,* 2013, (S. 132–136).

Wabnitz, R. J. (2010). Zur neuern Judikatur des Bundesverwaltungsgerichts betreffend die Förderung von Trägern der freien Jugendhilfe nach § 74 SGB VIII, Zeitschrift für Kindschaftsrecht und Jugendhilfe. *ZKJ,* 2010, (S. 99–103).

Wiesner, R. (Hrsg.). (2012). *Achtes Buch Sozialgesetzbuch, Kommentar,* 4. Aufl. München: Ch. Beck.

Reinhard Wiesner, Prof. Dr. jur. Dr. rer. soc. h. c., Rechtsanwalt, Ministerialrat a. D., Honorarprofessor an der Freien Universität Berlin – Fachbereich Erziehungswissenschaften und Psychologie, Vorsitzender der Fachkonferenz „Grundsatz- und Strukturfragen" des Deutschen Instituts für Jugendhilfe und Familienrecht. Arbeitsschwerpunkt: Recht der Kinder- und Jugendhilfe sowie angrenzende Gebiete.

Zivilgesellschaftliches Engagement

Wiebken Düx

Zusammenfassung

Eine demokratische Gesellschaft lebt vom aktiven Engagement ihrer Mitglieder. Ohne die Bereitschaft von Menschen, freiwillig und unbezahlt verantwortungsvolle Aufgaben im Gemeinwesen zu übernehmen, könnten viele gesellschaftlich wichtige Anliegen und Aufgaben nicht bewältigt werden. Für die Zukunft der Zivilgesellschaft ist es daher wichtig, dass sich immer wieder junge Menschen für ein Engagement in gemeinnützigen Organisationen finden. In Deutschland engagieren sich mehr als ein Drittel aller jungen Menschen im Alter zwischen 14 und 24 Jahren. Von einer unengagierten, am Gemeinwohl desinteressierten Jugend kann von daher keine Rede sein. Heranwachsende engagieren sich vor allem in der Kinder- und Jugendarbeit – und hier insbesondere in der Jugendverbandsarbeit. Sie ist seit jeher das klassische Einstiegsfeld für jugendliches Engagement. In diesem Beitrag wird nach der Diskussion des Engagementbegriffs zum einen das Engagement im Jugendalter sowie zum anderen die Jugendarbeit als Ort des Engagements beschrieben. Im Anschluss werden aktuelle gesellschaftliche Herausforderungen für die Kinder- und Jugendarbeit in Bezug auf die Gewinnung engagierter junger Menschen dargestellt. Ein Blick auf die Bedeutung zivilgesellschaftlichen Engagements für Bildung und Partizipation Heranwachsender schließt den Beitrag ab.

Schlüsselbegriffe

Zivilgesellschaftliches Engagement, Ehrenamt, Kinder- und Jugendarbeit, Jugendverbände, gesellschaftliche Partizipation, Bildung

In Deutschland genießt zivilgesellschaftliches Engagement seit einiger Zeit in zunehmendem Maße gesellschaftliche Beachtung. Mit Blick auf die Zukunftsfähigkeit moderner Gesellschaften wird insbesondere dem Engagement der jungen Generation
ein bedeutender Stellenwert zugeschrieben. Fragt man, wo sich junge Menschen typischerweise engagieren, erlangt die Kinder- und Jugendarbeit eine herausragende
Bedeutung.

Während in den offenen Angeboten der Kinder- und Jugendarbeit vielfach berufliche Fachkräfte und Honorarkräfte eingesetzt werden, sind in der verbandlichen
Jugendarbeit bis heute überwiegend freiwillig Engagierte tätig. Wenn von zivilgesellschaftlichem Engagement in der Kinder- und Jugendarbeit gesprochen wird, ist somit
in der Regel das Engagement in der verbandlichen Jugendarbeit gemeint. Die Jugendverbandsarbeit fußt bis heute auf dem Engagement von Jugendlichen und jungen Erwachsenen, die – so die klassische Verbandsbiographie – über Familie und Freunde als Teilnehmende und/oder Mitglieder zu den Aktivitäten der Jugendverbände
kommen und dann in diesen auch Aufgaben und Funktionen übernehmen – etwa
die Leitung einer Gruppe oder die Mitwirkung an organisatorischen Tätigkeiten. Im
Selbstverständnis der Jugendverbände ist das Engagement von Jugendlichen für Jugendliche bis heute ein konstitutives Merkmal.

Entsprechend dieses Selbstverständnisses sind Jugendverbände zentrale Orte des
Engagements junger Menschen. Wirft man einen Blick auf die Empirie zum Engagement im Feld der Kinder- und Jugendarbeit, so bestätigt sich, dass es hier im Vergleich zu anderen gesellschaftlichen Bereichen sehr viele junge Menschen gibt (vgl.
Gensicke und Geiss 2010). Das Alter der in der Jugendarbeit Engagierten ist nach
oben allerdings nicht begrenzt, es betätigen sich auch ältere Engagierte hier. Jugendliches Engagement und das Engagement in der Kinder- und Jugendarbeit sind demnach nicht gleichzusetzen, auch wenn sie sich zu großen Teilen überschneiden. Daher
werden nach der Klärung des Engagementbegriffs zum einen das zivilgesellschaftliche Engagement im Jugendalter und zum anderen das zivilgesellschaftliche Engagement in der Jugendarbeit dargestellt.

1   Vom Ehrenamt zum zivilgesellschaftlichen Engagement –
der Engagementbegriff in der Diskussion

Gegenwärtig verwendet die Engagementforschung noch keine einheitliche Terminologie. Eine allgemeingültige Definition steht noch aus. In der Debatte werden die Begriffe *Ehrenamt, freiwilliges, zivilgesellschaftliches* oder *bürgerschaftliches Engagement*
trotz konzeptioneller Differenzen gleichzeitig und zum Teil synonym gebraucht. Gemeinsam ist diesen Begriffen, dass sie – mit unterschiedlicher Akzentuierung – durch
die Kriterien Gemeinwohlorientierung, Freiwilligkeit, Unentgeltlichkeit und Öffentlichkeit bestimmt werden (vgl. WZB 2009). Termini wie Ehrenamt, freiwilliges, zivilgesellschaftliches oder bürgerschaftliches Engagement werden aber nicht nur in der

Wissenschaft verwandt, sondern sind zugleich *normative Leitbegriffe* und *Begründungsmuster* für das Engagement der Bürgerinnen und Bürger und betonen je unterschiedliche Aspekte dieses Engagements (vgl. Olk und Hartnuß 2011).

- *Ehrenamt* als älterer traditioneller Begriff ist auch heute noch in der Kinder- und Jugendhilfe, aber auch in den Bereichen Sport oder Rettungswesen, der „Oberbegriff für alle Ausdrucksformen des freiwilligen, unentgeltlichen und gemeinwohlorientierten Engagements" (Olk und Hartnuß 2011, S. 146). Das Engagement in der Jugendarbeit wurde klassischerweise stets als Ehrenamt bezeichnet. Ehrenamtliche Aktivität und das Selbstverständnis als Ehrenamtliche prägten die Entwicklung der Jugendarbeit und die Jugendverbandsgeschichte und markieren dort bis heute den Unterschied zwischen dem hauptberuflichen und dem ehrenamtlichen Personal. Die Ehrenamtlichen haben dabei oft weder ein Amt noch ist ihre Arbeit mit öffentlicher Ehre verbunden. Der Terminus Ehrenamt wird hier eher pragmatisch als Gegenbegriff zu *Hauptamt* im Kontext der Arbeitserbringung der Vereine und Verbände genutzt.
- Der Begriff *freiwilliges Engagement* betont die Freiwilligkeit des Engagements als Ausdruck individueller Motivation und eines individuellen Lebensstils. Dieses Engagementverständnis gewinnt in der Folge gesellschaftlicher Individualisierungs- und Pluralisierungsprozesse an Bedeutung und bezeichnet häufig moderne Formen des Engagements (vgl. Olk und Hartnuß 2011). Der Freiwilligensurvey, eine bundesweite repräsentative Längsschnitterhebung, die die Entwicklung des Engagements in Deutschland seit 1999 im 5-Jahres-Abstand beobachtet, verwendet den Begriff *Freiwilliges Engagement* in einem weiten Sinn, der ehrenamtliche Tätigkeiten einschließt und gleichzeitig neue Engagementformen zu erfassen versucht. So ist neben der freiwilligen, unentgeltlichen Betätigung in den klassischen Organisationsformen wie Verein und Verband auch das Engagement in Gruppen, Initiativen und Projekten einbezogen (vgl. Gensicke 2011).
- Der Terminus des *bürgerschaftlichen Engagements* wurde durch die Enquête-Kommission (2002) in Abgrenzung zum tradtionellen Ehrenamt eingeführt und ist eng mit dem Konzept der Zivilgesellschaft verbunden. Der Begriff wurde gewählt, um neue empirische Entwicklungen des Engagements sowie eine veränderte Sicht auf dieses Engagement der Bürger zu erfassen. In der politischen und wissenschaftlichen Debatte wird er häufig mit gesellschaftlicher und politischer Teilhabe sowie einer Stärkung der Demokratie assoziiert (vgl. WZB 2009).
- Mit Bezug auf den amerikanischen Terminus des „civic engagement" plädieren Priller et al. (2011) für den Begriff des *zivilgesellschaftlichen Engagements*. Auch dieser Begriff entstammt dem Zivilgesellschaftsdiskurs. Mit beiden Begriffen, bürgerschaftliches wie zivilgesellschaftliches Engagement, wird versucht, die vielfältigen Formen des gemeinwohlorientierten Engagements und der gesellschaftlichen Verantwortungsübernahme, politische Beteiligung *und* soziales Engagement in einem einheitlichen Begriff zu verbinden (vgl. Olk und Hartnuß 2011). In die-

sem Sinne soll der Begriff des zivilgesellschaftlichen Engagements auch in diesem Text verstanden werden.

Fragt man, wie die jungen Engagierten selbst ihre freiwillige unentgeltliche Mitarbeit in gemeinnützigen Organisationen begreifen, so zeigt sich im dritten Freiwilligensurvey, dass die Hälfte (51 Prozent) der 14- bis 30-Jährigen darunter Freiwilligenarbeit verstehen (gegenüber 42 Prozent aller Engagierten), 27 Prozent Ehrenamt (gegenüber 35 Prozent aller Engagierten), 7 Prozent bürgerschaftliches Engagement (gegenüber 9 Prozent aller Engagierten; vgl. Gensicke und Geiss 2010). Dabei behauptet sich die Bezeichnung Ehrenamt über die drei Wellen des Freiwilligensurvey hinweg mit erstaunlicher Stabilität. Demgegenüber spielt der Begriff des bürgerschaftlichen oder zivilgesellschaftlichen Engagements im Selbstverständnis der jungen Engagierten ebenso wie in der Praxis der Kinder- und Jugendarbeit nur eine marginale Rolle (vgl. Olk und Hartnuß 2011).

2   Zivilgesellschaftliches Engagement junger Menschen

2.1   Zur Bedeutung des Engagements im Jugendalter

In Deutschland engagieren sich dem dritten Freiwilligensurvey zufolge mehr als ein Drittel aller jungen Menschen im Alter zwischen 14 und 24 Jahren in gemeinnützigen Organisationen (35 Prozent; vgl. Gensicke und Geiss 2010). Von einer unengagierten, am Gemeinwohl desinteressierten Jugend kann von daher keine Rede sein. Jugendlichem Engagement wird heute sowohl große gesellschaftliche als auch individuelle Bedeutung zugeschrieben. Und auch für die gemeinnützigen Organisationen spielt es eine wichtige Rolle. Demnach können vom Engagement junger Menschen sowohl die Engagierten als auch die Organisationen des Engagements sowie unsere Gesellschaft profitieren.

Gesellschaftliche Bedeutung. In Demokratien, die auf der aktiven Beteiligung ihrer Mitglieder beruhen, erscheint das soziale und politische Engagement junger Menschen als ein Gradmesser für deren spätere aktive Teilhabe an der Gestaltung der Gesellschaft. Für den Bestand und die Weiterentwicklung einer demokratischen Zivilgesellschaft ist es erforderlich, dass immer wieder Engagierte nachwachsen. Um auch zukünftig Engagement in gemeinnützigen Organisationen als eine der Grundlagen der Zivilgesellschaft aufrechtzuerhalten, kommt demnach der Einbindung junger Menschen, der Förderung ihres Engagements und ihrer Bereitschaft, gesellschaftliche Verantwortung zu übernehmen, eine entscheidende Bedeutung zu (vgl. Enquete-Kommission 2002).

Individuelle Bedeutung. Darüber hinaus wird zivilgesellschaftlichem Engagement junger Menschen auch eine hohe individuelle Bedeutung zugeschrieben. Demnach bietet es Jugendlichen Möglichkeiten für erste eigene Erfahrungen in der Arbeit gesellschaftlicher Organisationen, für Bildungsprozesse, den Erwerb vielfältiger Kompetenzen sowie für Teilhabe, Mitbestimmung, Selbstorganisation und Interessenvertretung. Die Übernahme von Verantwortung für andere, für Inhalte oder Sachen erscheint heute als ein bedeutender Aspekt der sozialen Integration Heranwachsender in einer tendenziell desintegrativen Gesellschaft (vgl. Düx et al. 2008). Empirisch zeigt sich, dass das Engagement jungen Menschen einen wichtigen Schritt aus dem privaten in den öffentlichen Raum und damit eine Ausweitung ihres Erfahrungshorizonts und ihrer Handlungsmöglichkeiten über Schule und Familie hinaus ermöglicht (vgl. Buhl und Kuhn 2005). Neben Eltern und Freunden stellt soziales Engagement demzufolge eine von drei Säulen dar, die zu einer erfolgreichen Entwicklung, gesellschaftlicher Partizipation und sozialer Integration Heranwachsender beitragen können (vgl. Reinders 2005).

Die Bedeutung für die Organisationen. Ohne die Bereitschaft von Menschen, freiwillig und unbezahlt verantwortungsvolle Aufgaben in gemeinnützigen Organisationen zu übernehmen, könnten viele gesellschaftlich wichtige Anliegen und Aufgaben nicht bewältigt werden, da es dem Sozialstaat an entsprechenden Mitteln mangelt. Der ökonomische Wert dieser Tätigkeiten ist beträchtlich. Die Funktionsfähigkeit vieler gemeinwohlorientierter Organisationen – etwa der Wohlfahrtsverbände, der Jugendverbände oder der Sportvereine – hängt zu einem großen Teil von der Bereitschaft der Bevölkerung zu zivilgesellschaftlichem Engagement ab (vgl. Künemund und Schupp 2007).

2.2 Empirische Befunde zum Engagement im Jugendalter

Mittlerweile kann auf eine ganze Reihe von Forschungsergebnissen zum jugendlichen Engagement zurückgeblickt werden (vgl. Düx und Sass 2006). Grundsätzlich ist damit auf eine in den letzten Jahren – gerade durch die drei bundesweiten Freiwilligensurveys – erheblich verbesserte Datengrundlage zu verweisen, dennoch schwanken Angaben zum Umfang des Engagements sowie zur Verteilung auf Felder und Inhalte in den vorliegenden Studien stark. Je nach Fragestellung, Definition von Engagement, Erhebungsmethoden und gewählten Alterseinteilungen ergeben sich in den verschiedenen Untersuchungen sehr unterschiedliche Quoten der engagierten Jugendlichen.

Quantitativer Umfang des Engagements: Beim Vergleich unterschiedlicher repräsentativer bundesdeutscher Bevölkerungsumfragen zum Engagement der Altersgruppe der 14- bis 20-Jährigen kommt van Santen auf eine Bandbreite von 12 bis 40 Prozent Engagierter (vgl. van Santen 2005). In diesen Studien reicht die Fragestellung von freiwilligem – auch kurzzeitigem und projektgebundenem – Engagement bis hin zur Ausübung eines Amtes. Diese unterschiedlichen Zahlen weisen auf die Schwierigkeit der empirischen Erfassung des Engagements Jugendlicher hin (vgl. Düx 1999; Züchner 2006).

Nimmt man die Daten der drei Freiwilligensurveys als bislang umfangreichste Repräsentativerhebungen zum zivilgesellschaftlichen Engagement in Deutschland, so nehmen junge Menschen am stärksten von allen Altersgruppen an den Angeboten gemeinnütziger Organisationen, etwa in Sportvereinen oder Jugendverbänden, teil (77 Prozent aller 14- bis 24-Jährigen; 83 Prozent der 14- bis 19-Jährigen). Dem Dritten Freiwilligensurvey zufolge engagieren sich in Deutschland 35 Prozent aller jungen Menschen zwischen 14 und 24 Jahren (vgl. Gensicke und Geiss 2010). Damit ist die Engagementquote dieser Altersgruppe in den letzten zehn Jahren leicht gesunken, und zwar um zwei Prozentpunkte gegenüber 1999, während sie in nahezu allen anderen Altersgruppen, insbesondere bei den älteren Menschen, zugenommen hat. Demgegenüber ist aber die Engagementbereitschaft junger Menschen gestiegen, d. h. der Anteil derjenigen, die „bestimmt" oder „eventuell bereit" sind, sich zu engagieren, ist in dieser Altersgruppe auf knapp 50 Prozent angewachsen (vgl. Picot 2012).

Zeitlicher Umfang des Engagements: Fast drei Viertel aller Jugendlichen (73 Prozent) haben regelmäßige zeitliche Verpflichtungen im Engagement. Die Aufgaben, die sie wahrnehmen, sind zumeist unbefristet. 1999 sagen das 75 Prozent und 2009 sogar 78 Prozent der Jugendlichen. Allerdings zeigt sich bei jungen Menschen von 14 bis 24 Jahren ein deutlicher Rückgang im Hinblick auf den wöchentlichen Zeitumfang ihres Engagements. Gerade bei den Schülern sank – bei gleichbleibender Engagementquote – der wöchentliche Zeitaufwand für das Engagement stärker als bei jeder anderen Gruppe (vgl. Picot 2012).

Einstiegsalter: Eine jüngere Studie zum Engagement Jugendlicher weist auf ein frühes Einstiegsalter hin (vgl. Düx et al. 2008). Demzufolge hat fast die Hälfte aller früher Engagierten bereits vor dem 15. Lebensjahr Aufgaben in den Organisationen übernommen. Bis zum Alter von 16 Jahren sind nach eigenen Angaben bereits etwa 80 Prozent der Befragten engagiert. Wenn Jugendliche die Schule verlassen, sind die entscheidenden Weichen für die Übernahme eines Engagements in der Regel schon gestellt. Das heißt, dass sich in der Altersphase von 12 bis 16 Jahren entscheidet, ob Heranwachsende in den Organisationen bleiben und sich engagieren, oder ob ihre Beteiligung in den Organisationen an der Schwelle des Jugendalters endet.

Unterschiede im Engagement Jugendlicher: Innerhalb der Gruppe junger Menschen finden sich deutliche Unterschiede im Engagement. So ist deren Engagement in Deutschland beeinflusst von Alter, Geschlecht, formaler Bildung sowie sozialer, geografischer und ethnischer Herkunft:

- Obwohl sich im Schnitt deutlich mehr Männer (40 Prozent) als Frauen (32 Prozent) engagieren, ist in der jüngsten Altersgruppe, bei den 14- bis 19-Jährigen, das Engagement junger Frauen 2009 mit 37 Prozent stärker ausgeprägt als das der männlichen Jugendlichen (35 Prozent). Bei den 20- bis 24-Jährigen sind es dann aber nur noch 28 Prozent der jungen Frauen gegenüber 40 Prozent der jungen Männer (vgl. Gensicke und Geiss 2010). Bei Frauen dieser Altersgruppe scheint das Bemühen um die Vereinbarkeit von Beruf, Partnerschaft und Familiengründung zu Lasten des Engagements zu gehen.

- Zivilgesellschaftliches Engagement nimmt schon im Jugendalter mit dem Bildungsstatus zu und ist umso intensiver, je höher der Bildungsgrad ist. Im Jahr 2009 geht die Schere zwischen jungen Menschen mit niedrigem und denen mit hohem Bildungsstatus noch weiter auseinander als in den zehn Jahren zuvor: Nun sind nur noch 19 Prozent der Jugendlichen mit Hauptschulabschluss oder ohne Abschluss engagiert (1999: 35 Prozent) im Vergleich zu 44 Prozent mit Abitur oder mit Fachhochschulreife (1999: 40 Prozent). Von den Gymnasiasten engagieren sich 47 Prozent gegenüber 27 Prozent der Haupt- und Mittelschüler (vgl. ebd.).

- Gymnasialschüler sind somit zwar eine hoch engagierte Gruppe, doch unterscheidet sich ihre Engagement je nach Dauer der Schulzeit: Von den Schülern, die das Gymnasium nach acht Jahren abschließen (G8), engagieren sich mit einem Anteil von 41 Prozent deutlich weniger als von denen mit neun Jahren (G9: 51 Prozent). Einen erheblichen Unterschied im Hinblick auf die Engagement-Quote gibt es bei Schülern aller Schultypen, je nachdem, ob sie ganztags oder halbtags die Schule besuchen. Diejenigen, die ganztägig Unterricht haben, sind zu 31 Prozent engagiert gegenüber 39 Prozent der Schüler mit halbtägigem Unterricht. Im Vergleich zu 2004 ist die Zahl der engagierten Schüler mit Ganztagsunterricht weiter zurückgegangen. Insgesamt ist der Anteil der Engagierten bei den Schülern aber seit 1999 unverändert geblieben (vgl. Picot 2012).

- Während sich laut Freiwilligensurvey 2004 in Westdeutschland 38 Prozent und in Ostdeutschland 30 Prozent der 14- bis 24-Jährigen engagieren, nimmt seither das Engagement im Osten zu und im Westen ab. 2009 sind 32 Prozent dieser Altersgruppe in den neuen Bundesländern engagiert. Damit nähern sich die Engagementquoten in Ost und West an (vgl. Gensicke und Geiss 2010).

- Im Vergleich zu den deutschstämmigen Engagierten in der Altersgruppe der 14- bis 24-Jährigen findet sich im Freiwilligensurvey von 2009 mit 22 Prozent ein deutlich geringerer Anteil an Jugendlichen mit Migrationshintergrund, was nicht zuletzt auch mit ihrer im Schnitt geringeren schulischen Qualifikation zusammenhängt; die Gruppe der Jugendlichen mit niedrigem Bildungsstatus und die der jungen Menschen mit Migrationshintergrund überschneiden sich zu großen Teilen (vgl. Picot 2012).

- Weitere milieuspezifische Einflussfaktoren, die sich positiv auf das Engagement Heranwachsender auswirken, sind Merkmale wie ein großer Freundeskreis, stabile Wohnverhältnisse, die Mitgliedschaft in einer Organisation und die Religionszugehörigkeit.

Motive: Zivilgesellschaftliches Engagement junger Menschen entsteht insbesondere im Kontext des Elternhauses und in Gleichaltrigengruppen (vgl. Schmid 2005). Auslöser für den Beginn eines Engagements sind überwiegend Freunde und Bekannte, die Familie sowie eigenes Interesse. Als Motiv für das Engagement werden in vielen

Studien Freude an der Tätigkeit, das Bedürfnis nach Geselligkeit und Gemeinschaft, das Interesse an den Inhalten und Zielen der Organisation, der Wille zu gesellschaftlicher Mitgestaltung sowie der Wunsch, etwas Sinnvolles zu tun, genannt (vgl. Düx et al. 2008). Zudem prägt das Motiv, sich für einen zukünftigen Beruf zu qualifizieren, die jüngeren Jahrgänge stärker als andere Altersgruppen (25 Prozent der 14- bis 30-Jährigen; vgl. Picot 2012).

Inhalte des Engagements: Jugendliches Engagement beginnt häufig mit der Betreuung Jüngerer in den Organisationen, in denen sie selbst schon als Kinder oder Jugendliche eingebunden waren. Mit steigendem Alter kommen weitere Aufgaben hinzu. Die Organisation von Veranstaltungen bildet laut Freiwilligensurvey allgemein den Tätigkeitsschwerpunkt der Engagierten (64 Prozent). In der Altersgruppe der 14- bis 30-Jährigen betätigen sich hier 67 Prozent. Junge Menschen von 14 bis 30 Jahren sind auch häufig mit praktischen Arbeiten befasst (56 Prozent). Pädagogische Betreuung und Gruppenleitung sind für diese Altersgruppe weitere häufige Aktivitäten (47 Prozent) (vgl. Gensicke und Geiss 2010). Das Engagement junger Menschen wird in der Studie von Düx et al. (2008) typologisch nach vier Tätigkeitsgruppen unterschieden: „Organisieren" (44 Prozent), „Gruppenarbeit und Training mit Kindern und Jugendlichen" (25 Prozent), „Arbeit in Ausschüssen und Gremien" (14 Prozent) sowie „handwerklich-technische Arbeiten und praktische Hilfeleistungen" (15 Prozent).

Zielgruppen des Engagements: Kinder und Jugendliche sind im dritten Freiwilligensurvey die größte Zielgruppe der jungen Engagierten. Bei den unter 20-Jährigen Jahren ist das Engagement für Gleichaltrige bzw. nur wenig jüngere Personen – in der Regel in der Gruppenarbeit im Rahmen der Kinder- und Jugendarbeit – besonders hoch (60 Prozent). In der Altersgruppe der 20- bis 24-Jährigen sind es immerhin noch 53 Prozent, die sich für diese Zielgruppe betätigen.

Organisatorische Einbindung: Das Engagement junger Menschen findet – wie für die Gesamtheit der Engagierten – überwiegend in Vereinen und Verbänden statt, wobei in den zehn Jahren von 1999 bis 2009 eine Verschiebung des Engagements der 14- bis 24-Jährigen hin zu stärker selbstbestimmten Formen in Projekten, Initiativen und selbstorganisierten Gruppen festzustellen ist (1999: 11 Prozent; 2009: 18 Prozent; vgl. Picot 2012). Laut Shell-Studie 2010 sind 47 Prozent der befragten Jugendlichen in Vereinen aktiv, 22 Prozent im Bereich Schule/Hochschule, 16 Prozent in einer Kirchengemeinde, -gruppe, 15 Prozent in einem selbst organisierten Projekt, 12 Prozent in Jugendorganisationen (vgl. Shell Deutschland Holding 2010). Zu ähnlichen Befunden gelangt der Dritte Freiwilligensurvey. „Sport und Bewegung" bilden dabei den größten Bereich des Engagements Jugendlicher (12 Prozent aller 14- bis 24-Jährigen) vor den Kirchen (7 Prozent) und der Schule (6 Prozent). Im Bereich Jugend und Bildungsarbeit engagieren sich vier Prozent. In der Untersuchung von Düx et al. (2008) engagieren sich Jugendliche bis zu 22 Jahren überwiegend im kirchlichen Umfeld (22 Prozent der Engagierten), im Sport (21 Prozent), in den Rettungsdiensten (zwölf Prozent) und in Jugendverbänden (zehn Prozent). In allen Bereichen geben mindestens 50 Prozent der Engagierten an, auch in der Kinder- und Jugendarbeit tätig gewesen zu sein.

3 Zivilgesellschaftliches Engagement in der Jugendarbeit

Die Kinder- und Jugendarbeit hat eine lange Tradition der freiwilligen Teilnahme, der aktiven Teilhabe, der Mitbestimmung und Selbstorganisation Heranwachsender. Sie ist seit jeher das klassische Einstiegsfeld für jugendliches Engagement und gesellschaftliche Verantwortungsübernahme. Mit ihren freiwilligen, niedrigschwelligen Angeboten setzt sie ihrer Konzeption nach an den alltäglichen Bedürfnissen, den Freizeitinteressen sowie den selbst gewählten Bildungswünschen der Heranwachsenden an. Sie will ihren Adressaten mit unterschiedlichen Möglichkeiten der Teilnahme, der Mitgestaltung und Verantwortungsübernahme eine breite Palette von Gelegenheiten für Entwicklungs-, Sozialisations- und Bildungsprozesse eröffnen, die sich von anderen gesellschaftlichen Institutionen, vor allem der Schule, grundlegend unterscheiden.

3.1 Historische Entwicklung des Engagements in der Jugendarbeit

Jugendverbände als ein überwiegend ehrenamtliches Arbeitsfeld haben sich in den vergangenen hundert Jahren – neben Kommunen, Kirchen und Initiativen – zu einem zentralen Träger der Jugendarbeit in Deutschland entwickelt (vgl. Gängler 2002). Ehrenamtliche Mitarbeiterinnen und Mitarbeiter tragen die Jugendverbandsarbeit seit Bestehen der Verbände durch ihre Arbeit mit Kindern und Jugendlichen, durch die Übernahme von Leitungs-, Verwaltungs- und Organisationsaufgaben sowie durch jugend- und verbandspolitische Interessenvertretung. Zur Zeit des deutschen Kaiserreichs gingen Jugendverbände als Organisationen wert- und milieugebundenen sozialen Engagements aus den sozial-kulturellen Milieus jener Zeit und der mit diesen verbundenen Vereinskultur hervor. Ihre historischen Wurzeln liegen zum einen in der bürgerlichen und der sozialistischen Jugendbewegung, zum anderen in der Verbandsbildung im Rahmen der Jugendpflege (vgl. Giesecke 1981). Im Verlauf der Zeit haben sich die Formen des Engagements in den Jugendverbänden gewandelt. Zu Beginn waren Ehrenamtliche „reputierliche Erwachsene", insbesondere Männer. Im Gefolge der Jugendbewegung und ihrem Anspruch auf Selbstorganisation engagierten sich viele Jugendliche. Letztere waren vor allem im Bereich der pädagogischen Arbeit in Jugendgruppen und auf Fahrten aktiv. Demgegenüber übernahmen die Erwachsenen Verbandsfunktionen, Leitungsgremien, Organisations- und Führungsaufgaben sowie die Interessensvertretung nach außen. Als gemeinsame Rahmenbedingungen der Jugendverbandsarbeit lassen sich folgende Charakteristika nennen: Freiwilligkeit der Teilnahme und Mitarbeit, Milieunähe, Traditions- und Wertgebun-

denheit, Selbstorganisation und Mitbestimmung, Ehrenamtlichkeit bzw. zivilgesellschaftliches Engagement, vereinsmäßige Organisationsstrukturen und ebensolche
Finanzierung (vgl. Düx 1999).

3.2 Spezifische Charakteristika des Engagements in Jugendverbänden

Das Engagement im Jugendverband ist – im Unterschied zu vielen anderen Feldern
der Kinder- und Jugendhilfe – seit jeher kein karitatives für soziale Randgruppen
oder Notlagen, sondern für *normale* Jugendliche. Es unterscheidet sich vom Engagement in anderen gesellschaftlichen Bereichen nicht nur dadurch, dass hier nach wie
vor überwiegend ehrenamtlich gearbeitet wird und die Adressatengruppe ausschließlich aus Kindern und Jugendlichen besteht, sondern auch dadurch, dass die Engagierten selbst in ihrer Mehrheit Jugendliche und junge Erwachsene sind. Gegenüber
privaten Kontexten wie der jugendlichen Clique oder auch der Familie besteht in den
Jugendverbänden der Vorteil der gemeinsamen Zielsetzung und Programmatik, der
pädagogischen Begleitung durch Erwachsene, aber auch der Unterstützung durch begleitende Weiterbildungsangebote und vielfältige Kontaktmöglichkeiten.

Das Engagement in der Jugendverbandsarbeit zeichnet sich durch folgende inhaltliche Merkmale aus, die in den Verbänden unterschiedlich stark ausgeprägt sind:

- Freiwilligkeit der Teilnahme;
- Verantwortungsübernahme Jugendlicher für andere Personen, Inhalte und Aufgaben, durch die sie Erfahrungen konkreter Nützlichkeit sowie gesellschaftlicher
  Relevanz ihres Tuns machen können;
- Partizipation und Beteiligung an gemeinsamen Entscheidungsprozessen, wodurch demokratisches Handeln geübt und praktiziert werden kann;
- Frei- und Gestaltungsspielräume, die die Jugendlichen in den Jugendverbänden
  zum Ausprobieren, aber auch zum Mitbestimmen und zum selbst Organisieren
  vorfinden;
- die Gleichaltrigengruppe, die eine bedeutende Rolle für die Bereitschaft zum Engagement sowie für Interesse und Freude an der freiwilligen Tätigkeit spielt;
- Erfahrungslernen (learning by doing), bei dem Handeln und Lernen – anders als
  in der Schule – sehr eng verknüpft sind oder zusammenfallen;
- die Unterstützung durch erwachsene Mitarbeiter (vgl. Düx et al. 2008).

3.3   Empirische Befunde zum zivilgesellschaftlichen Engagement in der Jugendarbeit

Genaue, allgemeingültige und -akzeptierte Aussagen über die Anzahl der Engagierten in der Jugend(verbands)arbeit liegen trotz der Zunahme der Forschungsaktivitäten zum Thema Engagement in der Jugendarbeit nicht vor. Zwar gibt es für einzelne Jugendverbände repräsentative Untersuchungen, aber es existiert bisher keine vergleichend angelegte repräsentative Überblicksstudie zum Engagement in der Jugendarbeit. Angaben über den Anteil Ehrenamtlicher an der Gesamtzahl des Personals in der Kinder- und Jugendarbeit schwanken zwischen 78 und 90 Prozent, bzw. zwischen 250 000 und 1 Mio. Personen (vgl. Düx 1999).

Ein zentrales Problem ist dabei, dass Engagement nur schwer statistisch erfasst werden kann bzw. von den Jugendverbänden selbst auch nicht einheitlich erfasst wird. Viele direkt Befragte ordnen zudem ihr Engagement nicht unbedingt einem Jugendverband zu, sondern bspw. der örtlichen Kirchengemeinde oder dem örtlichen Sportverein, selbst wenn sie de facto an verbandlichen Angeboten aktiv beteiligt sind. Entsprechend treffen die in der Surveyforschung vorgegebenen Kategorien die Jugendverbandsarbeit nicht genau, so dass die Gesamtzahl der Engagierten hier nur annäherungsweise geschätzt werden kann (vgl. v. Santen 2005; Züchner 2006).

Beim Jugendsurvey (Gille et al. 2006) wird nach verschiedenen Organisationen differenziert, bei denen man Mitglied sein oder ehrenamtlich mitarbeiten kann, dabei können aber nicht alle Organisationen zweifelsfrei der Jugendarbeit zugeordnet werden. Ähnlich stellt sich dies auch bei den Shell-Jugendstudien dar (vgl. Shell Deutschland Holding 2010). Van Santen (2005) geht davon aus, dass sich jedes siebte Mitglied der verbandlichen Kinder- und Jugendarbeit innerhalb des Verbands engagiert. Nach Züchner (2006) geben 30 Prozent der verbandsorganisierten Jugendlichen an, ein ‚Amt‘ auszuüben, wobei fraglich ist, ob mit ‚Amt‘ auch andere Formen des Engagements wie etwa Gruppenleitung erfasst werden.

Auch der Freiwilligensurvey gibt hier keine ausreichende Antwort, da die vorgegebenen Aktivitätsbereiche keine eindeutige Zuordnung zur Jugendarbeit erlauben (vgl. Gensicke und Geiss 2010). Für den Bereich Jugendarbeit und Erwachsenenbildung wurde 2009 eine Engagementquote von 2,6 Prozent ermittelt (1999: 1,6 Prozent). Diese Quote dürfte für die Jugendarbeit de facto höher sein, da viele der im Freiwilligensurvey untersuchten Aktivitätsbereiche inhaltlich auch der Kinder- und Jugendarbeit bzw. bestimmten Jugendverbänden zugeordnet werden können. So finden sich in mehreren anderen Bereichen (Sport/Bewegung, Kultur/Musik, Freizeit/Geselligkeit, sozialer Bereich, Umwelt/Natur- und Tierschutz, Politik, Kirche/Religion sowie Rettungsdienst/Feuerwehr) auch Angebote der außerschulischen Kinder- und Jugendarbeit. Da diese aber nach den im Freiwilligensurvey zugrunde gelegten Bereichen und nicht nach dem Merkmal Kinder- und Jugendarbeit sortiert werden, sind die hieraus gewonnenen Daten für die Jugendarbeit nur als Näherungswerte nutzbar, da sie keine trennscharfe Zuordnung der Engagierten zu den Organisationen der Jugendarbeit zulassen (vgl. Düx et al. 2011).

Ein anderer Weg, um etwas über Anzahl und demografische Merkmale der in der Jugendarbeit Engagierten zu erfahren, ist die Erfassung über die Jugendleitercard, die *Juleica*. Diese wurde 1999 als bundesweit einheitlicher Qualifikationsnachweis für ehrenamtliche Mitarbeiter/innen in der Kinder- und Jugendarbeit eingeführt. Sie bescheinigt den Jugendleiter/innen eine verbindliche Ausbildung. Mit Stand September 2010 wurden seit der Einführung ca. 380 000 Karten ausgestellt. Im Jahresschnitt finden sich seit 2002 jeweils etwas über 100 000 gültige Juleicas (vgl. Pothmann und Sass 2011).

Insgesamt zeigt sich, dass die verschiedenen Bereiche des Engagements auch in der Jugendarbeit unterschiedlich stark ausgeprägt sind (besonders stark in Sport und Kirche), dass aber die Teilnahme Heranwachsender an Angeboten der Kinder- und Jugendarbeit in vielen Fällen auch zu zivilgesellschaftlichem Engagement führt. Gleichzeitig wird deutlich, dass gerade das Jugendalter eine Zeit hohen Engagements ist.

4   Herausforderungen und Ausblick

4.1   Herausforderungen

Jugendverbände sind funktional und konzeptionell auf das zivilgesellschaftliche Engagement junger Menschen angewiesen. Daher liegt es in ihrem Interesse, Heranwachsende zu gewinnen und längerfristig in ein Engagement einzubinden. Schon die normale alters- und lebensphasenbedingte Fluktuation der Engagierten ist in den Jugendverbänden recht hoch, so dass sich das Problem der Kontinuität der Arbeit und der Rekrutierung Ehrenamtlicher stets von neuem stellt. Das Ende der Schulzeit oder Ausbildung, Studienbeginn, Berufseinstieg, Partnerschaft oder Familiengründung sowie Ortswechsel und neue zeitliche Belastungen bedeuten häufig auch eine Beendigung des Engagements. Darüber hinaus betreffen gesellschaftliche Veränderungsprozesse das Engagement in der Kinder- und Jugendarbeit: die Verberuflichung und Verfachlichung der Kinder- und Jugendhilfe, die Auflösung traditioneller sozial-kultureller Milieus, wachsende Mobilität, Migrationsbewegungen sowie die demografische Entwicklung einer abnehmenden, alternden Bevölkerung wirken sich auf die Mitglieds- und Ehrenamtlichenstruktur aus. Die Freisetzung der Menschen aus traditionellen Bindungen, zunehmende Individualisierungs- und Pluralisierunsprozesse sowie die Konkurrenz alternativer Angebote der Freizeitgestaltung beeinflussen das Engagementverhalten vieler junger Menschen.

Obwohl sich in Deutschland ein hoher Anteil an zivilgesellschaftlich engagierten jungen Menschen sowie an einem Engagement interessierter Jugendlicher findet, fehlt in manchen Jugendverbänden der Nachwuchs an freiwilligen Mitarbeitern, so dass von einer Überalterung der Engagierten die Rede ist. Die Bemühungen der Verbände um ehrenamtlichen Nachwuchs sowie die Diskussionen der letzten Jahre weisen auf strukturelle Probleme hin, auf die sie reagieren müssen:

Demografische Entwicklung. Die Zahl der Kinder und Jugendlichen geht – insbesondere im ländlichen Raum – spürbar zurück. Dies wird voraussichtlich auch zu Rückgängen beim jugendlichen Potenzial für zivilgesellschaftliches Engagement führen. Dadurch könnte es unter den Organisationen zu einem verstärkten Wettbewerb um junge Menschen kommen.

Migration. Die Organisationen suchen ehrenamtlichen Nachwuchs, der sich mit ihren Zielen und Werten identifiziert und diese an Heranwachsende weitergibt. Durch die wachsende Zahl von Kindern und Jugendlichen mit Migrationserfahrung kommen auf die Anbieter der Jugendarbeit neue Herausforderungen zu. Dabei geht es auf der individuellen Ebene um die Frage, wie die Zugänge für junge Menschen mit Migrationshintergrund zu den Angeboten der Jugendverbände und damit auch zu einem Engagement verbessert werden können, da diese die Angebote bislang noch vergleichsweise selten nutzen. Auf der strukturellen Ebene stellt sich die Herausforderung, die Potenziale der Selbstorganisation zu unterstützen und infolgedessen das Engagement in den Migrantenjugendselbstorganisationen nicht nur zu fördern, sondern diese in die gesamte Verbandsstruktur bzw. in die Stadt- und Kreisjugendringe zu integrieren (vgl. Düx 2011).

Heterogene Milieus. Auch wenn sich aus der Gruppe der Mitglieder immer noch viele Engagierte gewinnen lassen, nehmen die stabilen traditionellen Milieus ab, die durch eine gewisse Einheitlichkeit von Inhalten, Werten und Stilen gekennzeichnet sind und sich darüber auch bestimmten Jugendorganisationen verbunden fühlen. Angesichts der anhaltend hohen Migrationszahlen sowie der zunehmenden gesellschaftlichen Mobilität wächst die Vielfalt und Heterogenität hinsichtlich der ethnischen Herkunft und der lokalen Einbindung junger Menschen ebenso wie hinsichtlich der kulturellen und religiösen Wurzeln. Heute sprechen Jugendverbände nur noch Teile der jugendlichen Milieus, Szenen, Kulturen und Cliquen an (vgl. Wippermann und Calmbach 2007). Eine an homogenen Milieus ausgerichtete Jugendarbeit muss sich auf diese veränderte Ausgangslage einstellen und auf die damit verbundene Heterogenität konzeptionell reagieren. Bleiben die Jugendverbände ihrer traditionellen Selbstergänzungslogik verhaftet, so finden damit nicht korrespondierende Milieus, junge Menschen mit Migrationshintergrund oder bildungsferne bzw. sozial benachteiligte Jugendliche auch weiterhin nur in Ausnahmefällen einen Zugang zu einem Engagement in der Kinder- und Jugendarbeit.

Ungleiche Teilhabechancen. Die Daten unterschiedlicher Studien belegen, dass sich im Jugendalter überwiegend sozial gut integrierte deutsche Jugendliche mit höherer Schulbildung engagieren. Der Zugang zum Engagement sowie die Art des Engagements korrespondieren mit den sozialen Ressourcen und den kulturellen Interessen im Elternhaus. Dabei ist bereits die Mitgliedschaft in einem Verein oder einer Organisation, oft die Voraussetzung für ein Engagement, abhängig vom Bildungsstatus. Jugendliche aus sozial unterprivilegierten, partizipations- und bildungsfernen

Bevölkerungsgruppen sind im Engagement unterrepräsentiert und damit zu einem großen Teil von den hier möglichen Lernerfahrungen, sozialen Kontakten und Kompetenzgewinnen ausgeschlossen (vgl. Düx et al. 2008; Gensicke und Geiss 2010). Insoweit stellt sich künftig vermehrt die Herausforderung, systematisch Strategien zu entwickeln, die solchen „Exklusionsprozessen" entgegenwirken. Bislang existieren noch kaum Modelle und Strategien, wie bildungsferne junge Menschen, die keine persönlichen Bezüge zu Angeboten der Kinder- und Jugendarbeit haben, erreicht werden können.

Konkurrenz alternativer Angebote. Jugendverbände sind heute in Bezug auf Freizeitangebote für Heranwachsende nur noch ein Veranstalter unter vielen, kommerziellen wie nicht-kommerziellen. Zudem hat der rasante Wandel des Medienangebots das Freizeitverhalten Heranwachsender in den letzten Jahren stark verändert. Insofern wird es für die Jugendorganisationen schwieriger, Kinder und insbesondere Jugendliche anzusprechen und für ein Engagement zu gewinnen.

Zeitverdichtung der Jugendphase. Darüber hinaus scheint mit der Zunahme von Ganztagsschulen ein Konkurrenzproblem hinsichtlich der freien Zeit Heranwachsender zu entstehen. Die Verlängerung der Unterrichtszeit bis in die Nachmittagsstunden verringert in der Woche die frei verfügbare Zeit von Schülern. Zudem haben sich für viele junge Menschen die Ausbildungszeiten in Schule und Studium verkürzt. Die sich insgesamt abzeichnende Verdichtung und Verkürzung der formalen Bildung hat dazu geführt, dass die Zeitressourcen junger Menschen stärker als noch vor einigen Jahren durch die Bildungseinrichtungen gebunden werden. Das bleibt nicht ohne Auswirkungen auf das zivilgesellschaftliche Engagement. So liefern inzwischen empirische Studien Hinweise, dass die Ausweitung der Ganztagsschulen sowie die Verkürzung der gymnasialen Schulzeit von neun auf acht Jahre zulasten des Engagements Jugendlicher gehen. Eine Zunahme schulinterner Engagementformen lässt sich demgegenüber bisher nicht erkennen. Auch gibt es erste Anzeichen dafür, dass die verkürzten und stärker verpflichtenden Bachelor- und Masterstudiengänge sich negativ auf ein Engagement auswirken (vgl. Autorengruppe Bildungsberichterstattung 2010; Gensicke und Geiss 2010).

Zudem macht sich eine Tendenz bemerkbar, dass Jugendliche sich nicht mehr langfristig binden wollen, sondern eher bereit sind, sich an zeitlich begrenzten Projekten und Events zu beteiligen und kurzfristig Verantwortung zu übernehmen (vgl. Wippermann und Calmbach 2007). Wenn sich die Jugendphase in den kommenden Jahren weiter verdichtet, dann kann jugendliches Engagement nicht einfach durch ein altersmäßiges Vorziehen der Zielgruppe aufgefangen werden. Es braucht vor allem die älteren Jugendlichen, die in der Jugendarbeit sozialisiert wurden, um die Kontinuität der Arbeit über Jugendgenerationen hinweg zu sichern (vgl. Rauschenbach et al. 2010).

Verfachlichung und Professionalisierung. Jugendverbandsarbeit ist zwar nach wie vor ein ehrenamtlich geprägtes Arbeitsfeld, dennoch benötigt Engagement aufgrund komplexerer Rahmenbedingungen sowie gestiegener pädagogischer, fachlicher und

organisatorischer Anforderungen in zunehmendem Maß eine berufliche Unterstützung. Ein ausschließlich ehrenamtliches Engagement wird es in Anbetracht einer
weiterhin unter Verfachlichungs- und Professionalisierungsdruck stehenden Kin-
der- und Jugendarbeit immer weniger geben. Das Freiwilligenmanagement der Jugendverbände verlangt nach einer Ergänzung durch berufliche Fachkräfte, zu deren
Aufgaben auch die Gewinnung, Bindung und Weiterbildung der Engagierten gehört.
Ohne eine Mindestausstattung an beruflichem Personal sind die gesamten Strukturen einer ehrenamtlich organisierten Kinder- und Jugendarbeit in ihrem Bestand, in
ihrer Leistungsfähigkeit und ihrer Funktionalität gefährdet. Um das große Potenzial
gesellschaftlichen Engagements bei jungen Menschen auch in Zukunft zur Geltung
zu bringen, bedarf es einer weiterentwickelten und ausgebauten personellen Infrastruktur einer fachlichen Kinder- und Jugendarbeit (vgl. Rauschenbach et al. 2010).

Internet. Mehr und mehr gewinnt auch das Internet für das Engagement an Bedeutung. Wie einschlägige Studien zeigen, kommunizieren junge Menschen zunehmend über das Internet und verbringen damit immer mehr Zeit (vgl. MPFS 2010;
Shell Deutschland Holding 2010). Die häufig vertretene Annahme, die wachsende
Präsenz junger Menschen im Netz könnte sich negativ auf das Engagement auswirken, lässt sich empirisch nicht nachweisen. Zwischen engagierten und nicht engagierten Jugendlichen sind einer aktuellen Studie zufolge keine nennenswerten Unterschiede in Art, Dauer und Intensität der Internetnutzung zu beobachten (vgl.
Begemann et al. 2011).

Auch in der Jugendarbeit hat das neue Medium inzwischen Einzug gehalten. Zurzeit haben fast alle Vereine eine eigene Homepage, die meisten Jugendverbände eine
Online-Datenbank. Doch anders als die Jugendlichen nutzen die Organisationen
der Kinder- und Jugendarbeit das breite Spektrum an neuen kreativen Optionen des
Web 2.0 bislang noch wenig und erst in Ansätzen. Anscheinend haben die Jugendverbände das „Medium Internet" noch nicht als einen Ort des Engagements entdeckt
(vgl. Deppe 2011). Wenn sie auch weiterhin junge Menschen erreichen und ins Engagement einbinden wollen, werden sie aber auf Dauer nicht umhin können, sich stärker als bisher ins Netz einzubringen und die klassischen Formen des Engagements
vor Ort durch neue Formen sozialen Engagements im Netz zu ergänzen (Stichwort
„Online-Volunteering" und „Online-Campaigning").

4.2   Ausblick: Bildung und gesellschaftliche Partizipation
durch zivilgesellschaftliches Engagement

In den letzten Jahren lässt sich ein wachsendes wissenschaftliches Interesse an der
Bedeutung zivilgesellschaftlichen Engagements für Entwicklung, Bildung und gesellschaftliche Partizipation Jugendlicher feststellen (vgl. Buhl und Kuhn 2005; Düx
et al. 2008). In Wissenschaft, Politik und den Organisationen des Engagements wird
allgemein davon ausgegangen, dass das Engagement Jugendlicher Lern- und Bil-

dungsprozesse, insbesondere sozialer Art, sowie das Hineinwachsen in demokratische Spielregeln befördert (vgl. Enquete-Kommission 2002). So sind die Themen Bildung, Demokratielernen und Kompetenzerwerb durch Engagement zunehmend in den Blick der empirischen Forschung geraten (vgl. Fauser et al. 2006; Düx et al. 2008; Reinders 2014). Hofer und Buhl (2000) kommen bei der Sichtung empirischer Studien zum Einfluss sozialen Engagements auf die Persönlichkeitsentwicklung Jugendlicher zu dem Befund, dass trotz der Heterogenität der Forschungsergebnisse von positiven Einflüssen ausgegangen werden kann.

Die Studie von Düx et al. (2008) weist darauf hin, dass im Engagement Heranwachsender neben sozialen und persönlichkeitsbildenden Eigenschaften und Fähigkeiten insbesondere Organisations-, Leitungs- und Teamkompetenzen entwickelt und vertieft werden. Anders als in der Schule wird überwiegend durch konkretes Handeln gelernt. Die in § 11 des SGB VIII definierte Aufgabe der Jugendarbeit, junge Menschen zu Selbstbestimmung und gesellschaftlicher Mitverantwortung sowie zu sozialem Engagement zu befähigen, scheinen die Jugendverbände weitgehend zu erfüllen (vgl. Düx 2014). Sie fungieren demnach als Ermöglichungsräume, in denen Heranwachsende befähigt werden, gesellschaftliche Verantwortung zu übernehmen und damit an der Gestaltung der Gesellschaft teilzuhaben. Zudem zeigte sich ein signifikanter Zusammenhang des jugendlichen Engagements mit der gesellschaftlichen Beteiligung im Erwachsenenalter: Wer als Jugendlicher gesellschaftliche Verantwortung durch ein Engagement übernimmt, macht dies mit großer Wahrscheinlichkeit auch als Erwachsener (vgl. Düx et al. 2008). Damit kann das Engagement junger Menschen wesentlich zum Fortbestand einer zivilen demokratischen Gesellschaft beitragen.

Fazit. Zivilgesellschaftliches Engagement in der Jugendarbeit eröffnet jungen Menschen durch die Verknüpfung gesellschaftlicher Verantwortungsübernahme mit individuellen Lernprozessen besondere Chancen und Freiräume für die Entwicklung vielfältiger Kenntnisse und Fähigkeiten, die für eine eigenständige und sozial verantwortliche Lebensführung sowie die demokratische Beteiligung unabdingbar sind, in schulischen Settings jedoch kaum vorkommen (vgl. Düx et al. 2008). Doch muss die Kinder- und Jugendarbeit angesichts des sozialen und demografischen Wandels, der zeitlichen Verdichtung der Jugendphase, der vielfältigen Konkurrenz anderer Freizeit- und Bildungswelten neue Wege finden, wie sie eine kulturell und sozial heterogener werdende Gruppe von jungen Menschen auch in Zukunft ansprechen und für ein zivilgesellschaftliches Engagement gewinnen kann.

Literatur

Autorengruppe Bildungsberichterstattung (Hrsg.). (2010). *Bildung in Deutschland 2010. Ein indikatorengestützter Bericht mit einer Analyse zu Perspektiven des Bildungswesens im demografischen Wandel.* Bielefeld: Bertelsmann.

Begemann, M.-C., Bröring, M., Düx, W., & Sass, E. (2011). *Jugendliche Aktivitäten im Wandel. Gesellschaftliche Beteiligung und Engagement in Zeiten den Web 2.0.* Dortmund: Forschungsverbund DJI-TU Dortmund.

Deppe, J. (2011). Internet. In T. Olk & B. Hartnuß (Hrsg.), *Handbuch Bürgerschaftliches Engagement* (S. 661–672). Weinheim, Basel: Juventa.

Buhl, M., & Kuhn, H.-P. (2005). Erweiterte Handlungsräume im Jugendalter: Identitätsentwicklung im Bereich gesellschaftlichen Engagements. In B. Schuster, H.-P. Kuhn & H. Uhlendorf (Hrsg.), *Entwicklung in sozialen Beziehungen. Heranwachsende in ihrer Auseinandersetzung mit Familie, Freunden und Gesellschaft* (S. 217–237). Stuttgart: Lucius.

Düx, W. (1999). *Das Ehrenamt im Jugendverband. Ein Forschungsbericht.* Frankfurt a. M.: Eigenverlag des Deutschen Vereins für öffentliche und private Fürsorge.

Düx, W. (2011). Gesellschaftliches Engagement von Kindern und Jugendlichen. *Forschungsjournal Soziale Bewegungen. Analysen zu Demokratie und Zivilgesellschaft.* 24 (3), (S. 65–70).

Düx, W., & Sass, E. (2006). Lernen in informellen Settings. Ein Forschungsprojekt der Universität Dortmund und des DJI. In C. J. Tully (Hrsg.), *Lernen in flexibilisierten Welten. Wie sich das Lernen der Jugend verändert* (S. 201–218). Weinheim, München: Juventa.

Düx, W., Prein, G., Sass, E., & Tully, C. J. (2008). *Kompetenzerwerb im freiwilligen Engagement.* Wiesbaden: VS Verlag für Sozialwissenschaften.

Düx, W., Rauschenbach, T., & Züchner, I. (2011). Bürgerschaftiches Engagement in der Jugendarbeit. In T. Olk & B. Hartnuß (Hrsg.), *Handbuch Bürgerschaftliches Engagement* (S. 329–341). Weinheim, Basel: Juventa.

Düx, W. (2014). Selbstvertrauen, Empathie und Weltgewandtheit. Gemeinnützige Organisationen als Lernfeld für die Bürgergesellschaft. *Schüler. Wissen für Lehrer. Engagement und Partizipation,* (S. 44–45).

Enquete-Kommission (2002). *„Zukunft des bürgerschaftlichen Engagements".* Deutscher Bundestag. Bericht. *Bürgerschaftliches Engagement: auf dem Weg in eine zukunftsfähige Bürgergesellschaft,* Schriftenreihe. Band 4. Opladen: Leske & Budrich.

Fauser, K., Fischer, A., & Münchmeier, R. (2006). *Jugendliche als Akteure im Verband. Ergebnisse einer empirischen Untersuchung der Evangelischen Jugend,* Band 1. Opladen, Farmington Hills: Barbara Budrich.

Gängler, H. (2002). Jugendverbände. In W. Schröer, N. Struck & M. Wolff (Hrsg.), *Handbuch Kinder- und Jugendhilfe* (S. 581–593). Weinheim, München: Juventa.

Gensicke, T. (2011). Freiwilligensurvey. In T. Olk & B. Hartnuß (Hrsg.), *Handbuch Bürgerschaftliches Engagement* (S. 691–704). Weinheim, Basel: Juventa.

Gensicke, T., & Geiss, S. (2010). *Hauptbericht des Freiwilligensurveys 2009. Zivilgesellschaft, soziales Kapital und freiwilliges Engagement in Deutschland 1999 – 2004 – 2009.* Berlin: BMFSFJ.

Giesecke, H. (1981). *Vom Wandervogel bis zur Hitlerjugend. Jugendarbeit zwischen Politik und Pädagogik.* München: Juventa.

Gille, M., Sardei-Biermann, S., Gaiser, W., & de Rijke, J. (2006). *Jugendliche und junge Erwachsene in Deutschland. Lebensverhältnisse, Werte und gesellschaftliche Beteiligung 12- bis 29-Jähriger. DJI-Jugendsurvey.* Band 3. Wiesbaden: VS Verlag für Sozialwissenschaften.

Hofer, M., & Buhl, M. (2000). Soziales Engagement Jugendlicher: Überlegungen zu einer technologischen Theorie der Programmgestaltung. In H.-P. Kuhn, H. Uhlendorf & L. Krappmann (Hrsg.), *Sozialisation zur Mitbürgerlichkeit* (S. 95–111). Opladen: Leske & Budrich.

Konsortium Bildungsberichterstattung (Hrsg.). (2006). *Bildung in Deutschland. Ein indikatorengestützter Bericht mit einer Analyse zu Bildung und Migration.* Bielefeld: Bertelsmann.

Künemund, H., & Schupp J. (2007). Konjunkturen des Ehrenamts – Diskurse und Empirie. Berlin: Deutsches Institut für Wirtschaftsforschung (DIW). SOEPpapers on Multidisciplinary Panel Data Research No. 22. http://www.diw.de/soeppapers.pdf. Zugegriffen: 10. November 2011.

Medienpädagogischer Forschungsverbund Südwest [MPFS] (Hrsg.). (2010). *JIM-Studie 2010. Jugend, Information, (Multi-)Media. Basisuntersuchung zum Medienumgang 12- bis 19-Jähriger.* Stuttgart: mpfs.

Olk, T., & Hartnuß, B. (2011). Bürgerschaftliches Engagement. In T. Olk & B. Hartnuß (Hrsg.), *Handbuch Bürgerschaftliches Engagement* (S. 145–162). Weinheim, Basel: Juventa.

Picot, S. (2012). *Jugend in der Zivilgesellschaft. Freiwilliges Engagement Jugendlicher im Wandel.* Gütersloh: Bertelsmann.

Pothmann, J., & Sass, E. (2011). *Juleica-Report 2011. Lebenslagen und Engagement von Jugendleiterinnen und Jugendleitern.* Hrsg. vom Deutschen Bundesjugendring. Schriftenreihe 51. Reinheim: DBJR.

Rauschenbach, T., Borrmann, S., Düx, W., Liebig, R., Pothmann, J., & Züchner, I. (2010). *Lage und Zukunft der Kinder- und Jugendarbeit in Baden-Württemberg. Eine Expertise.* Stuttgart: Landeszentrale für politische Bildung.

Reinders, H. (2005). *Jugend. Werte. Zukunft. Wertvorstellungen, Zukunftsperspektiven und soziales Engagement im Jugendalter.* Hrsg. von der Landesstiftung Baden-Württemberg. Stuttgart: Selbstverlag.

Reinders, H. (2014). *Jugend – Engagement – Politische Sozialisation. Gemeinnützige Tätigkeit und Entwicklung in der Adoleszenz.* Wiesbaden: Springer VS.

Shell Deutschland Holding (Hrsg.). (2010). *Jugend 2006. Eine pragmatische Generation behauptet sich.* Frankfurt a. M.: Fischer Taschenbuch Verlag.

Schmid, C. (2005). Die Sozialisation von sozialem und politischem Engagement in Elternhaus und Gleichaltrigenwelt. In B. Schuster, H.-P. Kuhn & H. Uhlendorf (Hrsg.), *Entwicklung in sozialen Beziehungen. Heranwachsende in ihrer Auseinandersetzung mit Familie, Freunden und Gesellschaft* (S. 239–258). Stuttgart: Lucius.

van Santen, E. (2005). Ehrenamt und Mitgliedschaften bei Kindern und Jugendlichen. Eine Übersicht repräsentativer empirischer Studien. In T. Rauschenbach & M. Schilling (Hrsg.), *Kinder- und Jugendhilfereport II* (S. 175–202). Weinheim, München: Juventa.

Wippermann, C., & Calmbach, M. (2008). Sinus-Milieustudie U27. *Wie ticken Jugendliche? Lebenswelten von katholischen Jugendlich und jungen Erwachsenen. Grundorientierung, Vergemeinschaftung, Engagement, Einstellung zu Religion/Kirche vor dem Hintergrund des Sinus-Milieus® 2007.* Sozialwissenschaftliche Lebensweltanalysen von Sinus Sociovision im Auftrag vom Bund der Katholischen Jugend und MISEREOR (Hrsg.). Düsseldorf und Aachen: Haus Altenberg.

Wissenschaftszentrum Berlin für Sozialforschung [WZB]: Projektgruppe Zivilengagement: Alscher, M., Dathe, D., Priller, E., & Speth, R. (2009). *Bericht zur Lage und zu den Perspektiven des bürgerschaftlichen Engagements in Deutschland.* Hrsg. vom BMFSFJ. Berlin: BMFSFJ.

Züchner, I. (2006). Mitwirkung und Bildungseffekte in Jugendverbänden – ein empirischer Blick. *deutsche jugend,* 54 (5), (S. 201–209).

Wiebken Düx, Diplompädagogin, bis 2010 wissenschaftliche Mitarbeiterin des Forschungsverbunds Deutsches Jugendinstitut/Technische Universität Dortmund, Fakultät 12 Erziehungswissenschaft und Soziologie der Technischen Universität Dortmund. Aktuelle Forschungsschwerpunkte: Bildung, informelles Lernen, Jugendarbeit, Jugendverbände, Zivilgesellschaftliches Engagement/Ehrenamt.

Der Zusammenschluss der Kinder- und Jugendhilfe auf der Bundesebene – die Arbeitsgemeinschaft für Kinder- und Jugendhilfe – AGJ

Peter Klausch und Norbert Struck

Zusammenfassung

Am Beispiel der Arbeitsgemeinschaft für Kinder- und Jugendhilfe – AGJ wird dieser Beitrag grundsätzliche strukturelle und fachliche Prinzipien der Zusammenarbeit und Verfasstheit der Kinder- und Jugendhilfe in Deutschland herausarbeiten und darstellen. Zugleich bieten wir damit auch Einblicke in die Infrastruktur der Kinder- und Jugendhilfe auf der Bundesebene. Aus der organisationspolitischen Perspektive des bundeszentralen Zusammenschlusses der freien und öffentlichen Kinder- und Jugendhilfe, werden, ausgehen von historischen Bezügen und fachpolitischen Entwicklungen, Aufgabe, Funktion und Arbeitsweise der AGJ, zentrale Strukturen der Träger der freien und öffentlichen Jugendhilfe und damit verbundener Organisationsformen, Rechtsgrundlagen der Kinder- und Jugendhilfe, die Fachlichkeit der Handlungs- und Arbeitsfelder sowie Formen und Herausforderungen der Weiterentwicklung und der Verbesserung der Praxisbedingungen der Kinder- und Jugendhilfe erörtert. Ausgangspunkt und zugleich Zielperspektive aller strukturellen und fachpolitischen Betrachtungen sind hierbei immer die Lebenslagen und Lebenswelten von Kindern, Jugendlichen und ihren Familien im Sinne der Entwicklung von individueller Handlungsbefähigung und struktureller Verwirklichungsgerechtigkeit als Grundlage für „Gerechtes Aufwachsen".

Schlüsselwörter

Arbeitsgemeinschaft der Obersten Jugend- und Familienbehörden der Länder, Arbeitsgemeinschaft für Kinder- und Jugendhilfe – AGJ, Bundesarbeitsgemeinschaft Landesjugendämter, Fachöffentlichkeit, Fachorganisationen der Jugendhilfe, freie und öffentliche Jugendhilfe, Jugend(hilfe)politik, Jugendverbände, Landesjugendringe, Netzwerk, Pluralität, Politikberatung, Personal und Qualifizierung, Querschnittspolitik, Spitzenverbände der Freien Wohlfahrtspflege

Am Beispiel der Arbeitsgemeinschaft für Kinder- und Jugendhilfe – AGJ wird dieser Beitrag grundsätzliche strukturelle und fachliche Prinzipien der Zusammenarbeit und Verfasstheit der Kinder- und Jugendhilfe in Deutschland herausarbeiten und darstellen. Zugleich bieten wir damit auch Einblicke in die Infrastruktur der Kinder- und Jugendhilfe auf der Bundesebene. Aus der organisationspolitischen Perspektive des bundeszentralen Zusammenschlusses der freien und öffentlichen Kinder- und Jugendhilfe, werden, ausgehend von historischen Bezügen und fachpolitischen Entwicklungen, Aufgabe, Funktion und Arbeitsweise der AGJ, zentrale Strukturen der Träger der freien und öffentlichen Jugendhilfe und damit verbundener Organisationsformen, Rechtsgrundlagen der Kinder- und Jugendhilfe, die Fachlichkeit der Handlungs- und Arbeitsfelder sowie Formen und Herausforderungen der Weiterentwicklung und der Verbesserung der Praxisbedingungen der Kinder- und Jugendhilfe erörtert. Ausgangspunkt und zugleich Zielperspektive aller strukturellen und fachpolitischen Betrachtungen sind hierbei immer die Lebenslagen und Lebenswelten von Kindern, Jugendlichen und ihren Familien im Sinne der Entwicklung von individueller Handlungsbefähigung und struktureller Verwirklichungsgerechtigkeit als Grundlage für ›Gerechtes Aufwachsen‹.

Zur Geschichte der AGJ

Die AGJ gründete sich, zunächst unter dem Namen Arbeitsgemeinschaft für Jugendpflege und Jugendfürsorge (AGJJ), am 20. Mai 1949 in Rothenburg o. d. T. In der Präambel zur vorläufigen Ordnung wurde formuliert:

> „Die Träger der Jugendpflege und Jugendfürsorge in den deutschen Ländern […] haben die Absicht, sich zur Förderung der Jugendhilfe in einer Arbeitsgemeinschaft zusammen zu schließen. Es sind deshalb Vertreter der Jugendverbände und Landesjugendringe, der Spitzenverbände der freien Wohlfahrtspflege, der Fachverbände für Jugendhilfe und der Jugendbehörden […] zusammengekommen, um die Bildung dieser Arbeitsgemeinschaft für das Gebiet der Bundesrepublik Deutschland einschließlich Berlins vorzunehmen. Durch diese Arbeitsgemeinschaft soll die Tätigkeit der Behörden, Verbände und Vereinigungen zusammengefasst und für die Jugendwohlfahrtsarbeit fruchtbar gemacht werden. Es sollen damit alle Kräfte, die in echter Verantwortung dem Wohl und der Förderung unserer Jugend dienen, nach den Grundrechten, die im Grundgesetz der Bundesrepublik Deutschland verankert sind, sich in wirksamer Weise für dieses Ziel frei entfalten können. Alle an der Arbeitsgemeinschaft beteiligten Stellen bringen ihren gemeinsamen Wunsch und ihre übereinstimmende Hoffnung zum Ausdruck, dass möglichst bald die Vertreter des gesamten Deutschlands in einer Arbeitsgemeinschaft zusammenarbeiten können." (Englert 1981, S. 20)

Als Arbeitsgemeinschaft für Jugendpflege und Jugendfürsorge wollten die Gründungsmitglieder gemeinsam Verantwortung dafür übernehmen, dass über die Interessen der Einzelorganisationen hinaus die erforderlichen Angebote für eine umfassende Entwicklung junger Menschen in unserer Gesellschaft bereitgestellt werden. Dieser Aspekt der Gemeinsamkeit bezog sich zunächst auf den seinerzeit geschaffenen Zusammenschluss der unterschiedlichen Träger der öffentlichen und freien Jugendhilfe, wurde im Zuge einer Weiterentwicklung der fachlichen Konzeption und der dabei gewonnenen Erkenntnisse jedoch bald auf die Zielgruppe ‚junge Menschen‘ selbst ausgeweitet.

Auf der konstituierenden Versammlung der AGJJ wurde in der ‚Vorläufigen Ordnung‘ der Arbeitsgemeinschaft die ‚Einstimmigkeit‘ als besonderes Zeichen der Zusammenarbeit verankert, eine Handlungsmaxime, die bis heute in der AGJ als ‚Konsensprinzip‘ ihre Gültigkeit hat. Die Gründungsmitglieder der AGJJ bildeten schon damals den Kern der heutigen Mitglieder bzw. Mitgliedergruppen der AGJ ab.

Die frühere Differenzierung zwischen Jugendpflege – Angebote für alle Kinder und Jugendlichen der entsprechenden Altersgruppen – und Jugendfürsorge – Hilfen für besonders gefährdete oder in ihrer Entwicklung auffällig gewordene junge Menschen – wurde zusammengefasst im Begriff Jugendhilfe, um die Gemeinsamkeiten der Lebenslagen junger Menschen zu betonen und die stigmatisierende Wirkung einer Defizitorientierung zu vermeiden. Den fachlichen Erkenntnissen und politischen Zielsetzungen folgend hat sich die AGJJ daher 1971 im Rahmen einer Strukturreform und Satzungsänderung umbenannt und die beiden Begriffe Jugendpflege und Jugendfürsorge durch die Bezeichnung Jugendhilfe ersetzt: aus der AGJJ wurde die Arbeitsgemeinschaft für Jugendhilfe (AGJ). Seit 2006 trägt sie den Namen Arbeitsgemeinschaft für Kinder- und Jugendhilfe – AGJ. Mit ihrem Namen dokumentiert die AGJ auch, dass sie die verschiedenen Praxis- und Handlungsfelder der Kinder- und Jugendhilfe als eine Einheit im Gesamtbereich von Erziehung, Bildung und Betreuung betrachtet.

Rechtsträger der Arbeitsgemeinschaft und des jugend(hilfe)politischen Zusammenschlusses AGJ ist der Verein ‚Vorstand der AGJ e.V.‘, insofern stellt vereinsrechtlich die AGJ einen Verein im Verein dar.

Funktion, Arbeitsweise und strukturelle Verfasstheit haben sich in der langen Geschichte der AGJ dem Grunde nach in ihrer Kernaufgabe nicht wesentlich verändert. Gesellschaftliche Veränderungen in den Blick nehmend und berücksichtigend, sieht die AGJ seit ihrer Gründung im Jahr 1949 ihren zentralen Auftrag darin, die organisatorischen und fachlichen Strukturen der Kinder- und Jugendhilfe auf der Bundesebene zu bündeln. Die AGJ versteht sich als Interessenvertretung der Kinder- und Jugendhilfe in Deutschland, als träger- und handlungsfeldübergreifender Zusammenschluss und als kooperatives Netzwerk im Interesse der Einheit der Jugendhilfe (vgl. AGJ 1998).

Kommunikation-Kompetenz-Kooperation –
Leitbild, Ziele, Aufgaben der AGJ

Die Arbeitsgemeinschaft für Kinder- und Jugendhilfe – AGJ ist das Forum und Netzwerk bundeszentraler Zusammenschlüsse, Organisationen und Institutionen der
freien und öffentlichen Jugendhilfe in Deutschland. Die rund 100 Mitglieder der AGJ
arbeiten und wirken zusammen mit dem Ziel der jugendpolitischen und fachpolitischen Kommunikation und Kooperation auf der Bundesebene, aber auch im europäischen bzw. internationalen Kontext und bilden ein fachpolitisch kompetent ar-
beitendes Netzwerk.

Grundlage für die Zusammenarbeit in der Arbeitsgemeinschaft für Kinder- und
Jugendhilfe – AGJ sind die Prinzipien Pluralität, Konsens und Partnerschaft. Zentral
für das Handeln der AGJ sind die Leitbegriffe Kommunikation – Kompetenz – Kooperation. Die Arbeitsgemeinschaft für Kinder- und Jugendhilfe – AGJ erbringt in der
Regel selbst keine unmittelbaren Leistungen für junge Menschen und vertritt deren
Interessen insoweit nur mittelbar. Es liegt in der Verantwortung und Zuständigkeit
der AGJ-Mitgliedsinstitutionen und -organisationen, ihren jeweiligen Zielsetzungen
und Wertorientierungen entsprechend, konkrete Leistungsangebote für Kinder und
Jugendliche und ihre Familien umzusetzen. Als Netzwerk ist die AGJ Forum für den
kontinuierlichen fachlichen Erfahrungsaustausch, für den jugendpolitischen Dialog
und das Fachgespräch, für die Kooperation ihrer Mitglieder und für die Vertretung
gemeinsamer Interessen in der Kinder- und Jugendhilfe sowie Kinder- und Jugendpolitik. Ihrem Anspruch nach will die AGJ auf der Bundesebene alle Handlungsfelder
und Fachbereiche der Kinder- und Jugendhilfe untereinander vernetzen sowie auch
zu den angrenzenden Politikbereichen Kommunikation und Kooperationen herstellen. Dabei verfolgt die AGJ folgende übergeordnete Ziele:

- Förderung der fachlichen Kommunikation der Kinder- und Jugendhilfe,
- Weiterentwicklung der Kinder- und Jugendhilfe auf der Bundesebene, aber auch
  im europäischen bzw. internationalen Kontext,
- Interessenvertretung der Kinder- und Jugendhilfe auf nationaler, europäischer
  und internationaler Ebene,
- Serviceleistungen für Mitglieder der AGJ und die Kinder- und Jugendhilfe,
- Schnittstelle der Kinder- und Jugendhilfe zu anderen Gesellschafts- und Politik-
  bereichen,
- Forum für Kinder- und Jugendpolitik.

Teilziele, bezogen auf Anspruch und Auftrag der AGJ, sind:

- Förderung des Zusammenwirkens (Netzwerkarbeit) aller bundeszentralen Träger
  der freien und öffentlichen Jugendhilfe,
- Lobbyarbeit gegenüber der Legislative und der Exekutive,

- Bearbeitung von Themen und Fragestellungen der Praxis der Kinder- und Jugendhilfe, die träger- und handlungsfeldübergreifend sind, die sich auf die Ebenen des Bundes, der Länder und der Kommunen/Gemeinden beziehen und die sowohl fördernd und präventiv als auch problemgruppenorientiert sind,
- Zusammenführung von Trägerinteressen und Mitarbeiterinnen- bzw. Mitarbeiterinteressen unter dem übergeordneten Gesichtspunkt von Fachlichkeit der Kinder- und Jugendhilfe,
- Einbringen der fachlichen Positionen und der besonderen Struktur der deutschen Kinder- und Jugendhilfe in die europäische Ebene.

Neben der Ebene der Gesetzgebung sind die Strukturen der Kinder- und Jugendhilfe und der Jugendpolitik sowie die angrenzenden Politikbereiche auf der Bundesebene die zentralen Bereiche der jugendpolitischen Aktivitäten der AGJ. Die Angebote und Leistungen richten sich darüber hinaus insbesondere an die Leitungs- und Entscheidungsebenen, die hauptamtlichen Fachkräfte und die ehrenamtlichen Mitarbeiterinnen und Mitarbeiter der Strukturen und Träger der Kinder- und Jugendhilfe.

Ausgehend von den Leitzielen und den satzungsgemäßen Aufgaben erbringt die AGJ ihre darauf abgestimmten und dementsprechenden Leistungen. Ihre Ziele und Aufgaben sowie Angebote und Leistungen erfüllt die Arbeitsgemeinschaft für Kinder- und Jugendhilfe – AGJ auf verschiedenen Ebenen:

- Gegenüber dem Gesetzgeber (Exekutive und Legislative) bezieht die AGJ Position durch Stellungnahmen und Empfehlungen, dafür werden die fachlichen Erkenntnisse und Positionen der Mitglieder der Arbeitsgemeinschaft für Kinder- und Jugendhilfe – AGJ zusammengetragen und ausgewertet.
- Mit Vorschlägen und Handlungsempfehlungen sowie Positionspapieren zur Arbeit und Praxis in der Kinder- und Jugendhilfe und durch Veranstaltungen unterschiedlicher Art zu zentralen Aufgaben- und Themenstellungen der Kinder- und Jugendhilfe setzt sich die AGJ ständig für die Weiterentwicklung und die Verbesserung der Praxisbedingungen in der Kinder- und Jugendhilfe ein (vgl. AGJ 2015).

Angebote und Leistungen

Die Arbeitsergebnisse, insbesondere die Stellungnahmen, Diskussions- und Positionspapiere der AGJ werden in der Regel veröffentlicht. Den AGJ-Mitgliedern sowie den Gremienmitgliedern der AGJ werden die Arbeitsmaterialien und Positionierungen der AGJ zeitnah zur Verfügung gestellt sowie die im Eigenverlag produzierten Broschüren und Publikationen angeboten.

Die AGJ informiert die Fachöffentlichkeit über ihre Arbeitsergebnisse, Angebote und Leistungen auch über die bundeszentrale Fachpresse sowie durch ihre Zeitschrift ‚FORUM Jugendhilfe‘ und mit ihrem Internetauftritt. Die Fachöffentlichkeit sowie die interessierte Öffentlichkeit können sich des Weiteren über die jeweils aktuellen Geschäftsberichte informieren, die auf der Website der AGJ veröffentlicht werden. Die AGJ stellt vielfältiges Informationsmaterial zur Verfügung; so u. a. die Zeitschrift FORUM Jugendhilfe, die viermal jährlich erscheint. FORUM Jugendhilfe bietet für Fachkräfte der Kinder- und Jugendhilfe Informationen über die Arbeit der AGJ, Beiträge und Berichte zu verschiedenen Themen und über Veranstaltungen der Kinder- und Jugendhilfe sowie Dokumente, Texte, Positionspapiere und Stellungnahmen zu aktuellen Fragen und Vorhaben in der Kinder- und Jugendhilfe. Die AGJ-Website (www.agj.de) informiert über die Aufgaben der AGJ und ihre Leistungen. Über die fachlichen Positionen der AGJ wird ebenso informiert wie über aktuelle Veranstaltungen und Publikationen. Darüber hinaus wird über aktuelle Entwicklungen in der Kinder- und Jugendhilfe informiert.

Die AGJ veranstaltet Kongresse, Fachtagungen, Werkstattgespräche und Workshops sowohl für kleinere Expertinnen- und Expertenkreise als auch für breite Kreise der Fachöffentlichkeit. Ziele dieser Veranstaltungen sind die fachliche Weiterentwicklung und die Verbesserung der Praxisbedingungen in der Kinder- und Jugendhilfe. AGJ-GESPRÄCHE verfolgen die Zielsetzung, aktuelle gesellschaftspolitische Fragestellungen aufzugreifen und nach ihrer Bedeutung für die Jugendhilfepraxis zu fragen. Dabei ist in erster Linie an zentrale wirtschaftliche, soziale und politische Entwicklungen gedacht, die außerhalb der Kinder- und Jugendhilfe stehen, deren Fragen jedoch die Aufgaben und Praxis der Kinder- und Jugendhilfe erheblich tangieren.

Die AGJ vertritt als ‚*Deutsches Nationalkomitee für Erziehung im frühen Kindesalter*‘ den Bereich der frühkindlichen Erziehung in der Kinder- und Jugendhilfe der Bundesrepublik Deutschland in der Weltorganisation für die frühkindliche Erziehung und Bildung (OMEP). Die AGJ ist Mitglied von Eurochild – The European Network Promoting the Welfare and Rights of Children and Young People. Unter Berücksichtigung der besonderen Struktur der deutschen Kinder- und Jugendhilfe vertritt die AGJ in dieser Organisation gemeinsame Positionen der Kinder- und Jugendhilfe, insbesondere auf der europäischen Ebene. Die AGJ beteiligt sich im Rahmen der ‚*Internationalen Arbeitsgemeinschaft für Jugendfragen*‘ an regelmäßig stattfindenden Fachgesprächen, insbesondere unter dem Fokus von Jugendhilferechts- und Familienrechtsfragen, mit Vertreterinnen und Vertretern der Kinder- und Jugendhilfe aus den Niederlanden, Österreich und der Schweiz.

Die AGJ war von 1995 bis 2013 Rechtsträger der durch den Bund geförderten ‚*National Coalition für die Umsetzung der UN-Kinderrechtskonvention(KRK) in Deutschland*‘, in der über 110 bundesweit tätige Organisationen, Verbände und Initiativen aus verschiedenen gesellschaftlichen Bereichen zusammengeschlossen waren mit dem Ziel, die UN-KRK bekannt zu machen und ihre Umsetzung in Deutschland voranzubringen. Seit 2014 arbeitet die National Coalition eigenständig als eingetragener Verein. Zu den Zielen und Aufgaben der National Coalition gehörten insbesondere:

- die regelmäßige Berichterstattung der Bundesrepublik Deutschland gegenüber den Vereinten Nationen fachpolitisch zu begleiten sowie die Auseinandersetzung mit der Berichterstattung zu fördern,
- in verschiedenen gesellschaftlichen Bereichen einen breiten fachlichen Dialog über die Verwirklichung der UN-Kinderrechtskonvention zu organisieren,
- den internationalen Austausch über die Verwirklichung der UN-Kinderrechtskonvention zu unterstützen und den Kontakt mit der ‚*International Coalition*' nicht-staatlicher Organisationen zu pflegen,
- Formen der direkten Beteiligung von Kindern und Jugendlichen an der Diskussion um die Umsetzung der UN-Kinderrechtskonvention in Deutschland zu unterstützen und zu fördern.

In Kooperation mit dem IJAB – Fachstelle für Internationale Jugendarbeit der Bundesrepublik Deutschland e. V. realisiert die Arbeitsgemeinschaft für Kinder- und Jugendhilfe – AGJ das Projekt ‚*Fachkräfteportal der Kinder- und Jugendhilfe*'. Dieses Internetangebot hat das Ziel, allen innerhalb der Kinder- und Jugendhilfe Tätigen als zentrale Plattform zur Fachinformation, Kommunikation und Kooperation zu dienen. Ein besonderer Schwerpunkt des Projektes liegt auf einer möglichst großen Beteiligung und Koproduktion der Strukturen der Kinder- und Jugendhilfe. Das Fachkräfteportal der Kinder- und Jugendhilfe wird gefördert von der Arbeitsgemeinschaft der Obersten Jugend- und Familienbehörden der Länder (AGJF) sowie dem Bundesministerium für Familie, Senioren, Frauen und Jugend (BMFSFJ).

Übergeordnete Aufgaben: Deutsche Kinder- und Jugendhilfetage und Deutscher Kinder- und Jugendhilfepreis (vgl. Klausch 2008, S. 72 ff.)

Mit dem Deutschen Kinder- und Jugendhilfetag bietet die AGJ ein bundesweites und zentrales Forum zum Erfahrungsaustausch, zur Diskussion und Fortbildung. Zentrale Elemente Deutscher Kinder- und Jugendhilfetage sind der Fachkongress und die Fachmesse. Der Deutsche Kinder- und Jugendhilfetag

- bietet Raum für Kontaktaufnahme, Erfahrungs- und Gedankenaustausch und ermöglicht die Auseinandersetzung mit unterschiedlichen Standpunkten in Theorie und Praxis der Kinder- und Jugendhilfe und hat Fortbildungscharakter,
- gibt einen Einblick in die alltägliche Praxis, stellt konzeptionelle Entwicklungen und innovative Modelle und Projekte der Kinder- und Jugendhilfe vor,
- informiert die Öffentlichkeit über Aufgaben, Angebote und Leistungen der Kinder- und Jugendhilfe,
- zielt auf die gemeinsame Durchsetzung verbesserter gesellschaftlicher Rahmenbedingungen für Kinder und Jugendliche.

Die AGJ verleiht den Deutschen Kinder- und Jugendhilfepreis – Hermine-Albers-Preis – und schreibt diesen in der Kategorie Praxispreis der Kinder- und Jugendhilfe alle zwei Jahre zu einem aktuellen Thema aus dem Bereich der Kinder- und Jugendhilfe aus. Die AGJ verleiht ebenso im zweijährigen Rhythmus den Theorie- und Wissenschaftspreis und den Medienpreis der Kinder- und Jugendhilfe ohne Themenbindung. Stifter des Deutschen Kinder- und Jugendhilfepreises sind die Obersten Jugend- und Familienbehörden der Länder. Zweck des Preises:

- Es sollen Personen, die im Bereich der Arbeit mit Kindern, Jugendlichen und ihren Familien bzw. in den Strukturen der Kinder- und Jugendhilfe tätig sind, angeregt werden, neue Konzepte, Modelle und Praxisbeispiele zur Weiterentwicklung der Theorie und Praxis der Kinder- und Jugendhilfe auszuarbeiten und darzustellen und ihre Arbeit der Fachöffentlichkeit bekannt zu machen.
- Journalistinnen und Journalisten sollen angeregt werden, über die vielfältige Arbeit der Kinder- und Jugendhilfe (ihre Inhalte, Methoden, Arbeitsweisen und Träger) zu berichten und somit die Öffentlichkeit wirklichkeitsnah über die Leistungen und Angebote der Kinder- und Jugendhilfe zu informieren.
- Die Bekanntmachung und ggfs. Veröffentlichung der mit dem Preis ausgezeichneten Arbeiten soll die Theorie und Praxis der Kinder- und Jugendhilfe fördern und unterstützen und weitere Kreise für die Aufgaben der Kinder- und Jugendhilfe interessieren.

Gremien, Arbeitsweise und Finanzen

Höchstes beschlussfassendes Organ der AGJ ist die in der Regel einmal jährlich tagende Mitgliederversammlung. Der Vorstand der AGJ, der zu fünf Sitzungen im Jahr zusammenkommt, besteht aus fünf von der Mitgliederversammlung der AGJ zu wählenden Einzelpersönlichkeiten der Kinder- und Jugendhilfe und aus je zwei bzw. drei Vorstandsmitgliedern pro AGJ-Mitgliedergruppe, die von dieser gewählt bzw. von der AGJ-Mitgliederversammlung bestätigt werden. Hinzu kommt der gewählte Geschäftsführende Vorstand – BGB-Vorstand – mit drei Personen aus den AGJ-Mitgliedsverbänden. Der AGJ-Vorstand berät grundsätzlich Themen der Jugend(hilfe)politik sowie zentrale Fragen der Weiterentwicklung der Kinder- und Jugendhilfe in Theorie und Praxis. Der Vorstand der AGJ ist zugleich Mitgliederversammlung des eingetragenen Vereins.

Der Vorstand richtet auf Basis der von ihm festgelegten Arbeitsfelder der AGJ Fachausschüsse für die jeweilige Arbeitsperiode (alle drei Jahre) ein und beruft die Mitglieder. Die Mitglieder der Fachausschüsse kommen aus den AGJ-Mitgliedsorganisationen, den Strukturen der Kinder- und Jugendhilfe sowie aus dem Bereich der kommunalen öffentlichen Jugendhilfe. Folgende sechs AGJ-Fachausschüsse tagen turnusmäßig (dreimal jährlich) im jeweiligen Arbeitsfeld der AGJ:

- Fachausschuss I: Organisations-, Finanzierungs- und Rechtsfragen,
- Fachausschuss II: Kinder- und Jugend(hilfe)politik in Europa,
- Fachausschuss III: Qualifizierung, Forschung, Fachkräfte,
- Fachausschuss IV: Kindheit, Kinderrechte, Familienpolitik,
- Fachausschuss V: Jugend, Bildung, Jugendpolitik,
- Fachausschuss VI: Hilfen zur Erziehung, Familienunterstützende und Sozialpädagogische Dienste.

Zur Erfüllung ihrer satzungsgemäßen Aufgaben unterhält die AGJ eine Geschäftsstelle. Die Geschäftsstelle ist zuständig für die operative Ebene der Fachpolitik. Sie ist das Bindeglied zwischen den AGJ-Fachausschüssen sowie weiteren Arbeitsgremien – die im Auftrag des Vorstandes der AGJ arbeiten – und der Mitgliederversammlung bzw. dem Vorstand der AGJ.

Wirtschaftsplanung und Haushaltsmittel der AGJ ergeben sich aus Zuwendungen aus dem Kinder- und Jugendplan des Bundes, aus Mitgliedsbeiträgen und sonstigen Einnahmen. Die Förderung gewährleistet die Infrastruktur der Geschäftsstelle der AGJ. Neben den zur Verfügung stehenden Haushaltsmitteln bewirtschaftet die AGJ zeitweise weitere Projekte, wie z. B. Deutsche Kinder- und Jugendhilfetage. Weitere Einnahmen erzielt die AGJ in den Bereichen Publikationen, FORUM Jugendhilfe und bei Fachtagungen. Die Obersten Jugend- und Familienbehörden der Länder, als Stifter des Deutschen Kinder- und Jugendhilfepreises, fördern über einen längeren Zeitraum die Vergabe des Preises (vgl. AGJ 2015).

Freie und öffentliche Jugendhilfe – die Mitgliedergruppen der AGJ

Der Begriff ‚*Freie und öffentliche Jugendhilfe*' ist historisch geprägt und geht zurück in die Anfänge der Sozialen Arbeit im letzten Jahrhundert. Der § 3 des Sozialgesetzbuch VIII Kinder- und Jugendhilfe (SGB VIII) definiert und bestimmt: „Die Kinder- und Jugendhilfe ist gekennzeichnet durch die Vielfalt von Trägern unterschiedlicher Wertorientierungen und die Vielfalt von Inhalten, Methoden und Arbeitsformen. Leistungen der Jugendhilfe werden von Trägern der freien Jugendhilfe und von Trägern der öffentlichen Jugendhilfe erbracht. Leistungsverpflichtungen … (nach dem SGB VIII) richten sich an die Träger der öffentlichen Jugendhilfe […]." Die öffentliche Jugendhilfe und die freie Jugendhilfe sollen partnerschaftlich zusammenarbeiten. Einrichtungen und Dienste der freien Jugendhilfe sollen von der öffentlichen Jugendhilfe gefördert werden (§ 4 SGB VIII). Die Leistungsanbieter der Kinder- und Jugendhilfe, die sogenannten *freien Träger,* sind über ein vielfältiges Institutionengeflecht miteinander und mit den Leistungsgewährern, den sogenannten *öffentlichen Trägern,* in der Regel Körperschaften des öffentlichen Rechts, verbunden. Die Arbeitsgemeinschaften und Zusammenschlüsse der Kinder- und Jugendhilfe auf der Bundesebene sind keine hierarchisch organisierten und strukturierten Arbeitseinheiten. Die Mit-

gliedschaft hat keine unmittelbaren Auswirkungen und Konsequenzen für die angeschlossenen Institutionen, Verbände und Organisationen. Die Mitwirkung und
Mitarbeit erfolgt in aller Regel nach den Prinzipien der Freiwilligkeit und der partnerschaftlichen Zusammenarbeit im Sinne der fachlichen Weiterentwicklung und
Qualifizierung der Kinder- und Jugendhilfe sowie ihrer gemeinsamen jugend(hilfe)
politischen Interessenvertretung (vgl. Klausch und Struck 2010, S. 831 ff.).

Die meisten Mitglieder der AGJ sind unter Berücksichtigung ihrer Aktivitäten
und Strukturen auf den unterschiedlichen Ebenen, Landesebene und örtliche Ebene,
bundeszentrale Dachorganisationen bzw. Arbeitsgemeinschaften und Zusammenschlüsse. Von vielen Akteuren wird die AGJ als „Dach der Dächer" (mündliches Zitat: Wabnitz, 1998) der Kinder- und Jugendhilfe gesehen. Die Mitglieder der AGJ repräsentieren die freie und öffentliche Jugendhilfe in den sechs Mitgliedergruppen
der AGJ:

- bundeszentrale Jugendverbände und Landesjugendringe,
- bundeszentrale Spitzenverbände der Freien Wohlfahrtspflege,
- bundeszentrale Fachorganisationen der Jugendhilfe,
- Arbeitsgemeinschaft der Obersten Jugend- und Familienbehörden der Länder,
- Bundesarbeitsgemeinschaft Landesjugendämter,
- Vereinigungen und Organisationen, die auf Bundesebene in den Bereichen Per-
  sonal und Qualifizierung (Aus-, Fort- und Weiterbildung) für die Kinder- und
  Jugendhilfe tätig sind.

Jugendverbände und Landesjugendringe

Die AGJ – Mitgliedsverbände Jugendverbände und Landesjugendringe sind auch im
Deutschen Bundesjugendring (DBJR), als federführenden Stelle dieser Mitgliedergruppe, organisiert. Ihm gehören zur Zeit 21 bundeszentrale Jugendverbände, 16 Landesjugendringe sowie 5 Anschlussverbände an, letztere sind keine AGJ – Mitglieder.
Als Arbeitsgemeinschaft von unterschiedlich wertorientierten Jugendverbänden und
Landesjugendringen sieht er seine Hauptaufgabe in der jugendpolitischen Interessenvertretung gegenüber Legislative und Exekutive sowie im Erfahrungsaustausch
über Kinder- und Jugendpolitik und in der Information seiner Mitglieder über die
Entwicklungen im Bereich der verbandlichen Kinder- und Jugendarbeit. Arbeitsmit-
tel und Instrumente sind hierbei fachliche Stellungnahmen und Resolutionen und
Publikationen, die Zeitschrift ‚Jugendpolitik' sowie weitere Informationsdienste. Der
DBJR ist Mitglied im Deutschen Nationalkomitee für internationale Jugendarbeit
und im Jugendforum der Europäischen Union sowie im Europäischen Jugendrat.

Spitzenverbände der Freien Wohlfahrtspflege

Die sechs Spitzenverbände der Freien Wohlfahrtspflege, die Arbeiterwohlfahrt, der Deutsche Caritasverband, das Deutsche Rote Kreuz, das Diakonische Werk der evangelischen Kirche in Deutschland, der PARITÄTISCHE Wohlfahrtsverband sowie die Zentralwohlfahrtsstelle der Juden in Deutschland, sind zusammengeschlossen in der Bundesarbeitsgemeinschaft der Freien Wohlfahrtspflege (BAG FW). Sie sind alle in den Aufgabengebieten der Sozialen Arbeit tätig und engagieren sich auch in verschiedenen Handlungsfeldern der Kinder- und Jugendhilfe (z.B. Kindertagesstätten, Hilfen zur Erziehung, Jugendsozialarbeit). Im zweijährlich wechselnden Turnus übernimmt jeweils ein Verband die ‚*Federführung*' und tritt nach außen hin für die BAG FW auf. Für die fachbereichsbezogene Zusammenarbeit der Spitzenverbände hat die BAG FW eine formelle kontinuierliche Struktur von Fachausschüssen und Projektgruppen. Es gibt einen Fachausschuss ‚*Kinder, Jugend, Familie und Frauen*'.

Fachorganisationen der Jugendhilfe

Ausgehend von den unterschiedlichen Handlungs- und Arbeitsfeldern der Kinder- und Jugendhilfe ist festzustellen, dass es eine Vielzahl von bundeszentralen Fachorganisationen und weiteren Zusammenschlüssen im Bereich der Kinder- und Jugendhilfe gibt, deren Zielsetzung und Auftrag sich aus der je spezifisch gesetzten bzw. gewählten Themenstellung ergibt. Als Hauptaufgabe sind insbesondere zwei Ziele und Aufträge allen diesen Zusammenschlüssen und Fachorganisationen gemein: die Interessenvertretung bzw. Lobbyarbeit und die fachliche Information über die Entwicklungen in der jeweiligen Praxis. Zu vielen Handlungs- und Arbeitsfeldern der Kinder- und Jugendhilfe, wie zum Beispiel: Hilfen zur Erziehung (Arbeitsgemeinschaft für Erziehungshilfe oder Internationale Gesellschaft für erzieherische Hilfen), Kooperationsverbund Jugendsozialarbeit, Kinder- und Jugendschutz (Bundesarbeitsgemeinschaft Kinder- und Jugendschutz oder Deutscher Kinderschutzbund), Jugendbildung (Arbeitskreis deutscher Bildungsstätten oder Bundesvereinigung kulturelle Jugendbildung), Erziehungsberatung (Bundeskonferenz für Erziehungsberatung) etc., lassen sich entsprechende Bundesarbeitsgemeinschaft oder Bundesvereinigung benennen.

Arbeitsgemeinschaft der Obersten Jugend- und Familienbehörden der Länder

In der Arbeitsgemeinschaft der Obersten Jugend- und Familienbehörden der Länder (AGJF) arbeiten die obersten Jugendbehörden aller sechzehn Bundesländer zusammen und beraten über die sie gemeinsam betreffenden Fragen und Themenstellun-

gen der Kinder- und Jugend(hilfe)politik. Aufgabe der AGJF ist auch die Vorbereitung der jährlich stattfindenden Jugend- und Familienministerkonferenz (JFMK).
Zur fachlichen Vorbereitung ihrer Arbeit und Beschlüsse sowie zur Koordination der
fachlichen Zusammenarbeit der Länder setzt die AGJF bei Bedarf Kommissionen ein.
In der Regel wechselt der Vorsitz (Vorsitzland) der Jugend- und Familienministerkonferenz jedes Jahr. So hat zum Beispiel im Jahr 2013 das Land Hessen den Vorsitz der JFMK, ist die geschäftsführende Stelle der JFMK und führt somit auch die
Geschäfte der Arbeitsgemeinschaft der Obersten Jugend- und Familienbehörden der
Länder.

Bundesarbeitsgemeinschaft Landesjugendämter

Die Bundesarbeitsgemeinschaft Landesjugendämter (BAGLJÄ) setzt sich zusammen aus 17 Landesjugendämtern (in den Bundesländern Baden-Württemberg ein
kommunalverfasstes und in Nordrhein-Westfalen zwei kommunalverfasste Landesjugendämter). Die BAGLJÄ sieht ihre Aufgabe darin, in allen Handlungsfeldern der
Kinder- und Jugendhilfe zu einer Qualifizierung der Arbeit der Kinder- und Jugendhilfe, insbesondere mit Blick auf und durch die Beratung der örtlichen Ebene (Kommunen), beizutragen. Der Erfahrungsaustausch in der BAGLJÄ und die Erarbeitung
gemeinsamer Stellungnahmen zu grundsätzlichen Fragen der Kinder- und Jugendhilfe erfolgt in Arbeitsgruppen sowie bei halbjährig stattfindenden Arbeitstagungen.
Die Federführung der Geschäfte der Bundesarbeitsgemeinschaft Landesjugendämter
liegt zurzeit beim Landesjugendamt Rheinland-Pfalz.

Vereinigungen und Organisationen im Bereich Personal und Qualifizierung

In dieser Mitgliedergruppe der AGJ wirken Zusammenschlüsse aus dem Bereich der
Fachschulen, Hochschulen und Universitäten, Sozialpädagogische Institute sowie
Gewerkschaften und Berufsverbände mit. Federführende Stelle ist das Deutsche Jugendinstitut. Im Zentrum der Interessen und Aktivitäten dieser Mitglieder stehen
insbesondere Themen der Aus-, Fort- und Weiterbildung, Fragen der Fachlichkeit
und die Fachkräfteperspektive.

In der Arbeitsgemeinschaft für Kinder- und Jugendhilfe – AGJ nehmen die bundeszentralen *Kommunalen Spitzenverbände* ihre satzungstechnische Möglichkeit
der Mitgliedschaft nicht war. Im Vorstand der AGJ arbeiten der *Deutsche Städtetag*,
der *Deutsche Landkreistag* und der *Deutsche Städte- und Gemeindebund* als ,Ständige
Gäste' mit.

Pluralität, partnerschaftliche Zusammenarbeit und Konsensprinzip

„Die Jugendhilfe ist gekennzeichnet durch die Vielfalt von Trägern unterschiedlicher Wertorientierungen und die Vielfalt von Inhalten und Methoden" – so heißt es in § 3 Abs. 1 SGB VIII zum Stichwort Pluralität. Und § 4 Abs. 1 SGB VIII ergänzt zum Stichwort partnerschaftliche Zusammenarbeit: „Die öffentliche Jugendhilfe soll mit der freien Jugendhilfe zum Wohl junger Menschen und ihrer Familien partnerschaftlich zusammenarbeiten."

Diese normative Orientierung an Vielfalt und partnerschaftlicher Zusammenarbeit hat eine lange Geschichte im Kontext der Herausbildung des modernen Sozialstaats und wurde erstmals schon im Reichsjugendwohlfahrtsgesetz von 1922 kodifiziert.

Auf der Bundesebene hat diese partnerschaftliche Zusammenarbeit pluraler Partner in der AGJ die Form einer Arbeitsgemeinschaft gefunden. Ziel dieser Zusammenarbeit auf Bundesebene ist es, fachliche Konsensmöglichkeiten innerhalb der heterogenen Interessenstrukturen der verschiedenen Trägerstrukturen zu erarbeiten und zu veröffentlichen.

- Bei einer solchen Konsenssuche müssen verschiedene potentielle Konfliktfelder bearbeitet werden. Unterschiedliche Interessenkonfigurationen können sich dabei zumindest auf folgenden Ebenen darstellen: Politische Ebene im föderalen System: Bund – Land – Kommune.

  In dieser Hinsicht gilt es die komplizierten verfassungsmäßigen Regelungen für die Beziehungen dieser drei Ebenen des Staatsaufbaus zu beachten. Dabei geht es um Zuständigkeitsfragen, aber auch um Fragen der finanziellen Ent- und Belastung der jeweiligen Ebene.
- Öffentliche Jugendhilfe – Freie Jugendhilfe:
  Hier geht es im Kern darum, sicherzustellen, dass die Vorgabe des § 4 Abs. 2 SGB VIII, dass die öffentliche Jugendhilfe die „Selbständigkeit der freien Jugendhilfe in Zielsetzung und Durchführung ihrer Aufgaben sowie in der Gestaltung ihrer Organisationsstruktur zu achten" hat, gewahrt bleibt angesichts dessen, dass die Freie Jugendhilfe vielfältig in ihren Ressourcen – über Förderungen oder Entgelte – vom öffentlichen Träger abhängig ist.
- Verschiedene Handlungsfelder der Kinder- und Jugendhilfe:
  Zwischen verschiedenen Handlungsfeldern der Kinder- und Jugendhilfe können Konfliktbeziehungen existieren. So kann es sein, dass durch die verbindlichere Absicherung von Förderungen in einem Handlungsfeld, ein anderes Handlungsfeld (potentiell) geschwächt wird. Eine Konfliktbeziehung kann aber auch dann entstehen, wenn neue Angebote sich mit prognostizierten Einsparungen zulasten bestehender Angebote durchzusetzen versuchen.
- Verschiedene fachliche Grundorientierungen:
  Auch verschiedene fachliche Grundorientierungen können die Folie von Konflik-

ten darstellen. Dabei kann es um Konflikte zwischen lebensweltlich vs. therapeutisch ausgerichteten Angeboten gehen, bzw. generell um Orientierungen auf Spezialisierung vs. Entspezialisierung hin. Es kann aber auch um die Frage gehen, welche Formen von Erfahrungswissen in die Evaluation und Qualitätsentwicklung eingehen sollen.

Die Entstehung eines Fachthemas

Um diesen verschiedenen Facetten Rechnung tragen zu können, gibt es in der AGJ verschiedene Arbeits- Austausch- und Entscheidungsebenen im Zusammenspiel von Fachausschüssen, Geschäftsstelle, geschäftsführendem Vorstand und Vorstand. Jede dieser Strukturen kann im Prinzip eine Idee für ein zu bearbeitendes Thema einbringen. Aber jede dieser Strukturen tut auch gut daran möglichst schnell auszuloten, ob dieser Blick auch von den anderen geteilt wird, bevor man sich an die thematische Arbeit macht.

Die Bearbeitung eines Fachthemas

Der eigentliche Arbeitsprozess ist dann zunächst in einem der sechs Fachausschüsse in enger Kooperation mit dem zuständigen Referat in der Geschäftsstelle angesiedelt. In diesen Fachausschüssen sind die verschiedenen Mitgliedergruppen der AGJ jeweils repräsentiert. Vom Konzept her sollen die Fachausschussmitglieder diese ‚Strukturverbundenheit‘ ‚im Kopf‘ haben bei ihrem fachlichen Engagement in der Ausschussarbeit. Aber in wirkliche Arbeitsprozesse an einem Papier muss man sich auch immer wieder mit einer gewissen Vorbehaltlosigkeit einbringen können. So ist schon die Ausschussarbeit für die Mitglieder jeweils ein Balanceakt.

Der Fachausschuss kann, wenn er sich über ein Gesamtkonzept oder einzelne Bearbeitungsfragen unsicher ist, auch eine Anfrage an den letztlich entscheidenden Vorstand stellen, um Grund- oder Einzelfragen im Vorfeld zu klären und unnötige Arbeit so möglichst zu vermeiden. Das kann förmlich mit einer Vorlage geschehen oder aber im Rahmen des Berichts aus dem Fachausschuss bei jeder Vorstandssitzung.

Hat der Fachausschuss ein Papier entwickelt, so wird es über die Geschäftsstelle in die Vorstandssitzung eingebracht. Dort wird dann das Papier im Detail durchgearbeitet. Der Vorstand und seine Mitglieder sind dabei frei in ihrer Entscheidungsfindung. Dabei kann es zu kleinen Korrekturen, zu gravierenden Änderungen oder aber auch zur Ablehnung eines Papiers kommen. Natürlich ist eine Ablehnung eines Papiers für die, die es erarbeitet haben, eine frustrierende Erfahrung, und für die Organisationskultur tut es gut, wenn solche Erfahrungen nicht allzu oft gemacht werden müssen, aber grundsätzlich muss diese Option für den Vorstand auch immer erhalten bleiben.

Im Rahmen dieser Diskussionen entscheidet der Vorstand dann auch letztlich, ob ein Papier als Stellungnahme, als Positionspapier oder als Diskussionspapier veröffentlicht wird. Auch durch die Senkung von Verbindlichkeitsgraden kann manchmal ein mühsamer Konsens dann doch gefunden werden. Wenn eine Mitgliedergruppe dezidiert sagt, dass sie ein Papier nicht mittragen kann, dann wird es nicht verabschiedet – das ist der Kern des Konsensprinzips der AGJ. Eine andere Option besteht für eine Mitgliedergruppe darin, sich bei der Abstimmung zu enthalten, oder für Einzelpersonen einen ablehnenden Dissens zu Protokoll zu geben. Zwar gibt es in der Geschichte der AGJ immer wieder Beschlüsse, denen nicht alle Mitglieder des Vorstands zugestimmt haben, aber es gibt keinen fachlichen Beschluss, der ‚mit knapper Mehrheit' gefaßt worden wäre. Das Konsensprinzip läßt – ohne dass dies förmlich irgendwo geregelt wäre – keine ‚Kampfabstimmungen' zu. Dafür haben die Beschlüsse der AGJ dann aber auch eine gewisse Tragfähigkeit und Belastbarkeit.

Wenngleich selten, so geschah es aber doch auch im Laufe der letzten Jahre, dass ein vorgelegtes Papier im Vorstand so kontrovers diskutiert wurde, dass es letzlich nicht verabschiedet wurde. Häufiger geschah es, dass ein Papier einen ‚zweiten Durchgang' brauchte, weil aus Sicht des Vorstands nach der ersten Befassung doch noch ein erheblicher Überarbeitungsbedarf bestand. Insgesamt kann man also sagen, dass zwar das Konsensprinzip innerhalb der pluralen Verfassung der AGJ konstitutiv ist, dass seine Umsetzung aber eine Vielzahl von Schattierungen offen läßt, die es erst praktikabel machen.

Von der Fachpolitik zur Querschnittspolitik – zur kinder- und jugendpolitischen Funktion der bundeszentralen Infrastruktur der freien Kinder- und Jugendhilfe

Das Geflecht der unterschiedlichen Fachorganisationen und Zusammenschlüsse der Kinder- und Jugendhilfe auf der Bundesebene, das sich gerade auch in der Mitgliedschaft der AGJ abbildet, ist vielfältig und nicht leicht überschaubar und in Teilen wohl auch nur aus den geschichtlichen Abläufen erklärbar. Es ist allerdings auch das Produkt und Ergebnis fachlicher und organisatorisch struktureller Ausdifferenzierungen, mit dem Anspruch Fachlichkeit und Fachpolitik in den einzelnen Handlungs- und Arbeitsfeldern und in der Kinder- und Jugendhilfe insgesamt zu gestalten bzw. mit zu gestalten. Dabei sind einige der Organisationen und Zusammenschlüsse partiell in Bezug auf ihre Handlungsfelder in die Umsetzung von Gesetzen eingebunden. Der Anspruch fachpolitischer Netzwerkarbeit im Sinne von Ressortpolitik und mit dem Ziel der Vertretung von, ggfs. gemeinsamer, Interessen in der Kinder- und Jugendhilfe sowie Kinder- und Jugendpolitik setzt dabei kontinuierlichen fachlichen Erfahrungsaustausch, Fachgespräche, strategische und inhaltliche Kooperationen und letztlich eine eindeutige kinder- und jugendpolitische Positionierung mit dem Ziel der Sicherung der Voraussetzungen für ‚Gelingendes Aufwachsen' und einer Verbesserung der Rahmenbedingungen der Lebenslagen und Lebenswelten von Kinder, Jugendlichen und ihren Familien, voraus.

Nur aus einer starken Position der Fachpolitik der Kinder- und Jugendhilfe im Sinne der Einheit von fördernden und präventiven sowie intervenierenden und problemgruppenorientierten Handlungsoptionen und Leistungen und der Perspektive der Entwicklung von individueller Handlungsbefähigung und struktureller Verwirklichungsgerechtigkeit lässt sich der fachlich konzeptionelle und gesellschaftspolitische Anspruch von Querschnittspolitik der Kinder- und Jugendpolitik weiterentwickeln und realisieren. In diesem Zusammenhang heißt kinder- und jugendpolitische Interessenvertretung auch immer Einmischung in andere sozialpolitische und angrenzende Politikfelder.

Das in diesem Beitrag dargestellte und oben genannte Geflecht unterschiedlicher Fachorganisationen und Zusammenschlüsse bildet zugleich auch, zumindest in großen Teilen, die bundeszentrale Infrastruktur der freien Kinder- und Jugendhilfe ab. Eine Infrastruktur, die im Zusammenspiel von öffentlicher und freier Kinder- und Jugendhilfe notwendige und wichtige Funktionen in der Ausgestaltung der Fachpolitik erfüllt und damit eine zentrale Voraussetzung für Kinder- und Jugendpolitik darstellt. Abschließend sollen allgemein fünf zentrale Funktionen von Fachorganisationen und Zusammenschlüssen der Kinder- und Jugendhilfe herausgestellt werden:

Politikberatung
Politik benötigt für die Konzipierung von Gesetzen und Programmen eine Vielzahl von detaillierten und aggregierten Informationen verschiedenster Art, die sie dann strategisch verarbeiten muss und die ihr z. T. in der benötigten Form fast ausschließlich die Dach- und Fachorganisationen der Kinder- und Jugendhilfe zur Verfügung stellen können, da sie sowohl über die notwendigen fachlichen Detailkenntnisse und hinreichende Konzeptionskenntnisse verfügen als auch über einrichtungsspezifisches Wissen und Wissen über Bedarfs- und Bedürfnislagen von Adressatinnen und Adressaten. Aber auch als sozialpolitisches (Früh-)Warnsystem, das dem Gesetzgeber Handlungsbedarfe anzeigt, haben Fachverbände und Zusammenschlüsse eine Aufgabe.

Umsetzung politischer Programme und Gesetze
Auch bei der Umsetzung politischer Programme und Gesetze übernehmen Dachverbände der Kinder- und Jugendhilfe wichtige Funktionen – sowohl hinsichtlich der Verbreitung von Informationen über deren Inhalte wie auch hinsichtlich der Schaffung von Umsetzungsstrukturen und der beratenden Begleitung ihrer Mitglieder nehmen Dachorganisationen unverzichtbare Funktionen im Sozialstaat wahr.

Anwaltliche Funktion
Die Fachorganisationen und Zusammenschlüsse der Kinder- und Jugendhilfe nehmen auch anwaltliche Funktionen wahr, indem sie die Interessen verschiedener

Gruppen von Bürgerinnen und Bürgern in den gesellschaftlichen und politischen Diskurs einbringen und bündeln, um auf die sozialstaatliche Entwicklung Einfluss zu nehmen.

Förderung fachlicher Innovation

Auch wenn fachliche Innovation größtenteils an der fachlichen Basis und nicht auf den oberen Organisationsebenen entwickelt wird, so braucht diese Entwicklung doch oft einerseits gewisse Rahmenbedingungen und andererseits auch Absicherungsstrategien. Hierbei nehmen Dachorganisationen wichtige Funktionen wahr.

Absicherung von Pluralität und gesellschaftlicher Beteiligung

Aller – z. T. durchaus berechtigten – Kritik an Erstarrungen im Gefüge und Aktionsradius von Dachorganisationen zum Trotz, nehmen diese im Ganzen gesehen dennoch eine Funktion wahr für die Erhaltung und Entwicklung von Pluralität und gesellschaftlicher Beteiligung. Diesem Befund widerspricht nicht, dass sie in dieser Hinsicht oft auch kontraproduktiv im Sinne bornierter Eigeninteressevertretungen agieren.

Die dargestellten Aufgaben und Funktionen von Dachorganisationen und Zusammenschlüssen, am Beispiel der Arbeitsgemeinschaft für Kinder- und Jugendhilfe – AGJ ausgeführt, bilden die jugendpolitische Legitimation für den notwendigen Fortbestand und die gezielte Förderung der bundesweiten Infrastruktur von Fach- und Dachorganisationen. Dabei mag im Einzelnen darüber gestritten werden, ob die jeweils aktuelle Mittelverteilung im Kinder- und Jugendplan des Bundes den sachlichen Gründen entspricht, ob die eine oder andere Organisation Förderungen noch aufgrund wahrgenommener Funktionen oder nur noch aus historischen Tradierungen Mittel erhält, aber auch, ob nicht neue Strukturen in die Grundabsicherung der Arbeit einbezogen werden müssen. Die grundlegende Sinnhaftigkeit einer Förderung der bundesweiten Infrastruktur der Kinder- und Jugendhilfe kann aber mit guten Gründen nicht bestritten werden.

Literatur

AGJ (1998). *Einheit der Jugendhilfe – 50 Jahre AGJ*. Bonn.
AGJ (2009). *Übergänge – Kinder- und Jugendhilfe in Deutschland*. Berlin.
AGJ (2015). *Selbstdarstellung*. Berlin.
AGJ (2015). *Geschäftsbericht*. Berlin.
Englert, O. (AGJ). (1981). *30 Jahre AGJ, Jugendhilfe in gemeinsamer Verantwortung*. Bonn.
Klausch, P. (2008). Arbeitgemeinschaft i. S. v. § 78 SGB VIII. In AGJ (Hrsg.), *Kinder- und Jugendhilferecht von A – Z*. München: Ch. Beck.

Klausch, P., & Struck, N. (2010). Dachorganisationen der Sozialen Arbeit – eine Übersicht. In W. Thole (Hrsg.), *Grundriss Soziale Arbeit* (S. 831–846). Wiesbaden: VS Verlag für Sozialwissenschaften.

Norbert Struck, Dipl. Pädagoge, Jugendhilfereferent beim Paritätischen Gesamtverband e. V. Schwerpunktthemen: Grundsatzfragen der Kinder- und Jugendhilfe, Jugendhilferecht, Hilfen zur Erziehung.

Peter Klausch, Dipl.-Pädagoge, Geschäftsführer der Arbeitsgemeinschaft für Kinder- und Jugendhilfe – AGJ, Schwerpunktthemen: Kinder- und Jugendhilfe, Kinder- und Jugendpolitik.

Aufgaben und Funktionen

Hilfe und Kontrolle in der Jugendhilfe

Heinz-Jürgen Dahme und Norbert Wohlfahrt

Zusammenfassung

Alle staatlich organisierten personenbezogenen Dienstleistungen lassen sich bis heute als Hilfe zur Selbsthilfe beschreiben: der Staat gewährt und organisiert verschiedenste Formen sozialer Hilfe mit der Zwecksetzung, die individuelle Reproduktion aus eigener Kraft organisieren und den Anforderungen der Konkurrenzgesellschaft genügen zu können. Hilfe und Kontrolle sind wesentliche Bestandteile aller staatlich organisierten Hilfeformen, die sich selber als Dienstleistungen beschreiben. Auch die in der Kinder- und Jugendhilfe organisierten sozialpädagogischen Fördermaßnahmen beinhalten immer Eingriffe und Einmischung in private Lebensverhältnisse, um einen dahinter stehenden staatlichen Funktionsauftrag durchzusetzen. Als Auftrag des Kinder- und Jugendhilferechts lässt sich vor allem die Wiederherstellung der Erziehungsfähigkeit sowie die Stärkung der Elternverantwortung identifizieren. Das Kinder- und Jugendhilferecht beschreibt sich selbst als Förderungsgesetz, ist aber – empirisch betrachtet – durch vielfältige Kontrollfunktionen gekennzeichnet, da eine Mehrzahl der organisierten Fördermaßnahmen ein Elternversagen unterstellen.

Schlüsselwörter

Dienstleistung, personenbezogene, doppeltes Mandat, Elternverantwortung, Elternversagen, Erziehungshilfen, Familienrecht, Kindeswohl, Kinder- und Jugendschutz, Kontrolle, Lebensweltorientierung, Neue Steuerung, Managerielle Steuerung, Prävention, Sozialraumorientierung, Zwangserziehung

1   Einleitung: Hilfe und Kontrolle in der Sozialen Arbeit – ein unlöslicher Widerspruch?

Der Ursprung aller personenbezogenen Interventionsformen lässt sich mit der Formel ‚*Hilfe zur Selbsthilfe*‘ beschreiben, wie sie im alten Bundessozialhilfegesetz als Leitkategorie der Sozialen Arbeit formuliert wurde. Darin ist ausgedrückt, dass der Sozialstaat jenseits der von ihm festgelegten Transferprogramme mit der Notwendigkeit personenbezogener Interventionsformen rechnet, die den Betroffenen dazu verhelfen sollen, wieder aus eigener Kraft ihre individuelle Reproduktion zu bestreiten und im Rahmen der allgemeinen Sittlichkeit ihre persönlichen Lebensverhältnisse zu gestalten. Soziale Arbeit mischt sich mittels eines sozialstaatlichen Auftrags in das Leben von Menschen ein, die dauerhaft oder vorübergehend einer besonderen Unterstützung oder Betreuung bedürfen, um den Anforderungen der Konkurrenzgesellschaft genügen zu können. Mit dieser Bestimmung ist schon ausgedrückt, dass der Unterschied zwischen Hilfe und Kontrolle sich aus der Perspektive der betroffenen Individuen ganz unterschiedlich darstellt, und jede ‚*helfende*‘ Maßnahme auch als ‚*kontrollierende*‘ wahrgenommen werden kann. Das Sozialrecht ist die Grundlage organisierten Helfens und es kennt ein breites Spektrum verschiedener sozialstaatlicher Hilfeformen, die von Fürsorgeleistungen (SGB II, SGB XII), sozialen Dienstleistungen (Kindertagesstätten) bis hin zu Fördermaßnahmen (Hilfen zur Erziehung) reichen. Die Disziplin der Sozialen Arbeit, die Sozialpädagogik, spiegelt diese Doppelbödigkeit des Hilfebegriffs wider, wenn „Hilfe" thematisiert wird als ethisch fundiertes, empathisches Handeln, das „das ‚Gute‘ in der Sozialpädagogik" „repräsentiert" (Gängler 2001, S. 783) oder wenn der Hilfebegriff als Beschreibungs- und Analysekategorie einer sozialstaatlichen Dienstleistungstheorie benutzt wird, in der der Hilfebegriff zur Umschreibung der Funktionsweise von sozialen Dienstleistungen und sozialer Infrastruktur dient (Gängler 2011, S. 614). Hilfe wird in diesem Zusammenhang nicht mehr sozialpolitisch, sondern normativ bestimmt, und wird damit in Gegensatz zu ihrem Gegenüber, der sozialen Kontrolle, idealisiert.

Dabei ist auch dieser Begriff wenig aussagekräftig. Sozialstaatlich veranlasstes ‚*Helfen*‘ ist eine Sammelbezeichnung für unterschiedlichste Interventionsformen der Sozialen Arbeit, die sich an der Lebenspraxis ihrer Klienten orientiert und diese so beeinflusst, dass die Betroffenen sich mit den ihnen vorausgesetzten gesellschaftlichen Verhältnissen besser arrangieren können, als dies ohne die jeweilige Unterstützung der Fall wäre. Sie ist dabei notwendigerweise zugleich „soziale Kontrolle", weil es in staatlich organisierten Hilfeprozessen um eine „technologisch induzierte Personenänderung" (Olk 1986) geht, die auch Schutz- und Überwachungsaufgaben einschließt.[1] Soziale Arbeit ist immer Eingriff und Einmischung in private Lebensver-

---

1   Dieser Umstand hat dazu geführt, an Stelle des Begriffs der Hilfe den Begriff der Dienstleistung zu
    verwenden. Danach führt die Soziale Arbeit Programme aus, auf die Leistungsberechtigte einen Anspruch haben. Am deutlichsten formuliert Luhmann diese Sichtweise: „Individuelle Motive zur Hil-

hältnisse, mit dem Ziel, die die Hilfe auslösenden Lebensverhältnisse aufzulösen, um hilfebedürftig definierten Menschen die verlorene oder gefährdete Eigenregie über ihre Lebensverhältnisse zurück zu geben (vgl. Müller 2005). Die Aufgabe, auf Klienten kommunikativ einzuwirken und sie zu fördern, so dass sie Handlungskompetenzen erwerben um Handlungsoptionen wahrnehmen zu können, wird durchweg als ‚Hilfe‘ bezeichnet, auch wenn dazu kein Mandat der ‚Hilfebedürftigen‘ vorliegt oder dieser den Hilfebedarf gar nicht sieht (bspw. weil er gar nicht in der Lage ist, seinen Hilfe- und Unterstützungsbedarf realistisch einzuschätzen). „Stellvertretendes Deuten“ (Dewe et al. 1986) oder „advokatorisches Handeln“ (Brumlik 1992) sind ebenso wie „Empowerment“ (Herriger 2002) Umschreibungen des Tatbestands einer in die Lebensverhältnisse von Familien eingreifenden Handlung, die in Gestalt Sozialer Arbeit darauf ausgerichtet ist, einen dahinter stehenden staatlichen Funktionsauftrag durchzuführen oder durchzusetzen.

Auch die sozialstaatliche Aufgabe, personenbezogene Dienstleistungen zu erbringen, wird gewöhnlich als Leitidee der Profession Sozialarbeit/Sozialpädagogik bezeichnet: sie hat „Exklusionsprozesse anderer Funktionssysteme im Modus stellvertretender Inklusion zu neutralisieren“ (Gängler 2011, S. 616). In solchen funktionalistischen oder dienstleistungstheoretisch abgeleiteten Aufgabenbeschreibungen wird die der Sozialen Arbeit vorausgesetzte sozialstaatliche Aufgabe vollkommen ausgelöscht, da man diese – rein affirmativ – lediglich als Teilsystem einer funktionsdifferenzierten Gesellschaft definiert, die Leistungen erbringt, für die es eine gesellschaftliche Nachfrage gibt. Bei Beschreibungen und Funktionsbestimmungen dieser Art handelt es sich mehr um Idealisierungen als um analytische Begriffsbestimmungen. Der soziologischen Unterscheidung von Helfen und Nicht-Helfen und das Setzen dieser Differenz zur professionellen Leitidee von Sozialer Arbeit (Baecker 1994), wollen wir im Folgenden nicht folgen. Wir gehen vielmehr davon aus, dass sich die Dualität helfender und kontrollierender Tätigkeiten in der Sozialen Arbeit nur vor dem Hintergrund des sozialstaatlichen Auftrags der Sozialen Arbeit begreifen lässt, der allerdings Veränderungen unterliegt. Sozialpädagogisches Handeln ist in der hier zur Diskussion stehenden Kinder- und Jugendhilfe vor allem durch das übergeordnete politisch gesetzte Primat der Erhaltung bzw. (Wieder)Herstellung von *Erziehungsfähigkeit* bestimmt und somit nur als Teil staatlicher Familienpolitik verstehbar. Das soll im Folgenden näher dargestellt werden.

---

fe sind insoweit entbehrlich […], die helfende Aktivität wird nicht mehr durch den Anblick der Not, sondern durch einen Vergleich von Tatbestand und Programm ausgelöst und kann in dieser Form generell und zuverlässig stabilisiert werden“ (Luhmann 1973, S. 34). Im Dienstleistungsideal, in dem zwei gleichberechtigte und kooperierende Partner (Experte und Klient) sich um Problemlösung bemühen, wird deutlich, wie wenig der Begriff der Dienstleistung geeignet ist, die Realität des Jugendhilfegeschehens angemessen zu beschreiben (vgl. Goffman 1973).

2   Der Auftrag des Kinder- und Jugendhilferechts: (Wieder)Herstellung von Erziehungsfähigkeit

Ausgangspunkt aller Überlegungen zum Thema ‚*Hilfe und Kontrolle*‘ in der Jugendhilfe ist das in Art. 6 Abs. 2 Satz 1 GG verankerte (und in § 1 Abs. 2 SGB VIII wörtlich wiederholte) *Elternrecht*, welches den Eltern gegenüber dem Staat den Vorrang als Erziehungsträger garantiert: „Pflege und Erziehung der Kinder sind das natürliche Recht der Eltern und die zuvörderst ihnen obliegende Pflicht. Über ihre Betätigung wacht die staatliche Gemeinschaft". Das Elternrecht gewährt den Eltern gemäß der Tradition der Grundrechte ein Abwehrrecht gegen staatliche Eingriffe in die Erziehung ihrer Kinder. Dies geschieht kraft der Annahme, dass „in aller Regel Eltern das Wohl des Kindes mehr am Herzen liegt, als irgend einer anderen Person oder Institution" (BVerGE 59, 360, 376; 61, 358, 371). Das Elternrecht ist aber auch gekoppelt an die *Elternverantwortung* (§ 1 SGB VIII), denn das Elternrecht ist ein „Recht im Interesse des Kindes" (Münder und Trenczek 2011, S. 11). Das Grundgesetz räumt den Eltern eine umfassende Zuständigkeit und Kompetenz für die Pflege und die Erziehung ihrer Kinder ein. Dabei handelt es sich um kein Naturecht oder Menschenrecht, denn andere vergleichbare Gesellschaften kennen keinen solchen strikten „Familialismus" (Lessenich 2003), der typisches Kennzeichen des deutschen Grund- und Sozialrechts ist. Das Elternrecht wird rechtlich gewährt, und kann deshalb auch zurück genommen oder eingeschränkt werden, wenn die Grundrechte des Kindes verletzt werden.

Das Elternrecht ist – trotz Familialismus des deutschen Rechts – nicht absolut, denn mit dem Elternrecht wird zugleich ein staatliches *Wächteramt* verankert, das darauf abzielt, die Interessen und Grundrechte von Kindern und Jugendlichen gegen ihre Eltern zu sichern und durchzusetzen. Im Familienrecht ist vorgesehen, dass das Familiengericht die erforderlichen Maßnahmen trifft, wenn die Eltern nicht willens oder in der Lage sind, eine Gefährdung des Kindeswohls abzuwenden (§ 1666 BGB). Das Kinder- und Jugendrecht verpflichtet den Staat kompensatorisch in das elterliche Erziehungsrecht einzugreifen, wenn die Elternverantwortung nicht wahrgenommen wird. Der Staat ist dann in der Pflicht – bei *Elternversagen* –, junge Menschen in ihrer Entwicklung zu fördern und ihr Recht „auf Erziehung zu einer eigenverantwortlichen und gemeinschaftsfähigen Persönlichkeit" zu gewährleisten (§ 1 Abs.1 SGB VIII). Das Wächteramt ist gegenüber dem Elternrecht nachrangig. Auch wenn Kinder und Jugendliche als eigenständige Grundrechtsträger anerkannt sind (eine Position, die sich in jüngerer Zeit erst hat durchsetzen können), ein Recht auf Selbsterziehung gibt es für Minderjährige nicht. Bei Elternversagen geht der Erziehungsauftrag (die Pflicht zur Förderung) auf staatliche Stellen über, die bei der Wahrnehmung dieser Aufgabe wiederum (ein staatliches Erziehungsrecht gibt es nicht) auf kinderpolitische, aber vor allem auf familienpolitische Leitideen angewiesen sind und zurückgreifen.

Die begriffliche Bestimmung dessen, was Hilfe und Kontrolle in der Kinder- und Jugendhilfe bedeuten, muss vor dem Hintergrund des eltern- und familienzentrierten Jugendhilfekonzepts des SGB VIII vorgenommen werden. Zwar kennt und enthält das KJHG auch kinder- und jugendpolitische Zwecksetzungen, diese sind aber praktisch gegenüber den eltern- und familienpolitischen Zwecksetzungen sekundär, so dass man auch das SGB VIII als durch den deutschen Familialismus geprägt einstufen muss.

Der *familienrechtliche Gesamtauftrag des SGB VIII* beruht auf einem unübersehbaren Widerspruch: einerseits tritt das Jugendhilfegesetz einer sozialen Realität gegenüber, in denen es Eltern und familialen Lebensformen aus unterschiedlichen Gründen nicht gelingt, ihren Erziehungsauftrag wahrzunehmen, und sie mit der Kindererziehung überfordert sind. Die Gründe dieser Überforderung liegen i. d. R. außerhalb der Familie, sie sind heteronom und (gewöhnlich) ein von der Jugendhilfe nicht zu beeinflussendes Ergebnis gesellschaftlicher Entwicklungen. Ausgerechnet diese Überforderung von Familien soll mittels jugendhilfespezifischer Interventionen so geachtet werden, dass die Herstellung oder Wiederherstellung eines verantwortungsgerechten Verhaltens in elterlicher Autonomie gewährleistet bleibt. Jugendhilfe soll also einerseits helfen, die Sozialisationssituation von Jugendlichen zu verbessern, andererseits soll das staatliche Wächteramt vor dem Elternrecht so lange zurücktreten, bis die Eltern das ,*Kindeswohl*' unübersehbar gefährdet oder beschädigt haben, also die elterliche Erziehung erst einmal offensichtlich gescheitert ist und bleibenden Schaden angerichtet hat. Die Jugendhilfe ist mit einem Auftrag konfrontiert, der selbst sein Scheitern in sich trägt: das Handeln der Jugendhilfe muss in Konfliktsituationen unterhalb der Schwelle von § 1666 BGB primär darauf gerichtet sein, Kindern, Jugendlichen und Eltern Wege aufzuzeigen, wie sie solche Konflikte selbst lösen können (Hilfe zur Selbsthilfe). Jugendhilfe muss somit vor allem darauf hin wirken, Eltern, die ihren staatlichen Erziehungsauftrag nicht wahrnehmen können oder wahrnehmen wollen, vom Gegenteil zu überzeugen. Jugendhilfe – so der Auftrag – soll so tun als ob die Rechtsverweigerung der Eltern gegenüber Minderjährigen vorerst keine gravierenden Konsequenzen für sie hat, und sie muss hilfeunwilligen Eltern gegen ihre Überzeugung zur Annahme von Jugendhilfeleistungen ,*überreden*' – ihnen Leistungen offerieren, die von diesen i. d. R. als Ausdruck ihres offenkundigen Versagens interpretiert und wahrgenommen werden (müssen).

Hilfe und Kontrolle stellen sich vor diesem Hintergrund als *ein* jugendhilferechtliches Verwaltungsverfahren dar, nicht als zwei unabhängige Verfahren oder als zwei aufeinander folgende Schritte, auch nicht als zwei Seiten einer Medaille: dient die ,*Hilfe*' primär der Wiederherstellung der elterlichen Einsicht in die Wahrnehmung der Erziehungsfunktion, so ist die Kontrolle von Anfang an präsent und zunächst einmal ein Instrument repressiver Motivation zur Herstellung dieser Einsicht. Sozialrechtliche Hilfen dieser Art als Dienstleistung zu beschreiben ist deshalb eine falsche Bestimmung des sog. jugendhilferechtlichen Hilfesachverhalts. Die Drohung, erziehungsunwillige Eltern rechtlich oder finanziell zur Verantwortung zu ziehen, sie zu belasten, bspw. mit dem ,*Gang vor den Kadi*', ihnen mit der Ingangbringung eines gerichtlichen Verfahrens zu drohen, ist dem modernen, staatlich organisierten Hilfeverfahren immanent, und dies als Dienstleistung zu beschreiben, ein Euphemismus.

Was ist die Konsequenz für erziehungsunwillige Eltern? Hier kommt zum einen ein vormundschaftliches Verfahren in Betracht mit dem Ziel der richterlichen Beschränkung oder gar dem völligen Entzug des elterlichen Sorgerechts nach den §§ 1666 und 1666a BGB. Mit der Androhung der Entpflichtung oder Entmündigung der Eltern bezüglich ihrer Kinder soll die freiwillige Wahrnehmung der Elternverantwortung wieder herbeigeführt werden – ein Widerspruch, der eine eigenverantwortliche Betätigung von Erziehungsverantwortung in einem Verfahren erwartet, wo diese den Eltern gerade abgesprochen wird. Die zweite Möglichkeit, ein Gerichtsverfahren als Kontrollmittel einzusetzen, ist die Strafanzeige bei der Staatsanwaltschaft. Auch hier handelt es sich – sollte diese als ein Mittel gehandhabt werden, die Kooperationsbereitschaft der Eltern mit den Erziehungshilfen herzustellen – um eine repressive Interventionsform, die auf der normlogischen Unterstellung beruht, dass die Eltern ein genuines Interesse an der (Wieder)Herstellung ihrer Erziehungsfähigkeit haben, dem nur mit Nachdruck Geltung verschafft werden muss. Kay Biesel drückt diesen Widerspruch folgendermaßen aus: „Während in der Sozialen Arbeit, um an Begriffe von Jaques Donzelot […] anzuschließen, auf der einen Seite denjenigen Familien eine ‚geschützte Freiheit' garantiert wird, die selbst den Anspruch an eine moralisch und pädagogisch wertvolle Erziehung und Bildung ihrer Kinder haben und sich hierfür selbständig Beratung und Unterstützung holen, ist die Profession auf der anderen Seite dazu geneigt, jene Familien in professionelle Prozeduren einer ‚überwachten Freiheit' […] zu überführen, die nicht gewillt oder nicht in der Lage sind, ihre Kinder entsprechend der allgemeinen, gesellschaftlich gültigen Werte und Normen zu erziehen. Und dann wendet sie in der Kinder- und Jugendhilfe all jene und oftmals von den Klienten als sozial beschämend und erniedrigend empfundenen Praktiken an, die in der Sozialen Arbeit unter den Begriff der ‚Kontrolle' subsumiert wird" (Biesel 2011, S. 13 f.).

Kontrolle *und* Hilfe, so lässt sich resümieren, ist *ein* Element von Fachlichkeit in der sozialpädagogischen Intervention, die darauf abzielt, den elterlichen Willen zur Erziehung wieder herzustellen[2]. Die Bereitschaft zur Kooperation der Erziehungsberechtigten mit dem Jugendamt wird durch eine Reihe von Drohungen und Eingriffen in das elterliche Erziehungsrecht herbeigeführt. In der kritischen Jugendhilfe ist dieser Sachverhalt als Widerspruch obrigkeitlicher Fürsorge diskutiert worden. Nüberlin (1997) formuliert den Inhalt dieses Widerspruchs wie folgt: „Die wertkonservative Vorgabe des KJHG lautet […] so, dass jede Familienform ‚zuvörderst' die private Alleinhaftung zu tragen und zu verkraften hat für das Gelingen von Sozialisa-

---

2   Vgl. hierzu auch Schone 2008: „Kontrolltätigkeit gegenüber elterlichem Erziehungsverständnis korrespondiert deshalb mit der Qualität der Hilfe- und Unterstützungsangebote der Jugendhilfe. Sie legitimiert sich immer auch aus dem Leistungscharakter zugunsten des Kindes. Sozialpädagogische Kontrolle ohne die Möglichkeit des Leistungsangebots verkäme zur reinen Repression. Daher erfordert es besondere Aufmerksamkeit, dass sich die aktuelle Diskussion über die Gestaltung des Schutzauftrags mit einer Verengung der Spielräume auf der Leistungsseite aufgrund defizitärer kommunaler Haushaltslagen überschneidet" (S. 14).

tion, und zwar für die außerschulische und außerberufliche Sozialisation und auch noch für die Auswirkungen des Misslingens der Bemühungen der beiden außerfamilialen Sozialisationsinstanzen. Damit werden sämtliche gesellschaftlichen und sozialen Umstände, die die Erschwernisse der Erziehungsaufgaben vielfach erst hervorbringen, aus der primären staatlichen Zuständigkeit ausgeblendet" (S. 102). In der Regierungsbegründung anlässlich der Novellierung des als Meilenstein gefeierten neuen KJHG von 1990, das mit dem Anspruch auftrat, das repressive JWG durch eine durch Lebensweltorientierung und soziale Förderung gekennzeichnete moderne Dienstleistungsstrategie zu ersetzen, ist diese Ausblendung der gesellschaftlichen ‚Mängellagen' und der politische Verzicht, Verhältnisse statt Verhalten zu beeinflussen, auch schon präsent, denn „Hilfe zur Erziehung" – so hieß es schon dort und damals – kann „von ihrer Funktion her nur an Mängellagen bei Kindern und Jugendlichen im Erziehungsprozess ansetzen, da die häufig zugrundeliegenden Faktoren, wie etwa Arbeitslosigkeit oder Krankheit der Eltern bzw. unzureichende Wohnsituation etc. nicht mit Mitteln der Jugendhilfe behoben werden können" (Regierungsbegründung KJHG, S. 65, zit. nach Nüberlin, 1997, S. 102).

3   Entwicklungsetappen der jüngeren Jugendhilfe: der Versuch der Sozialen Arbeit, sich von der Kontrollfunktion zu emanzipieren

Erziehungshilfen verstehen sich als Teil jener Angebote für alle jungen Menschen, welche diesen zur Bewältigung von Lebens-, Beziehungs- und Entwicklungsproblemen in Kindheit, Jugend und jungem Erwachsenenalter zur Verfügung stehen (Moch 2011). Seit in den frühen 1870er-Jahren sozialrechtliche Überlegungen aufkamen, junge Menschen, die sich – in Form von Betteln, Stehlen, Unzucht, Landstreichen, fortgesetztem Ungehorsam – nicht normgerecht verhielten, durch staatliche Erziehung zu disziplinieren (Münchmeier 1999) ist die Erziehungshilfe mit der Entwicklung eines staatlichen Zwangserziehungsprogramms identisch, dass sich zunächst in der Heimerziehung unter der Parole ‚Erziehung statt Strafe' konstituierte und die öffentliche Fürsorgeerziehung prägte. Bis in die 1970er-Jahre prägte die stationäre Unterbringung in (zumeist christlich-repressiven) Großheimen wie in Pflegefamilien das Bild der Erziehungshilfen (Kuhlmann 2002). Erst die Studentenbewegung bringt nach langen Jahren wenig erfolgreicher Reform der Fürsorgeerziehung (Hering und Münchmeier 2000) eine Wende mit Blick auf die repressiven und paternalistischen Formen der Heimerziehung: In Folge der „Heimrevolte" (vgl. Struck et al. 2003), „Bambule" (Ulrike Meinhoff) in den Heimen, entstanden um etwa 1970 zunächst erste ehrenamtlich und selbstorganisierte Wohnkollektive, betreute Wohngruppen und andere dezentralisierte Heim- und Wohnformen. Ab Mitte der 1970er-Jahre werden Erziehungshilfen dieser Art auch zum Projekt von professionellen Erziehungsträgern, die die Unterstützung und Förderung privater Lebenskontexte zum

Ziel haben und auf die Achtung individueller Bedürfnisse und Rechte ausgerichtet sind. Hollstein und Meinhold (1977) kritisieren in ihrer Arbeit „Sozialarbeit unter kapitalistischen Produktionsbedingungen", dass Soziale Arbeit, trotz solcher Ansätze, Selbstbestimmung und Selbstorganisation zu fördern, „nach wie vor auf den emotional gefärbten pseudo-wissenschaftlich getrübten Begriff der ‚Hilfe' gebracht" werde, sobald solche Maßnahmen in staatliche Regie genommen werden. Weiter wurde der Sozialen Arbeit vorgeworfen, dass sie unter dem Deckmantel der Hilfe in Wirklichkeit ihren eigentlichen Funktionen, nämlich Herrschaft und Kontrolle auszuüben, nachkomme und der Hilfebegriff nur Verschleierungsfunktion hätte. Das Fazit lautete dann auch: „Sozialarbeit ist […] in je spezifischer Gewichtung Hilfe und Kontrolle zugleich" (Müller 1978, S. 343).

Das *Jugendwohlfahrtsgesetz* (JWG) von 1961 wurde in mehreren Anläufen durch Sachverständigenkommissionen der Bundesregierung diskutiert. Aber erst das ‚*Buch VIII des Sozialgesetzbuches (Kinder- und Jugendhilfegesetz, KJHG)*' im Oktober 1990 schafft eine neue Gesetzgrundlage für die Kinder- und Jugendhilfe. Das KJHG ist seinem Selbstverständnis nach ein ‚*Dienstleistungsgesetz*' mit einem erweiterten Erziehungsauftrag, der insbesondere infrastrukturelle Gegebenheiten unter dem Gesichtspunkt der Gestaltung von Lebensverhältnissen in den Blick nimmt und zu einer Erweiterung des sozialpädagogischen Professionsverständnisses führt. Die im Achten Jugendbericht (BMJFFG 1990) programmatisch herausgestellten Strukturmaximen der neuen Jugendhilfe (Lebensweltorientierung, Prävention, Dezentralisierung, Partizipation und Nutzerautonomie, Dienstleistungsorientierung der Anbieter, Kooperationstransparenz, Absprachen und partnerschaftliche Zusammenarbeit öffentlicher und freier Träger) wurden durch das KJHG (kurzfristig) zur Richtschnur für die Organisationsformen der Erziehungshilfen: sie führen zum einen zum Aufbau neuer Hilfeformen, neuer Verfahrensregeln für die Hilfen (Hilfeplanverfahren, Jugendhilfeplanung), Stärkung der Eltern und Nutzer/Klienten (Wunsch- und Wahlrecht) wie auch zu einer weiteren Professionalisierung der Fachkräfte, die die familienunterstützenden Hilfen erbringen, in deren Folge sich aber auch die Aufgaben der Fachkräfte erweiterten, da Prävention und der Auftrag des Schutzes der Kindern gegenüber Gewalt und Missbrauch seitdem immer stärker in den Vordergrund rückte.

Die Entwicklung der ‚neuen' ‚lebensweltorientierten' Jugendhilfe wird aber schnell überschattet von Kostenentwicklungen, denn das KJHG – so schon Mitte der 1990er Jahre der Deutsche Städtetag – hat zu einer enormen Kostenexplosion beigetragen, was dazu führt, die Jugendhilfe schon 1996 zum Modellprojekt der Neuen Steuerung in der Sozialverwaltung zu erklären (Ziel der KGSt 1996). Das Neue Steuerungsmodell ist ein Modernisierungsprogramm für die Verwaltung im Lichte der Ansätze des New Public Management, das primär effizienz- und kostenorientierte Prozess- und Strukturmaßnahmen für die Verwaltung enthält. Die Empfehlung der KGSt von 1998, die Jugendhilfe sozialräumlich zu organisieren, ist ein Baustein der neuen manageriellen Steuerung (Newman und Clark 1997; Rüb 2004) in der Jugendhilfe. Die Empfehlung für die Jugendämter, die Sozialraumorientierung in der Sozialen Arbeit zum Angelpunkt aller Reformbemühungen zu machen, ist primär davon getragen, durch die Einführung von *Sozialraumbudgets,* die wiederum das präventive Arbeiten belohnen sollen, die Kostenentwicklung in der Jugendhilfe zu steuern und (möglichst) einzugrenzen (KGSt 1998).

Mit der Gesetzesnovelle des KICK (Kinder- und Jugendhilfe-Weiterentwicklungsgesetzes) im Jahr 2005 wird wiederum eine Entwicklung eingeleitet, die das mit dem Kinderschutz verbundene staatliche Wächteramt in den Mittelpunkt rückt (§ 8a SGB VIII). Dieses Wächteramt steht unter einem klar definierten Gesetzesvorbehalt: Allein die Verpflichtung des Trägers der öffentlichen Jugendhilfe auf den Schutz des Kindeswohls berechtigt ihn nicht, in die Rechte der Eltern, Sorgeberechtigter oder Dritter einzugreifen. Vielmehr bedarf er für Eingriffe in die Reche der Bürger einer gesetzlichen Grundlage. Das Handeln der Verwaltung für den Bürger muss vorausseh- und berechenbar sein (Boetticher 2010).

Die historische Entwicklung der Jugendhilfe von der Fürsorgeerziehung hin zu einem Dienstleistungsangebot des Staates bringt auch zum Ausdruck, dass das Spannungsverhältnis von Hilfe und Kontrolle vor dem Hintergrund einer von methodischem Handeln bestimmten Fachlichkeit jeweils neu diskutiert und bestimmt wurde: die Erziehungsheime galten in der Methodenkritik der 68er Bewegung als Kontrollinstrumente einer repressiven, auf Anpassung ausgerichteten Pädagogik des kapitalistischen Systems. Das Leitbild der parteilichen Jugend- und Familienarbeit wollte die repressive Heimerziehung durch eine politisierende Gemeinwesen- und Stadtteilarbeit und Selbstorganisationsansätze Betroffener ersetzen, die darauf setzte, Hilfebedürftige anzuleiten, angesichts bürokratischer und expertokratischer Bevormundung die Kontrolle über die eigenen Lebensverhältnisse (wenn auch nur im Stadtteil und sozialen Nahraum) zurück zu gewinnen. Die danach dominant gewordene psychologisierende Subjektorientierung führte zum Aufschwung und zur Aufwertung individualisierender Methoden und der sich daraus ergebenden Therapiebewegung, in der der Klient angesichts vorrangig psychosozial bestimmter Problemlagen zum Patienten umdefiniert wurde. Das methodische Handeln der Sozialen Arbeit war darauf ausgerichtet die Selbstkontrolle von Hilfebedürftigen zu fördern, externe Kontrolle überflüssig zu machen oder zu verschleiern, dass Psychotherapie selbst als eine Form von Kontrolle begriffen werden kann.[3]

Mit dem auf Thiersch zurück gehenden Konzept der *Lebensweltorientierung* wird erneut ein Versuch unternommen, integrative Handlungskonzepte für die Soziale Arbeit zu formulieren und ‚die Methoden zu entmethododisieren' (vgl. Achter Jugendbericht). Durch Prävention, Alltagsorientierung und Normalisierung sollen Kinder und Jugendliche aus der ihnen häufig durch die Hilfe aufgezwungenen Objektstel-

---

3   „Abgelöst von der Zielsetzung steht hier die akzeptierende und verstehende Grundhaltung im
    Dienste der Durchsetzung des Sozialpädagogen [...] In dieser Zwangs- und Kontrollsituation kann
    sich aber das Verstehen nicht therapeutisch auswirken, es führt notgedrungen zur Entmächtigung
    und Unterwerfung des Klienten. Die letzten Reste seiner Standfestigkeit in dieser Situation werden
    ihm durch Eingeständnis von Ärger, Angst und Schuld genommen" (Geißler und Hege 1992, S. 125).

lung herausgeholt und in eine Subjektposition gebracht werden. Der Achte Jugendbericht, vielfach als Meilenstein moderner sozialpädagogischer Sozialpolitik gefeiert,
erörtert dies als Ausdruck des Widerspruchs Sozialer Arbeit schlechthin und speziell
der Jugendhilfe: „Jugendhilfe ist [...] geprägt durch den Widerspruch von Sozial-
staatspostulat und Sozialdisziplinierung" (Achter Jugendbericht 1990. S. 89). Gerade
in ihrer intensiven ‚*Lebensweltorientierung*' stehe Jugendhilfe als Familienhilfe, Streetwork, Justizhilfe, in Frauenhäusern usw. ständig in der Gefahr, nicht nur aufdring-
lich zu werden, sondern zu einer besonders intimen Form der Kontrolle auszuarten
(vgl. Thiersch, 1992, S. 39). Das Konzept der Lebensweltorientierung versteht sich als
kritischer Gegenentwurf zur fürsorgerisch-repressiven Pädagogik wie auch als Kritik einer therapeutisch orientierten Sozialen Arbeit. Die lebensweltorientierte Sozialpädagogik ist politisch recht erfolgreich und wird zur Grundlage der Jugendberichte
seit den 1990er Jahren, weil sie nicht allzu kritisch mit den bestehenden Verhältnissen
umspringt, denn bei aller Kritik an der repressiven und therapeutisierenden Sozialen Arbeit affirmiert der Lebensweltansatz in konservativer Weise die gegebenen Lebensverhältnisse als Ausgangs- und Ansatzpunkt einer „gelungenen Lebensführung".
Das Dementi des lebensweltorientierten Ansatzes, es ginge nicht um die Konservie-
rung von Bildern einer heilen Welt, hat da keine heilende Wirkung, denn wie man es
dreht und wendet, es geht auch der lebensweltorientierten Sozialpädagogik darum,
dass „Schwierigkeiten" „lebbar gemacht" werden (vgl. Thiersch 1992, S. 26). Auch die
lebensweltorientierte Sozialpädagogik ist davon geprägt, den sozialstaatlichen Auftrag der sozialen Arbeit zu ignorieren und mit Verweis auf die Kontingenz von Lebensverhältnissen zu idealisieren. Aus (sozial-)staatlicher Sicht ist dies keine unange-
messene Funktionsbestimmung Sozialer Arbeit, weil damit die Kontrollfunktionen
hinter dem die Lebenswelt akzeptierenden Hilfeauftrag gleichsam verschwinden, der
die Autonomie des Hilfebedürftigen respektiert ohne den Jugendhilfeauftrag aus den
Augen zu verlieren.

Der Zwölfte Jugendbericht fasst diese Auffassung systematisch zusammen, indem
er Lebensweltorientierung, Dienstleistungsorientierung sowie Professionalität als
die drei Säulen moderner Sozialer Arbeit beschreibt: „Öffentliche Verantwortung für
das Aufwachsen von Kindern und Jugendlichen bedeutet, dass alle jungen Menschen
und ihre Familien eine soziale Infrastruktur vorfinden sollen, die ihren Bedürfnissen und Interessen sowie ihrem spezifischen Unterstützungs- und Förderbedarf entspricht. Die Schaffung einer solche Infrastruktur setzt voraus, dass Kinder und Jugendliche als Faktor bei der Gestaltung der Zukunft gesehen werden und nicht als
Problemgruppe in der gesellschaftlichen Gegenwart. Die Kinder- und Jugendhilfe arbeitet somit im Bereich der allgemeinen Jugendpolitik" (Bundesministerium für Familie, Senioren, Frauen und Jugend, 2005, S. 43 f.).

4 Hilfe und Kontrolle: das doppelte Mandat als restauriertes Leitprinzip sozialpädagogischen Handelns

Der immer schon vorhandene Schutzauftrag der Jugendhilfe ist in § 8a des SGB VIII im Jahr 2005 neu geregelt worden und das Selbstbild der Sozialen Arbeit als einer primär auf Förderung spezialisierten und mit Dienstleistungserbringung befassten Profession wurde dadurch wieder neu justiert. Die Kontrolle als ein Zentralanliegen des Kinder- und Jugendhilferechts ist seitdem nicht mehr zu übersehen und alles anders ausgerichtete sozialpädagogische Handeln muss hinter den Schutzauftrag zurück getreten. § 8a präzisiert den immer schon vorhandenen Kontrollauftrag der Jugendämter und bindet alle Fachkräfte in diesen Schutzauftrag ein. Dort heißt es:

„(1) Werden dem Jugendamt gewichtige Anhaltspunkte für die Gefährdung des Wohls eines Kindes oder Jugendlichen bekannt, so hat es das Gefährdungsrisiko im Zusammenwirken mehrerer Fachkräfte einzuschätzen. Soweit der wirksame Schutz dieses Kindes oder dieses Jugendlichen nicht in Frage gestellt wird, hat das Jugendamt die Erziehungsberechtigten sowie das Kind oder den Jugendlichen in die Gefährdungseinschätzung einzubeziehen und, sofern dies nach fachlicher Einschätzung erforderlich ist, sich dabei einen unmittelbaren Eindruck von dem Kind und von seiner persönlichen Umgebung zu verschaffen. Hält das Jugendamt zur Abwendung der Gefährdung die Gewährung von Hilfen für geeignet und notwendig, so hat es diese den Erziehungsberechtigten anzubieten.

(2) Hält das Jugendamt das Tätigwerden des Familiengerichts für erforderlich, so hat es das Gericht anzurufen; dies gilt auch, wenn die Erziehungsberechtigten nicht bereit oder in der Lage sind, bei der Abschätzung des Gefährdungsrisikos mitzuwirken. Besteht eine dringende Gefahr und kann die Entscheidung des Gerichts nicht abgewartet werden, so ist das Jugendamt verpflichtet, das Kind oder den Jugendlichen in Obhut zu nehmen.

(3) Soweit zur Abwendung der Gefährdung das Tätigwerden anderer Leistungsträger, der Einrichtungen der Gesundheitshilfe oder der Polizei notwendig ist, hat das Jugendamt auf die Inanspruchnahme durch die Erziehungsberechtigten hinzuwirken. Ist ein sofortiges Tätigwerden erforderlich und wirken die Personensorgeberechtigten oder die Erziehungsberechtigten nicht mit, so schaltet das Jugendamt die anderen zur Abwendung der Gefährdung zuständigen Stellen selbst ein."

Der gesellschaftliche Auftrag, das Wohl des Kindes sicher zu stellen und Gefährdungen für das Kindeswohl abzuwenden, richtet sich an das Jugendamt und die Leistungserbringer. Der Allgemeine Sozialdienst (ASD) ist die Schnittstelle zwischen Sozialverwaltung und dem zum Fall gewordenen Bürger. Die Aufgaben, Eltern zu unterstützen und Kinder zu schützen sind ein sozialpädagogischer Handlungsakt, der sich ebenfalls in nicht voneinander zu trennenden Aufgaben- und Arbeitsformen niederschlägt. Von der Jugendhilfe als Dienstleistung zu sprechen, erweist sich spätestens jetzt als Euphemismus: auch die Gewährung von Jugendhilfeleistungen kann in einem eindeutigen Zwangskontext stehen, wenn die Eltern bspw. die Hilfe erst dann annehmen, wenn sie entweder durch äußeren Druck (Schule, Kindergarten, Nachbarschaft) dazu gezwungen werden, oder wenn sie durch die Fachkräfte des Jugendamtes selbst einer ‚freiwilligen' Hilfe zustimmen. Schone (2001) spricht davon, dass sich in der Tätigkeit des ASD kundenorientierte Dienstleistungen und wächterorientierte Eingriffsaufgaben in einem Kontinuum übergangslos miteinander verzahnen und verschränken. Dabei ist der Handlungsauftrag an das Handeln im ASD vielfältig: er muss die Zusammenhänge und Wechselwirkungen problematischer Lebenssituationen von Kindern wahrnehmen und verstehen, um auf dieser Grundlage ein Bild von der Lebenssituation von Familien zu gewinnen. Und er muss auf dieser Basis geeignete Strategien der Förderung und Unterstützung zur Gewährleistung des Kindeswohls entwickeln: „Der Gesetzgeber hat diesen Eigenarten und Bedingungen sozialpädagogischer Entscheidungsprozesse dadurch Rechnung getragen, dass er sie in doppelter Weise einer ‚Kontrolle und Korrektur' unterwirft:

1) durch die insgesamt im Gesetz starke Stellung der Leistungsberechtigten (Eltern und Kinder), deren besondere Rechte zu verbindlicher Mitwirkung und Beteiligung gerade im Prozess der Entscheidungsfindung, welche Hilfe die Richtige ist, ausdrücklich betont werden;
2) durch die Verpflichtung ‚zum Zusammenwirken mehrerer Fachkräfte' bei der Entscheidung über die ‚im Einzelfall angezeigte Hilfeart'. Organisatorische Bedingung dieses ‚Zusammenwirkens' ist die strukturell verbindliche und geschützte Zusammenarbeit in Gruppen oder Teams, die Orte kollegialer Beratung eben" (Schrapper 1994, S. 68 ff.).

Die sozialpädagogische Fachlichkeit ist abhängig davon, dass die „erforderlichen und geeigneten Einrichtungen, Dienste und Veranstaltungen den verschiedenen Grundeinrichtungen der Erziehung entsprechend rechtzeitig und ausreichend zur Verfügung stehen" (§ 79 SGB VIII). Darin wird eine Gewährleistungsverpflichtung des öffentlichen Trägers der Jugendhilfe gesehen. Im Rahmen seiner fachlichen, fach- und kommunalpolitischen Verantwortung ist es also Aufgabe des jeweiligen öffentlichen Trägers, dafür zu sorgen, dass Hilfebedarfe von Kindern und Familien auch eingelöst werden können.

Die freien Träger haben im Erziehungshilfesystem i. d. R. die Aufgabe, die Leistungen so auszugestalten, dass sie unter den je spezifischen Bedingungen des Einzelfalls Wirkungen entfalten.

§ 8a SGB VIII schafft auch für freie Träger der Jugendhilfe eine neue gesetzliche Grundlage im Umgang mit Fragen der Kindeswohlgefährdung. In den zwingend vorgeschriebenen Leistungsvereinbarungen zwischen öffentlichen und freien Trägern (§ 78a – g SGB VIII) werden die Leistungserbringer neuerdings konkreter als in der

Vergangenheit mit in die Verantwortung zur Abwendung von Kindeswohlgefährdung eingebunden. Rainer Schone beurteilt dies wie folgt: „Mit dieser Regelung werden freie Träger in einem bislang nicht praktizierten Ausmaß in die Wahrnehmung des staatlichen Wächteramts einbezogen. Die Verpflichtung zu einer eigenständigen Risikoeinschätzung verlangt von ihnen eine Kontrolltätigkeit in einem erheblichen Umfang, ist doch die Risikoeinschätzung zum Einen auf das Vorliegen von Fakten und Sachverhalten begründet und zielt sie zum Anderen darauf ab, zu klären, ob ein Schutz des Kindes vor einer potenziellen Schädigung durch staatlichen Eingriff erforderlich ist (Gefährdungsgrenze)" (Schone, 2008, S. 57). Die Mitarbeiterinnen und Mitarbeiter freier Träger, die auf den ihnen zugewiesenen Kontrollauftrag (Risikoeinschätzung, Angebote zur Gefährdungsabwehr, ggf. Information des Jugendamtes) nur unzureichend vorbereitet sind und ihr professionelles Handel fast ausschließlich als Einleitung von Hilfeprozessen interpretierten, sind dadurch mit neuen Herausforderungen und Veränderungen ihrer Berufspraxis konfrontiert. Schone weist in seiner Bewertung zurecht darauf hin, dass die Stärkung des Schutzauftrages eine neue Grenzlinie markiert, die zugleich eine neue Dimension der Zusammenarbeit zwischen öffentlichen und freien Trägern herbeiführt: Kindertagesbetreuung und Jugendarbeit standen traditionell nicht im Kontext ordnungsrechtlicher Aufgaben, deshalb ist der Schutzauftrag für diese Handlungsfelder neu und muss erst über Verträge institutionalisiert werden. Ordnungsrechtliche Aufgaben des Staates werden – bei freien Trägern via Vertrag – auf diese Arbeitsbereiche übertragen und damit wird die Ausdehnung des Schutzauftrages auf freie Träger mit einem Kontrollauftrag verbunden, den diese aus ihrem Selbstverständnis heraus traditionell nicht haben bzw. hatten. Prävention und Kontrollauftrag werden auf diesem Weg immer identischer und voneinander (kaum) noch zu unterscheiden.

Medial wirksame Fälle von Kindstötungen seit 2005 (Jessica in Hamburg, Kevin in Bremen, Lena-Sophie in Schwerin) haben das Jugendamt in eine Legitimationskrise gestürzt und dazu beigetragen, dass der Schutzauftrag des Jugendamtes noch einmal verstärkt wurde. Die Funktion des Wächteramts ist seitdem enorm aufgewertet worden und hat auch dazu beigetragen, dass die Förderung des Kindeswohls in der Öffentlichkeit sehr einseitig mit dem Wächteramt in Verbindung gebracht wird. Das 2012 in Kraft getretene *Bundeskinderschutzgesetz* (BKiSchG) verstärkt diese Tendenz, denn es wurde nicht zuletzt deshalb geschaffen, weil man den in § 8a SGB VIII formulierten Kinderschutzauftrag für nicht mehr ausreichend eingestuft hat. Neben den freien Trägern sind neuerdings auch „Berufsgeheimnisträger" (Ärzte, Therapeuten, Lehrer) in Fragen der Kindeswohlgefährdung zur Zusammenarbeit mit dem Jugendamt verpflichtet. Das SGB VIII wurde in diesem Zusammenhang erneut erweitert: so verpflichtet neuerdings § 8b SGB VIII den örtlichen und überörtlichen Träger der Jugendhilfe, andere Jugendhilfeakteure vor Ort ausführlich in Sachen Kindeswohlgefährdung zu beraten und fortzubilden; § 79a (Qualitätsentwicklung) fordert explizit, dass zur Gewährleistung der Qualität der Arbeit in den Einrichtungen auch Maßnahmen gehören, „den Prozess der Gefährdungseinschätzung nach § 8a" zu si-

chern. Die Mitarbeiter/innen sind verpflichtet, bei Verdacht der Kindeswohlgefährdung (unangemeldete) Hausbesuche durchzuführen.

Die Ausweitung des staatlichen Kontrollauftrags im Sinne des Wächteramts lässt
sich auch an den bestehenden Frühwarnsystemen illustrieren, die im Sinne der Prävention ausgerichtet sind und eigentlich mit einer Zurückdrängung des Kontroll-
gedankens einher gehen sollten.[4] Frühwarnsysteme (Besuchsdienste; verpflichtende
Vorsorgeuntersuchungen; Hebammeneinsatz bis 1 Jahr nach der Geburt) beobachten systematisch die Lebenslage und den Lebenszusammenhang von als Problemfälle eingestuften Familien und markieren einen Übergang des staatlichen Hilfe- und
Kontrollauftrags in das Gemeinwesen, der unter dem Stichwort *Sozialraumorientierung* die fachliche Debatte in der Sozialen Arbeit schon länger bestimmt.

5   Die Ausweitung des Hilfe- und Kontrollauftrags im Rahmen sozialräumlicher Präventionsstrategien

Zentraler Baustein der Neuausrichtung der Jugendhilfe ist seit einigen Jahren die sog.
Sozialraumorientierung. Sozialraumorientierte Soziale Arbeit soll – so die herrschende Lehrmeinung – Lebenswelten gestalten, Gelegenheitsstrukturen und Unterstützungsarrangements fördern, die dazu beitragen, dass Betroffenen (bspw. Menschen
mit Behinderungen, Menschen in prekären Lebenslagen) selbstbestimmte Lebensentwürfe leben können und zur Kompensation ihrer Defizite auf Ressourcen des Sozialraums zurückgreifen können (vgl. Hinte et al. 2001; Hinte 2009). Die Entwicklung
einer kommunalen Beteiligungskultur gehören ebenso zu einer fachlich fundierten
Sozialraumorientierung in der Sozialen Arbeit wie die Schaffung einer beteiligungsorientierten sozialen Infrastruktur (Deinet 2009). Die Jugendhilfe war der erste
Bereich zur Erprobung eines neuen Sozialstaatsprogramms, dessen zentraler Leit-
gedanke die Herausbildung einer gemeinwesenbezogenen Beteiligungs- und Teilhabegerechtigkeit darstellt und in deren Folge herkömmliche sozialstaatliche Handlungslogiken (z. B. Staat, Markt, Professionen und Familie) aufgebrochen werden
sollen. Gegenwärtig wird diese neue Handlungslogik auf die Behindertenhilfe aus-
gedehnt. Hier wie dort soll eine neue Kultur des Helfens – so das Ziel – entstehen, die
sich durch die Bildung hybrider Versorgungsstrukturen kennzeichnet, die als Fusio-
nen von „staatlicher Anstalt, kommerziellem Service, Selbstverwaltung, Selbsthilfe
und schließlich auch öffentlicher und privater Welt" (Evers und Ewert 2010, S. 108)
in den Sozialräumen präsent sind. Die Vergemeinschaftung der im Sozialraum Lebenden (unter staatlicher Zielsetzung) bildet den Kern dieses Sozialstaatsprogramms,

---

4   In NRW wurden an 6 Standorten der Aufbau eines solchen Frühwarnsystems modellhaft erprobt.
    Hierfür wurden im Rahmen des Projekts Sensoren und Indikatoren entwickelt, die anzeigen, wann
    die Lebenssituation von Kindern und ihren Familien als riskant zu bewerten ist und welche Reak-
    tionsweisen zur Bearbeitung solcher Problemlagen angemessen sind (vgl. Hensen 2005).

das nicht nur die Vernetzung professioneller Hilfen mit dem vorhandenen bürgerschaftlichen Engagement zum Ziel hat, sondern vor allem auch die basalen Gemeinschaften Familie und Nachbarschaft an ihre Pflichten erinnern soll. *Funktionale Vergemeinschaftung,* so könnte man dieses Programm kurz auf den Begriff bringen. Sozialraumorientierte Sozialarbeit soll Prozesse generieren, in denen der Staat einige seiner Zuständigkeiten in die Gesellschaft, die hier im Sinne des Kommunitarismus zur Gemeinschaft verdichtet wird (Etzioni 1998), zurückverlagert. Die Gesellschaft des Sozialraums soll im Zuge der Modernisierung und Industrialisierung verloren gegangene Zuständigkeiten und soziale Kompetenzen wieder zurückgewinnen (Pflege, Fürsorge, Integration von Behinderten und Armen, gegenseitige Erziehung durch soziale Kontrolle etc.) und damit zu einer Zivilisierung des Sozialen beitragen.[5]

Man merkt schnell, dass die Sozialraumorientierung durch die Verkoppelung mit dem Vergemeinschaftungsauftrag mehr ist als nur Herstellung von Inklusion. Präventive und ordnungspolitische Funktionen sind ebenfalls Bestandteil sozialräumlicher Strategien (Deinet 2001), geht es doch auch – wenn häufig auch nur latent – um Vermeidung und Bekämpfung von öffentlicher Verschmutzung (cleanliness) und Unordnung (disorder), dem Verdrängen unerwünschter Gruppen (undesirables) aus der Öffentlichkeit oder eben der Herausbildung von Zivilität angesichts einer Menge „incivilities" im Sozialraum (vgl. Lüdemann 2005; Häfele 2006; Eick 2009).

Insbesondere in der Jugendhilfe wird der Gedanke der Sozialraumorientierung seit einiger Zeit mit einer Ausdehnung und Neujustierung des Hilfe- und Kontrollauftrags in Zusammenhang gebracht: Ausgangspunkt dieser Diskussion ist die Kritik, dass auch der Ausbau der ambulanten Hilfen nicht dazu geführt hat, dass einzelne Kinder zu Tode kommen und dass die Qualität der Maßnahmen sich nicht verbessert hat (vgl. Hammer 2012). Ergänzt wird dies durch die Kritik, dass die öffentliche Jugendhilfe mit den sozialen Diensten nicht mehr vor Ort ist, dort wo die Menschen leben. Es bleibe für die Jugendhilfe zu wenig Raum, um Unterstützungsleistungen für junge Menschen anzubieten. Zugleich warnen die Kritiker vor einer ‚*Überstruk-*

---

5   Das Programm der Rückverlagerung sozialstaatlicher Aufgaben in die Gesellschaft wird ideologisch nicht mehr als Programm des schlanken Staats, sondern als emanzipatorischer Akt der Stärkung von Bürgerrechten begründet. Da das sozialstaatliche Anliegen der Umverteilung zu keinen befriedigenden Resultaten geführt habe, müsse man nun auf Teilhabe umschwenken. Zwar soll damit nicht dem *Ersatz* materieller Ansprüche durch ideelle Zugeständnisse das Wort geredet werden, aber eine Bedeutungsverschiebung hin zu einer stärkeren Betonung des Werts von Beteiligung soll schon vorgenommen werden. Vgl. hierzu Appel und Breuer (2010): „Man kann im Kriterium der Teilhabe Anklänge der alten liberalen Idee der marktbezogenen Chancengleichheit finden, wonach der Staat durch Rechtsstaatlichkeit und Bildungsinstitutionen für alle Individuen die Möglichkeit zur Entfaltung ihrer Fähigkeiten im Wettbewerb zu garantieren hat. Neu ist dagegen der Aspekt, Teilhabe auf potenziell alle möglichen sozialen Bereich zu beziehen: Neben der Wirtschaft geht es um das Ermöglichung kultureller und politischer Beteiligung, um soziale Netze, um das Alltagsleben, medizinische Versorgung, Wohnung usw. […] Teilhabe in diesem Sinne ist also keinesfalls allein oder vornehmlich durch staatliche Zuteilung zu realisieren. Staatlich veranlasste Maßnahmen werden vielmehr in Kombination mit zivilgesellschaftlichen Prozessen gedacht und sollen Partizipation in allen gesellschaftlichen Bereichen fördern" (S. 430).

turierung' der Jugendhilfe: als Beispiel wird von Hammer (2012, S. 117) das eingeführte Kontrollsystem bei Vorsorgeuntersuchungen angeführt, dass nach Studien nur zu
einer Verbesserung des Kinderschutzes um 0,01 – 0,1 % geführt habe. Da die ambulanten Erziehungshilfen keine Antwort auf Armutsprobleme in den Familien sein
können und diese wenig Anschluss an das Schulsystem oder andere Infrastrukturen vor Ort haben, wird mit dem Konzept der Sozialraumorientierung auf eine Umsteuerung des Gesamtsystems der Jugendhilfe gedrängt, in dem der individuelle Hilfebedarf zuvörderst durch die Stärkung der Infrastruktur vor Ort sichergestellt wird.
Die Hinwendung zu einer stärker sozialräumlich ausgerichteten Jugendhilfe wird dabei – und das macht ihre offenkundige Attraktivität aus – mit einer Umstellung der
Finanzierungsformen verkoppelt, die von der Fallfinanzierung im Rahmen des weitgehend kriseninterventionistisch konzipierten Angebotsspektrums der Erziehungshilfe auf die Finanzierung der Jugendhilfe im sozialen Feld ausgerichtet ist.[6] Die
Abkoppelung der Finanzierung der Bearbeitung von Fällen nach § 36 SGB VIII würde – so die Protagonisten der Sozialraumorientierung – die benötigten Finanzmittel
für die fallunspezifische Arbeit im sozialen Raum liefern, d. h. zum Aufbau und der
Pflege sozialer Netzwerke im Dienste der präventiven Verhinderung sozialer Auffälligkeiten eingesetzt werden können.[7]

Auch die Konjunktur sozialraumorientierter Ansätze in der Jugendhilfe ist getragen von der generellen Entwicklung, Präventionsansätze vor allem zur Verhinderung
von abweichendem Verhalten einzusetzen. Sozialraumorientierung dient deshalb

---

6   Das war schon das Ziel des ursprünglich von der KGSt (1998) für ihre Mitgliedskommunen ent-
     wickelten Konzepts zur Modernisierung der Jugendhilfe. Das Hamburger Eckpunktepapier zur Um-
     stellung der Finanzierung der Erziehungshilfen formuliert das später wie folgt: „Leistungen der
     ambulanten Erziehungshilfen sollen zukünftig nicht mehr einzelfallbezogen finanziert bzw. ab-
     gerechnet werden. Stattdessen sollen zwischen dem öffentlichen und den freien Trägern Verträge
     abgeschlossen werden, mit denen die insgesamt zu erbringenden Leistungen und die dafür zu fi-
     nanzierenden Ressourcen vereinbart werden […] die Prospektivität der Finanzierungen, also der
     Verzicht auf nachträglichen Kostenausgleich, soll dabei erhalten bleiben" (Behörde für Soziales und
     Familie Stadt Hamburg 2011, S. 85).
7   Auch die Verwaltungsgerichte haben sich schon mit den Implikationen und praktischen Folgen die-
     ser neuen Form sozialräumlich organisierter Jugendhilfe beschäftigen müssen, wobei hauptsächlich
     Folgeprobleme der Pauschalfinanzierung (Prospektivität) vor Gericht verhandelt wurden. Jüngst
     musste das Hamburger Verwaltungsgericht zum Hamburger Programm „Sozialräumliche Angebote
     und Hilfen" bzw. „Neue Hilfen" Stellung nehmen. Das Konzept sozialräumlichen Arbeitens in Ham-
     burg (vgl. auch Fußnote 6) wird vor allem durch die Globalrichtlinie GR J 1/12 von 2012 ausgestal-
     tet: Politisch wird auf der Basis der Entwicklung der HzE-Fallzahlen festgelegt, in welchen Stadtteilen
     sozialräumlich gearbeitet wird. Die Träger sind gehalten, Einzelfallhilfe (insbesondere in der sozial-
     pädagogischen Familienhilfe) und sozialräumlich ansetzende flexible Unterstützungsmaßnahmen
     zu verzahnen. Ziel ist es, die Fallarbeit zu verkürzen oder diese ganz zu ersetzen, um so zu einer
     Senkung der Kosten zu kommen, was durch den Vorrang der Gruppenarbeit erreicht werden soll.
     Kooperationsvereinbarungen mit freien Trägern für einen Finanzierungszeitraum von zwei Jahren
     legen verbindliche Ziele fest, deren wirkungsbezogene Evaluation darüber entscheidet, ob die Zu-
     sammenarbeit zwischen Jugendamt und freien Trägern verlängert wird. Das Hamburger Programm
     (an dem sich viele Jugendämter orientieren) beinhaltet auch, dass die Fachkräfte des Träger mit den
     Hilfesuchenden „verbindliche Hilfen" über „Anlass, Ziele, Handlungsschritte zur Zielerreichung, Er-

weniger der Förderung von im Sozialraum verankerten Infrastrukturen als der Verdichtung von sozialpädagogisch fokussierten Kontrollnetzwerken (vgl. Krölls 2010).

---

folgskriterien und Dauer der Unterstützungsleistung" vereinbaren. Die Auswahl der Träger erfolgt durch ein „Interessenbekundungsverfahren", was impliziert, dass es ein Auswahlverfahren mit Verlierern gibt.

Gegen dieses Programm hat ein freier Träger (der mit dem Jugendamt eine Leistungsvereinbarung nach § 77 SGB VIII abgeschlossen hat und dadurch prinzipiell als geeigneter Träger anerkannt ist) geklagt, als er als Träger sozialräumlicher Projekte keine Berücksichtigung fand. Die Klage ist wie folgt begründet: die Globalrichtlinie und die ihr zugrunde liegend Pauschalfinanzierung (Budgetierung) behindert die Inanspruchnahme der „rechtsanspruchsgebundenen Leistungen" nach §§ 27 ff. SGB VIII durch Hilfesuchende; das Hamburger Programm verhindert eine eindeutige Zuordnung der durchgeführten Arbeit zu den Hilfen des SGB VIII, da der die Einzelfallhilfe in der Gruppenarbeit aufgeht; durch die „Umetikettierung" der rechtsanspruchsgebundenen Leistungen (Gruppenarbeit statt Einzelfallhilfe) kommt es zu einer Zuwendungsfinanzierung von Maßnahmen, die gesetzlich nur im Rahmen von Entgelten finanziert werden dürfen; durch die Pauschalfinanzierung und das Auswahlverfahren werden ferner gegen das Prinzip der Trägervielfalt, das Wunsch- und Wahlrecht sowie den Grundsatz der Bedarfsdeckung verstoßen; der Behörde wird vorgeworfen, mittels ihrer Förderfinanzierung nicht (wie behauptet) die Prävention zu fördern, sondern „damit eine Finanzierung der Angebote im Wege der Entgeltfinanzierung umgehen" zu wollen; das jugendhilferechtliche Dreiecksverhältnis verbietet es auch, im Kern rechtsanspruchsgebundene Leistungen zu flexiblen Angeboten zu deklarieren und auf diesem Wege auch noch „den Trägern rechtswidriger Weise die Steuerungsverantwortung für die Hilfegewährung im Einzelfall (zu) übertragen". Der Kläger macht ferner geltend, dass das Hamburger Modell sein Recht auf frei Berufsausübung aus Art. 12 Abs. 1 GG verletze und durch die „Umetikettierung" rechtsanspruchsgebundener Hilfen die Jugendhilfe als einen durch öffentliche Träger „kontrollierten Markt", in dem Träger um Belegung und Leistungsentgelte konkurrieren, infrage stelle. – Mit dem Urteil vom 10.12.2015 hat das Hamburger Verwaltungsgericht (13 K 1532/12, alle Zitate sind dem Urteil entnommen) der Leistungsklage des Trägers Recht gegeben, vor allem, weil die von der Behörde geförderten sozialräumlichen-gruppenpädagogischen Angebote „darauf ausgerichtet sind, Hilfefälle aufzunehmen, in denen ein erzieherischer Bedarf i.S. §§ 27 ff. SGB VIII besteht", sozialräumliche Angebote und flexible Unterstützungsmaßnahmen genau dies aber nicht leisten können, da sie ein allgemeines Förderangebot darstellen. Wenn die Behörde behauptet, durch flexible Sozialraumarbeit auch individuelle Erziehungshilfe leisten zu können, dann kann sie nicht hinreichend belegen, „welche Leistungen auch Hilfen zur Erziehung" darstellen und welche nicht.

Das Urteil könnte mehrere Konsequenzen haben: zum einen stärkt es den individuellen Rechtsanspruch auf Erziehungshilfe, den das Hamburger Modell (wie die moderne Sozialraumorientierung insgesamt) aus reinen Kostengründen zurückfahren will; zum anderen wäre eine konsequente Entgeltfinanzierung im Interesse der Träger, die ihre Strukturen und Arbeitsprozesse schon seit längerem dem neuen Marktmodell entsprechen restrukturiert haben. Die von der Sozialraumorientierung eingeleitete Renaissance der Pauschalfinanzierung im Rahmen des Zuwendungsrechts harmoniert nicht mit der neue Wettbewerbslogik, von freien Trägern, die ihre Angebotsstruktur vor dem Hintergrund des SGB VIII schon seit längerem hochgradig arbeitsteilig und spezialisiert organisiert haben.

Obwohl das Gericht das von Hinte u.a. prominent verfolgte Konzept der Sozialraumorientierung als rechtswidrig einstuft, wird der seit Jahren beobachtbare Hype um das Thema dadurch keine Einschränkung erfahren. Im Gegenteil. Denn die Sozialraumorientierung als Konzept für die soziale Arbeit verdankt sich dem außerhalb der Einflussmöglichkeiten der Jugendhilfe liegenden Tatbestand, dass die Wohnungspolitik in Kombination mit der für bestimmte Bevölkerungsgruppen typischen Kombination von Fürsorge und Niedriglohnarbeit Sozialräume produziert, die als Gefährdungen für die öffentliche Sicherheit und Ordnung wahrgenommen werden. Die Konzentration armer Bevölkerungsschichten in bestimmten Stadtteilen darf nicht zu einer Abkopplung von der

Diese sollen die Betroffenen bei dem Bemühen unterstützen, sich mit den vorausgesetzten sie beschränkenden Lebensbedingungen zu arrangieren. Durch die Partizipation von Betroffenen und die Vernetzung von sozialen Institutionen sollen zugleich
Sicherheitsnetze gespannt werden, die bei „Problemfällen" ein frühzeitiges Intervenieren sicherstellen und „die Sicherheit für den einzelnen Bürger durch ein erhöhtes
Maß an bürgerschaftlicher Selbstkontrolle erhöhen" (Kessl, 2001, S. 39).

Die in Sozialraumkonzepten aufscheinende Entgegensetzung von einzelfallbezogenen Erziehungshilfen und gemeinwesenbezogenen infrastrukturellen Unterstützungsformen im sozialen Nahraum ist mittlerweile Gegenstand einer intensiven
fachlichen Debatte[8], die auch mit Bezug auf das Thema Kinderschutz geführt wird.
Für Maria Kurz-Adam ist dies sogar das „Kernthema" der Kinder- und Jugendhilfe,
und sie resümiert mit Blick auf die Sozialraumsteuerung: „Die klassischen ‚Gefähr-
dungsfällen' in der sozialen Arbeit haben trotz aller Betonung der Ressourcenorientierung und der Niedrigschwelligkeit der Hilfen wie ein Schatten den Kernbereich
des Handelns der Kinder- und Jugendhilfe weiterhin dargestellt. Sucht und Suizid der
Eltern, Gewalt und Missbrauch an Kindern, psychische Erkrankungen und seelische
Not in den Familien haben sich im Soziaraum nicht aufgelöst. Sie wurden aber als
Thema in den Bereich der – zumeist stationären – ‚Letzthilfe' verbannt, der sich damit
unaufhörlich ausgebaut und spezialisiert hat. Sozialraumferne Hilfen an der Schnittstelle zwischen Psychiatrie und Jugendhilfe haben Hochkonjunktur; Fachtagungen
zu diesem Thema sind überfüllt" (Kurz-Adam 2011, S. 573).

6   Schlussbemerkung: Hilfe und Kontrolle im Kontext neosozialer Sozialstaatlichkeit

In Deutschland wachsen nach einer neuen Studie der Unicef etwa 1,2 Mio. Mädchen
und Jungen in relativer Armut auf. „Es ist enttäuschend, dass Deutschland es nicht
schafft, die materiellen Lebensbedingungen für Kinder entscheidend zu verbessern"
(Schneider 2012). Die Situation der Mütter und Väter ist den Angaben zufolge ein

---

Gesamtgesellschaft führen – so das (idealistische) Unterfangen sozialraumorientierter Sozialarbeit,
dass nicht nur für die Jugendhilfe, sondern für sämtliche Bereiche sozialer Dienstleistungen Geltung
haben soll. Insofern ist das Hamburger Urteil ein Verweis auf Rechtstatbestände, die aus Sicht vieler
Kommunen das eigentliche Problem gar nicht zu lösen in der Lage sind.

8   Vgl. hierzu die in der Neuen Praxis geführte Diskussion um die Zukunft des KJHG (Hammer 2011;
Seithe 2012). Auch hier geht es im Kern um die Frage, ob der Rechtsanspruch auf Einzelfallhilfe
durch Infrastrukturpolitik ersetzt werden kann. Ausgangspunkt dieser Debatte ist dabei der Verweis auf den Tatbestand, dass viele ‚Problemlagen' mit den Mitteln der Jugendhilfe nicht mehr hinreichend bearbeitet werden können. Dass die Kritik an den Unzulänglichkeiten der Erziehungshilfen
ausgerechnet durch eine Verbesserung der Infrastruktur in sozial benachteiligten Stadtteilen kom-
pensiert werden kann, gehört zu den Eigentümlichkeiten einer Fachdebatte, in der der Sparstand-
punkt als Leitidee von Reformüberlegungen immer schon präsent ist (vgl. hierzu Otto und Ziegler
2012).

entscheidender Faktor: In 42,2 Prozent der Fälle, in denen Unicef eine „besondere Mangelsituation" ausmacht, sind die Eltern arbeitslos, 35,6 Prozent haben lediglich einen niedrigen Bildungsabschluss.

Niemand bestreitet in Deutschland den Tatbestand, dass Kinderarmut, Arbeit, die nicht zur Bestreitung des Lebensunterhalts taugt und Lebenslagen, die sozialstaatlicher Unterstützung bedürfen, zur Normalität des kapitalistischen Alltags gehören. Das ‚Schicksal' der Überflüssigen und die Lebensbedingungen der ‚neuen Unterschicht' sind regelmäßig Gegenstand von öffentlicher Berichterstattung und Armut und ihre Folgen sind Bestandteil der öffentlich-moralischen Volkserziehung. Die ‚Sozialräume', in denen sich all dies vollzieht, befinden sich in Gebietskörperschaften, die mit ständig steigenden Sozialausgaben zurecht zu kommen haben und besitzen kaum noch fiskalische Spielräume für eine ‚Gestaltung der Daseinsvorsorge'. Es ist wenig verwunderlich, dass in dieser Situation die Jugendhilfe mit ihrem Schutzauftrag in die Diskussion gerät, weil sie mit den ihr zur Verfügung stehenden Ressourcen und pädagogischen Mitteln immer weniger als Reparaturbetrieb taugt. Die „Erziehung zur Armut" (Kessl 2005) erfährt in dieser Situation ebenso Auftrieb wie eine so genannte „Psychologie der Armen", die lehrt, dass Langzeitarbeitslose und sonstige Hilfeempfänger mit längerer Armutskarriere mehr Lenkung, Führung, das Aufzeigen von Grenzen u. ä. benötigen (Dahme u. Wohlfahrt 2003). In dem Maße, in dem es darum geht, dem Klienten den Gesichtspunkt nahe zu bringen, es mit seinen Schädigungen und Ausgrenzungserfahrungen auszuhalten, seine (relative) Überflüssigkeit zu akzeptieren und in dem Maße, in dem in der Jugendhilfe immer mehr Mittel aufgebracht werden müssen, diese einseitige Form der Koproduktion zu organisieren, verändern sich auch die Zugangsweisen der sozialen Arbeit. Im Konzept des Fallmanagement werden Ziele formuliert, die es im Hilfeprozess durchzusetzen gilt und die aus der Hilfeplanung bekannte Vertragssituation wird dazu genutzt, einseitige Verpflichtungen durchzusetzen. Sanktionsandrohungen und -anwendungen dienen der Herbeiführung von Kooperationsbereitschaft (Dollinger 2006) und Koproduktion.

Während sich auf der einen Seite damit immer mehr der Standpunkt geltend macht, dass die Steuerung der Sozialen Arbeit und ihrer Fachlichkeit, die Durchsetzung vorgegebener Ziele und Strategien der notwendige Weg zu ihrer fachlichen Erneuerung ist, wird zugleich auf den ‚individualisierenden' Charakter dieser Einwirkung auf die Klienten verwiesen und die Wirkungslosigkeit einzelfallbezogener Interventionen geltend gemacht. Hilfe und Kontrolle, die in der Jugendhilfe durch pädagogisches Einwirken im Rahmen von kommunikativen, individuell ausgerichteten Zugangsweisen ausgeübt werden, also im Rahmen von Beziehungs- und Einzelfallarbeit, werden in dieser Kritik in Gegensatz zu sozialräumlichen und präventiven Angeboten gestellt und damit zugleich der soziale Nahraum als stärkere Kontrollinstanz der Lebensführung der unter Beobachtung stehenden Bevölkerungsgruppe ins Spiel gebracht. Von der Schule wird erwartet, dass sie sich stärker auf die Gruppe der Konkurrenzverlierer konzentriert und Aufgaben der Erziehungshilfen mit über-

nimmt, von den Kindertageseinrichtungen werden entsprechende Beobachtungs-
und Kontrollfunktionen verlangt und private Netzwerke, die die sozialräumlichen
Angebote für die betroffenen Familien schaffen sollen und die möglichst bei zukünftigen Bedarfen oder Krisensituationen der Familien Hilfe oder Hilfe zur Selbsthilfe
leisten sollen, stehen auf der Sozialraum-Agenda ganz oben. Insofern wird der pädagogische Hilfe- und Kontrollauftrag angesichts steigender Kosten in der Jugendhilfe auf gesellschaftliche Institutionen übertragen und diesen damit auch Funktionen
eines ‚Wächteramtes' in die Hand gegeben, dass sie nicht nur wegen ihres ganz anders
gearteten Selbstverständnisses, sondern auch wegen ihres spezifisch-fachlichen Zugangs zu den Betroffenen gar nicht ausfüllen können (Weber 2012). Insofern steht
die moderne Sozialraumorientierung (historisch und fachlich betrachtet) in einem
gewissen Gegensatz zum pädagogischen Konzept einer Sozialraumorientierung, die
diese Form sozialpädagogischen Arbeitens nicht nur als Ergänzung von Einzelfallhilfen verstanden hat, sondern auch als ein Einmischungskonzept in „Politikbereiche,
die die Strukturen von Lebenswelten prägen" (Thiersch 2000, S. 40). Es gehört zu den
nicht zu unterschätzenden (möglichen) Auswirkungen aktueller Reformkonzepte in
der Kinder- und Jugendhilfe, dass auf Grund der ökonomischen Dominanz der vorgeschlagenen Maßnahmen „das Risiko einer Beeinträchtigung der Funktionalität der
Hilfeleistungen in dem sensiblen Bereich von Beeinträchtigungen oder Gefährdung
des Kindeswohls" (Weber 2012, S. 83) wächst.

In all dem, was der Sozialstaat im Rahmen seiner familienpolitischen Zielsetzungen wie der von ihm definierten Normalitätskriterien für soziale Institutionen und
ihr professionelles Handeln setzt und verändert, zeigt sich, wie wenig tragfähig die
Entgegensetzung von Hilfe und Kontrolle in Theorie und Praxis sozialer Arbeit ist.
Man sollte sie ad acta legen.

Literatur

Appel, B., & Breuer, M. (2010). Teilhabe in Europa. Normative Diskurse in der europä-
    ischen Sozialpolitik und ihr Einfluss auf die Praxis. In J. Eurich, F. Barth, K. Bau-
    mann & G. Wegner (Hrsg.), *Kirchen aktiv gegen Armut und Ausgrenzung – Theologi-
    sche Grundlagen und praktische Ansätze für Diakonie und Gemeinden* (S. 427–444).
    Stuttgart: Kohlhammer.
Baecker, D. (1994). Soziale Hilfe als Funktionssystem der Gesellschaft. *Zeitschrift für So-
    ziologie* 23, (S. 93–110).
Biesel, K. (2011). *Wenn Jugendämter scheitern. Zum Umgang mit Fehlern im Kinderschutz.*
    Bielefeld: transcript.
Boetticher, A. v. (2002). Die hoheitlichen Aufgaben der Kinder- und Jugendhilfe. In W.
    Thole (Hrsg.), *Grundriss Soziale Arbeit* (S. 483–488). Wiesbaden: VS Verlag für So-
    zialwissenschaften.
Brumlik, M. (1992). *Advokatorische Ethik. Zur Legitimation pädagogischer Eingriffe.* Ber-
    lin, Wien: Philo.

Bundesministerium für Jugend, Familie, Frauen und Gesundheit (Hrsg.). (1990). *Achter Jugendbericht. Bericht über Bestrebungen und Leistungen der Jugendhilfe*. Bonn.

Bundesministerium für Familie, Senioren, Frauen und Jugend (Hrsg.). (2005). *12. Kinder- und Jugendbericht. Bericht über die Lebenssituation junger Menschen und die Leistungen der Kinder- und Jugendhilfe in Deutschland*. Berlin.

Clarke, J., & Newman, J. (1997). *The Managerial State. Power, Politics and Ideologies in the Remaking of Social Welfare*. London: Sage.

Dahme, H.-J., & Wohlfahrt, N. (2003). Aktivierungspolitik und der Umbau des Sozialstaates. In H.-J. Dahme, H.-U. Otto, A. Trube & N. Wohlfahrt (Hrsg.), *Soziale Arbeit für den aktivierenden Staat* (S. 75–100). Opladen: Leske & Budrich.

Deinet, U. (2001). Sozialräumliche Orientierung – Mehr Prävention! Jugendarbeit verkauft sich mit einer Sozialraumorientierung „light". *Deutsche Jugend*, Heft 3, (S. 117–124).

Deinet, U. (2009). Analyse und Beteiligungsmethoden. In U. Deinet (Hrsg.), *Methodenbuch Sozialraum* (S. 65–86). Wiesbaden: VS Verlag für Sozialwissenschaften.

Dewe, B., Ferchhoff, W., Peters, F., & Stüwe, G. (1986). *Professionalisierung, Kritik, Deutung. Soziale Dienste zwischen Verwissenschaftlichung und Wohlfahrtsstaatskrise*. Frankfurt a. M.: Institut für Sozialarbeit und Sozialpädagogik.

Dollinger, B. (2006). Zur Einleitung: Perspektiven aktivierender Sozialpädagogik. In B. Dollinger & J. Raithel (Hrsg.), *Aktivierende Sozialpädagogik* (S. 7–22). Wiesbaden: VS Verlag für Sozialwissenschaften.

Eick, V. (2005). „Ordnung wird sein …". Quartiersmanagement und lokale Sicherheitspolitik. In H-J. Dahme & N. Wohlfahrt (Hrsg.), *Aktivierende Soziale Arbeit* (S. 110–122). Baltmannsweiler: Schneider Verlag Hohengehren.

Etzioni, A. (1998). *Die Entdeckung des Gemeinwesens. Das Programm des Kommunitarismus*. Frankfurt a. M.: Fischer.

Evers, A., & Ewert, B. (2010). Hybride Organisationen im Bereich sozialer Dienste. Ein Konzept, sein Hintergrund und seine Implikationen. In T. Klatetzki (Hrsg.), *Soziale personenbezogene Dienstleistungsorganisationen. Soziologische Perspektiven* (S. 103–128). Wiesbaden: VS Verlag für Sozialwissenschaften.

Gängler, H. (2001). Hilfe. In H.-U. Otto & H. Thiersch (Hrsg.), *Handbuch Sozialarbeit und Sozialpädagogik* (S. 772–786). Neuwied: Luchterhand.

Gängler, H. (2011). Hilfe. In H.-U. Otto & H. Thiersch (Hrsg.), *Handbuch Soziale Arbeit*. 4. Aufl. (S. 609–617). München: Ernst Reinhardt Verlag.

Geißler, K. A., & Hege, M. (1992). *Konzepte sozialpädagogischen Handelns. Ein Leitfaden für soziale Berufe*. Weinheim: Juventa.

Goffman, E. (1973). Das ärztliche Berufsmodell und die psychiatrische Hospitalisierung: Einige Bemerkungen zum Schicksal der helfenden Berufe. In E. Goffman (Hrsg.), *Asyle* (S. 305–376). Frankfurt a. M.: Suhrkamp.

Häfele, J. (2005). „Incivilities", Kriminalität und Kriminalpolitik. Aktuelle Tendenzen und Forschungsergebnisse. *Neue Kriminalpolitik*, Heft 18, (S. 104–109).

Hammer, W. (2011). Neue Praxis oder Paradigmenwechsel? Zur Notwendigkeit einer Weiterentwicklung der Hilfen zur Erziehung und des Kinderschutzes. *neue praxis*, Heft 5, (S. 468–476).

Hammer, W. (2011). Neue Praxis oder Paradigmenwechsel. Notwendigkeit einer Weiter-
    entwicklung der Hilfen zur Erziehung und des Kinderschutzes. *neue praxis,* Heft 5,
    (S. 10–22).
Hensen, G. (2005). Soziale Frühwarnsysteme in NRW – Frühe Hilfen für Familien durch
    verbindliche Formen der Kooperation. *IKK-Nachrichten,* Heft 1–2, (S. 5–9).
Hering, S., & Münchmeier, R. (2000). *Geschichte der sozialen Arbeit. Eine Einführung.*
    Weinheim: Juventa.
Herriger, N. (2002). *Empowerment in der Sozialen Arbeit. Eine Einführung.* 2. Aufl. Stutt-
    gart: Kohlhammer.
Hinte, W. (2009). Arrangements gestalten statt erziehen. Methoden und Arbeitsfelder der
    Sozialraumorientierung. In R. E. Kluschatzka & S. Wieland (Hrsg.), *Sozialraumorien-
    tierung im ländlichen Kontext* (S. 15–38). Wiesbaden: VS Verlag für Sozialwissenschaf-
    ten.
Hinte, W., Lüttringhaus, M., & Oelschläger, D. (2001). *Grundlagen und Standards der Ge-
    meinwesenarbeit.* Münster: Votum.
Hollstein, W., & Meinhold, M. (Hrsg.). (1973). *Sozialarbeit unter kapitalistischen Produk-
    tionsbedingungen.* Frankfurt/M.: Fischer.
Kessl, F. (2005). Soziale Arbeit als aktivierungspädagogischer Transmissionsriemen. In
    H.-J. Dahme & N. Wohlfahrt (Hrsg.), *Aktivierende Soziale Arbeit* (S. 30–43). Balt-
    mannsweiler: Schneider Verlag Hohengehren.
KGSt (1996). *Fach- und Ressourcenplanung in der Jugendhilfe.* Köln (Bericht 3/1996).
KGSt (1998). *Kontraktmanagement zwischen öffentlichen und freien Träger der Jugendhil-
    fe.* Köln (Bericht Nr. 12/1998).
Krölls, A. (2010). Die neue Steuerung der Hamburger Jugendhilfe: Von der Kontingent-
    vereinbarung über den Verfügungsstop zur Sozialraumbudgetierung www.ev-hoch
    schule-hh.de/uploads/media/kroells_Budgetierung_per_kartellabsprache_pdf.
Kuhlmann, C. (2002). Soziale Arbeit im nationalsozialistischen Herrschaftssystem. In W.
    Thole (Hrsg.), *Grundriss Soziale Arbeit. Ein einführendes Handbuch* (S. 87–107). Wies-
    baden: VS Verlag für Sozialwissenschaften.
Kurz-Adam, M. (2011). Die Sorge um das Subjekt – Anmerkungen zur aktuellen Steue-
    rungsdebatte in der Kinder- und Jugendhilfe. *neue praxis,* Heft 6, (S. 571–576).
Lessenich, S. (2003). *Dynamischer Immobilismus. Kontinuität und Wandel im deutschen
    Sozialmodell.* Frankfurt a. M.: Campus.
Luhmann, N. (1973). Formen des Helfens im Wandel gesellschaftlicher Bedingungen.
    In H.-U. Otto & S. Schneider (Hrsg.), *Gesellschaftliche Perspektiven der Sozialarbeit*
    (S. 21–44). Neuwied: Luchterhand.
Lüdemann, C. (2006). Zur Perzeption von „Public Bads" in Form von physical und social
    incivilities im städtischen Raum. *Soziale Probleme,* Heft 16, (S. 74–102).
Moch, M. (2011). Hilfen zur Erziehung. In H.-U. Otto & H. Thiersch (Hrsg.), *Handbuch
    Soziale Arbeit.* 4. Aufl. (S. 619–632). München: Ernst Reinhardt Verlag.
Müller, W. C. (1978). *Wie Helfen zum Beruf wurde. Eine Methodengeschichte der Sozialen
    Arbeit.* Weinheim: Beltz.

Müller, B. (2005). Ein Helfer ist zu nichts nütze. In B. Müller (Hrsg.), *Außensicht – Innensicht*. Freiburg i. B.: Lambertus.

Münchmeier, R. (1999). Geschichte der Heimerziehung. In H. Colla, T. Gabriel, S. Millam, S. Müller-Teusler & W. Winkler (Hrsg.), *Handbuch Heimerziehung und Pflegekinderwesen in Europa* (S. 141–152). Neuwied: Luchterhand.

Nüberlin, G. (1997). *Jugendhilfe nach Vorschrift? Grundlagen, Probleme und Vorschläge der Umsetzung des neuen Kinder- und Jugendhilferechts in sozialpädagogische Praxis*. Pfaffenweiler: Centaurus.

Olk, T. (1986). *Abschied vom Experten. Sozialarbeit auf dem Weg zu einer alternativen Professionalität*. Weinheim: Beltz

Otto, H.-U., & Ziegler, H. (2012). Impulse in eine falsche Richtung – Ein Essay zur neuen „Neuen Steuerung" der Kinder- und Jugendhilfe. *Forum Jugendhilfe*, Heft 1, (S. 17–25).

Rüb, F. W. (2004). Vom Wohlfahrtsstaat zum „manageriellen Staat"? Zum Wandel des Verhältnisses von Markt und Staat in der deutschen Sozialpolitik. In R. Czada & R. Zintl (Hrsg.), *Politik und Markt* (S. 256–299). Wiesbaden: VS Verlag für Sozialwissenschaften.

Schone, R. (2008). *Kontrolle als Element von Fachlichkeit in den sozialpädagogischen Diensten der Kinder- und Jugendhilfe* (AGJ-Expertise). Berlin: AGJ.

Schrapper, C. (1994). Der Hilfeplanprozess – Grundsätze, Arbeitsformen und methodische Umsetzung. In Institut für soziale Arbeit (Hrsg.), *Hilfeplanung und Betroffenenbeteiligung*. Münster: Votum.

Seithe, M. (2012). Welche Zukunft ist gemein? *neue praxis*, Heft 1, (S. 60–70).

Struck, N., Galuske, M., & Thole, W. (2003). *Reform der Heimerziehung. Eine Bilanz*. Wiesbaden: VS Verlag für Sozialwissenschaften.

Thiersch, H. (1992). *Lebensweltorientierte Soziale Arbeit. Aufgaben und Praxis im sozialen Wandel*. Weinheim: Juventa.

Weber, J. (2012). Zur Einschätzung der „Neuen Hilfen/Sozialräumlichen Hilfen und Angebote" aus sozialpädagogischer und jugendhilfepolitischer Sicht. *Standpunkt Sozial*, (S. 69–86).

Dahme, Heinz-Jürgen; Prof. Dr., Professor im Ruhestand; vormals Professor für Verwaltungswissenschaft am Fachbereich Sozial- und Gesundheitswesen, Hochschule Magdeburg-Stendal; email: heinz-juergen.dahme@hs-magdeburg.de.

Wohlfahrt, Norbert; Prof. Dr., Professor für Sozialmanagement an der Ev. Fachhochschule Rheinland-Westfalen-Lippe in Bochum; Forschungsschwerpunkte: Entwicklung von non-profit-Organisationen; soziale Kommunalpolitik; Organisierte Selbsthilfe; email: wohlfahrt@efh-bochum.de.

Betreuung – Erziehung – Bildung

Ulrike Voigtsberger

Zusammenfassung

Die Konzepte Betreuung, Erziehung und Bildung werden in den aktuellen Debatten zu Beginn des 21. Jahrhunderts als Trias – also dem Zusammenwirken dieser drei Konzepte als Ganzes – verhandelt. Dies erfolgt überwiegend entlang der Entwicklungen und Herausforderungen im Handlungsfeld der Kindertagesbetreuung. Darüber hinaus zeichnen sich jedoch entlang konzeptioneller Überlegungen von Betreuung, Erziehung und Bildung auch in anderen Handlungsfeldern Aufgaben entlang der Bedarfe der Adressat_innen ab und werden diesen gleichzeitig unterschiedliche gesellschaftliche Funktionen zugeschrieben. Ein Blick in die Geschichte verdeutlicht, dass sich im Zeitverlauf Veränderungen zum einen bzgl. der inhaltlichen Ausgestaltung und zum anderen in der damit verbundenen Aufgaben- und Funktionszuschreibung zum einen entlang einzelner Handlungsfelder sowie der Kinder- und Jugendhilfe als sozialpädagogische Institution insgesamt aufzeigen lassen. Das aktuell verhandelte Verständnis von Betreuung, Erziehung und Bildung als Trias zu Beginn des 21. Jahrhunderts stellt dabei eine zentrale Herausforderung sowohl für die Entwicklungen innerhalb der Kinder- und Jugendhilfe selbst als auch in der Ausgestaltung von Vernetzungen mit anderen Sozialisationsinstanzen, wie z. B. Familie, Schule oder dem Ausbildungssystem dar. Dabei geht es für die Akteure der Kinder- und Jugendhilfe nicht zuletzt darum, diese Konzepte und die damit verbundenen Aufgaben und Funktionen inhaltlich mit auszuformulieren.

Schlüsselwörter

Autonomisierung, Betreuung, Bildung, Beziehung, Erziehung; Normalisierung, Schutz; Versorgung, Partizipation

1   Einleitung

Betreuung, Erziehung und Bildung stellen drei zentrale Aufgaben der Kinder- und
Jugendhilfe dar. Auffällig ist, dass diese überwiegend in ihrer Einheit als zentrale Kategorie der Frühpädagogik und somit im Handlungsfeld *Kindertagesbetreuung* verhandelt und diskutiert werden. Dabei werden die drei Konzepte in den aktuellen Debatten um die Weiterentwicklung der Kinder- und Jugendhilfe fast ausschließlich im
Verständnis einer *Trias,* also in ihrem Zusammenwirken als Ganzes, verwendet.[1] In
dieser Perspektive wird jedoch vernachlässigt, dass sich Betreuung, Erziehung und
Bildung sowohl entlang historischer Entwicklungen, als auch entlang unterschiedlicher Handlungsfelder einer modernen Kinder- und Jugendhilfe jeweils als relativ
eigenständige Diskurse nachzeichnen und abbilden lassen. Darüber hinaus werden
ihr entlang dieser Konzepte sowohl Aufgaben als auch Funktionen zugeschrieben.
Als *Aufgabe* zielt die inhaltliche Ausformulierung in erster Linie darauf, was für die
Adressat_innen der Kinder- und Jugendhilfe ermöglicht werden soll. Als *Funktion*
bilden diese eher deren Bedeutung für das Zusammenleben in und die Gestaltung
der Gesellschaft sowie die damit verbundenen (sozial-, familien-, arbeitsmarkt- und
bildungs-)politischen Perspektiven ab.

   In diesem Beitrag wird der Frage nachgegangen, wie sich diese drei Konzepte
als Aufgabe und Funktion der Kinder- und Jugendhilfe etablierten, in welcher inhaltlichen Ausformulierung sie dabei jeweils diskutiert wurden bzw. werden sowie
welche Herausforderungen sich daraus für die Kinder- und Jugendhilfe stellen. In
einem ersten Schritt *(Kapitel 2)* werden die Etablierung der Konzepte *Betreuung, Erziehung und Bildung* sowie ihre jeweils unterschiedliche Gewichtung in der Entwicklung der Kinder- und Jugendhilfe – sowie deren Vorläufer – in historischer Perspektive skizziert. In einem zweiten Schritt *(Kapitel 3)* werden inhaltliche Grundlegungen
der einzelnen Konzepte in der aktuellen Diskussion der Kinder- und Jugendhilfe
zum Beginn der 21. Jahrhunderts dargelegt sowie die heute damit verbundenen und
sich verändernden Aufgaben und Funktionen abgebildet. Abschließend *(in Kapitel 4)*
wird es darum gehen, das Verständnis der drei Konzepte als Trias herauszustellen um
die damit verbunden Möglichkeiten und Herausforderungen für die Ausgestaltung
einer reflexiv gestalteten Kinder- und Jugendhilfe zu umreißen.

---

1   Dies wird u. a. in der Schwerpunktlegung im 12. Kinder- und Jugendbericht deutlich, der der Frage
     nach den Bildungs- und Lernprozessen von Kindern und Jugendlichen in unterschiedlichen sozialen
     und institutionellen Gegebenheiten nachgeht und dabei ihre Wirkungen sowie die Möglichkeiten ih-
     rer Unterstützung und Förderung in den Mittelpunkt stellt. So heißt es im Vorwort zum 12. Kinder-
     und Jugendbericht, dass „Bildung [ ] vor dem Hintergrund von Bildung, Betreuung und Erziehung
     akzentuiert [wird]" (BMBFSJ 2005).

2 Markierungen historischer Entwicklungen

Die Kinder- und Jugendhilfe hat sich als eine sozialpädagogische Infrastruktur mit unterschiedlichen Aufgaben und Funktionen[2] etabliert. Diese beziehen sich auf Interventionsaufgaben und das damit verbundene Wächteramt des Staates sowie die Vorhaltung und Ausgestaltung einer öffentlichen Infrastruktur zur Pflege, Erziehung und Bildung in erster Linie von Kindern und Jugendlichen – zunehmend aber auch mit einem stärkeren Fokus auf deren Eltern. Historisch schließt die moderne Kinder- und Jugendhilfe zum einen an die Traditionen der *Jugendfürsorge* und zum anderen der *Jugendpflege* sowie deren Vorläufern an.[3] 1922 wurden diese Bereiche erstmals einheitlich im Reichjugendwohlfahrtsgesetz (RJWG) gesetzlich geregelt. Betrachtet man die Etablierung der Aufgaben Betreuung, Erziehung und Bildung entlang der Geschichte der Kinder- und Jugendhilfe und deren Vorläufern so zeigt sich, dass es sich dabei um eine systematische Erweiterung des Aufgabenspektrums mit jeweils historisch-konkreten gesellschaftlich sowie politisch formulierten Funktionszuschreibungen handelt. Im Folgenden geht es darum, historisch zentrale Markierungen[4], welche die Konzepte Betreuung, Erziehung und Bildung als Aufgabe und Funktion der heutigen Kinder- und Jugendhilfe einführten und etablierten, auszuweisen.

2.1 Der Betreuungsgedanke

Ein Blick in die Geschichte der Kinder- und Jugendfürsorge in der vorindustriellen Zeit zeigt, dass die Vorläufer der Kinderfürsorge bereits im späten Mittelalter liegen. Nachdem elternlose Kinder bis dahin in den allgemeinen Armenfürsorgeeinrichtungen Aufnahme fanden, wurden seit dem 13. Jahrhundert durch kirchliche Stiftungen in den sich entwickelnden Städten Findel- und Waisenhäuser eingerichtet. Damit

---

2 Zu den unterschiedlichen, aber durchaus miteinander verwobenen Aufgaben und Funktionen, welche der Kinder- und Jugendhilfe zugeschrieben werden, gehören neben den in diesem Beitrag fokussierten – Betreuung, Erziehung und Bildung – des Weiteren die Entwicklungen von der Fürsorge zur Dienstleitung; Aspekte von Hilfe und Kontrolle, die Herausforderungen um die Thematisierung von Beeinträchtigung und Inklusion und besonders aktuell die Entwicklungen zum Kindeswohl und Schutz Jugendlicher sowie nicht zuletzt das politische Mandat (vgl. hierzu die weiteren Beiträge in diesem Band).

3 Da im vorliegenden Beitrag nur punktuelle Markierungen vorgenommen werden, wird sich dabei im Wesentlichen auf die beiden zentralen Entwicklungslinien der Kinder- und Jugendhilfe, der Kinder- und Jugendfürsorge sowie der Jugendpflege, beschränkt. Dabei sind die Entwicklungslinien selbst in ihrer Gänze und jeweiligem Selbstverständnis nicht Gegenstand der Ausführungen.

4 Da an dieser Stelle auf die systematische Ausführung von historischen Entwicklungslinien insgesamt und in den einzelnen Handlungsfeldern verzichtet wird, sei zum einen einführend zur Geschichte der Kinder- und Jugendhilfe auf Jordan et al. 2012 sowie zum anderen in Bezug auf die Entwicklungen in den einzelnen Handlungsfeldern auf die jeweiligen Beiträge in diesem Band verwiesen.

entstanden erste Einrichtungen, die besonders für die *Betreuung* ausgesetzter Kinder vorgesehen waren. Sie übernahmen die Fürsorgepflicht für jene Kinder, die weder durch die Großfamilie noch – wie zu dieser Zeit auch üblich – durch eine der Zünfte versorgt wurden. Diese Anfänge der Kinderfürsorge übernahmen in erster Linie die Aufgaben der Betreuung im Sinne von *Pflege und Versorgung* der Kinder. Dieses Verständnis zeigt sich daran, dass diese Einrichtungen die Kinder entließen, sobald diese selbständig in der Lage waren sich „Almosen" für ihren eigene Lebensunterhalt zu besorgen, also der eigenen nötigen Versorgung nachgehen konnten (vgl. Jordan et al. 2012, S. 25 ff.). Der Betreuungsgedanke bleibt auch in der weiteren Entwicklung der Kinder- und Jugendfürsorge und öffentlichen Jugendpflege im 19. und 20. Jahrhundert hinein eine Aufgabe, die sich im Kontext der Jugendwohlfahrt und späteren Kinder- und Jugendhilfe vordergründig auf die Arbeit mit Kindern bezog. Hier sei u. a. auf die Entwicklungen der Kinderbewahranstalten im 19. Jahrhundert, der Heimerziehung im 19. und 20. Jahrhundert und die Entwicklung der Kindertagesbetreuung im 20. Jahrhundert bis heute verwiesen. Grundsätzlich obliegt – auch über eine historische Betrachtung hinaus – der Aspekt der Betreuung zuvorderst den Eltern. Als Aufgabe der Kinder- und Jugendhilfe und deren Vorläufern etabliert sich das Konzept der Betreuung in erster Linie als eine Aufgabe von *familienersetzenden* Maßnahmen, d. h. für den Fall, dass Eltern die Aufgabe der Betreuung nicht übernehmen (können), wurde die Pflege und Versorgung dieser Kinder Einrichtungen der Kinder- und Jugendfürsorge übertragen. So wurde 1887 in Preußen das Gesetz zur Unterbringung verwahrloster Kinder erlassen. Dies regelte erstmals die „Zwangserziehung" verwaister, straffälliger oder verwahrloster Minderjähriger vom 6. bis 12. Lebensjahr. Mit der Verabschiedung des preußischen *Gesetzes über die Fürsorgeerziehung Minderjähriger* 1901 wurde die Gültigkeit auf Kinder und Jugendliche bis zum vollendeten 18. Lebensjahr ausgeweitet. Mit dieser Erweiterung des Fokus nun auch auf Jugendliche ging eine Veränderung des Konzeptes von Betreuung, welches sich bisher auf die grundlegende Pflege und Versorgung der Adressat_innen beschränkte, einher. Mit der Einführung der Gemeindewaisenräte – welche sich an vielen Orten zu Vorläufern des Jugendamtes entwickelten – wurde das Konzept der Betreuung um den Aspekt der *Aufsicht* erweitert. Damit wurde diesem kommunalen Organ die Aufsicht – und somit auch Verantwortung – über die gesamte Jugend und nicht nur der Waisen übertragen. Das bedeutet, dass durch Vormundschaftsrichter oder auf Antrag von Landrat bzw. Bürgermeister sowie Vertretern der preußischen Polizeibehörde Fürsorgeerziehung beantragt werden konnte, „um die sittliche oder körperliche Verwahrlosung des Jugendlichen zu verhindern (ohne dass dem eine Straftat vorausgegangen war)" (Rätz-Heinisch et al. 2009, S. 19). Somit werden mit dem Konzept auch die Aufgabe und Funktion der *Vorsorge* verbunden.

Das *Konzept der Betreuung* etablierte sich in der Geschichte der Kinder- und Jugendhilfe bereits bei deren Vorläufern in der Jugendpflege und Jugendfürsorge *im Verständnis von Pflege, Versorgung, Aufsicht und Vorsorge*. Während sich mit Blick auf die Adressat_innen die Aspekte Pflege und Versorgung als Aufgabe verstehen lassen, können die Aspekte Aufsicht und Vorsorge eher – mit Blick auf die Gesellschaft – als eine diesen Angeboten gesellschaftlich zugeschriebene Funktion verstanden werden. So war Betreuung, im Sinne von Aufsicht und Vorsorge, funktional eher auf die Sicherstellung der sozialen Integration der Kinder und Jugendlichen entlang gültiger Normalvorstellungen ausgerichtet. Das im Zuge der Reformbemühungen nach dem 1. Weltkrieg auf den Weg gebrachte und 1922 verabschiedeten Reichsjugendwohlfahrtsgesetz (RJWG) bildete das Konzept der Betreuung vordergründig nach wie vor als *familienersetzende* Aufgabe und Funktion insbesondere in § 1 (3) sowie § 4 (6) ab. Erst in den Novellierungen des RJWG nach 1945[5] etablierte sich das Konzept der Betreuung – im Verständnis einer ‚Nothilfemaßnahme' – auch als *familienergänzende* Aufgabe für bedürftige Kinder und deren Eltern. In diesen Fällen wurde nun auch davon ausgegangen, dass die Verantwortung für die Betreuung lediglich zeitweilig nicht durch die Eltern, z. B. auf Grund von Krankheit, Berufstätigkeit oder spezifischer Anforderungen bei individuellen sowie sozialen Beeinträchtigungen der Kinder und Jugendlichen, geleistet werden (kann).

Entlang verschiedener Gesetzesinitiativen und Entwicklungen zum Übergang des vom 19. zum 20. Jahrhunderts sowie im Zuge der Verabschiedung des RJWG wird jedoch bereits deutlich, dass – nicht zuletzt auch im Ergebnis der Industrialisierung – das Konzept von Betreuung und der damit verbundenen Aufgaben- und Funktionszuschreibungen im Kontext der Jugendpflege und Jugendfürsorge eng mit einem Konzept von Erziehung einherging. So heißt es in der Novellierung des § 4 RJWG von 1961:

„§ 4 (1) Aufgabe des Jugendamtes ist ferner, die für die Wohlfahrt der Jugend erforderlichen Einrichtungen und Veranstaltungen anzuregen, zu fördern und gegebenenfalls zu schaffen, insbesondere für […]

1. *Pflege* und Erziehung von Säuglingen, Kleinstkindern und Kindern im schulpflichtigen Alter

2. *Erzieherische Betreuung von Säuglingen, Kindern und Jugendlichen im Rahmen der Gesundheitshilfe*

3. […] *erzieherische Betreuung* von Säuglingen, Kindern und Jugendlichen im Rahmen der Familienerholung […]

7. Erziehungshilfe während der Berufsvorbereitung, Berufsbildung und Berufstätigkeit einschließlich *der Unterbringung außerhalb des Elternhauses"* (Hervorhebungen d. *Verf.*).

---

5   Das RJWG behielt – mit Unterbrechung von 1933–1945 sowie zzgl. unterschiedlicher Novellierungen nach 1945 – bis zum Ende der 1980er Jahre Gültigkeit für das Bundesgebiet und wurde erst durch das 1990 verabschiedete Kinder- und Jugendhilfegesetz (KJHG/SGB VIII) abgelöst. Darüber hinaus sei darauf verwiesen, dass sich zwischen 1945 und 1989 die Entwicklungen in Westdeutschland deutlich anders abzeichneten, als auf dem vor allem sowjetisch geprägten Gebiet in Ostdeutschland (vgl. ausführlich Seidenstücker 1990).

Diese gesetzliche Grundlage bildet bereits die Verwobenheit der Konzepte von Betreuung und Erziehung ab. Entlang welcher Markierungen sich die Etablierung des Konzepts der Erziehung sowie dessen inhaltliche Ausformulierungen historisch nachzeichnen lassen, wird im Folgenden skizziert.

2.2 Etablierung der Reaktion auf die „Erziehungstatsache"

Ähnlich wie für das Konzept der Betreuung aufgezeigt, lassen sich – entlang eines eher repressiven Erziehungsverständnisses – ebenfalls bereits ab dem Mittelalter Ansätze erkennen, nach denen versucht wurde, Kinder, die verwaist waren oder als verwahrlost galten, zwangsweise durch öffentliche Stellen im Sinne der geltenden Ordnung *zu erziehen*[6]. Der Beginn der Etablierung des Konzeptes von Erziehung als öffentliche Aufgabe und Funktion lässt sich jedoch systematisch deutlicher mit dem Beginn der Industrialisierung in Deutschland sowie der Herausbildung der Lebensphase Jugend und der damit verbunden Reaktion auf die „Erziehungstatsache[7]" markieren.

Einhergehend mit den politischen und wirtschaftlichen Veränderungen im Zuge der Neuzeit, in der nicht zuletzt die Produktivität ins Zentrum des zeitgenössischen Menschenbildes rückte, entstand jene Arbeits-und Lebenshaltung, die Max Weber (1923/1972) später als „protestantisches Arbeitsethos" (ebd. S. 17) charakterisierte und die sich im Zuge der Entwicklung der Arbeitsgesellschaft zur gültigen Normalitätsvorstellung entwickelte. So wurde Armut nicht mehr wie bisher als Phänomen, das in einer ständisch geprägten Gesellschaft einen gottgegebenen und unveränderbaren Zustand darstellte, sondern nun als selbstverschuldeter und im Umkehrschluss daraus wieder mittels Erziehung zu verändernder Zustand betrachtet. Diese sich etablierende Normalitätsvorstellung bildete zunehmend den Rahmen für verfolgte Erziehungsziele sowie (Aus-)Bildungsbemühungen. In dieser Folge zeichnete sich insbesondere auch mit Blick auf fürsorgebedürftige und auf Almosen angewiesene Kinder und Jugendliche ein zunehmend repressiver Umgang ab, der seinen Ausdruck auch in den sich im 17. Jahrhundert etablierenden Zucht- und Arbeitshäusern fand. Die Aufgabe dieser Einrichtungen bestand darin, die Insassen nach der damaligen

---

6 Dabei lässt sich für beide Konzepte – Betreuung und Erziehung – festhalten, dass deren erste konzeptionelle Züge im Kontext der *Entdeckung der Kindheit* entstehen. In dem Maße, wie sich die Perspektive auf Kinder mit Beginn der Neuzeit verändert und sich in deren Folge als eigenständige Lebensphase etablierte, verstärkten sich Überlegungen um das Besondere und Eigenständige von Kindern. Insbesondere lassen sich seither grundsätzlich Diskurse um eine *„Idee von Erziehung"* verfolgen.

7 Mit der „Erziehungstatsache" ist der gesellschaftliche Wandel der Bedingungen des Aufwachsens seit dem 17. Jahrhundert fokussiert. Bernfeldt (1979, S. 51) versteht darunter die „Summe der Reaktionen einer Gesellschaft auf die ‚Entwicklungstatsache'" in Bezug auf die Differenz von Erwachsenen und Heranwachsenden. Dies geht mit Vorstellungen einher, dass die Heranwachsenden durch diese „Reaktionen" wie *Erziehung*, später auch *durch (Aus-)Bildung* auf das Erwachsensein vorbereitet werden müssen.

zeitgenössischen Auffassung ‚*zu bessern*' und zur Arbeit ‚*zu erziehen*', was die Gefährdeten außerhalb der Anstalten zu normkonformen Verhalten anhalten sollte. Zum
anderen stellte dieser Umgang eine Art Schrittmacherfunktion dar, der zur Herausbildung einer fügsamen und genügsamen Arbeiterschaft – zu der auch Kinder und
Jugendliche gehörten – führte (vgl. Sachße und Tennstedt 1983, S. 120 ff.). Diese Entwicklungen und die Etablierung dieser Normalitätsvorstellungen gehen dabei mit
einem veränderten Bild vom Aufwachsen von Kindern und Jugendlichen einher.

Die vorherrschenden Erziehungsvorstellungen lassen sich entlang des zeitlichen
Horizonts jedoch nicht einheitlich abbilden. Sie umfassen u. a. ein Verständnis – welches sich vor allem im repressiven Umgang mit den Armen zeigte – nach dem „Erziehung als die Vorbereitung des erbsündenbelastenden Kindes zu seiner Bekehrung
aufzufassen [war]. Der Weg der Bekehrung war hart: Der böse Eigenwille des Kindes
musste gebrochen werden, Beten und Arbeiten erscheinen als die einzige Verhaltens-
weise, die der Bösartigkeit des Kindes entgegenzuwirken vermochten, während Spiel
und Müßiggang, der aller Laster Anfang ist, verboten war und harte Strafen […] unerlässlich schienen" (Blankertz 1982, S. 51 zit. nach Jordan et al. 2012, S. 29). Dieses
sich verfestigende klösterliche Motto „Ora et labora" und das damit verbundene auf
Züchtigung und Askese bedachte Erziehungsprogramm hielt in den Waisenhäusern
Einzug und wurde mit Arbeitsmanufakturen kombiniert[8]. Andere Vorstellungen lassen sich entlang der im Zuge der Schulentwicklung etablierten Konzepte der „Volkserziehung" und „Industrieschulen" nachzeichnen. Diese haben Einfluss auf die Entwicklung der ausgewiesenen Vorläufer der Kinder- und Jugendhilfe. Beide Konzepte
folgten den Überlegungen, *Erziehung und Bildung* in Institutionen für die unteren So-
zialschichten sowie bedürftige Kinder und Jugendlichen zu leisten. Diese Programmatiken mündeten u. a. durch Pestalozzi (philanthropisch gewendet) in die Entwicklung der Anfänge der Heimerziehung, welche als *familienersetzende* Institution die
Aufgabe der Erziehung der Kinder übernahm.

Im Verständnis der Aufklärung bestand das höchste Erziehungsziel in der Herausbildung der Selbsttätigkeit des Menschen als erfolgreicher, praktisch befähigter,
toleranter und aufgeklärter Bürger. Unter Rückbezug auf Rousseau sollte Kindern
und Jugendlichen eine optimale, allseitige Entfaltung ihrer Potentiale ermöglicht
werden. Zwar haben diese Ideen von Erziehung der Aufklärung auf die Geschichte
der Erziehungsinstitutionen Einfluss, doch mit Blick auf die Kinder- und Jugendfürsorge zeichnet sich ab, dass zwischen fortschrittlichen Gedanken und Konzeptionen
und der tatsächlichen Lebenswelt der bedürftigen Kinder und Jugendlichen eine erhebliche Kluft besteht. So wurde – unter Rückbezug auf aufklärerische und philan-
thropische Ideen – in Hamburg von 1788–1814 der Versuch unternommen, die Kin-
der- und Jugendfürsorge mit Konzepten von kontrollierter und planvoller Erziehung

---

8   Diese Praxis blieb in der Folge nicht ohne Kritik, welche im „Waisenhausstreit" am Ende des 18. Jahr-
    hunderts mündete und einerseits zur Schließung einiger Anstalten führte sowie andererseits zu einem
    teilweisen Ausbau des Pflegekinderwesens.

und Betreuung zu verbinden, um die Armenkinder auf den „Stand der arbeitenden Armen" vorzubereiten. In den „Spinnschulen", in denen Arbeit und Unterricht kombiniert wurden, sollten die Kinder möglichst den ganzen Tag von dem verderblichen „Einfluss der Eltern" ferngehalten werden um ihnen „Arbeit, Religion und Bildung" beizubringen (Jordan et al. 2012 S. 31). In dieser Ausgestaltung übernahmen die „Spinnschulen" neben einer *familienergänzenden* auch insofern eine *kontrollierende* Funktion, in dem sie durch die Erziehung die Vermittlung religiöser Werte und Normen sowie Arbeitstugenden sicherstellten. Dabei wurde die Erziehungsfunktion mit einer Qualifikationsfunktion gekoppelt. Ebenso sollten Industrieschulen die Kinder und Jugendlichen durch die Vermittlung von technischen Fertigkeiten auf die zukünftige Rolle als Arbeiter_innen in den Manufakturen vorbereiten. Dabei kamen diesen Institutionen auch armenpolizeiliche Aufgaben zu, was in der Konsequenz Strafe nach sich zog, wenn die Kinder nicht pünktlich, gekämmt und gewaschen in diese Schulen kamen und dort der Arbeit nicht fleißig, stille und folgsam nachgingen.

Die Übernahme von Erziehungsaufgaben durch weitere öffentliche Institutionen war nicht zuletzt auch den veränderten Aufgaben und Funktionszuschreibungen der Institutionen Familie und Schule im Zuge der Industrialisierung geschuldet. Die Familie geriet als primäre Sozialisationsinstanz unter industriegesellschaftlichen Lebensbedingungen – insbesondere die Familien unterer sozialer Schichten – mehr und mehr unter Druck. So kam der Umsetzung der bereits erwähnten Zwangserziehungs- und Fürsorgeerziehungsgesetzen auch die Funktion zu, auf die verbreitete Furcht vor einer Zersetzung der traditionellen Fundamente der Gesellschaft im Zuge der Moderne zu reagieren (vgl. Köster und Küster 1999, S. 1). In diesem Zusammenhang arbeitete etwa Getrud Bäumer (1929) heraus, „dass sich die ‚Grundlage des öffentlichen Erziehungssystems' im 19. Jahrhundert gewandelt habe und die tradierten Orte der Erziehung und Bildung [– Familie und Schule –, d. Verf.] nur durch eine ‚gesellschaftliche Mehrleistung' bewahrt werden könnten" (Rätz-Heinisch et al. 2009, S. 18). Dabei verwies sie darauf, dass sich die gesellschaftliche Struktur sozialer Probleme sowie die Grundlage und das Wesen der Hilfsbedürftigkeit verändert hätten (vgl. ebd.). Demnach umfasst eine öffentliche Jugendfürsorge – in einem sozialpädagogischen Verständnis – „alles was Erziehung, aber nicht Schule und nicht Familie ist" (Bäumer 1929, S. 3). So finden sich im Kontext der öffentlichen Jugendfürsorge zum Beginn des 20. Jahrhunderts zum einen jugendpflegerische Maßnahmen, mit denen ein eigenständiger Sozialisationsanspruch verfolgt wurde und zum anderen sozialpolitisch ausgerichtete, eher reaktive fürsorgerische Maßnahmen, die die Funktionsfähigkeit von Erziehungsleistungen Dritter kontrollieren und erhöhen sollten (vgl. Ziegler 2012, S. 668). Der Begriff der *Fürsorgeerziehung* wurde so im Gesetz über die Fürsorgeerziehung Minderjähriger von 1901 in Abgrenzung zum Verständnis *Zwangserziehung* (Gesetz 1878) eingeführt, um den präventiven Charakter des Konzeptes der Fürsorgeerziehung hervorzuheben. Das Gesetz zielte darauf, durch die Erziehung vorbeugend, prophylaktisch und nicht wie bisher „nur" strafend zu wirken (vgl. Rätz-Heinisch et al. 2009, S. 19). Damit verbundene Disziplinierungsmaßnahmen waren in diesem Verständnis nicht bloße Repression, sondern damit wurden Verhaltenserwartungen, also Sozial- und Normalitätsvorstellungen, formuliert und durchgesetzt, deren Verinnerlichung unter gegebenen Verhältnissen für die Adressat_innen durchaus funktional hilfreich sein konnte[9] (vgl. Hammerschmidt und Tennstedt 2011, S. 63). Das Konzept der Erziehung etabliert sich entlang dieser Entwicklungen in der Doppeldeutigkeit von Hilfe und Kontrolle.

Mit Erziehung wurde die *Aufgabe* verbunden, den Adressat_innen dabei „zu helfen", den an sie gestellten Erwartungen entlang ihrer Position und Situation in der Gesellschaft entsprechen zu können. Mit dem Konzept der Erziehung verfestigt sich anderseits mit Blick auf die Gesellschaft die *Funktion der Herstellung und Sicherstellung von Normalität* im Zusammenleben. So wird die Funktion der Jugendpflege darin gesehen, dass „die Jugendlichen zu unterhalten und zu beschäftigen [seien], um sie damit sozialpolitisch, wehrpolitisch und konfessionell den gültigen Normvorstellungen entsprechend sozial zu integrieren" (Gängler 1995, S. 178). Die vorgesehenen Aufgaben der Jugendpflege, welche in der Anlage zur Verordnung „Preußischer Ministerialerlass betr. Jugendpflege" von 1911 mit dem Titel „Grundsätze und Ratschläge für die Jugendpflege" ausgewiesen waren, wurde von der großen Anzahl konfessioneller und bürgerlicher Jugendvereine mit ihrem jeweiligen Erziehungsvorstellungen übernommen. Das staatliche Engagement in diesem Feld bedeutet dabei die pädagogische Beeinflussung und Disziplinierung der schulentlassenen, männlichen Jugend.

Bis zur Verabschiedung des Reichsjugendwohlfahrtsgesetz 1922 und seinem Inkrafttreten 1924 hatten sich so drei Arten öffentlicher Erziehung etabliert und gingen wie folgt in die Gesetzgebung ein:

a) die sogenannte *privatrechtliche Fürsorgeerziehung,* diese wurde auch unter dem Begriff der Berufs*vormundschaft* verhandelt und umfasste alle gegen Entgelt (i. d. R. auf Anordnung des Vormundschaftsgerichtes) bei fremden Familien untergebrachten Kinder und Jugendliche,
b) die *Zwangserziehung* für bedingt strafmündige Jugendliche sowie
c) die *Fürsorgeerziehung im engeren Sinne,* soweit diese zur „Verhütung des völligen sittlichen Verderbens des Minderjährigen" für notwendig erachtete wurde (vgl. Jordan et. al. 2012, S. 40).

Im Reichsjugendwohlfahrtsgesetz (RJWG), welches die beiden Stränge der Jugendwohlfahrt – also die Jugendfürsorge und die Jugendpflege – in einer einheitlichen Rechts- und Verwaltungsgrundlage vereinte, wurde zum ersten Mal in Deutschland die Erziehungsaufgabe der Eltern und im Besonderen das Recht des Kindes auf Er-

---

9   Mollenhauer (1993) verweist mit Blick auf dieses Verständnis von Erziehung als „Hilfe", dass „alles Erziehen in irgendeinem Sinne Hilfe, wenn auch persönliche Hilfe ist und umgekehrt ist die fürsorgliche Hilfe [wie u. a. Betreuung im Sinne von Pflege und Versorgung; Anm. d. Verf.] nicht schon ohne weiteres Erziehung" (ebd. S. 98).

ziehung verankert (vgl. ebd., S. 870). So hieß es in § 1 des RJWG: „Jedes deutsche
Kind hat ein Recht auf Erziehung zur leiblichen, seelischen und gesellschaftlichen
Tüchtigkeit". In Bezug auf das Verhältnis von elterlicher und öffentlicher Verantwortung heißt es dort weiter: „Das Recht und die Pflicht der Eltern zur Erziehung
werden durch dieses Gesetz nicht berührt. Gegen den Willen der Erziehungsberechtigten ist ein Eingreifen nur zulässig, wenn ein Gesetz es erlaubt. Insoweit der Anspruch des Kindes auf Erziehung von der Familie nicht erfüllt wird, tritt, unbescha-
det der Mitarbeit freiwilliger Träger, die öffentliche Jugendhilfe ein". Damit wurde
das Recht der Eltern gestärkt und gleichzeitig die Nachrangigkeit der öffentlichen
Verantwortung betont. Dies verweist mit Blick auf die Funktion des Konzeptes von
Erziehung in der Kinder- und Jugendhilfe deutlich auf das Eingreifen in Notsituationen bzw. die Rolle der Jugendhilfe als die eines Ausfallbürgen für scheiternde Familien. Daran anschließend wurden Angebote der Kinder- und Jugendhilfe in ihrer Aufgabenzuschreibung vordergründig *familienersetzend* verstanden. So lässt sich
auch noch in den 1950er und 1960er Jahren nachzeichnen, dass eine *familienergänzende* Erziehung (weiterhin) lediglich als Notlösung in besonderen Situationen verstanden wurde und als *familienunterstützende* Aufgaben im Verständnis von Erziehungshilfe (noch) nicht ausgewiesen wurde. Entlang dieses Verständnisses hat sich
das Konzept der *öffentlichen Erziehung* als Aufgabe – (eher) in seiner Nachrangigkeit
gegenüber Familie – und als Funktion vor allem im Sinne von reaktiven und kontrollierenden Maßnahmen im Verlauf des 19. und 20. Jahrhunderts neben dem Konzept
der Betreuung etabliert.

2.3   Der Bildungsgedanke in der Geschichte der Kinder- und Jugendhilfe

Wie sich bereits im vorherigen Abschnitt, u. a. am Bsp. der Arbeits- und Industrieschulen, abzeichnete, stehen Erziehung und (Aus-)Bildung in einem verwobenen
Verhältnis. Obwohl der Bildungsgedanke mit seinen Anfängen in der Antike die
längste Ideengeschichte der hier nachgezeichneten drei Konzepte aufweist, bildet die
Etablierung dieses Konzeptes als Aufgabe und Funktion der Kinder- und Jugendhilfe eher die jüngste Diskursgeschichte ab. So lässt sich der Bildungsgedanke im Kontext der Vorläufer der Kinder- und Jugendhilfe – und dies nur marginal – erst mit
der Etablierung und Ausdifferenzierung der Lebensphase Jugend im Zuge der Herausbildung der Erwerbsarbeitsgesellschaft nachzeichnen. Entlang dieser Entwicklungen zum Ende des 19. Jahrhunderts setzt sich so in Abgrenzung zu einem klassischen
Bildungsverständnis ein auf Schul- und Ausbildung verengtes Bildungsverständnis
durch, welches bis zum Ausgang der 20. Jahrhunderts die Diskussion beherrschen
sollte.

In der Zeit der Etablierung des klassischen Bildungsbegriffs um 1800 waren Schulen noch eher disparate, vereinzelte Einrichtungen, die nur von wenigen Kindern besucht wurden und somit für die Heranwachsenden noch keine Normalität im Pro-

zess des Aufwachsens darstellten. Bildung wurde dabei als ein nur zum Teil planbarer und dabei ganzheitlicher Vorgang verstanden, der das Ergebnis unterschiedlichster Ursachen ist, die der Gesamtheit des sozialen Lebens entspringen (vgl. Sting 2002, S. 381). Bildung wurde somit nicht als autonom pädagogischer Prozess, sondern als lebenslanges sozial integriertes Geschehen beschrieben. Somit stand in diesem Zugang das Zusammenleben der Menschen unter dem Ziel der Höherentwicklung der Menschheit in jedem Einzelnen im Mittelpunkt. Dementsprechend schrieb Humboldt (1792/2002): „Der wahre Zweck des Menschen [...] ist die höchste und proportionierlichste Bildung seiner Kräfte zu einem Ganzen" (ebd. Bd. I, S. 64). In der Konsequenz eines solchen Bildungsverständnisses, welches auf die Entfaltung der „Eigentümlichkeiten" der Individuen abzielt, verweist Humboldt in seinen Schriften darauf, dass die Gestaltung bzw. Ermöglichung von Bildung in einer Fokussierung von Maßnahmen der öffentlichen Erziehung und Bildung auf eine bestimmte Lebensphase diesem Verständnis eher kontraproduktiv gegenüber stünde.[10]

Die weitere Ausdifferenzierung der bestehenden Funktionssysteme der Gesellschaft (Familie – Haushalt; Fabrik – Beruf) im Zuge der Industrialisierung, in deren Konsequenz sich Arbeit im modernen Sinne der Lohn- und Erwerbsarbeit zur Achse der Lebensführung entwickelt, bleibt dabei jedoch nicht ohne Folgen für das Konzept von Bildung (vgl. Voigtsberger 2011, S. 22). Die gesellschaftliche Institutionalisierung von Bildung führte dabei zu einer Veränderung des Bildungsverständnisses und verfestigte damit verbunden Ungleichheiten im Zugang zu und in der Ausrichtung von Bildung. Selbstbildungsaspekte waren an gesellschaftliche Pflichten gekoppelt, deren Einhaltung Prestige und Privilegien des Bildungsbürgertums absicherten. In diesem Sinne wurde Bildung innerhalb der Institution Schule in zweierlei Hinsicht etabliert: zum einen als Berechtigungssystem und zum anderen als Begrenzungssystem.[11] Schulbildung konnte sich so als ein Konzept der Distinktion und Abgrenzung durchsetzen (vgl. Sting 2002, S. 384).

Darüber hinaus wurde Bildung zunehmend – insbesondere im Verständnis von Ausbildung – unter dem Aspekt der Verwertbarkeit auf dem Arbeitsmarkt themati-

---

10 Humboldt verweist daran anschließend u. a. darauf, dass es für die allseitige Ausbildung aller Kräfte des Menschen auf Seiten des Pädagogen einer höchsten Mannigfaltigkeit bedarf. Die in der öffentlichen Erziehung angestellten Erzieher begünstigen jedoch eine bestimmte Form von Bildung und bringen so eine gewisse Einförmigkeit von Bildung hervor. Der im Kontext einer öffentlichen Erziehung angelegte Gedanke Bildung und Erziehung auf eine bestimmte biographische Phase zu begrenzen, transportiert die Vorstellung, dass man den Menschen abschließend in eine festgelegte Richtung bilden könnte. Dabei würde zudem der Aspekt der lebenslang wirkenden „bildenden Umstände" vernachlässigt (vgl. Sting 2002, S. 383).

11 So war Bildung, welche an höheren Schulen und lediglich dem bürgerlichen Jüngling vorbehalten war, mit der *Berechtigung* zum Studium und weiterführender (Aus)Bildung verbunden während das *Begrenzungssystem* für die Kinder der niederen Schichten vorbehalten war und eher darauf abzielte, lediglich das Notwendigste an elementaren Kenntnissen des Lesens, Rechnens sowie Religion zu vermitteln. In diesem Verständnis war Bildung nicht auf die Entfaltung der Persönlichkeit angelegt, sondern vielmehr auf deren Begrenzung.

siert. Es wurde verstärkt erforderlich, dass die Arbeitskräfte infolge wachsender Anforderungen im Arbeitsprozess vermehrt spezifische Kompetenzen erwerben, um die
anfallenden Tätigkeiten verrichten zu können. In dieser Zeit begann sich ein Modell von Jugend herauszubilden, in dem eine spezifische Aufgabe junger Menschen
darin gesehen wurde, sich für den Einstieg in das Erwerbsleben zu qualifizieren (vgl.
Voigtsberger 2011, S. 103). Der Ort, dem diese Qualifizierungsfunktion zugewiesen
wurde, war die Schule. Anstelle der frühen und erzwungenen Integration in den
Arbeitsprozess wurde nun von den Jugendlichen erwartet, dass sie einen Mindest-
schulbesuch (Pflichtschuljahre) und die sich in der Regel anschließende Beruf- oder
Hochschulbildung als gleichermaßen zentralen wie erstrebenswerten Bestandteil ihres Lebensentwurfes anerkennen. War diese Vorstellung im Verlauf des 19. Jahrhundert überwiegend auf den Lebensverlauf des männlichen bürgerlichen Jugendlichen
bezogen, setzte sich dies im Laufe des 20. Jahrhunderts als Normalitätsvorstellung
bezogen auf alle Jugendlichen durch.

In ersten Ansätzen lässt sich diese Ausrichtung auf eine Integration in den Arbeitsprozess ggf. auch auf der Grundlage notwendiger spezifischer (Aus-)Bildung
bereits zum Ende des 18. Jahrhunderts in den Spinnschulen, Industrieschulen oder
Arbeitsschulen abbilden. Auch hier ging es u. a. um die Herausbildung technisch-in-
dustrieller Fertigkeiten. Obwohl diese Institutionen vor allem eine disziplinierende
und somit dem Konzept der Erziehung zuzuordnende Funktion übernahmen, lässt
sich implizit jedoch darauf verweisen, dass in diesem Kontext der Bildungsgedanke – im Sinne von spezifischer Ausbildung – Einzug fand und so als Vorläufer einer
modernen Jugendberufshilfe (heute § 13 SG VIII) verstanden werden kann. Bildung
setzt sich jedoch als eigenständige Aufgabe der Kinder- und Jugendhilfe – nicht zuletzt auch durch das gesellschaftlich geteilte Verständnis von Bildung als Schul-
bzw. Ausbildung – nicht durch und bleibt in der Abgrenzung zu Schule nachrangig
bzw. darauf verwiesen.

Entlang der Entstehung der Jugendverbandsarbeit[12] – als Vorläufer der heutigen
offenen Kinder- und Jugendarbeit sowie der Entstehung der staatlichen Jugendpflege lässt sich der Bildungsgedanke zwar ebenfalls eher implizit, jedoch in einer anderen Konnotation aufzeigen. Jugendverbandsarbeit, als eine Form in der Jugendliche
ihre Freizeit in organisierten Gruppen unter dem Dach eines Verbandes verbringen,
ist eine vergleichsweise junge Erscheinung, welche erst zum Ende des 19./zum Beginn des 20. Jahrhunderts auftritt. Dabei lassen sich drei zentrale Ausrichtungen
ausmachen, die schwerpunktmäßig die Betreuung und Bildung von Jugendlichen
außerhalb von Schule und Betrieb organisierte: Konfessionell gebundene Jugendarbeit, bürgerliche Jugendbewegung und Arbeiterjugendorganisationen. Insbeson-

---

12 Die Jugendverbandsarbeit, die als ein Bereich im Rahmen öffentlicher Jugendpflege geregelt wurde,
    etabliert sich auch entlang der veränderten Strukturen im Zuge der Industrialisierung und der Her-
    ausbildung der eigenständigen Lebensphase Jugend (vgl. hierzu u. a. ausführlich Gängler 2002; Dei-
    net et al. 2002; Jordan et al. 2012).

dere in den Zielsetzungen der Arbeiterjugendbewegung lässt sich Bildung als eine Aufgabe der Jugendverbände am deutlichsten nachzeichnen. So heißt es in einer 1928 verabschiedeten Resolution der sozialistischen Jugendverbände u. a., dass es um die Vermittlung von Wissen (z. B. zur Gesetzgebung; Geschichte), die Vorbereitung der Arbeiterjugend auf den Klassenkampf, die Aufklärung über geschlechtliche Fragen oder Alkoholismus, die Pflege der internationalen Solidarität, die körperliche Ertüchtigung sowie die Förderung des „ästhetischen Sinnes" der Arbeiterjugend ging. Deutlich zeigt sich hier zum einen eine Ausrichtung auf politische Bildung, aber auch Aspekte von Aufklärung zum Thema Jugendschutz und somit Bildung in einem klassischen sowie ganzheitlichen Verständnis kommen zum Ausdruck.

Die entstehende öffentliche Jugendpflege sollte die Aktivitäten insbesondere der bürgerlichen Vereine unterstützen, was seinen Ausdruck in dem 1911 verabschiedeten Jugendpflegeerlass fand. In dieser Folge wurden die politischen Bildungsbestrebungen der Arbeiterjugendbewegung deutlich zurückgedrängt. So heißt es in den Grundsätzen und Ratschlägen für die Jugendpflege zum grundlegenden Jugendpflegeerlass von 1911: „Aufgabe der Jugendpflege ist die Mitarbeit an der Herausbildung einer frohen, körperlichen, leistungsfähigen, sittlich tüchtigen, von Gemeinsinn und Gottesfurcht, Heimat- und Vaterlandsliebe erfüllten Jugend. Sie will die Erziehungstätigkeit der Eltern, der Schule und Kirche, der Dienst- und Lehrherren unterstützen, ergänzen und weiterführen" (zit. Hederer 1975 in Jordan et al. 2012, S. 47).

In diesem Sinne wurde Bildung implizit sowohl als Aufgabe sowie als Funktion im Kontext der Kinder- und Jugendhilfe bzw. seinen Vorläufern formuliert. Insbesondere in Bezug auf die formulierten Funktionen, die der Institution Schule (u. a. die Legitimations- oder Qualifikationsfunktion) zugewiesen sind, wird darauf verwiesen, dass diese in ihrer Tätigkeit durch die Bereiche der Jugendpflege – die unter anderem auch die Jugendverbandsarbeit mit regelt – zu ergänzen, zu unterstützen oder fortzuführen sind. In diesem Sinne lässt sich auf Bildung i. S. von Schul- und Ausbildung verweisen, wie an den beiden punktuell markierten Vorläufern der heutigen Aufgabenbereiche Kinder- und Jugendarbeit bzw. Jugendsozialarbeit skizziert. Damit wurde mit dem Konzept Bildung in Bezug auf die Adressat_innen die Aufgabe konkretisiert, diese im Aufwachsen und den damit verbunden Entwicklungsaufgaben zu unterstützen bzw. zu begleiten. Dies umfasst insbesondere mit Blick auf die Herausforderungen in der Jugendphase – zwar nachrangig – auch die Bewältigung von Schul- und Ausbildungsaspekten. Mit Blick auf das Zusammenleben und die Gestaltung der Gesellschaft – insbesondere in ihrer Ausprägung als Erwerbsarbeitsgesellschaft – wird mit dem Bildungsgedanken die Funktion verbunden, die Normalitätsvorstellungen im Sinne des Erwerbsarbeiters herzustellen und bleibt somit auf ein Bildungsverständnis im Sinne von verwertbarer schulischer Bildung[13] begrenzt. Da-

---

13 Die Durchsetzung dieses engen Verständnisses von Bildung als Ausbildung, welches in der Institution Schule vollzogen wird, hat dazu beigetragen, dass Bildung als ein mit Lernen in Schule

bei hat sich das Konzept von Bildung zwar im Verständnis von Unterstützung- sowie Ergänzungsleistungen etabliert; wird in diesem Verständnis jedoch auch im weiteren Verlauf der Entwicklung der Kinder- und Jugendhilfe und den damit verbunden Kontexten wenig zur Diskussion gestellt und nur implizit ausgewiesen. Dies ändert sich erst deutlich zum Ende des 20. Jahrhunderts.

Entlang der hier ausgewiesenen historischer Markierungen lassen sich Betreuung, Erziehung und Bildung in ihren „Anfängen" skizzieren und damit verbundene Aufgaben und Funktionen in ihren jeweiligen historischen Bezügen und Bedeutungen aufzeigen. Insbesondere die Konzepte Erziehung und Betreuung lassen sich in ihrer inhaltlichen und funktionalen Ausrichtung als – in erster Linie familienersetzende und später auch in Anfängen familienergänzende jedoch – *nachrangige* Aufgaben im Verhältnis zu Familie beschreiben und bleiben auch in ihrer funktionalen Zuschreibung darauf bezogen. Dem Konzept der Bildung in dem etablierten spezifischen Begriffsverständnis von Schul- bzw. Ausbildung wurde dabei eine eher *unterstützende* Aufgabe und Funktion im Verhältnis zu Schule und deren Bezogenheit auf den Arbeitsmarkt zugeschrieben.

3 Betreuung – Erziehung – Bildung: zum Selbstverständnis der Konzepte im Diskurs der Kinder- und Jugendhilfe zu Beginn des 21. Jahrhunderts

Die Kinder- und Jugendhilfe wurde im Verlauf des 20. Jahrhunderts in ihrer Entwicklung durch unterschiedlichste fachliche Diskurse, gesellschaftliche Debatten sowie ihre rechtlichen Grundlagen bestimmt. Ausgangspunkte der Reformbemühungen zum Ende des vergangenen Jahrhunderts waren vor allem veränderte familiäre Lebenslagen und gewandelte Sozialisationsbedingungen junger Menschen, die neue Anforderungen an die Jugendhilfe stellten. Diese Entwicklungen mündeten im Sommer 1990 in die Verabschiedung des Gesetzes zur Neuordnung der Kinder- und Jugendhilfe (SGB VIII/KJHG), welches nun seitdem den gesetzlichen Rahmen zur Ausgestaltung der Kinder- und Jugendhilfe bildet. Diese Neuformulierung sowie die darauffolgenden Überarbeitungen und Novellierungen[14] des KJHG seit seiner Verabschiedung tragen damit einerseits dem veränderten Stellenwert der Kinder- und Familienpolitik, dem veränderten Bild und der Bedingungen des Aufwachsens

---

gleichgesetzter Begriff verstanden wurde. In dieser Konnotation wurde der Diskurs um Bildung weitestgehend bewegt. So wurde mit Bildung bis zum Endes des 20. Jahrhunderts Lernen an Schule verstanden.

14 Die Verabschiedung des KJHG war das Ergebnis einer mehr als zwanzigjährigen gesellschaftspolitisch kontroversen Reformdebatte, die in ihrer Fortführung bis heute zu zahlreichen Nachbesserungen, Weiterentwicklungen und Erweiterungen geführt haben. Zu nennen sei hier u. a. Umsetzung des Rechtsanspruches auf einen Kindergartenplatz, die Reform des Kindschaftsrechts, die Verabschiedung des Tagesbetreuungsausbaugesetzes, das Kinderförderungsgesetz sowie das Kinder-

und Familie sowie dem gewandelten Verständnis von staatlicher Verantwortung für das Aufwachsen von Kindern und Jugendlichen Rechnung (vgl. Wiesner 2010a). Dies zeigt sich auch in einer veränderten Konnotation der Ausformulierung des KJHG. So wird in Abgrenzung zum JWG auf negative und diskriminierende Verhaltensbeschreibungen und damit verbundene repressive Interventionsstrategien verzichtet. In der Aufgabenbeschreibung und funktionalen Ausrichtung wird im KJHG – als Leistungsgesetz – stärker das Wohl der Kinder und Jugendlichen zum Ausgangspunkt genommen. Dies schlägt sich auch in der Ausrichtung von Betreuung, Erziehung und Bildung im Kontext der Kinder- und Jugendhilfe nieder, die im Folgenden zum Beginn des 21. Jahrhunderts skizziert werden.

3.1 Betreuung

Betreuung ist (auch) in der heutigen Diskussion „ein vergleichsweise unbestimmter, alltagsnaher Begriff ohne wissenschaftliche Ambitionen" (Rauschenbach 2009, S. 104). Wie historisch nachgezeichnet, etablierte sich dieses Konzept im Verständnis von Pflege und Versorgung von insbesondere kleinen Kindern und erfuhr im Laufe des 19. Jahrhunderts eine erste Weiterentwicklung hin zu Aufsicht und Vorsorge im Verständnis von Kontrolle. In einem heutigen Verständnis – auch in Anlehnung an den englischen Begriff „Care" – umfasst Betreuung mehr als „nur" die zeitweilige Zuständigkeitsverlagerung zur Pflege und Aufsicht von Kindern von der Institution Familie auf eine öffentliche pädagogische Institution. Sie beinhaltet neben der psychischen Versorgung, Ernährung und Pflege der Kinder auch deren soziale Unterstützung und schließt die emotionale Zuwendung sowie den Aufbau von Bindung und persönlicher Beziehung mit ein. Lässt sich das Konzept von Betreuung historisch eher als ein wenig voraussetzungsvolles, bewahrend-fürsorgliches Aufpassen auf kleine Kinder abbilden, so greift das heutige fachliche Verständnis von Betreuung deutlich weiter und geht mit Blick auf die Adressat_innen sowie die gesellschaftlichen Anforderungen mit einer erweiterten Aufgaben- und Funktionszuschreibung einher.

In einer gelungenen Form von Betreuung geht es darum, Kindern und Jugendlichen im Kontext familienergänzender, aber besonders auch in familienersetzenden Settings verschiedener Handlungsfelder Erfahrungen von Zuwendung, Beziehungsqualität, Urvertrauen sowie zwischenmenschlicher Begegnung und Dialog zu ermöglichen (vgl. ebd.). Zu nennen sind hier in Bezug auf familienersetzende Settings exemplarisch die stationären Hilfen zu Erziehung (§§ 27; 33, 34 SGB VIII) und deren Formen der Unterbringung außerhalb der Herkunftsfamilie. Kinder und Jugendliche

---

und Jugendhilfeweiterentwicklungsgesetz mit besonderem Fokus auf das Bundeskinderschutzgesetz. Diese können in diesem Beitrag jedoch nicht systematisch ausgewiesen werden und werden daher implizit in den Ausführungen mitgedacht.

werden außerhalb ihrer Familien untergebracht, wenn eine dem Wohle des Kindes entsprechende *Betreuung* und Erziehung – vorübergehend oder langfristig – durch deren Eltern nicht gewährleistet werden kann. Dabei werden seit der Gesetzesnovellierung 2005 deutlicher als zu vor Fragen des Kinderschutzes[15] fokussiert (§ 8a SGB VIII). So sollen Kinder und Jugendliche im Kontext von Heimerziehung und sonstigen betreuten Wohnformen „durch eine Verbindung von Alltagserleben mit pädagogischen […] Angeboten in ihrer Entwicklung gefördert werden" (§ 34 SGB VIII). Das impliziert, dass die den Eltern zugeschriebenen und von ihnen nicht mehr wahrgenommen Rechte und Pflichten nun durch Träger der Kinder- und Jugendhilfe als Aufgabe gewährleistet werden.

Im Kontext etablierter institutionalisierter familienergänzender Angebote kommt der Kinder- und Jugendhilfe die Aufgabe zu, die Betreuung der Kinder- und Jugendlichen zeitweilig sicher zu stellen. Dabei haben sich familienergänzende Angebote wie z. B. das Handlungsfeld der Kindertagesbetreuung einschließlich der außerschulischen Betreuungsangebote (§ 22–26 SGB VIII) oder auch das Jugendwohnen im Rahmen der Jugendberufshilfe (§ 13 SGB VIII) im Zuge der Entwicklungen der Gesellschaft von einer anfangs wenig akzeptierten „Notlösung" hinzu einem auf breite Akzeptanz stoßenden Regelangebot etabliert[16]. Dies ist Ausdruck eines veränderten Verhältnisses von öffentlicher und privater Verantwortung für das Aufwachsen. In gesellschaftspolitischen Debatten zeigt sich deutlich, dass in der Ausrichtung unserer gesellschaftlichen Funktionssysteme um das zentrale Moment der Erwerbsarbeit das Konzept der Betreuung vorrangig im Verständnis der Vereinbarkeit von Familie und Beruf verhandelt wird. So heißt es in § 22 SGB VIII, dass die Ausgestaltung der Angebote im Rahmen des Handlungsfeldes der Kindertagesbetreuung „… den Eltern dabei helfen [soll], Erwerbstätigkeit und Kindererziehung besser miteinander vereinbaren zu können"[17]. Somit wird der Kinder- und Jugendhilfe in diesem Rahmen eine sozial- und familienpolitische Funktion zugeschrieben. In diesem Verständnis des Konzeptes von Betreuung geht es somit um auf Verlässlichkeit ausgerichtete und ausgewogene Formen der Aufsicht (bei kleineren) bzw. dem gewähren lassen bei (älteren) Kindern und Jugendlichen.

---

15 Vgl. zu den Entwicklungen und Diskussionen des Themas Kinderschutz in der KJH ausführlich den Beitrag in diesem Band.

16 So wird im 14. Kinder- und Jugendbericht im Kontext des Ausbaus der Kindertageseinrichtungen darauf verwiesen, dass auch bei Kindern in Westdeutschland die außerfamiliale Betreuung im zweiten und dritten Lebensjahr den Ausnahmecharakter verliert und dabei ist, wie in Ostdeutschland, zu einer neuen Normalität zu werden (vgl. BMFSFJ 2013, S. 38). Ausgangspunkt dieser zunehmenden Akzeptanz ist auf zwei Aspekte zurückzuführen: Zum einen der im KJHG ausgewiesene Rechtsanspruch auf Kindertagesbetreuung – seit 2013 ab dem 1. Lebensjahr bis zum 14. Lebensjahr. Zum anderen ist diese auch auf die gewachsene Tradition einer familienergänzenden Betreuung der neuen Bundesländer zurückzuführen, die im Zuge der Wiedervereinigung 1989 – zwar etwas rückläufig – nicht abgebrochen sind.

17 Vgl. hierzu u. a. Stöbe-Blossey 2011; S. 369 ff. sowie weiterführend auch die Debatten im Zuge des Ausbaus der Ganztagsschulangebote u. a. Stolz 2011.

Die Angebote und Leistungen der Kinder- und Jugendhilfe sind anders als im historischen Verständnis nicht nur auf den Aspekt von Kontrolle, der dabei durchaus nicht aufgehoben jedoch anders konnotiert wird, ausgerichtet. Deutlicher ist das Konzept von Betreuung bzgl. der Aspekte von Aufsicht und Vorsorge auf die Themen Wohlergehen und Kindeswohl sowie funktional auf den Kinder- und Jugendschutz gerichtet. Diese Ausrichtung des Konzeptes Betreuung geht mit einem fachlichen Verständnis einher, dass die Erfahrungen gelungener Betreuung zentrale Fundamente im Prozess des Aufwachsens- bzw. Heranwachsens und somit für Erziehungs- und Bildungsprozesse darstellen.

3.2 Erziehung

Erziehung wird für die Gestaltung der Lebensphase Kindheit und Jugend und somit auch im Kontext der Kinder- und Jugendhilfe eine zentrale Bedeutung zugewiesen. So heißt es in § 1 SGB VIII „Jeder junge Mensch hat ein Recht auf Förderung seiner Entwicklung und auf Erziehung zu einer eigenverantwortlichen und gemeinschaftsfähigen Persönlichkeit". In diesem Verständnis stellt Erziehung eine wesentliche Voraussetzung für die Wahrnehmung eines verantwortlichen Erwachsenenlebens als Bürger_in einer demokratischen Gesellschaft dar. Dem Begriff der Erziehung haftet dabei – nicht zuletzt auf Grund eines überwiegend repressiven Erziehungsverständnisses bis weit in die Mitte des 20. Jahrhunderts hinein – aber nach wie vor etwas Zwiespältiges an. Auch daher ließ sich in der jüngeren sozialpädagogischen Diskussion und in der Beschreibung der Kinder- und Jugendhilfe beobachten, dass auf die Verwendung des Erziehungsbegriffs häufig verzichtet wurde (vgl. Ziegler 2012, S. 665). Dabei haben sich die Vorstellungen von Erziehung in den vergangenen Jahrzehnten grundlegend verändert. Dies geht mit einer veränderten Ausrichtung von Erziehung im Kontext der Kinder- und Jugendhilfe und der damit verbunden Aufgaben und Funktionen einher.

Erziehung kann allgemein als intentionales Handeln verstanden werden und ist darauf ausgerichtet, „das Gefüge der Dispositionen anderer Menschen in irgendeiner Hinsicht dauerhaft zu verbessern oder seine als wertvoll beurteilten Komponenten zu erhalten oder die Entstehung von Dispositionen, die als schlecht bewertet werden, zu verhüten" (Brezinka 1990, S. 95). Als allgemeines Ziel von Erziehung werden dabei, im Rahmen eines jeweils historisch konkreten Verhältnisses der Generationen, die „Übernahme" gesellschaftlich geteilter Werte und Normen und damit verbundener Rollenerwartungen verstanden. Wie dieser Erziehungsprozess mit welchen Zielen ausgestaltet wird, kann grundsätzlich sehr unterschiedlich beantwortet werden. In einem modernen demokratischen Verständnis von Erziehung wird dieses Verhältnis als ein wechselseitiger kooperativer Interaktionsprozess verstanden, der innerhalb konkreter sozialer und gesellschaftlicher Rahmenbedingungen stattfindet und somit einer ständigen Neuausrichtung bedarf (vgl. Rätz-Heinisch u. a. 2009). Die demokratische Werteordnung sowie die rechtlichen Grundlegungen der Gesellschaft[18] stellen den Rahmen für die normative Ausrichtung der Erziehungsbemühungen im Kontext der Kinder- und Jugendhilfe dar. Somit geht es darum, Adressat_innen in diesen normativ gültigen sozial-kulturellen Kanon von Normen und Werten einzuführen, diese habituell zu verankern und in diesem Rahmen die Bedingungen und Kompetenzen für eine eigenständige, autonome Lebensführung bereitzustellen (vgl. Winkler 1999, Ziegler 2012).

Der grundlegende Auftrag der Kinder- und Jugendhilfe – zur Verwirklichung des Rechts auf Entwicklungsförderung und Erziehung beizutragen – wird in § 1 Abs. 3 SGB VIII dahingehend konkretisiert, dass dies insbesondere durch die Unterstützung der Kinder und Jugendlichen selbst bzw. deren Eltern und anderer Erziehungsberechtigter sowie durch die Gestaltung von positiven Lebensbedingungen gewährleistet werden soll. Somit kann Erziehung in der Kinder- und Jugendhilfe zum Beginn des 21. Jahrhunderts als eine *(familien-)unterstützende* Aufgabe ausgewiesen werden. Dies bildet sich u. a. in den verschiedenen und in den letzten Jahren erkennbar ausdifferenzierten Angeboten der erzieherischen Hilfen nach § 27 ff. des SGB VIII ab. So lassen sich die Angebote der Erziehungsberatung, der sozialpädagogischen Familienhilfe, Soziale Gruppenarbeit sowie Erziehungsbeistände, aber auch jüngere Angebotsformen anderer Handlungsfelder wie z. B. die Eltern- und Familienzentren im Rahmen der §§ 22–26 SGB VIII den familienunterstützenden Hilfen zuordnen. Funktional geht es i. d. S. zum einen darum, Eltern und deren Kinder im Erziehungsgeschehen direkt zu begleiten und zu unterstützen sowie zum anderen die Erziehungskompetenzen der Eltern bzw. anderer Sorgeberechtigter zu stärken und zu erweitern. Damit ist das Ziel verbunden, dass diese der ihnen übertragenen Erziehungsverantwortung in angemessener Weise nachkommen können. Diese Angebote richten sich funktional in erster Linie an Familien bzw. Eltern in besonderen zumeist prekären Lebenslagen.[19] Darüber hinaus trägt diese Ausrichtung aber auch einer zunehmenden Verunsicherung auf Seiten der Eltern in allen Lebenslagen aufgrund diskrepanter Erwartungen im Erziehungsgeschehen Rechnung und geht mit Überlegungen der Initiierung von Eltern*bildung*sprozessen einher. Dabei wird betont, dass Unterstützungen in ihrer Ausgestaltung an den konkreten Alltagserfahrungen der Eltern anzusetzen haben. Denn nur wenn Erziehung selbst sowie die Unterstützung von Erziehungsbemühungen als ein wechselseitiger kooperativer Prozess gestaltet wird, können die Adressat_innen der Kinder und Jugendhilfe – Kinder, Jugendliche, Eltern und andere Sorgeberechtigte – als Subjekte ihrer Lebenswelt wahrgenommen und ihnen so Erfahrungs- bzw. Lernräume eröffnet werden, die eine eigenständige Persönlichkeitsentwicklung ermöglichen. Dieses partizipative Verständnis ist in § 5

---

18 Diesbezüglich sei hier insbesondere auf das Grundgesetz, das Kinder- und Jugendhilfegesetz selbst sowie die Berücksichtigung von Menschen- und Kinderrechten verwiesen.
19 Hierzu sei kritisch angemerkt, dass diese Angebotsausrichtung nach wie vor mit zumeist defizitären Zuschreibungsprozessen entlang sozio-ökonomischer Merkmale einhergeht.

SGB VIII in Bezug auf die Gewährleistung des Wunsch- und Wahlrechts sowie im § 8 SGB VIII bzgl. der Beteiligung der Kinder- und Jugendlichen an allen sie betreffenden Entscheidungen verankert. Somit geht die Ausgestaltung einer zukunftsfähigen und reflexiven Kinder- und Jugendhilfe in ihren unterschiedlichen Handlungsfeldern und damit verbundenen Zielsetzungen nur mit einem demokratischen bzw. autoritativ-partizipativen Erziehungsverständnis[20] einher.

Erziehung bleibt dabei nicht auf die bereits ausgeführte und sich nun etablierte familienunterstützende Aufgabe beschränkt, sondern schließt nach wie vor familienergänzende Maßnahmen ein; heute auch im Rahmen von etablierten Regelangeboten sowie besonderer Leistungen explizit für Kinder- und Jugendliche selbst. „Die Förderung der Entwicklung und Erziehung junger Menschen zu eigenverantwortlichen und gemeinschaftsfähigen Persönlichkeiten soll es den Kindern und Jugendlichen ermöglichen, aktiv an demokratischen, gesellschaftlichen Prozessen zu partizipieren" (§ 1 SGB VIII). Somit geht es auch darum, mit dazu beizutragen, innerhalb einer (sozial-)politisch gesetzten und geforderten Normalität, in der nachwachsenden Generation ‚handlungsfähige' ‚normale' Subjekte mit stabilen Identitäten hervorzubringen.

Ziele erzieherischer Bemühungen im Rahmen der Angebote der Kinder- und Jugendhilfe sind zum einen die Autonomisierung und zum anderen die Normalisierung der Adressat_innen (vgl. Ziegler 2012, S. 666). Autonomisierung umfasst dabei Prozesse, die Individuen befähigen, mit vorgegebenen Handlungsoptionen reflektiert und selbstbewusst – also eigenverantwortlich – umzugehen (vgl. Honneth 1995, S. 25). Im Rahmen von Erziehung ist es Aufgabe der Kinder- und Jugendhilfe, Angebote zu gestalten, die es Kindern und Jugendlichen ermöglichen, ihre – insbesondere in der primären Sozialisationsinstanz Familie übernommenen – Normen- und Wertvorstellungen zu überprüfen, zu verändern und zu erweitern. Die Kinder- und Jugendarbeit (§§ 11 und 12 SGB VIII) z. B. bietet durch die Freiwilligkeit und Offenheit der Angebote hierfür Autonomiespielräume. Das Prinzip der Freiwilligkeit – welches auch anderen Regelangeboten der Kinder- und Jugendhilfe zu Grunde liegt – hält damit offen, wer und in welchem Umfang diese Angebote nutzt (Sturzenhecker 2005, S. 341 f.; Jordan et al. 2012, S. 127). Damit eröffnen sich i. S. von intentionaler Erziehung Lernmöglichkeiten, die zielgerichtet für die normativ verfolgten Erziehungsziele genutzt werden können. Die Offenheit für und das Aufeinandertreffen von z. B. unterschiedlicher kulturellen, aber auch politischen Gruppen im Kontext der Jugendarbeit ermöglicht es den Fachkräften, Dispositionen der Adressat_innen, welche sie u. a. in primären Sozialisations- und Erziehungsprozessen verinnerlicht haben, hier konkret bzgl. der Wertvorstellung Toleranz oder Anerkennung „dauerhaft zu ver-

---

20 In der Art und Weise wie im Kontext der Erziehung (dem Handeln und der Zielsetzung) jeweils die Bedürfnisse der Kinder und den Erziehenden berücksichtigt werden zeigt Hurrelmann idealtypisch fünf verschiedene Erziehungsstile auf. Der autoritativ-partizipative Erziehungsstil, der in anderen Systematisierungen auch als demokratischer benannt wird, stellt einen dieser Erziehungsstile dar(vgl. hierzu u. a. Hurrelmann 2002).

bessern, [...] zu erhalten oder [...] zu verhüten" (Brezinka 1990, S. 95). Insbesondere das Ziel, Dispositionen „zu verbessern" als auch „zu verhüten", verweist auf den oben ausgewiesen Aspekt der Normalisierung. Mit Blick auf die Förderung gemeinschaftsfähiger Persönlichkeiten geht es im Kontext von Erziehungsbemühungen um die Eingliederung des Einzelnen in den sozialen Zusammenhang und erfüllt damit die Funktion des Schutzes gesellschaftlicher Normalitätsstandards (vgl. Ziegler 2012 mit Verweis auf Mollenhauer 1995 und Otto und Olk 1987). Solch einen gesellschaftlichen Normalitätsstandard stellt in unserer Erwerbsarbeitsgesellschaft u. a. zentral das Anstreben bzw. Nachgehen einer Erwerbsarbeit dar. So wird im Rahmen der Jugendsozialarbeit als Ziel erzieherischer Bemühungen formuliert: die Bereitschaft – also Haltungen und Einstellungen – für die Aufnahme einer beruflichen Ausbildung bzw. Erwerbsarbeit zu wecken und zu fördern (vgl. Fülbier 2002, S. 498). Für die Kinder- und Jugendhilfe erwächst daraus die Aufgabe, „subjektive Lebensführungs- und Subjektivierungsweisen in Bezug auf die wohlfahrtsstaatlich als gültig vereinbarten Normalitätsmodelle zu regulieren" (Kessl und Otto 2001, S. 391).

Der bestehende Bezug auf andere Sozialisationsinstanzen, insbesondere der Familie, die Ausrichtung an Normalitätsstandards und auch die Formulierung der „Regulierung" durch Erziehung im Zuge der Aufgaben- und Funktionsbeschreibung verweist darauf, dass die Kinder und Jugendhilfe auf andere Funktionssysteme der Gesellschaft bezogen ist. Das bereits im RJWG gestärkte Recht der Eltern und die damit verbundene Nachrangigkeit öffentlicher Verantwortung wurden auch im KJHG fortgeschrieben. Auch wenn eine – außerhalb von Familie – zunehmende institutionalisierte Kindheit und Jugend zu einem immer früheren sowie längeren festen Bestandteil das Aufwachsens geworden ist, „[...] stellt der Kernbereich der Kinder- und Jugendhilfe [(nimmt man den Kita-Bereich aus)] keine eigenständige Erziehungsinstanz dar" (Ziegler 2012, S. 677). Dennoch lässt sich entlang der Handlungsfelder der Kinder- und Jugendhilfe nachzeichnen, dass sie als öffentliche Einrichtung in erzieherischer Form in die Lebensführung von Familien und jungen Menschen eingreift. Die Aufgabe der Kinder- und Jugendhilfe kann dabei heute vordergründig als Unterstützung und Ergänzung familialer Erziehung gekennzeichnet werden. Insbesondere das Handlungsfeld der Kindertagesbetreuung hat sich dabei von der funktionalen Zuschreibung einer Notlösung befreit und sich als *familienergänzendes* Regelangebot durchgesetzt. D. h. die Erziehungsverantwortung wird nicht nur in „Notfällen", sondern regelhaft durch Angebote der Kinder- und Jugendhilfe übernommen. Dies findet auch seinen Ausdruck im KJHG verankerten Rechtsanspruch auf eine Kindertagesbetreuung. Auch bezüglich der sich im Laufe des 20. Jahrhunderts etablierten und weiter ausdifferenzierten *familienunterstützenden Maßnahmen* lässt sich zunehmend eine breitere Akzeptanz und Ausrichtung beobachten[21]. Eine *familienersetzende* Aufgabenzuschreibung, d. h. die Erziehung der Heranwachsenden

---

21 Dies trägt auch den zunehmenden Herausforderungen, die sich im Zuge der weiteren Ausdifferenzierung und Entgrenzung gesellschaftlicher Funktionssysteme im Kontext der elterlichen Erziehungs-

wird über einen längeren Zeitraum bzw. dauerhaft durch Angebote der Kinder- und Jugendhilfe übernommen, ist dabei zwar nicht verschwunden, aber zum Beginn des 21. Jahrhunderts gegenüber der familienunterstützenden bzw. -ergänzenden Ausrichtung an Bedeutung verloren. Dabei steht nicht mehr ausschließlich die Sicherung gesellschaftlicher Normalität, z. B. bei abweichendem Verhalten der Heranwachsenden als Aspekt des Eingreifens im Vordergrund, sondern mit Blick auf die familiäre Erziehung verstärkt die Ausrichtung am Wohle des Kindes.

Zusammenfassend sind diese Entwicklungen Ausdruck eines veränderten Verhältnisses von privater und öffentlicher Erziehung. Wie ausgewiesen, wurde die Nachrangigkeit der öffentlichen Erziehung in dieser Weiterentwicklung fortgeschrieben. In Bezug auf die inhaltliche Ausrichtung hat sich dieses jedoch von überwiegend reaktiven und kontrollierenden sowie repressiven Maßnahmen hin zu einer in erste Linie auf Unterstützung, Ergänzung und Partizipation ausgerichteten Konzeption entwickelt. So wird in dieser kooperativen Ausrichtung auch das Konzept der Erziehungspartnerschaft formuliert. Vor dem Hintergrund einer partizipativen Ausrichtung jeglicher erzieherischer Bemühungen sind deren Gestaltung und die damit verbundenen Funktionen insbesondere hinsichtlich der Aspekte Normativität von Erziehungszielen, der Angemessenheit von erzieherischen Mitteln sowie dem erzieherischen Verhältnis innewohnenden Machpotenzialen entlang der ethischen Grundlagen der Kinder- und Jugendhilfe zu reflektieren. Die Aufgabe der Ermöglichung von Autonomisierungsprozessen im Sinne von Befähigung zu einer gelingenden alltäglichen Lebensführung geht dabei nur mit aktiven Aneignungsprozessen – als *Bildung* verstanden – auf Seiten der Adressat_innen einher. Somit stehen die Konzepte Erziehung und Bildung in einem (neuen) verwobenen Verhältnis.

3.3 Bildung

Auf das „verwobene Verhältnis" von Erziehung mit dem Konzept von Bildung verweist auch der 11. Kinder- und Jugendbericht zu Beginn des 21. Jahrhunderts. So heißt es in Bezug auf das in § 1 SGB VIII formulierte Ziel der Kinder- und Jugendhilfe: „Wenn Bildung nicht nur Kenntnisse und Fertigkeiten vermittelt, sondern auf der Grundlage der Persönlichkeitsbildung auch Kompetenzen zur Lebensbewältigung, und wenn Bildungsprozesse angesichts der Pluralität der Wertewelten und der Vielfalt des Kompetenzerwerbs nicht nur in Schule stattfinden, sondern an unterschiedlichen Bildungsorten, dann lassen sich Entwicklung und Erziehung einerseits und Bildung andererseits nicht mehr grundsätzlich trennen, dann ist eine solchermaßen verstandene Bildung auch ein Ziel der Kinder- und Jugendhilfe" (BMBFSFJ 2002,

---

verantwortung stellen und häufig auch mit Unsicherheiten bei Teilen der Elternschaft einhergehen, Rechnung. Verwiesen sei hier u. a. auf zunehmende Elternkursangebote, die auf die Förderung der Erziehungskompetenz der Eltern abzielen.

S. 159). Dennoch wurden die mit dem Konzept von Bildung verbundenen, gesell-schaftlich zugewiesenen Aufgaben und Funktionen (und werden häufig noch nach wie vor) ausschließlich der Institution Schule zugeschrieben. Die Präsentation der Ergebnisse der PISA-Studie 2000, in deren Folge die Ursachensuche für das schlechte Abschneiden der deutschen Schüler_innen im internationalen Vergleich sehr schnell auch die Handlungsfelder der Kinder – und Jugendhilfe erreichte, war zentraler Aus-gangspunkt dafür, dass es in der Geschichte der Kinder- und Jugendhilfe erstmalig zu einem breiten bildungspolitischen Bündnis kam (vgl. Böllert 2013, S. 50). Ausdruck fanden die damit begonnenen fachlichen und politischen Debatten[22] um neue Bil-dungskonzepte und das Ringen um ein erweitertes Bildungsverständnis u. a. in den 2002 formulierten Leipziger Thesen:

„Bildung ist ein umfassender Prozess der Entwicklung und Entfaltung derjeni-gen Fähigkeiten, die Menschen in die Lage versetzen, zu lernen, Leistungspotenziale zu entwickeln, zu handeln, Probleme zu lösen und Beziehungen zu gestalten. Junge Menschen in diesem Sinne zu bilden, ist nicht allein Aufgabe der Schule. Gelingende Lebensführung und soziale Integration bauen ebenso auf Bildungsprozesse in Fami-lie, Kindertageseinrichtungen, Jugendarbeit und der beruflichen Bildung auf. […] Bildung entscheidet nicht nur über den ökonomischen Erfolg einer Gesellschaft, son-dern vor allem auch über die Lebensperspektiven und Teilhabechancen jedes einzel-nen jungen Menschen" (BJK 2002, S. 1). In diesem Verständnis reicht Bildung weit über Schule hinaus und dies in zweierlei Hinsicht: zum einen bzgl. der Ausgestaltung von Bildungsprozessen, d. h. wo und wie Bildung stattfindet bzw. ermöglicht wird, und zum anderen auch hinsichtlich der „Verwertbarkeit" erworbener Bildung.

Im Zuge dieser Ausformulierungen und der internationalen Bildungsdiskus-sionen[23] hat sich in den fachlichen Debatten der Kinder- und Jugendhilfe ein Bil-dungsverständnis durchgesetzt, das unterschiedliche – formelle, nicht formelle und informelle[24] – Formen der Bildung integriert und somit der Pluralität vielfältiger Bil-dungsorte, -gelegenheiten und -zeiten gerecht wird (vgl. Rauschenbach und Otto

---

22 Diese jüngeren Debatten um neue Bildungskonzepte und der damit verbundenen Thematisierungen von Bildung in Jugendhilfe und Sozialpädagogik sowie das Ringen nach Kriterien für ein solchen Bildungsbegriff – einschließlich der Frage danach, ob die Jugendhilfe überhaupt einen (eigenen) Bil-dungsbegriff braucht, kann im Rahmen dieses Beitrages nicht umfassend erörtert werden. Diesbe-züglich sei weiterführend – neben anderen – auf die Beiträge von Michael Winkler (2006), Werner Thole (2008) sowie Andreas Walther (2012) verwiesen. Im Rahmen dieses Aufsatzes werden daher nur zentrale Markierungen aufgenommen, die Aufgaben bzw. Funktionen entlang des Konzeptes Bildung im Kontext der Kinder- und Jugendhilfe ausweisen.

23 Im internationalen Diskurs wird hier zw. formal, non-formal und informal *learning* unterscheiden. Dies verweist darauf, dass das englische *education* hier weniger den Aspekt der Selbstbildung als das erzieherische Handeln und dessen Institutionalisierung umfasst. (vgl. Walther 2012, S. 8). Kritisch sei hier angemerkt, dass dies auch nicht ohne Folgen für die Ausrichtung des Bildungsdiskurses in der Kinder- und Jugendhilfe bleibt.

24 Formale Bildung hat dabei ihren Ort in erster Linie im Schul- und Ausbildungssystem und es hat handelt sich um geregelte Bildungsprozesse, die entlang fester Kriterien zertifiziert sind sowie Bil-

2004; Böllert 2013, S. 54). So finden auch jenseits vom formellen Schul- und Ausbildungssystem geplante und gewollte Bildungsprozesse in nicht formellen Bildungsbereichen wie der Kinder- und Jugendhilfe statt. Diese werden professionell gestaltet, vollziehen sich in der Regel auf freiwilliger Basis und werden zumeist nicht bescheinigt und benotet.

Mit diesem (organisationsbezogenen) Bildungsverständnis wird der Blick auf zu differenzierende Bildungsorte gelenkt, in deren Folge auch der Kinder- und Jugendhilfe (selbstverständlich) ein Bildungsauftrag zugeschrieben werden kann. Dieser muss auch in der Auseinandersetzung mit anderen Sozialisationsinstanzen wie Familie und Schule konzeptionell ausformuliert werden. Während über die Beziehung der Kinder- und Jugendhilfe zum Bildungsort Schule sowie ihrer Rolle in Bezug auf formale Bildungsprozesse seit Jahrzehnten – durchaus in sehr ambivalenten Konnotationen – debattiert wird, wurde in diesem Kontext die primäre Sozialisationsinstanz Familie als außerschulischer Bildungsort viel zu wenig wahrgenommen. Vor dem Hintergrund verstärkt beachteter herkunftsbedingter sozialer Ungleichheiten – somit auch Bildungsbenachteiligungen – muss (nicht nur) die Kinder- und Jugendhilfe in ihre Auseinandersetzung um neue Formen der Vernetzung mit verschiedenen Bildungsorten – über Schule hinaus – auch die Institution Familie berücksichtigen. Entlang heterogener und komplexer Lebenslagen müssen auf der Grundlage der Bedürfnisse und Interessen junger Menschen somit die Formen der Vernetzung sowie Neugestaltung der Übergänge zwischen verschiedenen Bildungsinstitutionen mit ihrem je eigenen Bildungsauftrag neu verbunden und aufeinander abgestimmt werden (vgl. Böllert 2013, S. 50). In diesem Verständnis wurde im Kontext des 12. Kinder- und Jugendhilfeberichts (2005) der Begriff der „Bildungslandschaften" geprägt.[25] Dennoch werden auf Seiten der Kinder- und Jugendhilfe auch nicht unerhebliche Ambivalenzen der so aktuell geführten Bildungsdebatte diskutiert. Dahinter steckt die Befürchtung, dass Bildung ausschließlich auf zukünftige Verwertungskontexte i. S. eines Humankapitalverständnisses bezogen bleibt: Bildung fokussiert somit auf die Ausbildung für den Arbeitsmarkt. In dem Maße, wie in unserer Erwerbsarbeitsgesellschaft die Teilnahme am Arbeitsmarkt in der Ausgestaltung eines Normalarbeitsverhältnisses zentrale Grundlage der Existenzsicherung darstellen, geht dies mit dem Anspruch an Bildung einher, in dieser Ausrichtung die Voraussetzungen für die Bewältigung von Armutsproblemen zu fokussieren. In dem Maße, wie in der Debatte um ein erweitertes Bildungsverständnis dieses gesamtgesellschaftlich jedoch vorrangig (nach wie vor) von Schule aus gedacht wird und so z. B. die Funktion des Handlungsfeldes der Kindertagesbetreuung auf eine angemessene Vorbereitung auf Schule oder aber auch die Rolle der Kinder- und Jugendhilfe im Zuge der Ausgestaltung einer Pra-

---

dungslaufbahnen begründen. Informelle Bildung dagegen umfasst ungeplantes lernen, dass zumeist den Kompetenzerwerb im Alltag von Familien, Peergroups und in der Freizeit insbesondere auch im Kontext neuer Medien vollzieht.

25 Ausführlich zum Diskurs um Bildungslandschaften auch in Bollweg und Otto 2011.

xis ganztägiger Bildung an Schule auf formale Bildungsprozesse bezogen bleibt, ist diese Skepsis nicht ganz unberechtigt. Der Fokus in diesem organisationbezogenen Bildungsdiskurs liegt vordergründig auf der Neuordnung von Orten und Akteuren im Rahmen von Ganztagsbildungsbemühungen und weist dabei sowohl eine Bezugnahme als auch eine Abgrenzung von der Institution Schule auf. Allein in dieser Ausrichtung – auch in der Perspektive auf die Institution Familie – überwindet die Kinder- und Jugendhilfe ihre (historisch etablierte) nachrangige und kompensatorische Funktion in Bezug auf das Konzept Bildung in einem selektiven und ungleichen Bildungssystem nicht (Walther 2012, S. 10/26).

In einer eher inhaltlichen Annäherung an den Bildungsbegriff, der auch an sozialpädagogisch inspirierte und so auch an subjektbezogene Aspekte von Bildung anschließt, kann eine Erweiterung der Aufgaben und Funktionszuschreibungen der Kinder- und Jugendhilfe im Kontext von Bildung vorgenommen werden. Im Anschluss an eine biographie- und subjektbezogene Bildungstheorie kann Bildung als ein Prozess subjektiver Aneignung im Verständnis einer aktiven Auseinandersetzung mit den Anforderungen und Zumutungen des institutionalisierten Lebensverlaufs verstanden werden. Diese führt zu veränderten Selbst-Welt-Verhältnissen und zu autonomer Selbstbestimmung im gesellschaftlichen Kontext und trägt somit auch zu Identitätsbildung bei (vgl. Stojanov 2006, Coelen 2011). In dieser Perspektive wird ein erweitertes Bildungsverständnis der Kinder- und Jugendhilfe im Sinne von „Bildung ist mehr als Schule" entlang der inhaltlichen Ausrichtung von Bildungsprozessen, die über eine Employability-Fokussierung hinausgeht, deutlich ausformuliert: „[…] Subjektbildung, Identitätsfindung und die Fähigkeit zu einer selbstbestimmten Lebensführung, aber auch Beziehungskompetenz, Solidarität, Gemeinsinn oder die Fähigkeit zur Übernahme von sozialer Verantwortung [sind …] gleichberechtigte und auch funktional lebenswichtige Komponenten eines so dimensionierten Bildungsverständnisses" (Rauschenbach und Otto 2004, S. 23). Ein aktiver Aneignungsprozess in dieser Zielsetzung setzt die Aktivität des Subjektes selbst voraus. In dieser Konsequenz kann Kinder- und Jugendhilfe Bildung nicht „herstellen", sondern ihr kommt die Aufgabe zu, „erzieherisch, anerkennend und Lebensbewältigung ermöglichend Voraussetzungen dafür zu schaffen, dass Kinder und Jugendliche sich selbst bilden" (Walther 2012, S. 27) können. Es geht somit um die Ermöglichung einer umfassenden Subjektbildung, unabhängig von ihrer formalen Anerkennung. In ihrer partizipativen Ausgestaltung, die somit nicht auf Bildung *zur* Teilhabe abzielt, sondern Bildung *in* Teilhabe ermöglicht, kann Kinder- und Jugendhilfe in einem komplementären Verständnis so funktional zu gesellschaftlicher Integration und zur Subjektbildung in einer ganz eigenen Weise beitragen (vgl. ebd., S. 28).

Die Praxis unterschiedlicher Handlungsfelder der Kinder- und Jugendhilfe ist in dieser hier vorgenommenen Ausbuchstabierung (a) sowohl in formelle Bildungsprozesse integriert als auch (b) Repräsentantin nicht formaler und ermöglicht (c) damit auch informelle Bildungsprozesse (vgl. Böllert 2013). Das KJHG formuliert dementsprechend an verschiedenen Stellen Bildung als Aufgabe der Kinder- und Jugendhilfe deutlich aus. So wird diese z. B. i. S. von (a) im Kontext der Jugend- insbesondere Schulsozialarbeit (§ 13 SGB VIII), bezogen auf (b) als außerschulische Jugendbildung; als Familienbildung oder im Feld der Kindertagesbetreuung (§§ 11(2), 16(2); 22 ff. SGB VIII) sowie im Kontext von (c) im Rahmen der offenen Kinder- und Jugendarbeit ausgewiesen. In dieser Ausformulierung greift Jugendhilfe somit nicht nur kompensatorisch ein, wenn andere Institutionen versagen oder z. B. schulische Bildungsprozesse misslingen, sondern eröffnet auch in einer komplementären Ausrichtung Gelegenheitsstrukturen für Bildung. Dabei lassen sich die Bildungsziele im Kontext der Kinder- und Jugendhilfe nicht auf die Verwertbarkeit am Arbeitsmarkt begrenzen, sondern sind ganzheitlich an den vier Weltbezügen, d. h. dem kulturellen, dem materiell-dinglichen, dem sozialen und dem subjektiven Weltbezug ausgerichtet. Somit werden Aneignungsprozesse eröffnet und ermöglicht, die den Adressat_innen Gelegenheiten bieten, sich mit dem kulturellen Erbe einer Gesellschaft inkl. ihrer kulturellen Ausdrucksformen, der gesellschaftlichen Ordnung des Zusammenlebens sowie der politische Gestaltung des Gemeinwesens auseinanderzusetzen und in einer subjektiven Weise ihre Persönlichkeit zu entfalten.[26] Die im Kontext von Erziehung und Betreuung zugeschriebenen Aufgaben entlang der verschiedenen Handlungsfelder schaffen dabei (häufig) erst die Voraussetzung für gelingende Bildungsprozesse (vgl. Winkler 2006; Böllert 2008).

Abschließend kann in diesem Verständnis Bildung somit nicht explizit als Aufgabe oder Funktion, sondern vielmehr als Ziel von Angeboten und Leistungen der Kinder- und Jugendhilfe ausformuliert werden. Im Kontext gesamtgesellschaftlich geführter fachlicher und politischer Bildungsdiskurse kommt der Kinder- und Jugendhilfe dabei die Aufgabe zu, sich aktiv für bzw. in ein so begründetes erweitertes Bildungssystem – sowohl in seiner inhaltlichen Ausrichtung, konzeptionellen Ausgestaltung sowie seinen Anerkennungspraxen – einzusetzen und einzumischen. Darüber hinaus geht es darum, sowohl kompensatorische als auch komplementäre Gelegenheiten zu eröffnen, die nachhaltige Selbstbildungsprozesse für die Adressat_innen ermöglichen und so zu einer eigenständigen Lebensführung im Kontext konkreter gesellschaftlicher Verhältnisse als aktive selbstbestimmte Bürger_innen befähigen.

4 Zur Trias von Betreuung ,Erziehung und Bildung – Herausforderungen an eine reflexive Kinder- und Jugendhilfe

Für die Konzepte Betreuung, Erziehung und Bildung in einer modernen Kinder- und Jugendhilfe lassen sich also zusammenfassend – nicht immer eindeutig und durch-

---

26 Die hier in Kürze benannten Bildungsziele in der Kinder- und Jugendhilfe wurden im Rahmen des 12. Kinder- und Jugendberichtes (2005) mit Rückbezug auf die die Anforderungen von Entwicklungs- und Bildungsaufgaben im Kontext des Aufwachsens grundlegend ausformuliert. Daher wird an dieser Stelle zu einer ausführlichen Auseinandersetzung darauf verwiesen (vgl. ebd. S. 107 ff.).

aus mit Ambivalenzen – jeweils spezifische Aufgaben und Funktionen herausstellen, die über eine ausschließlich unterstützende oder ersetzende Funktion in Bezug auf die Institutionen Familie und Schule hinausgehen. Insbesondere die Anerkennung der Regelhaftigkeit von ergänzenden Angeboten im Sinne einer komplementären Ausrichtung macht deutlich, dass eine in vielen öffentlichen Diskussionen nach wie vor implizit oder explizit zugeschriebene Hierarchie der Konzepte Betreuung, Erziehung und Bildung im Lebensverlauf nicht eindimensional vorgenommen werden kann. Somit kann auch eine damit verbundene ausschließliche Ausweisung nur eines der Konzepte in Bezug auf die jeweilige Institutionen Familie, Schule oder Kinder- und Jugendhilfe nicht intendiert werden. In den Ausführungen wurde auch ersichtlich, dass die drei Konzepte gleichermaßen aufeinander bezogen bleiben. Vor diesem Hintergrund wird in der jüngeren Debatte wiederholt darauf verwiesen, dass Betreuung, Erziehung und Bildung als Trias verhandelt werden müssen. Keines der Konzepte überlagert im Lebensverlauf, in einer institutionellen Zuschreibung oder entlang historisch ausgewiesenen Debatten die anderen in einer Ausschließlichkeit. Hieraus ergeben sich für eine reflexive Kinder- und Jugendhilfe Herausforderungen auf drei Ebenen: einer inhaltlich konzeptionellen, einer institutionellen sowie einer politischen.

Wie bereits zu Beginn des Beitrages angemerkt, wird insbesondere im Handlungsfeld der Kindertagesbetreuung (§ 22–26 KJHG) diese Trias von Betreuung, Erziehung und Bildung, also das Zusammenwirken dieser drei Konzepte als Ganzes, selbstverständlich und weitestgehend unhinterfragt verhandelt. Dies war nicht immer so: So wurde in ersten Gesetzesentwürfen des KJHG zum Ende des 20. Jahrhunderts „nur" auf den Kompetenztitel ‚öffentliche Fürsorge' Bezug genommen, da der Bereich der (schulischen) Bildung Gegenstand der ausschließlichen Gesetzgebungskompetenz der Länder ist. In dieser Folge wurde in der Ausformulierung des KJHG den Kindertageseinrichtungen vorrangig die Aufgabe einer fürsorglichen Betreuung mit dem Ziel einer Förderung sozialer Verhaltensweisen und damit präventiver Konfliktvermeidung, zugeschrieben. Damit wird (u. a. durch ein BVG-Urteil) der seit den 1970er Jahren ausdrücklich formulierte Bildungsauftrag für den vorschulischen Bereich zwar nicht negiert, weist ihm aber deutlich eine nachrangige Funktion zu. Dies wurde nicht zuletzt sowohl in der sogenannten PISA-Diskussion bildungspolitisch als auch im Kontext der Kinder- und Jugendhilfe fachpolitisch beanstandet. Mit dem Tagesbetreuungsausbaugesetz (2005) erfuhr diese kritische Debatte – spezifisch für das Feld der Kindertagesbetreuung – seinen Niederschlag (vgl. insgesamt Wiesner 2010b). Die in § 24 (2) SGB VIII formulierte Forderung bzw. Verpflichtung, ein „bedarfsgerechtes Angebot vorzuhalten", wurde und wird z. T. nach wie vor gesellschaftlich mit dem Vorrang der Betreuungsperspektive weitestgehend in der Funktion „Vereinbarkeit von Familie und Beruf" verhandelt. Im Zuge dieser Weiterentwicklung wurde nun jedoch der Förderauftrag deutlich als Trias von Erziehung, Bildung und Betreuung konkretisiert. So heißt es in § 24(3) SGB VIII: „Der Förderauftrag umfasst die Erziehung, Bildung und Betreuung des Kindes und bezieht sich auf die soziale, emotionale, körperliche und geistige Entwicklung des Kindes [...]". Diese Entwicklung trägt der Erkenntnis Rechnung, dass die Trias von Betreuung, Erziehung und Bildung in der Verwobenheit dieser drei (häufig partikular verhandelten) Konzepte – insbesondere im frühen Kindesalter – geradezu eine entscheidende Gestaltungsressource und Bildungsvoraussetzung für gelingendes Aufwachsens darstellt (Rauschenbach 2009). Entlang der historischen Markierungen sowie der aktuellen Ausschreibung dieser drei Konzepte konnte sowohl der jeweils spezifische Fokus als auch deren Verwobenheit miteinander nachgezeichnet werden. Somit kann ein Verständnis der Konzepte als Trias auf alle Bereiche der Kinder- und Jugendhilfe bezogen werden. Die Herausforderung für Fachkräfte der Kinder- und Jugendhilfe liegt darin, das jeweils Spezifische des einzelnen Konzeptes im Blick zu behalten, die Ausrichtung der jeweils anderen mitzudenken und ohne zu Gunsten einer Ausschließlichkeit eines der drei Konzepte die anderen aufzugeben. Inhaltlich konzeptionelle Überlegungen zur Ausgestaltung der Angebote müssen diese Herausforderung aufnehmen.

Gleichzeitig konnte aufgezeigt werden, dass Aufgaben und Funktionen entlang der drei ausformulierten Konzepte z. T. anderen Institutionen, insbesondere Familie und Schule, zugeschrieben werden. In dem Maße, wie die Kinder- und Jugendhilfe auf diese Sozialisationsinstanzen bezogen ist (z. B. entlang familienunterstützender Maßnahmen oder kompensatorischer Aufgaben im Kontext schulischer Bildungsprozesse), stellt sich entlang eines Verständnisses der drei Konzepte als Trias auch eine institutionelle Herausforderung der Vernetzung. Kinder und Jugendliche kommen früher und bleiben länger in unterschiedlichen öffentlichen Institutionen der Betreuung, Erziehung und Bildung. Den Einrichtungen kommen dabei jeweils eigene Aufgaben zu. Damit Kinder und Jugendliche all ihre Potenziale zu einer eigenständigen Persönlichkeit entfalten können, ist es daher erforderlich, neue Formen der Vernetzung dieser relevanten Institutionen zu gestalten und keines der drei Konzepte aufzugeben oder explizit jeweils einzelne ausschließlich nur einer Institution zu zuweisen. Exemplarisch wird dies in den aktuellen Entwicklungen um die Gestaltung von ganztägigen Bildungsangeboten und der damit verbundenen Vernetzungsbemühungen offensichtlich: es ist geboten, weder Schule nur unter dem Fokus von Bildung zu betrachten noch der Kinder- und Jugendhilfe lediglich einen Betreuungsauftrag zuzuschreiben. Hingegen sollten alle drei Konzepte in ihrer Spezifik und Verwobenheit und im Kontext der beteiligten Institutionen gleichberechtigt berücksichtig werden. Somit geht es für die Kinder- und Jugendhilfe auf einer politischen Ebene auch darum, familien-, sozial- und bildungspolitische Überlegungen entlang dieser formulierten Trias zu hinterfragen, dabei mögliche Ambivalenzen zu thematisieren und nicht zuletzt aktiv mitzugestalten.

Literatur

Bäumer, G. [1929] (1981). Die historischen und sozialen Voraussetzungen der Sozialpäd-
    agogik und die Entwicklung ihrer Theorie. In H. Nohl & L. Pallat (Hrsg.), *Handbuch
    der Pädagogik, Band 5* (S. 1–17). Langensalza: Beltz.
Bernfeldt, S. (1979). *Sisyphus oder die Grenzen der Erziehung (1925).* Frankfurt: Suhrkamp.
Böllert, K. (2013). Bildung – Eine Aufgabe mit sozialpädagogischer Fundierung. In C.
    Berndt & M. Walm, M. (Hrsg.), *In Orientierung begriffen. Interdisziplinäre Perspekti-
    ven auf Bildung, Kultur und Kompetenz* (S. 49–64). Wiesbaden: Springer VS.
Brezinka, W. (1990). *Grundbegriffe der Erziehungswissenschaften. Analyse, Kritik, Vor-
    schläge.* München, Basel: UTB.
Bundesjugendkuratorium (BJK). (2002). *Bildung ist mehr als Schule. Leipziger Thesen zur
    aktuellen bildungspolitischen Debatte.* http://www.bundesjugendkuratorium.de/pdf/
    1999-2002/bjk_2002_bildung_ist_mehr_als_schule_2002.pdf. Zugegriffen: 27.3.2014.
Bundesministerium für Familie, Senioren, Frauen und Jugend (BMFSFJ). (2005). *12. Kin-
    der- und Jugendbericht. Bericht über die Lebenssituation junger Menschen und die Leis-
    tungen der Kinder- und Jugendhilfe.* http://www.bmfsfj.de/doku/Publikationen/kjb/
    data/download/kjb_060228_ak3.pdf. Zugegriffen: 10.7.2013.
Fülbier, P. (2002). Jugendberufshilfe – quantitative und qualitative Dimensionen. In P.
    Fülbier & R. Münchmeier (Hrsg.), *Handbuch Jugendsozialarbeit, Band 1* (S. 486–503).
    Münster: Votum.
Gängler, T. (1995). Staatsauftrag und Jugendreich: Die Entwicklung der Jugendverbän-
    de vom Kaiserreich zur Weimarer Republik. In T. Rauschenbach, C. Sachße & T. Olk
    (Hrsg.), *Von der Wertegemeinschaft zum Dienstleistungsunternehmen. Jugend- und
    Wohlfahrtsverbände im Umbruch* (S. 174–200). Frankfurt a.M.: Suhrkamp.
Gedrath, V., & Schroer, W. (2011). Die Sozialgesetzgebung und die Soziale Arbeit im
    20. Jahrhundert. Erläuterungen am Beispiel der Kinder- und Jugendhilfe. In W. Thole
    (Hrsg.), *Grundriss Soziale Arbeit, 4. Aufl,* (S. 863–882). Wiesbaden: VS Verlag für So-
    zialwissenschaften.
Hammerschmidt, P., & Tennstedt, F. (2011). Der Weg zur Sozialarbeit: Von der Armen-
    pflege zur Konstituierung in der Weimarer Republik. In W. Thole (Hrsg.), *Grundriss
    Sozialer Arbeit, 4. Aufl.* (S. 63–76). Wiesbaden: VS Verlag für Sozialwissenschaften.
Honneth, A. (1995). *Desintegration. Bruchstücke einer soziologischen Zeitdiagnose, 2. Aufl.*
    Frankfurt a.M.: Fischer.
Humboldt, W. (2002). *Werk in fünf Bänden. Bd. 1* (S. 56–233). Darmstadt: Wissenschaft-
    liche Buchgesellschaft.
Hurrelmann, K. (2002). *Einführung in die Sozialisationstheorien.* Weinheim: Beltz.
Jordan, E., Maykus, S., & Stuckstätte, E.C. (2012). *Kinder- und Jugendhilfe. Einführung in
    Geschichte und Handlungsfelder, Organisationsformen und gesellschaftliche Problemla-
    gen, 3. überarb. Aufl.* Weinheim und Basel: Beltz Juventa.

Kessl, F., & Otto, H-U. (2011). Soziale Arbeit und Soziale Dienste. In A. Evers, R. Heinze & T. Olk (Hrsg.), *Handbuch Soziale Dienste* (S. 389–403). Wiesbaden: VS Verlag für Sozialwissenschaften.

Köster, M., & Küster, T. (1999). *Zwischen Disziplinierung und Integration*. http://www.heimkinder-ueberlebende.org/Fuersorgeerziehung_-_Zwischen_Disziplinierung_und_Integration_No1.html. Zugegriffen: 13. 7. 2013.

Münchmeier, R. (2001). Jugend. In H.-U. Otto & H. Thiersch (Hrsg.), *Handbuch Sozialarbeit/Sozialpädagogik*, 2. völlig überarb. Aufl. (S. 816–831). Neuwied und Kriftel: Luchterhand.

Niemeyer, C. (2010). *Klassiker der Sozialpädagogik. Einführung in die Theoriegeschichte einer Wissenschaft*, 3. aktualisierte Aufl. Wiesbaden und München: Juventa.

Peukert, D. J. K. (1986). *Grenzen der Sozialdisziplinierung. Aufstieg und Krise der deutschen Jugendfürsorge 1878–1932*. Köln: Bund-Verlag.

Rätz-Heinisch, R., Schröer, W., & Wolff, M. (2009). *Lehrbuch Kinder- und Jugendhilfe. Grundlagen, Handlungsfelder, Strukturen und Perspektiven*. Weinheim und München: Juventa.

Rauschenbach, T. (2009). *Zukunftschance Bildung. Familie, Jugendhilfe und Schule in neuer Allianz*. Weinheim und München: Juventa.

Rauschenbach, T., & Zuechner, I. (2012). Theorie der Sozialen Arbeit. In W. Thole (Hrsg.), *Grundriss Soziale Arbeit*, 4. Aufl. (S. 151–173). Wiesbaden: VS Verlag für Sozialwissenschaften.

Sachße, C., & Tennstedt, F. (1983). *Bettler, Gauner und Probleme. Armut und Armenfürsorge in der deutschen Geschichte*. Reinbek: Rowohlt.

Seidenstücker, B. (1990). Jugendhilfe in der DDR. In B. Seidenstücker & J. Münder (Hrsg.), *Jugendhilfe in der DDR* (S. 9–53). Münster: Votum.

Sting, S. (2002). Bildung. In W. Schröer, N. Struck & M. Wolff (Hrsg.), *Handbuch der Kinder- und Jugendhilfe* (S. 377–392). Weinheim und München: Juventa.

Stöbe-Blossey, S. (2011). Soziale Dienste zur frühkindlichen Bildung und Betreuung. In E. Adalbert, G. Rolf & T. Olk (Hrsg.), *Handbuch Soziale Dienste* (S. 369–388). Wiesbaden: VS Verlag für Sozialwissenschaften.

Thole, W. (2008). Bildung in der Kinder- und Jugendhilfe. Reflexivität und Eigensinn in einem diffusen Feld – vorsichtige Hinweise auf verhüllte oder vergessene Zusammenhänge. In K. Böllert (Hrsg.), *Von der Delegation zur Kooperation. Bildung in Familie, Schule, Kinder- und Jugendhilfe* (S. 67–84). Wiesbaden: VS Verlag für Sozialwissenschaften.

Voigtsberger, U. (2011). *Jugendberufshilfe in der (re-)transformierten Arbeitsgesellschaft. Formulierung einer erweiterten Ziel- und Wirkungsperspektive*. http://pub.uni-bielefeld.de/luur/download?func=downloadFile&recordOId=2306373&fileOId=2306376. Zugegriffen: 20. 7. 2013.

Walther, A. (2012). *Bildungsbegriff(e) in der Jugendhilfe – eine Spurensuche*. Frankfurt: GEW.

Weber, M. [1923] (1972). *Die protestantische Ethik und der Geist des Kapitalismus. Gesammelte Aufsätze zur Religionssoziologie, Band 1.* Tübingen: Mohr Siebeck.

Wiesner, R. (2010a). 20 Jahre Kinder- und Jugendhilfegesetz. *Forum Jugendhilfe,* 3/2010, (S. 5–11).

Wiesner, R. (2010b). Rechtlicher Rahmen der Trias Bildung, Betreuung und Erziehung. *Jugendhilfe,* Heft 5/2010, (S. 229–237).

Winkler, M. (2006). Bildung mag zwar die Antwort sein – das Problem aber ist die Erziehung. *Zeitschrift für Erziehung,* 4. Jg. Heft 2, (S. 182–201). Wiesbaden: VS Verlag für Sozialwissenschaften.

Winkler, M. (1999). Erziehung. In H.-H. Krüger & W. Helsper (Hrsg.), *Einführung in die Grundbegriffe und Grundfragen der Erziehungswissenschaft* (S. 57–78). Opladen: Verlag Barbara Budrich UTB.

Ziegler, H. (2012). Kinder- und Jugendhilfe als Erziehungs- und Bildungsinstanz. In U. Bauer, U. H. Bittlingmeyer & A. Scherr (Hrsg.), *Handbuch Bildungs- und Erziehungssoziologie* (S. 665–687). Wiesbaden: Springer VS.

Dr. Ulrike Voigtsberger, Dipl.-Pädagogin, Professorin für Bildungswissenschaften mit dem Schwerpunkt Bildungsbenachteiligung an der HAW Hamburg/Department Soziale Arbeit; Arbeitsschwerpunkte: Bildungsbenachteiligungen im Kindes- und Jugendalter; Bildungsgerechtigkeit, Bildung und Erziehung in der Kindheit; Jugend und Arbeit, Kinder- und Jugendhilfeforschung. Kontakt: ulrike.voigtsberger@haw-hamburg.de.

Beeinträchtigung und Inklusion

Andreas Oehme und Wolfgang Schröer

Zusammenfassung

Aufgrund der institutionellen Trennung von Behindertenhilfen und Kinder- und Jugendhilfe wurden die Begriffe *Beeinträchtigung'* und *Behinderung'* in der Jugendhilfe kaum diskutiert. Mit der aktuellen Inklusionsdiskussion wird aber eine Zweiteilung der Hilfen für Kinder und Jugendliche und die damit notwendige Unterscheidung in *Behinderte'* und *"Benachteiligte"* hinterfragt. Damit sind die Sozialen Dienste der Kinder- und Jugendhilfe aufgefordert, den Verschiedenheiten der Kinder und Jugendlichen *regelhaft'* gerecht zu werden und sich als organisationalen Handlungsrahmen zu betrachten, der auch von den Menschen in ihren Unterschiedlichkeiten mitgestaltet wird. Gleichzeitig muss aber auch die sozialpolitische Dimension von sozialen Ungleichheiten stärker einbezogen werden. Inklusion ist theoretisch und sozialpolitisch in ein Spannungsverhältnis zur Frage der sozialen Integration, praktisch zur Frage der Organisation sozialer Teilhabe zu setzen.

Schlüsselwörter

Gesamtzuständigkeit der Kinder- und Jugendhilfe, Große Lösung, Inklusion, UN-BRK, soziale Integration, Diversität/Verschiedenheit, soziale Benachteiligung

Zu kaum einer Zeit erschien es wichtiger, sich über die Zugänge zu *Beeinträchtigungen'* und *Behinderungen'* zu vergewissern als in der aktuellen Situation, in der das Kinder- und Jugendhilfegesetz *inklusiv'* erweitert werden soll. Es erscheint daher einerseits von zukunftsweisender Bedeutung, gegenwärtig einen Beitrag zu den Themen *Beeinträchtigung'* und *Inklusion'* in der Kinder- und Jugendhilfe vorzulegen. Andererseits können in einem Kompendium, das das Wissen grundsätzlich systematisieren und nicht nur Momentaufnahmen präsentieren soll, kaum Entwürfe zu zukünftigen gesetzlichen Regulierungen der Kinder- und Jugendhilfe, die momentan – Spätsommer 2016 – vorliegen oder zur Diskussion stehen, kommentiert werden. Die geplanten gesetzlichen Regulierungen dazu, wie in Zukunft die Kinder- und Jugendhilfe für Kinder, Jugendliche und junge Volljährige mit Beeinträchtigungen und Behinderungen zuständig sein wird, werden darum im Folgenden nur sehr allgemein berührt.

Vielmehr möchte der Beitrag verdeutlichen, dass die diesbezügliche fachliche Auseinandersetzung der Kinder- und Jugendhilfe – auch unabhängig davon, wie die gesetzlichen Regulierungen aussehen werden – erst begonnen hat und in Zukunft zu intensivieren ist. Denn die sozialpädagogischen Zugänge zu den Fragen von Erziehung, Bildung, sozialer Teilhabe und Gerechtigkeit im Kontext von Beeinträchtigungen und Behinderungen sind bisher nur in Ansätzen elaboriert und die damit einhergehenden Herausforderungen weisen weit über die gesetzlichen Regulierungen in der Kinder- und Jugendhilfe hinaus. Sie erfordern in Zukunft eine systematischere sozialpädagogische Forschung sowie professionelle und organisationale Entwicklungen im institutionellen Gefüge des Aufwachsens, um die Lebens- und Bewältigungslagen (vgl. Böhnisch und Schröer 2013) der jungen Menschen, die Beeinträchtigungen und Behinderungen erfahren, sozial gerechter und teilhabeorientierter zu gestalten.

Beeinträchtigung und Behinderung – ein Blick in die Gegenwartsgeschichte der Kinder- und Jugendhilfegesetzgebung

Über viele Jahre hat man Begriffe wie ‚Beeinträchtigung‘ oder ‚Behinderung‘ vergeblich in Standardwerken, Handbüchern und Kompendien zur Kinder- und Jugendhilfe gesucht. Die institutionelle Trennung zwischen den sog. Eingliederungshilfen und der Kinder- und Jugendhilfe war zu massiv, um eine systematische Betrachtung von Behinderungen oder Beeinträchtigungen als notwendig anzusehen. Trotzdem wurde auch schon vor der Einführung des Kinder- und Jugendhilfegesetzes im Jahr 1990 grundlegend darüber diskutiert, ob nicht auch die Leistungen für Kinder und Jugendliche mit Behinderungen und Beeinträchtigungen durch die Kinder- und Jugendhilfe geregelt werden sollten. Dies wurde als sog. ‚große Lösung‘ bezeichnet. Im Ergebnis ist 1995 die ‚kleine Lösung‘ des § 35a SGB VIII entstanden und damit eine Erweiterung um die Eingliederungshilfe für seelisch behinderte Kinder und Jugendliche (§ 35a SGB VIII). Die Veränderung beschränkte sich auf die soziale Teilhabe von seelisch behinderten Kindern und sollte für diese Kinder die Zuständigkeitsaufteilung zwischen unterschiedlichen Hilfesystemen beenden oder zumindest klären. Zuvor hatten die Leistungen nach dem Bundessozialhilfegesetz auch für diese Kinder und Jugendlichen Vorrang. Orientierungspunkt war bei dieser Neuregelung der der damalige Behinderungsbegriff der Weltgesundheitsorganisation (WHO). Im Absatz 1 des § 35a SGB VIII ist entsprechend geregelt:

„Kinder oder Jugendliche haben Anspruch auf Eingliederungshilfe, wenn

1. ihre seelische Gesundheit mit hoher Wahrscheinlichkeit länger als sechs Monate von dem für ihr Lebensalter typischen Zustand abweicht und

2. daher ihre Teilhabe am Leben in der Gesellschaft beeinträchtigt ist oder eine solche Beeinträchtigung zu erwarten ist."

Mit dieser Neuregelung war die Diskussion aber nicht beendet. Sie ist mit der UN-Konvention für die Rechte von Menschen mit Behinderungen (2006) und spätestens mit dem 13. Kinder- und Jugendbericht (2009), in dem noch einmal auf eine umfassendere inklusive Perspektive gedrungen wurde, neu entfacht. Im 13. Kinder- und Jugendbericht heißt es: „Im Sinne der UN-Kinderrechtskonvention § 24 haben *alle* Kinder, unabhängig von ihrem Rechtsstatus, ein Recht ‚auf das erreichbare Höchstmaß an Gesundheit sowie auf Inanspruchnahme von Einrichtungen zur Behandlung von Krankheiten und zur Wiederherstellung der Gesundheit'. Insofern sind alle Maßnahmen an einer Inklusionsperspektive auszurichten, die keine Aussonderung akzeptiert. Gender-, Sprach-, Status- und Segregationsbarrieren sind abzubauen und die Lebenslagen von Kindern und Jugendlichen mit Behinderung sind in allen Planungs- und Entscheidungsprozessen zu berücksichtigen (disability mainstreaming)" (BMFSFJ 2009, S. 40).

Was bisher ‚*große Lösung*' genannt wurde, wird seither unter dem Begriff der Gesamtzuständigkeit der Kinder- und Jugendhilfe diskutiert. Der Begriff ‚*Inklusion*' steht dabei mitunter auch synonym für die Gesamtzuständigkeit der Kinder- und Jugendhilfe für alle Kinder, Jugendliche und junge Volljährige, obwohl er theoretisch und auch sozialpolitisch weit über diese Zuständigkeitsregulierungen hinausweist und dazu auffordert, gleichberechtige Strukturen und Prozesse sozialer Teilhabe angesichts der Heterogenität der alltäglichen Lebensverhältnisse von Kindern, Jugendlichen und Familien zu schaffen. Insgesamt steht gegenwärtig noch nicht fest, wie und wie weitreichend diese Gesamtzuständigkeit organisational und sozialpolitisch ausgestaltet wird.

Ein Gradmesser der Diskussionen ist dabei auch, inwieweit dieser Prozess selbst partizipativ gestaltet wird. Dies bedeutet nicht nur die entsprechenden politischen Gremien, Organisationen und Verbände, sondern auch die Kinder, Jugendlichen, jungen Volljährigen sowie Familien selbst einzubeziehen, die von diesen Regelungen betroffen sind. Nicht nur die Verfahren der Kinder- und Jugendhilfe, sondern auch der politische *und* fachliche Weg hin zu einer möglichen Gesamtzuständigkeit der Kinder- und Jugendhilfe sieht sich im Kontext von Inklusion mit einem grundsätzlichen Anspruch an Partizipation in der Ausgestaltung dieses Prozesses konfrontiert. Mit dem Inklusionsbegriff wird Mitbestimmung als zentraler Modus sozialer Teilhabe nicht nur in sozialen Dienstleistungen, sondern ebenfalls in den politischen und fachlichen Entscheidungsprozessen herausgestellt. Hier gilt es, einen grundlegenden Unterschied zwischen dem Integrations- und dem Inklusionsverständnis zu berücksichtigen: Man kann zwar jemanden integrieren, aber man kann ihn nicht inkludieren, sondern nur Inklusion organisational erzeugen, d. h. die Teilhabe an politischen und sozialen Gestaltungsprozessen ermöglichen. Hier sind eine neue Bereitschaft zur organisationalen Veränderung und die alltägliche (Wieder)Entdeckung der Gestaltbarkeit von politischen Prozessen gefragt. Dies bedeutet aber auch zu reflektieren, wer welche Interessen von Kindern, Jugendlichen, jungen Volljährigen und Familien in diesem Prozess vertritt und ob die Expert_innen und Beteiligten in den beteiligten Disziplinen der Eingliederungshilfen und in der Kinder- und Jugendhilfe eine kritische Distanz zu bisherigen Positionierungen, Diagnosepraktiken etc. oder professionellen Zugängen entwickeln können.

Die Kinder- und Jugendhilfe ist insgesamt gefordert, die soziale Teilhabe in Erziehungs-, Bildungs- und Sorgeprozesse ausgehend von den individuellen Rechten der *und* mit den Kindern, Jugendlichen, jungen Volljährigen in aller Unterschiedlichkeit zu entwickeln. Es gilt die Kinder- und Jugendhilfe als organisationalen Handlungsrahmen zu betrachten, der mit den jungen Menschen in aller Diversität gestaltet wird und in dem diese ihre Sorge-, Erziehungs- und Bildungsprozesse, Übergänge und ihre eigenen Formen von Arbeit entfalten können. Die Eigensinnigkeiten, die Kinder, Jugendliche, junge Volljährige und Familien auszeichnen, bestimmen dann wesentlich auch das Handeln in den Organisationsformen der Kinder- und Jugendhilfe mit. Erziehungs-, Bildungs- und Sorgeprozesse sind aus dieser Perspektive weniger professionelle Methoden als vielmehr alltägliche Erfahrungshorizonte in der Sozialisation von jungen Menschen in unserer Gesellschaft, und jeder junge Mensch hat einen Anspruch darauf, sie dialogisch mitgestalten und mitbestimmen und sich darin möglichst gleichberechtigt entfalten zu können.

Insgesamt kann die Kinder- und Jugendhilfe in diesen Prozessen an Erfahrungen z. B. im Kontext partizipativer Perspektiven in der Kinder- und Jugendhilfeplanung und Hilfeplanung sowie von integrierten Erziehungshilfen, die flexibel von den alltäglichen individuellen Bedarfslagen ausgehen (vgl. z. B. Peters und Koch 2004; Wolff 2000), anknüpfen. In einem vergleichsweise kleinen Maße kann sie auch an Erfahrungen bei der Beteiligung von Selbstorganisationen wie dem Care Leaver e. V. anknüpfen. Gerade an diesem Punkt wird jedoch deutlich, dass mit einer Gesamtzuständigkeit auch ein neues zivilgesellschaftliches Feld für die Kinder- und Jugendhilfe relevant wird, das Beteiligung zumindest dem Anspruch nach anders lebt: Menschen mit Behinderungen verfügen über verschiedenste Selbstorganisationen oder Selbstorganisationen von Eltern wie etwa der Bundesvereinigung Lebenshilfe, auch wenn diese heute als größte Organisation dieser Art in erster Linie ein Träger der Behindertenhilfe ist. Überall in Deutschland gibt es jedoch Zusammenschlüsse von Familien oder Menschen mit Behinderungen selbst, die Unterstützungsangebote organisieren und damit z. T. auch als Träger auftreten, dabei aber zu einem guten Teil von direkt oder indirekt „Betroffenen" selbst gestaltet werden (vgl. z. B. Kniel und Windisch 2005 für Menschen mit geistiger Behinderung). Das Engagement von Eltern, die Kinder mit Behinderungen haben, oder von Menschen mit Behinderungen selbst hat nicht nur in den USA und im skandinavischen Raum, sondern auch in

Deutschland immer wieder politische Wirksamkeit entfaltet (vgl. Köbsel o. J.). Nicht zuletzt ist die UN-BRK selbst ein Dokument der politischen Mitbestimmung, die man sich im Kontext der Jugendhilfe bislang nur schwerlich vorstellen kann: „Die UN-BRK wurde unter schwierigen Bedingungen verhandelt. Zum einen befanden sich zuletzt über 900 Teilnehmende im Verhandlungsraum in New York – die jeweils eigene politische, kulturelle und religiöse Vorstellungen in die Auseinandersetzung einbrachten. Zum anderen – und das war ein Novum in der Geschichte der Menschenrechte – partizipierten die Vertreter_innen der Zivilgesellschaft in einem Ausmaß, dass sie nahezu paritätisch mit den Staaten agierten. Formell waren zwar nur die Staatenvertreter_innen stimmberechtigt, in der Sache galt jedoch das Credo der Behindertenbewegung: ‚Nichts ohne uns über uns.'" (Degener 2015, S. 56).

Norbert Struck, Claudia Porr und Josef Koch haben bereits 2010 darauf hingewiesen, dass der Weg zu einer Kinder- und Jugendhilfe, die diesen Ansprüchen entspricht, noch lang ist. Dennoch kann er auch unabhängig von gesetzlichen Neuregelungen bereits jetzt beschritten werden. Sie nannten schon damals vier „Ansatzpunkte", mit denen sofort begonnen werden könne:

1. „Sofort mit einer inklusiven Jugendhilfeplanung beginnen"

2. „Auf allen Ebenen die fachlichen Kontakte und Diskussionen ausweiten: zwischen den Einrichtungen im Sozialraum, zwischen den Ämtern, mit den verschiedenen Wissenschaften – und auch zwischen den verschiedenen Abteilungen der Leistungserbringer und ihrer Organisationen."

3. „Erweiterung unseres Wissens! Die empirischen Grundlagen für unsere Diskussionen sind ausgesprochen dürftig – auch hier gibt es Entwicklungsbedarf."

4. „Die Kinder- und Jugendhilfe muss mit jungen Menschen mit Behinderungen und ihren Familien – als ExpertInnen ihrer Lebenslagen – in Dialoge treten" (Struck et al. 2010, S. 201).

Somit erscheint es für die fachlichen Perspektiven geradezu zwingend – auch jenseits neuer gesetzlicher Regulierungen – die sozialpädagogische Fachlichkeit dahingehend zu stärken, dass die Kinder- und Jugendhilfe den Ansprüchen gerecht werden kann, die u. a. in der UN-Konvention für die Rechte von Menschen mit Behinderungen formuliert sind. Die zukünftigen gesetzlichen Regulierungen werden zwar einen Rahmen formulieren, aber die weitere Entwicklung wird vor allem von der fachlichen Ausgestaltung der Kinder- und Jugendhilfe abhängig sein. Wenn etwas in der gegenwärtigen Diskussion um die gesetzliche Regulierung der Kinder- und Jugendhilfe deutlich wird, dann, dass eine stärkere fachliche und partizipatorische Fundierung sozialpädagogischer Perspektiven in den Verfahren, Organisationsformen und Herangehensweisen in der Kinder- und Jugendhilfe notwendig

erscheint, die gleichzeitig für eine multiprofessionelle Zusammenarbeit anschlussfähig ist sowie eine zivilgesellschaftliche Rückbindung der Kinder- und Jugendhilfe
ermöglicht.

Insgesamt ist die Kinder- und Jugendhilfe dabei auch gefordert, bereits jetzt ihren Einmischungsauftrag in den Kommunen zu nutzen, um gegen Stigmatisierung,
Ausgrenzung und soziale Ungleichheiten einzutreten, denn der Abbau von Benachteiligungen und die Gestaltung gerechter Bedingungen des Aufwachsens in den lokalen Räumen ist gesetzlicher Auftrag im § 1 des SGB VIII. Darüber hinaus ist auch
auf die Grenzen der gegenwärtigen Diskussion zu verweisen, denn zu leicht wird mit
dem Begriff Inklusion in erster Linie eine organisationale Öffnung und die Neufassung der Zuständigkeitsregulierung verbunden; dadurch werden die gesellschaftlichen Herausforderungen, die mit sozialer Ungleichheit und sozialer Integration in
den konkreten Lebenskontexten verbunden sind, überdeckt. Im Folgenden werden
wir darum einige grundlegende Zugänge diskutieren, die für die weitere fachliche
Diskussion weiterführend sein können.

Behinderung und Benachteiligung als soziale Konstruktionen

Mit der UN-Konvention für die Rechte von Menschen mit Behinderungen und ihrer Ratifizierung in Deutschland ist die soziale Teilhabe von allen Kindern und Jugendlichen an den Regeleinrichtungen der Bildungs- und Erziehungsinfrastruktur
politisch bindend. In Artikel 24 der Konvention heißt es zur Gestaltung des Bildungswesens: „Die Vertragsstaaten anerkennen das Recht von Menschen mit Behinderungen auf Bildung. Um dieses Recht ohne Diskriminierung und auf der Grundlage der Chancengleichheit zu verwirklichen, gewährleisten die Vertragsstaaten ein
integratives Bildungssystem auf allen Ebenen und lebenslanges Lernen mit dem Ziel,
a) die menschlichen Möglichkeiten sowie das Bewusstsein der Würde und das Selbstwertgefühl des Menschen voll zur Entfaltung zu bringen und die Achtung vor den
Menschenrechten, den Grundfreiheiten und der menschlichen Vielfalt zu stärken;
b) Menschen mit Behinderungen ihre Persönlichkeit, ihre Begabungen und ihre
Kreativität sowie ihre geistigen und körperlichen Fähigkeiten voll zur Entfaltung
bringen zu lassen; c) Menschen mit Behinderungen zur wirklichen Teilhabe an einer
freien Gesellschaft zu befähigen."

Im Mittelpunkt der politischen Aufmerksamkeit stehen in diesem Zusammenhang gegenwärtig vor allem die allgemeinen Erziehungs- und Bildungsorganisatio-
nen – und hier die Kindertagesstätten und Schulen. Zudem ist die politische und
öffentliche Aufmerksamkeit in erster Linie auf den Adressatenkreis der Menschen
mit Behinderungen oder Beeinträchtigungen beschränkt. Der Inklusionsbegriff und
die damit verbundene kritische Hinterfragung des Behindertenbegriffs haben jedoch
weiter reichende Konsequenzen – auch für die Kinder- und Jugendhilfe und ihr Verständnis von ‚sozialer Benachteiligung'. Zugleich schließt diese Diskussion an viele

Ansätze an, die besonders in der Kinder- und Jugendhilfe diskutiert und praktiziert werden.

Die Inklusionsdiskussion beginnt – allgemein gesprochen – mit einer zweifachen Kritik: zum einen an der Unterscheidung zwischen ‚Normalen‘ und ‚Behinderten‚, die letztlich die Schulorganisation und die Fördersysteme für Menschen mit Behinderung (wie ja auch für ‚Benachteiligte‘) durchzieht; zum anderen an der Zuweisung von Menschen, die die Ansprüche an „Normalität" nicht erfüllen, in gesonderte (Bildungs-)Einrichtungen. Dies erforderte eben auch eine Diagnose von Behinderung, häufig in einem medizinisch-therapeutischen Sinn; sie wird damit tendenziell zu einer persönlichen Eigenschaft. Diese etikettierende Zuschreibung von Behinderung an eine Person bzw. ihren Körper, die oder der damit zum ‚Behinderten‘ wird, wird nun auch politisch mit der Diskussion um Inklusion als eine soziale Konstruktion gefasst.

Behinderungen werden in diesem Kontext z. B. als soziale Folgen körperlicher Schädigungen definiert (so die Definition der WHO (World Health Organization); vgl. WHO 2005). Darüberhinaus gehen weiterreichende Positionen aber auch davon aus, dass das Konzept der körperlichen Schädigung ebenfalls sozial konstruiert ist und Behinderung insgesamt als gesellschaftliches Konstrukt zu betrachten ist (vgl. etwa Dederich 2007; Waldschmidt und Schneider 2007). Hier werden ebenfalls die Normalitätsentwürfe von Körperlichkeiten und die Möglichkeit, Abweichungen zu definieren, reflexiv hinterfragt. Unabhängig davon, wie weit die Definition gefasst wird, laufen die Diskussionen in einer grundsätzlichen Akzeptanz von Vielfalt und Verschiedenheit der Menschen zusammen. ‚Es ist normal, verschieden zu sein‘ ist einer der weit verbreiteten Slogans. Aus dieser Perspektive ist man nicht behindert, sondern man wird behindert (vgl. Cloerkes 2003). Behinderung, so die Kritik, wird dem Individuum in einem komplexen Prozess zugeschrieben, weil die Bildungs- und Erziehungsorganisationen und Sozialen Dienste es so verlangen. In der Kritik steht aber nicht nur die damit verbundene Stigmatisierung sowie die folgenden Selbststigmatisierungsprozesse, sondern das im wörtlichen Sinn ‚exclusive‘ an den öffentlichen Bildungs- und Erziehungsorganisationen. So wird die in sich gegliederte institutionelle Normalität als ausgrenzend für all diejenigen angesehen, die auf die ‚unteren‘ Stufen bzw. in die nicht als ‚regulär‘ anerkannten Bereiche der Bildungsorganisation (Förderschulen, Beschäftigungsmaßnahmen, WFBM, stationäre Unterbringung usw.) verwiesen werden. Im Prinzip sollen sie die entsprechende Person in die passende Institution lenken und somit deren soziale Teilhabe ermöglichen (denn ein ‚geistig behindertes‘ Kind käme auf der ‚Regelschule‘ nicht mit und würde ausgegrenzt). Faktisch werden so aber Bildungs- und Lebenschancen sehr ungleich verteilt, weil die Institutionen, die Behinderten offenstehen (z. B. die Förderschule, die Werkstatt für Menschen mit Behinderungen (WfBM), das Wohnheim etc.), weniger als Teil des ‚normalen‘ alltäglichen Lebens denn als separierender Ort (etwa: Wohnheime und Werkstätten am Rande bzw. außerhalb der Stadt) und neben gesellschaftlich wichtigen Strukturen (Arbeitsmarkt, Bildungssystem etc.) konzipiert wurden.

Der Ansatz der Inklusion geht dagegen allgemein davon aus, dass die Menschen verschieden sind, dass Heterogenität eine Normalität darstellt und Diversität sozial konstruiert ist (vgl. z.B. Hinz et al. 2010; Waldschmidt und Schneider 2007). Damit wird auch die binäre Unterscheidung und Zuordnung zwischen ,*Normalen*' und ,*Behinderten*' bzw. ,*Benachteiligten*' aufgehoben, sodass ein gemeinsames Lernen, Arbeiten und Leben möglich wird. Erziehen, Lernen, Bilden – so die Forderung – sollte etwa in der Schule flexibel gestaltet werden, d. h. jeder und jede hat Anspruch auf die eigene Art und Weise z.B. des Lernens und sich Bildens und auf die benötigte Unterstützung – und zwar dort, wo er oder sie lebt, unter allen anderen Menschen, die ja auch voneinander verschieden sind. Entsprechend sind die Organisationen herausgefordert, den jeweiligen, sehr verschiedenen Konstellationen gerecht zu werden – behindernde Barrieren abzubauen, wie es der Index für Inklusion (vgl. Boban et al. 2003) nennt. Das Ziel ist dabei, allen Kindern und Jugendlichen eine möglichst gleichberechtigte Teilhabe an den ,*Regel*'einrichtungen und alltägliche ,*Regel*'prozessen des Erziehens und Bildens zu ermöglichen.

In diesem Kontext ist die Kinder- und Jugendhilfe in den vergangenen Jahren immer stärker in die Rolle gekommen, auf die sozialen Ungleichheiten und Ausgrenzungsprozesse zu reagieren, die in den allgemeinen Einrichtungen des Erziehungs- und Bildungssystems, aber auch in den alltäglichen Formen des Erziehens, Bildens und Zusammenlebens eher verstärkt als ausgeglichen werden. Die z.B. in der Schule als ,*Problemfälle*' stigmatisierten Kinder und Jugendlichen werden durch ein differenziertes sozialpädagogisches System von Hilfen, die ein individuelles Eingehen ermöglichten, ,*gesondert*' unterstützt, gebildet und erzogen. Mit der gegenwärtigen Diskussion um Inklusion sind nun aber – wie erwähnt – die allgemeinen ,*Regeleinrichtungen*' und ,*-prozesse*' der Erziehung, Bildung sowie Pflege aufgefordert, sich organisational neu zu entwerfen und den Verschiedenheiten der Kinder und Jugendlichen selbst, d. h. ,*regelhaft*' gerecht zu werden und ihre Konstruktionen von Diversität zu hinterfragen. Hier ist bereits die Fachkompetenz der Kinder- und Jugendhilfe gefragt: Sie muss ihre Fachlichkeit einbringen, damit der Kinder- und Jugendhilfe,*fall*' als solcher überhaupt nicht sichtbar wird. Dies bedeutet nicht, per Diagnostik am Einzelfall ,*frühzeitig präventiv*' zu handeln, um das von der ,*Norm*' abweichende Kind oder den Jugendlichen in eine Organisation zu integrieren. Es geht um die Gestaltung von Organisationen sowie Erziehungs- und Bildungsprozessen die Verschiedenheiten reflektieren und produktiv in pädagogischen Arrangements aufnehmen können.

Entsprechend kann soziale Teilhabe aus der Perspektive der Inklusion nicht einfach über eine Zuständigkeitszuweisung in die jeweilige Bildungs-, Erziehungs- oder Pflegeorganisationen, so wie sie sind, – sei es die Schule, die Kindertagesstätte oder eine Bildungsmaßnahme etc. – gedacht werden. Es stellt sich damit vor allem eine organisationale Herausforderung. Mit dem Perspektivenwechsel, den der Inklusionsbegriff impliziert, müssen die organisationalen Bedingungen so entworfen werden, dass flexibel mit den Kindern, Jugendlichen und jungen Volljährigen in ihrer Unterschiedlichkeit und ihren jeweiligen Gemeinsamkeiten gearbeitet werden kann. Zudem gilt es den Formen des alltäglichen Rassismus in den Erziehungs-, Bildungs- und Sorgeprozessen entgegen zu wirken und auf die sozialen Ungleichheiten politisch zu reagieren, soll die soziale Teilhabe der Menschen verbessert werden. Letztlich muss es möglich werden, den organisationalen Rahmen des Bildens, Erziehens und Sorgens kontinuierlich offen zu halten. Nur so, dies ist eine Grundbotschaft der gegenwärtigen Inklusionsdiskussion, können die häufig jeweilig individuell und sozial unterschiedlichen Kontexte Berücksichtigung finden und entsprechende Bildungs-, Erziehungs- und Sorgeprozesse sowie verbesserte Formen sozialer Teilhabe ermöglicht werden.

Zur Heterogenität von Kindheit und Jugend

Kaum ein Fachbeitrag zum Lebensalter Kindheit oder Jugend weist gegenwärtig nicht darauf hin, dass wir nicht mehr von *der* Kindheit oder Jugend sprechen können, sondern von Kindheit*en* und Jugend*en* auszugehen haben. Die allgemeine Rede von Kindheit und Jugend sagt demnach wenig über die unterschiedlichen biographischen Möglichkeiten und Herausforderungen der Kinder und Jugendlichen in ihrem jeweiligen Lebensalltag aus. Bisher gibt es z. B. kaum Studien in der Kindheits- und Jugendforschung, die den Alltag von Jugendlichen, die beeinträchtigt oder behindert werden, analysieren. Insgesamt sind die Lebensverhältnisse von Kindern, Jugendlichen und jungen Erwachsenen heute sehr vielgestaltig und gerade in der pädagogischen Arbeit der Kinder- und Jugendhilfe aus den jeweiligen biographischen Verläufen und Lebens- sowie Bewältigungslagen (vgl. Böhnisch und Schröer 2013) zu verstehen. Die Herausforderung besteht entsprechend darin, eine Perspektive zu entwickeln, die an den alltäglichen Potenzialen von Kindern, Jugendlichen und jungen Erwachsenen in ihrer biographischen und sozialen Unterschiedlichkeit anknüpft und gleichzeitig gegen soziale Benachteiligung und Rassismus jeglicher Art eintritt (vgl. Leiprecht 2008). Leiprecht spricht in diesem Zusammenhang von der einzunehmenden Perspektive der „subjektiven Möglichkeitsräume", in der das Wirken der Vielfalt der körperlichen, sozialen und kulturellen Selbst- wie Fremdbestimmungen, aber auch ihre in sich konflikthaften wechselseitigen Bezüge sichtbar und für sozialpädagogisches Handeln bestimmbar gemacht werden können.

Es gilt somit die Heterogenität von Kindheit und Jugend wahrzunehmen und z. B. einem Zugang der Diversität zu folgen, in dem Kinder und Jugendliche mit Beeinträchtigung oder Migrationshintergrund etc. nicht einfach aufgrund eines Merkmals betrachtet und auch stigmatisiert werden. Denn in dieser Perspektive steht nicht mehr der ethnische Unterschied, die interkulturelle Besonderheit, die Behinderung oder Differenz zwischen den Geschlechtern im Vordergrund der Betrachtung. Die Verschiedenheit an sich als Strukturelement von Kindheit und Jugend in der heutigen Gesellschaft wird zum Ausgangspunkt der Kinder- und Jugendhilfe.

Die politische und pädagogische Herausforderung wird also nicht mehr in einem
Merkmal von einzelnen Kindern und Jugendlichen gesehen (z. B. Jugendlicher mit
einer Beeinträchtigung), das sich zum Stigma entwickeln kann. Vielmehr wird zuerst
nach den sozialen Kontexten des Aufwachsens gefragt – soziale Ungleichheit und
Ausgrenzung, organisationale Zuständigkeiten, Teilhabemöglichkeiten im Stadtteil,
Berufs- und Bildungschancen – und dann erst danach, wie darin Beeinträchtigungen
oder Geschlechterkonstruktionen eine bestimmte Rolle spielen. Dies bedeutet nun
nicht, dass Beeinträchtigungen, unterschiedliche Herkünfte, Positionierungen oder
Zugehörigkeiten geleugnet werden, sie werden vielmehr in ihren sozialen Konstruk-
tionsprozessen betrachtet.

Ulrike Hormel und Albert Scherr (2004) weisen in diesem Zusammenhang dabei
zu Recht auf die Gefahr der Trivialisierung und Reduzierung von Diversity-Konzep-
ten hin, wenn sie lediglich auf die Feststellung der Vervielfältigung von individuellen
Lebensformen bezogen werden oder diese Vielfalt als abstraktes Ideal gepriesen wird,
ohne die soziale Spannungsverhältnisse zu thematisieren, durch die aus Differenzen
soziale Ungleichheiten werden. Entsprechend wird auch angemerkt, dass es häufig
besser wäre, nicht nur von Toleranz gegenüber dem Anderen, sondern von Anerkennung (vgl. Honneth 1992) zu sprechen. Toleranz bedeutet eine Akzeptanz für bisher nicht geduldete Unterschiede in den Organisationen zu schaffen. Dabei setzt sie
eine „erkennbare, und als solche störende Zumutung" voraus. Gleichzeitig kann „zu
Toleranz [...] niemand im strengen Sinne verpflichtet werden. Eine Rechtskategorie
steckt in ihr nicht" (Bubner 2000, S. 48). M. a. W.: Toleranz ist eine Haltung, die ein
Nebeneinander ermöglichen soll. Dieses geduldete Nebeneinander wird als Aufgabe
des alltäglichen Zusammenlebens und der individuellen Entscheidung betrachtet.

Inklusion, die allein auf einer Haltung der ‚Toleranz' basiert, wäre damit stark kon-
textgebunden. In offenen und flexiblen Strukturen sowie sozial und rechtlich gesicherten Kontexten oder dort wo sie nützlich erscheint kann Toleranz durchaus ermöglichen, dass gerade Heterogenitäten produktiv gesehen werden und dynamische
Formationen, wie sie im Alltag gelebt werden, nebeneinander und untereinander bestehen können. Diese Formen einer Pädagogik der Toleranz reichen aber als pädagogisches Programm nicht an die Macht- und Sozialstrukturen heran, die soziale
Ausgrenzungen immer wieder erzeugen: „Hiermit sind wir bei einem äußerst heim-
tückischen Aspekt des gegenwärtigen Toleranzdiskurses angelangt. Indem dieser Diskurs die Auswirkungen von Ungleichheit, z. B. den institutionalisierten Rassismus, in
eine Angelegenheit ‚differenter Praktiken und Überzeugungen' umdeutet, verschleiert dieser Diskurs die Folgen von Ungleichheit und hegemonialer Kultur, die jene
Differenzen erzeugen, die sodann durch die Toleranz geschützt werden sollen. Insofern der gegenwärtige Toleranzdiskurs Differenz essentialisiert und Geschlecht, Sexualität, Hautfarbe und Ethnizität auf der Ebene von Vorstellungen und Praktiken
reifiziert, deckt er das Wirken von Macht bei der Erzeugung jener Differenzen zu, die
Geschlecht, Sexualität, ‚Rasse', Nationalität und Ethnizität genannt werden. Er lässt
jene kulturell erzeugten Differenzen, die die menschliche Gattung unterteilen, als an-

geboren und gegeben, als natürlich erscheinen, anstatt sie als Orte von Ungleichheit und Herrschaft zu demaskieren" (Brown 2000, S. 278).

In der Rassismus- und Stereotypenforschung ist dieser Zusammenhang bereits vielfach auch auf die Konstruktion von Behinderungen – insbesondere in den letzten Jahren durch Arbeiten im Anschluss an die Diskurstheorie Michel Foucaults – bezogen worden. Doch diese Perspektive bedarf der sozialpolitischen Ergänzung, will sie nicht als ein Appell gegen die Ungleichheit der Machtverhältnisse verhallen. In diesem Zusammenhang ist von Bedeutung, dass sich derzeit die soziale Regulationsstrategien verschieben. Nicht die sozialen Untergleichheiten im Kindes- und Jugendalter werden thematisiert, sondern im Vordergrund steht die organisationale Neuordnung der Zuständigkeiten; ob sich dadurch die sozialen Teilhabechancen erhöhen, wird sich in Zukunft erweisen müssen. Darin liegt aber eine zentrale Herausforderung der gegenwärtigen Inklusionsdebatten: Es gilt zu erkennen, dass Menschen mit Beeinträchtigungen sehr häufig von sozialer Benachteiligung und Armutsrisiken betroffen sind. Entsprechend reichen einfache Formen einer ‚diversity education' nicht aus, denn sie verweisen allein auf eine *Haltung,* letztlich mitunter darauf, pädagogisch eine *Zumutung* zu akzeptieren. Vor diesem Hintergrund wird deutlich, warum Toleranz eine widersprüchliche soziale Kategorie ist: Eine Sozialpädagogik, die für sich allein eine inklusive Haltung oder Toleranz reklamiert, aber nicht reflektiert, dass sie alltäglich im Kontext sozialer Spannungen und sozialer Ungleichheiten handelt, kann kaum die sozialen Interdependenzen und Spannungen wahrnehmen, die gegenwärtig das Aufwachsen von Kindern, Jugendlichen und jungen Erwachsenen charakterisieren. Dies bedeutet aber auch, dass sich die Kinder- und Jugendhilfe neu mit ihrem Begriff von sozialer Benachteiligung auseinandersetzen muss.

Soziale Benachteiligung, soziale Teilhabe und Soziale Dienste

Der Begriff Be-nach-teil-igung, mit dem die Kinder- und Jugendhilfe versucht, ihre Klientel als ‚*sozial Benachteiligte'* zu bestimmen (etwa über den § 13 des SGB VIII), verweist darauf, dass jemand „seinen" Teil im Vergleich zu anderen in der sozialen Teilhabe nicht oder in unzureichendem Maß bekommt (vgl. Korte 2006). Bereits der Begriff schlägt somit eine Brücke zur sozialen Teilhabe, die einer Person oder Personengruppe verwehrt ist. Der Begriff ‚*soziale Benachteiligung'* wurde in Deutschland allerdings durch die Sozialgesetzgebung insbesondere in der Arbeitsmarktpolitik geprägt. Die Grundfrage ist hier: Wer ist zuständig für welche Gruppe von Benachteiligten? Seit den Anfängen der ‚*neueren'* Benachteiligtenförderung in den 1980er Jahren sollen so Zielgruppen definiert werden, die einer besonderen Unterstützung bedürfen, um gezielt Programme und Maßnahmen zur Förderung z.B. sozial benachteiligter Kinder und Jugendlicher auszugestalten. Diese Programme und Maßnahmen zielten und zielen im Prinzip auf einen Ausgleich sozialer Benachteiligung durch ‚*Aufarbeiten'* individueller Defizite.

Kinder und Jugendliche mit Beeinträchtigungen, angespannten familiären Um-
feldern, Migrationshintergründen, fehlenden oder geringen Schulabschlüssen etc.
werden als Problem- bzw. Zielgruppen identifiziert. Das ‚Soziale‘ manifestiert sich
demnach in individuellen Eigenschaften, die bestimmten institutionell gesetzten
Normen nicht genügen und auch zur Benachteiligung gegenüber anderen führen.
Dabei ruft die Stigmatisierung etwa als ‚lernbehindert‘, die so eingestuften Förder-
schüler_innen zuteil wird, oft auch Selbststigmatisierungen hervor: „Der negativen
Fremdwahrnehmung folgt eine negative Selbstwahrnehmung" (Pfahl 2006, S. 143).
Diese kann wieder verschiedene Auswirkungen haben – etwa eine als Desinteresse
überspielte Erwartung, dass die Suche nach Ausbildung ohnehin nicht erfolgreich
ist und man sich diesen erwartbaren Misserfolg nicht noch vielfach zurückspiegeln
lassen kann. Andere Formen wären die Rebellion gegen – aus Sicht der Kinder, Jugendlichen und jungen Erwachsenen – unzumutbare Anforderungen oder eine Idealisierung der eigenen Bildung bzw. Selbstüberschätzung der eigenen Fähigkeiten, um
den Selbstwert ‚künstlich‘ zu erhöhen (vgl. ebd.). Die entscheidende Kritik aus der
Perspektive der Inklusion an diesem individualisierten Begriffsverständnis ist daher
auch, dass auf diese Weise das ‚Soziale‘ an der Benachteiligung individualisiert wird
und in die Zuständigkeit einer sozialer Einrichtung nach Möglichkeit ‚passgenau‘
überführt wird: Die benachteiligte Person hat Defizite und wird zum Problemfall
einer Organisation. Der individualisierte Begriff sozialer Benachteiligung läuft entsprechend darauf hinaus, dass der Wohlfahrtsstaat „Prämien auf Defizite" verteilt
(Bude 2008). Dem wird entgegengehalten, dass in sozialstaatlichen Verfahren Behinderungen und Beeinträchtigung an einzelnen Konstellationen „festzustellen" seien,
um Schutz, Assistenz und Förderung legitimieren zu können. Mit diesem „Etikettie-
rung-Ressourcen-Dilemma" (Lindmeier 2005, S. 136) lässt sich dennoch kaum begründen, dass Benachteiligungen und Barrieren an individuellen Profilen, Personen
oder Körpern von Kindern, Jugendlichen und jungen Erwachsener übersetzt werden
müssen.

Weiterführend ist, dass in der gegenwärtigen Diskussion um Inklusion die indi-
vidualisierende Zuschreibung von sozialer Benachteiligung erneut nach vielfältigen
Auseinandersetzungen in den vergangenen vierzig Jahren (vgl. Homfeldt 1972) grundlegend kritisiert wird. Dies wird zwar häufig überdeckt, da der Fokus weiterhin auf
die Diagnose Behinderung gelegt und Verwehrung von sozialer Teilhabe auch daran
gebunden wird. Dennoch wird Behinderung und Beeinträchtigung z. B. auch in der
UN-Konvention als eine Form von sozialer Benachteiligung gefasst, die sich nicht aus
den sozialen Konstellationen der jeweiligen individuellen Lage erklären lässt. Dies
beinhaltet eine kritisch Auseinandersetzung mit dem medizinisch geprägten Modell,
in dem Behinderungen am Individuum diagnostiziert, d. h. im Wesentlichen an Körper und Geist einer Person festgemacht wird. Grundsätzlich ist die Frage zu stellen,
„wie man behindert wird" (Cloerkes 2003).

Mit dieser Kritik ist die Frage, wodurch soziale Benachteiligung konstruiert wird,
neu in den Mittelpunkt gerückt. Insgesamt wurde deutlich gemacht, dass es soziale

Zugangsverwehrungen sind, die z. B. Kinder, Jugendliche und junge Erwachsene, die von Beeinträchtigungen betroffen sind, aber auch andere junge Menschen in bestimmten Lebenslagen betreffen. Denn soziale Benachteiligung liegt dann vor, wenn „die Möglichkeiten des Zugangs zu allgemein verfügbaren und erstrebenswerten sozialen Gütern und/oder zu sozialen Positionen […] dauerhafte Einschränkungen erfahren und dadurch Lebenschancen der betroffenen Individuen und Gruppen […] beeinträchtigt" werden (Kreckel 2001, S. 888). Gerade hier wird deutlich, dass Heterogenität oder Diversität nicht von sich aus eine politische oder sozialpädagogische Perspektive generiert, sie muss erst politisch hergestellt werden. Dies schließt eine Abkehr von dem Modus der sozialen Allokation und Selektion von Menschen über individuelle Merkmale in differenzierte institutionelle Systeme ein. Dieser Modus ging von der Passung des Menschen an die Institution, etwa des Schülers an die spezielle, für seine Gruppe vorgesehene Schule aus. Nach dem Inklusionsverständnis ist nun eine organisationale Öffnung gefordert, die von der Verschiedenheit der Menschen ausgeht, sich nach ihr richten und verschiedene, aber gleichberechtigte Teilhabemöglichkeiten bieten kann. In der Schule bedeutet es gemeinsames Lernen, aber individuelles Eingehen auf die Besonderheiten der Schüler_innen (vgl. etwa Schumann 2009; Hinz et al. 2010). In der Konsequenz müssen dann auch unterschiedliche Erziehungs-, Lern- und Bildungsprozesse und vielleicht sogar unterschiedliche Lernziele ermöglicht werden. Wie weit diese Perspektive führt und ob die organisationale Öffnung institutionelle Mechanismen aufbrechen kann, ist bisher noch nicht absehbar. Insgesamt wird damit gefordert, die Kategorisierungen von sozialer Benachteiligung zu hinterfragen, mit denen z. B. Zielgruppen auch in der Kinder- und Jugendhilfe z. B. in den Hilfen zur Erziehung oder auch in der Jugendsozialarbeit definiert werden.

Die Entwicklung der Kinder- und Jugendhilfe in den vergangenen vierzig Jahren wird begleitet von einer Kritik an institutionellen Zuweisungen, insbesondere mit Bezug auf den Etikettierungsansatz (vgl. Thiersch 1986). Sie hat versucht Verfahren zu entwickeln, die von einer Zuschreibung individualisierter Defizite absehen und Erziehungs- sowie Bildungsbedarfe in Konstellationen und ‚Fällen' mit den Adressat_innen und Anbietern sozialer Dienstleistungen kommunikativ auszuhandeln. Zum Leitsatz der Kinder- und Jugendhilfe wurde die Formel, dass nicht die vermeintlichen Auffälligkeiten der Kinder, Jugendlichen, jungen Erwachsenen sowie Familien, sondern die Institutionen des Aufwachsens das Problem seien.

Die Kinder, Jugendlichen, junge Erwachsenen und Familien sollten entsprechend stärker als Akteure ihrer alltäglichen Lebensbewältigung und Erziehungs- sowie Bildungsprozesse wahrgenommen werden, die einen Anspruch auf Selbstbestimmung haben. Der Alltag wurde dabei als die Sphäre des Erlebens und Handelns, als Ereignisbereich des täglichen Lebens, als jedermann verfügbare Wissensform den Zweckwelten der Institutionen gegenüber gestellt (Thiersch 1992). Mit dem Begriff des Alltags wurde zudem das Verhältnis von Lebensbewältigung und gesellschaftlicher Praxis thematisiert: Wie spiegeln sich die gesellschaftlichen Krisen und Herrschafts-

verhältnisse – z. B. Unterdrückung und Ausgrenzung – im alltäglichen Bewältigungshandeln der Kinder und Jugendlichen wider?

Gerade die im Kinder- und Jugendhilfegesetz verankerte Hilfeplanung (§ 36 SGB
VIII) und Kinder- und Jugendhilfeplanung (§§ 79 & 80 SGB VIII) sind in dieser Perspektive angelegt. Aus den Erfahrungen ihrer Umsetzung (vgl. z. B. Schefold et al.
1998) können wichtige Anregungen hervorgehen, auf welche institutionelle Barrieren
eine entsprechende ‚inklusive‘ organisationale Entwicklung stoßen wird. Nicht von
ungefähr wird bis heute in der Kinder- und Jugendhilfe über die Verfahren einer psychosozialen Diagnose oder sozialpädagogischen Diagnosen gestritten (vgl. Uhlendorff 2002). In diesem Zusammenhang sind auch erneut im Kontext von Inklusion die
sogenannten integrierten oder flexiblen Erziehungshilfen (vgl. Klatetzki 1995; Wolff
2000) zu reflektieren. Es wurde herausgestrichen, dass sich auch in der Kinder- und
Jugendhilfe ein spezialisiertes Hilfearrangement ausgeprägt habe. Es sei keine Flexibilität zwischen den Hilfeformen gemäß den individuellen Unterstützungsbedürfnis-
sen vorhanden. Anstatt dass sich die Hilfen an den Kindern und Jugendlichen orientieren würden (vgl. Arend et al. 1986), müssten diese sich in die Hilfen einpassen.
Kritisiert wurde damit, dass pädagogische Fachkräfte einer Zuständigkeitsmentalität
folgten, die sich nach institutionellen Angeboten und nicht an den Unterstützungs-
bedürfnissen der jungen Menschen und Familien ausrichte. „Mit anderen Worten:
Kinder, Jugendliche und Familien würden mitunter von einer Hilfemaßnahme zur
nächsten verschoben, ohne dass sich eine Einrichtung an den individuellen Unter-
stützungsbedürfnissen orientiere" (Rätz et al. 2013, S. 290). Für die weitere Entwicklung der Kinder- und Jugendhilfe wäre es zentral an diesen Erfahrungen und Diskussionen anzuknüpfen, bevor vorschnell neue Verfahren im Kontext von Hilfen zur
Entwicklung und Teilhabe entworfen werden. Interessant ist aber auch, warum die
Kinder- und Jugendhilfe – trotz der offenen Verfahren – sich bis heute nicht für Kin-
der- und Jugendliche, die von Beeinträchtigungen betroffen sind, insgesamt zuständig erklärt hat.

Ausblick: Inklusion und soziale Integration

Im Grunde ist mit dem Anspruch der Inklusion eine zukunftsweisende, aber letztlich
angesichts der gegenwärtigen sozialen Verhältnisse uneinlösbare Perspektive formuliert. Es geht um mehr als nur um neue Zuständigkeitsregulierung und Öffnung der
Erziehungs-, Bildungs- und Pflegeorganisationen gegenüber Menschen, die von Beeinträchtigungen betroffen sind. Es geht letztlich um eine gleichberechtigte soziale
Teilhabe aller Menschen. An diesem Punkt sind aber auch die Grenzen der Inklusionsdiskussion zu sehen, denn dieser Anspruch kann nur ein ständiger sozialpolitischer Anspruch und eine fachliche Aufforderung sein, nicht nur zu reflektieren, wie
aus Unterschieden soziale Ungleichheiten gemacht werden. Bisher reicht die Diskussion um Inklusion an diese sozialpolitische Perspektive aber kaum heran; in erste

Linie erweitert sie gegenwärtig vor allem die ältere Diskussion um die Integration von Menschen mit Behinderungen in Bezug auf die Gestaltung der jeweiligen Erziehungs-, Bildungs- und Pflegeorganisationen.

So ist die Kinder- und Jugendhilfe auch weiterhin in ihrer sozialstaatlichen Verortung auf das Leitbild der ‚*Integration*' und damit den sozialstaatlichen Rahmen verwiesen. Denn auch die bisherigen Vorstellungen von sozialer Teilhabe in der Kinder- und Jugendhilfe haben z. B. keine Antwort auf die Herausforderung, dass Behinderung weiterhin ein grundlegendes Armutsrisiko in unserer Gesellschaft ist. Darin betont der Sozialstaat seine öffentliche Verantwortung und prinzipielle Integrationsfähigkeit, sozialen Ungleichheiten und Ausgrenzungsprozessen entgegenzuwirken, die eben nicht allein auf die Organisationsformen von Erziehung, Bildung und Sorge zurückzuführen sind. In diesem Sinne ist es auch weiterhin die Aufgabe der Kinder- und Jugendhilfe, in kritischer Auseinandersetzung mit den vorherrschenden gesellschaftlichen Normalitätserwartungen Mechanismen „sekundärer Integration" (vgl. Böhnisch und Schröer 2011) zu organisieren und sich entsprechend sozialpolitisch zu engagieren. Hans Scherpner (1962) „hat diesen ambivalenten Zusammenhang der Konstitution sozialer Probleme als Spannung zwischen personenbezogener sozialer Hilfe und gesellschaftlicher Integration für die Soziale Arbeit systematisiert. Danach ist der Begriff Integration ein Strukturbegriff, der sich nicht auf die Adressaten der Hilfe, sondern auf die soziale Stabilität und Instabilität einer Gesellschaft bezieht" (Böhnisch und Schröer 2013, S. 177). Der Integrationsbegriff bezieht sich auf die Frage, was eine Gesellschaft zusammenhält, aber auch, wie jemand in der Gesellschaft sozial verortet ist und an ihr teilhaben kann. In der Gesellschaft sind alle ‚*Gesellschaftsmitglieder*', sie müssen nicht erst inkludiert werden. Inklusion muss also – soll der Begriff für die Kinder- und Jugendhilfe weiterführend sein – theoretisch und sozialpolitisch in ein Spannungsverhältnis zur Frage der sozialen Integration, praktisch zur Frage der Organisation sozialer Teilhabe gesetzt werden. Dann wird auch die Hintergrundvielfalt des Sozialen sichtbar: wer kann sich Eigenwelten leisten und wer nicht, wo ist Selbstbestimmung und wo herrscht Zwang, wem bleibt nichts anderes übrig, als sich anzupassen, etc.

Literatur

Arend, D., Hekele, K., & Rudolph, M. (1986). *Sich am Jugendlichen orientieren. Konzeptionelle Grundlagen und Erfahrungen aus der Mobilen Betreuung (MOB) des Verbundes Sozialtherapeutischer Einrichtungen Celle.* Frankfurt a. M: Internat. Ges. für Heimerziehung.

Bundesministerium für Familie, Senioren, Frauen und Jugend (BMFSFJ). (Hrsg.). (2009). *Dreizehnter Kinder- und Jugendbericht: Bericht über die Lebenssituation junger Menschen und die Leistungen der Kinder- und Jugendhilfe in Deutschland.* Berlin.

Boban, I., Hinz, A., Booth, T., & Ainscow, M. (2003). *Index für Inklusion. Lernen und Teilhabe in der Schule der Vielfalt entwickeln.* http://www.bildung.bremen.de/fastmedia/13/index%20inklusion.38139.pdf. Zugegriffen: 13.9.2011.

Böhnisch, L., & Schröer, W. (2011). *Blindflüge.* Weinheim und München: Juventa.

Böhnisch, L., & Schröer, W. (2013). *Soziale Arbeit. Eine problemorientierte Einführung.* Bad Heilbrunn: Klinkhardt.

Brown, W. (2000). Reflexionen über Toleranz im Zeitalter der Identität. In R. Forst (Hrsg.), *Toleranz. Philosophische Grundlagen und gesellschaftliche Praxis einer umstrittenen Tugend* (S. 257–281). Frankfurt a. M. und New York: Campus.

Bude, H. (2008). *Die Ausgeschlossenen: Das Ende vom Traum einer gerechten Gesellschaft.* München: Carl Hanser Verlag.

Bubner, R. (2000). Die Dialektik der Toleranz. In R. Forst (Hrsg.), *Toleranz. Philosophische Grundlagen und gesellschaftliche Praxis einer umstrittenen Tugen* (S. 45–59). Frankfurt a. M. und New York: Campus.

Cloerkes, G. (Hrsg.). (2003). *Wie man behindert wird. Texte zur Konstruktion einer sozialen Rolle und zur Lebenssituation betroffener Menschen.* Heidelberg: Universitätsverlag Winter.

Dederich, M. (2007). *Körper, Kultur und Behinderung: Eine Einführung in die Disability Studies.* Bielefeld: Transcript.

Degener, T. (2015). Die UN-Behindertenrechtskonvention – ein neues Verständnis von Behinderung. In T. Degener & E. Diehl (Hrsg.), *Handbuch Behindertenrechtskonvention. Teilhabe als Menschenrecht – Inklusion als gesellschaftliche Aufgabe* (S. 55–74). Bonn.

Haselier, J., & Thiel, M. (2005). *Diversity management. Unternehmerische Stärke durch personelle Vielfalt.* Frankfurt a. M.: Bund-Verlag.

Hinz, A., Körner, I., & Niehoff, U. (Hrsg.). (2010). *Von der Integration zur Inklusion. Grundlagen, Perspektiven, Praxis.* Marburg: Lebenshilfe-Verlag.

Homfeldt, H. G. (1974). *Stigma und Schule.* Düsseldorf: Pädagogischer Verlag Schwann.

Honneth, A. (1992). *Der Kampf um Anerkennung.* Frankfurt a. M.: Suhrkamp.

Hormel, U., & Scherr, A. (2004). *Bildung in der Einwanderungsgesellschaft.* Wiesbaden: VS Verlag für Sozialwissenschaften.

Korte, P. (2006). Der Benachteiligtendiskurs aus allgemeinpädagogischer Perspektive. In A. Spies & D. Tredop (Hrsg.), *„Risikobiografien". Benachteiligte Jugendliche zwischen Ausgrenzung und Förderprojekten* (S. 25–39). Wiesbaden: VS Verlag für Sozialwissenschaften.

Klatetzki, T. (Hrsg.). (1995). *Flexible Erziehungshilfen. Ein Organisationskonzept in der Diskussion.* Münster: Votum.

Köbsell, S. (o. J.). *Gegen Aussonderung – für Selbstvertretung. Zur Geschichte der Behindertenbewegung in Deutschland. Institut für Menschenrechte (Online-Handbuch Inklusion als Menschenrecht).* http://www.inklusion-als-menschenrecht.de/gegenwart/zusatzinformationen/gegen-aussonderung-fuer-selbstvertretung/.

Kniel, A., & Windisch, M. (2005). *People first. Selbsthilfegruppen von und für Menschen mit geistiger Behinderung.* München, Basel.

Kreckel, R. (2001). Soziale Ungleichheit. In H.-U. Otto & H. Thiersch (Hrsg.), *Handbuch Sozialarbeit, Sozialpädagogik* (S. 1729–1735). Neuwied: Luchterhand.

Leiprecht, R. (2008). Eine diversitätsbewusste und subjektorientierte Sozialpädagogik: Begriffe und Konzepte einer sich wandelnden Disziplin. *neue praxis. Zeitschrift für Sozialarbeit und Sozialpädagogik,* Heft 4, (S. 427–439).

Lindmeier, B. (2005). Kategorisierung und Dekategorisierung in der Sonderpädagogik. *Sonderpädagogische Förderung,* 50 (2), (S. 131–149).

Peters, F., & Koch, J. (Hrsg.). (2004). *Integrierte erzieherische Hilfen. Flexibilität, Integration und Sozialraumbezug in der Jugendhilfe.* Weinheim und München: Juventa.

Pfahl, L. (2006). Schulische Separation und prekäre berufliche Integration: Berufseinstiege und biographische Selbstthematisierung von Sonderschulabgänger/innen. In A. Spies & D. Tredop (Hrsg.), *„Risikobiografien" – Benachteiligte Jugendliche zwischen Ausgrenzung und Förderprojekten* (S. 143–158). Wiesbaden: VS Verlag für Sozialwissenschaften.

Rätz, R., Schröer, W., & Wolff, M. (^{2}2013). *Lehrbuch Kinder- und Jugendhilfe.* Weinheim und Basel. Beltz Juventa.

Schefold, W., Galinka, H. J., Neuberger, C., & Tilemann F. (1998). *Hilfeplanverfahren und Elternbeteiligung.* Frankfurt a. M.: Eigenverlag.

Scherpner, H. (1962). *Theorie der Fürsorge.* Göttingen: Vanderhoeck und Ruprecht.

Schumann, B. (2009). Inklusion statt Integration – Eine Verpflichtung zum Systemwechsel: Deutsche Schulverhältnisse auf dem Prüfstand des Völkerrechts. *Pädagogik,* 61(2), (S. 51–53). http://bildungsklick.de/a/67548/inklusion-eine-verpflichtung-zum-system wechsel/.

Struck, N., Porr, C., & Koch, J. (2010). Zeit lassen … aber ganz schnell anfangen! Zur aktuellen Debatte um die „Große Lösung". *Forum Erziehungshilfen,* Heft 16 (2010), (S. 196–201).

Thiersch, H. (1986). *Die Erfahrung der Wirklichkeit. Perspektiven einer alltagsorientierten Sozialpädagogik.* Weinheim und München. Juventa

Thiersch, H. (1992). *Lebensweltorientierte Soziale Arbeit. Aufgaben der Praxis im sozialen Wandel.* Weinheim und München. Juventa.

Uhlendorff, U. (2002). Hilfeplanung. In W. Schröer, N. Struck & M. Wolff (Hrsg.), *Handbuch Kinder- und Jugendhilfe* (S. 847–868). Weinheim und München. Juventa.

Waldschmidt, A., & Schneider, W. (Hrsg.). (2007). *Disability studies, Kultursoziologie und Soziologie der Behinderung. Erkundungen in einem neuen Forschungsfeld.* Bielefeld: Transcript.

WHO (2005). *ICF – Internationale Klassifikation der Funktionsfähigkeit, Behinderung und Gesundheit: Stand 2005.* http://www.dimdi.de/dynamic/de/klassi/downloadcenter/icf/ endfassung/icf_endfassung-2005-10-01.pdf.

Wolff, M. (2000). *Integrierte Erziehungshilfen. Eine exemplarische Studie über neue Konzepte in der Jugendhilfe.* Weinheim und München: Juventa.

Oehme, Andreas, Dr., Institut für Sozial- und Organisationspädagogik der Universität Hildesheim. Aktuelle Arbeitsschwerpunkte: Übergänge in Arbeit; Inklusion; Kinder- und Jugendhilfe, Sozialpolitik.

Schröer, Wolfgang, Prof. Dr., Institut für Sozial- und Organisationspädagogik der Universität Hildesheim. Aktuelle Arbeitsschwerpunkte: Kinder- und Jugendhilfe; Transnationale Soziale Arbeit; Übergänge; Theorie und Geschichte der Sozialpädagogik und -politik.

Gefährdungen von Kindern und Jugendlichen und der Schutzauftrag der Kinder- und Jugendhilfe

Martin Wazlawik und Mechthild Wolff

Zusammenfassung

Die aktuellen Debatten zum Wohlergehen und Schutz von Kindern- und Jugendlichen speisen sich aus unterschiedlichen diskursiven Strängen, die im Kern darauf verweisen, dass Kinder- und Jugendliche in ihrer Entwicklung unterschiedlichen Gefährdungen ausgesetzt sind, die eng an ihre Lebenslage geknüpft sind und aus den differenten Sozialisationsinstanzen resultieren. Vor dem Hintergrund des Schutzauftrages der Kinder- und Jugendhilfe und in Bezugnahme unterschiedlicher statistischer und empirischer Daten werden in diesem Artikel die einzelnen Gefährdungskontexte erörtert, der rechtliche Rahmen und rechtliche Änderungen eines öffentlichen Kinder-/Jugendschutzes aufgezeigt sowie mögliche Lösungsansätze und weitergehende Perspektiven auf dem Weg zu einem integrativen Kinder- und Jugendschutz thematisiert.

Schlüsselwörter

Kinder- und Jugendhilfe, Kinderschutz/-debatte, Kindeswohlgefährdung, Schutzauftrag, Sexuelle Gewalt, Sozialisationsinstanzen

1   Einleitung

Fragen von Wohlergehen und Schutz von Kindern und Jugendlichen haben sowohl in der öffentlichen, als auch in der fachöffentlichen Debatte in den 2000er Jahren einen breiten Raum eingenommen. Dabei speist sich die Debatte aus mehreren Diskursen, die sich im Kern jedoch um die gleich Frage drehen: Wie und warum können Kinder und Jugendliche in Familien, die durch das Jugendamt betreut werden oder in Einrichtungen der Kinder- und Jugendhilfe, des Bildungswesens oder in Interna-

ten misshandelt, missbraucht oder anderweitig zu Schaden kommen? Diese lange
für die breite (Fach-)Öffentlichkeit unfassbare Vorstellung, dass Kinder und Jugendliche, die in öffentlichen Einrichtungen betreut, erzogen oder gebildet werden sollen,
dort gefährdet sind und zu Schaden gekommen sind, rührt am Selbstverständnis der
jeweiligen Institutionen, der pädagogischen Profession und am Vertrauen der jeweiligen Klient_innen und der Bevölkerung in pädagogische Einrichtungen. Treffend
drückt diesen fatalen Vertrauensverlust und die besondere Perfidie der Titel des im
Jahr 2000 veröffentlichten Untersuchungsberichts einer englischen Untersuchungs-
kommission („Waterhouse-Report") aus: *„Lost in Care".*

Gespeist wird der momentane deutsche Diskurs um das Wohlergehen und den
Schutz von Kindern und Jugendlichen aus mindestens drei Strängen: Der sogenannten *Kinderschutzdebatte,* der Aufarbeitung der *Heimerziehung in den 1950er/1960er
Jahren* sowie den öffentlich gewordenen Vorfällen sexualisierter Gewalt in pädagogischen Einrichtungen, die häufig unter dem Label *„Missbrauchsskandal"* bekannt geworden sind.

Die sogenannte *Kinderschutzdebatte* problematisiert dabei die Fälle, in denen
Kindern in Familien trotz Betreuung durch den allgemeinen sozialen Dienst des Jugendamtes und trotz Unterstützung durch Hilfen zur Erziehung oder andere Leistungen der Kinder- und Jugendhilfe in Familien zu Schaden oder gar zu Tode gekommen sind. Dies ist kein ganz neuer Diskurs, sondern wurde bereits seit Mitte der
1990er Jahre infolge des sogenannten *„Osnabrücker Falls",* in Fachkreisen diskutiert
(vgl. dazu auch Bringewat 1997; Mörsberger und Restemeier 1997). Prominent mündete dieser Diskurs in der Neuformulierung und Neuakzentuierung des Schutzauftrags der Kinder- und Jugendhilfe (§ 8a SGB VIII). Die Ergebnisse und Folgerungen
aus den Ergebnissen des Runden Tisches *„Heimerziehung in den 1950er und 1960er
Jahren"* wurden bislang in den Debatten nur begrenzt rezipiert und beachtet, so dass
sich ehemalige Heimkinder, die dort auf Gehör und Anerkennung hofften, als „Opfer
zweiter Klasse" (Kappeler 2011, S. 8) sehen. Gleichzeitig bergen diese Ergebnisse und
Folgerungen jedoch neben politischen Fragen nach Anerkennung, Entschädigung
und Wiedergutmachung Implikationen hinsichtlich institutioneller Dynamiken, Erziehungsvorstellungen und Rechtfertigungsmechanismen, die zum Verständnis und
somit auch möglicherweise zur Prävention und Intervention von und bei Gewalt
und Machtmissbrauch in pädagogischen Institutionen beitragen können. Eine neue
Dynamik und eine größere, auch politisch zugesprochene Relevanz bekamen diese
Fälle weit über den Fachdiskurs der Kinder- und Jugendhilfe hinaus durch die *Fälle
von sexualisierter Gewalt in pädagogischen Institutionen,* wie in katholischen Eliteinternaten oder der Odenwaldschule. Das Erschrecken über die Tatsache an sich und
über das Ausmaß katalysierte die Debatte über das Wohlergehen und den Schutz von
Kindern und Jugendlichen deutlich. In dem Zusammenhang kann man von einer
„nachholenden Modernisierung des Kinderschutzes" (vgl. Wolff 2010, S. 461) sprechen. Nachholend ist die Debatte insofern, dass viele nun öffentliche diskutierte Fragen bereits seit längerem in kleineren Fachkreisen diskutiert wurden, die Wirkmacht

der Diskurse im Blick auf eine breite Rezeption, sowohl in der Öffentlichkeit, als auch in der breiten Fachöffentlichkeit, jedoch begrenzt blieb. Ziel eines integrativen Schutzes von Kindern und Jugendlichen muss dabei die Verknüpfung der einzelnen Diskurslinien und ihrer Implikationen für einen umfassenden und fundierten Schutz von Kindern und Jugendlichen sein (vgl. Wazlawik 2012). Erste Verknüpfungen sind dabei in den gesetzlichen Neuregelungen durch das als „Bundeskinderschutzgesetz" bekannt gewordene Gesetzespaket zu finden.

Der vorliegende Beitrag zeigt die Problemanzeigen, Argumentationslinien und die Begrifflichkeiten der Diskurse aus sozialwissenschaftlicher und (sozial-)rechtlicher Sicht auf, diskutiert Lösungswege und verweist auf mögliche weitergehende Perspektiven.

2   Begrifflichkeiten

In den aufgezeigten Diskursen lassen sich eine Vielzahl von Terminologien aus unterschiedlichen Disziplinen, populär- oder pseudowissenschaftliche Begrifflichkeiten oder sozialwissenschaftliche Sammelkategorien finden, die für eine inhaltlichen Bestimmung und die Benennung eines Handlungsauftrags präzisiert und spezifiziert werden müssen. Zentraler und meistgebrauchter Begriff dabei ist der Topos *Kinderschutz*. Meysen und Eschelbach (2012) formulieren in der Betrachtung der Neuregelungen im Artikelgesetz, welches zumeist als sog. „Bundeskinderschutzgesetz" aufgeführt wird, dass dort der Begriff Kinderschutz „auf alles, was dem Kindeswohl dient und damit auch indirekt die Bedingungen des Aufwachsens für ein Kind oder eine/n Jugendliche/n so verbessert, dass das Risiko für eine spätere Gefährdung möglicherweise reduziert wird" (ebd., S. 48) angewandt wird. Diese weite Anwendung trägt neben der semantischen Fokussierung auf die Altersgruppe der Kinder zu einer Weite des Begriffs bei, durch die andere Funktionsbestimmungen und Aufträge der Kinder- und Jugendhilfe, wie Förderung, Bildung oder Hilfe oftmals auch unkritisch unter einem Schutzbegriff subsummiert werden und auch als ein Ausdruck eines „Kontrolldiskurses" in der Sozialen Arbeit (Lutz 2011) gelesen werden kann. Oder mit Meysen und Eschelbach (2012) in Bezug auf die Regelungen im sog. „Bundeskinderschutzgesetz" weiter gesprochen: „Im BKiSchG findet sich ein Sammelsurium an Aspekten, die mehr oder weniger mit Fragen des Schutzes oder der Rechte von Kindern assoziiert sind" (ebd.). In einer sammelnden Logik kann man *Kinderschutz* somit beschreiben als,

„die Gesamtheit pädagogischer Präventions- und Interventionsmaßnahmen, die der Abwendung potenzieller oder bestehender Gefährdungen des kindlichen Wohls [...]. Ziel der verschiedenen gesetzlichen Regelungen ist es, das Kindeswohl in Form von körperlicher, psychischer und seelischer Unversehrtheit, altersgemäßer Entwicklungsförderung und freier Persönlichkeitsentfaltung des Kindes sicherzustellen; der Staat entspricht so

nicht nur seiner Schutzverpflichtung gegenüber dem Kind, sondern auch dessen Schutz-
recht. Diese Begrifflichkeit meint somit auch den sogenannten „intervenierenden Kin-
der- und Jugendschutz" (Nikles et al. 2011. S. 7), der insbesondere den Schutzauftrag bei
Kindeswohlgefährdung (§ 8a SGB VIII) eines Kindes umfasst." (Wazlawik 2012, S. 13)

In einer solche summierenden Logik des Begriffes besteht durchaus Grund zur Annahme, dass sich das Verständnis des Begriffs *Kinderschutz* vom für die Kinder- und
Jugendhilfe vom rechtlich handlungsleitenden Begriff der *Kindeswohlgefährdung* weg
bewegt oder zumindest ein weiter gefasstes, jedoch bisher nur begrenzt reflektiertes
Verständnis entwickelt. Pöter analysiert dies in einer Unterscheidung zwischen einem
reaktiven und proaktiven Verständnis von Kinderschutz (2014).

Zentral mit einer Handlungsaufforderung für die Träger von Einrichtungen und
Diensten der Kinder- und Jugendhilfe verknüpft ist der Begriff der *Kindeswohlgefährdung*. Dieser bspw. im § 8a SGB VIII präsentierte Begriff hat seinen Ursprung im
§ 1666 BGB und wird hier im SGB VIII an vielen Stellen wortgleich verwandt. Er bildet die Legitimationsgrundlage staatlicher Eingriffe nach § 1666 BGB sowie § 8a SGB
VIII und wird als ein unbestimmter Rechtsbegriff beschrieben. In höchstrichterlicher
Rechtssprechung meint er „eine gegenwärtige in einem solchen Maße vorhandene
Gefahr, dass sich bei der weiteren Entwicklung eine erhebliche Schädigung mit ziem-
licher Sicherheit voraussehen lässt" (BGH FamRZ 1956). Diese Beschreibung grenzt
sich insofern von „Sammselsurien" und pädagogisch oder politisch wünschenswer-
tem Verhalten von Adressat_innen ab und fokussiert als Rechtsbegriff auf Gefährdungen, in deren Folge Kinder und auch Jugendliche erheblich geschädigt werden.
Diese Fokussierung dient insofern auch als ein Rechtsschutz der Kinder, Jugendlichen und Eltern gegenüber staatlichen Institutionen, da ausschließlich beim Vorliegen einer Kindeswohlgefährdung und wenn die Personensorgeberechtigten nicht
bereit oder in der Lage sind die Gefährdung abzuwenden, staatliche Institutionen
befugt sind auch gegen den Willen der Eltern in die grundgesetzlich geschützte elterliche Sorge einzugreifen. Auch wenn der Begriff *Kindeswohlgefährdung* etwas anderes suggerieren mag, bildet er die Legitimationsgrundlage staatlicher Eingriffe
nach § 1666 BGB sowie § 8a SGB VIII/§ 4 KKG für alle Kinder und Jugendlichen bis
zur Vollendung des 18. Lebensjahres. Neben anderen Gründen (vgl. Wazlawik 2012;
Wazlawik 2014) scheint auch die semantische Orientierung an Kindern ein Grund zu
sein, warum Jugendliche erst zeitlich spät und inhaltlich bisher begrenzt (fach-)öf-
fentlich diskutiert wurden.

Der Begriff der Kindeswohlgefährdung ist ein sogenannter „unbestimmter"
Rechtsbegriff, der zum einen eine fachliche Füllung, als auch eine für jeden konkreten Einzelfall individuelle Beurteilung und Gewichtung erforderlich macht. Die
Autor_innen des Handbuchs Kindeswohlgefährdung (vgl. Kindler et al. 2006) sprechen von mind. fünf Formen der Kindeswohlgefährdung: Vernachlässigung, physischer Misshandlung, psychischer Misshandlung, sexueller Missbrauch sowie von
dem Münchhausen-Stellvertreter-Syndrom.

All diese Kindeswohlgefährdungsformen, die mitunter auch im Jugendalter noch auftreten können, heben ab auf die mögliche Schädigung, die durch eine elterliches Tun oder Unterlassen ausgelöst werden kann. Einer fachlichen Bewertung geht es zunächst um die Einschätzung einer Erheblichkeit eines Gefährdungsmoments für ein Kind oder für einen Jugendlichen. Dies setzt eine Prognose zum (erneuten) Schadenseintritt voraus sowie eine Beurteilung der Fähigkeit und Bereitschaft der Eltern zur Gefahrenabwehr und zur möglichen Bereitschaft entsprechende Hilfen anzunehmen. Bei Jugendlichen muss als zusätzliche Kategorie die nicht-adäquate Reaktion von Eltern auf ein spezifisches Verhalten als gewichtiger Anhaltspunkt in den Blick genommen werden.

Insbesondere sexuelle Gewalt ist auch im Kontext von Institutionen verstärkt in den Mittelpunkte der (fach-)öffentlichen Debatte gerückt. Sexualisierte Gewalt kann dabei weder als zeitlich, räumlich oder sozial begrenztes Phänomen beschrieben werden (vgl. Bundschuh 2011, S. 7) noch einheitlich definiert werden. In der Literatur lassen sich diverse enge und weite Definitionen finden. Enge Definitionen beziehen sich in der Regel ausschließlich auf Handlungen mit direktem und eindeutig als sexuell identifizierbarem Körperkontakt (vgl. Unterstaller 2006, S. 6–3). Weite Definitionen beziehen dahingegen Handlungen mit indirektem und ohne Körperkontakt ein (ebd.). Bange und Deegener (1996) definieren sexuellen Missbrauch als „jede sexuelle Handlung [...], die an oder vor einem Kind entweder gegen seinen Willen vorgenommen wird oder der das Kind aufgrund seines körperlichen, psychischen und kognitiven Entwicklungsstandes nicht wissentlich zustimmen kann. Der Täter nutzt seine Macht- und Autoritätsposition aus, um eigene Bedürfnisse auf Kosten des Kindes zu befriedigen" (ebd., S. 105). Aufgrund einer fehlenden einheitlichen Definition erweist sich für den handlungspraktischen Umgang die Unterscheidung von Grenzverletzungen, sexuellen Übergriffen und strafrechtlich relevanten Formen sexualisierter Gewalt in Anlehnung an Enders et al. (2010) als möglicherweise zielführend. Der Begriff Grenzverletzung umschreibt ein einmaliges oder gelegentliches, unangemessenes Verhalten, das nicht selten unbeabsichtigt geschieht. Dabei ist die Unangemessenheit des Verhaltens nicht nur von objektiven Kriterien, sondern auch vom subjektiven Erleben des betroffenen jungen Menschen abhängig. Grenzverletzungen sind häufig die Folge fachlicher bzw. persönlicher Unzulänglichkeiten einzelner Personen oder eines Mangels an konkreten Regeln und Strukturen. Sexuelle Übergriffe werden im Unterschied dazu als nicht zufällig, nicht aus Versehen beschrieben. Sie unterscheiden sich von unbeabsichtigten Grenzverletzungen durch die Massivität und/oder Häufigkeit der Grenzüberschreitungen, die sowohl nonverbal als auch verbal vorkommen „und resultieren aus persönlichen und/oder fachlichen Defiziten" (ebd.). Strafrechtlich relevante Formen sexualisierter Gewalt an Minderjährigen und Schutzbefohlenen sind im 13. Abschnitt des Strafgesetzbuchs unter den „Straftaten gegen die sexuelle Selbstbestimmung" benannt (gem. §§ 174 ff. StGB Sexueller Missbrauch etc.).

3   Problemanzeigen

Kinder und Jugendliche vor Gefahren für ihr Wohl zu schützen und ihnen eine Entwicklung zu einer eigenverantwortlichen und gemeinschaftsfähigen Persönlichkeit zu ermöglichen, gehört zu den Grundsätzen des Kinder- und Jugendhilfegesetzes (vgl. § 1 Absatz 3 SGB VIII/KJHG). Die Sicherstellung des Kindeswohls ist ein gesetzlicher Anspruch und zugleich eine psychosoziale Anforderung. Kindern und Jugendlichen sollen vor entwicklungsgefährdenden Faktoren geschützt werden, um ihnen ein sicheres Aufwachsen mit Zukunftsperspektiven zu ermöglichen. In den letzten Jahren hat in diesem Feld eine intensive Weiterentwicklung und Differenzierung stattgefunden. Schutzüberlegungen waren zunächst auf Gefährdungen und Risiken in und im Umfeld von Familien ausgerichtet. Hilfestellungen in Form „*Früher Hilfen*" in vernetzten Strukturen zwischen Jugendämtern, Erziehungs-, Bildungsinstitutionen und dem Gesundheitswesen haben sich stetig ausgeweitet. Seit 2010 sind Institutionen der Erziehung und Bildung, der Freizeit und des Gesundheitswesens als weitere Orte mit Gefährdungspotentialen in den Fokus geraten. Das Risiko für Kinder und Jugendliche von Gewalt in Familien sowie der Gewalt durch Professionelle oder Gleichaltrige betroffen zu sein, besteht inzwischen in zentralen Instanzen der Sozialisation von Kindern und Jugendlichen. Interventions- und Präventionsmaßnahmen im Kinderschutz richten sich heute an die Zielgruppen Familie, Institutionen und Peer-Group. Im Folgenden werden für die verschiedenen Problemanzeigen markiert und im Hinblick auf mögliche Risiken besprochen.

3.1   Daten und Differenzierungen

Gefährdungen im Kindes- und Jugendalter müssen unter verschiedenen Blickwinkeln betrachtet werden und erfordern entsprechende Differenzierungen. Zunächst ist in den Blick zu nehmen, dass Gewaltphänomene im Kindes- und Jugendalter durch alle Personen im Umfeld von Kindern und Jugendlichen ausgelöst werden und damit in unterschiedlichen Beziehungskonstellationen auftreten können, nämlich zwischen

a) leiblichen bzw. sozialen Eltern und ihren Kindern bzw. Jugendlichen im Kontext familialer oder häuslicher Gewalt oder
b) Nachbarn, guten Bekannten oder Verwandten sowie Kindern und Jugendlichen, d. h. im familialen Nahraum oder
c) Kindern und Jugendlichen selbst, also im Kreis von Gleichaltrigen bzw. im Freundeskreis mit Gleichgesinnten, d. h. im Kontext der Peer-Group oder
d) erwachsenen Professionellen oder ehrenamtlich Tätigen in Organisationen oder Institutionen, die der Erziehung, Bildung, Freizeit oder Gesundheit von Kindern und Jugendlichen dienen, d. h. im Kontext eines tatsächlichen oder analogen Schutzbefohlenenverhältnisses.

Eine weitere Differenzierung besteht im Hinblick auf die Ausprägungsformen: unterschieden wird zwischen physischen, psychischen und sexualisierten Formen von Gewalthandeln, wobei jegliches Gewalthandeln zumeist eine Machtasymmetrie zwischen einem Aggressor und Opfer voraussetzt. Diese Formen der körperlichen bzw. seelischen Machtausübung sowie die Infragestellung oder Beschädigung der Selbstbestimmung und Integrität des Menschen werden letztlich unter Zuhilfenahme von Zwang ausgeübt. Auf eine letzte Unterscheidungsebene machte bereits der Konfliktforscher Galtung (vgl. Galtung 1998) in den 90er Jahren aufmerksam, er spricht von Gewalt durch Personen (personale Gewalt), Strukturen (strukturelle Gewalt) oder letztlich durch eine Kultur (kulturelle Gewalt). Aufgrund gesellschaftlicher Weiterentwicklungen muss heute von der zusätzlichen Form personalen Gewalt unter Zuhilfenahme von Medien z.B. durch Handy, Internet gesprochen werden (mediale Gewalt). Eine weitere Form differenziert im Hinblick auf eine wirtschaftliche Ausbeutung (ökonomische Gewalt) von Kindern und Jugendlichen ein.

Diese und anders lautende Differenzierungen sind wichtig, um anzuzeigen, um welche Ausdrucksformen und Dynamiken es sich genau handelt und welche möglichen Folgen auftreten können.

Mit einer zunehmenden Enttabuisierung von Gewaltphänomenen gegenüber Kindern und Jugendlichen hat sich in den letzten Jahrzehnten auch die öffentliche Wahrnehmung dieser Probleme verändert. Wäre es in den 1970er Jahren noch undenkbar gewesen, von sexueller Gewalt durch Väter in der Familie zu sprechen, so gehört dies mitunter zum Beratungsalltag in Kinder- und Jugendhilfeeinrichtungen. Erst vor wenigen Jahren wurde das Thema sexuelle Gewalt in Institutionen enttabuisiert, allerdings wissen wir über das tatsächliche Vorkommen noch wenig. Hinzu kommt, dass eine gestiegene öffentliche Wahrnehmung Einfluss auf die Anzeigebereitschaft von Opfer/Betroffenen oder Zeug_innen haben und zugleich die Problemwahrnehmung durch Instanzen sozialer Kontrolle verändern kann. Letztlich können niedrige oder hohe Fallzahlen Ausdruck von greifenden Präventionsmaßnahmen durch die Kinder- und Jugendhilfe sein. Die Aussagekraft von Zahlen ist darum beschränkt. Was das Vorkommen all dieser Phänomene angeht, zeigt sich, dass sämtliche Formen der Gewalt an Kindern und Jugendlichen vorkommen. Alle hier zur Disposition stehenden rechtlich relevanten Delikte an Kindern und Jugendlichen oder durch Jugendliche darstellen zu wollen, ist aufgrund der Unübersichtlichkeit der Datenlage schwierig. Die polizeiliche Kriminalstatistik gibt Aufschluss über das Hellfeld aller bei der Polizei gemeldeten Verdachtsfälle von Gesetzesübertretungen. Daneben gibt es einige wenige Untersuchungen zu Selbstaussagen von Personen, die demnach auch das Dunkelfeld beleuchten können. Die Studien gehen jeweils von anderen Gewaltformen und unterschiedlichen Altersangaben aus, was den Vergleich erschwert.

Anhand der offiziellen Daten des Hellfeldes lassen sich die in Tabelle 1 dargestellten Entwicklungen konstatieren.

Gegenüber diesen Hellfelddaten wird eine Dunkelziffer unbekannter Größe vermutet. Schätzungen zum Dunkelfeld beruhen auf unterschiedlichen Studien und va-

Tabelle 1

Straftatengruppe	Erfasste Fälle 2015	Steigerungsrate ggü. dem Vorjahr (2014; in%)
Sexueller Missbrauch von Schutzbefohlenen pp., unter Ausnutzung einer Amtsstellung oder eines Vertrauensverhältnisses §§ 174, 174a–c StGB	597	4,7
Sexueller Missbrauch von Schutzbefohlenen ab 14 Jahren § 174 StGB	416	7,2
Sexueller Missbrauch §§ 176, 176a, 176b, 179, 182, 183, 183a StGB	21 860	−2,5
Sexueller Missbrauch von Kindern §§ 176, 176a, 176b StGB	11 808	−2,7
Exhibitionistische/sexuelle Handlungen vor Kindern § 176 Abs. 4 Nr. 1 StGB	1 701	−7,0
Sexueller Missbrauch von Jugendlichen § 182 StGB	1 103	−4,4
Förderung sexueller Handlungen Minderjähriger § 180 StGB	114	−3,4
Verbreitung pornographischer Schriften (Erzeugnisse) gemäß §§ 184, 184a, 184b, 184c, 184d StGB	10 041	−1,5
Besitz/Verschaffung von Kinderpornographie gemäß § 184b Abs. 2 und 4 StGB	3 753	−5,8
Verbreitung von Kinderpornographie gemäß § 184b Abs. 1 StGB	2 730	7,7

(PKS 2015, S. 83/84)

riieren u. a. aufgrund der dort jeweils verwendeten Definitionen von sexueller Gewalt sowie der jeweils untersuchten Stichproben teils erheblich.

So berichtet Osterheider (2012, S. 287) eine mögliche (pauschale) Prävalenz von sexueller Gewalt mit einer Rate von 12,6 % bei Kindern und Jugendlichen. Jud (2015, S. 46) diskutiert unter anderem die Ergebnisse der (Repräsentativität beanspruchenden) Studien des Kriminologischen Forschungsinstituts Niedersachsen (KFN), die 1997 bei 8,6 % der weiblichen und 2,8 der männlichen Befragten, sowie 2011 bei 6,4 % der weiblichen und 1,3 % der männlichen Befragten sexuelle Gewalterfahrungen dokumentieren. Ergänzend führt er die Ergebnisse der Schweizer Optimus-Studie an, in deren Stichprobe 15 % der Befragten sexuelle Viktimisierung mit Körperkontakt und 29 % Viktimisierung ohne Körperkontakt angaben (ebd.). Die umfangreiche Meta-Analyse von Stoltenborgh et al. (2001), die die Ergebnisse von 331 internationalen Studien aus dem Zeitraum von 1982–2008 aggregiert, kommt auf eine mittlere Prävalenz von 11,8 % (18 % bei Mädchen; 7,6 % bei Jungen). Die ebenfalls meta-analytisch angelegt Arbeit von Barth et al. (2012) benennt als Ergebnis der Auswertung von 55 internationalen Einzelstudien bei durchschnittlich bei 15 % der Mädchen und 8 % der Jungen Gewalterfahrungen.

Aktuell wird argumentiert, dass die Kindesvernachlässigung die am weitesten verbreitete Gewaltform an Kindern darstellt. Die Studie von Galm et al. (2010), die für Deutschland nicht repräsentativ ist, die sich allerdings auf Befunde anderer Länder verweist, geht vom größten Gefährdungsrisiko für Kinder und Jugendliche durch Vernachlässigung aus (vgl. ebd.).

Eine andere aktuelle repräsentative deutsche Studie zu erlebten Misshandlungserfahrungen in Kindheit und Jugend an 2504 Personen im Alter von 14 bis 90 Jahren ergab, dass 1,6 % der Personen über schweren emotionalen, 2,8 % über schweren körperlichen, 1,9 % über schweren sexuellen Missbrauch sowie 6,6 % über schwere emotionale und 10,8 % über schwere körperliche Vernachlässigung berichteten (vgl. Häuser et al. 2011).

Studien zeigen zudem, dass Zusammenhänge zwischen dem Erleben eines sexuellen Kindesmissbrauchs und elterlicher physischer Misshandlung bestehen, die nur mit einer Gewaltspirale oder eines Eskalationsmodell erklärbar sind.

Ein weiterer Befund macht die Problematik von einer anderen Warte auf: Ausgegangen wird davon, dass lediglich 35–45 % der Fälle von sexuellem Missbrauch in der Kindheit oder der Adoleszenz des Opfers aufgedeckt werden. Wie auch die hohen Zahlen der *„Unabhängigen Beauftragten der Bundesregierung für Fragen des sexuellen Kindesmissbrauchs"* nahe legen, finden – wenn überhaupt – erst 2/3 der Betroffenen im Erwachsenenalter eine Gelegenheit, sich bezüglich eines sexuellen Missbrauchs einem Mitmenschen gegenüber anzuvertrauen (vgl. London et al. 2005).

Verdeutlicht man sich, in welchen Lebensbereichen von Kindern und Jugendlichen inzwischen Gewaltphänomene skandalisiert wurden, so kann man eine „Allgegenwart" von Gewalt „in der kindlichen Lebenswelt" konstatieren (vgl. Wolff 2010, S. 460 ff.). In allen Lebensbereichen, in denen sie sich potentiell aufhalten und von denen sie maßgeblich geprägt werden, besteht ein Risiko, Gewalt ausgesetzt zu sein. Allein für den Bereich des sexuellen Kindesmissbrauchs wurden die folgenden Bereiche identifiziert (Abb. 1).

Gewaltphänomene im privaten und sozialen Nahraum und im gesamten sozialen Umfeld können demnach die psychosoziale Entwicklung von Kindern und Jugendlichen gefährden, obwohl nationale und internationale Regularien dies ausschließen sollten. Gewalt in allen diesen sozialisierenden Bereichen bringen Entwicklungsbeeinträchtigungen, Traumatisierungen und mögliche Spätfolgen mit sich. Vor diesem Hintergrund ist eine frühzeitige Erkennung und sofortige Unterbringung der Betroffene an einem sicheren Ort für die Betroffenen zentral.

Abbildung 1 Lebensbereiche von Kindern und Jugendlichen

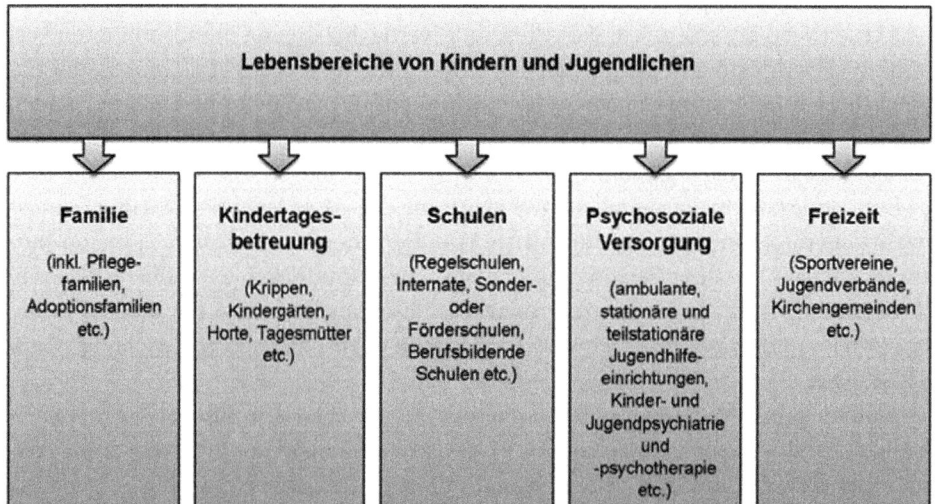

Quelle: Zwischenbericht Runder Tisch Kindesmissbrauch, 2011

3.2   Gefährdungen in der Familie

In Familien kommen Gewaltphänomene in Form von Partnergewalt, Eltern-Kind-Gewalt oder Gewalt unter Geschwistern vor. Gewalt im sensiblen Nahbereich der Familie wurde nicht immer ernst- und wahrgenommen, sie wurden sukzessive durch die Frauen- und Kinderrechtebewegung skandalisiert und in der Wissenschaft und Forschung bearbeitet. In den Vereinigten Staaten wurde das Problem der Misshandlung von Kindern bereits seit den 1960er Jahren intensiv besprochen (vgl. Helfer et al. 1968 in den USA; 2002 in Deutschland erschienen). In Deutschland trieb die Frauenbewegung die Debatte um Gewalt im Nahraum seit den 1970er Jahren voran. Sie trat für die Enttabuisierung von sexueller Gewalt bzw. Vergewaltigung in der Ehe ein, somit wurden Mütter, aber auch die Töchter als mögliche Opfer in der Familie ausgemacht (vgl. Kavemann und Lohstöter 1984; Baurmann 1983). Später führte dies im Fall betroffener Ehefrauen auch zur rechtlichen Würdigung dieses Straftatbestandes als „Straftaten gegen die sexuelle Selbstbestimmung". Eine sozialwissenschaftliche Studie verwies bereits in den 80er Jahren darauf, häusliche Gewalt nicht als psychopathologische Einzelschicksale zu begreifen, sondern auch in ihrer gesellschaftlichen Bedingtheit zu analysieren (vgl. Honig 1986).

Inzwischen wird davon ausgegangen, dass Kinder mitbetroffen sind von häuslicher Gewalt zwischen Eltern. Erleben sie Gewalt zwischen Eltern mit, wird dies selbst als potentielle Kindesmisshandlung oder -vernachlässigung gewertet. Nachgewiesen sind Zusammenhänge zwischen erlebter Gewalt in der Familie auf späteres mögliches Gewaltverhalten und eine mögliche spätere Täterschaft (vgl. Kavemann und Kreyssig 2006). Empirisch nachgewiesen wurde, dass erlebte Gewalt in der Familie für Mädchen zu einem Hauptrisikofaktor werden kann, später Opfer von Gewalt in engen sozialen Beziehungen zu werden. Auf der anderen Seite haben Jungen, die Zeugen von Gewaltakten ihres Vaters geworden sind, ein sehr hohes Risiko, selbst in einer Partnerschaft gewalttätig zu werden (vgl. Streeck-Fischer 2006). Die Sorge um gravierende Spätfolgen erlebter Gewalt und ein hohes Vorkommen gewaltförmiger Erziehungspraktiken führten im Jahr 2000 zu einem Verbot von Gewalt und entwürdigenden Maßnahmen in der Erziehung. Laut Paragraph 1631 Abs. 2 BGB haben Kinder nunmehr ein Recht auf gewaltfreie Erziehung. Das heißt für Eltern, dass körperliche Bestrafungen, seelische Verletzungen und andere entwürdigende Erziehungsmaßnahmen auch in der lange vor staatlichen Eingriffen geschützten Familie unzulässig sind.

3.3 Gefährdungen und Gewalt in der Gleichaltrigengruppe

In Deutschland wurde das Problem der Gewalt unter Gleichaltrigen in den 1990er Jahren zunächst durch die Schulforschung vorangetrieben (vgl. Schubarth und Melzer 1995). Jugendliches aggressives Verhalten bis hin zu delinquentem Verhalten wurde im Kontext eines aufkommenden Rechtsradikalismus verstärkt als Problem wahrgenommen. Ging es in der Jugendforschung zunächst noch stark um Aggressionen, die von Gruppen ausgingen und nach außen gerichtet wurden, so wurde das Thema der Peer-Gewalt, also Gewalt innerhalb der Gleichaltrigengruppe, immer virulenter. Studien wiesen nach, dass insbesondere „verbale Aggressionen", die sich in Beschimpfungen oder Beleidigungen ausdrücken, verbunden mit nonverbalen Provokationen, die an Schulen am häufigsten auftretende Gewaltform darstellten (vgl. Schubarth 2000, S. 82). Die Dynamik einer Gewaltspirale im Sinne eskalierender Gewalt galt als Gefahr, also das Risiko, dass verbale Gewalt in physische Aggressionen einmünden könne. Anfang der Jahrtausendwende kam eine Studie zu der Erkenntnis, dass ca. 4 % der befragten Jungen ihre Mitschüler öfter als einmal in der Woche schlugen oder traten, weniger als 1 % bedrohten andere Mitschüler mehr als einmal pro Woche mit einer Waffe und ca. 2 % der Befragten berichteten über mehr als zehn erlebte Körperverletzungen im Vorjahr der Befragung (vgl. Lösel und Bliesener 2003, S. 140). Begriffe wie *„Peer-Viktimisierung"* oder *„Mobbing"* und später aus Skandinavien kommend *„Bullying"* erfassten das Phänomen systematischer und wiederholter Aggressionen von Jugendlichen, die körperlich oder verbal gegen Schwächere in einer Hierarchie gerichtet werden. Norwegische Forschungserkenntnisse kamen zu der Einsicht, dass es im Falle von Mobbing in Gleichaltrigengruppen keine Unbeteiligten gibt, sondern dass sich im Umfeld von Täter und Opfer zumeist aktive und passive Helfer, indirekte Unterstützer, Handlanger oder Zuschauer bewegen. Somit gibt es keine Unbeteiligten in Gewaltsituationen und die Forscher sprechen darum eher von „Bullying" (vgl. Olweus 2001).

Mit der Entwicklung neuer Medien und digitaler Kommunikationsformen in sozialen Netzwerken sind neue Risiken für Jugendliche hinzugekommen. Verbale Beleidigungen verbunden mit Bildern und Videos finden eine rasante und schnelle Verbreitung und können darum schnellen und intensiven Schaden anrichten und beziehen sich längst nicht nur auf den Lebensort Schule. Im Rahmen einer 2007 durchgeführten Online-Befragung unter Jugendlichen äußerten bereits 54,3 %, dass sie von direktem Mobbing betroffen seien, 19,9 % gaben an von Cyber-Mobbing betroffen zu sein (vgl. Jäger et al. 2007, S. 3).

Inzwischen stehen Phänomene sexualisierter Gewalt unter Jugendlichen im Fokus. Aufgekommen war diese Problematik aufgrund eines verstärkten Bedarfs an spezialisierten therapeutischen Settings für besonders aggressive und sexuell auffällige Jugendliche in betreuten Wohngruppen und Heimen. Oft handelt es sich um Betroffene, die zu reinszenierendem Verhalten tendieren (Allroggen et al. 2011). Streitschlichterprogramme und die Mediatorenausbildung sowie der Ansatz einer „positive peer culture" (vgl. Opp und Teichmann 2008) wurden zu wichtigen Präventions- und Interventionsstrategien im schulischen Bereich. Angesichts der Verbreitung von Mobbing und anderen Gewalthandlungen muss von einer breit angelegten Anti-Gewalt-Bildungsarbeit mit Jugendlichen ausgegangen werden. Die Verstärkung von Schulsozialarbeit sowie Bildungsarbeit in der Offenen Jugendarbeit und in der Jugendverbandarbeit gelten als notwendige zentrale Zugänge.

3.4   Gefährdungen durch Gewalthandlungen in Institutionen

Lange galten Grenzverletzungen, Übergriffe oder strafrechtlich relevante Handlungen (insbesondere sexualisierte Gewalt) durch Professionelle in Institutionen als undenkbar. Die Aufdeckung von Fällen in pädagogischen Kontexten verlief trotz vieler Hinweise (vgl. Enders 1995; Conen 1995; Fegert und Wolff 2002; Braun et al. 2003) schleppend. Nach öffentlichkeitswirksamen und enttabuisierenden Berichten über Skandale in katholischen Eliteinternaten in den Medien (vgl. Stadler und Obermayer 2011) sowie u. a. in der Odenwaldschule sind diverse Fälle sexualisierter Gewalt offengelegt worden. Angesichts der Vehemenz der Berichte und der ausgelösten Dynamik in den letzten Jahre liegt die Vermutung nahe, dass Kinder und Jugendliche in allen Institutionen der Erziehung, Bildung, Ausbildung, Freizeit und psychosozialen und gesundheitlichen Versorgung dem Risiko von Unrechtssituationen jeglicher Art ausgesetzt sind. Ihnen kann sexualisierte Gewalt in allen Institutionen widerfahren, in denen sie betreut, beschult, therapiert, unterstützt oder gepflegt werden.

Auf nationaler Ebene begann in Deutschland die Aufarbeitung von Missbrauch in der Heimerziehung 2009 mit dem Runden Tisch „Heimerziehung in den 50er und 60er Jahren". Ende 2010 erschien der Abschlussbericht (vgl. Runder Tisch Heimerziehung in den 50er und 60er Jahren 2010). Seit Frühjahr 2010 wurde der Runde Tisch „*Sexueller Kindesmissbrauch in Abhängigkeits- und Machtverhältnissen in privaten und öffentlichen Einrichtungen und im familiären Bereich*" gegründet, an dem Vertreter_innen aus einem breiten zivilgesellschaftlichen Spektrum über einen besseren Schutz von Kindern in Institutionen mit der Politik rangen (vgl. Der Runde Tisch Kindesmissbrauch 2011). Seither gibt es nur einige verlässliche empirische Befunde (vgl. Fegert et al. 2013). Eine vergleichende Studie des Deutschen Jugendinstituts legt nahe, dass in stationären Settings, in denen vortraumatisierte Kinder und Jugendliche betreut werden, die Gefährdungspotentiale für mögliche sexualisierte Gewalthandlungen erhöht sein können (vgl. Helming et al. 2011). Argumentiert wird zudem, dass familienähnliche Beziehungskontexte, in denen keinerlei Konzepte zur Nähe-Distanz-Regulation in professionellen helfenden Beziehungen vorliegen, das Risiko für Kinder und Jugendliche verstärken können (vgl. Kessl und Hartmann 2012).

Es muss davon ausgegangen werden, dass vulnerable Zielgruppen, zu denen insbesondere die Personen gehören, die in ihrem Alltag dringend auf die Hilfe anderer angewiesen sind, Grenzverletzungen, Übergriffen oder strafbaren Handlungen in erhöhtem Maße ausgesetzt sind. Zu dieser Gruppe gehören junge oder alte Menschen mit Beeinträchtigungen durch chronische Erkrankungen, geistige und körperliche Behinderungen oder mit Orientierungseinschränkungen. Bei diesen Personengruppen kommt erschwerend hinzu, dass ihre Artikulationsfähigkeit eingeschränkt sein kann und dass ihre Glaubwürdigkeit ungerechtfertigterweise dadurch beeinträchtigt wird. Das Problem eines gesteigerten Risikos wurde in der Behindertenhilfe bereits um die Jahrtausendwende intensiv besprochen (vgl. Becker 2001; Fegert et al. 2006). Statistisch hat eine repräsentative Studie mit Frauen, die über eine Beeinträchtigung verfügen, ergeben, dass diese zwei- bis dreimal häufiger sexuellem Missbrauch in Kindheit und Jugend ausgesetzt waren als der weibliche Bevölkerungsdurchschnitt. Hinzu kommt, dass gerade die Frauen, die in Einrichtungen der Behindertenhilfe leben und arbeiten, im hohen Maße Gewalt ausgesetzt sind (vgl. BMFSFJ 2013).

Die Ursachen, warum Kinder und Jugendliche Gewalt durch Erwachsenen oder ihre Gleichaltrigengruppe in Familien oder Institutionen aller Art ausgesetzt sind, sind so vielfältig wie die Personen und Institutionen. Das Risiko, Opfer werden zu können, kann nicht nur auf einzelne Faktoren reduziert werden. Je nach Disziplin wird der Fokus auf personengebundene oder gesellschaftlich bedingte Faktoren gelegt. Beide Bereiche müssen im Sinne einer soziokulturellen Perspektive zusammengeführt werden, da es zumeist um schwierige Gemengelagen geht. Im Zusammenhang mit Gewaltphänomenen in der Familie können Überforderung, psychische Auffälligkeiten, Alkohol- oder Drogenmissbrauch Auslöser sein. Hinzukommt allerdings auch ein Erziehungsklima sowie das familiäre Umfeld, das Schutz- und Risikofaktoren gleichermaßen aufweisen kann. Im Falle von Vernachlässigungen ist nicht hinreichend erwiesen, aber naheliegend, dass Armutsindikatoren, wie niedriges Einkommen, Arbeitslosigkeit, beengte Wohnverhältnisse, Mangel an Lebensperspekti-

Abbildung 2   Institutionelle und gesellschaftliche Ursachen für den Missbrauch in
Institutionen

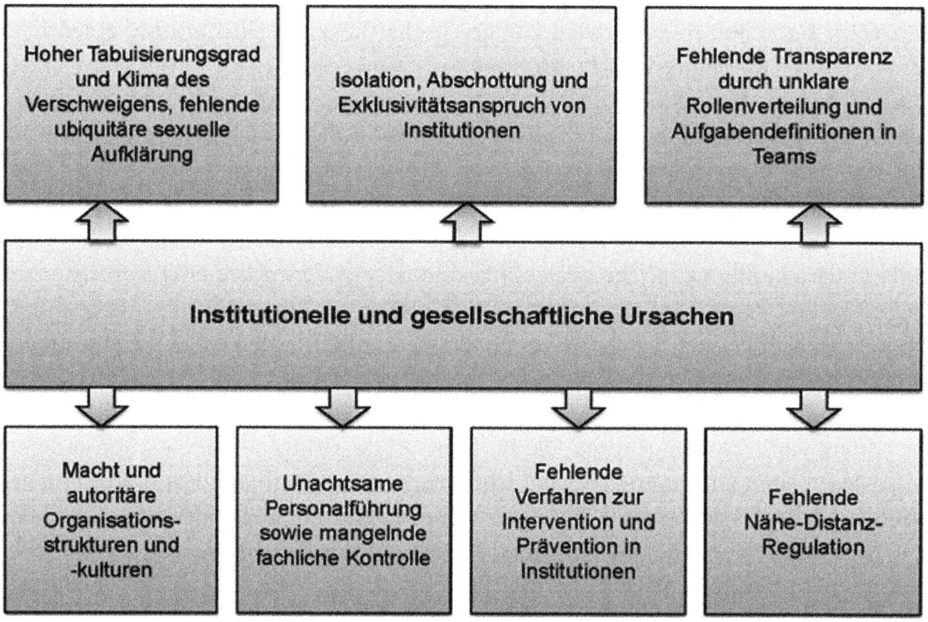

Quelle: Zwischenbericht Runder Tisch Kindesmissbrauch, 2011

ven, eine emotionale Unterversorgungslage von Kindern und Jugendlichen negativ
beeinflussen können.

Im Zusammenhang mit sexuellem Missbrauch hatte schon David Finkelhor (1984)
in seinem Modell der vier Vorbedingungen zur Entstehung von Verhalten eines sexuellen Missbrauchers ein Integrationsmodell verschiedener Erklärungsansätze geschaffen und damit eine soziokulturelle Sicht eröffnet. Er ging davon aus, dass neben
einer individuellen Motivation auch eine Überwindung interner und externer Hem-
mungen sowie des kindlichen Widerstands stattfinden müsse. Die nachfolgende Gra-
fik eröffnet den Blick auf die unterschiedlichen soziokulturellen Indikatoren, die zu
Grenzverletzungen, Übergriffen oder strafrechtlich relevantem Verhalten in Institutionen beitragen können.

Unbestritten ist, dass sämtliche Abhängigkeitsverhältnisse, in denen eine Machtasymmetrie besteht, anfällig sind für den Missbrauch. Entwickeln sich dann Familien,
Peer-Groups oder Institutionen zu geschlossenen Systemen, trauen sich Betroffene
oft nicht, sich Außenstehenden anzuvertrauen. Die Gefahr ist dann groß, dass ambivalente Gefühle von Scham und Schuld entstehen, die therapeutisch herausfordernd
zu bearbeiten sind.

4   Rechtliche Rahmungen und rechtliche Aufträge

Der Bereich des Schutzes von Kindern und Jugendlichen hat seit den 2000er Jahren nicht nur fachliche, sondern auch erhebliche politische Aufmerksamkeit erfahren. Dies äußert sich nicht zuletzt in einer Vielzahl von politischen Initiativen und gesetzlichen Neuerungen im Kontext des Kinderschutzes. Beispielhaft seien hier das „Gesetz zur Erleichterung familiengerichtlicher Maßnahmen bei Gefährdung des Kindeswohls", diverse Landeskinderschutzgesetze und Änderungen in den Landesschulgesetzes, die KICK-Novelle des SGB VIII 2005, die erneute Novellierung des SGB VIII im Rahmen des sogenanntes „Bundeskinderschutzgesetzes 2012 und die zeitgleiche Einführung des „Gesetzes zur Kooperation und Kommunikation im Kinderschutz". Neben einer rechtlichen Grundlegung von *„neuen"* Hilfeformen wie z. B. den *„Frühen Hilfen"* inkl. sog. *„Familienhebammen"* rekurrieren die Gesetzesinitiativen auf einen besseren Schutz des Kindeswohl, wie er ebenfalls in universellen Übereinkünften, wie z. B. der Kinderrechtskonvention oder der allgemeinen Menschenrechtskonvention grundgelegt ist. Im Grundgesetz der BRD liegen weitere „zentralen Bezugspunkte" (Schmid und Meysen 2006, S. 2–2) für die weitere gesetzliche Konkretisierung des Handlungsauftrags der Kinder- und Jugendhilfe.

Die zentrale Grundnorm „Die Würde des Menschen ist unantastbar" (Art. 1 GG) unseres Grundgesetzes kennzeichnet den Rahmen aller Aktivitäten zum Kinderschutz und zur Sicherung des Wohls von Kindern und Jugendlichen. Sie bildet die „normativen Bezugspunkte" (Schone und Hensen 2011, S. 14) für die weitere Bestimmung des negativen Umkehrschlusses, des Begriffs der Kindeswohlgefährdung in nachgelagerten Gesetzbüchern, wie dem Bürgerlichen Gesetzbuch oder dem Sozialrecht .Schmid und Meysen (2006) betonen in dem Zusammenhang die „Irrelevanz des Alters" im Zusammenhang mit dem grundgesetzlich gesicherten Schutzbereich (vgl. ebd., S. 2–2). Unterschieden wird lediglich zwischen der selbstständigen Ausübung der Grundrechte, also der Wahrnehmung von Rechtspositionen gegenüber dem Staat (Grundrechtsmündigkeit), die vor allem altersabhängig zu betrachten ist, nicht jedoch hinsichtlich der Grundrechtsträgerschaft von Kindern und Jugendlichen (ebd.). Im Artikel 6 Abs. 2 GG benennt der Grundgesetzgeber die Vorrangstellung der Eltern, indem er beschreibt, dass „Pflege und Erziehung der Kinder das natürliche Recht der Eltern und die zuvörderst ihnen obliegende Pflicht" sind (Art. 6 Abs. 2 GG). Diese den Eltern zugewiesene „Elternverantwortung" (BVerfGE 24, 119) verknüpft hier Rechte und Pflichten von Eltern gegenüber den noch nicht grundrechtsmündigen Kindern und Jugendlichen. Mit dem Zusatz, dass über diese Elternverantwortung „die staatliche Gemeinschaft" wacht (vgl. Art. 6 Abs. 2 GG) intendiert der Gesetzgeber, dass das Elternrecht im Unterschied zu anderen Grundrechten kein alleiniges Recht im Interesse der Eltern ist, sondern „vielmehr ein so genanntes fremdnütziges Recht im Interesse der Kinder selbst" (BVerfGE 24, 119, 144). „Diese Rechte sind also nicht Selbstzweck. Sie dienen der Verwirklichung des Wohles schutzbedürftiger Personen. Nur soweit ihre Ausübung diesen Zweck im Auge behält,

ist sie rechtmäßig" (Hesselberger 1996, S. 68). Dabei impliziert die staatliche Überwachung der Elternverantwortung neben der Herstellung von „Ermöglichungsbedin-
gungen zur effektiven Wahrnehmung des Elternrechts" (vgl. Jean d'Heur 1991) auch
die Kontrolle von Eltern bis hin zum Eingriff in elterliche Rechte, wenn das Wohl des
Kindes oder des Jugendlichen gefährdet ist.

Dieser im § 1666 f. beschriebene Eingriff in elterliche Rechte zeigt das im Grundprinzip der Subsidiarität, dass erst alle anderen Möglichkeiten der Hilfe und der Abwendung der Kindeswohlgefährdung, dazu zählen auch Hilfen zur Erziehung nach
§ 27 ff. SGB VIII, ausgeschöpft und überprüft sein müssen oder „zur Abwehr der Gefahr nicht ausreichen". Erst dann ist ein Entzug der gesamten elterlichen Sorge zulässig. Diese hier aufgezeigte Interpretation des Begriffs der Kindeswohlgefährdung
kennzeichnet vor allem den Rahmen für Regelungen in den Sozialgesetzbüchern,
hier insbesondere im SGB VIII, aber auch in einzelnen „Landeskinderschutzgesetzen"
oder schulrechtlichen Regelungen der Länder. In diesen ist der Bezugspunkt die gängige und teilweise höchstrichterliche Interpretation und Kommentierung des § 1666
BGB. Explizit, durch wortgleiche Verwendung einzelner grundgesetzlicher Formulierungen und Formulierungen des § 1666 BGB, wird auch in den entsprechenden
Paragraphen des „Gesetzes zur Kooperation und Kommunikation im Kinderschutz"
(KKG), diesem Geltungsgrundsatz Rechnung getragen.

Diese operationalisierten Ziele und Aufträge der Kinder- und Jugendhilfe umfassen daher auch den Schutz vor Gefahren für das Wohl von Kindern und Jugendlichen
(vgl. § 1 SGB VIII, Abs. 3, Satz 3). Dieser Auftrag ist jedoch eingebettet in die Aufforderung Kinder und Jugendliche individuell zu fördern (vgl. § 1 SGB VIII, Abs. 3,
Satz 1), Eltern bei der Wahrnehmung ihrer Elternverantwortung subsidiär zu unterstützen (vgl. § 1 SGB VIII, Abs. 3, Satz 2) und die Lebensbedingungen für Kinder und
Jugendliche positiv zu gestalten (vgl. § 1 SGB VIII, Abs. 3, Satz 4).Der Systematik des
SGB VIII folgend dient der § 1 SGB VIII als handlungsleitende Generalnorm, als umfassende, allen anderen Leistungen und Aufgaben dieses Gesetzes immanente Aufgabe. Bereits in dieser Leitnorm des SGB VIII konstituiert sich somit in der Zielrichtung und der Aufgabenbeschreibung ein zentrales Spannungsfeld der Kinder- und
Jugendhilfe zwischen den Rechten der Kinder, dem Elternrecht und der Elternpflicht
und dem staatlichen Wächteramt. Einhergeht mit diesem formulierten Spannungsfeld der Auftrag an die Jugendhilfe in diesem aktiv zu werden (vgl. Schone 2002,
S. 948).

Diese Verknüpfung zeigt sich auch konkret im § 8a SGB VII, der den Schutzauftrag der Kinder- und Jugendhilfe präzisiert und der mit seinen Formulierungen auch
die Befugnisnorm zur Weitergabe von Daten in Fällen von Kindeswohlgefährdungen, die durch Berufsgeheimnisträger_innen und Lehrer_innen bemerkt werden (§ 4
KKG). Der § 8a SGB VIII verpflichtet sowohl den öffentlichen Träger, als auch die
freien Träger von Diensten und Einrichtungen auf spezifische Schritte beim Bekanntwerden von „gewichtigen Anhaltspunkten". Mit dieser Formulierung drückt der Gesetzgeber auch eine Abgrenzung zu allgemeinen pädagogischen Herausforderungen

oder auch zum „Nicht-Vorliegen einer dem Wohl des Kindes förderlichen Erziehung", wie er im § 27 SGB VIII beschrieben wird. Deutlich wird in den Formulierungen des § 8a SGB VIII auch, dass die Norm nicht dafür gedacht ist, möglichst schnell Informationen an den öffentlichen Träger „zu melden", sondern in einem abgestimmten Verfahren insbesondere Hilfezugänge durch Mitarbeiter_innen freier Träger zu nutzen (§ 8a SGB VII, 4). Die in dem Kontext notwendige „Risikoeinschätzung" soll dabei durch sogenannte „insoweit erfahrene Fachkräfte" unterstützt werden. Diese „insoweit erfahrenen Fachkräfte bilden dabei auch den Kern der Unterstützung beim Bekanntwerden von „gewichtigen Anhaltspunkten" für eine mögliche Kindeswohlgefährdung in anderen Handlungsfeldern als in der Kinder- und Jugendhilfe (vgl. § 8b SGB VIII, § 4 KKG).

Mit der Novelle des SGB VIII im Jahr 2012 hat der Gesetzgeber auch für den Bereich der Kinder- und Jugendhilfe begonnen eine zentrale Forderung des „Runden Tischs" umzusetzen. Dieser empfiehlt in seinem Abschlussbericht, dass der Erhalt von öffentlichen Geldern an die Einhaltung entsprechender Präventionsstandards und Präventionskonzepte zu knüpfen ist. Neben der Ausweitung der Vorlage erweiterter polizeilicher Führungszeugnisse auch für ehrenamtlich Tätige (§ 72a SGB VIII) hat der Gesetzgeber nunmehr im Rahmen der Betriebserlaubniserteilung für Einrichtungen die Verpflichtung aufgenommen, bzw. präzisiert, dass Einrichtungen geeignete Verfahren zur Sicherstellung der Rechte und des Schutzes von Kindern und Jugendlichen und zur Beteiligung vorlegen müssen. Diese Neuregelung setzt beileibe nicht alle fachlichen Empfehlungen des „Runden Tisches" in Recht um, markiert jedoch einen Beginn.

5 Mögliche Lösungsansätze und weitergehende Perspektiven

Grundsätzlich gilt es, die Aufmerksamkeit für mögliche Gefährdungen durch alle Formen der Gewalt an Kindern und Jugendlichen zu erhöhen und dabei die Sensibilisierung für die Rechte von Kindern und Jugendlichen als eine gesamtgesellschaftliche Aufgabe, die alle Sozialisationsinstanzen von Kindern und Jugendlichen, wie Familien, Institutionen, Freundeskreise, Nachbarschaft und im Gemeinwesen umfasst zu begreifen.

Im Zusammenhang mit Kindeswohlgefährdungen von Kleinkindern in Familien werden seit Jahren Interventions- und Präventionsmaßnahmen im Sinne „Früher Hilfen" entwickelt und inzwischen in einem Nationalen Zentrum Frühe Hilfen (NZFH) zusammengeführt. „Frühe Hilfen" sollen schnell und aufeinander abgestimmt im Sinne interdisziplinärer „Präventionsketten" vergleichbarer anderer Netzwerke funktionieren. Es handelt sich hier um interdisziplinäre vernetzte Arbeitsstrukturen, um den Eltern von Kindern, die Gefährdungspotenzialen ausgesetzt sind, frühzeitig Hilfe und Unterstützung anbieten zu können (vgl. Bastian et al. 2008). Aufbauend auf einem länderübergreifenden Modellprojekt „Guter Start ins Kinderleben" wurden z. B.

in Bayern sog. koordinierende Kinderschutzstellen („*KoKi*") auf städtischer Ebene
oder von Landkreisen zur Verbesserung des Kinderschutzes in Familien etabliert. Sie
dienen einer frühzeitigen und besseren Risiko- und Ressourceneinschätzung in Familien sowie der Aktivierung eines engen Netzwerks zwischen Jugendämtern, Gesundheitswesens, dem Bildungs- und Erziehungswesen (vgl. Meysen et al. 2008).
Darüber hinaus wurden von den Jugendämtern Düsseldorf und Stuttgart der sog.
„*Stuttgarter und Düsseldorfer Kinderschutzbogen*" entwickelt. Er stellt ein Diagnosein-
strument mit Indikatoren für den Allgemeinen Sozialdienst (ASD) dar, um Gefähr-
dungseinschätzungen bei vermuteter Kinderschutzgefährdung vorzunehmen. Weitere Methoden und systematisch aufeinander abgestimmt Verfahrensabläufe sind im
Aufbau (vgl. Schader 2013). Im Kinderschutz bleibt die nötige Balance zwischen Ein-
griffs- und Kontrollorientierung sowie der Bereitstellung von Hilfe und Unterstützung eine stetige Herausforderung.

Im Zusammenhang mit der Notwendigkeit von mehr Sicherheit in pädagogischen
Einrichtungen und Institutionen, in denen sich Kinder und vor allem Jugendliche
aufhalten, wird von einer notwendigen gesamtgesellschaftlichen Verantwortung gesprochen. Sie soll sich in Form einer „*Kultur des Hinschauens*", „*Kultur der Aufmerksamkeit*", „*Kultur der Partizipation*" oder „*Kultur der Grenzachtung*" ausdrücken. Der
Begriff der „*Kultur*" zeigt eine grundlegende präventive Neuausrichtung in Institutionen an. Auch die Debatte zu Maßnahmen der Prävention und Intervention in Institutionen hatten sich in der Praxis bereits in den 1990er Jahren Präventionskonzepte etabliert (vgl. Enders 1995), die seit 2010 national zum Tragen kommen. Gefordert wird,
dass Institutionen klare Regeln zur Intervention einführen müssen, Fehleranalysen
vornehmen und Schutzmaßnahmen umsetzen müssen. Es obliegt den Einrichtungen sichere und entwicklungsförderliche pädagogische Kontexte für Kinder und Jugendliche zu schaffen. Angesichts vieler Vorarbeiten und Vorerfahrungen der Praxis
wurde am Runden Tisch Kindesmissbrauch von einer multiperspektivischen Präven-
tionsstrategie für den Schutz in Institutionen ausgegangen. Kinder und Jugendliche,
Führungs- und Leitungspersonen in Einrichtungen und Organisationen, professionelle und ehrenamtliche Personen, Eltern sowie Ausbildungs- und Weiterbildungs-
institutionen werden gleichermaßen in den Blick genommen (vgl. Wolff et al. 2012).
Zumal die Wirksamkeit präventiver Maßnahmen gegen sexuellen Missbrauch grundsätzlich schwierig nachzuweisen ist (vgl. Kindler 2011), müssen viele Zielgruppen erreicht werden. Empfohlen wurden vom Runden Tisch Kindesmissbrauch Mindeststandards für den besseren Schutz von Kindern und Jugendlichen in Institutionen,
die Top-Down- und Bottom-Up-Elemente enthalten. Im Sinne des Top-Down-Prin-
zips gilt die Erhöhung der Verbindlichkeit durch die Koppelung von Förderung und
Implementierung eines Schutzkonzeptes. Zu den zentralen Standards gehören interne Informationskampagnen für Kinder und Jugendliche, die Verankerung von
Schutzmaßnahmen in Qualitäts- und Personalentwicklungsprozessen, die Erstellung
einer Risikoanalyse innerhalb der Institution, Etablierung von Beteiligungs- und Be-
schwerdemöglichkeiten für Kinder und Jugendliche Einrichtung, Schutzmaßnahmen

bei der Personalrekrutierung sowie die Erstellung eines gestuften Handlungsplans im Falle einer Vermutung eines Missbrauchs. Im Sinne von Bottom-Up-Elementen gelten langfristige Organisationsentwicklungsprozesse. Dafür sind Beteiligungsorientierte Dialoge angezeigt, zumal erforderliche Haltungsänderungen nicht allein durch neue Gesetze und Verordnungen in Gang gesetzt werden, sondern nur in lernenden Organisationen entstehen (vgl. Wolff et al. 2012). Schutz und Sicherheit werden nur als gelebte Alltagspraxis Wirkung in pädagogischen Kontexten entfalten können. In gelebten professionellen Beziehungen, die stets bewusst und reflektiert an der Nähe-Distanz-Regulation und an Machtkonstellationen – auch bezogen auf sexualpädagogische Konzepte – arbeiten, werden Kinder und Jugendliche in Institutionen sicherer.

Im Kontext von Gefährdungen von Kindern und Jugendlichen in Institutionen wurde durch zivilgesellschaftliche Diskussionen an Runden Tischen zunächst das Ausmaß der Probleme deutlich. Einrichtungen müssen zukünftig Verantwortung übernehmen und nachhaltige Schutzkonzepte im Zusammenwirken von professionellen und ehrenamtlichen und Mitarbeiter_innen, Kindern, Jugendlichen und Eltern entwickeln. Die selbstreflexive Analyse nach innen, d. h. die Auseinandersetzung mit möglichen Gefährdungspotenzialen stellt den Ausgangspunkt für Veränderungen in Institutionen dar. Eine solche breite Innovationsoffensive steht noch aus, allerdings ist momentan noch unklar, mit welchen Ressourcen Träger zusätzliche Maßnahmen des Klientenschutzes umsetzen sollen. Letztlich wird in der Zukunft die Frage einer geeigneten und angemessenen gesellschaftlichen Aufarbeitung von erlittener Gewalt an Kindern und Jugendlichen in Familien und Institutionen der letzten Dekaden zentral sein. Gleichzeitig wird die Frage nach einem angemessene Beratungs- und Unterstützungssystem für Betroffenen virulent. Personen, den Gewalt widerfahren ist, können in niederschwelligen Beratungsstellen, im Jugendamt, in Selbsthilfegruppen, bei Ärzt_innen, bei der Polizei, in kinder- und jugendpsychiatrischen Kliniken und Ambulanzen erste Ansprechpartner_innen finden. Angesichts der Enttabuisierung sexualisierter Gewalt in Familien, Institutionen und in der Gleichaltrigengruppe trauen sich inzwischen viele Betroffenen, sich an Beratungsstellen zu wenden. Darum benötigen Kinder und Jugendliche, die Opfer von Gewalt in Familien, Institutionen und ihrer Gleichaltrigengruppe geworden sind, schnelle, niederschwellige, wohnortnahe therapeutische und lebensweltorientierte Hilfe- und Unterstützungsangebote. Der Bedarf an kurzfristiger und möglicher langfristiger Hilfe- und Therapie in intensivpädagogischen und therapeutischen Einrichtungen ist darum groß. Derzeit kann er jedoch nicht flächendeckend in Deutschland abgedeckt werden (vgl. Helfferich et al. 2012). Dringend ist darum ein Ausbau spezialisierter traumatherapeutischer und traumapädagogischer Wohngruppen und Ambulanzen nötig, die sozialpädagogische Hilfestellungen geben. Zudem mangelt es an Beratungseinrichtungen für Jungen, bundesweit stehen hier einige spezialisierte Angebote zur Verfügung (vgl. Mosser 2008). Von den vielfach aus Selbsthilfegruppen entstandenen Beratungsstellen wird auch eine ausreichende Finanzierung gefordert, da viele Angebote wenig öffentliche Finanzierung erhalten und sich vielmehr über Spenden finanzieren.

Die Frage der Finanzierung stellt sich generell mit Blick auf die Angebote, Dienste und Hilfen der Kinder- und Jugendhilfe, welche sowohl mit Blick auf die Fallzahlen, als auch in der Folge bei Beschäftigtenzahlen und Kosten durch die *„Kinderschutz- debatte"* einen enormen Anstieg erfahren haben, der viele vor allem kommunale Budget massiv herausfordert. Hier ein qualitativ hochwertiges Leistungsangebot, welches den Bedarfen der Adressat_innen gerecht wird aufrecht zu erhalten, wird eine der zentralen Herausforderungen der Kinder- und Jugendhilfe in der Zukunft sein. Dabei gilt es insbesondere wachsam zu sein, an welchen Stellen u. U. aus fiskalischen oder politischen Gründen fachliche Überzeugungen, Grundhaltungen und sozialpädagogische Zugänge und Methoden konterkariert und negiert werden.

Literatur

Allroggen, M., Kliemann, A., Spröber, N., Rau, T., & Fegert J. M. (2012). Bedrohungsszenarien und Gewalt gegenüber Dritten in der Psychotherapie. Rechtliche Rahmenbedingungen und Handlungsempfehlungen. *Psychotherapeut*, Heft 57, (S. 142–147).

Andresen, S., & Heitmeyer, W. (Hrsg.). (2012). *Zerstörerische Vorgänge. Missachtung und sexuelle Gewalt gegen Kinder und Jugendliche in Institutionen.* Weinheim und München: Beltz Juventa.

Bange, D., & Deegener, G. (1996). *Sexueller Missbrauch an Kindern – Ausmaß, Hintergründe, Folgen.* Weinheim: Psychologie Verlags Union.

Barth, J., Bermetz, L., Heim, E., Trelle, S., & Tonia, T. (2013). The current prevalence of child sexual abuse worldwide: a systematic review and meta-analysis. I, 58 (3), (S. 469–483).

Bastian, P., Diepholz, A., & Lindner, E. (2008). *Frühe Hilfen für Familien und soziale Frühwarnsysteme.* Münster: Waxmann.

Baurmann, M. (1996). *Sexualität, Gewalt und psychische Folgen*, 2. Aufl. Wiesbaden.

Becker, M. (2001). *Sexuelle Gewalt gegen Mädchen mit geistiger Behinderung. Daten und Hintergründe*, 2. Aufl. Heidelberg: Ed. Schindele.

Bergmann, C. (2011). *Abschlussbericht der Unabhängigen Beauftragten zur Aufarbeitung des sexuellen Kindesmissbrauchs.* Berlin.

Braun, G., Hasebrink, M., & Huxoll, M. (Hrsg.). (2003). *Pädosexualität ist Gewalt. (Wie) kann die Jugendhilfe schützen?* Weinheim, Basel und Berlin: Juventa, Votum.

Bringewat, P. (1997). *Tod eines Kindes: Soziale Arbeit und strafrechtliche Risiken.* Baden-Baden: Nomos Verlags-Gesellschaft.

Bundeskriminalamt (2015). *Polizeiliche Kriminalstatistik 2015. Berlin: Bundesministerium des Inneren.* https://www.bmi. bund.de/SharedDocs/Downloads/DE/Broschueren/ 2016/pks-2015.pdf?__blob=publicationFile. Zugegriffen: 30.06.15.

Bundesministerium für Familie, Senioren, Frauen und Jugend (BMFSFJ). (Hrsg.). (2013). *Lebenssituation und Belastungen von Frauen mit Beeinträchtigungen und Behinderungen in Deutschland*, 2. Aufl. Berlin.

Bundschuh, C. (2011). *Sexualisierte Gewalt gegen Kinder in Institutionen.* Expertise im Rahmen des Projektes „Sexuelle Gewalt gegen Mädchen und Jugend in Institutionen" im Auftrag der unabhängigen Beauftragten zur Aufarbeitung des sexuellen Kindesmissbrauchs. München: Deutsches Jugendinstitut.

Conen, M.-L. (1995). Sexueller Missbrauch durch Mitarbeiter stationärer Einrichtungen für Mädchen und Jungen. *Praxis der Kinderpsychologie und Kinderpsychiatrie,* Heft 44, (S. 134–140).

Der Runde Tisch Sexueller Kindesmissbrauch in Abhängigkeits- und Machtverhältnissen in privaten und öffentlichen Einrichtungen und im familiären Bereich (Hrsg.). (2011). *Abschlussbericht.* Berlin.

Enders, U. (Hrsg.). (1995). *Zart war ich, bitter war's. Handbuch gegen sexuellen Missbrauch an Mädchen und Jungen.* Köln: Kiwi-Verlag.

Enders, U., Kossatz, Y., Kelkel, M., & Eberhardt, B. (2010). *Zur Differenzierung zwischen Grenzverletzungen, Übergriffen und strafrechtlich relevanten Formen der Gewalt im pädagogischen Alltag.* http://www.praevention-bildung.dbk.de/fileadmin/redaktion/ praevention/microsite/Downloads/Zartbitter_GrenzuebergriffeStraftaten.pdf. Zugegriffen: 10.10.2014.

Fegert, J.M., & Wolff, M. (Hrsg.). (2002). *Sexueller Missbrauch durch Professionelle in Institutionen. Prävention und Intervention – Ein Werkbuch.* 2. überarbeitete Aufl. 2006. Münster und München.

Fegert, J.M., Jeschke, K., Helgard, T., & Lehmkuhl, U. (Hrsg.). (2006). *Sexuelle Selbstbestimmung und sexuelle Gewalt. Ein Modellprojekt in Wohneinrichtungen für junge Menschen mit geistiger Behinderung.* Weinheim: Juventa.

Fegert, J.M., Rassenhofer, M., Schneider, T., Seitz, A., & Spröber, N. (2013). *Sexueller Kindesmissbrauch – Zeugnisse, Botschaften, Konsequenzen.* Weinheim und Basel: Juventa Beltz.

Finkelhor, D. (1984). *Child sexual abuse. New theory and research.* New York: Free Press.

Freund, U., & Riedel-Breidenstein, D. (2004). *Sexuelle Übergriffe unter Kindern. Handbuch zur Prävention und Intervention,* 2. Aufl. Köln: mebes & noack.

Galm, B., Hees, K., & Kindler H. (2010). *Kindesvernachlässigung – verstehen, erkennen, helfen.* München: Ernst Reinhardt Verlag.

Galtung, J. (1998). *Frieden mit friedlichen Mitteln.* Opladen: Budrich Verlag.

Günther, R., Kavemann, B., & Ohl, D. (1993). *Modellprojekt Beratungsstelle und Zufluchtswohnung für sexuell missbrauchte Mädchen von „Wildwasser" – Arbeitsgemeinschaft gegen sexuellen Missbrauch an Mädchen e. V. Berlin Abschlußbericht der wissenschaftlichen Begleitung.* Hrsg. Vom Bundesministerium für Frauen und Jugend. Stuttgart: Kohlhammer.

Häuser, W., Schmutzer, G., Brähler, E., & Glaesner, H. (2011). Misshandlung in Kindheit und Jugend. Ergebnisse einer Umfrage in einer repräsentativen Stichprobe der deutschen Bevölkerung. *Deutsches Ärzteblatt 108,* Heft 47, (S. 287–294).

Helfer, M.E., Kempe, R.S., & Krugman, R.D. (Hrsg.). (2002). *Das mißhandelte Kind (The Battered Child).* Berlin.

Helfferich, C., Kavemann, B., & Rothkegel, S. (2012). *Abschlussbericht der Bestandsaufnahme spezialisierter Beratungsangebote bei sexualisierter Gewalt in Kindheit und Jugend (Untersuchung Teil A+B)*. Berlin, Freiburg.

Helming, E., Kindler, H., Langmeyer, A., Mayer, M., Entleitner, C., Mosser, P., & Wolff, M. (2011). (Hrsg. von: Deutsches Jugendinstitut), *Sexuelle Gewalt gegen Mädchen und Jungen in Institutionen. Rohdatenbericht*. München: Deutsches Jugendinstitut.

Hesselberger, D. (1996). *Das Grundgesetz. Kommentar für die politische Bildung*. Neuwied: Luchterhand.

Honig, M.-S. (1986). *Verhäuslichte Gewalt: sozialer Konflikt, wissenschaftliche Konstrukte, Alltagswissen, Handlungssituationen, eine Explorativstudie über Gewalthandeln von Familien*. Frankfurt a. M.: Suhrkamp.

Jäger, R., Fischer, U., & Riebel, J. (2007). *Mobbing bei Schülerinnen und Schülern der Bundesrepublik Deutschland. Eine empirische Untersuchung auf der Grundlage einer Online-Befragung*. Landau: Universität Koblenz/Landau.

Jean d'heur, B. (1991). *Der Kindeswohlbegriff aus verfassungsrechtlicher Sicht. Ein Rechtsgutachten. Im Auftrag der Arbeitsgemeinschaft für Kinder und Jugendhilfe*. Bonn: Arbeitsgemeinschaft für Jugendhilfe.

Jud, A. (2015). Sexueller Kindesmissbrauch – Begriffe, Definitionen und Häufigkeiten. In J. M. Fegert, U. Hoffmann, E. König, J. Niehues & H. Liebhardt (Hrsg.), *Sexueller Missbrauch von Kindern und Jugendlichen. Ein Handbuch zur Prävention und Intervention für Fachkräfte im medizinischen, psychotherapeutischen und pädagogischen Bereich* (S. 41–50). Berlin, Heidelberg: Springer Medizin Verlag.

Kappeler, M. (2011). Einzelfälle oder institutionelles Versagen. *Thema Jugend, 4*, (S. 7–11).

Kavemann, B., & Kreyssig, U. (Hrsg.). (2006). *Handbuch Kinder und häusliche Gewalt*. Wiesbaden: VS Verlag für Sozialwissenschaften.

Kavemann, B., & Lohstöter, I. (1984). *Väter als Täter*. Reinbek: Rowohlt.

Kessl, F., & Hartmann, M. (2012). Die inszenierte Familie: Familialisierung als Risikostruktur sexualisierter Gewalt. In S. Andresen & W. Heitmeyer (Hrsg.), *Zerstörerische Vorgänge. Missachtung und sexuelle Gewalt egen Kinder und Jugendliche in Institutionen* (S. 164–177). Weinheim und Basel: Beltz Juventa.

Kindler, H. (2003). *Evaluation der Wirksamkeit präventiver Arbeit gegen sexuellen Missbrauch an Mädchen und Jungen. Expertise*. München: AMYNA.

Kindler, H., Lillig, S., Blüml, H., Meysen, T., & Werner, A. (Hrsg.). (2006). *Handbuch Kindeswohlgefährdung nach § 1666 BGB und Allgemeiner Sozialer Dienst (ASD)*. München: Deutsches Jugendinstitut.

London, K., Bruck, M., Ceci, S. J., & Shuman, D. W. (2005). Disclosure of child sexual abuse: What does the research tell us about the ways that children tell? *Psychology, Public Policy & Law, 11*, (S. 194–226).

Lösel, F., & Bliesener, T. (2003). *Aggression und Delinquenz unter Jugendlichen: Eine Studie zu sozial-kognitiven Erklärungen*. Neuwied: Luchterhand.

Lutz, T. (2010). *Soziale Arbeit im Kontrolldiskurs*. Wiesbaden: VS Verlag für Sozialwissenschaften.

Meysen, T., Schönecker, L., & Kindler, H. (2008). *Frühe Hilfen im Kinderschutz. Rechtliche Rahmenbedingungen und Risikodiagnostik in der Kooperation von Gesundheits- und Jugendhilfe.* Weinheim.

Mörsberger, T., & Restemeier, J. (Hrsg.). (1997). *Helfen mit Risiko: Zur Pflichtenstellung des Jugendamtes bei Kindesvernachlässigung; Dokumentation eines Strafverfahrens gegen eine Sozialarbeiterin in Osnabrück.* Neuwied, Kriftel und Berlin: Luchterhand.

Mosser, P. (2008). *Wege aus dem Dunkelfeld. Aufdeckung und Hilfesuche bei sexuellem Missbrauch an Jungen.* Wiesbaden: VS Verlag für Sozialwissenschaften.

Nikles, B., Roll, S., Sprück, D., Erdemir, M., & Gutknecht, S., (2011). *Jugendschutzrecht. Kommentar zum Jugendschutzgesetz (JuSchG) und zum Jugendmedienschutz-Staatsvertrag/JMStV) mit auszugsweiser Kommentierung des Strafgesetzbuches (StGB) sowie weitere Bestimmungen zum Jugendschutz.* Köln: Luchterhand.

Olweus, D. (2001). *The Bullying Circle.* Bergen/Norwegen.

Opp, G., & Teichmann, J. (2008). (Hrsg.). *Positive Peerkultur. Best Practices in Deutschland.* Bad Heilbrunn: Julius Klinkhardt.

Osterheider, M., Banse, R., Briken, P., Goldbeck, L., Hoyer, J., Santtila, P., & Eisenbarth, H. (2012). Häufigkeit, Erklärungsmodelle und Folgen sexueller Gewalt an Kindern und Jugendlichen. Zielsetzungen des deutschlandweiten MiKADO-Projekts. *Zeitschrift für Sexualforschung,* 25 (3), (S. 286–292).

Pöter, J. (2014). Differenzsensibler Kinderschutz und Schulsozialarbeit – Überlegungen zu einem unbestimmten Verhältnis. *Betrifft Mädchen,* Heft 4/2014.

Runder Tisch Heimerziehung in den 50er und 60er Jahren (Hrsg.). (2010). *Abschlussbericht.* Berlin.

Schader, H. (Hrsg.). (2013). *Risikoabschätzung bei Kindeswohlgefährdung. Ein systematisches Handbuch.* Weinheim: Beltz Juventa.

Schmid, H., & Meysen, T. (2006). Was ist unter Kindeswohlgefährdung zu verstehen? In H. Kindler, S. Lillig, H. Blüml, Meysen & A. Werner (Hrsg.), *Handbuch Kindeswohlgefährdung nach § 1666 BGB uns Allgemeiner Sozialer Dienst (ASD) (Kapitel 2).* München: Deutsches Jugendinstitut.

Schone, R., & Hensen, G. (2011). Der Begriff der Kindeswohlgefährdung zwischen Recht und Praxis. In G. Deegener & W. Körner (Hrsg.), *Erfassung von Kindeswohlgefährdung in Theorie und Praxis* (S. 13–29). Hogrefe: Pabst Science Publishers.

Schone, R. (2002). Hilfe und Kontrolle In W. Schroer, N. Struck & M. Wolff (Hrsg.), *Handbuch Kinder- und Jugendhilfe* (S. 945–948). München und Weinheim: Juventa.

Schone, R. (2008). *Kontrolle als Element von Fachlichkeit in den sozialpädagogischen Diensten der kinder- und Jugendhilfe. Expertise im Auftrag der AGJ.* Berlin: AGJ-Eigenverlag.

Schubarth, W., & Melzer, W. (Hrsg.). (1993). *Schule, Gewalt und Rechtsextremismus. Analyse und Prävention.* Opladen: Leske & Budrich.

Schubarth, W. (2000). *Gewaltprävention in Schule und Jugendhilfe.* Neuwied, Kriftel: Luchterhand.

Stadler, R., & Obermayer, B. (2011). *Bruder, was hast du getan? Kloster Ettal. Die Täter, die Opfer, das System.* Köln: Kiwi-Verlag.

Stoltenborgh, M., van IJzendoorn, M. H., Euser, E. M., & Bakermans-Kranenburg, M. J. (2011). A Global Perspective on Child Sexual Abuse: Meta-Analysis of Prevalence around the World. *Child Maltreatment,* 16 (2), (S. 79–101).

Streeck-Fischer, A. (2006). *Trauma und Entwicklung. Frühe Traumatisierungen und ihre Folgen in der Adoleszenz,* 2. Aufl. Stuttgart: Schattauer.

Unterstaller, A. (2006). Was ist unter sexuellem Missbrauch zu verstehen? In H. Kindler, S. Lillig, H. Blüml, Meysen & A. Werner (Hrsg.), *Handbuch Kindeswohlgefährdung nach § 1666 BGB uns Allgemeiner Sozialer Dienst (ASD) (Kapitel 27).* München: Deutsches Jugendinstitut.

Wazlawik, M. (2012). *Schutz von Jugendlichen vor Gefährdungen. Beteiligung und Responsivität. Perspektiven aus der Sicht Jugendlicher.* Münster.

Wazlawik, M. (2014). Kindeswohlgefährdung auch bei Jugendlichen? – Beeinträchtigungen des jugendlichen Wohlergehens und Schutz vor Gefährdungen. *Sozialmagazin,* 9–10.

Wolff, M. (2010). Sexualisierte Gewalt durch Professionelle in Institutionen – eine fachliche Momentaufnahme zum Stand der Diskussion. *unsere jugend,* Heft 11 + 12, (S. 460–471).

Wolff, M., Fegert, J. M., & Schröer, W. (2012). Mindeststandards und Leitlinien für einen besseren Kinderschutz. Zivilgesellschaftliche Verantwortung und Perspektiven nachhaltiger Organisationsentwicklung. *Das Jugendamt,* Heft 3, (S. 121–126).

Martin Wazlawik; Jun.Prof. Dr. phil. Dipl.-Päd.; Westfälische Wilhelms-Universität Münster, FB 06 Institut für Erziehungswissenschaft, Abteilung. II; Arbeitsschwerpunkte: Sexualisierte Gewalt in pädagogischen Institutionen, Pädagogische Professionalität und Professionsforschung, Partizipation von Kindern und Jugendlichen.

Wolff, Mechthild; Prof. Dr. Phil.-Dipl.-Päd.; Hochschule Landshut, Fakultät Soziale Arbeit; Arbeitsschwerpunkte: Jugendhilfe und Jugendhilfeplanung, Qualitätsentwicklung, Evaluation, Sozialmanagement.

Die politische Dimension der Jugendhilfe

Bernd Dollinger

Zusammenfassung

Das Verhältnis von Jugendhilfe und Politik wird sehr unterschiedlich interpretiert. Dies liegt in der Natur der Sache, da sowohl die Jugendhilfe wie auch die Politik nicht einheitlich aufgefasst werden. Diese Differenzen lassen sich nutzen, um die grundlegende politische Dimension der Jugendhilfe zu rekonstruieren: Sie bezieht sich auf Themen und Problemlagen, die oftmals strittig sind und in denen verschiedene Handlungsmöglichkeiten bestehen. Die Jugendhilfe ist deshalb zwar nicht Bestandteil der Politik, aber sie ist politisch ausgerichtet: Sie findet in konflikthaften Feldern statt, in denen Entscheidungen zum prinzipiellen Verhältnis von Individualität, Familie, Gesellschaft und Staat getroffen werden müssen. Sie steht in Auseinandersetzungen um die Frage, wie das soziale Leben gestaltet werden soll und welche Handlungschancen für pädagogische und andere Formen der Bearbeitung sozialer Probleme gegeben sind.

Schlüsselwörter

Politik, Politisches, Liberalismus, soziale Probleme

Die Frage nach der politischen Dimension der Jugendhilfe konfrontiert mit der Notwendigkeit, sich über ihre Kernprinzipien und ihren gesellschaftlichen Standort zu verständigen. In wesentlichen Teilen existiert diesbezüglich kein Konsens, weshalb nachfolgend eine erste Annäherung über eine Metapher und deren Analyse gesucht wird. Es folgen eine Konturbestimmung mit Blick auf wichtige Positionen und historische Bezüge sowie eine Auseinandersetzung mit neueren diskurstheoretischen Haltungen. Ein Fazit schließt den Beitrag ab.

1   Eine Metapher

Die politische Dimension der Jugendhilfe kann nicht erschlossen werden, ohne auf deren zentrale Implikationen zu sehen: Welche Handlungsspielräume besitzen Akteure der Jugendhilfe angesichts rechtlicher, finanzieller und politischer Regulierungen – und häufig auch: Restriktionen – ihrer Handlungsgrundlagen? Ist Jugendhilfe ein Teil politischer Arrangements oder ihr Gegenpart? Kommt in der Interaktion von Professionellen und AdressatInnen ein pädagogisches Arbeitsverhältnis zustande oder wird eine politische Funktion ausgefüllt?

Diese Fragen verdeutlichen, wie vielschichtig sich die Relation von Politik und Jugendhilfe darstellt und wie sehr es von jeweiligen Standpunkten abhängt, eine Antwort zu finden. Es mag deshalb hilfreich sein, die Thematik anhand einer Metapher zu illustrieren. Gemeint ist das durch den Gesundheitsforscher Aaron Antonovsky popularisierte Bild von Ertrinkenden in einem Fluss. Das an Fragen der Gesundheit orientierte Bild wird von Antonovsky (1997, S. 91) auf explizit politische Gehalte und Debatten bezogen. Er beschreibt das Bild folgendermaßen, indem er Kritik an der etablierten Medizin anspricht:

> „Die zeitgenössische westliche Medizin wird darin mit einem wohlorganisierten, gewaltigen und technologisch hochentwickelten Bemühen verglichen, Ertrinkende aus einem reißenden Fluß zu bergen. Hingebungsvoll dieser Aufgabe gewidmet und häufig sehr gut entlohnt, richten die Mitglieder dieses Unternehmens niemals ihre Augen oder ihr Bewußtsein auf das, was stromaufwärts passiert, um die Flußbiegung herum, darauf, wer oder was diese Leute in den Fluß stößt" (ebd.).

Ist Politik der Fluss und die Jugendhilfe die Praxis, durch die Ertrinkende gerettet werden? Zwar kann die Jugendhilfe nicht wie die Medizin als überdurchschnittlich gut entlohnte Profession verstanden werden; bereits bei der Entscheidung, Soziale Arbeit zu studieren, sind materielle Kriterien relativ unwichtig im Vergleich zu intrinsischen Motivlagen (vgl. Amthor 2012, S. 42), und dies zeigt sich auch bei der Bezahlung Professioneller. Zudem partizipiert die Jugendhilfe nicht in besonderer Weise an technologischen Entwicklungen, wie dies bei der Medizin zutrifft. Ansonsten allerdings beschreibt das Bild, wie der Zusammenhang von Politik und Jugendhilfe oftmals identifiziert wird, insbesondere mit dem Anspruch der Kritik: Interpersonell erbrachte Unterstützung wird als wenig hilfreich interpretiert, da sie an den strukturellen Ursachen der Probleme, von denen Adressaten der Jugendhilfe betroffen sind, keine substantiellen Veränderungen erziele. Adressaten bedürften stattdessen einer Intervention durch die Politik bzw. Sozialpolitik, während die Jugendhilfe höchstens palliativ und kompensatorisch tätig werden könne.[1]

---

1   Im Extremfall wird praktische Jugendhilfe in diesem Sinne als „Marionettentheater" (Redaktion So-

Für eine Analyse der politischen Dimension der Jugendhilfe kann das Bild des Flusses als Vergleichsfolie genutzt werden, da es charakteristische Argumentationsfiguren beinhaltet. Anhand von drei Punkten lässt sich verdeutlichen, dass das Bild zwar irreführend ist, es aber gleichwohl auf zentrale Problemstellungen bezüglich der politischen Dimension der Jugendhilfe hinweist:

1) Es wird eine scheinbare *eindeutige Problemursache* unterstellt. Da mitgeteilt wird, Menschen würden in den Fluss gestoßen, scheint es möglich zu sein, ihre Lage zu verbessern, insbesondere durch politische Maßnahmen. Antonovsky (1997, S. 92) selbst war diesbezüglich zwar skeptisch, das Bild legt dennoch nahe, dass politische Interventionen und nicht direktes personenbezogenes Handeln zu favorisieren seien, wenn Probleme sichtbar werden. Wird diese These geteilt, so ist es plausibel, der Jugendhilfe zu attestieren, sie verfüge kaum über geeignete Mittel im Kampf gegen die fundamentalen, strukturell begründeten Probleme der Gesellschaft. Welche konkreten Mittel allerdings notwendig und durchsetzbar sind, wird in dem Bild nicht mitgeteilt; es kommen sehr unterschiedliche Optionen in Betracht. Wo die Fluss-Analogie auf Eindeutigkeit setzt, muss von Dissens ausgegangen werden.

2) Es wird eine *eindimensionale Argumentationsrichtung* eingeschlagen. Soziale Arbeit scheint gleichsam arbeitsteilig mit der Politik tätig zu werden. Es scheint, als würden beide an den gleichen Problemen ansetzen, bspw. am Phänomen der Armut, während sich vor allem die Mittel unterschieden, durch die jeweils operiert wird (insbesondere pädagogisch-interpersonelle Maßnahmen auf Seiten der Jugendhilfe, v.a. finanzielle und rechtliche Mittel auf Seiten der Sozialpolitik). Nicht vorgesehen ist die Möglichkeit, dass im Bereich der Jugendhilfe Arbeitsfelder bearbeitet werden, die außerhalb – bzw. in Anlehnung an Benz (2010): vor und nach – der Sozialpolitik verortet sind. Es ist durchaus möglich, dass in der Jugendhilfe Problemdefinitionen auftreten, die sich von sozialpolitischen Positionen deutlich unterscheiden, so dass es nicht länger plausibel wäre, von einem unidirektional fließenden Strom auszugehen. Entgegen der Fluss-Analogie muss demnach auf eine strukturelle Diskrepanz von Sozialpolitik und Sozialpädagogik hingewiesen werden.

3) Dies verbindet sich mit der Anerkennung eines relativ hohen *Ermessensspielraums,* der professionellen Akteuren zukommen muss, um überhaupt von professioneller Tätigkeit sprechen zu können (vgl. Schnurr 2005). Professionelle konstituieren Fälle in Abhängigkeit von gesellschaftlichen, organisationalen und – auf Seiten von Adressaten und Professionellen – biographisch-individuellen Besonderheiten. Da eine rein standardisierte Fallbearbeitung Kernprinzipien sozialpädagogischen Handelns widerspricht (vgl. Dewe und Otto 2011), stößt die Analoge des Her-

---

zialmagazin 1979) beschrieben, da auf einer Vorderbühne Hilfe inszeniert werde, während die für die Entstehung von Problemen relevante Hinterbühne jedoch ausgeblendet bleibe.

ausziehens Ertrinkender aus einem Fluss an Grenzen. In sehr unterschiedlichen Praxiszusammenhängen arbeiten Professionelle mit jeweils besonderen Adressaten und Fallkonstellationen, und dies geschieht auf der Grundlage arbeitsfeldspezifischer Bezugsbedingungen. Wiederum erweist sich die Fluss-Analogie als nur begrenzt haltbar, denn es wären letztlich viele Flüsse und Praxisformen anzuerkennen, nicht nur ein Herausholen Ertrinkender aus einem Fluss.

Werden diese drei Aspekte beachtet, so zeigt sich zwar, dass die Analogie problembehaftet ist, aber sie ist durchaus lehrreich. Politik ist ebenso vielschichtig wie Jugendhilfe, oftmals besteht Dissens bezüglich notwendiger Maßnahmen und zugrunde liegender Problemdefinitionen; es müssen nicht selten mühsam Kompromisse gefunden und Handlungsmöglichkeiten ausgelotet werden, um politisch und in der Jugendhilfe handeln zu können.[2] Die Metapher kann diese Komplexität nicht ausdrücken, und dennoch weist sie auf wichtige Zusammenhänge hin, die nun zu rekonstruieren sind.

2   Konturbestimmungen

2.1   Jugendhilfe als (nicht-)politische Instanz

In der sozialpädagogischen Fachdebatte wird das Verhältnis von Politik und Jugendhilfe auf verschiedene Weise theoretisiert. Zwei wichtige Argumentationsrichtungen werden nachfolgend exemplarisch näher beschrieben, um die Heterogenität entsprechender Argumentationen zu veranschaulichen:

a) Im Rahmen von *Modernisierungstheorien* wird angenommen, Prozesse sozialen Wandels – in Erscheinung tretend u. a. als radikalisierte Pluralisierung, Etablierung einer Wissensgesellschaft, Konstitution einer zweiten Moderne, Rationalisierung, Technisierung oder ‚Durchkapitalisierung' der Gesellschaft (im Überblick z. B. Degele und Dries 2005) – führten zu neuartigen Problemlagen und Problembelastungen. Entsprechende Unterstützungsleistungen zu erbringen, sei eine von Sozialpolitik und Sozialpädagogik arbeitsteilig zu erbringende Verantwortung, wobei es der Sozialpädagogik und Jugendhilfe zukomme, den personenbezogenen, pädagogischen Bedarfslagen gerecht zu werden. Sozialpolitik und Jugendhilfe werden in dieser Argumentation als eigenständige Entitäten abgegrenzt und als jeweils spezifische Reaktionen auf Modernisierungsprozesse gegenübergestellt.

---

2   Wie different Problemdefinitionen und Lösungsvorschläge bei sozialen Problemen sind, sei wiederum im Rekurs auf die Metapher verdeutlicht (und zur Verdeutlichung überzeichnet): Ein Vertreter des Neoliberalismus würde möglicherweise tüchtiges Schwimmen empfehlen, ein Konservativer die Stetigkeit des Flusses loben, ein Sozialist eine grundlegende Stromänderung verlangen; ein Sozialpädagoge würde eventuell versuchen, die Schwimmfähigkeiten des Einzelnen zu verbessern und zugleich den Fluss kritisieren.

Damit scheinen Sozialpolitik und Jugendhilfe in einem nicht-immanenten Verhältnis zu stehen; sie werden in ihrer Funktionalität aufeinander bezogen, bestimmend bleibt aber eine Differenzannahme: Zwar seien, so etwa Böhnisch, Arnold und Schröer (1999, S. 239), die „moderne Jugendhilfe und Sozialarbeit (...) funktioneller Teil der Sozialpolitik. Sie stehen im gesellschaftlichen Funktionskreis der Sozialpolitik, sind aber nicht nur von dieser abgeleitet, sondern in ihrer Praxis und deren Legitimation durchaus eigenständig. Diese Eigenständigkeit begründet sich vor allem aus ihrem besonderen *pädagogischen* Verhältnis zu ihren Adressaten". Die Jugendhilfe antworte demnach auf spezifische, pädagogische Weise auf modernisierungsbedingte Probleme, und die Sozialpolitik habe dies anzuerkennen und zu stützen. Indem die Jugendhilfe als „Reaktion" (ebd.) auf gesellschaftliche Desintegration konzipiert wird, wird sie konstitutiv nicht aus der Sozialpolitik oder aus Prozessen und Strukturen politischer Problemdefinition (vgl. hierzu Groenemeyer et al. 2012) abgeleitet, sondern pädagogische Probleme entstünden aus sozialem Wandel, der per se nach pädagogischen Antworten zu verlangen scheint. Es wäre demgegenüber zu fragen, ob nicht in stärkerem Maße die politische Definition von sozialen Zuständen zu würdigen wäre, da sich erst auf der Basis derartiger Definitionsleistungen ergibt, dass bestimmte Probleme als pädagogische Probleme konzipiert werden und durch pädagogische Mittel bearbeitet werden können. Faktisch werden Prozesse der Modernisierung sehr unterschiedlich interpretiert und bewertet (vgl. Degele und Dries 2005; Knöbl 2001; Wehler 2000), so dass die Annahme, Modernisierung beinhalte in sich eine bestimmte objektive Qualität, strittig ist. Die politische Qualität der Jugendhilfe bleibt deshalb in modernisierungstheoretischen Positionen tendenziell unterbestimmt, da die Jugendhilfe ihnen zufolge auf gegebene Probleme nur zu antworten scheint, während sie faktisch in Prozesse politischer Problem*konstitution* eingebunden ist. So wird nicht vorrangig durch Modernisierung, sondern durch politische Aufgabenzuweisungen bestimmt, ob die Jugendhilfe – und nicht etwa die Psychologie, die Medizin, das Strafrecht oder andere Instanzen – dazu berechtigt ist, auf soziale Auffälligkeiten von Kindern und Jugendlichen und familiale Problembezüge zu reagieren.

b) Im Kontrast zu modernisierungstheoretischen Annahmen gewichten *(neo-)marxistische Positionen* das politische Moment der Jugendhilfe anders. Im Extrem tendieren sie zu einer Identifizierung von Sozialpolitik und Jugendhilfe, da Jugendhilfe als politische Praxis und Teil der Sozialpolitik in den Blick genommen wird. Regelhaft wird hierbei Kritik an pädagogisch-interpersoneller Problemarbeit geübt, da sie zu einer Verschleierung der *echten* strukturellen Problemursachen – insbesondere im Bereich ökonomischer Verhältnisse – führten. Es wird bspw. angemahnt, dass ein Sozialpädagoge, der jugendlichen Delinquenten zu helfen beabsichtige, letztlich ein „Armenpolizist" (Kahl 1979, S. 37) sei, da er einem System der Strafverfolgung zuarbeite, das gesellschaftliche Probleme personalisiere und die Notwendigkeit grundlegender struktureller Veränderungen verschleiere. Die Jugendhilfe scheint in einem gesamtgesellschaftlichen Gefüge von – v. a. ökonomischer – Problemverursachung und staatlicher-politischer Verantwortung für Problemlösungen dergestalt vorrangig palliative Funktionen auszuüben. Ähnlich wie bei modernisierungstheoretischen Positionen wird die Definition von Problemen hierbei nicht als problem*konstitutiver* Akt verstanden; vielmehr wird von systeminduzierten Störungen und Krisen (wie sozialen Spaltungen, systematischen Benachteiligungen und strukturellen Ungleichheiten) ausgegangen, die durch staatliche Akteure zu bearbeiten sind. Im Unterschied zu Modernisierungstheorien werden Jugendhilfe und Sozialpolitik nicht nur funktional, sondern institutionell vollständig auf die Bearbeitung dieser Probleme bezogen, so dass Besonderheiten pädagogisch-interpersoneller Problembearbeitung angesichts der vermuteten strukturellen Problemverursachung sekundär bis irrelevant zu sein scheinen.[3] Jugendhilfe wird zur letztlich hilflosen Instanz, da sie pädagogisiere, wo es grundlegender Umwälzungen bedürfe. Im Sinne dieser Argumentation verweist Bourdieu (1997, S. 211) auf eine Durchdringung der Sozialen Arbeit durch „Widersprüchlichkeiten des Staates", der Problembearbeitung oft nur zur „Verwaltung" von Armut mache und Sozialarbeiter beauftrage, mit „lächerlichen Mitteln" zu arbeiten (s. a. Bommes und Scherr 2012, S. 87 f.). Wurde unter Referenz auf modernisierungstheoretische Positionen angemerkt, dass sie den politischen Charakter der Jugendhilfe zu unterschätzen drohen, so ist hier das Gegenteil zu bemerken: Jugendhilfe scheint als politische bzw. der Politik untergeordnete Instanz im Dienste der Systemerhaltung verortet zu sein, so dass ihre mögliche Eigenständigkeit kaum in den Blick kommt (oder diese überschätzt wird, falls der Jugendhilfe zugetraut wird, wirkmächtig gegen soziale Strukturdeterminanten angehen zu können). Zudem wird, wie erwähnt, hier gleichfalls die problemkonstitutive Qualität der Diskurse unterschätzt, in deren Rahmen ausgehandelt wird, wie Probleme durch staatliche Instanzen konzipiert und einer institutionellen Bearbeitung zugeführt werden.

Beide Positionen verweisen auf wichtige Bezugspunkte des Verhältnisses von Politik und Jugendhilfe, aber sie sind auch durch Probleme gekennzeichnet: Es wird durch Setzungen bestimmt, worin soziale Probleme *wirklich* bestehen, wie sie begründet sind und in welcher Beziehung *die* Jugendhilfe und *die* Politik in Richtung auf diese Probleme stehen. Der soziale und politische Standort der Jugendhilfe wird damit jeweils diskursunabhängig gesetzt. Historische und international vergleichende Analysen weisen demgegenüber nach, wie unterschiedlich die gesellschaftliche Rolle der Sozialen Arbeit sein kann und wie different die von ihr bearbeiteten sozia-

---

3   Auch eine gegenteilige Wendung ist möglich: die in kritischen Bildungstheorien angedachte emanzipative Herauslösung des Subjekts aus Strukturen des Sozialen bzw. des Sozial-Ökonomischen. Die Annahme problemkonstitutiver sozialer Strukturbedingungen wird dadurch mehr oder weniger subjekt-idealistisch kontrastiert (vgl. hierzu Lütke-Harmann 2013).

len Probleme angegangen werden (z. B. Dollinger 2006; Groenemeyer 2012; Züchner 2007; grundlegend s. a. Esping-Andersen 1990). Es ist deshalb ertragreich, eine weitere Position zu benennen, die in den Vordergrund rückt, dass die Jugendhilfe keinen eindeutigen gesellschaftlichen Standort aufweist, sondern von komplexen Beziehungsgeflechten auszugehen ist, in deren Interaktion Problemgehalte erst als solche definiert und Möglichkeiten einer – z. B. pädagogischen – Problemarbeit bestimmt werden. Eine derartige Position lässt sich als *diskurstheoretisch* bezeichnen. Nähern wir uns ihr über historische Notizen.

2.2 Historische Notizen

Da Anfangspunkte stets schwierig zu setzen sind, soll ein Einstieg über die Begriffsgeschichte der Sozialpädagogik erfolgen. Sie verweist auf Karl Mager (1844/1989, S. 171) und Adolf Diesterweg (1835/1850, S. 124). Beide argumentierten auf der Grundlage einer sozial-liberalen Position, die es sich zur Aufgabe machte, den Einzelnen freiheitliche Entwicklungschancen zu bieten und hierbei strukturelle Beschränkungen (wie Bildungsungleichheiten, die soziale Frage, politische Bevorrechtungen usw.) zu überwinden (vgl. Dollinger 2007). Die mit dieser Position assoziierten Wertbindungen waren der Idee einer vom Staat geschiedenen bürgerlichen Gesellschaft verpflichtet. Die bürgerliche Gesellschaft war „zwischen die Familie und den Staat" (Hegel 1821/1986, S. 339) getreten, so dass eine – in den Spielarten des Liberalismus unterschiedlich ausgeformte – Theorie gesellschaftlicher Entwicklung unterstellt wurde: Die bürgerliche Gesellschaft war als relativ neue soziale Erscheinung emergiert und beanspruchte für sich das Selbstbewusstsein, dass auf den sozialen „Mittelklassen (...) Macht und Ansehen des Staates" (Harkort 1842, 1969, S. 5) beruhe. Wie Pankoke (1986) rekonstruierte, war dies eine politische Haltung, die sich entschieden von älteren wohlfahrtsstaatlichen Traditionen – insbesondere von der obrigkeitlichen Sorge für die *gute Policey,* d. h. für Sittlichkeit und Wohlfahrt aller Bürger (vgl. Iseli 2009) – distanzierte. Zwar wurden im Sozialliberalismus angesichts der Industrialisierung und der sozialen Frage soziale Reformen eingeklagt; es wurden Bildungsungleichheiten angeprangert, erweiterte politische Teilhabe gefordert und der Not des Pöbels sollte, zumindest soweit er kooperationswillig war, abgeholfen werden. Allerdings implizierte dies eine Perspektive, die umfassende Wohlfahrtsstaatlichkeit kritisierte, da der staatliche Anspruch einer guten Policey zurückgewiesen und gegen sie die Eigenständigkeit der bürgerlichen Gesellschaft und mit ihr die Eigenrechtlichkeit des bürgerlichen Individuums (vgl. Abels 2010; Dülmen 2001) betont wurde. Im Unterschied zur pädagogischen Aufklärung, die noch, so Friedhelm Brüggen (1989, S. 96 f.), „bewußt an die Vorleistungen des Staates" anknüpfte und in ihm den „Garanten einer vernünftigen Allgemeinheit" erblickte, waren für die sozial-liberalen Sozialpädagogen Staat, Gesellschaft und Familie auseinandergetreten. Auch wenn angesichts drängender sozialer Probleme Unterstützungsleistungen eingefordert wurden, so sollten sie auf eine Weise erbracht werden, die den Staat nicht zu mächtig machte und die bürgerliche Gesellschaft nicht unter ihm erdrückte: Die bürgerliche Gesellschaft zeigte „eine politisch nicht mehr beherrschbare Dynamik, die nach den liberalen Grundsätzen einer Selbstbeschränkung des Staates *auch nicht kontrolliert werden sollte*" (Kaufmann 2003, S. 18; Hervorh B. D.). Angesichts der sozialen Frage sollten Unterstützungsmaßnahmen und Reformen so balanciert und dosiert werden, dass – in heutiger Terminologie ausgedrückt – die lebensweltlichen Verankerungen des Individuums und seine Eigenständigkeit respektiert werden. Auf dieser argumentativen Basis waren pädagogische Interventionen plausibel: Sozialreformerisch interessiertes pädagogisches Handeln schien es möglich zu machen, Ungleichheiten auf einem gesellschaftlich verträglichen Niveau zu halten und die individuelle Entwicklung anzuleiten. Eine Kehrseite war jedoch die – bis heute nicht abgeebbte – Einforderung von Eigenaktivität der Hilfeempfänger und deren mindestens latente Diskreditierung als potentielle Unterstützungs-Abhängige und Müßiggänger (vgl. Bohlender 2010; Castel 2005, S. 13 ff.; Dollinger 2007; s. a. Fach 2003).

Der soziale Liberalismus brachte damit auf die sozialpädagogische Tagesordnung, wie prekär das Verhältnis von sozialer Politik, sozialer Pädagogik und individueller Selbstentfaltung war.[4] Dies erfolgte zwar in einer historisch besonderen Situation und der Liberalismus, insbesondere in seiner sozialreformerischen Ausprägung, erfuhr am Ende des 19. Jahrhunderts eine fundamentale Krise (vgl. Sell 1981; Sheehan 1983). Dennoch zeigt sich, wie prekär die politische Dimension der Sozialpädagogik und Jugendhilfe *prinzipiell* ist: Sie verweist auf eine Balancebestimmung des Verhältnisses von Individualität, Familie, Staat und Gesellschaft. Innerhalb dieses Beziehungsgeflechtes wird bestimmt, welche Handlungspotentiale interpersonelle Unterstützungs- und Erziehungsinstanzen wie die Jugendhilfe besitzen. In den für die konkrete Ausgestaltung der gegenwärtigen Jugendhilfe dann entscheidenden Jahren des späten 19. und frühen 20. Jahrhunderts (z. B. Hering und Münchmeier 2014), wurden diesbezüglich Modelle verfolgt, die unterschiedliche Formen der Balance realisierten. Blickt man etwa auf die für Prozesse der Verrechtlichung, Institutionalisierung und Pädagogisierung wichtige Zeit der Weimarer Republik (vgl. Harvey 1993; Peukert 1986; Steinacker 2007), so wurden markante und sehr unterschiedliche Thesen zur politischen Dimension der Jugendhilfe von *Herman Nohl* und *Siegfried Bernfeld* vorgelegt: *Nohl* betonte Hilfestellungen im Rahmen eines „pädagogischen Bezugs" (Nohl 1933–35, 1963, S. 130 ff.), d. h. in einem interpersonellen Erziehungsverhältnis, das die Entwicklung von Individualität betonte, während der Erzieher die Einheit der Kultur repräsentieren und den Antagonismus von Individualität und kulturellen Objektivitäten ausgleichen sollte. Der Politik sollte es überlassen sein, Verhältnisse zu ändern,

---

4 Andere Entstehungszusammenhänge der gegenwärtigen Jugendhilfe werden damit nicht geleugnet, etwa christliche, sozialkonservative oder sozialistische Traditionen. Allerdings ist es für sozial-/pädagogische Positionen von besonderer Bedeutung, wie das Verhältnis von Individualität und Sozialität wahrgenommen wird, und der (pädagogische) Liberalismus identifizierte es auf einschlägige und folgewirksame Weise als Problemverhältnis (vgl. Reyer 2004).

während es der sozial-/pädagogischen Praxis zukomme, an der Subjektivität des Einzelnen anzusetzen (ebd., S. 137). Gänzlich anders argumentierte *Bernfeld* (1925, 1973), der ein Absehen von politischen und gesellschaftlichen Kontexten als Grundfehler der Pädagogik ansah. Pädagogische Professionalität war ihm zufolge geprägt von den Strukturen der Herrschaft und Ungleichheit, welche die Gesellschaft kennzeichneten und die eine politisch uninformierte Pädagogik „angesichts der sozialen Grenze der Erziehung" (ebd., S. 125) zur Reproduktionsinstanz eben dieser Strukturen machten.

Auch hier zeigt sich, dass die Betrachtung der politischen Dimension der Jugendhilfe erheblich nach dem jeweils eingenommenen Standpunkt differiert. Sie schwankt zwischen den Polen eines externen Verhältnisses (also einer Äußerlichkeit von Sozialpolitik und Sozialpädagogik, wie im Falle von Modernisierungstheorien) und einer weitgehenden Identifizierung (derzufolge Sozialpädagogik politische Tätigkeit oder zumindest sozialpolitisch funktional sei, wie dies marxistische Positionen betonen). Angesichts dieser Standpunktabhängigkeit verwundert es nicht, wie unterschiedlich die politische Dimension der Jugendhilfe bis heute begründet wird: Je nach politischem Standpunkt und je nach dem unterstellten Verständnis von Jugendhilfe und Sozialpolitik zeigen sich verschiedene Ansichten. Ein Punkt ist allerdings grundlegend festzuhalten: Wenn anerkannt wird, dass die Praxis (und Theorie) der Jugendhilfe in ein komplexes Verhältnis sozialer Institutionen und politischer Zuständigkeits- und Bedeutungsaushandlungen eingewoben ist, *so kann die Jugendhilfe nicht nicht-politisch begründet werden.* Die Wahrnehmung von sozialen Problemen – und mit ihr die jeweiligen Begründungsfiguren und Lösungsvorstellungen – ist in jedem Fall politisch qualifiziert (vgl. Edelman 1977); eine nicht-politische Jugendhilfe kann es nicht geben. Selbst die These, die Jugendhilfe sei unpolitisch, qualifiziert sie im Rahmen eines politischen Handlungszusammenhangs, da die – wie oben am Beispiel sozial-liberaler Positionen verdeutlicht: sehr voraussetzungsvolle – sozialpolitische (Ko-)Konstruktion einschlägiger Arbeitsfelder und das Vorhandensein entsprechender Problemkategorien mindestens implizit vorausgesetzt werden. Jugendhilfe *ist* demnach politisch, aber dies ist nicht gleichbedeutend mit der Unterstellung, sie sei Politik (oder ein Teil derselben). Soziale Arbeit ist, wie Müller (2001, S. 146) mit Recht feststellt, „keine praktische Sozialpolitik". Es gibt eine für die Jugendhilfe konstitutive Bezugnahme auf soziale Probleme, die als *politisch* zu bezeichnen ist, ohne dass die von ihr geleistete Problemarbeit damit automatisch zu einem Bestandteil von *Politik* erklärt würde. Die neuere politische Philosophie geht dieser Differenz nach, indem zwischen den Ebenen *des Politischen* und der *Politik* unterschieden wird.

3 *Die Politik* und *das Politische* der Jugendhilfe

3.1 Implikationen der Unterscheidung

Aus der Analyse der geschichtlichen Bezüge und aktuell wichtiger Positionen der
Sozialpädagogik, die das Verhältnis von Politik und Jugendhilfe bestimmen, ergibt
sich eine wichtige Konsequenz: Bereits 1973 bemerkte Franz-Xaver Kaufmann (1973,
S. 87), es komme oftmals zu einer Verdinglichung, wenn über den Zusammenhang
von Sozialpolitik und Sozialer Arbeit diskutiert werde, da mit der Absicht einer „Abgrenzung" oder „Vereinnahmung" festgelegt werde, was Sozialpolitik und Soziale
Arbeit *sind* (bzw. sein sollen). Eine diskurstheoretische Annäherung zielt darauf ab,
derartige Verdinglichungen zu vermeiden und stattdessen die Aushandlung von Positionen und Handlungschancen in den Blick zu nehmen. Die Unterscheidung von
Politischem und *Politik* steht in dieser Tradition, insofern auf die Zuschreibung eines
unverrückbaren Grundes verzichtet wird: Politik sei „keineswegs notwendig" (Rancière 2008, S. 27), d. h. sie ergibt sich nicht funktional aus ihr vorgegebenen Bedingungsfaktoren. Sie hält, so Rancière, Dissens bewusst, wobei die jeweiligen Teilnehmer und Gegenstände von Diskursen nicht – wie etwa modernisierungstheoretisch
oder marxistisch angenommen würde – festgelegt sind. Vielmehr entwirft politische
Kommunikation Weltsichten, die grundlegend anders sein könnten.

Mit Blick auf die oben beschriebenen Positionen, die zwischen einer externa-
len und einer identifizierenden Verhältnisbestimmung von Politik und Jugendhilfe
schwanken, wird damit eine Zwischenstellung eingenommen. Aufgaben und Inhalte
der Politik können nicht eindeutig fixiert werden, dennoch ist sie eine entscheidende
Größe zur Regulierung des Zusammenlebens. Dies lässt sich unter Bezug auf Chantal Mouffe und ihre Differenzierung von *Politik* und *Politischem* näher ausführen.[5]
Mouffe konturiert den Unterschied, indem sie *Politik* als „Gesamtheit der Verfahrensweisen und Institutionen" bezeichnet, „durch die eine Ordnung geschaffen wird, die
das Miteinander der Menschen (…) organisiert" (Mouffe 2007, S. 16). Besonders erkenntnisreich für die politische Dimension der Jugendhilfe ist demgegenüber *das Politische,* das sie durch eine grundlegende Konflikthaftigkeit gekennzeichnet sieht. Gesellschaftliches Leben kann nicht in einen endgültigen Konsens überführt werden, da
es durch Pluralität und Dissens gekennzeichnet ist. Bilder der Gesellschaft (z. B. als
gespaltene Gesellschaft oder zweite Moderne) sind in politische Auseinandersetzungen verwoben, in denen unterschiedliche Möglichkeiten der Repräsentation konkurrieren, ohne dass entscheidbar wäre, welche dieser Positionen letztgültig Recht hat.
Die betreffenden Entscheidungen und Repräsentationen finden „auf einem unent-
scheidbaren Terrain" (Bedorf 2010, S. 22) statt.

---

5   Zur Rekonstruktion der Hintergründe dieser Unterscheidung, u. a. bezüglich der zentralen Position
Heideggers, aber auch zur Erörterung von Differenzen gegenwärtiger Positionen, sei verwiesen auf
Marchart (2010).

Diese Bestimmung einer Differenz von *Politik* und *Politischem* macht es möglich, Jugendhilfe nicht (idealistisch) als unpolitisch wahrzunehmen, sie aber auch nicht (materialistisch) unter Politik zu subsumieren und damit in ihrer relativen Eigenständigkeit unkenntlich zu machen. Bevor dies im folgenden Abschnitt ausgeführt wird, soll diese Zwischenstellung des Politischen der Jugendhilfe näher betrachtet werden. Vier Implikationen seien genannt:

- Es wird eine *relationale* Position eingenommen, da Zuständigkeiten bei der Bearbeitung von sozialen Problemen nicht durch einen inhärenten Problemgehalt zu begründen sind. Was an einem sozialen Sachverhalt problematisch ist, muss durch normative Zuschreibungen und die Verbindung mit bereits etablierten Problematisierungen begründet werden. Soll bspw. häufiges Computerspielen als Problem definiert werden, so kann versucht werden, dies anhand der Semantik *Sucht* darzustellen und z. B. auf Internetsucht, Spielsucht o. ä. zu verweisen. Die Suchtsemantik ist kulturell breit verankert und signalisiert Konnotationen wie einen Kontrollverlust des Akteurs, eine besonderer Hilfe bzw. Therapie bedürftige Pathologie und einen Exzess gegenüber einer unterstellten Normalität (vgl. Schetsche 2007). Es schwingen Bezüge zu Drogensucht und psychischer Krankheit mit, die es bei einer glaubhaft wirkenden Darstellung – durch Massenmedien, Experten und insbesondere durch die staatliche Anerkennung der Problemdeutungen – möglich machen, dass bestimmte Formen des Computergebrauchs zur Sucht *werden* und damit in den Kompetenzbereich medizinisch-psychiatrischer und z. T. sozialpädagogischer Problemarbeit fallen. Ob diese Darstellung richtig ist oder nicht, wäre nur zu erschließen, indem Gegendeutungen eingebracht werden, die konträre Positionen einnehmen und ebenfalls glaubhaft darstellen, weshalb es sich nicht um eine Sucht handelt, sondern um normales Verhalten, eine Folge von Sozialisationsdefiziten o. a. Nicht ein in sich bestehender Problemgehalt gewährleistet demnach den Erfolg von Problematisierungen, sondern diese entfalten Gültigkeit nur im Rahmen von Bedeutungsnetzen, in denen glaubhafte Begründungen und Sinnverweisungen kommuniziert werden.
- Wie der Hinweis auf Darstellung und Gegen-Darstellung zeigt, ist der Dissens *nicht letztgültig zu entscheiden*. Verhandlungen über den Wahrheitsgehalt konkurrierender Deutungen finden immer schon im Horizont einer politischen Debatte statt, die keinen Durchgriff auf eine unverstellte, prädiskursive Realität zulässt, denn die Wirklichkeit, so Jäger (1996), „ist diskursiv". Im Kontext der Unterscheidung von Politischem und Politik wird deshalb von einer unüberbrückbaren Differenz zwischen beiden gesprochen; es gibt keine Gründung in der einen oder anderen Richtung, zumindest keine nahtlose. Immerhin aber setzen sich Akteure der staatlichen Politik mit Problemdeutungen auseinander, die sie u. a. durch die Massenmedien erreichen. Sie können durch entsprechende Botschaften in hohem Maße unter Druck gesetzt werden, so dass sie Handlungsbedarf und Lösungskompetenz mit Blick auf die jeweiligen Problemlagen darzustellen versuchen; in

diesem Sinne wird von „populistischen" Tendenzen der Politik gesprochen (vgl. Garland 2001; Jones 2010). Auch die Rede von symbolischer Politik, insbesondere im Kontext des Strafrechts, ist hiermit assoziiert, da davon ausgegangen wird, dass instrumentelle Effekte weniger relevant seien als die Inszenierung und Außendarstellung von Politik (vgl. Albrecht 2010; Sack 2010). Entscheidend ist hierbei, dass Politik eigenen, in sich oftmals heterogenen Logiken und Interessen folgt, so dass mit ‚ursprünglichen' Problemdeutungen gebrochen wird, wenn diese im Rahmen der Verwertungs- und Darstellungslogiken von Politik aufgegriffen und verarbeitet werden. In diesem Sinne gibt es weder eine an sich richtige Problemdeutung noch ist von einer konsistenten oder authentischen Reproduktion von Problemdeutungen des Politischen im Bereich der Politik auszugehen.

- Problematisierungen folgen jeweils sehr unterschiedlichen Logiken, Traditionen und Interessenslagen der beteiligten Institutionen und Professionen. Es wäre jedoch unangemessen, dies als Beliebigkeit auszulegen, denn im Bereich der Politik ist es von entscheidender Bedeutung, an bereits etablierte *Routinen und institutionalisierte Praxisformen* anzuschließen. Politik verweist auf Herrschaft, und Max Weber (2008) legte genau dar, wie Praxen der Herrschaftsausübung in erster Linie realisiert werden: über Verwaltung, mithin über Organisationen. Ohne die zeitlich überdauernde Einschreibung von Interessen und Vorrechten in institutionelle Verwaltungspraxen und -prozeduren wäre die Ausübung von Herrschaft kaum möglich. An genau dieser Stelle wird für die Soziale Arbeit die schwierige Beziehung von Politischem und Politik besonders deutlich (vgl. Dollinger 2011). Die in der Sozialen Arbeit oftmals gebrauchte, diskreditierende Rede von einem „Amtsschimmel" oder der „Amtsstube", von dem bzw. der man sich distanzieren müsse, illustriert, wie ambivalent das Verhältnis ist. Eine Zurückweisung der Sozialpolitik – symbolisiert im „Amt", also in schematisierender, rechtlich fixierter Fallbearbeitung – dient oftmals der programmatischen Konturierung pädagogischer Handlungslogiken, wie sie die Jugendhilfe auszeichnet. Allerdings sollte nicht vergessen werden, dass auch nicht-standardisierte, pädagogisch motivierte Zuwendung und Fallarbeit keinen macht- und herrschaftsfreien Raum darstellen; es kann sich um subtile Formen der Kontrolle handeln (vgl. Edelman 1977; Peters und Cremer-Schäfer 1975).

- Eine weitere Implikation verweist auf die *subjekt-konstitutive Qualität* politischer Praxen. Die Möglichkeit, sich als Subjekt zu artikulieren, setzt voraus, dass etwas Bestimmtes gesagt und im Rahmen konflikthafter Beziehungen eine spezifische Position eingenommen werden kann, wie dies insbesondere von Foucault (1991) verdeutlicht wurde. Foucault (1987, 1993) beschrieb ebenfalls, dass sich die entsprechenden Positionen mit der Zuschreibung und Prägung von Subjektqualitäten verbinden, denn Subjekte existieren nicht einfach, sondern sie werden geformt. Wie die neuere Kulturtheorie rekonstruiert, findet diese Prägung von Subjektivitäten im Rahmen von Auseinandersetzungen statt; Reckwitz (2006, S. 14 f.) spricht von „Kulturkonflikten" um die Frage, „wie sich das moderne Subjekt modellieren soll und kann". Auch die Jugendhilfe setzt mit ihrem Anspruch auf pädagogische Zuwendung stets bestimmte Menschenbilder voraus und verfolgt Erwartungen an ihre Adressaten. Diese Subjektbilder werden in der Interaktion von Sozialpädagogen und Adressaten handlungswirksam (vgl. Bommes und Scherr 2012, S. 252 ff.; Hall et al. 2003; Messmer und Hitzler 2007).

Im Ausgang von diesen Punkten kann es eine nicht-politische Jugendhilfe nicht geben. Selbst die Aussage, Soziale Arbeit habe „kein politisches Mandat, aber sie hat einen *professionellen Auftrag*" (Merten 2001b, S. 98), kommuniziert ein politisches Statement, durch das inmitten der Auseinandersetzungen um die professionelle Bearbeitung sozialer Probleme ein Ort für die Soziale Arbeit bestimmt und begründet werden soll. Wie die Differenz zwischen Politischem und Politik zeigt, kann dieser Ort nicht aus Vorgaben der Politik abgeleitet werden. Zwar spielt die Jugendhilfe in der Politik eine nicht unerhebliche Rolle. Beispielsweise soll gemäß § 80 SGB VIII die Jugendhilfeplanung kontinuierlich und durch Zusammenwirken von öffentlichen Trägern und anerkannten Trägern der freien Jugendhilfe lokale Bedarfslagen und deren Deckung erschließen, oder gemäß § 84 Abs. 1 SGB VIII ist in jeder Legislaturperiode ein „Bericht über die Lage junger Menschen und die Bestrebungen und Leistungen der Jugendhilfe" vorzulegen. Diese Regelungen beschreiben Versuche, die Jugendhilfe in die Politik einzubinden. Aber für die Jugendhilfe selbst ist eine grundlegendere Ebene des Politischen zentral. Dies soll abschließend näher thematisiert werden.

3.2 *Das Politische* als Aushandlung von Handlungschancen

Soll auf Cannabiskonsum mit dem Strafrecht, mit Therapie, mit Beratung oder gar nicht reagiert werden? Ist exzessives Spielen am Computer eine Krankheit, eine individuelle Gewohnheit oder Bewältigungsverhalten? Ist ein Ladendieb schlecht erzogen, zeigt er jugendtypisches Risikoverhalten oder bedarf er einer Abschreckung durch Jugendarrest? Diese Fragen können nicht mit einer Natur der Sache entschieden werden, und dennoch hat die Jugendhilfe eine – von Vorgaben der Politik z. T. durchaus differente – Vorstellung davon, wie diese Sachverhalte jeweils verstanden werden sollten. Akteure der Jugendhilfe werden bei Cannabiskonsum in der Regel von Beratungs- und ggfs. Therapiebedarf ausgehen, bei sehr häufigem Computerspielen von einer problematischen Form der Lebensbewältigung und bei Jugendkriminalität von möglichem Erziehungsbedarf. Die Jugendhilfe hat für sich also oftmals entschieden, was nicht letztgültig entschieden werden kann, und genau diese Perspektivität entspricht ihrer politischen Dimension, da sie sich in den konflikthaften Auseinandersetzungen um die Repräsentation und Bearbeitung sozialer Probleme auf besondere Weise positioniert und sozialpolitische Forderungen stellt. Diese politische Dimension verweist auf „soziale Forderungen" (Laclau 2007, S. 73), insofern es für die Jugendhilfe existentiell bedeutsam ist, Handlungschancen zu erwerben bzw. aufrecht zu erhalten. Da soziale Probleme nicht in sich, gleichsam außerdiskursiv problematisch sind, müssen Problemgehalte verhandelt und v. a. durch Instanzen und Akteure der Politik anerkannt werden (vgl. Schetsche 2008, S. 156 ff.), damit die Jugendhilfe entsprechende Unterstützungsleistungen erbringen kann. Auf diese Anerkennungsverhältnisse gerichtete Artikulationen sind politischer Natur und richten sich an die Politik als diejenige Instanz, in der konkurrierende Deutungen und Haltungen entschieden werden. Politik folgt hierbei „spezifischen Eigeninteressen" (ebd., S. 159) und Rationalitäten, so dass Politisches und Politik nicht auseinander hervorgehen. Zu beachten ist außerdem, dass die Politik nicht nur in sich vielfach gespalten ist (in Themen, Parteien, einzelne Akteure, Ebenen zwischen Bund, Ländern und Kommunen, supranationale Einheiten usw.), sondern sie ihrerseits nicht autonom agiert. Sie ist – wie in Abbildung eins schematisch abgebildet – in Aushandlungsprozesse eingebunden, denen sie sich zumindest in demokratisch-rechtsstaatlichen Kontexten nicht entziehen kann (z. B. Larsen 2012).

Das Modell trägt dem Umstand Rechnung, dass die Aushandlung von Problemdeutungen in der Interaktion verschiedener gesellschaftlicher Instanzen stattfindet und die Herstellung bzw. Besetzung von Öffentlichkeit hierbei ein bedeutsamer Faktor ist. „Die Konstruktion und öffentliche Artikulation sozialer Probleme ist dann selbst als ein politischer Prozess zu verstehen, insofern es dabei um die Erhebung von Forderungen und Ansprüchen, die Skandalisierung von Missständen oder/und strategische Durchsetzung von Interessen und Wertvorstellungen in der Öffentlichkeit

Abbildung 3   Akteure und Prozesse der Problemdefinition (idealtypisches Modell)

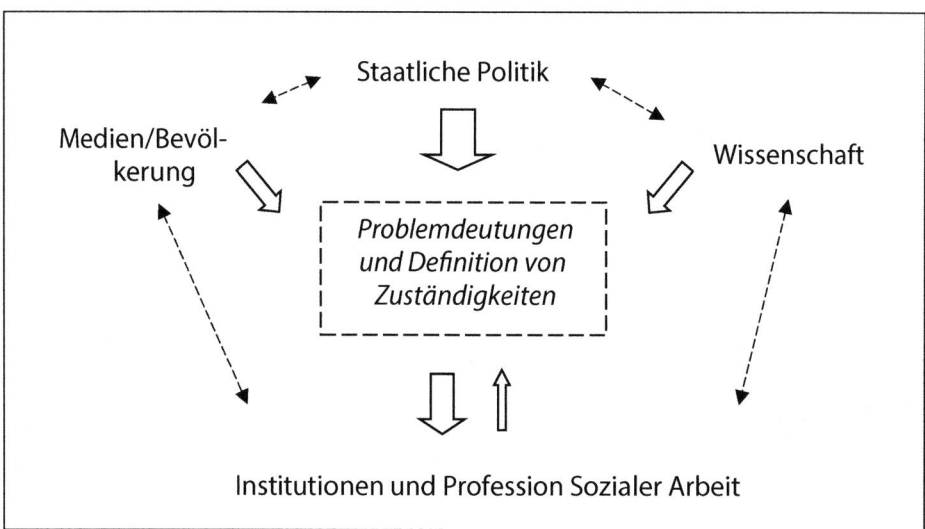

Eigene Darstellung

geht" (Groenemeyer et al. 2012, S. 132). Die Instanzen von Wissenschaft, Medien und Institutionen bzw. Profession Sozialer Arbeit sind nicht Teil staatlicher Politik und sie sind nicht gänzlich politisch, aber sie sind in politische Prozesse involviert. Beispielsweise übernehmen die Massenmedien eine entscheidende Rolle dabei zu prägen, wie soziale Probleme in der Bevölkerung erfahren und verstanden werden (vgl. Reichertz 2010). Große Bedeutung übernimmt auch die Wissenschaft, da sie durch Gutachten und Gegengutachten, Expertisen und verschiedene weitere Formen der Politikberatung nachhaltig in politische Prozesse einbezogen ist (vgl. Weingart et al. 2007). Dies gilt auch für die disziplinäre Soziale Arbeit, insofern sie z. T. ebenfalls politikberatend tätig und die Profession Sozialer Arbeit zu legitimieren bestrebt ist (vgl. Dollinger 2010; Neumann und Sandermann 2008). Zudem kommen politische Momente in der Profession Sozialer Arbeit zum Tragen, insoweit sich professionelle Akteure mit Forderungen artikulieren, Probleme so zu repräsentieren, dass der Jugendhilfe Handlungschancen geöffnet werden.

4   Fazit

Es gibt zahlreiche Versuche, das Verhältnis von Politik und Sozialer Arbeit zu bestimmen und damit die politische Dimension der Jugendhilfe zu erschließen (im Überblick z. B. Benz et al. 2013; Dickens 2011; Drakeford 2008; Merten 2001a). Erkenntnisleitend für die hier vorgelegte Bestimmung ist die Intention, Verdinglichungen möglichst zu vermeiden und stattdessen die Notwendigkeit zu betonen, dass die Jugendhilfe stets um ihren gesellschaftlichen und politischen Ort und ihre Handlungsmöglichkeiten ringen muss. Die Unterscheidung von *Politik* und *Politischem* ist hierbei besonders erkenntnisreich. Sie geht einen alternativen Weg neben den bislang in der Sozialen Arbeit vorherrschenden modernisierungstheoretischen und (neo-) marxistischen Positionen. Zudem vermeidet sie es, nach mehr oder weniger politisch aufgeladenen Arbeitsfeldern oder Praxisformen zu unterscheiden, indem z. B. Einzelfallarbeit als nichtpolitisch, Gemeinwesenarbeit allerdings als per se politisch identifiziert würde usw. Derartige Unterscheidungen sind zu überwinden, da bspw. auch die Arbeit mit und an Einzelfällen politisch sein kann, wenn und indem diese Arbeit sich mit allgemeinen Forderungen verbindet. Nicht eine konkrete Praxis an sich, sondern eine Perspektive auf die Praxis und ihre Artikulation im öffentlichen Raum verweisen folglich auf die politische Dimension der Jugendhilfe. Sie kann damit ein „Abstandsverhältnis" (Treptow 2001, S. 39) zur staatlichen Politik einhalten und besondere normativ-ethische Postulate aufwerfen, und bleibt dennoch eine politisch tätige Institution.

Literatur

Abels, H. (2010). *Identität,* 2. Aufl. Wiesbaden: VS Verlag für Sozialwissenschaften.

Albrecht, P.-A. (2010). *Kriminologie,* 4. Aufl. München: Ch. Beck.

Amthor, R.-C. (2012). *Einführung in die Berufsgeschichte der Sozialen Arbeit.* Weinheim: Beltz Juventa.

Antonovsky, A. (1997). *Salutogenese. Zur Entmystifizierung der Gesundheit.* Tübingen: Dgvt-Verlag.

Bedorf, T. (2010). Das Politische und die Politik – Konturen einer Differenz. In T. Bedorf & K. Röttgers (Hrsg.), *Das Politische und die Politik* (S. 13–37). Berlin: Suhrkamp.

Benz, B. (2011). Sozialpolitik und Soziale Arbeit. In B. Benz, J. Boeckh & H. Mogge-Grotjahn (Hrsg.), *Soziale Politik – Soziale Lage – Soziale Arbeit* (S. 317–336). Wiesbaden: VS Verlag für Sozialwissenschaften.

Benz, B., Rieger, G. Schönig, W., & Többe-Schukalla, M. (Hrsg.). (2013). *Politik Sozialer Arbeit.* Weinheim: Beltz Juventa.

Bernfeld, S. [1925] (1973). *Sisyphos oder die Grenzen der Erziehung.* Frankfurt a. M.: Suhrkamp.

Böhnisch, L., Arnold, H., & Schröer, W. (1999). *Sozialpolitik. Eine sozialwissenschaftliche Einführung.* Weinheim und München: Juventa.

Bohlender, M. (2010). Soziale (Un)Sicherheit. Zur Genealogie eines Dispositivs moderner Gesellschaften. In H. Münkler, M. Bohlender & S. Meurer (Hrsg.), Sicherheit und Risiko (S. 101–124). Bielefeld: transcript.

Bommes, M., & Scherr, A. (2012). *Soziologie der Sozialen Arbeit,* 2. Aufl. Weinheim: Beltz Juventa.

Bourdieu, P. (1997). Die Abdankung des Staates. In P. Bourdieu (Hrsg.), *Das Elend der Welt* (S. 207–215). Konstanz: UVK.

Brüggen, F. (1989). Über das Verhältnis von Pädagogik und Politik – Zur Normativitätsstruktur erzieherischen Handelns. In T. Olk & H.-U. Otto (Hrsg.), *Soziale Dienste im Wandel 2. Entwürfe sozialpädagogischen Handelns* (S. 95–112). Neuwied und Frankfurt a. M.: Luchterhand.

Castel, R. (2005). *Die Stärkung des Sozialen.* Hamburg: Hamburger Edition.

Degele, N., & Dries, C. (2005). *Modernisierungstheorie.* München: Wilhelm Fink.

Dewe, B., & Otto, H.-U. (2011). Profession. In H.-U. Otto & H. Thiersch (Hrsg.), *Handbuch Soziale Arbeit,* 4. Aufl. (S. 1131–1142). München und Basel: Ernst Reinhardt Verlag.

Dickens, J. (2011). *Social work and Social policy.* (Reprint). London: Sage.

Diesterweg, F. A. W. (1835/1850). *Wegweiser zur Bildung für deutsche Lehrer.* Essen: Bädecker.

Dollinger, B. (2006). *Die Pädagogik der sozialen Frage.* Wiesbaden: VS Verlag für Sozialwissenschaften.

Dollinger, B. (2007). Der soziale Liberalismus und die Entstehung der Sozialpädagogik. In B. Dollinger, C. Müller & W. Schröer (Hrsg.), *Die sozialpädagogische Erziehung des Bürgers* (S. 51–67). Wiesbaden: VS Verlag für Sozialwissenschaften.

Dollinger, B. (2010). Doing Social Problems in der Wissenschaft. Sozialpädagogik als disziplinäre Form der Problemarbeit. In A. Groenemeyer (Hrsg.), *Doing Social Problems* (S. 105–123). Wiesbaden: VS Verlag für Sozialwissenschaften.

Dollinger, B. (2011). Die politische Identität der Sozialpädagogik. Bruchstücke einer herrschaftstheoretischen Reformulierung. *Neue Praxis.* 41. Jg., (S. 228–242).

Drakeford, M. (2008). Social Work and Politics. In M. Davies (Hrsg.), The Blackwell companion to social work, 3. Aufl. (S. 303–312). Malden, Mass.

Dülmen, R. v. (Hrsg.). (2001). *Entdeckung des Ich. Die Geschichte der Individualisierung vom Mittelalter bis zur Gegenwart.* Köln.

Edelman, M. (1977). The Political Language of the Helping Professions. In M. Edelman (Hrsg.), *Political language* (S. 57–75). New York.

Esping-Andersen, G. (1990). *The three worlds of welfare capitalism.* Princeton: Princeton University Press.

Fach, W. (2003). *Die Regierung der Freiheit.* Frankfurt a. M: Suhrkamp.

Foucault, M. (1987). Das Subjekt und die Macht. In H. L. Dreyfus & P. Rabinow (Hrsg.), *M. Foucault. Jenseits von Strukturalismus und Hermeneutik* (S. 241–261). Frankfurt a. M.: Athenäum Verlag.

Foucault, M. (1991). *Die Ordnung des Diskurses.* Frankfurt a. M: Fischer Taschenbuchverlag.

Foucault, M. (1993). Technologien des Selbst. In L. H. Martin, H. Gutman & P. H. Hutton (Hrsg.), *Technologien des Selbst* (S. 24–62). Frankfurt a. M.: Fischer.

Garland, D. (2001). *The culture of control.* Chicago und London: The University of Chicago Press.

Groenemeyer, A. (2012). Soziologie sozialer Probleme – Fragestellungen, Konzepte und theoretische Perspektiven. In G. Albrecht & A. Groenemeyer (Hrsg.), *Handbuch soziale Probleme,* 2. Aufl. (S. 17–116). Wiesbaden: VS Verlag für Sozialwissenschaften.

Groenemeyer, A., Hohage, C., & Ratzka, M. (2012). Die Politik sozialer Probleme. In G. Albrecht & A. Groenemeyer (Hrsg.), *Handbuch soziale Probleme,* 2. Aufl. (S. 117–191). Wiesbaden: VS Verlag für Sozialwissenschaften.

Hall, C., Juhila, K., Parton, N., & Pösö, T. (Hrsg.). (2003). *Constructing Clienthood in Social Work and Human Services.* London: Sage.

Harkort, F. [1842] (1969). Bemerkungen über die Preußische Volksschule und ihre Lehrer. In Harkort F., *Schriften und Reden zu Volksschule und Volksbildung* (S. 5–63). Paderborn: Schöningh.

Harvey, E. (1993). *Youth and the welfare state in Weimar Germany.* Oxford: Oxford University Press.

Hegel, G. W. F. [1821] (1986). *Grundlinien der Philosophie des Rechts oder Naturrecht und Staatswissenschaft im Grundrisse.* Frankfurt a. M: Suhrkamp.

Hering, S., & Münchmeier, R. (2014). *Geschichte der Sozialen Arbeit,* 5. Aufl. Weinheim und München: Beltz Juventa.

Iseli, A. (2009). *Gute Policey.* Stuttgart: UTB.

Jäger, S. (1996). *Die Wirklichkeit ist diskursiv.* http://www.diss-duisburg.de/Internetbiblio thek/Artikel/Wirklichkeit. htm. Zugegriffen: 13. 04. 2012.

Jones, R. (2010). Populist leniency, crime control and due process. *Theoretical Criminology,* 14. Jg., (S. 331–347).

Kahl, G. (1979). Wer die Spielregeln einhält, ist mein Feind. *Sozialmagazin,* 4. Jg., Heft 2, (S. 30–37).

Kaufmann, F.-X. (1973). Zum Verhältnis von Sozialarbeit und Sozialpolitik. H.-U. Otto & S. Schneider (Hrsg.), *Gesellschaftliche Perspektiven der Sozialarbeit,* 1. Halbband (S. 87–104). Neuwied und Berlin: Luchterhand.

Kaufmann, F.-X. (2003). *Sozialpolitisches Denken.* Frankfurt a. M.: Suhrkamp.

Knöbl, W. (2001). *Spielräume der Modernisierung.* Weilerswist: Velbrück Wissenschaft.

Laclau, E. (2007). *On populist reason.* London: Verso.

Larsen, C. A. (2012). The Institutional Logic of Images of the Poor and Welfare Recipients. (Paper presented at the 19th International Conference of Europeanists; Boston, Massachusetts, March 22–24, 2012).

Lütke-Harmann, M. (2013). Patchwork. Oder über die Frage, wie die Soziale Arbeit das Politische mit dem Sozialen verbindet. In T. Geisen, F. Kessl, T. Olk & S. Schnurr (Hrsg.), *Soziale Arbeit und Demokratie* (S. 47–75). Wiesbaden: VS Verlag für Sozialwissenschaften.

Mager, K. [1844] (1989). Schule und Leben. Rez. Curtmann. K. Mager, *Gesammelte Werke.* Bd. 8. (S. 144–184). Baltmannsweiler: Schneider.

Marchart, O. (2010). *Die politische Differenz.* Berlin: Suhrlkamp.

Merten, R. (Hrsg.). (2001a). *Hat Soziale Arbeit ein politisches Mandat?* Opladen: Leske & Budrich.

Merten, R. (2001b). Politisches Mandat als (Selbst-)Missverständnis des professionellen Auftrags Sozialer Arbeit. R. Merten (Hrsg.), *Hat Soziale Arbeit ein politisches Mandat?* (S. 89–100). Opladen: Leske & Budrich.

Messmer, H., & Hitzler, S. (2007). Die soziale Produktion von Klienten – Hilfeplangespräche in der Kinder- und Jugendhilfe. In W. Ludwig-Mayerhofer, O. Behrend & A. Sondermann (Hrsg.), *Fallverstehen und Deutungsmacht* (S. 41–73). Opladen: Budrich.

Mouffe, C. (2007). *Über das Politische.* Frankfurt a. M: Suhrkamp.

Müller, S. (2001). Soziale Arbeit: Ohne politisches Mandat politikfähig. In R. Merten (Hrsg.), *Hat Soziale Arbeit ein politisches Mandat?* (S. 145–152). Opladen: Leske & Budrich.

Neumann, S., & Sandermann, P. (2008). Hellsichtige Blindheit. Zur vermeintlichen sozialwissenschaftlichen Wende der sozialpädagogischen Theorie. *Widersprüche,* 28. Jg., (S. 11–30).

Nohl, H. [1933–35] (1963). *Die pädagogische Bewegung in Deutschland und ihre Theorie,* 6. Aufl. Frankfurt a. M.: Schulte-Bulmke.

Pankoke, E. (1986). Von „guter Policey" zu „socialer Politik". In C. Sachße & F. Tennstedt (Hrsg.), *Soziale Sicherheit und soziale Disziplinierung. Beiträge zu einer historischen Theorie der Sozialpolitik* (S. 148–177). Frankfurt a. M.: Suhrkamp.

Peters, H., & Cremer-Schäfer, H. (1975). *Die sanften Kontrolleure.* Stuttgart: Enke.

Peukert, D. J. K. (1986). *Grenzen der Sozialdisziplinierung. Aufstieg und Krise der deutschen Jugendfürsorge 1878 bis 1932.* Köln: Bund.

Rancière, J. (2008). *Zehn Thesen zur Politik.* Zürich: diaphanes.

Reckwitz, A. (2006). *Das hybride Subjekt.* Weilerswist: Velbrück.

Redaktion Sozialmagazin (1979). Normalität oder die verdrängten Katastrophen. Über die pädagogische Beziehung als Marionettentheater. *Sozialmagazin,* 4. Jg., H. 5, (S. 31–33).

Reichertz, J. (2010). Mediatisierung der Sicherheitspolitik oder: Die Medien als selbständige Akteure in der Debatte um (mehr) Sicherheit. In A. Groenemeyer (Hrsg.), *Wege der Sicherheitsgesellschaft* (S. 40–60). Wiesbaden: VS Verlag für Sozialwissenschaften.

Reyer, J. (2004). Die „Grenzen der Erziehung". Ihre Ursprünge im pädagogischen Liberalismus und ihre Kodifizierung im Herbartianismus. *Neue Sammlung,* 44. Jg., (S. 335–357).

Sack, F. (2010). Symbolische Kriminalpolitik und wachsende Punitivität. In B. Dollinger & H. Schmidt-Semisch (Hrsg.), *Handbuch Jugendkriminalität* (S. 63–89). Wiesbaden: VS Verlag für Sozialwissenschaften.

Schetsche, M. (2007). Sucht in wissenssoziologischer Perspektive. In B. Dollinger & H. Schmidt-Semisch (Hrsg.), *Sozialwissenschaftliche Suchtforschung* (S. 113–130). Wiesbaden: VS Verlag für Sozialwissenschaften.

Schetsche, M. (2008). *Empirische Analyse sozialer Probleme.* Wiesbaden: VS Verlag für Sozialwissenschaften.

Schnurr, S. (2005). Managerielle Deprofessionalisierung. *Neue Praxis,* 35. Jg., (S. 238–242).

Sell, F. C. (1981). *Die Tragödie des deutschen Liberalismus,* 2. Aufl. Baden-Baden.

Sheehan, J. J. (1983). *Der deutsche Liberalismus.* München: Beck.

Steinacker, S. (2007). *Der Staat als Erzieher.* Stuttgart: ibidem.

Treptow, R. (2001). *Kultur und soziale Arbeit.* Münster: Votum.

Weber, M. (2008). *Wirtschaft und Gesellschaft.* Frankfurt a. M.: zweitausendeins.

Wehler, H.-U. (2000). Modernisierung und Modernisierungstheorien. In H.-U. Wehler (Hrsg.), *Umbruch und Kontinuität* (S. 214–250). München: Ch. Beck.

Weingart, P., Carrier, M., & Krohn, W. (2007). *Nachrichten aus der Wissensgesellschaft. Analysen zur Veränderung der Wissenschaft.* Weilerswist: Velbrück.

Züchner, I. (2007). *Aufstieg im Schatten des Wohlfahrtsstaates.* Weinheim: Juventa

Prof. Dr. Bernd Dollinger, Universität Siegen; Fakultät 2, Department Erziehungswissenschaft & Psychologie, Adolf-Reichwein-Str. 2a, 57068 Siegen, bernd.dollinger@uni-siegen.de.

Adressaten und Adressatinnen

Vom Klienten zur Nutzer_in[1]

Leonie Wagner

Zusammenfassung

Die in der Sozialen Arbeit zur Bezeichnung der Menschen, an die sich die Angebote richten, am häufigsten verwendeten Begriffe – Klient_in, Adressat_in, Nutzer_in, Kund_in – werden meist unreflektiert benutzt. Sie entstammen aber unterschiedlichen zeitlichen und fachlichen Kontexten, die den Professions- bzw. Disziplindiskurs vor dem Hintergrund gesellschaftlicher Entwicklungen und Einschätzungen repräsentieren. Zudem thematisieren sie sowohl die Verursachung sozialer Fragen und Probleme als auch Menschen- und Professionsbilder bzw. das Verhältnis von „Professionellen" und Klient_innen, Adressat_innen, Nutzer_innen etc. und damit nicht zuletzt die Konstitution sozialpädagogischer Arrangements.

In dem Beitrag wird vor dem Hintergrund von Entwicklungen in der Kinder- und Jugendhilfe (u. a. Ausweitung der Angebote, Partizipationsansprüche) ein Überblick über Herkunft und Bedeutungen der zentralen in der Sozialen Arbeit benutzten Begriffe gegeben sowie Überlegungen zu deren Konstruktionscharakter, der Veränderung von Verantwortungszuschreibungen und dem Stand von Partizipationsmöglichkeiten vorgestellt.

Schlüsselwörter

Klient_in, Betroffene, Adressat_in, Nutzer_in, Kund_in, Adressierungsprozesse, Partizipation, Entwicklung der Kinder- und Jugendhilfe

---

1 Dieser Text wurde im Jahr 2013 erstellt und für die Drucklegung im Jahr 2017 nur an wenigen Stellen aktualisiert.

Die in der Sozialen Arbeit am meisten benutzten Begriffe Klient_in[2], Adressat_in, Nutzer_in, Kund_in … werden zwar häufig schlicht ,benutzt'[3], entstammen aber unterschiedlichen zeitlichen und fachlichen Kontexten, die den Professions- bzw. Disziplindiskurs vor dem Hintergrund gesellschaftlicher Entwicklungen und Einschätzungen repräsentieren.[4] Mit ihnen werden sowohl die Verursachung von sozialer Fragen und Probleme (Schaarschuch 2008, S. 198) als auch Menschen- und Professionsbilder bzw. das Verhältnis von ,Professionellen' und Klient_innen, Adressat_innen, Nutzer_innen … sowie die Konstitution sozialpädagogischer Arrangements thematisiert. Sind die Menschen, die Angebote der Sozialen Arbeit in Anspruch nehmen (sollen) hilfebedürftige Wesen, passive Empfänger_innen oder Expert_innen ihres eigenen Lebens?

Individualisierung und der damit verbundene Wandel der Lebensformen haben in den letzten Jahren zu einem höheren Bedarf an außerfamiliärer Unterstützung geführt, der durch professionalisierte Leistungen aufgefangen werden muss. Dies bezieht sich auf alle Lebensalter, von der Kinderbetreuung/-erziehung bis hin zu Pflegearrangements und Sterbebegleitung (Böllert 2003, S. 101). Soziale Arbeit hat insgesamt insofern in den Jahren seit dem Zweiten Weltkrieg eine zunehmende „Normalisierung" erfahren (Lüders und Winkler 1992), d.h. sie ist nicht länger vor allem für die Marginalisierten, von Armut oder Ausgrenzung betroffen, für ,soziale Probleme' zuständig – wenn sie das je tatsächlich in dieser Ausschließlichkeit war –, sondern spätestens mit der Ausweitung der Kinderbetreuung für alle Lebensalter (Böhnisch 1997). Soziale Arbeit insgesamt und die Kinder- und Jugendhilfe im Besonderen haben insofern verschiedene Entwicklungen erfahren, die auch als Beseitigung blinder Flecken bzw. von Ausgrenzungen bezeichnet werden können.

Parallel dazu hat aber auch eine zunehmende Demokratisierung der bundesdeutschen Gesellschaft stattgefunden. Damit verbunden waren die Steigerung von Partizipations- und Beteiligungsrechten auch in der Sozialen Arbeit. Fachliche Diskurse und rechtliche Rahmungen spiegeln diese Entwicklungen. Doch auch wenn die Forderungen nach Partizipation insgesamt stärker geworden sind, bedeutet dies noch nicht, dass Beteiligung auch umgesetzt wird. Institutionelle Arrangements erschweren dies ebenso wie die Haltungen der Fachkräfte. Zudem sind angesichts des neoliberalen Diskurses über die (Selbst-)Verantwortung für die eigene Lebensführung die Fragen zu stellen, unter welchen Bedingungen wer wie viel Verantwortung über-

---

2   An den Stellen, an denen das männliche Genus benutzt wird, verweist dies auf den zu diesem Zeitpunkt üblichen Sprachgebrauch.

3   Dies gilt explizit nicht für das Konzept des ,Kunden', über dessen Verwendung und Sinnhaftigkeit, sich einige Kontroversen in der Literatur finden lassen (u. a. Effinger 1994; Künzel-Schön 1996) und den der ,Betroffenen', der sich an einen bestimmten Zeit- und Diskurshorizont rückbinden lässt. Ansonsten aber scheinen insbesondere die Begriffe Klient_in und Adressat_in sowie bis zu einem gewissen Grad Nutzer_in in vielen Texten austauschbar.

4   Ich beziehe mich in diesem Beitrag auf die Kinder- und Jugendhilfe in der Bundesrepublik und muss leider auf die durchaus interessante Vorgeschichte sowie die Betrachtung der differenten Strukturen in der DDR – und deren jeweilige Konsequenzen – verzichten.

nehmen kann und welche Bedeutung die gesellschaftlichen Rahmenbedingungen in diesem Zusammenhang spielen.

In diesem Beitrag wird es neben einem Überblick über Herkunft und Bedeutungen der zentralen in der Sozialen Arbeit benutzten Begriffe insofern um die Fragen des Konstruktionscharakters, der Veränderung von Verantwortungszuschreibungen und um den Stand von Beteiligungsmöglichkeiten gehen.

1 Verhältnisbestimmungen: Klient_in, Adressat_in, Nutzer_in ... Begriffe und Konzepte im Wandel

1.1 Klient_innen

Klient bzw. Klientin oder als Kollektivum ‚*Klientel*' sind wohl die gebräuchlichsten Begriffe, die in der Sozialen Arbeit – auch international – genutzt werden (McLaughlin 2009, S. 1103). Der Begriff stammt aus dem Römischen Recht und bezeichnete „eine Person [.], die zur Familie, genauer: dem Hausstand gehörte, ohne Mitglied der Familie als (Verwandtschaftssystem) zu sein. Dem Patron war der Klient Schutzbefohlener und Unterworfener." (Hamburger 2012, S. 83–84) Der Klient war jedoch im Unterschied zum Sklaven ein „Freier". Mit dem Wandel der Sozialordnung bekam der Begriff eine veränderte Bedeutung und bezeichnete vor allem diejenigen, die „unter dem Schutz eines Anwaltes" (auch eines Arztes) stehenden Personen (Kluge 1999, S. 449).

Rudolf Bauer (2001, S. 116) merkt an, dass in der Begriffsherkunft Klientel „Entmündigung und [.] Machtgefälle" mitschwingen. „Der Terminus ‚Klient' bildet ein paternalistisches Verhältnis ab, das in der deutschen Tradition der Wohlfahrtspflege seine Wurzeln hat." Kunstreich (2006, S. 241) stellt eine Defizitorientierung fest, die dem Begriff innewohnt: „Zur Klientin oder zum Klienten wird ein Mensch, wenn er ein ‚Defizit' bekunden muss, das er als ‚Eintrittskarte' in ein Leistungssystem vorweisen muss." Klient_innen werden insofern als Personen konzipiert, die professionelle Hilfe benötigen, um ihre Probleme zu bewältigen. Die Professionellen erhalten in dieser Hinsicht eine problem- und lösungsdefinierende Expert_innen- und Machtposition (Illich 1979; McLaughlin 2009, S. 1103; Großmaß 2011, S. 3; Tenorth und Tippelt 2007). Der ‚*gute*' Klient ist demnach derjenige, der den Rat und das Angebot des Sozialarbeiters akzeptiert und sich dementsprechend verhält (Mc Laughlin 2009, S. 1103).

Ruth Großmaß (2011, S. 3) geht davon aus, dass der Begriff Klient_in über die Psychologie und Beratung in die Soziale Arbeit importiert wurde. Damit wird an ein klinisch-kuratives Modell der Sozialen Arbeit angeknüpft, mit dem „die komplexen und vielfach verursachten Problemlagen der Klientel in Symptome (wie etwa Lernstörungen, Verwahrlosung etc.)" übertragen und „nach dem klinischen Modell von Fallanamnese – Diagnose – Behandlung zu bearbeiten" (Olk 1986, S. 226) versucht werden.

Der Begriff ‚*Klient*‘ und das damit intendierte Verhältnis zwischen Sozialarbeiter_in und denjenigen, an die sich ihre Angebote richten, ist in den 1970er Jahren Gegenstand von Auseinandersetzungen, in denen unterschiedliche Positionen, wissenschaftliche Ansätze und gesellschaftspolitische Orientierungen gegeneinander stehen. Kritisiert wird der darin angelegte Expert_innenstatus sowie die darin enthaltene Entmündigung derjenigen, die Soziale Arbeit in Anspruch nehmen.

Allerdings stellte Elmar Knieschewski (1978, S. 105) fest, dass sich der „Klient-Begriff“ als „wenig differenzierter Begriff der Sozialarbeit“ erweise. Das Spektrum, das damit in der Literatur bezeichnet werde, reiche von „‚Hilfsbedürftigkeit‘ (Bäuerle), der ‚reziproken Herrschaftsbindung‘ (Weber) und des ‚Laientums‘ (MOK)“ bis zum „Klient als ‚Pädagogisierung‘ (Vansina)“ (Knieschewski 1978, S. 42) und beinhalte insofern Positionen, die von einer Individualisierung und Pathologisierung bis zu einer dialogischen Anlage reichen. Thomas Olk wies insofern darauf hin, dass bezogen auf die zunehmenden Professionalisierungsbestrebungen in der Sozialen Arbeit die „expertokratische Entwicklungsvariante“ eine „Verselbständigung des technisch-instrumentellen bzw. strategischen Handelns auf Kosten des sinnverstehenden Zugangs zur Geschichte ‚des Falles‘“ (Olk 1986, S. 167) bewirken kann, aus der eine „Verobjektivierung“ und „Abhängigkeit des Klienten“ bis hin zur Manipulation und „Klientifizierung“ folgt. Die Experten werden „allwissend“, die Klient_innen entmündigte Anweisungsbefolger_innen. Gleichzeitig aber können Sozialarbeiter_innen auch nicht auf „kognitiv-rationales Wissen und technische Handlungsressourcen“ verzichten (Olk 1986, S. 168).[5] In seinem Modell einer alternativen Professionalisierung bildet der „Rückbezug von ‚Expertenwissen‘ auf Alltagsdeutungen“ (Olk 1986, S. 210) neben der Reflexion der Berücksichtigung der „Autonomie der Lebenspraxis“ (Olk 1986, S. 212) einen Kernbestandteil. Olk verweist zudem darauf, dass eine zweite Reflexionsebene notwendig ist: „Die Kontrolle der *politisch-strategischen Wirkungen* und Verwertungsinteressen des sozialarbeiterische Interventionshandelns.“ (Olk 1986, S. 216)

In einer stärker an gesellschaftspolitischen Fragen interessierten Sozialen Arbeit wurde aufgrund der Kritik ein anderer Begriff präferiert und begründet, der der Betroffenen.

1.2   Betroffene

Aus der Perspektive einer sich kritisch und emanzipatorisch verstehenden Sozialen Arbeit bzw. aus der Kritik der Neuen Sozialen Bewegungen an ihrer bisherigen Ausrichtung, wurde in einigen professionellen und disziplinären Zusammenhängen etwa ab Ende der 1960er Jahre nicht mehr von Klienten, sondern von Betroffenen gesprochen. Betroffene waren diejenigen, die eine bestimmte soziale Situation erfahren

---

5   Diese Antinomie von Subsumption und Rekonstruktion diskutiert Thieme (2013) in Bezug auf Kategorisierung in der Kinder- und Jugendhilfe.

hatten und dadurch als Expert_innen ihrer Situation zu deren Veränderung maßgeblich beitragen bzw. in einem kollektiven Prozess an der Veränderung der gesellschaftlichen Strukturen mitarbeiten sollten. Kritisiert wurde damit eine individua-
lisierende Sicht auf diejenigen, die Soziale Arbeit in Anspruch nehmen, in der die
gesellschaftlichen Verhältnisse ausgeblendet oder als unbedeutend eingeschätzt wurden. Hans-Uwe Otto (1979, S. 255–256) hielt fest: „Persönliche Schicksale, persönliche schwierige Situationen müssen vom Sozialarbeiter mindestens gleich stark unter
der gesellschaftlichen Perspektive ihrer Verursachung wie ihrer Therapie thematisiert
werden. Neben der individuellen Problematik in ihren verschiedenen Ausprägungen des Einzelfalls kommt es für die Sozialarbeit darauf an, die sozialen Verhältnisse
selbst, die diese Problemlagen zulassen oder gar produzieren, in den Mittelpunkt ihrer öffentlich-politischen Aktion zu stellen."

Ähnlich argumentierten auch Kritische Sozialarbeiter_innen, die sich im Kontext der Neuen Sozialen Bewegungen zusammengeschlossen hatten. Soziale Arbeit
wurde von ihnen in ihrer Funktion als Instrument der Anpassung der Ausgegrenzten
kritisiert. Es ging um die Ablehnung der bestehenden Formen und Strukturen von
Erziehung und Bildung, um die „Wiederherstellung von Autonomie und Subjekthaftigkeit, [.] neue Lebensformen und neue Formen des Zusammenlebens" (Hornstein 1984: 149), die in den bestehenden Einrichtungen, Strukturen und Konzepten
nicht realisierbar waren. In einigen Bereichen wurde die gemeinsame Betroffenheit
von gesellschaftlichen Strukturen zum Arbeitsprinzip erklärt (z. B. Frauenhäuser –
vgl. Wagner und Wenzel 2009). Infragegestellt wurde damit auch der Expertensta-
tus der Sozialarbeiter_innen, die dafür verantwortlich gemacht wurden, dass die Betroffenen den Normalitätsforderungen von Gesellschaft und Staat einseitig angepasst
wurden.[6]

Ein entscheidendes Motiv der Zuwendung der Neuen Sozialen Bewegungen zur
Sozialen Arbeit lag in der – in Anlehnung an Herbert Marcuse entwickelten – Rand-
gruppenstrategie. Da die Arbeiterklasse in die kapitalistischen Systeme integriert sei
und damit radikale Veränderungsprozesse ablehne, sollten Intellektuelle (und z. B.
Studierende) gemeinsam mit sozial Ausgegrenzten an der Veränderung der gesellschaftlichen Verhältnisse arbeiten. Ins Zentrum rückten vor allem Erwerbs- und Ob-
dachlose, Strafgefangene, Junkies, Jugendliche in Fürsorgeheimen, Psychiatriepa-
tient_innen und Behinderte. Neben der Idee der Politisierung dieser ‚Randgruppen'
ging es jedoch auch maßgeblich darum, die häufig inhumanen Bedingungen und
Verhältnisse, mit denen diese Personengruppen konfrontiert waren, zu verändern. Im
Februar 1970 fand an der TU Berlin die ‚Randgruppenkonferenz' statt, im Mai des

---

6   In Großbritannien, den Niederlanden und einigen anderen europäischen Staaten wird heute der Be-
    griff ‚Expert by Experience' benutzt. Bezeichnet werden damit (ehemalige) Empfänger_innen sozia-
    ler Dienstleistungen, die aufgrund von Reflexion ihrer Erfahrungen paraprofessionelle Tätigkeiten
    im sozialen Bereich ausüben und beratende Funktionen in der Weiterentwicklung von Angeboten
    wahrnehmen (Mc Laughlin 2009, S. 111 ff.).

gleichen Jahres nahmen Kritische Sozialarbeiter_innen am 4. Jugendhilfetag teil und artikulierten dort ihre Positionen, in denen es u. a. um den Ausbeutungs- und Klassencharakter der Gesellschaft und der Jugendhilfe sowie die Berufssituation der Sozialarbeiter_innen in den auf Anpassung angelegten Institutionen ging (Kunstreich 2001; Müller 2006; Penke 2009).

Kritisch stellt Schaarschuch (2008, S. 197) dazu fest, dass die „Betroffenen' […] in dieser Konstellation zunächst konzeptionell noch keine prominente Rolle [spielen] – obgleich die ‚Orientierung' an ihren ‚subjektiven' ‚Bedürfnissen' einen durchgängig zu verzeichnenden Referenzpunkt darstellt". Im Zentrum standen vor allem die gesellschaftlichen Strukturen, die die Betroffenen in ihre Randposition drängen bzw. daran hindern, ihre Subjektivität auszubilden (Künzel-Schön 1996, S. 6). Zudem wurden sie als „Opfer von Stigmatisierungen" angesehen, die Lösungen also in der Veränderung der gesellschaftlichen Verhältnisse betrachtet und dabei verschiedene „subkulturelle Lebensweisen" als widerständiges Verhalten mystifiziert (Künzel-Schön 1996, S. 6; auch Knieschewski 1978, S. 57, 90).

Die politische Konzeption der Betroffenen als Expert_innen ihrer Situation ist in den 1980er und 90er Jahren weitgehend verwischt worden, so dass heute unter ‚Betroffenen' häufig lediglich diejenigen verstanden werden, die ‚Opfer' (oder Leidtragende) einer bestimmten Situation oder sozialen Lage sind

1.3   Adressat_innen

Aus der Kritik „funktionalistischer Theorieentwürfe [.], die diejenigen, die Soziale Dienste in Anspruch nehmen (müssen), lediglich als Objekte nicht beeinflussbarer struktureller Verhältnisse konzipieren" (Oelerich und Schaarschuch 2012, S. 17) wurde in den 1970er Jahren der Adressat_innenbegriff im Kontext der alltags- später lebensweltorientierten Sozialen Arbeit eingeführt. Mit dem Adressat_innenkonzept war eine „doppelte Abgrenzung" (Bitzan und Bolay 2011, S. 18) möglich: Zum einen gegenüber dem paternalistischen Klientenbegriff, zum anderen gegen einen versachlichenden Kundenbegriff. Aufgenommen wurde die Kritik aus den Neuen Sozialen Bewegungen, vor allem am „expertokratischen Machtgefälle zwischen Professionellen und Klient_innen" (Bitzan und Bolay 2013, S. 36) und eine „gewisse kritische Distanz zu den bestehenden Angeboten und Institutionen der Jugendhilfe und den Kompetenzen der Fachkräfte" (Graßhoff 2013a, S. 70) eingenommen. Damit verbunden ist die „Abkehr vom traditionell defizitärem und individualisierendem Blick auf soziale Probleme". Stattdessen sollte es um „das Zusammenspiel von Problemen und Möglichkeiten, von Stärken und Schwächen im sozialen Feld" gehen und so ein „zwischen Vertrauen, Niedrigschwelligkeit, Zugangsmöglichkeiten und gemeinsamen Konstruktionen von Hilfsentwürfen" ausbalanciertes „Handlungsrepertoire" gewonnen werden (Thiersch et al. 2002, S. 161). Der Eigensinn der Subjekte, ihre subjektive Aneignung von Angeboten und Maßnahmen und die damit einhergehende

Begrenzung pädagogischer Programme wurde anerkannt und Gegenstand von Untersuchungen und praxisorientierten Methoden (Bitzan und Bolay 2013, S. 36). Damit fand eine Verschiebung statt, in der nicht ein „Problem" den Ausgangspunkt der Angebotsstrukturierung darstellt, sondern „Individuen [...], die gegebenenfalls Unterstützung benötigen" (Bitzan und Bolay 2011, S. 19).

Im Begriff Adressat_innen schwingt zudem im Vergleich zum Klientenbegriff ein höheres Maß an Zustimmungsnotwendigkeit mit. So scheinen Adressat_innen zunächst passiv als diejenigen, an die etwas adressiert wird. Die „Adressierten" können die Annahme aber auch verweigern (Thieme 2013, S. 87). Diese Option gilt zwar vor allem in den Handlungsbereichen möglich, die auf Freiwilligkeit basieren (Thieme 2013, S. 88), andererseits lässt sich auch für Zwangskontexte feststellen, dass die Beteiligung der Adressat_innen eine notwendige Voraussetzung für die Umsetzung und den (möglichen) Erfolg einer Maßnahme oder eines Angebotes darstellt.

Mit dem 8. Jugendbericht (1990) und der darin prominent verankerten Lebensweltorientierung wurden verschiedene Prinzipien oder Maximen in der Kinder- und Jugendhilfe implementiert, die für das Konzept ‚Adressat_in' von Bedeutung sind: Sozialraumorientierung (Beachtung der Lebensbedingungen von Kindern, Jugendlichen und Familien), Integration und Flexibilisierung von Hilfen (Angebote werden nicht standardisiert, sondern aus den spezifischen Bedarfen und Bedürfnissen der Subjekte mit diesen gemeinsam entwickelt), Ressourcenorientierung (Abkehr von der Betonung der Defizite, Orientierung an den vorhandenen oder aktivierbaren (Selbst-)Hilfepotentialen). (BMJFFG 1990, S. 85 ff.; Hamburger und Müller 2006, S. 18) U. a. mit dem Konzept der flexiblen, integrierten und sozialräumlichen Hilfen wurden diese Ansätze aufgegriffen und handlungsbezogen konkretisiert, beispielsweise im vom BMFSFJ geförderten Modellprojekt INTEGRA (Peters und Koch 2004). Verbunden damit war insofern auch die Überprüfung und der Abbau der „institutionellen Hürden – z. B. in Form von starren Komm-Strukturen, hochgradig standardisierten Settings, mittelschichtorientiertem Sprachduktus, der Inszenierung expertokratischer Überlegenheit u. ä." (BMFSFJ 2013, S. 256).

Parallel wurde die Adressat_innenforschung entwickelt. Dem lag die Erkenntnis zugrunde, dass eine Soziale Arbeit, die den Adressat_innen gerecht werden will, „für ihr fachliches Handeln Wissen aus der ‚Innenperspektive' der Subjekte – über deren Selbstsichten, über Ressourcen und Schwierigkeiten zur Bewältigung und über die subjektiven Aneignungsprozesse angebotener Hilfen" (Bitzan et al. 2006a, S. 7) benötigt. Im Zentrum stehen dabei die „subjektiven Verarbeitungsweisen der Betroffenen" und der „Zusammenhang zwischen individuellen und kollektiven Bedarfs-, Nachfrage- und Problemlagen von Kindern, Jugendlichen und Erwachsenen einerseits, den institutionellen Strukturen, Angeboten, Maßnahmen und Interventionen andererseits sowie den jeweils vermittelnden Definitions- und Zuschreibungsprozessen" (Bitzan et al. 2006a, S. 9). Inzwischen liegen mehrere Vorschläge vor, wie die Perspektive Adressat_innenforschung methodisch und inhaltlich konturiert werden kann (vgl. die Beiträge in Graßhoff 2013).

Kritisiert wurde die Adressat_innenperspektive, zum einen, da das Handeln in den lebensweltlichen Bezügen der Adressat_innen die Gefahr der „Kolonialisierung" produziert, also der Fremdbestimmung durch die Sozialarbeiter_innen (Müller und Otto 1984). Zudem seien trotz guter Ansätze professions- wie angebotsfokussierte Ausrichtungen dominant (Schaarschuch 1999, S. 547) und der Begriff könne „nur schwer […] den Drang zur Zielgruppendefinition abschütteln, um diese bestenfalls in Bezug auf ihre Ressourcenausstattung und deren Auswirkung auf das Wohlergehen zu befragen oder andernfalls im klinischen Blick den Zielpersonen diagnostizierte Defizite zuzuschreiben, die es auszugleichen gilt" (Homfeldt et al. 2008, S. 7).

Trotz seiner prominenten Stellung und häufigen Benutzung war der Adressat_innenbegriff lange Zeit jedoch theoretisch unterbestimmt (Homfeldt et al. 2007, S. 7). Hier haben vor allem Maria Bitzan und Eberhard Bolay (2011, 2013) verschiedene Überlegungen zu „Konturen" (2013) vorgelegt, in der auch die Kritik aufgenommen wird. Sie schlagen vor, Adressat_in als „relationale Kategorie" (Bitzan und Bolay 2013, S. 39) anzulegen und damit ein Verhältnis in den Blick zu nehmen, das „als immer wieder neu zu justierendes Resultat von interaktiven Aushandlungsprozessen" (ebd., S. 40) zu verstehen ist. Fundiert wird dieses Konzept von Adressat_innen zum einen durch die Definition der „Bearbeitungsbedürftigkeit" von Problemlagen oder Lebensphasen („sozialpolitische Präformierung" ebd., S. 42), einem Subjektverständnis, das die Subjektkonstitution als „‚Arena' widerstreitender Konfliktfelder" (ebd., S. 45), in der soziale Eingebundenheit *und* Selbstbestimmung einhergehen und der Perspektive der „Lebensbewältigung", d. h. dem „psychosozialen Streben nach Handlungsfähigkeit" (ebd., S. 46) begriffen wird sowie Biographie als Selbstkonstruktionsleistung vor dem Hintergrund sozialer Kategorien und Bedingungen bzw. auch Erfahrungen mit Sozialer Arbeit (Handlungsfähigkeit/Selbstkonsistenz) verstanden wird (zu weiterführenden Überlegungen vgl. auch Graßhoff 2015).

1.4   Nutzer_innen/Kund_innen

Der Begriff der Nutzer_in (bzw. der Kund_in)[7] wurde in der Sozialen Arbeit in den 1990er Jahren im Kontext der Diskussionen um Dienstleistungsorientierung eingeführt. Hierbei sind zwei Stränge zu unterscheiden: Zum einen ein über Verwaltungsreformen initiierter Prozess, in dem verschiedene Managementkonzepte und betriebswirtschaftliche Modelle eine Rolle spielen – und in denen der Begriff Kund_in Bedeutung erlangte. Zum anderen eine fachliche Diskussion und Weiterentwicklung – in der der Begriff Nutzer_in eine prominente Stellung einnimmt. Den Hintergrund bildet nicht zuletzt ein Wandel im Verständnis des Sozialstaates in den 1980er Jahren vom vormaligen „Hüter des Gemeinwohls" hin zu einem „ideologi-

---

7   Vereinzelt werden auch die Begriffe Verbraucher_in und Konsument_in benutzt, die aus dem anglo-amerikanischen Dienstleistungsdiskurs übernommen wurden (Bauer 2001, S. 118).

schen Primat des Marktes": „Betriebswirtschaftliches Denken, ökonomische Effektivitäts- und Effizienzkriterien beherrschen nun die Reformdiskussion auch im öffentlichen Sozialsektor." (Olk 1995, S. 22)

Nutzer_innen

Vor dem Hintergrund sozio-ökonomischer und gesellschaftlicher Veränderungen, die mit den Stichworten Erosion des Normalarbeitsverhältnisses[8] und Individualisierung, insbesondere der Enttraditionalisierung von Lebensformen[9] gekennzeichnet werden sowie unter dem Eindruck der ‚*Neuen Steuerungsmodelle*'[10], die auch in der Sozialen Arbeit Einzug hielten, wurde in einer fachlichen Perspektive das Konzept der Dienstleistung aufgegriffen und weiterentwickelt. Karin Böllert (2003) sieht die Jugendhilfe angesichts der komplizierteren und vielschichtigeren „Bedingungen des Aufwachsens" (ebd., S. 101) zudem mit einem gestiegenen Anspruch konfrontiert. Individualisierungstendenzen und der Wandel der Lebensformen haben zu einem höheren Bedarf an außerfamiliärer Unterstützung geführt, der durch professionelle Leistungen aufgefangen werden muss. Dies bezieht sich auf alle Lebensalter, von der Kinderbetreuung/-erziehung bis hin zu Pflegearrangements und Sterbebegleitung. „Risiken in der Lebensführung" können nicht mehr eindeutig „gesellschaftlichen Randgruppen" zugeordnet werden können, sondern „Problemlagen" können „prinzipiell jeden treffen" (BMFSFJ 1994, S. 582). Jenseits der Frage, ob diese Perspektive nicht durch die Kinder- und Jugendarbeit, die sich prinzipiell bereits seit Längerem an ‚*alle*' richtet, ohnehin in der Jugendhilfe enthalten ist, wird damit aber auch z. B. die Gruppe derjenigen ausgeweitet, die Hilfen zur Erziehung in Anspruch nehmen (müssen).

Diese Entwicklung kann u. a. auch an der Gestaltung der rechtlichen Rahmenbedingungen nachvollzogen werden: Das Kinder- und Jugendhilfegesetz (KJHG) von 1990/1991[11] ist im Unterschied zum Jugendwohlfahrtsgesetz von 1961 explizit als Leistungsrecht konstruiert, d. h. es betont den (Dienst-)Leistungscharakter und lässt den

---

8   Unter „Normalarbeitsverhältnis" werden Beschäftigungen verstanden, die sich durch Vollzeit, keine Befristung, Stabilität, kollektive Interessenvertretung, Ableitung von Sozialversicherungsansprüchen auszeichnen. Mit „Erosion des Normalarbeitsverhältnisses" ist entsprechend die Zunahme „atypischer" Beschäftigungsverhältnisse gemeint: befristete Beschäftigung, Teilzeitarbeit, geringfügige Beschäftigung, Zeit- und Leiharbeit, Heim- und Telearbeit, Niedriglohnbeschäftigung. Scheinselbständigkeit etc. (Mückenberger 1985).

9   Ulrich Beck hat 1986 Tendenzen der Gesellschaftsentwicklung unter dem Schlagwort ‚*Risikogesellschaft*' herausgearbeitet. Zentral für diesen Zusammenhang ist dabei die „Freisetzung", d. h. die Lösung der Individuen aus tradierten Lebensformen und Versorgungszusammenhängen bzw. deren Auflösung. Damit einher geht der Verlust tradierter Sicherheiten und die Zunahme der Einbindung in und Abhängigkeit von Institutionen (Beck 1986).

10 Seit 1991 von der Kommunalen Gemeinschaftsstelle für Verwaltungsvereinfachung vertretenes Prinzip, das sich an output, Dezentralität und Wettbewerb im kommunalen Bereich orientiert, aber auch an den Erwartungen und Bedürfnissen der Bürger_innen.

11 1990 in den Neuen, 1991 in den Alten Bundesländern in Kraft getreten.

Duktus „des Eingriffs in individuelle Rechte und familiäre Autonomie" (Sachße 1996, S. 557; vgl. auch Münder 2005, S. 1001 ff.; Olk 1995, S. 18) der Vorgängerregelung hinter sich. Implementiert wurden ein „partizipatives Verhandlungssystem" (Hamburger und Müller 2006, S. 16), in das auch Kinder und Jugendliche explizit einbezogen sind (Petersen 2002, S. 909). Mit dem 2011 in Kraft getretenen Artikelgesetz „zur Stärkung eines aktiven Schutzes von Kindern und Jugendlichen (Bundeskinderschutzgesetz)" wurden die Partizipationsrechte noch weiter gestärkt. So sind u. a. „geeignete Verfahren der Beteiligung" und Beschwerde Voraussetzung für die Erteilung einer Betriebserlaubnis (§ 45 Abs. 2 S. 2 Nr. 3 SGB VIII) (AGJ 2012).

Mit diesen Regelungen und Positionierungen, die auch im 9. Jugendbericht eine prominente Platzierung erfuhren, wird eine „strukturelle und funktionale Erweiterung der Jugendhilfe" (BMFSFJ 1994, S. 582) notwendig. Dies betrifft die Flexibilisierung der Organisationsstrukturen, eine Qualifizierung der Fachkräfte für reflexiv spezifische Interventionen bezogen auf die spezifischen Bedürfnisse und Problemlagen und vor allem die aktive Einbeziehung der Jugendlichen (BMFSFJ 1994, S. 584). In der insofern vorgeschlagenen Dienstleistungsorientierung der Sozialen Arbeit spielt die Konzeption der „Nutzer" eine zentrale Rolle (Olk und Otto 2003).

Am radikalsten und systematischsten hat Andreas Schaarschuch das Konzept der Nutzer_in entwickelt. Er knüpft damit einerseits an die bereits stattgefundene „paradigmatische Umorientierung von der Lohnarbeits- zur Lebensweltzentrierung" (Schaarschuch 1999, S. 545) an und entwickelt unter Bezugnahme auf die in den 1970er und 1980er Jahren angestellten Überlegungen von v. a. Badura und Groß ein neues „Verhältnis von Professionellem – Klient" (Schaarschuch 1999, S. 547). Zentral ist in dieser Hinsicht das „Erbringungsverhältnis", in dem es ohne aktive Teilnahme (die Aneignung) der Nutzer_innen zu keinem (erfolgreichen) Ergebnis kommt. Nutzer_innen werden damit zu den eigentlichen Erbringer_innen, Produzent_innen einer Leistung, die Fachkräfte zu Ko-Produzent_innen. Daneben spielt der „Erbringungskontext" eine zentrale Rolle. Hier geht es um die Gestaltung sozialer Dienstleistungen, die aufgrund des demokratischen Bürger_innenstatus der Nutzer_innen durch deren Vorstellungen und Interessen bestimmt werden müssen (Schaarschuch 1999, S. 557).

Mit dieser Perspektivierung grenzt sich auch die Nutzerforschung von der Adressatenforschung ab (Schaarschuch 2008, S. 202). Im Unterschied zur Adressatenforschung, deren Ziel nach Oelerich und Schaarschuch (2006, S. 189) „in der Rekonstruktion von subjektiven Erfahrungen, von Selbstdeutungen, biographischen Verläufen im Zusammenhang mit Programmen Sozialer Arbeit" und der „Optimierung professionellen Handelns und Arrangements" besteht, geht es in der Nutzerforschung darum, „welche Aspekte sozialpädagogischen Handelns und sozialpädagogischer Arrangements sich ihnen [den Nutzer_innen] als nützlich für die Bewältigung der sich stellenden Aufgaben der Lebensführung erweisen und auf welche Weise sie diese nutzen" (Oelerich und Schaarschuch 2006, S. 190). Wichtig sind in diesen Zusammenhang auch die Rahmenbedingungen, sowohl auf der Ebene der direkten Interaktion (z. B. Handlungsorientierung der Sozialarbeiter_innen), der Organisation als auch der politischen Orientierung, aber „in ihrer Bedeutung für die Nutzerinnen und Nutzer und ihr Aneignungshandeln" (Schaarschuch und Oelerich 2005, S. 13).

Kund_innen

Mit der Verwaltungsreform, den Diskussionen um Qualitätssicherung und -manage-ment sowie der Abkehr vom paternalistischen Wohlfahrtsstaat oder dem neolibe-ralen Umbau des Sozialstaats ist auch der Begriff ‚Kund_in' verbunden. Hier wurde eine Übertragung von in der industriellen Fertigung entwickelten Qualitätsverständ-nissen und ökonomischen Relevanzkriterien (Management, Controlling, Evaluation) zur Effektivierung und Steigerung der Effizienz (Wirtschaftlichkeit) der Arbeit vor-genommen (Olk und Otto 2003; Kessl und Otto 2011; von Spiegel 2002).

In Abgrenzung zum Begriff Nutzer_in ordnet Schaarschuch (1999, S. 555) den Kunden-Begriff dem kommerziellen Erbringungskontext zu, Nutzer_in hingegen dem staatlichen Erbringungskontext. Im Unterschied zum Kundenkonzept, das auf „kaufkräftige Nachfrage" rekurriert, werden Nutzer_innen „auf der Grundlage staats-bürgerlicher Anspruchsrechte" (Oelerich und Schaarschuch 2013, S. 88) konzipiert. Nichtsdestotrotz wird aber auch der Kund_innenbegriff in der Sozialen Arbeit be-nutzt und diskutiert, wenn auch mit einem „Unbehagen" (Merchel 1995, S. 326).

Merchel (1995, S. 327–328) charakterisiert „Kund_innen" durch eine „gewisse sou-veräne Position dieser Person in einem Marktgeschehen" als „aktive Nachfrager" mit der Fähigkeit und Möglichkeit der Wahl zwischen verschiedenen Angeboten, den notwendigen Mitteln zum Erwerb einer Dienstleistung und einem Einfluß auf Inhalt und Qualität des Angebots.

Eine Reihe von Autoren sehen im Kundenbegriffs eine Chance, „wenn dadurch das entmündigende Klienteldenken in der Sozialen Dienstleistungsarbeit durch eine Sichtweise abgelöst wird, die das Subjekt anerkennt" (Bauer 2001, S. 124) und die Notwendigkeit erkannt wird, „die Adressatenwünsche stärker bewusst zu machen" (Merchel 1995, S. 330 – vgl. auch Grunwald und Thiersch 2003, S. 81). Zudem geht es um einen Wandel im Selbstverständnis der Institutionen und der Rolle der Sozial-arbeiter_innen als „Expert_innen" (Merchel 1995, S. 330). Kritisiert und abgelehnt wird damit eine Haltung, die durch ein Übermaß an Regulierungen die Bedürfnisse, Interessen und Wünsche der Kund_innen nicht zur Kenntnis nimmt. Die Idee ist also eine Stärkung der Kund_innen im Prozess der Leistungserbringung. Die Umsetzung kann dann z. B. durch Beteiligung in der Ausgestaltung und Evaluation des Angebots auf Institutionsebene stattfinden.

Merchel weist jedoch für die Kinder- und Jugendhilfe auf verschiedene Probleme hin, die das Konzept ‚Kund_in' mit sich führt: Jugendhilfe hat einen „staatlichen Nor-malisierungsauftrag" (Olk), in der die Kund_in-Anbieter_in-Beziehung nicht auf-geht, Dienstleistungen nach dem Kinder- und Jugendhilfegesetz werden auch einer „fachlichen oder sozialpolitischen Plausibilitätskontrolle unterzogen", die im Wider-spruch zu den Bedürfnissen der „Kund_innen" stehen kann. Die Wahlmöglichkeit kann zudem aufgrund eines eingeschränkten oder knappen Angebots begrenzt sein, Jugendhilfe muss auch auf die Infrastruktur ausgerichtet sein und die komplexe „Sozialarbeiter-Adressat-Beziehung" lässt sich in der „Gegenüberstellung eines die Leistung Anbietenden und eines die Leistung annehmenden Menschen nicht annähernd abbilden" (Merchel 1995, S. 329). Fraglich ist zudem, ob die Krönung zur Kund_in tatsächlich eine Aufwertung bedeutet oder ob hier nicht die über Sozialrechte verfügenden Bürger_innen zu Käufer_innen degradiert werden. Nadia Kutscher (2009, S. 309) sieht in der Nutzung des Begriffs insofern ein „Einfallstor für ökonomische Modelle".

Zudem ist in vielen Bereichen der Sozialen Arbeit von einem gewissen Zwang der „Inanspruchnahme einer Dienstleistung" auszugehen. Der Kund_innenbegriff suggeriert hier eine Entscheidungsfreiheit oder -möglichkeit, die gestattet, die Dienstleistung zu ‚wollen' oder auch abzulehnen bzw. sich einen anderen Anbieter zu suchen. Damit wird zum einen der im ‚doppelten Mandat' der Sozialen Arbeit auch angelegte Aspekt der Kontrolle unterschlagen bzw. beschönigt. Zum anderen ist beim Sinken der Angebotsdichte (z. B. in ländlichen Räumen) die Frage der Wahlmöglichkeit zwischen verschiedenen Anbieter_innen nicht gegeben. Schließlich geht es um die im Kundenbegriff auch angelegte Bedeutung des „Kundigen" (Bauer 2001, S. 122), oder des „mündigen Konsumenten": Vielfach sind Sozialarbeiter_innen nicht mit mündigen Konsument_innen konfrontiert, sondern haben die Aufgabe, diese Mündigkeit der Entscheidung zu fördern. Der Begriff birgt damit auch die Gefahr, diejenigen, die diese Mündigkeit nicht mitbringen auszugrenzen (Mc Laughlin 2009, S. 1105). Kund_in der Sozialen Arbeit ist zudem auch die „Gemeinschaft aller Bürger, die ein Interesse an der Einhaltung von gerechten und legitimierten Regeln hat. Aus diesem Grund kann Jugendhilfe als öffentliche Aufgabe nicht angemessen in einer Organisationsform erfüllt werden, die nur den individuellen Empfänger der Dienstleistungen als Kunden in den Mittelpunkt stellt." (Olk 1995, S. 30–31). Und nicht zuletzt fehlt dem Kundenbegriff die politische Dimension der Änderung sozialer Verhältnisse (Beresford und Croft 2004, S. 32).

2   Vom Klienten zur Nutzer_in – Überlegungen zu Konstruktionen, Zuschreibungen und Beteiligungen

2.1   Zur Konstruktion von Klient_innen, Nutzer_innen, Adressat_innen …

Sozialpolitik bzw. soziale Sicherungssysteme sind in der Regel von zwei korrespondierenden, aber durchaus auch konträr zu denkenden Ansprüchen markiert: Soziale Sicherung bezieht sich auf die materiellen Voraussetzungen gesellschaftlicher Integration bzw. Exklusionsvermeidung und damit auf soziale und wirtschaftliche Rechte, aber in demokratischen Gemeinwesen auch auf bürgerliche und politische Rechte, d. h. Teilhabemöglichkeiten und Integrationsvermittlung. Das ‚Soziale' markiert insofern den Bereich der Verknüpfung wirtschaftlicher und politischer Organisation eines Gemeinwesens. Hier wird die Teilhabe von und gesellschaftliche Solidarität zwischen unterschiedlichen Gruppen verhandelt und geregelt (vgl. Castel 2000, S. 18). Aus gesellschafts- und sozialpolitischer Perspektive geht es in den sozialen Sicherungs- und Unterstützungssystemen darum, diejenigen zu definieren, die (zusätzliche) Hilfe oder Bildung in Anspruch nehmen können bzw. dazu berechtigt sind. Darin werden Vorstellungen von Normalität und Abweichung sowohl aufgenommen als auch hergestellt (Bitzan und Bolay 2013, S. 42).[12]

Egal ob Klient_innen, Adressat_innen oder Nutzer_innen – „ein Kollektiv von Personen" (Thieme 2013, S. 86), an die sich die Angebote richten, muss definiert und insofern konstruiert werden. In diese Definition gehen Vorstellungen über die Fähigkeiten, Kompetenzen oder auch Defizite ein, die gleichzeitig die Voraussetzung für die „Bearbeitung" bzw. die Ausgestaltung des Angebotes beinhalten (Tenorth und Tippelt 2007). Messmer und Hitzler (2007) weisen darauf hin, dass eine „Positivkategorisierung" (ohne Defizitbeschreibung) dazu führen würde, dass es keine Adressat_innen geben würde. Entsprechend der gewählten Kategorisierung wird aber auch die Rolle der Sozialarbeiter_innen/pädagog_innen bestimmt: Sind sie die Expert_innen, die wissen, welches Problem ihr Gegenüber hat und wie dieses am besten gelöst wird oder sind sie „Ko-Produzent_innen" in einem Prozess, der nur von den Subjekten selbst gesteuert werden kann? Es geht darum, in welchem Ausmaß der Eigensinn (Negt und Kluge 1981) der Personen, die Soziale Arbeit in Anspruch nehmen, zur Geltung kommen darf (und kann) und wie dieser mit den sozialen Bedingungen und gesellschaftlichen Verhältnissen in Zusammenhang steht. Die Bezeichnungen der ‚Empfänger_innen' der Angebote Sozialer Arbeit beinhalten insofern neben Subjektkonstruktionen Vorstellungen des Verhältnisses von ‚Professionellen' (Sozialarbeiter_innen) zu ihrem Gegenüber und nicht zuletzt auch über die Machtunterschiede, die in diesem Verhältnis liegen (McLaughlin 2009, S. 1102).

Hinzu kommt, dass in der Konzeption des Gegenübers ein bestimmter Ausschnitt einer bzw. mehrerer Personen ‚adressiert' wird, andere Aspekte oder Persönlichkeitsmerkmale hingegen ausgeklammert werden. Insofern ist „der Klient" oder „die Nutzerin" nie die „ganze Person", sondern lediglich ein auf die Hilfe- oder Bildungsmaßnahme reduzierte Konstruktion (McLaughlin 2009; Messmer und Hitzler 2007), mit der bestimmte Verhaltens- und Verhältniserwartungen verbunden sind. Neben der Vorabdefinition werden diese Konstruktionen dann aber auch in der konkreten Interaktion aktualisiert. Retkowski et al. (2012) stellen in einer ethnographischen Untersuchung fest, dass „die Position der Adressat/-innen Sozialer Arbeit im Feld des institutionalisierten Kinderschutzes von der Adressierung durch die jeweiligen Jugendamtsmitarbeiter/-innen bestimmt wird. Zugleich wurde deutlich, dass die Position, die die ASD-Mitarbeiter/-innen selbst einnehmen, nicht unwesentlich durch

---

12 Bitzan/Bolay (2013, S. 43) weisen darauf hin, dass die Definition als Adressat_in sowohl Gefühle der Anerkennung als auch Beschämung hervorrufen können.

spezifische Feldbedingungen und die Ansprache seitens der Adressat/-innen geformt wird" (ebd., S. 140).[13]

Konstruktionen und Definitionen haben insofern nicht nur einen beschreibenden, „sondern immer auch einen normativen und damit ausschließenden Charakter" (Butler 1993, S. 49). Judith Butler schlägt deshalb vor, einen Weg zu finden, „die Grundlagen [...] auch wieder in Frage zu stellen" (Butler 1993, S. 39) und die Differenzen zwischen den bezeichneten Personen wahrzunehmen, sichtbar zu halten und aufzuwerten.

2.2 (Selbst-)Verantwortung

Seit ihren Anfängen ist Soziale Arbeit von einem Spannungsverhältnis geprägt, in dem es um die Vermittlung zwischen Individuum und Gesellschaft geht: Ist es das Verhalten, das soziale Problemlagen hervorbringt – oder sind es die Verhältnisse, die Einzelne oder Gruppen in Not bringen? In der Geschichte der Sozialen Arbeit hat es auf diese Fragen durchaus unterschiedliche Antworten gegeben und selbst in der Betrachtung des jeweiligen mainstreams fällt auf, dass Soziale Arbeit zum einen Anpassungsinstanz und zum anderen Indikator für die Existenz sozialer Schieflagen sein kann. So war Voraussetzung und Ziel Sozialer Arbeit (fast) immer auch das ‚Subjekt' bei der Entfaltung seiner Potentiale zu unterstützen, allerdings hat die Konzeption dieses ‚Subjektes' sich verändert (Hanses 2013, Scherr 2002, Schrödter 2011, Winkler 1988). ‚Hilfe zur Selbsthilfe' ist dabei ein grundlegendes Prinzip, in dem im Kern die Vorstellung besteht, dass Menschen dazu in der Lage sind, ihr Leben auch ohne professionelle Unterstützung zu bewältigen und zu gestalten. Wie viel Hilfe sie dabei benötigen und in welchem Ausmaß sie an den Entscheidungen über ihr Leben beteiligt werden, variiert jedoch.

Insgesamt lässt sich für die Soziale Arbeit und die Kinder- und Jugendhilfe feststellen, dass das Selbstverständnis einen Wandel vollzogen hat. Ausgehend von der Idee der Integration der Marginalisierten, denen mit geplanter Unterstützung geholfen werden sollte, gute Mitglieder der Gesellschaft zu werden, über radikale Entwürfe der Veränderung der Gesellschaft, die soziale Problemlagen und die von ihnen Betroffenen erst hervorbringt geht der Weg hin zu Diskussionen fachlicher Theorien, Standards und Ethik, auf deren Basis Konzepte und Methoden entwickelt und überprüft werden. Dabei wurden u. a. Verschiebungen der Einordnung des Verhältnisses von Individuum und Gesellschaft, d. h. gesellschaftliche, politische, rechtliche und ökonomische Entwicklungen aufgenommen und in fachliche Positionen transferiert. „Versucht man die Diskussion der letzten 15 Jahre in ihrer Logik zu reflektieren, dann ging es vor allem darum, die Eigenaktivität, Widerständigkeit, Handlungsmächtig-

---

13 Zur ‚Produktion' unterschiedlicher Positionen vgl. u. a. Cloos 2013; Messmer und Hitzler 2007.

keit von Menschen in Institutionen der Sozialen Arbeit neu zu justieren oder empathisch zu stärken" (Graßhoff 2013a, S. 70).

Hilfe oder Bildung dienen insofern der Aktivierung der Selbsthilfepotentiale oder Befähigung zu deren Nutzung im individuellen wie familiären, nachbarschaftlichen oder netzwerkbezogenen Sinne – bis hin zur Perspektive der Gestaltung des engeren oder auch weiteren Lebensumfeldes. Seit den 1970er Jahren geht es in verschiedenen Theorien der Sozialen Arbeit um eine Subjektorientierung, mit der die ‚Klient_innen‘ zunehmend von hilfesuchenden Objekten professioneller Sozialer Arbeit zu eigensinnigen und (prinzipiell) handlungsmächtigen Subjekten – und damit wiederum Expert_innen ihres eigenen Lebens – werden. Gekoppelt ist dies an die sukzessive Aufgabe einer Defizit- und einer Hinwendung zu einer Ressourcenorientierung (Hanssen et al. 2008, S. 225). Homfeldt, Schröer und Schweppe (2008, S. 7–8) schlagen insofern vor, statt des Adressat_innenbegriffs die Akteursperspektive und das damit gekoppelte Konzept der Agency aufzunehmen, um „die Handlungsmächtigkeit der Akteure in ihrem sozialen Umfeld" (vgl. auch Scherr 2013) sichtbar zu machen.

In den letzten Jahren ist ein sozialpolitischer Paradigmenwechsel zu beobachten, in dem neoliberale Theorien und Vorstellungen die (Sozial-)Politik leiten. Damit werden zunehmend vormals staatlich finanzierte oder subventionierte (Dienst-)Leistungen in markt- oder warenförmige Angebote überführt und die Individuen gezwungen, sich durch ökonomisch-rationales oder „unternehmerisches" Verhalten selbst (im günstigsten Fall sogar präventiv) gegen verschiedene und zunehmend unabsehbare Risiken zu sichern. Die Individuen werden selbst zu Akteuren „ihrer marktvermittelten Existenzsicherung und darauf bezogen Biographieplanung und -organisation" (Beck 1986, S. 119). Gleichzeitig führen der Abbau (sozial-)staatlicher Sicherung und der damit verbundene Diskurs über soziale Gerechtigkeit auch zur Veränderung des zuvor als relativ sicher geltenden Fundamentes der Mittelklasse. Die „Risiken" breiten sich aus und betreffen längst nicht mehr nur diejenigen, die von sozialer Marginalisierung am stärksten betroffen sind. In diesem Prozess geht es um ein grundlegend anderes (sozial-)politisches Arrangement und eine Neudefinition sozialer Gerechtigkeit, in dem mögliches Scheitern nicht als Fehler des Systems, sondern als individuelles Versagen gewertet wird. Die Deregulierung sozialpolitischer Arrangements führt insofern zu einer (Re-)Privatisierung gesellschaftlicher Probleme. Damit einher geht eine „Paternalisierung", die anders als die fürsorgliche Haltung des „alten" Wohlfahrtsstaates auf die „zunehmende Verknüpfung von Unterstützung an individuelle Verhaltenserwartungen (Stichworte wären: Verschärfung von Zumutbarkeitsregelungen und Arbeitsverpflichtung in Arbeits- und Sozialrecht; Absenkung von Leistungsstandards, ‚Fördern und Fordern‘)" zielt. (Galuske 2003, S. 73).

Albert Scherr (2013, S. 237) merkt deshalb an, dass es angesichts der neoliberalen Zumutung, die unterstellt, „dass Individuen immer schon eigenverantwortlich handlungsfähig sind" aus einer „sozialwissenschaftlichen Perspektive nach den sozialen Bedingungen zu fragen [ist], die jeweilige Ausprägungen von Selbstbestimmungsfähigkeit ermöglichen." So ist beispielsweise mit dem Capabilities-Ansatz in der Sozialen Arbeit die Stärkung von Fähigkeiten der Adressat_innen intendiert, die sie dazu in die Lage versetzen, ein „gutes Leben" zu führen (Otto und Ziegler 2008). Die Adressat_innen der Sozialen Arbeit sind insofern darin zu unterstützen, ‚*Nutzer_innen*' zu werden, dieser Status kann aber nicht in jedem Fall bereits vorausgesetzt werden. Soziale Arbeit hat deshalb auch die Aufgabe, dafür Sorge zu tragen, dass die Verhältnisse und Rahmenbedingungen so gestaltet werden, dass sie möglichst vielen Menschen ermöglichen, ihren Bürger_innenstatus auch wahrzunehmen.

2.3   Beteiligungen

Seit ihrem Bestehen hat die Kinder- und Jugendhilfe einen Wandel durchlaufen: Ausgehend von einem „obrigkeitsstaatlichen Interventionsschema" finden wir heute ein „Dienstleistungsverständnis" vor, „zu dem die Absicherung von Beteiligungsrechten ebenso gehört wie die partnerschaftliche Zusammenarbeit mit den Personensorgeberechtigten." (Hamburger und Müller 2006, S. 16). Dem liegt u. a. die Erkenntnis zugrunde, dass ein „bestimmtes Bildungsziel, eine erwünschte Verhaltensänderung [.] nur dann zu erreichen [ist], wenn es der Klient will, wenn er – aus welchen Gründen auch immer – einen Sinn darin sieht, sich ‚auf den Weg' zu machen. Wenn der Klient nein sagt, scheitert jedes didaktisch auch noch so versierte und durchdachte Angebot." (Galuske 2007, S. 359) Beteiligung ist zudem „ein konstitutives Merkmal demokratischer Gesellschafts-, Staats- und Herrschaftsformen" (Schnurr 2011, S. 1069) und beinhaltet über eine reine „Teilnahme" hinaus auch die „Teilhabe an gesellschaftlicher Macht, Reichtum, Freiheit und Sicherheit" (Schnurr 2011, S. 1069).

Im 11. Jugendbericht wird nach einem Überblick über unterschiedliche Beteiligungsmöglichkeiten für Kinder in der Jugendhilfe konstatiert, dass in den „Handlungsfeldern der Kinder- und Jugendhilfe [.] vielfältige Angebote [bestehen], die Selbstorganisation sowie Beteiligung, Teilhabe und Teilnahme junger Menschen fördern" (BMFSFJ 2002, S. 203). Doch: „Rechtliche und organisatorische Voraussetzungen sagen indessen noch nichts über die tatsächliche Realisierung." (Pluto 2010, S. 197) Zu fragen ist also nach dem Stand der Beteiligung in der Kinder- und Jugendarbeit.

Die Angebote der Kinder- und Jugendhilfe haben zudem in den letzten Jahren eine erhebliche quantitativ Ausweitung erfahren: 1960 betrugen die Kosten für diesen Bereich noch 0,5 Mrd. DM (Müller 2011, S. 766), 2001 bereits 17 Mrd. € und im Jahr 2011 27 Mrd. (Statistisches Bundesamt 2013)[14]. Kinder- und Jugendhilfe wurde im Laufe der Jahre inhaltlich ausgeweitet und qualitativ weiterentwickelt, sie ist zu einen „lebenslaufbegleitenden Medium der Sozialintegration in der Mitte der Gesellschaft" geworden und hat dabei die „Fokussierung auf soziale Probleme" und ihre

---

14   Davon fließt der größte Teil in die Finanzierung von Tageseinrichtungen für Kinder (2001: 10 Mrd., 2011: 18 Mrd.).

„Zuständigkeit für die und an den so genannten Rändern der Gesellschaft" verlassen. Sie ist „mehr oder weniger zu einem Leistungsangebot für alle geworden" (Böllert 2013, S. 198). Doch erreicht die Kinder- und Jugendhilfe tatsächlich ‚alle' oder gibt es hier ‚blinde Flecken' und Veränderungsbedarf?

In verschiedenen Studien wurde die Bedeutung von Partizipation in der Kinder- und Jugendhilfe herausgearbeitet (u. a. Babic 2010; BMFSFJ 2002a; Gabriel 2007; Hanssen et al. 2008; Kriener 2001; Petersen 2002; Wolf 2007). Jugendliche bewerten erhaltene Leistungen dann positiv und hilfreich, wenn sie hohe Beteiligungschancen erhalten haben (Petersen 2002, S. 910; Kriener 2001, S. 132). Jedoch gab – nach der gleichen Untersuchung – lediglich ein Viertel der Jugendlichen an, beteiligt worden zu sein (Petersen 2002, S. 910). Beteiligung und damit auch die Mitbestimmung an der Gestaltung der Angebote scheint in den Hilfen zur Erziehung in sehr unterschiedlichen Dosierungen umgesetzt zu ein: „Dort wo es um programmatische Aussagen, um gesellschaftliche Entwürfe, um Verfahren (wie § 36 KJHG), um Einrichtungs- und Angebotskonzepte, um Vorstellungen, wie gesellschaftliches Zusammenleben nach demokratischen Prinzipien gefördert werden kann, geht, fehlt der Begriff [Partizipation] kaum. Je konkreter jedoch der pädagogische Alltag mit Kindern und Jugendlichen und die Zusammenarbeit mit den Eltern in den Erziehungshilfen thematisiert wird, desto seltener gehört der Begriff zum verwendeten Vokabular." (Pluto 2007, S. 12) Zudem hängt die Beteiligungsbereitschaft und damit auch die Bereitschaft, den Status als Expert_in zu verlassen, in einem hohen Maß von der professionellen Haltung und der „Vorstellungen vom Heranwachsen junger Menschen" (Petersen 2002, S. 911) der Sozialarbeiter_innen ab (Pluto 2007, S. 74 ff., 279; Kriener 2001, S. 132).

In Bezug auf Partizipation in der Kinder- und Jugendhilfe stellt Liane Pluto (2007, S. 277) fest, dass diese sich „zwar auf den Weg begeben, aber das Ziel noch lange nicht erreicht hat". Diese Erkenntnis hat in den letzten Jahren zur Erprobung und Einführung anderer Verfahren z. B. in der Hilfeplanung geführt. Um die „strukturelle Expertenlastigkeit des Hilfeplanverfahrens" (LWL 2009, S. 2) abzuschwächen und damit die Entscheidung über angemessene Hilfen mit den ‚Nutzer_innen' gemeinsam zu fällen, wurde z. B. das Verfahren „Familienrat" (Family Group Conference) in einigen Jugendämter eingeführt (Früchtel 2011; Hansbauer 2009; Schäuble und Wagner 2015).

Voraussetzungen für Partizipation sind jedoch u. a. aufgrund sozialer Ungleichheitsstrukturen und individueller Dispositionen nicht gleich verteilt. Es geht also auch hier darum, „Differenz und die damit verbundenen Spaltungen und Diskriminierungen [zu] thematisieren, [...] die für bestimmte Gruppen zu Beschränkung der Möglichkeiten und Fähigkeiten zur Partizipation in der gesellschaftlichen Sphäre führen können. Zwei Komponenten sind essentiell, um eine realistische Chance für reale Partizipation und gleiche Partizipationschancen für alle Gruppen zu gewährleisten: Zugang und Unterstützung." (Beresford und Croft 2004, S. 37) Insbesondere benachteiligte Gruppen und Personen benötigen Unterstützung, damit sie ihre

Partizipationsrechte wahrnehmen können, Jugendliche benötigen Räume und Gelegenheiten, Partizipation zu erfahren und zu erleben. Neben der zum Teil erfolgten
„Verbesserung der Rechtsstellung von Nutzern" (Schnurr 2011, S. 1076) sind weitere
Voraussetzungen für eine tatsächliche Beteiligung die ,Kultur der Partizipation' sowohl der Einrichtungen als auch der Sozialarbeiter_innen.

Jugendarbeit und vor allem Jugendverbandsarbeit sind traditionell Bereiche mit
hohen Partizipationsanteilen – Freiwilligkeit und emanzipatorische Orientierung gelten hier als oberste Prinzipien (Deinet et al. 2002, S. 694). Auch in diesen Bereichen
lässt sich aber eine Entwicklung zu immer stärkeren Vorstellungen von Partizipa-
tion/Beteiligung feststellen: Aufbauend und in Abgrenzung zur „Sozialintegrativen
Jugendarbeit" (Rössner) wurden die Ansätze einer „Emanzipatorischen" (u. a. Giesecke; Mollenhauer; C. W. Müller), „Antikapitalistischen" (Liebel; Lessing), „Bedürf-
nisorientierten" (Damm; Liebel), „Erfahrungsbezogenen" (Negt und Lüers), „Subjektorientierten" (Scherr) Jugendarbeit bzw. Jugendbildungsarbeit entwickelt (Thole
2000, S. 231 ff.). Seit den 1960er Jahren wurde insofern eine „autonomie- und partizi-
pationsorientierte Jugendarbeit" vorgeschlagen, „die als gesellschaftliche Praxis eines
mündigen Menschen in einer aufgeklärten, demokratischen Gesellschaft zu verstehen ist" (Hafeneger und Schröder 2005, S. 843). Damit wurden die Bedürfnisse der
Jugendlichen immer stärker in den Fokus gerückt (Hafeneger und Schröder 2005,
S. 844).

Die zunehmende Orientierung an den Bedürfnissen und Bedarfen der Adressat_
innen drückt sich auch in der inhaltlichen und methodischen Ausweitung der Angebote aus. So wurde seit Mitte der 1970er Jahre z. B. Mädchenarbeit entwickelt. Diese
entstand vor dem Hintergrund und aus der Neuen Frauenbewegung heraus zunächst
vor allem in der Jugendarbeit (Wallner 2006, S. 27 f.) und war durch Prinzipien wie
Parteilichkeit, Betroffenheit, Ressourcenorientierung und Emanzipation gekennzeichnet (Heinemann et al. 1981, S. 95). Die Idee einer altersübergreifenden Betroffenheit (als Frauen) hatte zudem zur Konsequenz, dass die Hierarchie in sozialpädagogischen Beziehungen in Frage gestellt wurde und die (Sozial-)Pädagoginnen sich
gleichermaßen als Lernende begriffen (Kunert-Zier 2005, S. 27). In den 1980er Jahren
erhielt (Feministische) Mädchenarbeit eine breitere Aufmerksamkeit. So rückte der
6. Jugendbericht aus dem Jahr 1984 die Frage der „Verbesserung der Chancengleichheit von Mädchen in der Bundesrepublik Deutschland" in den Blick (Kunert-Zier
2005, S. 32 ff.). Im 1990/1991 verabschiedeten Kinder- und Jugendhilfegesetz wurden die unterschiedlichen Lebenslagen von Mädchen und Jungen dann explizit als
Ausgangspunkte der Angebotserstellung benannt. Erweiterungen fanden zudem u. a.
durch die Entwicklung und Etablierung interkultureller[15] (Fournier 2008; Jagusch
2007; Schröer 2005; Süzen 2006) und niedrigschwelliger Angebote (Becker und Simon 1995; Galuske und Thole 1999; Lutz und Stickelmann 1999; Mayrhofer 2012) so-

---

15 Erst der 13. Kinder- und Jugendbericht (2009) widmete sich explizit dem Thema Migration und der
    Situation von Kindern und Jugendlichen mit Migrationshintergrund in der BRD.

wie durch den – wenn auch noch nicht flächendeckenden – Einbezug sozial benachteiligter Jugendlicher in die politische Jugendbildungsarbeit (Erben et al. 2013).

Die Begriffe, mit denen in der Kinder- und Jugendhilfe diejenigen bezeichnet
werden, an die sich die Angebote richten, haben eine Entwicklung erfahren, in der
sich einerseits das zunehmende theoretische und fachliche Selbstverständnis der Sozialen Arbeit spiegelt. Die anfänglichen Anverwandlungen an dominante Diskurse
anderer Disziplinen sind innerdisziplinären Verständigungsprozessen und entsprechenden theoretischen Fundierungen gewichen. Gleichzeitig zeigt die Karriere des
Begriffs Kund_in die Offenheit der Disziplin für andere Ansprüche. Insofern bleibt
angesichts der derzeitigen Bewegungen der Entgrenzung der Arbeitsfelder und Aufgaben auf der einen und der Autonomisierungsbestrebungen in anderen Bereichen
(z. B. Frühe Hilfen) sowie der Schaffung inklusiver Strukturen abzuwarten, ob und
wie sich die Disziplin auch in ihren Begrifflichkeiten weiterhin positioniert. Auch
deshalb ist es wichtig, dass die Begriffe und die in ihnen eingelagerten Konzeptionen
und Konstruktionen reflektiert und bewusst verwendet werden.

Literatur

AGJ = Arbeitsgemeinschaft für Kinder- und Jugendhilfe – AGJ/Bundesarbeitsgemein-
    schaft Landesjugendämter (2012). Handlungsempfehlungen zum Bundeskinder-
    schutzgesetz – Orientierungsrahmen und erste Hinweise zur Umsetzung. http://www.
    agj.de/fileadmin/files/positionen/2012/Handlungsempfehlungen_BKiSchG_Endguel
    tige_Fassung_28-06-2012.pdf. Zugegriffen: 01. 09. 2013.
Babic, B. (2010). Zur Gestaltung benachteiligungssensibler Partizipationsangebote – Er-
    kenntnisse der Heimerziehungsforschung, In T. Betz, W. Gaiser & L. Pluto, L. (Hrsg.),
    *Partizipation von Kindern und Jugendlichen. Forschungsergebnisse, Bewertungen,
    Handlungsmöglichkeiten* (S. 213–230). Schwalbach/Ts: Wochenschau.
Bauer, R. (2001). *Personenbezogene soziale Dienstleistungen. Begriff, Qualität und Zukunft.*
    Wiesbaden: Westdeutscher Verlag.
Beck, U. (1986). *Risikogesellschaft. Auf dem Weg in eine andere Moderne.* Frankfurt: Suhr-
    kamp.
Becker, G., & Simon, T. (Hrsg.). (1995). *Handbuch Aufsuchende Jugend- und Sozialarbeit.
    Theoretische Grundlagen, Arbeitsfelder, Praxishilfen.* Weinheim und München: Juventa.
Beresford, P., & Croft, S. (2004). Die Demokratisierung Sozialer Arbeit: Vom *Klienten* als
    Objekt zum *Nutzer* als Produzent. *Widersprüche*, 24. Jg., Heft 91, (S. 17–41).
Betz, T., Gaiser, W., & Pluto, L. (Hrsg.). (2010). *Partizipation von Kindern und Jugend-
    lichen. Forschungsergebnisse, Bewertungen, Handlungsmöglichkeiten.* Schwalbach/Ts:
    Wochenschau.
Bielefelder Arbeitsgruppe 8 (Hrsg.). (2008). *Soziale Arbeit in Gesellschaft.* Wiesbaden: VS
    Verlag für Sozialwissenschaften.

Bitzan, M., & Bolay, E. (2011). Adressatin und Adressat. In H.-U. Otto & H. Thiersch, H. (Hrsg.), (2011). *Handbuch Soziale Arbeit* (S. 18–24), 4. Aufl. München und Basel: Ernst Reinhardt Verlag.

Bitzan, M., & Bolay, E. (2013). Konturen eines kritischen Adressatenbegriffs. In G. Graßhoff, (Hrsg), *Adressaten, Nutzer, Agency. Akteursbezogene Forschungsperspektiven in der Sozialen Arbeit* (S. 35–52). Wiesbaden: Springer VS.

Bitzan, M., Bolay, E., & Thiersch, H. (Hrsg.). (2006). *Die Stimme der Adressaten. Empirische Forschung über Erfahrungen von Mädchen und Jungen mit der Jugendhilfe.* Weinheim und München: Juventa.

Bitzan, M., Bolay, E., & Thiersch, H. (2006a). Zur Einführung. In Bitzan, M., Bolay, E., & Thiersch, H. (Hrsg.), *Die Stimme der Adressaten. Empirische Forschung über Erfahrungen von Mädchen und Jungen mit der Jugendhilfe* (S. 7–12). Weinheim und München: Juventa.

BMJFFG – Bundesministerium für Jugend, Familie, Frauen und Gesundheit (1990). *8. Jugendbericht. Bericht über Bestrebungen und Leistungen der Jugendhilfe.* Bonn: Bonner Universitätsdruckerei. http://www.bmfsfj.de/doku/Publikationen/kjb/data/down load/8_Jugendbericht_gesamt.pdf

BMFSFJ – Bundesministerium für Familie, Senioren, Frauen und Jugend (Hrsg.). (1994). *9. Jugendbericht. Bericht über die Situation der Kinder und Jugendlichen und die Entwicklung der Kinder- und Jugendhilfe in den Neuen Bundesländern.* Bonn: Bonner Universitätsdruckerei.

BMFSFJ – Bundesministerium für Familien, Seniore, Frauen und Jugend (Hrsg.). (2002). *Elfter Kinder- und Jugendbericht. Bericht über die Lebenssituation junger Menschen und die Leistungen der Kinder- und Jugendhilfe in Deutschland.* Bonn: BMFSFJ.

BMFSFJ – Bundesministerium für Familien, Senioren, Frauen und Jugend (Hrsg.). (2002a). *Effekte erzieherischer Hilfen und ihre Hintergründe.* Stuttgart: Kohlhammer.

BMFSFJ – Bundesministerium für Familien, Seniore, Frauen und Jugend (Hrsg.). (2013). *14. Kinder- und Jugendbericht. Bericht über die Lebenssituation junger Menschen und die Leistungen der Kinder- und Jugendhilfe in Deutschland.* Berlin: BMFSFJ.

Böhnisch, L. (1997). *Sozialpädagogik der Lebensalter. Eine Einführung.* Weinheim: Juventa.

Böllert, K. (2003). Soziale Arbeit zwischen kommunitaristischer Vereinnahmung und den Herausforderungen der Dienstleistungsgesellschaft. In T. Olk & H.-U. Otto (Hrsg.), *Soziale Arbeit als Dienstleistung. Grundlegungen, Entwürfe und Modelle* (S. 90–114). München: Luchterhand.

Böllert, K. (2013). Grenzenlose Soziale Arbeit – Soziale Arbeit als Grenzgängerin? In H.-R. Müller, S. Bohne & W. Thole (Hrsg.), *Erziehungswissenschaftliche Grenzgänge. Markierungen und Vermessungen. Beiträge zum 23. Kongress der Deutschen Gesellschaft für Erziehungswissenschaft* (S. 197–216). Opladen: Barbara Budrich,

Butler, J. (1993). Kontingente Grundlagen: Der Feminismus und die Frage der „Postmoderne". In S. Benhabib, J. Butler, D. Cornell & N. Fraser (Hrsg.), *Der Streit um Differenz. Feminismus und Postmoderne in der Gegenwart* (S. 31–58). Frankfurt a. M.: Fischer.

Castel, R. (2000). *Die Metamorphosen der sozialen Frage. Eine Chronik der Lohnarbeit.* Konstanz: UVK, Univ.-Verl. Konstanz.

Cloos, P. (2013). Zur performativen Herstellung der AdressatInnen – Konturen einer vergleichenden Jugendhilfeethnologie. In G. Graßhoff (Hrsg), *Adressaten, Nutzer, Agency. Akteursbezogene Forschungsperspektiven in der Sozialen Arbeit* (S. 251–263). Wiesbaden: Springer VS.

Deinet, U., Nörber, M., & Sturzenhecker, B. (2002). Kinder- und Jugendarbeit. In W. Schröer, N. Struck & M. Wolff (Hrsg.), *Handbuch Kinder- und Jugendhilfe* (S. 693–713). Weinheim: Juventa.

Effinger, H. (1994). Soziale Arbeit als Kundendienst – Innovation oder Regression? Professionelle Begleitung in schwierigen Lebenspassagen als personenbezogene Dienstleistung in internediären Organisationen. *Widersprüche. Zeitschrift für sozialistische Politik im Bildungs-, Gesundheits- und Sozialbereich,* Nr. 52, (S. 29–53).

Erben, F., Schlottau, H., & Waldmann, K. (Hrsg.). (2013). *„Wir haben was zu sagen!" Politische Bildung mit sozial benachteiligten Jugendlichen. Subjektorientierung – Anerkennung – Partizipation.* Schwalbach/Ts.: Wochenschau Verlag.

Fournier, K. A. (2008). Testfall für Integration. Jugendliche mit Migrationshintergrund in der Jugendsozialarbeit. *Blätter der Wohlfahrtspflege,* Heft 2, (S. 62–64).

Früchtel, F., Brycki, G., Hampe-Grosser, A., Hunsche, G., Jung, M., Litta, R., Plewa, M., Rogge, C., & Schober, J. (2011). Wirkung durch Selbsthilfe. Evaluationsstudie zum Familienrat in Berliner Jugendämter Mitte, Treptow-Köpenick und Steglitz-Zehlendorf sowie der Jugendhilfeträger DASI, Compass, Sozialarbeit & Segeln und JaKuS. *Das Jugendamt,* Heft 10, (S. 507–514).

Gabriel, T. (2007). Wirkungen erzieherischer Hilfen. Eine Metaanalyse ausgewählter Studien. Unter Mitarb. von S. Keller und T. Studer. Münster: ISA Planung und Entwicklung. In ISA Planuns und Entwicklung GmbH (Hrsg.), *Wirkungsorientierte Jugendhilfe* (Band 3). Münster.

Galuske, M. (2003). Arbeitsgesellschaft: Flexible Arbeit – flexible Jugend? In T. Rauschenbach, W. Düx & E. Sass (Hrsg.), *Kinder- und Jugendarbeit – Wege in die Zukunft. Gesellschaftliche Entwicklungen und fachliche Herausforderungen* (S. 63–83). Weinheim und München: Juventa.

Galuske, M., & Thole, W. (1999). „Raus aus den Amtsstuben …". Niedrigschwellige, aufsuchende und akzeptierende sozialpädagogische Handlungsansätze – Methoden mit Zukunft? In R. Fatke (Hrsg.), *Erziehung und sozialer Wandel* (S. 183–202). Weinheim: Beltz.

Graßhoff, G. (Hrsg.). (2013). *Adressaten, Nutzer, Agency. Akteursbezogene Forschungsperspektiven in der Sozialen Arbeit.* Wiesbaden: Springer VS.

Graßhoff, G. (2013a). AdressatInnenforschung im Feld der Jugendhilfe – Empirische Herausforderungen und Forschungspraxis. In G. Graßhoff (Hrsg.), *Adressaten, Nutzer, Agency. Akteursbezogene Forschungsperspektiven in der Sozialen Arbeit* (S. 69–82). Wiesbaden: Springer VS.

Graßhoff, G. (2015). *Adressatinnen und Adressaten der Sozialen Arbeit. Eine Einführung.* Wiesbaden: Springer VS.

Großmaß, R. (2011). „Klienten", „Adressaten", „Nutzer", „Kunden" – diskursanalytische Überlegungen zum Sprachgebrauch in den sozialen Berufen. Vortrag am 12.10.2011 in der Ringvorlesung „Aktuelle Fragen der Sozialen Arbeit und Pädagogik" im Masterstudiengang „Praxisforschung". http://www.ash-berlin.eu/hsl/freedocs/200/Diskurs analytische_Ueberlegungen_zur_Zielgruppenbezeichnung_in_sozialen_Berufen.pdf. Zugegriffen: 01.08.2013.

Grunwald, K., & Thiersch, H. (2003). Lebenswelt und Dienstleistung. In T. Olk & H.-U. Otto (Hrsg.), *Soziale Arbeit als Dienstleistung. Grundlegungen, Entwürfe und Modelle* (S. 67–89). München: Luchterhand.

Hafeneger, B., & Schröder, A. (2005). Jugendarbeit. In H.-U. Otto & H. Thiersch (Hrsg.), *Handbuch Sozialarbeit Sozialpädagogik,* 3. Aufl. (S. 840–850). München und Basel: Reinhardt.

Hamburger, F. (2012). *Einführung in die Sozialpädagogik,* 3. Aufl. Stuttgart: Kohlhammer.

Hamburger, F., & Müller, H. (2006). „Die Stimme der AdressatInnen" im Kontext der sozialraumorientierten Weiterentwicklung der Hilfen zur Erziehung. In M. Bitzan, E. Bolay & H. Thiersch (Hrsg.), *Die Stimme der Adressaten. Empirische Forschung über Erfahrungen von Mädchen und Jungen mit der Jugendhilfe* (S. 13–38). Weinheim und München: Juventa.

Hansbauer, P. (2009). Der Familienrat (Familiy-Group-Conference). Eine neue Form der Entscheidungsfindung im Jugendamt. *Zeitschrift für Kindschaftsrecht und Jugendhilfe,* Heft 11, (S. 438–442).

Hanses, A. (2013). Das Subjekt in der sozialpädagogischen AdressatInnen- und NutzerInnenforschung – zur Ambiguität eines komplexen Sachverhalts. In G. Graßhoff (Hrsg.), *Adressaten, Nutzer, Agency. Akteursbezogene Forschungsperspektiven in der Sozialen Arbeit* (S. 99–117). Wiesbaden: Springer VS.

Hanssen, K., Markert, A., Petersen, K., & Wagenblass, S. (2008). Uneingelöste Versprechungen: Von der bleibenden Notwendigkeit einer AdressatInnenorientierung in der Jugendhilfe. Bielefelder Arbeitsgruppe 8 (Hrsg.), *Soziale Arbeit in Gesellschaft* (S. 225–232). Wiesbaden: VS Verlag für Sozialwissenschaften.

Heinemann, G., Naundorf, G., & Pfeiffer, D. (1981). „Lila schützt vor Schwangerschaft". Mädchenarbeit in der außerschulischen Pädagogik. In Dokumentationsgruppe der Sommeruniversität für Frauen e.V. Berlin (Hrsg.), *Autonomie oder Institution. Über Leidenschaft und Macht von Frauen. Beiträge zur Berliner Sommeruniversität der Frauen, Berlin 1979* (S. 94–103). Berlin: Selbstverlag.

Homfeldt, G., Schröer, W., & Schweppe, C. (2008). Vom Adressaten zum Akteur – eine Einführung. In G. Homfeldt, W. Schröer & C. Schweppe (Hrsg.), *Vom Adressaten zum Akteur. Soziale Arbeit und Agency* (S. 7–14). Opladen, Farmington Hills: Barbara Budrich.

Hornstein, W. (1984). Neue soziale Bewegungen und Pädagogik. Zur Ortsbestimmung der Erziehungs- und Bildungsproblematik in der Gegenwart. *Zeitschrift für Pädagogik.,* Heft 30, (S. 147–167).

Illich, I., McKnight, J., & Zola, I. K (1979). *Entmündigung durch Experten. Zur Kritik der Dienstleistungsberufe.* Reinbek: Rowohlt.

Jagusch, B. (2007). Partizipation für die Zukunft. Bildungsressourcen von Jugendlichen mit Migrationshintergrund durch Qualifizierung ihrer Jugendverbände aktivieren. *deutsche Jugend,* 55. Jg., Heft 5, (S. 215–221).

Kessl, F., & Otto, H.-U. (2011). Soziale Arbeit und soziale Dienste. In A. Evers, R. Heinze & T. Olk, (Hrsg.), *Handbuch Soziale Dienste* (S. 389–403). Wiesbaden: VS Verlag für Sozialwissenschaften.

Kluge, F. (1999). *Etymologisches Wörterbuch der deutschen Sprache,* bearb. von Elmar Seebold. 23. erw. Aufl. Berlin und New York: de Gruyter.

Knieschewski, E. (1978). *Sozialarbeiter und Klient. Eine empirische Untersuchung.* Weinheim und Basel: Beltz.

Kriener, M. (2001). Beteiligung als Gestaltungsprinzip. In V. Birtsch, K. Münstermann & W. Trede (Hrsg.), *Handbuch Erziehungshilfe* (S. 128–148). Münster: Votum.

Künzel-Schön, M. (1996). Vom „Klienten" zum „Kunden"? *Theorie und Praxis der Sozialen Arbeit,* Nr. 11, (S. 6–14).

Kunert-Zier, M. (2005). *Erziehung der Geschlechter. Entwicklungen, Konzepte und Genderkompetenz in sozialpädagogischen Feldern.* Wiesbaden: VS Verlag für Sozialwissenschaften.

Kunstreich, T. (2001). *Grundkurs Soziale Arbeit. Sieben Blicke auf Geschichte und Gegenwart Sozialer Arbeit,* Band 2, 2. Aufl. Hamburg: Kleine Verlag.

Kunstreich, T. (2006). Klientin - Kundin - Nutzerin - Genossin?!. In K. Böllert (Hrsg.), *Die Produktivität des Sozialen. 6. Bundeskongress Soziale Arbeit* (S. 241–259). Wiesbaden: VS Verlag für Sozialwissenschaften.

Kutscher, N. (2009). Zwischen Sozialem Auftrag und ökonomischen Rationalitäten. Grundfragen reflexiver Professionalität in sozialen Diensten. In U. Deller (Hrsg.), *Kooperationsmanagement. Ein Lehr- und Arbeitsbuch für Sozial- und Gesundheitsdienste* (S. 304–322). Opladen, Berlin, Toronto: Budrich.

Lüders, C., & Winkler, M. (1992). Sozialpädagogik - auf dem Weg zu ihrer Normalität. *Zeitschrift für Pädagogik,* Heft 3, (S. 359–370).

Lutz, R., & Stickelmann, B. (Hrsg.). (1999). *Weglaufen und ohne Obdach. Kinder und Jugendliche in besonderen Lebenslagen.* Weinheim und München: Juventa.

LWL = Landschaftsverband Westfalen-Lippe (2009). Implementation und Evaluation von „Family Group Conference (FGC)" - Konzeption. www.familienrat-fgc.de/fi les/Fachartikel/Landschaftsverband%20Westfalen-Lippe_2009_Implementation%20 und%20Evaluation%20von%20%E2%80%9EFamily%20Group%20Conference%20 %28FGC%29%E2%80%9C-%20Konzepten.pdf. Zugegriffen: 10.10.2012.

Mayrhofer, H. (2012). *Niederschwelligkeit in der Sozialen Arbeit. Funktionen und Formen aus soziologischer Perspektive.* Wiesbaden: Springer VS.

McLaughlin, H. (2009). What's in a Name: ‚Client', ‚Patient', ‚Customer', ‚Consumer', ‚Expert by Experience', ‚Service User' – What's Next? *British Journal of Social Work, 39.* Jg., Heft 6, (S. 1101–1117).

Merchel, J. (1995). Sozialverwaltung oder Wohlfahrtsverband als „Kundenorientiertes Unternehmen": ein tragfähiges, zukunftsorientiertes Leitbild?. *Neue Praxis, 25.* Jg., Heft 4, (S. 325–340).

Messmer, H., & Hitzler, S. (2007). Die soziale Produktion von Klienten – Hilfeplangespräche in der Kinder- und Jugendhilfe. In W. Ludwig-Mayerhofer, O. Behrend & A. Sondermann (Hrsg.), *Fallverstehen und Deutungsmacht. Akteure in der Sozialverwaltung und ihre Klienten* (S. 41–73). Opladen: Barbara Budrich.

Mückenberger, U. (1985). Die Krise des Normalarbeitsverhältnisses. *Zeitschrift für Sozialreform,* (S. 415–435; 457–475).

Müller, B. (2011). Kinder und Jugendliche in sozialpädagogischen Institutionen. In H.-H. Krüger & C. Grunert (Hrsg.), *Handbuch Kindheits- und Jugendforschung* (S. 765–786), 2. Aufl. Wiesbaden: VS Verlag für Sozialwissenschaften.

Müller, C. W. (2006). *Wie Helfen zum Beruf wurde: Eine Methodengeschichte der Sozialen Arbeit,* 4. Aufl. Weinheim und Basel: Beltz.

Müller, S., & Otto, H.-U. (Hrsg.). (1984). *Verstehen oder Kolonialisieren? Grundprobleme sozialpädagogischen Handelns und Forschens.* Hrsg. Im Auftrag des Vorstands der Kommission Sozialpädagogik der Deutschen Gesellschaft für Erziehungswissenschaft. Bielefeld: Kleine Verlag.

Münder, J. (2005). Kinder- und Jugendhilfegesetz. In H.-U. Otto & H. Thiersch (Hrsg.), *Handbuch Sozialarbeit Sozialpädagogik,* 3. Aufl. (S. 1001–1019). München und Basel: Ernst Reinhardt Verlag.

Negt, O., & Kluge, A. (1981). *Geschichte und Eigensinn.* Frankfurt a. M.: Zweitausendeins.

Oelerich, G., & Schaarschuch, A. (2006). Zum Gebrauchswert Sozialer Arbeit. In M. Bitzan, E. Bolay & H. Thiersch (Hrsg.). (2006). *Die Stimme der Adressaten. Empirische Forschung über Erfahrungen von Mädchen und Jungen mit der Jugendhilfe* (S. 185–214). Weinheim und München: Juventa.

Oelerich, G., & Schaarschuch, A. (2012). Adressaten der Sozialen Arbeit. In K.-P. Horn, H. Kemnitz, W. Marotzki & U. Sandfuchs (Hrsg), *Klinkhardt Lexikon Erziehungswissenschaft,* Band 1 (S. 17–18). Bad Heilbrunn: Julius Klinkhardt Verlag.

Oelerich, G., & Schaarschuch, A. (2013). Sozialpädagogische Nutzerforschung. In G. Graßhoff (2013). (Hrsg.), *Adressaten, Nutzer, Agency. Akteursbezogene Forschungsperspektiven in der Sozialen Arbeit* (S. 85–98). Wiesbaden: Springer VS.

Olk, T. (1986). *Abschied vom Experten. Sozialarbeit auf dem Weg zu einer alternativen Professionalität.* Weinheim und München: Juventa.

Olk, T. (1995). Jugendhilfe als Dienstleistung – Fachlichkeit contra Marktorientierung? In Arbeitsgemeinschaft für Jugendhilfe (Hrsg.), *das Jugendamt als Dienstleistungsunternehmen – Steuerungsmechanismen in der Jugendhilfe. Eigenständigkeit, Innovation, Marktkompetenz und Ressourcensteuerung in der Jugendhilfe. Dokumentation der Fachtagung am 21./22. Juni 1995 in Nürnberg.* Bonn: AGJ, (S. 17–39).

Olk, T., & Otto, H.-U. (Hrsg.). (2003). *Soziale Arbeit als Dienstleistung. Grundlegungen, Entwürfe und Modelle.* München: Luchterhand.

Otto, H.-U. (1979). Professionalisierung und gesellschaftliche Neuorientierung. Zur Transformation des beruflichen Handelns in der Sozialarbeit. In H.-U. Otto & S. Schneider (Hrsg.), *Gesellschaftliche Perspektiven der Sozialarbeit,* 2. Halbband, unveränd. Nachdr. der 3. Aufl. (S. 247–261). Neuwied und Darmstadt: Luchterhand.

Otto, H.-U., & Thiersch, H. (Hrsg.). (2005). *Handbuch Sozialarbeit Sozialpädagogik,* 3. Aufl. München und Basel: Ernst Reinhardt Verlag.

Otto, H.-U., & Thiersch, H. (Hrsg.). (2011). *Handbuch Soziale Arbeit,* 4. Aufl. München und Basel: Ernst Reinhardt Verlag.

Otto, H.-U., & Ziegler, H. (2008). *Capabilities – Handlungsbefähigung und Verwirklichungschancen in der Erziehungswissenschaft.* Wiesbaden: VS Verlag für Sozialwissenschaften.

Penke, S. (2009). Soziale Arbeit in Bewegung – Die „Arbeitskreise Kritische Sozialarbeit" gestern und heute. In L. Wagner (Hrsg.), *Soziale Arbeit und Soziale Bewegungen* (S. 192–205). Wiesbaden: VS Verlag für Sozialwissenschaften.

Peters, F., & Koch, J. (Hrsg.). (2004). *Integrierte erzieherische Hilfen. Flexibilität, Integration und Sozialraumbezug in der Jugendhilfe.* Weinheim: Juventa.

Petersen, K. (2002). Partizipation. In W. Schröer, N. Struck & M. Wolff (Hrsg.), *Handbuch Kinder- und Jugendhilfe* (S. 909–923). Weinheim: Juventa.

Pluto, L. (2007). *Partizipation in den Hilfen zur Erziehung. Eine empirische Studie.* Wiesbaden: VS Verlag für Sozialwissenschaften.

Pluto, L. (2010). Partizipation in der Kinder- und Jugendhilfe. Empirische Befunde zu einem umfassenden Anspruch. In T. Betz, W. Gaiser & L. Pluto (Hrsg.), *Partizipation von Kindern und Jugendlichen. Forschungsergebnisse, Bewertungen, Handlungsmöglichkeiten* (S. 195–211). Schwalbach/Ts: Wochenschau.

Retkowski, A., Schäuble, B., & Thole, W. (2012). Zur performativen Herstellung von Subjektivität. Die Akteur/-innen der Sozialen Arbeit im Fokus von Ethnographien des Pädagogischen – Überlegungen auf Basis zweier Forschungsprojekte. In B. Friebertshäuser, H. Kelle & H. Boller (Hrsg.), *Feld und Theorie. Herausforderungen erziehungswissenschaftlicher Ethnographie* (S. 137–152). Opladen: Barbara Budrich.

Sachße, C. (1996). Recht auf Erziehung – Erziehung durch Recht. Entstehung, Entwicklung und Perspektiven des Jugendhilferechts. *Zeitschrift für Sozialreform,* 42. Jg., Nr. 9, (S. 557–571).

Schaarschuch, A. (1999). Theoretische Grundelemente Sozialer Arbeit als Dienstleistung. *neue praxis,* Heft 6, (S. 543–560).

Schaarschuch, A. (2008). Vom Adressaten zum „Nutzer" von Dienstleistungen. In Bielefelder Arbeitsgruppe 8 (Hrsg.), *Soziale Arbeit in Gesellschaft* (S. 197–204). Wiesbaden: VS Verlag für Sozialwissenschaften.

Schaarschuch, A., & Oelerich, G. (2005). Theoretische Grundlagen und Perspektiven sozialpädagogischer Nutzerforschung. In G. Oelerich & A. Schaarschuch (Hrsg.), *Soziale Dienstleistungen aus Nutzersicht. Zum Gebrauchswert Sozialer Arbeit* (S. 9–25).
München und Basel: Ernst Reinhardt Verlag.

Schäuble, B., & Wagner, L. (2015). Ein „Erfolgsmodell" – Möglichkeiten und Hürden
bei der Umsetzung eines beteiligungsorientierten Verfahrens in der Kinder- und Jugendhilfe. Vortrag beim Bundesnetzwerkstreffen Familienrat am 8. September 2015
in Holzminden. http://elearn.hawk-hhg.de/projekte/leoniewagner/media/Schaeuble_
Wagner_Vortrag%20Erfolgsmodell_2015-09-20.pdf.

Scherr, A. (2002). Subjektbildung in Anerkennungsverhältnissen. Über „soziale Subjektivität" und „gegenseitige Anerkennung" als pädagogische Grundbegriffe. In B. Hafeneger, P. Henkenborg & A. Scherr (Hrsg.), *Pädagogik der Anerkennung* (S. 26–44).
Bad Schwalbach: Wochenschau-Verlag.

Scherr, A. (2013). Agency – ein Theorie- und Forschungsprgramm für die Soziale Arbeit?.
In G. Graßhoff (Hrsg.), *Adressaten, Nutzer, Agency. Akteursbezogene Forschungsperspektiven in der Sozialen Arbeit* (S. 229–242). Wiesbaden: Springer VS.

Schnurr, S. (2011). Partizipation. In H.-U. Otto & H. Thiersch (Hrsg.), *Handbuch Soziale
Arbeit*, 4. Aufl. (S. 1069–1078). München und Basel: Ernst Reinhardt Verlag.

Schrödter, M. (2011). Subjekt und Autonomie. In H.-U. Otto & H. Thiersch (Hrsg.), *Handbuch Soziale Arbeit*, 4. Aufl. (S. 1586–1595). München und Basel: Ernt Reinhardt.

Schröer, H. (2005). Interkulturelle Orientierung und Öffnung der Hilfen zur Erziehung.
Forum Erziehungshilfen, 11. Jg., Heft 1, (S. 14–19).

Schröer, W., Struck, N., & Wolff, M. (Hrsg.). (2002). *Handbuch Kinder- und Jugendhilfe*.
Weinheim: Juventa.

Spiegel, H. von (2002). Methodisches Handeln und professionelle Handlungskompetenz
im Spannungsfeld von Fallarbeit und Management. In W. Thole (Hrsg.), *Grundriss
Soziale Arbeit. Ein einführendes Handbuch* (S. 589–602). Opladen: Leske + Budrich.

Statistisches Bundesamt (2013). Kinder- und Jugendhilfe. Entwicklung nach Jahren.
https://www.destatis.de/DE/ZahlenFakten/GesellschaftStaat/Soziales/Sozialleistun
gen/KinderJugendhilfe/Tabellen/AusgabenEinnahmenEntwicklung.html. Zugegriffen: 02. 08. 2013.

Süzen, T. (2006). Migrantenkinder in den erzieherischen Hilfen – eine erste Einordnung.
Beitrag im Rahmen der AGJ-Fachtagung „Interkulturelle Kompetenzen sozialpäd-
agogischer Dienste und erzieherischer Hilfen – Wirklichkeit und Anspruch". *Forum
Jugendhilfe*, Berlin: Arbeitsgemeinschaft für Kinder- und Jugendhilfe, Nr. 2, (S. 14–18).

Tenorth, H.-E., & Tippelt, R. (2007). Adressat. In H.-E Tenorth & R. Tippelt (Hrsg.),
Beltz-Lexikon Pädagogik (S. 9). Weinheim: Beltz.

Thieme, N. (2013). *Kategorisierung in der Kinder- und Jugendhilfe. Zur theoretischen und
empirischen Erklärung eines Schlüsselbegriffs professionellen Handelns*. Weinheim:
Beltz Juventa.

Thiersch, H., Grunwald, K., & Köngeter, S. (2002). Lebensweltorientierte Soziale Arbeit. In W. Thole (Hrsg.), *Grundriss Soziale Arbeit. Ein einführendes Handbuch* (S. 161–178). Opladen: Leske + Budrich.

Thole, W. (2000). *Kinder- und Jugendarbeit. Eine Einführung.* Weinheim und München: Juventa.

Thole, W. (Hrsg.). (2002). *Grundriss Soziale Arbeit. Ein einführendes Handbuch.* Opladen: Leske + Budrich.

Wagner, L. (Hrsg.). (2009). *Soziale Arbeit und Soziale Bewegungen.* Wiesbaden: VS Verlag für Sozialwissenschaften.

Wagner, L., & Wenzel, C. (2009). Frauenbewegungen und Soziale Arbeit. In L. Wagner (Hrsg.), *Soziale Arbeit und Soziale Bewegungen* (S. 21–71). Wiesbaden: VS Verlag für Sozialwissenschaften.

Wallner, C. (2006). *Feministische Mädchenarbeit. Vom Mythos der Selbstschöpfung und seinen Folgen.* Münster: Klemm & Oelschläger.

Winkler, M. (1988). *Eine Theorie der Sozialpädagogik.* Stuttgart: Klett-Cotta.

Wolf, K. (2007). *Metaanalyse von Fallstudien erzieherischer Hilfen hinsichtlich von Wirkungen und „wirkmächtigen" Faktoren aus Nutzersicht.* Münster: ISA Planung und Entwicklung. (Wirkungsorientierte Jugendhilfe Band 4).

Wagner, Leonie, Professorin für Pädagogik an der HAWK – Hochschule Holzminden. Arbeitsschwerpunkte: Partizipation, Soziale Bewegungen und Soziale Arbeit, (Politische) Bildung, Migration/Inklusion.

Kindheit

Sabine Andresen

Zusammenfassung

Es gehört zur Geschichte der Kindheit, dass sie immer gestaltet werden muss. Wie diese Gestaltung aussieht, ist hingegen von Zeit und Raum, Normen und Machtverhältnissen oder Politik und Kultur abhängig. Dies ist der Ausgangspunkt des vorliegenden Beitrags. Es geht um die ausgewählte Rekonstruktion der Vorstellungen von Kindheit, auf die mit jeweiligen Gestaltungsmodi von Kindheit reagiert wird. Der Blick in die Geschichte der Sozialpädagogik zeigt, dass auch sie sich als ein spezifischer Gestaltungsmodus der Kindheit beschreiben ließe. Daran anschließend geht es zunächst um Kindheit in der neueren Sozialberichterstattung, hier wird auf ausgewählte Kinder- und Jugendberichte zurückgegriffen. Darüber hinaus ist in Auszügen ein einflussreicher Gestaltungsmodus, nämlich das Moratorium zu rekonstruieren. Im letzten Abschnitt geht es um einen in der neuen Kindheitssoziologie eher marginalisierten Zugang zu Kindheit, nämlich den, Kindheit als vulnerable Phase zu betrachten. Damit wird die Frage gestellt, ob die mit jeder Geburt erfolgte Anrufung der Verantwortung aufgrund der existenziellen Angewiesenheit des Kindes überführbar ist in das Konzept der Vulnerabilität in der Kindheit.

Schlüsselwörter

Gestaltung von Kindheit, Kinder- und Jugendberichte, Sozialberichterstattung, Gestaltungsmodi, Öffentliche und private Verantwortung, OECD, Wohlbefinden/Child Well-Being, Moratorium, Reformpädagogik, Vulnerabilität, Bedürfnisse von Kindern, Unsicherheit

1   Einleitung

Kindheit, das ist die erste Lebensphase eines Menschen, die evolutionstheoretisch und historisch betrachtet immer zu besonderen Maßnahmen aufgefordert hat. Weder ein Neugeborenes noch ein Kleinkind konnte gänzlich sich selbst überlassen bleiben. Kindheit musste immer schon durch einzelne ältere Menschen, etwa die leiblichen Eltern oder durch die Gemeinschaft gestaltet werden. Die mit jeder Geburt in den sozialen Raum reichende Aufforderung der Gestaltung hält bis heute an. Ein Kennzeichen moderner Gesellschaften ist jedoch ihr komplexes Arrangement um die Kindheit herum. An der Herstellung und Gestaltung von Kindheit sind heute höchst unterschiedliche Akteure beteiligt und sie reagieren auf teils widersprüchliche Anforderungen. Um ein aktuelles Beispiel zu nennen: Der OECD Report „Doing better for Families" (2011) weist darauf hin, dass Mütter so früh wie möglich in den Erwerbsarbeitsmarkt integriert werden müssen, wenn Kinder- und Familienarmut verhindert werden soll. Die Beteiligung beider Elternteile – möglichst in Vollzeit an Erwerbsarbeit – divergiert aber in vielen Ländern mit den Zugängen zu Betreuungsplätzen für Kleinkinder. Hierbei handelt es sich keineswegs nur um ein quantitatives Problem, denn der normative Anspruch, der vor allem an Eltern heute herangetragen wird, ist für eine hohe Qualität der Erziehung, Bildung und Betreuung zu sorgen. Die ist aber nicht überall garantiert (Deutscher Bundestag 2013). Insofern liegt hier bezogen auf die Gestaltung von Kindheit ein Grundwiderspruch vor, der allerdings in der öffentlichen Semantik als „*Vereinbarkeit*" von Familie und Beruf kaschiert wird.

Dies ist der Ausgangspunkt des Beitrags über Kindheit in dem vorliegenden Kompendium: Es geht um die ausgewählte Rekonstruktion der Vorstellungen von Kindheit, auf die mit jeweiligen Gestaltungsmodi von Kindheit reagiert wird. Der Blick in die Geschichte der Sozialpädagogik zeigt, dass auch sie sich als ein spezifischer Gestaltungsmodus der Kindheit beschreiben ließe. Im folgenden zweiten Abschnitt geht es zunächst um Kindheit in der neueren Sozialberichterstattung, hier wird auf ausgewählte Kinder- und Jugendberichte zurückgegriffen. Daran anschließend wird wiederum nur Auszügen ein einflussreicher Gestaltungsmodus, nämlich das Moratorium rekonstruiert. Im letzten Abschnitt geht es um einen in der neuen Kindheitssoziologie eher marginalisierten Zugang zu Kindheit, nämlich den, Kindheit als vulnerable Phase zu betrachten. Damit wird die Frage gestellt, ob die mit jeder Geburt erfolgte Anrufung der Verantwortung aufgrund der existenziellen Angewiesenheit des Kindes überführbar ist in das Konzept der Vulnerabilität in der Kindheit.

2   Kindheit in der Sozialberichterstattung

Kinder und Kindheit sind in der Kinder- und Jugendhilfe erst seit einigen Jahren ausdrücklich im Blick, lange dominierte eine auf Jugend bezogene Betrachtung, während auch die Forschung zur frühen Kindheit und zur Bildung eher marginalisiert

wurde und ein Schattendasein führte (Andresen und Diehm 2006). Dies hat sich spätestens mit dem ersten PISA-Schock in Deutschland sowie durch das Bewusstsein für
ein „strukturelles Betreuungsdefizit" (Joos 2006, S. 109) geändert. Ersteres hat Argumente für eine Konzentration auf frühe Bildung geliefert, Letzteres hat die Frage der
Betreuung von Kindern vor Eintritt in die Grundschule als einen zentralen Bereich
der Kinder- und Jugendhilfe und damit gewissermaßen der Klienten, nämlich Kinder
und ihre Familien, in den Vordergrund gerückt.

Der Zehnte Kinder- und Jugendbericht (BMFSFJ 1998) befasste sich mit dem Bild
des Kindes und den kinderpolitischen Herausforderungen, wobei das Kind als akti-
ves, sich Wissen und Können aneignendes Subjekt definiert wurde. Darüber hinaus
aber machte der Bericht deutlich, wie das aktive Subjekt in und durch soziale Struk-
turkategorien wie Geschlecht, Region, ethnische Zugehörigkeit, soziale Herkunft
geprägt wird. Insbesondere die Betroffenheit der Kinder von Armut hat in diesem
Bericht eine prominente Rolle gespielt. Durch die Daten und Darstellung wurde Kinderarmut in der deutschen Öffentlichkeit wieder wahrgenommen, wenngleich sich
zunächst das politische Interesse in Grenzen hielt.

Der Elfte Kinder- und Jugendbericht verstand Kindheit als institutionalisierte Lebensphase, die durch Standardisierung und Institutionalisierung geprägt sei (BMFSFJ
2002; Joos 2006). In diesem Bericht ging es mit Blick auf Kindheit primär darum,
die Kindheit prägenden Institutionen sowie das Ausmaß und Bedeutung der öffentlichen Verantwortung ins Zentrum zu rücken. Damit wurde auch eine Perspektive
auf die Gestaltung von Kindheit zwischen öffentlich und privat stark gemacht, was
den Diskurs der vergangenen Jahre stark geprägt hat. In ihrer Analyse der kindheitstheoretischen Leitlinien der Sozialberichterstattung beschreibt Magdalena Joos dies
folgendermaßen: „Einerseits ist Kindheit nach der zugrundeliegenden Vorstellung
nicht mehr nur über die Institutionen Familie und Schule zu beschreiben, sondern
Kinder werden zunehmend freigesetzt konstruiert. Andererseits wird aber gerade die
frühe Kindheit zunehmend sozialpädagogisch institutionalisiert und die Bildungs-
anforderung richtet sich neben der Schulkindheit auch an die vorschulische Kindheit." (Joos 2006, S. 120 f.)

Die Aufmerksamkeit für Kinder als Subjekte und Kindheit als institutionalisierte
und gestaltete Lebensphase verdeutlicht, dass seit dem Ende des „Jahrhunderts des
Kindes" das erste Lebensjahrzehnt auch aufgrund von bildungspolitischen sowie von
arbeitsmarkt- und geschlechterpolitischen Überlegungen geprägt ist. Während beide Berichte diesbezüglich politische Zielvorgaben diskutierten und neue Formen der
Verantwortung außerhalb der Familie untersuchten, versucht der vierzehnte Kinder-
und Jugendbericht die Materialisierung dessen deutlich zu machen. Während eine
„Kultur des Aufwachsens" im Zehnten und ein „Aufwachsen in öffentlicher Verantwortung" im Elften Kinder- und Jugendbericht eher programmatisch eingefordert wurde,
stellt sich 2013 die Frage nach dem Verhältnis von öffentlicher und privater Verantwortung auf eine andere Art und Weise. Hier geht es primär um neue Mischungsverhältnisse, durch die die Lebensphase Kindheit gestaltet wird. Dabei unterscheidet der

Bericht zwischen der frühen Kindheitsphase, die die ersten drei Lebensjahre umfasst, der mittleren Kindheitsphase, die klassische Kindergartenkindheit sowie die späte Kindheitsphase, die Grundschulkindheit. In keiner Phase hat sich das Verhältnis von öffentlicher und privater Verantwortung für Bildung, Betreuung und Erziehung so rasant verändert, wie in der ersten Kindheitsphase. Diese Ausdifferenzierung ist für die Analyse von Gestaltungsprozessen und – modi in der Kindheit hilfreich und angesichts der eingangs benannten Komplexität auch notwendig.

Darüber hinaus diagnostiziert die Sachverständigenkommission des 14. Kinder- und Jugendberichts eine generelle Aufmerksamkeit für Kinder als Subjekte und für Kindheit als institutionalisierte Lebensphase. Als entscheidend für diese Orientierung nicht zuletzt der Politik werden im Bericht bildungspolitische Herausforderungen einerseits und die Beteiligung von Frauen am Erwerbsarbeitsmarkt andererseits hervorgehoben, was sich mit den oben genannten Diagnosen und Handlungsleitlinien der OECD (2011) deckt. Bildungs-, Arbeitsmarkt- und Gleichstellungspolitik sind demnach Handlungsfelder, in denen seit einigen Jahren eine Umgestaltung von Kindheit gefordert wird. Von dieser thematischen Entgrenzung ist besonders die Kinder- und Jugendhilfe betroffen, was etwa der Ausbau von Betreuungsplätzen einerseits und der Fachkräftemangel andererseits exemplarisch belegen. Angesichts dessen entfaltet der Kinder- und Jugendbericht hier sein Verständnis von öffentlicher Verantwortung, indem zwischen Staat, Markt und Zivilgesellschaft unterschieden und auch die Rolle der Medien berücksichtigt wird. Somit stellt der Bericht deutlicher als die Sozialberichterstattung zuvor die Frage, wie insgesamt öffentliche Verantwortung für die ersten zehn Lebensjahre zur Geltung kommt, welche Intentionen handlungsleitend sind und wie sich diese auf die Gestaltung von Kindheit auswirken. Wichtig war dabei, die Ausweitung von öffentlicher Verantwortung und die damit einher gehenden Veränderungen nicht zu pauschalisieren. Sowohl die Diskurse als auch die empirischen Befunde zeigen auf, dass mehr öffentliche Verantwortung für Kinder nicht zwangsläufig einen Abbau privater familiärer Verantwortung bedeutet oder automatisch die Reduzierung sozialer Ungleichheit nach sich zieht (Spieß 2013). Vielmehr geht es um eine möglichst genaue Beschreibung der neuen Mischungsverhältnisse und ihrer Analyse.

Während der 14. Kinder- und Jugendbericht die Lebensphase Jugend entlang der für Jugendliche zentralen Welten, neben Familie etwa Schule und Medien, und die der jungen Erwachsenen entlang der zentralen Übergänge charakterisiert, erfolgt die Ordnung und Diskussion der vorliegenden Befunde zu öffentlicher und privater Verantwortung und ihrer Mischungsverhältnisse sowie zu kumulativen Effekten sozialer Ungleichheit in der Kindheit entlang des Konzeptes Wohlbefinden. Dies hat auch einen kindheitstheoretischen Grund:

„Moderne Kindheit basiert auf den Ideen von Entwicklung, Bildung, Schutz und Rechten. Diesem Konzept von Kindheit ist aber inhärent, dass Entwicklung, Bildung, Schutz und Rechte stets prekär sind, unsicher, zur Disposition stehen, bedroht sein können. Davon ausgehend wird im Folgenden das Konzept des Wohlbefindens (Child and Parental Well-Being) diskutiert.

Seit einigen Jahren befassen sich internationale Forschung, Politikberatung und Fachpraxis mit Fragen des Wohlbefindens von Kindern, wie es zu definieren und vor allem wie es zu messen ist. Die Frage nach dem kindlichen Wohlbefinden (Child Well-Being) muss dabei in den Kontext der UN-Kinderrechtskonvention und den damit verbundenen Herausforderungen ihrer Umsetzung gestellt werden. Die Kinderrechte unterscheiden zwischen Überlebens- und Schutzrechten, Entwicklungs- und Partizipationsrechten, und diese bilden zusammen eine Basis, von der aus Wohlbefinden definiert werden kann." (Deutscher Bundestag 2013, S. 104)

In Anlehnung an die internationalen Diskussionen über die Konzeption definiert der 14. Kinder- und Jugendbericht Wohlbefinden anhand für die Altersphase spezifischer Dimensionen, die sowohl hinsichtlich des subjektiven Wohlbefindens als auch zur Einschätzung objektiver Rahmenbedingungen des Aufwachsens eine Aussagekraft besitzen. Dahinter steht die Annahme, dass Wohlbefinden als multidimensionales Konzept verstanden werden muss, auch wenn die Dimensionen und ihnen zugordnete Indikatoren unterschiedlich stark auf das Wohlbefinden einwirken können. Das, was im 14. Kinder- und Jugendbericht als Wohlbefinden von Kindern in der heutigen Gesellschaft definiert wird, gibt auch Rückschlüsse auf diejenigen Aspekte, die für Kinder als Akteure und Kindheit als sozial gestaltete Lebensphase wichtig ist. Insgesamt zieht die Sachverständigenkommission sieben Dimensionen heran:

- Materielle Lage und Betroffenheit von Armut,
- Qualität von Beziehungen,
- Partizipation und Selbstbestimmung,
- Bildung, Erziehung, Betreuung und Nutzung,
- Bildung, Erziehung, Betreuung und Befähigung,
- Mediennutzung und -kompetenz,
- Subjektives Wohlbefinden,
- Elterliche Erwerbstätigkeit und Wohlbefinden.

Inzwischen liegen eine Reihe nationaler und internationaler Surveys vor, die ausgehend von der neueren Kindheitsforschung sich auf das subjektive Well-Being konzentrieren und davon ausgehend die Rahmenbedingungen des Aufwachsens analysieren. Die erste World Vision Kinderstudie (2007) beispielsweise differenzierte drei Bereiche, nämlich Freiheiten, die von den Eltern gewährt wurden, Freunde und allgemeines Wohlbefinden in der Schule. Die zweite World Vision Kinderstudie (2010) orientierte sich an operationalisierbaren Dimensionen des Wohlbefindens, bezog auch das Konzept der Selbstwirksamkeit mit ein und basierte auf dem gerechtigkeitstheoretischen Capability Approach. Dies wurde in der dritten Studie durch die Untersuchung von Gerechtigkeitsvorstellungen erweitert (World Vision 2013). Auch in der Sozialberichterstattung auf der internationalen Ebene wird die Frage nach einem auf Indikatoren gestützten Monitorings intensiv diskutiert und Wohlbefinden als Rahmenkonzept erprobt.

3   Das Moratorium als Gestaltungsmodus[1]

Ein für die neuere Geschichte der Kindheit grundlegender Gedanke ist der des Moratoriums, der Zeit der Entpflichtung, der Raum der Befreiung von Älteren zugewiesenen Aufgaben. Besonders wirkmächtig wird die Idee in der Phase reformpädagogischer Bestrebungen um Kinder zu Beginn des zwanzigsten Jahrhunderts. Die Metapher vom *„Jahrhundert des Kindes"* prägte in Schweden, in Deutschland, in England oder den USA Vorstellungen über Kindheit und Gesellschaft dieser Zeit. Das gleichnamige Buch der Schwedin Ellen Key, das 1900 in Schweden, 1902 in Deutschland und 1909 in der englischen Übersetzung erschien, brachte das Unbehagen an zahlreichen Modernisierungsphänomenen auf den Punkt (Key 1902, 2000): Key prangerte die Misshandlungen des Kindes in modernen Gesellschaften durch die frühe Ausbeutung ihrer Arbeitskraft, durch die Missachtung der Individualität in Schulen, durch einen Mangel Elternkompetenz an. Sie verlangte neben umfassenden Gesetzesmaßnahmen auch zur Eugenik, eine Demokratisierung der Geschlechterverhältnisse und eine Ausrichtung der Gesellschaft an den Bedürfnissen des Kindes. Keys Buch repräsentierte bis weit in die zweite Hälfte des zwanzigsten Jahrhunderts hinein eine neue Perspektive auf Kindheit und ein reformpädagogisches Bild vom Kind und es war ein explizites Plädoyer für die wissenschaftliche Auseinandersetzung mit der Entwicklung des Kindes für einen an wissenschaftlichen Erkenntnissen orientierten neuen pädagogischen Umgang mit dem Kind. Der zum Slogan avancierte Buchtitel war von vornherein unter falschen Vorzeichen rezipiert worden. Key ging es um eine prinzipielle Neuausrichtung, nämlich um die Umkehrung des Generationen- und Geschlechterverhältnisses zugunsten der jungen Generation und des weiblichen Geschlechts und dafür machte sie sich auch zur Fürsprecherin von Eugenik und Euthanasie.

In Deutschland stieß das Erscheinen des Buches in eine höchst pluralistische Phase der Pädagogik, die durch unterschiedliche Zugänge, Ansätze und Konzepte geprägt war. Die Rezeptionsgeschichten unterschiedlicher pädagogischer Konzepte und damit verbundener Kindheitsvorstellungen sind insgesamt aufschlussreich für die *„Geschichten der Kindheit"* in unterschiedlichen Weltregionen, die bislang auch in der neueren Kindheitsforschung weitgehend unbeachtet bleiben (Hunner-Kreisel und Stephan 2013).

---

1   In diesem Abschnitt greife ich auf meine historisch systematischen Arbeiten zum Moratorium zurück u. a. in Sozialistische Kindheitskonzepte (2006) und auf einen neuen Beitrag von 2013 „Konstruktionen von Kindheit in Zeiten gesellschaftlichen Wandels" (Hunner-Kreisel und Stephan 2013).

Wie Key forderten auch sozialistische Pädagoginnen und Pädagogen zu Beginn des zwanzigsten Jahrhunderts und insbesondere noch nach der russischen Revolution den Schutz des Kindes vor der industriekapitalistischen Ausbeutung. Sozialistische Vorstellungen über Kindheit standen im Kontext marxistischer Theorien, sozialkritischer Positionen und reformpädagogischer Visionen. Ihren Klassenstandpunkt artikulierte die sozialistische Pädagogik als Kampf für ein generelles Kinderarbeitsverbot, für gerechte Einheitsschulen und neue Methoden sowie für soziale Chancengleichheit proletarischer Kinder. Ferner propagierte sie die Übernahme politischer Verantwortung für die Bedingungen des Aufwachsens und eine Distanzierung von familialen Verpflichtungen zugunsten kollektiver oder gesellschaftlicher Verantwortung. Damit unterschieden sich sozialistische Forderungen pädagogisch jedoch kaum von denen der bürgerlichen Sozialreform. Thesen, wie sie Key artikulierte, wirkten deshalb provokativ, zumal sich die Schwedin auch als Sozialistin verstand. Aus dieser Situation resultierte die Suche nach einem originären sozialistischen Zugang zu pädagogischen Problemen. Den fand man in der politischen Begründung des Pädagogischen und in der rhetorisch engen Zusammenführung von Politik und Pädagogik sowie von Politik und Kindheit. Kindheitskonzepte im Umfeld des deutschen Sozialismus resultierten zunächst kaum aus der Parteipolitik und wurden selten in enger Anlehnung an die marxistischer Theorie formuliert. Stattdessen entstanden sie in konkreter Auseinandersetzung mit der bürgerlichen Reformpädagogik, mit sozialpädagogischen Reformvorschlägen sowie mit Konzepten und Maßnahmen aus dem Kontext der Sozialreformen Ende des neunzehnten und Anfang des zwanzigsten Jahrhunderts.

Die Metapher vom *„Jahrhundert des Kindes"* und die darin eingelagerten Versprechen einer am Kinde orientierten Zukunft erwiesen sich für die deutschen Sozialisten als pädagogische und kindheitspolitische Herausforderung weit über die Jahrhundertwende hinaus. Die turbulente politische Geschichte des deutschen Sozialismus in seinem internationalen Kontext hatte eklatante Auswirkungen auf Kinder und Kindheit, auf pädagogische Konzepte und Theorien sowie auf die Schul-, Familien- und Kindheitspolitik. Zugleich unterstanden sozialistische Kindheitskonzepte und die damit verbundene Pädagogik im Laufe des zwanzigsten Jahrhunderts höchst unterschiedlichen Einflüssen: War um 1900 die bürgerliche Sozialreform noch prägend, wirkten sich in den zwanziger Jahren beispielsweise die Psychoanalyse oder die sowjetische Pädagogik aus. Zudem unterlagen auch die politische Theorie ebenso wie die Praxis des Sozialismus modernen Ausdifferenzierungsprozessen, die wiederum Kindheitskonzepte beeinflussten.

Alla Salnikova (2013) arbeitet mit ihrer Studien über Kinder im Ersten Weltkrieg in Russland etwa heraus, welche Auswirkungen Krieg und Bürgerkrieg auf Kindheitskonzepte und insbesondere auf das Kinderleben und die Pädagogik gehabt haben. Salnikova rekonstruiert dies auf der Basis von historischen Quellen, die Auskunft über das alltägliche Leben russischer Kinder während des Ersten Weltkriegs und der Revolution geben, aber auch über deren Einstellungen zu Vaterland und Politik. Das

1900 propagierte „Jahrhundert des Kindes" war ein Jahrhundert der Kriege, der Gewalt, der Migration, des Hungers, worunter besonders Kinder litten. Will man vor
diesem Hintergrund die darin eingelagerten Kindheitskonzepte rekonstruieren, so
stellt sich wiederum die Frage nach dominanten Konzepten ebenso wie nach Alternativen und den jeweiligen Entstehungskontexten. So steht die Analyse sozialistischer
Kindheitskonzepte demnach nicht nur in einem partei- und organisationsgeschicht-
lichen, sondern auch in einem ideengeschichtlichen Kontext und ist zudem ab der
zweiten Hälfte des zwanzigsten Jahrhunderts in die politische Entwicklung zweier
politischer Systeme eingebettet, was sich an der Teilung Deutschlands besonders eindrücklich zeigt.

Das Moratoriumskonzept basiert auf der modernen Ausdifferenzierung in die Lebensphasen Kindheit, Jugend, Erwachsenendasein und Alter. Diese Differenzierung
drückte sich in der Etablierung spezieller Institutionen, in gesellschaftlichen Pflichten und reproduktiven Aufgaben aus. Den Maßstab aller Lebensphasen bildete die
Perspektive des produktiven männlichen Erwachsenenalters, das weitgehend durch
die Verpflichtungen zur Arbeit, durch zunehmende politische Partizipation und
durch wohlfahrtsstaatlich organisierte soziale Integration gekennzeichnet war. Kindheit und Jugend waren dementsprechend durch retardierende Momente gekennzeichnet. Insofern basierte das Moratorium auf dem Prinzip der Entpflichtung. Mit
der Idee des Moratoriums für Kindheit und Jugend waren stets zeitliche, räumliche
und pflichtethische Dimensionen verbunden, und diese entfalteten auch für Kindheitskonzepte ihre Bedeutung als Entwicklungsmodell oder als Idee des Schon- und
Schutzraumes.

Das Bewusstsein zeitlicher Begrenztheit ebenso wie zeitlicher Freiheit menschlichen Lebens hat kollektive und individuelle Vorstellungen über Zeiten des Aufwachsens hervorgerufen. Der mit Verzeitlichung eng zusammenhängende Ent-
wicklungsbegriff wurde im neunzehnten Jahrhundert durch naturwissenschaftliche
Vorstellungen zur Evolution, durch psychologische Entwicklungsbegriffe und durch
gesellschaftstheoretische Entwicklungsmodelle geprägt (Andresen 2005). Die Zeit
der Kindheit sollte für die Entfaltung der Anlagen, für eine gesunde Entwicklung,
für die Bildung der Kräfte und für die Erziehung zum Zwecke der Integration in die
Gesellschaft genutzt werden. Auch wenn vielfach von der Metapher der „natürlichen"
Entwicklung die Rede war, handelte es sich um hoch ambitionierte soziale Konzepte,
die allerdings häufig durch Naturalisierung legitimiert wurden.

Der Entwicklungstatsache sollte in verschiedenen Institutionen wie Familie, Kindergarten und Schule Rechnung getragen werden. Die Metapher des Raumes verwies zusätzlich auf den Anspruch bestimmter Menschengruppen auf ein besonderes
Schutzbedürfnis und auf den Schutz vor verfrühten Übergriffen oder unangemessenen Anforderungen. Die Raumidee zog das Phänomen der Gestaltung nach sich:
Um den skizzierten Anforderungen, Schützen und Schonen, zu genügen, bedurfte es
eines bestimmten Arrangements. Dieses war im Hinblick auf die physische Gesundheit des Kindes relativ klar, umstritten bleiben bis heute die Bedingungen der psy-

chischen Unversehrtheit, betrachtet man Diskussionen über Familienkindheit, über Mutter-Kind- und Eltern-Kind-Beziehungen. Darüber hinaus stellte sich aber auch die Frage, wer in welchem Umfang für die Gestaltung des Raumes Kindheit zuständig sein, oder anders ausgedrückt, in welchem Verhältnis die familiale und die öffentliche Verantwortung für das Aufwachsen zueinander stehen sollte.

In Anlehnung an den skizzierten Kontext ist davon auszugehen, dass das strukturelle Verhältnis von öffentlicher und familialer Verantwortung für das Aufwachsen zentral für moderne Kindheitskonzepte seit dem frühen zwanzigsten Jahrhundert ist. Die Metapher des Raumes spielt dabei insbesondere für die Pädagogisierung von Kindheit eine zentrale Rolle. Der Wandel von Kindheit lässt sich anhand räumlicher Dimensionen rekonstruieren, wobei die sowohl symbolisch als auch materiell wirksame räumliche Abgrenzung an Bedeutung gewonnen hat. Abgrenzung verweist auf den Schutzanspruch des Kindes und den damit verbundenen paternalistischen Zugriff ebenso wie auf die Anerkennung einer kindlichen Eigenart.

Die Anerkennung von Kindheit als räumlich gestaltete, zeitliche und ethisch motivierte Entpflichtung sagt hingegen noch nichts über die Wirksamkeit und die konkrete Umsetzung aus. Es liegt auf der Hand, dass relativ viele Kinder ihre Kindheit nicht als Moratorium erlebten und dass sie keineswegs von Personen oder Institutionen geschützt und geschont wurden. Ungeachtet der historischen Diskrepanz zwischen Konzept und Alltag, setzte sich das Moratoriumskonzept als Leitidee durch. Daran ließ sich schließlich die Kritik an sozialen Lebensverhältnissen, an pädagogischen Institutionen und an politischen Systemen artikulieren und die Gefährdung und den Verlust von Kindheit diskutieren.

Insbesondere Siegfried Bernfelds Ausführungen zur Fürsorge und zur sozialpädagogischen Perspektive auf Kinder und Kindheit legten die permanente Gefährdung von Kindheitsräumen und deren Brüchigkeit offen. Für seine Kindheitskonzeption war die stets prekäre Situation des Kindes zentral. Daran schließt Jürgen Zinneckers (2000) Rekonstruktion des pädagogischen Moratoriums als eine utopische Idee der Aufklärung an. Kindheit und Jugend als Konstrukte versteht Zinnecker in Anlehnung an Bernfeld als die Summe gesellschaftlicher Reaktionen auf die Entwicklungstatsache, man könnte auch sagen auf das Aufwachsen. „Kindheit und Jugend als pädagogische Moratorien sind zunächst – in genau dieser historischen Reihenfolge – utopische Entwürfe, sodann eine Angelegenheit einiger weniger privilegierter Gruppen von Aufwachsenden, um schließlich dem Anspruch nach alle Kinder und Jugendlichen als herrschendes Muster des Aufwachsens zu umfassen." (Zinnecker 2000, S. 37) Für die Gewährung eines Moratoriums, also einer Entpflichtung oder eines Aufschubs, bedarf es eines sozialen Anlasses, der sich keineswegs nur auf Phänomene des Pädagogischen beziehen muss.[2] Der Moratoriumsgedanke in modernen Gesellschaften bezieht sich insbesondere auf die Lebensphasen menschlichen An-

---

2 Moratorium ist ein juristischer Begriff, der auf die Entpflichtung eines Schuldigers von seinen Schulden zielt. Für eine bestimmte zeitliche Frist und unter bestimmten moralischen Auflagen kann der

fangens und Aufwachsens sowie auf die Begrenztheit des Daseins. Für das pädagogische Moratorium hebt Zinnecker vier strukturbildende Elemente hervor: Erstens
die Freisetzung von gesellschaftlichen Aufgaben, wozu wirtschaftliche und biologische Reproduktion zählen, zweitens eine profilierte Erwachsenenfigur, um das mit
dem Moratorium korrespondierende Generationenverhältnis ermöglichen zu können. Drittens sind den Moratorien Institutionen des Aufwachsens wie Familie, Kindergarten und Schule zugeordnet, und viertens muss ein Zeitbewusstsein für die
Dauer des Moratoriums sowie für die Einordnung in den Fluss von Vergangenheit,
Gegenwart und Zukunft existieren. Zentral ist dabei, ob man das Moratorium als
Übergangsphase betrachtet und primär den Abschluss der Entwicklung hin zur „produktiven" Erwachsenenphase erwartet oder ob dem Moratorium ein Eigenwert zugeschrieben wird.

Schließlich betont Zinnecker die Bedeutung der häuslichen, schulischen und sozialpädagogischen Regimes für die Existenz von Moratorien im zwanzigsten Jahrhundert. Doch spätestens an dieser Stelle zeigt sich die Notwendigkeit, nach den Unterschieden zwischen Kindheit als Moratorium und Jugend als Moratorium zu fragen.
Insbesondere Kinder scheinen nämlich mehr als Jugendliche und Mädchen mehr als
Jungen vom Prozess der Verhäuslichung geprägt zu sein.

Mehr noch als die Kindheit hielt der Psychoanalytiker und Jugendtheoretiker Erik
Erikson die Lebensphase Jugend für eine spezifisch gestaltete Zeit der Entpflichtung
und prägte den Begriff des psychosozialen Moratoriums (Erikson 1968, 1998). „Ein
Moratorium ist eine Aufschubsperiode, die jemandem zugebilligt wird, der noch
nicht bereit ist, eine Verpflichtung zu übernehmen, oder die jemandem aufgezwun-
gen wird, der sich selbst Zeit zubilligen sollte. Unter einem psychosozialen Moratorium verstehen wir also einen Aufschub erwachsener Verpflichtungen oder Bindungen und doch handelt es sich nicht nur um einen Aufschub. Es ist eine Periode, die
durch selektives Gewährenlassen seitens der Gesellschaft und durch provokative Ver-
spieltheit seitens der Jugend gekennzeichnet ist." (ebd., S. 161) Hier sei wiederum angefragt, ob und wie die Unterscheidung zwischen Kindheit und Jugend in zentralasia-
tischen oder osteuropäischen Kontexten hervortritt. Auch dazu benötigen wir dichte
Fallbeschreibungen.

4   Vulnerabilität als ein Ausgangspunkt der Gestaltung von Kindheit

Dieser Abschnitt befasst sich mit dem Konzept von Vulnerabilität als analytischer
Kategorie in der Kindheitsforschung. Damit ist die hier eingenommene Perspektive
weder klinisch, noch psychologisch, sondern kindheitstheoretisch. Im Fokus steht

---

Schuldner befreit werden von seinen Pflichten, um später wieder umfassend in die Gesellschaft und
damit in seine Pflichten integriert werden zu können.

die Frage, welche Gestaltungsmomente Kindheit besonders vulnerabel machen und Kinder dadurch gefährden. Ein wichtiger kindheitstheoretischer Ausgangspunkt ist die sozialkonstruktivistische Annahme der Gestaltung von Kindheit durch soziale Institutionen, durch rechtliche Ordnungen im Generationenverhältnis, durch pädagogische und andere Praktiken ebenso wie durch kulturelle Vorstellungen von guter Kindheit, von Eltern-Kind-Beziehungen sowie durch gesellschaftliche Vorstellungen, was in der Kindheit an Bildung zu erwerben ist (Honig 2009). Der Gestaltungsanspruch basiert historisch gesehen auch auf einer wohlfahrtsstaatlichen Idee des Kindeswohls und der Minimierung von Gefährdung und wird seit mehr als 20 Jahren zudem durch die UN-Kinderrechtskonvention inspiriert. Es bleibt jedoch die Frage, ob die Gestaltung der Lebensphase Kindheit zugleich mit einer besonderen Ausprägung von Anfälligkeiten, etwa soziale Ungleichheit zu verschärfen, einhergeht. Es gilt somit zu prüfen, ob und inwiefern sich die Vulnerabilität in der Kindheit durch ungleichheitsrelevante Kategorien Klasse bzw. soziale Herkunft, Geschlecht und ethnische Herkunft erklären lässt.

„Parents make considerable efforts, some more than others, to try to keep their children safe. They move them to the suburbs. They give them karate lessons. They drive them to school to keep them off the streets or the bus. They sometimes invest in wearable alarms, wristwatch Global Positioning System devices, and babysitter-surveillance cameras." (Finkelhor 2008, p. 47) Die Diagnose des Kindheits- und Gewaltforscher David Finkelhor über das Sicherheitsbedürfnis von Eltern zielt auf einen bemerkenswerten Konsens Erwachsener: Kinder sind gefährdet und Sicherheit schwindet vor allem im öffentlichen Raum. Schutz ist neben Entwicklung, Bildung und Partizipation angesichts dessen auch eine fundamentale Orientierung der UN-Kinderrechtskonvention. Eltern und andere Erwachsene in ihrer konkreten Interaktion mit Kindern und Institutionen in ihrer formalen Gestaltung von Kindheit entwickeln und etablieren unterschiedlich erfolgreiche Strategien, die Lebensphase Kindheit möglichst sicher und wenig anfällig für Verletzungen zu machen. Was jedoch genau als Gefahr oder als Risiko wahrgenommen wird, hängt maßgeblich von den Kontexten, in denen sie aufwachsen, vom Bildungsniveau und Status der Eltern, von öffentlichen Diskursen über Risiken oder von staatlichen und zivilgesellschaftlichen Normen ab. Darüber hinaus sind gerade die sozialen Kontexte im hohen Maße mit normativen Zuschreibungen verbunden, das heißt, Kindheit mit arbeitslosen Elternteilen gilt als Risiko, nicht weil damit strukturell Ungleichheit erzeugt, sondern weil das Verhalten arbeitsloser Eltern kritisch betrachtet wird. Die Bedeutung rechtlich fixierter Normen und die Herausforderungen in den Alltagspraktiken sind ebenfalls zu benennen. So gibt es in verschiedenen europäischen Ländern etwa den Konsens darüber, dass Kinder ein Recht auf gewaltfreie Erziehung haben. In Deutschland wurde dieses Recht 2002 in das Bürgerliche Gesetzbuch, das zivilrechtliche Regelungen trifft und nicht in das Strafgesetzbuch aufgenommen.

Unabhängig von solchen zivilgesellschaftlichen Neuordnungen ist jedoch festzustellen, dass bislang kein eindeutiges Wissen darüber, was Kinder, in welchem Al-

ter zu gefährdeten Wesen macht, existiert. And „sadly, social science has been little
help. There is surprisingly little research about exactly which children are at risk and
what works to reduce that risk" (Finkelhor 2008, p. 47). Ein eindrucksvolles Beispiel
für den Mangel an exaktem Wissen ebenso wie für fehlgeleitete Wahrnehmung ist
die Sorge, Kinder könnten Gewaltopfer fremder Täter werden. Die dazu vorliegenden Befunde weisen jedoch in eine andere Richtung, auch wenn hier das Dunkelfeld,
also das Nichtwissen, besonders ausgeprägt ist: Kinder werden vor allem zu Opfern
von Gewalt und anderen Gefährdungen in ihrem nahen Umfeld, also in der Familie,
bei Freunden und Verwandten, in der Schule. Was also Einfluss auf die soziale Gestaltung von Kindheit und die Strategien von Erwachsenen nimmt, sind als unsicher
wahrgenommene Zeiten, Räume und Handlungsweisen. Damit ergibt sich ein kindheitstheoretischer Zugang zu gesellschaftstheoretischen Annahmen, die sich auf die
Gestaltung des Sozialen etwa zwischen den Generationen und Geschlechtern, bei der
Verteilung von Gütern und der Gewährung von Rechten beziehen. Diese systematische kindheits- und gesellschaftstheoretische Verschränkung kann an dieser Stelle
nicht ausführlich behandelt, sondern wird nur skizziert werden. Aus diesem Grund
sei ausschließlich der Aspekt Unsicherheit in den Blick genommen.

Nicht zuletzt nämlich hat das Bedürfnis nach Sicherheit als ein Kennzeichen moderner Gesellschaften und die unterschiedlich ausgeprägte Angst vor Gefährdungen
der Sicherheit zu spezifischen Gestaltungsformen der Lebensphase Kindheit in der
generationalen Ordnung beigetragen. Eine Reihe historischer Arbeiten, angefangen
von Ariés „Geschichte der Kindheit" (1963) hat die Herausbildung moderner Kindheit und Jugend als möglichst sicher zu gestaltende Phase rekonstruiert. Die Gestaltung von Kindheit und Jugend als Schutz- und Schonraum, als Moratorium, worauf
im vorangegangenen Abschnitt eingegangen wurde, war durch die wachsenden gesellschaftliche Bildungsansprüche an die junge Generation, eine durch die wissenschaftlichen Disziplinen wie der Psychologie erzeugte Sensibilisierung für die „Entwicklungstatsache" (Bernfeld) und der vor allem durch die wohlfahrtsstaatlich
organisierten Reduktion von Unsicherheit beeinflusst. Der Blick auf „children at risk"
und Vulnerabilität ist ohne das Bestreben, Unsicherheiten, Risiken und Gefahren
möglichst zu minimieren, demnach nicht zu denken.

Davon ausgehend lässt sich gesellschaftstheoretisch an die Arbeiten des französischen Soziologen Robert Castel anschließen. In seinem Buch „Die Stärkung des
Sozialen" (2005) zeigt er auf, dass und wie die Herstellung von Sicherheit durch
rechtliche, soziale und ökonomische Ordnungen geregelt ist. Ein Aspekt dieser Ordnungen ist die Gestaltung des Generationenverhältnisses und die Teilung der Verantwortung für Kinder und Jugendliche ebenso wie für ältere und alte Menschen,
auch um Zufälle und Widrigkeiten des Lebens abzufedern. Für Castel ist Unsicherheit als ein Teil des Alltags anzusehen und sie strukturiert alle sozialen Erfahrungen
mit (Castel 2005). Allerdings trifft die Spannung zwischen dem Gefühl der Unsicherheit und dem menschlichen Sicherheitsbedürfnis Individuen und Gruppen höchst
unterschiedlich. Die ambivalenten Beziehungen zwischen Schutz und Unsicherheit,

zwischen Versicherung und Risiko, zwischen Autonomie und Abhängigkeit haben je nach sozialer Herkunft, Alter, Ethnizität und Migration, Gesundheit und Geschlecht andere Konsequenzen. Castels Einschätzung beruht sowohl auf einer historischen Rekonstruktion als auch auf einer kritischen Analyse der Gegenwart und sie bietet einen systematischen Zugang zur Vulnerabilität in der Kindheit. Der Ort, an dem sich bürgerliche Unsicherheit und soziale Unsicherheit im Alltag manifestieren, ist nämlich die Familie. Ihre Mitglieder sind unter diesen Bedingungen besonders vulnerabel und Castel problematisiert außerdem die Häufung von Risiken: „Tag für Tag in Unsicherheit zu leben bedeutet, nicht mehr dazu in der Lage zu sein, Beziehungen zu seinen Mitmenschen aufzubauen, seine Umwelt als Bedrohung zu erleben und nicht als einen offenen Austausch. Diese Unsicherheit lässt sich umso weniger rechtfertigen, als sie ganz besonders jene Personen trifft, denen es auch an anderen Ressourcen (Einkommen, Wohnqualität, Leistungen, die sich aus einer abgesicherten sozialen Lebenssituation ergeben) am meisten mangelt, all jene, die eben auch Opfer sozialer Unsicherheit sind." (Castel 2005, S. 130)

Nimmt man das Bedürfnis nach Sicherheit und die Bedrohung durch andauernde Unsicherheit als einen sowohl gesellschafts- als auch kindheitstheoretischen Ausgangspunkt so lässt sich daran anschließend fragen, in welchen sozialen Kontexten bzw. durch welche Handlungsweisen Sicherheit und Unsicherheit erfahrbar werden. Finkelhor formuliert dies mit der Frage „What puts children at risk?" und fokussiert dabei als Risiko Missachtung, soziale Isolierung und vor allem Gewalt. Wesentliche Aspekte, die Kindheit für von Unsicherheit betroffene Kinder zu einer vulnerablen Phase machen, sind für Finkelhor: Geography and neighborhoods, family disruption, emotional deficits and difficulties, risk taking behavior, prior victimization. Wenn Kinder in einem durch Krieg erschütterten Land aufwachsen, ihre Wohnung in einer anregungsarmen und durch ein hohes Gewaltaufkommen geprägten Nachbarschaft haben, wenn ihre alleinerziehende Mutter suchtkrank ist oder sie während eines vorübergehenden Heimaufenthalts Opfer von Peergewalt geworden sind, sind die faktischen Lebensumstände durch soziale Unsicherheit geprägt.

An diese Typologie lassen sich auch Indikatoren aus der Forschung zum Wohlbefinden von Kindern und Jugendlichen anschließen. Auch über Indikatoren in der child well-being Forschung lassen sich Risiken und Gefährdungen beobachten, beschreiben und interpretieren. Zu diesen Indikatoren jenseits der individuellen Disposition des Kindes zählen Armut, Gewalt, Soziale Isolierung, Vernachlässigung und Missachtung, Mangel an Unterstützung, unsicherer Aufenthaltsstatus, Erkrankung der Eltern/Elternteile, ein mangelndes Netzwerk.

Kindheit als gestaltete Lebensphase basiert nach wie vor auf dem Gedanken des Schutzes, wird aber, nicht zuletzt durch neuere Perspektiven auf die Stärke und Ressourcen von Kindern und ihr subjektives Wohlbefinden erweitert.

Dieser Beitrag hat ausgehend von der neueren Sozialberichterstattung, die gerade für die Charakterisierung innerhalb der Sozialpädagogik an Bedeutung gewonnen haben, zwei historisch durchaus miteinander zusammenhängende Konzepte diskutiert. Die Gestaltung von Kindheit als Moratorium hat weit zurückreichende historische Wurzeln und ragt in die Gegenwart hinein, nicht zuletzt der Diskurs über Aufwachsen in öffentlicher und privater Verantwortung belegt dies. Doch kindheitstheoretisch stellt sich die Frage, ob und wenn ja inwiefern Kindheit durch eine im Generationenverhältnis besondere Vulnerabilität geprägt ist.

Literatur

Andresen, S., & Diehm, I. (2006). *Kinder, Kindheiten, Konstruktionen. Erziehungswissenschaftliche Perspektiven und sozialpädagogische Verortungen.* Wiesbaden: VS Verlag für Sozialwissenschaften.

Andresen, S. (2005). *Einführung in die Jugendforschung.* Darmstadt: Wissenschaftliche Buchgesellschaft.

Andresen, S. (2006). *Sozialistische Kindheitskonzepte. Politische Einflüsse auf die Erziehung.* München und Basel: Ernst Reinhardt Verlag.

Andresen, S. (2013). Konstruktionen von Kindheit in Zeiten gesellschaftlichen Wandels. In C. Hunner-Kreisel & M. Stephan (Hrsg.), *Neue Räume neue Zeiten* (S. 21–32). Wiesbaden: Springer VS.

Ariés, P. (1963). *Geschichte der Kindheit.* München.

BMFSFJ (1998). Zehnter Kinder- und Jugendbericht. Berlin: Deutscher Bundestag. http://www.bmfsfj.de/doku/Publikationen/kjb/data/download/10_Jugendbericht_gesamt.pdf. Zugegriffen: 18.09.2014.

BMFSFJ (2002). Elfter Kinder- und Jugendbericht. Berlin: Deutscher Bundestag. http://www.dji.de/fileadmin/user_upload/bibs/Elfter_Kinder_und_Jugendbericht.pdf. Zugegriffen: 18.09.2014.

Castel, R. (2005). *Die Stärkung des Sozialen. Leben im neuen Wohlfahrtsstaat.* Hamburg: Hamburger Edition.

Deutscher Bundestag (2013). *14. Kinder- und Jugendbericht. Bericht über die Lebenssituation junger Menschen und die Leistungen der Kinder- und Jugendhilfe in Deutschland.* BT-Dr. 17/12200. http://dip21.bundestag.de/dip21/btd/17/122/1712200.pdf. Zugegriffen: 14.07.2013.

Finkelhor, D. (2008). *Childhood Victimization: Violence, Crime, and Abuse in the Lives of Young People.* New York: Oxford University Press.

Honig, M.S. (2009). *Ordnungen der Kindheit. Problemstellungen und Perspektiven der Kindheitsforschung.* Weinheim und München: Juventa.

Hunner-Kreisel, C., & Stephan, M. (2013). *Neue Räume neue Zeiten.* Wiesbaden: Springer VS.

Joos, M. (2006). De-Familialisierung und Sozialpädagogisierung. Eine Rekonstruktion der Kindheitsbilder und politischen Leitideen des Zehnten und Elften Kinder- und Jugendberichts. In S. Andresen & I. Diehm (Hrsg.), *Kinder, Kindheiten, Konstruktionen. Erziehungswissenschaftliche Perspektiven und sozialpädagogische Verortungen* (S. 109–134). Wiesbaden: VS Verlag für Sozialwissenschaften.

Key, E. [1902] (2000). *Das Jahrhundert des Kindes. Neu herausgegeben und mit einem Nachwort von Ulrich Herrmann.* Weinheim und Basel: Beltz.

OECD (2011). *Doing better for Families.* http://www.leavenetwork.org/fileadmin/Leave network/Links_publications/OECD_DoingBetterForFamilies_2011.pdf. Zugegriffen: 18.09.2014.

Salnikova, A. (2013). Great Transformation: The World of Russian Children before and after the first World War and the Bolshevik Revolution. In C. Hunner-Kreisel & M. Stephan (Hrsg.), *Neue Räume neue Zeiten* (S. 35–45). Wiesbaden: Springer VS.

World Vision (2007). *Kinder in Deutschland 2007. 1. World Vision Survey. Wissenschaftliche Leitung: Klaus Hurrelmann und Sabine Andresen.* Frankfurt a. M.: Fischer.

World Vision (2010). *Kinder in Deutschland 2010. 2. World Vision Survey. Wissenschaftliche Leitung: Klaus Hurrelmann und Sabine Andresen.* Frankfurt a. M.: Fischer.

World Vision e. V. (2013). *Wie gerecht ist unsere Welt? Kinder in Deutschland 2013. 3. World Vision Kinderstudie unter wissenschaftlicher Leitung von S. Andresen und K. Hurrelmann.* Weinheim: Beltz.

Zinnecker, J. (2000). Kindheit und Jugend als pädagogische Moratorien. Zur Zivilisationsgeschichte der jüngeren Generation im 20. Jahrhundert. *Zeitschrift für Pädagogik,* 42. Beiheft: Beltz, (S. 36–68).

Prof.'in Dr. Sabine Andresen, Goethe-Universität Frankfurt am Main, Fachbereich Erziehungswissenschaften, Institut für Sozialpädagogik und Erwachsenenbildung Leitung des Arbeitsbereiches. Arbeitsschwerpunkte: Kindheits- und Familienforschung; Child-Well-Being Forschung; Vulnerabilität in der Kindheit; Armutsforschung; Forschungen zu sexueller Gewalt in Kindheit und Jugend; Historische Forschungen v. a. zu Kindheit, Jugend und Reformpädagogik im 20. Jahrhundert. Kontakt: S.Andresen@em.uni-frankfurt.de.

Jugend

Yvonne Niekrenz und Matthias D. Witte

Zusammenfassung

Dieser Beitrag nähert sich zunächst unter Berücksichtigung verschiedener disziplinärer Zugänge einer Definition von ‚Jugend' und wählt anschließend drei jugendtheoretische Zugänge aus: das Konzept des Moratoriums, das Konzept der Generation sowie modernisierungstheoretische Ansätze. Es wird sowohl den Lebenswelten nachgegangen, in denen sich Jugendliche bewegen, als auch den Themen Ausbildung und Qualifizierung als wesentliche Bestandteile der Jugendphase. Abschließend skizziert der Beitrag zwei zentrale Diskursstränge der Jugendforschung: Jugend als Problem und Jugend mit Problemen.

Schlüsselwörter

Jugend, Jugendforschung, Jugendtheorien, jugendliche Lebenswelten, Entwicklungsaufgaben

Dieser Beitrag umreißt das Thema „*Jugend*", indem er sich zunächst unter Berücksichtigung verschiedener disziplinärer Zugänge einer Definition von Jugend nähert. Jugend prägt sich höchst uneinheitlich und ungleich aus, sodass heute nunmehr von Jugenden gesprochen werden muss. Aus einer Vielzahl an jugendtheoretischen Zugängen wählt dieser Artikel drei aus: das Konzept des Moratoriums, das Konzept der Generation sowie modernisierungstheoretische Ansätze, um auch theoriegeschichtlich eine Spannbreite an Überlegungen zu Jugend und Jugendlichen darzustellen. Der dritte Abschnitt geht den Lebenswelten nach, in denen sich Jugendliche bewegen. Der Umgang mit Medien und Konsum, jugendkulturelle Selbstinszenierungen, aber auch ökonomische Knappheit und eingeschränkte Partizipationschancen sind Themen, die vor dem Hintergrund der spezifischen Entwicklungsaufgaben des Jugendalters diskutiert werden. Ausbildung und Qualifizierung als wesentliche Bestandteile der Jugendphase werden im vierten Abschnitt behandelt, der auch die Schwierigkeiten beim Übergang in eine unsicher gewordene Arbeitswelt berücksichtigt. Schließlich skizziert der Beitrag zwei zentrale Diskursstränge der Jugendforschung: Jugend als Problem und Jugend mit Problemen.

1   Begriffliches – Was ist Jugend?

Jugend als Begriff und Konzept kann vieles bezeichnen und wird in der fachlichen Auseinandersetzung höchst uneinheitlich, zum Teil auch widersprüchlich verwendet. Dennoch muss eine begriffliche Auseinandersetzung zunächst den Gegenstandsbereich bestimmen und sich einer Definition annähern. Warum sprechen wir von Jugend und nicht von Adoleszenz oder Pubertät? *Adoleszenz* ist ein Begriff, der im deutschen Sprachraum vor allem auf die psychologische Dimension des Erwachsenwerdens hindeuten soll und ausdrückt, dass im Zusammenhang mit der Entwicklung des jungen Menschen Besonderheiten der psychischen Gestalt und des psychischen Erlebens zu berücksichtigen sind. Im englischsprachigen Kontext ist der Begriff *adolescence* gegenüber *youth* dominant. Der Begriff der *Pubertät* betont die biologische Dimension und fasst besonders die physiologischen und biochemischen Prozesse des Heranreifens ins Auge. Von der *Jugend* sprechen insbesondere die Sozialwissenschaften, um eine soziale Gruppe in einem ganz bestimmten Lebensalter zu bezeichnen. Diese Perspektive fokussiert auf das Verhältnis von Jugend und der jeweiligen Gesellschaft. Jugend wird hier als Lebensphase verstanden, die ein Austesten und Erproben von Regeln und Grenzen erlaubt und eine Integrations- und Platzierungsfunktion erfüllt. Die Pädagogik interessiert sich unter anderem für die Voraussetzungen und Konsequenzen von Erziehung, Lernen und Bildung in den verschiedenen pädagogischen Einrichtungen. Das sozialpädagogische Verständnis von Jugend fokussiert auf Unterstützungsstrukturen und -prozesse zur Lebensbewältigung in dieser Altersphase und lässt die Lebens- und Alltagswelten von Jugendlichen hervortreten (vgl. Böhnisch 2008, S. 145). Die Sozialpädagogik will stabilisierende Lebensbedingungen schaffen, in denen sich Entwicklungs- und Bildungsmöglichkeiten eröffnen, die zu einem selbstbestimmten Leben führen (vgl. Struck und Schröer 2011, S. 730).

So notwendig eine Abgrenzung in der Gegenstandsbestimmung der jeweiligen Disziplinen auch ist, so zeigen die Schwerpunkte der verschiedenen Zugänge aber auch, dass ein umfassendes Bild von Jugend unterschiedliche Sichtweisen integrieren muss. Diese schon seit vielen Jahren bestehende Forderung nach Inter- und Transdisziplinarität in der Jugendforschung wurde bislang nur unzureichend umgesetzt (vgl. Riegel et al. 2010).

Jugend ist, wenn aus einer Welt von Lego-Steinen, Prinzessinnenburgen und Kasperletheater ein Kosmos von Musik, Popkultur und erster Liebe wird. Diese individuelle Neudefinition, die sich auch dem Laien im Umgang mit Jugendlichen zeigt, wird fachwissenschaftlich als Lebensphase des Übergangs bezeichnet, die sich zwischen Kindheit und Erwachsensein verorten lässt. Jugend als sozialer Status bezeichnet eine spezifische Position des *Nicht-mehr* und *Noch-nicht*. Jugendliche können über eine zumindest eingeschränkte Freistellung von Arbeit, Familie, Ehe und Verantwortlichkeit eine gewisse Autonomie der Lebensführung erreichen. Dass aber Jugend in der westlichen Welt als peerorientierte Lebensphase mit ihren jugendkulturellen Besonderheiten entstehen konnte, ist auf Institutionen zurückzuführen, die als „Kristallisationskerne von Gleichaltrigenkulturen" (Sander und Vollbrecht 2000, S. 7) wirksam waren. Für die Institutionalisierung von Jugend kommt insbesondere der Schule und der Durchsetzung und zeitlichen Ausdehnung der Schulpflicht hohe Bedeutung zu. Jugend kann seit der Etablierung dieser Phase als eigenständiger Lebensabschnitt als ein Schonraum aufgefasst werden (vgl. Kap. 2.1 *Jugend als Moratorium*). Damit ist kein Luxus des Aufwachsens gemeint, sondern allein die Tatsache umschrieben, dass sich gesellschaftlich bedingt eine zuvor nicht als eigenständiger Lebensabschnitt anerkannte Altersphase etabliert und ausdifferenziert hat, in der die Betroffenen Eigenleben und Eigenwert entwickeln können. Dieser Gedanke bedarf Einschränkungen, denn er gilt vordergründig für den *„durchschnittlich gesunden Normaljugendlichen"*, nicht jedoch für marginalisierte Teilgruppen.

Auch jenseits westlicher Industriegesellschaften ist ein Begriff von Jugend als herausgehobener Lebensphase mit Freiräumen für Entfaltung und Entwicklung wenig geeignet (vgl. Liebel 2008), zeigen sich doch erhebliche Unterschiede im Hinblick auf die Dauer des Phänomens Jugend – sie scheint teilweise nur in einem kurzen, abrupten Übergang von der Kindheit zum Erwachsensein auf – und im Hinblick auf die Ausweitung der Jugendphase auf Mädchen und junge Frauen, die das Privileg der Freistellung von Arbeit, Familie und Ehe weitaus seltener genießen. Hier erweist sich auch der Versuch, die Jugendphase mit Altersgrenzen zu markieren, als ungeeignet. Daher kritisieren viele Jugendforscher der südlichen Hemisphäre einen Jugendbegriff, der von einer relativ homogenen und altersgebundenen Gruppe ausgeht. Im ersten „International Year of Youth" 1985 hat die UN Jugendliche als Menschen zwischen 15 und 24 Jahren bezeichnet und behält diese Definition auch im zweiten Internationalen Jahr der Jugend 2010/11 bei (vgl. UN 2010, S. 4). In vielen Regionen der Südhalbkugel jedoch sind die Altersgrenzen lokal sehr unterschiedlich, sodass Menschen von frühestens fünf bis spätestens 35 Jahren als jugendlich bezeichnet werden können – abhängig von den politischen, wirtschaftlichen und kulturellen Bedingungen (vgl. Tyyskä 2005, S. 3). Die empirische Forschung muss für statistische Vergleiche vielfach dennoch von Alterskohorten ausgehen, riskiert dabei aber eine westliche Verzerrung in ihrer Sicht auf Jugend. Häufig kann sie auch nicht den deutlichen Unterschied zwischen Nord und Süd hinsichtlich demografischer Strukturen und die damit verbundenen divergenten Aufwachsensbedingungen berücksichtigen: Dass es beispielsweise weniger Kinder und Jugendliche gibt als alte Menschen, ist ein Phänomen und ein sozialpolitisches Problem hochindustrialisierter Gesellschaften.

Jugend prägt sich weltweit, aber auch innerhalb einzelner Gesellschaften höchst unterschiedlich aus. Deshalb spricht die Jugendforschung schon länger nicht mehr von *der* Jugend, sondern von Jugend*en*. Der Plural deutet darauf hin, dass das Aufwachsen sozial ungleich und geschlechtsbezogen differenziert ist. Während nach Angaben der Vereinten Nationen auf der Welt insgesamt 1,2 Milliarden Jugendliche (15- bis 24-Jährige) leben – das sind 18 Prozent der Weltbevölkerung –, leben 87 Prozent von ihnen in Entwicklungsländern (vgl. UN 2010, S. 4). Nur in den reichen Industrienationen gehört es zur Normalerfahrung von Jugendlichen, z. B. über ein eigenes Zimmer, eine eigene Medienausstattung oder die Chance auf räumliche Mobilität (öffentliche Verkehrsmittel, Fahrrad, bis hin zur Urlaubsreise ins Ausland) zu verfügen. Der historische Rückblick jedoch zeigt, dass diese Aufwachsensbedingungen auch hier ein junges Phänomen sind. Erst in den modernen Gesellschaften des 20. Jahrhunderts konnte sich eine peerorientierte Lebensphase mit einem gesellschaftlich zugestandenen Freiraum entwickeln (vgl. Sander und Vollbrecht 2000), und erst mit wachsendem Wohlstand ist ein gut ausgestattetes Jugendleben keine Ausnahme mehr, auch wenn sich im 21. Jahrhundert im Zuge der Weltwirtschaftskrise die Aufwachsensbedingungen vielerorts dramatisch prekarisieren. Jugend als Raum für Entwicklung mit Platz für spezifische Ausdrucksweisen und jugendkulturelle Eigenheiten ist also keine *natürliche* Tatsache, sondern ein gesellschaftliches Konstrukt.

Kurzum: Wenn wir im Folgenden von Jugend(en) sprechen, so bezeichnen wir damit einen sozialen Status, der durch die ökonomische und soziale Abhängigkeit von Anderen (Erwachsene, Familie) und eingeschränkte Rechte bestimmt ist und (in der Regel) mit dem Zugang zu Bildung und Ausbildung sowie mit Entwicklungsaufgaben einhergeht, die den Übergang von der Kindheit ins Erwachsenenleben regeln. Jugend ist eine Phase sozialer Platzierung. Typisch für diesen Status sind Gleichaltrigenorientierung und die Ausprägung jugendkultureller Selbststilisierungen, die sich einerseits von Kindern, andererseits von Erwachsenen abgrenzen. Jugenden sind sozial differenziert, kulturell verschieden und historisch veränderlich.

2   Jugendtheoretische Ansätze – Wie wird Jugend verstanden?

Ein Handbuchartikel kann kaum die Fülle an jugendtheoretischen Ansätzen vollständig wiedergeben, sondern muss sich auf eine Auswahl beschränken. Im Folgenden konzentrieren wir uns zunächst auf das in der Jugendforschung kanonische Moratoriumskonzept (2.1), das auf das 18. Jahrhundert zurückgeht, aber bis heute in erweiternden Entwürfen anschlussfähig bleibt. Weil Jugend selten ohne das Konzept der Generation auskommt, wird dies anschließend (2.2) skizziert. Schließlich werden aktuelle Entwürfe herangezogen, die Jugend in Zeiten beschleunigter Modernisierung verorten (2.3; für einen umfassenderen Überblick vgl. Andresen 2005; Griese 2007; Scherr 2009).

2.1 Jugend als Moratorium

Als besonders einflussreich für den entwicklungstheoretischen Ansatz in einer Theorie der Jugend ist die psychoanalytische Phasenlehre von *Erik H. Erikson* (1902–1994) zu bezeichnen. Sein im Jahr 1968 erschienenes jugendtheoretisches Hauptwerk trägt den Titel *„Identity, Youth and Crisis".* Auf Sigmund Freuds Theorie der Ontogenese aufbauend entwickelt Erikson darin ein lebenslanges Phasenmodell, das davon ausgeht, dass jedes Individuum bestimmte (psychosexuelle) Phasen durchlaufen muss. Er macht acht Stufen im menschlichen Lebenslauf aus, von denen in jugendtheoretischer Hinsicht insbesondere die fünfte Phase bedeutsam ist. In dieser Phase setzen ein rasches Körperwachstum und die Geschlechtsreife ein. Der Mensch muss sich mit der eigenen Person (Ich-Identität), aber auch mit seiner Umwelt und deren Reaktionen auf die körperlichen Veränderungen auseinandersetzen. Erikson bezeichnet die Jugendzeit als Krisenzeit schlechthin, denn hier müssen Heranwachsende eine *Identitätskrise* mit ihren Verunsicherungen und Orientierungsproblemen bewältigen. Diese Krise kann gemeistert werden, weil den Jugendlichen eine gewisse Karenzzeit, ein psychosoziales *Moratorium* zugestanden wird. Von gesellschaftlicher Seite wird ihnen eine Auszeit (soziales Moratorium) gewährt, das die Jugendlichen selbst auch zur Bewältigung benötigen (psychisches Moratorium). Die Idee einer Schonzeit zur Selbstfindung, Selbsterprobung und Identitätsgewinnung ist schon bei Jean-Jacques Rousseau (1712–1778) verankert, der mit *„Émile oder über die Erziehung"* (1762) die bis heute vielfach zitierte „pädagogische Entwicklungstheorie eines Modell-Jugendlichen" (Zinnecker 2010, S. 482) vorlegte. Im Rahmen dieses Moratoriums können Jugendliche mit Rollen experimentieren, Leitbilder ausloten und Verhaltensweisen erproben. Gleichzeitig jedoch müssen sie sich mit den Konsequenzen dieses Moratoriums auseinandersetzen: Sie gelten noch nicht als erwachsen, obwohl sie körperlich bereits reif sind. Diese Diskrepanz zwischen biologischer und sozialer Reife ist ein wesentliches Problem dieser Phase und bis heute eines der zentralen Konfliktfelder zwischen Jugendlichen und der Erwachsenengeneration. Obwohl Eriksons Theorie der Persönlichkeitsentwicklung im Diskurs um Jugend noch immer einflussreich ist, wurde sie auch kritisiert, z. B. aufgrund der mangelnden Berücksichtigung von Unterschieden hinsichtlich kultureller Kontexte oder Persönlichkeitsentwicklungen (vgl. Griese 2007, S. 73). Ebenfalls unangesprochen bleibt, dass Jugend milieuspezifisch verläuft und wir mithin von Jugenden sprechen.

Die Idee des Moratoriums wurde von einer differenzierteren, milieuspezifische Jugendverläufe berücksichtigenden Jugendforschung zugunsten der Konzepte *Übergangsmoratorium* und *Bildungsmoratorium* (Zinnecker 1991) konkretisiert. *Jürgen Zinnecker* (1941–2011) fokussiert dabei weniger die psychosoziale Verfassung von Jugendlichen als vielmehr die gesellschaftliche Institutionalisierung der Lebensphase. Das Übergangsmoratorium als Strukturmodell von Jugend in Westeuropa bis in die 1960er-Jahre ist als ein kurzer Abschnitt im Lebenslauf konzeptualisiert, der die Einstiegsphase in das berufliche und familiale Erwachsenenleben regelt. Das Bildungsmoratorium hingegen ist als eigenständige Lebensphase zu verstehen und ist seit der Bildungsexpansion der 1960er- und 70er-Jahre das vorherrschende Modell von Jugend. Die zunehmende Verweildauer in Schule und Ausbildung ist Ausdruck einer stärker werdenden Fokussierung auf den Erwerb von Bildung und Bildungsabschlüssen. In diesem Rahmen bildet sich aber auch ein Milieu von Altersgleichen, in dem sich spezifische jugendliche und jugendkulturelle Lebensweisen sowie politisch-gesellschaftliche Orientierungsmuster entwickeln können. Um die Jugendphase in den osteuropäischen Gesellschaften der 1980er-Jahre, also in der Dekade vor dem Zusammenbruch der sozialistischen Regimes zu beschreiben, entwickelt Zinnecker neben diesen beiden Grundmustern das Strukturmodell des *selektiven (Bildungs-)moratoriums*. Damit lassen sich die Auswirkungen einer verzögerten und selektiven Modernisierung auf Jugendleben erfassen. Der Fokus dieser Jugendphase liegt auf dem Erwerb von Bildungstiteln, nicht jedoch auf einem Zuwachs an soziokultureller Autonomie, wie er für das erweiterte Bildungsmoratorium westeuropäischer Gesellschaften typisch wäre. Dieses Modell, das im Kontext einer historisch-gesellschafts-vergleichenden Jugendforschung entwickelt wurde, zieht man heute u. a. zur lebensweltorientierten Beschreibung von Jugendleben im Spannungsfeld von Tradition und Moderne heran (vgl. z. B. Schäfer 2010; von Wensierski und Lübcke 2012).

Heinz Reinders (geb. 1972) stellt mit dem *dualen Jugendmoratorium* ein Konzept von Jugend zwischen Bildung und Freizeit vor (2006). Dieses gliedert sich in ein *Bildungsmoratorium* und ein *Freizeitmoratorium*. Das Bildungsmoratorium legt nahe, dass Jugendliche sich in Vorbereitung auf die Zukunft an der Erbringung von Leistung sowie an den schulischen Standards orientieren (vgl. Reinders 2006, S. 101). Das Freizeitmoratorium stellt Freizeitaktivitäten mit Gleichaltrigen in den Mittelpunkt. Hier geht es im Modus der Gegenwartsorientierung um eigene Bedürfnisse, das Erreichen von Wohlbefinden und Selbstentfaltung. Die beiden Moratorien schließen einander auf der Werteebene nicht aus, stehen aber auf der Ebene konkreter Handlungen in Konkurrenz zueinander. Wenn Jugendliche beide Angebote und Erwartungsmuster mehr oder weniger miteinander in Einklang bringen können und die Jugendphase sowohl als Zeit des Lernens für die Zukunft als auch als Möglichkeit zur Selbstentfaltung im Hier und Jetzt nutzen, dann spricht Reinders von einem *integrierten Moratorium*. Wenn Jugendliche die Jugendphase nicht im Sinne von Bildung oder Freizeit interpretieren und keine klare Orientierung entwickeln, spricht Reinders vom *diffusen Moratorium*. Die Handlungen werden hier unsystematisch mal auf das eine, mal auf das andere Modell und Erwartungsmuster ausgerichtet (vgl. ebd., S. 102).

Das Konzept des Moratoriums – das zeigt der bis ins 21. Jahrhundert beständige Anschluss an diesen Begriff – enthält wesentliche Bestimmungselemente des Konstrukts Jugend und ist seit Rousseaus Entwurf eine einflussreiche Grundidee für nachfolgende Generationen von Jugendforscherinnen und Jugendforschern.

2.2   Generationskonzept der Jugend

Der Begriff *Generation* wird häufig verwendet, wenn von Jugend als Bevölkerungsgruppe mit ihren sozialstrukturellen Besonderheiten gesprochen wird. Generation
bezeichnet aus soziologischer Sicht die Summe der „in einem bestimmten Zeitraum
geborenen Menschen im Hinblick auf ihre Einstellungen und Ansichten zur Kultur,
Moral, Gesellschaft etc." (Zirfas und Wulf 2010, S. 409), während er im pädagogischen Sinne vor allem auf die „Beziehung zwischen Erwachsenen und Kindern, auf
Fragen der reziproken intergenerationellen Einstellungen" (ebd.) sowie auf Fragen
nach Erziehungsinhalten, -zielen und -problemen („Generationenkonflikt") zielt.
Damit ist der Prozess der Weitergabe von Normen, Werten und Wissen in der Ge-
nerationenfolge angesprochen. Als besonders einflussreich gilt Karl Mannheims
(1893–1947) Auseinandersetzung mit dem Konzept Generation. Er hielt in seiner Abhandlung zum „*Problem der Generationen*" (1928) fest, dass die Übertragung akku-
mulierter Kulturgüter in der Generationenabfolge erforderlich sei für die Aufrechterhaltung und Weiterentwicklung gesellschaftlicher Ordnung. Generation ist bei
ihm ein zentrales Strukturprinzip von Gesellschaft und weist Ähnlichkeiten zum
Phänomen der *Klassenlage* als schicksalsmäßige Lagerung im sozialen Raum auf. Die
Generationenlage ist durch Zugehörigkeit zu einander verwandten Geburtsjahrgän-
gen definiert. Aufgrund ihrer Zugehörigkeit zu einer Generation sind die Menschen
im historischen Strom des gesellschaftlichen Geschehens ähnlich gelagert und erfahren die Welt auf eine ganz bestimmte Weise (gemeinsame Erlebnisschichtung).
Entscheidend ist also der gemeinsame Erlebnisraum, der eine bestimmte Art des Erfahrens, Denkens und Wahrnehmens nach sich zieht und Menschen somit in eine
spezifische Kultur einbindet. Während jede neue Generation in die ihr gegebene
Kultur hineinwachsen muss, kommt auch ein Wechsel der Generationen zum Tragen, der die Übergabe von dominanten Positionen in der Gesellschaft an die nachwachsende Generation bezeichnet und mit strukturellem Wandel verbunden ist. In
der Erziehung und Ausbildung der Jugend kommt es wegen verschiedener Orientierungen notwendigerweise zu Spannungen zwischen den Generationen. Mannheim
glaubt aber, dass dieses Problem dadurch relativiert wird, dass nicht nur Jugendliche
von ihren Erziehern lernen, sondern auch die Älteren von den Jüngeren. Die Generationen stehen also in einer Wechselwirkung, die gesellschaftlichen Wandel voran-
treiben. Auch wenn Mannheims Abhandlung als Pionierarbeit in Bezug auf das Ge-
nerationenproblem zu sehen ist, wurde sie dennoch dahingehend kritisiert, dass sie
mit dem Generationenbegriff männliche Kohorten verbindet, die mit bürgerlichem
Bildungshintergrund und Aufstiegswillen Geschichte gestalten wollten. Hartmut M.
Griese kritisiert, dass Mannheim es versäumt hat, „klar aufzuzeigen, dass Genera-
tionsbildungen vorwiegend während der Jugendphase erfolgen, in der die Individuen für gesellschaftlich-historische Phänomene stark sensibilisierbar sind" (Griese
2007, S. 89).
    Ein ähnliches generationstypisches Modell wie bei Mannheim findet sich vor al-

lem bei Helmut Schelsky. Seine „*Skeptische Generation*" (1957) charakterisiert die Jugendgestalt in Deutschland zwischen 1945 und 1955. Aufgrund der Kriegsfolgen und der sozialen und ökonomischen Misere der Nachkriegszeit sei diese Generation durch eine Entpolitisierung und Entideologisierung des politischen Bewusstseins geprägt. Ein skeptischer, nüchterner Wirklichkeitssinn kennzeichne sie ebenso wie die schnelle Übernahme von Erwachsenenrollen und die Festigung im privaten Umfeld von Familie, Ausbildung und Beruf. In den folgenden Jahrzehnten sind viele weitere Generationenetiketten vergeben worden wie No Future-Generation, Generation Golf, Generation @, Generation X usw. Die Shell-Jugendstudien sprechen seit 2002 bis einschließlich 2010 von einer „*Pragmatischen Generation*" und wollen damit auf die Handlungsorientierung der aktuellen Jugendgeneration hinweisen, die durch viel Ehrgeiz und Zähigkeit unterbaut ist (vgl. Shell 2010, S. 15). Auch wenn solche typisierenden Generationenetiketten griffig sind und Aufmerksamkeit für Jugendthemen erregen, so sind diese Versuche der Charakterisierung doch kaum in der Lage, typische Merkmale von ganzen Altersgruppen zusammenzufassen. Daher muss in der Beschreibung jugendlicher Lebenslagen immer ein sensibler und differenzierter Blick leitend sein.

2.3   Jugend in Zeiten beschleunigter Modernisierung

Jugend ist ein „*Kind der Moderne*" und spiegelt als gesellschaftlich-historisches Produkt auch gesellschaftliche Verhältnisse wider. Jugend als eigenständige und vom Erwachsensein abgrenzbare Lebensphase konnte sich im 19. Jahrhundert vor allem für männliche und bürgerliche Heranwachsende durchsetzen. Im 20. Jahrhundert weitete sich dieses Verständnis von Jugend über Milieu-, Schicht- und Geschlechtergrenzen hinweg als verwirklichbare Lebensoption aus. Zu Beginn des 21. Jahrhunderts zeigen sich im Phänomen Jugend auf besondere Weise die Anzeichen beschleunigter Modernisierung. Neben Prozesse der Pluralisierung und Individualisierung von Biografien und Lebenslagen treten die Auswirkungen der Transnationalisierung und Globalisierung, in die Jugendliche mehr und mehr eingebunden sind. Um die Wechselwirkungen von Jugend und Modernisierung erfassen zu können, skizzieren wir zunächst *individualisierungstheoretische Ansätze* in der Jugendforschung, um anschließend den Zusammenhang von *Jugend, Transnationalisierung und Globalisierung* aufzugreifen. Individualisierungstheoretische Ansätze gehen von einer zunehmenden Gleichberechtigung zwischen den Generationen und einem Wandel im Erziehungsstil der Eltern aus, der zu einer neuen Eigenständigkeit in der Jugendphase und zu einem selbstverantworteten Handeln der Heranwachsenden führt. Ausgangspunkt der individualisierungstheoretischen Positionen ist das einflussreiche Buch „*Risikogesellschaft. Auf dem Weg in eine andere Moderne*" von Ulrich Beck (1986), in dem der Autor beschreibt, wie die Menschen sich von traditionellen Bindungen und Versorgungszusammenhängen befreien und in der Folge das Individuum an Bedeutung gewinnt. Die Individuen prägen milieuspezifische Lebensstile aus und werden zur Reproduktionseinheit des Sozialen.

In pluralisierten und entgrenzten Lebenswelten sind Jugendliche nun eigenverantwortliche Gestalter ihres Lebens. Individualisierungstheoretische Ansätze sprechen Jugendlichen eine soziokulturelle Mündigkeit zu, mit der sie ihre Lebensumstände selbst gestalten können, aber zugleich auch gestalten müssen. Die zunehmende Entscheidungsfreiheit nämlich führt auch zu dem Zwang, Entscheidungen zu treffen (vgl. van der Loo und van Reijen 1997, S. 217). Diese Gleichzeitigkeit von Freiheit und Zwang wird auch als „Paradox der Individualisierung" (ebd.) bezeichnet. Das Individuum ist zur Selbstentfaltung und Selbstständigkeit verpflichtet und dabei mit einer Vielfalt an Optionen und einander teils ergänzenden, teils widersprechenden Werten, Normen und Bedeutungen konfrontiert (vgl. ebd., S. 215). Für Jugendliche stellt sich die Aufgabe, die persönliche Identität auszufüllen und dabei eigene Wahlentscheidungen zugrunde zu legen. Die Individualisierungstheorien in der Jugendforschung haben verstärkt eine geschlechtsspezifische Forschung angeregt, die zum Beispiel geschlechtsspezifische Jugendstile in den Blick nimmt (vgl. Ecarius et al. 2011, S. 39). Gleichzeitig wird aber mit dem Blick für eine individualisierte Jugendphase auch Kritik am Modell Jugendmoratorium laut. Thomas Olk (1985) geht davon aus, dass sich die Jugendphase entstrukturiert. Die gesellschaftlichen Erwartungen an die Jugendphase sind demnach uneindeutiger geworden und haben das Modell vom institutionalisierten Lebenslauf ins Wanken gebracht, demzufolge der Mensch Entwicklungsstufen durchläuft, abschließt und auf diese aufbauend eine neue Entwicklungsphase beginnt. Olk spricht davon, dass die Übergänge von der Kindheit zur Jugend und von der Jugend ins Erwachsenenalter zunehmend verschwimmen und nicht mehr zum linearen, standardisierten Lebenslaufmodell passen. Die Jugendphase zerfasert zum Ende hin und ist durch zunehmende Spannungen und Inkonsistenzen gekennzeichnet. Weil die Trennung der Jugend von arbeitsgesellschaftlichen Anforderungen jedoch unangetastet bleibt, kann in dieser Perspektive das Konzept vom Jugendmoratorium als Schonraum aufrechterhalten werden.

Anders als die Tendenzen, die in den 1980er- und 1990er-Jahren als „Entstrukturierung der Lebensphase Jugend" beschrieben wurden, argumentiert die These von der „*Entgrenzung von Jugend*" (vgl. Schröer 2004): Diese geht davon aus, dass der Übergang von der Jugend ins Erwachsenenalter im Zuge des Strukturwandels der Arbeitsgesellschaft zunehmend an Kontur verliert. Gleichzeitig werde der Übergang von der Kindheit zur Jugend unschärfer. Diese Überlappungen gehen damit einher, dass immer weniger Tätigkeiten, Kompetenzen und Lebensformen ausschließlich einer Lebensphase zugeordnet werden können. Als besonders gravierend wird das Näherrücken des Arbeitsmarktes an die Jugendlichen beschrieben, das sich auch in einer Vorverlagerung sowie Verkürzung von Schul- und Ausbildungszeiten ausdrückt. Die Jugendphase wird arbeitsgesellschaftlich überlagert, was sich beispielsweise in einer frühen Verantwortlichkeit in einem Nebenjob oder etwa auch in der starken schulischen Leistungsbetonung zeigt. Arbeit und Jugend, zwei ursprünglich getrennt voneinander gedachte Vergesellschaftungsmechanismen, rücken ineinander. Jugend wird nicht mehr als eine Lebensphase entworfen, die aus der Arbeitsgesellschaft herausgenommen ist (Separation). Vielmehr werden die biografischen Übergänge in einer entgrenzten Arbeitswelt unübersichtlicher, da deren Krisen in das Jugendalter hineinreichen. Die Konsequenz von Entstrukturierung und Entgrenzung ist, dass Jugend als Moratoriumsphase zeitlich-biografisch und sozial aufgebrochen bzw. irritiert wird und von den Jugendlichen stärker individuell bewältigt werden muss (vgl. Böhnisch 2008, S. 142 ff.; vgl. auch Witte et al. 2011). Für Lothar Böhnisch sind Jugendliche heute mit vielfältigen sozialen Belastungen konfrontiert, die sie aus dem Schonraum katapultieren. Jugend sei kein abgeschlossener Schonraum mehr, sondern eine *biografisch variierende Bewältigungsphase* (vgl. Böhnisch 2008).

Im *globalen Kontext* zeigen sich diese Mechanismen noch deutlicher, besieht man beispielsweise das Ausmaß der (nicht nur) europäischen Jugendarbeitslosigkeit infolge der Finanzkrise mit ihren Auswirkungen auf jugendliche Lebenswelten und Entwicklungsmöglichkeiten. Die globalisierungs-/transnationalisierungssensible Perspektive in der Jugendforschung geht davon aus, dass zu Beginn des 21. Jahrhunderts Jugend als Themenfeld nicht länger im Rahmen nationalstaatlich organisierter Gesellschaften betrachtet werden kann. Vielmehr müssten angesichts beschleunigter und weiterhin beschleunigender technischer Errungenschaften Heranwachsende weltweit im Spannungsfeld transnationaler Vergesellschaftung und globaler Modernisierung verortet werden. Globalisierungsprozesse und jugendliche Lebenswelten stehen in einem Wechselverhältnis, denn einerseits prägt Globalisierung Jugendkulturen, andererseits wirken juvenile Lebenswelten als „kulturelle Produktivkraft" (Baacke 1999, S. 5) beschleunigend auf den Globalisierungsprozess (vgl. Villányi et al. 2007; Diskurs Kindheits- und Jugendforschung 2011). Die Transnationalisierungsforschung interessiert sich vor allem für die subjekt- und handlungsorientierte Perspektive, z. B. im Feld der Migration. Studien dieses Paradigmas rekonstruieren Prozesse der Transmigration und die Entstehung bzw. Aufrechterhaltung transnationaler Lebenswirklichkeiten von jugendlichen Akteuren, sei es bei der Gestaltung von Bildungsbiografien, beim Agieren in Communities oder bei der Unterstützung von familialen Sorge-, Pflege- und Betreuungssituationen (vgl. Chambon et al. 2012). Mittlerweile sind breite Teile der Bevölkerung transnational eingebunden. Gestiegene räumliche Mobilität und rasante Transportmöglichkeiten führen zu einer Entgrenzung sozialer Lebenswelten (vgl. Mau 2007). Am Beispiel des Internets und globaler Kommunikationsmöglichkeiten zeigt sich in geradezu idealtypischer Weise eine unbegrenzte Interaktionsplattform, die immer mehr Menschen an Transnationalisierungsbewegungen beteiligt. Medienvermittelt bilden sich neue Kommunikationsstile (vgl. Bender et al. 2013), aber auch neue Formen jugendlicher Vergemeinschaftung aus, auf die wir an einigen Stellen im folgenden Kapitel eingehen.

3   Jugendliche Lebenswelten –
Wie werden Jugendliche erwachsen?

Erwachsen werden heißt, eine „eigene Persönlichkeit" zu entwickeln. Diese Herausforderung der Jugendphase wurde neben weiteren Anforderungen an Jugendliche von der Entwicklungspsychologie als *Entwicklungsaufgabe* beschrieben (Havighurst 1972; Fend 2005; Hurrelmann und Quenzel 2012, S. 28). Als eine wesentliche Entwicklungsaufgabe im Jugendalter gilt das *Herausbilden einer Körperidentität*. Helmut Fend nennt diese Herausforderung „den Körper bewohnen lernen" (2005, S. 222). Das Erwachsenwerden und insbesondere die Pubertät gehen mit sichtbaren und unsichtbaren körperlichen Veränderungen einher, die mitunter irritierend sein können. Mit diesen körperlichen Umbrüchen müssen Jugendliche sich erst arrangieren, müssen ihr neues Erscheinungsbild und ihre veränderte Wirkung auf das Umfeld erst akzeptieren lernen. Auch die sich verändernde emotionale Konstitution muss akzeptiert und integriert werden. Am und mit dem Körper werden gerade im Jugendalter Konflikte ausgetragen und bewältigt, Aggressionen ausgelebt und kanalisiert – sowohl gegen den eigenen Körper gerichtet – wie bei der Verweigerung von Nahrung oder dem absichtsvollen Zufügen von Schmerz – als auch gegenüber anderen Körpern wie etwa bei aggressivem oder gewalttätigem Handeln (vgl. Niekrenz und Witte 2011).

Als wesentliche Aufgabe des Jugendalters gilt daneben, eine Geschlechtsidentität auszuprägen und eine Geschlechtsrolle zu erwerben. Die Orientierung an Männlichkeit und Weiblichkeit und die Zuordnung zu diesen Kategorien hat folgenreiche Auswirkungen auf Empfinden und Verhalten, aber auch auf Chancen und Erwartungen. Jugendliche stehen vor der Herausforderung, in einem binären Geschlechtssystem – als Mann oder als Frau – die eigene Geschlechtlichkeit überzeugend darzustellen. Das Inszenieren von Männlichkeit oder Weiblichkeit wird oft demonstrativ erprobt, und dabei werden mitunter Grenzen gesprengt, um diese überhaupt als solche erkennen zu können.

Mit diesem Themenfeld rückt eine weitere Entwicklungsaufgabe in den Fokus, nämlich die Herausforderung, den *Umgang mit Sexualität zu lernen*. Heute gelten die individuelle Partnerwahl und die Integration von Sexualität in diesen Prozess als selbstverständliche kulturelle Erwartungsmuster (vgl. Fend 2005, S. 258). Sexualität ist in die Entstehung von Intimbeziehungen eingebunden und gilt in unserem Kulturkreis als Ergebnis einer freien Aushandlung zwischen Partnern. Sexualität ist damit in zentrale Entwicklungsprozesse der Personalität und Sozialität eingebunden, denn sie hat auch mit der Tatsache zu tun, dass Sexualität und die Befriedigung von Trieben in soziale Bindungen eingebettet werden. Das Eingehen von Intimbeziehungen und das Experimentieren in ersten hetero- oder homosexuellen Partnerschaften ist mit einer schrittweisen *Ablösung vom Elternhaus* verbunden, denn diese Prozesse sind als Vorbereitung eines eigenen Lebens in Partnerschaft und/oder Familie zu deuten. Die Ablösung vom Elternhaus als eine weitere Entwicklungsaufgabe erfolgt auf verschiedenen Ebenen. Die *emotionale und intime Ebene* wurde bereits angesprochen. Hier geht es darum, selbst gewählte Partnerinnen und Partner zu lieben und intime Beziehungen mit ihnen einzugehen. Auf der *psychischen Ebene* werden Einstellungen und Handlungen nicht mehr an den Eltern ausgerichtet, sondern zunehmend an der Peergroup orientiert. Die Hinwendung zu Gleichaltrigen zeigt sich auch in der Freizeitgestaltung von Jugendlichen, die nun viel häufiger außer Haus und mit Freunden an selbst gewählten Treffpunkten stattfindet. Die Ablösung vollzieht sich aber auch *kulturell* (Entwicklung eines persönlichen Lebensstils), *räumlich* (Verlagerung des Wohnstandorts aus dem Elternhaus) und *materiell* (finanzielle Unabhängigkeit) (vgl. Hurrelmann und Quenzel 2012, S. 154). Die Schritte der Ablösung finden zu verschiedenen Zeitpunkten statt. Meistens vollzieht sich die materielle Ablösung aufgrund verlängerter Ausbildungszeiten erst sehr spät, während die psychische Ablösung häufig als erste geschieht.

Die auf eine psychische Ablösung deutende Hinwendung zu Gleichaltrigen und die Orientierung an den Peers ist für eine Betrachtung der Lebensphase Jugend besonders interessant, da mit der Entwicklung von jugendkulturellen Kontakten auch die Fähigkeit erworben wird, mit Freizeit-, Wirtschafts- und Konsumangeboten selbstständig umzugehen. Jugendliche werden zu *Konsumenten* und bewältigen mit der Übernahme dieser gesellschaftlichen Mitgliedsrolle eine weitere Entwicklungsaufgabe (vgl. Hurrelmann und Quenzel 2012, S. 28). Sie haben teil an Konsum- und Medienwelten und gehen neue Beziehungsformen ein, wie z. B. Szenemitgliedschaften, Teilhabe an Fankulturen oder Orientierung an Markengemeinschaften. Solche Einbettungen in soziale Beziehungsgefüge, wie z. B. Jugendszenen, werden als posttraditionale Gemeinschaften bezeichnet. Mit diesem Typus sind spätmoderne Beziehungsformen gemeint, die dauerhaft, aber vor allem situativ sein können und sich als „kleine Lebenswelten" oder „Erlebniswelten" (Hitzler 2008) konturieren lassen. Sie entstehen aufgrund ähnlicher Lebensstile oder geteilter Konsumpraktiken und ästhetischer Präferenzen. Das Zusammensein ist zeitlich begrenzt, thematisch fokussiert (z. B. Musik, Sport) und wird gefördert durch schnelle und dislokale Kommunikationsmöglichkeiten (v. a. Internet und Mobiltelefon).

Moderne Kommunikationsmedien wie das Internet offerieren eine Fülle von Anregungen für ästhetische Praktiken, stilistische Feinheiten und die Demonstration jugendlichen Eigensinns. Gegenwärtige Jugendkulturen beruhen in hohem Maße auf kommerziellen (Medien-)Produkten, konstituieren sich aber gleichzeitig im aktiven Handeln der Jugendlichen (vgl. Hepp 2010, S. 341). Das Internet eröffnet mit der Teilhabemöglichkeit an weltweiter Kommunikation direkte Informationen darüber, was als populär, was als Trend gilt. Massenmedien sind die Orte einer populären Kultur, derer Jugendliche sich bedienen, um Zugehörigkeit und Differenz gleichermaßen zu kommunizieren. Weil es unter spätmodernen gesellschaftlichen Bedingungen immer schwieriger geworden ist, sich von der „Welt der Erwachsenen" abzugrenzen, „grenzen sich Jugendliche in zunehmendem Maße gegeneinander ab und konstruieren ihre „Identität" oftmals in der Konfrontation mit Gleichaltrigen" (Gebhardt 2010, S. 330). Eine unübersichtliche Vielfalt an jugendkulturellen Szenen ist die Folge eines jugendinternen „*style-wars*" – eines Kampfes um Bedeutung –, der in der Regel friedlich und performativ ausgetragen wird. Szenen, Cliquen und Gangs bilden ein eigenes Styling, eigene Musik und Sprache, eigene Rituale und Darstellungsformen sowie neue Gesellungsformen aus mit zum Teil fließenden Übergängen einerseits und scharfen Grenzziehungen andererseits (vgl. Farin 2001, S. 72). Jugendszenen werden zu einem Prototyp juveniler Vergemeinschaftung in sich pluralisierenden und hochgradig individualisierten Gesellschaften (vgl. Kap. 2.3).

Zugehörigkeiten werden in Jugendszenen symbolisch kommuniziert – z. B. über die Frisur, den Button, das Basecap, Ohrringe, Schuhe oder Hosen. Damit ist Zugehörigkeit an den Konsum von Waren gekoppelt. Der Konsum von Waren wie Kleidung, Kommunikationstechnik, Tonträger, aber auch Süßwaren und Softgetränke ist als global erkennbare Äußerungsform zu verstehen, als Ausdruck eines jugendlichen Lifestyles und zentrales Element von Jugendkulturen (vgl. Roth 2002). Jugendliche bilden früh individuelle Konsumpräferenzen aus. Marken als komplexe und universell verständliche Kommunikationsmedien spielen für das jugendliche Selbstverständnis, die Selbstpräsentation sowie für Integrations- und Distinktionsprozesse eine bedeutende Rolle. Sie werden meist als statusbezogene Botschaften genutzt, die ohne Worte auskommen und im Fall global verbreiteter Warenzeichen weltweit verstanden werden.

Die Teilhabechancen an globalen Märkten, kulturellen und medialen Angeboten sowie wissensbasierten Kommunikationskanälen sind aber weltweit ungleich verteilt. Armut und Arbeitslosigkeit sind alle Lebensbereiche betreffende Probleme, denen ein großer Teil von Jugendlichen ausgesetzt ist. Von den 1,2 Milliarden jungen Menschen im Alter von 15 bis 24 Jahren, die 18 Prozent der Weltbevölkerung ausmachen, leben über 200 Millionen von weniger als einem US-Dollar, über 500 Millionen von weniger als zwei US-Dollar am Tag (UN 2007), vor allem in Südostasien und Afrika. Diese prekären Bedingungen betreffen alle Lebensbereiche – Ernährung, Gesundheit, Ausbildung, Obdach, Sicherheit, Mobilität, politische und kulturelle Partizipation und schließlich auch Konsum. Es wäre aber verfehlt zu glauben, Kinder- und Jugendarmut sei ausschließlich in Entwicklungs- und Schwellenländern vorzufinden. Unsichere Lebensbedingungen und Armut sind globale Phänomene mit regional unterschiedlichen Ausprägungen. Mit zunehmender Digitalisierung der Massenmedien und aufgrund der regional und sozial differenten Nutzung der Netzmedien ist auch von einer Zunahme bzw. Vertiefung von sozialen Ungleichheiten in Bezug auf die *Partizipation* an zentralen Kommunikationsmöglichkeiten auszugehen (Kutscher 2009; Kutscher und Otto 2010). Digitale Ungleichheit im Sinne der schicht- und raumspezifischen Nutzung des Internets führt zu wachsender Benachteiligung der Ausgeschlossenen hinsichtlich ihrer *Teilhabe- und Selbstverwirklichungschancen* (Zillien 2009). Dies gilt sowohl für den einzelnen Menschen als auch für ganze Städte, Staaten und selbst für Kontinente. Zahlreiche Hindernisse können eine Beteiligung an virtuellen Welten hemmen und zur Exklusion aus dem digitalen Netzwerk führen: Mangel an nötiger technologischer Infrastruktur, Fehlen einer ausreichenden Anzahl von Internetzugängen, unzureichende kulturelle Kapazitäten und Bildung, um das Internet kompetent, selbstbestimmt und mündig zu nutzen, Nachteile in den Möglichkeiten zur eigenen Informationsproduktion und -distribution über das virtuelle Netz und andere Barrieren (vgl. Winter 2010, S. 26).

Kommunikationstechnologien erfordern also einerseits Bildung, fördern sie aber andererseits auch. *Bildung und Qualifizierung* sind zentrale Entwicklungsaufgaben, für deren Bewältigung die Gesellschaft Sozialisationsinstanzen (z. B. Schulen) eingerichtet hat. Hier gilt es, intellektuelle und soziale Fähigkeiten zu entwickeln, die den gesellschaftlichen Leistungsanforderungen entsprechen. Jugendliche müssen sich auf die Arbeits- und Berufswelt vorbereiten, um ein eigenständiges, unabhängiges und materiell abgesichertes Leben führen zu können. Aufgrund der hohen Bedeutung des Aspekts Bildung, Ausbildung und Qualifizierung widmen wir diesem Thema ein eigenes Kapitel.

4   Ausbildung und Qualifizierung – Wie fassen Jugendliche am Arbeitsmarkt Fuß?

Ein zentraler Lebensbereich von Jugend ist die Schule. Im Lauf des 20. Jahrhunderts ist die Jugendzeit immer mehr zur Schulzeit geworden (vgl. Reh und Schelle 2000, S. 159), und zwar für Jugendliche beiderlei Geschlechts und aller Schichten. Michael Mitterauer spricht daher von einem Prozess der Scholarisation (1986, S. 161), der darauf hindeutet, dass Jugendliche einen erheblichen Teil ihrer Zeit in der Institution Schule verbringen – eine Tatsache, die sich im Zuge der Ganztagsschulentwicklung noch verstärkt hat.

Die Schule erfüllt wichtige Funktionen für Ausbildung, Qualifizierung, gesellschaftliche Integration sowie soziale Platzierung. Sie unterliegt in der Regel der Logik der Leistungsgesellschaft und vermittelt den Schülerinnen und Schülern, dass Erfolg und Misserfolg mit individuell erbrachten Leistungen zusammenhängen. Ihre Leistungsbereitschaft und Lernergebnisse entscheiden über die schulische Laufbahn und spätere Berufschancen. Sehr früh nehmen Jugendliche wahr, dass der Wert eines Menschen im Bereich der Wirtschaft und des Arbeitsmarktes vielfach an der Bildungsbiografie bemessen wird, und sind darüber verunsichert und v. a. in den bildungsbenachteiligten Lebenswelten auch frustriert. Die Sinus-Milieu-Studie *„Wie ticken Jugendliche 2012?"* kommt zu dem Ergebnis: „Es herrscht bei vielen Jugendlichen Unsicherheit darüber, ob das eigene Leistungsvermögen für ein Leben in sicheren Bahnen ausreicht" (Calmbach et al. 2012, S. 41). Jugendliche stehen dabei längst nicht mehr nur in Konkurrenz mit den eigenen Klassenkameradinnen und Mitschülern, sondern seit der Leistungsmessung durch konsequent durchgeführte international vergleichende Studien wie PISA und TIMMS sind sie längst auch im globalen Maßstab in Konkurrenzbeziehungen eingebunden. Da (Schul-)Bildung im Konkurrenzkampf des globalen Wettbewerbs positionsentscheidend ist, entsteht gesamtgesellschaftlich,

aber auch individuell die Angst, im internationalen Wettbewerb nicht konkurrenz-
fähig zu sein. Die Angst vor dem Abstieg führt zu einer zunehmenden Bedeutung
formaler Bildung und Bildungsabschlüsse in den entwickelten (post-)industriellen
Gesellschaften (vgl. Scherr 2009, S. 142). Die durchschnittliche Lebenszeit, die Menschen in Bildungsinstitutionen verbringen, und die Zahl derjenigen, die höhere Bildungsabschlüsse erwerben, steigen dadurch an. So wie Deutschland wollen alle hoch
entwickelten Industrienationen die Zahl ihrer Studienanfänger noch erhöhen. Dies
allerdings verstärkt den Prozess der Inflation der Bildungstitel. Damit verschärfen
sich die Bildungsungleichheiten und die Ausbildungs- und Arbeitsmarktsituation für
die Real-, Haupt- und Förderschüler. Der Abstand zwischen Hochgebildeten und Ge-
ringqualifizierten vergrößert sich, und formal Niedrigqualifizierte werden an den gesellschaftlichen Rand gedrängt. Die in der Schule reproduzierten oder hergestellten
Ungleichheiten verfestigen sich in der beruflichen Ausbildung, insbesondere für junge Männer aus bildungsfernen Elternhäusern, für Jugendliche mit Migrationshintergrund und auch für Mädchen und junge Frauen.

Die Schul(aus)bildung ist eine wichtige Variable beim Übergang in den Arbeitsmarkt. Überall auf der Welt empfinden Jugendliche es als zunehmend schwieriger,
auf dem Arbeitsmarkt Fuß zu fassen. Jugendliche stellen zwar 25 Prozent der Weltbevölkerung im erwerbsfähigen Alter, machen aber 43,7 Prozent der Arbeitslosen aus,
was bedeutet, dass fast jede zweite arbeitslose Person auf der Erde 15 bis 24 Jahre alt
ist (vgl. UN 2007, S. 238; vgl. UNESCO 2010). In der EU waren im Juni 2012 22,6 Prozent der 15- bis 24-Jährigen arbeitslos (vgl. EU 2012, S. 6), womit die Rate bei den Jugendlichen doppelt so hoch liegt wie in der Gesamtbevölkerung (vgl. Eurostat 2012).
Die alarmierenden Zahlen zur Jugendarbeitslosigkeit sind eine Folge der globalen Fi-
nanz- und Wirtschaftskrise, die zur größten Kohorte arbeitsloser Jugendlicher führte, die je gezählt wurde (vgl. Sowc 2011, S. 46). Hinzu kommt, dass viele junge Menschen zwar Jobs haben, diese aber nicht den Weg zu einer produktiven, dauerhaften
und akzeptabel bezahlten Beschäftigung ebnen. In Industrieländern sind es besonders häufig befristete oder Teilzeitarbeitsplätze, während in Entwicklungsländern
viele Jugendliche bei ihren Eltern einer unbezahlten Beschäftigung in informellen
Geschäften nachgehen oder als mithelfende Angehörige in der Landwirtschaft arbeiten. In Deutschland ist mittlerweile von der Entstehung einer „prekären Generation" (vgl. z. B. Amend 2006) die Rede – ein Begriff, der auf prekäre Arbeitsverhältnisse verweist, mit denen auch europa- und weltweit immer mehr junge Menschen
konfrontiert sind. Jugendliche und junge Erwachsene sind die Verlierer der Struk-
turveränderungen in der Arbeitswelt im Zuge der Globalisierung (vgl. Blossfeld et al.
2007). Unbezahlte Praktika, unterbezahlte Teilzeitbeschäftigungen und befristete Arbeitsverhältnisse sind für viele junge Menschen – auch für akademisch ausgebildete – in den ersten Berufsjahren bittere Realität und erfordern eine hohe Frustrations-
toleranz.

Die Krise der Arbeitsgesellschaft hat die Jugend längst erreicht (vgl. Oehme 2008).
Während noch vor wenigen Jahrzehnten verschiedene Bildungs- und Ausbildungs-

einrichtungen den Übergang in die Berufswelt gewährleisteten, sind im Zusammenhang mit dem Strukturwandel der Arbeitsgesellschaft Unsicherheit und Ungewissheit gewachsen. Mit zunehmenden Erwerbsrisiken, Beschäftigungsflexibilisierungen und wechselnden Anforderungen hinsichtlich veränderter Tätigkeitsprofile kommt es zur „Labilisierung des Normalarbeitsverhältnisses und [zur] Erosion der Normalerwerbsbiografie" (Mansel und Speck 2012, S. 10). Die arbeitsgesellschaftlichen Entgrenzungsprozesse führen dazu, dass die Übergänge in den Beruf nicht mehr mit den „Normalitätsannahmen einer linearen Statuspassage von der Jugend zum Erwachsensein" (Stauber und Walther 2011, S. 1710) übereinstimmen. Damit verliert die Phase des Übergangs von der Schule in den Beruf ihre rationale Plan- und Steuerbarkeit und muss zugleich individuell bewältigt werden.

Insbesondere benachteiligte Jugendliche haben in dieser herausforderungsreichen Übergangsphase Schwierigkeiten und bedürfen sozialer Unterstützung. In Deutschland hat sich in diesem Zusammenhang ein *„Übergangsbereich"* etabliert, in dem sich Bildungsangebote, Förderprogramme und arbeitsmarktpolitische Ersatzmaßnahmen versammeln. Ziel ist die Erhöhung der Wettbewerbsfähigkeit bzw. Ausbildungsreife der Jugendlichen. Häufig jedoch erweisen sich die Maßnahmen des Übergangssystems als „reine Warteschleifen" (Stauber und Walther 2011, S. 1705). Für die Entwicklung der Jugendlichen ist dies folgenreich: Der Weg zum Erwachsensein in beruflicher Selbstständigkeit wird zum institutionell organisierten Hürdenlauf.

5   Diskurse der Jugendforschung – Wie wird Jugend diskutiert?

Die Entstehung einer als systematisch beschreibbaren Jugendforschung wird im beginnenden 20. Jahrhundert datiert (vgl. Liebsch 2012, S. 33; Sander 2001). Mit der Etablierung von *„Jugend"* als eigenständiger Lebensphase setzt das *„Jahrhundert der Jugend"* ein, das sich produktiv auf die Jugendforschung auswirkt. Die Suche nach eigenen Zugängen und theoretischen Konzepten zur Jugend bestärkt in Europa und den USA eine sozialwissenschaftliche Jugendforschung, die das Leben Jugendlicher als abhängig von gesellschaftlichen Verhältnissen versteht. Jugendliche werden heute als Spiegelbild gesellschaftlicher Verhältnisse oder sogar als „Seismograph für gesellschaftliche Entwicklungen" (Scherr et al. 2003, S. 7) gesehen. Sie sind als zukünftige Erwachsene gewissermaßen Trendsetter und Prognostiker für die kommenden Jahre. Mit dieser Sicht hängt auch die erhebliche Resonanz in der öffentlichen Diskussion und in sozialpolitischen Diskursen zusammen, die der Jugendforschung nicht nur zu einem gewissen Selbstbewusstsein, sondern auch zu breit angelegten und von verschiedenen Institutionen geförderten Forschungsprojekten verhilft. Lenkt man auf der Suche nach dominanten Diskursen in der Jugendforschung den Blick nicht nur auf den deutschsprachigen Raum, sondern auch auf Großbritannien und Nordamerika, so gibt es wiederkehrende wissenschaftliche Beschreibungen von Jugend(en). Viele dieser Repräsentationen lassen sich zu zwei einander gegenüberstehenden Perspek-

tiven bündeln: *„Jugend als Problem"* und *„Jugend mit Problemen"* (youth as trouble/
youth in trouble).

„Jugend als Problem" spricht die Sichtweise (von Erwachsenen) an, aus der Jugendliche im Zusammenhang mit allerlei deviantem Handeln beschrieben werden,
z. B. Drogenkonsum, Gewalt, Werteverfall, Antriebslosigkeit usw. Dieser Problema-
tisierungsansatz ist im Kontext von Normalitätskonstruktionen zu sehen, mit denen „normales" oder „ideales" Verhalten von Jugendlichen definiert wird (z. B. bereits Hall 1904). Obwohl klassische Normalitätsvorstellungen (wie bei G. Stanley Hall
formuliert) oft an männlichen, weißen Mittelklassejugendlichen orientiert sind, entwickeln sie sich zu einer Wunschvorstellung angemessenen Benehmens für alle jungen Menschen (vgl. Griffin 1997, S. 19).

Freilich existiert eine problematisierende Sicht auf Jugend wohl, seit es Jugendliche gibt. In der Jugendforschung in Deutschland etabliert sich die Perspektive *„Jugend als Problem"* aber vor allem in der Zeit nach 1968 und hält sich bis zur politischen Wende 1989/90 (vgl. Griese und Mansel 2003, S. 13). Danach verliert sie
gegenüber einer enorm ausdifferenzierten und theoretisch pluralistischen Perspektive an Dominanz. Auch in Großbritannien und Nordamerika ist, so Griffin (1997),
dieser Problemansatz bis in die 1990er-Jahre präsent. Im öffentlichen Diskurs ist in
Bezug auf bestimmte Forschungsfelder (z. B. Kriminalität, Gewalt) die Sichtweise *„Jugend als Problem"* noch heute existent (vgl. z. B. Muncie 2009, S. 4). Forschungsarbeiten, die Jugend als Problem konstruieren, sind am Konzept der (Des-)Integration
orientiert und stehen häufig in der Tradition von Talcott Parsons' strukturell-funktio-
nalistischem Ordnungsmodell (z. B. Eisenstadt 1969). Sie sind nicht zuletzt in Bezug
auf ihr interdependentes Verhältnis zum öffentlich-politischen Diskurs zu beurteilen.

Eine der Position *„Jugend als Problem"* gegenüberstehende Perspektive ist eine,
die Jugendliche als Gestalter und „Jugend als Akteurin sozialen Wandels" konstruiert (vgl. Pohl/Stauber/Walther 2011). Solche Sichtweisen nehmen heute einen breiten
Raum ein und lösen das normativ-funktionalistische Paradigma mehr und mehr ab.
Sie sehen Jugendliche als aktiv-gestalterische Subjekte, die produktiv mit ihrer Umwelt und deren Lernherausforderungen umgehen. Gleichzeitig identifizieren sie für
einige Gruppen von Jugendlichen spezifische Benachteiligungen, Barrieren, Misslin-
gens- und Scheiternsrisiken im Übergang zum Erwachsenenalter. Im Zusammenhang mit Pluralisierung, Individualisierung und Ausdifferenzierung (vgl. Kap. 2.3)
kommt es zu variantenreicheren Lebensläufen und destandardisierten Jugendbio-
grafien, die ganz spezifische Problemlagen mit sich bringen können. Der Diskurs
um *„Jugend mit Problemen"* (youth in trouble) ist daher heute sehr breit ausdifferenziert und theoretisch pluralistischer geworden. Als ein zentrales Thema lässt sich
aber soziale Ungleichheit diagnostizieren, die sich im Zuge der Krise der Weltwirt-
schaft noch verschärft und damit noch stärker als Forschungsthema etabliert hat. Bildungsungleichheit, Gesundheits- und Armutsforschung, Jugendarbeitslosigkeit, Jugendliche mit Migrationshintergrund, Geschlechtlichkeit und Risikoverhalten sind
hier Felder der empirischen wie auch theoretischen Auseinandersetzung. In der Ju-

gendforschung finden sich zunehmend auch gerechtigkeitsorientierte Studien zu der Frage, wie Jugendliche unter heterogenen Strukturbedingungen ihre Vorstellungen von einem guten und gelingenden Leben realisieren können. (Einen Überblick über die deutschsprachige Jugendforschung der vergangenen 20 Jahre gibt Pfaff 2011). Die starke Heterogenität, die sich im 21. Jahrhundert für die Jugendforschung diagnostizieren lässt, geht mit einer enormen theoretischen und methodischen Vielfalt einher. Nach mehr als einem Jahrhundert wird die Jugendforschung *erwachsen* und etabliert sich als ein Forschungsfeld, das über viele Kernkonzepte, Theorien, Forschungsergebnisse sowie eine lebhafte ForscherInnengemeinde verfügt (vgl. Côté 2009). Für die deutschsprachige Forschungslandschaft besteht aber noch immer die Notwendigkeit einer interdisziplinären Bezugnahme und einer stärkeren internationalen Ausrichtung und Anbindung.

Literatur

Amend, C. (2006). Die prekäre Generation. http://www.zeit.de/2006/14/Titel_2fZukunft_ 14. Zugegriffen: 28.12.12.

Andresen, S. (2005). *Einführung in die Jugendforschung.* Darmstadt: WBG.

Baacke, D. (1999 [1993]). *Jugend und Jugendkulturen. Darstellung und Deutung.* 3. Aufl. Weinheim und München: Juventa.

Beck, U. (1986). *Risikogesellschaft. Auf dem Weg in eine andere Moderne.* Frankfurt a. M.: Suhrkamp.

Bender, D., Hollstein, T., Huber, L., & Schweppe, C. (2013). „Das transnationale Wohnzimmer". Transnationale soziale Räume und die Transnationalisierung des Alltags durch Medien. In A. Herz & C. Olivier (Hrsg.), *Transmigration und Soziale Arbeit. Ein öffnender Blick auf Alltagswelten* (S. 145–161). Baltmannweiler: Schneider Hohengehren.

Blossfeld, H.-P., Buchholz, S. Hofäcker, D., Hofmeister, H., Kurz, K., & Mills, M. (2007). Globalisierung und die Veränderung sozialer Ungleichheiten in modernen Gesellschaften. Eine Zusammenfassung der Ergebnisse des GLOBALIFE-Projektes. *Kölner Zeitschrift für Soziologie und Sozialpsychologie, 59.* Jg., Heft 4, (S. 667–691).

Böhnisch, L. (2008). *Sozialpädagogik der Lebensalter. Eine Einführung,* 5. Aufl. Weinheim und München: Juventa.

Calmbach, M., Thomas, P. M., Borchard, I., & Flaig, B. (2012). *Wie ticken Jugendliche? 2012. Lebenswelten von Jugendlichen im Alter von 14 bis 17 Jahren in Deutschland.* Heidelberg und Berlin: Haus Altenberg.

Chambon, A., Schröer, W., & Schweppe, C. (Hrsg.). (2012). *Transnational Social Support.* New York und Abingdon: Routledge.

Côté, J. (2009). Youth Studies Comes of Age. *Canadian Journal of Sociology, 34,* 3, (S. 887–891).

Diskurs Kindheits- und Jugendforschung (2011). *Schwerpunkt Transnationalisierungen von Jugendkulturen,* 6. Jg., Heft 4.

Ecarius, J., Eilenbach, M., Fuchs, T., & Walgenbach, K. (2011). *Jugend und Sozialisation.* Wiesbaden: VS Verlag für Sozialwissenschaften.

Eisenstadt, S. N. (1969). Changing Patterns of Youth Protest in Different Stages of Development of Modern Societies. *Youth and Society,* 1, (S. 133–150).

Erikson, E. H. (1968). *Identity, Youth and Crisis.* New York: Norton.

EU (2012). *EU Youth Report. Status of the situation of young people in the European Union.* Brussels.

Eurostat (2012). http://epp.eurostat.ec.europa.eu/statistics_explained/index.php/Unemployment_statistics. Zugegriffen: 28. 12. 2012.

Farin, K. (2001). *generation kick.de. Jugendsubkulturen heute.* München: C. H. Beck.

Fend, H. (2005). *Entwicklungspsychologie des Jugendalters,* Nachdr. der 3., durchges. Aufl. Wiesbaden: VS Verlag für Sozialwissenschaften.

Gebhardt, W. (2010). ‚We are different!‘ Zur Soziologie jugendlicher Vergemeinschaftung. In A. Honer, M. Meuser & M. Pfadenhauer (Hrsg.), *Fragile Sozialität. Inszenierungen, Sinnwelten, Existenzbastler* (S. 327–339). Wiesbaden: VS Verlag für Sozialwissenschaften.

Griese, H. M. (2007). *Aktuelle Jugendforschung und klassische Jugendtheorien. Ein Modul für erziehungs- und sozialwissenschaftliche Studiengänge.* Münster: Lit.

Griese, H. M., & Mansel, J. (2003). Jugendtheoretische Diskurse. In J. Mansel, H. M. Griese & A. Scherr (Hrsg.), *Theoriedefizite der Jugendforschung. Standortbestimmung und Perspektiven* (S. 11–30). Weinheim und München: Juventa.

Griffin, C. (1997). Representations of the Young. In J. Roche & S. Tucker (Hrsg.), *Youth in Society. Contemporary Theory, Policy and Practice.* London: Sage.

Hall, G. S. (1904). *Adolescence: its Psychology, and its Relation to Physiology, Anthropology, Sociology, Sex, Crime, Religion and Education.* New York: D. Appleton.

Havighurst, R. J. (1972). *Developmental tasks and education.* New York: Mc Kay.

Hepp, A. (2010). Populäre Medienkulturen. Posttraditionalität und populärkulturelle Vergemeinschaftung. In A. Honer, M. Meuser & M. Pfadenhauer (Hrsg.), *Fragile Sozialität. Inszenierungen, Sinnwelten,* Existenzbastler (S. 341–354). Wiesbaden: VS Verlag für Sozialwissenschaften.

Hitzler, R. (2008). Von der Lebenswelt zu den Erlebniswelten. Ein phänomenologischer Weg in soziologische Gegenwartsfragen. In J. Raab, M. Pfadenhauer, P. Stegmaier, J. Dreher & B. Schnettler (Hrsg.), *Phänomenologie und Soziologie. Theoretische Positionen, aktuelle Problemfelder und empirische* Umsetzungen (S. 131–140). Wiesbaden: VS Verlag für Sozialwissenschaften.

Hurrelmann, K., & Quenzel, G. (2012). *Lebensphase Jugend. Eine Einführung in die sozialwissenschaftliche Jugendforschung,* 11. Vollst. Überarb. Aufl. Weinheim und Basel: Beltz Juventa.

Kutscher, N. (2009). Virtuelle Räume Jugendlicher – die Wirkmacht kulturellen Kapitals bei der Nutzung des Internet. In C. Tully (Hrsg.), *Multilokalität und Vernetzung. Beiträge zur technikbasierten Gestaltung jugendlicher Sozialräume* (S. 157–173). Weinheim und München: Juventa.

Kutscher, N., & Otto, H.-U. (2010). Digitale Ungleichheit – Implikationen für die Betrachtung digitaler Jugendkulturen. In K.-U. Hugger (Hrsg.), *Digitale Jugendkulturen* (S. 73–87). Wiesbaden: VS Verlag für Sozialwissenschaften.

Liebel, M. (2008). Jugend jenseits des Moratoriums – Ausblicke auf andere Logiken des Aufwachsens. In C. Hunner-Kreisel, A. Schäfer & M. D. Witte (Hrsg.), *Jugend, Bildung und Globalisierung* (S. 45–58). Weinheim und München: Juventa.

Liebsch, K. (2012). Geschichte(n) und Generationen: Prozesse gesellschaftlicher Transformationen. In K. Liebsch (Hrsg.), *Jugendsoziologie. Über Adoleszente, Teenager und neue Generationen* (S. 33–56). München: Oldenbourg.

Mannheim, K. [1928] (1965). Das Problem der Generationen. In L. von Friedeburg (Hrsg.), *Jugend in der modernen Gesellschaft* (S. 23–48). Köln und Berlin: Kiepenheuer & Witsch.

Mansel, J., & Speck, K. (2012). Jenseits der Erwerbsarbeit. Arbeitsmarktchancen und biografische Perspektiven. In J. Mansel & K. Speck (Hrsg.), *Jugend und Arbeit. Empirische Bestandsaufnahme und Analysen* (S. 9–21). Weinheim und Basel: Beltz Juventa.

Mau, S. (2007). *Transnationale Vergesellschaftung. Die Entgrenzung sozialer Lebenswelten.* Frankfurt New York: Campus.

Mitterauer, M. (1986). *Sozialgeschichte der Jugend.* Frankfurt a. M.: Suhrkamp.

Muncie, J. (2009). *Youth and Crime. Third Edition.* London: Sage.

Niekrenz, Y., & Witte, M. D. (Hrsg.). (2011). *Jugend und Körper. Leibliche Erfahrungswelten.* Weinheim und München: Juventa.

Oehme, A. (2008). Jugend im Übergang in Arbeit. In J. Schulze-Krüdener (Hrsg.), *Lebensalter und Soziale Arbeit* (S. 252–272). Baltmannsweiler: Schneider Hohengehren.

Olk, T. (1985). Jugend und gesellschaftliche Differenzierung. Zur Entstrukturierung der Jugendphase. In H. Heid & W. Klafki (Hrsg.), *Arbeit – Bildung – Arbeitslosigkeit* (S. 290–301). (ZfPäd, 19. Beiheft). Weinheim: Beltz.

Pfaff, N. (2011). Stichwort: Aktuelle Entwicklungen in der Jugendforschung. *Zeitschrift für Erziehungswissenschaft,* 14, 4, (S. 523–550).

Pohl, A., Stauber, B., & Walther, A. (Hrsg.). (2011). *Jugend als Akteurin sozialen Wandels. Veränderte Übergangsverläufe, strukturelle Barrieren und Bewältigungsstrategien.* Weinheim und München: Juventa.

Reh, S., & Schelle, C. (2000). Schule als Lebensbereich der Jugend. In U. Sander & R. Vollbrecht (Hrsg.), *Jugend im 20. Jahrhundert. Sichtweisen – Orientierungen – Risiken* (S. 158–175). Neuwied und Berlin: Luchterhand.

Reinders, H. (2006). *Jugendtypen zwischen Bildung und Freizeit.* Münster: Waxmann.

Riegel, C., Scherr, A., & Stauber, B. (Hrsg.). (2010). *Transdisziplinäre Jugendforschung. Grundlagen und Forschungskonzepte.* Wiesbaden: VS Verlag für Sozialwissenschaften.

Roth, R. (2002). Globalisierungsprozesse und Jugendkulturen. *Aus Politik und Zeitgeschichte*, B 5, (S. 20–27).

Rousseau, J.-J. (1998). *Émile oder über die Erziehung*. Stuttgart: Reclam.

Sander, U. (2001). Jugend als Gegenstand von Wissenschaft und Forschung. *Politische Bildung. Beiträge zur wissenschaftlichen Grundlegung und zur Unterrichtspraxis*, 34, 4, (S. 25–379).

Sander, U., & Vollbrecht, R. (Hrsg.). (2000). *Jugend im 20. Jahrhundert. Sichtweisen – Orientierungen – Risiken*. Neuwied und Berlin: Luchterhand.

Schäfer, A. (2010). *Zwiespältige Lebenswelten. Jugendliche in evangelikalen Aussiedlergemeinden*. Wiesbaden: VS.

Schelsky, H. (1957). *Die skeptische Generation. Eine Soziologie der deutschen Jugend*. Düsseldorf: Eugen Diederichs.

Scherr, A. (2009). *Jugendsoziologie. Einführung in Grundlagen und Theorien*, 9., erw. und überarb. Aufl. Wiesbaden: VS Verlag für Sozialwissenschaften.

Scherr, A., Griese, H. M., & Mansel, J. (2003). Einleitung: Jugendforschung – und das Theoriedefizit? In J. Mansel, H. M. Griese & A. Scherr (Hrsg.). *Theoriedefizite der Jugendforschung. Standortbestimmungen und Perspektiven* (S. 7–30). Weinheim und München: Juventa.

Schröer, W. (2004). Befreiung aus dem Moratorium? Zur Entgrenzung von Jugend. In K. Lenz (Hrsg.), *Entgrenzte Lebensbewältigung* (S. 19–74). Weinheim: Juventa.

Shell, Deutschland (2010). *16. Shell Jugendstudie. Jugend 2010. Eine pragmatische Generation behauptet sich*. Frankfurt a. M.: Suhrkamp.

Sowc, the State of the World's Children (2011). *Adolescence. An Age of Opportunity*. New York: UNICEF.

Stauber, B., Walther, A. (2011). Übergänge in den Beruf. In H.-U. Otto & H. Thiersch (Hrsg.), *Handbuch Soziale Arbeit*, 4. Aufl (S. 1703–1715). München: Ernst Reinhardt Verlag.

Struck, W., & Schröer, W. (2011). Kinder- und Jugendhilfe. In H.-U. Otto & H. Thiersch (Hrsg.), *Handbuch Soziale Arbeit*, 4. Aufl. (S. 724–734). München: Ernst Reinhardt Verlag.

Tyyskä, V. (2005). Conceptualizing and Theorizing Youth: Global Perspectives. In H. Helve & G. Holm (Hrsg.), *Contemporary Youth Research. Local expressions and Global Connections* (S. 3–14). Hants und Burlington: Ashgate.

UNESCO-Kommission (2010). *Weltbericht Bildung für alle 2010. Ausgeschlossene einbinden. Kurzfassung*. Bonn. http://www.unesco.de/fileadmin/medien/Dokumente/Bildung/efareport2010dt.pdf. Zugegriffen: 28.12.2012.

United Nations (UN) (2007). *World Youth Report 2007. Young People's Transition to Adulthood. Progress and Challenges*. New York.

United Nations (UN). (2010). *International Year of Youth. Dialogue and Mutual Understanding*. http://www.un. org/esa/socdev/unyin/documents/iyy/guide.pdf. Zugegriffen: 23.12.2012.

van der Loo, H., & van Reijen, W. (1997). *Modernisierung. Projekt und Paradox*. München: dtv.

Villányi, D., Witte, M. D., & Sander, U. (Hrsg.). (2007). *Globale Jugend und Jugendkulturen. Aufwachsen im Zeitalter der Globalisierung*. Weinheim und München: Juventa.

Wensierski, H.-J. von, & Lübcke, C. (2012). *„Als Moslem fühlt man sich hier auch zu Hause". Biographien und Alltagskulturen junger Muslime in Deutschland*. Opladen: Barbara Budrich.

Winter, R. (2010). *Widerstand im Netz. Zur Herausbildung einer transnationalen Öffentlichkeit durch netzbasierte Kommunikation*. Bielefeld: transcript.

Witte, M. D., Niekrenz, Y., & Sander, U. (2011). Jugend und Globalisierung. In T. Rauschenbach & S. Borrmann (Hrsg.), *Enzyklopädie Erziehungswissenschaft Online (EEO), Fachgebiet Jugend und Jugendarbeit*. Weinheim und München: Juventa (www.erzwissonline.de).

Zillien, N. (2009). *Digitale Ungleichheit. Neue Technologien und alte Ungleichheiten in der Informations- und Wissensgesellschaft*, 2. Aufl. Wiesbaden: VS Verlag für Sozialwissenschaften.

Zinnecker, J. (1991). Jugend als Bildungsmoratorium. Zur Theorie des Wandels der Jugendphase in west- und osteuropäischen Gesellschaften. In W. Melzer, W. Heitmeyer, L. Liegle & J. Zinnecker (Hrsg.), *Osteuropäische Jugend im Wandel. Ergebnisse vergleichender Jugendforschung in der Sowjetunion, Polen, Ungarn und der ehemaligen DDR* (S. 9–25). Weinheim und München: Juventa.

Zinnecker, J. (2010). Jugend. In D. Benner & J. Oelkers (Hrsg.), *Historisches Wörterbuch der Pädagogik* (S. 482–496). Darmstadt: WBG.

Zirfas, J., & Wulf, C. (2010). Generation. In D. Benner & J. Oelkers, (Hrsg.), *Historisches Wörterbuch Pädagogik*. Studienausgabe (S. 409–421). Darmstadt: WBG.

Niekrenz, Yvonne, Dr. rer. pol., wissenschaftliche Mitarbeiterin am Institut für Soziologie und Demographie der Universität Rostock. Arbeitsschwerpunkte: Jugend- und Kultursoziologie, Soziologie des Körpers, Gegenwartsdiagnosen sozialer Beziehungen.

Witte, Matthias D., Dr. phil, Professur für Erziehungswissenschaft mit dem Schwerpunkt Sozialpädagogik an der Johannes Gutenberg-Universität Mainz. Arbeitsschwerpunkte: Kinder- und Jugendhilfe; Transnationale Soziale Arbeit; Jugend, Transnationalisierung und Globalisierung; Soziale Arbeit mit Körper und Bewegung.

Junge Erwachsene

Johannes Hüning

Zusammenfassung

Der Beitrag fokussiert die Lebensphase „Junge Erwachsene" im Kontext von sozialem Wandel und Ausdifferenzierung familialer Funktionalität. Zunächst erfolgt eine Verortung dieser speziellen Lebensphase in den erziehungswissenschaftlichen und familiensoziologischen Fachdiskurs unter besonderer Berücksichtigung der (Aus-)Bildungsverläufe junger Menschen, die letztlich über deren gelungene oder misslungene Einbindung in soziale Teilhabe mitentscheiden. Dabei wird die evidente Bedeutung familialer Funktionalität bei der Bewältigung von Übergängen in dieser Lebensphase herausgestellt. Besondere Aufmerksamkeit widmet der Beitrag den Chancen und Risiken für junge Erwachsene durch die gesellschaftlichen Individualisierungs- und Pluralisierungsprozesse. Rekurs nehmend auf das Selbstverständnis des SGB VIII, insbesondere mit Blick auf den Paragrafen 41 *(Hilfe für junge Volljährige)*, das eine grundsätzliche sozialpädagogische Zuständigkeit für junge Menschen bis zum 27. Lebensjahr im Kanon der Sozialgesetzbücher inkludiert, werden die realen Handlungsmuster der Kinder- und Jugendhilfe kritisch reflektiert.

Schlüsselwörter

Familialer Wandel, Individualisierung, Lebensphase Junge Erwachsene, Übergänge, Soziale Teilhabe, Kinder- und Jugendhilfe

I.

Dieser Beitrag thematisiert zum einen die sozialwissenschaftliche Inblicknahme junger Menschen im Alter von 18 bis 27 Jahren jenseits inkludierender Randlagen sozialer Teilhabemöglichkeiten und entfaltet damit eine differenzierte Betrachtungsfolie, die das soziale Konstrukt *„Junge Erwachsene"* mit dessen Spezifika, prekären Kontexten, Verhinderungen und Realitäten verknüpft. Passagen zwischen Schule, Ausbildung und Erwerbsarbeit definieren die zentralen und für den Beitrag bedeutsamen Übergänge, an denen das soziale Konstrukt explizit fokussiert wird. Zum anderen wird nach dem Verhältnis von Sozialer Arbeit bzw. deren Handlungslogik in Form der Kinder- und Jugendhilfe und den lebenslauf- bzw. biografiebedingten Risiken und Chancen junger Erwachsener gefragt.

Zunächst wird die Lebensphase *„Junge Erwachsene"* einschließlich der sie rahmenden Übergänge und Passagen rekurrierend auf theoretische Wissenstände beteiligter Fachwissenschaften expliziert. Dazu wird diese spezielle Lebensphase eingeordnet in den Verlauf des Erwachsenwerdens junger Menschen.[1] Die Relevanz familialer Funktionalität sowie das Vorhanden- oder Nicht-Vorhandensein familialer Ressourcen für junge Erwachsene sind dabei von besonderem Interesse. Bedeutsam sind weiterhin die Transitionen an den bedeutsamen Passagen im Lebensverlauf junger Menschen, die ein Erwachsenwerden rahmen. Den Themen (Aus-)Bildung und Erwerbsarbeit wird dabei *die* zentrale Bedeutung zugestanden, da das Gelingen oder das Nicht-Gelingen dieser Übergänge wegen ihrer Verkopplung mit individuellen ökomischen Rahmenbedingungen, also den Grenzen und den Möglichkeiten einer wirtschaftlichen Absicherung, von größter Bedeutung für den Sozialisations- und Integrationsprozess junger Menschen ist.[2] Der theoretischen Rahmung der Lebensphase des jungen Erwachsenenalters folgt die Deskription seiner sozialen Figuren in prekären Lebenslagen sowie deren Implikationen für eine mögliche Adressat_innenschaft sozialpädagogischer Angebote des SGB VIII. Dessen konzeptionelle sozialpädagogische Adaption dieser Zielgruppe wird reflektiert, verbunden mit der Frage nach dem Passungsverhältnis der Angebote der Kinder- und Jugendhilfe und der Lebenssituation junger Erwachsener. Darauf aufbauend wird hinterfragt, inwiefern die Kinder- und Jugendhilfe dem Hilfebedarf möglicher Adressat_innen gerecht werden kann.

---

1   Zu den evidenten Entwicklungs- bzw. Bewältigungsaufgaben junger Menschen: „Als wesentliche Entwicklungsaufgaben des Jugendalters gelten nach Havighurst (1972) die Ablösung von den Eltern, der Aufbau von Partnerschafts- und Freundschaftsbeziehungen zum anderen und zum gleichen Geschlecht, die Entwicklung von Wissen, Moral und Wertorientierungen, grundlegende Fertigkeiten in den Kulturtechniken und die Integration in die Gruppe der Gleichaltrigen" (Chassè 2008, S. 105).
2   Einkommensarmut und drohende Wohnungslosigkeit stellen die wesentlichen Risikofaktoren für junge Erwachsene dar und befördern deren Exklusionsprozesse (vgl. Bundarbeitsgemeinschaft Katholische Jugendsozialarbeit 2012 [BAG KJS]).

Abschließend soll eine Perspektive aufgezeigt werden, wie eine Fortschreibung sozialpädagogischer Angebote für junge Erwachsene – über die der Kinder- und Jugendhilfe hinaus – im Zusammenhang mit ihren speziellen Bedürfnissen und jeweiligen Disparitäten gestaltet werden müsste.

II.

Gesellschaftliche Transformationsprozesse befördern offensichtlich die Herausbildung von *„neuen"* Lebensphasen durch eine Ausdifferenzierung der sozialen Figuren in familialen Systemen. Diese sozialen Figuren sind verkoppelt mit lebens- bzw. familienphasenbedingten Aufgaben, die zur Kenntnis zu nehmen sind (Zinnecker und Stecher 1996).[3] Hurrelmann stellt bezüglich der Lebensphase „Junge Erwachsene" fest, dass sich ein neuer, 15 bis 20 Jahre langer Lebensabschnitt entwickelt habe, der nicht durch den Übergang vom Kindsein zum Erwachsenen definiert wird, sondern eine „eigenständige Lebensphase" darstellt (Hurrelmann 2007, S. 21). Auch für Peuckert hat die Lebensphase *„Jugend"* als bisher klar definierte Passage zwischen Kindsein und dem Erwachsenenleben an Kontur verloren. Gründe hierfür sind einerseits verlängerte (Aus-)Bildungszeiten junger Menschen und andererseits Verkomplizierungen an den Übergängen zum Erwerbsleben. Eine neue Lebensphase – so Peuckert weiter – habe sich damit ausdifferenziert, die Nach-Jugendphase bzw. die Postadoleszenz. Zwar habe sich in dieser Lebensphase der junge Mensch in der Regel von der Familie räumlich gelöst, verbleibe aber in einer ökonomischen Abhängigkeit von seinen Eltern. Eine völlige Unabhängigkeit der erwachsenen Kinder vom Herkunftssystem stelle sich immer später ein (Peuckert 2005, S. 96). Chassé gelangt zu einer ähnlichen Perspektive:

> „Seit den späten 1970er Jahren konstituiert sich die Jugendphase neu. Zwischen Jugend und Erwachsenenphase tritt eine neue gesellschaftlich regulierte Altersstufe: zunehmend mehr Jüngere treten nach der Jugendzeit als Schüler nicht ins Erwerbsleben, sondern in eine Nachphase des Jungseins über. Sie verselbständigen sich in sozialer, moralischer, intellektueller, politischer, erotisch-sexueller, kurz gesprochen in soziokultureller Hinsicht, tun dies aber, ohne wirtschaftlich auf eigene Beine gestellt zu sein, wie es das historische Jugendmodell vorsah. Das Leben als Nach-Jugendlicher bestimmt das dritte Lebensjahrzehnt" (Chassé 2008, S. 106).

---

3   „Nach den fünfziger und sechziger Jahren begann Jugend in Deutschland für die meisten nach dem Ende der Schulzeit, was für mehr als 80 Prozent junger Westdeutscher hieß: mit dem Abschluss der Volksschule. [...] in der Gegenwart ist ein gänzlich anderes Modell wirksam. Jugend beginnt mitten in den Schuljahren und endet frühestens mit dem Abschluß (sic!) längerer Bildungs- und Ausbildungslaufbahnen" (Zinnecker und Stecher 1996, S. 165).

Für Chassé ist die Grenze zwischen den Lebensphasen *Jugend* und *Erwachsensein* fließend, eine trennscharfe Differenzierung ist ein schwieriges Unterfangen (Chassé 2008, S. 106). Auch Nave-Herz registriert diesbezüglich Wandlungsprozesse und stellt fest, dass durch ausgedehnte Schul- und Ausbildungszeiten eine verlängerte Abhängigkeit junger Menschen von Leistungen der Herkunftssysteme zu konstatieren sei. Auch Probleme auf dem Wohnungsmarkt seien dafür verantwortlich, dass junge Menschen immer später das Elternhaus verlassen. Hierzu stellte Hradil schon 2001 fest, dass zunehmend 18–25-Jährige nicht ausreichend mit angemessenem Wohnraum versorgt sind (Hradil 2001, S. 70). Diese Entwicklung zeige Folgen: Auch nach dem Erreichen der Volljährigkeit können junge Menschen nicht auf ökonomische und emotionale Hilfen ihrer Eltern verzichten (Nave-Herz 2007, S. 79–80). Stecher und Zinnecker thematisieren im gleichen Zusammenhang den Wandel der Familienzyklen (gemeint ist hier die Verlängerung der Nach-Elternschaft; der Verf.) und damit verbunden die durch Eltern für ihre erwachsenen Kinder zu erbringenden „persönlichen und sachbezogenen Dienstleistungen" (Stecher und Zinnecker 2007, S. 391).

Der binnenfamiliale Differenzierungsprozess definiert also nun neben den jeweiligen Lebensabschnitten Kindheit bis zum Jugendalter (12 Jahre), die Jugend bis zum 18. oder die jungen Erwachsenen zwischen dem 19. und 25. Lebensjahr auch den Lebensabschnitt zwischen *später Jugend* und *Erwachsensein* als exklusiven und separaten Lebensabschnitt mit eigenen Herausforderungen und speziellen Bewältigungsaufgaben (vgl. Raithelhuber 2008, S. 152).

Dem sozialwissenschaftlichen Diskurs ist allerdings weder ein einheitliches Zeitfenster noch ein allgemein gültiger Terminus für das soziale Konstrukt *„Junge Erwachsene"* abzulesen. Je nach (Interessens- oder Forschungs-)Perspektive ändern sich die unterschiedlichen Altersspannen (12–29 Jahre; 14–28 Jahre; 19–25 Jahre) und die jeweiligen Bezeichnungen (Junge Erwachsene; Noch-Jugendliche; postadoleszente Jugendliche; junge Menschen etc.), die Verschränkung auf eine konkrete Altersspanne oder einen zu nutzenden Begriff erfolgt letztlich mit Blick auf die fachwissenschaftliche Perspektive, gesellschaftliche Bezüge und/oder historische Kontexte. Die Abgrenzungskriterien der Lebensphasen voneinander (Kindheit/Jugend/Junge Erwachsene/Erwachsensein) sind dagegen konkreter und trennschärfer. Der Prozess des Erwachsenwerdens junger Menschen lässt sich demnach in Episoden einordnen.

In Anlehnung an Chassé lässt sich die Jugendphase wie folgt ausdifferenzieren:

- zu identifizieren sind Jugendliche in der Altersphase von 12–18 Jahren in der *adoleszenten Phase;*
- dieser Phase folgt die *nachpubertäre Phase,* die in die Altersspanne von 18–21 Jahren eingeordnet wird;
- die *Spätjugendphase* umfasst die Altersspanne von 22–25 Jahren (Chassé 2008, S. 106). Diese Kategorisierung verwendet auch Hurrelmann, der allerdings die Begriffe „frühe Jugendphase" (12–18), „mittlere Jugendphase" (18–21) und „späte

Jugendphase" (22–27) formuliert und darüber hinaus mit der abschließenden Jugendphase das 26. und 27. Lebensjahr als Übergang in den Erwachsenenstatus inkludiert (Hurrelmann 2007, S. 42).

Da dieser Beitrag für sich in Anspruch nimmt, eine thematisch-inhaltliche Klammer für das soziale Konstrukt *„Junge Erwachsene"* mit dem Instrumentarium der Kinder- und Jugendhilfe zu bilden, wird die Altersspanne von 18–27 Jahren analog zu der Rahmung durch das SGB VIII für die weiteren Ausführungen zugrunde gelegt. Insofern schließt sich der Beitrag der Definition Hurrelmanns an. Des Weiteren wird im Folgenden für die fokussierte Kohorte der Begriff *„Junge Erwachsene"* und – alternierend – *„Junge Menschen"* verwendet.

Junge Erwachsene in der Lebensphase der Postadoleszenz – die sich mittlerweile zum Teil bis über das dritte Lebensjahrzehnt ausdehnt – streben nach Unabhängigkeit, Selbständigkeit, und wünschen sich darüber hinaus eine kontinuierliche individuelle Weiterentwicklung. Gleichzeitig wird diese Lebensphase geprägt durch verlängerte (Aus-)Bildungszeiten bzw. den Zwang, über Fort- und Weiterbildung das persönliche berufliche Profil schärfen zu müssen. Diese Handlungszwänge ergeben sich durch die Verschärfungen der Situation auf den Ausbildungs- und Arbeitsmärkten. Auf diese Verschärfungen wird noch einzugehen sein.

Die Lebensphase *„Junge Erwachsene"* entwickelte sich – wie eingangs dargelegt – von einer Durchgangsphase, quasi als Drehtür zwischen den Lebensphasen *„Jugend"* und *„Erwachsensein"* hin zu einem eigenständigen Lebensabschnitt mit bedeutsamen und umfänglichen Bewältigungsaufgaben für junge Menschen (vgl. Hurrelmann 2007, S. 42). Diese Entwicklung ist das Ergebnis einer „Entmischung der Generationen", der Herausbildung von neu zur Kenntnis zu nehmenden Lebensphasen als Abgrenzung zu bisher bekannten (Chassé 2008, S. 104). Diese Ausdifferenzierung tradierter und klar voneinander abgegrenzter Generationentypen geht aus einer modernisierungstheoretischen Perspektive einher mit gesellschaftlichen Transformationsprozessen im Allgemeinen sowie mit dem familialen Wandel im Besonderen.[4] Hinsichtlich der gesellschaftlichen Transformation hält Heinz bspw. fest, dass sich

„Mit dem Wandel der Industriegesellschaft zu einer Dienstleistungs- und Wissensgesellschaft [sich] auch die Konturen des Jugendalters verschoben *haben*. Zwischen dem Ende der Kindheit und dem Eintritt in das Leben als Erwachsener liegen etwa 15 Jahre. Diese Jahre sind durch einen verlängerten Schulbesuch, eine spätere Aufnahme von Ausbildung und Studium, vor allem aber durch einen Hürden- bzw. Hindernislauf in das Erwerbsleben geprägt. Die traditionellen Altersnormen für Berufsstart und Familiengründung haben ihre Verbindlichkeit verloren" (Heinz 2011, S. 15).

---

4   Modernisierungseffekte können junge Menschen *überfordern*, gerade dann, wenn diese zu früh mit den Konsequenzen aus gesellschaftlichen Transformationsprozessen konfrontiert werden. Zu viel an (Eigen-)Verantwortung führt zu einer *Überforderung* (vgl. Hurrelmann 2007, S. 117–118).

Der Hinweis auf die Erosion *tradierter* Verbindlichkeiten schließt an individualisie-rungs- theoretische Annahmen nach Beck (1986) an. Individualisierungsprozesse setzen Individuen – also auch junge Menschen – aus *tradierten* Verlässlichkeiten frei; ein allgemein gültiges, herkömmliches Einvernehmen über erwartbare Sicherheiten löst sich auf.

> „Es zeichnet sich insgesamt ein Modell der Vorläufigkeit und verminderten Verbindlich-keit des Übergangs zum Erwachsenenstatus ab. Das Ende der Jugendphase ist – in Lebens-jahren gesehen – relativ offen" (Chassé 2008, S. 111).

Dies führt zu einer Gleichzeitigkeit von Chancen und Risiken, deren Konsequen-zen sich letztlich auf das Individuum auswirken (vgl. Beck 1986).[5] Bezogen auf den familialen Wandel – auf die Vor- und Nachteile der Individualisierung wird noch eingegangen – bleibt festzuhalten, dass die veränderten familialen Binnenstrukturen, beispielsweise erkennbar an der Abnahme der Geschwisterzahl und der Zunahme großelterlicher Erziehungs- und Betreuungsverantwortung, vorteilhafte individuelle Entwicklungsverläufe der Kinder *ermöglichten* und somit deren Bildungsverläufe *be-förderten* (vgl. Hüning 2010; Hurrelmann 2007). In den Familien bildeten sich somit umfänglichere Lernfelder für junge Menschen, um dort bspw. zeitgemäßes Konsum-verhalten einzuüben oder Kompetenzen im Umgang mit den neuen Medien zu erlan-gen. Der familiale Wandel *beförderte* gleichzeitig gesellschaftlich akzeptierte multiple Familienkonzepte, *erhöhte* somit die Wahlmöglichkeiten an alternierenden Lebens- und Familienformen (Hurrelmann 2007, S. 185). Eine durch das Individuum selbst zu verantwortende Zunahme optionaler Wahlmöglichkeiten war die Folge. Nachtei-lig – so Hurrelmann weiter – sei aber, dass die Chance auf Selbstverantwortung für das individuelle Lebenskonzept das Risiko inkludiert, genau damit überfordert zu sein und so scheitern zu können. Die plurale Gesellschaft impliziert so die Gefahr einer sozialen und psychischen Verunsicherung des Individuums durch eine Über-forderung (ebd., S. 186–187).

Traditionellen Verlässlichkeiten stehen risikobehaftete Konfrontationen der jun-gen Menschen mit den Herausforderungen der sozialen Systeme gegenüber.[6] Gerade bei ungünstigen Bildungsverläufen sind individuelle Überforderungen oft die Folge. Ist darüber hinaus auch die Letztverantwortung für den Erwerb lebenspraktischer Kompetenz individualisiert, können Komplikationen in diesem Entwicklungsprozess mit den Mitteln bisher sicher erwartbarer familialer Leistungen nicht immer kom-pensiert werden. Hinzu kommt, dass ein geschwächtes familiales Erziehungssystem

---

5   Auch Nüsken konstatiert eine Zunahme von Risiken bedingt durch die Individualisierungsprozesse, die ein hohes Maß an Selbstbestimmung und Selbstverantwortung von jungen Menschen einfordern (Nüsken 2008, S. 11)

6   „Die Flexibilisierung von Arbeit und Bildung eröffnet allerdings auch vielfältige Zugänge und Op-tionen. Demgegenüber stehen jedoch auch prekäre Karrieren und individuelle Risiken" (Dehmer 2011, S. 123).

oder andere fehlende soziale Ressourcen die Entwicklung von individuellen Kompetenzen verhindern (ebd., S. 186–187). Kompensierende soziale Ressourcen sind aber gerade dann von Nöten, wenn familiale Kontexte (bspw. die ökonomische Situation der Familie oder die familiale Wohnqualität) individuelle Entwicklungsprozesse nur ungenügend unterstützend begleiten können.[7] Eine Verschlechterung des Erziehungsklimas in Familien und der Sozialisationskraft von Familien, oft bedingt durch Erwerbslosigkeit der Eltern, geringes familiales Einkommen und ungünstige Wohnqualität, belasten daher junge Menschen und hindern diese an der Bewältigung der ihnen gestellten Entwicklungsaufgaben. Der Druck auf junge Erwachsene speist sich darüber hinaus auch aus dem *„Mithalten-wollen"* oder *„-müssen"* mit Gleichaltrigen, sei es das Konsum-, oder das Freizeitverhalten betreffend. Letztlich können solche Entwicklungen mitunter zur Exklusion junger Menschen von sozialer Teilhabe führen, zu deren sozialen und kulturellen Ungleichstellung (ebd., S. 188–189). Heinz (2011) bewertet die gesellschaftliche Transformation für junge Menschen und deren Risiko treffend:

> „Durch den gesellschaftlichen Wandel haben junge Menschen eine riskante Autonomie gewonnen oder besser, sie wird von Ihnen erwartet, wenn es darum geht, Statuspassagen zwischen der Familie und den Institutionen der Bildung, Beschäftigung und Sozialpolitik zu gestalten. So stehen alle Jugendlichen und jungen Erwachsenen vor der Herausforderung, selbstverantwortete Biografien zu entwickeln, wenn sie ihre Übergangsziele verfolgen und Entscheidungen treffen, mit deren Handlungsergebnis sie leben müssen. Die Folgen ihrer Handlungen können das Selbstvertrauen stärken (z. B. erfolgreiche Bewerbung), aber auch entmutigend erlebt werden (z. B. wiederholte Absagen). Entscheidungen im Übergangsfeld zwischen Familie, Schule und Beruf entwickeln sich nicht im luftleeren Raum, sie spiegeln soziale Ungleichheiten und Sozialisationserfahrungen, die durch unterschiedliche Ressourcenausstattung geprägt sind. Fehlende soziale Einbindung, Mittelknappheit und Kompetenzdefizite beim Umgang mit notorischer Ungewissheit über den Ausgang biografischer Entscheidungen können Handlungsblockaden und Ausweichmanöver zur Folge haben" (Heinz 2011, S. 16–17).

Raithelhuber schließt hieran an und konstatiert mit Blick auf die jungen Menschen, dass die gesellschaftliche Transformation und ihre Folgen problemlastige Lebensabschnitte und ausgeweitete Bildungsverläufe befördert haben. Die Übergänge zwischen Jugend und Erwachsensein sind umfänglicher geworden und haben sich gleichzeitig fragmentiert (Raithelhuber 2008, S. 156). Gesellschaftliche Normvorgaben stehen dabei oft im Widerspruch zu den Realitäten der jungen Erwachsenen.

---

7   „Die individuellen *personalen Bewältigungsstrategien* und -kompetenzen allein sichern keine Kompensation von krisenbedingten Problemkonstellationen. Neben den individuellen personalen sind auch *soziale Ressourcen* erforderlich, um der jeweiligen Problemkonstellation begegnen zu können" (Hurrelmann 2007, S. 159).

Die Verantwortlichkeit für das Auflösen dieses Widerspruchs ist auf das Individuum verschränkt. Um diese problematische Realität bewältigen zu können, müssen die jungen Menschen sowohl die Gegenwart pragmatisch-lösungsorientiert organisieren, als auch gleichzeitig ihre Perspektive auf ein selbstbestimmten Leben ausrichten. Zu dieser scheinbar unauflösbaren Gleichzeitigkeit gehört auch die subjektive Selbstwahrnehmung vieler junger Erwachsener, weder Jugendlicher noch Erwachsener zu sein, zumal das Erwachsensein höhere Anteile von (Selbst-)Verantwortung impliziert und damit eine Akzeptanz dieses Lebensalters bei den Betroffenen mindert. Die jungen Menschen stehen somit in einem Spannungsverhältnis von Anforderungen an ein selbständiges, verantwortliches Handeln einerseits und den Normenvorgaben von Gesellschaft und Institutionen andererseits. Junge Erwachsene sehen sich so den Realitäten und Herausforderungen einer Risikogesellschaft gegenüber gestellt und müssen dennoch ihre Lebensverläufe in dieser organisieren und verantworten (vgl. Raithelhuber 2008, S. 157).

Die individuellen Lebensverläufe bilden sich durch Lebenslaufereignisse aus, also durch *Übergänge,* die die Lebensläufe strukturieren und die Biografien rahmen (Wiesner und Silbereisen 1996, S. 185). Übergänge implizieren in der Regel dabei konkrete Herausforderungen, die junge Menschen bewältigen müssen, um diese Übergänge erfolgreich gestalten zu können. Mit dem jeweiligen Übergang ist ein spezieller Status verbunden (Kindergartenkind; Grundschüler_in; Gymnasiast_in; Auszubildende_r; Student_in; Erwerbslose_r; Arbeitnehmer_in; Rentner_in; usw.). Hieraus entsteht eine inhaltliche und begriffliche Affinität zum Konzept der *Statuspassage* (Sackmann und Wingens 2011, S. 23), das an dieser Stelle nicht tiefergehend verhandelt werden soll.

Ein bedeutsames Abgrenzungskriterium zwischen den Lebensphasen *„Jugend"* und *„junge Erwachsene"* stellen also die Übergänge dar, die – wie dargelegt – vielfältige Bewältigungsaufgaben mit den diesen immanenten Schwierigkeiten und Problemen inkludieren. Die Bewältigung der steigenden Komplexität dieser Aufgaben nimmt, so Stauber und Walter, immer mehr Zeit in Anspruch.

„Die Gleichzeitigkeit jugendlicher und erwachsener Anforderungen über eine immer längere Lebensphase hinweg birgt Widersprüche, die junge Frauen und Männer in eigenen Lebensstilen ‚aufzuheben' versuchen" (Stauber und Walther 2002, S. 113).

Diese Übergänge, so Stauber und Walther weiter, erfahren einen Prozess der „Entstandardisierung", festzumachen an den sozialen Phänomenen Individualisierung, Pluralisierung, Diversifizierung und Fragmentierung[8] und deren jeweilige Wirkweise für die Lebensverläufe. Parallel hierzu verkomplizieren sich die Übergänge auch dadurch, dass eine reziproke Verknüpfung von bisher eher verkapselt zu bewältigenden Strukturdimensionen der Lebensverläufe stattgefunden hat. Gille et al. sprechen

---

8   Insbesondere die Begriffe ‚*Diversifizierung*' und ‚*Fragmentierung*' stehen für die Erosion bisher sich gleichförmig, erwartbar und kontinuierlich entwickelnder Lebensverläufe.

in diesem Zusammenhang von der Situation Jugendlicher in einer Gesellschaft, die von einem durch Individualisierung und Differenzierung entstrukturierten Prozess des Aufwachsens definiert ist (Gille et al. 2006, S. 10). Die gelungene Bewältigung der Transition vom Schulsystem in die Arbeitswelt ist von besonderer Relevanz für die Lebensverläufe junger Menschen, sie ist die Voraussetzung und Grundlage für deren soziale und berufliche Integration (vgl. Dehmer 2011, S. 121). Die Übergänge von Schule hin zu Erwerbsarbeit, Ausbildung und Studium formieren sich gleichzeitig komplexer. Bisher partiell zu bewältigende singuläre Entwicklungsaufgaben bilden sich durch eine zeitgleiche Verkoppelung mit weiteren nun umfänglicher heraus: Arbeit *und* Bildung, Familie *und* Wohnen, Geschlecht *und* Identität, Körperlichkeit *und* Sexualität, Partnerschaft *und* Familiengründung, Lebensstil sowie Jugendkonsum *und* Kultur (vgl. ebd., S. 115 ff.). Für Raithelhuber inkludiert diese Zunahme an Komplexität hinsichtlich der Bewältigungsaufgaben „gesteigerte Chancen und Risiken", erfordert von den jungen Menschen somit Kompetenzen „als Gestalter ihrer Biografien" zu agieren (Raithelhuber 2008, S. 156.) Diese zunehmende Komplexität durch verkomplizierte Übergänge sowie die ihnen immanenten umfänglichen Entwicklungsaufgaben stellen für junge Menschen ein besonderes Bewältigungsproblem dar, das mit individuellen Kompetenzen sowie familialen und/oder sozialen Ressourcen zu lösen ist. Gelingt es jungen Menschen nicht, die ihnen gestellten Entwicklungsaufgaben zu bewältigen, so ist deren Sozialisations- und Integrationsprozess gefährdet, eine altersangemessene Persönlichkeitsentwicklung kann dadurch behindert werden (Hurrelmann 2007, S. 157). Ein weiteres Belastungsmoment ergibt sich durch die diffusen Aussichten auf eine kontinuierliche und gesicherte Berufstätigkeit. Der Start in die Erwerbstätigkeit ohne konkrete Ausbildungsperspektive führt bei jungen Menschen zu Verunsicherungen, „die in Demotivation und Resignation münden können" (Dehmer 2011, S. 122).

Eine *„neue Konstante"* in Lebensverläufen junger Menschen bildet sich also heraus: Eine Verschärfung an den Übergängen zu den Bereichen Bildung, Ausbildung und Erwerbstätigkeit. Für Gille et al.[9] stellen (Aus-)Bildungsprozesse konsequenzenreiche und somit bedeutsame Schnittstellen dar, da die jeweilige schulische und berufliche Qualifikation, die individuelle ökonomische Situation und den jeweiligen persönlichen Status definieren; mangelhafte Bildungsprozesse – aus welchen Gründen auch immer – führen hingegen in soziale Disparitäten (vgl. Gille et al. 2008, S. 10–18). Zur Verschärfung an den Übergängen trägt auch bei, dass sich gleichzeitig die Konkurrenzsituation bei Schulabgänger_innen verstärkt, da sie zunehmend einen Wettbewerb um Ausbildungsplätze darstellt.

---

[9] Gille et al. bestimmen drei Lebensfelder sozialer Integrationsprozesse für junge Menschen: 1. Den privaten Lebenslauf (Leben in Familie; Ablösung von Familie; Wohnungsnahme; Partnerschaft; Familiengründung). 2. Bildung, Ausbildung und Erwerbsarbeit. 3. Biografische Selbstdefinition und Entwicklung eines Verhältnisses zur Politik (Gille et al. 2006, S. 11).

„Das Problem des Übergangs von der Schule in den Beruf hat spürbar zugenommen; die Absolventen mit „nur" Hauptschulabschluss geraten dabei in eine Abseitsposition" (Chassé 2008, S. 110).

Chassé verweist weiterhin darauf, dass auch junge Menschen von Arbeitsmarkt- und Ausbildungsplatzkrisen betroffen sind (ebd., S. 108). In diesen Krisen – so Chassé weiter – treten dann die Themen *Identitätsfindung, Ablösung von Familie* sowie *Partnerwahl* und *Sexualität* für die jungen Erwachsenen zurück, werden dann von beruflichen und ökonomischen Fragestellungen, Zukunftssorgen und Belastungen überlagert. Junge Menschen werden konfrontiert mit einer Fragmentierung und Diskontinuität ihrer Berufsverläufe. Weiterbildungsmaßnahmen, sich ablösende Zeitverträge und temporäre Erwerbslosigkeit belegen diese diskontinuierlichen Prozesse mit Blick auf eine mögliche oder verunmöglichte Berufstätigkeit, was zusätzlich zur Verunsicherung junger Menschen beiträgt.[10] Ein weiterer Beleg für diese Annahme ist die Tatsache, dass bildungsoptimistisch orientierte Lebensentwürfe dagegen erodieren: Qualifizierte, also sehr gute bis gute Schulabschlüsse sind weiter von Bedeutung und werden erwartet, garantieren aber keine berufliche Sicherheit mehr (ebd., S. 108).[11] Gleichzeitig verweilen junge Menschen immer länger in Bildungseinrichtungen mit der Folge, dass sich die Bildungs- und Ausbildungsphasen bis in deren drittes Lebensjahrzehnt hineinziehen, bevor ein erster berufsqualifizierender Abschluss erlangt wird. Auch die Bereitschaft, nach einer abgeschlossenen Ausbildung noch einmal über (berufsbegleitende) Weiterbildung in Lernprozesse zu investieren, führt zu einer Ausweitung der Bildungs- und Ausbildungsphasen (vgl. Raithelhuber 2008, S. 153–154). Dadurch destabilisiert sich – wie schon erläutert – offenbar das Konstrukt „Normalarbeitsverhältnis" für junge Erwachsene, deren Lebensarbeitsverläufe entwickeln sich diesbezüglich diskontinuierlicher und das Risiko für eine berufliche Desintegration steigt gleichzeitig an. Dieser Sachverhalt verfestigt letztlich die ökonomische Abhängigkeit junger Menschen von familialen Herkunftssystemen oder von staatlichen Transferleistungen. Die Betroffenen reagieren frustriert auf diese Wandlungsprozesse mit ihren neuen Risiken. Gerade die Förder- und Hauptschüler_innen sind hiervon betroffen, sehen sich benachteiligt im Wettbewerb um Ausbildungsplätze und werden – wie dargelegt – gleichzeitig vermehrt mit „Warteschleifen" in Form von berufsvorbereitenden Maßnahmen oder beruflichen Vollzeitschulen konfrontiert (Chassé 2008, S. 113). Der Einstieg in das Berufsleben als Ziel individueller Persönlichkeitsentwicklungsprozesse hat somit an Sicherheit und Verlässlichkeit

---

10 In den 1970er Jahren waren 4/5 aller jungen Erwachsenen erwerbstätig. Schon in den 1980er Jahren befand sich die Hälfte aller jungen Erwachsenen noch in Bildung, Ausbildung und/oder Umschulung (Chassé 2008, S. 108).

11 Seit drei Jahrzehnten ist die Arbeitsmarktlage für junge Menschen mit Risikolagen behaftet. Einer Ausbildung folgt Festanstellung nicht mehr automatisch. Besonders betroffen hiervon sind junge Menschen mit Förderschulabschlüssen sowie junge Menschen mit Migrationshintergrund (Chassè 2008, S. 110).

verloren (ebd., S. 119). Raithelhuber zieht mit Blick auf den sozialwissenschaftlichen Forschungsstand hierzu zwei Schussfolgerungen:

> „Erstens zeigen sich an der Übergangssequenz Schule-Ausbildung-Beruf verstärkt soziale Schließungstendenzen. Sie differieren nach schulischer Vorbildung, Geschlecht, ethischer Zuschreibung, Region und sozialer Schichtzugehörigkeit. Zweitens sind von dieser Entwicklung generell immer mehr junge Menschen betroffen wie auch ihre Familien" (Raithelhuber 2008, S. 154).

Qualifizierte (Berufs-)Ausbildungsabschlüsse sind aber die Grundvoraussetzung für „die Herausbildung einer beruflichen Identität und [für] die Absicherung des sozialen Einkommens und Status" (Dehmer 2011, S. 122). Der Übergang vom Schulsystem in das Erwerbsleben ist der bedeutsame und entscheidende Schritt im Verselbständigungsprozess von jungen Erwachsenen. Die Bewältigungsqualität des Übergangs und deren Konsequenz für das Individuum ist somit letztlich ein Parameter für ein Gelingen oder Nicht-Gelingen der Verselbständigung (ebd., S. 211).

Festzuhalten bleibt also: Auch die bis in das dritte Lebensjahrzehnt ausgedehnte Jugendphase wird definiert und strukturiert durch Risiken und belastende Übergänge. Junge Menschen sind immer mehr aufgefordert, gestalterisch Verantwortung für die eigene Biografie zu übernehmen vor dem Hintergrund gleichzeitig zunehmender möglicher Handlungsoptionen. Gleichwohl „sind doch die gesellschaftlichen Vorgaben und institutionellen Rahmenbedingungen für eine subjektiv sinnvolle und eigenständige, materiell gesicherte Lebensführung recht vage" (Krekel und Tilly 2011, S. 16). Die Erosion bisher verbindlicher Normen und die Zunahme möglicher Handlungskonzepte für junge Erwachsene erleichtert die Gestaltung dieser Lebensphase nicht, sondern befördert eher die Verdichtung von dann alterstypischen Problemlagen.

> „Das junge Erwachsenenalter erscheint in der Geschichte als die Jugend verlängernde Lebensphase, weil sich die Probleme des Übergangs von der Jugend ins Erwachsenenalter verkompliziert und verlängert haben. Jugendtheoretisch ist das junge Erwachsenenalter die Antwort auf die zunehmende Komplexität der Bewältigungsaufgaben von Jugend" (Chassé 2008, S. 109).

Jungen Menschen ist also ihre Selbstverortung in den gesellschaftlichen Kontext zugewiesen, sie sind für die Koordination der Einordnungsprozesse in die Gesellschaft selbst verantwortlich: Für die Bewältigung der Übergänge, der Transitionen, und insbesondere für die Gestaltung der individuellen (Aus-)Bildungsprozesse, die sich zu Bildungsmoratorien ausformen.[12] Diesen (Aus-)Bildungsprozessen kommt eine *zen-*

---

12 Das Bildungsmoratorium meint die Ausdehnung der (Aus-)Bildungsprozesse junger Menschen und dadurch bedingt deren späteren Eintritt in ein Erwerbsleben. So kommt es zu einer längeren Freisetzung von Anforderungen einer Berufstätigkeit (Zinnecker 1991).

trale Bedeutung zu, da die Qualität des Bewältigungserfolges – wie eingangs dargelegt – letztlich nicht unerheblich die soziale Teilhabe, den individuellen Status und
die persönlichen ökonomischen Rahmenbedingungen definiert.

Wie schon erläutert, befördert gesellschaftliche Transformation für junge Menschen eine Zunahme an Risiken und Selbstverantwortung. Diese eigenverantwortliche Risikoübernahme wird durch die Gesellschaft und von den Institutionen eingefordert, gerade an den Übergängen individuelle Lebensverläufe auch erwartet. Die
Zunahme an Entscheidungsverantwortung und von persönlicher Risikoübernahme
kann dabei zur Stärkung *oder* zur Schwächung der jeweiligen Persönlichkeitsstruk-
tur beitragen, je nach der Qualität ihres Verlaufs und den damit verbundenen jeweiligen Konsequenzen (vgl. Krekel und Tilly 2011, S. 16–17; ebenso Hurrelmann 2007,
S. 117–118). Für Chassé haben sich die Bewältigungsaufgaben für junge Menschen
verkompliziert. Die veränderten Anforderungen der Arbeitswelt, insbesondere an
persönlicher Flexibilität, haben eine Entkoppelung von individueller Persönlichkeitsentwicklung von der Bewältigung von Übergängen in die Berufstätigkeit befördert
(Chassé 2008, S. 119).

Die Freisetzung aus bisher sicheren Ausbildungs- und Erwerbsverläufen und die
damit verbundenen Unsicherheiten und Risiken erschweren „individuelle Such- und
Orientierungsprozesse" (ebd., S. 119). Diese Lebensphase produziert dadurch neue
Bewältigungsaufgaben für junge Menschen, da zu den Entwicklungsherausforde-
rungen nun auch das Risiko für eine individuelle ökonomische Absicherung hinzu kommt (ebd., S. 119). Dies führt zu einer Zunahme der Gegensätzlichkeiten gesellschaftlicher Modernisierungsprozesse und ihren Implikationen (Zunahme von
Lebenschancen und Wahlmöglichkeiten und soziale Differenzierung) *und* von Ungleichstellungen bzw. der Exklusion von sozialer Teilhabe, jeweils abhängig von den
individuellen Kontexten, dem Geschlecht und den regional-strukturellen Gegebenheiten (ebd., S. 119). Chassé konstatiert, dass sich das junge Erwachsenenalter zu
einer speziellen Phase entwickelt hat, die durch Verunsicherung, Verdichtungen von
Problemlagen sowie der vermehrten Ausbildung von ökonomischen Ungewissheiten
geprägt wird. Junge Menschen werden auf neue sozialstaatliche Interventionsformen
verwiesen, die zumindest deren „sekundäre Integration"[13] befördern sollen. Die typisch deutsche Orientierung an Beruf und Erwerbsarbeit als zielführende Parameter
einer gelungenen Integration verschärft für Chassé eher die Disparität und somit die
Aufteilung in Benachteiligte und Nicht-Benachteiligte. Veränderungen auf dem Arbeitsmarkt – immer größere Flexibilität, steigende Ansprüche an individuelle Mobilität, die Zunahme von zeitlich befristeten Arbeitsverträgen und der Unsicherheit der
Arbeitsplätze – werden die Ansprüche an junge Menschen, diese Lebensphase und
ihre speziellen Übergange positiv zu gestalten, erhöhen (ebd., S. 122). Letztlich geht es
in diesem Zusammenhang um die Integration oder Desintegration junger Menschen

---

13 „Sekundäre Integration" steht für arbeitsmarktpolitische Anstrengungen zur Verortung von Nicht-
    Erwerbstätigen zumindest in den zweiten Arbeitsmarkt.

in gesellschaftliche (Teil-)Bereiche und in die Arbeitswelt.[14] Festzuhalten ist allerdings auch, dass junge Erwachsene ihre individuellen Übergänge – oft mit Hilfe und
Unterstützung, das heißt, mit den personalen und materiellen Ressourcen des Her-
kunftssystems – letztlich erfolgreich regulieren. Den meisten jungen Menschen gelingt somit ihre Verortung in den Arbeitsmarkt und so die Sicherstellung von persön-
lichem Einkommen, eigener Wohnungsnahme, etc. Aber eine steigende Zahl junger
Erwachsener (lt. Bundesarbeitsgemeinschaft Katholische Jugendsozialarbeit ist aktuell jeder 5. junge Erwachsene von Armut bedroht [BAG KJS 2012]) befindet sich dagegen in problematischen Lebenssituationen, sieht sich individuellen Verhinderungen gegenüber, die ein solches Gelingen gefährden oder gar verunmöglichen. Diese
jungen Menschen befinden sich in sehr speziellen, in prekären Lebenslagen und werden mit außerordentlich schwierigen Bewältigungskonstellationen konfrontiert. Für
Raithelhuber ergibt sich hieraus ein Handlungsauftrag für die Fachprofession Soziale
Arbeit:

> „Soziale Arbeit hat vor dem Hintergrund heutiger sozialökonomischer Vergesellschaf-
> tungsmodi die Aufgabe, ihre pädagogischen Potenziale in den Aufbau regionaler, inte-
> grierter Bildungs-, Übergangs- und Beschäftigungsstrukturen einzubringen. Sie kann der
> „vorbereitenden" Logik von schulischen und berufsqualifizierenden Bildungsangeboten
> ebenso einen adäquaten Zugang entgegen setzen, wie auch der „vermittelnden" Logik der
> gegenwärtigen Beschäftigungspolitik" (Raithelhuber 2008, S. 170).

Raithelhuber richtet diese Perspektive offensichtlich auf die Handlungskonzepte der
Jugendberufshilfe als ein spezielles Instrument Sozialer Arbeit aus. Chassé dagegen
bleibt bei einer (sozial-)pädagogischen Gesamtverantwortung nicht nur mit Blick auf
die Kinder- und Jugendhilfe und formuliert eine umfängliche pädagogische Zuständigkeit für Lösungsansätze und Konzeptentwicklungen. Junge Menschen (ältere Jugendliche und junge Erwachsene) werden nicht nur mit neuformierten Übergängen
konfrontiert, die dem gesellschaftlichen Wandel geschuldet sind, und die individuelle
Risiken des Scheiterns implizieren, sondern auch mit sich modernisierenden Arbeits-
welten, die durch individuelle (Aus-)Bildungsverläufe selbstverantwortlich zu gestalten sind. Diese altersspeziellen Übergänge haben sich aber verkompliziert und sind
zeitaufwendiger geworden.

> „Damit ist ein strukturelles Spannungs- und Konfliktmoment in die gesellschaftliche Kon-
> struktion Jugend eingebaut. Die Frage, ob und wie die Integration der Jugend gelingt, wird
> zu einem Grundproblem der Gesellschaft und zur gesellschaftlichen Anfrage an moderne
> Pädagogik" (Chassé 2008, S. 104).

---

14 Mark Humme verhandelt im vorliegenden Herausgeberband dieses Thema umfänglich.

III.

Wenn junge Erwachsene an den bedeutsamen Übergängen mit ihren besonderen Bewältigungsaufgaben Unterstützung benötigen, wird diese zuvörderst von den Herkunftssystemen eingefordert und von diesen in der Regel auch geleistet. Die Erziehungs- und Bildungsleistungen familialer Systeme werden nicht mit dem Erreichen des 18. Lebensjahres ihrer Kinder durch die Familien eingestellt. Gleichwohl nimmt die Zahl der jungen Erwachsenen zu, die ohne Unterstützung aus der Familie oder dem sozialen Umfeld den Übergang zum Erwachsenenstatus regulieren und organisieren müssen.[15] Nüsken zeigt auf, dass sich die ökonomische Abhängigkeit junger Volljähriger von dem Herkunftssystem bedingt durch die längeren (Aus-)Bildungsphasen und dem für junge Menschen problematischen Arbeitsmarkt verfestigt hat (2004 war jede_r zweite junge Erwachsene noch finanziell abhängig vom Elternhaus; jede_r Vierte bis zur Beendigung des dritten Lebensjahrzehnts). Diese Abhängigkeit inkludiert neben Geldleistungen auch persönliche Leistungen und Unterstützungsformen der Eltern wie bspw. eine notwendige und mögliche Kinderbetreuung (Nüsken 2006, S. 10). Für Nüsken verkoppelt sich die zur Kenntnis zu nehmende Erosion normalbiografischer Indikatoren wie Berufstätigkeit, Partnerschaft und Familiengründung mit einem späteren Eintritt junger Menschen in das Erwerbsleben. Zudem steigt die Abhängigkeit dieser Personengruppe von staatlichen Transferleistungen. Daher ist die klassische Jugendphase „immer weniger real", prekäre Lebens- und Problemlagen junger Volljähriger nehmen zu und verschärfen die Lebenssituation junger Menschen (ebd., S. 10). Peuckert greift die dem familialen Wandel geschuldete, sich ausdifferenzierende neue Lebensphase der *Postadoleszenz* auf und weist darauf hin, dass Familien, in der Regel die Eltern, ihre Nachkömmlinge ökonomisch und emotional unterstützen, auch dann, wenn die Kinder nicht mehr im elterlichen Haushalt leben. Eltern behalten für ihre Kinder nach deren Auszug so weiterhin eine große Bedeutung. Peuckert führt hierzu weiter aus, dass diese Abhängigkeit einerseits durch die „neue" Phase der Postadoleszenz und andererseits durch die verlängerten (Berufs-) Ausbildungszeiten junger Menschen befördert wird. Für die betroffenen Eltern eröffnet sich dadurch eine neue Phase im Familienzyklus, die *nachelterliche Familienphase* (Peuckert 2005, S. 347). Zugleich ist zur Kenntnis zu nehmen, dass die so geforderten Herkunftssysteme, qua ihnen übertragener Erstverantwortung für die Kompensation prekärer Kontexte ihrer erwachsen werdenden Kinder, zuständig bleiben. Hier ist offensichtlich eine Zunahme an Daseinsverantwortung für Familien und somit auch eine Zunahme an familialer Funktionalität zu verzeichnen. Neue Aufgaben für familiale Systeme bilden sich heraus und die These vom *Funktionswandel* der Fami-

---

15 „Mit Blick auf die soziale Tragfähigkeit der Familie ist zudem von Bedeutung, dass sich nicht nur die Außenanforderungen an familiäres Zusammenleben verändern, sondern dass sich in den vergangenen Jahrzehnten auch die Binnenstrukturen der Familien in grundlegender Weise gewandelt haben" (Vogel 2006, S. 348).

lie erhält somit weiter Substanz. Da in der Regel die Herkunftssysteme dieser *neuen* Aufgabe gerecht werden, und ihre Sozialisationsanstrengungen in das dritte Lebensjahrzehnt ihrer Kindern verlängern, ist einer These vom *Funktionsverlust* der Familie wohl somit eher zu widersprechen. Dem (sozial-)politischen Reflex in Form der Zuweisung dieser speziellen Unterstützungs- bzw. Sorgearbeit für junge Erwachsene zu den Familien steht allerdings die (sozial-)staatliche Verpflichtung gegenüber, die sich aus dem Duktus des Achten Sozialgesetzbuches (SGB VIII) ergibt, nämlich den Rechtsanspruch auf Leistungen der Kinder- und Jugendhilfe für junge Menschen bis zum 27. Lebensjahr.

Das SGB VIII (Kinder- und Jugendhilfegesetz) erklärt sich ausdrücklich für die Belange junger Menschen, Kinder, Jugendliche und junge Volljährige dann zuständig, wenn deren Integration in die Gesellschaft gefährdet ist. Ihrem gesetzlichen Auftrag zufolge soll die Kinder- und Jugendhilfe zur Verwirklichung der Rechte junger Menschen auf Förderung ihrer Entwicklung und Erziehung zu selbständigen und sozial kompetenten Persönlichkeiten verbindliche Beiträge leisten. Dieses sozialpädagogische Dienstleistungsgesetz nimmt darüber hinaus für sich in Anspruch, altersspezifische Problemlagen junger Erwachsener zu fokussieren und mit zielgruppendifferenzierten sozialpädagogischen Instrumentarien zu bearbeiten (vgl. Nüsken 2006, S. 6).

§ 41 SGB VIII: Hilfen für junge Volljährige, Nachbetreuung

„(1) Einem jungen Volljährigen soll Hilfe für die Persönlichkeitsentwicklung und zu einer eigenverantwortlichen Lebensführung gewährt werden, wenn und solange die Hilfe aufgrund der individuellen Situation des jungen Menschen notwendig ist. Die Hilfe wird in der Regel nur bis zur Vollendung des 21. Lebensjahres gewährt; in begründeten Einzelfällen soll sie für einen begrenzten Zeitraum darüber hinaus fortgesetzt werden.

(2) Für die Ausgestaltung der Hilfe gelten § 27 Abs. 3 und 4 sowie die §§ 28 bis 30, 33 bis 36, 39 und 40 entsprechend mit der Maßgabe, dass an die Stelle des Personensorgeberechtigten oder des Kindes oder des Jugendlichen der junge Volljährige tritt.

(3) Der junge Volljährige soll auch nach Beendigung der Hilfe bei der Verselbständigung im notwendigen Umfang beraten und unterstützt werden".

Discher und Schimke fokussieren die bedeutsame Schnittstelle der Kinder- und Jugendhilfe mit dem Betreuungsrecht (BtG) und entfalten hierzu eine Beschreibungsfolie multipler Problemlagen junger Menschen. *Zu Recht* weisen die Autor_innen darauf hin, dass die meisten familialen Erziehungs- und Bildungsanstrengungen, abgestimmt mit Leistungen weiterer Sozialisationsinstanzen, den Platzierungsprozess der Kinder gelingen lassen. Dennoch nimmt nach Discher/Schimke die Zahl der jungen Menschen zu, deren Verortung in Gesellschaft und Erwerbsarbeit nicht gelingt. Ursächlich hierfür sind individuelle, familiale und gesellschaftliche Verhinderungen.

Nach wie vor ist in diesem Zusammenhang eine Abhängigkeit junger Menschen von familialen Ressourcen (Einkommen, Wohnqualität) und Leistungsfähigkeit – *nicht* Leistungsbereitschaft – der Familien zu registrieren (vgl. Hradil 2001). Die Qualität familialer Bildungsaspiration im Zusammenspiel mit den Anstrengungen außerfamilialer Bildungsträger definiert *darüber hinaus* das Gelingen oder Nichtgelingen einer Integration junger Menschen in Gesellschaft und Arbeitswelt. *Nicht zuletzt* nehmen Qualität und Quantität der Erziehungshaltungen und -anstrengungen in den Familien Einfluss auf die Sozialisation und Platzierung junger Menschen (Discher und Schimke 2011, S. 196). *Gleichzeitig* besteht die Gefahr, dass sozialstaatliche Interventionen, welche die ungünstigen, die Entwicklung junger Menschen behindernden Faktoren kompensieren sollen, versagen, die Adressat_innen nicht erreichen oder dass die Hilfen nicht angemessen ausgestattet sind (ebd., S. 196). Zur Lebenssituation junger Menschen in prekären Lebenslagen führt Nüsken aus, dass deren Biografieverläufe beeinflusst werden durch psycho-soziale Störungen, Defizite in lebenspraktischer Kompetenz, Schwierigkeiten in Schule und Ausbildung bzw. misslingenden Schullaufbahnen und fehlende Ausbildungsstellen. *Aber auch* die Tatsache, Adressat_in von Angeboten der Jugendhilfe gewesen zu sein (bspw. in Heimerziehung), könnte Probleme im Biografieverlauf definieren (Nüsken 2008, S. 147).

Wenn sich also schon junge Menschen mit Normalbiografien durch entsprechende Übergänge von Bewältigungsaufgaben gefordert sehen, so Nüsken weiter, ist zu unterstellen, dass junge Erwachsene mit diskontinuierlichen Biografieverläufen umso mehr auf Unterstützungsleistungen der Kinder- und Jugendhilfe angewiesen bleiben, da in deren Lebensverläufen „Überforderungen und Probleme im Lebensmanagement" bei gleichzeitig mangelnden individuellen Bewältigungskompetenzen auftreten (ebd., S. 154–155). Seit 1991 erklärt sich das SGB VIII zuständig für junge Menschen, deren Entwicklungsverläufe nicht in die gesellschaftliche Integration münden und deren Sozialisation und Platzierung durch individuelle Verhinderungen und/ oder kontextbedingte Ungleichstellungen nicht gelingt. Ausdrücklich formuliert das Gesetz die Möglichkeit, die Zuweisung möglicher sozialpädagogischer Hilfen über das 21. Lebensjahr hinaus zu gewähren, verbunden mit dem Rechtsanspruch als potentielle Adressat_innen auf konkrete Prüfung ihres Antrags bzw. Anliegens. Dass der Gesetzgeber mit dieser im SGB VIII formulierten Unterstützungsform ein passgenaues Hilfsangebot implementiert, zeigt die Entwicklung der Fallzahlen. 1991 wurden ca. 2500 Hilfen gemäß § 41 SGB VIII bewilligt, eingeleitet und durch sozialpädagogische Fachdienste durchgeführt. Bis 2003 stieg das Fallaufkommen bis auf ca. 4500 Fälle an (ebd., S. 258). Die Ausgaben hierfür stiegen in der gleichen Zeit von ca. 3,4 Millionen auf ca. 7,3 Millionen Euro an. Seit 2004 hat sich die Gewährungspraxis wohl unter dem Kostendruck und den kommunalen Kassenlagen verändert. Die Fallzahlen und die gewährten Hilfen für junge Erwachsene gehen seither kontinuierlich zurück. Für Nüsken ein Zusammenspiel simpler Hilfereduktionen und der Nutzung anderer, kostengünstigerer Hilfen sowie von Rückgriffen auf alternative Ressourcen.

„Deshalb müssen diese empirischen Befunde im Zusammenhang mit Veränderungen auf der kommunalen Ebene, konkret mit Steuerungsstrategien und -aktivitäten gesehen werden. Die Ergebnisse der hier vorgelegten Analysen belegen, dass es sich bei diesen Strategien und Aktivitäten sowohl um eine restriktivere Gewährungspraxis bei Hilfen für junge Volljährige als auch teilweise um die Nutzung von Alternativangeboten z. B. in Form von Wohnheimen der Jugendsozialarbeit oder von ambulanten erzieherischen Hilfen" (ebd., S. 256).

Festzuhalten bleibt daher, dass seit den 1980er Jahren tatsächlich immer mehr junge Menschen auf Unterstützung und Hilfe über das 18. Lebensjahr hinaus angewiesen sind, um bisher altersgemäßen *und* gegenwartsbedingten neuen zusätzlichen Bewältigungsaufgaben gerecht werden zu können. Diese Belastungen durch eine Zunahme an Bewältigungsaufgaben konnten die meisten jungen Erwachsenen regulieren, sei es mit individuellen oder familialen Ressourcen, sei es mit Ressourcen des sozialen Umfeldes. Die Zahl derer, die nicht auf diese Ressourcenoptionen zurückgreifen konnten, stieg – wie oben dargelegt – ebenfalls an. Dieser Entwicklung entsprach der Gesetzgeber mit der Implementierung des § 41 SGB VIII und der damit verbundenen Beauftragung der kommunalen Jugendämter, passgenaue Hilfen zu entwickeln oder zu veranlassen. Mittlerweile hat sich die Gewährungspraxis der Jugendämter – wie Nüsken nachweist – aus Sicht der jungen Menschen allerdings verschärft. Zum einen – wie oben erwähnt – bedingt durch die Finanznöte in den Kommunen, in denen die Sozialausgaben die Haushalte belasten mit der Folge, dass Hilfen zur Erziehung als kostenintensive sozialpädagogische Hilfen per se auf dem Prüfstand stehen.[16] Zum anderen wird diese Verschärfung verursacht durch die zunehmende Ausrichtung der Kinder- und Jugendhilfe auf Kleinkinder und Kinder (Kinderschutz und frühkindliche Bildung in den Kindertageseinrichtungen) zu Lasten der Bedarfe junger Volljähriger (vgl. Hüning und Peter 2012; Nüsken 2008).

Das SGB VIII nimmt, wie schon dargelegt, für sich in Anspruch, jungen Menschen bis zum 27. Lebensjahr Unterstützung und Hilfe anzubieten, wenn deren Integration in die Gesellschaft und deren Teilbereiche bedroht ist oder verhindert wird. Dazu bedient sich die Kinder- und Jugendhilfe verschiedenster Formen der Erziehungshilfen. Für junge Menschen bis zum 18. Lebensjahr, also für Kinder und Jugendliche, sollen passgenaue Hilfen entwickelt und installiert werden, die dann aus dem Fundus der gängigen Interventionen – ambulante Hilfen wie z. B. Erziehungsbeistandschaft, Tagesgruppe oder Sozialpädagogische Familienhilfe; Heimerziehung oder die Unterbringung in Pflegestellen als stationäre Hilfen – zu entnehmen sind. Die Hilfe für junge Erwachsene (§ 41 SGB VIII), oftmals auch als Anschlusshilfe nach stationären Unterbringungen in Heimen oder Pflegestellen veranlasst, wurde kon-

---

16 Nüsken verweist in diesem Zusammenhang auf die Auswirkungen des Gesetzes zur Entlastung der Kommunen im sozialen Bereich (KEG) im Jahr 2005 (Nüsken 2008, S. 277).

zipiert, um der Entwicklung Rechnung zu tragen, dass sich der Sozialisations- und Integrationsprozess junger Menschen in deren 3. Lebensjahrzehnt verlängert hat.[17]

> „Mit Einführung des § 41 SGB VIII zielte der Gesetzgeber darauf ab, die Hilfen für junge Volljährige zu verbessern. Jugendspezifische Problemlagen bei jungen Erwachsenen sollten durch das auf diese Problemlagen spezialisierte Hilfesystem der Jugendhilfe bearbeitet werden. Hierzu wurde der Kreis der Anspruchsberechtigten im Vergleich zum Jugendwohlfahrtsgesetz erweitert" (Nüsken 2006, S. 6).

Diese spezielle ambulante erzieherische Hilfe soll die Adressat_innen dahingehend befähigen, alters- und entwicklungsangemessene lebenspraktische und soziale Kompetenz zu erlangen. Befähigung zur Teilhabe am Sozialen – durch eine altersgemäße Persönlichkeitsentwicklung und die Fähigkeit zur eigenverantwortlichen Lebensführung – und an der Arbeitswelt ist dabei zielführend und handlungsleitend. Somit entspricht diese Hilfeform im Grundsatz dem Bedarf der jungen Erwachsenen, denen familiale oder außerfamiliale Lernfelder und Unterstützungsanstrengungen zur Erlangung dieser Befähigungen nicht zur Verfügung standen. In der praktischen Ausgestaltung dieser Hilfe nimmt der Bereich der Bildung und der (Berufs-)Ausbildung einen zentralen Stellenwert ein. Adressat_innen mit diskontinuierlichen und/oder nicht abgeschlossenen Bildungsbiografien sollen im Kontext dieser Hilfe mit sozialpädagogischer Unterstützung „nachreifen" und die Grundlage erhalten, zumindest in den 2. Arbeitsmarkt integriert werden zu können.

Die Gewährungspraxis hat sich allerdings nach der Phase einer „Erfolgsgeschichte" (Nüsken 2006) signifikant verändert bzw. verschärft mit der Konsequenz, dass

> „[Ü]über 18jährige mancherorts nur noch im Zusammenhang mit einer engagierten Jugendgerichtshilfe [...] als Heranwachsende [...] ihre jugendhilferechtlichen Leistungsansprüche realisieren können, ansonsten werden sie aus dem Leistungsbereich der Jugendhilfe vielerorts systematisch ausgegrenzt" (Tammen 2009, S. 381).

Versuche der Politik, diese Reduktion der Hilfegewährung rechtlich mit dem KEG[18] zu legitimieren, scheiterten am fachpolitischen Widerstand. Auch mit dem KICK (2005)[19] wurden nur marginal Details der Gewährungssystematik verändert (ebd., S. 381). Gleichwohl geht die Zahl der gewährten Fälle bei zeitgleicher Vernachlässigung der fachlichen und konzeptionellen Fortschreibung dieser speziellen Hilfeform kontinuierlich zurück. Allgemeingültige Standards zu einer Hilfegewährung wurden

---

17 Das SGB VII hält weitere Leistungen für Volljährige bereit, so z. B. die gesamte Jugendarbeit sowie die Hilfen nach § 19, Hilfen für Mutter/Vater und Kind (vgl. Tammen 2009, S. 381).

18 KEG: Gesetz zur Entlastung der Kommunen im sozialen Bereich (Bundesrucksache 15/4532).

19 KICK: Kinder- und Jugendhilfeweiterentwicklungsgesetz (01. 10. 2005).

bislang nicht formuliert und die Gewährungspraxis bleibt verkoppelt mit regional und/oder kommunal bedingten Zufälligkeiten (vgl. Nüsken 2006).

Den Forderungen der beteiligten Professionellen, der involvierten Jugendhilfeeinrichtungen sowie der Fachverbände nach sozialpädagogischen Handlungsstrategien der Kinder-Jugendhilfe, welche die Ziele einer nachhaltigen und inkludierenden Befähigung junger Erwachsener befördert[20], steht eine Rückzugshaltung der Jugendhilfe gegenüber, die sich in einer deutlich wahrzunehmenden und oft offen formulierten Nichtzuständigkeit manifestiert, verbunden mit der Zuweisung dieser Adressat_innengruppe an andere Interventionsformen Sozialer Arbeit, etwa an die Möglichkeiten der rechtlichen Betreuung (vgl. Hüning und Peter 2012).

IV.

Es bleibt also zu konstatieren, dass das soziale Konstrukt *„Junge Erwachsene"* grundlegenden Wandlungsprozessen ausgesetzt ist, die sowohl der gesellschaftlichen Transformation als auch den strukturellen Veränderungen im Schulwesen und in der Arbeitswelt geschuldet sind. Gerade die Übergänge von der Schulbildung zur Ausbildung bzw. von der Ausbildung zur Erwerbsarbeit inkludieren neue Risiken und Herausforderungen. Junge Menschen müssen verkürzte Entscheidungen hinsichtlich ihrer zu gestaltenden Arbeitsbiografie treffen, sie müssen zum Beispiel Ausbildungen, die kaum Zukunftschancen beinhalten, wegen fehlender Alternativen aufnehmen. Selbst gute Schulabschlüsse garantieren nicht mehr Normalarbeitsverhältnisse (vgl. Chassé 2008, S. 113). Darüber hinaus verantworten junge Menschen ihre Lebensverläufe selbst und dies vor dem Hintergrund einer Verschlechterung ihrer jeweiligen Entwicklungsbedingungen. Diese sind abhängig von individuellen und familialen Zusammenhängen und Ressourcen oder sozialen Verhinderungen. Die Qualität von Bildungsverläufen wird daher vermehrt an die Möglichkeiten der Herkunftsfamilien geknüpft mit der Folge, dass individuelle (Aus-)Bildung immer mehr von ökonomischen Rahmenbedingungen und der familialen Bildungsaspiration – insbesondere der der Eltern – abhängt. Ungünstige familiale Kontexte befördern die Chancenlosigkeit junger Menschen in der Arbeitswelt, verhindern so die Gestaltung herkömmlicher Normalarbeitsverläufe (ebd., S. 118). Das deutsche Schul- und Ausbildungssystem trägt darüber hinaus an dieser Entwicklung – so Chassé – eine Mitverantwortung.

---

20 Ausbildung und berufliche Qualifizierung befördern, individuelle Förderung sicherstellen, Sicherstellung einer kontinuierlichen sozialpädagogischen Unterstützung, Installierung einer Koordinationsstelle zur Zusammenführung der Hilfesysteme, rechtliche Abstimmung der Rechtskreise; die Erwerbsmöglichkeit von Schulabschlüssen modifizieren, triale Ausbildungskonzepte entwickeln, etc. (vgl. Nüsken 2006).

„Diese Arbeitswelt verlangt von den Menschen ein hohes Maß an Selbstorganisation und Selbstmotivation ab, was insbesondere von benachteiligten jungen Menschen nur zum Teil erwartet werden kann" (Dehmer 2011, S. 122–123).

Diese drohende Prekarisierung junger Menschen durch die Freisetzung aus tradierten Verlässlichkeiten erhöht das Potenzial an neuen und besonderen Bewältigungsaufgaben, und das gerade an biografischen Übergängen. Bisher verlässliche Passagen erodieren und befördern so eine Diskontinuität von Lebensverläufen. Chassé bilanziert: „Insofern hat sich auch das junge Erwachsenenalter prekarisiert" (ebd., S. 119). Eine mögliche Desintegration junger Menschen in die Gesellschaft ist die Folge. Die Schlechterstellung der ökonomisch Benachteiligten verschärft sich gleichzeitig zunehmend mit dem Alter.

Die Übergänge vom Schulsystem in die Arbeitswelt sind die zentralen Prozesse, die von jungen Menschen selbst organisiert und verantwortlich gestaltet werden müssen. Das Scheitern an diesen Übergängen verursacht gesellschaftlich und individuell zu verantwortende Folgen. Die Bewältigungsaufgaben zur Erlangung einer selbständigen Identität mit beruflicher Qualifikation und sozialer Kompetenz – wie umfänglich dargelegt – erfordern letztlich individuelle, familiale und soziale Ressourcen. Sind individuelle und familiale Ressourcen – aus welchen Gründen auch immer – eingeschränkt, benötigt der junge Mensch gesellschaftliche Unterstützung, abgestimmte Anstrengungen von Institutionen Sozialer Arbeit und ggfs. gezielte sozialpädagogische Hilfe. Die Frage nach der Verantwortung für und Sicherstellung von Hilfesettings ist in diesem Kontext unbedingt zu stellen. Der Kinder- und Jugendhilfe kommt hierbei, wie dargelegt, eine zentrale Bedeutung zu. Aber auch die flankierenden Sozialhilfeträger sind gefordert. Die angefragten Sozialgesetzbücher mit ihren Leistungsangeboten für diese Zielgruppe müssen ihre Möglichkeiten miteinander abstimmen und synchronisieren, idealer Weise „zu Hilfen aus einer Hand" (vgl. Velmerig 2011, S. 2). Zunehmende Einkommensarmut, steigende Wohnungslosigkeit und misslingende Bildungsverläufe junger Menschen erfordern spezialisierte und flexible Angebote, deren Koordination verantwortlich organisiert sein sollte. Die Definitionsmacht für die Ausgestaltung solcher Hilfesettings sollte der Kinder- und Jugendhilfe übertragen werden, da diese für die außerfamilialen und außerschulischen Sozialisationsprozesse junger Erwachsener bis zum 27. Lebensjahr die Verantwortung trägt.

Die Studie „Sozialmonitor Jugendarmut" hat zuletzt um Juni 2012 zum Thema aussagekräftige Belege geliefert. Jeder fünfte junge Erwachsene ist von Armut bedroht, und dies, obwohl eine Vielzahl dieser jungen Menschen staatliche Transferleistungen erhalten. Die Autor_innen der Studie gehen davon aus, dass ca. 80 000 junge Menschen an den Übergängen „Schule-Ausbildung-Erwerbsleben" verloren gehen. Mangelnde Schulbildung und berufliche Perspektivlosigkeit seien die Gründe hierfür. Die Folgen für die Betroffenen und die Gesellschaft sind fatal: Dauerhafte Abhängigkeit junger Erwachsener von Leistungen der Familie oder Freunde, illegale Beschäftigungsverhältnisse oder ein Abrutschen in die Kriminalität (BAG KJS 2012).

Die im Rahmen dieses Artikels dargelegte These der Prekarisierung und fortschreitenden Schlechterstellung junger Erwachsener erfordert Antworten auf die Frage, welche Bedeutung und welchen Wert junge Erwachsene für die Gesellschaft haben und zu welchen Anstrengungen letztlich die Gesellschaft bereit ist, um die gebotenen Unterstützungsstrukturen für die Betroffenen zu implementieren (vgl. Dehmer 2011, S. 125). Otto warnt eindringlich davor, die Möglichkeiten einer reflexiven Auseinandersetzung mit den Sozialisationsinstanzen Familie, Schule, Ausbildung und Erwerbsarbeit zu verpassen (Otto 2003, S. 32).

Literatur

Böhnisch, L. (2001). *Sozialpädagogik der Lebensalter.* 3., überarbeitete und erweiterte Aufl. Weinheim und München: Juventa Verlag.

Beck, U. (1986). *Risikogesellschaft. Auf dem Weg in eine andere Moderne.* Frankfurt a. M.: Suhrkamp.

Bogel, B. (2006). Soziale Verwundbarkeit und prekärer Wohlstand. Für ein verändertes Vokabular sozialer Ungleichheit. In H. A. Bude, *Das Problem der Exklusion. Ausgegrenzte, Entbehrliche, Überflüssige* (S. 342–355). Hamburg: Hamburger Edition HIS Verlagsgesellschaft.

Chasse, K. A. (2008). Armut und prekäre Lebenslagen im jungen Erwachsenenalter. In M. T. Galuske, *Lebensalter und Soziale Arbeit. Band 4. Junges Erwachsenenalter* (S. 104–124). Baltmannsweiler: Schneider Verlag Hohengehren.

Dehmer, M. (2011). Der Übergang von der Schule in die Berufs(bildungs)welt in Deutschland und europäischen Nachbarländern. *Nachrichtendienst des Deutschen Vereins für öffentliche und proivate Fürsorge,* 03/2011, (S. 121–125).

Discher, B. H.-J. (2011). Wie junge Menschen in Jugendhilfe und rechtlicher Betreuung verloren gehen. *BtPrax. Die Zeitschrift für soziale Arbeit, gutachterliche Tätigkeit und Rechtsanwendung in der rechtlichen Betreuung,* 5/2011, (S. 195–201).

Hüning, J. C. (2013). Rechtliche Betreuung – ein „blinder Fleck" in der Sozialen Arbeit? Eine Betrachtung am Beispiel junger Erwachsener. In K. Böllert (Hrsg.), *Soziale Arbeit in der Krise* (S. 5–30). Wiesbaden: Springer VS.

Hüning, J. (2010). *Das Erziehungsgeschehen in der Familie aus der Perspektive der Familienberichte. Eine Rekontruktion familialer Erziehung, Bildung und Betreuung in der Bundesrepublik Deutschland von 1968 bis 2006.* Wissenschaftliche Schriften der WWU. Reihe VI Band 2. Münster: Verlagshaus Monsenstein und Vannerdat.

Heinz, W. R. (2011). Jugend im gesellschaftlichen Wandel: soziale Ungleichheiten von Lebenslagen und Lebensperspektiven. In E. M. Krekel, *neue Jugend, neue Ausbildung? Beiträge aus der Jugend- und Bildungsforschung. Berichte zur beruflichen Bildung.* (S. 15–30). Schriftenreihe des Bundesinstituts für Berufsbildung. Bonn: Bertelsmann Verlag Bielefeld.

Hradil, S. (2001). *Soziale Ungleichheit in Deutschland*. 8. Aufl. Opladen: Leske und Budrich.

Hurrelmann, K. (2007). *Lebensphase Jugend. Eine Einführung in die sozialwissenschaftliche Jugendforschung*. Weinheim und München: Juventa Verlag.

Nüsken, D. (2005). *18plus: Intention und Wirkungen des § 41 SGB VIII. Hilfen für junge Volljährige*. Münster: Institut für Soziale Arbeit.

Nüsken, D. (2008). *Regionale Disparitäten in der Kinder- und Jugendhilfe*. Münster: Waxmann Verlag.

Nüsken, D. (2003). Zum Selbstverständnis der Benachteiligtenförderung im Zuge der Hartz-Reform. In I. f. Arbeit, *ISA-Jahrbuch zur Sozialen Arbeit 2003* (S. 158–173). Münster: Fuldaer Verlagsagentur.

Nave-Herz, R. (2007). *Familie heute. 3., überarbeitete Aufl.* Darmstadt: Wissenschaftliche Buchgemeinschaft.

Otto, H.-U. (2003). Die Beziehung der Sozialagenturen. In I. f. Arbeit, *ISA-Jahrbuch zur Sozialen Arbeit 2003* (S. 31–40). Münster: Fuldaer Verlagsagentur.

Peuckert, R. (2005). *Familienformen im sozialen Wandel. 6. Aufl.* Wiesbaden: VS Verlag für Sozialwissenschaften.

Sackmann, R. M. (2001). Theoretische Konzepte des Lebenslaufs: Übergang, Sequenz und Verlauf. In W. R. Hein, *Statuspassagen und Lebenslauf* (S. 17–48). Weinheim und München: Juventa Verlag.

Stauber, B. A. (2002). Junge Erwachsene. In W. N. Schröer, *Handbuch Kinder- und Jugendhilfe* (S. 113–143). München u. a.: Juventa Verlag.

Tammen, B. (2009). Hilfen für junge Volljährige. In J. T. Münder, *Frankfurter Kommentar zum SGB VIII. Kinder- und Jugendhilfe. 6. Aufl.* (S. 381–387). Baden-Baden: Nomos Verlag.

Velmerig, T. (2010). Hilfen aus einer Hand für wohnungslose junge Menschen. *Jugensozialarbeit aktuell. Nummer 89* (S. 1–4).

Zinnecker, J. L. (2007). Kulturelle Transferbeziehungen. In J. Ecarius, *Handbuch Familie* (S. 389–423). Wiesbaden: VS Verlag für Sozialwissenschaften.

Internetquelle

Bundesarbeitsgemeinschaft Katholische Jugendsozialarbeit (2012). *Sozialmonotoring Jugendarmut*. Ausgabe Nr. 432. 04. 06. 2012; www.bagkjs.de/aktuelle_ausgabe.de

Johannes Hüning, Dr. phil., Diplom-Pädagoge/Diplom-Sozialpädagoge (FH); leitender Mitarbeiter bei einem katholischen Träger Sozialer Arbeit; Vormund. Seit 2007 Lehrbeauftragter im Institut für Erziehungswissenschaft, Abt. Sozialpädagogik an der WWU Münster.

Familien

Doris Beneke, Roland Fehrenbacher und Liane Muth

Zusammenfassung

Familie ist für viele Menschen – nach wie vor – ein wichtiger Lebensbestandteil. Sie gilt als zentraler Ort, in dem sich ein großer Teil des Lebens vollzieht. Zugleich übernehmen *Familien* zentrale Erziehungs-, Bildungs-, Betreuungs- und Versorgungsleistungen, von denen auch das Gemeinwesen profitiert. Daher erfahren *Familien* staatlich geförderte, bspw. infrastrukturelle (z. B. Kindertagesbetreuung) und monetäre (z. B. Kindergeld), Unterstützungsleistungen.

Gleichzeitig befindet sich das Phänomen *Familie* im zunehmenden Wandel: Die ‚klassische' Ehe wird immer öfter durch alternative Lebensentwürfe ersetzt. Die Funktionalität und Angemessenheit der am Ehe- und Ein-allein-Ernährer-Modell ausgerichteten Familienleistungen kann demgemäß für neue Familienformen nicht generell unterstellt werden. Im vorliegenden Beitrag wird daher auf die Evaluation bestehender, familienpolitischer Leistungen näher eingegangen. Weitere Themen sind u. a. die weiterhin vorhandenen geschlechtsdifferenziellen Elternrollen (z. B. hinsichtlich der Übernahme häuslicher Arbeiten und der Kinderbetreuung), das kindliche Erleben von *Familie* in Zeiten des Wandels familialer Lebensformen (z. B. geografische Distanz der Eltern aufgrund von Trennung), die Ungleichheit der kindlichen Verwirklichungschancen (z. B. aufgrund des sozioökonomischens Status der *Familie*), sowie die Möglichkeiten der Stärkung solidarischer Unterstützungsformen (z. B. mithilfe von Familien- oder Stadtteilzentren). Abschließend werden die familienpolitischen Positionierungen der *Diakonie Deutschland* und des *Deutschen Caritasverbandes* vorgestellt, deren Umsetzung auch für die Kinder- und Jugendhilfe bedeutsame Impulse und Konsequenzen liefern würde.

Schlüsselwörter

Familienpolitische Leistungen, Evaluation, Geschlechterdifferenzielle Elternrollen, Familiale Lebensformen, Familienpolitische Positionierungen, Familialer Wandel, Familienpolitik, Verwirklichungschancen, Familienorientierung

Familie ist für viele Menschen das Wichtigste im Leben. Ob liebevoll, solidarisch, langfristig, ob chaotisch, zerrissen, armselig, ob zusammen oder getrennt wohnend – in Familien wird geliebt und geboren, gelitten und gestorben, es werden Kinder erzogen, Ältere und Kranke gepflegt, kurz: hier findet Leben statt. Gleichzeitig erbringen Familien sehr essentielle Erziehungs-, Bildungs-, Betreuungs- und Versorgungsleistungen, die auch dem Gemeinwesen zukommen (vgl. Muth 2013).

Familie und Partnerschaft haben nach wie vor große Bedeutung in allen Altersgruppen der Gesellschaft. Das Erscheinungsbild von Familie hat sich allerdings verändert, es ist insgesamt vielfältiger geworden und auch der familiäre Alltag gestaltet sich hoch differenziert.

Für die Gesellschaft sind Familien unentbehrlich (vgl. Siebter Familienbericht 2006). Sie werden daher staatlich unterstützt und gefördert – infrastrukturell (beispielsweise über die öffentlich geförderte Kindertagesbetreuung), zeitpolitisch (beispielsweise mit dem Rechtsanspruch auf eine dreijährige Elternzeit) und monetär (beispielsweise durch das Kindergeld). Rechtliche Grundlagen dafür bieten Artikel 6 des Grundgesetzes für die Bundesrepublik Deutschland, der Ehe und Familie als Institution sowie die familiäre Erziehung unter den besonderen Schutz des Staates stellt,, sowie die UN-Kinderrechtskonvention, die Kinderrechte bzgl. Überleben und Entwicklung, die Nichtdiskriminierung, die Wahrung der Interessen der Kinder sowie deren Beteiligung definiert, wobei die Umsetzung der Kinderrechte für Migrantenkinder allerdings noch unzureichend ist.

Der moderne Wohlfahrtsstaat will Eltern mit ausgewählten Leistungen nicht nur Erziehungs- und Betreuungsleistungen abnehmen und die oft fragilen Familienkonstellationen entlasten; er macht Eltern auch zunehmend verantwortlich dafür, im privat-familiären Bereich das *öffentliche Gut* Kind möglichst optimal zu fördern und es insbesondere für den Arbeitsmarkt und den Wirtschaftsstandort Deutschland fit zu machen (vgl. Fehrenbacher 2013).

Dabei kommt nicht jede Leistung bei allen an. Familien haben je nach Familienphase und Lebenslage unterschiedliche Ansprüche und Voraussetzungen. Hinzu kommt: *Familie* in Deutschland befindet sich in einem umfassenden Wandel (vgl. Peuckert 2008) – vor allem was die Familienkonstellationen betrifft. An die Stelle der Ehe treten immer öfter alternative Lebensentwürfe. Dementsprechend lag der Anteil der außerhalb einer Ehe geborenen Kinder in Deutschland bis Mitte der 1990er Jahre noch unter 15 Prozent, 2010 aber schon bei 33 Prozent (vgl. Statistisches Bundesamt 2012). Trennungen bzw. (Neu-)Begründungen von Beziehungen sind keine Ausnahmen mehr. Seit Jahren wächst der Anteil der Alleinerziehenden; 2010 gab es rund 1,6 Millionen Alleinerziehende in Deutschland, das sind 19,4 Prozent aller Familien. In 80 Prozent der Fälle wird der Status des Alleinerziehens durch eine Trennung oder Scheidung vom Lebens- oder Ehepartner begründet (vgl. BMAS 2012; Statistisches Bundesamt 2010). Beruflich notwendige Mobilität führt außerdem dazu, dass die verschiedenen Familienmitglieder und -generationen auseinander gerissen werden und mitunter sogar Ehe- bzw. Lebenspartner/-innen an verschiedenen Orten leben und/oder arbeiten (vgl. Bertram 2000).

Das bedeutet, dass jene Familienleistungen, die sich am traditionellen Ehe- und Ein-allein-Ernährer-Modell orientieren, neue Familienformen nicht mehr adäquat zu unterstützen vermögen. Das überdurchschnittliche Armutsrisiko der Ein-Eltern-Familien ist ein typisches Symptom dafür (vgl. Lenze; Funcke 2016).

Evaluation familienpolitischer Leistungen

Die Wirkungen familienpolitischer Leistungen und damit die Wirkungen zentraler Instrumente der deutschen Familienpolitik, beispielsweise des Kindergeldes und des Ehegattensplittings, wurden von 2009 bis 2013 erstmals systematisch untersucht, um eine Wissensbasis für die Politikgestaltung zu schaffen. Im Jahr 2013 wurden erste Ergebnisse der ‚*Gesamtevaluation der ehe- und familienbezogenen Leistungen*‘ veröffentlicht.

Für das Jahr 2010 listet das Bundesfamilienministerium (BMFSFJ) 156 unterschiedliche Leistungen für Ehepaare und Familien. Ihr Gesamtvolumen beträgt 200,3 Milliarden Euro. Davon beanspruchen familienbezogene Leistungen 125,5 Milliarden Euro, ehebezogene Maßnahmen sind mit knapp 75 Milliarden Euro enthalten. Für die Evaluation ausgewählt wurden 18 Leistungen, unter anderem das Kindergeld, das Elterngeld, das Ehegattensplitting und der Unterhaltsvorschuss für Alleinerziehende. Diese Leistungen wurden von verschiedenen Universitäten und Instituten untersucht. Bewertungsgrundlage waren folgende Ziele:

- die Sicherung der wirtschaftlichen Stabilität der Familien;
- die bessere Vereinbarkeit von Familie und Beruf;
- die frühe Förderung von Kindern;
- die Erfüllung von Kinderwünschen und
- der Nachteilsausgleich zwischen den Familien. Dabei geht es darum, Gerechtigkeit zwischen verschiedenen Familientypen – Mehrkindfamilien, Alleinerziehende, Familien in unterschiedlichen Phasen des Lebenszyklus – herzustellen.

Das familienpolitische Ziel der Wahlfreiheit war kein Teil des Zielkatalogs. Im Vordergrund standen die Ziele einer ökonomisch motivierten Familienpolitik, die die Berufstätigkeit von Frauen/Müttern fördern möchte.

Die Evaluation setzte auf Befragungen und Analysen, die auf die Wirksamkeit von Leistungen im Hinblick auf oben genannte Ziele sowie ihre Kosten-Nutzen-Relation abstellten. Angesichts der vielfältigen Methoden, Teilstudien und untersuchten Leistungen lassen sich die Ergebnisse nicht einfach zusammenfassen. Blickt man auf die zugrunde gelegten Ziele, gibt es fast bei allen Leistungen Zielkonflikte. Aber reicht diese Feststellung aus, um die Leistungen als uneffektiv zu kennzeichnen? Es stellt sich die Frage, wann eine familienbezogene Leistung wirksam zu nennen ist. Familien beantworten das aus einer anderen Perspektive heraus als Wissenschaftler(innen). Dies zeigen die zur Gesamtevaluation gehörenden Akzeptanzanalysen des Instituts für Demoskopie Allensbach.

80 Prozent der erwachsenen Bevölkerung können über Erfahrungen mit mindestens einer ehe- und familienbezogenen Leistung berichten, knapp die Hälfte der Bevölkerung nutzt aktuell eine der Leistungen. Die meisten Leistungen werden von den Nutzer(inne)n als wichtig eingestuft – je sichtbarer und höher eine Leistung ist, desto wichtiger erscheint sie. Auch in ihrer Wirkung umstrittene Leistungen genießen daher in der Bevölkerung hohe Akzeptanz, etwa die ‚großen drei': Kindergeld, beitragsfreie Mitversicherung und Ehegattensplitting.

Einzig die durch Länder, Kommunen und Bund geförderte Kindertagesbetreuung wirkt sich positiv auf alle definierten Ziele aus. Hier sind sich die meisten Eltern und Wissenschaftler(innen) einig. Die Kindertagesbetreuung kann die Entscheidung, Kinder bekommen zu wollen, positiv beeinflussen. Sie unterstützt die Erwerbstätigkeit von Müttern und stabilisiert das Einkommen der Familien. Dadurch profitieren insbesondere Familien im untersten Einkommensquartil. Müssten Eltern die Kosten der Kindertagesbetreuung vollständig selbst bezahlen, würden weniger Kinder in Kitas und von Tagespflegepersonen betreut und weniger Mütter würden arbeiten gehen. Außerdem kann Kinderbetreuung die frühe Förderung von Kindern unterstützen. Das heißt, sie kann die elterliche Förderung um wesentliche Elemente ergänzen. Gemäß DIW sind Kinder, die ein Jahr früher eine Kindertageseinrichtung besuchen, im Hinblick auf ihre Alltagsfertigkeiten signifikant weiter. Das Ziel der frühen Förderung von Kindern wird aber nur dann erreicht, wenn die Betreuungsqualität gut ist. Hier gibt es in Deutschland noch Handlungsbedarf.

Die Gesamtevaluation ehe- und familienbezogener Leistungen hat der Forschung in Deutschland insgesamt wichtige Impulse gegeben. Dabei war es vom Vorgehen her richtig, zu Beginn Ziele und Zielerreichungs-Indikatoren zu benennen. Genau hier sollte aber nachgebessert werden, denn auf diese Weise wurden ausschließlich die benannten Ziele und Indikatoren bewertet. Auch wäre es wichtig, die verbesserte Datenbasis für weitere Analysen zu nutzen. Wissenschaftler(innen) unterschiedlicher Disziplinen sollten sich an der Fortführung einer systematischen Evaluation beteiligen, zum Wohle der Familien und im Sinne einer zukünftig stärkeren familien- und sozialpolitischen Perspektive (vgl. Muth 2014).

Weiter wenig Männer in den Küchen

Dem sozialen Wandel von Familie zum Trotz verändern sich die geschlechterdifferenziellen Elternrollen allerdings nur langsam. Frauen aller Altersgruppen verwenden im Durchschnitt deutlich weniger Zeit auf Erwerbsarbeit und Freizeitaktivitäten als Männer und deutlich mehr Zeit für die nicht entlohnte Hausarbeit, Kinderbetreuung und Pflege (vgl. Achter Familienbericht 2012; Geiß und Picot 2009). Sie arbeiten nach der Geburt eines Kindes vorwiegend in Teilzeit- oder Minijobs und verdienen insgesamt nur 77 Prozent dessen, was Männer verdienen (vgl. Erster Gleichstellungsbericht 2012).

Dies wirkt sich in besonderer Weise auf das Haushaltseinkommen und Erwerbsverhalten alleinerziehender Mütter aus. Sie arbeiten häufiger in Vollzeit als Mütter in Paarfamilien und sind häufiger von Armut bedroht (vgl. Bundesministerium für Arbeit und Soziales 2011; Jaehrling et al. 2011).

Was die Beteiligung der Männer an der Familienarbeit betrifft, so ist ihre Bereitschaft dazu zwar gestiegen, aber sie investieren dafür dennoch viel weniger Zeit als Frauen (vgl. BMFSFJ 2012a).

Das spüren auch die Kinder, aus deren Sicht zwei Drittel der Väter und ein Drittel der Mütter nicht genügend Zeit für sie haben (vgl. Achter Familienbericht 2012). Ein Problem ist das besonders für erwerbstätige Mütter, die in der Familiengründungs- und aktiven Elternphase ebenso wie in Phasen einer Pflegeverantwortung mit Zeitkonflikten zu kämpfen haben. Die Besserverdienenden unter ihnen haben zwar die Möglichkeit, sich über die Inanspruchnahme haushaltsnaher Dienstleistungen zu entlasten – derzeit nehmen etwa 16 Prozent der Mütter und Väter zwischen 25 und 60 Jahren bezahlte haushaltsnahe Dienstleistungen in Anspruch. Allerdings ist auch der Beschäftigungssektor der haushaltsnahen Dienstleistungen ausgesprochen „weiblich" und weithin geprägt von prekärer Beschäftigung (vgl. BMFSFJ 2011).

Familien aus der Perspektive von Kindern

Die differenzierten Formen von Familie führen dazu, dass Kinder spezifische Anforderungen an Beziehungsgestaltung bewältigen müssen. Sie stehen vor der Herausforderung, Beziehungen zu nicht im Haushalt lebenden Elternteilen, zu Geschwistern oder Großeltern aufrechtzuerhalten. Pendeln zwischen verschiedenen Haushalten, zwischen verschiedenen Orten mit unterschiedlicher Distanz gehören heute zum Alltag von Kindern. Oft müssen sie sich auch in neue Familienkonstellationen hineinfinden, die auch zu Loyalitätskonflikten führen können.

Familien erleben heute einen höheren Zeitdruck, der sich auch auf Kinder auswirkt. Die World Vision Kinderstudie 2010 hat das Wohlbefinden von Kindern untersucht und kommt zu dem Ergebnis, dass insbesondere zwei Gruppen von Kindern mit der zeitlichen Zuwendung von Eltern unzufrieden sind: Kinder, deren Eltern erwerbslos sind und Kinder von erwerbstätigen Alleinerziehenden (vgl. Hurrelmann und Andresen 2012).

Unterschiedliche Verwirklichungschancen der Kinder

Kinder wachsen heutzutage häufig ohne oder mit nur einem Geschwister auf (vgl. Siebter Familienbericht 2006), sind im Zentrum der Aufmerksamkeit ihrer Eltern und stehen unter Leistungserwartungen. Weit über die Allgemeine Schulpflicht hinaus ist eine Ausdifferenzierung pädagogischer Räume beobachtbar. Die entsprechenden Bildungsinvestitionen kommen allerdings aufgrund der Tatsache, dass in Deutschland ab Geburt eine Ungleichheit der Chancen besteht, die im Lebensverlauf kaum mehr auflösbar ist, nicht bei allen Familien gleichermaßen an. Manche Eltern sind auch bei bestem Willen nicht in der Lage, ihre Kinder umfassend zu fördern oder fördern zu lassen – aufgrund verschiedenster Faktoren, die zu „sozialer Erschöpfung" der Familien führen (vgl. Lutz 2012).

Als familiäre Risikofaktoren für eine positive kindliche Entwicklung stechen heraus: niedriger sozioökonomischer Status und damit wenig Teilhabemöglichkeiten, verfestigte Armut, psychische Erkrankungen eines bzw. beider Elternteile, ein niedriges Bildungsniveau der Eltern, ungünstige Erziehungspraktiken, häufige Umzüge, prekärer Aufenthaltsstatus. Weitere Erschwernisse sind eine übermäßige Medien-Nutzung durch alle Familienmitglieder, die geringe Zeitsouveränität bei Alleinerziehenden, eine große Kinderzahl, chronische Krankheiten und Behinderungen.

In Patchwork- und Alleinerziehendenfamilien ist eine überdurchschnittliche Inanspruchnahme von Hilfen zur Erziehung zu verzeichnen (vgl. Fehrenbacher 2013a). Dies belegen u. a. Untersuchungen in Baden-Württemberg, wonach bei Kindern, die mit beiden leiblichen Eltern zusammenleben, eines von 750 Kindern stationäre Hilfe zur Erziehung in Anspruch nimmt, bei Kindern in Stiefelternkonstellationen eines von 16 und bei Kindern alleinerziehender Eltern eines von 37 Kindern (vgl. Kommunalverband für Jugend und Soziales Baden-Württemberg 2010). Außerdem wohnen benachteiligte Familien oft in Stadtteilen mit Problemlagen, deren Sozial- und Wirtschaftsstruktur prekär ist, wo ein geringes Arbeitsplatzangebot herrscht, die Infrastruktur nicht ausreicht und Umweltbelastungen bestehen. Dem entsprechend treten bei Kindern aus benachteiligten Stadtquartieren überproportional häufig gesundheitliche Beeinträchtigungen auf (vgl. 13. Kinder- und Jugendbericht).

Solidarität hilft

Familien müssen in ihren konkreten Lebenslagen durch Stärkung ihrer eigenen Ressourcen in der Bewältigung des Alltags unterstützt werden. Ob Familienpflege, Familienbildung, Beratung zu Erziehungsfragen, Familienfreizeiten und Familienerholung, Frühe Hilfen – die Kinder- und Jugendhilfe bietet Familien vielfältige Unterstützung, insbesondere in Not- und Krisensituationen. Denn auch benachteiligten Familien soll ein gelingendes Familienleben ermöglicht werden. Zur Bewältigung ihrer vielfältigen Erziehungs- und Alltagsaufgaben benötigen Eltern aber auch die Unterstützung von zivilgesellschaftlich Engagierten. Sie brauchen diese Unterstützung umso mehr, seit Mütter nicht mehr über genügend *Zeitpuffer* für unentgeltlich erbrachte Sorgearbeiten verfügen. Da insbesondere Großeltern oft nicht mehr in räumlicher Nähe zur Verfügung stehen, müssen Unterstützungsformen etabliert werden, die im Familienalltag entlastend wirken sowie unkompliziert und alltagsnah zu erreichen sind. Dafür bieten sich Familien- oder Stadtteilzentren an, wo Familien sich begegnen und austauschen können und Platz finden, um sich zu Veranstaltungen zu treffen.

Gerade in benachteiligten Stadtteilen ist es wichtig für mehr Generationengerechtigkeit und Familienfreundlichkeit zu sorgen, um den gesellschaftlichen Zusammenhalt und die Integration aller Bevölkerungsgruppen zu verbessern. Über das ungezwungene Zusammenbringen von Menschen verschiedener Generationen könnte dann auch die Umverteilung von Zeitressourcen über die Generationen hinweg gelingen, da Zeitknappheit vor allem in bestimmten Lebensphasen, Lebensformen und Lebenslagen auftritt.

Familienpolitische Positionierungen

Sowohl die *Diakonie Deutschland* als auch der *Deutsche Caritasverband* haben familienpolitische Positionierungen verabschiedet, deren Umsetzung auch für die Kinder- und Jugendhilfe erhebliche Konsequenzen haben würde und die im Weiteren in Auszügen wiedergegeben werden.

Zentrale Voraussetzungen dafür, dass Familien ihr Leben nach eigenen Wünschen und Zielen gestalten können, sind aus Sicht der Diakonie Deutschland:

- die wirtschaftliche Sicherung von Familien
- verlässlich verfügbare und gestaltbare Zeit
- bessere Möglichkeiten der Vereinbarkeit von Berufstätigkeit und Familienarbeit
- eine bedarfsgerechte und verlässliche Infrastruktur
- und soziale Netzwerke sowie eine familienfreundliche Wohnungspolitik

Familien brauchen bei der Erziehung ihrer Kinder und bei der Pflege von Angehörigen eine verlässliche, bedarfsgerechte und flexible soziale Infrastruktur sowie ein institutionelles Netzwerk, das ihnen zur Verfügung steht. Diese Infrastruktur muss sowohl familienunterstützende – beispielsweise Familienberatungsstellen – als auch familienergänzende – wie Tageseinrichtungen für Kinder – und notfalls familienersetzende Angebote – wie die Hilfen zur Erziehung – bereithalten.

Die Kinder-, Jugend- und Familienhilfe ist als Förder-, Unterstützungs- und Hilfeangebot selbstverständlicher Bestandteil familiären Lebens und der Sozialisation von Kindern geworden, in der *Mitte der Gesellschaft*. Um es Familien zu erleichtern, die für sie geeignete Unterstützung innerhalb der vielgestaltigen – und oftmals unübersichtlichen – Landschaft von Institutionen, Einrichtungen und Behörden zu finden, müssen nach Ansicht der Diakonie Deutschland soziale Infrastrukturleistungen stärker vernetzt werden. Nur so können einzelne Hilfen je nach Problemlagen besser aufeinander abgestimmt werden und wirksamer greifen. Beispiele sind die Familienpflege und Dorfhilfe, die im Schnittstellenbereich zwischen Gesundheitssystem, Familien- und Jugendhilfe als familienunterstützender Dienst umgehend auf Notsituationen reagieren.

Neue Formen gemeinwesenorientierter Einrichtungen wie Familienzentren und Mehrgenerationenhäuser oder ressortübergreifend vernetzte präventive Arbeitsformen wie die *Frühen Hilfen* haben sich bewährt und sollten weiter ausgebaut und entwickelt werden. Die Familienerholung ist als präventive Angebotsleistung der Kinder- und Jugendhilfe insbesondere für Familien in Belastungssituationen auszubauen. Sie muss sich konzeptionell weiterentwickeln und finanziell besser ausgestattet werden. Die besonderen stationären Vorsorge- und Rehabilitationsmaßnahmen für Mütter beziehungsweise für Mütter und ihre Kinder oder Väter und ihre Kinder sind als ein wichtiges Angebot in Belastungssituationen und zur Entlastung von Familien stärker zu fördern. Gesundheitlich belastete Mütter und Väter sind besser über Möglichkeiten von präventiven Maßnahmen und Mutter-/Vater-Kind-Kuren zu informieren. Dazu sind die Fachberatungsdienste auszubauen. Hürden im Antragsverfahren müssen abgebaut werden.

Unter dem Aspekt der Prävention ist ein besonderes Augenmerk auf die Gesundheitsförderung von sozial benachteiligten Kindern und Jugendlichen zu richten. Hier ist insbesondere die Kooperation der Kinder- und Jugendhilfe und des Gesundheitssystems von Bedeutung. Wichtig ist auch der weitere Ausbau und die Qualitätsentwicklung in der Kindertagesbetreuung (vgl. BMFSFJ 2015, S. 100 ff.).

Familienpolitik muss in den nächsten Jahren einer der Schwerpunkte in den politischen Debatten und Aktivitäten werden. Die Politik ist aufgefordert, die derzeitigen zum Teil widersprüchlichen Zielsetzungen zwischen Arbeitsmarkt- und Beschäftigungs-, Familien- und Sozialpolitik zu überwinden. Eine gerechte Familienpolitik wird nur zu erreichen sein, wenn die Politikfelder Familie und Soziales sowie Beschäftigung und Wohnen systematisch miteinander verknüpft werden.

Die zunehmenden strukturellen Benachteiligungen stellen eine große sozialpolitische Herausforderung dar. Die Diakonie Deutschland wird ihr besonderes Augenmerk auf Familien richten, die sich in schwierigen Lebensphasen befinden oder in sozial belasteten Verhältnissen leben. Sie engagiert sich für mehr Verteilungs- und Teilhabegerechtigkeit im Interesse von Familien (vgl. Diakonie 2014).

Auch dem Deutschen Caritasverband ist es ein zentrales Anliegen, Familien zu stärken. Er möchte Väter, Mütter und Kinder darin unterstützen, das Leben zu führen, das sie für sich wünschen. Viele Familien vertrauen der Caritas als einer Kraft, die eine gerechte Gesellschaft für alle anstrebt und verlässliche Solidarität in allen Lebenslagen anbietet. Die Caritas kann dem Anspruch nur gerecht werden, wenn es ihr gelingt, gemeinsam mit Familien an der Verwirklichung der Ziele zu arbeiten. Die Ziele im Einzelnen:

Familienpolitische Ziele des Deutschen Caritasverbandes

1) Die politischen und rechtlichen Rahmenbedingungen ermöglichen es Frauen und Männern gleichermaßen, ihre Rechte, Chancen und Pflichten bezüglich beruflicher, familiärer und zivilgesellschaftlicher Entfaltung und Beteiligung wahrzunehmen.
2) Es gibt eine hohe gesellschaftliche Wertschätzung und gute Rahmenbedingungen für in der Familie erbrachte Care-, das heißt Haushalts-, Erziehungs-, Pflege-, Bildungs- und Fürsorgearbeit. Menschen mit Kinderwunsch werden dadurch ermutigt, denselben auch zu realisieren. Arbeitsmarkt und Arbeitsbedingungen werden entsprechend gestaltet. Ausländerrechtliche Hürden, die das verhindern, werden abgebaut.
3) Zeitsouveränität und Teilhabemöglichkeiten sind insbesondere für Alleinerziehende und Familien mit niedrigem Haushaltseinkommen deutlich erhöht.
4) Es gibt bedarfsgerechte, hochwertige und zugängliche infrastrukturelle Angebote für Familien. Insbesondere Bildungs- und Betreuungseinrichtungen für Kinder sind als attraktive und förderliche Lebenswelten gestaltet, die Familien entlasten und stabilisieren.
5) Familien erfahren Entlastung, Förderung, Unterstützung, Beratung und Hilfe, insbesondere in Not- und Krisensituationen und in besonderen Lebenslagen.
6) Mit der Übernahme von Erziehungs-, Fürsorge- und Pflegearbeit verbinden sich auch für Familien im niedrigen Einkommensbereich keine existenziellen Risiken.

Die hohe gesellschaftliche Wertschätzung der Familie, ihre Bedeutung für den Einzelnen und die Gesellschaft sowie der große Umfang der von Familien für Pflege und Fürsorge eingebrachten Zeitressourcen müssen ein Äquivalent in der öffentlichen Aufmerksamkeit finden. Die Kriterien der Familienorientierung und der Kinderfreundlichkeit müssen dementsprechend offensiv diskutiert werden und die Leitorientierungen und Handlungskonzepte aller gesellschaftlichen Bereiche prägen. Der Staat hat die Pflicht, die Familie zu schützen und zu fördern, damit sich die Potenziale des intergenerativen Zusammenlebens in Familien entfalten können und Eltern darin gestärkt werden, ihrer Verantwortung gerecht zu werden. Dies ist nicht allein die Aufgabe der Familienpolitik, sondern Auftrag aller Politikressorts des Bundes, der Länder und der Kommunen und damit eine gesamtgesellschaftliche Aufgabe.

Familien beziehungsweise ihrem Engagement, ihrer Sorgfalt, Fürsorge und Unterstützung von hilfebedürftigen Personen, von Kindern bis zu Menschen im hohen Alter muss stärkere gesellschaftliche Solidarität und Wertschätzung entgegengebracht werden. Wo diese fehlt, sollten die Familien sie einfordern. Dies gilt im sozialen Nahfeld der Familien und auch in allen anderen Bereichen des gesellschaftlichen Lebens: Wirtschaft, Politik, Kirche. Das Zusammenleben in Familien darf im Wettbewerb mit anderen Lebensentwürfen kein Nachteil sein. Der Ausgrenzung von Familien durch bestehende Strukturen, wie sie zum Beispiel in kinderfeindlichen Wohnbedingungen und Haltungen sowie in beruflichen und finanziellen Vorteilen für Singles oder jugendzentrierten Freizeit- und Konsumwelten sowie familienfeindlichen Regelungen des Ausländerrechts zum Ausdruck kommen, muss entgegengewirkt werden.

Alle Eltern haben den Wunsch, dass ihre Kinder von der Geburt bis zum Eintritt in das Berufsleben entweder durch sie selbst oder durch Dritte kompetent begleitet werden. Insbesondere Eltern mit wenigen Ressourcen bedürfen im Interesse der Befähigung ihrer Kinder der Unterstützung und Stärkung ihrer Erziehungs-, Bildungs- und Alltagskompetenzen. Die Kinder brauchen individuelle Unterstützung für einen besseren Lernerfolg. Dies kann durch beruflich tätige Kräfte als auch durch Netzwerke von Freiwilligen und ehrenamtlich Tätigen geschehen. Das Wichtigste ist die Verlässlichkeit der Begleitung. Familien sollen ergänzend die erforderliche soziale Infrastruktur wohnortnah vorfinden und auf Selbsthilfeinitiativen, Nachbarschaftshilfen und kleine soziale Netze im Gemeinwesen zurückgreifen können.

Zwar hat die Politik seit geraumer Zeit erkannt, dass Familien Unterstützung und Förderung benötigen, um ihren Aufgaben gerecht werden zu können. Gefragt ist eine solidarische Politik, die deutlich macht, dass die Unterstützung von Familien eine gesamtgesellschaftliche Aufgabe ist. Familienpolitik muss Querschnittspolitik werden. Entscheidungen in allen Politikbereichen, insbesondere in der Steuer- und Rentenpolitik, in der Wohnungs-, Arbeitsmarkt- und Gesundheitspolitik müssen das Kriterium der Familienverträglichkeit erfüllen. Familien sind auf Beweise konkreter Solidarität angewiesen durch Menschen in ihrer Umgebung und durch Leistungen der Politik in Kommunen, Ländern und auf Bundesebene (vgl. Deutscher Caritasverband 2013).

Literatur

Bertram, H. (2000). Die verborgenen familiären Beziehungen in Deutschland: Die multilokale Mehrgenerationenfamilie. In M. Kohli. & M. Szydlik (Hrsg.), *Generationen in Familie und Gesellschaft* (S. 97–121). Opladen: Leske und Budrich.

BMAS (2011). *Alleinerziehende unterstützen – Fachkräfte gewinnen.* Berlin.

BMFSFJ (2006). *Siebter Familienbericht (2006) Familie zwischen Flexibilität und Verlässlichkeit. Perspektiven für eine lebenslaufbezogene Familienpolitik.* Berlin.

BMFSFJ (2009). *Dreizehnter Kinder- und Jugendbericht.* Berlin.

BMFSFJ (2011). *Machbarkeitsstudie „Haushaltsnahe Dienstleistungen für Wiedereinsteigerinnen".* Berlin.

BMFSFJ (2012). *Achter Familienbericht: Zeit für Familie – Familienzeitpolitik als Chance einer nachhaltigen Familienpolitik und Stellungnahme der Bundesregierung.* Berlin.

BMFSFJ (2012a). *Familienmonitor.* Berlin.

Deutscher Caritasverband (2013). Familie schaffen wir nur gemeinsam – Ziele, Positionen, Forderungen. Sozialpolitische Positionen zur Caritas-Kampagne 2013. *neue caritas,* Heft 1, (S. 29–35).

BMFSFJ (2015). *Familienreport 2014. Leistungen Wirkungen Trends.* Berlin.

Diakonie Deutschland (2014). *Familienpolitische Positionierung: Was Familien brauchen – Verwirklichung und Teilhabe von Familien.* Berlin.

Erster Gleichstellungsbericht (2012). *Neue Wege – Gleiche Chancen. Gleichstellung von Frauen und Männern im Lebensverlauf* (S. 53 ff.). Berlin.

Fehrenbacher, R. (2013). Jugendhilfe ist in der Mitte der Gesellschaft angekommen. *Deutscher Caritasverband neue caritas Jahrbuch* (S. 131–135). Freiburg: Caritas.

Fehrenbacher, R. (2013a). Willkommen in der Mitte der Gesellschaft. *neue caritas,* Heft 14, (S. 9–11).

Geiß, S., & Picot, S. (2009). Familien und Zeit für freiwilliges Engagement. In M. Heitkötter, K. Jurczyk, A. Lange & U. Meier-Gräwe (Hrsg.), *Zeit für Beziehungen? Zeit und Zeitpolitik für Familien* (S. 291–317). Leverkusen Opladen und Farmington-Hills: Budrich Verlag.

Hurrelmann, K., Andresen, S., & TNS Infratest Sozialforschung (2011). *Kinder in Deutschland 2010, 2. World Vision Kinderstudie, World Vision Deutschland e. V.*

Jaehrling,K., Erlinghagen, M., Kalina, T, Mümken, S., Mesaros, L. & Schwarzkopf, M. (2011). *Arbeitsmarktintegration und sozioökonomische Situation von Alleinerziehenden. Ein empirischer Vergleich: Deutschland, Frankreich, Schweden, Vereinigtes Königreich. Forschungsbericht im Auftrag des Bundesministeriums für Arbeit und Soziales.,* Universität Duisburg-Essen: Institut Arbeit und Qualifikation (IAQ).

Kommunalverband für Jugend und Soziales Baden-Württemberg (2010). *Kinder- und Jugendhilfe im demografischen Wandel. Herausforderungen und Perspektiven der Förderung und Unterstützung von jungen Menschen und deren Familien in Baden-Württemberg. Berichterstattung 2010.* Stuttgart.

Lenze, A., & Funcke, A. (2016). *Alleinerziehende unter Druck. Rechtliche Rahmenbedingungen, finanzielle Lage und Reformbedarf.* Gütersloh.

Lutz, R. (Hrsg.). (2012). *Erschöpfte Familien.* Wiesbaden: Springer VS Verlag für Sozialwissenschaften.

Muth, L. (2013). Zur Lage der Familien in Deutschland. *Deutscher Caritasverband neue caritas Jahrbuch* (S. 123–130). Freiburg: Caritas.

Muth, L. (2014). Milliarden nur für Schmu? – Wie Familienpolitik wirkt. *neue caritas,* Heft 1, (S. 21–25).

Peuckert, R. (2008). *Familienformen im sozialen Wandel.* Wiesbaden: Springer VS.

Statistisches Bundesamt (2010). *Alleinerziehende in Deutschland. Ergebnisse des Mikrozensus 2009.* Wiesbaden.

Statistisches Bundesamt (2012). *Geburten in Deutschland.* Wiesbaden.

Doris Beneke, Leitung Zentrum Familie, Bildung, Engagement, Diakonie-Deutschland – Evangelischer Bundesverband, Tel.: 030 65211-1713, E-Mail doris.beneke@diakonie.de.

Roland Fehrenbacher, Leitung des Referates Kinder, Jugend, Familie, Generationen, Deutscher Caritasverband e. V. Freiburg, Tel.: 0761 200-226, E-Mail: Roland.Fehrenbacher@caritas.de.

Liane Muth, Referentin für Familienpolitik, Deutscher Caritasverband e. V. Freiburg, Tel.: 0761 200-318, E-Mail: liane.muth@caritas.de.

Lebenslagen und Lebensorte
von Kindern und Jugendlichen

Familiale Lebenskontexte

Corinna Schwamborn und Matthias Hahnen

Zusammenfassung

Familiale Lebenskontexte, in denen Kinder und Jugendliche aufwachsen, sind zunehmend von Heterogenität geprägt und in ungleiche sozialstrukturelle Gegebenheiten eingebettet. Familien sind gegenwärtig mit diversen Leistungsanforderungen und Erwartungshaltungen – zum einen ihrer jeweiligen Mitglieder und zum anderen politischer und öffentlicher Institutionen – konfrontiert, die wiederum verschiedene Aufträge an sie richten, die es zu bewältigen gilt. Der Beitrag versucht bezüglich der großen Bandbreite gesellschaftlicher, politischer, sozialer und auch subjektiver Themenbereiche, welche familiale Lebenskontexte berühren, einen Überblick zu vermitteln. Dabei werden einige ausgewählte Dimensionen familialer Lebenskontexte konturiert, die für das Aufwachsen von Kindern und Jugendlichen von besonderer Bedeutung sind und in der jüngsten Vergangenheit vermehrt öffentliche und politische Aufmerksamkeit erfahren haben. Zudem bedeuten die vorgenommenen Perspektivierungen Anknüpfungspunkte für die Ausgestaltung der Kinder- und Jugendhilfe und ihrer Betrachtung familialer Lebenslagen potenzieller AdressatInnen.

Schlüsselwörter

Familie, Familienformen, Familialer Wandel, Familiale Erziehung, Familiale Zeit, Betreuung, Erziehung und Bildung, Vereinbarkeit Familie und Beruf, Mutterrolle, Vaterrolle

Familiale Lebenskontexte, in denen Kinder und Jugendliche aufwachsen, sind in der Gegenwart von Heterogenität sowie Vielfalt geprägt und zudem in ungleiche sozialstrukturelle Gegebenheiten eingebettet. Familien sind heute mit diversen Leistungsanforderungen und Erwartungshaltungen – zum einen ihrer jeweiligen Mitglieder

439

und zum anderen politischer und öffentlicher Institutionen – konfrontiert, die wiederum verschiedene Aufträge an sie richten, die es zu bewältigen gilt. Der vorliegende Beitrag versucht bezüglich der großen Bandbreite gesellschaftlicher, politischer, sozialer und auch subjektiver Themenbereiche, welche familiale Lebenskontexte berühren, einen Überblick zu vermitteln. Viele der hier skizzierten Aspekte sind in weiteren Beiträgen dieses Handbuches ausführlich thematisiert. Im Folgenden werden einige ausgewählte Dimensionen familialer Lebenskontexte konturiert, die für das Aufwachsen von Kindern und Jugendlichen von besonderer Bedeutung sind und in der jüngsten Vergangenheit vermehrt öffentliche und politische Aufmerksamkeit erfahren haben. Gleichsam bedeuten die in diesem Beitrag vorgenommenen Perspektivierungen Anknüpfungspunkte für die Ausgestaltung der Kinder- und Jugendhilfe und ihrer Betrachtung familialer Lebenslagen potenzieller AdressatInnen.

Die soziale Einheit Familie verkörpert den primären Lebensort für Kinder und Jugendliche. Aus erziehungswissenschaftlicher Sicht kann Familie „als der soziale Ort […], an dem sich Menschwerdung in dem Sinne vollzieht, als dass hier Kinder erste Kompetenzen interpersonalen Handelns erwerben" (Böllert und Otto 2012, S. 22), aufgefasst werden. Das Aufwachsen von Kindern und Jugendlichen sowie ihre Erziehung und Bildung stellen zentrale Aspekte familialer Lebenskontexte dar. Die Lebenssituationen von Familien – deren kulturelle, soziale und ökonomische Ressourcen, aber auch Verhinderungen – beeinflussen maßgeblich die Lebensverläufe Heranwachsender.

Familien können als eine Vermittlungsinstanz zwischen Individuum und Gesellschaft aufgefasst werden (vgl. Liegle 2005). Sie vermitteln bzw. leisten für ihre Mitglieder – insbesondere für die nachwachsenden Generationen – vielfältige Aspekte. Eine mögliche Typologie familialer Leistungen, die sowohl den jeweiligen Familienmitgliedern selbst – demnach auch den Kindern und Jugendlichen – als auch der Gesellschaft, dem Staat und der Wirtschaft zugute kommen, hat Lange (2007) vorgelegt. Er differenziert folgende Aspekte, wobei nicht explizit die Reproduktion als Familienleistung benannt wird: 1) Haushaltsführung, Gesundheits- und Erholungsleistungen, 2) Kohäsion und emotionale Stabilisierung der Familienmitglieder, 3) Sozialisation, Erziehung und Unterstützung der Bildungslaufbahnen der Kinder und 4) Organisations- und Koordinationsleistungen sowie Erschließung der sozialen Ökologien für Kinder. Auf einige ausgewählte und bedeutende familiale Leistungen wird in diesem Beitrag ausführlicher eingegangen.

I   Ein erstes Begriffsverständnis von Familien

Bereits der Titel dieses Beitrages verweist darauf, den Begriff der Familie bzw. das zugehörige Adjektiv familial möglichst im Plural zu verwenden, denn *die* Familie gab und gibt es nicht; grundsätzlich ist von einer empirischen Vielfalt dieser Lebensform auszugehen (vgl. Böhnisch und Lenz 1999). Die Heterogenität familialer Lebensarrangements kommt auch darin zum Ausdruck, dass es sowohl im alltäglichen als auch wissenschaftlichen Sprachgebrauch keinen einheitlich verwendeten Familienbegriff gibt. Je nach disziplinärem Zugang, theoretischem Blickwinkel, eigener biographischer Erfahrung oder praktischem Zugang werden unterschiedliche charakteristische Merkmale von Familie akzentuiert. Vielen Begriffsbestimmungen dient jedoch immer noch das traditionelle Modell der bürgerlichen Kleinfamilie – ein verheiratetes Ehepaar mit seinen leiblichen Kindern in einem Haushalt lebend, der Mann in der Rolle des Familienernährers, die Frau zuständig für die Pflege und Erziehung der Kinder – als definitorischer Referenzrahmen (vgl. Lenz 2002; Richter 2008; Böhnisch et al. 2009). Kritisch dazu äußern sich Böhnisch, Lenz und Schröer (2009, S. 211): „Angesichts der Pluralisierung familialer Lebensformen ist es dringender denn je, einen Familienbegriff zu formulieren, der sich von der Fessel eines bestimmten Familienmodells lösen kann". Diesen Umstand berücksichtigend kann ein modernes wissenschaftliches Verständnis von Familie gegenwärtig dahingehend markiert werden, dass Familie als alltägliche sowie biographische Herstellungsleistung im Sinne eines *„doing family"* in den Blick genommen wird (vgl. BMFSFJ 2006; Schier und Jurczyk 2007; Lange 2007; Oelkers 2012; Lüscher 2012). „Familie verändert sich aufgrund gesellschaftlichen Wandels von einer selbstverständlichen, quasi naturgegebenen Ressource zu einer zunehmend voraussetzungsvollen Aktivität von Frauen, Männern, Kindern, Jugendlichen und älteren Menschen, die in Familien leben bzw. leben wollen" (Schier und Jurczyk 2007, S. 10). Diese Sichtweise impliziert eine Auffassung von Familie als aktiv hergestelltes Netzwerk, als ein gemeinschaftliches Ganzes, welches im Alltag immer wieder neu ausgehandelt werden muss. Familien sind gefordert, Gelegenheiten zu schaffen, um Familie zu leben. Dafür müssen gemeinsame Handlungspraktiken entwickelt werden, welche beispielsweise durch neue Spannungsverhältnisse aufgrund der geforderten Verknüpfungsleistung von Familie und Beruf sowie damit verbundener entgrenzter Arbeitsbedingungen (vgl. Schier 2010), erschwert werden.

II   Familien heute – eine Bestandsaufnahme

Laut Statistischem Bundesamt waren im Jahr 2010 16,5 % der Bevölkerung in Deutschland jünger als 18 Jahre. Rund drei Viertel (76 %) der Minderjährigen lebten in diesem Jahr bei ihren verheirateten Eltern[1] (vgl. Statistisches Bundesamt 2011). „Im Vergleich zu 2000 haben sich die Familienstrukturen, in denen minderjährige Kinder aufwachsen, leicht verändert. Vor zehn Jahren lebten noch gut acht von zehn Minderjährigen (81 %) bei ihren verheirateten Eltern" (ebd., S. 9), im Jahr 2011 ist dieser Anteil auf

---

[1]   Wenn in diesem Beitrag der Begriff Eltern verwendet wird, sind damit nicht zwingend verheiratete Paare gemeint, sondern alle Personen, die längerfristig die Elternfunktion übernehmen, unabhängig davon, ob diese aufgrund biologischer oder sozialer Faktoren besteht.

71,2 % gesunken (vgl. Statistisches Bundesamt 2012). Dennoch lebt nach wie vor die
Mehrheit der Kinder und Jugendlichen bei ihren verheirateten Eltern. Die traditionelle Familie ist immer noch die mit Abstand häufigste Familienform in Deutschland.
Knapp drei Viertel aller Familien sind Ehepaare mit minderjährigen Kindern (vgl.
Statistisches Bundesamt 2008). Zu erkennen ist jedoch der Trend, dass Minderjährige zunehmend in familialen Lebenskontexten aufwachsen, die nicht dem Modell der
bürgerlichen Kleinfamilie entsprechen. Darüber hinaus leben Kinder und Jugendliche heute häufiger in wechselnden familialen Lebensformen als noch vor fünfzehn
bis zwanzig Jahren. Im fachlichen Diskurs wird dieser Aspekt mit dem Begriff der
„Diskontinuität von Familienkonstellationen" verhandelt (vgl. BMFSFJ 2005; Bertram
und Bertram 2009).

Wie bereits zu Anfang des 21. Jahrhunderts lebt gegenwärtig jede/r vierte/r Minderjährige als Einzelkind ohne Geschwister in einem Haushalt. Knapp die Hälfte
lebt mit einem weiteren Geschwisterkind zusammen, fast jede/r fünfte Minderjährige hat zwei und ca. 8 % drei oder mehr Geschwister. Zu den Geschwistern sind neben den leiblichen ebenfalls Stief-, Pflege- und Adoptivkinder zu zählen (vgl. Statistisches Bundesamt 2011). Auch wenn sich die Anzahl von Familien mit drei oder mehr
Kindern reduziert, wächst noch die Mehrzahl der Kinder mit einem oder zwei Geschwistern auf. In diesem Kontext ist auf die wachsende Bedeutung der Geschwister-
beziehung – aufgrund des länger andauernden Zusammenlebens in der Familie – im
Lebensverlauf zu verweisen (vgl. Bertram und Bertram 2009). Die Anzahl der Geschwister hat durchaus einen hohen Einfluss auf den familialen Alltag und das Zusammenleben. Geschwister verkörpern ein eigenes Subsystem innerhalb der Familie,
durch welches Eltern in ihrer Betreuungsfunktion entlastet und den Kindern andere
GesprächspartnerInnen als die Eltern zur Verfügung stehen (vgl. Nave-Herz 2012).
Geschwister tragen laut Bertram und Bertram (2009) positiv zur Entwicklung von
Kindern bei.

Wird der Blick auf die aktuelle Situation von Familien in Deutschland gerichtet,
so ist ferner zu konstatieren, dass im Jahr 2007 rund jede vierte Familie einen Migrationshintergrund aufgewiesen hat. Diese leben häufiger in traditionellen Familienformen als Familien ohne einen entsprechenden Migrationshintergrund. Familien
mit Migrationshintergrund haben zudem im Vergleich häufiger drei oder mehr Kinder. Jedoch stellt Migration keinen einheitlichen sozialen Sachverhalt dar, sondern
variiert beispielsweise je nach Anlass, kultureller Herkunft und dem Alter bei der
Zuwanderung (vgl. Statistisches Bundesamt 2008). Peuckert (2008, S. 27) verwendet
die Bezeichnung „Migrantenfamilien" und verweist ebenfalls auf die enorme Vielfalt dieser, welche der Verschiedenartigkeit der jeweiligen nationalen, kulturellen und
ethnischen Herkunft zu zuschreiben ist.[2]

---

2   Da auf die familialen Lebenskontexte mit Migrationshintergrund an dieser Stelle nicht näher ein-
    gegangen werden kann, wird zur weiteren Lektüre auf den Beitrag von Hamburger und Hummrich
    (2007) verwiesen.

Bei Jugendlichen hat Familie nach wie vor einen hohen Stellenwert und erleidet aller kulturpessimistischen Auffassungen zum Trotz keinen Attraktivitätsverlust, auch dann nicht, wenn junge Menschen Veränderungsprozesse rund um Elternschaft, z. B. Trennungen und Scheidungen, selbst miterleben. Die Familienorientierung Jugendlicher ist sogar noch angestiegen. Laut der Ergebnisse der aktuellen Shell Jugendstudie sind 76 % der befragten Jugendlichen der Auffassung, dass man eine Familie braucht, um glücklich zu sein. „Für Jugendliche 2010 ist die Familie so wichtig wie für kaum eine Generation davor" (Shell Deutschland Holding 2010, S. 57). Neben einer geplanten eigenen Familie hat auch die Herkunftsfamilie ein hohes Ansehen. Mehr als 90 % haben ein gutes Verhältnis zu ihren Eltern. Auch der Wunsch nach eigenen Kindern ist hoch und liegt bei 69 % (vgl. ebd.). Die große Mehrheit der Jugendlichen verbindet Familie mit Rückhalt, Geborgenheit sowie emotionaler Unterstützung und Sicherheit. Neben Familie nimmt der Beruf einen hohen Stellenwert in deren Lebensperspektive ein, dabei stehen beide Bereiche als zusammengehöriges Paar und nicht als gegensätzliche Alternativen da (vgl. Münchmeier 2007).

III   Familieformen im Wandel

Seit Ende der 1960er bzw. Anfang der 1970er Jahre hat sich ein struktureller Wandel von Familie vollzogen, dessen Auswirkungen bis in die Gegenwart hineinreichen. Neben der bürgerlichen Kleinfamilie sind weitere familiale Lebensformen zu verzeichnen, deren Anzahl seitdem kontinuierlich zunimmt (vgl. Nave-Herz 2006). Gesellschaftliche Transformationsprozesse der vergangenen Jahrzehnte beeinflussen Familien in ihrem Erscheinungsbild und tragen zu einer Pluralisierung, der Ausprägung verschiedener familialer Lebensformen, bei (vgl. Hill und Kopp 2006). Diese Pluralisierung gehört zu den bedeutendsten Aspekten des familialen Wandels (vgl. Peuckert 2007).

Weitere familiale Lebensformen[3], die heute neben der traditionellen bürgerlichen Familie existieren und in ihrem empirischen Ausmaß zunehmen, sind z. B. nicht-eheliche Lebensgemeinschaften mit Kindern, Ein-Eltern-Familien bzw. Alleinerziehende, Patchwork-Familien, Regenbogenfamilien[4] sowie mehrgenerationale Haushalte (vgl. Schneider 2011; Nave-Herz 2004; Ecarius und Köbel 2012). Der 7. Familienbericht verweist darauf, dass familiale Lebensformen stets mit gesellschaftlichen Rahmen-

---

3   Da eine umfassende Beschreibung einzelner Familienformen in diesem Beitrag nicht erfolgen kann, empfehlen wir vertiefend dazu: Peuckert (2008) und Nave-Herz (2007).

4   Mit Blick auf alle familiale Lebensformen nehmen homosexuelle Partnerschaften mit Kindern einen geringen Anteil ein. Diese werden in der Literatur meist als Regenbogenfamilien bezeichnet (vgl. Rupp 2009). Seit dem Jahr 2001 besteht für gleichgeschlechtliche Paare die Möglichkeit, ihre Partnerschaft durch das Lebenspartnerschaftsgesetz eintragen zu lassen. Eine rechtliche Gleichstellung mit heterosexuellen EhepartnerInnen besteht dabei allerdings nicht. Zur weiteren Lektüre: Rupp (2009).

bedingungen verknüpft sind und der Wandel dieser auch die Ausprägungen familia-
ler Lebenskonstellationen beeinflusst (vgl. BMFSFJ 2006). Familie kann demnach als
Produkt, gleichzeitig jedoch auch als Produzent sozialen Wandels betrachtet werden.
Als Produzent in der Hinsicht, dass ebenso familiale Transformationsprozesse auf die
Gesellschaft einwirken. So können beispielsweise veränderte innerfamiliale Dynamiken zur Entwicklung neuer gesellschaftlicher Lösungen bzw. Herangehensweisen
herausfordern, wenn sie denn von außen wahrgenommen und aufgegriffen werden.
Familie fungiert als eine Art Bindeglied zwischen den gewandelten gesellschaftlichen
Anforderungen sowie den jeweiligen individuellen Interessen der Familienmitglieder
(vgl. ebd.). Familiale und gesellschaftliche Transformationsprozesse stehen demnach
in einem reziproken Verhältnis zueinander.

Die Liberalisierung kultureller Werte und Normen im Zuge gesellschaftlicher
Transformationsprozesse hat gleichermaßen zu einer Liberalisierung von Ehe und
Familie beigetragen. Eine Entkoppelung von Liebe und Ehe hat sich vollzogen (vgl.
Peuckert 2008). Die enge normative Kopplung von Ehe und dem Eingehen einer
dauerhaften Paarbeziehung löst sich zunehmend auf (vgl. Hansbauer 2006). Die Ehe
verkörpert nicht mehr die einzige legitime Form der Zweierbeziehung und erleidet
in der modernen Gesellschaft einen Monopol- sowie Attraktivitätsverlust (vgl. Lenz
2002; Ecarius und Köbel 2012; Grundmann und Hoffmeister 2011). Sie stellt demnach nicht mehr eine zwingende Voraussetzung bzw. ein konstitutives Merkmal von
Familie dar. In diesem Kontext ist zudem zu konstatieren, dass eine zunehmende
Entkopplung von biologischer und sozialer Elternschaft zu erkennen ist, da diese immer häufiger – beispielsweise bei Patchworkfamilien – auseinander fallen und nicht
mehr zwingend kongruent sind. Peuckert (2008, S. 25) verwendet in diesem Zusammenhang den Topos der „Erosion der bio-sozialen Doppelnatur der Familie". Demographische Entwicklungen – wie z. B. die steigende Trennungs- und Scheidungsrate sowie hohe Wiederverheiratungsraten – führen ebenfalls zu einer Pluralität und
Heterogenität familialer Lebenskonstellationen (vgl. Honig 2006; Hansbauer 2006;
Richter 2008).

Im Hinblick auf den Diskurs um die Pluralisierung familialer Lebensformen ist
zu resümieren, dass dieser Begriff eine theoretische Variabilität aufweist (vgl. Richter
2008; Hill und Kopp 2006; Peuckert 2008; Nave-Herz 2007; Bertram 2009; Lenz 2002;
Ecarius 2007). Im engeren Sinne bedeutet Pluralisierung ein zunehmendes Auftreten
neuer Ausprägungen, im weiteren Sinne eine Zunahme der Heterogenität im Hinblick auf die Verteilung *bereits vorhandener* familialer Lebensformen (vgl. Hill und
Kopp 2006). Anzumerken ist, dass Stief- bzw. Patchworkfamilien und nichteheliche
Lebensgemeinschaften keine neuartigen familialen Lebensformen bedeuten, da diese in vorangehenden Jahrhunderten häufiger vorkamen (vgl. Nave-Herz 2007; Peuckert 2008; Bertram 2009). Wird jedoch als Vergleichsmaßstab zur Beschreibung der
gegenwärtigen Situation die Mitte des vorangehenden Jahrhunderts gewählt, in welcher die bürgerliche Kleinfamilie ihre Blütezeit und eine unvergleichliche kulturelle
Dominanz erlebt hat, dann muten anderweitige familiale Lebenskonstellationen als

neue Lebensformen an. Nave-Herz (2007) bilanziert, dass mit der Pluralisierungs-
these primär darauf zu verweisen ist, dass Familie sich heute vielfältiger gestaltet.
Wie bereits angedeutet, nimmt die bürgerliche Kleinfamilie trotz der weiterhin bestehenden dominanten Stellung anteilsmäßig in ihrem Ausmaß immer mehr ab, was
u. a. in der Diskontinuität familialer Lebensformen im Lebensverlauf Minderjähriger zum Ausdruck kommt. Der 12. Kinder- und Jugendbericht markiert, dass Kinder
und Jugendliche häufiger in wechselnden Familienformen leben (vgl. BMFSFJ 2005).
Im Verlauf ihrer Entwicklung durchlaufen Minderjährige zunehmend unterschiedliche familiale Lebensformen und erleben wechselnde Bezugspersonen (vgl. Münchmeier 2001; Bertram und Bertram 2009). Trennung, Scheidung und ein/e mögliche/r
neue/r Partner/in eines Elternteils bedeuten für Kinder und Jugendliche eine Veränderung von Beziehungskonstellationen sowie der Mutter-, bzw. Vaterrolle. In diesem Fall bedürfen die Beziehungen und Rollen einer Neudefinition. Die wachsende
Instabilität familialer Lebenssituationen im Entwicklungsverlauf von Heranwachsenden stellt diese vor große Herausforderungen, beispielsweise bezüglich der Anpassung an sich wandelnde familiale Lebenskontexte und dem Eingehen neuer emotionaler Beziehungen (vgl. BMFSFJ 2005). Familiale Entscheidungen werden in
steigendem Maße umkehrbar und die Basis kindlicher Entwicklung – die Paarbeziehung der Eltern – stellt nicht mehr unbedingt eine verlässliche Konstante im Erleben
der Kinder dar (vgl. Peuckert 2008).

IV Familiale Erziehung im Wandel

Familiale und gesellschaftliche Transformationsprozesse wirken sich auch auf das
familiale Erziehungsgeschehen, die Beziehungen zwischen Eltern und Kindern sowie die Erziehungsfunktion von Familie in ihrer Gesamtbetrachtung aus (vgl. Liegle
2005). Aus erziehungswissenschaftlicher Sicht ist der Wandel familialer Erziehungsprozesse ein äußerst bedeutsamer Aspekt in der Betrachtung familialer Lebenskontexte von Kindern und Jugendlichen (vgl. Böllert und Otto 2012).
   Es existiert kein einheitliches Erziehungsleitbild als Orientierungsrahmen für die
familiale Erziehung, diese richtet sich nach spezifischen Zielen, Werten und Normen. Sie wird zwar grundlegend durch bestehende Wertorientierungen und Sinn-
auslegungen der aktuellen Epoche und Kultur beeinflusst, doch haben sich aufgrund
gesellschaftlicher Modernisierungsprozesse Ziele und Werte im Hinblick auf elterliches Erziehungsverhalten pluralisiert, was u. a. in der Fülle der vorzufindenden Er-
ziehungsratgeber zum Ausdruck kommt. Eltern droht heute ein Orientierungsverlust,
da sie sich nicht mehr selbstverständlich auf traditionelle Vorgaben bei der Erziehung der Kinder stützen können (vgl. Peuckert 2008). Die Qualität familialer Erziehung ist abhängig von unterschiedlichen Faktoren, beispielsweise den materiellen,
sozialen, emotionalen und kulturellen Ressourcen, den Persönlichkeiten der Eltern,
deren Erziehungsfähigkeit, individuellen Erfahrungen und deren Erziehungswissen

(vgl. Liegle 2005; Hill und Kopp 2006). Von Bedeutung ist, dass die familiale Erziehung auch in Zeiten des sozialen Wandels nach wie vor primär weiblich konnotiert ist (vgl. Böllert 2003).[5]

Grundsätzlich ist festzuhalten, dass Familie als zentraler Ort der Erziehung fungiert und für die Vermittlung von Basiskompetenzen verantwortlich ist (vgl. Böllert 2003; Huinink 2008; Böhnisch und Lenz 1999; Lange 2007). Als Beginn familialer Erziehung kann die Geburt des Kindes markiert werden, wobei die ersten drei Lebensjahre eine äußerst bedeutende, da sehr prägende Phase darstellen. Das Ende hingegen ist nicht klar eingrenzbar (vgl. Ecarius 2002; Nave-Herz 2006). Familiale Erziehung ist in den Familienalltag integriert und dient dazu, individuelle sowie gesellschaftliche Bedürfnisse zu befriedigen (vgl. Ecarius 2002). In das familiale Erziehungsgeschehen fließen stets auch Bedingungen des sozialen Lebensmilieus, der Beziehungskonstellationen von Kindern und Eltern, der Geschlechteraspekte sowie gesellschaftliche Anforderungen und Erwartungshaltungen mit ein (vgl. Ecarius 2007). Die Aufgabe der Erziehungspersonen, die an familialer Erziehung beteiligt sind, ist die Grundversorgung des Nachwuchses, die Sorge für dessen unbeeinträchtigte Entwicklung – der Identität und Persönlichkeit –, die Unterstützung dieser bei der gesellschaftlichen Integration sowie dem Erlernen elementarer kultureller Werte und Normen (vgl. Ecarius 2002; Grundmann und Hoffmeister 2011; Fuchs 2011).

Neben der Eltern-Kind-Beziehung spielen Großeltern eine bedeutende Rolle, beispielsweise übernehmen diese im Kleinkindalter einen Teil der Betreuungsaufgaben. Je nach dem Alter der Großeltern bei der Geburt, der räumlichen Nähe zu den Enkeln und der Beziehung der Tochter bzw. Schwiegertochter zu den Großeltern, variieren die Formen und die Ausgestaltung von Großelternschaft (vgl. Brake und Büchner 2007). „Grundsätzlich kann man davon ausgehen, dass Kinder in der gegenwärtigen Gesellschaft in der Mehrzahl der Familien ihre Großeltern bis ins Jugendalter erleben" (ebd., S. 200). Zwischen sieben und elf Jahren erleben Kinder den meisten Kontakt mit ihren Großeltern, der in der Regel in das alltagspraktische familiale Miteinander eingebunden ist.

Galt zur Hochphase der bürgerlichen Kleinfamilie noch die Kinderstube als umfassender Ort der Erziehung, so hat sich dies im Lauf der Zeit erheblich gewandelt. Erziehung findet nicht mehr ausschließlich in familialen Lebenskontexten, sondern zunehmend auch an anderen Orten – gesellschaftlich organisierten Institutionen – statt und wird mittlerweile stets im Zusammenhang mit Bildungs- und Betreuungsprozessen thematisiert (vgl. Böllert 2003; BMFSFJ 2005). Zur Familie als primärem Ort der Erziehung kommen weitere Institutionen – Kindertagesstätten und andere externe Betreuungsangebote – sowie die steigende Präsenz der Medien im Alltag von Kindern und Jugendlichen.[6] Dies mindert nicht unbedingt die Bedeutsam-

---

5   Auf die unterschiedliche Beteiligung von Müttern und Vätern an familialen Erziehungsprozessen wird in Abschnitt IX eingegangen.
6   Zur Bedeutung der Medien im Hinblick auf Familien: Alfert in diesem Handbuch.

keit familialer Erziehung, erfordert jedoch von den Eltern soziale, ökonomische und kulturelle Ressourcen, um diese von einander unabhängigen Erziehungs- und Lebensorte zu koordinieren und miteinander zu verbinden (vgl. BMFSFJ 2012; Böllert 2003; Böhnisch und Lenz 1999; Winkler 2002). Somit ist auch Kindheit gesellschaftlichen Transformationsprozessen unterworfen, da das Aufwachsen zunehmend institutionell gestaltet wird (vgl. Mierendorff und Olk 2010). „Die Straße als traditioneller Ort kindlicher Sozialisationsprozesse verliert mehr und mehr an Bedeutung" (Grunert 2010, S. 254) und der kindliche Alltag „steht damit [...] im Spannungsfeld zwischen institutioneller und individueller Organisation" (ebd.). In diesem Kontext kommt häufig die These der Verinselung der Kindheit zur Anwendung (vgl. Zeiher 1983; Pfeiffer 2005; Krätz-Nagl und Mierendorff 2007). Die verschiedenen Orte bzw. „Inseln", wie z. B. die Schule, der Sportplatz und Wohnungen von FreundInnen, sind für Kinder nicht unbedingt ohne die Hilfe Erwachsener erreichbar. Der Lebensraum von Kindern ist zunehmend auf diese verschiedenen – zum Teil auch funktionsgebundenen – Orte verteilt, die räumlich nicht zusammenhängen und miteinander koordiniert werden müssen. Vor allem bei Kindern aus Familien mit einem hohen sozialen Status ist eine stark institutionalisierte Freizeitgestaltung zu erkennen, bei welcher die Unterstützung durch die Eltern unentbehrlich ist (vgl. Grunert 2010; Fuhs 2010).

Auch die zunehmenden familialen Diskontinuitäten können das Erziehungsgeschehen beeinflussen und – insbesondere bei Ein-Eltern-Familien und Patchworkfamilien – diese vor besondere Herausforderungen stellen (vgl. BMFSFJ 2006). Gewandelte familiale Strukturen können neben – den positiv zu bewertenden Aspekten – einer wachsenden Anzahl von Bezugspersonen und mehr Verantwortungsübernahme, auch zu einem herausfordernden Umgang mit Veränderungen und Neudefinition von Rollen sowie zu möglichen Loyalitätskonflikten gegenüber leiblichen Elternteilen führen (vgl. Karsten und Otto 1996; Ecarius 2007; Rupp 2005). Zudem können Eltern durch gewandelte Anforderungen, dem Verlust traditioneller Werte und Orientierungsmuster und der wachsenden Aufmerksamkeit der Öffentlichkeit im Hinblick auf das private Erziehungsgeschehen zunehmend unter einem gesellschaftlichen Druck in Bezug auf ihre Erziehungsleistung und die Ausgestaltung ihrer Elternrolle geraten (vgl. Peuckert 2008; BMFSFJ 2005; Nave-Herz 2007; Fuhs 2012). Das öffentliche und gesellschaftliche Interesse richtet sich dabei vermehrt auf die Qualität der Erziehung und die Umgangsformen – wie z. B. Respekt, Empathie und Verständnis – innerhalb der Eltern-Kind-Beziehung. Darüber hinaus haben sich die individuellen Erwartungen an Familie, z. B. in Form von „glücklich sein" sowie die Befriedigung emotionaler Bedürfnisse, erhöht und sind einem Verständnis von Familie als ökonomischer Zweckverband gewichen. Die wachsende Emotionalisierung familialer Beziehungsstrukturen als Ausgleich zum Berufsleben und als verlässlicher Ort von Geborgenheit sowie Rückzug kann jedoch auch schneller zu Frustrationen, Konflikten und einem möglichen Scheitern aufgrund gestiegener Ansprüche und Erwartungshaltungen an Beziehungen führen (vgl. BMFSFJ 2006; Nave-Herz 2012).

Die historischen gesellschaftlichen Wandlungsprozesse der vergangenen Jahrzehnte gehen mit einer Veränderung von Verhaltensstandards einher, die beispielsweise im Hinblick auf den Wandel familialer Erziehungsmuster empirisch nachgewiesen werden können (vgl. Ecarius 2007; Böhnisch und Lenz 2009). Hervorzuheben ist in diesem Kontext der Wandel vom Befehls- zum Verhandlungshaushalt. Während der Befehlshaushalt auf der Machtposition der Eltern beruhte, weist der Verhandlungshaushalt hingegen eine Kindzentrierung mit deutlich erhöhtem Kommunikationsanteil und einer Gleichberechtigung aller Familienmitglieder auf (vgl. Bois-Reymond 1994; Barabas und Erler 2002; Böllert 2003; Nave-Herz 2006; Peuckert 2008). Die traditionelle Autoritätsbeziehung zwischen Edukator und Edukand wandelt sich zunehmend zu einer Beziehungsform, die von Selbstbestimmung, Eigenverantwortung sowie der Förderung des freien Willens geprägt ist (vgl. Liegle 2005). Zu konstatieren ist demnach eine Entwicklung von eher autoritären zu partnerschaftlichen Erziehungsstilen. Gehorsam, Disziplin und Ordnung als Erziehungsziele zur Mitte des 20. Jahrhunderts sind durch das Streben nach Selbstverantwortung, Verantwortungsbewusstsein und Autonomie der Kinder abgelöst worden (vgl. Peuckert 2008; Nave-Herz 2007; Nave-Herz 2012; Fuchs 2012). Damit ist die familiale Erziehung heute anspruchsvoller geworden, denn die dialogische Qualität steht nunmehr im Mittelpunkt. Erziehungspersonen sind gefordert, differenziert zwischen Fordern und Lassen auszutarieren (vgl. Peuckert 2008; Böllert 2003). Eine Art Verhandlungsarbeit von Eltern und der nachwachsenden Generation in Form von Diskussionen und Erklärungen sind die Folge liberaler gewordener Umgangsmuster von Familien (vgl. Nave-Herz 2004). Als mögliche Gründe für diese Veränderungen können gesellschaftliche Modernisierungsprozesse und damit einhergehende erweiterte Handlungsmöglichkeiten sowie Entscheidungszwänge für Kinder und Jugendliche gesehen werden. Junge Menschen sind auf die Vermittlung entsprechender Ressourcen angewiesen, um eigene Biographien gestalten und in der modernen Gesellschaft bestehen zu können (vgl. BMFSFJ 2002).

Zusammenfassend bedeutet familiale Erziehung sowohl eine anspruchsvolle als auch eine konfliktreiche Aufgabe für Eltern. Diese sind dazu aufgefordert, gleichermaßen Eltern und Bezugspersonen zu sein, unter dem gesellschaftlichen Blick ihr Handeln reflexiv umzusetzen und die Entwicklung der nachwachsenden Generation zu fördern (vgl. Ecarius 2007; Peuckert 2008). Eltern können sich in der Ausgestaltung ihrer Rolle, ob der Vielfalt medialer Ratgeber zu Erziehungsfragen oder der Ansprüche, die zunehmend an sie gestellt werden, schneller verunsichert fühlen und somit etwaigen Selbstzweifeln unterliegen, da ihnen häufig die Selbstverständlichkeit der Erziehung, wie sie frühere Generationen inne hatten, fehlt (vgl. Wagenblass 2006; Reischach und Straub 2007).

V   Familien und öffentliche Institutionen als Orte der Betreuung, Erziehung und Bildung

Für das Aufwachsen von Kindern und Jugendlichen war aus Sicht des wohlfahrtsstaatlichen Arrangements – ausgehend vom traditionellen Familienmodell – primär die Familie zuständig. Dies hat sich seit Ende des 20. Jahrhunderts erheblich verändert. Unumstritten ist zwar nach wie vor, dass „der Familie mit Blick auf die Bildung, Betreuung und Erziehung der Kinder eine ebenso zentrale wie lebensbegleitende Schlüsselfunktion zu[kommt]" (BMFSFJ 2005, S. 44), jedoch haben sich gravierende gesellschaftliche, sozialstaatliche als auch familiale Transformationsprozesse ereignet, die dazu geführt haben, das Aufwachsen der nachwachsenden Generation sowohl in privater als auch öffentlicher Verantwortung in den Blick zu nehmen.

Auf den sozialen Wandel kann hier in resümierender Weise lediglich stichpunktartig verwiesen werden. In *gesellschaftlicher* Hinsicht haben sich maßgebliche Transformationsprozesse ergeben, die mit den Begriffen der Individualisierung der Lebensführung und der Pluralisierung der Lebensformen pointiert werden können (vgl. Beck 1986). Ferner haben sich soziale Ungleichheiten diversifiziert, traditionelle Werte und Normen sind poststrukturalistischen Ansichten gewichen und die Rolle von Frauen und Müttern haben sich massiv im Zuge der Emanzipation und Bildungsbeteiligung gewandelt (vgl. Beck-Gernsheim 2006). In *demographischer* Perspektivierung ist vor allem auf den Geburtenrückgang seit Mitte der 1960 und 1970er Jahre zu verweisen (vgl. Peuckert 2008). Deutschland weist europaweit eine der niedrigsten Geburtenraten auf (vgl. Peuckert 2007). Parallel zur sinkenden Heiratsneigung ist eine wachsende Scheidungsrate zu verzeichnen. In jeder zweiten geschiedenen Ehe leben Kinder unter 18 Jahren. Innerhalb des fachlichen Diskurses werden diese demographischen Entwicklungen der vergangenen 40 Jahre als Indikatoren des familialen Wandels erachtet und es wird davon ausgegangen, dass diese mitunter zur Pluralisierung familialer Lebensformen beigetragen haben (vgl. Böllert und Otto 2012; Peuckert 2008).

Im Gegensatz zum florierenden Wohlfahrtsstaat des 20. Jahrhunderts haben sich mit dem Jahrtausendwechsel *sozialstaatliche Transformationsprozesse* ereignet, die zu einem Rückbau wohlfahrtsstaatlicher Arrangements geführt haben. Der neoliberale Umbau des Sozialstaates betrifft auch die Familie als soziale Einheit, denn ihre Eigenverantwortlichkeit und ihr Sorgetragen für das Wohlergehen der Familienmitglieder werden immer stärker eingefordert, von Seiten des Sozialstaates gar überpointiert. Aufgrund der (Re-)Privatisierung sozialer Risiken entstehen für Familien enorme Zumutungen und Belastungen, welche unter dem Topos der Re-Familialisierung im fachlichen Diskurs beschrieben werden (vgl. Oelkers 2007; Richter 2004; Böllert und Oelkers 2010). Leistungen des Wohlfahrtsstaates, welche dazu dienen, soziale Risiken von Familien abzusichern, werden zunehmend umgebaut. Familien werden responsibilisiert und Strategien der Aktivierung und ‚Verantwortlichung' von Individuen und Familien erlangen einen neuen Stellenwert im Kontext sozialstaatlicher Regulationsoptionen (vgl. Oelkers und Richter 2010). Im Zuge dieses Wandels „erscheint der Wohlfahrtsstaat auch und gerade für Familien nicht mehr als Garant für soziale Unterstützungsleistungen" (ebd., S. 16). Diese werden seitens des Staates vielmehr zunehmend als ein Ausgleich zu einem entsolidarisierten und deregulierten Erwerbsleben verstanden. Erwartungen an Familien nehmen enorm zu, während sich gleichzeitig jedoch die sozioökonomischen Lebensbedingungen verschärfen (vgl. Oelkers 2009). Zwar erlangt Familie als Ressource neue Aufmerksamkeit, allerdings werden – insbesondere familialen Lebensarrangements in prekären Lebenslagen – nicht die notwendigen Leistungsbedingungen vom Staat zur Verfügung gestellt, um strukturelle Problemlagen zu bewältigen. Dies führt dazu, dass die Re-Familialisierungsprozesse für eine steigende Anzahl von Familien zu einer Überforderung führen (vgl. Oelkers und Richter 2010). „Der tendenziellen Heterogenisierung familialer Lebensarrangements und der damit verbundenen Vervielfältigung von Problemlagen steht ein Rückbau von wohlfahrtsstaatlichen Unterstützungsarrangements gegenüber, deren prekarisierende Wirkungen gerade auch Familien erreichen" (Oelkers 2009, S. 77).

Mit Blick auf *familiale Lebenskontexte* haben sich ebenfalls einige grundlegende Wandlungsprozesse ereignet, die in den vorangehenden sowie nachfolgenden Abschnitten näher beschrieben wurden bzw. werden. In dieser Hinsicht ist zu resümieren, dass sich die Bedingungen für das Aufwachsen in Familien seit Mitte des vorangehenden Jahrhunderts teilweise massiv gewandelt haben und nicht mehr davon ausgegangen werden kann, „dass Familien bei erheblich veränderten Rahmenbedingungen immer noch so funktionieren wie vor 30, 50 oder 100 Jahren" (BMFSFJ 2005, S. 46).

Politisch betrachtet hat sich aufgrund all dieser skizzierten Transformationsprozesse Anfang des 21. Jahrhunderts ein deutlicher Handlungsbedarf bezüglich der untrennbaren Trias der Bildung, Betreuung, und Erziehung von Kindern und Jugendlichen gezeigt (vgl. ebd.). Wurden bis dato die Zuständigkeiten für kindliche Bildungs-, Betreuungs- und Erziehungsprozesse separaten Instanzen wie primär der Familie, aber auch dem Kindergarten und der Schule zugeordnet, setzte sich immer mehr die Erkenntnis durch, dass dieses Nebeneinander durch eine integrierende Sicht- und Zugangsweise ersetzt werden soll, worauf insbesondere der 12. Kinder- und Jugendbericht verwiesen hat. Die ‚geteilte Verantwortung' staatlicher bzw. kommunaler Institutionen, der Gesellschaft und der Familie zielt neben einer grundlegenden Sorge für das Aufwachsen von Kindern und der umfassenden Förderung ihrer Entwicklung auch darauf ab, Risiken von Armutsbedrohungen und -belastungen zu reduzieren sowie formale Bildungsprozesse zu verbessern und zu ermöglichen (vgl. Winkler 2012).

Die Familie als primäre Sozialisationsinstanz verkörpert einen bedeutsamen *Bildungsort* und spielt eine zentrale Rolle im Hinblick auf ihre Kulturleistungen für den Verlauf der Bildungsbiographien von Kindern und Jugendlichen (vgl. Autorengruppe Bildungsberichterstattung 2012; Winkler 2012; Büchner 2011). Mit der Veröffentlichung der Ergebnisse der ersten PISA-Studie im Jahr 2001 entflammte in

Deutschland eine Diskussion über die bestehenden Bildungsangebote für Kinder und Jugendliche, wobei vor allem die bildungspolitische Bedeutung der Familie belegt wurde. Bildung wurde im Zuge dessen als familiale Leistung re-definiert und die Familie als strategischer Lernort wieder entdeckt (vgl. Lange 2007). Die empirischen Erkenntnisse verweisen auf die Bedeutung der Herkunftsfamilie für Bildungschancen und -abschlüsse der nachwachsenden Generation. Familie stellt die wichtigste Bedingung und wirksamste Grundlage – im Hinblick auf das in der Familie vorhandene kulturelle und soziale Kapital – für schulische Bildungsprozesse der nachwachsenden Generation dar. Um die hohe Bedeutung der Familie bezüglich kindlicher Bildungsprozesse zu veranschaulichen, wählt Jurczyk (2011) die Beschreibung von Familie als „Basislager", von dem aus vielfältige Bildungsorte aufgesucht werden, wobei die privaten Bildungsleistungen der Familie immer auch „Rückkopplungseffekte" auf andere Bildungsleistungen inne haben. In diesem Kontext ist zu berücksichtigen, dass Zugänge zur Bildung in den jeweiligen familialen Lebenskontexten ungleich verteilt sein können (vgl. ebd.). „Je nach Passung zu anderen Orten kulturellen Lernens wie Schule, Peers oder Medien produziert die Familie im Zuge ihrer Reproduktion soziale Ungleichheit in der nächstfolgenden Generation mit" (Ecarius und Wahl 2009, S. 16), dabei nimmt die Bildung einen sehr hohen Stellenwert ein (vgl. Szydlik 2007). Familie und die soziale Struktur sind eng miteinander verwoben. Wesentliche Dimensionen der Sozialstruktur, wie z. B. Bildung, Einkommen, Beruf, Sozialmilieus und Lebensläufe, haben Einfluss auf Familien, welche wiederum ebenfalls auf diese einwirken. Veränderungen in familialen Beziehungsgefügen bedingen häufig auch sozialstrukturelle Wandlungsprozesse, beispielsweise bei Geburten, Hochzeiten oder Scheidungen (vgl. ebd.). „Sie [die Familie, d. Verf.] ist der ursprüngliche und begleitende Ort der Bildung von Humanvermögen. Sie wirkt sich auch auf die Wahl der Schulform und auf den Schulerfolg aus. Die Familie ist der Ausgangspunkt für außerfamiliale Bildungsprozesse der Kinder. Daher ist eine enge wechselseitige Zusammenarbeit zwischen Familie und Schule, sowie zwischen Kindertagesstätten und weiteren Einrichtungen der Kinder- und Jugendhilfe dringend erforderlich" (Wissenschaftlicher Beirat für Familienfragen 2002). Bildungsorte von Minderjährigen sind gegenwärtig vielfältig und miteinander verflochten. Die sozialerzieherische Funktion der Schule erlangt insbesondere durch den Ausbau der Ganztagsschulen an Bedeutung (vgl. Holtappels 2012). Laut des Bildungsberichts 2012 sind inzwischen mehr als die Hälfte aller Schulen Ganztagsschulen. Aufgrund der zunehmenden Erwerbstätigkeit von Eltern kann die Ganztagsschule in ihrer Notwendigkeit, auch im Hinblick auf eine erzieherische Unterstützung von Familien, z. B. bei Hausaufgaben und Erziehungsproblemen, begründet werden (vgl. ebd.). „Ganztagsschulen erleichtern die Vereinbarkeit von Beruf und Familie" (ebd., S. 221).

Unumstritten ist, dass die Vereinbarkeit von Familien- und Erwerbsarbeit[7] in der modernen Dienstleistungsgesellschaft für viele Familien – Mütter und Väter – span-

---

7 Auf diesen Aspekt wird ausführlich in Abschnitt VII eingegangen.

nungsvoll ist (vgl. Lüscher 2012). Der gesetzlich im Kinder- und Jugendhilferecht
verankerte Ausbau der *Kindertagesbetreuung* ist u. a. auf familienpolitische Bemühungen, eine bessere Vereinbarkeit von Familie und Beruf zu erreichen[8], aber auch
bildungspolitische und -ökonomische Reformbemühungen zurückzuführen, welche
den Zusammenhang von früher Förderung und Bildung und dem weiteren Bildungs-
verlauf als Ausgangspunkt ihrer Strategien nehmen. Anvisiert ist, dass die Versorgungsquote der unter 3-Jährigen bis zum Jahr 2013 bei 35 % liegen soll. Ferner gilt ab
2013 ein Rechtsanspruch auf Betreuungsangebote ab dem vollendeten ersten Lebensjahr. „Das Thema Kindertagesbetreuung hat in den letzten Jahren eine bemerkens-
werte Karriere durchlaufen" (Rauschenbach 2011, S. 160). Offensichtlich ist die institutionelle Form der frühkindlichen Bildung, Betreuung und Erziehung mittlerweile
immer mehr zu einer Selbstverständlichkeit geworden. Der Bildungsbericht bestätigt,
dass der Besuch einer Kindertageseinrichtung bzw. die Inanspruchnahme einer Kindertagespflege für die 3- bis 6-Jährigen nahezu zur Regel geworden ist. Die Quote der
Teilnahme liegt trotz der Freiwilligkeit der Nutzung der Angebote bei 94 % und auch
bei den unter 3-Jährigen ist diese auf 23 % bundesweit gestiegen (vgl. Autorengruppe
Bildungsberichterstattung 2012). Während vor drei bis vier Jahrzehnten die Kindererziehung noch reine Privatsache war, findet die frühe Kindheit heute zunehmend
in öffentlichen Einrichtungen statt. Die institutionelle Kindertagesbetreuung ist somit zur Normalität in der kindlichen Biographie geworden (vgl. Rauschenbach 2011).
Die Übernahme von Leistungen, die vormals originär der Familie zugewiesen wurden, durch öffentliche Institutionen kann mit dem Begriff der De-Familialisierung
beschrieben werden (vgl. Oelkers 2012). Es kann eine zunehmende Sozialpädagogisierung im Sinne einer steigenden Bereitstellung sozialpädagogischer Betreuungs-
und Bildungseinrichtungen für Kinder im Zuge des Ausbaus der Angebote markiert
werden. Diese De-Familialisierungsprozesse finden ihren Ausdruck in dem gewandelten Verhältnis zwischen privater und öffentlicher Verantwortung. Damit ist nicht
nur die Reduktion familialer Abhängigkeiten und Zwänge gemeint, sondern auch die
Befreiung von Familien bezüglich ihrer Betreuungspflichten sowie eine verbesserte
Ermöglichung, Familie und Beruf miteinander zu vereinbaren (vgl. ebd.).

Wie bereits erörtert stellt *Erziehung* einen der zentralsten Leistungsaspekte von
Familie dar, welche jedoch zunehmend ihre Monopolstellung einbüßt (vgl. BMFSFJ
2005). Die Orte der Erziehung pluralisieren sich, andere bedeutende Instanzen wer-
den zu integralen Bestandteilen der Lebenswelten Minderjähriger und reduzieren die
Einflussnahme von Familien. Dennoch bleibt diese für die Mehrheit der Kinder und
Jugendlichen der zentrale Ort des Aufwachsens (vgl. BMFSFJ 2002; BMFSFJ 2005;
Böllert 2003). Familien begleiten die basale Entwicklung von Kindern, auch wenn
sie in einigen Bereichen vermehrt nur noch indirekt Einfluss auf deren Sozialisation

---

8   Familienpolitisch von Bedeutung ist, dass eine hohe Erwerbstätigenquote von Frauen sowie eine ad-
      äquate infrastrukturelle Kinderbetreuung mit einer Steigerung der Geburtenrate einhergehen (vgl.
      Jurczyk 2010).

nehmen (vgl. Böhnisch et al. 2009). In den vergangen Jahrzehnten hat sich ein ver-
mehrter Unterstützungsbedarf von Familien entwickelt (vgl. BMFSFJ 2002), der u. a.
zu dem gesetzlich legitimierten Ausbau der Kindertagesbetreuung beigetragen hat.
Bereits die Sachverständigenkommission des Elften Kinder- und Jugendberichtes fordert eine gemeinsame – sowohl private als auch öffentliche – Verantwortung für das
Aufwachsen von Kindern (vgl. ebd.). Aufgrund gewandelter gesellschaftlicher sowie
sozialpolitischer Verhältnisse und damit einhergehender Belastungen und Unsicherheiten macht – wie bereits im Hinblick auf den Ausbau der Kindertagesbetreuung
aufgezeigt – eine „Normalisierung der Sozialpädagogik [...] vor den Familien kaum
Halt, eine enge Verknüpfung zwischen diesen und den professionellen Pädagoginnen und Pädagogen deutet sich als Normalfall an" (Winkler 2012, S. 144). Familien
sind aufgrund der Modernisierungsprozesse und damit einhergehender struktureller Überforderungen gegenwärtig immer häufiger auf Hilfe von außen angewiesen
(vgl. Böllert und Otto 2012). Bereits im Elften Kinder- und Jugendbericht wird beschrieben, dass Familien einen gesteigerten Unterstützungs- und Hilfebedarf aufweisen. Die gewandelten Anforderungen können nicht von allen Familien aus eigener
Kraft wie selbstverständlich gemeistert werden (vgl. BMFSFJ 2002). „Das Risiko der
Familie wächst, an ihrem Erziehungsauftrag zu scheitern. Der Verlust an individuellen Orientierungen gepaart mit prekären sozioökonomischen Voraussetzungen stellt
für alle Familien eine enorme Herausforderung dar, für manche auch eine Überforderung, an der sie scheitern" (Böllert 2003, S. 52). Die Inanspruchnahme von Hilfen
zur Erziehung kann auch als Ausdruck verschlechterter sozioökonomischer Lebenslagen von Familien und deren Bedeutungen für das Erziehungsgeschehen in Familien verstanden werden (vgl. Böllert 2012, S. 8).

VI   Familien in prekären Verhältnissen

Derzeit ist eine Gleichzeitigkeit von zunehmendem Wohlstand und einer Verschärfung sozialer Ungleichheit in der Gesellschaft zu verzeichnen, welche an die Öffnung
einer Schere erinnert. Die ökonomischen und gesellschaftlichen Veränderungen der
vergangenen Jahrzehnte bedingen, insbesondere für Familien, eine Verschlechterung
ihrer ökonomischen Lebenssituationen (vgl. BMFSFJ 2004). „Das Risiko, in ökonomisch prekäre Lebenslagen abzugleiten, nimmt aufgrund von Veränderungen der
Erwerbs- und Einkommensstrukturen zu. Diese beeinflussen auch den Alltag von
Kindern, ihre Erfahrungen und Handlungsoptionen in verschiedener Weise" (Walper
und Riedel 2011, S. 13). Fakt ist, dass die sozioökonomische Situation eng mit der familialen Lebensform und der Anzahl sowie dem Alter der Kinder verknüpft ist (vgl.
BMFSFJ 2005). Dennoch ist festzuhalten, dass Familien nicht per se in der Einkommensverteilung gegenüber kinderlosen Singles oder Paaren benachteiligt sind. Familien sind vielfältig und differenzieren sich in ihrer Armutsgefährdung (vgl. Lange
2011).

Die Infantilisierung von Armut verweist auf die überdurchschnittliche Betroffenheit von Kindern durch die relative Einkommensarmut der Eltern (vgl. BMFSFJ 2006). Das Armutsrisiko für Kinder und Jugendliche steigt stetig an (vgl. Winkler 2012), sie sind einem überproportionalen Armutsrisiko ausgesetzt (vgl. Bertram und Bertram 2009). Jedes siebte Kind unter 15 Jahren lebt gegenwärtig von Hartz IV, in den neuen Bundesländern beläuft sich dieses Ausmaß auf jedes vierte Kind (vgl. Deutscher Paritätischer Wohlfahrtsverband 2012). Der Vorstand der Arbeitsgemeinschaft für Kinder- und Jugendhilfe hat anlässlich des 13. Kinder- und Jugendhilfetages formuliert, dass eine zunehmende Zahl von Kindern und Jugendlichen Prozessen der Prekarisierung und Marginalisierung ausgesetzt ist (vgl. AGJ 2008). Die Anzahl der Minderjährigen, die in definierter relativer Armut lebt, steigt seit Jahren. Hierbei ist von Bedeutung, dass nicht die Kinder arm sind, sondern die Familien, welche sich in belasteten Lebenslagen befinden und deren Situation Auswirkungen auf die Zukunftschancen der Kinder hat (vgl. Lutz 2004). Treffend formulieren Bertram und Bertram (2009, S. 185), dass „das ökonomische Potenzial der Eltern für ihre Kinder für lange Zeit die einzige Basis ist, an der soziokulturellen Entwicklung teilzuhaben". Einige familiale Lebensformen sind besonders von prekären Lebenslagen betroffen: Alleinerziehende, Familien mit beiden Elternteilen, welche keine Chance auf dem Arbeitsmarkt haben und Familien mit mehr als drei Kindern (vgl. ebd.). Winkler (2012, S. 110) konstatiert, dass Familie zunehmend zu einer „riskanten Angelegenheit" und die Familiengründung zu einem der „größten ökonomischen Lebensrisiken" werde.

Die zunehmenden prekären Lebenslagen familialer Lebenskontexte und die gewandelte Arbeitsmarktpolitik erfordern immer mehr eine Erwerbstätigkeit beider Elternteile bzw. machen diese zu einer ökonomischen Notwendigkeit (vgl. Jurczyk 2010), da nunmehr zwei Einkommen erforderlich sind, „um einen Haushalt mit Kindern ökonomisch einigermaßen in der Mitte der Gesellschaft zu halten" (Bertram und Bertram 2009, S. 187).

VII Vereinbarkeit von Familie und Beruf

Seit den frühen 1980er Jahren dominiert die Vereinbarkeit von Familie und Beruf den familienpolitischen Diskurs. Dabei steht vor allem der oben skizzierte Ausbau ganztägiger Betreuungsangebote im Mittelpunkt.[9] Insbesondere Frauen mit jüngeren und/oder mehreren Kindern haben Probleme, beide Bereiche miteinander zu vereinbaren (vgl. Böllert 2010). „Die klassische Kleinfamilie, bei der biologische und soziale Elternschaft zusammenfallen, kann nicht mehr ohne weiteres als Norm gesetzt

---

9   Neben dem Ausbau der Kindertagesbetreuung stellt familienpolitisch betrachtet das Elterngeld
    einen elementaren Beitrag zur Verbesserung der Vereinbarkeit von Familie und Beruf dar. Das Elterngeld wird 12 bzw. 14 Monate gewährt und soll einen Ausgleich für die Einkommensverluste
    durch die Kleinkindbetreuung darstellen. Bis zu 67 % des wegfallenden Einkommens beträgt das Elterngeld, der Mindestbetrag liegt bei 300 Euro.

werden, sodass auch die Selbstverständlichkeiten, die sich hinter dieser Norm verbergen – etwa in Bezug auf Rollenbilder oder familiäre Arbeitsteilung – nicht mehr ohne weiteres verallgemeinerbar sind" (BMFSFJ 2002, S. 124). Familie und Erwerbsarbeit sind eng und wechselseitig miteinander verbunden. Erwerbstätigkeit stellt die zentrale Existenzsicherung dar und hat sich aufgrund der gewandelten Arbeitsmodalitäten zu einem wesentlichen Einflussfaktor für das Leben von und in Familien entwickelt (vgl. Wirth und Schutter 2011). „Der Wandel der Erwerbsarrangements, hin zu räumlich und zeitlich, aber auch biografisch flexibleren Berufsbiografien trifft auf einen Wandel der Familien" (ebd., S. 29). Wie auch der Achte Familienbericht hervorhebt, geht es darum, zeitlich passgenaue Betreuungszeiten – verbunden mit Erziehungs- und Versorgungsaufgaben – zu schaffen und „Familien beim Spagat zwischen Familienaufgaben und Beruf noch besser unterstützen können" (BMFSFJ 2012, S. 2).

Im Jahr 2010 waren bundesweit bei der Hälfte der Minderjährigen beide Elternteile erwerbstätig. Mehrheitlich ist dabei das Modell zu verzeichnen, dass ein Elternteil in Vollzeit und ein Elternteil in Teilzeit der Erwerbstätigkeit nachgeht (75 %). Je jünger die Kinder und je höher der Betreuungsaufwand, desto häufiger gehen insbesondere die Mütter vorübergehend keiner Erwerbstätigkeit nach. Das Spannungsfeld der Vereinbarkeit von Familie und Beruf kommt insbesondere bei der familialen Lebensform der Ein-Eltern-Familien deutlich zum Tragen. Für das Jahr 2010 ist zu konstatieren, dass bei knapp 60 % der Minderjährigen dieser Familienform der alleinerziehende Elternteil berufstätig – zum größeren Anteil in Teilzeit – war (vgl. Statistisches Bundesamt 2011). Die Berufstätigkeit ist jedoch im Krippenalter der Kinder deutlich eingeschränkt. Alleinziehende Eltern sind besonders häufig auf sozialstaatliche Transferleistungen angewiesen. Im Jahr 2010 waren 33 % der Kinder von einem alleinerziehenden Elternteil davon betroffen, dass sozialstaatliche Transferzahlungen die Haupteinkommensquelle der Familie darstellen (vgl. ebd.). Dabei sind diese Kinder häufiger armutsgefährdet als solche aus Paarhaushalten. Insgesamt lag der Anteil armutsgefährdeter Kinder für 2010 bei 15 % (vgl. ebd.).

VIII Familiale Zeitarrangements

Der Achte Familienbericht, welcher sich zentral mit der Bedeutung von Zeitpolitik für Familie auseinandersetzt, betont die Wichtigkeit von Zeitressourcen in Bezug auf familiale Lebensarragements und die Stärkung familialer Zeitsouveränität. Die Erwerbstätigkeit – und daneben die Öffnungszeiten von kinderbetreuenden und -bildenden Institutionen – stellt einen der bedeutsamsten „externen Taktgeber" für die Zeitgestaltung von Familien dar. Diese stehen insbesondere dann vor enormen Herausforderungen, wenn eine kontinuierliche Betreuung von Kindern gewährleistet werden muss (vgl. BMFSFJ 2012). Familien mit ihren Fürsorgebeziehungen erfordern eine eigene Zeitlogik, denn ihre Intimität und Emotionalität und die damit verbundene Sorge und Fürsorge sind nicht beliebig zeitlich steuerbar, sondern widersetzen sich meist einer gezielten Organisation. Die familiale Zeitlogik steht in einem Spannungsverhältnis zur Logik des gesellschaftlichen Wachstums, die nach Schnelligkeit, Flexibilität und Mobilität verlangt (vgl. King und Busch 2012). Die gegenwärtigen „Metronome des Alltags" sind noch an der fordistischen Konstruktionslogik, dem Modell der klaren Trennung von Beruf und Familie, von weiblicher Hausarbeit und männlicher Erwerbstätigkeit mit Normalarbeitszeiten, ausgerichtet und werden demnach den gewandelten sowie vielfältigen familialen Lebensrealitäten nicht gerecht (vgl. BMFSFJ 2006). Einen wesentlichen Gesichtspunkt bezüglich der derzeit vorherrschenden Unvereinbarkeit von Familie und Beruf stellt die „Nicht-Passung von Zeitstrukturen" dar (vgl. Honig 2006).

Da die Erwerbstätigkeit von Müttern zugenommen hat[10], sind auch immer mehr Kinder und Jugendliche in ihren familialen Lebenskontexten von den Arbeitsarrangements und -zeiten der Eltern betroffen, die dann wiederum mit lokalen institutionellen Betreuungssettings in Einklang gebracht werden müssen (vgl. Lange 2006). Familien benötigen gemeinsame Zeit, um sich als Familie immer wieder im Alltäglichen herzustellen und zu (er-)leben, im Sinne eines ‚doing familiy'. Familie – verstanden als zentraler Erziehungs- und Bildungsort von Kindern und Jugendlichen – setzt voraus, dass genügend zeitliche Ressourcen zur Verfügung stehen. An dieser Stelle ist ein deutlicher Entwicklungsbedarf im Hinblick auf verlässliche, flexible sowie familienfreundliche Zeitstrukturen der öffentlichen Erziehungs- und Bildungsinstitutionen sowie des Arbeitsmarktes zu beanstanden. „Kinder und ihre Eltern sind [...] existenziell angewiesen auf eine vorausschauende Gesellschaftspolitik, die es erlaubt, über das notwendige Tagesgeschäft der Routinen der Lebensführung hinaus individualitäts- und identitätsstiftende Zeitareale zu schaffen" (ebd., S. 140). Folgen veränderter Zeitstrukturen sind, dass Familien zunehmend in Zeitnot geraten, da erwerbstätige Eltern nicht immer in dem Ausmaß am Familienleben teilnehmen können, wie sie das eigentlich möchten. Das führt dann häufig zu Schuldgefühlen gegenüber den Kindern, diese wiederum leiden unter dem Zeitmangel ihrer Eltern und den Unwägbarkeiten im Hinblick auf die gemeinsame Familienzeit. Zeitnöte von Familien sind stets auch mit sozialen Ungleichheiten verknüpft, im Sinne unterschiedlicher Zugänge zu ökonomischen, sozialen und kulturellen Ressourcen sowie ungleichen Geschlechterverhältnissen (vgl. King und Busch 2012).

---

10 Im internationalen Vergleich weist Deutschland jedoch den größten Anteil nicht erwerbstätiger Mütter auf (vgl. Jurczyk 2010; Böllert 2010).

IX   Veränderte Mutter- und Vaterrollen in familialen Lebenskontexten

Die zunehmende Einbindung von Frauen in das Erwerbsleben hat dazu geführt, dass sie sowohl in sozialer als auch ökonomischer Hinsicht nicht mehr zwingend von einem männlichen Versorger abhängig ist. Dieses neue Selbstverständnis der Frau ist nicht mehr unbedingt mit dem Modell der bürgerlichen Kleinfamilie vereinbar (vgl. Huinink 2008) und hat u. a. zu der Pluralisierung familialer Lebensformen beigetragen. Trotz bedeutender Transformationsprozesse übernehmen Frauen – wie bereits angedeutet – in der Kinderphase in traditioneller Art und Weise weiterhin die Rolle der Erziehung und Pflege der Kinder. Somit sind sie während der Kinderphase meist einer Doppelbelastung von Erwerbstätigkeit und Kindererziehung ausgesetzt (vgl. Liegle 2005; Lenz 2002). Wie beschrieben verändert sich die Erwerbstätigenquote von Müttern deutlich in Abhängigkeit vom Alter des jüngsten Kindes. „Teilzeittätigkeit ist nach wie vor Frauendomäne" (Statistische Bundesamt 2008, S. 15). 73 % der Mütter im erwerbsfähigen Alter waren im Jahr 2007 in Teilzeit beschäftigt. Im Vergleich dazu lag diese Quote bei den Vätern im selben Jahr, je nach Alter des jüngsten Kindes, bei 5 bis 7 % (vgl. ebd.).

Mit dem Wandel der Frauenrolle und den damit verbundenen Frauenbewegungen haben sich auch veränderte Erwartungshaltungen und Forderungen an die Vaterrolle ergeben. Insbesondere die wachsende weibliche Erwerbsbeteiligung hat der bis dahin dominanten männlichen Ernährerrolle ein Stück weit seine Legitimation entzogen. Der Mann ist immer weniger der Alleinernährer, allerdings in der Mehrzahl der Haushalte noch der Haupternährer (vgl. Meuser 2012). Zwar ist die Rede von den „neuen Vätern" dennoch bleibt die Mutter weiterhin die Hauptverantwortliche für die Pflege und Erziehung der Kinder sowie die Organisation des Alltags (vgl. BMFSFJ 2006; Nave-Herz 2007; Beck-Gernsheim 2008). „Wenn gegenwärtig von ‚neuen Vätern' die Rede ist, dann wird das Neue darin gesehen, dass diese Väter ein Verständnis von Vaterschaft entwickeln (und mitunter auch praktizieren), das sich mehr oder minder radikal von der Bestimmung des Vaters im Rahmen des Modells der sog. bürgerlichen Kleinfamilie unterscheidet" (Meuser 2012, S. 64). Als charakteristische Merkmale der „neuen Väter" werden die zunehmende Präsenz, die Involviertheit in Familie und das wachsende Engagement in der familialen Binnenwelt erachtet (vgl. Strohmeier und Schultz 2005). Empirische Befunde zeigen auf, dass auch in der Gegenwart eine stabile finanzielle Situation sowie eine verlässliche Partnerschaft die wesentlichen Voraussetzungen für eine Vaterschaft bedeuten. Das klassische Ernährermodell ist auch heute noch in den Köpfen verankert. Trotz dieser traditionellen Rollenorientierung verfügen Männer – wie oben bereits angedeutet – über moderne Auffassungen von Vaterschaft: Neben der Verantwortung, die Familie als Vater ökonomisch abzusichern, geht es für sie auch um eine vermehrte Einbindung in die Betreuung der Kinder. Allerdings darf das familiale Engagement nicht zulasten des Berufs gehen (vgl. Bertelsmann Stiftung 2008). Derzeit ist noch eine gewisse

‚Kluft' zwischen den Einstellungen junger Väter, die sich eine stärkere Involviertheit in die Familie wünschen, und einer tatsächlichen väterlichen Praxis, welche tradierten Geschlechternormen folgt, zu erkennen (vgl. Meuser 2012). Festzuhalten ist, dass bis dato noch nicht von einem Wandel der Vaterrolle gesprochen werden kann, der vergleichbar mit dem der Mutterrolle ist, da Väter auch weiterhin primär in der Verpflichtung stehen, für die materielle Sicherheit der Familie zu sorgen und erst sekundär langsam für die Rolle des Erziehers verpflichtet werden (vgl. Nave-Herz 2007).

Trotz der Veränderungen bezüglich der Mutter- und Vaterrolle im Vergleich zur Mitte des vorangehenden Jahrhunderts ist anzumerken: „Die Praxis der heutigen Familie wird nach wie vor durch ein tradiertes Rollenverständnis geprägt, indem Mann und Frau innerhalb der Familie bestimmte Rollen für sich übernehmen und sich entsprechend der gesellschaftlichen Erwartungen verhalten" (BMFSFJ 2012, S. 118). Es ist weiterhin eine dominante Form geschlechtsspezifischer Arbeitsteilung auszumachen. Empirisch ist belegt, „dass kleinere Kinder in Familien immer noch mit einer Hausfrauentätigkeit einhergehen und mit wachsendem Alter der Kinder diese durch eine Teilzeitbeschäftigung der Frauen und Mütter ergänzt wird" (Böllert 2010, S. 104). Studien zeigen ferner auf, dass traditionale Muster geschlechtsspezifischer Rollenverteilung mit der Geburt des ersten Kindes zunehmen und sich im Laufe der Zeit stabilisieren (vgl. Peuckert 2007; Schulz und Blossfeld 2010). Mütter stehen gegenwärtig vor der Herausforderung, die traditionelle Rolle der Mutter und Hausfrau mit der Rolle der berufstätigen Frau in Einklang zu bringen (vgl. Böllert 2010). Die Entwicklungen lassen sich folgendermaßen charakterisieren: Es hat sich ein massiver Umbruch im Hinblick auf die Geschlechterrollen ereignet, der jedoch eindeutig im weiblichen Lebenszusammenhang zum Ausdruck kommt (vgl. Lenz 2002).

X   Fazit

Kinder, Jugendliche und ihre Eltern sind herausgefordert, sich mit Anforderungen der widersprüchlichen Modernisierung, beispielsweise der Ökonomisierung von Gesellschaft sowie Individualisierungs- und Entgrenzungsprozessen, in dem Sinne auseinanderzusetzen, dass die derzeitige Situation als ein „Verlust der Selbstverständlichkeit von Familie(n)" (Lange 2007, S. 240) interpretiert werden kann. Familien „entgrenzen" sich auf der Ebene der Verständnisse, der Strukturen und des Alltags (vgl. ebd.). Wird der soziale Wandel mit dem Topos der „Entgrenzung" versehen, verweist dies auf „die zunehmende Brüchigkeit bis dahin sicherer (oder zumindest für sicher gehaltener) struktureller Ab- und Be-Grenzungen von Sphären der Gesellschaft und des persönlichen Lebens" (Jurczyk 2010, S. 161). Markante Entgrenzungen sind bezüglich der Geschlechterrollen sowie im Hinblick auf die zeitliche und räumliche Vereinbarkeit von Arbeiten und Leben, die von einer Verdichtung der Erwerbsarbeit und dem Wandel der Familienformen begleitet werden, auszumachen. Neben dem Gewinn neuer Optionen gehen damit jedoch auch Probleme der Orientierung und Neuordnung im Alltäglichen und familialen Miteinander einher. Aufgrund dieser Entwicklungen stehen familiale Lebenskontexte vor besonderen Herausforderungen, gemeinsame Familienzeit zu erlangen und zu leben (vgl. ebd.). Resultat ist, dass „Familie oft in den Zeitlücken der Erwerbsarbeit gelebt werden muss" (ebd., S. 61). „In einer so beschaffenen Welt sind die Bedürfnisse von Kindern ein Hemmschuh" (Beck-Gernsheim 2008, S. 28). Die Herstellung gemeinsamer Familienzeit, die eine permanent zu erbringende Leistung von Familien bedeutet, bleibt somit nicht frei von Widersprüchen (vgl. Lange 2007).

Familie bzw. familiale Lebenskontexte verkörpern keine überzeitlichen Konstanten, sondern werden in ihrer Form, Struktur sowie dem alltäglichen Miteinander maßgeblich von kulturellen und sozialstrukturellen Wandlungsprozessen geprägt (vgl. Lenz 2002; Busse und Helsper 2007; Hill und Kopp 2006). Das Aufwachsen von Kindern und Jugendlichen in familialen Lebenskontexten ist vielfältig, unterliegt sozialen Ungleichheiten sowie einem generellen sozialen Wandel. Die gemeinsame Zeit von und in Familien stellt gegenwärtig den Dreh- und Angelpunkt familien-, und sozialpolitischer Strategien dar. Denn unumstritten gilt, wer nicht entsprechende Zeitressourcen für ein familiales Miteinander, dem subjektiven Erleben und der Herstellung von Familie im Sinne eines ‚doing family' zur Verfügung hat, der wächst zunehmend weniger in familialen Lebenskontexten, sondern vermehrt in institutionellen Settings auf.

Familien, in denen Kinder und Jugendliche zu Beginn des 21. Jahrhunderts aufwachsen, können nicht einheitlich beschrieben und erfasst werden, sondern sind stets im Hinblick auf ungleich verteilte strukturelle sowie kulturelle Zugangschancen zu reflektieren. Familien als zentrale Orte des Aufwachsens von Kindern ermöglichen und verhindern soziale Teilhabechancen der nachwachsenden Generationen. Aufgabe der Kinder- und Jugendhilfe ist es, soziale Ungleichheiten offen zu legen, zu thematisieren sowie abzubauen, damit Kinder und Jugendliche zu eigenverantwortlichen und gemeinschaftsfähigen Gesellschaftsmitgliedern heranwachsen können.

Literatur

Arbeitsgemeinschaft für Jugendhilfe (AGJ). (2008). *Gerechtes Aufwachsen ermöglichen! Kinder- und jugendpolitisches Leitpapier der Arbeitsgemeinschaft für Kinder- und Jugendhilfe – AGJ anlässlich des 13. Deutschen Kinder- und Jugendhilfetages – Vorstand der AGJ im Februar 2008*. Berlin: AGJ.

Autorengruppe Bildungsberichterstattung (2012). *Bildung in Deutschland 2012. Ein indikatorengestützter Bericht mit einer Analyse zur kulturellen Bildung im Lebenslauf.* http://www.bildungsbericht.de/daten2012/bb_2012.pdf. Zugegriffen: 13. August 2012.

Barabas, K. F., & Erler, M. (2002). *Die Familie. Lehr- und Arbeitsbuch für Familiensoziologie und Familienrecht*, 2., völlig üb. u. erw. Aufl. Weinheim u. München: Juventa Verlag.

Beck, U. (1986). *Risikogesellschaft. Auf dem Weg in eine andere Moderne.* Frankfurt a. M.: Suhrkamp Verlag.

Beck-Gernsheim, E. (2006). *Die Kinderfrage heute. Über Frauenleben, Kinderwunsch und Geburtenrückgang.* München: Beck Verlag.

Bertelsmann Stiftung (Hrsg). (2008). *Null Bock auf Familie? Der schwierige Weg junger Männer in die Vaterschaft.* Gütersloh: Verlag Bertelsmann Stiftung.

Bertram, H. (2009). Zur Zukunft der Familie. Von der neolokalen Gattenfamilie zur multilokalen Mehrgenerationenfamilie. In C. Beckmann, H.-U. Otto, M. Richter & M. Schrödter (Hrsg), Neue Familialität als Herausforderung der Jugendhilfe. *neue praxis,* Sonderheft 9, (S. 15–30).

Bertram, H., Bertram, B. (2009). *Familie, Sozialisation und die Zukunft der Kinder.* Opladen & Farmington Hills: Verlag Barbara Budrich.

Böhnisch, L., & Lenz K. (1999). Zugänge zu Familien – ein Grundlagentext. In L. Böhnisch & K. Lenz (Hrsg), *Familien. Eine interdisziplinäre Einführung. Dresdner Studien zur Erziehungswissenschaft und Sozialforschung,* 2., korr. Aufl. (S. 9–63). Weinheim und München: Juventa Verlag.

Böhnisch, L., Lenz, K., & Schröer, W. (2009). *Sozialisation und Bewältigung. Eine Einführung in die Sozialisationstheorie der zweiten Moderne.* Weinheim und München: Juventa Verlag.

Böllert, K. (2003). Kindheit aus pädagogischer Sicht – oder wo lassen Sie ihr Kind erziehen? In Institut für soziale Arbeit e. V. (Hrsg.), *ISA – Jahrbuch zur Sozialen Arbeit 2003* (S. 41–57). Fulda: Fuldaer Verlagsagentur.

Böllert, K. (2010). Frauen in Familienverhältnissen: Zur Vereinbarkeit von Familie und Beruf. In K. Böllert & N. Oelkers (Hrsg.), *Frauenpolitik in Familienhand? Neue Verhältnisse in Konkurrenz, Autonomie oder Kooperation* (S. 99–110). Wiesbaden: VS Verlag für Sozialwissenschaften.

Böllert, K. (2012). Aktuelle Herausforderungen für die Kinder- und Jugendhilfe. Interview. *Forum Jugendhilfe,* Heft 2/2012, (S. 5–9).

Böllert, K., & Otto, H. U. (2012). Familie: Elternhaus, Familienhilfen, Familienbildung. H. H. Krüger & T. Rauschenbach (Hrsg.), *Einführung in die Arbeitsfelder des Bildungs- und Sozialwesens.* 5., erw. und akt. Aufl. (S. 17–34). Opladen & Toronto: Verlag Barbara Budrich.

Böllert, K., & Oelkers, N. (2010). Einleitung: Frauenpolitik in Familienhand? In K. Böllert & N. Oelkers (Hrsg.), *Frauenpolitik in Familienhand? Neue Verhältnisse in Konkurrenz, Autonomie oder Kooperation* (S. 7–14). Wiesbaden: VS Verlag für Sozialwissenschaften.

Bois-Reymond, M. du (1994). Die moderne Familie als Verhandlungshaushalt. Eltern-Kind-Beziehungen in West- und Ostdeutschland und in den Niederlanden. In M. du Bois-Reymond, P. Büchner, H. H. Krüger, J. Ecarius & B. Fuhs (Hrsg), *Kinderleben. Modernisierung von Kindheit im interkulturellen Vergleich* (S. 137–220). Opladen: Leske + Budrich.

Büchner, P. (2011). Kapitel 3: Familie als Bildungsinstanz. In H. Macha & M. Witzke (Hrsg.), *Familie. Handbuch der Erziehungswissenschaft 5* (S. 153–176). Paderborn: Ferdinand Schöningh.

Bundesministerium für Familie, Senioren, Frauen und Jugend (Hrsg.), (2002). Elfter Kinder- und Jugendbericht. http://www.bmfsfj.de/doku/kjb/data/download/11_Jugend bericht_gesamt.pdf. Zugegriffen: 08. September 2008

Bundesministerium für Familie, Senioren, Frauen und Jugend (Hrsg.). (2004). *Handbuch Sozialpädagogische Familienhilfe.* 5. Aufl. Baden-Baden: Nomos-Verlag.

Bundesministerium für Familie, Senioren, Frauen und Jugend (Hrsg.). (2005). 12. Kinder- und Jugendbericht. http://www.bmfsfj.de/doku/kjb/. Zugegriffen: 08. September 2008.

Bundesministerium für Familie, Senioren, Frauen und Jugend (Hrsg.). (2006). *Familie zwischen Flexibilität und Verlässlichkeit. Perspektiven für eine lebenslaufbezogene Familienpolitik. 7. Familienbericht.* Baden-Baden.

Bundesministerium für Familie, Senioren, Frauen und Jugend (Hrsg.). (2012). Zeit für Familie. Familienzeitpolitik als Chance einer nachhaltigen Familienpolitik. Achter Familienbericht. http://www.bmfsfj.de/RedaktionBMFSFJ/Abteilung2/Pdf-Anlagen/ Achter-familienbericht,property=pdf,bereich=bmfsfj,sprache=de,rwb=true.pdf. Zugegriffen: 10. August 2012.

Busse, S., & Helsper, W. (2007). Familie und Schule. In J. Ecarius (Hrsg.), *Handbuch Familie* (S. 321–341). Wiesbaden: VS Verlg für Sozialwissenschaften.

Brake, A., & Büchner, P. (2007). Großeltern in Familien. In J. Ecarius (Hrsg.), *Handbuch Familie* (S. 199–219). Wiesbaden: VS Verlg für Sozialwissenschaften.

Deutscher Paritätischer Wohlfahrtsverband (2012). Aufruf Kinder verdienen mehr! Kinderarmut überwinden – Kindern und Jugendlichen Teilhabe ermöglichen. *Forum Jugendhilfe,* Heft 2/2012., (S. 49–50).

Ecarius, J. (2002). *Familienerziehung im historischen Wandel. Eine qualitative Studie über Erziehung und Erziehungsfragen von drei Generationen.* Opladen: Leske + Budrich.

Ecarius, J. (2007). Familienerziehung. In J. Ecarius (Hrsg.), *Handbuch Familie* (S 137–156). Wiesbaden: VS Verlag für Sozialwissenschaften.

Ecarius, J., & Wahl, K. (2009). Bildungsbedeutsamkeit von Familie und Schule. Familienhabitus, Bildungsstandards und soziale Reproduktion – Überlegungen im Anschluss an Pierre Bourdieu. In J. Ecarius, C. Groppe & H. Malmede (Hrsg.), *Familie und öffentliche Erziehung. Theoretische Konzeptionen, historische und aktuelle Analysen* (S. 13–34). Wiesbaden: VS Verlag für Sozialwissenschaften.

Ecarius, J., & Köbel, N. (2012). Aktuelle Familienformen. In U. Sandfuchs, W. Melzer, B. Dühlmeier & A. Rausch (Hrsg.), *Handbuch Erziehung* (S. 316–323). Bad Heilbronn: Verlag Julius Klinkhardt.

Fuchs, T. (2012). Familienerziehung. In U. Sandfuchs, W. Melzer, B. Dühlmeier & A. Rausch (Hrsg.), *Handbuch Erziehung* (S 323–327). Bad Heilbronn: Verlag Julius Klinkhardt.

Fuhs, B. (2010). Kindheit und mediatisierte Freizeitkultur. In H. H. Krüger & C. Grunert (Hrsg.), *Handbuch Kindheits- und Jugendforschung*, 2., akt. und erw. Aufl. (S. 711–726). Wiesbaden: VS Verlag für Sozialwissenschaften.

Grundmann, M., & Hoffmeister, D. (2011). Familie als interaktions- und Beziehungs-geflecht. Zum Wandel der Familie als Erziehungsinstanz. In H. Macha & M. Witzke (Hrsg.), *Familie. Handbuch der Erziehungswissenschaft*, 5. Studienausgabe (S. 193–213). Paderborn: Verlag Ferdinand Schöningh.

Grunert, C. (2010). Methoden und Ergebnisse der qualitativen Kindheits- und Jugend-forschung. In H. H. Krüger & C. Grunert (Hrsg.), *Handbuch Kindheits- und Jugend-forschung*, 2., akt. u. erw. Aufl. (S. 245–272). Wiesbaden: VS Verlag für Sozialwissen-schaften.

Hamburger, F., & Hummrich, M. (2007). Familie und Migration. In J. Ecarius (Hrsg.), Handbuch Familie (S. 112–134). Wiesbaden: VS Verlag für Sozialwissenschaften.

Hansbauer, P. (2006). Vom Niedergang der Familie und anderen Abgesängen. Anmer-kungen zum aktuellen Krisendiskurs aus familiensoziologischer Sicht. *Zeitschrift für Kindschaftsrecht und Jugendhilfe*, Heft 1, (S. 18–24).

Holtappels, HG. (2012). Ganztagsschule. In U. Sandfuchs, W. Melzer, B. Dühlmeier & A. Rausch (Hrsg.), *Handbuch Erziehung* (S. 218–221). Regensburg: Klinkhardt Verlag.

Hill, P. B., & Kopp, J. (2006). *Familiensoziologie. Grundlagen und theoretische Perspekti-ven. Studienskripte zur Soziologie.* 4., üb. Aufl. Wiesbaden: VS Verlag für Sozialwis-senschaften.

Honig, M. S. (2006). An den Grenzen der Individualisierung. Die Vereinbarkeit von Fa-milie und Beruf als sozialpädagogisches Thema. *neue praxis*, 36. JG., Heft 1, (S. 25–36).

Huinink, J. (2008). Familie: Konzeption und Realität. *Information zur politischen Bildung. Familie und Familienpolitik*, Nr. 301, (S. 4–14).

Jurczyk, K. (2010). Neue Familienpolitik und Geschlechterverhältnisse. Sozialpolitische Dimensionen als Leerstelle? In K. Böllert & N. Oelkers (Hrsg.), *Frauenpolitik in Fa-milienhand? Neue Verhältnisse in Konkurrenz, Autonomie oder Kooperation* (S. 57–78). Wiesbaden: VS Verlag für Sozialwissenschaften.

Jurczyk, K. (2011). Privatheit, Familie, Kindheit. Anmerkungen zu einem ambivalenten Verhältnis. In S. Wittmann, T. Rauschenbach & H. R. Leu (Hrsg.), *Kinder in Deutsch-land. Eine Bilanz empirischer Studien* (S. 82–95). Weinheim und München: Juventa Verlag.

Karsten, M. E., & Otto, H.-U. (1996). Einleitung: Die sozialpädagogische Ordnung der Fa-milien. In M. E. Karsten & H.-U. Otto (Hrsg.), *Die sozialpädagogische Ordnung der Fa-milie. Beiträge zum Wandel familialer Lebensweisen und sozialpädagogischer Interven-tionen*, 2., üb. Aufl. (S. 9–34). Weinheim u. München: Juventa Verlag.

Krätz-Nagl, R., & Mierendorff, J. (2007). Kindheit im Wandel. Annäherungen an ein komplexes Phänomen. *SWS-Rundschau*, 47. Jg., Heft 1/2007, (S. 3–25). http://www. sws-rundschau. at/archiv/SWS_2007_1_kraenzl-nagl_mierendorff.pdf. Zugegriffen: 03. September 2012.

King, V., & Busch, K. (2012). Widersprüchliche Zeiten des Aufwachsens – Fürsorge, Zeitnot und Optimierungsstreben in Familien. *Diskurs Kindheits- und Jugendforschung*, Heft 1/2012, (S. 7–23).

Lange, A. (2006). Arbeits- und Familienzeiten aus Kinderperspektive. In H. Bertram, H. Krüger & C. K. Spieß (Hrsg.), *Wem gehört die Familie der Zukunft? Expertisen zum 7. Familienbericht der Bundesregierung* (S. 125–144). Opladen: Verlag Barbara Budrich.

Lange, A. (2007). Kindheit und Familie. In J. Ecarius (Hrsg.), *Handbuch Familie* (S. 239–259). Wiesbaden: VS Verlag für Sozialwissenschaften.

Lange, A. (2011). Sozialer Wandel von Familie. Herausforderungen an Prozesse und Institutionen der Bildung. In R. Soremski, M. Urban & A. Lange (Hrsg.), *Familie, Peers und Ganztagsschule* (S. 27–41). Weinheim und München: Juventa Verlag.

Lenz, K. (2002). Familien. In W. Schröe, N. Struck & M. Wolff (Hrsg.), *Handbuch Kinder- und Jugendhilfe* (S. 147–176). Weinheim und München: Juventa Verlag.

Liegle, L. (2005), Familiale Lebensformen. In H.-U. Otto & H. Thiersch (Hrsg.), *Handbuch Sozialarbeit Sozialpädagogik*, 3. Aufl. (S. 508–520). München und Basel: Ernst Reinhardt Verlag.

Lüscher, K. (2012). Familie heute: Mannigfaltige Praxis und Ambivalenz. *Familiendynamik*, 37. Jg., Heft 3/2012, (S. 212–223).

Lutz, R. (2004). Kinder, Kinder...! Bewältigung familiärer Armut. *neue praxis*, 34. Jg., Heft, (S. 40–60).

Meuser, M. (2012). Vaterschaft im Wandel. Herausforderungen, Optionen, Ambivalenzen. In K. Böllert & C. Peter (Hrsg.), *Mutter + Vater = Eltern? Sozialer Wandel, Elternrollen und Soziale Arbeit* (S. 63–80). Wiesbaden: Springer VS.

Mierendorff, J., & Olk, T. (2010). Gesellschaftstheoretische Ansätze. In H. H. Krüger & C. Grunert (Hrsg.), *Handbuch Kindheits- und Jugendforschung* 2., akt. u. erw. Aufl. (S. 125–152). Wiesbaden: VS Verlag für Sozialwissenschaften.

Münchmeier, R. (2001). Lebens- und Problemlagen von Kindern, Jugendlichen und Familien als Bedingung für Hilfen zur Erziehung. In V. Birtsch, K. Münstermann & W. Trede (Hrsg.), *Handbuch Erziehungshilfen. Leitfaden für die Ausbildung, Praxis und Forschung* (S. 22–45). Münster: Votum Verlag.

Münchmeier, R. (2007). Jugend und Familie. In J. Ecarius, (Hrsg.), *Handbuch Familie* (S. 260–269). Wiesbaden: VS Verlag für Sozialwissenschaften.

Nave-Herz, R. (2004). Veränderte familiale Bedingungen des Aufwachsens von Kindern und Jugendlichen in Gegenwart und Zukunft. In K. Bock & W. Thole (Hrsg.), *Soziale Arbeit und Sozialpolitik im neuen Jahrtausend. Blickpunkte Sozialer Arbeit. Bd. 4* (S. 87–100). Wiesbaden: VS Verlag für Sozialwissenschaften.

Nave-Herz, R. (2006). *Ehe- und Familiensoziologie. Eine Einführung in Geschichte, theoretische Ansätze und empirische Befunde.* 2. Aufl. Weinheim und München: Juventa Verlag.

Nave-Herz, R. (2007). *Familie heute. Wandel der Familienstrukturen und Folgen für die Erziehung* 3., üb. u. erg. Aufl. Darmstadt: Wissenschaftliche Buchgesellschaft.

Nave-Herz, R. (2012). Familie im Wandel? – Elternschaft im Wandel?. In K. Böllert & C. Peter (Hrsg.), *Mutter + Vater = Eltern? Sozialer Wandel, Elternrollen und Soziale Arbeit* (S. 33–50). Wiesbaden: Springer VS.

Oelkers, N. (2007). *Aktivierung von Elternverantwortung. Zur Aufgabenwahrnehmung in Jugendämtern nach dem neuen Kindschaftsrecht.* Bielefeld: transcript Verlag.

Oelkers, N. (2009). Die Umverteilung von Verantwortung zwischen Staat und Eltern. Konturen post-wohlfahrtsstaatlicher Transformation eines sozialpädagogischen Feldes. In F. Kessl & H.-U. Otto (Hrsg.), *Soziale Arbeit ohne Wohlfahrtsstaat? Zeitdiagnosen, Problematisierungen und Perspektiven* (S. 71–86). Weinheim und München: Juventa Verlag.

Oelkers, N. (2012). Familialismus oder die normative Zentrierung der Normalfamilie. Herausforderung für die Kinder- und Jugendhilfe. In K. Böllert & C. Peter (Hrsg.), *Mutter + Vater = Eltern? Sozialer Wandel, Elternrollen und Soziale Arbeit* (S. 135–154). Wiesbaden: Springer VS.

Oelkers, N., & Richter, M. (2010). Die post-wohlfahrtsstaatliche Neuordnung des Familialen. In K. Böllert & N. Oelkers (Hrsg.), *Frauenpolitik in Familienhand? Neue Verhältnisse in Konkurrenz, Autonomie oder Kooperation* (S. 15–24). Wiesbaden: VS Verlag für Sozialwissenschaften.

Peuckert, R. (2007). Zur aktuellen Lage der Familie. In J. Ecarius (Hrsg.), *Handbuch Familie* (S. 36–56). Wiesbaden: VS Verlag für Sozialwissenschaften.

Peuckert, R. (2008). *Familienformen im sozialen Wandel,* 7. vollst. üb. Aufl. Wiesbaden: VS Verlag für Sozialwissenschaften.

Pfeiffer, U. (2005). Kindheit im Wandel – zur Genese der Kindheit in der Moderne und den Bedingungen des Aufwachsens heute. http://www.ph-weingarten.de/erziehungs-wissenschaft/downloads/geschichte_kindheit.pdf. Zugegriffen: 03. September 2012.

Rauschenbach, T. (2011). Betreute Kindheit. Zur Entgrenzung öffentlicher Erziehung. In S. Wittmann, T. Rauschenbach & H. R. Leu (Hrsg.), *Kinder in Deutschland. Eine Bilanz empirischer Studien* (S. 160–172). Weinheim und München: Juventa Verlag.

Reischach, G. V., & Straub, U. (2007). Vielfalt der Familien. Vielfalt der Unterstützungsformen: Familienbildung, Familienberatung und Familienhilfe. *Sozialmagazin,* 32. Jg., Heft 7–8, (S. 12–30).

Richter, M. (2004). Zur (Neu)Ordnung des Familialen. *WIDERSPRÜCHE. Zeitschrift für sozialistische Politik im Bildungs-, Gesundheits- und Sozialbereich,* 24. Jg., Heft 92., Nr. 2, (S. 7–16).

Richter, M. (2008). Familie/Generation. In A. Hanses & H. G. Homfeldt (Hrsg.), *Lebensalter und Soziale Arbeit, Bd 1. Eine Einführung* (S. 64–78). Baltmannsweiler: Schneider Verlag.

Rupp, M. (2005). *Familienentwicklung und Anforderungen an die Jugendhilfe. Ifb-Materialien 6–2005.* Staatsinstitut für Familienforschung an der Universität Bamberg (ifb) (Hrsg.). Bamberg.

Rupp, M. (2009). Regenbogenfamilien. *APuZ. Aus Politik und Zeitgeschichte,* Heft 41/2009, (S. 25–30).

Schier, M. (2010). Erwerbsarbeit und Familie wandeln sich. Neue Anforderungen an die Gestaltung von Familie und Geschlechterarrangements. *ajs informationen. Fachzeitschrift der Aktion Jugendschutz*, Nr. 2., 46. Jh., (S. 4–9).

Schier, M., & Jurczyk, K. (2007). „Familie als Herstellungsleistung" in Zeiten der Entgrenzung. *Aus Politik und Zeitgeschichte. Beilage zur Wochenzeitung Das Parlament*, Heft 34/2007, (S. 10–17).

Schneider, W. (2011). Familie heute – Pluralität der Lebensformen. In H. Macha & M. Witzke (Hrsg.), Familie. *Handbuch der Erziehungswissenschaft*, 5. Studienausgabe (S. 129–149). Paderborn: Verlag Ferdinand Schöningh.

Schulz, F., & Blossfeld, H. P. (2010). Hausarbeit im Eheverlauf. Ergebnisse einer Längsschnittanalyse. In K. Böllert & N. Oelkers (Hrsg.), *Frauenpolitik in Familienhand? Neue Verhältnisse in Konkurrenz, Autonomie oder Kooperation* (S. 111–128). Wiesbaden: VS Verlag für Sozialwissenschaften.

Shell Deutschland Holding (2010). *Jugend 2010. Eine pragmatische Generation behauptet sich*. Frankfurt a. M.: Fischer Taschenbuch Verlag.

Statistisches Bundesamt (2008). *Familienland Deutschland. Begleitmaterial zur Pressekonferenz am 22. Juli 2008 in Berlin*. Wiesbaden: Statistisches Bundesamt. https://www.de statis.de/DE/PresseService/Presse/Pressekonferenzen/2008/Familienland/Pressebro schuere_Familienland.pdf?__blob=publicationFile. Zugegriffen 23. Juli 2012.

Statistisches Bundesamt (2011). *Wie leben Kinder in Deutschland? Begleitmaterial zur Pressekonferenz am 3. August 2011 in Berlin*. Wiesbaden: Statistisches Bundesamt. https://www.destatis.de/DE/PresseService/Presse/Pressekonferenzen/2011/Mikro_Kinder/pressebroschuere_kinder.pdf?__blob=publicationFile. Zugegriffen 23. Juli 2012.

Statistisches Bundesamt (2012). *Familien mit minderjährigen Kindern nach Familienform*. https://www.destatis.de/DE/ZahlenFakten/GesellschaftStaat/Bevoelkerung/HaushalteFamilien/Tabellen/Familienformen. html. Zugegriffen 14. August 2012.

Strohmeier, K. P., & Schultz, A. (2005). *Familienforschung für die Familienpolitik. Wandel der Familie und sozialer Wandel als politische Herausforderungen*. Ahaus: Druckerei Hartmann.

Szydlik, M. (2007). Familie und Sozialstruktur. In J. Ecarius (Hrsg.), *Handbuch Familie* (S. 78–93). Wiesbaden: VS Verlag für Sozialwissenschaften.

Wagenblass, S. (2006). Familienbildung macht sich auf den Weg – Innovationen und Visionen in der Arbeit mit Familien. *Jugendhilfeaktuell*, Heft 3, (S. 30–34).

Walper, S., & Riedel, B. (2011). Was Armut ausmacht. *DJI Impulse. Das Bulletin des Deutschen Jugendinstituts: Aufwachsen in Deutschland*, Nr. 92/93, Heft 1/2011, (S. 13–15).

Winkler, M. (2002). Familie – zur Geschichte und Realität eines flexiblen Systems. *Sozialwissenschaftliche Literaturrundschau*, 45. Jg., Heft 2, (S. 29–40).

Winkler, M. (2012). *Erziehung in der Familie. Innenansichten des pädagogischen Alltags*. Stuttgart: Kohlhammer Verlag.

Wirth, H., & Schutter, S. (2011). Versorger und Verlierer. *DJI Impulse. Das Bulletin des Deutschen Jugendinstituts: Aufwachsen in Deutschland*, Nr. 92/93, Heft 1/2011, (S. 28–30).

Wissenschaftlicher Beirat für Familienfragen (2002). *Die bildungspolitische Bedeutung der Familie – Folgerungen aus der PISA-Studie.* http://www.familienhandbuch.de/cms/Familienpolitik_Beirat.pdf. Zugegriffen 25. Juli 2012.

Zeiher, H. (1983). Die vielen Räume der Kinder. Zum Wandel der räumlichen Lebensbedingungen seit 1945. In U. Preuss-Lausitz, P. Büchner & M. Fischer-Kowalski (Hrsg.), *Kriegskinder, Konsumkinder, Krisenkinder. Zur Sozialisationsgeschichte seit dem Zweiten Weltkrieg* (S. 176–193). Weinheim/Basel: Beltz.

Dr. Corinna Schwamborn, Westfälische Wilhelms-Universität, Institut für Erziehungswissenschaft, Sozialpädagogik. Arbeitsschwerpunkte: Organisation und Profession Sozialer Arbeit; Familiale Transformationsprozesse; Kinder- und Jugendhilfe, insbesondere Hilfen zur Erziehung; Jugenddelinquenz; Junge Erwachsene an der Schnittstelle von Jugendhilfe und rechtlicher Betreuung. Kontakt: corinnaschwamborn@uni-muenster.de.

Matthias Hahnen, Dipl. Päd., Mitarbeiter in einer Tagesgruppe (teilstationär) und einer Regelwohngruppe (stationär) des Vereins für Jugendhilfe Unna e. V.

Schule

Thomas Coelen, Frank Gusinde und Pia Rother

Zusammenfassung

Im vorliegenden Artikel klären die Autoren zunächst die Herkunft des Wortes Schule und beschreiben anschließend die Adressaten von Schule – genauer: deren Schülersein – als asymmetrisches Verhältnis zu Lehrkräften und entsprechende Verhaltenserwartungen an sie als Lernende („Heimlicher Lehrplan"). Außerdem geht es um die Effekte, die die Schule für Schüler/innen hat, indem sie eine doppelte Reduktion auf das erfahren, wie sie innerhalb der Institution lernen, agieren, reagieren und wie sie mit Leistungsanforderungen zurechtkommen. Auch wird beleuchtet, wie das Schülersein aus Perspektive der Kindheits- und Jugendforschung untersucht wird, was Schule als sozialen Ort, als Lernort oder als Ort der Anerkennung auszeichnet und was unter problematischem Schülerverhalten gefasst wird. Die Übersicht zeigt ferner auf, dass neben Lehrkräften weiteres Personal pädagogisch an Schulen tätig ist (dies gilt verstärkt für die steigende Anzahl von Ganztagsschulen) und mit welchen Beschäftigungsverhältnissen und Kontaktzeiten diese an der Gestaltung der Schule beteiligt sind. Des Weiteren geht es um die Schule als Organisation mit ihren Zielen und vor allem ihren Funktionen (Qualifikation, Selektion, Integration, Kulturtradierung und betreuende Funktionen) sowie überblicksartig um Theorien von Schule. Zuletzt werden exemplarisch Konzepte für eine zukünftige Schule vorgestellt, die sich entlang von Debatten über Bildungslandschaften und die Zusammenarbeit zwischen Schule und Jugendhilfe bzw. anhand von Schulsozialarbeit erstrecken.

Schlüsselwörter

Schüler/innen, Schülerrolle, Schülersein, Schulpflicht, Schulkindheit, Lehrer/innen, pädagogisch tätiges Personal, Unterricht, Lernen, Verhalten in der Schule, heimlicher Lehrplan, Bildungslandschaften, Ganztagsschule, Schulsozialarbeit, Jugendhilfe und Schule

Das Wort ‚Schule' entstammt – für viele Leser/innen heute verblüffend – dem lateinischen Wort für Muße und Ruhe und damit dem altgriechischen Wort für Innehalten bzw. verfügbare Zeit. Tatsächlich war Unterricht in den antiken und mittelalterlichen Gesellschaften eine Arbeitspause, und zwar für einzelne heranwachsende männliche Adelige, d. h. strukturell selektiert nach Geschlecht, Schicht und Alter. Die Schule war ein Ort für eine nicht-zweckgebundene Zeit, für die temporäre Freistellung vom Reproduktionszusammenhang. Heute gilt Ähnliches zwar noch immer – wer zur Schule geht, muss und darf nur eingeschränkt arbeiten –, jedoch ist die Schule im Zuge ihrer Verallgemeinerung eine neue Arbeitsstätte geworden: mit wenig Muße innerhalb sowie in den anschließenden Lebensphasen und deshalb auch wiederum rückwirkend innerhalb der Schule. Wie die Schule eine so bedeutende Institution werden konnte, hat bspw. Wintersberger (1998) durch die gewandelten Tätigkeiten von Kindern aufgezeigt. Dabei hat der Autor nicht nur die kindlichen Tätigkeiten in traditionellen und frühindustriellen Gesellschaften als wirtschaftlich wertschöpfend bezeichnet, sondern auch die Aktivitäten von heutigen Heranwachsenden als ökonomisch relevante Tätigkeiten aufgezeigt. Infolgedessen plädiert er für eine Neudefinition des Arbeitsbegriffes, in dem auch Heranwachsende berücksichtigt werden (ebd., S. 11 u. 22). Dieser Einschluss bezieht sich auf Kinder als Akteure bzw. deren Schülerjobs, wie auch auf den schulischen Anspruch auf diejenige Zeit, die Eltern mit ihren Kindern verbringen (können).

Um ein umfassendes Bild vom aktuellen Lebensort Schule zu erlangen, genügt es vor diesem Hintergrund also nicht, allein die Sicht der Adressaten einzunehmen, sondern es müssen auch die gesellschaftlichen Rahmenbedingungen, der Verwaltungsapparat und die dort (beruflich) Handelnden berücksichtigt werden. Deshalb haben wir – analog zur Jugendhilfeforschung (vgl. Arbeitskreis „Jugendhilfe im Wandel" 2011) – die Darstellung des Lebensorts Schule anhand der Dimensionen Adressaten, Personal, Organisation und Theorien/Konzepte gegliedert.

1   Adressat/inn/en der Schule

Direkte Adressaten der Schule sind Schülerinnen und Schüler, d. h. alle Kinder und Jugendlichen, die diese Institution besuchen und damit zu Angehörigen einer Schule und somit zu Lernenden werden. Dies umfasst, laut allgemeiner Schulpflicht, in Deutschland zumeist alle Kinder und Jugendlichen von der Vollendung des sechsten Lebensjahres an mindestens neun Vollzeitschuljahre.[1]

---

1   In einigen Bundesländern gelten auch zehn Pflichtschuljahre (vgl. Internetseite der Kultusminister-konferenz http://www.kmk.org/bildung-schule/allgemeine-bildung/schulpflicht.html; Zugriff am 28. 03. 2014).

Für den Alltag und die Aktivitäten von Kindern und Jugendlichen beinhaltet diese Verpflichtung an Wochentagen eine mehrstündige Anwesenheit in der Schule:[2] „In die Schule gehen, bedeutet für das Kind, dass es zum ersten Mal im Leben mit einem rigiden Fahrplan für den zeitlichen Ablauf des Alltags konfrontiert wird" (Böhnisch 1992, S. 131). Während das Leben außerhalb der Schule als eher gegenwartsorientiert charakterisiert werden kann, muss die Schule als zukunftsorientiert bezeichnet werden, was für Schüler/innen im Alltag ein Spannungsfeld zwischen Eigenständigkeit und Lerngeschwindigkeitsnormen markiert, dass individuell-emotional und sozial bewältigt werden muss (vgl. ebd.).

Heimlicher Lehrplan

Ebenso bedeutsam ist das Verhältnis zwischen Schüler/inne/n und Lehrer/inne/n, die in einem asymmetrischen Zwangsverhältnis stehen, in dem an die Lernenden Ansprüche eines Curriculums herangetragen werden, die nicht unbedingt ihren Interessen entsprechen (Fend 1997, S. 75). Die bei solchen Prozessen der Werte- und Normenvermittlung nicht direkt beabsichtigten Erziehungseffekte bezeichnet Zinnecker (1975) als „heimlichen Lehrplan" und veranschaulicht dabei den Umgang von Schüler/innen mit sozialen Verkehrsformen im Klassenzimmer, wie bspw. der „Maskierung" (Jackson 1975, S. 28), in der die Klassenetikette z. B. verlangt, interessiert zum Lehrer zu blicken und bei passender Gelegenheit die Stirn gedankenvoll in Falten zu legen – auch wenn man mit seinen Gedanken kilometerweit weg ist. Die Adressat/inn/en erfahren auch eine Rangordnung, wer wann worüber sprechen, wann trinken und essen oder wo sitzen darf (ebd., S. 21 ff.), indem konformes Verhalten belohnt und abweichendes sanktioniert wird.

Schülerrolle und Schülersein

Hieran wird merklich, dass Kinder und Jugendliche durch den Besuch der Schule zu Schüler/inne/n gemacht werden und somit in der gegenwärtigen Gesellschaft – seit ca. vierzig Jahren – weit überwiegend von einer Schulkindheit und -jugend gesprochen werden kann (Büchner 2002, S. 523 ff.). Die Schule orientiert sich dabei kaum am Alltagsleben, sondern vielmehr „an der *Schülerrolle*, an den über Lehrpläne, Jahrgangsklassen und Leistungsstandards vermittelten Verhaltenserwartungen und Regelvorgaben" (Böhnisch 1992, S. 132). Wiater (2006) beschreibt dies als eine „doppelte Reduktion" der Kinder und Jugendlichen: einerseits darauf, wie „sie in dieser Institution lernen, agieren und reagieren" (ebd., S. 172) und andererseits „wie ein Schüler/ eine Schülerin mit den Leistungsanforderungen im jeweiligen Einzelfach zurecht-

---

2   Außer in den Ferien und in Sondersituationen, wie z. B. bei ungeklärtem Migrationsstatus.

kommt" (ebd.). Wiater zufolge wechseln die Heranwachsenden dadurch in eine Rolle, die sie in den ersten Lebensjahren weder im Elternhaus noch in frühkindlichen Bildungseinrichtungen innehatten und müssen für dieses neue „künstliche Sondermilieu', dessen Hauptmerkmal es ist, Lernort zu sein" (ebd.), einen neuen (Schul-) Habitus erwerben.

Betrachtet man hingegen die Rechte von Schüler/inne/n, so richten sich diese bspw. seit einem Beschluss der Kultusministerkonferenz von 1973[3] weniger auf die Schülerrolle, denn eher auf Schüler/innen als Subjekte des Lernens mit Rechten auf Bildung, Beteiligung und Beschwerde. Angemessener ist deshalb, statt der Schülerrolle, die Lebenslage *Schülersein* in den Fokus zu rücken, um Aussagen über die Adressat/inn/en von Schule machen zu können. Denn Schülersein bedeutet eine durch Institution und Lebenswelt Schule geprägte Lebensphase des Kindes, „ein von der Schule bestimmter und damit in gewissem Sinne beschränkter Alltag" (Böhnisch 1992, S. 133). Das Schülersein beinhaltet – neben der Schülerrolle mit einer Tendenz zur Reduktion auf Leistungen – auch die allgemeine Subjektsicht auf jene Lebensphase, wie etwa Wohlbefinden und Zufriedenheit mit der Schule. Dies in der Schulpraxis zu berücksichtigen und als positive Werte an sich aufzufassen, bezeichnen Haecker und Werres (1983, S. 21) als ebenso wichtige Merkmale wie die effektive Umsetzung von Vorgaben des Lehrplans.

Schülersein im Lichte der Kindheits- und Jugendforschung

Diese Sicht spiegelt sich auch in den Traditionen der Kindheits- und Jugendforschung wider, indem der Schülersicht hier ein eigener Wert beigemessen wird und sie in den Mittelpunkt von Forschungen rückt. Die Schule aus Schülersicht sowie deren Sicht auf Unterricht und weitere Tätigkeiten ist erst seit den 1970er Jahren ein Thema der Kindheits-/Jugend- bzw. der Schul-/Bildungsforschung (vgl. Maschke und Stecher 2010, S. 11–13). Heute untersuchen zahlreiche Studien die Sicht von Heranwachsenden auf Schule, wie bspw. das DJI-Kinderpanel (Alt 2007), die World-Vision Kinderstudien (Hurrelmann und Andresen 2007, 2010 u. 2013), „NRW Kids" (Zinnecker et al. 2002), LERNen und BILDung (Maschke und Stecher 2010) sowie Jugend.Leben (Maschke et al. 2013), um hier nur einige zu nennen.

In konzeptioneller Hinsicht wird in allen Studien von der bereits erwähnten Schulkindheit bzw. -jugend ausgegangen, die ein pädagogisches „Moratorium" (Zinnecker 2000, S. 36) darstellen. Dies beinhaltet zwar die Freisetzung von Reproduktionsverpflichtungen (Honig 2002, S. 350 f.), d. h. von Kinderarbeit wie z. B. land- und hauswirtschaftlichen Tätigkeiten in traditionellen und frühindustriellen Gesellschaften,

---

3   Der Beschluss der Kultusministerkonferenz vom 25. 5. 1973 „Zur Stellung des Schülers in der Schule" ist abrufbar unter: http://www.kmk.org/bildung-schule/allgemeine-bildung/schueler-und-erziehungsberechtigte.html, Zugriff am 28. 03. 2014.

aber eben auch einen fortschreitenden Prozess der Institutionalisierung von Kindheit und Jugend. Dies bezeichnet Honig (ebd., S. 341) als „schulisch-familial organisiertes Bildungsmoratorium". Die Schule ist heute der dominierende soziale Erfahrungsraum im Kinder- und Jugendalter und wird – historisch betrachtet – im Zuge der Bildungsexpansion seit etwa 40 Jahren zunehmend als Lern- und Lebensort bedeutsamer (vgl. Coelen und Gusinde 2011, S. 88).

Die Schule als sozialer Ort

Zinnecker (2008) analysiert die zunehmende Bedeutung der Schule als Freizeitraum im Leben der Heranwachsenden (z. T. auch durch den Verlust von Freiräumen im Wohnumfeld im Zuge von Urbanisierungsprozessen), die mit einer widersprüchlichen „internen Ent-Scholarisierung des Bildungssystems" (ebd., S. 532) einhergeht. Ein Teil der „kulturellen und sozialen Öffentlichkeit der Heranwachsenden verlagert sich ungeplant und keineswegs pädagogisch legitimiert, in den Raum der Schule" (ebd.). Fölling-Albers (2000, S. 121) bezeichnet das gleiche Phänomen als „Entscholarisierung von Schule und Scholarisierung von Freizeit" und verweist dadurch auf die infolgedessen veränderten Schüler- und Lehrerrollen. Für die Adressaten bedeutet dies, dass sich Schule für lebensweltliche Themen öffnet, lebenslauf- und familienrelevante Bereiche in die Schul- und Unterrichtsgestaltung einbezogen werden sowie dass sich neue kindorientierte Lernformen durchsetzen (Mierendorff und Olk 2010, S. 139). Damit einher geht eine Aufwertung der Schülerrolle, nämlich mehr zu ein als ein Objekt schulisch funktionaler Ordnung und pädagogischer Instruktion (Zinnecker 2001, S. 201). Die zunehmende Informalisierung schulischer Ordnung und die steigende soziale Bedeutung der Gleichaltrigen im Schulalltag kann auch als peerkulturelle Öffnung bezeichnet werden (Maschke und Stecher 2010, S. 11).

Die Bedeutung der Gleichaltrigen und die Gelegenheit zu Freundschaften in der Schule spiegeln sich z. B. in empirischen Ergebnissen zur Schulfreude wieder. Denn die Schule hat eine besondere Bedeutung als *sozialer Ort* für Kontakte und der Kommunikation, so Prüß (2008, S. 170) unter Bezug auf Ganztagsschulen. Den meisten Schüler/inne/n ist in der Schule wichtig, dass sie dort:

- Freunde treffen (86 %),
- sich für Treffen außerhalb der Schule verabreden können (68 %),
- für die Lösung ihrer Probleme Unterstützung bekommen (47 %),
- ihre Freizeit verbringen können (23 %).

Die zunehmende Bedeutung von Schule als sozialem Ort zeichnen auch Maschke und Stecher anhand verschiedener Studien seit den 1955er-Jahren nach (2010, S. 28 ff.). Schule erfährt eine peer-kulturelle Aufladung und ist für Kinder und Jugendliche vor allem bedeutend, weil sie dort Gleichaltrige bzw. Peers treffen. Besonders am Schulleben gefallen bspw. den 4.- bis 12.-Klässlern in der Studie „NRW-Kids" die Freunde in der Schule (bspw. 70 % der 9.-/10.-Klässler) bzw. andere soziale Aspekte, wie eine gute Klassengemeinschaft (16 % der 4.-Klässler; 43 % der 11.-/12.-Klässler) oder auch „viele Leute treffen"; und das trifft umso mehr zu, je höher die Jahrgangsstufe ist (vgl. ebd., S. 31).

Ebenso relevant sind die sozialen Beziehungen, also die Interaktionen von Schüler/inne/n miteinander sowie zwischen Lehrkräften und Schüler/inne/n. Der Zusammenhalt der Schüler/innen wird zwischen den 4.- bis 6.-Klässlern positiver beschrieben als zwischen der 7. bis 10. Jahrgangsstufe (Maschke und Stecher 2010, S. 57). Die Konkurrenz innerhalb der Klassen wird von Jungen etwas mehr, aber insgesamt nicht als so bedeutend wahrgenommen, wie der Zusammenhalt, außer in der 4. Klasse, wo der bevorstehende Übergang in die Sekundarstufe I einen Einfluss auf ein etwas stärkeres Konkurrenzverhalten hat (ebd.).

Schule als Lernort

Neben der Erwartung von Kindern und Jugendlichen, dass Schule ein sozialer Ort sei, in dem ein bestimmtes Verhältnis zu den Lehrkräften existiert, spielt Schule ebenso eine Rolle als wichtiger *Ort des Lernens und der Schulleistungen:* Schüler/inn/n geht es darum (hier speziell für Ganztagsschulen, nach Prüß 2008, S. 170), dass:

- das Gelernte für sie Sinn ergibt (85 %),
- die Unterrichtsinhalte wirklich verstanden werden können (83 %),
- sie später knifflige Probleme lösen können (76 %),
- sie lernen, komplizierte Inhalte zu verstehen (80 %).

In Bezug auf das Lernen im Schulunterricht unterscheiden Astleitner und Hascher (2011, S. 297 ff.) drei Zugänge: lernpsychologische Grundlagen, deskriptive Ansätze sowie Produktivitäts- und Kontextmodelle. Die Autoren bezeichnen als Produktivitätsmodelle evidenzbasierte Zusammenstellungen von Einflussfaktoren. Unter Kontextmodellen werden situations- und strukturanalytische Reflexionen von Lernumwelten gefasst, die bewusst machen, „wo die Schwierigkeiten des Lernens in der Schule zu verankern sind" (ebd., S. 300). Aus der Perspektive der Adressat/inn/en müsse Lernen als ein „eigenaktiver Prozess" (ebd., S. 302) gedacht werden.

Schule als Ort von Anerkennung

Sicherlich beeinflussen vielfältige individuelle Erwartungen und Bewältigungen die Art und Weise, wie einzelne Adressaten die Schule wahrnehmen. Neben der Erkenntnis, dass Schule als *sozialer Ort* und ein wichtiger *Ort des Lernens* gilt, ist sie aber auch ein *Ort der Anerkennung* für Schüler/innen. Wieder mit Blick auf Ganztagsschulen konstatiert Prüß (2008, S. 170 f.) deshalb, dass den Schüler/inne/n persönlich in der Schule wichtig ist, dass

- sie zeigen können, dass sie bei einer Sache gut sind (74 %),
- sie zeigen können, dass sie die Unterrichtsinhalte beherrschen (68 %),
- andere Schüler nicht denken, sie seien dumm (65 %),
- sie zeigen können, Arbeiten besser zu schaffen als andere (61 %).

Das Verhältnis zwischen Lehrkräften und Schüler/inne/n wird aus Schülersicht jedoch eher als nicht vertraut, wenngleich als akzeptierend und auch mitbestimmend beschrieben (Maschke und Stecher 2010, S. 71 ff.). Die Lehrkräfte werden hinsichtlich des Ausmaßes von Sanktionen, bspw. in Form von Handgreiflichkeiten oder Blamiertwerden, als nicht sehr restriktiv eingeschätzt; rigides Lehrerverhalten zählt demnach nur noch selten zur schulischen Praxis (ebd., S. 74 ff.). Dass aber das Verhältnis zu den Lehrkräften einen Einfluss auf eventuelle Schulunlust hat, ist nicht verwunderlich. So gefällt den Schüler/innen nicht, wenn sie zu viele Hausaufgaben bekommen und wenn das Lehrerverhalten ungerecht ist (ebd., S. 34 ff.).

Insgesamt sprechen die Ergebnisse für ein durchschnittlich eher entspanntes Verhältnis zwischen Lernenden und Lehrenden, das auf „Verschiebungen in den pädagogischen Orientierungen von Autoritätsbindung, Fügsamkeit und Gehorsam hin zu Autonomie und Selbstverantwortlichkeit" verweist (Kramer 2002, S. 255). Dies ist auch stimmig mit Blick auf den allgemeinen Wandel gesellschaftlicher und familialer Machtverhältnisse, den du Bois-Reymond (1995) *„von* einem *Befehls- zu einem Verhandlungshaushalt,* also von hierarchisierten und geschlossenen zu mehr egalitären und offenen Formen" beschreibt (ebd., S. 145.; Herv. i. O.), denn diese Fähigkeit und Aufforderung zum Verhandeln von Interessen in der Familie lässt sich auch in einem auf die Schule übertragenen Informalisierungsprozess gegenüber Lehrenden beobachten (Maschke und Stecher 2010, S. 12).

Problematisches Schülerverhalten

Lernbesonderheiten werden oft mit einer ‚schwierigen' Schülerklientel in Verbindung gebracht: Die schulbezogenen Verhaltenserwartungen an Schüler/innen treffen auf vermehrte (schulformenübergreifende) Schwierigkeiten, was bspw. in Klagen über Schulreife und Schülerverhaltensweisen zum Ausdruck kommt. Das Spektrum reicht dabei von „Unfugmachen, Clownerie, (…) absichtliches Missachten von Regeln, demonstrativ praktizierte Faulheit, (…) Wutausbrüche, [bis hin zu d. V.] Freude an Gewalttätigkeiten" (Wiater 2006, S. 173).

Auch Schulabstinenz wird als problematisch angesehen, denn täglich oder regelmäßig schwänzen – je nach Quelle – zwischen 100 000 bis 500 000 Schüler/innen den Unterricht, wobei die Hauptschüler/innen die größte Gruppe ausmachen (Bassarak 2008, S. 181). Zum weiterreichenden Thema Schulabbruch stellt Stamm (2012, S. 9) fest, dass Abbrüche in der Regel kein plötzliches Ereignis darstellen und meist ein multifaktoriell bedingtes Phänomen sind, denen oft Klassenwiederholungen, Abstinenz und abweichendes Verhalten vorausgegangen sind. Typologisch kann zwischen „Hängern", „Gemobbten", „Schulmüden", „familiär Belasteten" und „Delinquenten" unterschieden werden, von denen mehr als die Hälfte der Fälle ins Bildungssystem zurückkehren.

2   Personal in Schulen

Das pädagogische Personal im Schulwesen setzt sich hauptsächlich aus voll- und teilzeitbeschäftigten Lehrkräften zusammen. Im Jahr 2010 waren fast 785 000 Lehrkräfte an deutschen Schulen beschäftigt (vgl. Autorengruppe Bildungsberichterstattung 2012, S. 82). Im internationalen Vergleich sind deutsche Lehrer/innen relativ alt (vgl. BMBF 2011). Über dem internationalen Durchschnitt liegen auch die Gehälter der deutschen Lehrer/innen, wobei insbesondere die Berufseinsteiger mit mehr als 36 000 Euro im Jahr deutlich besser gestellt sind als in den übrigen 33 OECD-Mitgliedsländern (ebd.), allerdings nur in den – seltener werdenden – Fällen einer sofortigen Verbeamtung nach dem Zweiten Staatsexamen.

Nicht-unterrichtende Kräfte an Schulen

Neben den Lehrer/inne/n gibt es noch weitere Berufsgruppen, die an der Schule tätig sind. Diese Personen nehmen meist so genannte ‚äußere Schulangelegenheiten' wahr – geben also keinen Unterricht –, die überwiegend in kommunaler Verantwortung liegen. Zu den genannten Beteiligten zählen Verwaltungsfachkräfte, Hausmeister und Raumpflegekräfte. Die Ausstattung wird dabei qualitativ im Einzelnen bemessen und ist i. d. R. vom Verhandlungsgeschick der Schulleitung bzw. der Schulpolitik der Kommune abhängig. Daneben gehören zu dieser Gruppe oft auch weitere pädagogische Fachkräfte (z. B. Sozialpädagog/inn/en oder Erzieher/inne/n; vgl. Blömeke et al. 2007. S. 20).

Weiteres pädagogisch tätiges Personal an Schulen

Das – neben den Lehrer/inne/n – weitere pädagogisch tätige Personal hat im Zuge des Ausbaus von Ganztagsschulen enorm an Zahl und Bedeutung zugenommen. Insbesondere in Ganztagsschulen arbeiten zunehmend Personen unterschiedlichster Professionen und Berufe zusammen, wozu noch viele Ehrenamtliche zu zählen sind:

Untersuchungen zeigen, dass in den Ganztagsgrundschulen auf einen Hauptangestellten neun ehrenamtlich tätige Personen, an Schulen der Sekundarstufe I auf einen
Hauptangestellten etwa zweieinhalb ehrenamtlich tätige Personen kommen.[4]

Je nachdem, wie sich eine Schule in diesen Zusammenhängen und Alternativen
verortet, können außerschulische Partner in die Bildungs-, Erziehungs- und Betreu-
ungsprozesse unterschiedlich stark eingebunden sein, so dass additive, kooperative oder integrierte Konzepte nebeneinander stehen. Die Bandbreite der Aktivitäten
ist dabei auffallend variantenreich. Sie reichen von der Gestaltung schulischer Pro-
jekttage und Workshops über diverse sach- und fachbezogener Angebote, etwa im
Sport oder Naturschutz, bis hin zu kulturellen und interkulturellen Begegnungen
oder Events. Auch Hausaufgabenbetreuungen oder Nachhilfeangebote können Inhalte von Kooperationsvereinbarungen zwischen Schulen und außerschulischen Organisationen sein.

(Sozial-)Pädagogisches Personal an Ganztagsschulen

Speziell an Ganztagsschulen zeigt sich die Vielzahl der Qualifikationen des weiteren
pädagogisch tätigen Personals (wptP) darin, dass es mit unterschiedlich einschlägigen
Qualifikationen an Ganztagsschulen arbeitet und äußerst heterogen ist. Das Ganz-
tagspersonal verfügt in höchst unterschiedlichem Maße über pädagogische Ausbil-
dungshintergründe. So werden die Ganztagsangebote einerseits sowohl von Lehrkräften als auch von einschlägig pädagogisch qualifizierten Fachkräften realisiert:
Berufsgruppen wie etwa Erzieher/inn/en, (Sozial-)Pädagog/inn/en, Kinderpfleger/
inn/en und Heilpädagog/inn/en arbeiten im Ganztag zusammen. Andererseits sind
aber auch weitere nicht pädagogisch Qualifizierte in Ganztagsschulen beschäftigt,
wie z. B. Honorarkräfte ohne abgeschlossene oder pädagogisch einschlägige Berufsausbildung, Übungsleiter/innen, externe sowie interne Schüler/innen, Studierende,
Eltern, Bundesfreiwilligendienst- bzw. Freiwilliges-Soziales-Jahr-Leistende u. v. a. m.

Lediglich etwas mehr als die Hälfte des wptP hat einen pädagogischen Berufsabschluss: der Anteil ist von 54 % im Jahr 2005 auf 61 % in 2009 gestiegen. Dem entsprechend ist der Anteil des Personals, das über keinen – oder noch keinen – pädagogischen Ausbildungsabschluss verfügt, von 46 % auf 39 % gesunken, d. h. nach wie
vor haben fast zwei Fünftel des weiteren pädagogisch tätigen Personals an Ganztagsschulen keine pädagogische Ausbildung.

Im Bundesdurchschnitt und über alle Schulformen hinweg bestand das wptP im
Jahr 2007 zu knapp einem Drittel aus Erzieher/innen, zu 11 % aus Sozialpädagoge/
innen und zu 7 % aus universitär ausgebildeten Diplom-Pädagoge/innen oder -Psy-
chologe/innen. Anders ausgedrückt, haben im Jahr 2007 mehr als zwei Drittel des
wptP – im Unterschied zu den Lehrer/innen – keinen Hochschulabschluss, an ganz-

---

4   Alle Einzelbelege des gesamten Abschnitts 2 findet man in Coelen/Rother (2014, S. 112–119).

tägigen Grundschulen liegt dieser Anteil sogar über 80 %. Die Zusammensetzung des wptP unterscheidet sich allerdings erheblich zwischen Primar- und Sekundarstufe I. In der Primarstufe sind hauptsächlich professionelle Fachkräfte tätig, insbesondere Erzieher/innen (2009: 74 %), in der Sekundarstufe I ist nur etwa die Hälfte des Personals pädagogisch berufsqualifiziert.

Beispielsweise in Nordrhein-Westfalen sind in fast allen *Ganztagsgrundschulen* Erzieher/innen tätig; dieser hohe Anteil scheint einem adäquaten Umgang mit der Altersgruppe der 6- bis 10-Jährigen angemessen. Gefolgt wird diese Zahl von Sozialpädagog/inn/en bzw. Sozialarbeiter/inne/n, die dort an rund jeder zweiten Schule (48 %) beschäftigt sind und Kinderpfleger/innen bzw. Sozialassistent/innen, die an 27 % der Ganztagsgrundschulen tätig sind. Insgesamt ist aber auch hier die Verbreitung von nicht einschlägig pädagogisch qualifiziertem Personal groß: So sind bspw. in 75 % der Schulen Übungsleiter/innen, in 63 % Hauswirtschaftler/innen und in 57 % Praktikanten tätig.

Hingegen liegt der Anteil der Schulen der *Sekundarstufe I,* in denen Erzieher/innen tätig sind, mit 16 % deutlich niedriger. Mit 59 % sind allerdings(nicht einschlägig qualifizierte) Übungsleiter/innen die Gruppe, die an den meisten Ganztagsschulen in der Sekundarstufe I tätig ist (ebd.). Ebenso sind in über der Hälfte der Ganztagsschulen Studierende oder Schüler/innen im Ganztag beschäftigt. Und in 44 % der Ganztagsschulen dieser Altersgruppe arbeiten außerdem (Sozial-)Pädagog/inn/en bzw. Sozialarbeiter/innen (ebd.). Der Anteil von Schulen der Sekundarstufe I, in denen Lehrer/innen im Ganztag tätig sind, ist 2012/13 im Vergleich zur Vorjahreserhebung auf 59 % (von 63 %) leicht zurückgegangen.

Beschäftigungsumfänge und -arten

Die äußerst heterogen zusammengesetzte Gruppe des wptP hat – wie gezeigt – einen erheblichen Anteil an der Personalstruktur jeder Ganztagsschule: Bezogen auf 100 Schüler/innen arbeiteten im Jahr 2007 an einer Ganztagsschule durchschnittlich 7,9 Lehrer/innen und 3,3 Mitarbeiter/innen des weiteren pädagogisch tätigen Personals; an Grundschulen wurden 100 Schüler/innen sogar von durchschnittlich 6,5 Lehrer/innen und 5,7 weiteren pädagogisch tätigen Personen betreut. Einfach ausgedrückt: In Ganztagsgrundschulen stand die Anzahl der Lehrkräfte zur Anzahl des weiteren pädagogisch tätigen Personals fast im Verhältnis 1:2, in der Sekundartstufe I ist es in etwa umgekehrt (StEG-Konsortium 2010).

Allerdings dürfen diese Personenzahlenverhältnisse nicht verwechselt werden mit den Beschäftigungsumfängen und vor allem den pädagogischen Kontaktzeiten zu den Schüler/innen, da die Beschäftigungsumfänge der Personalgruppen sehr stark divergieren: Beispielsweise waren 2009 an *Grundschulen* 59 % der Lehrkräfte Vollzeitbeschäftigte, hingegen nur 14 % des weiteren pädagogisch tätigen Personals; in der Sekundarstufe I waren es nur 11 %. Anders betrachtet: In Grundschulen waren

2009 durchschnittlich 73 % des weiteren pädagogisch tätigen Personals festangestellte Mitarbeiter/innen, 17 % waren nebenberuflich und 9 % ehrenamtlich aktiv. In Ganztagsschulen der *Sekundarstufe I* sind weitaus mehr nebenberuflich und ehrenamtlich engagierte Personen beteiligt: 43 % bzw. 14 %; festangestellt waren dort nur 43 %. Hinzu kommen gravierende Unterschiede bei den Vertragslaufzeiten (befristet oder unbefristet) und den Gehältern. Für das wptP an Ganztagsschulen lassen sich demnach – neben den Qualifikationen – auch Unterschiede in den Beschäftigungsarten aufzeigen (Coelen und Rother 2014, S. 115–117):

- Beschäftigungsumfang bzw. Wochenstundenumfang:
  - hauptberuflich in Vollzeit bzw. vollzeitnah (sozialversicherungspflichtig mit 39 bzw. bis zu 35 Wochenstunden)
  - hauptberuflich in Teilzeit von 20 bis 34 Wochenstunden (sozialversicherungspflichtig)
  - nebenberuflich in Teilzeit (5 bis 20 Wochenstunden und dementsprechend sozialversicherungspflichtig oder als geringfügige Beschäftigung)
- Perspektive und Art der Anstellung bzw. Vertragsbeziehungen:
  - unbefristet angestellt (festangestellt)
  - befristet angestellt
  - freiberuflich bzw. projektweise (auf Honorarbasis),
  - ehrenamtlich
- Anstellungsträger:
  - beim Bundesland (Ministerium, Schulaufsicht)
  - bei der Kommune bzw. dem Schulträger
  - bei einem Freien Träger (z. B. Wohlfahrtsverband, Förderverein o. ä.)
  - nicht angestellt, d. h. in der Regel als freie/r Mitarbeiter/in bzw. auf Honorarbasis

Konkret liegt der Anteil der hauptberuflich Beschäftigten innerhalb des weiteren pädagogisch tätigen Personals bei 61 %; dieser Anteil ist wie der Anteil der pädagogisch Qualifizierten etwas angestiegen. Gleichzeitig sank der Anteil der größtenteils nebenberuflich oder ehrenamtlich an den Schulen engagierten Personen (2009 auf knapp 39 %).

Pädagogische Kontaktzeiten

Da aber die Beschäftigungsumfänge und -arten so unterschiedlich sind, erscheint es sinnvoll, die pädagogischen Kontaktzeiten mit den Schüler/inne/n zu vergleichen: Die Zahlen der Bildungsberichterstattung Ganztagsschule Nordrhein-Westfalen verdeutlichen Unterschiede im Gesamtwochenstundenumfang je Schule. Sie sind von 2011 auf 2012 leicht angestiegen und die Ganztagsangebote werden im Primarbereich zum größeren Teil von pädagogisch einschlägig qualifiziertem Personal durchgeführt. So werden bspw. mit insgesamt durchschnittlich 148 Wochenstunden über die Hälfte der Gesamtwochenstunden in ganztägigen *Grundschulen* in NRW von pädagogisch einschlägigem Personal durchgeführt.

3   Schule als Organisation

Die eingangs skizzierte, in der europäischen Antike und im Mittelalter geläufige Ausprägung von Schule als Ort der Muße ist heute vollständig einer output- und outcome-orientierten Form gewichen. Schule ist heute eine Bildungseinrichtung, in der organisierte Lernprozesse in entsprechenden Settings organisiert werden, die eine zeitliche und inhaltliche Planmäßigkeit sowie Kontrollierbarkeit der Abläufe und Lernergebnissen aufweisen. Zur Illustration:

Im Schuljahr 2012/13 besuchten in Deutschland knapp 8,6 Millionen Schüler/innen eine allgemeinbildende Schule. 33 % von ihnen gingen auf eine Schule des Primarbereichs. 51 % aller Schüler/innen absolvierten den Sekundarbereich I, der Anteil der Schüler/innen im Sekundarbereich II lag bei 12 %. Im Haushaltsjahr 2011 wurde an öffentlichen allgemeinbildenden Schulen durchschnittlich 6 500 € pro Schüler ausgegeben.[5]

Damit ein solcher Massenbetrieb funktioniert und auch gestaltet werden kann, ist selbstverständlich eine organisatorische, administrative und bürokratische Struktur nötig. Dazu unterliegt die Schule – wie alle anderen Organisationen auch – rechtlichen Regelungen und besitzt einen gesetzlichen Auftrag, der in Deutschland in den Schulgesetzen der Bundesländer festgehalten ist. Somit kann das deutsche Schulsystem in seiner heutigen Form als bürokratische Organisation im Sinne der Organisationstheorie nach Max Weber beschrieben werden. Trotz des Prinzips der teilsouveränen Gliedstaaten (föderales System) wird das Schulsystem in Deutschland somit zur größten zusammenhängenden Organisation im öffentlichen Dienst. Diese besteht aus 16 Länderparlamenten mit eigenen Gesetzgebungskompetenzen im Bereich Schulwesen, die bis auf die einvernehmlichen Ziele der flächendeckenden Beschulung und des gemeinsamen Lernens (bis zum Ende der Grundschule) mehr oder weniger ihren originären Weg der Schulentwicklung gehen. Von daher ist es nur höchst eingeschränkt möglich, von ‚dem' deutschen Bildungssystem zu sprechen.

---

5   Statistisches Bundesamt: https://www.destatis.de/DE/Publikationen/Thematisch/BildungForschung Kultur/Schulen/BroschuereSchulenBlick0110018149004.pdf?__blob=publicationFile, Zugriff am 28. 03. 2014.

Ziele der schulischen Organisation

Verbindlich für alle Schulen ist nach Art. 7 GG ein Bildungs- und Erziehungsauftrag. Auf dieser Basis hat die Konferenz der Kultusminister der Bundesländer (KMK) 1973 für die Schule folgende Bildungsziele in Form so genannter finaler Rechtsnormen entworfen: „Die Schule soll:

- Wissen, Fertigkeiten und Fähigkeiten vermitteln,
- zu selbstständigem kritischen Urteil, eigenverantwortlichem Handeln und schöpferischer Tätigkeit befähigen,
- zu Freiheit und Demokratie erziehen,
- zu Toleranz, Achtung vor der Würde des anderen Menschen und Respekt vor anderen Überzeugungen erziehen,
- friedliche Gesinnungen im Geiste der Völkerverständigung wecken,
- ethische Normen sowie kulturelle und religiöse Werte verständlich machen,
- die Bereitschaft zu sozialem Handeln und zu politischer Verantwortlichkeit wecken,
- zur Wahrung von Rechten und Pflichten in der Gesellschaft befähigen,
- über die Bedingungen der Arbeitswelt orientieren" (Beschluss der KMK Nr. 824 vom 25.5.1973).

Die Umsetzung bzw. Verwirklichung dieser Zielsetzungen geschieht, indem das komplexe Konstrukt Schule von unterschiedlichen Zielinteressen geleitet wird. Es können für die Analyse der Schule als pädagogische Organisation drei zentrale Fragestellungen umschrieben und analysiert werden (vgl. Blömeke et al. 2007, S. 15–33):

- die Frage nach den Organisationszielen der Schule (direkte und indirekte Beteiligte, z.B. der Schüler/innen und Lehrer/innen bzw. von Wirtschaft, Wissenschaft und Kirchen),
- die Frage nach den Personen und Personengruppen in der Schule mit ihren jeweiligen Funktionen und Rollen, (z.B. Schüler/innen, Lehrer/innen, aber auch Gremien wie Lehrerkonferenz, Fachkonferenz, Klassenpflegschaft oder Schülervertretung),
- die Frage nach den Prozessen im System Schule (Wie entstehen Entscheidungen? Welche Gremien sind vorgesehen? Wie werden Entscheidungsprozesse gestaltet? Wie sieht Mitwirkung und Partizipation aus?).

Funktionen der Schule

Für die organisatorische Dimension von Schulen erweist sich insbesondere der Strukturfunktionalismus als erhellend: Helmut Fend hat dazu den systemtheoretischen Ansatz von Parsons aufgegriffen und erweitert. Fend (2011) geht – ebenso wie Parsons – von der Sozialisations- und Selektionsfunktion der Schule aus, doch während Parson schulische Qualifizierungsprozesse der Sozialisationsfunktion subsumierte, formuliert Fend eine eigenständige Qualifikationsfunktion. Als Funktionen der Schule werden genannt:

1) Qualifikation: Vermittlung von Schlüsselqualifikationen für das Beschäftigungssystem,
2) Selektion/Allokation: Auslese/Zuweisung von Berechtigungen über die Schullaufbahn und damit sozialer Positionen,
3) Integration/Legitimation: durch Vermittlung von Normen und Werten,
4) Kulturtradierung: Sicherung und Weitergabe des kulturellen Erbes an die nachfolgende Generation,
5) Custodiale Funktion: Aufbewahrung der Heranwachsenden (bei elterlicher Berufstätigkeit o. Ä.).

Ad 1) Unter der Qualifikationsfunktion versteht Fend (2011, S. 43) die Vermittlung von Fertigkeiten und Kenntnissen, die zur Teilhabe am gesellschaftlichen Leben notwendig sind. Die Qualifikationsfunktion der Schule lässt sich in einem speziellen Sinne auch als ökonomische Funktion bezeichnen und gibt dadurch zu erkennen, dass die Sozialisationsleistung der Schule als Vermittlung von Basisqualifikationen hauptsächlich auf das ökonomische System hin ausgerichtet ist.

Ad 2) Unter Selektionsaspekten misst das Bildungssystem die Leistung und die Leistungsbereitschaft der Schüler/innen und weist mehr oder weniger entsprechend dem Einzelnen einen Platz in der Gesellschaft zu. Dies geschieht in der Regel durch Bildungszertifikate (Schulabschlüsse). Dabei darf man sich das Schulsystem nicht als *Rüttelsieb* (Schelsky) vorstellen, dass eine Neuverteilung zwischen den Lebenschancen der Generationen vornimmt, sondern als Reproduktionsstätte einer Sozialstruktur, die stark von der sozialen Lage des Elternhauses beeinflusst wird (ebd., S. 43–44).

Ad 3) Die Integrationsfunktion verweist auf soziale Normen und Werte sowie Weltanschauungen, die den Kindern und Jugendlichen in der Schule vermittelt werden (sollen). Schule kann man sich dabei als eine Miniatur der Gesellschaft vorstellen, in der das Lernen an die Stelle der Arbeit tritt und in der es Noten anstelle von Lohn gibt. Indem die Schule die gesellschaftlichen Verhältnisse und kulturellen Traditionen sanktioniert, leistet sie einen wesentlichen Beitrag zur sozialen Integration der Gesellschaft.

Indem die Schule ihre Adressat/inn/en sozial differenziert, befördert sie die Integration in das Gesellschaftssystem, eben weil dies eben auf Arbeitsteilung, sozialer Differenzierung und – damit verbunden – auf sozialer Ungleichheit basiert. Zwar sollen Schüler/innen systemisch gleich behandelt werden, gleichzeitig werden jedoch genau dadurch sozial und individuell differenzierende und Ungleichheit produzierende Effekte erzielt bzw. reproduziert.

4   Theorien der Schule

Die Schule ist ein gesellschaftlicher Ort, der je nach Betrachtungsweise durch zugewiesene Funktionen (z. B. Ort des Lernens, Erziehungseinrichtung, Moratorium oder auch Selektionsinstrument) unterschiedlich wahrgenommen werden kann. Je nach Analyseschwerpunkt, Differenzierungsgrad, Entstehungspunkt und normativer Ausrichtung (vgl. Blömeke und Herzig 2009, S. 15) gelangt man auf diese Weise zu einem Bild eines realitätsnahen Ausschnittes von Schule, mit der einfache Fragestellungen wie: *Was ist die Schule?*, *Wie ist die Schule geworden, was sie heute ist?*, *Wieso gehen Kinder und Jugendliche regelmäßig zur Schule?* usw. beschreiben und erklären kann. Da solche scheinbaren Selbstverständlichkeiten mitunter sehr komplex sind, werden sie mit verschiedenen Methoden erforscht und beantwortet: So entsteht eine Theorie über die Schule. Im günstigsten Fall können daraus Prognosen getroffen und Handlungsempfehlungen oder Konzepte hergeleitet werden. Viele dieser Schultheorien haben insbesondere im Rahmen der Bildungsreform der 1960er und 1970er Jahre eine Konjunktur erlebt, in deren Zusammenhang es u. a. zur Etablierung der Schulpädagogik als Teildisziplin der Erziehungswissenschaft kam.

Reichweiten von Theorien zur Schule

Die Vielzahl an Schultheorien macht es notwendig, eine Klassifikation vorzunehmen (vgl. Blömeke und Herzig 2009, S. 17–23): Aktuelle Theorien differenzieren Schule im Hinblick auf das Verhältnis zwischen Schule und Gesellschaft als Gesamtsystem (Makroebene) bzw. bezogen auf die einzelne Schule (Mesoebene) oder hinsichtlich der Binnenstruktur einer Schule (Mikroebene) und den jeweiligen Akteur/inn/en, insbesondere den Lehrkräften. Makro- und Mesotheorien nehmen die äußere Organisationsstruktur von Schule in den Blick. Dabei verfolgen sie einen systemischen und mehrebenen-analytischen Ansatz (vgl. Wiater 2006, S. 18). Dazu zählen Theorien wie z. B. die Systemtheorie der Schule (Luhmann), die strukturfunktionale Schultheorien nach Parsons und Fend, eine gesellschaftskritische Schultheorie (Freire) sowie die Schultheorie der DDR (Neuner). Auf der Mikroebene finden wir empirisch-analytische Schultheorien, hierunter fallen die Schuleffektivitätsforschungen (Scheerens, Ditton), Theorien von Mead und Ulich über Lehrer-Schüler-Interaktion (Symbolischer Interaktionismus) oder normativ orientierte Schultheorien (z. B. v. Hentig).

5   Ausblick: Konzepte für eine zukünftige Schule

Das Thema Bildung wurde bereits in den 1960er Jahren im Zuge der Bildungsreform
aus Anlass des befürchteten Bildungsnotstands intensiv diskutiert. Durch die Ergebnisse der internationalen Schulleistungsuntersuchungen um die Jahrtausendwende
ist das Thema nunmehr abermals zum gesellschaftlichen Krisenthema avanciert. In
der Anfangszeit nach dem PISA-Schock der 2000er-Jahre ging es meist um die durchschnittlichen Leistungen deutscher Sekundarschüler/innen, um desolate Zustände in
den Schulen, um nachlassende Disziplin im Klassenzimmer, um das dreigliedrige
Schulsystem oder den Einfluss der sozialen Herkunft. Seit den so genannten Leipziger
Thesen („Bildung ist mehr als Schule"), die vom Bundesjugendkuratorium zusammen mit der Sachverständigenkommission für den 11. Kinder- und Jugendbericht der
Bundesregierung und der Arbeitsgemeinschaft für Kinder- und Jugendhilfe (AGJ) im
Sommer 2002 veröffentlicht wurden, ist viel Bewegung in die institutionelle Ordnung
der Schule gekommen. Im Kern der Diskussionen steht dabei meist die Frage nach
Handlungsmöglichkeiten, um dieser so genannten Bildungsmisere zu begegnen. Aus
den Diskussionen können zwei Kernpunkte herauskristalliert werden:

* Bildung ist für die Zukunftschancen von Kindern und Jugendlichen zentral. Der
  Zugang zu Bildung ist allerdings durch die soziale Positionierung der Herkunfts-
  familie weitgehend bestimmt.
* Bildung ist keinesfalls nur etwas, was ausschließlich in der Schule stattfindet.
  Neben der formellen Bildung (Noten, Abschlüsse) macht einen zeitgemäßen Be-
  griff aus, ihn als Prozess des Kompetenzerwerbs zu verstehen. Vier Aspekte von
  Bildung lassen sich somit unterscheiden: Sie umfassen kognitive, emotionale, per-
  sonale und praktische Kompetenzen.

Um den traditionellen, auf Schulunterricht zentrierten Bildungsbegriff zu erweitern,
betonte der 12. Kinder- und Jugendbericht der Bundesregierung 2005 die Notwendigkeit, Bildung als Prozess des Aufwachsens zu betrachten. Demnach sind Bildungsprozesse Bausteine, die den Menschen in die Lage versetzen, mit allen Sinnen Subjekt
seines eigenen Handelns zu werden. Bildung soll Menschen zu einer eigenständigen
Lebensführung unter heutigen widersprüchlichen gesellschaftlichen Bedingungen
befähigen. Von zentraler Bedeutung ist dabei die so genannte Trias aus Bildung, Betreuung und Erziehung, um formelle und informelle Bildungsprozesse im Gefüge der
beteiligten Institutionen (u. a. Familie, Jugendhilfe, Schule, Peers) zu koordinieren
bzw. in neuer „Allianz des Aufwachsens zu schmieden" (Rauschenbach 2009, S. 234).
Als tragfähige Konzepte für diese Zielrichtung gelten insbesondere so genannte Bildungslandschaften.

Bildungslandschaften

Konzepte von Bildungslandschaften haben zum Ziel, außerschulische Bildungseinrichtungen und Schulen zu vernetzen. Das betrifft die regionale, kommunale oder
auch die lokale Ebene. Das BMBF fördert bereits seit mehreren Jahren Programme,
die die Entwicklung lokaler Bildungslandschaften entwickeln, besonders zu nennen
ist hier das Programm „Lernen vor Ort" (2009–2013). Die Öffnung der Kommunen
für das Thema Bildung geht einher mit dem massiv staatlich geförderten Ausbau von
Ganztagsschulen – dies nicht nur, weil beide Überlegungen auf einem sozialraumorientierten Arbeitsansatz fußen, sondern auch weil sowohl Kommunen als auch
Schulen erkannt haben, dass die Steuerung eines kohärenten Bildungsmanagements
vor Ort für alle Akteure mehrfache Vorteile bringt. Zu nennen sind u. a. dass:

- attraktive Bildungsangebote in der Kommune, die nicht nur für Kinder, sondern
  auch für Eltern interessant sind,
- die Förderung von Kindern und Jugendlichen aus bildungsfernen Schichten, die
  Chancen auf eine Ausbildung und Arbeit vergrößern und Kosten für Transferleistungen minimieren,
- eine Weiterentwicklung von *Local Governance* im Sinne einer systematischen Beteiligung von Kindern und Jugendlichen und deren Familien, Anwohner/inn/en
  und anderen Gruppen von Bürger/inne/n gefördert wird.

Zusammenarbeit zwischen Schule und Jugendhilfe

Schule ist der gesellschaftliche Ort, an dem vorwiegend formelle Bildung geschieht.
Das liegt nicht zuletzt an dem staatlichen Pflicht- bzw. Zwangssystem, das auf festen Lernzeiten und einem meist festen Lernort basiert. Schüler/innen werden dabei
nach bestimmten objektiven Kriterien und Vorgaben beurteilt und in altersgleichen
(homogenen) Klassen beschult. Die Diskussionen um diese Strukturprinzipien der
Schule gewannen seit PISA 2000 an Bedeutung, und damit verbunden war ein Re-
launch des Verhältnisses zwischen Schule und Jugendhilfe. Ausgelöst durch die Modernisierung der Jugendphase, den Wandel der Familie und den wachsenden Einfluss
von Erwerbsarbeit auf Biographien kam es im Zuge von Individualisierungstendenzen, Pluralisierungen von Lebensstilen und zunehmender Leistungsorientierung anhand von Leistungsvergleichen (Rankings) zur *Öffnung* der Schule für schulbezogene
Angebote der Jugendhilfe.

Über das Bildungsverständnis und den -auftrag von Schule und den außerschulischen Lernorten wird seit über einem Jahrzehnt lebhaft diskutiert. Auch das Zusammenspiel von Jugendhilfe und Schule wurde umfassend erörtert. Im Kern der Diskussionen geht es um die Frage, wie Jugendhilfe ein eigenständiges Profil in der
Kooperation mit Schule(n) wahren bzw. ausbilden kann. Hierzu bedarf es einer Rah-

mung, in der wesentliche Kernfragen zwischen den Akteuren ausgehandelt werden müssen. Dazu gehören auch Fragen nach Verteilung der zur Verfügung stehenden Ressourcen und den gemeinsamen Zielen. Auch wenn sich das Feld nach wie vor durch Vielfalt auszeichnet, finden wir gegenwärtig in Deutschland im Wesentlichen drei grundsätzliche Felder der Kooperation von Schule und Jugendhilfe:

Eines der Felder orientiert sich an den Ansätzen eines gemeinsamen Bildungsverständnisses in Bezug auf Ganztagsschule und -bildung, ein weiterer Ansatz beschäftigt sich mit dem Übergangsmanagement in den Beruf und ein intensiver Bereich richtet den Fokus auf die Soziale Arbeit in der Schule (meist als Schulsozialarbeit bezeichnet), die in den letzten Jahren einen enormen Auftrieb erfahren hat.

Schulsozialarbeit

Mit dem Bildungs- und Teilhabepaket (§§ 28 ff. SGB II, §§ 34 ff. SGB VII, § 6a ff. BKGG) – umgesetzt durch die Kreise und die kreisfreien Städte – ist der Schulsozialarbeit erstmalig ein expliziter Erziehungs- und Bildungsauftrag erteilt worden. So hat z. B. das Land Nordrhein-Westfalen am 7. Juli 2011 einen Erlass zur Umsetzung des Bildungs- und Teilhabepakets mit der Erwartung verabschiedet, dass die Angebote der Schulsozialarbeit die Erreichung von Zielen der arbeitsmarktrechtlichen und gesellschaftlichen Integration durch Bildung ermöglicht sowie dem Abbau wirtschaftlicher Armut, insbesondere der Bildungsarmut und sozialer Exklusion entgegenwirken soll.

Gerade die Schulsozialarbeit könnte für die gelingende Kooperation und für ein gemeinsames Bildungsverständnis von Schule und Jugendhilfe in Zukunft zentral werden, und zwar aus mindestens drei Gründen (wobei die Reihenfolge auch eine Rangfolge darstellt):

1) Schulsozialarbeit ist weitgehend als Scharnierfunktion zwischen Schule und Jugendhilfe konzipiert und auch etabliert. Sie kann unterstützend dazu beitragen, die Vorstellung von ‚Trivialmaschinen‘ – SchülerInnen werden demnach als Automaten wahrgenommen, die auf bestimmte Inputs unter Ausklammerung interner Informationsverarbeitungsschleifen immer denselben Output produzieren – zu überwinden und als Initiator von vielfältigen und anregenden Bildungsgelegenheiten in Schulen zu wirken.

2) Schulsozialarbeit ist Anwalt und Vermittler primär für Kinder und Jugendliche und stellt ihnen (sowie den Eltern und Lehrer/innen) Hilfen und Unterstützungen zur Verfügung. Auch Bildungsprozesse müssen in diesen Kontext eingeordnet werden. Schulsozialarbeit hat dabei die Aufgabe, die Bildungsprozesse von jungen Menschen wertend und anwaltschaftlich wahrzunehmen, damit die Leipziger These „Bildung ist mehr als Schule" (s. o.) umgesetzt werden kann.

3) Schulsozialarbeit nimmt Schüler/innen ganzheitlich wahr und hilft Lösungen in schwierigen Situationen zu finden. Sie kann jungen Menschen eine eigenständige

Lebensführung ermöglichen und ihnen zu einer gelingenden Persönlichkeitsentwicklung verhelfen.

Gerade die Unabhängigkeit von Schulsozialarbeit kann – sowohl in Bezug auf zeitliche Strukturen (Stundentakt) als auch auf thematischen Output (fachliches Lernen) – das Verständnis *der anderen Seite von Bildung* öffnen und fördern, zumal Schulsozialarbeit nicht nur die Lebenswelt von Schüler/innen, sondern auch die der Lehrer/innen und Erziehungsberechtigen ganzheitlich in ihrem Konzept verankert hat.

Literatur

Alt, C. (Hrsg.). (2007). *Kinderleben – Start in die Grundschule. Band 3. Ergebnisse der zweiten Welle.* Wiesbaden: VS Verlag für Sozialwissenschaften.

Arbeitskreis „Jugendhilfe im Wandel" (Hrsg.). (2011). *Jugendhilfeforschung. Kontroversen – Transformationen – Adressierungen.* Wiesbaden: VS Verlag für Sozialwissenschaften.

Autorengruppe Bildungsberichterstattung (2012). *Bildung in Deutschland 2012.* Bielefeld: wbv.

Astleitner, H., & Hascher, T. (2011). Individualisierte und bildungsstandardbezogene Lernförderung auf einer Mikro-Ebene: Ein Lehr-Lernmodell zur Ko-Konstruktion im Unterricht. In F. Hofmann, D. Martinek & U. Schwandtner (Hrsg.), *Binnendifferenzierter Unterricht und Bildungsstandards – (k)ein Widerspruch?* (S. 81–102). Wien: LIT.

Bassarak, H. (2008). Schulsozialarbeit im neuen sozial- und bildungspolitischen Rahmen. Eine umfassende Erziehungs- und Bildungsreform ist unabwendbar. In A. Henschel, R. Krüger, C. Schmitt & W. Stange (Hrsg.), *Jugendhilfe und Schule* (S. 180–195). Wiesbaden: VS Verlag für Sozialwissenschaften.

Blömeke, S., & Herzig, B. (2009). Schule als gestaltete und zu gestaltende Institution – ein systematischer Überblick über aktuelle und historische Schultheorien. In S. Blömeke, T. Bohl, L. Haag, G. Lang-Wojtasik & W. Sacher (Hrsg.), *Handbuch Schule. Theorie – Organisation – Entwicklung* (S. 15–28). Bad Heilbrunn: Klinkhardt.

Blömeke, S., Herzig, B., & Tulodziecki, G. (2007). *Gestaltung von Schule. Eine Einführung in Schultheorie und Schulentwicklung.* Bad Heilbrunn: Klinkhardt.

BMBF – Bundesministerium für Bildung und Forschung (2011). *Internationale Leistungsvergleiche.* http://www.bmbf.de/de/6549.php. Zugegriffen: 8.10.2011.

Böhnisch, L. (1992). *Sozialpädagogik des Kindes- und Jugendalters. Eine Einführung.* Weinheim: Juventa.

Büchner, P. (2002). Kindheit und Familie. In H.-H. Krüger & C. Grunert (Hrsg.), *Handbuch Kindheits- und Jugendforschung* (S. 519–541). Opladen: Leske + Budrich.

Bois-Reymond, M. du (1995). Alte Kindheit im Übergang zu neuer Kindheit. Umgangsformen zwischen Kindern und Erwachsenen im Wandel dreier Generationen. In I. Behnken & O. Jaumann (Hrsg.), *Kindheit und Schule* (S. 145–158). Weinheim und München: Juventa.

Coelen, T., & Gusinde, F. (2011). *Was ist Jugendbildung? Positionen – Definitionen – Perspektiven.* Weinheim: Juventa.

Coelen, T., & Rother, P. (2014). Weiteres pädagogisch tätiges Personal an Ganztagsschulen. In T. Coelen & L. Stecher (Hrsg.), *Einführung in das Thema Ganztagsschule.* Weinheim: Beltz Juventa.

Coelen, T., & Stecher, L. (Hrsg.). (2014). Einführung in das Thema Ganztagsschule (S. 111–128). Weinheim: Beltz Juventa.

Fend, H. (1997). *Der Umgang mit Schule in der Adoleszenz.* Bern: Huber.

Fend, H. (2011). *Neue Theorie der Schule. Einführung in das Verstehen von Bildungssystemen* (2. Aufl.). Wiesbaden: VS Verlag für Sozialwissenschaften.

Fölling-Albers, M. (2000). Entscholarisierung von Schule und Scholarisierung von Freizeit? *ZSE,* 20, (S. 118–131).

Haecker, H., & Werres, W. (1983). *Schule und Unterricht im Urteil der Schüler.* Frankfurt, Bern und New York: Lang.

Honig, M.-S. (2002). Geschichte der Kindheit im Jahrhundert des Kindes. In H.-H. Krüger & C. Grunert (Hrsg.), *Handbuch Kindheits- und Jugendforschung* (S. 335–358). Opladen: Leske + Budrich.

Hurrelmann, K., & Andresen, S. (2007). *Kinder in Deutschland 2007. 1. World Vision Kinderstudie.* Frankfurt a. M.: Fischer.

Hurrelmann, K., & Andresen, S. (2010). *Kinder in Deutschland 2010. 2. World Vision Kinderstudie.* Frankfurt a. M.: Fischer.

Hurrelmann, K., & Andresen, S. (2013). *Kinder in Deutschland 2013. 3. World Vision Kinderstudie.* Frankfurt a. M.: Fischer.

Jackson, P. W. (1975). Einübung in eine bürokratische Gesellschaft: Zur Funktion der sozialen Verkehrsformen im Klassenzimmer. In J. Zinnecker (Hrsg.), *Der heimliche Lehrplan: Untersuchungen zum Schulunterricht. Im Auftrag der Redaktion der Zeitschrift Betrifft: Erziehung* (S. 19–34). Weinheim: Beltz.

Kramer, R.-T. (2002). *Schulkultur und Schülerbiographien.* Opladen: Leske + Budrich.

Maschke, S., & Stecher, L. (2010). *In der Schule. Vom Leben, Leiden und Lernen in der Schule.* Wiesbaden: VS Verlag für Sozialwissenschaften.

Maschke, S., Stecher, L., Coelen, T., Ecarius, J., & Gusinde, F. (2013). *Appsolutely smart. Ergebnisse der Studie Jugend. Leben.* Bielefeld: wbv.

Mierendorff, J., Olk, T. (2010). Gesellschaftstheoretische Ansätze. In H.-H. Krüger & C. Grunert (Hrsg.), *Handbuch Kindheits- und Jugendforschung* (S. 125–151). Opladen: Leske + Budrich.

Prüß, F. (2008). Schulbezogene Jugendhilfe: Chancen zur Entwicklung der Schule als sozialer Ort unter Berücksichtigung der Partizipation. In A. Henschel, R. Krüger, C. Schmitt & W. Stange (Hrsg.), *Jugendhilfe und Schule* (S. 165–178). Wiesbaden: VS Verlag für Sozialwissenschaften.

Stamm, M. (2012). *Schulabbrecher in unserem Bildungssystem.* Wiesbaden: Springer VS.

Wiater, W. (2006). *Theorie der Schule.* Donauwörth: Auer.

Wintersberger, Helmut (1998). Ökonomische Verhältnisse zwischen den Generationen –
Ein Beitrag zur Ökonomie der Kindheit. *ZSE*, 18, (S. 8–24).

Zinnecker, J. (Hrsg.). (1975). *Der heimliche Lehrplan: Untersuchungen zum Schulunterricht.
Im Auftrag der Redaktion der Zeitschrift Betrifft: Erziehung*. Weinheim: Beltz.

Zinnecker, J. (2000). Kindheit und Jugend als pädagogische Moratorien. Zur Zivilisationsgeschichte der jüngeren Generation im 20. Jahrhundert. *ZfPäd*, 42. Beiheft, (S. 36–68).

Zinnecker, J. (2001). *Stadtkids. Kinderleben zwischen Straße und Schule*. Weinheim und
München: Juventa.

Zinnecker, J., Behnken, I., Maschke, S., & Stecher, L. (2002). *null zoff & voll busy. Die erste
Jugendgeneration des neuen Jahrhunderts. Ein Selbstbild*. Opladen: Leske + Budrich.

Zinnecker, J. (2008). Schul- und Freizeitkultur der Schüler. In W. Helsper & J. Böhme
(Hrsg.), *Handbuch der Schulforschung*, 2. Aufl. (S. 531–554). Wiesbaden: VS Verlag für
Sozialwissenschaften.

Dr. Thomas Coelen ist Professor für Erziehungswissenschaft mit den Schwerpunkten
Sozialisation, Jugendbildung und Lebenslaufforschung an der Fakultät „Bildung-Architektur-Künste" der Universität Siegen und Leiter des „Siegener Zentrums für sozialwissenschaftliche Erziehungs- und Bildungsforschung" (SiZe), er beschäftigt sich
vor allem mit folgenden Themen: Ganztagsschulforschung, Bildungslandschaften,
Pädagogik und Architektur. Kontakt: thomas.coelen@uni-siegen.de.

Dr. Frank Gusinde ist Wissenschaftlicher Mitarbeiter im „Siegener Zentrum für sozialwissenschaftliche Erziehungs- und Bildungsforschung" (SiZe) an der Fakultät
„Bildung-Architektur-Künste" der Universität Siegen und beschäftigt sich vor allem
mit folgenden Themen: Kinder- und Jugendarbeit, Schulsozialarbeit, Migration und
Übergangsforschung. Kontakt: frank.gusinde@uni-siegen.de.

Dipl. Soziologin Pia Rother ist Wissenschaftliche Mitarbeiterin im „Siegener Zentrum für sozialwissenschaftliche Erziehungs- und Bildungsforschung" (SiZe) an der
Fakultät „Bildung-Architektur-Künste" der Universität Siegen und beschäftigt sich
vor allem mit folgenden Themen: Ganztagsschulforschung, Bildung in der Kindheit,
Bildungsungleichheit, Partizipation von Kindern und Jugendlichen. Kontakt: pia.ro
ther@uni-siegen.de.

Jugend – Freizeit – Peers

Barbara Lochner

Zusammenfassung

Der Beitrag beschäftigt sich damit, wie Jugendliche ihre Freizeit gestalten und welche Rolle dabei Freunde und Gleichaltrigengruppen spielen. Besonders berücksichtigt wird die Bedeutung sozialer Medien für die Beziehungs- und Freizeitgestaltung von Jugendlichen. Die Differenz zwischen On- und Offline-Realitäten scheint diesbezüglich kaum Relevanz zu besitzen. Noch unzureichend geklärt ist jedoch erstens, unter welchen Bedingungen das Internet die Möglichkeiten der Beziehungpflege und interessensgeleiteter Freizeitgestaltung erweitert und zweitens welche Chancen bestehen, milieu- und schichtspezifische Differenzen in einem emanzipatorischen Sinne aufzubrechen.

Schlüsselwörter

Jugend, Freizeit, Peers, Mediatisierung, soziale Netzwerke, Clique, Jugendverband, Jugendszene, soziale Ungleichheit

Einleitung

Das Freizeitverhalten Jugendlicher gilt als „Klassiker" unter den Themen der Jugendforschung (Thole 2010a, S. 737). Die erste groß angelegte Studie von Robert Dinse befasst sich bereits Anfang der 1930er Jahre auf der Grundlage von Aufsätzen Jugendlicher zum Thema „Wie verbringe ich meine freie Zeit?" mit dem „Freizeitleben der Großstadtjugend" (Dinse 1932). Damit widmet er sich einem zur damaligen Zeit relativ jungen Phänomen. Mit der Wandervogelbewegung entsteht im ausgehenden 19. Jahrhundert die erste eigenständige Jugendbewegung. Etwa zeitgleich werden erste Jugendvereine im kirchlichen Umfeld und im ArbeiterInnenmilieu gegründet. Im beginnenden 20. Jahrhundert werden zudem erste informelle Jugendcliquen und -szenen ausgemacht, die eigene ästhetische und soziale Praxen entwickeln (Thole 2010b, S. 175). So charakterisiert etwa der Hamburger Pfarrer Clemens Schultz (1912) die sogenannten „Halbstarken" durch ihren besonderen Kleidungsstil („keck und frech eine verbogene Mütze"), ihre Frisuren („widerlich kokette Haarlocke"), Verhaltensweisen („oft in albernster, kindischer Weise herumbalgt") und ihre kommunikativen Praxen („Unterhaltung (…) durchsetzt mit den gräuslichsten Schimpfwörtern") (Schultz 1912, S. 30). In den Beschreibungen von Schultz dokumentiert sich deutlich die Verbindung zwischen Jugendforschung und Jugendpflege. Obwohl diese und ähnliche Cliquenverbünde eher misstrauisch beäugt werden, gewinnt die Gleichaltrigengruppe als gesellschaftliche Gesellungsform an Bedeutung, was laut Ferchhoff und Hugger maßgeblich auf die Einführung von Jahrgangsklassen in der Schule und die Ausweitung des Schulbesuchs zurückzuführen ist (Ferchhoff und Hugger 2014, S. 253). Seit den 1950er Jahren und mittlerweile in der 17. Auflage gibt die Shell-Jugendstudie (Jugendwerk der Deutschen Shell 2015) unter anderem Auskunft über die Freizeitinteressen und -gestaltung von Jugendlichen in Deutschland. Sie wird bis 1975 von Viggo Graf Blücher verantwortet, der selbst Studien zur Freizeit der Heranwachsenden in Deutschland durchführt (Blücher 1956, 1966). Neben quantitativen Erhebungen, die das Freizeitverhalten, zugrundeliegende soziale und ökonomische Möglichkeiten, Orte, Medien und Gesellungsformen erfassen und teilweise in Typologien überführen (Strzelewicz 1965; Rosenmayr et al. 1966; Silbereisen et al. 1996; Wetzstein et al. 2005; Gille et al. 2006; Sturzbecher und Holtmann 2007; Harring 2011; Grgic und Züchner 2013; MPFS 2012; Maschke el al. 2013; LSBR und Jugendstiftung BaWü 2015), finden sich des Weiteren verschiedene qualitative Studien, die das Wissen über das Freizeitverhalten Jugendlicher in bestimmten Kontexten, Gruppierungen oder mit Blick auf spezifische Fragestellungen weiter detaillieren (Schultz 1912; Dehn 1929; Schmidt 1934; Bals 1962; Hoppe 1979; Thole 1991; Tertilt 1996; Hafeneger und Jansen 2001; Hoffmann 2003; Krüger et al. 2012). Durchgängig kommt die Bedeutung der Peers für die Entwicklung individueller Präferenzen und die Gestaltung der Freizeit zum Ausdruck.

Bedeutung der Peer-Beziehung

Sowohl sozialisationstheoretisch als auch entwicklungspsychologisch wird den Peer-Beziehungen im Jugendalter hohe Relevanz zugeschrieben (Hurrelmann und Quenzel 2012; Siegler et al. 2011). In diesem Lebensabschnitt verändern Gleichaltrigenbeziehungen ihre Gestalt, Qualität und subjektive Bedeutsamkeit. 97 % aller Jugendlichen äußern in der Shell-Jugendstudie 2015, dass „Gute Freunde haben, die einen anerkennen" ein wichtiger oder sogar sehr wichtiger Wert für sie ist (Gensicke 2015, S. 239). Emotionale Beziehungsaspekte wie Vertrauen, Raum für Selbstoffenbarung und Ehrlichkeit werden in Freundschaftskonzeptionen Jugendlicher zunehmend bedeutsam und das Beziehungsgefüge differenziert sich aus (Siegler et al. 2011, S. 505; Krappmann 2010, S. 204). Nicht zuletzt aufgrund der „relativen Statusgleichheit" (Siegler et al. 2011, S. 500) werden unter Gleichaltrigen andere Formen der Aushandlung notwendig als in der Eltern-Kind-Beziehung, woraus sich Lernmöglichkeiten für Kooperations-, Kritik-, Argumentations- und Empathiefähigkeiten ergeben (Rohlfs 2010, S. 67). Dies drückt sich laut Krappmann bereits im Begriff des „peers" aus, der sich nicht nur auf die Gleichheit des Alters beziehe, sondern darüber hinaus eine *„Gleichheit* der Stellung im Verhältnis zueinander" (Krappmann 2010, S. 200; Hervorhebung wie im Original) impliziere. In diesem Gefüge können Jugendliche mit neuen Verhaltensweisen experimentieren und Erfahrungen mit verschiedenen Graden von Beziehungsintensität machen (Hurrelmann und Quenzel 2012, S. 172; Wetzstein et al. 2005, S. 20). Im eigenen Freundeskreis fühlen sich fast alle Jugendlichen wohl (LSBR und Jugendstiftung BaWü 2015, S. 16). Uhlendorff (2005, S. 105) geht sogar davon aus, dass die Auswirkungen problembelasteter familiärer Beziehungen durch die emotionale Stabilisierung und Unterstützung von Freunden gemildert werden können. Wenn auch zuweilen ohne belastbare empirische Fundierung, wird andernorts darauf hingewiesen, dass Peerbeziehungen auch Einfluss auf die Entwicklung devianter und risikoreicher Verhaltensweisen nehmen können (Siegler et al. 2011, S. 509 ff.) und nicht nur positive, entwicklungsfördernde Beziehungserfahrungen gewährleisten. Die „intensive Dynamik der Gleichaltrigengruppen" (Hurrelmann und Quenzel 2012, S. 177) kann sich, etwa in Form von Mobbing oder Stigmatisierungspraxen, ins Negative verkehren.

Gesellschaftstheoretisch wird die Kontextualisierung von Peerbeziehungen durch die gesellschaftlichen Verhältnisse problematisiert. Verwiesen wird hier „also auf die Positionierungen der Gruppe und ihrer Mitglieder in der sozioökonomischen Ungleichheitsordnung und in Prestigehierarchien" (Scherr 2010, S. 80), die das Miteinander beeinflussen und die innerhalb der Beziehungen reproduziert werden. Peerbeziehungen gestalten sich folglich nicht völlig unabhängig von anderen, insbesondere den familiären Beziehungserfahrungen und sich daraus ergebenden Potentialen (Deppe 2013). Thole und Schoneville kommen zu dem Ergebnis: „So zutreffend diese quantitative Trenddiagnose zur Relevanz altershomogener jugendlicher Sozialbeziehungen in allen Statusgruppen auch ist, so darf daraus keineswegs geschlossen werden, dass die Zusammensetzung und Verbreitung der jugendlichen Szenen und Peers von den Kriterien sozialer Differenzierung der Gesellschaft völlig unabhängig" sind (Thole und Schoneville 2010, S. 156).

Davon ausgehend bilden Jugendliche im Freundeskreis und der Clique konsensual geteilte Deutungsmuster und kollektive kulturell-ästhetischen Stile, Sprachformen und Alltagspraxen aus. Im Miteinander werden informelle und non-formale Bildungserfahren angeregt. Dafür, wenn auch nicht zwingend aus diesem Grund, finden Jugendliche in ganz unterschiedlichen Formen zueinander.

Formen der Peerbeziehungen

Neben der Familie, Schule und Arbeitswelt sind Freundschaften und informelle sowie non-formale Gleichaltrigengruppen als „die ersten selbständig aktivierten sozialen Netze" (Thole 2010a, S. 749) zentrale Sozialisationsorte für Jugendliche. 90 % der
Jungen und 95 % der Mädchen äußern in der Studie „Jugend.Leben", dass sie eine
beste Freundin oder einen besten Freund haben (Maschke et al. 2013, S. 52). Ein sehr
großer Teil der Jugendlichen trifft sich zudem mit Gleichaltrigen in Cliquen, Vereins-
oder Verbandszusammenhängen und/oder fühlt sich mit einer bestimmten Szene
verbunden.

Aktuell sind etwa 9 % der Jugendlichen in einem klassischen Jugendverband engagiert, was im Vergleich zum Jahr 2010 einen Rückgang um 3 % bedeutet (Schneekloth 2015, S. 196). Nach einem leichtem Anstieg der Mitgliedszahlen in den 1990er
Jahren, nimmt die Bedeutung von Jugendverbänden damit weiter ab. Ein Grund für
diesen aktuellen Trend wird im Ausbau der Ganztagsschulen gesehen, durch welche
die Zeiträume für eigenmotivierte Freizeitgestaltung reduziert würden (LSBR und
Jugendstiftung 2015, S. 42). Das Besondere der Beteiligung in Jugendverbänden, also
in *non-formalen Gruppen,* ist laut Sturzenhecker (2007, S. 154 f.), dass diese im Unterschied zu informellen Cliquen von größerer Heterogenität geprägt sind, was Jugendlichen ermöglicht, sich mit diversen Identitätsentwürfen auseinanderzusetzen und
sich davon anregen zu lassen. Deutlich würde von den engagierten Jugendlichen der
Verband als Lern- und Erfahrungsfeld benannt (ebd., S. 155). Die konkrete Gruppe ist
für Jugendliche nicht nur der entscheidende Ort, an dem sich der Verband realisiert,
sondern auch der Ort, an dem Freundschaften und Gruppenzugehörigkeit ineinander
übergehen (Fauser 2008, S. 127). Die Mitgliedschaft wird in diesem Zusammenhang
jedoch als Kategorie eingeschätzt, die „nur noch für wenige Bereiche aussagekräftig"
ist (Corsa und Münchmeier 2007, S. 208). So zeigt die Studie „Realität und Reichweite von Jugendverbandsarbeit" (Fauser 2008; Corsa 2007), dass sich viele Jugendliche an Angeboten von Jugendverbänden beteiligen würden ohne selbst Mitglied
zu sein (Fauser 2008, S. 111). Da laut der Shell-Jugendstudie 38 % der Jugendlichen
angeben „oft oder gelegentlich für gesellschaftliche oder soziale Zwecke oder einfach für andere Menschen" in einem Verein aktiv zu sein (Schneekloth 2015, S. 196),
spricht vieles für die Schlussfolgerung, dass eine „Verschiebung von kontinuierlichen
und verbindlichen Aktivitäten hin zu themengebundenen und temporär begrenzten
Aktivitäten in Vereinen" (Thole und Höblich 2012, S. 80) stattfindet. Allerdings ist
auch zu bemerken, dass in der Shell-Jugendstudie aus dem Jahr 2010 noch fast die
Hälfte der Jugendlichen Vereine als Orte des politischen und sozialen Engagements
identifizierten (Schneekloth 2015, S. 196). Die Wertorientierung, einst das Marken-
zeichen von Vereinen und Verbänden, scheint Jugendliche heute zu irritieren, da sie
eine Identifikation mit Bestehendem fordert und somit den Spielraum für individuelle Sinnzuschreibungen reduziert (Wetzstein et al. 2005, S. 143; Thole 2010a, S. 753 f.;
Farin 2011, S. 196). Es zeichne sich ab, so Thole, dass „Jugendliche heute in ihren,

auch sportiven Freizeitorientierungen, gebrauchsorientierter sind und ein dienstleistungsorientiertes, keineswegs mehr ein milieugeprägtes Mitgliedsverständnis in und zu Vereinen und Verbänden entwickeln" (Thole 2010a, S. 750). Entsprechend stellen solche Zusammenschlüsse für Jugendliche, die sich in ihnen engagieren, selten *die*, sondern vielmehr eine von mehreren Gesellungsformen dar, die entsprechend der eigenen Interessen und Bedürfnisse miteinander kombiniert werden (Harring 2013, S. 294; Thole 2010a, S. 750).

Neben der Möglichkeit zu sozialem, ökologischem oder politischem Engagement, werden Vereine vorrangig zur sportlichen, künstlerischen und musischen Freizeitgestaltung in Gemeinschaft genutzt. Laut der JIM-Studie, die mit dem Schwerpunkt Medien 12- bis 19-Jährige zu ihrem Freizeitverhalten befragt, gehören 67 % aller Jugendlichen einem Sportverein an und 19 % sind in einem Chor, Musik- oder Gesangsverein engagiert (MPFS 2012, S. 10). Die Studie „Medien, Kultur und Sport bei jungen Menschen" (MediKus) des Deutschen Jugendinstituts und des Deutschen Instituts für Internationale Pädagogische Forschung (Grgic und Züchner 2013) gibt Hinweise darauf, dass das Interesse, sich einer formellen Gruppe anzuschließen, von der bevorzugten Freizeitaktivität abhängt (Züchner und Grgic 2013, S. 219). Während Jugendliche bildend-künstlerische Aktivitäten überwiegend selbstorganisiert verfolgten (73 %), würde dies nur auf einen geringen Anteil der Jugendlichen zutreffen, die sich musikalisch, darstellend-künstlerisch oder sportlich betätigen (14–30 %). Deutlich zeichnet sich zudem ab, dass sich die Teilhabe schichtspezifisch gestaltet. Die Mitglieder in Vereinen bzw. die NutzerInnen entsprechender Angebote kommen eher aus der Mittel- und Oberschicht (Thole und Höblich 2012, S. 81; Leven et al. 2010, S. 99 f.; Gottschall und Pothmann 2011, S. 16; Züchner 2013, S. 98).

Schicht- und milieubezogen indifferenter gestaltet sich – zumindest aus quantitativer Perspektive – die Zugehörigkeit zu *Cliquen und informellen Gruppen* (Leven et al. 2010, S. 100). Etwa zwei Drittel der Jugendlichen zählen sich zu einer Clique (MPFS 2012, S. 10; Leven et al. 2010, S. 82; Maschke et al. 2013, S. 52). Diese Gruppen zeichnen sich nach Scherr dadurch aus, dass sie auf unmittelbaren und relativ dauerhaften Beziehungen beruhen, die sich in wiederkehrenden Treffen aktualisieren, ohne dabei formale Strukturen und Hierarchien herauszubilden oder sich thematisch zu spezifizieren (Scherr 2010, S. 75). Aufgrund der eher geringen Sachorientierung des Zusammenschlusses sind emotionale Nähe, „gefühlte Ähnlichkeit" und Sympathie für Cliquen von hoher Bedeutung (Scherr 2010, S. 77). Freundschaft, Spaß und gemeinsames Chillen zählen zu den wichtigsten Gründen, warum Jugendliche sich einer Clique anschließen (Maschke et al. 2013, S. 55). Während Blücher in den 1950er Jahren noch eine männliche Dominanz in der Cliquenbildung ausmacht (Blücher 1956, S. 103), ist aktuell kaum noch ein Unterschied zwischen den Geschlechtern in Bezug auf die Peergruppen-Zugehörigkeit festzustellen (Leven et al. 2010, S. 82) Über die letzten 60 Jahre Bestand hat jedoch der Befund, dass die Bedeutung von Cliquen mit zunehmenden Lebensalter zugunsten der Paarbeziehung abnimmt, wobei sich der Zenit der Clique in den vergangenen Jahren nach hinten verschoben hat (Blücher

1956, S. 102 f.; Reitzle und Riemenschneider 1996, S. 305; Leven et al. 2010, S. 82).
Während sich quantitativ keine wesentlichen Unterschiede zeigen, finden sich in mi-
lieuspezifischen Untersuchungen zu informellen Jugendgruppen Hinweise darauf,
dass sich die subjektive Rahmung und Bedeutung der Clique deutlich milieu- und
herkunftsabhängig gestaltet (Thole und Schoneville 2010, S. 157; Thole 2010a, S. 751).
Als Forschungsgegenstand werden Cliquen mal als Ort und Quelle delinquenten Verhaltens untersucht, aber auch als Ausdruck emanzipatorischer Bestrebungen verstanden (Scherr 2010, S. 73 f.).

Vom Begriff der Gruppe, unter welchem sich sowohl formelle Vereinigungen im
Verein oder Verband als auch informelle Cliquen subsumieren lassen, wird die *jugendkulturelle Szene* abgegrenzt. Sie wird nicht über persönliche Beziehungen definiert, sondern stellt eine eher lose Vergemeinschaftungsform von Jugendlichen dar,
die durch Symbole, Praktiken, bevorzugte Orte und ästhetische körperliche sowie
modische Ausdrucksformen ihre identitätsstiftende Kraft entfaltet (Grgic 2013, S. 36;
Ferchhoff und Hugger 2014, S. 255). Im Gegensatz zu Cliquen finden in Szenen thematische Engführungen auf das „Szenenthema" statt, das zum Beispiel im Rahmen
von Events zelebriert wird (Hurrelmann und Quenzel 2012, S. 188). Die Altershomo-
genität ist in Szenen „aufgeweicht" (Ferchhoff und Hugger 2014, S. 256), dennoch
sind es vor allem die 15- bis 18-Jährigen, die sich einer Szene zuordnen. Darüber hinaus wird die Szenenzugehörigkeit vom Bildungsstand und dem Geschlecht beeinflusst. So neigen Jugendliche mit niedriger Bildung und Jungen eher dazu, sich einer Szene anzuschließen (Wetzstein et al. 2005, S. 127). Relevant sind Sportszenen,
verschiedene Musikszenen mit einer deutlichen Präferenz zu Hiphop, Techno, Elek-
tro und Rock, sowie „Computerfreaks" (ebd., S. 128). Politische Szenen, die laut Farin (2011, S. 201) häufig einen höheren Verbindlichkeitsgrad von ihren Mitgliedern
fordern, spielen nur für einen kleinen Teil der Jugendlichen eine Rolle (Wetzstein
et al. 2005, S. 129, Maschke et al. 2013, S. 67). Lediglich die MediKus-Studie bezeichnet Punks als eine relevante Gruppierung (Grgic und Holzmayer 2013, S. 19). Von den
gesellschaftskritischen Szenen wird die meiste Sympathie Tier- und Umweltschütze-
rInnen entgegengebracht (Maschke et al. 2013, S. 72; Gaiser und de Rijke 2006, S. 236),
die größte Ablehnung äußern Jugendliche gegenüber Skinheads (Maschke et al. 2013,
S. 67). Politische Szenen scheinen aktuell kein zentraler Ort zu sein, um sich von
Erwachsenen abzugrenzen. Werden Jugendliche danach befragt, welche Szenen sich
besonders von der Welt der Erwachsenen distanzieren, wird zwar die kleine Gruppe der Punks benannt, daneben aber vor allem auf Girl- und Boygroup-Fans sowie
Emos verwiesen (Maschke et al. 2013, S. 77). Uneindeutigkeit besteht in Bezug auf die
Bedeutung von Szenen insgesamt. Während sich laut Wetzstein et al. (2005, S. 126)
32 % der Jugendlichen einer bestimmten Szene zuordnen und 17 % sogar äußern, Teil
mehrerer Jugendszenen zu sein, geht die jüngere Medikus-Studie davon aus, dass
sich lediglich etwa 15 % der Jugendlichen einer Szene zugehörig fühlen (Grgic und
Holzmayer 2012, S. 19). Einen Rückgang der eigenen Zuordnung verzeichnen auch
Maschke et al. (2013, S. 68). Sie gehen davon aus, dass Jugendliche sich heute weni-

ger von einer Szene „vereinnahmen" lassen und sich flexibler und unverbindlicher zwischen verschiedenen Stilrichtungen bewegen wollen (ebd.). Zugleich gewinnen lockere Szene-Kontakte als „temporäre Sinngemeinschaften" (Farin 2011, S. 196), die in vielfältigen ästhetischen und jugendkulturellen Kombinationen Ausdruck finden, im Verhältnis zu festen Peerbeziehungen an Bedeutung für das Beziehungsnetz von Jugendlichen (Thole 2010a, S. 751; Hurrelmann und Quenzel 2012, S. 188). Ein Grund dafür wird in den sich pluralisierenden Möglichkeiten der medialen Vernetzung gesehen, für die räumliche Nähe und elterliche Unterstützung keine Voraussetzungen sind (Hurrelmann und Quenzel 2012, S. 188; Hugger 2014, S. 11).

Internet, digitale soziale Netzwerke und Peer-Beziehungen

Die Kommunikation, der Beziehungsaufbau sowie der Erhalt von Freundschaften und Netzwerken via Medien gehören für Jugendliche heute zum Alltag (Holzmayer 2013; Hurrelmann und Quenzel 2012, S. 199 f.; Calmbach et al. 2011, S. 53; Thole und Höblich 2012, S. 78; LSBR und Jugendstiftung BaWü 2015, S. 24). Nach 1980 Geborene gelten als „digital natives" (Palfrey und Gasser 2008; kritisch: Otto und Kutscher 2014), für die das Internet längst zum Leitmedium geworden ist, da es den eigenen Bedürfnissen und Interessen angepasst sowie eigenständig und selbstbestimmt sowohl als Unterhaltungs-, als auch als Informations- und Kommunikationsmedium genutzt werden kann (Hurrelmann und Quenzel 2012, S. 199; Hugger 2014, S. 15). Die gängige Hardware dafür ist neben dem Computer das Smartphone, das zunehmend an Bedeutung gewinnt (Holzmayer 2013, S. 158). Während 2001 nur 10 % der 13-Jährigen ein Handy besaß (Maschke et al. 2013, S. 98), stellen die „Handylosen" unter den Jugendlichen heute eine kleine Minderheit dar. 81 % der 12- bis 25jährigen nutzen das Smartphone als zentralen Onlinezugang (Leven und Schneekloth 2015, S. 124), was das „Surfen im Internet" zu einer allgegenwärtigen Freizeitbeschäftigung werden lässt (ebd., S. 113).

Holzmayer schreibt dem Mobiltelefon eine eigenständige Sozialisationsfunktion zu: „Das eigene Handy kann als wichtiges Medium zur Abgrenzung von den Eltern und Hinwendung zu den Peers genutzt werden – denn ein eigener Code macht das Gerät für Andere (vornehmlich die Eltern) unbrauchbar und schafft dadurch eine gewisse Freiheit (…)" (Holzmayer 2013, S. 158). Im Internet können sich Jugendliche virtuell eigenständige, jugendkulturelle Räume schaffen, zu denen Erwachsene keinen Zugang haben (Grunert und Deinert 2010, S. 204). Während sich quantitativ kaum alters-, geschlechts- oder herkunfts- und milieubedingte Unterschiede bezüglich des Internetzugangs zeigen (MPFS 2012, S. 30 ff.; Leven und Schneekloth 2015, S. 121), wirkt sich das ungleiche Verfügen über ökonomisches, soziales und kulturelles Kapital allerdings auf die Motive und Strategien der Internetnutzung, die Möglichkeit zur Ressourcenerweiterung durch Online-Angebote, die Beteiligungsformen und -erfahrungen in sozialen Netzwerken, sowie die Fähigkeit zur Aneignung des di-

gitalen Raumes aus (Otto und Kutscher 2014; Zillien 2009). Für Jugendliche aus sogenannten unteren Schichten hat die Beteiligung in sozialen Netzwerken einen höheren Stellenwert als für ihre Altersgenossen. 52 % dieser Gruppe stimmen der Aussage
zu, dass man in sozialen Netzwerken dabei sein muss (Leven und Schneekloth 2015,
S. 129). Zugleich berichten Jugendliche mit niedrigem kulturellen Kapital häufiger als
andere von Erfahrungen mit Cybermobbing oder „happy slapping", also von körperlichen Angriffen, die mit dem Smartphone aufgezeichnet werden (Holzmayer 2013,
S. 190; BFSFJ 2013, S. 183 f.). Diese Befunde weisen auf eine besondere Vulnerabilität
von bildungsfernen, sozial benachteiligten Jugendlichen hin, der in (medien-)päd-
agogischen Angebote zu begegnen ist.

Insgesamt sind etwa neun von zehn Jugendlichen bei mindestens einem sozialen
Netzwerkdienst angemeldet (LSBR und Jugendstiftung BaWü 2015, S. 24). Sie dienen dem Kontakt zu Freunden sowie der Erweiterung des eigenen Bekanntenkrei-
ses. Die Zahl der Freundschaften, die Jugendliche in Online-Communities pflegen,
ist in den letzten Jahren deutlich gestiegen (MPFS 2012, S. 44). Bedeutsamer ist für
Jugendliche jedoch nach wie vor der Austausch mit Personen aus der eigenen „Off-
line-Welt" (Hugger 2014, S. 16; Holzmayer 2013, S. 190). Dass vis-à-vis-Kontakte zudem nicht durch virtuelle Beziehungen abgelöst werden (Maschke et al. 2013, S. 54),
zeigt sich u. a. darin, dass die Häufigkeit der Internetnutzung davon abhängt, ob sich
die Jugendlichen als Teil einer Clique verstehen (Holzmayer 2013, S. 187). Dennoch
kennen laut der JIM-Studie Jugendliche mittlerweile nur noch etwa ein Drittel ihrer
Online-Kontakte durch regelmäßige persönliche Treffen und lediglich 6 % zählen sie
zu „Freunden, denen man ein Geheimnis anvertrauen würde" (MPFS 2012, S. 44).
Für diese Diskrepanz scheinen Jugendliche jedoch überwiegend sensibilisiert zu sein.
Die Verwendung der Privacy-Option ist bei allen jugendlichen NutzerInnengruppen
deutlich gestiegen ist (ebd.). Mehr als ein Drittel der Jugendlichen sagen außerdem
von sich, dass sie sich kritisch gegenüber dem Social Web verhalten und sich nicht auf
alles einlassen (Leven und Schneekloth 2015, S. 132).

Hugger hebt hervor, dass die „Pluralität jugendkultureller Vergemeinschaftungsformen korrespondiert mit der Pluralität digitaler Mediennutzung" (Hugger 2014,
S. 21). Es könne nicht von *der* Netz-Generation gesprochen werden, weil sich Stile,
Orientierungen und Praxen von Jugendszenen und -gruppierungen medial gestützt
diversifizieren und vervielfältigen würden. Musste zu Beginn der 1980er Jahre noch
mit einiger Irritation zur Kenntnis genommen werden, dass Medienwelten zur jugendlichen Lebenswelt *dazu*gehören, so ist heute herauszustellen, dass die Online-
Welt genuiner Teil der jugendlichen Lebenswelt *ist*.

Freizeitthemen und -interessen von Jugendlichen

In Bezug auf Themen und Interessen von Jugendlichen ist festzustellen, dass sich trotz aller Differenz, Pluralität und Individualität Freizeitaktivitäten identifizieren lassen, die bei sehr vielen Jugendlichen hohe Priorität genießen. Zugleich zeigen sich im Freizeitverhalten von Jugendlichen aber auch Aktivitätsmuster, die stark voneinander abweichen. Die Shell-Jugendstudie differenziert zwischen einer „kreativen Freizeitelite", „geselligen Jugendlichen", „Medienfreaks" und „engagierten Jugendlichen" (Leven und Schneekloth 2015). In ähnlicher Weise, wenn auch mit leicht unterschiedlichen Ergebnissen clustert Harring (2011) das Freizeitverhalten von Jugendlichen, wobei er noch auf eine Gruppe der „eingeschränkten Freizeitgestalter" hinweist, denen deutlich weniger Zeit zur freien Verfügung steht, da sie stärker in Pflichten des familiären Haushalts eingebunden sind und die Schule für sie einen hohen Stellenwert einnimmt (Harring 2010, S. 38 f.). Eine etwas andere Form der Typologisierung nimmt die Studie „Wie ticken Jugendliche?" vor (Calmbach et al. 2011). Hier werden die Heranwachsenden sieben verschiedenen Sinus-Milieus zugeordnet, die Auskunft über Vorlieben, Freizeitaktivitäten und Einstellungen geben. Im Unterschied zur Shell-Jugendstudie, die Alter, Geschlecht und soziale Herkunft als bedeutsam für die individuellen Präferenzen und Gestaltungsformen einführt, nimmt die Sinus-Milieu-Studie neben der sozialen Herkunft individuelle Neigungen und Persönlichkeitseigenschaften sowie gesellschaftliche und (sub-)kulturelle Werte in den Blick. Auf diese Weise wird versucht, der Pluralisierung und Individualisierung jugendlicher Lebenswelten Rechnung zu tragen (Calmbach et al. 2011, S. 13 ff.). Fraglich ist, ob auf diese Weise die eigenständige Wirkung sozioökonomischer Ungleichheitsstrukturen auf die Lebensführung angemessen abgebildet werden kann (Otto und Kutscher 2014, S. 294). Hier deuten sich Parallelen zur Kritik an, die in den späten 1960er Jahren gegenüber den ersten Kategorisierungsversuchen des jugendlichen Freizeitverhaltens geäußert wurden (Thole 2010a, S. 737).

Die Spitze der beliebtesten Freizeitaktivitäten bilden Treffen mit Freunden, Musik hören und das Surfen im Internet (Leven und Schneekloth 2015, S. 113; MPFS 2012, S. 13 ff.). Geselligkeit stellt auch für letzteres das zentrale Motiv dar: 72 % der Jugendlichen und fast alle jungen Volljährigen geben an, mehrmals pro Woche und häufiger digitale soziale Netzwerke zu besuchen (Leven et al. 2010, S. 105; Holzmayer 2013, S. 160). Etwa die Hälfte der Online-Zeit wird für kommunikative Zwecke genutzt (MPFS 2012, S. 33). Neben Facebook mit seiner heterogenen NutzerInnenschaft, vernetzen sich insbesondere szeneaffine Jugendliche über spezifische Onlineangebote (Hugger 2014, S. 12). Werden Jugendliche allerdings nach ihren liebsten Aktivitäten mit Freunden und der Clique gefragt, geht es fast ausschließlich um das Miteinander in non-medialen Zusammenkünften (Maschke et al. 2013, S. 88 f.). Neben herumalbern, quatschen, Party machen oder ins Kino gehen gehören insbesondere Sport und Musik für viele Kinder und Jugendliche dazu.

Die JIM-Studie kommt zu dem Ergebnis, dass etwa ein Fünftel der Jugendlichen in ihrer Freizeit *Musik macht* oder *singt* (MPFA 2012, S. 9; Harring 2013, S. 311). Laut der MediKus-Studie spielt sogar jeder dritte Jugendliche im Alter von 13 bis 17 Jahren ein Instrument (Grgic und Holzmayer 2012, S. 18 f.). Das Interesse am Spielen klassischer Musikinstrumente (Blockflöte, Klavier, Gitarre, Schlagzeug) wird mit zunehmendem Alter, zumindest für einen kleinen Teil der Jugendlichen und insbesondere für Jungen, durch elektronische Formen des Musikmachens ergänzt und erweitert (Grgic 2013, S. 48; MPFS 2012, S. 37; Grgic und Holzmayer 2012, S. 19). Dass das Spielen eines Instruments zwar nicht bei den beliebtesten Freizeitaktivitäten, jedoch bei den wichtigsten Hobbys genannt wird (MPFA 2012, S. 10; Züchner und Grgic 2013, S. 219), deutet auf eine stärkere Institutionalisierung dieser Beschäftigung hin. Hille et al. (2013, S. 15) weisen darauf hin, dass bildungsorientierte Freizeitaktivitäten, wie das Erlernen eines Musikinstruments, bei Jugendlicher aller sozialen Schichten in den letzten Jahren an Bedeutung gewonnen habe.

„*Musik hören*" wird demgegenüber nur von 10 % der Kinder und Jugendlichen im Alter von 10 bis 18 Jahren explizit als Hobby benannt (Maschke et al. 2013, S. 89). Dennoch ist davon auszugehen, dass Jugendliche, die in ihrer Freizeit keine oder nur wenig Musik hören, eher eine Ausnahme bilden (MPFS 2012; Maschke et al. 2013). Unabhängig davon, ob sie danach gefragt werden, was sie in ihrer Freizeit am liebsten tun oder danach, was sie am häufigsten tun, immer spielt „Musik hören" – zumindest als individuelle und informelle Freizeitaktivität – eine zentrale Rolle. Als gemeinschaftliche Aktivität im Freundeskreis wird „Musik hören" allerdings nur von 13 % der Jugendlichen genannt (Maschke et al. 2013, S. 88).

Regelmäßig sportlich aktiv sind laut der MediKus-Studie ca. vier von fünf Jugendlichen. Etwa die Hälfte dieser Gruppe betreibt sogar zwei und mehr Sportarten (Züchner 2013, S. 104 f.). Züchner beschreibt das *Sportinteresse* von Jugendlichen als Mix aus klassischen Sportarten und Trendsportarten (ebd., S. 109). Die beliebteste Sportart bei Mädchen aller Altersgruppen ist Laufen bzw. Joggen. Reiten, Fahrrad fahren und Schwimmen findet sich ebenfalls durchgängig in den TOP 5 der Mädchen. Während bei den 13- bis 17-jährigen Mädchen als wichtigste Sportart noch Fußball hinzukommt, bevorzugen 18- bis 24-Jährige Fitnesssport. Bei den Jungen findet sich unangefochten auf dem ersten Platz der Fußball, gefolgt von Laufen und Joggen sowie Fahrrad fahren. Auch für die Jungen gewinnt Fitnesssport mit zunehmenden Alter an Bedeutung (Züchner 2013, S. 110), dennoch überwiegt bei ihnen im Gegensatz zu den Mädchen in allen Altersgruppen das Interesse an Spielsportarten und der gemeinsamen sportlichen Herausforderung mit Gleichaltrigen (Züchner 2013, S. 112; Maschke et al., S. 55). Dass die Bedeutung der Peers mit der gewählten Sportart korreliert, zeigt sich deutlich. Während 74,1 % der FußballspielerInnen „Freunde treffen" als ein Hauptmotiv für ihr Interesse benennen, geben nur 39,1 % der Jugendlichen, die Fitnesssport betreiben, an, dass es ihnen wichtig ist, dabei mit Freunden zusammen zu sein. Für sie sind Spaß, Fitness und die eigene Figur Hauptmotive der Betätigung (Züchner 2013, S. 133), was auf eine Zunahme der körperbezogenen, ästhetischen Motive für die sportliche Betätigung hindeutet (Thole 2010a, S. 750).

Als weniger reguläre und dennoch bedeutsame Freizeitaktivität von Jugendlichen kann seit gut dreißig Jahren das *Reisen* gelten. Etwa 80 % aller Jugendlichen und jungen Erwachsenen zwischen 14 und 26 Jahren machen mindestens einmal im Jahr eine Urlaubsreise von mindestens fünf Tagen (BMWE und DJH 2014a, S. 11). Deutlicher als vom Alter hängt diese Aktivität von der sozialen Herkunft ab. Die Studie „Kinder- und Jugendtourismus in Deutschland", die das Reiseverhalten von jungen Menschen seit 2002 analysiert, zeigt, dass sich die Schulbildung, das Haushalts-Netto-Einkommen und der Beruf des oder der HauptverdienerIn in der Familie zunehmend auf das Reiseverhalten von Jugendlichen auswirkt (BMWE und DJH 2014a, S. 14). Als ein wichtiges Kriterium für eine tolle Reise wird „mit Freunden/Gleichaltrigen zusammen sein" genannt (BMWE und DJH 2014b, S. 10).

Obwohl unter Gleichaltrigen den Mädchen ein höheres Maß an Interesse für gesellschaftlich relevante Fragen zugeschrieben wird als den Jungen (Maschke et al. 2013, S. 79), tendieren in Bezug auf Aktivitätsmuster eher Jungen zu den „Engagierten". Auch die „Medienfreaks" sind häufiger männlich, während mehr Mädchen bei der „kreativen Freizeitelite" und den „geselligen Jugendlichen" zu finden sind (Leven und Schneekloth 2015, S. 118). Bei den „Medienfreaks" sind die Vorlieben für Fernsehen, Computerspiele, im Internet surfen, Musik hören oder einfach nur Rumhängen häufiger zu finden als bei anderen Freizeittypen (ebd., S. 117). Während die „kreative Freizeitelite" viel liest, sich häufiger im kreativen und künstlerischen Bereich betätigt und sich in Vereinen und Projekten engagiert, steht für „gesellige Jugendliche" das Zusammensein mit Peers im Mittelpunkt. Ob on- oder offline – für diese Gruppe geht es darum, etwas mit Freunden und Bekannten zu unternehmen (ebd.). Der Nervenkitzel risikoreicher Freizeitaktivtäten im Kontext der Clique reizt fast die Hälfte aller Jugendlichen (Maschke et al. 2013, S. 60), während sie jedoch übermäßigen Alkoholkonsum, gewalttätiges Verhalten oder die Vorstellung „sich mal völlig daneben zu benehmen" in allen Altersstufen mit großer Mehrheit ablehnen (Maschke et al. 2013, S. 58 f.).

In Bezug auf das Alter nimmt Thole (2010a, S. 744) eine „Verflüssigung der altersspezifischen Präferenzen" an. Zwar ist festzustellen, dass das Interesse für künstlerisch-ästhetische sowie musikalische Aktivitäten mit zunehmendem Alter ebenso abnimmt, wie das Engagement im Verein oder Verband (Leven et al. 2010, S. 100; Grgic 2013, S. 47). Auch zeigt sich beinahe erwartungsgemäß, dass die „geselligen Jugendlichen" vor allem unter den 18- bis 21-Jährigen zu finden sind. Aber sowohl in Bezug auf die medialen Aktivitäten (Grgic 2013, S. 49), den Musikgeschmack (Maschke et al. 2013, S. 82) als auch hinsichtlich der Szenezugehörigkeit (ebd., S. 71) zeigen sich kaum altersspezifische Unterschiede. Die soziale Herkunft wirkt sich insofern aus, als dass Jugendliche aus der Mittelschicht ihre Freizeit verstärkt familienorientiert gestalten, während Jugendliche mit niedrigem sozioökonomischen Status häufiger zu den „Medienfreaks" gehören. Die „kreative Freizeitelite" wiederum ist eher in der sogenannten Oberschicht zu finden (Leven und Schneekloth 2015, S. 116 ff.). In diesem Zusammenhang zeigt sich allerdings, dass zwar insbesondere das Spielen eines klassischen Instruments vom kulturellen Kapital der Familie abhängt, das Erstellen von Bildern und Zeichnungen am Computer hingegen eine ästhetische Ausdrucksform darstellt, die ebenso wie das Sampeln von Musik, rappen oder die Betätigung als DJ unabhängig von der sozialen Herkunft ist (Grgic 2013, S. 50 f.). Des Weiteren gehen Jugendliche mit Migrationshintergrund oder niedrigem sozio-ökonomischen Status zwar seltener ins Theater oder zu Konzerten, betätigen sich aber stärker selbstorganisiert im Freundeskreis und in der Familie (Grgic und Holzmayer 2012, S. 18 f.).

Ausblick

Hinsichtlich des Freizeitverhaltens von Jugendlichen spricht vieles dafür, dass sich die klare Trennung von Beziehungen und Aktivitäten in einerseits „virtuell" und andererseits „wirklich" überholt hat (Krotz und Schulz 2014, S. 36 f.). Kommunikationsmedien unterstützen und erleichtern den Aufbau interessens- und sympathiegeleiteter Beziehungen und werden von Jugendlichen bedürfnis- und situationsorientiert verknüpft, ohne dass sich die Themen, mit denen sie sich online beschäftigen, grundsätzlich von den Aktivitäten abheben, welchen sie jenseits der virtuellen Welt nachgehen (Hugger 2014, S. 16). Allerdings zeigt sich in Bezug auf alle Freizeitaktivitäten und -formen, dass die soziale Herkunft und das kulturelle Kapital der Eltern entscheidenden Einfluss darauf nehmen, ob und vor allem *wie* vorhandene Möglichkeiten genutzt werden. Sozialpädagogische Forschung sollte hier gezielt der Frage nachgehen, ob und wenn ja wie die Mediatisierung des Alltags Bildungs- und Beziehungserfahrungen von Kindern und Jugendlichen potenzieren und auf diese Weise schicht- und milieuspezifische Differenz verstärken.

Interessant ist der Befund, „dass *aktive* junge Menschen mit wenig kulturellem Kapital, die zudem häufiger durch die Eigenmotivation, Schule oder Freunde zu Aktivitäten motiviert wurden, die gleichen subjektiv bedeutsamen Praxen aufweisen, die gleichen organisierten Kontexte nutzen sowie mit gleicher Motivation und Intensität aktiv sind" (Grgic und Züchner 2013, S. 259 f.), wie andere aktive Jugendliche. Insbesondere für AkteurInnen in Vereinen, Verbänden, Jugendeinrichtungen und anderen non-formalen Bildungsorten ergibt sich daraus der Auftrag, nicht nur Möglichkeiten zu prüfen, wie dem Bedürfnis nach temporärer, thematisch begrenzter Partizipation entsprochen werden kann. Vielmehr sind sie aufgefordert, die eigenen Strukturen auf milieubedingte Schließungstendenzen zu überprüfen, um diesen gezielt entgegenwirken (Grgic und Züchner 2013, S. 260; Thole und Höblich 2012, S. 89). Richten sich die Erwartungen in Bezug auf die Bekämpfung sozialer Ungleichheit aktuell zwar vor allem an die Ganztagsschule, so bieten non-formale Bildungssettings und sozialpädagogische Freizeitangebote doch nach wie vor einen wichtigen Raum für differenzierte und vielfältige Peererfahrungen, die von den jugendlichen NutzerInnen geschätzt und als anschlussfähig für die eigene Identitätsarbeit wahrgenommen werden.

Literatur

Bals, C. (1962). *Halbstarke unter sich*. Köln und Berlin: Kiepenheuer & Witsch.

Blücher, V. G. (1956). *Freizeit in der industriellen Gesellschaft: Dargestellt an der jüngeren Generation*. Stuttgart: Ferdinand Enke.

Blücher, V. G. (1966). *Die Generation der Unbefangenen*. Düsseldorf und Köln: Diedrich.

Bundesministerium für Familie, Senioren, Frauen und Jugend (2013). *14. Kinder- und Jugendbericht. Bericht über die Lebenssituation junger Menschen und die Leistungen der Kinder- und Jugendhilfe in Deutschland*. Berlin.

Bundesministerium für Wirtschaft und Energie, Deutsches Jugendherbergswerk (2014a). Grundlagenstudie Kinder- und Jugendtourismus in Deutschland. Teil IV: Jugendtourismus: Entwicklung 2003–2013 und Potentiale 2013–2015. http://www.kinder-und-jugendtourismus.de/wp-content/uploads/Teil-IV_Jugendtourismus-Entwicklung-und-Potenziale.pdf. Zugegriffen: 11. Juli 2014.

Bundesministerium für Wirtschaft und Energie, Deutsches Jugendherbergswerk (2014b). Grundlagenstudie Kinder- und Jugendtourismus in Deutschland. Teil VI: Gruppendiskussionen mit Kindern, Jugendlichen und jungen Erwachsenen. http://www.kinder-und-jugendtourismus.de/wp-content/uploads/Teil-VI_Gruppendiskussionen-mit-Kindern-Jugendlichen-und-jungen-Erwachsenen.pdf. Zugegriffen: 11. Juli 2014.

Calmbach, M., Thomas, P. M., Borchard, I., & Flaig, B. (2011). *Wie ticken Jugendliche? Lebenswelten von Jugendlichen im Alter von 14 bis 17 Jahren in Deutschland*. Düsseldorf: Haus Altenberg.

Corsa, M., & Münchmeier, R. (2007). Jugend im Verband – eine Anknüpfung an die Realität. In M. Corsa (Hrsg.), *Praxisentwicklung im Jugendverband: Prozesse, Projekte, Module* (S. 197–210). Opladen, Farmington Hills: Barbara Budrich.

Dehn, G. (1929). *Proletarische Jugend. Lebensgestaltung und Gedankenwelt der großstädtischen Proletarierjugend*. Berlin: Furche.

Deppe, U. (2013). Familie, Peers und Bildungsungleichheit. Qualitative Befunde zur interdependenten Bildungsbedeutsamkeit außerschulischer Bildungsorte. *Zeitschrift für Erziehungswissenschaften, 16*, 533–552.

Dinse, R. (1932). *Das Freizeitleben der Großstadtjugend. 5000 Jungen und Mädchen berichten*. Berlin: Müller.

Farin, K. (2011). *Jugendkulturen in Deutschland*. Bonn: bpb.

Fauser, K. (2008). *Gemeinschaft aus Sicht von Jugendlichen: Eine empirische Untersuchung über die Rolle von Gemeinschaft für das Nutzungsverhalten von Jugendlichen in einem Jugendverband*. Opladen, Farmington Hills: Barbara Budrich.

Ferchhoff, W., & Hugger, K. (2014). Zur Genese und zum Bedeutungswandel von Gleichaltrigengruppen: Lokale, de-lokalisierende und virtuelle Tendenzen. In K. U. Hugger (Hrsg.), *Digitale Jugendkulturen*, 2. Aufl, (S. 251–263). Wiesbaden: Springer VS.

Gaiser, W., & de Rijke, J. (2006). Gesellschaftliche und politische Beteiligung. In M. Gille, S. Sardei-Biermann, W. Gaiser & J. de Rijke (Hrsg.), *Jugendliche und junge Erwachsene in Deutschland: Lebensverhältnisse, Werte und politische Beteiligung 12–29-Jähriger. Jugendsurvey, Bd 3,* (S. 213–275.). Wiesbaden: VS Verlag für Sozialwissenschaften.

Gensicke, T. (2015). Die Wertorientierungen der Jugend (2002–2015). In Jugendwerk der deutschen Shell (Hrsg.), *Jugend 2015* (S. 237–272). Frankfurt a. M.: Fischer.

Gille, M., Sardei-Biermann, S., Gaiser, W., & de Rijke, J. (2006). *Jugendliche und junge Erwachsene in Deutschland: Lebensverhältnisse, Werte und politische Beteiligung 12–29-Jähriger. Jugendsurvey, Bd. 3.* Wiesbaden: VS Verlag für Sozialwissenschaften.

Gottschall, K., & Pothmann, J. (2011). Eine Frage der Gerechtigkeit. *DJI Impulse, 1,* (S. 16–18).

Grgic, M. (2013). Musikalische und künstlerische Aktivitäten im Aufwachsen junger Menschen. In M. Grgic & I. Züchner (Hrsg.), *Medien, Kultur und Sport: Was Kinder und Jugendliche machen und ihnen wichtig ist. Die MediKus-Studie* (S. 29–87). Weinheim, Basel: Beltz Juventa.

Grgic, M., & Holzmayer, M. (2012). Zwischen Fußball und Facebook. Jugendliche sind vielseitig interessiert. Über Aktivitäten der Generation 2. 0. *DJI Impulse, 3,* (S. 18–21).

Grgic, M., & Züchner, I. (Hrsg.). (2013). *Medien, Kultur und Sport: Was Kinder und Jugendliche machen und ihnen wichtig ist. Die MediKus-Studie.* Weinheim, Basel: Beltz Juventa.

Grunert, C., & Deinert, A. (2010). Zwischen Spielplatz, Youtube und Westfalenstadion – Jugendliche in Räumen physisch-realer und virtueller Öffentlichkeit. In B. Richard & H.-H. Krüger (Hrsg.), *Inter-Cool 3. 0. Jugend Bild Medien: Ein Kompendium zur aktuellen Jugendkulturforschung* (S. 187–207). München: Wilhelm Fink.

Hafeneger, B., & Jansen, M. M. (2001). *Rechte Cliquen: Alltag einer neuen Jugendkultur.* Weinheim, München: Juventa.

Harring, M. (2010). Freizeit, Bildung und Peers – informelle Bildungsprozesse im Kontext heterogener Freizeitwelten und Peer-Interaktionen Jugendlicher. In M. Harring, O. Böhm-Casper, C. Rohlfs & C. Palentien (Hrsg.), *Freundschaften, Cliquen und Jugendkulturen,* (S. 21–59). Wiesbaden: VS Verlag für Sozialwissenschaften.

Harring, M. (2011). *Das Potenzial der Freizeit: Soziales, kulturelles und ökonomisches Kapital im Kontext heterogener Freizeitwelten Jugendlicher.* Wiesbaden: VS Verlag für Sozialwissenschaften.

Harring, M. (2013). Freizeit, Peers und Musik. In R. Heyer, S. Wachs & C. Palentien (Hrsg.), *Handbuch Jugend – Musik – Sozialisation* (S. 293–322). Wiesbaden: Springer VS.

Harring, M., Böhm-Casper, O., Rohlfs, C., & Palentien, C. (2010). Peers als Bildungs- und Sozialisationsinstanzen – eine Einführung in die Thematik. In M. Harring, O. Böhm-Casper, C. Rohlfs & C. Palentien (Hrsg.), *Freundschaften, Cliquen und Jugendkulturen* (S. 9–19). Wiesbaden: VS Verlag für Sozialwissenschaften.

Hille, A., Arnold, A., & Schupp, J. (2015). Freizeitverhalten Jugendlicher: Bildungsorientierte Aktivitäten spielen eine immer größere Rolle. *DIW Wochenbericht* 40, (S. 15–25).

Hoffmann, A. (2003). *Jugendliche Freizeitstile – dynamisch, integrativ und frei wählbar?* Berlin: Logos.

Holzmayer, M. (2013). Neue Medien im Aufwachsen junger Menschen. In M. Grgic & I. Züchner (Hrsg.), *Medien, Kultur und Sport: Was Kinder und Jugendliche machen und ihnen wichtig ist. Die MediKus-Studie* (S. 139–191). Weinheim und Basel: Beltz Juventa.

Hoppe, J. R., & Stapelfeld, H. (1979). *Alltag im Jugendclub: Vom Umgang mit den Jugendlichen, von Freizeitaktivitäten und Starthilfen für den Beruf.* München: Juventa.

Hugger, K.-U. (2014). Digitale Jugendkulturen: Von der Homogenisierungsperspektive zur Anerkennung des Partikularen. In K.-U. Hugger (Hrsg.), *Digitale Jugendkulturen,* 2. Aufl. (S. 11–28). Wiesbaden: Springer VS.

Hurrelmann, K., & Quenzel, G. (2012). *Lebensphase Jugend: Eine Einführung in die sozialwissenschaftliche Jugendforschung,* 11. Aufl. Weinheim, Basel: Beltz Juventa.

Jugendwerk der deutschen Shell (Hrsg.). (2015). *Jugend 2015: Eine pragmatische Generation im Aufbruch.* Frankfurt a. M.: Fischer.

Krappmann, L. (2010). Prozesse der kindlichen Persönlichkeitsentwicklung im Kontext von Gleichaltrigenbeziehungen. In M. Harring, O. Böhm-Casper, C. Rohlfs & C. Palentien (Hrsg.), *Freundschaften, Cliquen und Jugendkulturen* (S. 187–222). Wiesbaden: VS Verlag für Sozialwissenschaften.

Krotz, F., & Schulz, I. (2014). Jugendkulturen im Zeitalter der Mediatisierung. In K.-U. Hugger (Hrsg.), *Digitale Jugendkulturen,* 2. Aufl. (S. 31–44). Wiesbaden: Springer VS.

Krüger, H. H., Deinert, A., & Zschach, M. (2012). *Jugendliche und ihre Peers. Freundschaftsbeziehungen und Bildungsbiografien in einer Längsschnittperspektive.* Opladen: Barbara Budrich.

Krüger, H.-H., Grunert, C., Pfaff, N., & Köhler, S.-M. (2010). Der Stellenwert von Peers für die präadoleszente Bildungsbiographie – Einleitung. In H.-H. Krüger, S.-M. Köhler & M. Zschach (Hrsg.), *Teenies und ihre Peers: Freundschaftsgruppen, Bildungsverläufe und soziale Ungleichheit* (S. 11–30). Opladen, Farmington Hills: Barbara Budrich.

Landesschülerbeirat & Jugendstiftung Baden-Württemberg (2015). Jugendstudie Baden-Württemberg 2015. http://www.jugendstiftung.de/fileadmin/Dateien/Jugendstudie/2015/Jugendstudie-2015_06.07. 2015.pdf. Zugegriffen: 22. 04. 2016.

Leven, I., & Schneekloth, U. (2015). Freizeit und Internet: Zwischen klassischem ‚Offline' und neuem Sozialraum. In Jugendwerk der deutschen Shell (Hrsg.), *Jugend 2015* (S. 111–151). Frankfurt a. M.: Fischer.

Leven, I., Quenzel, G., & Hurrelmann, K. (2010). Familie, Schule, Freizeit: Kontinuitäten im Wandel. In Jugendwerk der deutschen Shell (Hrsg.), *Jugend 2010* (S. 53–128). Frankfurt a. M.: Fischer.

Maschke, S., Stecher, L., Coelen, T., Ecarius, J., & Gusinde, F. (2013). *Appsolutely smart: Ergebnisse der Studie Jugend. Leben.* Bielefeld: Bertelsmann.

Medienpädagogischer Forschungsverbund Südwest (MPFS). (2012). JIM-Studie 2012. Jugend, Information, (Multi-)Media. http://www.mpfs.de/fileadmin/JIM-pdf12/JIM 2012_Endversion.pdf. Zugegriffen: 01. Dezember 2013.

Otto, H. U., & Kutscher, N. (2014). Digitale Ungleichheit – Implikationen für die Betrachtung medialer Jugendkulturen. In K.-U. Hugger (Hrsg.), *Digitale Jugendkulturen* 2. Aufl. (S. 283–298). Wiesbaden: Springer VS.

Palfrey, J., & Gasser, U. (2008). *Generation Internet: Die Digital Natives: Wie sie leben, was sie denken, wie sie arbeiten*. München: Hanser.

Reitzle, M., & Riemenschneider, U. (1996). Gleichaltrige und Erwachsene als Bezugspersonen. In R. K. Silbereisen, L. A. Vaskovics & J. Zinnecker (Hrsg.), *Jungsein in Deutschland: Jugendliche und junge Erwachsene 1991 und 1996* (S. 301–313). Opladen: Leske & Budrich.

Rohlfs, C. (2010). Freundschaft und Zugehörigkeit – Grundbedürfnis, Entwicklungsaufgabe und Herausforderung für die Schulpädagogik. In M. Harring et al. (Hrsg.), *Freundschaften, Cliquen und Jugendkulturen* (S. 61–71). Wiesbaden: VS Verlag für Sozialwissenschaften.

Rosenmayr, L., Köckeis, E., & Kreutz, H. (1966). *Kulturelle Interessen von Jugendlichen*. Wien: Hollinek.

Scherr, A. (2010). Cliquen/informelle Gruppen: Strukturmerkmale, Funktionen und Potentiale. In M. Harring, O. Böhm-Casper, C. Rohlfs & C. Palentien (Hrsg.), *Freundschaften, Cliquen und Jugendkulturen* (S. 73–90). Wiesbaden: VS Verlag für Sozialwissenschaften.

Schmidt, J. (1934). *Jugendtypen aus dem Arbeitermilieu. Ein Beitrag zur Typologie der erwerbstätigen Jugend*. Weimar: Böhlaus.

Schneekloth, U. (2015). Jugend und Politik: Zwischen positivem Gesellschaftsbild und anhaltender Politikverdrossenheit. In Jugendwerk der deutschen Shell (Hrsg.), *Jugend 2015* (S. 153–200). Frankfurt a. M.: Fischer.

Schultz, C. (1912). *Die Halbstarken*. Leipzig: Eger.

Siegler, R., DeLoache, J., & Eisenberg, N. (2011). *Entwicklungspsychologie im Kindes- und Jugendalter*. 3. Aufl. Heidelberg: Spektrum.

Silbereisen, R. K., Vaskovics, L. A., & Zinnecker, J. (Hrsg.). (1996). *Jungsein in Deutschland. Jugendliche und junge Erwachsene 1991 und 1996*. Opladen: Leske & Budrich.

Strzelewicz, W. (1965). *Jugend in ihrer freien Zeit*. München: Juventa.

Sturzbecher, D., & Holtmann, D. (Hrsg.). (2007). *Werte, Familie, Politik, Gewalt – Was bewegt die Jugend*. Berlin: Lit Verlag.

Sturzenhecker, B. (2007). „Wir werden ernst genommen": Partizipation in Jugendvertretungen im Nordelbischen Jugendwerk – Interpretationen von drei Gruppendiskussionen. In M. Corsa (Hrsg.), *Praxisentwicklung im Jugendverband: Prozesse, Projekte, Module* (S. 139–162). Opladen, Farmington Hills: Barbara Budrich.

Tertilt, H. (1996). *Turkish Power Boys*. Frankfurt a. M.: Suhrkamp.

Thole, W. (1991). *Familie – Szene – Jugendhaus. Alltag und Subjektivität einer Jugendclique*. Opladen: Leske & Budrich.

Thole, W. (2010a). Jugend: Freizeit, Medien und Kultur. In H.-H. Krüger & C. Grunert (Hrsg.), *Handbuch Kindheits- und Jugendforschung* 2. Aufl. (S. 727–763). Wiesbaden: VS Verlag für Sozialwissenschaften.

Thole, W. (2010b). Zwischen Clique, Pfadfinderheim und Gewerkschaftsjugend: In- und nonformale Kulturen von Jugendlichen. In B. Richard & H.-H. Krüger (Hrsg.), *Inter-Cool 3. o. Jugend Bild Medien: Ein Kompendium zur aktuellen Jugendkulturforschung* (S. 175–186). München: Wilhelm Fink.

Thole, W., & Höblich, D. (2014). „Freizeit" und „Kultur" als Bildungsorte – Kompetenz-erwerb über non-formale und informelle Praxen von Kindern und Jugendlichen. In C. Rohlfs, M. Harring & C. Palentien (Hrsg.), *Kompetenz-Bildung: soziale, emotiona-le und kommunikative Kompetenzen von Kindern und Jugendlichen* 2. Aufl. (S. 83–112). Wiesbaden: Springer VS.

Thole, W., & Schoneville, H. (2010). Jugendliche in Peer Groups und soziale Ungleich-heit. In M. Harring, O. Böhm-Casper, C. Rohlfs & C. Palentien (Hrsg.), *Freundschaf-ten, Cliquen und Jugendkulturen* (S. 141–165). Wiesbaden: VS Verlag für Sozialwissen-schaften.

Uhlendorff, H. (2005). Können enge Freundschaften im frühen Jugendalter die Auswir-kungen problematischer Eltern-Kind-Beziehungen auf abweichendes Verhalten auf-fangen? In B. Schuster, H.-P. Kuhn & H. Uhlendorff (Hrsg.), *Entwicklung in sozia-len Beziehungen: Heranwachsende in ihrer Auseinandersetzung mit Familien, Freunden und Gesellschaft.* Stuttgart: Lucius.

Werse, B. (2011). Die Mär von der immer besoffeneren Jugend. Zu den tatsächlichen Al-kohol-Konsumtrends unter Heranwachsenden am Beispiel einer lokalen Drogen-Mo-nitoring-Studie aus Frankfurt am Main und anderer Erhebungen. *Soziale Probleme 1,* (S. 7–26).

Wetzstein, T., Erbeldinger, P. I., Hilgers, J., & Eckert, R. (2005). *Jugendliche Cliquen: Zur Bedeutung der Cliquen und ihrer Herkunfts- und Freizeitwelten.* Wiesbaden: VS Verlag für Sozialwissenschaften.

Zillien, N. (2009). *Digitale Ungleichheit.* Wiesbaden: VS Verlag für Sozialwissenschaften.

Züchner, I. (2013). Sportliche Aktivitäten im Aufwachsen junger Menschen. In M. Grgic & I. Züchner (Hrsg.), *Medien, Kultur und Sport: Was Kinder und Jugendliche machen und ihnen wichtig ist. Die MediKus-Studie* (S. 89–137). Weinheim, Basel: Beltz Juventa.

Züchner, I., & Grgic, M. (2013). Organisiert aktiv – außerschulische und außerunterricht-liche musikalisch-künstlerische und sportliche Aktivitäten. In M. Grgic & I. Züch-ner (Hrsg.), *Medien, Kultur und Sport: Was Kinder und Jugendliche machen und ihnen wichtig ist. Die MediKus-Studie* (S. 217–235). Weinheim, Basel: Beltz Juventa.

Dr. Barbara Lochner, wissenschaftliche Mitarbeiterin am Fachgebiet Erziehungs-wissenschaft mit dem Schwerpunkt Soziale Arbeit und außerschulische Bildung an der Universität Kassel. Arbeits- und Forschungsschwerpunkte: Pädagogik der frühen Kindheit, Kinder- und Jugendarbeit; Adressat_innen-, Professionalitäts- und Organi-sationsforschung. Kontakt: barbara.lochner@uni-kassel.de.

Ausbildung, Arbeit und Beschäftigung

Mark Humme

Zusammenfassung

In diesem Artikel wird der Übergangsprozess von der Schule in die Ausbildung aus einer Gouvernementalitätsperspektive betrachtet. Damit liegt der Fokus zum einen auf die Konstituierung spezifischer Subjektivierungsweisen durch programmatische Implementationen und zum anderen auf die Realisierung konkreter Subjektivierungsweisen im Übergansfeld. Damit wird versucht nicht nur die politische Hervorbringung von Subjektivierungsweisen im Handlungsfeld der Übergangsgestaltung einzufangen, sondern diese vielmehr mit den subjektiven Effekten der Jugendlichen im Übergangsprozess zu vergleichen.

Schlüsselwörter

Gouvernementalität, Lebenslagen, Übergangssystem, Berufsausbildung

> „Überdies können Rang und Inhalt von Grundanliegen und auch von unmittelbaren Interessen von außen her manipuliert sein, und sei es lediglich durch gesellschaftliche Traditionen." (Weisser 1978)

> „Das Geflecht, das Netz, in dem unser Dasein gefangen und uns gegeben ist, bildet die Gesamtheit der Botschaften, die die Menschheit uns in der Sprache und in den ‚symbolischen Formen' überliefert." (Vattimo 1986)

Einleitung

In der Kinder- und Jugendhilfe – insbesondere im Handlungsfeld der arbeitsweltbezogenen Jugendsozialarbeit – ist die Integration in Ausbildung, Arbeit und/oder

Beschäftigung von Jugendlichen und jungen Erwachsenen ein Ziel. Neben einer kritischen Infragestellung des Integrationsziels drängt sich die Frage auf, welche Lebenslagen – und damit welche Bedingungen – sich bezüglich der Integration in den Arbeitsmarkt von AdressatInnen der Jugendhilfe vorfinden. Dabei ist es hier nicht möglich auf das komplexe Netzwerkgeflecht von Strukturmerkmalen des (beruflichen) Bildungssystems, des Ausbildungs- und Arbeitsmarktes sowie auf individuelle Handlungsentscheidungen zur Integration in den (ersten) Arbeitsmarkt einzugehen. In der bildungspolitischen Debatte der letzten Jahre rückte der Übergangsprozess von der Schule in die Ausbildung zunehmend in den Mittelpunkt. Diesem Übergangsprozess wird zur Integration in den (ersten) Arbeitsmarkt eine Schlüsselrolle zugewiesen. Daher wird der Schwerpunkt auf die Beschreibung der Gestaltung des Übergangsprozesses von der Schule in die Ausbildung gelegt.

Die Darstellung der Lebenslagen von Jugendlichen im Übergangsprozess erfolgt aus einer Gouvernementalitätsperspektive, um Gleichzeitigkeiten und Regelmäßigkeiten im Übergangsprozess von der Schule in die Ausbildung zu erfassen. Es soll dargestellt werden, *wie* diese Gleichzeitigkeit der Hervorbringung *spezifischer* Subjektivierungsweisen einerseits und die Realisierung von *konkreten* Subjektivierungsweisen andererseits das Übergangsregime konstituiert und (re)produziert.

Nach einer kompakten theoretischen Positionierung wird zunächst der gegenwärtige Übergangsdiskurs seit der Problematisierung im Bildungsbericht 2006 nachgezeichnet. Anschließend werden Zugangs- und Qualifizierungswege in Ausbildung, insbesondere von Förder- und HauptschülerInnen, dargestellt. In einem weiteren Schritt erfolgt die Darstellung von empirischen Erhebungen zur Sichtweise der Jugendlichen im Übergangsprozess. Abschließend werden in einer Zusammenfassung der bisherigen politischen Debatte zum Übergangsprozess spezifische Subjektivierungsweisen rekonstruiert und die bisherigen Erkenntnisse zur Wahrnehmung der Jugendlichen aus einer Gouvernementalitätsperspektive reinterpretiert.

Gouvernementalität von Lebenslagen

Im sozialpädagogischen Diskurs werden mit dem Lebenslagenkonzept Prozesse in den Blick gerückt, die zwischen Sozialstruktur und Subjektperspektive vermitteln. Damit wird versucht, eine umfassende Betrachtung der Lebensbedingungen von AdressatInnen der Kinder- und Jugendhilfe zu betrachten (vgl. Amann 1983).

In der Nachkriegszeit wurde von Gerhard Weisser ein sozialpolitisch geprägter Lebenslagenansatz unter Betonung individueller Spielräume entwickelt. Die Spielräume weisen auf Wahlmöglichkeiten in der Lebensführungsweise hin, die ein Individuum durch seine Praktiken ausfüllt. Hierbei geht es um die Qualität von Wahlmöglichkeiten, die die objektiven Umstände dem Individuum zur Erfüllung seiner Grundanliegen geben (vgl. Holz 2006, S. 4). Weisser ist nicht etwa an der tatsächlichen Erfüllung der Interessen von Individuen interessiert, sondern es geht ihm vielmehr um die Frage, welches die wichtigsten Interessen von Individuen sind. Diese Interessen nennt Weisser Grundanliegen, wie seine Definition von Lebenslagen zeigt:

> „Als Lebenslage gilt der Spielraum, den die äußeren Umstände dem Menschen für die Erfüllung der Grundanliegen bieten, die er bei unbehinderter und gründlicher Selbstbesinnung als bestimmend für den Sinn seines Lebens ansieht" (Weisser 1957, zit. nach Leßmann 2006, S. 33).

Ähnlich wie das Lebenlagenkonzept nach Weisser betont auch der gegenwärtig breit debattierte Capabilities-Ansatz[1] Spielräume als ein Bündel von Möglichkeiten, die Individuen bei ihrer Lebensführung zur Verfügung stehen.[2] Der gerechtigkeitstheoretische Capabilties-Ansatz bietet eine konzeptionelle Betrachtung von Lebenslagen, in der die Möglichkeits- und Freiheitsspielräume von Individuen im Fokus der Analyse sind. Dabei wird zwischen „Funktionsweisen" (functionings) und Verwirklichungschancen bzw. Befähigungen (capabilities) unterschieden. Während functionings die Handlungen und Fähigkeiten der Individuen darstellen, betonen die Capabilities „die objektive Menge an Möglichkeiten, unterschiedliche Kombinationen bestimmter Qualitäten von Funktionsweisen zu ermöglichen" (Otto et al. 2008, S. 11). Die Capabilities beschreiben somit den Handlungsspielraum, den Individuen für ihre Lebensführung haben.

Während das Lebenslagenkonzept nach Weisser und der Capalities-Ansatz über potenzielle Handlungsspielräume nach dem Wohlergehen eines Individuen fragen, geht es bei der Gouvernementalität von Lebenslagen, um die Analyse von Machtverhältnissen. Mit Machtverhältnissen sind nach Foucault insbesondere die Beziehung zwischen Fremd- und Selbstkonstitution gemeint:

> „Man muss die Wechselwirkung zwischen diesen beiden – Herrschaftstechniken und Selbsttechniken – untersuchen. Man muss die Punkte analysieren, an denen die Techniken der Herrschaft über Individuen sich der Prozesse bedienen, in denen das Individuum auf sich selbst einwirkt. Und umgekehrt muss man jene Punkte betrachten, in denen die Selbsttechnologien in Zwangs- oder Herrschaftsstrukturen integriert werden. Der Kontaktpunkt, an dem die Form der Lenkung der Individuen durch andere mit der Weise ihrer Selbstführung verknüpft ist, kann [...] Regierung genannt werden" (Foucault 1993, zit. nach Lemke et al. 2007, S. 29).

---

1   Die Capability Konzeption stellt die Grundlage für die Armuts- und Reichtumsberichterstattung in Deutschland, der Human Development Reports der Vereinten Nationen und der europäischen Armutsberichterstattung dar. Ferner orientieren sich auch die Weltbank und die OECD an diesem Ansatz.

2   Zusammenhänge zwischen den Lebenslagenkonzept und dem Capability-Ansatz sind bereits von mehreren Seiten festgestellt worden (vgl. z. B. Volkert 2005).

Damit vermittelt das Konzept zwischen Macht und Subjektivität. Der Kontaktpunkt
zwischen der Form der Lenkung der Jugendlichen durch politische Rationalität und
Soziale Arbeit und der Form der Selbstführung von Jugendlichen im Übergangs-
geschehen stellt demnach das Regierungsregime des Übergangs von der Schule in die
Ausbildung und demnach auch die Konstitutionen von Lebenslagen in eben diesem
Übergang dar.

Der Fokus der Betrachtung einer Gouvernementalität von Lebenslagen liegt damit nicht auf dem Wechsel von präexistenten Deutungspositionen (Struktur und
Handlung) und deren gegenseitiger Verhandlung, sondern „auf die historisch-spezi-
fischen Ereignisse, auf die Prozesse und Verbindungen im Sagbaren und Denkbaren"
(Kessl 2013, S. 309). Demnach wird hier von einer *Gleichzeitigkeit* der Fremd- und
Selbstregierung ausgegangen. Die AdressatInnen von Jugendsozialarbeit werden aus
sozialen Prozessen konstruiert und *gleichzeitig* konstruieren sie sich selbst im Prozess der Konstruktion des Sozialen. Dies bedeutet eine „ambivalente Gleichzeitigkeit"
(Kessl 2005, S. 50), die sich auch auf das Übergangsregime übertragen lässt: Durch
die Realisierung der Selbstregierung der Jugendlichen wird das Übergangsregime
(re)produziert, und durch die Fremdregierung durch politische Rationalitäten werden spezifische Subjektivierungsweisen (re)produziert. Wie Subjekte sich als Subjekte begreifen (Selbstführung) und begreifen sollen (Fremdführung), stellt sich als
machtanalytische Frage (vgl. ebd, S. 71) im Fokus der Gouvernementalität von Lebenslagen.[3]

Die Lebenslagen werden in ihrer ambivalenten Gleichzeitigkeit von Fremd- und
Selbstführung oder Selbst- und Fremdführung betrachtet. Fremd- und Selbstführung
werden dabei nicht als substantiell differente Aspekte, sondern als ein „Feld der Un-
ablässigkeit" (ebd., S. 111 ff.), betrachtet. In der zeitlichen Betrachtung wird nicht von
einem Vorher-Nachher-Modell, wie dies struktur- und handlungstheoretische Positionierungen vollziehen oder von einem Ursprung der Konstituierung eines Übergangsregimes ausgegangen, sondern von „unablässiger historisch-spezifischer und
kontingenter (Re)Produktion" (ebd., S. 111).

Im Folgenden wird die bildungspolitische Debatte zum Übergangsprozess seit der
Erscheinung des Bildungsberichts 2006 rekonstruiert.

---

3   Eine Veränderung bestehender Ordnungsmuster des Übergangsgeschehens wird mit einer solchen
    Perspektive keineswegs negiert. Veränderungen sind möglich, allerdings in der Ambivalenz der ge-
    genwärtigen Realisierung von Selbst- und Fremdführung und nicht durch ein ideologisches Jenseits
    (vgl. Kessl 2005, S. 50).

Der Übergang Schule-Ausbildung in der politischen Debatte – eine Rekonstruktion

Im Bildungsbericht 2006 wurde der Übergang von der Schule in den Beruf, unterhalb des Hochschulsystems, zum ersten Mal als ein Teilsystem des Berufsbildungssystems empirisch erfasst. Dabei wurde das Übergangssystem durch Maßnahmen kategorisiert, die nicht zu einem anerkannten Ausbildungsabschluss führen, „sondern auf eine *Verbesserung der* individuellen Kompetenzen von Jugendlichen zur Aufnahme einer Ausbildung oder Beschäftigung ziel[en]" (Konsortium Bildungsberichterstattung 2006, S. 79). Das im Bildungsbericht repräsentierte Übergangssystem erfasste dabei ausschließlich Maßnahmen und Bildungsgänge, die Jugendliche nach ihrer Schulpflicht in Anspruch nehmen konnten.

Nach den Daten des Bildungsberichts 2006 entstand eine weitreichende mediale und öffentliche Debatte um die Gestaltung des Übergangs von der Schule in den Beruf. Bereits 2007 hat der Innovationskreis berufliche Bildung in seiner Veröffentlichung „10 Leitlinien zur Modernisierung der beruflichen Bildung" (BMBF 2007) drei Aspekte aufgenommen, die zum Übergangsprozess gehören sollen: Erstens soll die fehlende Ausbildungsreife einiger SchulabgängerInnen vor allem durch eine Stärkung von Berufsorientierung, der Einführung einer koordinierten Gesamtstrategie zwischen Betrieben und Schulen in der Region sowie durch die individuelle Betreuung und Begleitung, vor allem von lernschwächeren und abschlussgefährdeten SchülerInnen, verbessert werden. Daneben soll zweitens die Ausbildungsvorbereitung für Benachteiligte durch eine bessere Abstimmung und praxisnahe Orientierung der Förderinstrumente von Bund, Ländern und Kommunen sowie durch eine regionale Netzwerkbildung der Träger optimiert werden. Drittens sollen auch die Wege in betriebliche Ausbildung optimiert werden, und zwar dadurch, dass Wege in betriebliche Ausbildung – insbesondere auch für AltbewerberInnen – durch Subventionen von Betrieben (Einstiegsbegleitung) und durch die Erprobung von Ausbildungsbausteinen in zehn bis zwölf wichtigen Berufen des dualen Systems angeregt werden. Hier ist bereits durch die Einbeziehung des Handlungsfelds Schule eine Erweiterung der Thematisierung des Übergangsprozess aus dem Bildungsbericht 2006 zu verzeichnen. Die eingeschlagene Richtung heißt Prävention statt Reaktion. Zielgruppen sind insbesondere benachteiligte Jugendliche, die vor allem als lernschwächere und mit Migrationshintergrund bestimmt werden.

Im selben Jahr verabschiedete der Hauptausschuss des Bundesinstituts für berufliche Bildung (BiBB 2007) „Handlungsvorschläge für die berufliche Qualifizierung benachteiligter junger Menschen". Als Benachteiligte gelten junge Menschen, insbesondere noch nicht ausbildungsreife Jugendliche, junge Menschen mit fehlender Berufseignung oder mit Lernbeeinträchtigung, Un- und Angelernte sowie sozial Benachteiligte. Dabei ist es das Ziel, ebenfalls durch eine Kooperation von Bund, Land und Kommune, ein zusammengefasstes System der beruflichen Integrationsförderung zu implementieren, welches „die Entwicklung der Persönlichkeit [...], die

Förderung von positiven Arbeits- und Wertehaltungen, die Verbesserung der Allgemeinbildung und den Erwerb von Schlüsselkompetenzen" (ebd., S. 3) befördert.

VertreterInnen aus Kommunen, Betrieben, Stiftungen, Verbänden, Instituten und zivilgesellschaftlichen Projekten forderten – auf Anregung der Freudenberg Stiftung und unter Mitwirkung des Bundesministeriums für Bildung und Wissenschaft – in der „Weinheimer Initiative 2007", dass die „öffentliche Verantwortung für Bildung, Ausbildung und Zukunftsperspektiven – nicht nur, aber vor allem – durch *Lokale Verantwortungsgemeinschaften* und *Kommunale Koordinierung* wahrgenommen wird" (ebd., S. 2; Hervorhebungen im Original). Der Aufgabenbereich für die lokalen Verantwortungsgemeinschaften ist weitläufig: Durch präventive Förderungen soll verhindert werden, dass Jugendliche am Ende der Sekundarstufe I scheitern, und es soll erreicht werden, dass sie bei Schulentlassung „über eine ihren Begabungen und Fähigkeiten entsprechende Bildungs- und Ausbildungsperspektive verfügen" (ebd.). Die Weinheimer Initiative setzt sich dafür ein, dass Jugendliche ihre eigene Perspektive selbst in die Hand nehmen und dabei erwarten sie ,*Bereitschaft*' und ,*Engagement*' der Jugendlichen.

2009 befasste sich eine „Vereinbarung der Partner des Nationalen Paktes für Ausbildung und Fachkräftenachwuchs in Deutschland, der Bundesagentur für Arbeit und der Integrationsbeauftragten der Kultusministerkonferenz" mit dem Thema: „Ausbildungsreife sicherstellen – Berufsorientierung stärken". Die in der Vereinbarung formulierten Ziele fokussieren darauf, dass jeder Jugendliche Bildungschancen und berufliche Perspektiven haben sollte sowie dass alle Jugendlichen durch nachhaltige Maßnahmen erreicht werden. Damit ist die Vereinbarung das erste politische Dokument, welches nicht explizit auf sozial Benachteiligte und individuell Beeinträchtigte zielt, sondern alle Jugendlichen erreichen will. Plädiert wird dafür, dass Erfahrungen aus einzelnen Projekten von Schulen, Wirtschaft und Bundesagentur für Arbeit genutzt und in stabilen Netzwerken gebündelt werden. Vor allem für SchülerInnen mit Lernproblemen sollen Praxisklassen bundesweit bedarfsgerecht angeboten werden. Weiterhin wird gefordert, die Kooperation zwischen Schulen und Betrieben auszubauen und eine systematische und nachhaltige Berufsorientierung einzuführen sowie das Übergangsmanagement durch eine regionale Koordinierung zu optimieren.

Fünf Bundesländer engagierten sich in der Bertelsmann Stiftung und brachten 2010 die „Eckpunkte der Initiative Übergänge mit System" heraus. Ziel der Initiative ist es, im Übergangsprozess von der Schule in die Ausbildung ein „transparentes System" (ebd., S. 2) zu installieren, welches sich durch zwei Anschlussperspektiven für SchulabgängerInnen gliedert:

> „Für *nicht ausbildungsreife Jugendliche* werden zielgruppenadäquate und kreative Ansätze genutzt, um Ausbildungsreife herzustellen. Die Erreichung der Ausbildungsreife ist verbindlich mit dem Angebot verbunden, eine abschlussorientierte Berufsausbildung anzutreten.

Für *ausbildungsreife Jugendliche* ohne Ausbildungsplatz werden keine Übergangsmaßnahmen vorgesehen, sondern sie werden in einem der drei Segmente Duale Ausbildung, Ausbildung durch Schulen und Ausbildung bei Bildungsträgern ausgebildet" (ebd., S. 2; Hervorhebungen im Original).

Dadurch sollen die unübersehbare Vielfalt von Maßnahmen und Projekten auf den verschiedenen Zuständigkeitsebenen (Bund, Land, Kommune) reduziert und ausbildungsreifen Jugendlichen ohne Ausbildungsplatz konkrete Ausbildungsinhalte aus anerkannten Ausbildungsberufen vermittelt werden. Noch nicht ausbildungsreife Jugendliche sollen demnach in Verbindung mit einer individuellen Förderung einen Ausbildungsabschluss erkennen und erreichen können.

An der Initiative beteiligten sich im folgenden Jahr drei weitere Bundesländer und brachten in Kooperation mit der Bertelsmann Stiftung das Rahmenkonzept zu der Initiative „Übergänge mit System" heraus. Dieser Ansatz, der auf die Veränderung des bestehenden Übergangssystems zielt, ist in den Kontext strukturpolitischer Modelle zur Sicherung von Fachkräftenachwuchs einzuordnen (vgl. BiBB 2012, S. 393). Nordrhein-Westfalen ist das erste Flächenland, welches seit 2012, aufbauend auf den genannten Zielen der Bertelsmann-Initiative, ein *‚Neues Übergangssystem Schule – Beruf in NRW'* implementiert.

Durch die *‚Leitlinien zur Verbesserung des Übergangs Schule – Beruf'* des Hauptausschusses des Bundesinstituts für Berufsbildung wird das Thema der Übergangsgestaltung zur Normalität im Feld der Berufsbildungspolitik und verliert seinen bisherigen Status als Übergangsbereich für sozial benachteiligte und individuell beeinträchtigte Jugendliche zwischen Schule und Ausbildung (vgl. BiBB 2012, S. 377). Das Ziel ist es, allen jungen Menschen das Angebot zu machen, eine vollqualifizierende Berufsausbildung zu absolvieren und sie damit zum Berufsabschluss zu führen. Aus Sicht des Hauptausschusses sollte die Übergangsgestaltung an folgenden Leitlinien ausgerichtet werden:

- Der Beginn eines gelingenden Übergangs soll sich durch eine frühzeitige Vorbereitung, Potenzialanalysen und Kompetenzfeststellungen auszeichnen.
- Durch individuelle Beratung soll eine realisierbare Ausbildungsperspektive entwickelt werden.
- Die Einbindung der Wirtschaft durch Berufs- und Betriebspraxis in die Übergangsgestaltung soll forciert werden.
- Es soll eine regionale Koordinierung aller Beteiligten stattfinden.
- Durch möglichst bundesweit standardisierte Qualifizierungselemente – z. B. Ausbildungs- und Qualifizierungsbausteine – soll sichergestellt werden, dass Maßnahmen und Angebote zum Übergang in eine anerkannte Berufsausbildung und zu einem Berufsabschluss führen.

Zugangswege zur Berufsausbildung

Mit Blick auf die institutionellen Strukturen des Bildungs-, Berufsbildungs- und Be-
schäftigungssystems in Deutschland spezifiziert Konietzka (2008, S. 282 f.) mehrere
Dimensionen der Strukturierung im (dualen) Ausbildungssystem: Standardisierung,
Verberuflichung und betriebliche Trägerschaft der beruflichen Ausbildung.

Der Weg zu einer anerkannten beruflichen Ausbildung ist durch eine enorme
Standardisierung der Ausbildungsinhalte, eine Abschlussprüfung und Zertifizierung der Ausbildungsleistung gekennzeichnet.[4] Durch die Abschlussprüfung und der
damit einhergehenden Zertifizierung der erfolgreich abgeschlossenen Ausbildung
durch die berufsständischen Körperschaften (z. B. Handwerkskammer und Indus-
trie- und Handelskammer) erhält diese eine bundesweite Normierung bzw. Standardisierung.

Die Standardisierung der Ausbildungsinhalte durch die berufsständischen Körperschaften orientiert sich maßgeblich am Beruf. Bei gleichzeitiger Trägerschaft der
Berufsausbildung durch die Betriebe konstituiert sich dadurch eine „Betriebs-Berufs-
Differenz" (ebd.). Ausbildungsinhalte sind demnach berufsspezifischer und nicht be-
triebsspezifischer Art. Durch die Zertifizierung der Ausbildung von Einzelberufen
geht insofern eine Differenzierung der Abschlüsse nach „anerkannten Ausbildungsberufen" und un- bzw. angelernten Tätigkeiten einher.[5]

Dadurch, dass die Ausbildungen im dualen System vorwiegend von den Betrieben durchgeführt werden, kontrollieren die Betriebe signifikant den Zugang zur dualen Berufsausbildung. Dabei bilden drei von vier Unternehmen nicht aus, so dass
2010 der Anteil der betrieblichen Ausbildungsstellen relativ zur Anzahl der Jugendlichen und jungen Menschen im Ausbildungsalter bei 65,5 % liegt (vgl. Düker et al.
2013, S. 65). Neben diesem quantitativen Aspekt der Einflussnahme von Betrieben
auf den Zugang zur dualen Ausbildung gilt es auch, Einstellungsverfahren und deren Allokations- und Selektionsmechanismen zu betrachten. Die Auswahlkriterien
zur Einstellung beginnen beim Bewerbungsformular und gehen über Eignungstests,

---

4   Die zentralen Gesetze der beruflichen Bildung unterhalb der Hochschule sind das Berufsbildungs-
     gesetz (BBiG), die Handwerksordnung (HwO) und das Jugendarbeitsschutzgesetz (JArbSchG). Für
     die staatliche Anerkennung von Ausbildungsberufen und für die Erlasse von Ausbildungsordnun-
     gen ist nach § 4 Abs. 1 BBiG bzw. § 25 Abs. 1 HwO „das Bundesministerium für Wirtschaft und
     Technologie (BMWi M. H.) oder das sonst zuständige Fachministerium in Einvernehmen mit dem
     Bundesministerium für Bildung und Forschung (BMBF M. H.) durch Rechtsverordnung, die nicht
     der Zustimmung des Bundesrat bedarf", zuständig. Die Lehrpläne für den allgemeinen Unterricht
     der Berufsschulen werden von den einzelnen Bundesländern entwickelt. Die Konferenz der Kultus-
     minister (KMK) entwickelt Rahmenpläne für den berufsbezogenen Unterricht an den Berufsschu-
     len, die mit den Ausbildungsordnungen der Länder abgestimmt werden (vgl. Hippach-Schneider
     et al. 2007, S. 21).
5   In den letzten 10 Jahren hat sich der Anteil der nach dem Berufsbildungsgesetz (BBiG) bzw. der
     Handwerksordnung (HwO) staatlich anerkannten Ausbildungsberufen kaum verändert und ist rela-
     tiv konstant bei 350 (vgl. BIBB 2012, S. 90) geblieben.

-prüfungen, Probearbeitstage und Vorstellungsgespräche bis hin zu mehrtägigen Assessmentverfahren. Hier gilt es zu fragen, nach welchen Kriterien Betriebe ihre zukünftigen Lehrlinge auswählen.

Die Standardisierung und die Verberuflichung führen, im Gegensatz zum eher weniger standardisierten und betriebsspezifischen Lernen des *on-the-job-trainings*, zur Differenzierung von un- oder angelernten und berufsfachlich ausgebildeten Arbeitskräften. Während für Arbeitskräfte mit einem anerkannten Ausbildungsabschluss die Mobilität in der Regel auf mittlere Positionen begrenzt ist, so haben die un- und angelernten Arbeitskräfte nur geringe bis keine Chancen zum beruflichen Aufstieg (vgl. Konietzka 2008, S. 284) oder zur Integration in den (ersten) Arbeitsmarkt.

Ein weiteres entscheidendes Strukturmerkmal zum Zugang zur dualen Ausbildung ist das (regionale) Ausbildungsplatzangebot, da die Jugendlichen faktisch gezwungen sind, sich an das bestehende Ausbildungsplatzangebot anzupassen. Dabei ist die Tendenz der letzten Jahre ein überproportional hoher Anstieg von Ausbildungs- und Arbeitsplätzen mit sehr hohem Qualifikationsniveau und ein bedeutender Rückgang von Ausbildungs- und Arbeitsplätzen mit geringem Qualifikationsniveau (vgl. BMBF 2012, S. 4). Der Qualifikationsanstieg beim Zugang zur dualen Ausbildung lässt sich durch die hervorgebrachte Konkurrenzsituation von Fach- bzw. Hochschulstudium und dualer Ausbildung erklären. Aufgrund des direkten Vergleichs mit den meisten entwickelten OECD-Ländern hat sich die Bundesrepublik Deutschland das bildungspolitische Ziel gesetzt, eine StudienanfängerInnenquote von 40 % zu realisieren (vgl. Hochschulpakt 2020). Mit diesem hervorgerufenen Wettbewerb zwischen dem Studium an einer Fach- oder Hochschule und der dualen Berufsausbildung geht ein weiterer Qualifikationsanstieg beim Zugang zur dualen Ausbildung einher, der den Zugang für Altbewerber (mit unterschiedlichsten Schulqualifikationen) und sozial Benachteiligte sowie individuell Beeinträchtigte erschwert.[6]

Seit den 1960er Jahren hat sich der Anteil der HauptschülerInnen um mehr als die Hälfte verringert. Dies hat direkte Folgen für den Zusammenhang zwischen Hauptschule und dem dualen Ausbildungssystem. Gleichzeitig dazu hat sich das Bildungsverhalten der SchülerInnen von höheren allgemeinbildenden Schularten gewandelt. Immer mehr AbsolventInnen mit Hochschulreife absolvieren eine duale Ausbildung. Durch diese Entwicklung lässt sich eine verstärkte Ungleichheit durch eine höhere Konkurrenzsituation für den Übergang von der Schule in die Ausbildung, insbesondere für Haupt- und FörderschülerInnen, nachzeichnen (vgl. Konietzka 2008, S. 289 ff.).

Abschließend lässt sich resümieren, dass sich die SchulabgängerInnen folgenden Verteilungsmechanismen auszusetzen haben: Standardisierung, Verberuflichung, be-

---

6   Dabei wird aber verkannt, dass diverse anerkannte Ausbildungsberufe in Deutschland durch eine
     duale Ausbildung erworben werden und in anderen OECD-Ländern durch ein Studium erlernt werden (vgl. Krone 2010, S. 31).

triebliche Trägerschaft der beruflichen Ausbildung, Ausbildungsplatzangebot. Dabei haben es insbesondere SchülerInnen von Förder-, Haupt- und Gesamtschulen schwer.

Besonders schwierig gestalten sich die Zugangswege zur dualen Ausbildung für Menschen mit Behinderung. Zunächst ist festzuhalten, dass SchülerInnen mit sonderpädagogischen Förderbedarf in den amtlichen Statistiken zum Ausbildungs- und Arbeitsmarkt eine Definitionsänderung erfahren, die sich an den rechtlichen Anspruch auf gesellschaftliche Partizipation und Teilhabe am Arbeitsleben richtet. Die Jugendlichen, die während ihrer Schulzeit SchülerInnen mit sonderpädagogischem Förderbedarf waren, sind im Ausbildungs- bzw. Berufsleben Behinderte, Schwerbehinderte oder Rehabilitanden.[7]

Die Betriebe – insbesondere Großunternehmen – betrachten die Ausbildung von Jugendlichen mit Behinderung als gesellschaftliche Pflichtaufgabe, die für sie, abgesehen von Außendarstellung, keine gewinnbringenden Vorteile bietet, sondern eher eine Belastung darstellt. Auch in der Anpassung der Rekrutierungsverfahren zur Ausbildung von Jugendlichen mit Behinderung erweisen sich die Betriebe als nicht flexibel (vgl. BMBF 2012a, S. 74). Kleine und mittlere Unternehmen sehen eher als die Großunternehmen positive Aspekte der Ausbildung von Jugendlichen mit Behinderung. Diese sehen sie insbesondere in der Subvention der Ausbildungsvergütung sowie in der höheren Motivation und Anpassungsbereitschaft von behinderten BewerberInnen (vgl. ebd., S. 75).

Im nächsten Kapitel werden die Qualifizierungswege, insbesondere von Förder- und HauptschülerInnen, beschrieben.

---

7   Die nach dem Grundgesetz (Artikel 3 Absatz 3 Satz 2) der Bundesrepublik Deutschland Gleichzustellenden sind in den Sozialgesetzbüchern (SGB) unterschiedlich erfasst. Im SGB IX (§ 2 Absatz 1) gelten Menschen als behindert, „wenn ihre körperliche Funktion, geistige Fähigkeit oder seelische Gesundheit mit hoher Wahrscheinlichkeit länger als sechs Monate von dem für das Lebensalter typischen Zustand abweichen und daher ihre Teilhabe am Leben in der Gesellschaft beeinträchtigt ist. Sie sind von Behinderung bedroht, wenn die Beeinträchtigung zu erwarten ist."
    Demgegenüber legt das SGB III (§ 19) einen besonderen Fokus auf das Arbeitsleben und nicht auf die Teilhabe am Leben in der Gesellschaft, indem es bestimmt: „Behindert [...] sind Menschen, deren Aussichten, am Arbeitsleben teilzuhaben oder weiter teilzuhaben, wegen Art oder Schwere ihrer Behinderung [...] nicht nur vorübergehend wesentlich gemindert sind und die deshalb Hilfen zur Teilhabe am Arbeitsleben benötigen, einschließlich lernbehinderter Menschen."
    Dies bedeutet, dass je nach Anwendungsgebiet des Rechts eine andere Bestimmung von Behinderung zur Anwendung kommen kann.
    Von Schwerbehinderten wird im rechtlichen Kontext dann gesprochen, wenn eine besonders ausgeprägte Behinderung vorliegt. Dabei wird die Schwerbehinderung über den Grad der Behinderung festgestellt. Ab einem Grad der Behinderung von 50 wird ein Mensch gemäß SGB IX (§ 2 Absatz 2) als schwerbehindert definiert, „folglich sind rechtlich nicht nur verschiedene Maßnahmen verankert [...], denen jemand auf seiner Ausbildungs- und Arbeitssuche begegnen kann, sondern auch verschiedene Arten der Erfassung einer Person" (BMBF 2012a, S. 44).

Qualifizierungswege an der ersten Schwelle. Oder: Übergangssystem als Normalsystem

Für die Analyse der Qualifizierungswege von der Schule in die Ausbildung wird auf verschiedene Datenquellen zurückgegriffen. Dies sind insbesondere Berufsbildungsberichte und deren Datenreporte sowie Bildungsberichte. Daraus wird ersichtlich, dass das Übergangssystem kein gesondertes System unterhalb der dualen Berufsausbildung darstellt, sondern inzwischen – vor allem für Förder- und HauptschülerInnen – ein Normalsystem darstellt, da sie unterschiedliche Maßnahmen des Übergangssystems durchlaufen bevor sie – wenn überhaupt – eine Ausbildungsstelle erhalten.

Wie der Datenreport zum Berufsbildungsbericht 2011 des Bundesinstituts für Berufsbildung zeigt, ist grundsätzlich ein Anstieg der SchulabgängerInnen mit Studienberechtigung und ein Rückgang der SchulabgängerInnen mit oder ohne Hauptschulabschluss erkennbar; und dies vor dem Hintergrund allgemein sinkender SchulabsoventInnen[8] (demografischer Wandel). Der Anstieg des schulischen Qualifikationsniveaus korrespondiert mit gestiegen Qualifikationsanforderungen am Ausbildungsmarkt. Allerdings reicht es nicht, die Nachfrage nach einer dualen Berufsausbildung nur an den absoluten Zahlen der SchulabgängerInnen festzumachen. Vielmehr müssen die sog. AltbewerberInnen, die im Jahr 2008 mehr als die Hälfte (52 %) der BewerberInnen für eine duale Ausbildung ausmachten, miteinbezogen werden. Diejenigen, die sich für ein Studium bewerben, sind nicht einzubeziehen.

Dabei ist festzuhalten, dass die Einmündungen in die drei Sektoren (duale Berufsausbildung, Schulberufsausbildung, Übergangssystem) der Berufsbildung in 2011 um fast 12 % auf eine absolute Zahl von 1,063 Millionen gesunken sind (vgl. Autorengruppe Bildungsberichterstattung 2012, S. 102). Im Jahr 2010 verzeichnet das duale System mit 48,9 % der Neuzugänge die höchste Einmündungsquote. Während im selben Jahr gut ein Fünftel (20,4 %) der BewerberInnen in das Schulberufssystem mündete, waren es im Übergangssystem fast ein Drittel (30,7 %) (vgl. ebd.). Dabei

---

8   Während im Jahr 2005 235 843 die Studienberechtigung erlangten, waren es im selben Jahr 78 152 SchulabgängerInnen ohne und 231 596 mit Hauptschulabschluss. Dabei sind insgesamt 939 279 SchülerInnen im Jahr 2005 von der Schule abgegangen. Im Jahr 2009 waren es dann 273 727 SchulabgängerInnen mit Studienberechtigung und 58 354 ohne bzw. 183 992 mit Hauptschulabschluss, bei insgesamt 870 745 SchulabgängerInnen (vgl. BIBB 2011, S. 16). Das entspricht einem Rückgang der SchulabgängerInnen ohne Schulabschluss von 8,32 % im Jahr 2005 auf 6,7 % im Jahr 2009. Auch bei den SchulabgänerInnen mit Hauptschulabschluss ist ein prozentualer Rückgang zu erkennen. Während im Jahr 2005 24,66 % einen Hauptschlussabschluss absolvierten, waren es im Jahr 2009 nur noch 21,13 %. Auf der anderen Seite ist ein Anstieg der Schulabschlüsse mit Studienberechtigung zu verzeichnen. Im Jahr 2005 haben 25,11 % der SchulabgängerInnen die Studienberechtigung erreicht und im Jahr 2009 waren es 31,44 %. Das ist ein Anstieg von 6,33 % in nur vier Jahren. Im Zeitraum von 2005 bis 2009 war die mittlere Reife der am häufigsten und auch der konstanteste (um die 40 %) absolvierte Schulabschluss. Die relativen Zahlen wurden auf Grundlage der absoluten Zahlen aus dem Datenreport zum Berufsbildungsbericht (2011, S. 16) selbstständig errechnet.

sind erhebliche Unterschiede bei der Zusammensetzung der Neuzugänge in den drei Sektoren des beruflichen Ausbildungssystems nach schulischer Vorbildung erhoben worden. Während im Jahr 2000 15,7 % mit Studienberechtigung eine duale Ausbildung begonnen haben, stieg der Anteil im Jahr 2010 um 4,5 % auf ein Gesamtanteil von 20,2 % mit Studienberechtigung im dualen System. Gleichzeitig sank der Anteil von jungen Menschen mit Mittlerer Reife im dualen System um 5,1 %; von 50,0 % im Jahr 2000 auf 44,9 % im Jahr 2010. Die relativen Anteile von Neuzugängen mit und ohne Hauptschulabschluss sind hingegen recht konstant geblieben. Im Jahr 2010 mündeten 28,8 % mit und 4,6 % ohne Hauptschulabschluss in die duale Ausbildung (vgl. ebd., S. 103). Somit ist erkennbar, dass insbesondere SchulabsolventInnen mit Studienberechtigung und mit mittlerem Abschluss in das duale System einmünden.

Die Zusammensetzung der Neuzugänge im Übergangssystem hat sich ebenfalls verschoben. Die eindeutige Mehrheit der Neuzugänge im Übergangssystem hat einen Hauptschulabschluss. Während dieser Anteil im Jahr 2000 noch 35,8 % betrug, ist er um 16,2 % auf einen Gesamtanteil von 52 % angestiegen. Im gleichen Zeitraum ist der Anteil von jungen Menschen ohne Hauptschulabschluss von 31,2 % im Jahr 2000 auf 20,6 % im Jahr 2010 gesunken. Ebenfalls gesunken sind die Neuzugänge mit mittlere Reife: Im Jahr 2000 waren es 30,5 %, im Jahr 2010 waren es 24,9 % (vgl. ebd.). Während die duale Ausbildung von jungen Menschen mit Studienberechtigung zu Zweidrittel dominiert wird, sind es im Übergangssystem, mit einem Anteil von mehr als Zweidrittel, Jugendliche ohne bzw. mit Hauptschulabschluss.

In der Fachöffentlichkeit wird auf Grund des demografischen Wandels eine positive Angebot-Nachfrage-Relation für den Ausbildungsmarkt prognostiziert. Durch den sich vollziehenden BewerberInnenrückgang sowie durch ein relativ größeres Angebot wird vermutet, dass sich das Kräfteverhältnis auf dem Ausbildungsmarkt so verschiebt, dass die SchulabsolventInnen mehr Auswahl haben (vgl.ebd., S. 101). Allerdings stellt sich die Frage, welche SchulabsolventInnen von diesen Entwicklungen profitieren? Oder anders formuliert: Wo die Jugendlichen, die auf Grund der Ausbildungskrise im vergangenen Jahrzehnt und jene mit geringem schulischen Abschluss verbleiben? Denn trotz des demografischen Wandels und eines größeren Ausbildungsplatzangebots ist ein starker Anstieg zu höheren Bildungsvoraussetzungen in der Ausbildung sowie ein Ausbau von Maßnahmen, die keinen vollqualifizierten Berufsabschluss vermitteln, zu verzeichnen.

Obwohl der im Berufsbildungsbericht 2012 hervorgehobenen guten Ausbildungssituation in 2011 und der positiv prognostizierten Ausbildungssituation auf Grund des demografischen Wandels (Rückgang der SchulabsoventInnen), bleibt offen, was mit SchulabgängerInnen mit oder ohne Hauptschulabschluss, Menschen mit Behinderung, AltbewerberInnen und jungen Menschen im Übergangssystem geschehen soll.

Nach Einführung des ‚Gesetzes zur Verbesserung der Eingliederungschancen am Arbeitsmarkt‘ am 01. April 2012 haben sich die Hauptverbleibemöglichkeiten von SchülerInnen nach der Schulentlassung auf Bundesebene verändert. Mit der Einführung zielt die Bundesregierung darauf, eine Integration in Erwerbsarbeit – insbesondere in sozialversicherungspflichtige Beschäftigung – durch Effektivität und Effizienz beim Einsatz der Arbeitsmarktinstrumente zu implementieren. Die Arbeitsmarktinstrumente sollen dezentraler und transparenter gestaltet werden, einer höheren Flexibilität unterliegen, größere Individualität und höhere Qualität ermöglichen.

Im Folgenden werden die Wahrnehmungen und Sichtweisen der Jugendlichen und jungen Menschen im Übergangsprozess betrachtet.

„Es liegt an mir, ob ich Erfolg im Beruf habe" – Die Sichtweise der Jugendlichen

Die sich wandelnde Arbeitsmarktsituation hin zu immer mehr prekären Beschäftigungsverhältnissen nehmen junge Menschen sehr genau wahr. Dies veranlasst sie immer mehr in schulische, berufliche und hochschulische Bildung zu investieren. Die Zielvorstellungen von ihnen zeigen, welche Bedeutung die Jugendlichen der schulischen Ausbildung beimessen und dass sie wissen, dass sie mit einem niedrigen Schulabschluss einem höheren Arbeitslosigkeitsrisiko ausgesetzt sind. Die Zielvorstellung zum angestrebten Schulabschluss geht immer häufiger über die aktuell besuchte Schulform hinaus. In 2010 strebten fast die Hälfte der HauptschülerInnen einen Schulabschluss an, der über die Hauptschule hinausreicht. Auch von den RealschülerInnen wollen mehr als ein Drittel eine Fach- oder Hochschulreife erreichen (vgl. Shell Jugendstudie 2010, S. 75).

Förder- und HauptschülerInnen münden – wie weiter oben dargestellt – zu einem großen Teil in Angeboten und Maßnahmen des Übergangssystems. Wie dargestellt, resultiert dies aus der enormen Bildungsexpansion der letzten Jahre – relativ erreichen immer mehr SchülerInnen einen Fach- oder Hochschulabschluss – und aus veränderten Anforderungen auf dem Ausbildungs- und Arbeitsmarkt. Die ‚Einfacharbeitsplätze' fallen komplett weg oder werden derart umgewandelt, dass sie steigende Anforderungen und Qualifikationen erfordern. Aufgrund dieser Entwicklungen werden Jugendliche aus Förder- und Hauptschulen in der Jugend- und Bildungsforschung häufig als „VerliererInnen" bezeichnet (vgl. Scherr 2012, S. 63). Über die Situation dieser SchülerInnen, auch im Zusammenhang mit ihrer sozialen Herkunft, am Übergang von der Schule in die Ausbildung, liegen – wie auch hier dargestellt – etliche empirische Befunde vor. Allerdings wird die Wahrnehmung und Bewältigung der Förder- und HauptschülerInnen zu ihrer Situation am Übergang von der Schule in die Ausbildung innerhalb der Jugendforschung kaum betrachtet.

Hierzu hat Scherr (2012) eine Evaluationsstudie mit folgenden zentralen Ergebnissen geliefert: Wie bereits die Shell Jugendstudie 2010 (vgl. Albert et al. 2010) belegt, sind sich auch SchülerInnen von Förder- und Hauptschulen ihrer problematischen Situation bewusst. 44,3 % der Befragten sind sich eher bzw. ganz unsicher, einen Arbeits- oder Ausbildungsplatz zu bekommen. Da 54,8 % der Befragten froh sind, überhaupt einen Ausbildungsplatz zu bekommen und es 55,4 % von ihnen egal ist, welcher Arbeit sie nachgehen – Hauptsache sie sind nicht arbeitslos – kann von einer pragmatisch-realistischen Zukunftshaltung gesprochen werden. Hier zeigt sich, dass sich eine knappe Mehrheit dieser Jugendlichen von einer freien Berufswahl verabschiedet hat. Eine körperlich nicht anstrengende Arbeit stufen 47 % als wichtig oder sehr wichtig ein, für lediglich 35,4 % ist das Prestige des Berufs relevant. Demgegenüber wird bei den Befragten die Ausrichtung auf Arbeitsplatzsicherheit und Existenzsicherung in den Mittelpunkt gestellt. Fast allen TeilnehmerInnen der Befragung (97,6 %) ist es wichtig, genug Geld zu verdienen, um davon leben zu können und 92,2 % bewerten es als wichtig, einen sicheren Arbeitsplatz zu haben. Für 96,2 % ist es wichtig, dass die ausgeübte Tätigkeit Spaß macht. Damit finden die Faktoren Existenzsicherung und Selbstverwirklichung (ein Beruf der genügend Zeit für die Familie lässt und der Spaß macht) die relativ höchste Zustimmung.

Dabei sind die Jugendlichen der Meinung, dass es vor allem auf ihre Fähigkeiten und ihr Engagement und auch auf soziale Ressourcen und weniger auf wirtschaftliche und politische Rahmenbedingungen sowie auf Zufall oder Glück, beim Erfolg im Beruf, ankommt.

Die Bedeutungskonstrukte zur Erwerbsarbeit sozial Benachteiligter sind nach Pötter (2004)[9] entweder durch normativ-wertorientierte oder funktionale Bedeutungszuweisungen gekennzeichnet. In ihren Dissertationsergebnissen wurde deutlich, dass die Jugendberufshilfe besonders stark die normativ-wertorientierende Bedeutungszuweisung fördert und dadurch vermutet sie, dass die Jugendwerkstatt auf die Bedeutungskonstrukte genauso einwirkt wie die Inklusion in das Ausbildungs- und Beschäftigungssystem (ebd., S. 166).

Jugendliche, die mehrfach die Erfahrung des Scheiterns erleben, wünschen sich eine feste Integration in den Arbeitsmarkt und vor allem diejenigen Jugendlichen, für die eine Integration in Ausbildung oder Arbeit am unwahrscheinlichsten ist, entwickeln einen berufsfixierten Lebensentwurf (vgl. Rahn 2005, S. 53).

---

9   Nicole Pötter (2004) hat in ihrer Dissertation eine qualitative Untersuchung zu den Bedeutungskonstrukten von Erwerbsarbeit sozial Benachteiligter vorgelegt. Die forschungsleitende Fragestellung konzentrierte sich auf die Entwicklung der Bedeutungskonstrukte von Erwerbsarbeit und den Einfluss von Maßnahmen der Jugendberufshilfe. Ihre Untersuchung fokussiert dabei die Anschlussfähigkeit der Einstellungen und Haltungen der TeilnehmerInnen von Maßnahmen der Jugendberufshilfe. Dabei betrachtet sie die Bedeutungskonstrukte von Erwerbsarbeit der sozial Benachteiligten als zentral für die Beantwortung der Frage nach der Anschlussfähigkeit, da dieser der „Schlüssel für die Vereinbarkeit der Einstellungen und Haltungen der Jugendlichen mit dem Erwerbssystem und mit den Maßnahmen der Jugendsozialarbeit sind" (ebd.).

Regierung des Übergangsregimes

Das Problem welches Burzan (2006) – mit Bezug auf Castel (2000) – angesichts der Gefahren der Ungleichheitsdimension von Exklusion noch als Konjunktiv formuliert hat, kann m. E. im Feld der Übergangsgestaltung als Indikativ beschrieben werden. Bei den sozial- und bildungspolitischen Maßnahmen ist eine monotone Problematisierung von Individuen feststellbar, wobei gesellschaftliche Prozesse der Benachteiligung aus dem Blick geraten. Durch die explizite Formulierung von Zielgruppen und deren Zuordnung zu spezifischen Maßnahmen sowie durch die Instrumente der Diagnostik (z. B. Kompetenzfeststellung, Potenzialanalyse etc.) werden die Lebenslagen der Jugendlichen im Übergangsprozess nicht mit den herrschenden Gestaltungsweisen in Verbindung gebracht, sondern mit subjektiven Verhaltensweisen und Lebensstilen der Betroffenen. Kessl spricht im Kontext des neo-sozialen Arrangements von einer „verhaltensverändernde Individualintervention" (Kessl 2005, S. 221).

Wie Galuske und Rietzke (2008) bereits im Kontext der Hartz-Reformen anmerken, so ist die Gestaltung des Übergangs eine weitere Klassifizierung und unterschiedliche Behandlung von Jugendlichen. Es entsteht durch diese Form der Differenzierung nach Maßnahmetypen je nach Zuordnung zur Zielgruppe faktisch ein „Stufensystem von Benachteiligung" (ebd., S. 413). Oder vielmehr ein Stufensystem von Benachteiligung der bereits Benachteiligten. Die Benachteiligten werden gegeneinander ausgespielt. Es sind entweder die Nicht-Ausbildungsreifen, die Lernbeeinträchtigten, die Menschen mit Behinderung, die Nicht-Berufsgeeigneten, die Nicht-Berufswahlkompetenten oder die MigrantInnen. Durch die Markierung von Jugendlichen über Diagnoseverfahren, als z. B. ausbildungsunreif, berufsunfähig oder lernbeeinträchtigt, werden bestimmte Subjektivierungsweisen angeboten, die „Anrufende" Funktion für die Jugendlichen haben. Diese Sozialkartographierung durch Verhaltensweisen (vgl. Kessl 2005, S. 183) der Jugendlichen ist Bestimmungsfaktor für Angebote von Maßnahmen im Übergangsprozess. Dies verdeutlicht z. B. das ‚Neue Übergangssystem Schule-Beruf NRW', in dem klare Zielgruppen definiert werden und diese konkreten Maßnahmen zugeordnet werden.

Durch die pragmatisch-realistische Haltung der Jugendlichen und der damit einhergehenden Verabschiedung von der freien Berufswahl erweisen sich sozialpolitische und bildungspolitische Strategien und damit auch die Strategien der arbeitsweltbezogenen Jugendsozialarbeit „insofern als besonders effektiv, wie sich diskursive Verschiebungen in hegemonialen Deutungen eben auch in den subjektiven Konstruktionen der von Armut betroffenen Akteure niederschlagen" (Chassé et al. 2011, S. 243). Die Regierung des Übergangsregimes geht damit auf, da die Angebote und Maßnahmen der Übergangsgestaltung, die marktwirtschaftlich tradierte Suggestion des Normalarbeitsverhältnisses transportieren und die Jugendlichen diese Normalitätsmuster weitestgehend angenommen haben. Dies wird zum einen an den Ausrichtungen der einzelnen Interventionen – diese haben das Ziel, Jugendliche in sozialversicherungspflichtige Beschäftigung zu bringen – und zum anderen an der pragmatisch-realistischen Haltung – der überwiegenden Mehrheit der Jugendlichen ist es egal, welche Arbeit sie ausüben, Hauptsache sie haben irgendeine Tätigkeit – deutlich.

Fehlende Integrationsleistungen in den Ausbildungs- und ersten Arbeitsmarkt werden im Übergangsdiskurs nicht mehr als mangelnde soziale Teilhabesicherung thematisiert, sondern deren Realisierung in die subjektive Verantwortung einzelner Personen übergeben. So hat z. B. NRW bei der Implementierung ihres neuen Übergangssystems die Absicht, eine Anschlussperspektive einzuführen, die von den Beteiligten am Berufsorientierungsprozess und den SchülerInnen unterschrieben wird. Damit ist es im weiteren Prozess der Integration in Ausbildung oder Arbeit möglich, den Jugendlichen auf diese unterschriebene Abschlussperspektive zu verweisen und dadurch auf seine Eigenverantwortlichkeit des ‚Scheiterns' aufmerksam zu machen. Der Kinder- und Jugendhilfe und insbesondere der arbeitsweltbezogenen Jugendberufshilfe, als Technologie der Sozialpolitik, wird die Aufgabe zugeteilt, den Jugendlichen im Übergangsprozess zu vermitteln, dass sie ihr Leben eigenverantwortlich gestalten können.

Literatur

Albert, M, Hurrelmann, K., & Quenzel, G. (2010). *16. Shell Jugendstudie. Jugend 2010.* Frankfurt a M.: Fischer Taschenbuch Verlag.

Amman, A. (1983). *Lebenslagen und Sozialarbeit.* Berlin: Duncker & Humblot.

Autorengruppe Bildungsberichterstattung (2012). *Bildung in Deutschland 2012. Ein indikatorengestützter Bericht mit einer Analyse zur kulturellen Bildung im Lebenslauf.* Bielefeld: Bertelsmann.

Bertelsmann Stiftung (Hrsg.). (2009). *Berufsausbildung 2015 Ein Leitbild.* Bielefeld: Eigenverlag.

Bertelsmann Stiftung (Hrsg.). (2011). *Übergänge mit System. Rahmenkonzepte für eine Neuordung des Übergangs von der Schule in den Beruf.* Gütersloh: Bertelsmann Stiftung.

BiBB – Bundesinstitut für Berufsbildung (2007). Handlungsvorschläge für die berufliche Qualifizierung benachteiligter junger Menschen. URL: http://www.bibb.de/do kumente/pdf/empfehlung_124_handlungsvorschlaege_qualifizierung_benachteilig ter.pdf. Zugegriffen: 26.03.2013.

BIBB – Bundesinstitut für Berufsbildung (2011). *Datenreport zum Berufsbildungsbericht 2011. Informationen und Analysen zur Entwicklung der beruflichen Bildung.* Bonn: Eigenverlag.

BIBB – Bundesinstitut für Berufsbildung (2012). *Datenreport zum Berufsbildungsbericht 2012. Informationen und Analysen zur Entwicklung der beruflichen Bildung.* Bonn: Eigenverlag.

BMBF – Bundesministerium für Bildung und Forschung (2007). *10 Leitlinien zur Modernisierung der beruflichen Bildung.* Bonn: Eigenverlag.

BMBF – Bundesministerium für Bildung und Forschung (2012). *Berufsbildungsbericht 2012.* Bonn: Eigenverlag.

BMBF – Bundesministerium für Bildung und Forschung (2012a). *Zugangswege junger Menschen mit Behinderung in Ausbildung und Beruf.* Bonn: Eigenverlag.

Burzan, N. (2006). Soziale Ungleichheit. *Eine Einführung in die zentralen Theorien,* 4. Aufl. Wiesbaden: VS Verlag für Sozialwissenschaften.

Castel, R. (2000). *Die Metamorphosen der sozialen Frage. Eine Chronik der Lohnarbeit.* Konstanz: UVK Verlagsgesellschaft.

Chassé, K. A., Klein, A., Landhäußer, S., & Zander, M. (2011). Konstruktionen von Armut zwischen AdressatInnen und moralisierend-punitivem Diskurs. In B. Dollinger & H. Schmidt-Semisch (Hrsg.), *Gerechte Ausgrenzung? Wohlfahrtsproduktion und die neue Lust am Strafen* (S. 227–244). Wiesbaden: VS Verlag für Sozialwissenschaften.

Düker, J., Ley, T., & Ziegler, H. (2013). Realistische Perspektiven? – Ungleichheiten, Verwirklichungschancen und institutionelle Reflexivität im Übergangssektor. In K. Böllert, N. Alfert & M. Humme: *Soziale Arbeit in der Krise* (S. 63–84). Wiesbaden: Springer VS.

Galuske, M., & Rietzke, T. (2008). Aktivierung und Ausgrenzung – Aktivierneder Sozialstaat, Hartz-Reformen und die Folgen für die Soziale Arbeit und die Jugendberufshilfe. In R. Anhorn, F. Bettinger & J. Stehr (Hrsg.), *Sozialer Ausschluss und Soziale Arbeit,* 2. Aufl. (S. 398–416). Wiesbaden: VS Verlag für Sozialwissenschaften.

Holz, G. (2006). Lebenslagen und Chancen von Kindern in Deutschland. *APuZ,* Heft 26, (S. 3–11).

Hippach-Schneider, U., Krause, M., & Woll, C. (2007). *Berufsbildung in Deutschland. Kurzbeschreibung.* Luxemburg: Amt für amtliche Veröffentlichung der Europäischen Gemeinschaften.

Kessl, F. (2005). *Der Gebrauch der eigenen Kräfte. Eine Gouvernementalität Sozialer Arbeit.* Weinheim und München: Juventa.

Kessl, F. (2013). Diskursanalytische Hinweise zu akteursbezogenen Forschungsperspektiven. In G. Graßhoff (Hrsg.), *Adressaten, Nutzer und Agency. Akteursbezogene Forschungsperspektiven in der Sozialen Arbeit* (S. 309–316). Wiesbaden: Springer VS.

Konietzka, D. (2008). Berufliche Ausbildung und der Übergang in den Arbeitsmarkt. In R. Becker & W. Lauterbach (Hrsg.), *Bildung als Privileg?* (S. 277–306.). Wiesbaden: VS Verlag für Sozialwissenschaften.

Konsortium Bildungsberichterstattung (2006). *Bildung in Deutschland. Ein indikatorengestützer Bericht mit einer Analyse zu Bildung und Migration.* Bielefeld: Bertelsmann Verlag.

Krone, S. (2010). Aktuelle Problemfelder der Berufsbildung in Deutschland. In G. Bosch, S. Krone & D. Langer: *Das Berufsbildungssystem in Deutschland. Aktuelle Entwicklungen und Standpunkte* (S. 19–36). Wiesbaden: VS Verlag für Sozialwissenschaften.

Lemke, T. (2002). Die politische Theorie der Gouvernementalität: Michel Foucault. In A. Brodocz & G. S. Schaal, *Politische Theorien der Gegenwart* (S. 472–501). Stuttgart: UTB.

Lemke, T., Krasmann, S., & Bröckling, U. (2007). Gouvernementalität, Neoliberalismus und Selbsttechnologien. Eine Einführung. In T. Lemke, S. Krasmann & U. Bröckling, *Gouvernementalität der Gegenwart. Studien zur Ökonomisierung des Sozialen* (S. 7–40). Frankfurt a. M.: Suhrkamp.

Leßmann, O. (2005). Der Capability. Ansatz von Sen als Gerüst für eine Neuinterpretation des Lebenslage-Ansatzes von Weisser. In J. Volkert (Hrsg.), *Armut und Reichtum an Verwirklichungschancen. Amartya Sens Capability-Konzept als Grundlage der Armuts- und Reichtumsberichterstattung* (S. 149–172). Wiesbaden: VS Verlag für Sozialwissenschaften.

Leßmann, O. (2006). Lebenslagen und Verwirklichungschancne (capability) – Verschiedene Wurzeln, ähnliche Konzepte. *Vierteljahreshefte zur Wirtschaftsforschung*, Jg. 75, Heft 1, (S. 30–42).

Otto, H. U., & Ziegler, H. (2008). Der Capabilities-Ansatz als neue Orientierung in der Erziehungswissenschaft. In H. U. Otto & H. Ziegler, *Capabilities – Handlungsbefähigung und Verwirklichungschancen in der Erziehungswissenschaft* (S. 9–16). Wiesbaden: VS Verlag für Sozialwissenschaften.

Pötter, N. (2004). *Bedeutung von Erwerbsarbeit bei sozial benachteiligten Jugendlichen – Acht Einzelfallstudien* (Unveröffentlichte Dissertation, Fakultät für Soziologie der Universität Bielefeld).

Rahn, P. (2005). *Übergänge zur Erwerbstätigkeit. Bewältigungsstrategien Jugendlicher in benachteiligten Lebenslagen.* Wiesbaden: VS Verlag für Sozialwissenschaften.

Scherr, A. (2012). Hauptsache irgendeine Arbeit? Die Bedeutung von Ausbildung und Erwerbsarbeit für bildungsbenachteiligte Jugendliche. In J. Mansel & K. Speck (Hrsg.), *Jugend und Arbeit. Empirische Bestandsaufnahme und Analysen* (S. 63–78). Weinheim und Basel: Beltz Juventa.

Vattimo, G. (1986). Jenseits vom Subjekt. Graz und Wien: Edition Passagen.

Volkert, J. (2005). Das Capability-Konzept als Basis der Berichterstattung. In J. Volkert (Hrsg.), *Armut Und Reichtum an Verwirklichungschancen. Amartya Sens Capability-Konzept als Grundlage der Armuts- und Reichtumsberichterstattung* (S. 119–148). Wiesbaden: VS Verlag für Sozialwissenschaften.

Weisser, G. (1978). Politik der sozialen Sicherung und Freiheitsschutz – Beitrag zu den Grundfragen der allgemeinen Lehre von Gesellschaftspolitik. In G. Weisse (Hrsg.), *Beiträge zur Gesellschaftspolitik* (S. 105–134). Göttingen: Schwartz.

Weinheimer Initiative (2007). Lokale Verantwortung für Bildung und Ausbildung. Eine öffentliche Erklärung. URL: http://www.weinheimer-initiative.de/Portals/7/Dokumente/WEINHEIMER_Erkl%C3%A4rung%202007.pdf. Zugegriffen: 26. 03. 2013.

Dr. Mark Humme, Westfälische Wilhelms-Universität, Institut für Erziehungswissenschaft, Sozialpädagogik. Forschungsschwerpnkte: Kinder- und Jugendhilfe; internationale Perspektiven auf Jugendhilfe Diskursforschung. Kontakt: markhumme@ uni-muenster.de.

Medien

Nicole Alfert

Zusammenfassung

In dem vorliegenden Beitrag werden ausgewählte Dimensionen medialer Durchdringung von Lebenswelten Heranwachsender aufgegriffen, die vermehrt in der öffentlichen Aufmerksamkeit stehen und sich zunehmend als Herausforderung für die Kinder- und Jugendhilfe abzeichnen. Ausgehend vom Konzept der Mediatisierung, wird zunächst ein Überblick über den Begriff und die Entwicklung der Medien vorangestellt. Im Weiteren geht es vor allem um die Bedeutung und Funktion konvergenter Medienwelten in den Lebensvollzügen von Heranwachsenden, um Chancen und Risiken die sich dabei ausmachen lassen und um die Notwendigkeit von Medienkompetenz. Zudem wird ein Blick darauf geworfen, wie sich Prozesse der Mediatisierung auf das Sozialsystem Familie auswirken und welche Herausforderungen sich auch hieraus für die Kinder- und Jugendhilfe ergeben.

Schlüsselwörter

Medien, Mediatisierung, Medienkompetenz, Medien und Familie, Lebenswelt

Medien und Technik machen seit jeher einen bestimmenden Faktor der Menschheitsentwicklung aus, werden in Kulturen und Gesellschaften implementiert und nehmen Einfluss auf die Kommunikation und das Handeln der Menschen. Die Digitalisierung und die rasante – vor allem auch mobile – Internetverbreitung prägen die Kommunikation und das Verhalten jedoch aktuell in einem Ausmaß, welches mit vorherigen Prozessen kaum vergleichbar ist. Der erhöhte Grad technischer Vernetzung hat in den letzten Jahren zu einer Veralltäglichung medialer Kommunikation geführt, die insbesondere das Aufwachsen von Kindern und Jugendlichen verändert, beeinflusst und prägt.

527

Das Alltagshandeln, die Alltagsräume sowie die Sozialisationskontexte von Kindern und Jugendlichen sind von Medien durchdrungen bzw. finden in diesen statt. Sie wenden sich immer neuen Plattformen aktiv und begeistert zu, pflegen ihre Beziehungen mit und in ihnen, inszenieren sich, suchen nach Informationen, Unterhaltung, Erfahrungsaustausch und Partizipationsmöglichkeiten und das immer öfter und immer weitreichender. Die zunehmende Bedeutung des Visuellen und die ubiquitäre Verortung der Medien im Aufwachsen sind Teil eines Prozesses, der in der nationalen und internationalen Kommunikations- und Medienwissenschaft, insbesondere geprägt durch Friedrich Krotz (2007), mit dem Begriff der Mediatisierung beschrieben wird. Er versteht Mediatisierung als einen schon immer stattfindenden gesellschaftlichen Metaprozess, ähnlich der Individualisierung, Globalisierung und Kommerzialisierung, die zudem alle eng verknüpft sind und die die Menschheit in ihrer sozialen und kulturellen Entwicklung langfristig beeinflussen. Im historischen Verlauf dieses Prozesses „werden immer neue Medien in Kultur und Gesellschaft, in Handeln und Kommunizieren der Menschen eingebettet, werden die Kommunikationsumgebungen der Menschen immer ausdifferenzierter und komplexer, und beziehen sich umgekehrt Handeln und Kommunizieren sowie die gesellschaftlichen Institutionen, Kultur und Gesellschaft, in einem immer weiter reichenden Ausmaß auf Medien" (Krotz 2008, S. 52). Unter Mediatisierung wird demnach ein Prozess gefasst, der die zuvor aufgeführten Entwicklungen, die Hintergründe und Konsequenzen beschreibt und so den sozialen und kulturellen Wandel mit Blick auf die mediale Entwicklungen schildert.

Die Folgen dieses Wandels zeigen sich auf verschiedenen Ebenen: Auf der Mikroebene verändert sich der Alltag, beispielsweise die sozialen Beziehungen und der Umgang der Menschen mit Wissen. Auf der Mesoebene nehmen die Prozesse Einfluss auf die Organisation von Unternehmen, Parteien und Institutionen; auf der Makroebene wandelt sich schließlich die Gesellschaft insgesamt: die Sozialisation, die Wirtschaft/Ökonomie sowie die Kultur (vgl. ebd.). Damit wird deutlich, dass nicht einzelne Medien im Fokus des Interesses stehen, sondern der Mediatisierungsansatz danach fragt, wie sich das Handeln und verschiedene Lebensbereiche im Zusammenhang mit dem Medienwandel verändern. Es geht um einen langfristigen Transformationsprozess, „den es gleichwohl in seiner je spezifischen Konkretisierung empirisch zu untersuchen gilt, und [der] damit letztlich nach den Bedingungen des Aufwachsens und Lebens in einer mediatisierten Gesellschaft [fragt]" (Krotz und Hepp 2012, S. 10).

Die Medien des derzeitigen Digitalisierungsschubes sind dabei vor allem durch Konvergenz und Entgrenzung ausgezeichnet. Konvergenz meint dabei zum einen die Verschmelzung immer mehr einzelner Funktionen auf einem Gerät. Einzelne Medienangebote sind nicht mehr klar voneinander zu differenzieren, die Grenzen zwischen ihnen verschwimmen oder lösen sich auf. Wurde früher unmissverständlich zwischen dem Fernseher, dem Telefon, dem MP3-Player und dem Internet unterschieden, vereinen die heutigen Smartphones und Tablets viele Funktionen in einem

Gerät. Medienpolitik und Medienrecht stehen durch diese technische Konvergenz zunehmend vor der Herausforderung, einen Regulierungsrahmen für Medien zu entwickeln, der übergreifend funktioniert (vgl. Hasebrink 2006). Zum anderen meint Konvergenz die Verbindung medialer Inhalte über verschiedene Kanäle.[1] Im Vergleich zu früher sind die heutigen Medien als ganze Mediensysteme zu verstehen, die übergreifend vernetzte Angebote und eine Vielfalt an Handlungsmöglichkeiten in sich vereinen. Kinder und Jugendliche agieren gegenwärtig – ausgehend von jeweiligen favorisierten medialen Angeboten und Interessen – crossmedial und machen sich die Konvergenzstrukturen der Medienwelt zunutze (vgl. Theunert 2011).

Entgrenzung hingegen meint die Ausweitung der Medienumgebung, also die Möglichkeit der räumlichen und flexiblen Kommunikation (auch hier das Beispiel des Smartphones), der – theoretisch – permanenten Erreichbarkeit von Menschen und der ständigen Möglichkeit an Informationen zu gelangen. Hierunter fällt weiterhin aber auch der Wandel, nicht nur einzelne Menschen, sondern gezielte Gruppen oder die breite Masse erreichen zu können.

Die Funktionen, welche die Medien gesamtgesellschaftlich, vor allem aber auch im sozialen Miteinander aktuell einnehmen, sind historisch betrachtet ohne Vergleich. In jeder Generation dominieren bestimmte Medienphänomene, die sich von denen vorheriger Generationen unterscheiden. War dies beispielsweise einst das Buch oder der Fernseher, steht derzeit vor allem das Social Web und hierbei insbesondere Soziale Netzwerke wie Facebook und Videoplattformen wie YouTube im Fokus der Öffentlichkeit. Diese Plattformen stellen eine breite Palette identitätsrelevanter Erfahrungen und Praktiken für Kinder und Jugendliche bereit, die von hoher Bedeutung sind. Medien nehmen neben der Familie, den Peers, der Schule und weiteren beruflichen Institutionen eine Schlüsselfunktion im Sozialisationsprozess ein (vgl. Röll 2010). Vor diesem Hintergrund steigt auch die Bedeutung technischer und onlinegestützter Medien in pädagogischen Handlungsfeldern. Auch der 14. Kinder- und Jugendbericht verweist auf die zunehmend mediatisierte Lebenswelt als Herausforderung für die Kinder- und Jugendhilfe (vgl. BMFSFJ 2013). Der lebenswelt-[2] und

---

1 Hierzu ein Beispiel: „Der Kinofilm Spiderman, der 2002 zum Kinoerfolg wurde, basiert auf einem Comic von 1962. In den 1960er Jahren wurde dazu eine Zeichentrickserie produziert und in den 70ern eine Fernsehserie, zu der es 1996 neue Folgen gab. 2002 kam dann Spiderman in die Kinos und 2004 Spiderman 2. Zeitgleich erschienen der Soundtrack und das Hörspiel auf dem Markt und im Lauf der Zeit – neben Konsumprodukten wie Poster und Actionspielfiguren – eine ganze Palette weiterer Medienprodukte: Videos und DVDs, Computerspiele, Internetseiten mit Fan-Foren und Chats" (Theunert und Wagner 2007, S. 43).

2 „Lebensweltorientierte Soziale Arbeit sieht die AdressatInnen in ihrem Leben bestimmt durch die Auseinandersetzungen mit ihren alltäglichen Lebensverhältnissen. Sie sieht die AdressatInnen in ihren Problemen und Ressourcen, in ihren Freiheiten und Einschränkungen; sie sieht sie – vor dem Hintergrund der materiellen und politischen Bedingungen – in ihren Anstrengungen, Raum, Zeit und soziale Beziehungen zu gestalten" (Grunwald und Thiersch 2011, S. 854). Zur Vertiefung der Lebensweltorientierung wird auf Thiersch et al. 2010, Thiersch 2012 und Grunwald, Köngeter und Zeller in diesem Kompendium verwiesen.

sozialraumorientierte[3] Bezug stellt grundlegende Fragen nach Zugängen und Handlungsoptionen. Die Grenzen zwischen realer und virtueller Welt verschwimmen bzw. lösen sich auf. Kinder und Jugendliche unterscheiden zunehmend weniger zwischen den Dimensionen, sie sehen beides als Teil der Lebenswelt, als realen Raum an. Dabei wird deutlich, dass in diesem Verständnis der Raum nicht auf einen geografisch definierten und kartografierbaren Ort reduziert werden kann, sondern dieser eher als Resultat sozialer Prozesse verstanden wird (vgl. Ahrens 2009).

Ein erster Überblick über die Nutzung und Bedeutung von Medien für Kinder und Jugendliche ist vorwiegend dadurch zu kennzeichnen, dass sich zum einen der Medienumgang auffallend schnell verschiebt und Vorlieben innerhalb weniger Wochen wechseln können, zum anderen – und dies bedingt ersteres – kontinuierlich neue Technologien auf den Markt kommen, die das Medienrepertoire erweitern, Einfluss auf Lebenswelten nehmen und das soziale Miteinander bestimmen. Für die Kinder- und Jugendhilfe ergibt sich dadurch die Aufgabe, die mediale Veränderung der Lebenswelten aufzugreifen, in und mit den neuen Räumen zu denken und die Spannungsfelder zu betrachten, die bei der Nutzung zwischen Chancen und Risiken entstehen (vgl. Brüggen und Ertelt 2011).

Im Folgenden werden ausgewählte Dimensionen medialer Durchdringung von Lebenswelten Heranwachsender aufgegriffen, die für Kinder und Jugendliche von besonderer Bedeutung erscheinen und vermehrt in der öffentlichen Aufmerksamkeit stehen. Hierzu wird zunächst ein Überblick über den Begriff und die Entwicklung der Medien vorangestellt. Daran anschließend werden Medien im Hinblick auf ihren Stellenwert bzw. ihre Funktionen betrachtet und der Bereich der Medienkompetenz/ Medienbildung skizziert. Ausführlich beleuchtet werden zudem Risiken und Herausforderungen, die mit der Nutzung von Medien einhergehen können und auf die die Kinder- und Jugendhilfe reagieren muss. Abschließend folgt eine Auseinandersetzung darüber, wie die dynamische Entwicklung der Medien auf das Sozialsystem Familie einwirkt.

I   Medienentwicklung

Bei der Betrachtung des Medienbegriffs und der damit einhergehenden Entwicklung in den vergangenen Jahrzehnten wird in erster Linie dessen Vielseitigkeit und Schnelllebigkeit deutlich, aber ebenso die hohe gesellschaftliche Bedeutung. „Medien

---

3   Sozialraum findet hier ausdrücklich als Subjektbegriff Verwendung und meint nicht den Begriff des Sozialraums, der sich als quantitative Raumzuweisung versteht. Gemeint ist ein Verständnis von sozialräumlicher Orientierung, „welches Sozialraum als subjektives Konstrukt einer Lebenswelt auffasst und danach fragt, wie subjektive Lebenswelten gestaltet und strukturiert sind, in welchen Räumen Kinder und Jugendliche leben und welche Anforderungen sich daraus […] ergeben" (Deinet 2007, S. 4). Zur Vertiefung der Sozialraumorientierung wird auf Kessl und Reutlinger 2011, Deinet 2009 und Kessl und Reutlinger in diesem Kompendium verwiesen.

spiegeln Realität wider, zugleich gestalten sie Realität mit" (Hasebrink 2006, S. 9). Es gibt analoge, digitale, audiovisuelle und multimediale Medien, Medien der Individual- und Massenkommunikation sowie Printmedien. Zudem umfasst der Begriff Medien alle klassischen Medienprodukte, wie beispielsweise Bücher, Zeitungen, Musik sowie Zeichensysteme, die zur Kommunikation verwendet werden, also Sprache, Bilder oder Symbole (vgl. Ebersbach et al. 2011).

Der Begriff *Neue Medien* umfasst zeitlich bezogene neue Medientechniken, wie einst das Radio oder das Fernsehen. Seit den 1990er Jahren steht er für elektronische, digitale und interaktive Medien, welche nicht mehr explizit voneinander zu trennen sind. Elektronische Medien sind solche, die auf elektronischem Weg übermittelt werden und digital kodiert sind. Daher werden die Begriffe häufig synonym verwendet. Digitale Medien sind zum einen technische Geräte, beispielsweise zur Speicherung, Verarbeitung, Distribution und Darstellung von digitalen Inhalten, zum anderen Kommunikationsmedien wie das Internet, die auf der Grundlage digitaler Informations- und Kommunikationstechnologien funktionieren. Im alltagssprachlichen Gebrauch sind mit Neuen Medien Dienste gemeint, die über das Internet möglich sind und die sich inzwischen, auf historisch einzigartige Weise, entwickeln und verbreiten. Diese stehen in der folgenden Auseinandersetzung im Fokus.

Für die öffentliche Nutzung des Internets war vor allem die Erfindung eines Hypertext-Systems von Berners-Lee 1989 entscheidend, das es fortan möglich machte, Inhalte und Dokumente mit nur geringem Aufwand zu erstellen und zu vernetzen (vgl. Friedman 2009). Technisch gesehen kann dies als Erfindung und Beginn des World Wide Web angesehen werden. Mit dem sogenannten Web 1.0 wurde die Bedienbarkeit des Internets so sehr vereinfacht, dass es auch Computerlaien möglich war, es zu nutzen (vgl. Ebersbach et al. 2011). Jedoch war die Verbreitung zu diesem Zeitpunkt noch nicht so weit vorangeschritten, das Angebot diente vorrangig der Informationssuche sowie der Wirtschaft und weniger der Kommunikation und dem Austausch von Einzelpersonen. Die Interaktionsmöglichkeiten waren begrenzt, demzufolge zeichnete sich im Jahr 1998 noch eine eher schwache Dynamik in der Nutzung durch Heranwachsende ab (vgl. Mpfs 1998). In Folge der kontinuierlich steigenden Mediatisierung der Gesellschaft sowie der wachsenden Dynamik der Medien entwickelte sich das Internet weiter und nahm zunehmend Einfluss auf die Lebenswelt von Kindern und Jugendlichen.

Als im Jahr 2004 Tim O'Reilly erstmals den Terminus des Web 2.0 nutzte, gab er den bis dato viel diskutierten Entwicklungen und neuen Anwendungen einen Namen. Dabei liegt ebenso wenig eine eindeutige Definition eben dieses Begriffes vor, wie eine Übereinstimmung hinsichtlich der Grenzen zwischen Web 1.0 (dem traditionellen Internet) und Web 2.0 herrscht (vgl. O'Reilly 2005). „Konsens besteht unter den Wissenschaftlern, die sich aus ihrer jeweiligen disziplinär geprägten Perspektive dem Phänomen Web 2.0 nähern, insofern, als Web 2.0 einheitlich nicht als Technologie oder bestimmte Anwendung, sondern als eine neue Form des Umgangs mit den Möglichkeiten des Internets gesehen wird" (Schmidt-Hertha et al. 2011, S. 13 f.). Das

Web 2.0 bildet die Infrastruktur für die Produktion eigener Inhalte und eröffnet neue Wege der Nutzung (User Generated Content)[4] – daher wird es häufig auch als *Mitmachnetz* deklariert. Durch die vielseitigen Kommunikationstechniken werden Internetangebote präsentiert, die sich im Gegensatz zu den vorherigen, eher statischen Webseiten des Web 1.0 grundsätzlich unterscheiden.

Web 2.0 wird häufig auch als Synonym für die Begriffe Social Web oder Social Software genutzt, jedoch impliziert der Begriff Web 2.0 eher technische, ökonomische und rechtliche Aspekte. Web 2.0 kann als Schlagwort für den Wandel des World Wide Web bezeichnet werden, Social Web hingegen stellt einen Teilbereich des Web 2.0 dar, der sich auf die Unterstützung sozialer Strukturen und Interaktionen der NutzerInnen anhand von Anwendungen (Social Software) bezieht (vgl. Ebersbach et al. 2011). Da in diesem Beitrag die Nutzung der Medien durch Heranwachsende, die aktive Kommunikation im Netz und die Selbstdarstellungs- und Partizipationsmöglichkeiten fokussiert werden, wird der Begriff Social Web bevorzugt.

Die unzähligen technischen Neuerungen ließen sich in den letzten Jahren deutlich im Nutzungsverhalten und insbesondere in der Medienausstattung der Kinder und Jugendlichen erkennen. So besaßen im Jahr 2008 erstmals mehr Jugendliche einen Computer als ein Fernsehgerät (vgl. Mpfs 2008). Weitere Geräte wie der MP3-Player oder das Handy gehörten in kürzester Zeit zur medialen Grundausstattung. Die Neuen Medien durchdringen seitdem viele Lebensbereiche, sind universell einsetzbar und bestimmen und gestalten den Alltag. Gegenwärtig weist jeder Haushalt, in dem 12- bis 19-Jährige aufwachsen, bezüglich des Besitzes von Computer/Laptop, Handy, Fernsehgerät und Internetzugang eine Vollausstattung auf (vgl. Mpfs 2010, 2011, 2012). Des Weiteren zeichnen sich einzelne Geräte – wie bereits erwähnt – durch zunehmende Konvergenz aus. „Über das Internet kann man Fernsehinhalte live oder zeitversetzt abrufen, das Handy kann zum Radio hören genutzt werden und der MP3-Player bietet Zugang zum Internet – die Medien und die dazugehörigen Geräte nähern sich immer mehr an und verschmelzen miteinander" (Mpfs 2012, S. 6).

Zu Beginn des Web 2.0 machte vor allem die sekundenschnelle Verfügbarkeit einer scheinbar unendlichen Menge an Informationen das Besondere dieses neuen Mediums aus. In den letzten Jahren tritt immer stärker die Funktion des Mediums als sozialer Raum in den Blick der Öffentlichkeit. Die derzeitige Medienwelt bietet immer wieder neue Möglichkeiten und Perspektiven sich zu entfalten, Erfahrungen zu sammeln und sich auszuprobieren. Dabei führt die alltägliche Nutzung zu einer Verschiebung von der einst privaten und passiven hin zu einer aktiv produzierenden Mediennutzung im virtuellen Raum. Die erweiterten Technologien eröffnen den NutzerInnen neue Formen der aktiven Beteiligung, Vernetzung und Selbstdarstellung. Hierdurch verändern sich die Rollen. An die Stelle des/der damals aktiven ProduzentIn auf der einen und des/der passiven KonsumentIn auf der anderen Seite, treten

---

4   Der Begriff User Generated Content bezeichnet die Inhalte auf Webseiten, die von den NutzerInnen selbst und nicht von AnbieterInnen eines Angebots erstellt wurden.

Neologismen wie der/die *ProsumentIn* oder *Produser* (vgl. Bruns 2008). Der Übergang vom Privaten zum Öffentlichen ist dabei meist fließend, wodurch die Nachfrage nach neuen, erweiterten und vor allem reflexiven Kompetenzen in Bezug auf die Neuen Medien erheblich gestiegen ist. Dies gilt für die heutigen und nachfolgenden Generationen genauso wie für die älteren Generationen. Gegenwärtig ist unsere Gesellschaft mit einem kulturellen Umbruch konfrontiert, der entscheidend von den Neuen Medien bestimmt wird.

Sowohl heutige als auch nachwachsende Generationen, die mit den Möglichkeiten der Neuen und digitalen Medien groß geworden sind bzw. in diese hineingeboren werden, organisieren damit also selbstverständlich ihre Lebenswelt. Ihre Sozialisation findet unter anderen sozialen, technischen und medialen Bedingungen statt, als es bei den älteren Generationen der Fall war (vgl. Paus-Hasebrink et al. 2011). Technisch gesehen fällt jüngeren Generationen daher der Umgang mit Neuen Medien leichter als Erwachsenen. Nichtsdestotrotz bedarf es einer Anleitung und Begleitung durch Erwachsene in der Reflexion ihres virtuellen Handels.

II   Funktionen von Medien

Lebenswelten sind Medienwelten – zu dieser Feststellung kamen Baacke et al. (1990) bereits vor mehr als 20 Jahren. Dahinter steckt die Aussage, dass der Alltag der Menschen von Medien bestimmt ist und dass diese besonders für Kinder und Jugendliche von Geburt an zu ihrer Lebenswelt gehören. „Im Gegensatz zu den vorangegangenen Generationen der sogenannten *Digital Immigrants* (,digitalen Einwanderer'), die die Einführung digitaler Medien als stets ergänzende Option erlebt haben, ist die allzeitige Verfügbarkeit digitaler Medien für die nachwachsenden Generationen der *Digital Natives* (,digitalen Eingeborenen') eine nicht mehr hinterfragte Selbstverständlichkeit, die die Wahrnehmung der Welt prägt" (Dittler und Hoyer 2010, S. 7).[5] Analoge wie digitale Medien sind mehr denn je in das soziale Leben integriert und erfüllen besonders für Kinder und Jugendliche wichtige Funktionen. Eingebettet und fest integriert in Alltagsroutinen, dienen sie der Orientierung und Informationsgewinnung und werden zur Ausformung von Individualitäten und Lebenskonzepten genutzt. Virtualität und Lebenswelt sind längst keine Gegensätze mehr – virtuelle Räume sind Erfahrungs- und Erprobungsräume, sie sind Sozialisationsinstanzen und dienen der

---

5   Die Differenzierung zwischen den „Digital Natives" und „Digital Immigrants" (Prensky 2001) wird im erweiterten Kontext allerdings als problematisch angesehen, da sie die differierenden Nutzungsweisen und Medienkompetenzen innerhalb der Altersgruppen nicht hinreichend berücksichtigen (vgl. dazu Wagner und Theunert 2006). „Mediengenerationen sind nicht dadurch gekennzeichnet, dass all ihre Angehörigen sich der jeweils verfügbaren Medien auf ähnliche Art und Weise bedienen. Das Verbindende ist vielmehr, dass sie eine historisch spezifische Konstellation von Medienangebot und sozialem Kontext miteinander teilen, also über gemeinsame und spezifische Normalitätserfahrungen und Deutungsmuster in Bezug auf die Medien [verfügen]" (Fromme 2002, S. 157, *N. A.*)

Bewusstseinsbildung, den Persönlichkeitskonzepten sowie als Handlungsorientierung, tragen in erheblichem Maße zur sinnhaften Interpretation der Wirklichkeit bei und sind dadurch mehr denn je fester Bestandteil einer (modernen) Lebenswelt.

Dabei ist die Thematik der Sozialisationseffekte von Medien so alt wie die Medien selbst (vgl. Aufenanger 2008). Im interaktionistischen Verständnis nach Hurrelmann (1998) bedeutet Sozialisation eine Interaktion zwischen Individuum und Umwelt. Es geht nicht um die Anpassung, sondern um die aktive Auseinandersetzung und Gestaltung des Individuums mit der sozialen und greifbaren Umwelt. Die Medien sind ein Teil eben dieser. „Mediensozialisation bei Kindern und Jugendlichen umfasst alle Aspekte, bei denen Medien für die psychosoziale Entwicklung der Heranwachsenden eine Rolle spielen" (Süss et al. 2010, S. 29). Mediennutzung kann generell als bedürfnis-, situations-, erfahrungs- und entwicklungsbezogenes Handeln in sozialen Zusammenhängen bezeichnet werden. Die Medien werden also herangezogen, um Entwicklungsaufgaben zu bewältigen (vgl. Oerter und Dreher 2002).

Der Erwerb von Medienkompetenz[6] ist hierbei zu einer wichtigen neuen Entwicklungsaufgabe geworden (vgl. Hoppe-Graff und Kim 2002). Schmidt et al. (2011) haben in einer breit angelegten Studie untersucht, welche Bedeutung Heranwachsende dem Social Web für die Sozialisation beimessen. Dabei haben sie sich auf den auf Havighurst zurückgehenden Ansatz der Entwicklungsaufgaben gestützt. Jugendliche sind bei der Bewältigung ihrer Entwicklungsaufgaben und in ihrer Identitätsentwicklung gefordert, sowohl Selbst-, Sozial- als auch Sachauseinandersetzung zu betreiben. Es geht demnach um Fragen wie *„Wer bin ich?",* *„Welche Position habe ich in meinem sozialen Netzwerk?"* und *„Wie orientiere ich mich in der Welt?".* Social Web-Anwendungen halten hierzu drei Handlungskomponenten bereit. „Die Selbstauseinandersetzung, die mit Praktiken des Identitätsmanagements korrespondieren, die Sozialauseinandersetzung, die Formen des Beziehungsmanagements notwendig macht sowie die Sachauseinandersetzung, die durch das Informationsmanagement unterstützt wird" (Schmidt et al. 2011, S. 13).

Das Social Web und insbesondere Soziale Netzwerkplattformen sind für Jugendliche dabei besonders attraktiv, da sie vielfältige Möglichkeiten bieten, sich der Aufgabe der Entwicklung einer eigenen Identität zu stellen, mögliche Selbstentwürfe zu prüfen, sie zu übernehmen oder wieder zu verwerfen. „Dieser Prozess basiert auf einem Zusammenspiel zwischen Selbstanalyse und der Analyse der Reaktionen, die Bezugspersonen auf das Handeln zeigen" (Schenk et al. 2012b, S. 13). Die Konstruktion des Selbst geschieht dabei kontextspezifisch. So kann sich ein Jugendlicher in der Familie anders inszenieren als in institutionalisierten Kontexten oder unter Gleichaltrigen. „Die Peergroup [...] steht als Referenzgruppe besonders im Vordergrund, [...] sie macht neue Identifikationsmöglichkeiten sichtbar und hilft bei der Auswahl und Umsetzung persönlicher Ziele" (ebd.). Auf Sozialen Netzwerkplattformen ergibt sich eine neue Möglichkeit des Experimentierens mit Identitäten, die technisch sehr ein-

---

6   Vgl. hierzu ausführlicher Abschnitt III.

fach und zeitlich geplant sowie aktualisierbar ist. Hieraus entsteht ein Raum zur erweiterten Selbstreflexion, „zum Einholen von Feedback und zur sozialen und kulturellen Verortung" (ebd.).

Zudem stellen die virtuellen Räume einen (häufig elternfreien) Rückzugsort dar, in dem die Peers – besonders durch die Smartphones – rund um die Uhr erreichbar sind und in denen sie unter sich sein können. So entsteht ein Gemeinschaftsgefühl, mit dessen Hilfe eigene Grenzen ausgetestet und Rollen gefunden werden können.[7]

Für die Kinder- und Jugendhilfe bzw. für pädagogisches Handeln an sich bedeutet dies, dass ohne die Berücksichtigung des Medienhandelns der Heranwachsenden viele Prozesse ihrer Identitätsbildung zunehmend weniger zu verstehen und zu begleiten sind.

III   Medienkompetenz und Medienbildung

Durch die Ubiquität und Einflussnahme der Medien im Alltag haben sich der Medienumgang und das Medienverhalten binnen weniger Jahre massiv verändert. Aufgrund neuer bzw. erweiterter Sozialisationsprozesse sind Heranwachsende schon früh gefordert, einen eigenständigen Umgang mit den heutigen Medien zu entwickeln. Das Aufwachsen in einer zunehmend mediatisierten Gesellschaft ist nicht mehr vergleichbar mit der früheren Phase der Kindheit und Jugend, sondern kann im heutigen Sinne als „Medienkindheit" (Röll 2010, S. 23) bzw. mediatisierte Kindheit und Jugend (vgl. Kutscher 2013) verstanden werden.

Die gegenwärtige Medienentwicklung eröffnet auf der einen Seite neue Chancen und Möglichkeiten und birgt auf der anderen Seite Risiken und Herausforderungen.[8] Es werden Unterstützungs- und Orientierungshilfen benötigt, um diese zu erkennen, sie zu nutzen und um vor ihnen geschützt zu sein. Diese erforderlichen Fähigkeiten und Kenntnisse werden unter dem Begriff *Medienkompetenz* verhandelt, der sich in den letzten Jahrzehnten zu einem gesellschaftlichen Leitbild entwickelt hat (vgl. Weiner 2011). Medienkompetenz soll einen erfolgreichen Umgang mit den Neuen Medien fördern, einen sicheren Zugang zu den unüberschaubaren Informations-, Wissens- und Unterhaltungsangeboten gewährleisten und zugleich als wirksamer Schutz vor Risiken und Gefahren dienen (vgl. ebd.). Darüber hinaus soll das Konstrukt Medienkompetenz als Schlüssel medienpädagogischer Konzepte dabei unterstützen, Kindern und Jugendlichen sowie auch Erwachsenen einen selbstbestimmten Umgang mit den Neuen Medien zu vermitteln.

In den letzten Jahren wurde Medienkompetenz und Medienbildung vermehrt von Politik und Wirtschaft propagiert und eingefordert, ohne jedoch detailliert Zielsetzungen zu definieren, wie eine gelungene Vermittlung der erforderlichen Kom

---

7   Damit einhergehende mögliche Risiken werden in Abschnitt IV skizziert.
8   Vgl. hierzu ausführlicher Abschnitt IV.

petenzen und wie konkrete Prozesse aussehen sollen. Laut Baackes (1999) Medienkompetenzmodell und den von ihm entwickelten vier Dimensionen Mediennutzung, Medienkunde, Mediengestaltung und Medienkritik, steht der Begriff Medienkompetenz für viel mehr als nur für die reine Vermittlung im Umgang mit den Medien. Die Dimension *Mediennutzung* beinhaltet, das Gelesene, das Gesehene oder das Gehörte zu verarbeiten und die Fähigkeit zu besitzen, interaktiv Handeln zu können. Dabei sind die NutzerInnen nicht nur reine RezipientInnen, sondern auch AnbieterInnen von Medienbotschaften. Die zweite Dimension *Medienkunde* meint das gesamte Wissen über das heutige Mediensystem. Dazu gehören die klassischen Wissensbestände, wie etwa das Wissen über die Strukturen unseres Rundfunksystems, sowie die Fähigkeit, mit neuen Geräten umgehen zu können. *Mediengestaltung* bezieht sich auf den Verlauf der technischen und inhaltlichen Veränderung von Medien und Medienangeboten. Das bedeutet, vorhandene Medienangebote umzuwandeln „und zwar zum einen, sie im Sinne der angebotenen Logik zu verändern [...], und zum anderen im Sinne einer eigenständigen Weiterentwicklung" (Trepte 2008, S. 104). Die vierte Dimension *Medienkritik* beinhaltet, vorhandenes Wissen und Erfahrungen stetig zu reflektieren. Dazu gehört ein entsprechendes Hintergrundwissen über die privaten und öffentlichen Fernsehsenderstrukturen sowie die fortlaufenden Medienentwicklungen kritisch zu hinterfragen. Bei diesem Modell werden die Herausforderungen, die an die Förderung, Vermittlung und die Zielsetzung von Medienkompetenz gestellt werden, deutlich. Gegenstand einer professionellen und gelungenen Vermittlung ist der Versuch einer Verknüpfung der dargestellten Dimensionen sowie der gleichzeitigen Betrachtung von Lebensraum und Lebenswelt (vgl. Baacke 1990, 1997, Treumann et al. 2004, Trepte 2008).

Wenngleich der Begriff der Medienbildung vielfach synonym verwendet wird, steht dahinter die Ursprungsidee, verstärkter die ganzheitliche Dimension und den Aspekt der Selbstbestimmung und Emanzipation herauszustellen, da der Kompetenzbegriff – so die KritikerInnen – zu technologisch und zu einseitig auf kognitive Fähigkeiten ausgerichtet sei. Medienbildung meint demnach, dass Medien Teil der Lebenswelt sind und Anlässe und Räume für Bildungserfahrungen und -prozesse im Sinne orientierender Reflexion bieten (vgl. Hugger 2012). Medienbildung, verstanden als mediatisierter Aspekt der allgemeinen Persönlichkeitsbildung (vgl. Moser 2010), setzt dabei Medienkompetenz voraus, berücksichtigt aber vor allem die Subjektperspektive und damit die Fähigkeit, „die Bedeutung der Medien für die eigene Person zu reflektieren und sich auch auf unbekannte medienbezogene Situationen einstellen zu können – eine Kompetenz, die angesichts des rasanten Medienwandels von besonderer Bedeutung ist" (Süss et al. 2010, S. 107).

Erfolge können dabei erzielt werden, wenn Kinder und Jugendliche an Orten erreicht werden, die zu ihren alltäglichen Lebensräumen gehören, wie beispielsweise Kindertageseinrichtungen, Schulen oder Jugendzentren (vgl. Paus-Hasebrink 2009). Pädagogische bzw. medien- sowie sozialpädagogische Projekte, Methoden oder Modelle stehen vor neuen strukturellen Herausforderungen. Im Hinblick auf eine gelungene Medienkompetenzvermittlung müssen die neuen Angebotsformen und die Entwicklungen in unserer Gesellschaft ständig reflektiert werden, um ein möglichst weitreichendes, niedrigschwelliges und aktuelles Angebot sowie Formen der Prävention bereitstellen zu können. Medienkompetenz stellt keinen statischen Zustand dar, sondern ist eine zentrale Aufgabe lebenslangen Lernens. Von entscheidender Bedeutung ist daher, die derzeit noch unzureichende medienpädagogische Grundausbildung an Fachschulen, Fachhochschulen und Universitäten auszubauen und verpflichtende Weiterbildungen ergänzend zu initiieren, damit die jeweiligen Sozialisationsinstanzen dem umfassenden Anspruch an die Vermittlung von Medienkompetenz gerecht werden können. Der 14. Kinder- und Jugendbericht verweist diesbezüglich klar darauf, dass die Förderung von Medienkompetenz und Medienbildungsprozessen Aufgabe der Kinder- und Jugendhilfe sei – fordert aber gleichzeitig auch die massive Ausweitung der öffentlichen Verantwortung und benennt dabei explizit auch die Rolle der Eltern und Familien (vgl. BMFSFJ 2013).

IV   Risikodiskurse und Herausforderungen

Angesichts der Omnipräsenz der Medien im Alltag von Kindern und Jugendlichen wird immer wieder über die Medienwirkung und über die Gefahren, die mit der Mediennutzung einhergehen, diskutiert. Besonders in den Anfangszeiten des Internets und zu Beginn der Web 2.0-Welle standen die Technologien in vielerlei Hinsicht in der Kritik, bei der die Perspektive des schädlichen Einflusses dominierte. Dabei sind die jeweiligen Befürchtungen nicht neu, sie werden häufig lediglich von den älteren auf die neueren Medien übertragen und erzeugen dadurch ein hartnäckig „populistische[s] Zerrbild […] des modernen Mediennutzers" (Wensierski 2011, S. 926). Kulturpessimistischen Erwartungen[9] zufolge gehen mit der Nutzung moderner Technologien Problemfelder einher, die von kausalen Zusammenhängen zwischen „dem Umfang der Mediennutzung und problematischen Verhaltensweisen bzw. einer problematischen Lebensführung" (Klein 2010, S. 168) ausgehen.

So wird zunächst von einer fortschreitenden Anonymisierung und Vereinsamung der Jugendlichen durch die generelle Nutzung ausgegangen. Wird der Berichterstattung weiter Glauben geschenkt, schreitet auch die Sexualisierung der Gesellschaft und insbesondere die Pornografisierung und sexuelle Verwahrlosung der Jugend weiter voran, die, „so die Logik, negative Rückwirkungen auf Identität, Beziehung und zwischenmenschlichen Umgang" (Reißmann 2010, S. 27) haben. Weiterhin wird nach wie vor die potentielle Wirkung von Gewaltdarstellungen im Fernsehen und anhand von Computer- bzw. sogenannten Killerspielen diskutiert, mit der ein hoher

---

9   Als Vorreiter und prominenteste Vertreter können hier der Kriminologe Pfeiffer (vgl. hierzu auch Pfeiffer und Kleinmann 2006) sowie der Hirnforscher Manfred Spitzer (vgl. Spitzer 2006) genannt werden.

Aggressionszuwachs einhergehe. „Die Vermutung eines kausalen Zusammenhangs von Medien und Gewalt gehört zu den klassischen Stereotypen innerhalb der sozialwissenschaftlichen und pädagogischen Medienforschungsdebatte" (ebd.). Diese einfachen Wirkungsannahmen werden der Komplexität der Mediennutzung jedoch nicht gerecht und halten vor allem der empirischen Medienforschung nicht stand.

Wird über die Gefahren von Medien, jedoch auch über die Chancen gesprochen, handelt es sich vielerorts um unzulässige Pauschalurteile in die eine oder in die andere Richtung. Wenn im Folgenden auf einige Risiken im Zusammenhang mit der Mediennutzung eingegangen wird, so handelt es sich hierbei stets um *mögliche* Risiken, die im Hinblick auf das Alter der Kinder und Jugendlichen, auf die jeweilige Mediengattung, die Funktion und den Umgang sowie die Kompetenz der Nutzung als auch das jeweilige Milieu bzw. das soziale Umfeld relativiert werden müssen. Obschon die Haltungen innerhalb des Diskurses zu den Gefahren im Netz differenzierter geworden sind und auch die Erfahrungen und Kompetenzen der PädagogInnen, LehrerInnen, Eltern und Kinder zugenommen haben, müssen die möglichen Risikopotentiale und Herausforderungen weiter beobachtet werden. Es gilt die Kinder und Jugendlichen zu sensibilisieren, ihren eigenen Aktionsradius – besonders im Internet – zu begleiten und die Risiken zu minimieren.

Cybermobbing

Das sogenannte Cybermobbing (engl. Cyberbullying) erfährt in der heutigen Zeit besondere Aufmerksamkeit. Hierbei werden NutzerInnen mittels moderner Kommunikationsmedien wiederholt beschimpft, beleidigt und/oder verleumdet (vgl. Schultze-Krumbholz et. al 2012). Durch den immer selbstverständlicheren Umgang mit elektronischen Medien und der Preisgabe vieler privater Informationen im Internet steigt die Gefahr, dass dies als Angriffsfläche genutzt und damit Missbrauch getrieben wird. Diese Stigmatisierungen übertragen sich von der virtuellen in die reale Lebenswelt, was die Opfer meist besonders im Schulalltag spüren und die sich fast immer einer Kontrolle der Erwachsenen entziehen. Cybermobbing hebt sich im Vergleich zum traditionellen Mobbing vor allem durch die potentielle Anonymität und die damit einhergehende Angst ab, nicht zu wissen wer der/die TäterInnen sind. Durch die Unbegrenztheit des virtuellen Raumes wird die Demütigung meist noch größer empfunden und durch unbegrenzte Inhaltsspeicherung entsteht das Gefühl, das Mobbing höre nie auf. War zudem das traditionelle Mobbing auf einen bestimmten Raum und auf eine bestimmte Zeit (z. B. Schule) begrenzt, sind die Kinder und Jugendlichen mit den Neuen Medien rund um die Uhr sowohl erreich- als auch verletzbar. Aufgrund der Eigenheiten computervermittelter Kommunikation (z. B. fehlende Gestik und Mimik) bleiben dem/der (möglicherweise ungewollten) TäterIn die Effekte seines/ ihres Handelns verborgen. Durch die dadurch meist lang anhaltenden Attacken kann eine nachhaltige Traumatisierung die Folge sein. Dass Cybermobbing fast schon zu den alltäglichen Erfahrungen der Kindheit und Jugend gehört, zeigen z. B. die jährlich veröffentlichen Daten der JIM[10]-Studie (vgl. z. B. Mpfs 2011).

Ungeeignete Inhalte

Ein weiteres Gefahrenpotential können ungeeignete Inhalte darstellen, auf die die Kinder und Jugendlichen im Netz stoßen. Damit einher geht auch die bereits oben angesprochene Hochkonjunktur der Verwahrlosungsdiskussionen, die bezogen auf die mediale Präsenz von Sexualität in der Stigmatisierung einer „Generation Porno" gipfelte. Dabei entbehren auch diese Diskurse jeder wissenschaftlichen Grundlage, denn einfache Wirkungsannahmen greifen zu kurz (vgl. Schetsche und Schmidt 2010). Nichtsdestotrotz kann die gewollte oder ungewollte Konfrontation mit pornografischen Inhalten, insbesondere bewegte Pornografie mit teils stark gewalthaltigen Aspekten, zu Unsicherheiten und Sorgen beispielsweise hinsichtlich des eigenen Körperbildes und der eigenen Sexualität führen (vgl. Klein 2010).

Seiten mit Gewaltdarstellungen, häufig in sehr ausgeprägter und bizarrer Form, sowie rechtsextreme Aussagen sind auf Plattformen und Foren ein Problem, auf das junge NutzerInnen ebenfalls immer häufiger treffen, die ihren Rezeptionsgewohnheiten angepasst werden und in ihre Sozialisation einfließen. „Die Zahl rechtsextremer Internetinhalte ist größer denn je, insbesondere die Angebote von Neonazikameradschaften und Autonomen Nationalisten, von rechtsextremen Versandhändlern und Bands sind auf ein jugendliches Publikum zugeschnitten" (Glaser 2011, S. 12). Risikoreiche Inhalte sind auch in themenspezifischen Diskussionsräumen wie Magersucht- oder Suizidforen zu finden, die sich durch riskante Kommunikationswelten hinsichtlich gesundheitsgefährdender Verhaltensweisen auszeichnen. „Entscheidend ist folglich, ob Jugendliche das Gesehene reflektieren sowie falsche Informationen zu korrigieren vermögen und welche Realitätsvorstellungen sie daraus ableiten" (Geiser 2010, S. 33).

Pathologische Nutzung

Die ubiquitäre Präsenz und die damit einhergehende exzessive Mediennutzung von einigen Kindern und Jugendlichen wird ebenfalls auf verschiedenen Ebenen diskutiert und „ist Anlass für die wissenschaftliche Diskussion über suchtartigen oder pathologischen Internetgebrauch" (Hirschhäuser und Kammerl 2011, S. 47). Hierbei stehen seit Beginn vor allem Computerspiele und unter diesen die Massen-Online-Rollenspiele (sog. MMORPGs = Massive Multiplayer Online Role Play Games) im Fokus, bei denen ein/e SpielerIn in eine Gemeinschaft (Gilde, Clan) integriert ist und

---

10   JIM = Jugend, Information, (Multi-)Media

mit dieser im stetigen kommunikativen und interagierenden Austausch stehen kann. Das Spiel steht nie still und verändert sich auch, wenn der Spieler/die Spielerin nicht online ist – die Spielstruktur fordert eine Anwesenheits-Permanenz. Die Möglichkeiten den eigenen Charakter neu zu definieren, Erfolgserlebnisse zu spüren und Kontakt zu Gleichgesinnten zu haben, können zu einem Eintauchen (flow) in die virtuelle Welt führen. Daher wird diesen Spielen ein hoher Suchtfaktor zugesprochen. Aus wissenschaftlicher Perspektive ist derzeit noch nicht einheitlich festzulegen, ab wann von einem pathologischen Verhalten gesprochen werden kann, nicht zuletzt allein dadurch, dass keine klare Definition vorliegt, die die Grenzen zwischen intensiv, exzessiv und pathologisch festlegt. „Sowohl die Klassifizierung exzessiver bis pathologischer Mediennutzungsformen als auch ihre Prävalenz und Ätiologie sind bisher unzureichend geklärt" (ebd.). Die vielfach kursierenden und differierenden Kriterienkataloge sind fraglich, weshalb davor gewarnt werden sollte, exzessives Spielen gleich als pathologisch zu bewerten. Besonders im Jugendalter kann es sich zunächst um eine intensive Phase handeln, bei der eine genaue Differenzierung von Formen und Phasen der Mediennutzung von Bedeutung ist. Dennoch sollte vermehrte Mediennutzung beobachtet und wenn nötig darauf angemessen eingegangen werden, da besonders in der Adoleszenz Entwicklungsprozesse durchlebt werden, die durch eine exzessive Mediennutzung gefährdet werden können. Neben körperlichen Beeinträchtigungen wie Gewichtszunahme und Bewegungsmangel sehen Eltern und ExpertInnen vor allem eine Gefährdung von Bildungs- und Berufschancen sowie Risiken in der psychosozialen Entwicklung (ebd.).

Digitale Ungleichheit

Thematisierten Diskurse im Zuge der Digitalisierung zu Beginn eher den Bereich der differierenden Zugangsbeschränkungen zu Online-Medien (Digital Divide/Digitale Spaltung), wandelte sich der Blick, seit durch die technischen Entwicklungen auf breiter Basis nahezu eine Vollausstattung und vollkommene Zugangsmöglichkeiten gegeben sind. Unter dem Stichwort Digitale Ungleichheit (DiMaggio und Hargittai 2001) wird seit Anfang der 2000er Jahre vermehrt die Qualität der Nutzung forciert, da die empirische Datenlage zeigt, „dass Differenzen in der Nutzung dieser Räume durch unterschiedliche Sozial- und Bildungsmilieus deutlich [werden]" (Wagner und Eggert 2013, S. 29) und sich auch bildungsspezifische Unterschiede im Kontext riskanten Medienhandelns zeigen (vgl. BMFSFJ 2013). Das heißt, dass sich die Nutzung des Internets entlang des verfügbaren kulturellen Kapitals ungleich differenziert. Die Merkmale sozialer Ungleichheit in der Informations- und Wissensgesellschaft zeigen, wie sehr lebensweltliche Bedingungen das Medienhandeln rahmen. „Auch für Heranwachsende lässt sich zeigen, dass komplexe Aneignungsweisen in einer vernetzten Medienwelt, d. h. differenzierte Zugänge zu Informationsquellen, Kreativität und Selbstbestimmung im Medienhandeln, eher jenen vorbehalten sind, die aus bildungsmäßig und sozial besser gestellten Milieus kommen" (Wagner und Eggert 2013, S. 30). Das Ineinanderfließen von Beziehungspflege und anderen medialen Tätigkeiten über Soziale Netzwerkdienste kann die Tendenz verstärken, im eigenen soziokulturellen Milieu zu verhaften und Anregungen von außen nicht wahrzunehmen (vgl. ebd.). Formen der Beteiligung, die eine wirkmächtige Vertretung von Interessen ermöglichen, also gehört oder durchsetzungsfähig organisiert werden, realisiert sich durch eine kleine und formal eher hochgebildete Gruppe Jugendlicher (vgl. BMFSFJ 2013; DJI/TU Dortmund 2011; Sutter 2010). Da in der Regel das direkte soziale Umfeld den Kontext darstellt, mit dem in Online-Räumen agiert wird, ist es eben auch der Kontext, in dem Beteiligungsformen über Medien stattfinden. Für Jugendliche mit formal höherem Bildungshintergrund steht die Themenorientierung im Vordergrund, womit sich durch Beteiligungsinteraktionen ressourcenerweiterndes Brückenkapital formiert. Für Jugendliche mit formal niedrigerer Bildung dominiert die soziale Unterstützung und die Beziehungsgestaltung (vgl. DJI/TU Dortmund 2011; Kutscher 2010), so dass hier „Bindungskapital zu einer Reproduktion der gleichen verfügbaren Ressourcen führt, [und] die Beteiligungsfelder und -formen [somit] auch in ihren Implikationen für das soziale Kapital der Jugendlichen unterschiedlich ermöglichend bzw. begrenzend wirken" (BMFSFJ 2013, S. 182). So schlussfolgern Wagner und Eggert (2013), dass davon auszugehen ist, „dass bestimmte soziokulturelle Milieus genauso wie in ihren Lebenswelten auch in virtuellen Räumen ‚unter sich' bleiben, dass also die Gefahr besteht, dass sich neue Ausgrenzungs- und Schließungsmechanismen entwickeln" (ebd., S. 30). Durch diese bildet sich eine „Partizipationskluft hinsichtlich gesellschaftlich oder politisch wirkmächtiger Interessensvertretung" (BMFSFJ 2013, S. 182) und es werden innerhalb und außerhalb des Netzes Machtverhältnisse sichtbar (vgl. z. B. Tillmann 2008; Kutscher/Otto 2013) und Beteiligung und Online-Kommunikation werden zum „exklusiven Gut" in „exklusiven Gemeinschaften" (Klein 2007). Es bildet sich eine „Homogenisierung sozialer Räume im Netz, […] durch die sich wiederum Ungleichheitsdynamiken in Vergemeinschaftungsformen und im sozial kontextualisierten Zugang zu Wissen und Bildung verstärken (z. B. dadurch, dass durch exkludierende Kommunikation, Distinktion und sprachlich habituelle Differenzen auch innerhalb des Netzes soziale Milieugrenzen, wenn überhaupt, nur temporär überwunden werden" (BMFSFJ 2013, S. 183).

Datenschutz und Privatsphäre

Ein letzter viel diskutierter Aspekt ist der Umgang mit persönlichen Informationen im Netz und der damit einhergehende Datenschutz sowie die digitale Privatsphäre. Wie zuvor aufgezeigt, erfreuen sich besonders diejenigen Anwendungen großer Beliebtheit und nehmen eine längst nicht mehr zu unterschätzende Rolle in den sozio-medialen Lebenswelten bei Kindern und Jugendlichen ein, die es mit geringen technischen Hürden möglich machen, sich selbst zu präsentieren, Informationen zu erzeugen und zu verbreiten, Kontakte herzustellen und sich auszutauschen. Jugendliche streben nach autonomen Handlungsräumen, in denen sie selbstbestimmt agieren können. Insbesondere Soziale Netzwerkdienste bieten ihnen solche Räume an. Bei den meisten Plattformen ist die Preisgabe persönlicher Daten dabei Grundvoraussetzung und Zweck – keineswegs unerwünschtes Nebenprodukt. Damit stehen die Jugendlichen „in einem Spannungsfeld aus der Sorge um die eigene Privatsphäre und dem Bewusstsein für Gefahren und Risiken einerseits sowie den Vorzügen und Chancen, die die aktive Teilnahme verheißt, andererseits" (Schenk et al. 2012a, S. 1). Anbieter dieser Seiten weisen generell ein kommerzielles Interesse auf und verkaufen die personenbezogenen Daten an Dritte. Daher ist die Voreinstellung auf diesen Seiten meist „opt-out", das heißt die Informationen sind solange für alle einsehbar, bis die Einstellungen selbstständig geändert werden. Seit geraumer Zeit wird dies kritisiert und die Nutzung dieser Seiten unter dem Stichwort „prekäre Privatheit", „Ökonomisierung von Privatheit" oder auch „Entprivatisierung" diskutiert. Darüber hinaus beinhaltet die Nutzung datenschutzrechtliche Risiken, welche die eigene Privatsphäre, aber auch die Urheber- und Persönlichkeitsrechte Dritter betreffen können. Im Vergleich zu den Anfangsstadien Sozialer Netzwerke belegen aktuellere Studien allerdings, dass die vielerorts durchgeführten medienpädagogischen Initiativen fruchten, denn die Mehrheit der NutzerInnen geht restriktiver mit persönlichen Daten um. Dennoch besteht nach wie vor enormer Aufklärungsbedarf, besonders bei jüngeren NutzerInnen, jenen mit niedrigerem formaleren Bildungshintergrund und bei NutzerInnen zwischen 15 und 16 Jahren, bei denen der Drang zur Partizipation und Selbstoffenbarung offenbar am größten ist.

Im Hinblick auf die skizzierten Risikopotentiale ist zu resümieren, dass sich durch die hohe Bedeutung und Alltagsdurchdringung der Social Web-Angebote die postmoderne Mediengesellschaft in vielen grundlegenden ökonomischen und sozialen Strukturen verändert. Besonders Kommunikations-, Wissenstransfers- und Distributionsstrukturen unterliegen ständigen Innovationsprozessen, die ihrerseits Auswirkungen auf gesellschaftliche Strukturen haben und für Kinder und Jugendliche Gefahren darstellen können bzw. mit ihnen einhergehen. Viele der kulturpessimistischen Befürchtungen lassen sich nicht empirisch bestätigen, allerdings sind insbesondere die durch mediale Praxen sichtbar werdenden Ungleichheitsphänomene im Blick zu behalten, da diese zu grundlegenden Veränderungen von Teilhabechancen führen (vgl. BMFSFJ 2013). Auch die Problemdimensionen der Entprivatisierung und Kommerzialisierung persönlicher Daten bedürfen weit mehr Auseinandersetzung in der Generation der Heranwachsenden, allerdings ebenso erheblich mehr Reflexion auf pädagogischer Seite (vgl. ebd.). So wird auch hier der Einfluss der Medien auf Kontexte der Kinder- und Jugendhilfe sowie ihrer Fachkräfte deutlich, da ihnen ein klarer Schutzauftrag obliegt und sie ihre AdressatInnen vor Gefahren für ihr Wohl schützen sollen.

V   Medien und Familie

Die dynamische Entwicklung der Medien hat in den letzten Jahren auch Spuren im Sozialsystem Familie hinterlassen und das Verhältnis zwischen Medien und Familie stark verändert. Familie vermittelt auf vielfache Weise einen kulturellen und ökonomischen Bezugsrahmen, der für das Heranwachsen von Kindern und Jugendlichen prägend und zugleich unabdingbar ist.[11] „In diesen Bezugsrahmen sind die Prozesse der Medienaneignung in Kindheit und Jugend untrennbar eingebettet" (Theunert et al. 2012, S. 8). Familienmitglieder agieren als Vorbilder für den Gebrauch jeglicher Medien, „es [das Kind, N. A.] erfährt mediale Beschäftigung als anregende, strukturierende, dominierende oder konfliktträchtige Größe des alltäglichen Familienlebens, lernt Medien als Unterhaltungs- und Wissensquelle, als Kommunikations- und Artikulationsmittel oder auch als Flucht- und Suchtmittel kennen" (ebd.). Dabei ist es wichtig, die Familie als Ganzes zu betrachten. Dies bedeutet, dass nicht nur die Eltern bzw. Erziehungsberechtigten und Geschwister Verantwortung dafür tragen und als Vorbilder dienen, sondern auch Großeltern, Verwandte sowie LebenspartnerInnen und andere wichtige Personen, die im Familienkontext fest verankert sind. Sie alle steuern, wenn oft auch nicht bewusst, das spätere Medienverhalten der Heranwachsenden, nehmen Einfluss auf relevante Handlungsstrukturen für den Umgang mit den unterschiedlichsten Medien und betreiben damit ex- oder implizit Medienerziehung (vgl. Theunert und Lange 2012). Auch wenn in der Jugendphase die medienbezogenen Präferenzen eher vom Freundeskreis als von der Familie bestimmt werden, bleibt die Familie der Ort, an dem ein gemeinsamer Mediengebrauch und ein Medienerleben sowie medienbezogene Auseinandersetzungen und Konflikte stattfinden (vgl. ebd).

Für viele Elterngenerationen ist die Vielfalt der Medienangebote, die ihre Kinder nutzen, schwer nachzuvollziehen. Dies liegt sicher zum einen darin begründet, dass es die Kinder und Jugendlichen sind, die neue Medien in den familialen Kontext integrieren und somit das familiäre Medienrepertoire erweitern. Zum anderen nutzen Heranwachsende andere Segmente medialer Angebote und diese zudem intensiver als ihre Eltern. Soziale Netzwerke, Online-Spiele oder Video-Plattformen stellen nur einen kleinen Ausschnitt der zahlreichen Möglichkeiten dar. „In Bezug auf jugendaffine Medienangebote, […] driften die Generationen hinsichtlich der Wertschätzung und hinsichtlich des eigenen medienbasierten Handelns auseinander" (Theunert und Lange 2012, S. 17). Diese Divergenz beschränkt eine angemessene elterliche Medienerziehung insbesondere dort, „wo die Elterngeneration mit digitalen Medien nicht vertraut ist und sie selbst wenig oder nur in begrenzten Kontexten in Gebrauch hat" (ebd.). Aktuelle Auseinandersetzungen thematisieren dabei auch die Rolle der Geschwister, die möglicherweise generationsbedingte Defizite kompensieren könnten (vgl. Alt und Teubner 2012).

---

11 Vergleiche hierzu Peter und Hahnen in diesem Kompendium.

Die Ergebnisse der FIM[12] Studie (vgl. Mpfs 2011), welche die gemeinsame Mediennutzung von Eltern und ihren Kindern untersucht, zeigen, dass der Fernseher mit 73 Prozent noch immer das meist genutzte gemeinsame Medium ist. 98 Prozent der befragten Haushalte geben an, einen Internetanschluss zu besitzen; drei Viertel der Eltern nutzen das Internet davon regelmäßig. Bei Kindern und Jugendlichen nimmt das Medium Internet – wie mehrfach beschrieben – eine besondere Bedeutung im Alltag ein. Laut der aktuellen JIM-Studie 2012 sind 68 Prozent der 12- bis 19-Jährigen täglich im Internet unterwegs, 91 Prozent mindestens mehrmals die Woche (vgl. Mpfs 2012). Mit der Vollversorgung mit Computer und Laptop (100 %) sowie des Internets (98 %) verfügen inzwischen fast alle Haushalte über WLAN (90 %). „Entsprechend können 87 Prozent der Jugendlichen (auch ohne Handy) von ihrem eigenen Zimmer aus mehr oder weniger unbeobachtet online gehen" (Mpfs 2012, S. 31). Bestätigen bereits 90 Prozent der 18- bis 19-Jährigen diese Möglichkeit, sind es unter den 12- bis 13-Jährigen drei Viertel – wovon 37 Prozent noch das Einverständnis der Eltern brauchen (ebd.). „Ungefähr im Alter von 16 Jahren nutzen alle Jugendlichen das Internet selbstbestimmt und eigenständig" (ebd.).

Wird auf die gemeinsame Internetnutzung in Familien geschaut, geben nur 13 Prozent der Eltern an, regelmäßig mit ihren Kindern im Internet zu sein (vgl. Mpfs 2011). „Trotz der jeweils relativ hohen Nutzung bei Eltern wie bei Kindern hat sich – im deutlichen Gegensatz zum Fernsehen – hier bislang keine Kultur der gemeinsamen Nutzung etabliert" (ebd., S. 81). Bei der Frage nach der Medienerziehung bzw. nach einem kompetenten und sicheren Umgang im Internet schätzen sich nur 21 Prozent der befragten Eltern als sehr medienkompetent ein, 60 Prozent als etwas kompetent, 14 Prozent als weniger kompetent und fünf Prozent geben an, über keine Medienkompetenz zu verfügen (vgl. ebd.). Insgesamt werden Mütter für Bücher und Fernsehinhalte, Väter im Umgang mit technischen Aspekten, vor allem bei Computern und Kinder für Computerspiele als kompetenteste Familienmitglieder eingestuft (vgl. ebd.).

Für die Kinder- und Jugendhilfe ergeben sich dahingehend Herausforderungen, die Familie als Ganzes in den Blick zu nehmen. Viele der bisher in der Praxis angebotenen Ansätze basieren eher auf der Unterstützungsebene der hilfesuchenden Eltern bzw. Erziehungsberechtigten oder auf der konkreten Unterstützung für Kinder und Jugendliche im speziellen. „Medienpädagogische Maßnahmen für Alleinerziehende sind ebenso erforderlich wie solche, die sich an Geschwister, Großeltern, Mitglieder von Patchwork-Familien und das erweiterte Sozialsystem Familie richten" (Demmler 2012, S. 40). Erfolgreiche Unterstützungs- und Orientierungshilfen sowie eine gelungene Förderung von Medienkompetenz kann nur gelingen, wenn in der Familie „intergenerationelle" Angebote und Maßnahmen im Vordergrund stehen und dabei vernetzte Zugänge auf lokaler Ebene geschaffen werden. Das bedeutet, das Lernen voneinander und das Erleben miteinander (vgl. Demmler 2012). Die „intergenerationellen" Maßnahmen sollten anschließend mit anderen pädagogischen Projekten,

---

12   FIM = Familie, Interaktion & Medien

beispielsweise an Schulen, verknüpft werden, um eine weitreichende und nachhaltige Vermittlung von Medienkompetenz in einer Gesellschaft fortschreitender Mediatisierung gewährleisten zu können. Denn die fortschreitende Mediatisierung sozialen und öffentlichen Lebens wird sich auch in Zukunft immer weiterentwickeln und dabei noch vielfältigere Angebote schaffen. Zusammenfassend bewerten Eltern, die sich in der Medienerziehung als kompetent einschätzen, die Auswirkungen des Medienwandels eher positiv. Familien künftig intensiv in Medienkompetenzfragen zu begleiten, „ist also ein guter Beitrag, die Familien insgesamt zu unterstützen damit sie den Anforderungen des gesellschaftlichen Wandels gerecht werden können" (Mpfs 2011, S. 92).

VI Fazit und Ausblick

Es steht inzwischen außer Frage, dass Medien seit jeher Bestandteil unserer Gesellschaft sind und auch Kinder und Jugendliche in Deutschland diese tagtäglich nutzen. Ob in ihrer Freizeitgestaltung oder als fester Bestandteil in beruflichen Kontexten, Medien sind in unseren Alltag fest integriert und nicht mehr wegzudenken. Heranwachsende erleben heute eine Medienvielfalt, deren Dichte beständig wächst und die teils massive Auswirkungen auf gesamtgesellschaftliche Kontexte hat.

Medien als Teil ihrer Lebenswelt anzusehen, bedarf vor allem nicht nur der Auseinandersetzung mit der Frage, wie lange welches Medium genutzt wird, sondern was Kinder und Jugendliche damit tun, „welche Angebote genutzt werden und in welchem Kontext Medien konsumiert oder aber gezielt eingesetzt werden" (Mpfs 2012, S. 39). Die stetige Auseinandersetzung und das Wissen darüber, wie rasant sich die Medienlandschaften, die Nutzungsweisen und Präferenzen verändern, ist dabei Grundvoraussetzung, ein Aufwachsen in der mediatisierten Gesellschaft zu begleiten und daher eine der großen Herausforderungen für pädagogische Kontexte. Es gilt anzuerkennen, dass Medien „intergenerative Distinktions-" und „altersgruppenbezogene Identifikationsangebote" (Kaminski und Vogt 2009) bereitstellen, also für die Identität, die Beziehungs- und Kommunikationskultur sowie die Informations- und Wissensgenerierung eine entscheidende Rolle spielen. Im Kontext außerschulischer Angebote ist es vor allem die Kinder- und Jugendhilfe und in diesem Kontext die Kinder- und Jugendarbeit, die sich mit medienpädagogischen Aufgabenstellungen, Themen und Methoden befassen (vgl. Wensierski 2011), kontinuierlich und kritisch die Auswirkungen der Medien reflektieren und gegebenenfalls Konzepte anpassen sowie Überlegungen anstellen sollte, ob und wie die Neuen Medien in das eigene Arbeitsfeld produktiv integriert werden können.

Bei einer annähernd 100-prozentigen Vollausstattung mit Computern und Internetzugängen bei Jugendlichen (vgl. Mpfs 2012), ist die anfängliche Bedeutung der Zugangsfrage (digitale Spaltung in Form einer Zugangskluft) dabei inzwischen relativiert. Allerdings rückt unterdessen das Problem der *Digitalen Ungleichheit* in den

Blick, das sich hinsichtlich der gesellschaftlichen Teilhabe als besonders wirkmächtiges Problem heraus kristallisiert (vgl. Kutscher 2013). Wie bereits erwähnt, sind damit „Ungleichheiten innerhalb der Mediennutzung [gemeint], die auf die Verfügbarkeit von Offline-Ressourcen wie ökonomisches, kulturelles und soziales Kapital als Grundbedingungen für Mediennutzung und prägende Faktoren für Präferenzen, habituelle Fähigkeiten und strukturelle Möglichkeiten verweisen" (BMFSFJ 2013, S. 183). Die bislang vorliegenden empirischen Daten belegen dabei – insbesondere hinsichtlich des verfügbaren kulturellen Kapitals – dass sich die Nutzungsweisen des Internets ungleich ausdifferenzieren und eng mit den jeweiligen Ressourcenlagen des/der NutzerIn zusammenhängen (vgl. ebd). Hier gilt es daher „zielgruppensensible Angebotsformen der Kinder- und Jugendhilfe (weiter) zu entwickeln, die die ungleichen Lebenslagen der Adressatinnen und Adressaten in ihrer konzeptionellen Anlage […] berücksichtigen und damit insbesondere benachteiligte Zielgruppen […] erreichen" (ebd., S. 395).

Aktuell muss zudem vermehrt die starke Nutzung von Smartphones und damit einhergehend das mobile Internet in den Blick genommen werden. Während Computer bereits durch technische Vorkehrungen, Filter oder Jugendschutzprogramme einen gewissen Schutz vor ungeeigneten Inhalten gewährleisten können, gilt es diese und ähnliche Rahmenbedingungen für das mobile Internet erst noch umfassender zu entwickeln und flächendeckender einzusetzen (vgl. Mpfs 2012). Der Rolle eines effektiven Jugendmedienschutzes im Internet, die Ausschöpfung rechtlicher Möglichkeiten, aber vor allem auch der Aufklärung und Sensibilisierung in Schule und Elternhaus kommt eine immer größere Bedeutung zu.

Wie in diesem Beitrag aufgezeigt wurde, sollten dabei auch die Extreme beachtet werden. Cybermobbing, ungeeignete Inhalte, pathologische Nutzung und die Enteignung der eigenen Daten in kommerziellen Angeboten können beispielsweise Probleme darstellen, bei denen Kinder und Jugendliche Unterstützung brauchen und derer sich auch die Soziale Arbeit annehmen muss. Dabei sei jedoch erneut davor gewarnt, die Medien auf Problemkontexte zu reduzieren und darüber die Chancen zu verkennen, welche die Möglichkeiten der Vernetzung, der Kommunikation und des Informationsaustausches im Hinblick auf die Entwicklungsaufgaben von Kindern und Jugendlichen bieten. „Eine öffentliche Diskussion, die sich auf einen völligen Verzicht auf digitale Medien zuspitzt und nur die Schattenseiten in den Blick nimmt, geht an der Realität vorbei" (ebd.). Daher ist von bewahrpädagogischen Konzepten abzusehen. Diesen ist schlicht entgegenzuhalten, dass ein solcher Ansatz in einer mediatisierten Gesellschaft nicht mehr funktioniert (vgl. Moser 2012). Das BMFSFJ und das Bundesministerium für Gesundheit fördern hierzu aktuell Projekte, bei denen wesentliche Elemente die Kompetenzvermittlung und die Stärkung unter Gleichaltrigen darstellen (vgl. BMFSFJ 2013).

Ein Leben in medienfreien Räumen ist aus heutiger Sicht irreal, daher gehört das Erlernen eines sachgerechten und umsichtigen Medienkonsums inzwischen zu den grundlegenden Erziehungsaufgaben der Moderne.

Literatur

Ahrens, D. (2009). Jenseits medialer Ortlosigkeit: Das Verhältnis von Medien, Jugend und Raum. In C. Tully (Hrsg.), *Multilokalität und Vernetzung. Beiträge zur technik-basierten Gestaltung jugendlicher Sozialräume* (S. 27–40). Weinheim und München: Juventa.

Alt, C., & Teubner, M. (2012). Geschwister und Eltern. *merz. medien und erziehung. Zeitschrift für Medienpädagogik. Familie und Medien,* 56. Jg., Heft 2, (S. 22–29).

Aufenanger, S. (2008). Mediensozialisation. In U. Sander, F. von Gross & K.-U. Hugger (Hrsg.), *Handbuch Medienpädagogik* (S. 87–93). Wiesbaden: VS Verlag für Sozialwissenschaften.

Baacke, D. (1997). *Medienpädagogik.* Tübingen: Niemeyer.

Baacke, D. (1999). Medienkompetenz – Facetten und Grundlagen eines Begriffs. Was ist Medienkompetenz? Fünf Statements. In F. Schell, E. Stolzenburg & H. Theunert (Hrsg.), *Medienkompetenz. Grundlagen und pädagogisches Handeln* (S. 19–20). München: Kopaed.

Baacke, D., Sander, U., & Vollbrecht, R. (1990). *Lebenswelten sind Medienwelten.* Leverkusen: Verlag Leske und Budrich.

Bundesministerium für Familie, Senioren, Frauen und Jugend (BMFSFJ). (2013). *14. Kinder- und Jugendbericht. Bericht über die Lebenssituation junger Menschen und die Leistungen der Kinder- und Jugendhilfe in Deutschland.* Berlin.

Brüggen, N., & Ertelt, J. (2011). Jugendarbeit ohne social media? Zur Mediatisierung pädagogischer Arbeit. *merz. medien und erziehung. Zeitschrift für Medienpädagogik. Jugendarbeit und social networks,* 55. Jg., Heft 3, (S. 8–13).

Bruns, A. (2008). *Blogs, Wikipedia, Second Life and Beyond. From Production to Produsage.* New York Peter Lang: Publishing.

Deinet, U. (2007). Sozialraumorientierung in der Offenen Kinder- und Jugendarbeit. Pädagogik des Jugendraums – Anfänge und aktuelle Diskurse um das Sozialräumliche in der Jugendarbeit. In Dachverband Offene Kinder- und Jugendarbeit Schweiz (Hrsg.), *Info Animation Nr. 11 Sozialräumliche Perspektiven.* http://mobilenetzwerker.netzcheckers.net/assets/mobilenetzwerker/dateibox/1327676335_Sozialraumorientierung_in_der_offenen_Kinder-_und_Jugendarbeit_.pdf. Zugegriffen: 21.11.2012.

Deinet, U. (2009). *Sozialräumliche Jugendarbeit.* Wiesbaden: VS Verlag für Sozialwissenschaften.

Deinet U., Krisch, R. (2002). *Der sozialräumliche Blick.* Wiesbaden: VS Verlag für Sozialwissenschaften.

Demmler, K. (2012). Die medienkompetente Familie. Eine Herausforderung für eine ganzheitliche, zeitgemäße Medienpädagogik. *merz. medien und erziehung. Zeitschrift für Medienpädagogik. Familie und Medien,* 56. Jg., Heft 2, (S. 36–41).

DiMaggio, P., & Hargittai, E. (2001). From the Digital Divide to Digital Inequality – Studying Internet Use as Penetraction Increases. Working Paper 15. https://www.princeton.edu/~artspol/workpap/WP15%20-%20DiMaggio%2BHargittai.pdf. Zugegriffen: 13.01.2012.

Dittler, U., & Hoyer, M. (2010). Einleitung. In U. Dittler & M. Hoyer (Hrsg.), *Zwischen Kompetenzerwerb und Mediensucht. Chancen und Gefahren des Aufwachsens in digitalen Erlebniswelten aus medienpsychologischer und medienpädagogischer Sicht* (S. 7–14). München. Kopaed.

Deutsches Jugendinstitut (DJI), & TU Dortmund (2011). *Jugendliche Aktivitäten im Wandel. Gesellschaftliche Beteiligung und Engagement in Zeiten des Web 2.0. Endbericht.* Dortmund. http://www.forschungsverbund.tu-dortmund.de/leadmin/Files/Freiwilliges_Engagement/Abschlussbericht_Engagement_2_0.pdf. Zugegriffen: 13.01.2012.

Ebersbach, A., Glaser, M., & Heigl, R. (2011). Einleitung. In A. Ebersbach, M. Glaser & R. Heigl (Hrsg.), *Social Web* (S. 15–36). Konstanz: UVK.

Friedman, V. (2009). *Praxisbuch Web 2. 0.* In Galileo Computing (S. 25–82). Bonn.

Fromme, J. (2002). Mediensozialisation und Medienpädagogik: Zum Verhältnis von informellem und organisiertem Lernen mit Computer und Internet. In I. Paus-Haase, C. Lampert & D. Süss (Hrsg.), *Medienpädagogik in der Kommunikationswissenschaft. Positionen, Perspektiven, Potentiale* (S. 155–168). Wiesbaden: Westdeutscher Verlag.

Geiser, L. (2010). Sexuelle Sozialisationsprozesse bei Jugendlichen. Ist die sexuelle Medialisierung eine Überforderung? *merz. medien und erziehung. Zeitschrift für Medienpädagogik. Sexualisierung in den Medien,* 54. Jg., Heft 3, (S. 32–35).

Glaser, S. (2011). Rechtsextremismus online. Aktuelle Entwicklungen und Strategien zur Bekämpfung. *merz. medien und erziehung. Zeitschrift für Medienpädagogik. Vernetzung von Rechts und gegen Rechts,* 55. Jg., Heft 5, (S. 10–17).

Grundwald, K., & Thiersch, H. (2011). Lebensweltorientierung. In H.-U. Otto & H. Thiersch, *Handbuch Soziale Arbeit,* 4., völlig neu bearbeitete Aufl. (S. 854–863). München und Basel: Ernst Reinhardt Verlag.

Hasebrink, U. (2006). Medien von A bis Z – ein Überblick. In Hans-Bredow-Institut (Hrsg.), *Medien von A bis Z* (S. 7–20). Wiesbaden: VS Verlag für Sozialwissenschaften.

Hirschhäuser, L., & Kammerl, R. (2011). Elterliche Befürchtungen und Beobachtungen exzessiver Mediennutzung Jugendlicher aus Expertenperspektive. *merzWissenschaft. medien und erziehung. Zeitschrift für Medienpädagogik: Medien und Gesundheitsförderung,* 55. Jg., Heft 6, (S. 47–57).

Hoppe-Graff, S., & Kim, H.-O. (2002). Die Bedeutung der Medien für die Entwicklung von Kindern und Jugendlichen. In R. Oerter, & L. Montada (Hrsg.), *Entwicklungspsychologie,* 5. Vollständige überarbeitete Aufl. (S. 683–718). Weinheim: Beltz PVU.

Hugger, K.-U. (2012). Bildung im gegenwärtigen Mediatisierungsprozess. In H. Bockhorst, V.-I. Reinwand & W. Zacharias (Hrsg.), Handbuch Kulturelle Bildung (S. 496–500). München: Kopaed.

Hurrelmann, K. (1998). *Einführung in die Sozialisationstheorie,* 6., neu ausgestattete Aufl. Weinheim: Beltz.

Kaminski, W., & Vogt, S. (2009). „Herausforderungen der multimedialen Welt an die Erziehung in den Familien und die Soziale Arbeit mit Jugendlichen" – Expertise zum 9. Kinder- und Jugendbericht des Landes Nordrhein-Westfalen. http:www.aba-fachverband.org/fileadmin/user_upload/user_upload%202010/berichte/Expertise_Kaminski_9.KJB_NRW.pdf. Zugegriffen: 10.09.2012.

Kessl, F., & Reutlinger C., (2011). Sozialraum. In H.-U. Otto & H. Thiersch, *Handbuch Soziale, Arbeit*. 4., völlig neu bearbeitete Aufl. (S. 1508–1516). München und Basel: Ernst Reinhardt Verlag

Klein, A. (2007). Soziales Kapital Online. Soziale Unterstützung im Internet. Eine Rekonstruktion virtualisierter Formen sozialer Ungleichheit. https://pub.uni-bielefeld.de/publication/2301811. Zugegriffen 06. 12. 2013.

Klein, A. (2010). Jugend, Medien und Pornografie. In M. Schetsche & R.-B. Schmidt (Hrsg.), *Sexuelle Verwahrlosung. Empirische Befunde – Gesellschaftliche Diskurse – Sozialethische Reflexionen* (S. 167–183). Wiesbaden: VS Verlag für Sozialwissenschaften.

Krotz, F. (2007). *Mediatisierung: Fallstudien zum Wandel von Kommunikation*. Wiesbaden: VS Verlag für Sozialwissenschaften.

Krotz, F. (2008). Kultureller und gesellschaftlicher Wandel im Kontext des Wandels von Medien und Kommunikation. In T. Thomas (Hrsg.), *Medienkultur und soziales Handeln* (S. 44–62). Wiesbaden: VS Verlag für Sozialwissenschaften.

Krotz, F., & Hepp, A. (2012). Mediatisierte Welten: Forschungsfelder und Beschreibungsansätze – Zur Einleitung. In F. Krotz & A. Hepp (Hrsg.), *Mediatisierte Welten: Forschungsfelder und Beschreibungsansätze* (S. 7–23). Wiesbaden: Springer VS.

Kunczik, M., & Zipfel, A. (2010). Computerspielsucht. Befunde der Forschung. Bericht für das Bundesministerium für Familie, Senioren, Frauen und Jugend. http://www.bmfsfj.de/RedaktionBMFSFJ/Broschuerenstelle/Pdf-Anlagen/Computerspielsucht-Befunde-der-Forschung-Langfassung,property=pdf,bereich=bmfsfj,sprache=de,rwb=true.pdf. Zugegriffen: 22. 11. 2012.

Kutscher, N. (2010). Digitale Ungleichheit: Soziale Unterschiede durch Mediennutzung. In G. Cleppin & U. Lerche (Hrsg.), *Soziale Arbeit und Medien* (S. 153–163). Wiesbaden: VS Verlag für Sozialwissenschaften.

Kutscher, N. (2013). Jugend und Medien. In T. Rauschenbach & S. Borrmann (Hrsg.), *Herausforderungen des Jugendalters* (S. 118–138). Weinheim und Basel: Beltz Juventa.

Kutscher, N., & Otto, H.-U. (2014). Digitale Ungleichheit. Implikationen für die Betrachtung digitaler Jugendkulturen. In K.-U. Hugger (Hrsg.). *Digitale Jugendkulturen* (S. 283–298). Wiesbaden: Springer VS.

Moser, H. (2010). *Einführung in die Medienpädagogik. Aufwachsen im Medienzeitalter*, 5., durchges. und erw. Aufl. Wiesbaden: VS Verlag für Sozialwissenschaften.

Mpfs – Medienpädagogischer Forschungsverbund Südwest (Hrsg.). (1998). *JIM-Studie (1998): Jugend, Information, (Multi-)Media. Basisuntersuchung zum Medienumgang 12–19-Jähriger in Deutschland*. Stuttgart.

Mpfs – Medienpädagogischer Forschungsverbund Südwest (Hrsg.). (2008). *JIM-Studie (2008): Jugend, Information, (Multi-)Media. Basisuntersuchung zum Medienumgang 12–19-Jähriger in Deutschland*. Stuttgart.

Mpfs – Medienpädagogischer Forschungsverbund Südwest (Hrsg.). (2010). *KIM-Studie (2010): Kinder und Medien, Computer und Internet*. Stuttgart.

Mpfs – Medienpädagogischer Forschungsverbund Südwest (Hrsg.). (2011). *FIM-Studie (2011): Familie, Interaktion und Medien*. Stuttgart.

Mpfs – Medienpädagogischer Forschungsverbund Südwest (Hrsg.). (2012). *JIM-Studie (2012): Jugend, Information, (Multi-)Media. Basisuntersuchung zum Medienumgang 12–19-Jähriger in Deutschland.* Stuttgart.

Moser, H. (2012). Medien zwischen Bewahrpädagogik und Partizipation. In S. Bischoff, G. Geiger, P. Holnick & L. Harles (Hrsg.). *Familie 2020. Aufwachsen in der digitalen Welt* (S. 17–33). Opladen, Berlin und Toronto: Verlag Barbara Budrich.

Oerter, R., & Dreher, E. (2002). Jugendalter. In R. Oerter, L. Montada (Hrsg.), *Entwicklungspsychologie*, 5. Vollst. überarb. Aufl. (S. 258–318). Weinheim: Beltz PVU.

O'Reilly, T. (2005). What is Web 2.0? Design Patterns and Business Models for the Next Generation of Software. http://oreilly.com/web2/archive/what-is-web-20.html. Zugegriffen: 03. 11. 2012.

Paus-Hasebrink, I. (2009). Was ist zu tun? Herausforderungen und Aufgaben für die Förderung der Medienkompetenz. In B. Fuhs, C. Lampert & R. Rosenstock (Hrsg.), *Mit der Welt vernetzt. Kinder und Jugendliche in virtuellen Erfahrungsräumen* (S. 223–241). München: Kopaed.

Paus-Hasebrink, I., Schmidt, J.-H., & Hasebrink, U. (2011). Zur Erforschung der Rolle des Social Web im Alltag von Heranwachsenden. In J.-H. Schmidt, I. Paus-Hasebrink & U. Hasebrink (Hrsg.), *Heranwachsen mit dem Social Web. Zur Rolle von Web 2.0-Angeboten im Alltag von Jugendlichen und jungen Erwachsenen* (S. 13–37). Berlin: Vistas.

Pfeiffer, C., & Kleinmann, M. (2006). Medienkonsum, Schulleistungen und Jugendgewalt. *Tv diskurs*, 10. Jg., Heft 2, (S. 42–47).

Prensky, M. (2001). Digital Natives, Digital Immigrants. On the Horizon. NCB University Press, Vol. 9, No. 5, December 2001. http://www.marcprensky.com/writing/prensky%20-%20digital%20natives,%20digital%20immigrants%20-%20part1.pdf. Zugegriffen: 12. 11. 2011.

Reißmann, W. (2010). Zweideutige Bilder. Jugendliche Selbstpräsentation in Onlinenetzwerken. *merz. medien und erziehung. Zeitschrift für Medienpädagogik. Sexualisierung in den Medien*, 54. Jg., Heft 3, (S. 27–31).

Röll, F. J. (2010). Aufwachsen in der (Medien-)Gesellschaft. In G. Cleppin & U. Lerche (Hrsg.), *Soziale Arbeit und Medien* (S. 23–37). Wiesbaden: VS Verlag für Sozialwissenschafen.

Schenk, M., Niemann, J., Reinmann, G., & Schnurr, J.-M. (Hrsg.). (2012a). *Digitale Privatsphäre: Heranwachsende und Datenschutz auf Sozialen Netzwerkplattformen.* Schriftenreihe Medienforschung der LfM, Band 71. Berlin: Vistas. Zusammenfassung der Studie. http://www.lfm-nrw.de/fileadmin/lfm-nrw/Forschung/Kurzzusammenfassung_Bd-71.pdf. Zugegriffen: 30. 10. 2012.

Schenk, M., Niemann, J., Reinmann, G., Schnurr, J.-M., Jandt, S., & Roßnagel, A. (2012b). Gläserne Freunde? Kompaktversion zur LfM-Studie „Digitale Privatsphäre. Heranwachsende und Datenschutz auf Sozialen Netzwerkplattformen". http://www.lfm-nrw.de/fileadmin/lfm-nrw/Forschung/Kompaktstudie-Glaeserne-Freunde.pdf. Zugegriffen: 13. 11. 2011.

Schetsche, M., & Schmidt, R.-B. (Hrsg.). (2010). *Sexuelle Verwahrlosung. Empirische Befunde – Gesellschaftliche Diskurse – Sozialethische Reflexionen.* Wiesbaden: VS Verlag für Sozialwissenschaften.

Schmidt, J.-H., Hasebrink, U., & Paus-Hasebrink, I. (2011). *Heranwachsen mit dem Social Web: Zur Rolle von Web 2.0-Angeboten im Alltag von Jugendlichen und jungen Erwachsenen,* 2., unveränd. Aufl. Berlin: Vistas.

Schmidt-Hertha, B., Gidion, G., & Kuwan, H. (2011). Ausgangslage und Zielsetzung. In B. Schmidt-Hertha, H. Kuwan, G. Gidion, Y. Waschbüsch & C. Strobel (Hrsg.), *Web 2.0. Neue Qualifikationsanforderungen in Unternehmen.* Bielefeld: W. Bertelsmann Verlag.

Schultze-Krumbholz, A., Zagorscak, P., Siebenbrock, A., & Scheithauer, H. (2012). *Medienhelden. Unterrichtsmanual zur Förderung von Medienkompetenz und Prävention von Cybermobbing.* München und Basel: Ernst Reinhardt Verlag.

Spitzer, M. (2006). *Vorsicht Bildschirm! Elektronische Medien, Gehirnentwicklung, Gesundheit und Gesellschaft.* München: Deutscher Taschenbuch Verlag.

Süss, D., Lampert, C., & Wijnen, C. W. (2010). *Medienpädagogik. Ein Studienbuch zur Einführung.* Wiesbaden: VS Verlag für Sozialwissenschaften.

Sutter, T. (2010). Medienkompetenz und Selbstsozialisation im Kontext Web 2.0. In B. Herzig, D. Meister, H. Moser, & H. Niesyto (Hrsg.), *Jahrbuch Medienpädagogik 8: Medienkompetenz und Web 2.0.* (S. 41–58). Wiesbaden: VS Verlag für Sozialwissenschaften.

Theunert, H. (2011). Aktuelle Herausforderungen für die Medienpädagogik. In Bundeszentrale für politische Bildung. *APuZ – Jugend und Medien,* Heft 3/2011, (S. 24–29).

Theunert, H., & Lange, A. (2012). „Doing Family" im Zeitalter von Mediatisierung und Pluralisierung. *merz. medien und erziehung. Zeitschrift für Medienpädagogik,* 56 Jg., Heft 2, (S. 10–20).

Theunert, H., & Wagner, U. (2007). Neue Wege durch die konvergente Medienwelt. Eine Untersuchung zur konvergenzbezogenen Medienaneignung von 11- bis 17-Jährige. *merz. medien und erziehung. Zeitschrift für Medienpädagogik. Baby TV,* 51. Jg., Heft 1, (S. 42–50).

Theunert, H., Lange, A., & Demmler, K. (2012). Editorial. *merz. medien und erziehung. Zeitschrift für Medienpädagogik,* 56 Jg., Heft 2, (S. 8–9).

Thiersch, H. (2012). *Lebensweltorientierte Soziale Arbeit. Aufgaben der Praxis im sozialen Wandel,* 8. Aufl. Weinheim und München: Beltz Juventa.

Thiersch, H., Grunwald, K., & Köngeter, S. (2010). Lebensweltorientierte Soziale Arbeit. In W. Thole (Hrsg.), *Grundriss Soziale Arbeit. Ein einführendes Handbuch. 3., überarbeitete und erweiterte Aufl.* (S. 175–197). Wiesbaden: VS Verlag für Sozialwissenschaften.

Tillmann, A. (2008). *Identitätsspielraum Internet. Lernprozesse und Selbstbildungspraktiken von Mädchen und jungen Frauen in der virtuellen Welt.* Weinheim: Juventa.

Trepte, S. (2008). Medienkompetenz. In N.C. Krämer, S. Schwan, D. Unz & M. Suckfüll (Hrsg.), *Medienpsychologie. Schlüsselbegriffe und Konzepte* (S. 102–107). Stuttgart: Kohlhammer.

Treumann, K. P., Burkatzki, E., Strotmann, M., & Wegener, C. (2004). Das Bielefelder Medienkompetenz-Modell. Clusteranalytische Untersuchungen zum Medienhandeln Jugendlicher. In H. Bonfadelli, P. Bucher, I. Paus-Hasebrink, D. Süss (Hrsg.), *Medienkompetenz und Medienleistungen in der Informationsgesellschaft* (S. 35–53). Zürich: Pestalozzianum.

Wagner, U., & Theunert, H. (2006). *Neue Wege durch die konvergente Medienwelt.* München: Reinhard Fischer.

Wagner, U., & Eggert, S. (2013). Das Medienhandeln von Heranwachsenden – Konstanten und Veränderungen. Materialien zum 14. Kinder- und Jugendbericht. http://www.dji.de/14_kjb/14-KJB-Expertise-Wagner-ua.pdf. Zugegriffen: 06.12.2013.

Weiner, J. (2011). „Medienkompetenz" – Chimäre oder Universalkompetenz? *APuZ: Jugend und Medien,* Heft 3/2011, (S. 42–46).

Wensierski, H.-J. (2011). Medien und Soziale Arbeit. In H.-U. Otto & H. Thiersch (Hrsg.), *Handbuch Soziale Arbeit,* 4., völlig neu überarb Aufl. (S. 919–930). München und Basel: Ernst Reinhardt Verlag.

Alfert, Nicole, Dr., wissenschaftliche Mitarbeiterin am Institut für Erziehungswissenschaft, Arbeitsbereich Sozialpädagogik, an der Westfälischen Wilhelms-Universität Münster; Arbeits- und Forschungsschwerpunkte: Neue Medien in der Sozialen Arbeit, Mediatisierung, Kommunikation im Web 2.0, Lebensphase Jugend, Kinder- und Jugendarbeit, Resilienzförderung. Kontakt: E-Mail: nicole.alfert@uni-muenster.de

Körperlichkeit und Leiblichkeit

Anna Bea Burghard

Zusammenfassung

Der Beitrag fragt nach Bedeutungen des *Körpers* und *Leibes* im Kontext der Lebenslagen und Lebensorte von Kindern und Jugendlichen. Dabei werden zentrale Bedeutungsfacetten des Körpers aus theoriesystematischen Perspektiven in der Absicht skizziert, Körperlichkeit und Leiblichkeit als wesentliche Bezugsgrößen der Kinder- und Jugendhilfe zu markieren. Entlang zentraler Grundannahmen der Körpersoziologie, in der Körper als *Produkt* und *Produzent* ausgewiesen wird, sowie unter Hinzunahme leibtheoretischer – insbesondere anthropologischer und phänomenologischer – Zugänge, werden Körper in sozialpädagogisch zugänglicher Weise in den Blick genommen. Somit wird der Fokus auf Dimensionen des Körperlichen und Leiblichen gelegt und in Zusammenhang mit Lebenslagen und Lebensorten von Kindern und Jugendlichen gebracht. Körper werden zum einen – ungleichheitstheoretisch – als Repräsentant sozialer Verhältnisse sowie – machttheoretisch informiert – im Spannungsfeld sozialer Normierungen reflektiert. Diese Betrachtungsweisen werden zum anderen auch mit Auseinandersetzungen mit Körper als Medium der sozialen Positionierung von Kindern und Jugendlichen sowie als Medium adoleszenter Körperkonstruktionen flankiert. Kritisch hinterfragt werden auch Normierungen die an Körper und Leib von Kindern und Jugendlichen ansetzen. An Frage Sozialer Arbeit im Allgemeinen scheint die Auseinandersetzung mit Körper insbesondere dann anschlussfähig, wenn Prozesse sozialer Benachteiligung auf der Wahrnehmung und Relevantsetzung körperbezogene Merkmale basieren. Für die Kinder- und Jugendhilfe im Speziellen ist die Auseinandersetzung mit Körper dann unerlässlich, wenn Körper zum ,Problem' wird.

Schlüsselwörter

Körper, Leib, Inkorporation, Habitus, Körperkonstruktionen, Körpernormierungen, Körperpraktiken

> „Unterschiede im Körperbau erfahren Verstärkung und symbolische
> Akzentuierung durch Unterschiede in der Körperhaltung, im Auftreten
> und Verhalten: in ihnen kommt das umfassende Verhältnis zur sozialen
> Welt zum Ausdruck" (Bourdieu 1982: 309)

Im Beitrag werden Dimensionen des Körperlichen und Leiblichen im Kontext von
Lebenslagen und Lebensorten von Kindern und Jugendlichen beleuchtet. Hierfür
werden theoretische Perspektiven auf Körper und Leib entfaltet und in Zusammenhang mit dem Handlungsfeld der Kinder- und Jugendhilfe gebracht.[1] Entlang zentraler Grundannahmen der Körpersoziologie, in der Körper als Produkt und Produzent ausgewiesen wird, sowie unter Hinzunahme leibtheoretischer – insbesondere
anthropologischer und phänomenologischer – Zugänge, werden Körper und Leib in
sozialpädagogisch zugänglicher Weise in den Blick genommen. Dabei werden Körper und Leib zum einen in ungleichheitstheoretischer Perspektive als Repräsentant
sozialer Verhältnisse sowie machttheoretisch informiert im Spannungsfeld sozialer
Normierungen reflektiert. Da Körper in der Phase der Jugend eine verstärkte Thematisierung erfahren und bei Auseinandersetzungen mit der eigenen Identität, Geschlechtlichkeit und Sexualität besonders virulent werden (können), werden körpertheoretische Sichtweisen zum anderen mit Auseinandersetzungen zu Körper als
Medium der sozialen Positionierung sowie adoleszenter Körperkonstruktionen flankiert. Die in diesem Beitrag präsentierten Überlegungen zu Körper und Leib zielen insgesamt darauf ab, Dimensionen des Körperlichen und Leiblichen im Handlungsfeld der Kinder- und Jugendhilfe zu erhellen sowie diesem körpertheoretische
Anschlussperspektiven zu bieten. Für die Soziale Arbeit im Allgemeinen ist es unumgänglich sich mit der Körperlichkeit der Adressat_innen auseinander zu setzen,
wenn Prozesse der Benachteiligung oder Exklusion auf der Wahrnehmung und Zuschreibung körperlicher Merkmale basieren. Für die Kinder- und Jugendhilfe ist es
unerlässlich, sich mit der körperlichen Verfasstheit von Kindern und Jugendlichen
auseinander zu setzen, wenn der Körper zum ‚Problem' oder als solches erlebt wird.

Einführende Überlegungen

„Unseren Körper haben wir immer dabei" – so pointiert Erving Goffman (1997, S. 152)
dessen Unhintergehbarkeit. Dabei scheint es „durchaus, als würden die mit bestimmten sozialen Verhältnissen gegebenen Konditionierungsprozesse das Verhältnis zur
sozialen Welt in ein dauerhaftes und allgemeines Verhältnis zum eigenen Leib fest-

---

1   Theorien zu Körper und Leib werden bislang im Diskurs Sozialer Arbeit im Allgemeinen sowie der
    Kinder- und Jugendhilfe im Besonderen wenig berücksichtigt. Hinzuweisen ist auf den Sammelband
    von Hans-Günther Homfeldt (1999). Erstmalig monierte Bettina Hünersdorf (1999, 2005) die Leib-
    vergessenheit der Lebensweltorientierten Sozialpädagogik.

schreiben – in ganz bestimmter Weise, seinen Körper zu halten und zu bewegen, ihn vorzuzeigen, ihm Platz zu schaffen, kurz: ihm soziales Profil zu verleihen" (Bourdieu 1982, S. 739). Körperlichkeit und Leiblichkeit, so lässt sich dem Zitat des französischen Soziologen Pierre Bourdieu entnehmen, sind von sozialer Relevanz. Dass Körper keine a-soziale Materie darstellen, sondern als von sozialen Bedingungen geprägt in Erscheinung treten, verweist indes auf ihre Sozialität: Körper bilden nicht nur unweigerlich Referenz in sozialen Interaktionen; in nahezu allen Kontexten lassen sich über Körper, körperlicher Handlungs-, Umgangs- und Erscheinungsweisen soziale Zugehörigkeit herstellen und Anerkennung erlangen. Diese Aspekte stehen indes im Mittelpunkt körpertheoretischer Debatten und werden im Beitrag in sozialpädagogisch zugänglicher Weise diskutiert. Die dem Zitat Bourdieus zu entnehmende begriffliche Unschärfe von Körper und Leib wird indes zum Anlass genommen, die analytische Trennung in Körper (Haben) und Leib (Sein) zu skizzieren und ihre Relevanz für die Kinder und Jugendhilfe zu markieren und diskutieren. Körper lediglich als Objekt kultureller Formung und sozialer Einschreibungsprozesse zu betrachten, erweist sich als perspektivische Verengung, denn der Körper ist immer auch subjektiv spür- und fühlbar und verweist auf die Selbsterfahrung, die für die Entwicklung und Aufrechterhaltung der personalen Identität bedeutsam sind (vgl. Gugutzer 2002). Die affektive Dimension des ‚leiblichen in der Welt Seins' und des Spürens ist mit phänomenologischen und anthropologischen Zugängen zum körperlichen Leib zu fundieren und erweist sich instruktiv, da Körperlichkeit nicht bloß auf das Körper (Haben) reduzierbar ist, sondern der Leib eine eigene Erfahrens- und Erlebensdimension darstellt, in der soziale Verhältnisse – so auch Lebenswelten von Kindern und Jugendlichen – ihre sinnliche Faktizität entfalten (vgl. Lindemann 2011). Der Begriff ‚Inkorporation' ist im Zusammenhang mit dem Konzept des Habitus von Bourdieu relevant zu setzen. Er verweist darauf, dass Personen die sie umgebenden sozialen Verhältnisse einverleiben und diese sich in ihre Körper einschreiben. Der Körper fungiert in dieser Lesart als Speicher inkorporierter Strukturen und Wissensbestände, der Handlungen auf einer präreflexiven Ebene anleitet (vgl. Bourdieu 1993).

Derartige theoretische Sichtweisen auf Körper und Leib werden im Beitrag in Zusammenhang mit Lebenslagen und Lebensorten von Kindern und Jugendlichen gebracht. Denn sie bieten die Möglichkeit Dimensionen des Körperlichen und Leiblichen in diesen angemessen in den Blick zu nehmen. So lässt sich nachzeichnen, dass die sozialen Verhältnisse, in denen potenzielle Adressat_innen der Kinder und Jugendhilfe heranwachsen, sich in ihre Körper einschreiben. Ihre Körper treten somit nicht in Naturform in Erscheinung, sondern als differente, durch soziale (Differenz-)Kategorien wie Geschlecht, Ethnie, Alter, Gesundheit, von Lebensbedingungen markierte und habituell geformte Körper.[2] Sie verkörpern die sozialen Bezüge,

---

2   Daran anknüpfend lässt sich weiterführen, dass in diesen sozialen Prägungsprozessen körperbezogene Merkmale mit Zuschreibungen- und BeDeutungen versehen werden werden. Insofern also Personen – Kinder und Jugendliche – entlang scheinbar bestimmbarer körperlicher Merkmale

in denen sie agieren. Folglich sind Körper als Repräsentant sozialer Verhältnisse auszulegen. Weiterhin fokussiert der Beitrag auf Körper in der Adoleszenz. Denn insbesondere in dieser Phase fungiert dieser als Medium von Identitätskonstruktionen
und Selbstpräsentationen. Als zentrales Mittel der sozialen Selbstpositionierung ist
der Körper Ort sozialer Herstellungspraxen sowie Gegenstand sozialer Bezugnah-
men, Zuweisungen und Zugehörigkeitskonstruktionen von Kindern und Jugendlichen (vgl. Höhn und Vogelgesang 1999). Überdies drängen Veränderungen des
Körpers junge Heranwachsende zu Auseinandersetzungen mit Geschlechtlichkeit
und Sexualität. Dass Körper jedoch auch in bestimmter Weise sein sollen und entsprechend – insbesondere von Jugendlichen – gestaltet werden, lässt weitere Überlegungen zu. Im Dienste dieser Selbstpositionierung unterliegen Körper zunehmend
Gestaltungs- und Optimierungsstrategien sowie diversen Technologien, die sich –
(macht-)kritisch reflektiert – als Normierungen und Disziplinierungen erweisen, denen der Körper unterworfen wird. Diese hier angedeuteten Überlegungen zu Körper
und Leib verdeutlichen, dass eine Auseinandersetzung mit Körperlichkeit und Leiblichkeit für die Kinder und Jugendhilfe nicht ausstehen darf und werden im Beitrag
somit vertieft.

1   Körper als Produkt und Produzent: Körpertheoretische Perspektiven

Während der Körper in sozialwissenschaftlichen Debatten lange Zeit nur eine marginale Rolle spielte, er dann in einer ambivalenten Thematisierung zwischen Verdrängung und Aufwertung diskutiert wurde (vgl. Bette 2005), ist im wissenschaftlichen
Diskurs seit geraumer Zeit von der ‚Wiederkehr des Körpers‘ die Rede (Kamper und
Wulf 1982). Die zunehmende Thematisierung des Körpers evozierte Anfang der 1990er
Jahre einen ‚body turn‘ (Gugutzer 2006) wissenschaftlicher Theoriebildung und findet ihre Anfänge in der Soziologie des Körpers. Diese konzentriert sich auf das wechselseitige Durchdringungsverhältnis von Körper und Gesellschaft. Das zentrales Erkenntnisinteresse der Soziologie des Körpers ist, zu ergründen wie der menschliche
Körper gesellschaftlich und kulturell eingebettet und als gesellschaftliches Phänomen
zu begreifen ist (vgl. Gugutzer 2004, 2006, 2015; Schroer 2005). Dabei wird Körper in
zwei Dimensionen perspektiviert: Körper als Produkt und als Produzent von Gesellschaft. Erstere verweist darauf, dass Körper Produkt sozialer Strukturen ist, da die
Umgangsweisen mit dem Körper, das Wissen über ihn und das Spüren des Körpers
von gesellschaftlichen Strukturen, vor allem Ungleichheits- und Machtstrukturen ge-

---

klassifiziert, adressiert und entsprechend sozial positioniert werden, werden über ihre Körper ihre
sozialen Teilhabe- und Teilnahmemöglichkeiten strukturiert. Da diese wiederum Bezugspunkt sozialpädagogischer Praxis bilden, ist eine Auseinandersetzung mit Dimensionen des Körperlichen im
Kontext der Kinder- und Jugendhilfe erforderlich.

prägt sind. Körper wird somit als Produkt institutioneller Ordnungen und diversen Technologien bestimmbar (vgl. Gugutzer 2004).[3]

Körper als Produzenten von Gesellschaft zu theoretisieren bezieht sich auf die Tatsache, dass soziales Zusammenleben und soziale Ordnungen von der Körperlichkeit sozial handelnder Individuen beeinflusst sind. Dabei ist von Interesse, wie körperliche Praktiken zur Herstellung, Stabilisierung und zum Wandel dieser beitragen.[4] Diese im körpersoziologischen Diskurs formulierten Aspekte des Körpers als Produkt und Produzent von Gesellschaft markieren zwei relevante Aspekte: Zum einen erscheint der Körper als von sozialen Verhältnissen bestimmt, zum anderen ist das Soziale und Gesellschaft als nicht unabhängig von der Körperlichkeit der sie konstituierenden Subjekte zu betrachten. Darüber hinaus ist der Körper immer auch subjektiv spür- und fühlbar. Dazu wird im Folgenden eine leibtheoretische Perspektive auf Körper und Leib entfaltet, bevor diese Sichtweisen auf Lebenslagen und Lebensorte von Kindern und Jugendlichen angewendet werden.

1.1 Körper & Leib

Der Körper ist zunächst der objektivierte, von außen sichtbare Körper, der bearbeitet und strategisch eingesetzt werden kann, so beispielsweise im Dienste der Selbstinszenierung. Der Körper als Leib ist aber auch spürbar und wird von einer Person subjektiv erlebt und wahrgenommen. Als Leib verweist der Körper auf die Strukturen des Selbsterlebens. Für eine analytische Differenzierung menschlicher Körperlichkeit – so auch die der Adressat_innen der Kinder- und Jugendhilfe – liefern die philosophische Anthropologie Helmuth Plessners und die Phänomenologie von Hermannn Schmitz eine analytische Perspektive.[5] Im Diskurs der Frauen- und Ge-

---

3   Paradigmatisch für den Zugang zum Körper als Produkt von Gesellschaft sind exemplarisch Pierre Bourdieus Konzept des Habitus (1982, 1993), Norbert Elias Auseinandersetzungen mit dem historischen Wandel gesellschaftlicher Strukturen und die daraus resultierende Zivilisierung körperlicher Verhaltensweisen (Elias 1997) sowie Michel Foucaults Auseinandersetzung mit Machttechniken (Foucault 1987,1994) zu nennen. Ganz besonders lässt sich die soziale Formung des Körpers im Diskurs der Frauen- und Geschlechterforschung nachzeichnen. Die Sozialtheorie Bourdieus bietet Einblicke in Prozesse der Inkorporierung des Sozialen. Überdies setzt er die Ebene des Körperlichen systematisch in Bezug auf die Reproduktion sozialer Ungleichheit relevant. Inwiefern sich Körper als Produkt machtvoller Handlungen und Regulierungen begreifen lässt, legt Foucault (1976, S. 41) in seinen Überlegungen zur Disziplinargesellschaft dar. Butler hebt indes die Bedeutung von kulturellen Normen für die Wahrnehmung und Sichtbarkeit des Körpers hervor (vgl. Butler 2010).

4   Auf dieser Betrachtungsebene ist Erving Goffmans Theorie zur Interaktionsordnung zu nennen (vgl. Goffmann 2003). Ferner erweisen sich Pierre Bourdieus Konzepte des Habitus und des praktischen Sinns als anschlussfähige theoretische Zugänge. In dieser Perspektive wird der Körper als Agens, als eigenständiges Handlungssubjekt ausgelegt, welches zu Irritation und Transformation sozialer Strukturen und habitueller Routinen beitragen kann (vgl. Meuser 2006).

5   Ergänzend sei auf Maurice Merleau-Pontys (1976) Leibphänomenologie und die Vorlesungen zur Phänomenologie des Leibes von Bernhard Waldenfels (2000) verwiesen.

schlechterforschung wurde die Bedeutung des körperlichen Leibes bei der Konstruktion von (Zwei-)Geschlechtlichkeit akzentuiert und die Leibtheorien geschlechtertheoretisch reformuliert. Diese Zugänge sind prädestiniert für eine differenzierte Auseinandersetzung mit der Wirkmächtigkeit sozialer Strukturen, die sich in die Körper und die Leiber von Personen über den Prozess der Inkorporation einschreiben und dabei zur subjektiv erlebten Wirklichkeit werden.

1.2   Körper & Leib – anthropologische und phänomenologische Deutungen

„Der menschliche Körper ist die Zweiheit von Sein und Haben" (Gugutzer 2004, S. 146). Diese von Helmuth Plessner entfaltete Lesart beschreibt das Verhältnis des Menschen zu seinem Körper als ein Zweifaches: Der Mensch ist sein Körper (LeibSein) und er hat seinen Körper (KörperHaben). Sein und Haben seien die zwei Weisen, in denen Menschen ihre Körper gegeben seien. Diese von Helmuth Plessner begründete Differenzierung charakterisiert den Menschen als Wesen, das in der Position der Exzentrizität lebe. Diese sei von der zentrischen Position zu unterscheiden, die von Menschen und Tieren gleichermaßen erlebt werden können und als das nicht relativierbare Hier- und Jetzt Prinzip zu begreifen sei (vgl. Plessner 1975, 1982). Im zentrischen Erleben erführen Personen sich selbst als unmittelbares Zentrum der Wahrnehmung, exemplarisch dafür seien Schmerz, Urindrang, Temperatur. Auf dieser Ebene sei der Begriff des Leibes (LeibSein) zu verorten, der das unmittelbare, authentische Binnenerleben des eigenen Körpers umfasse (vgl. Villa 2011). KörperHaben basiere auf der für den Menschen konstitutiven Position der Exzentrizität (vgl. Plessner 1975) und bedeutet, dass der Menschen einen Körper habe, auf den er zurückgreifen kann, den er instrumentell oder expressiv nutzen und einsetzen kann. Ferner könne der Mensch in Gegenstandsposition zu sich treten, sich selbst reflektieren. In diesem Zusammenhang sei er exzentrisch zu seiner Umwelt positioniert. Da der Mensch sowohl in der zentrischen Position als auch in der exzentrischen Positionalität zur Umwelt gestellt sei, ist die menschliche Existenzweise bei Plessner durch die ‚Doppelaspektivität' von LeibSein und KöperHaben gekennzeichnet (vgl. ebd.).[6] Das Erkenntnisinteresse Plessners besteht weniger darin, die spürbaren Erfahrungen dieser Innenwelt des Leibes zu behandeln als vielmehr der Erkundung der Körper lebender Wesen und deren Umweltbeziehungen.

---

6   Laut Plessner resultiere die Doppelaspektivität der menschlichen Existenz aus der Position der Exzentrizität und bringe ihn um eine natürliche Sicherheit, denn sein Verhältnis zur Umwelt sei gebrochen. Somit bestehe die lebenslange Aufgabe des Menschen darin, einen ständigen Ausgleich zwischen der Doppelaspektivität von KörperHaben und LeibSein zu schaffen (vgl. Plessner 1975). Erst dies verschaffe ihm die Ruhelage in der zweiten Naivität, so Plessner (1975, S. 311). In der Gebrochenheit des Verhältnisses der Menschen zur Umwelt sieht Plessner indes die Notwendigkeit bzw. die Angewiesenheit auf eine kulturelle Ordnung begründet.

Die Weiterführung mit den von Hermann Schmitz geführten Auseinandersetzungen um den körperlichen Leib – die im Folgenden in gebotener Kürze konturiert werden – ermöglicht eine Annäherung an die leiblich-affektive Erfahrung dieser Innenwelt. In phänomenologischer Betrachtungsweise ist der Körper ein sicht- und tastbarer Körper, ein Objekt. Der Leib ist hingegen das, was ein Mensch in der Gegend seines Körpers von sich spüren kann, ohne sich auf die Sinne – Sehen, Hören, Tasten, Riechen, Schmecken – und das perzeptive Körperschema – aus Erfahrungen des Sehens, Tastens abgeleitete habituelle Vorstellungsgebilde vom eigenen Körper – zu stützen (vgl. Schmitz 2009). Der Leib ist mit leiblichen Regungen wie Angst, Schmerz, Lust, Hunger, Schreck, Behagen oder Begehren und somit dem affektiven Betroffensein von Gefühlen besetzt (vgl. ebd.). Dies sind Beispiele leiblicher Regungen, die in der Gegend des sicht- und tastbaren eigenen Körpers auftreten, ohne selbst sicht- oder tastbar zu sein (vgl. Schmitz 1989). Der Leib wird in Gestalt einer Insel gespürt, in der konkurrierenden simultanen Engung und Weitung (vgl. Schmitz 2009). Leibinseln sind bestimmte Stellen des Körpers, die leiblich empfunden werden. In Bezugnahme auf Geschlecht sind es die Regionen, die als geschlechtlich relevant gespürt werden.

1.3   Verschränkung von Körper & Leib

Bei der Differenzierung des Körpers in Körper (Haben) und Leib (Sein) handelt es sich um eine analytische Unterscheidung, denn im realen Vollzug gelten Körper und Leib als ineinander verschränkt. Die Theorie der Verschränkung von Körper und Leib ist im Kontext der Frauen- und Geschlechterforschung zu verorten, deren zentralen Gegenstand mitunter der Geschlechterkörper ist. Die Differenz der Körper galt stets als Bezugspunkt der Essentialisierung und Ontologisierung von (sozial produzierter) Zweigeschlechtlichkeit, wodurch die soziale Konstruiertheit dieser wiederum naturalisiert und legitimiert wurde. In der geschlechtskonstruktivistischen Ethnomethodologie etablierten Harold Garfinkel (1984), Don H. Zimmerman und Candace West (1987) sowie Susan J. Kessler und Wendy McKenna (1987), die in Studien das Geschlechterwissen von Menschen im Alltag und die Herstellungsleistungen von Geschlecht untersuchten, den Begriff des doing gender[7]. Dieser Lesart zufolge ist Geschlecht als interaktive Herstellungsleistung zu begreifen sowie als Prozess, in dem Geschlecht als sozial folgenreiche Unterscheidung hervorgebracht und reproduziert wird (vgl. Becker-Schmidt und Knapp 2000).

In der konstruktivistischen Frauen- und Geschlechterforschung im deutschsprachigen Raum wurde die Geschlechterdifferenz ebenso nicht als naturgegebenes, präkulturelles Faktum, sondern als soziale Konstruktion im Kontext der symbolischen Ordnung der Zweigeschlechtlichkeit kritisch diskutiert(vgl. Hagemann-White 1988;

---

7   Zur interaktiven Konstruktion von Geschlechtszugehörigkeit ergänzend Stefan Hirschauer (1989).

Gildemeister 1992; Becker-Schmidt 1993). „[D]ie Argumentation ernst zu nehmen, daß Menschen ‚von Natur aus' durch und durch gesellschaftliche Wesen sind, heißt auch ‚Geschlechtlichkeit' einzubeziehen. Leiblichkeit und Geschlechtlichkeit sind Ergebnisse sozialer, kultureller Prozesse auf der Grundlage symbolvermittelter sozialer Interaktion und kultureller und institutioneller Sedimentierung. Das heißt, auch Zweigeschlechtlichkeit, deren Folgen und Deutungen sind Ergebnisse sozialer Konstruktionen" (Gildemeister 1993, S. 224 f.). Der Körper fungiert diesen geschlechtertheoretischen Auslegungen zufolge als Klassifikationsmerkmal, an dem geschlechtliche Zuschreibungen festgemacht werden. Die Ebene des Leibes findet hingegen bei beiden Zugängen keine Berücksichtigung. Im poststrukturalistischen Diskurs evozierte Judith Butlers Radikalisierung der Infragestellung der Naturhaftigkeit des Geschlechterkörpers rege Diskussionen. Butler vertritt die Position, dass es keinen Körper gibt, der nicht bereits durch kulturelle Bedeutungen interpretiert ist. Geschlecht bzw. der Geschlechterkörper ist nach Butler als materialisierter Diskurs zu deuten.[8] An diese – hier lediglich in Kürze skizzierten – geschlechtertheoretischen Zugängen anschließend, lässt sich eine differenzierte Perspektive auf die gesellschaftliche Hervorbringungen des (Geschlechter-)Körpers einnehmen.[9] Körper geraten somit eben nicht als naturhafte Gegebenheit in den Blick, welche die Geschlechtszugehörigkeit einer Person bestimmt. Vielmehr werden anhand der Wahrnehmung und Deutung körperlicher Merkmale geschlechtliche Zuschreibungen festgemacht und Menschen – im symbolischen System der Zweigeschlechtlichkeit – als Frauen und Männer kategorisiert und somit Geschlechterkörper hergestellt. Bündeln lässt sich somit, dass Körper Produkte von (Geschlechter-)Konstruktionsprozessen sind.

Körper jedoch bloß als Objekt sozialer Formungsprozesse zu deuten erweist sich als perspektivische Verkürzung. Mit der Kritik, die sinnliche Dimension des Köpers nicht hinreichend einzubeziehen, sahen sich insbesondere poststrukturalistische Auslegungen konfrontiert. Denn die Tatsache ernst zu nehmen, dass Körperlichkeit *und* Leiblichkeit Ergebnisse sozialer Prozesse sind, bedeutet zu ergründen, welche Funktion dem körperlichen Leib beizumessen ist, wie es dazu kommt, dass Personen sich subjektiv einem Geschlecht zugehörig fühlen und der Körper als Realität erfahren wird. Zur Beantwortung dieser Frage nach den Funktionalitäten erweisen sich die Arbeiten Gesa Lindemanns (2011) als wegweisend. In der Monographie ‚das paradoxe Geschlecht' rekonstruiert Lindemann anhand von Interviews mit Transsexuellen

---

8   Im Hinblick auf den Körper sind bei Butler die Begriffe der Performativität – als ständig wiederholende und zitierende Praxis, durch die der Diskurs die Wirkung erzeugt, die er benennt (vgl. Butler 1991) – und Materialisierung zentral. Diese bezeichnet den Prozess, bei dem beispielsweise aus Diskursen zur Geschlechtsidentität (gender) vergeschlechtlichte Körper (sex) werden (vgl. Villa 2003).

9   Die in diesem Betrag skizzierten Debatten um die Konstruktionsweisen von Geschlecht sind dem feministischen Diskurs zuzuordnen. Ergänzend sei verwiesen auf Debatten um Geschlecht und (hegemoniale) Männlichkeit, die mitunter von Raewyn Conell (2000) und Michael Meuser (2010) geführt werden.

die konstitutive Bedeutung des Leibes bei der Konstruktion von Geschlechtlichkeit. Im Anschluss an anthropologische (Plessner 1975) und phänomenologische (Schmitz 2009) Zugängen zu Körper und Leib bestimmt Lindemann (2011) deren Verhältnismäßigkeit als Verschränkung. In der Verschränkung von Körper und Leib bildet der Körper für den Leib ein Empfindens- und Verhaltensprogramm, durch das dieser seine konkrete Gestalt erhält.[10] Der Körper, den wir haben, prägt die leiblichen Erfahrungen des Körpers, der wir sind. In Bezugnahme auf das Konzept der Leibinseln von Hermann Schmitz ist ergänzend hinzuzufügen, dass die Verschränkung von Körper und Leib das gespürte Gefüge der Leibinseln gemäß der Ordnung des objektivierten Geschlechts strukturiert (vgl. Lindemann 2011). „Die soziale Geschlechterdifferenz entfaltet ihre Wirklichkeit als Materialität des Leiblichen" (Villa 2011, S. 215). Durch die Leibtheorie ist das Phänomen, wie Diskurse und kulturelle Konstruktionen spürbar und sinnlich fühlbar werden und sich als Emotionen im Leib materialisieren erklärbar (vgl. ebd.). Personen sind leiblich affektiv an ihr Geschlecht gebunden, deswegen vollzieht sich die Reproduktion der sozial konstruierten Geschlechterdifferenz auf stabile Art und Weise (vgl. Villa 2011; Jäger 2004).

Körpertheoretische Ansätze – so lässt sich vorerst bilanzieren – bieten die Möglichkeit, „die Wirkungen gesellschaftlicher Normen und deren körperliche Verankerung aufzuzeigen und damit zu einer kritischen Entnaturalisierung vermeintlich unverrückbarer Phänomene beizutragen" (vgl. Schmincke 2014: 56). Diese Perspektivierungen lassen sich mithin auf andere Aspekte sozialer Ordnungen sowie auf die Körperlichkeit und Leiblichkeit der Adressat_innen der Kinder- und Jugendhilfe übertragen, die wiederum mit ihren Körpern in sozialen Verhältnissen situiert sind und sich insbesondere in der Phase der Adoleszenz dazu aufgefordert sehen, im symbolischen System der Zweigeschlechtlichkeit zu positionieren. Dass Körper als Produkt und Produzent – so wie anhand der körpertheoretischen Differenzierung gezeigt wurde – überdies als Speicher und Handlungen anleitendes Prinzip auszulegen ist, wird im folgenden Part nachgezeichnet.

1.4 Körper als Speicher: Inkorporation & Habitus

Eingedenk der Tatsache, dass Personen soziale Strukturen einverleiben, ist wie bereits angedeutet, auf Pierre Bourdieus Konzept des Habitus zu verweisen. Der Körper als Speicher sozialer Erfahrungen ist wesentlicher Bestandteil des Habitus. In dieser Auslegung fungiert der Körper zum einen als Medium, in dem sich soziale Strukturen einschreiben und in diesem Sinne Gedächtnisstütze bzw. Automat sozialer Strukturen (vgl. Bourdieu 1982, 1993). Der Habitus ist somit das Körper gewordene Soziale (vgl. Bourdieu und Waquant 2006) sowie Resultat der Einverleibung und

---

10 Vertiefend zur Verschränkung von Körper und Leib vgl. Ulle Jäger (2004). Dabei deutet Jäger den Leib als Ort, an dem Macht wirksam wird sowie Ort potenziellen Widerstandes (vgl. ebd., S. 81).

Inkorporation der sozialen Welt, ebenso ihrer Ordnungs- und Klassifikationsmuster. Der Begriff Inkorporation meint Habitualisierungs-, Sozialisations- und Einschreibungsvorgänge in den Körper und lässt sich nicht als bloßer Einschreibungsprozess sozialer Strukturen in den Körper, sondern ebenso als affektive Verinnerlichung dieser markieren. Bei Bourdieu lassen sich keine Hinweise darauf finden, wie sich der Prozess der Inkorporation vollzieht. Dies ist mit dem Konzept der Mimesis zu vertiefen. Einverleibung vollzieht sich performativ-mimetisch (Wulf 1997, 2005). Mimesis bezieht sich auf körperbezogene Aneignungs- und ähnlichungsprozesse und bedeutet Anähneln durch Nachahmung und „umfasst die Fähigkeit, sich in die äußere Welt einzufühlen und sie sinnlich-sinnvoll nachzuvollziehen und darzustellen. In diesem Prozess schreibt sich Soziales in den Körper ein und wird habitualisiert" (Klein 2004, S. 175).

Als inkorporiertes Denk-, Wahrnehmungs-, und Handlungsschemata fungiert der körperliche Habitus zum anderen als Erzeugungsmodus von Praktiken und sorgt für eine Abgestimmheit dieser. Praktiken folgen dabei inkorporierten, im Körper abgespeicherten Wissensbeständen sowie einem ‚praktischen Sinn' (Bourdieu 1993), der Handlungen auf einer präreflexiven Ebene anleitet. „Das Handeln des praktischen Sinns stellt eine Art notwendiger Koinzidenz zwischen einem Habitus und einem Feld (oder einer Position im Feld) dar, was ihm den Anschein prästabilisierter Harmonie verleiht: Wem die Strukturen der Welt […] einverleibt sind, der ist hier unmittelbar spontan ‚zu Hause' und schafft, was zu schaffen ist […] ohne überhaupt nachdenken zu müssen, was und wie; er bringt Handlungsprogramme hervor, die sich als situationsgemäß und dringlich objektiv abzeichnen und an denen sein Handeln sich ausrichtet, ohne daß sie durch und für das Bewußtsein oder den Willen klar zu expliziten Normen oder Geboten erhoben worden wären" (Bourdieu 2001, S. 183). Ferner spricht Bourdieu davon, dass der Habitus sich in Körperhaltungen und Körperbewegungen ausdrückt. In diesem Zusammenhang verwendet er den Begriff der Hexis. „Die körperliche Hexis ist die realisierte, einverleibte, zur dauerhaften Disposition, zur stabilen Art und Weise der Körperhaltung, des Redens, Gehens und damit Fühlens und Denkens gewordene politische Mythologie" (Bourdieu 1993, S. 129).

Dass und in welcher Weise diese Überlegungen auf die Adressat_innen der Kinder- und Jugendhilfe – auf die dieser Band fokussiert – anzuwenden sind, bildet Inhalt des folgenden Abschnitts. Anschließend an körper- und leibtheoretische Sichtweisen werden Dimensionen des Körperlichen und Leiblichen im Kontext von Lebenslagen und Lebensorten von Kindern und Jugendlichen beleuchtet.

2   Dimensionen des Körperlichen und Leiblichen im Kontext von Lebenslagen und Lebensorten von Kindern und Jugendlichen: Einige Einsichten

Die bisher konturierten körpertheoretischen Perspektiven bieten eine analytische Perspektive auf Dimensionen des Körperlichen und Leiblichen im Kontext von Lebenslagen und Lebensorten von Kindern und Jugendlichen. So lässt sich pointieren, dass die sozialen Verhältnisse, in denen diese situiert sind und in denen sie agieren, sich in ihre Körper (als Produkt) einschreiben und wiederum verkörpert werden. Dabei sind Körper auch Speicher inkorporierter Strukturen, Wissensbestände und Deutungsmuster. Körper sind ferner als Produzenten auszulegen, denn die einverleibten Denk-, Wahrnehmungs-, und Handlungsschema des Habitus generieren Praktiken von Kindern- und Jugendlichen und fließen in ihre alltäglichen Hervorbringungen von Geschlechtlichkeit (doing gender)sowie andere Differenzkategorien (doing difference)[11] aber auch des eigenen Körpers (doing body) ein. Die vielfältigen Körperkonstruktionen und -praktiken junger Menschen sind dabei nicht unabhängig von sozialen sowie kulturellen Deutungsmustern des Körpers zu verstehen. Diese entfalten wiederum auf der Ebene des Leibes spürbare Wirksamkeit und strukturieren das leibliche Erleben und Wahrnehmen des eigenen Körpers (vgl. Schmincke 2011). Dass Körper folglich als Produkte sozialer Verhältnisse oder anders formuliert, als Repräsentanten von Lebenslagen und Lebensorten der Adressatinnen und Adressaten des Handlungsfeldes der Kinder und Jugendhilfe in den Blick zu nehmen sind, darauf richten sich die anschließenden Überlegungen.

2.1   Körper als Repräsentant der Lebenslagen und Lebensorte von Kindern und Jugendlichen

Die Lebensorte und Lebenslagen (Thiersch 2009; Grunwald und Thiersch 2001) in denen Kinder und Jugendliche positioniert sind, in denen sie praktische Herausforderungen bewältigen und Pläne hervorbringen sind unter ungleichheitstheoretischer Perspektivierung als soziale Differenzverhältnisse zu markieren, die von Vielfalt und Heterogenität, komplexen strukturellen Ungleichheiten sowie Macht- und Herrschaftsstrukturen geprägt sind. Verhältnisse sozialer Ungleichheit, Macht- und Herrschaft stellen nicht nur wesentlichen Bezugspunkt Sozialer Arbeit in ihrer Ausrichtung der Herstellung sozialer Gerechtigkeit sowie der Erweiterung der sozialen Teilhabemöglichkeiten ihrer Adressat_innen dar. Als solche konstituieren sie auch die Bedingungen, unter denen Kinder- und Jugendliche heranwachsen und agie-

---

11   In diesem Zusammenhang ist auf den aus dem doing gender Paradigma folgenden Ansatz des doing difference von Sarah Festermaker und Candace West (1995) zu verweisen.

ren.[12] Überdies – und diese Überlegung lässt ebenso Rückbezüge zur körpersoziolo-
gischer Differenzierung in Körper als Produkt und Produzent sowie in Körper und
Leib zu – sind auch Körper (als Produkt) durch soziale, ungleichheitsgenerierende
Kategorien wie Geschlecht, Ethnizität, Alter markiert, habituell geformt oder ästhetisiert. Als soziale Signatur sind Strukturen sozialer Ungleichheit (sowie Macht- und
Herrschaft) in Körper eingeschrieben. Sie werden von diesem verkörpert, genauso
wie über Körper (als Produzent) reproduziert werden. Unter Berücksichtigung leibtheoretischer Differenzierung in Körper und Leib vermitteln diese Verhältnisse sich
immer auch sinnlich und leiblich. Körper von Kindern und Jugendlichen repräsentieren die sozialen Bezüge, in sie agieren (vgl. Hahn und Meuser 2002) und sind
in diesem Zusammenhang als Repräsentant sozialer Verhältnisse zu thematisieren.
Oftmals fungieren insbesondere körperliche Unterschiede als Anhaltspunkt für soziale – mitunter folgenreiche – Unterscheidungen und Zuschreibungen in Interaktionen mit Gleichalterigen, in der Schule aber ebenso auch in Kontexten der Kinder-
und Jugendhilfe selbst. Folglich werden Personen – so auch die Adressat_innen der
Kinder- und Jugendhilfe – über die Wahrnehmung, Deutung, Relevantsetzung sowie die Anrufung von körperbezogenen Merkmalen differenziert und zu Männern,
Frauen, Homo- und Heterosexuellen, ‚Migrant_innen‘, ‚Attraktiven‘, ‚Alten‘, zu ‚Behinderten‘, ‚Dicken‘, ‚Dünnen‘ – zu ‚Anderen‘ – gemacht, nicht zuletzt zu Adressatinnen und Adressaten Sozialer Arbeit im Allgemeinen (vgl. Burghard i. E.) sowie der
Kinder und Jugendhilfe im Besonderen. Nicht selten werden dabei körperbezogene
Merkmale mit bestimmten Bedeutungen versehen und bieten Anlass für Prozesse der
Ausschließung, der Marginalisierung oder gar von sozialpädagogischen Unterstützungsleistungen. So etwa der medial inszenierten ‚Unterschichtenkörper‘, der als solcher das ganz andere einer Gesellschaft verkörpert (vgl. Kessl 2009).[13]
     In der Lebensphase der Jugend erfahren Körper eine zunehmende und besondere
Thematisierung, zum Beispiel im Hinblick auf Auseinandersetzungen mit der eigenen
Identität. Nicht selten fungieren Körper als Medium, über das Jugendliche sich selber
sozial positionieren, über das sie Zugehörigkeit und Abgrenzung zu diversen Jugendkulturen herstellen. Oder aber als Medium, welches verschiedenen Bearbeitungen
unterliegt, etwa zur Erlangung von Anerkennung über Investitionen in das körper-

---

12   Zur Beschreibung sozialer Differenzverhältnisse erweisen sich intersektionale Ansätze sozialer Un-
     gleichheit als gewinnbringend (dazu vertiefend Degele und Winker 2009).

13   Hier erschließen sich für die Soziale Arbeit, (selbst-)kritische Perspektiven. Die über den ‚Unter-
     schichtenkörper‘ geführten Debatten zeigen, dass auch Soziale Arbeit im Allgemeinen an der gesell-
     schaftlichen Hervorbringung bestimmter Körper beteiligt ist. Denn insofern bestimmte Körper oder
     Körperpraktiken Bezugspunkt sozialpädagogischer Zugriffe sind, werden körperliche Differenzen
     in einem Bewertungsverhältnis zu einer sozialen – und auf Körper gerichteten Ordnung – gesetzt
     und so bestimmte Körper als Andere, als dieser Ordnung nicht entsprechend oder vom Eigenen
     abweichende Körper hervorgebracht. Somit werden auch Bereiche des ‚Normalen‘ wie auch des
     Nicht-Normalen‘, des sozial Anerkennungsfähigen und Nicht-Anerkennungsfähigen abgesteckt so-
     wie bereits bestehende Wahrnehmungs- und Deutungsmuster ‚anderer‘ Körper re-produziert (vgl.
     Nieke 1993/Burghard i. E.). Diese Aspekte sind auch für die Kinder- und Jugendhilfe zu diskutieren.

liche Kapital. Da überdies Auseinandersetzungen mit Geschlecht und Sexualität in dieser Lebensphase virulent werden, sollte eine geschlechtertheoretisch informierte Diskussion von Körpern in der Phase der Adoleszenz nicht ausstehen. Auf diese Perspektiven fokussieren die folgenden Überlegungen. Kritisch hinterfragt werden zuletzt ebenso Normierungen, die an Körpern und Leibern von Kindern und Jugendlichen ansetzen.

2.2 Körper als Medium der sozialen (Selbst-)Positionierung von Kindern und Jugendlichen

Vor dem Hintergrund gesellschaftlicher Transformationsprozesse wie Individualisierung, Pluralisierung und einer zunehmenden Entgrenzung von Lebensläufen, stehen Kinder und Jugendliche vor Herausforderungen der Gestaltung des eigenen Lebens und – unter identitätstheoretischer Perspektivierung – der Identität (vgl. Keupp 2002). Diese gesellschaftlichen Transformationsprozesse sind zudem von der ambivalenten Norm begleitet, sich im sozialen Gefüge eigenständig zu verorten und bieten daher Anlass für eine verstärkte Körperthematisierung (vgl. Hitzler 2002). Eingedenk der Tatsache, dass der Körper zentrales Medium der personalen Identität von Kindern und Jugendlichen ist (vgl. Niekranz und Witte 2011; Rohr 2004, Hengst und Kelle 2002; Rittner 1999; Gugutzer 2002) gilt zu ergründen, inwiefern gesellschaftliche Einflüsse in ihre körperbezogenen Identitätskonstruktionen und Körperpraktiken einfließen. Gleichsam ist zu betrachten, welche Bedeutung sie ihren Körpern bei der Lebensbewältigung[14] beimessen, ob die Auseinandersetzung mit der eigenen Körperlichkeit mitunter problematisch sein könnte und zuletzt, inwiefern die Ebene des Leibes in Körperpraktiken relevant wird.

Der Körper ist das Medium, über das Jugendliche am meisten Verfügungsmacht haben und mitunter Werkzeug und Material von Selbstgestaltungspraxen (vgl. Stauber 2004). Insbesondere Jugendliche positionieren sich über körperliche Inszenierungen, symbolisieren dabei Zugehörigkeiten und stellen Abgrenzungen her.[15] Ästhetische Jugendpraxen können somit vorrangig als Teil einer sozialen Praxis interpretiert werden, die sich in kulturellen Artefakten materialisiert und dabei Identitätsbildungen und Integration ermöglicht (vgl. Schulz 2010) bzw. – in anderer theoretischer Perspektive formuliert – Praktiken der Subjektivierung strukturiert.[16] Die soziale Selbstverortung sowie die Suche nach Sinn, Identität, Halt und Sicherheit er-

---

14 Vertiefend zur Lebensbewältigung Lothar Böhnisch et al. (2009). Zur Lebensbewältigung im Kontext von Geschlecht und Migration Chantal Munsch et al. (2007).

15 So werden in Jugendkulturen, welche als ‚somatische Kulturen' thematisierbar sind, über den Körper Zugehörigkeit und Abgrenzung hergestellt und symbolisiert (Helfferich 1994; Boltanski 1976; Sturzenhecker und Sting 2005).

16 Weiterführend zu sozialen und kulturellen Praktiken der Subjektivierung Alkemeyer, Budde und Feist (2013).

folgen dabei immer häufiger über Investitionen in das ‚körperliche Kapital', welche durch Eigenleistung erziel-, spür- und sichtbare Erfolge wie soziale Anerkennung und Selbstvergewisserung vermitteln (vgl. Penz 2010). „Gerade körperliche Interaktionen sowie Selbstinszenierungen des Körpers sind heute zu einem der auffälligsten Schauplätze sozialer Distinktionsprozesse geworden" (Alkemeyer 1995, S. 23). Im Zuge dieser distinktiven Praxen wird der Körper beispielsweise zunehmend mittels diverser Technologien unter der ‚Ideologie des Schönheitshandelns' ästhetisiert, modifiziert (vgl. Degele 2004) und körperästhetischen Normen unterworfen. Schönheitsstandards erweisen sich mitunter als hegemoniale Figurationen einer normativen Körperordnung, die zum einen Körperpraktiken von vornehmlich Jugendlichen und zum andere mithin – eingedenk der Verschränkung von Körper und Leib – das subjektive Spüren des eigenen Körpers beeinflussen. Schönheitspraxen von Jugendlichen um soziale Anerkennung sind dabei ernst zu nehmende soziale Praktiken, bei denen weitaus mehr auf dem Spiel steht als die Ästhetisierung des Körpers. Sie haben maßgeblich Konsequenzen, weil auf der symbolischen Ebene nicht nur der subjektive ‚sense of beauty' zur Disposition steht, sondern vielmehr gesellschaftliche Herrschaftsverhältnisse verhandelt werden (vgl. Penz 2010).

2.3 Körper und Leib in der Adoleszenz

In der Adoleszenz rückt die Aufgabe, die Veränderung des Körpers in das Selbstbild zu integrieren sowie die Entwicklung einer geschlechtlichen Identität, in den Vordergrund.[17] Da der Körper wesentlicher Bestandteil jugendlicher Geschlechterkonstruktionen ist, geraten in diesem Zusammenhang Körperinszenierungen und -ästhetiken in den Blick (vgl. Bütow 2012). Auf Körperlichkeit und Sexualität bezogene Bilder, Deutungen und Normen kursieren in verschiedenen sozialen Kontexten, so beispielweise in medialen Weiblichkeits- und Männlichkeitsbildern, in schulischen Kontexten, in Gleichaltrigengruppen oder innerhalb der Familie (vgl. Bütow et al. 2012, Bütow 2006). Da Medien eine gewichtige Bedeutung von Jugendkulturen darstellen und mediale Körperinszenierungen eine von vielen Vorlagen bieten, auf die Jugendliche zurückgreifen, ist zu benennen, dass popularisierte Körperinszenierungen Orientierungsfolien liefern, die immer auch Geschlechterrollen und Körperpraxen vorgeben (vgl. ebd.). Hierbei ist die Bedeutung des Leibes zu akzentuieren: Mediale Körperinszenierungen bieten nicht nur Vorgaben in Bezugnahme auf Körperpraktiken, sondern bilden vielmehr einen Teil der Realität ab, die das subjektive Erleben – die Affektlagen – von Kindern und Jugendlichen beeinflussen. Sie fungieren dabei als Folie

---

17 Vertiefend zur weiblichen Adoleszenz sind auf die Auseinandersetzungen von Vera King (2002, 2011), Karin Flaake (2004), Karin Flaake und Vera King (1995) sowie Birgit Bütow (2006) zu verweisen. Vertiefend zur männlichen Adoleszenz Karin Flaake und Vera King (2005) sowie Lothar Böhnisch (2004).

einer kontinuierlichen und potentiell unabschließbaren (markt-)gerechten Perfektionierung des Körpers (vgl. Bublitz 2006) und werden gerade dann für junge Heranwachsende relevant, wenn sie sich mit dem eigenen Geschlecht, der eigenen Identität und dem eigenen Körper auseinander setzen.

In geschlechtertheoretischer Lesart sind mediale Inszenierungen geschlechtlich markierter Körper kritisch in den Blick zu nehmen, da über sie körperbezogene ‚Normalitätskonzepte' praktiziert und propagiert und dabei bestimmte (hegemoniale) Bilder von Geschlechtlichkeit festgeschrieben werden. Viele in der (medialen) Öffentlichkeit kursierenden Inszenierungen von Frauen- und Männerkörpern sind geschlechterstereotyp, sexualisiert und symbolisieren ein geschlechtliches und heterosexuelles Schönheitsideal, welches wiederum fest in sexuellen Geschlechtsidentitäten verankert ist (vgl. Gugutzer 2005). Dabei werden bestimmte ‚Normalitätskonzepte' von Männlichkeit und Weiblichkeit sowie ein instrumentelles Selbstverhältnis vermittelt und sich gerade nicht an der faktischen Normalität von Frauenkörpern in ihrer irreduziblen Vielfalt orientiert, sondern vielmehr an phantasmischen Normen eines geschlechtlichen Ideals (vgl. Villa 2008). Die geschlechtsbezogenen Optimierungs- und Ästhetisierungsbestrebungen des Körpers betreffen zwar zunehmend auch junge heranwachsende Männer, dennoch sind derzeit Frauenkörper bevorzugte Arenen der medialen Inszenierung sowie der alltagsweltlichen Aushandlung sozialer Normen (vgl. Hark und Villa 2010).

Der adoleszente Körper steht somit im Fokus von (geschlechtsspezifischen) Normalisierungspraktiken und gerade Jugendliche erleben diese mitunter zugespitzter und konfliktiver als Erwachsene.[18] Der körpersoziologischen Perspektivierung zufolge, sind Körperpraktiken nicht unabhängig von sozialen und kulturellen Deutungsmustern zu betrachten, die wiederum das leibliche Erleben des eigenen Körpers traktieren (vgl. Schmincke 2011). In Bezugnahme auf die Verschränkung von Körper und Leib ist somit hervorzuheben, dass auch das leibliche Erleben nicht von sozialen Prägungsprozessen unangetastet bleibt. Die Normierung von Geschlechterkörpern ist als eine Dimension zu markieren, die den Handlungs- und (leiblichen) Erlebensspielraum von Jungen und Mädchen beeinträchtigt und sich mitunter in psychischen und psychosomatischen Erkrankungen manifestieren kann (vgl. Gugutzer 2005; 2011).[19] Etwa die zunehmenden Fälle von Essstörungen sowie steigende Zahlen bezügliche des Wunsches, den eigenen Körper verändern zu wollen, sind Ausdruck dieser gesellschaftlichen Realität, die sich negativ auf das leibliche Selbsterleben und die körperliche Integrität auswirken können.[20] An diese, hier in Kürze angedeuteten Über-

---

18 Diverse Studien verweisen auf die Konflikthaftigkeit des Geschlechts in Bezugnahme auf das Erleben des eigenen Körpers (vgl. Helfferich 1994; Kolip 1997; Flaake 2001).

19 Das belegen beispielsweise Zahlen von Langness et al. (2006). In Bezugnahme auf das Erleben und Empfinden des eigenen Körpers geben 43 % der Mädchen an, dass sie sich als zu dick empfinden, wohingegen 61 % der Jungen mit ihrem Gewicht zufrieden sind.

20 Aus Ergebnissen des Kinder- und Jugendgesundheitssurveys des Robert-Koch-Instituts geht hervor, dass insgesamt 21,9 % der Kinder- und Jugendlichen in Deutschland Symptome einer Essstörung zei-

legungen zur Körperlichkeit in der Phase der Adoleszenz, wird im folgenden Part angeknüpft und sodann Überlegungen zu Körperlichkeit und Leiblichkeit von Kindern und Jugendlichen in Zusammenhang mit sozialen Normierungen gebracht. Anders als etwa in dem Part, in dem Körper im Kontext von Verhältnissen sozialer Ungleichheit diskutiert wurden, wird im folgenden Abschnitt eine machttheoretische Perspektive eingenommen.

2.4   Körper und Leib von Kindern und Jugendlichen im Spannungsfeld sozialer Normierungen

Die vorab exemplarisch skizzierten Gestaltungs- und Normierungsbestrebungen beziehen sich auf den Geschlechterkörper, der sich für Jugendliche in der (mitunter) fragilen Phase der Adoleszenz als Aufgabe und teils als Problem stellen kann. In den zunehmenden Gestaltungsbestrebungen des menschlichen Körpers manifestiert sich zudem eine (gegenwartsdiagnostische) bestimmte Auffassung über diesen: Der Körper unterliegt vermehrt einem hegemonialen, spezifisch ökonomisch inspirierten, Optimierungsangebot und wird gegenwärtig weniger als naturgegebene Tatsache, sondern als gestaltbares Objekt betrachtet, das mittels diverser Technologien bearbeitet und optimiert werden kann. Aus einer herrschaftskritischen Positionierung lassen sich diese Praktiken der Normalisierung sowie diverse Technologien der Körpermanipulation als Disziplinierungen und Regulierungen von Lebensweisen diskutieren, die immer auch leiblich vermittelt sind (vgl. Maurer und Täuber 2009). Die Arbeit am Körper folgt der Logik des von Ulrich Bröckling (2007) benannten ‚Unternehmerischen Selbst‘, das permanent unter dem Gebot der Selbstverbesserung steht (vgl. Villa 2008).[21] Gemäß eines neoliberalen Leitbildes von leistungsfähigen, jungen und ästhetisierten Körpern, wird die Anpassung des Körpers an herrschende Ideale zur Normalität (vgl. Abraham und Müller 2010). Der Anstieg des Nutzens der plastischen Chirurgie, die Paula-Irene Villa (2008) in Anlehnung an Michel Foucault in kritischer Perspektive als ‚Technologien des Selbst‘ bezeichnet, sind nur ein Beispiel dafür, dass der Körper – im Zeichen seiner technischen Reproduzierbarkeit (vgl. Benjamin 2010) – zunehmend einer gezielten Arbeit und Disziplinierungen unterliegt[22].

---

gen. Der Anteil der Mädchen liegt dabei mit 38,9 % signifikant höher als bei Jungen. Bei der Verbreitung von Adipositas ist mit 6,3 % ein steigender Trend zu beobachten (vgl. Bundesgesundheitsblatt 2007).

21   Ausdruck davon sind Formen der Körpermanipulation wie Diät, Sport, Technologisierung des Körpers im Hochleistungssport, Fitness oder Neurotechnologie (vgl. Abraham und Müller 2010).

22   Der Begriff der Biomedizin umfasst Technologien und Verfahren einer medizinischen Praxis, die sich in normativer Hinsicht auf die Verhinderung von Menschen mit sozial-medizinischen Defiziten orientiert. Dazu zählen biotechnologische-medizinische Forschung, Stammzellenforschung, pränatale Diagnostik, Gentechnik, Transplantationsmedizin und die Phrenologie (vgl. Junge und Schmincke 2007).

Der Druck, die somatische Lebensweise sowie den eigenen Körper einem neoliberalen Produktionstyp anzupassen, wird allerdings nicht mit direkter Macht- oder Gewaltausübung durchgesetzt, sondern die Wirkungsweise des Herrschaftsverhältnisses verstärkt sich vielmehr durch die Verinnerlichung und Inkorporation hegemonialer Diskurse, Normen und ökonomischer Zwänge (vgl. Abraham und Müller 2010). Diese Form von „Kontrolle der Gesellschaft über die Individuen wird nicht nur über das Bewusstsein oder durch die Ideologie, sondern ebenso im Körper und mit dem Körper vollzogen" (Foucault 2003, S. 275).[23] Respektive der Differenzierung in Körper und Leib lässt sich in diesem Zusammenhang fragen, ob die Optimierung der Körper eine Verdrängung des Leibes begünstigt. Fraglich ist nämlich, ob die Optimierungen des Körpers, die mitunter harte Arbeit erfordern nicht eher als leidvolle denn als lustvolle Erfahrungen erlebt werden. Denn mit den gesellschaftlichen auf den Körper zielenden Transformationsprozessen verändern sich nicht bloß Darstellungs- und Deutungsmuster des Körpers, sondern ebenso das leibliche Erleben dieses.[24] Insbesondere Kinder- und Jugendliche werden über ihre Körper widersprüchlich adressiert und in der Entwicklung der eigenen Identität, insbesondere in der Phase der Adoleszenz mit diesen vorab skizzierten sozialen Normierungen überfrachtet.[25] Die starke Normierung des Körpers sowie das mögliche Scheitern an einer Norm können mitunter zu Konflikten führen (vgl. Schmincke 2011).[26]

Für die Kinder- und Jugendhilfe erschließen sich vor dem Hintergrund dieser Problematisierung wichtige Perspektiven: Die Problemsignatur dieses Handlungsfeldes Sozialer Arbeit besteht zum einen mitunter darin, die Möglichkeit individueller Selbstbestimmung zu gewährleisten und diese ebenso gegen gesellschaftliche Vereinnahmungen und Normalisierungen zu verteidigen (vgl. Schäfer 2012). So kann es zum anderen darum gehen, Körper nicht unter dem Aspekt der Optimierbarkeit, körperlicher Leistungsfähigkeit oder gesundheitlichen Ertüchtigung zu betrachten, sondern als Ort sozialer Praxis, des Leiberlebens und möglicher (reflexiver) Bildungsprozesse (vgl. Hanses und Sander 2002).

---

23 Zur vertiefenden Lektüre von neo-soziale Körperpolitiken in der Sozialen Arbeit siehe Kessl (2009).
24 Mit dem Wandel des körperlichen Selbsterlebens im Zuge gesellschaftlicher Modernisierungsprozesse beschäftigte sich bereits Barbara Duden (1987).
25 Dass bereits Jugendliche den eigenen Körper und dessen Erscheinung zunehmend als individuelle Gestaltungsaufgabe empfinden, wird anhand von Zahlen einer Studie zur Jugendsexualität der BZgA deutlich. Drei Viertel der Jungen und mehr als zwei Drittel der Mädchen gaben an, dass sie darauf achten, körperlich fit zu bleiben. Drei Viertel der Mädchen und etwas mehr als die Hälfte der Jungen berichteten, dass sie sich gerne stylen (vgl. BZgA 2010, S. 92 f.).
26 Das wachsende Interesse von Jugendlichen an diversen Formen der Körpermanipulation und Körpermodifikation lässt sich als eine Reaktionsweise und Bewältigungsmuster dieser derzeitigen Körperkultur interpretieren.

3   Resümee & Perspektiven

Ziel des Beitrages bestand indes darin, Dimensionen des Körperlichen und Leibli-
chen im Kontext von Lebenslagen und Lebensorten von Kindern und Jugendlichen
zu beleuchten. Eine körpertheoretisch informierte Sichtweise, in der Körper als
Produkt und Produzent des Sozialen, als Repräsentant sozialer Ungleichheits- und
Machtverhältnisse ausgelegt werden und überdies in Zusammenhang mit Studien zur
Adoleszenz gebracht werden, öffnet der Kinder und Jugendhilfe diverse Einsichten.
Es lässt sich bündeln, dass Körper von Kindern und Jugendlichen nicht lediglich als
Medium der sozialen Positionierung und Ästhetisierung oder Ausdruck individueller
Biographien und Erfahrungsweisen fungieren. Körper repräsentieren stets die sozialen Verhältnisse, in denen sie situiert sind, ebenso wie die vom Körper (als Produzenten) angeleiteten Praktiken an deren (Re-)Produktion beteiligt sind. Körper sind
überdies zugleich Medium des Handelns von Kindern und Jugendlichen sowie der
praktischen Aneignung lebensweltlicher Bezüge, welche wiederum am eigenen Leib
spürbar werden. Der Leib, der sie sind, umfasst zum anderen die subjektiven leibhaf-
tigen Erlebenswelten. Dass die Entwicklung und Aneignung und somit das Erleben
des eigenen Körpers mitunter konflikthaft erlebt werden kann, schreibt auch Klaus
Hurrelmann: „Viele, wahrscheinlich sogar die meisten, der sozial, psychisch und körperlich ‚auffälligen' Verhaltensweisen sind Symptome für Überforderungen […]. Sie
drücken Probleme aus, die Jugendliche bei der Entwicklung und Aneignung des Körpers, der Entfaltung von Individualität und Identität, der sozialen Integration in die
verschiedenen Lebensbereiche der Gesellschaft und der Assimilation mit der physischen Umwelt haben" (Hurrelmann 2010, S. 10).
    Theoretisch geleitete Auseinandersetzungen mit Körperlichkeit und Leiblichkeit
bieten dem Handlungsfeld der Kinder und Jugendhilfe differenzierte Perspektiven
auf Lebenslagen und Lebensorten ihrer (potenziellen) Adressat_innen. Denn nicht
nur begegnen Kinder- und Jugendliche den sozialpädagogisch Professionellen im
Erbringungsverhältnis körperliche, sodass eine Auseinandersetzung mit der Wirkmächtigkeit der Dimensionen des Körperlichen und Leiblichen vielversprechend
scheint. Auch geht es für die Kinder- und Jugendhilfe um eine kritische Inblicknahme
gesellschaftlicher Ungleichheits- und Herrschaftsverhältnisse, in denen Kinder- und
Jugendliche aufwachsen und die ihre sozialen Teilhabemöglichkeiten in spezifischer
Weise präformieren. Dass diese immer auch körperlich-leibliche Dimensionen haben,
fordert zu einer sozialwissenschaftlich informierten, theoretischen Auseinandersetzung mit Körper und Leib auf. Erhellend könnte dabei letztlich der Gedanke Judith
Butlers (1995) sein, die dafür plädiert, den Körper als Ort gelebter Möglichkeiten anzuerkennen.

Literatur

Abraham, A., & Müller, B. (Hrsg.). (2010). Körperhandeln und Körpererleben. Bielefeld: transcript.

Alkemeyer, T. (1995). Gesellschaft, Körper, Tanz. *Gesellschaft für Tanzforschung e. V.*, 6, (S. 9–26).

Alkemeyer, T., Budde, G., & Freist, D. (Hrsg). (2013). *Selbst Bildungen. Soziale und kulturelle Praktiken der Subjektivierung.* Bielefeld: transcript.

Becker-Schmidt, R. (1993.). Geschlechterdifferenz – Geschlechterverhältnis. Soziale Dimensionen des Begriffs „Geschlecht". *Zeitschrift für Frauenforschung,* 11(2), (S. 37–47).

Becker-Schmidt, R., & Knapp, G.-A. (Hrsg). (2000). *Feministische Theorie zur Einführung.* Hamburg: Junius.

Bette, K. (2005). *Körperspuren. Zur Semantik moderner Körperlichkeit.* Bielefeld: transcript.

Benjamin, W. (2010). *Das Kunstwerk im Zeitalter seiner technischen Reproduzierbarkeit,* 2. Aufl. Frankfurt a. M.: Suhrkamp.

Bilstein, J., & Brumlik, M. (Hrsg). *Die Bildung des Körpers.* Weinheim und Basel: Beltz Juventa.

Bitzan, M., Bolay, E., & Thiersch, H. (Hrsg). (2006). *Die Stimme der Adressaten. Empirische Forschung über die Erfahrungen von Mädchen und Jungen mit der Jugendhilfe.* Weinheim und München: Juventa.

Böhnisch, L. (2004). *Männlicher Sozialisation. Eine Einführung.* Weinheim und München: Juventa.

Böhnisch, L., Lenz, K., & Schröer, W. (Hrsg). (2009). *Sozialisation und Bewältigung. Eine Einführung in die Sozialisationstheorie der zweiten Moderne.* Weinheim und München: Juventa.

Boltanksi, L. (1976). Die soziale Verwendung des Körpers. In D. Kamper & C. Wulf (Hrsg.), *Die Wiederkehr des Körpers* (S. 138–183). München und Wien: Hauser.

Bröckling, U. (2007). *Das unternehmerische Selbst. Soziologie einer Subjektivierungsform.* Frankfurt a. M.: Suhrkamp.

Bourdieu, P. (1982). *Die feinen Unterschiede. Kritik der gesellschaftlichen Urteilskraft.* Frankfurt a. M.: Suhrkamp.

Bourdieu, P. (1993). *Sozialer Sinn. Kritik der theoretischen Vernunft.* Frankfurt a. M.: Suhrkamp.

Bourdieu, P. (2001). *Meditationen. Zur Kritik der scholastischen Vernunft.* Frankfurt a. M.: Suhrkamp.

Bourdieu, P., & Wacquant, L. (2006). *Reflexive Anthropologie.* Frankfurt a. M.: Suhrkamp.

Bütow, B. (2006). *Mädchen in Cliquen. Sozialräumliche Konstruktionsprozesse von Geschlecht in der weiblichen Adoleszenz.* Weinheim und München: Juventa.

Bütow, B., Kahl, R., & Stach, A. (2012). *Körper – Geschlecht – Affekt. Selbstinszenierungen und Bildungsprozesse in jugendlichen Sozialräumen.* Wiesbaden: Springer VS.

Bublitz, H. (2006). Sehen und Gesehen werden – Auf dem Laufsteg der Gesellschaft. So-zial- und Selbsttechnologien des Körpers. In R. Gugutzer (Hrsg.), *Body turn* (S. 341–346). Bielefeld: transcript.

Butler, J. (1991). *Das Unbehagen der Geschlechter.* Frankfurt a. M.: Suhrkamp.

Butler, J. (1997). *Körper von Gewicht.* Frankfurt a. M.: Suhrkamp.

Conell, R. (2000). *Der gemachte Mann. Konstruktion und Krise von Männlichkeiten.* Op-laden: Leske + Budrich.

Degele, N. (2004). *Sich schön machen. Zur Soziologie von Geschlecht und Schönheitshan-deln.* Wiesbaden: VS Verlag für Sozialwissenschaften.

Degele, N., & Winker, G. (2009). *Intersektionalität. Zur Analyse sozialer Ungleichheit.* Bie-lefeld: transcript.

Duden, B. (1987). *Geschichte unter der Haut. Ein Eisenacher Arzt und seine Patientinnen um 1730.* Stuttgart: Klett Cotta.

Elias, N. (1997). *Über den Prozess der Zivilisation.* Frankfurt a. M.: Suhrkamp.

Fenstermaker, S., & West, C. (Hrsg.). (2001). *Doing gender, doing difference. Inequality, power and institutional change.* London und New York: Routledge.

Flaake, K., & King, V. (Hrsg). (1995). *Weibliche Adoleszenz. Zur Sozialisation junger Frauen.* Frankfurt a. M. und New York: Campus.

Flaake, K. (2001). *Körper, Sexualität und Geschlecht. Studien zur Adoleszenz junger Frauen.* Gießen: Psychosozial.

Flaake, V. (2004). Körper, Sexualität und Identität. Zur Adoleszenz junger Frauen. In E. Rohr (Hrsg.), *Körper und Identität. Gesellschaft auf den Leib geschrieben* (S. 47–67). Königstein/Taunus: Ulrike Helmer.

Foucault, M. (1987). *Sexualität und Wahrheit. Der Wille zum Wissen.* Frankfurt a. M.: Suhrkamp.

Foucault, M. (1994). *Überwachen und Strafen. Zur Geburt des Gefängnisses.* Frankfurt a. M.: Suhrkamp.

Foucault, M. (2003). *Dits et Ecrits. Schriften,* Bd 4. Frankfurt a. M.: Suhrkamp.

Garfinkel, H. (1984). *Studies in Ethnomethodology. Social & political theory.* New York: John Whiley and sons.

Gildemeister, R. (1992). Die soziale Konstruktion von Zweigeschlechtlichkeit. In I. Ostner & K. Lichtblau (Hrsg.), *Feministische Vernunftkritik. Ansätze und Traditionen* (S. 220–239). Frankfurt a. M. und New York: Campus.

Gofman, E. (1997). *Interaktion und Geschlecht.* Frankfurt a. M. und New York: Campus.

Goffman, E. (2003). *Wir alle spielen Theater. Die Selbstdarstellung im Alltag,* 11. erw Aufl. München: Piper.

Gugutzer, R. (2002). *Leib, Körper und Identität. Eine phänomenologisch-Soziologische Un-tersuchung zur personalen Identität.* Wiesbaden: Westdeutscher Verlag.

Gugutzer, R. (2004). *Soziologie des Körpers.* Bielefeld: transcript.

Gugutzer, R. (Hrsg). (2006). *Body turn. Perspektiven der Soziologie des Körpers und des Sports.* Bielefeld: transcript.

Gugutzer, R. (2015). *Soziologie des Körpers.* Bielefeld: transcript.

Hahn, C., Meuser, M. (Hrsg). (2002). *Körperrepräsentationen*. Konstanz: UVK.

Hagemann-White, C. (1988). Wir werden nicht zweigeschlechtlich geboren. In C. Hagemann-White & M. Rerrich (Hrsg.), *FrauenMännerBilder* (S. 224–235). Bielefeld: AJZ.

Hanses, A., & Sander, K. (2009). Expertise zum 13. Kinder- und Jugendbericht der Bundesregierung. Verfügbar unter http://www.dji.de/bibs/13_KJB_Expertise_Hanses_Sander_ausserschulische_Jugendarb.pdf. Zugegriffen: 19.11.2012.

Helfferich, C. (1994). *Jugend – Körper und Geschlecht. Die Suche nach sexueller Identität*. Opladen: Leske + Budrich.

Hengst, H., & Kelle, H. (Hrsg.). (2003). *Kinder – Körper – Identitäten. Theoretische und empirische Annäherungen an kulturelle Praxis und sozialen Wandel*. Weinheim und München: Juventa.

Hirschauer, S. (1989). Die interaktive Konstruktion von Geschlechtszugehörigkeit. *Zeitschrift für Soziologie*, 18,2, (S. 100–118).

Hitzler, R. (2002). Der Körper als Gegenstand der Gestaltung. Über physische Konsequenzen der Bastelexistenz. In C. Hahn & M. Meuser (Hrsg.), *Körperrepräsentationen* (S. 71–85). Konstanz: UVK.

Höhn, M., & Vogelgesang, W. (1999). Körper, Medien, Distinktion. Zum Körperkult und zur Körperkultivierung in Jugendszenen. In H. G. Homfeldt (Hrsg.), *Sozialer Brennpunkt Körper* (S. 136–155). Hohengehren: Schneider.

Homfeld, H. G. (1999). *Sozialer Brennpunkt Körper. Körpertheoretische und praktische Grundlagen*. Hohengehren: Schneider.

Homfeldt, H. G. (Hrsg.). (2007). *Soziale Arbeit im Aufschwung zu neuen Möglichkeiten oder Rückkehr zu alten Aufgaben*. Baltmannsweiler: Schneider.

Hünersdorf, B. (1999). *Die Vernachlässigung des Leibes in der lebensweltorientierten Sozialpädagogik*. Hohengehren: Schneider.

Hünersdorf, B. (2011). Körper – Leib – Soziale Arbeit. In H. Thiersch & H.-U. Otto (Hrsg.), *Handbuch Soziale Arbeit*, 4. erw. Aufl. (S. 826–832). München: Ernst Reinhard.

Hurrelmann, K. (2010). *Lebensphase Jugend. Eine Einführung in die sozialwissenschaftliche Jugendforschung*. Weinheim und München: Juventa.

Jäger, U. (2004). *Der Leib, der Körper und die Soziologie. Entwurf einer Theorie der Inkorporierung*. Königstein/Taunus: Ulrike Helmer.

Junge, T., & Schmincke, I. (Hrsg.). (2007). *Marginalisierte Körper. Zur Soziologie und Geschichte des anderen Körpers*. Münster: Unrast.

Kamper, D., & Wulf, C. (Hrsg.). (1976). *Zur Geschichte des Körpers. Perspektiven der Anthropologie*. München und Wien: Hauser.

Kamper, D., & Wulf, C. (Hrsg.). (1982). *Die Wiederkehr des Körpers*. Frankfurt a. M.: Suhrkamp.

Kessler, S. J., & McKenna, W. (1987). *Gender. An Ethnomethodological Approach*. Chicago und London: The University of Chicago Press.

Kessl, F. (2009). Neo-Soziale Körperpolitiken in der Sozialen Arbeit. Eine sozialpolitische Vergewisserung. In M. Behnisch & M. Winkler (Hrsg.), *Soziale Arbeit und Naturwissenschaft* (S. 184–198). München und Basel: Ernst Reinhard.

Keupp, H. (2002). *Identitätskonstruktionen. Das Patchwork der Identitäten in der Spätmoderne*. Hamburg: Rohwolt.

King, V. (2002). *Die Entstehung des Neuen in der Adoleszenz. Indivduation, Generativität und Geschlecht in modernisierten Gesellschaften*. Opladen: Leske + Budrich.

King, V., & Flaake, K. (Hrsg.). (2005). *Männliche Adoleszenz. Sozialisation und Bildungsprozesse zwischen Kindheit und Erwachsensein*. Frankfurt und New York: Campus.

Klein, G. (2004). *Bewegung*. Bielefeld: transcript.

Kolip, P. (1997). *Geschlecht und Gesundheit im Jugendalter. Die Konstruktion von Geschlechtlichkeit über somatische Kulturen*. Opladen: Leske + Budrich.

Lindemann, G. (2011). *Das paradoxe Geschlecht. Transsexualität im Spannungsfeld von Körper, Leib und Gefühl*, 2. Aufl. Wiesbaden: VS Verlag für Sozialwissenschaften.

Loenhoff, J. (1999). Making the body social – zum angloamerikanischen Diskurs über Körper und Sinne. In H. G. Homfeldt (Hrsg.), *Sozialer Brennpunkt Körper* (S. 71–84). Hohengehren: Schneider.

McRobbie, A. (2010). *Top Girls. Feminismus und der Aufstieg des neoliberalen Geschlechterregimes*. Wiesbaden: VS Verlag für Sozialwissenschaften.

Merleau-Ponty, M. (1976). *Phänomenologie der Wahrnehmung*. Berlin: deGruyter.

Meuser, M. (2006). Körper-Handeln. Überlegungen zu einer praxeologischen Soziologie des Körpers. In R. Gugtzer (Hrsg.), *Body turn* (S. 95–116). Bielefeld, transcript.

Meuser, M. (2010). *Geschlecht und Männlichkeit. Soziologische Theorien und kulturelle Deutungsmuster*. Wiesbaden: VS Verlag für Sozialwissenschaften.

Munsch, C., Gemene, M., & Weber-Unger Rotino, S. (2007). *Eva ist emanzipiert und Mehmet ist ein Macho. Zuschreibung, Ausgrenzung, Lebensbewältigung und Handlungsansätze im Kontext von Migration und Geschlecht*. Weinheim und München: Beltz Juventa.

Neubauer, G. (2006). „body and more" – jungenspezifische Prävention von Ess-Störungen. In P. Kolip & T. Altgeld (Hrsg.), *Geschlechtergerechte Gesundheitsförderung und Prävention: Theoretische Grundlagen und Modelle guter Praxis* (S. 117–128). Weinheim und München: Juventa.

Niekranz, Y., & Witte, M. (Hrsg.). (2011). *Jugend und Körper. Leibliche Erfahrungswelten*. Weinheim und München: Juventa.

Penz, O. (2010). *Schönheit als Praxis. Über klassen- und geschlechtsspezifische Körperlichkeit*. Frankfurt a. M.: Campus.

Plessner, H. (1975). *Die Stufen des Organischen und der Mensch*. Berlin und New York: de Gruyter.

Plessner, H. (1982). *Ausdruck und menschliche Natur. Gesammelte Schriften*. Frankfurt a. M.: Suhrkamp.

Rohr, E. (2004). *Körper und Identität. Gesellschaft auf den Leib geschrieben*. Königstein/Taunus: Ulrike Helmer.

Rittner, V. (1999). Körper und Identität: Zum Wandel des individuellen Selbstbeschreibungsvokabulars in der Erlebnisgesellschaft. In H. G. Homfeldt (Hrsg.), *Sozialer Brennpunkt Körper* (S. 104–116). Hohengehren: Schneider.

Schmincke, I. (2011). Bin ich normal? Körpermanipulationen und Körperarbeit im Jugendalter. In Y. Niekranz & M. Witte (Hrsg.), *Jugend und Körper Leibliche Erfahrungswelten* (S. 143–154). Weinheim und München: Juventa.

Schmitz, H. (1989). *Leib und Gefühl. Materialien zu einer philosophischen Therapeutik.* Paderborn: Junfermann.

Schmitz, H. (2009). *Der Leib, der Raum und die Gefühle.* Bielefeld und Basel: AISTHESIS.

Schroer, M. (Hrsg.) (2005). *Soziologie des Körpers.* Frankfurt a. M.: Suhrkamp.

Schulz, M. (2010). *Performances: Jugendliche Bildungsbewegungen im pädagogischen Kontext.* Wiesbaden: VS Verlag für Sozialwissenschaften.

Stauber, B. (2004). *Junge Frauen und Männer in Jugendkulturen. Selbstinszenierungen und Handlungspotentiale.* Opladen: Leske + Budrich.

Sting, S. (2009). Gesundheitsprävention und Gesundheitsförderung im Kinder- und Jugendalter. In M. Behnisch & M. Winkler (Hrsg.), *Soziale Arbeit und Naturwissenschaft* (S. 86–105). München und Basel: Ernst Reinhard.

Sturzenhecker, B., & Sting, S. (2005). Bildung und Offene Kinder- und Jugendarbeit. In U. Deinet & B. Sturzenhecker (Hrsg.), *Handbuch Offene Kinder- und Jugendarbeit,* 3. überarb. erw. Aufl. (S. 230–247). Wiesbaden: VS Verlag für Sozialwissenschaften.

Thiersch, H., Grunwald, K., & Thirsch, H. (2005). Lebensweltorientierte Soziale Arbeit. In W. Thole (Hrsg.), *Grundriss Soziale Arbeit* (S. 161–178). Wiesbaden: VS Verlag für Sozialwissenschaften.

Thiersch, H. (2009). *Lebensweltorientierte Soziale Arbeit.* 7. Aufl. Weinheim und München: Juventa.

Villa, P. I. (2003). *Judith Butler.* Frankfurt a. M.: Campus.

Villa, P. I. (2008). (Hrsg). *Schön normal. Manipulationen am Körper als Techniken des Selbst.* Bielefeld: transcript.

Villa, P. I. (2011). *Sexy Bodies. Eine soziologische Reise durch den Geschlechtskörper,* 4. Aufl. Wiesbaden: VS Verlag für Sozialwissenschaften.

Waldenfels, B. (2000). *Das leibliche Selbst. Vorlesungen zur Phänomenologie des Leibes.* Frankfurt a. M.: Suhrkamp.

West, C., & Festermaker, S. (1995). Doing difference. *Gender & Society,* 9(1), (S. 8–37).

West, C., & Zimmermann, D. (1987). Doing gender. *Gender & Society,* 1, (S. 125–151).

Wulf, C. (Hrsg) (1997). *Vom Menschen. Ein Handbuch.* Weinheim und Basel: Beltz.

Wulf, C. (Hrsg.). (2005). *Zur Genese des Sozialen. Mimesis Performativität Ritual.* Bielefeld: transcript.

M. A. Anna Bea Burghard Dipl. Päd., wiss. Mitarbeiterin, Westfälische Wilhelms-Universität Münster, Abt. II – Sozialpädagogik, Georgskommende 33, 48143 Münster, E-Mail: annabea.burghard@uni-muenster.de. Arbeits- und Forschungsschwerpunkte: Theorien zu Körperlichkeit und Leiblichkeit, Frauen- und Geschlechterforschung, Soziale Ungleichheit, Kritische Soziale Arbeit, Methoden qualitativer Sozialforschung, insbesondere Ethnographie.

Fachkräfte

Das Personal in der Kinder- und Jugendhilfe

Kirsten Fuchs-Rechlin und Thomas Rauschenbach

Zusammenfassung

Der Beitrag wirft aus drei Perspektiven einen Blick auf das Personal in der Kinder- und Jugendhilfe. In einem ersten Schritt wird die Entwicklung der Beschäftigtenzahl und des Personalvolumens in den Blick genommen und die Wachstumsdynamik des Arbeitsmarktsegments der Kinder- und Jugendhilfe auch in seiner Binnendifferenzierung herausgearbeitet. Ergänzt wird diese quantitative Betrachtung durch eine Analyse qualitativer Aspekte der Personalstruktur wie Altersaufbau, Geschlechterverhältnis und Qualifikationsstruktur. In einem zweiten Schritt werden die Beschäftigungsbedingungen des Personals in der Jugendhilfe beleuchtet; dabei wird auch erörtert, wie weit die Erosion der Normalarbeit in sozialpädagogischen Berufen vorangeschritten ist und ob es sich dabei um allgemeine Arbeitsmarktentwicklungen oder um arbeitsfeldspezifische Entwicklungen handelt. Schließlich wird in einem dritten Schritt ein Blick auf die Veränderungen in der Ausbildungslandschaft sozialpädagogischer Berufe vor dem Hintergrund aktueller Akademisierungsdebatten geworfen.

Schlüsselwörter

Jugendhilfe, Personalstruktur, Beschäftigtenzahl, Beschäftigungsbedingungen, Amtliche Statistik, Altersstruktur, Qualifikationsstruktur, Teilzeitbeschäftigung, Befristung, Geschlechterverteilung, Ausbildung, Studiengang, Akademisierung

1   Einleitung

Wesentliches Qualitätsmerkmal personenbezogener Dienstleistungen, der „Dienste
am Menschen" (vgl. Rauschenbach 1999), ist das Personal selbst. Dessen Qualifikation, Wissen und Können tragen – jenseits der finanziellen, sächlichen und räumlichen Dienstleistungsqualität – erheblich zur Qualität der interaktiven Dienstleistungsarbeit bei. Deshalb ist es angezeigt, nach den personellen Ressourcen, die im
System der Kinder- und Jugendhilfe eingesetzt werden, ebenso zu fragen wie nach
den Beschäftigungsbedingungen, die dieses System den dort Tätigen bietet sowie
nicht zuletzt auch nach der Personalstruktur im Hinblick auf personenbezogene
Merkmale wie Alter, Geschlecht oder Qualifikation.

Die sozialen Berufe, zu denen auch die Berufsgruppen in der Kinder- und Jugendhilfe zählen, stellen seit Beginn der gesamtdeutschen Zeitrechnung ‚die Wachs-
tumsbranche' schlechthin dar, insbesondere im Vergleich zur Gesamtentwicklung
der Erwerbstätigen, aber auch im Vergleich zu anderen Berufsgruppen (Züchner
und Schilling 2010, S. 59 f.). Laut Mikrozensus, der amtlichen Repräsentativstatistik
über die Haushalte in Deutschland, übertreffen im Jahr 2011 die sozialen Berufe mit
über 1,9 Mio. Erwerbstätigen und einem Anstieg um mehr als 1,1 Mio. Beschäftigte
innerhalb der letzten 20 Jahre die Wachstumsdynamik aller anderen Berufsgruppen.
Während sich die Erwerbstätigenzahlen in diesem Zeitraum – von einem Einbruch
zu Beginn der 2000er Jahre einmal abgesehen – mit einem Zuwachs von 6,5 % auf
vergleichsweise konstantem Niveau bewegen, sind die Gesundheits-, Sozial- und Erziehungsberufe insgesamt um 65 % gestiegen, während sich die Zuwachsrate in den
sozialen Berufen allein auf 145 % beläuft.

Diese enorme Wachstumsdynamik sozialer Berufe lässt sich auch im Teilarbeitsmarkt der Kinder- und Jugendhilfe beobachten. Nachdem Mitte der 2000er Jahre
eine Spaltung der Kinder- und Jugendhilfe befürchtet wurde – einerseits Wachstumsschübe in der Kindertagesbetreuung, andererseits Stagnation und Abbau in den
Erziehungshilfen sowie der Kinder- und Jugendarbeit –, zeigen die aktuellen Ein-
richtungs- und Personaldaten der Kinder- und Jugendhilfestatistik, dass sich die Beschäftigtenzahlen mit mehr als 730 000 Personen auf einem neuen Höchststand befinden.

Die Wachstumsdynamik beim Personal in der Kinder- und Jugendhilfe findet ihre
Entsprechung auch auf Seiten der Adressatinnen und Adressaten. Nicht nur in den
Kindertageseinrichtungen sind seit 2006 die betreuten Kinder von rund 3 Mio. im
Jahr 2006 auf rund 3,1 Mio. Kinder im Jahr 2010 gestiegen. Auch im zweitgrößten Arbeitsfeld der Kinder- und Jugendhilfe, den erzieherischen Hilfen, ist in diesem Zeitraum ein Anstieg der Adressatinnen und Adressaten von 77 047 jungen Menschen
auf 118 284 junge Menschen zu verzeichnen (vgl. Fendrich und Tabel 2012). Dies ist
umso erstaunlicher, da aufgrund des demografischen Wandels die Zahl der jungen
Menschen in Deutschland kontinuierlich zurückgeht. Es zeigt jedoch einmal mehr
die gestiegene Verantwortung der öffentlichen Hand für das Aufwachsen von Kin-

dern und Jugendlichen auch jenseits der Schule (vgl. BMFSFJ 2013). Und schließlich schlägt sich dieser Expansionskurs – angesichts zunehmender finanzieller Belastungen der Kommunen durchaus kritisch beäugt – auch in der Ausgabenentwicklung nieder (vgl. Rauschenbach 2010). So lagen 2010 die Ausgaben der öffentlichen Hand für die Kinder- und Jugendhilfe bei rund 28,9 Mrd. Euro und damit knapp 2 Mrd. Euro höher als noch im Vorjahr. Inzwischen sind sie auf über 30 Mrd. Euro weiter angestiegen (vgl. Schilling 2012, 2013).

Vor diesem Hintergrund steht nachfolgend die Frage im Mittelpunkt, wie sich die Personalstruktur und die Beschäftigungsbedingungen als Folge dieser Expansion im Zeitverlauf verändert haben.[1] Der Beitrag gliedert sich dabei in vier Abschnitte. Zunächst wird die Entwicklung der *Beschäftigtenzahlen* und des *Stellenvolumens* untersucht, um so die Frage zu beantworten, inwiefern die enorme Expansion der Beschäftigtenzahlen auch mit einem Personalausbau einhergegangen ist. Zusätzlich wird in diesem ersten Teil die Entwicklung der *Personalstruktur* anhand verschiedener Merkmale wie Geschlecht, Alter, Qualifikation und Arbeitszeitumfang charakterisiert. Die Auswahl dieser Themen orientiert sich an dem Sachverhalt, dass es sich bei der Kinder- und Jugendhilfe um einen ,*Frauenarbeitsmarkt*' handelt, der – dies zeigt sich auch bei anderen ,*Frauenberufen*' – anderen Spielregeln folgt als dies für eher männerdominierte Arbeitsbereiche üblich ist.

Im Anschluss an die Analysen zur Beschäftigten- und Personalstruktur folgt eine Untersuchung der *Beschäftigungsbedingungen* des Personals in der Kinder- und Jugendhilfe. Diese orientiert sich an dem Konzept der „atypischen Erwerbsformen" des Statistischen Bundesamts. Dabei steht die Frage im Mittelpunkt, welche Rolle atypische Beschäftigungen in sozialen Berufen spielen – und dies vor allem im Vergleich zu anderen ,*Frauenberufen*'.

Die letzten beiden Abschnitte beschäftigen sich mit Ausbildungs- und Professionalisierungsfragen. Nach einem Überblick über die Qualifikationsstruktur des Personals werden anschließend die verschiedenen *Ausbildungs- und Studiengänge* charakterisiert. Ein besonderes Augenmerk liegt dabei auf den neuen Studiengängen im Bereich der Früh- bzw. Kindheitspädagogik. Daran knüpfen Überlegungen zum *Stand der Professionalisierung* in der Kinder- und Jugendhilfe an. Der Beitrag schließt mit einer Einschätzung zu den aktuellen Herausforderungen in der Kinder- und Jugendhilfe.

---

1   Dieser Beitrag beleuchtet die Entwicklung der Kinder- und Jugendhilfe bis 2010/2011, als ,letztem' gemeinsamen Erhebungsjahr der Statistiken der Kindertagesbetreuung und der anderen Arbeitsfeldern der Kinder- und Jugendhilfe. Bei Drucklegung lagen zwar bereits neuere Daten für das Arbeitsfeld der Kindertagesbetreuung, nicht jedoch für die anderen Arbeitsfelder der Kinder- und Jugendhilfe vor.

2   Stand und Entwicklung der Beschäftigtenzahlen und der Personalstruktur

Gemessen an den aktuellen Beschäftigtenzahlen ist die Kinder- und Jugendhilfe zuletzt stärker denn je gewachsen. So arbeiteten Ende 2010, Anfang 2011 in der Kinder- und Jugendhilfe insgesamt zusammen rund 733 000 Personen (vgl. Abbildung 1), ein Wert, der aufgrund des anhaltenden Ausbaus der Kindertageseinrichtungen zwischenzeitlich noch weiter gestiegen ist. Nimmt man nur die pädagogisch Tätigen, so lag die Beschäftigtenzahl 2010/11 bei knapp 640 000 Personen. Damit bewegt sich die Zahl des pädagogisch tätigen Personals in der Kinder- und Jugendhilfe fast auf gleicher Höhe mit den Lehrerinnen und Lehrern an den allgemeinbildenden Schulen: Im Schuljahr 2010/11 arbeiteten dort deutschlandweit nicht ganz 675 000 voll- und teilzeitbeschäftigte Lehrkräfte (vgl. Statistisches Bundesamt 2011a).

Besonders ausgeprägt ist der Anstieg der Beschäftigtenzahlen in den westlichen Bundesländern: Zählte die Kinder- und Jugendhilfe Mitte der 1970er Jahre dort noch

Abbildung 1   Entwicklung der Beschäftigtenzahl in der Kinder- und Jugendhilfe (Deutschland, West- und Ostdeutschland; 1974–2010/11)

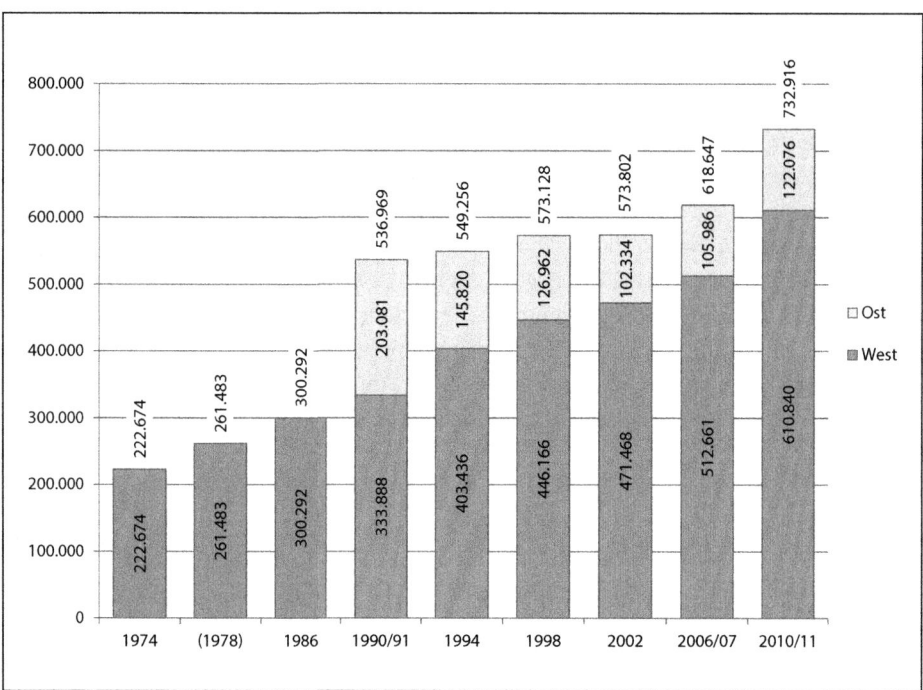

Quelle: Statistisches Bundesamt; Statistiken der Kinder- und Jugendhilfe – Kinder und tätige Personen in Tageseinrichtungen und in öffentlich geförderter Kindertagespflege, Einrichtungen und tätige Personen (ohne Tageseinrichtungen für Kinder); versch. Jahrgänge; eigene Berechnungen

rund 223 000 Personen, so lag die Beschäftigtenzahl im Jahr 2010/11 bei 611 000 Personen. In einem Zeitraum von rund 35 Jahren hat sich die Beschäftigtenzahl demnach fast verdreifacht. Anders als in den westlichen Bundesländern ist die Entwicklung in den östlichen Bundesländern verlaufen: Hier ist die Beschäftigtenzahl von rund 203 000 im Jahr 1990 auf 102 000 im Jahr 2002 gesunken und erst danach wieder angestiegen bis auf zuletzt 122 000 Personen. Das Ausgangsniveau der 1990er Jahre wird jedoch nicht mehr zu erreichen sein.

Die reinen Beschäftigtenzahlen, also die Anzahl der in der Kinder- und Jugendhilfe tätigen ‚Köpfe‘, geben allerdings noch keine Auskunft über das tatsächliche Stellenvolumen in diesen Arbeitsfeldern. Hierzu muss die Zahl der Beschäftigten in Relation zum Arbeitszeitumfang und zum Arbeitsvolumen gesetzt und so in Vollzeitäquivalente umgerechnet werden.

Während in den westlichen Bundesländern die Beschäftigtenzahl seit 1990 kontinuierlich gestiegen ist, sind die Vollzeitäquivalente bis Mitte der 2000er Jahre relativ stabil geblieben und erst in der zweiten Hälfte der 2000er Jahre sprunghaft angestiegen: von rund 320 000 auf gut 490 000 rechnerische Vollzeitstellen (vgl. Tabelle 1). Bei dieser Zahl der Vollzeitäquivalente verlief die Entwicklung in Ostdeutschland etwas anders. Hier lässt sich ein Rückgang bis Mitte der 2000er Jahre beobachten, gefolgt von einem Anstieg in der zweiten Hälfte der 2000er Jahre.

Differenzen in der Entwicklung der Vollzeitäquivalente zeigen sich außerdem zwischen den Arbeitsfeldern: Von Ende der 1990er bis Mitte der 2000er Jahre ist vor allem in den sogenannten „anderen Arbeitsfeldern der Kinder- und Jugendhilfe" (Kinder- und Jugendhilfe ohne Kindertageseinrichtungen) ein Rückgang zu verzeichnen.

Tabelle 1 Entwicklung der pädagogisch Tätigen (Vollzeitäquivalente) in der Kinder- und Jugendhilfe nach Arbeitsbereichen und Landesteilen (1998–2010/2011; West inkl. Berlin)

Jahr	Vollzeitäquivalente (nur pädagogisch Tätige)[1]								
	Kinder- und Jugendhilfe insg.			Kindertageseinrichtungen			Andere Arbeitsfelder		
	Insges.	West	Ost	Insges.	West	Ost	Insges.	West	Ost
1998	405 046	322 624	82 422	278 044	223 750	54 295	127 002	98 874	28 128
2002	405 284	329 418	75 866	283 803	231 618	52 185	121 482	97 800	23 682
2006/07	394 519	322 127	72 392	290 842	236 982	53 860	113 286	93 527	19 759
2010/11	581 999	492 959	89 039	443 510	376 557	66 953	138 489	116 402	22 086

1 Die Berechnung der Vollzeitäquivalente ist erst ab dem Jahr 1998 möglich. Vorher wurde der Arbeitszeitumfang nicht stundenweise, sondern orientiert an den Öffnungszeiten der Einrichtungen erhoben.

Quelle: Statistisches Bundesamt: Statistiken der Kinder- und Jugendhilfe – Kinder und tätige Personen in Tageseinrichtungen und öffentlich geförderter Kindertagespflege, Einrichtungen und tätige Personen (ohne Tageseinrichtungen für Kinder), versch. Jahrgänge; eigene Berechnungen

Sowohl in West- als auch in Ostdeutschland waren in diesem Zeitraum Rückgänge der Vollzeitäquivalente zu verzeichnen. Erst in der zweiten Hälfte der 2000er Jahre stieg die Zahl der rechnerischen Vollzeitstellen dort wieder an; die Zahl der Beschäftigten Ende der 1990er Jahre wurde jedoch im Beobachtungszeitraum nicht wieder erreicht.

Im Unterschied zu den anderen Arbeitsfeldern konnten die Kindertageseinrichtungen kontinuierliche Zuwächse beim Personalvolumen verzeichnen. Besonders hoch fielen diese in der zweiten Hälfte der 2000er Jahre aus. Ausgelöst wurde diese Entwicklung durch das Inkrafttreten des Tagesbetreuungsausbaugesetzes (TAG) im Jahr 2006 sowie des Kinderförderungsgesetzes (KiFöG) im Jahr 2009, das einen Rechtsanspruch auf einen Betreuungsplatz für unter Dreijährige ab August 2013 festgeschrieben hat (vgl. Rauschenbach und Schilling 2010).

Von dem Stellenabbau bis Mitte der 2000er Jahren waren vor allem die Kinder- und Jugendarbeit, aber auch die Hilfen zur Erziehung betroffen. Obwohl im Bereich der Kinder- und Jugendarbeit der Stellenabbau – jenseits möglicher statistischer Effekte – als eine Folge des demografisch bedingten Rückgangs der jungen Menschen interpretiert werden muss, erklärt dies nicht gänzlich die Entwicklung des Stellenvolumens. So zeigt sich, dass in Ostdeutschland der Rückgang beim Personal deutlich über den Demografieverlusten lag (vgl. Pothmann 2008). Im Westen verlief die Entwicklung beim Personal sogar gegenläufig zur Entwicklung in der Bevölkerung. Während das Personal um ein Viertel ‚*geschrumpft*‘ ist, ist die Zahl der jungen Menschen im Alter von 12 bis unter 21 Jahren sogar noch leicht gestiegen.

Der Personalrückgang in den erzieherischen Hilfen ist insofern erstaunlich, als bei den Hilfen und den Hilfeempfangenden im selben Zeitraum ein kontinuierlicher Anstieg zu verzeichnen war. Mögliche Erklärungen für die Diskrepanz zwischen sinkendem Personaleinsatz und steigender Inanspruchnahme werden in einer Umsteuerung des Personaleinsatzes gesehen, etwa einer Verlagerung der Arbeit auf Selbstständige, die in der Kinder- und Jugendhilfestatistik nicht vollständig erfasst werden, oder einer Reduzierung der wöchentlichen Fachleistungsstunden pro Fachkraft, sodass die Fachkräfte mehr Kinder in jeweils kürzerer Zeit betreuen (vgl. Pothmann 2010; Züchner und Schilling 2010; Rauschenbach und Schilling 2008; Fendrich 2008). Damit gewinnen atypische Beschäftigungsformen in der Kinder- und Jugendhilfe an Bedeutung, etwa der Einsatz von Selbstständigen oder die Zunahme von Teilzeitarbeit. Dies geht jedoch nicht nur zu Lasten der Beschäftigten selbst. Flexibilisierung auf Seiten des Personals kann ebenso wie die Reduzierung der Fachleistungsstunden auch zu Lasten der Adressatinnen und Adressaten gehen.

Neben den rein quantitativen Aspekten der Personalstruktur, den Beschäftigtenzahlen und den Vollzeitäquivalenten lassen sich im Zeitverlauf weitere Veränderungen in der Zusammensetzung des Personals beobachten (vgl. Fuchs-Rechlin und Rauschenbach 2012). Diese betreffen (a) die Geschlechterverteilung, (b) den Altersaufbau, (c) die Qualifikationsstruktur sowie (d) den Beschäftigungsumfang der in der Kinder- und Jugendhilfe tätigen Personen.

(a) Geschlechterverteilung

Wie alle sozialen Berufe – insgesamt erreichen diese im Jahr 2011 einen Frauenanteil von 84 % – ist auch die Kinder- und Jugendhilfe ein von weiblichen Beschäftigten dominierter Berufsbereich: 88 % des Personals im pädagogischen Bereich und in der Verwaltung sind Frauen. Besonders hoch ist der Frauenanteil traditionell in der Kindertagesbetreuung. Im Jahr 2011 lag er dort bei 96 %. Damit sind Männer in diesem Arbeitsbereich so gut wie nicht zu finden. Dies hat sich auch im vergangenen Jahrzehnt kaum verändert: Seit Ende der 1990er Jahre ist der Männeranteil in der Kindertagesbetreuung lediglich von knapp 3 % auf zuletzt 4 % im Erhebungsjahr 2011 gestiegen.

In den ‚anderen Arbeitsbereichen‘ hingegen ist das pädagogische und das Verwaltungspersonal in den vergangenen Jahren noch ‚weiblicher‘ geworden: Während 1998 dort rund 67 % der tätigen Personen Frauen waren, stieg deren Anteil bis 2010 noch einmal um drei Prozentpunkte auf rund 70 %. Dieser Trend zu einer weiteren Feminisierung der ‚anderen Arbeitsbereiche‘ der Kinder- und Jugendhilfe lässt sich auch beim Leitungspersonal beobachten: 1998 waren 43 % der Leitungspositionen mit Frauen besetzt, 2010 war bereits jede zweite Leitungskraft eine Frau. Unter Genderaspekten ist das eine erfreuliche Entwicklung.

Allerdings sind die Unterschiede in der Geschlechterverteilung innerhalb der anderen Arbeitsbereiche groß. So variieren die Frauenanteile zwischen 58 % in der Jugendarbeit, 59 % in der Jugendsozialarbeit und 80 % in der Behindertenhilfe. Die Hilfen zur Erziehung erreichen Frauenanteile von rund 70 %, wobei es auch innerhalb der erzieherischen Hilfe eher männlich bzw. weiblich geprägte Arbeitsfelder gibt. So liegt der Frauenanteil unter den Betreuungshilfen und Erziehungsbeistandschaften bei lediglich 59 %, in der sozialpädagogischen Familienhilfe hingegen bei 76 %. Der Männeranteil korrespondiert dabei zum einen mit dem Alter der Adressaten und zum anderen mit dem Akademisierungsgrad des jeweiligen Teilarbeitsfeldes.

(b) Altersaufbau

Verändert hat sich auch die Altersstruktur des Personals in der Kinder- und Jugendhilfe. Während in den 1970er Jahren fast drei Viertel des Personals im pädagogischen- und Verwaltungsbereich unter 40 Jahre alt waren und darunter allein 35 % unter 25 Jahre, ist das Personal knapp vier Jahrzehnte später deutlich älter: 2010/11 waren noch 45 % unter 40 Jahre alt und demzufolge 55 % über 40 Jahre. In Ostdeutschland ist das Personal älter als in Westdeutschland. Hier sind mehr als zwei Drittel der Beschäftigten über 40 Jahre alt, in Westdeutschland hingegen lediglich gut die Hälfte. Alles in allem nähert sich damit die Altersverteilung in der Kinder- und Jugendhilfe der allgemeinen Altersverteilung auf dem Arbeitsmarkt an (BMFSFJ 2013, S. 460).

Durch den neuerlichen Personalanstieg zwischen 2006/07 und 2010/11 sind die

Abbildung 2   Altersstruktur des Personals in der Kinder- und Jugendhilfe (Deutschland; 1998–2010/11)

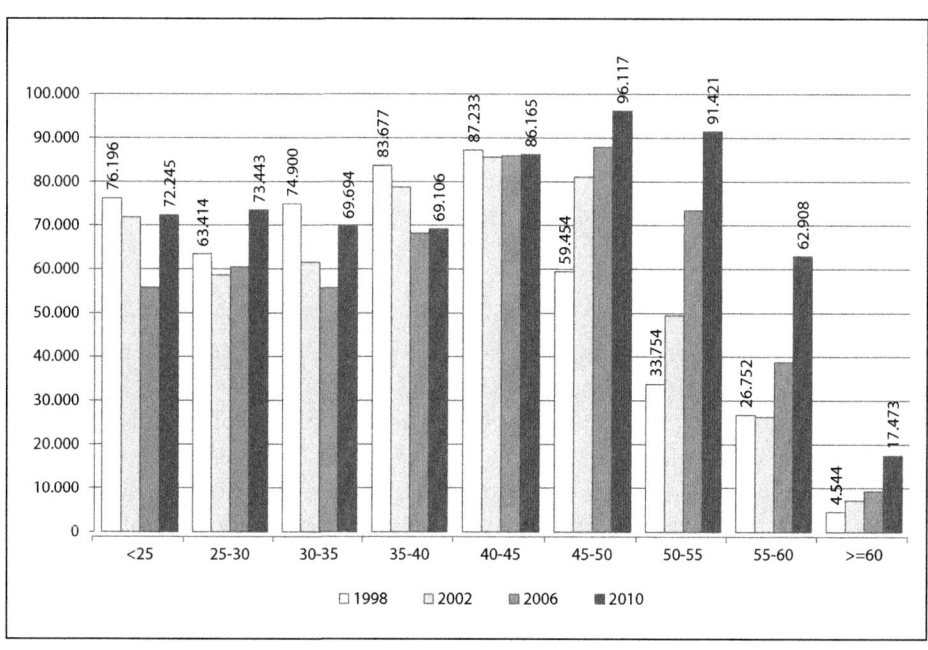

Quelle: Statistisches Bundesamt: Statistiken der Kinder- und Jugendhilfe – Kinder und tätige Personen in Tageseinrichtungen und öffentlich geförderter Kindertagespflege, Einrichtungen und tätige Personen (ohne Tageseinrichtungen für
Kinder), versch. Jahrgänge; eigene Berechnungen

Beschäftigtenzahlen in allen Altersgruppen gestiegen. Weiterhin stellen die 45- bis
50-Jährigen und die 50- bis 55-Jährigen die größten Gruppen mit jeweils über 90 000
Beschäftigten dar, dicht gefolgt von den 40- bis 45-Jährigen mit rund 86 000 Beschäftigten (vgl. Abbildung 2).

Insbesondere die höheren Altersgruppen, also die über 50-Jährigen, sind im Erhebungsjahr 2010/2011 deutlich stärker besetzt als noch in den früheren Erhebungsphasen zwischen 1998 und 2006. Hierbei handelt es sich um Alterskohorten, die zum
einen in der Ausbauphase der Kinder- und Jugendhilfe ins Feld gekommen sind; zum
anderen verbleibt das Personal offenbar inzwischen länger im Tätigkeitsfeld als früher. Die Kinder- und Jugendhilfe ist damit endgültig zu einem Lebensarbeitszeitberuf
geworden. Der Altersausstieg beginnt – und das zunächst langsam – erst bei den 55-
bis 60-Jährigen.

Aber auch die jüngeren Beschäftigtengruppen, die unter 25-Jährigen, die 25- bis
30-Jährigen und die 30- bis 35-Jährigen, liegen 2010/2011 bei rund 70 000 Personen.
Aufgrund des gestiegenen Personalbedarfs haben mehr ‚neue' und damit auch mehr
jüngere Fachkräfte Zugang zum Beschäftigungssystem gefunden. Diese treffen somit
nach einer Durststrecke zwischen 1998 und 2006 wieder auf einen ‚offenen' Arbeitsmarkt.

(c) Qualifikationsstruktur

Tätigkeiten in der Kinder- und Jugendhilfe, die lange Zeit als *Jedermannberufe* galten, werden mittlerweile fast ausschließlich von fachlich einschlägig qualifiziertem Personal ausgeübt. Der Verfachlichungsgrad im pädagogischen- und Verwaltungsbereich, also der Anteil der Personen mit einem für das Arbeitsfeld exklusiv qualifizierenden Berufsausbildungsabschluss lag in den Jahren 2010/11 bei 83 %. Noch Mitte der 1970er Jahre verfügten gerade einmal 47 % des Personals über eine fachlich einschlägige Berufsausbildung (BMFSFJ 2013, S. 275).

Differenziert nach Berufsausbildungsabschlüssen sind die Erzieherinnen und Erzieher 2010/11 mit einem Anteil von 56 % die größte Einzelberufsgruppe (vgl. Tabelle 2). Mit großem Abstand folgen die Sozialpädagoginnen und Sozialpädagogen sowie die Kinderpfleger/innen mit Anteilen von 15 % bzw. 9 %. Fachlich nicht einschlägig qualifizierte Personen stellen demgegenüber einen Anteil von 13 % und liegen demzufolge mengenmäßig fast auf gleicher Höhe mit den Sozialpädagoginnen und Sozialpädagogen. Zumindest in den anderen Arbeitsfeldern reduziert sich jedoch der Anteil der Personen mit fachlich nicht-einschlägigem Berufsausbildungsabschluss von 30 % auf 23 %, sofern man das Verwaltungspersonal heraus rechnet. In Kindertageseinrichtungen hingegen übernehmen überwiegend fachlich einschlägig Qualifizierte, insbesondere Erzieherinnen und Erzieher, Verwaltungsaufgaben. Schließlich haben Personen ohne Ausbildungsabschluss eine vergleichsweise geringe Bedeutung; ihr Anteil liegt bei unter 3 %.

Die Qualifikationsstruktur variiert jedoch erheblich nach Arbeitsbereichen. So sind in den *anderen Arbeitsfeldern* die Sozialpädagoginnen und Sozialpädagogen mit einem Anteil von 39 % die größte Berufsgruppe, und zwar noch vor den Erzieherinnen und Erziehern, die lediglich 23 % des pädagogischen und Verwaltungspersonals ausmachen. Kinderpflegerinnen und -pfleger sind dagegen hier die Ausnahme; lediglich gut 1 % des Personals hat eine solche Ausbildung absolviert. Charakteristisch für die *anderen Arbeitsfelder* ist auch der hohe Anteil des fachlich nicht einschlägig ausgebildeten Personals, wobei es sich hier zu 37 % um *andere Akademiker/innen* handelt. Auf der Ebene der einzelnen Berufsgruppen stechen die Psychologinnen und Psychologen sowie die Lehrerinnen und Lehrer hervor (26 % bzw. 18 % von den fachlich nicht-einschlägig ausgebildeten Akademikerinnen und Akademikern).

Seit 1998 hat sich das Qualifikationsprofil vor allem in den *anderen Arbeitsbereichen* verändert und zwar in Richtung einer Höherqualifizierung des Personals. So ist in Ostdeutschland der Anteil der hochschulausgebildeten Fachkräfte um 15 Prozentpunkte, in Westdeutschland um 7 Prozentpunkte gestiegen. Dennoch bleibt die Akademisierungsquote in Ostdeutschland hinter der in Westdeutschland zurück: Im Jahr 2010 hatten 31 % der Fachkräfte in Ostdeutschland einen Hochschulabschluss, im Westen hingegen 40 %. Zusätzlich lässt sich bei den *anderen Arbeitsfeldern* insbesondere in Ost-, aber auch in Westdeutschland eine zunehmende Tendenz der Verfachlichung beobachten. In den östlichen Bundesländern ist im vergangenen Jahrzehnt

Tabelle 2   Pädagogisches- und Verwaltungspersonal nach Berufsausbildungsabschluss und Arbeitsbereichen in West- und Ostdeutschland (2010/2011; Angaben absolut und in Prozent)

Berufsausbildungsabschluss	Kindertages-einrichtungen		Andere Arbeits-felder		Kinder- und Jugend-hilfe insg.	
	2011	Diff. 2011–1998	2010	Diff. 2010–1998	2010/11	Diff. 2010/11–1998
Westdeutschland						
Fachlich einschl. HS-Abschluss	4,1	1,0	40,0	7,0	15,4	1,9
Fachlich einschl. FS-Abschluss	68,1	4,0	21,4	0,8	53,3	4,4
Fachlich einschl. BFS-Abschluss	15,4	0,0	1,3	−0,2	11,0	0,4
Fachlich nicht-einschl. Ausbildung	6,0	1,1	29,4	−3,0	13,4	−1,1
Ohne Ausbildung	2,5	−1,5	3,4	−4,7	2,8	−2,6
In Ausbildung	4,0	−4,6	4,5	0,1	4,1	−3,0
Insgesamt	364 139	95 311	167 875	25 032	532 014	120 343
Ostdeutschland						
Fachlich einschl. HS-Abschluss	4,1	3,2	31,0	14,8	10,9	4,9
Fachlich einschl. FS-Abschluss	86,2	−6,4	29,4	−4,9	71,7	−1,1
Fachlich einschl. BFS-Abschluss	1,0	0,1	0,7	−0,1	0,9	0,0
Fachlich nicht-einschl. Ausbildung	6,3	2,2	35,4	−9,5	13,7	−4,2
Ohne Ausbildung	1,2	0,3	1,9	−0,3	1,4	0,1
In Ausbildung	1,2	0,5	1,7	0,0	1,3	0,3
Insgesamt	79 321	14 551	27 237	−6 246	106 558	8 305
Deutschland						
Fachlich einschl. HS-Abschluss	4,1	1,4	38,8	8,9	14,7	2,6
Fachlich einschl. FS-Abschluss	71,3	1,7	22,5	−0,7	56,4	2,8
Fachlich einschl. BFS-Abschluss	12,8	0,2	1,2	−0,1	9,3	0,6
Fachlich nicht-einschl. Ausbildung	6,1	1,3	30,2	−4,6	13,4	−1,7
Ohne Ausbildung	2,2	−1,1	3,2	−3,8	2,5	−2,1
In Ausbildung	3,5	−3,6	4,1	0,3	3,7	−2,3
Insgesamt	443 460	109 862	195 112	18 786	638 572	128 648

Quelle: Statistisches Bundesamt: Statistiken der Kinder- und Jugendhilfe – Kinder und tätige Personen in Tageseinrichtungen und öffentlich geförderter Kindertagespflege, Einrichtungen und tätige Personen (ohne Tageseinrichtungen für Kinder), versch. Jahrgänge; eigene Berechnungen

der Anteil des fachlich nicht einschlägig ausgebildeten Personals um knapp zehn Prozentpunkte zurückgegangen, im Westen um drei Prozentpunkte.

Ganz anders stellt sich die Qualifikationsstruktur in den Kindertageseinrichtungen dar. Hier sind die Erzieherinnen und Erzieher mit 71 % nach wie vor die dominante Berufsgruppe. Eine nennenswerte Rolle spielen daneben lediglich die Kinderpflegerinnen und Kinderpfleger mit knapp 14 %. Allerdings kommen Beschäftigte mit diesem Qualifikationsprofil nur in einigen Bundesländern in größerem Umfang zum Einsatz: In Bayern stellen sie 37 % des Personals, in Hamburg, im Saarland und in Schleswig-Holstein um die 20 %. Die stärkere rechtliche Normierung pädagogischer Fachkräfte in den Kindergartengesetzen zeigt sich daran, dass in Kindertageseinrichtungen sowohl fachlich nicht einschlägig qualifiziertes Personal als auch Personal ohne Ausbildungsabschluss deutlich seltener zum Einsatz kommt als in den ‚anderen Arbeitsfeldern‘.

In den Kindertageseinrichtungen hat sich die Qualifikationsstruktur weiter stabilisiert. Deutschlandweit haben die Erzieherinnen und Erzieher zwischen 1998 und 2011 um knapp zwei Prozentpunkte zugelegt. Auch der Anteil hochschulausgebildeter Fachkräfte und fachlich nicht einschlägig Ausgebildeter hat sich – wenn auch nur geringfügig um gut einen Prozentpunkt – erhöht. Im Gegenzug sind die Anteile der Personen ohne Ausbildungsabschluss und der Personen in Ausbildung um insgesamt knapp fünf Prozentpunkte zurückgegangen. Damit ist die Personalexpansion der vergangenen fünf Jahre nicht mit einer De-Professionalisierung des Personals einhergegangen (vgl. BMFSFJ 2012). Dies ist insofern bemerkenswert, als allein die Anzahl der pädagogisch Tätigen in den Kindertageseinrichtungen zwischen 2006 und 2011 um rund 80 300 Personen gestiegen ist.

Bei den Kindertageseinrichtungen zeigen sich für Ost- und Westdeutschland spezifische Veränderungen in der Qualifikationsstruktur des Personals. Während in Westdeutschland der Anteil der Erzieherinnen und Erzieher leicht gestiegen ist, hat in Ostdeutschland diese Berufsgruppe etwas an Bedeutung verloren. Im Gegenzug sind in Ostdeutschland die hochschulausgebildeten Fachkräfte um drei Prozentpunkte gestiegen. Damit liegen die Akademikerinnen und Akademiker 2011 – zumindest prozentual – auf gleicher Höhe wie in Westdeutschland. Außerdem wurde im Osten zur Deckung des Personalbedarfs etwas häufiger als im Westen auf fachlich nicht einschlägig ausgebildetes Personal zurückgegriffen, sodass auch diese Gruppe zuletzt denselben Stellenwert eingenommen hat wie in Westdeutschland. Der größte Unterschied zwischen Ost- und Westdeutschland liegt jedoch nach wie vor im Einsatz von an Berufsfachschulen ausgebildeten Kinderpflegerinnen und Kinderpflegern. Diese stellen in Westdeutschland 15 % des Personals, in Ostdeutschland hingegen lediglich 1 %. Dies bedeutet jedoch zugleich, dass in Ostdeutschland 90 % des Personals mindestens auf Fachschulniveau ausgebildet ist, in Westdeutschland hingegen lediglich 72 %.

(d) Teilzeitquote

Die Kinder- und Jugendhilfe ist ein Bereich, in dem Teilzeitarbeit seit langem zur Normalität gehört. Dies korrespondiert in hohem Maße mit der starken Frauenerwerbstätigkeit in diesem Arbeitsfeld. Nichtsdestotrotz schreitet die *Erosion der Normalarbeit*' im Sinne des Rückgangs der Vollzeittätigkeit ebenso weiter voran wie atypische Arbeitszeitmodelle. So waren 2010/11 in der Kinder- und Jugendhilfe nur noch 43 % der Beschäftigten vollzeittätig, im Westen 45 %, im Osten sogar nur 32 %.

Dies ist nicht zuletzt dem hohen Frauenanteil geschuldet, da Teilzeiterwerbstätigkeit nach wie vor eine wichtige Funktion bei der Vereinbarkeit von Familie und Beruf erfüllt. Allerdings war der Anteil an Teilzeitbeschäftigungen – obwohl die Kinder- und Jugendhilfe seit jeher ein geschlechtsspezifisch segmentierter Arbeitsmarkt ist – nicht immer so hoch: Mitte der 1970er Jahre lag der Anteil der Teilzeitstellen bei gerade einmal 23 % (vgl. Rauschenbach 2010). Insoweit spiegelt die gestiegene Teilzeitquote auch das veränderte Erwerbsverhalten von Frauen und die veränderte Altersstruktur der Beschäftigten wider. Dabei zeigen sich zwei Muster: Zum einen haben früher viele junge Frauen im Zuge der Familiengründung ihre Erwerbstätigkeit aufgegeben, während sie heute wieder in den Beruf zurückkehren, wenn auch mit reduzierter Arbeitszeit. Zum anderen versuchen junge Frauen heute die Familiengründung mit einer reduzierten Teilzeitarbeit zu vereinbaren. Allerdings gibt es in sozialen Berufen darüber hinaus auch so etwas wie *unfreiwillige*' Teilzeitarbeit: Ähnlich wie in anderen Berufsbereichen arbeiten gut 20 % der Beschäftigten in Teilzeitform, weil sie keine Vollzeitstelle gefunden haben – im Osten deutlich häufiger als im Westen (vgl. Fuchs-Rechlin 2011).

Teilzeit ist jedoch nicht gleich Teilzeit, sondern muss differenziert betrachtet werden. So zeigt sich, dass im vergangenen Jahrzehnt mit dem Rückgang der Vollzeitquote nicht nur die Quote der vollzeitnahen Teilzeitbeschäftigung, sondern auch der Anteil der Beschäftigten mit einem atypischem Beschäftigungsumfang unterhalb der klassischen Halbtagsstelle gestiegen ist.

Mit dieser Entwicklung folgt die Kinder- und Jugendhilfe dem Trend aller Sozial- und Erziehungsberufe: Sie liegt mit ihrer Teilzeitquote in etwa auf gleichem Niveau wie die Grundschule, während diese im Vergleich zu anderen weiblich dominierten Berufszweigen, etwa dem kaufmännischen Bereich, jedoch erheblich höher ist (vgl. Fuchs-Rechlin 2011). Insgesamt erreicht die Kinder- und Jugendhilfe Teilzeitquoten, die mit Blick auf die Organisation der Arbeit, zugleich aber auch in punkto Qualität – bei der Kinder- und Jugendhilfe handelt es sich immerhin um eine personenintensive, interaktive Dienstleistungsarbeit – zu denken gibt (vgl. Rauschenbach 1996a, 1996b).

3   Beschäftigungsbedingungen in der Kinder- und Jugendhilfe

Im Hinblick auf die Beschäftigungsbedingungen sind besonders solche Merkmale von Interesse, die Hinweise darauf liefern, ob und ggf. inwieweit die Erosion der Normalarbeit in der Kinder- und Jugendhilfe vorangeschritten ist und ob es sich dann dabei um allgemeine Veränderungen des Arbeitsmarktes oder um arbeitsfeldspezifische Entwicklungen handelt. Zur Beschreibung von Beschäftigungsformen und ihrer Entwicklung im Zeitverlauf wurde vom Statistischen Bundesamt das Konzept der „atypischen Beschäftigung" entwickelt (vgl. Wingerter 2012).

Referenzpunkt dieses Konzeptes bildet das sogenannte „Normalbeschäftigungsverhältnis". Dieses ist nach der Definition des Statistischen Bundesamtes gekennzeichnet durch eine wöchentliche Arbeitszeit von mindestens 21 Stunden auf der Basis eines unbefristeten Arbeitsvertrags. Daneben ist es dadurch charakterisiert, dass der Arbeitsvertrag vom Beschäftigten direkt mit dem Unternehmen, in dem er tätig ist, abgeschlossen wird und der Arbeitnehmende in das Sozialversicherungssystem integriert ist, d. h. Leistungsansprüche für Zeiten der Arbeitslosigkeit oder die Nacherwerbsphase erwirbt.

Atypische Beschäftigungsverhältnisse bestimmt das Statistische Bundesamt hingegen als Abweichung von dieser Norm. Sie sind durch mindestens eines der folgenden vier Merkmale gekennzeichnet: Sie sind zeitlich befristet, die Wochenarbeitszeit liegt bei weniger als 21 Stunden, sie basieren auf einer geringfügigen Beschäftigung im Sinne der sozialgesetzlichen Definition und/oder werden im Rahmen von Zeitarbeit (bzw. Leiharbeit oder Arbeitnehmerüberlassung) ausgeübt.

Beiden Gruppen abhängig Beschäftigter, also den Normalarbeitnehmerinnen und Normalarbeitnehmern sowie den atypisch Beschäftigten, stellen die statistischen Ämter die Selbstständigen gegenüber (vgl. ebd.). Im Fokus dieses Konzepts steht die Beschreibung des „Bedeutungsverlustes" klassischer Beschäftigungsverhältnisse (Statistische Ämter des Bundes und der Länder 2012, S. 57).

Zu den Beschäftigungsbedingungen des Personals liegen im hier berichteten Erhebungszeitraum mit Ausnahme des Kennwerts „Teilzeitquote" jedoch keine Informationen in der Kinder- und Jugendhilfestatistik vor.[2] Deshalb muss auf den Mikrozensus zurückgegriffen werden. Eine Analyse dieser Daten ist mit Blick auf die Kinder- und Jugendhilfe mit Einschränkungen verbunden. Der Mikrozensus erlaubt zwar eine detaillierte Beschreibung von Beschäftigungsbedingungen und -formen, auch ein Vergleich verschiedener Berufsgruppen, etwa von Kinderpflegerinnen und Kinderpflegern, Erzieherinnen und Erziehern sowie Sozialpädagoginnen und Sozialpädagogen ist möglich. Im Hinblick auf die Arbeitsfelder, gewissermaßen den Ort der beruflichen Tätigkeit, ist jedoch nur eine grobe Differenzierung nach Wirtschaftszweigen (Bildungswesen, Sozial- und Gesundheitswesen, öffentliche Verwal-

---

2   Seit 2014 wird das Merkmal „Befristung" in der amtlichen Kinder- und Jugendhilfe wieder erhoben.

tung usw.), aber nicht nach Arbeitsfeldern der Kinder- und Jugendhilfe möglich (vgl. Fuchs-Rechlin et al. 2011; Fuchs-Rechlin 2011).

Überträgt man die Typisierung der Erwerbsformen des Statistischen Bundesamtes auf die sozialen Berufe, dann sind Arbeitnehmende in diesem Segment mit 96 % fast ausschließlich abhängig beschäftigt. 4 % sind selbstständig tätig, i. d. R. als sogenannte „Solo-Selbstständige", d. h. sie haben selbst keine eigenen Angestellten. Anders stellt es sich in der Gesamtheit aller Erwerbstätigen dar: Hier sind 89 % abhängig beschäftigt, während dementsprechend 11 % einer selbstständigen Tätigkeit nachgehen, jeweils zur Hälfte mit bzw. ohne eigene Beschäftigte (vgl. Tabelle 3).

Im Vergleich mit allen Erwerbstätigen spielen atypische Beschäftigungsformen in den sozialen Berufen eine größere Rolle. So finden sich diese hier bei 35 % der Beschäftigten, während bei allen Erwerbstätigen nur 25 % atypisch beschäftigt ist. Der Blick auf die sozialen Berufe in ihrer Gesamtheit ‚verschleiert' jedoch die Heterogenität innerhalb der sozialen Berufe, da auch hier der Stellenwert atypischer Beschäftigungsformen sehr unterschiedlich ausgeprägt ist (vgl. hierzu ausführlich Beher und Fuchs-Rechlin 2013). Den niedrigsten Anteil an atypischen Beschäftigungsverhältnissen haben die Erzieherinnen und Erzieher sowie die Heilerziehungspflegerinnen und Heilerziehungspfleger: Hier liegen die Anteile bei 29 % bzw. 26 % und damit nur wenige Prozentpunkte höher als bei allen Erwerbstätigen, aber deutlich unter dem Anteil aller in sozialen Berufen Tätigen. Ungünstiger stellt sich die Situation der Sozialarbeiterinnen und -arbeiter mit 32 %, der Altenpflegerinnen und -pfleger mit 35 % und der Kinderpflegerinnen und -pfleger mit 52 % dar.

Im Kontext atypischer Beschäftigungsmerkmale sind Personen in sozialen Berufen vor allem von Befristung betroffen, und zwar mit 18 % mehr als zwei Mal so häufig wie die Gesamtheit aller Erwerbstätigen. Auch der Anteil der Teilzeitbeschäftigten mit einer Arbeitszeit von unter 21 Wochenstunden liegt bei den Beschäftigten in sozialen Berufen mit 20 % über dem Anteil aller Erwerbstätigen, die auf eine Teilzeitquote von 16 % kommen.

Geringfügige Beschäftigungsverhältnisse, also Beschäftigungen, bei denen die Arbeitnehmenden nur teilweise in die sozialen Sicherungssysteme integriert sind, spielen in den sozialen Berufen keine größere Rolle als bei allen Erwerbstätigen. Ihr Anteil liegt bei den sozialen Berufen und bei allen Erwerbstätigen bei rund 8 %. Die Zeitarbeit als atypisches Beschäftigungsmerkmal ist in den sozialen Berufen mit einem Anteil von 0,3 % im Vergleich zu allen Erwerbstätigen unterrepräsentiert, wenngleich auch bei letzteren der Stellenwert mit 1,8 % recht niedrig ausfällt.

Im Vergleich zu anderen Frauenberufen, definiert als Berufe, in denen mehr als die Hälfte der Beschäftigten Frauen sind, nehmen soziale Berufe bezogen auf ihren Anteil atypisch Beschäftigter eine mittlere Position ein. Mit einem Anteil von 35 % liegen sie in etwa auf einer Höhe mit den Gesundheitsberufen, den Berufen in der Körperpflege und den Berufen im Nachrichtenverkehr. Deutlich niedrigere Anteile atypisch Beschäftigter finden sich in den kaufmännischen Berufen, bei den Lehrerinnen und Lehrern an Grundschulen und weiterführenden Schulen. Höhere Anteile

Tabelle 3 Erwerbstätige nach ausgewählten Berufsgruppen und Erwerbsformen (Deutschland; 2009; in 1 000)

Berufsgruppen	Erwerbstätige insges. in 1 000	Selbstständige	Abhängig Beschäftigte		
			Insgesamt	Normalarbeitnehmende	Atypisch Beschäftigte
Erwerbstätige	34 459	11,3	88,7	75,2	24,8
Soziale Berufe	1 535	4,4	95,6	65,4	34,6
darunter:					
Soz'arbeiter/innen/Soz'pädagog/inn/en	283	5,0	95,0	67,9	32,1
Erzieher/innen	485	0,8	99,2	70,8	29,2
Altenpfleger/innen	439	1,8	98,2	65,0	35,0
Heilerziehungspfleger/innen	60	0,8	99,2	73,6	26,4
Kinderpfleger/innen	64	3,2	96,8	48,1	51,9
Sonstige soziale Berufe	204	19,1	80,9	49,9	50,1
Andere Berufe	32 924	11,6	88,4	75,7	24,3
davon:					
Verkaufspersonal	1 445	5,5	94,5	55,8	44,2
Groß-/Einzelhandelskaufleute	1 059	27,8	72,2	81,3	18,7
Bank-, Bauspark.-, Versicher'fachleute	807	11,0	89,0	85,8	14,2
Berufe im Nachrichtenverkehr	223	1,0	99,0	62,2	37,8
Büroberufe/Kaufmänn. Angestellte	4 000	1,2	98,8	74,2	25,8
Gesundheitsdienstberufe	1 869	6,6	93,4	69,6	30,4
Lehrer (ohne Grundschulen)	1 099	12,5	87,5	76,5	23,5
Lehrer an Grundschulen	156	0,2	99,8	79,4	20,6
Berufe in der Körperpflege	332	42,9	57,1	63,3	36,7
Hotel- u. Gaststättenberufe	660	23,2	76,8	56,0	44,0
Haus- u. ernährungswissensch. Berufe	327	4,2	95,8	41,1	58,9
Sonstige Berufe	20 946	13,0	87,0	78,8	21,2

Bevölkerung am Ort der Hauptwohnung, Kernerwerbstätige im Alter von 15 bis 64 Jahre, die nicht in Ausbildung und Studium oder in besonderen Beschäftigungsverhältnissen sind (wie Zeitsoldaten), Jahresdurchschnittsgewicht

Quelle: Forschungsdatenzentrum der Statistischen Ämter des Bundes und der Länder; Mikrozensus 2009; eigene Berechnungen

atypisch Beschäftigter finden sich beim Verkaufspersonal, bei den Berufen im Hotel- und Gaststättengewerbe sowie bei den haus- und ernährungswissenschaftlichen Berufen.

Alles in allem arbeiten Angehörige sozialer Berufe im Vergleich zur Gesamtheit der Erwerbstätigen deutlich häufiger in pluralisierten Erwerbsformen: Gut jede bzw. jeder dritte Beschäftigte in diesen Berufsgruppen ist in einem atypischen Beschäftigungsverhältnis tätig. Überdurchschnittlich oft handelt es sich um befristete Arbeitsverhältnisse oder eine atypische Teilzeitarbeit unterhalb einer Halbtagsstelle. Im Binnenvergleich sozialer Berufe sind es vor allem die Kinderpflegerinnen und Kinderpfleger, die überproportional häufig atypisch arbeiten. Aber auch Sozialarbeiterinnen und Sozialarbeiter sowie Altenpflegerinnen und Altenpfleger sind häufiger von atypischer Beschäftigung betroffen als etwa Erzieherinnen und Erzieher. Wenngleich atypische Beschäftigung nicht zwangsläufig mit prekärer Beschäftigung einhergehen muss – dies wird beispielsweise an der Teilzeitarbeit deutlich, die nach wie vor eine wichtige Rolle für die Vereinbarkeit von Familie und Beruf spielt und damit in frauendominierten Bereichen per se eine größere Rolle spielt –, haben atypische Beschäftigungsverhältnisse dennoch häufiger größere Risiken in Bezug auf die Beschäftigungssicherheit und die Einbindung in die sozialen Sicherungssysteme zur Folge.

4   Ausbildungen und Studiengänge für die Kinder- und Jugendhilfe

Die Auswertung der Qualifikationsprofile zeigt, dass im Erhebungsjahr 2010/2011 mehr als 80 % der Beschäftigten in der Kinder- und Jugendhilfe über eine fachlich einschlägige, i. d. R. eine sozialpädagogische Ausbildung verfügen. Zu den wichtigsten Berufsgruppen zählen mit 56 % die Erzieherinnen und Erzieher, mit 15 % die Sozialpädagoginnen und Sozialpädagogen und mit 9 % die Kinderpflegerinnen und Kinderpfleger bzw. die Sozialassistentinnen und Sozialassistenten sowie – neuerdings – die inzwischen hinzugekommenen Früh- bzw. Kindheitspädagoginnen und -pädagogen mit Bachelor-Abschluss.

Diese Berufsgruppen sind eingebettet in ein hierarchisch gegliedertes System sozialer Ausbildungen, das als „sozialpädagogische Ausbildungspyramide" beschrieben werden kann (Beher und Rauschenbach 2004, S. 1; Rauschenbach 2006, S. 25). Die Lage der Ausbildungen innerhalb dieser Pyramide ist durch die formalen Zugangsvoraussetzungen und den inhaltlichen Auftrag der jeweiligen Ausbildungsstätte bestimmt. Demnach unterscheiden sich die sozialpädagogischen Ausbildungen nach ihrem formalen Niveau, ihren Ausbildungsorten, ihrer Ausbildungsphilosophie, ihrer differierenden berufspraktischen Ausrichtung sowie einem disparaten Wissenschaftsbezug. Mit Ausnahme der Kinderpflegeausbildung erheben jedoch alle fachlich einschlägigen Ausbildungen den Anspruch auf eine Qualifizierung für eine selbstständige Tätigkeit in den sozialpädagogischen Arbeitsfeldern. Gemeinsam ist den verschiedenen Ausbildungsformen darüber hinaus, dass sie auf der Ebene des Ausbildungs- und Beschäftigungssystems als etabliert bezeichnet werden können.

Betrachtet man nur die Anfängerinnen und Anfänger in den entsprechenden Ausbildungsgängen, dann haben im Schul- bzw. Studienjahr 2010/11 rund 73 300 Personen eine Ausbildung bzw. ein Studium in diesem Bereich begonnen (vgl. Schilling 2010; Statistisches Bundesamt 2011b). Die größte Gruppe bilden dabei mit fast 28 200 Personen die Schülerinnen und Schüler im ersten Ausbildungsjahr zur Erzieherin bzw. zum Erzieher. Danach folgen Bachelor-Studierende in erziehungswissenschaftlichen Hauptfachstudiengängen (Erziehungswissenschaft, Sonderpädagogik, Sozialwesen) an Universitäten, Pädagogischen Hochschulen und Fachhochschulen. Im Studienjahr 2010/11 haben rund 21 300 junge Menschen ein solches Studium begonnen. Schließlich haben im selben Jahr 9 200 Personen eine Ausbildung in der Kinderpflege und 14 600 Personen eine Ausbildung zur Sozialassistenz begonnen. Ein Studium in den neu eingerichteten Studiengängen der Früh- und Kindheitspädagogik haben im genannten Erhebungsjahr rund 2 780 ein Studium aufgenommen (Autorengruppe Fachkräftebarometer 2014).

Auch wenn vor allem die Ausbildungskapazitäten der sozialpädagogischen Fachschulen in den letzten Jahren bereits erheblich gesteigert worden sind, dürfte dennoch auch in Zukunft mit weiter wachsenden Schüler(innen)- und Studierendenzahl zu rechnen sein, zumindest solange der Personalbedarf im Westen – insbesondere im frühpädagogischen Bereich – weiter steigt und sich im Osten eine Pensionierungswelle abzeichnet (vgl. Schilling 2010).

Ausbildungen zur Kinderpflege bzw. Sozialassistenz sind an Berufsfachschulen angesiedelt. Als formale Zugangsvoraussetzung gilt der Hauptschulabschluss, wobei etwa die Hälfte der Berufsfachschulen ein Eignungsfeststellungverfahren durchführt (vgl. Schreiber 2012). Zu den Inhalten der Ausbildung zählen die Vermittlung „grundlegende(r) Kenntnisse und Fertigkeiten zur pädagogischen Mitarbeit in verschiedenen sozialpädagogischen Arbeitsfeldern, insbesondere bei der Betreuung, Bildung und Erziehung von Kindern im vorschulischen Alter oder frühen Schulalter" (Janssen 2010, S. 195). Damit stehen assistierende und angeleitete Tätigkeiten im (sozial-)pflegerischen und betreuerischen Aufgabenspektrum im Vordergrund. Entsprechend der formalen Zugangsvoraussetzungen besuchen vor allem Hauptschülerinnen und Hauptschüler die Berufsfachschulen für Kinderpflege bzw. Sozialassistenz.

Allerdings existiert ein auffälliges Gefälle zwischen den beiden Ausbildungen: Während in der Ausbildung zur Kinderpflege 77 % der Schülerinnen und Schüler über einen Hauptschulabschluss verfügen, können in der Ausbildung zur Sozialassistenz 83 % einen mittleren Schulabschluss vorweisen. Der Verbleib nach der Ausbildung gestaltet sich von Bundesland zu Bundesland sehr unterschiedlich. In einzelnen Bundesländern wechseln nach Einschätzung von Leitungen an Berufsfachschulen 50–70 % der Absolventinnen und Absolventen an die sozialpädagogische Fachschule. Die Übergangsquoten hängen mit den Arbeitsmarktchancen und der schulischen

Vorbildung zusammen, wobei in einigen Bundesländern, etwa Bayern, von sehr guten, in anderen Bundesländern, insbesondere in den östlichen Ländern, von eher
schlechten Arbeitsmarktchancen berichtet wird (vgl. Schreiber 2012). Sekundärana-
lysen mit den Daten des Mikrozensus zeigen jedoch, dass die Beschäftigungsbedingungen von Kinderpflegerinnen und Kinderpflegern insgesamt eher ungünstig aus-
fallen; sie sind überproportional häufig in Teilzeit beschäftigt und in hohem Maße
von Befristung betroffen (vgl. Fuchs-Rechlin 2010; vgl. Abschnitt 3).

In einigen Bundesländern scheint die Ausbildung zur Kinderpflege/Sozialassis-
tenz jedoch vor allem eine Durchgangsstation zu sein, die die Möglichkeit eröffnet,
eine Erzieherausbildung anzuschließen oder die Fachoberschule zu besuchen (vgl.
Schreiber 2012). Bezogen auf die Adressatinnen und Adressaten von Berufsfachschulen mit dem Ausbildungsgang Kinderpflege/Sozialassistenz ist auffällig, dass sie mit
einem Anteil von 14 % einen vergleichsweise hohen Anteil von jungen Menschen mit
Migrationshintergrund ,ansprechen' (vgl. Fuchs-Rechlin 2010). Bei den Erzieherinnen und Erziehern hingegen liegt dieser Anteil bei lediglich 8 % und dürfte bei den
Hochschulabsolventinnen und -absolventen – hier liegen derzeit keine konkreten
Zahlen vor – noch einmal niedriger sein. Damit wäre die Berufsfachschule bis auf
Weiteres immerhin ein nennenswerter Weg zur verstärkten Gewinnung von Fach-
kräften mit Migrationshintergrund.

Erzieherinnen und Erzieher werden an Fachschulen bzw. Fachakademien ausgebildet. Ziel der Ausbildung ist die Übernahme selbstständiger und eigenverant-
wortlicher Tätigkeiten für Erziehungs-, Bildungs- und Betreuungsaufgaben in allen
sozialpädagogischen Bereichen sowie die Vorbereitung auf Führungsaufgaben (vgl.
Janssen 2011a). Die formalen Zugangsvoraussetzungen zur Ausbildung an Fachschulen sind landesrechtlich geregelt. Demzufolge variieren die Anforderungen sowohl an
die schulische Vorbildung als auch an die berufliche Vorqualifikation je nach Bundesland. Zu den Standardzugangswegen zählen mittlerweile entweder ein mittlerer
Schulabschluss in Verbindung mit einer abgeschlossenen Ausbildung in der Kinderpflege bzw. zur Sozialassistenz oder eine Hochschulzugangsberechtigung (vgl. Janssen
2011b; Leygraf 2012).

Dementsprechend ist die Schülerschaft auffällig heterogen: 64 % beginnen ihre
Fachschulausbildung mit einem mittleren Schulabschluss und 36 % besitzen eine
Hochschulzugangsberechtigung, wobei die Mehrzahl dieser Schülerinnen und Schüler die Fachhochschulreife absolviert hat. Kennzeichnend für die Fachschulausbildung ist, dass sie zum einen in einen fachpraktischen und fachtheoretischen Teil untergliedert ist, wobei drei Modelle unterschieden werden können (vgl. Leygraf 2012):
Das *additive* Ausbildungsmodell ist in eine zweijährige vollzeitschulische Phase und
ein anschließendes einjähriges Berufspraktikum untergliedert; in seiner integrativen
Form wechseln sich im Rahmen einer dreijährigen Ausbildung schulische und praktische Phasen ab. Davon unterscheidet sich schließlich das *integrative* Ausbildungsmodell, das die schulische Ausbildung mit Praktika anreichert und mit einem halb-
jährlichen Berufspraktikum abschließt.

Derzeit bieten 68 % der Fachschulen die Ausbildung nach dem additiven Modell an, 25 % nach dem integrativen Ausbildungsmodell und weitere 5 % nutzen das integrative Modell mit halbjährigem Berufspraktikum. Zur Steigerung der Attraktivität der Ausbildung wird derzeit in einigen Bundesländern ein weiteres Ausbildungsmodell erprobt, die duale Ausbildung: So können in Baden-Württemberg Fachschulen ab dem Schuljahr 2012/13 eine duale Ausbildung zur Erzieherin bzw. zum Erzieher anbieten. Damit verbunden ist eine Ausbildungsvergütung ab dem ersten Ausbildungsjahr. Die Fachschülerinnen und -schüler erhalten einen jährlichen Urlaubsanspruch nach den geltenden gesetzlichen bzw. tarifvertraglichen Regelungen.

Neben den verschiedenen Organisationsformen unterscheiden sich die Fachschulen zum anderen nach ihrer inhaltlichen Schwerpunktsetzung. Im Rahmen der sozialpädagogischen Breitbandausbildung werden inhaltliche Profile vor allem über die Gewichtung des Lehrangebots nach verschiedenen Arbeitsfeldern vorgenommen (vgl. Leygraf 2012). Nach wie vor dominiert jedoch das Arbeitsfeld der Kindertageseinrichtungen. Dies wird daran deutlich, dass in über 75 % der Schulen dieses Arbeitsfeld mehr als 50 % des Lehrangebots umfasst und in nur 4 % der Schulen der Umfang des Arbeitsfeldes Kindertageseinrichtung von anderen Arbeitsfeldern übertroffen wird (vgl. ebd.). Auch bei den Ausbildungsbestandteilen, die die Schülerinnen und Schüler im Rahmen ihrer individuellen Schwerpunktsetzung selbst wählen können, dominiert das Arbeitsfeld der Kindertageseinrichtungen. In 91 % der Fachschulen wird der Schwerpunkt Kindertageseinrichtungen stark nachgefragt. Von überwiegend mittlerem Interesse sind die Arbeitsfelder Kinder- und Jugendarbeit sowie Hilfen zur Erziehung (inkl. Heimerziehung). Auf vergleichsweise niedriges Interesse stößt dagegen bislang das neue Arbeitsfeld Ganztagsschule.

Ein beträchtlicher Teil der Fachschulen, rund 51 %, ist mittlerweile eine Kooperation mit einer Hochschule eingegangen bzw. plant diese, um auf diese Weise die Durchlässigkeit zwischen Fachschulausbildung und Hochschulstudium zu fördern (Leygraf 2012, S. 40). Dabei soll die Durchlässigkeit zwischen den Ausbildungsformen durch die Anrechnung von an der Fachschule erbrachten Leistungen im Rahmen des Hochschulstudiums gewährleistet werden (ebd.). Dabei existieren unterschiedliche Modelle: Zum einen werden Leistungen pauschal anerkannt, indem beispielsweise Fachschülerinnen in ein höheres Hochschulsemester (i. d. R. in das 3. Semester) eingestuft werden, zum anderen werden Leistungen nach individueller Einzelprüfung angerechnet. Kooperationen zwischen Fachschulen und Hochschulen wirken sich positiv auf die Anrechnung von erbrachten Leistungen aus.

Die größten Veränderungen der sozialpädagogischen Ausbildungslandschaft in den letzten Jahren sind jedoch im Hochschulbereich zu verzeichnen. Bis etwa 2004 war das deutsche Hochschulsystem durch eine interinstitutionelle Differenzierung zwischen Fachhochschulen und Universitäten bzw. Pädagogischen Hochschulen gekennzeichnet. Zum einen wurden an Fachhochschulen Diplom-Sozialpädagoginnen und -Sozialpädagogen (bzw. Diplom-Sozialarbeiter/innen) ausgebildet, zum anderen existierten an den Universitäten und Pädagogischen Hochschulen Studiengänge, die zum Abschluss der Diplom-Pädagogik führten. Zu Beginn der 2000er Jahre existierten rund 60 solcher Studiengänge (vgl. Krüger und Rauschenbach 2004). An vielen Universitäten gab es darüber hinaus den Abschluss zum Magister/Magistra der Erziehungswissenschaft, wobei die Ausbildungskapazitäten in diesem Studienzweig deutlich geringer waren als beim Studiengang der Diplom-Pädagogik.

Mit den Bemühungen um einen europäischen Hochschulraum im Rahmen der sogenannten Bologna-Reform hat die Hochschullandschaft und haben damit auch die Studiengänge an Fachhochschulen und Universitäten eine tiefgreifende Veränderung erfahren. Die traditionellen Diplom- und Magisterstudiengänge wurden nach und nach eingestellt und stattdessen i. d. R. konsekutive Studiengänge nach dem Bachelor-Master-Modell eingeführt. Ziel war nicht nur eine Verbesserung der Studierbarkeit und die Erhöhung der Studieneffektivität (z. B. kürzere Studienzeiten, Verringerung der Studienabbruchquoten), sondern auch eine Verbesserung der Vermittlung überfachlicher Schlüsselqualifikationen sowie eine höhere Berufsorientierung. Insgesamt sollte die Studierbereitschaft junger Menschen erhöht und dadurch das Studierpotenzial von Studienberechtigten mit niedriger sozialer Herkunft besser ausgeschöpft werden.

Mit der Umstellung in eine Bachelor-Master-Struktur veränderte sich auch die Höhenlage zwischen den Hochschulen. Die vormals interinstitutionelle Differenzierung zwischen den Ausbildungsinstitutionen wurde durch eine intrainstitutionelle Differenzierung, also durch eine hierarchische Gliederung zwischen Bachelor- und Masterstudiengängen abgelöst (vgl. Drake 2002; Teichler 2005). Trotz der Etablierung konsekutiver Studiengänge unterscheiden sich die Zulassungsvoraussetzungen nach wie vor nach Hochschultyp: Zugangsvoraussetzung für ein Studium an einer Fachhochschule ist immer noch die Fachhochschulreife, für ein Studium an einer Pädagogischen Hochschule die fachgebundene Hochschulreife und für ein Studium an einer Universität die allgemeine Hochschulreife.

Veränderungen betreffen jedoch nicht nur die Studiengangstruktur, sondern auch die Studieninhalte. Im Zuge der Bologna-Reform sind bundeseinheitliche Rahmenordnungen und die „steuernde Rolle der Wissenschaftsministerien weggefallen" (BMFSFJ 2013, S. 472). An deren Stelle traten Akkreditierungsagenturen, die lediglich die allgemeine Studierbarkeit von Studiengängen prüfen. Dadurch können Studiengänge flexibler gestaltet werden als dies zuvor bei einer ministeriellen Genehmigung der Fall war. So sind in den letzten Jahren sehr unterschiedliche Studiengänge, mit z. T. generalistischem, z. T. spezialisiertem Profil entstanden (vgl. Stisser et al. 2012). Allein das Stundenvolumen mit primär pädagogischen Inhalten in den einzelnen Studiengängen variiert erheblich. Auch wenn es Empfehlungen gibt, existiert kein verbindliches Curriculum für erziehungswissenschaftliche Hauptfachstudiengänge. Welche Konsequenzen dies für die Kinder- und Jugendhilfe hat, ist bislang nicht absehbar.

Zu einem neuen *„Variantenreichtum"* in der sozialpädagogischen Ausbildungs- und Studienlandschaft haben darüber hinaus die neu eingerichteten Studiengänge im frühpädagogischen- bzw. kindheitspädagogischen Bereich beigetragen (Beher und Rauschenbach 2004, S. 5; Rauschenbach und Schilling 2013). Diese Studiengänge wurden seit 2004 vor dem Hintergrund der Diskussion um eine Akademisierung der Erzieherausbildung vor allem an Fachhochschulen, aber auch an Pädagogischen Hochschulen und vereinzelt an Universitäten eingerichtet. Befördert wurde diese Entwicklung durch die Bologna-Reform.

Strukturell lassen sich diese Studiengänge danach unterscheiden, ob sie grundständig angeboten werden oder eine abgeschlossene Erzieherausbildung voraussetzen. Im Wintersemester 2011/12 verzeichnete der Hochschulkompass der Hochschulrektorenkonferenz 51 Bachelorstudiengänge (vgl. Züchner 2012). Davon setzten 19 eine abgeschlossene Erzieherausbildung voraus, 32 können als grundständige Studiengänge bezeichnet werden, d. h. sie setzen neben der Hochschulzugangsberechtigung teilweise praktische Vorerfahrungen in Form von Praktika voraus.

Auch wenn die konzeptionelle Ausrichtung der Studiengänge unterschiedlich ist, sind sie in ihrer Zielrichtung vergleichsweise einheitlich. Ziel ist es, eine wissenschaftlich fundierte Ausbildung, ausgerichtet an den Anforderungen der Berufspraxis, anzubieten. So soll im Rahmen des Hochschulstudiums den Studierenden vermittelt werden, „wie sie mit theoretischem Wissen die vielfältigen Situationen in der Praxis reflektieren und daraus Handlungsableitungen bilden können" (Vogelfänger 2010, S. 11).

Die Positionierung der verschiedenen Ausbildungsprofile ist sowohl im Hinblick auf ihre thematisch-inhaltliche Schwerpunktsetzung als auch ihre hierarchische Einordnung untereinander in Bewegung. So ist bislang offen, wie sich die hochschulausgebildeten Früh- bzw. Kindheitspädagoginnen und -pädagogen zwischen den etablierten Ausbildungsprofilen der an Fachschulen ausgebildeten Erzieherinnen und Erzieher und der an Fachhochschulen und Universitäten ausgebildeten Sozialpädagoginnen und Sozialpädagogen ‚einreihen'. Diese Frage streift zum einen die Akzeptanz dieses Ausbildungsprofils auf dem Arbeitsmarkt, der insbesondere im frühpädagogischen Bereich bezogen auf die Einkommens- und Aufstiegsmöglichkeiten kein „Akademikerarbeitsmarkt" ist (vgl. Züchner 2012). Zum anderen sind laufbahnrechtliche Fragen nach wie vor offen bzw. noch nicht deutschlandweit umgesetzt. Während die staatliche Anerkennung von Früh- und Kindheitspädagogen in den meisten Bundesländern mittlerweile geregelt ist (Stieve et al. 2014), sind Fragen der tariflichen Eingruppierung von Bachelorabsolventinnen und -absolventen im System der Kindertagesbetreuung bislang offen.

Befördert wird die Diskussion um die Höhenlage der verschiedenen Ausbildungsprofile auch durch die Diskussion um die Zuordnung im Deutschen und Europäischen Qualifikationsrahmen (DQR und EQR; vgl. Gebrande 2011; Berth et al. 2013). Schließlich bleibt abzuwarten, wie sich im Bereich der hochschulischen Ausbildung die Übergangsquoten von den Bachelor- in die Masterstudiengänge langfristig entwickeln.

5   Akademisierung und Professionalisierung der Kinder- und Jugendhilfe

Nicht nur in der Kinder- und Jugendhilfe, sondern auch bezogen auf pädagogische Berufe im Allgemeinen hat die Frage, ob diese zu den Professionen zu zählen seien, Tradition. Diese Frage berührt zuvorderst das Selbstverständnis dieser Berufsgruppe. Im Kontext dieser Diskussion wird Professionalität unter zwei Blickrichtungen thematisiert: Zum einen wird – auf der Basis merkmalstheoretischer Professionstheorien – das Ausbildungsniveau in den Blick genommen. In dieser Hinsicht werden Professionen anhand bestimmter Merkmale beschrieben und dadurch von ,normalen' Berufen abgegrenzt. Zu diesen Merkmalen zählen systematisches, i. d. R. in einer akademischen Ausbildung erworbenes, wissenschaftliches Wissen, die Ausrichtung der Handlungsorientierung am Gemeinwohl (Berufsethos) sowie die Autonomie der Kontrolle über die Standards der Berufsausübung und der Berufsausbildung (vgl. Combe und Helsper 1997; Nittel 2000). Diese merkmalsorientierte Sichtweise wurde vor allem durch Arbeiten von Parsons und seine funktionalistische Betrachtungsweise ergänzt und darüber hinaus durch machttheoretische Zugänge erweitert (vgl. ebd.).

Greift man das Kriterium der akademischen Ausbildung als Maßstab für den Professionalisierungsgrad in der Kinder- und Jugendhilfe heraus, dann ist dieser noch nicht sonderlich weit, zumindest sehr ungleich voran geschritten: Lediglich 19 % des pädagogischen und Verwaltungspersonals in der Kinder- und Jugendhilfe haben überhaupt eine Hochschulausbildung abgeschlossen (vgl. Tabelle 4), während noch weniger, 15 %, dies in einer fachlich einschlägigen Studienrichtung getan haben. Diese niedrige Akademisierungs- bzw. Professionalisierungsquote ist nicht zuletzt dem Ausbildungsniveau in den Kindertageseinrichtungen geschuldet. Hier haben lediglich 5 % ein Hochschulstudium abgeschlossen (4 % in einer fachlich einschlägigen Studienrichtung), während in den anderen Arbeitsfeldern der Kinder- und Jugendhilfe immerhin jede zweite tätige Person einen Hochschulabschluss vorzuweisen hat.

Aber auch innerhalb der ,anderen Arbeitsbereiche' ist die Akademisierungsquote unterschiedlich hoch. Die höchsten Akademikeranteile finden sich mit 76 % erwartungsgemäß in Beratungsstellen, dicht gefolgt von den Jugendbehörden mit 73 %. Auch in der Kinder- und Jugendarbeit und in der Jugendsozialarbeit finden sich mit etwa 50 % vergleichsweise hohe Akademikeranteile. Eine niedrige Akademikerquote findet sich dagegen mit 15 % in der Behindertenhilfe.

Für die Kindertagesbetreuung wird die Akademisierung des Leitungspersonals inzwischen als ein realisierbares „Akademisierungsmodell" diskutiert (vgl. Pasternack 2008; Vereinigung der Bayerischen Wirtschaft 2012). Legt man dieses Kriterium zugrunde, dann zeigt sich für die Gesamtheit der Kinder- und Jugendhilfe ebenfalls ein sehr heterogenes Bild: Während in einigen Teilarbeitsfeldern die Leitungsebene als ,akademisiert' gelten kann, etwa das Personal in den Jugendbehörden und Beratungsstellen mit Akademikeranteilen von 96 % bzw. 91 %, ist die Kindertagesbetreuung von der Akademisierung des Leitungspersonals noch weit entfernt. Schon seit

Tabelle 4 Akademisierungs- und Professionalisierungsquote des Pädagogischen- und Verwaltungspersonals in der Kinder- und Jugendhilfe (Deutschland; 2010/11; Absolut und in Prozent)

Arbeitsbereiche	Pädagogisches- und Verwaltungspersonal					
	N =	Akad. Quote	Prof. Quote	darunter: Leitungskräfte		
				N =	Akad. Quote	Prof. Quote
Kindertageseinrichtungen	443 460	4,9	4,1	24 868	19,0	18,2
Andere Arbeitsfelder	195 112	50,0	38,8	8 372	78,0	55,2
darunter:						
Einr. der Hilfen zur Erziehung	71 419	37,7	32,4	2 416	77,2	63,0
Einr. der Ki'- und Jugendarbeit	35 938	48,0	38,0	1 701	61,2	39,7
Jugendsozialarbeit	5 680	52,5	39,5	242	72,7	50,0
Jugendbehörden	36 708	72,7	52,7	1 459	95,5	58,4
Beratungsstellen (o. Ju'-berat.)	14 744	76,4	52,2	449	90,9	57,2
Einr. für Ki/Ju mit Behinderung	12 375	14,7	10,6	388	63,9	48,2
Sonstige	18 248	57,9	45,1	1 717	81,2	58,4
Kinder- und Jugendhilfe insges.	638 572	18,6	14,7	33 240	33,9	27,5

Quelle: Statistisches Bundesamt: Statistiken der Kinder- und Jugendhilfe – Kinder und tätige Personen in Tageseinrichtungen und öffentlich geförderter Kindertagespflege, Einrichtungen und tätige Personen (ohne Tageseinrichtungen für Kinder), versch. Jahrgänge; eigene Berechnungen

Jahren bewegt sich hier der Akademikeranteil unter den Leitungskräften mit Anteilen von um die 20 % auf nahezu gleichbleibendem Niveau (vgl. Fuchs-Rechlin 2012). Im Jahr 2011 hatten 9 % der nicht-freigestellten Leitungskräfte und 20 % der freigestellten Leitungskräfte einen Hochschulabschluss.

Mit diesen Anteilen liegen sie zwar deutlich über der Akademisierungsquote der pädagogisch Tätigen im Gruppendienst bzw. mit gruppenübergreifenden Aufgaben von 3 %, im Vergleich zu den ,anderen Arbeitsbereichen' der Kinder- und Jugendhilfe bilden sie jedoch das Schlusslicht: In den letztgenannten Arbeitsbereichen liegt der Anteil an hochschulausgebildeten Leitungskräften immerhin bei 55 %. Selbst Einrichtungen mit einem geringen Akademisierungsniveau beim Gesamtpersonal erreichen bei den Leitungskräften einen deutlich höheren Akademikeranteil, als dies bei den Kindertageseinrichtungen der Fall ist. So haben etwa in Einrichtungen für Kinder mit Behinderung zwar nur 11 % der tätigen Personen einen Hochschulabschluss, unter den Leitungskräften liegt dieser Anteil jedoch bei 48 %.

Professionen bedürfen jedoch nicht nur einer allgemeinen akademischen Ausbildung, Professionelle sind zugleich Vertreter einer eigenen „abgegrenzte(n) sym-
bolische(n) Sinnwelt", also Vertreter einer spezifischen Disziplin (vgl. Schütze 1992).
Schaut man sich unter dem Kriterium der fachlichen Einschlägigkeit die Qualifikation des pädagogischen und des Verwaltungspersonals an, dann liegen die Professio-
nalisierungsquoten noch einmal deutlich unter den Akademisierungsquoten: Lediglich 15 % des pädagogischen und des Verwaltungspersonals besitzen einen fachlich
einschlägigen Hochschulabschluss, unter den Leitungskräften sind dies 28 %. Alles in
allem – und dieses Ergebnis ist nicht neu – ist der Teilarbeitsmarkt Kinder- und Jugendhilfe als immer noch wenig professionalisiert zu bezeichnen. Dementsprechend
wurden derartige Berufsgruppen auch lange Zeit als „Semi-Professionen" bezeichnet
(vgl. Schütze 1992).

Zusammenfassung und Folgerungen

Für die Kinder- und Jugendhilfe kann am Ende des ersten Jahrzehnts im noch jungen
Jahrhundert – zumindest aus Sicht der Personalstruktur – eine positive Bilanz gezogen werden: Das Personalvolumen nimmt weiter bzw. wieder zu und hat inzwischen
einen historischen Höchststand erreicht. Infolgedessen finden auch spürbar wieder
mehr jüngere Fachkräfte Zugang zu diesem Berufssegment. Offen bleibt die Frage,
inwiefern der Ausbau der Kindertagesbetreuung zumindest teilweise zu Lasten der
anderen Arbeitsfelder geht. Angesichts knapper werdender öffentlicher Kassen und
der in den letzten Jahren immer weiter gestiegenen finanziellen Aufwendungen für
die Kinder- und Jugendhilfe ist diese Befürchtung nicht ganz von der Hand zu weisen
(vgl. BMFSFJ 2013).
    Desweiteren lässt sich ein Trend zur Höherqualifizierung des Personals beobach-
ten, insbesondere in den anderen Arbeitsfeldern, jenseits der Kindertageseinrichtungen. Trotz des gestiegenen Fachkräftebedarfs – insbesondere ausgelöst durch den
Ausbau der Kindertagesbetreuung für unter Dreijährige – lassen sich weiterhin Ver-
fachlichungs- und Professionalisierungstendenzen beobachten (vgl. Rauschenbach
2010; Schilling 2011). Befürchtungen einer Deprofessionalisierung des Personals haben sich demzufolge bislang nicht bestätigt. Allerdings ist es zugleich nicht gelungen, in nennenswertem Umfang mehr Männer für die Kinder- und Jugendhilfe zu
gewinnen – und dies trotz dezidierter Bemühungen von politischer Seite. Im Gegenteil: In der Kinder- und Jugendhilfe lässt sich ein Trend zur weiteren Feminisierung
beobachten.
    Mit Blick auf die Beschäftigungsbedingungen lassen sich in den sozialen Beru-
fen zunehmende Erosionstendenzen und damit eine Abkehr von Normalbeschäfti-
gungsverhältnissen beobachten. Diese Tendenzen scheinen in den sozialen Berufen
stärker ausgeprägt zu sein als in anderen Berufsbereichen mit einem vergleichbaren
Frauenanteil. Besonders kritisch zu betrachten sind die hohen Befristungsquoten so-

wie die steigende Zahl atypischer Arbeitszeitmodelle unterhalb der klassischen Halb-tagsstelle. Beschäftigungsbedingungen sind auch jenseits der Frage nach der ‚biogra-fischen Zumutbarkeit' für die Berufstätigen selbst ein Indikator für die Qualität der pädagogischen Arbeit. Sowohl Befristung als auch Teilzeit gefährden prinzipiell die Kontinuität des pädagogischen Prozesses, der – und dies gilt verstärkt für jüngere Kinder – eine wichtige Voraussetzung für den Aufbau einer stabilen und tragfähigen Fachkraft-Kind-Beziehung darstellt.

Im Hinblick auf das Ausbildungsgefüge der für die Kinder- und Jugendhilfe wich-tigsten Berufsgruppen haben sich ebenfalls tiefgreifende Veränderungen ergeben, deren Auswirkungen noch nicht absehbar sind. Wenn auch in quantitativer Hinsicht bislang noch vergleichsweise wenig bedeutsam, so ist doch in qualitativer Hinsicht die Ausdifferenzierung sozialpädagogisch neuer Studiengänge in Form früh- und kind-heitspädagogischer Studiengänge eine tiefgreifende Veränderung. In Verbindung mit der Diskussion um den Deutschen und Europäischen Qualifikationsrahmen ist bis-lang ungeklärt, inwiefern sich die Lage der bislang gut eingespielten Berufsgruppen vertikal (zwischen den verschiedenen Hochschulabschlüssen) und horizontal (zwi-schen den verschiedenen Ausbildungsniveaus) verschieben wird. Schließlich bleibt vor dem Hintergrund der Debatten um die Professionalisierung der Kinder- und Ju-gendhilfe offen, inwiefern die neuen Bachelor- und Masterstudiengänge ihr Verspre-chen einer höheren Berufsorientierung tatsächlich einlösen können.

Wirft man abschließend noch einmal einen Blick auf die Entwicklung der Be-schäftigtenzahlen, dann gibt diese auch Hinweise auf die Entwicklung des Systems der Kinder- und Jugendhilfe insgesamt: Betrachtet man die Entwicklung des Per-sonalvolumens unter dem Gesichtspunkt der Zielgruppen, so fällt auf, dass vor allem jene Leistungssegmente an Gewicht gewonnen haben, die ihren Akzent auf Kinder, insbesondere auf jüngere Kinder legen. Antriebsfeder für das Wachstum ist vor allem der U3-Ausbau im Bereich der Kindertagesbetreuung, aber auch der durch die tra-gischen Fälle von Kindstötungen ausgelöste verbesserte Kinderschutz. Dieser findet seinen Niederschlag im personellen Ausbau der ambulanten und stationären erzie-herischen Hilfen sowie des Allgemeinen Sozialdiensts und geht einher mit einer Ver-jüngung der Leistungsempfangenden.

Auf den ersten Blick ist dies positiv zu interpretieren, da es als ein Hinweis gele-sen werden kann, dass die mit großem Einsatz installierten Frühen Hilfen in punkto Personalzuwachs vor Ort ihre Wirkung zeigen. Im gleichen Atemzuge stellt sich aber die Frage, inwiefern die Kinder- und Jugendhilfe bei dieser verstärkten ‚Kinderzen-trierung' ihre ‚älteren' Adressatinnen und Adressaten aus dem Blick verliert bzw. an andere Akteure im Sozial- und Bildungssystem, etwa an die Ganztagsschule abgibt. Dass eine derartige Entwicklung nicht unterschätzt werden sollte, zeigt die jüngere bundespolitische Initiative für eine „Eigenständige Jugendpolitik" (vgl. Stroppe 2011).

Literatur

Autorengruppe Fachkräftebarometer (2014). *Fachkräftebarometer Frühe Bildung*. München: Deutsches Jugendinstitut.

Bundesministerium für Familien, Senioren, Frauen und Jugend (Hrsg.). (2012). *Dritter Zwischenbericht zur Evaluation des Kinderförderungsgesetzes Bericht der Bundesregierung 2012 nach § 24a Abs. 5 SGB VIII über den Stand des Ausbaus für ein bedarfsgerechtes Angebot an Kindertagesbetreuung für Kinder unter drei Jahren für das Berichtsjahr 2011*. Berlin: Bundesministerium für Familien, Senioren, Frauen und Jugend.

Bundesministerium für Familien, Senioren, Frauen und Jugend (Hrsg.). (2013). *Vierzehnter Kinder- und Jugendbericht. Kinder- und Jugendhilfe in neuer Verantwortung*. Berlin: Bundesministerium für Familien, Senioren, Frauen und Jugend.

Beher, K., & Fuchs-Rechlin, K. (2013). Wie atypisch und prekär sind die Beschäftigungsverhältnisse in sozialen Berufen? Eine Analyse des Mikrozensus 2009. In M. Schilling, H. Gängler, I. Züchner & W. Thole (Hrsg.), *Soziale Arbeit quo vadis? Programmatische Entwürfe auf empirischer Basis* (S. 116–134). Weinheim: Beltz Juventa.

Beher, K., & Rauschenbach, T. (2004). Soziale Ausbildungen im Wandel. Empfehlungen zur Neugestaltung. http://cgi. dji.de/bibs/231_3.pdf. Zugegriffen: 04. Januar 2012.

Berth, F. Diller, A., Nürnberg, C., & Rauschenbach, T. (Hrsg.). (2013). *Gleich und doch nicht gleich. Der Deutsche Qualifikationsrahmen und seine Folgen für frühpädagogische Ausbildungen*. München: DJI-Verlag.

Combe, A., & Helsper, W. (1997). Einleitung. Pädagogische Professionalität. Historische Hypotheken und aktuelle Entwicklungstendenzen. In A. Combe & W. Helsper (Hrsg.), *Pädagogische Professionalität. Untersuchungen zum Typus pädagogischen Handelns* (S. 9–48). Frankfurt a. M.: Suhrkamp.

Drake, H. (2002). Bachelor und Master. Über den Umbau des deutschen Studiensystems und das angloamerikanische Vorbild. *Das Hochschulwesen, 50*, (S. 10–17).

Fendrich, S. (2008). Hilfen zur Erziehung – eine Trendwende bei der Personalentwicklung. Rückbau und Umstrukturierung der Beschäftigten in einem expandierenden Leistungsbereich. *KomDat Jugendhilfe, 11*, (S. 9–11).

Fendrich, S., & Tabel, A. (2012). Deutlicher Personalanstieg in den Hilfen zur Erziehung. *KomDat Jugendhilfe, 15*, (S. 8–11).

Fuchs-Rechlin, K. (2010). Die berufliche, familiäre und ökonomische Situation von Erzieherinnen und Kinderpflegerinnen. Sonderauswertung des Mikrozensus. Gewerkschaft Erziehung und Wissenschaft. http://www.gew.de/Binaries/Binary71323/WEB%20Mikrozensus.pdf. Zugegriffen: 02. Januar 2013.

Fuchs-Rechlin, K. (2011). Wachstum mit Nebenwirkung, oder: Nebenwirkung Wachstum? Die Beschäftigungsbedingungen des Personals in der Kinder- und Jugendhilfe. In T. Rauschenbach & M. Schilling (Hrsg.), *Kinder- und Jugendhilfereport 3. Bilanz einer empirischen Wende* (S. 45–66). Weinheim und München: Beltz Juventa.

Fuchs-Rechlin, K. (2012). Leitung – die unterschätzte Achillesferse der Kita-Landschaft? *KomDat Jugendhilfe, 15*, (S. 4–6).

Fuchs-Rechlin, K., & Rauschenbach, T. (2012). Kinder- und Jugendhilfe – ein Wachstumsmotor des Arbeitsmarktes? *KomDat Jugendhilfe*, 15, (S. 1–4).

Fuchs-Rechlin, K., Pothmann, J., & Rauschenbach, T. (2011). Hilfen zur Erziehung als Beruf. Empirische Befunde zur Personalsituation im Überblick. *Forum Erziehungshilfen*, 17, (S. 82–90).

Gebrande, J. (2011). Der Deutsche Qualifikationsrahmen (DQR) im Lichte fach- und bildungspolitischer Stellungnahmen. Deutsches Jugendinstitut e. V., Weiterbildungsinitiative Frühpädagogische Fachkräfte (WiFF). http://www.weiterbildungsinitiative.de/publikationen/durchlaessigkeit. html. Zugegriffen: 03. Januar 2012.

Janssen, R. (2010). Die Ausbildung Frühpädagogischer Fachkräfte an Berufsfachschulen und Fachschulen. Eine Analyse im Ländervergleich. Deutsches Jugendinstitut e. V., Weiterbildungsinitiative Frühpädagogische Fachkräfte (WiFF). http://www.weiterbildungsinitiative.de/publikationen/ausbildung. html. Zugegriffen: 03. Januar 2012.

Janssen, R. (2011a). Das Profil sozialpädagogischer Fachschulen. Ergebnisse einer qualitativen Befragung von Schulleitungen. Deutsches Jugendinstitut e. V., Weiterbildungsinitiative Frühpädagogische Fachkräfte (WiFF). http://www.weiterbildungsinitiative. de/publikationen/ausbildung. html. Zugegriffen: 03. Januar 2012.

Janssen, R. (2011b). Die Zugangsvoraussetzungen zur sozialpädagogischen Fachschulausbildung von Erzieherinnen und Erziehern. Ergebnisse einer qualitativen Befragung von Schulleitungen. Deutsches Jugendinstitut e. V., Weiterbildungsinitiative Frühpädagogische Fachkräfte (WiFF). http://www.weiterbildungsinitiative.de/publikationen/ausbildung. html. Zugegriffen: 03. Januar 2012.

Krüger, H.-H., & Rauschenbach, T. (Hrsg.). (2004). *Pädagogen in Studium und Beruf. Empirische Bilanzen und Zukunftsperspektiven.* Wiesbaden: VS Verlag für Sozialwissenschaften.

Leygraf, J. (2012). Struktur und Organisation der Ausbildung von Erzieherinnen und Erziehern. Eine bundesweite Befragung von Fachschul- und Abteilungsleitungen. Zehn Fragen – Zehn Antworten. Deutsches Jugendinstitut e. V., Weiterbildungsinitiative Frühpädagogische Fachkräfte (WiFF). http://www.weiterbildungsinitiative.de/publikationen/ausbildung. html. Zugegriffen: 03. Januar 2013.

Nittel, D. (2000). *Von der Mission zur Profession? Stand und Perspektiven der Verberuflichung in der Erwachsenenbildung.* Bielefeld: Bertelsmann.

Pasternack, P. (2008). Die Akademisierung der Frühpädagogik. Dynamik an Hochschulen und Chancen für die Fachschulen. In H. von Balluseck (Hrsg.), *Professionalisierung der Frühpädagogik. Perspektiven, Entwicklungen, Herausforderungen* (S. 37–50). Opladen, Farmington Hills: Verlag Barbara Budrich.

Pothmann, J. (2008). Vergessen in der Bildungsdebatte. Dimensionen des Personalabbaus in der Kinder- und Jugendarbeit. *KomDat Jugendhilfe*, 11, (S. 5–6).

Pothmann, J. (2010). Gesucht werden motivierte und hochqualifizierte Fachkräfte, geboten werden … Beschäftigungsentwicklung und Beschäftigungsbedingungen für „Soziale Berufe" unter besonderer Berücksichtigung des Berufseinstiegs. *Forum Erziehungshilfe*, 16, (S. 132–138).

Rauschenbach, T. (1996a). Erzieherin – ein Teilzeitberuf? (Teil I). *klein & groß.* 49(4), (S. 40–43).

Rauschenbach, T. (1996b). Erzieherin – ein Teilzeitberuf? (Teil II). *klein & groß,* 49(5), (S. 42–43).

Rauschenbach, T. (1999). „Dienste am Menschen" – Motor oder Sand im Getriebe des Arbeitsmarktes? Die Rolle der Sozial-, Erziehungs- und Gesundheitsberufe in einer sich wandelnden Arbeitsgesellschaft. *Neue Praxis, 29,* (S. 130–146).

Rauschenbach, T. (2006). Ende oder Wende? Pädagogisch-soziale Ausbildungen im Umbruch. In A. Diller & T. Rauschenbach (Hrsg.), *Reform oder Ende der Erzieherinnenausbildung? Beiträge zu einer kontroversen Fachdebatte* (S. 13–34). München: DJI-Verlag.

Rauschenbach, T. (2010). Wo steht die Kinder- und Jugendhilfe? Zwischen Bedeutungszuwachs und Marginalisierung. *Neue Praxis, 39,* (S. 25–38).

Rauschenbach, T., & Schilling, M. (2008). Spaltet sich die Kinder- und Jugendhilfe? Analysen zu Gewinnen und Verlusten in der Personalstruktur. *KomDat Jugendhilfe, 11,* (S. 2–4).

Rauschenbach, T., & Schilling, M. (2010). *Der U3-Ausbau und seine personellen Folgen. Empirische Analysen und Modellrechnungen.* München: Deutsches Jugendinstitut.

Rauschenbach, T., & Schilling, M. (2013). Die Akademisierungsfrage der Frühpädagogik und ihre Nebenwirkungen. In Sektion Sozialpädagogik und Pädagogik der Frühen Kindheit der DGfE (Hrsg.), *Konsens und Kontroversen zwischen Sozialer Arbeit und Pädagogik der Frühen Kindheit.* Weinheim: Beltz Juventa.

Schilling, M. (2008). Bevölkerung 2020. mehr oder weniger soziale Berufe? Prognosen zur zukünftigen Entwicklung der Arbeitsfelder im Lichte der demografischen Entwicklung. In R.-C. Amthor (Hrsg.), *Soziale Berufe im Wandel. Vergangenheit, Gegenwart und Zukunft sozialer Arbeit* (S. 30–45). Baltmannsweiler: Schneider Verlag Hohengehren.

Schilling, M. (2010). Personalbedarfsberechnung für den Bereich Kindertagesbetreuung für den Zeitraum von März 2011 bis August 2013. Aktualisierung und Erweiterung der Publikation „Der U3-Ausbau und seine personellen Folgen". Arbeitsstelle Kinder- und Jugendhilfestatistik Dortmund. http://www.akjstat. tu-dortmund.de/filead min/Analysen/Kita/U3-Ausbau_u_personelle_Folgen-Aktualisierung-2012-Korrek tur-Mai2012.pdf. Zugegriffen: 18. April 2013.

Schilling, M. (2011). Die Zukunftsbranche Kinder- und Jugendhilfe – Personalbedarfe bis 2025 belaufen sich auf 333. 000 Fachkräfte. *KomDat Jugendhilfe, 14,* (S. 1–6).

Schilling, M. (2012). Jugendhilfeausgaben nehmen 2010 weiter zu. *KomDat Jugendhilfe, 15,* (S. 5–7).

Schilling, M. (2013). Anhaltend konstanter Ausgabenanstieg in der Kinder- und Jugendhilfe. Analysen zu den Aufwendungen 2011 unter besonderer Berücksichtigung der Kindertagesbetreuung. *KomDat Jugendhilfe, 16,* (S. 1–5).

Schreiber, N. (2012). Die Ausbildung von Kinderpflegerinnen und Sozialassistentinnen. Eine bundesweite Befragung der Leitungen von Berufsfachschulen. Zehn Fragen – Zehn Antworten. Deutsches Jugendinstitut e. V., Weiterbildungsinitiative Frühpädagogische Fachkräfte (WiFF). http://www.weiterbildungsinitiative.de/publikationen/ausbildung. html. Zugegriffen: 02. Januar 2013.

Schütze, F. (1992). Sozialarbeit als „bescheidene Profession“. In B. Dewe, W. Ferchhoff & F.-O. Radtke (Hrsg.), *Erziehen als Profession. Zur Logik professionellen Handelns in pädagogischen Feldern* (S. 132–170). Opladen: Leske + Budrich.

Statistische Ämter des Bundes und der Länder (Hrsg.). (2012). Arbeitsmärkte im Wandel. Wiesbaden. http://www.statistikportal.de/statistik-portal/arbeitsmaerkte_im_wandel.pdf. Zugegriffen: 09. Juli 2012.

Statistisches Bundesamt (Hrsg.). (2008). *Klassifikation der Wirtschaftszweige. Mit Erläuterungen.* Wiesbaden: Statistisches Bundesamt.

Statistisches Bundesamt (2011a). Bildung und Kultur. Allgemeinbildende Schulen. Schuljahr 2010/2011. Wiesbaden. https://www.destatis.de/DE/Publikationen/Thematisch/BildungForschungKultur/ThemaBildungForschungKultur. html. Zugegriffen: 03. Januar 2012.

Statistisches Bundesamt (2011b). Fachserie 11, Reihe 4. 1. Studierende an Hochschulen. Wintersemester 2010/2011. Wiesbaden. https://www.destatis.de/DE/Publikationen/Thematisch/BildungForschungKultur/Hochschulen/StudierendeHochschulenEndg.html. Zugegriffen: 02. Januar 2013.

Statistisches Bundesamt (2012). *Statistik der Kinder- und Jugendhilfe. Kinder und tätige Personen in Tageseinrichtungen und in öffentlich geförderter Kindertagespflege am 01. 03. 2012.* Wiesbaden: Statistisches Bundesamt.

Stieve, C., Worsley, C., & Dreyer, R. (2014). *Staatliche Anerkennung von Kindheitspädagoginnen und -pädagogen. Dokumentation der Einführung einer neuen Berufsbezeichnung in den deutschen Bundesländern. Studiengangstag Pädagogik der Kindheit, Bundesarbeitsgemeinschaft Bildung und Erziehung im Kindesalter.* Köln.

Stisser, A., Horn, K.-P., Züchner, I., Ruberg, C., & Wigger, L. (2012). Studiengänge und Standorte. In W. Thole, H. Faulstich-Wieland, K.-P. Horn, H. Weishaupt & I. Züchner (Hrsg.), *Datenreport Erziehungswissenschaft 2012* (S. 17–69). Opladen: Verlag Barbara Budrich.

Stroppe, L. (2011). Eine eigenständige Jugendpolitik für Deutschland. *Forum Jugendhilfe,* Heft 4, (S. 5–9).

Teichler, U. (2005). Quantitative und strukturelle Entwicklung des Hochschulwesens. In U. Teichler & R. Tippelt (Hrsg.), *Hochschullandschaft im Wandel. Zeitschrift für Pädagogik,* 50. Beiheft, (S. 8–24). Weinheim und Basel: Beltz Juventa.

Vereinigung der Bayerischen Wirtschaft e. V. (Hrsg.). (2012). *Professionalisierung in der Frühpädagogik. Qualifikationsniveau und -bedingungen des Personals in Kindertagesstätten. Gutachten, Aktionsrat Bildung.* Münster: Waxmann.

Vogelfänger, S. (2010). Frühpädagogische Bachelorstudiengänge in Deutschland aus Sicht von Studiengangsleitungen. Ergebnisse einer Interviewstudie. Deutsches Jugendinstitut, Weiterbildungsinitiative Frühpädagogische Fachkräfte (WiFF). http://www.wei terbildungsinitiative.de/publikationen/details/data/fruehpaedagogische-bachelorstu diengaenge-in-deutschland-aus-sicht-von-studiengangsleitungen/ Zugegriffen: 03. Januar 2013.

Wingerter, C. (2012). Atypische Beschäftigung. Arbeitsmarkt im Wandel. Wirtschaftsdienst. *Zeitschrift für Wirtschaftspolitik, 92*, (S. 1–6).

Züchner, I. (2012). Erziehungswissenschaftliche Studiengänge der Frühpädagogik. In W. Thole, H. Faulstich-Wieland, K.-P. Horn, H. Weishaupt & I. Züchner (Hrsg.), *Datenreport Erziehungswissenschaft 2012* (S. 49–53). Opladen, Berlin, Toronto: Verlag Barbara Budrich.

Züchner, I., & Schilling, M. (2010). Nach dem sozialpädagogischen Jahrhundert. Zur aktuellen Entwicklung des Arbeitsmarktes für soziale Berufe. *Neue Praxis, 39*, (S. 55–69).

Kirsten Fuchs-Rechlin, Prof. Dr.; Fliedner Fachhochschule Düsseldorf, Lehrgebiet Bildung und Erziehung in der Kindheit. Arbeitsschwerpunkte: Systeme frühkindlicher Bildung; Betreuung und Erziehung, Berufsfeld- und Professionsforschung; Bildungsungleichheit in Tageseinrichtungen für Kinder; Analyse amtlicher Statistiken (insbes. Kinder- und Jugendhilfestatistik, Mikrozensus). Kontakt: fuchs-rechlin@ fliedner-fachhochschule.de.

Thomas Rauschenbach, Prof. Dr.; Direktor und Vorstandsvorsitzender des Deutschen Jugendinstituts e. V., Professor für Sozialpädagogik an der Technischen Universität Dortmund, Leiter des Forschungsverbunds DJI/TU Dortmund und der Dortmunder Arbeitsstelle für Kinder- und Jugendhilfestatistik. Forschungsschwerpunkte: Bildung im Kindes- und Jugendalter; Kinder- und Jugendarbeit; Ganztagsschulen, Soziale Berufe in Ausbildung und Arbeitsmarkt; Bürgerschaftliches Engagement; Kinder- und Jugendhilfestatistik. Kontakt: rauschenbach@dji.de.

Tabelle 5 Originaltabelle

Berufsgruppen	ET insges. in 1 000	Selbstständige			Abhängig Beschäftigte						
		Zus.	Mit Beschäft.	Ohne Beschäft.	Zus.	NA	Atypisch Beschäftigte				
							Zus.	befr.	TZ	GfB	ZA
Erwerbstätige	34 459	11,3	44,9	55,1	88,7	75,2	24,8	8,6	16,0	8,4	1,8
Soziale Berufe	1 535	4,4	14,1	85,9	95,6	65,4	34,6	17,6	20,3	8,6	0,3
darunter:											
SozArb/SozPäd	283	5,0	19,3	80,7	95,0	67,9	32,1	19,0	15,9	3,9	0,5
Erzieher/innen	485	0,8	29,2	70,8	99,2	70,8	29,2	16,2	16,2	5,2	0,2
AltenPfleg.	439	1,8	36,6	63,4	98,2	65,0	35,0	14,3	22,5	8,8	0,3
HeilerzPfleg.	60	0,8	0,0	100	99,2	73,6	26,4	15,2	13,3	2,5	0,0
KiPfleg.	64	3,2	16,9	83,1	96,8	48,1	51,9	21,5	38,1	27,5	0,0
Sonst. SozBerufe	204	19,1	6,2	93,8	80,9	49,9	50,1	27,5	29,5	20,6	0,0
Andere Berufe	32 924	11,6	45,4	54,6	88,4	75,7	24,3	8,2	15,8	8,4	1,9
davon:											
Verkaufspersonal	1 445	5,5	40,9	59,1	94,5	55,8	44,2	9,9	37,0	21,4	0,7
Groß-/Einzelh.-kaufl.	1 059	27,8	53,2	46,8	72,2	81,3	18,7	6,5	12,3	5,0	0,6
Bank-, Bauspark.-, Versicherungsfachl.	807	11,0	36,4	63,6	89,0	85,8	14,2	2,8	10,8	1,5	0,4
Ber. Im Nachricht.-verk.	223	1,0	.	.	99,0	62,2	37,8	13,3	26,2	10,6	2,7
Bürober./Kaufm. Ang.	4 000	1,2	44,5	55,5	98,8	74,2	25,8	5,5	20,1	6,5	1,3
Ges'heitsdienstber.	1 869	6,6	37,2	62,8	93,4	69,6	30,4	7,7	23,6	6,7	0,3
Lehrer (ohne GS)	1 099	12,5	14,1	85,9	87,5	76,5	23,5	11,5	14,3	3,1	0,5
Lehrer an GS	156	0,2	0,0	100	99,8	79,4	20,6	7,7	13,8	0,9	0,0
Berufe i. d. Körperpfl.	332	42,9	35,9	64,1	57,1	63,3	36,7	7,1	30,5	17,9	0,0
Hotel- u. Gaststättenber.	660	23,2	72,5	27,5	76,8	56,0	44,0	12,5	32,5	22,5	2,7
Haus- u. ernährungswiss. Berufe	327	4,2	.	.	95,8	41,1	58,9	11,7	50,8	32,6	0,0
Sonstige Berufe	20 946	13,0	46,1	53,9	87,0	78,8	21,2	8,6	11,6	7,8	2,5

Bevölkerung am Ort der Hauptwohnung, Kernerwerbstätige im Alter von 15 bis 64 Jahre, die nicht in Ausbildung und Studium oder in besonderen Beschäftigungsverhältnissen sind (wie Zeitsoldaten), Jahresdurchschnittsgewicht

Abkürzungen: ET = Erwerbstätige, Mit/Ohne Beschäft. = Mit/Ohne Beschäftigte, NA = Normalarbeitnehmer, TZ = Teilzeit, GfB = Geringfügig Beschäftigte, ZA = Zeitarbeit

Quelle: Forschungsdatenzentrum der Statistischen Ämter des Bundes und der Länder; Mikrozensus 2009; eigene Berechnungen

Personalentwicklung und Leitungsaufgaben

Sabrina Langenohl

Zusammenfassung

Leitung in der Kinder- und Jugendhilfe steht traditionell unter dem Verdacht, die professionelle Autonomie und den Teamgedanken einzuschränken. Gleichzeitig steigen die Anforderungen an Effektivität und Effizienz der Leistungserbringung. Der Artikel stellt die Kernanforderungen an Leitung in der Kinder- und Jugendhilfe dar und legt den Schwerpunkt auf die unterschiedlichen Elemente der Personalentwicklung als zentrale Leitungsaufgabe in Organisationen, die personenbezogene Dienstleistungen erbringen.

Schlüsselwörter

Sozialmanagement, Personalentwicklung, Leiten, Steuerung, Fach- und Finanzcontrolling, Professionalität

Die geringe Aufmerksamkeit, die in der Kinder- und Jugendhilfe bisher Fragen der Personalentwicklung und Leitungsqualifikation[1] und -auswahl bisher gewidmet wurde, spiegelt sich auch in der dünnen Literatur- und Forschungslage wider. Will man sich diesem Thema speziell für die Kinder- und Jugendhilfe widmen, ist man auf die allgemeine Literatur zum Sozialmanagement und wenigen expliziten Werken aus

---

[1] Die Begriffe Leiten und Führen werden hier weitgehend synonym gebraucht und der Begriff Führung eher vermieden. In der Literatur ist eine Tendenz auszumachen *„Führen"* als personen- und beziehungsbezogene Beeinflussung der Dynamik einer Organisation zu verstehen, Leiten hingegen eher auf Strukturen ausgerichtet. Einerseits lassen sich beide Aspekte m. E. höchstens analytisch voneinander trennen, andererseits wird der Begriff des Führens in der deutschen Sprache auch aus historischer Dimension als problematisch angesehen.

dem Bereich der Sozialen Arbeit verwiesen (Merchel 2004 und 2010, Sausele 2004) oder findet Werke im Ratgeberstil (Birker 2012; Dahms 2008; Kaudela-Baum et al. 2011; Loeb 2011; Lorenz 2009).

Gleichzeitig steht die Kinder- und Jugendhilfe vor neuen Herausforderungen: Nicht nur im Bereich der Kindertagesbetreuung, sondern auch in den Hilfen zur Erziehung steigt trotz des demographischen Wandels der Bedarf an Fachkräften[2], was in einigen Bereichen bereits zu einem massiven Fachkräftemangel führt (vgl. Arbeitsgemeinschaft für Kinder- und Jugendhilfe – AGJ 2011a). Außerdem werden die organisatorischen Anforderungen an Leitungskräfte immer größer: der Kostendruck führt zu einem erhöhten Bedarf an finanzieller Steuerung während Orientierung an Qualitätsmanagement und Wirkungsorientierung auch die fachliche Steuerung immer mehr in den Mittelpunkt rücken lässt.[3] Kinder- und Jugendhilfe erfolgt als Soziale Dienstleistung im uno-actu-Prinzip, weshalb den Mitarbeitern[4] im konkreten Tun eine hohe Handlungsautonomie und viel Entscheidungsspielraum eingeräumt werden. Qualitativ hochwertige Einzelfallarbeit kann aber nur gewährleistet sein, wenn einerseits die organisatorischen Rahmenbedingungen dies ermöglichen und andererseits das richtige Personal ausgewählt und gefördert wird. Beide Aspekte sind zentrale Leitungsaufgaben.

1   Leitung und ihre Aufgaben

1.1   Differenzierung von Leitungsebenen

Die Funktion von Leitung liegt vor allem in der Entscheidungs- und Reflexionsfunktion: „Ohne eine funktionierende Leitung gerät eine Organisation in Gefahr, dass notwendige Entscheidungen nicht mehr getroffen werden, dass der innere Zusammenhang der Organisation sich allmählich auflöst, dass sich die Organisation allmählich von den Anforderungen ihrer Umwelt entfernt und dass in der Organisation das erforderliche Maß an Reflexivität nicht ausgebildet werden kann." (Merchel 2004, S. 32) Das gilt auch und gerade im Kontext von Dezentralisierung und flachen Hierarchien. Ob diese Leitungsfunktion in einer Organisation von einer Person, einem Leitungsteam oder rotierenden Leitungskräften wahrgenommen wird und in welchen Leitungsstil dies erfolgt, ist abhängig von der Gestaltung der Organisation. Für die Organisation ist es relevant, dass diese Funktionen abgedeckt sind, daher wird hier Leitung immer im Sinne ihrer Funktion verstanden und nicht auf eine hierarchi-

---

2   Ein Zuwachs von 85 000 Vollzeitstellen zwischen 2006 und 2010, der nur teilweise auf den Ausbau der Kindertagesbetreuung zurückzuführen ist (KomDat 2012).

3   Insbesondere im Wachstumsmarkt Kindertagesbetreuung rücken immer neue Qualitätsmaßstäbe durch die Ausrichtung an Bildung in den Blick (Sausele 2004, S. 99 f.; Ellermann 2007, S. 12).

4   Aus Gründen der besseren Lesbarkeit wird hier ausschließlich die männliche Form verwendet, gemeint ist – wenn nicht explizit vermerkt – immer die männliche und weibliche Form.

sche Position begrenzt. In vielen Organisationen sind hierzu innerhalb der Hierarchie bestimmte Personen benannt, es gibt aber insbesondere auch in der Kinder- und Jugendhilfe selbstorganisierte und basisdemokratische Organisationen, die diese Funktionen über Wahlämter, Gremien und/oder Konsensentscheidungen abdecken[5].

In der Kinder- und Jugendhilfe können Leitungsaufgaben vor allem nach der (1) Größe der jeweiligen Organisation(seinheit), der (2) Ausdifferenzierung der dort geleisteten Tätigkeiten sowie den unterschiedlichen (3) Qualifikationsprofilen der Beschäftigten differieren, ebenso wie nach den (4) Kompetenzen, mit denen die Leitungspersonen ausgestattet sind.

Die (1) Größe der zu leitenden Organisation(seinheit) kann reichen von einer kleinen Einrichtung (einzelne Wohngruppe, bzw. einzelnes Team innerhalb einer größeren Organisation) mit wenigen Mitarbeitern bis hin zu einer großen Einrichtung, eines kompletten Trägers oder eines Großstadtjugendamtes mit mehreren 1 000 Beschäftigten, einer ausgeprägten Hierarchie und weiteren Leitungsebenen. Auch die in Organisationen der Kinder- und Jugendhilfe ausgeübten (2) Tätigkeitsbereiche können differieren zwischen einem einzelnen Tätigkeitsfeld (Kindertagesbetreuung) und vielen unterschiedlichen (z. B. in einem Jugendamt, in dem bis zu 12 unterschiedliche Arbeitsfelder vom ASD[6] über die Jugendsozialarbeit bis hin zum Unterhaltsvorschuss gibt). Dies geht einher mit unterschiedlichen (3) Qualifikationsprofilen der Mitarbeiter. Neben den klassischen sozialpädagogischen Tätigkeiten, für die in der Regel Sozialpädagogen, Erzieher, aber auch andere pädagogisch qualifizierte Personen eingestellt werden, sind je nach Einrichtungsart Betriebswirte, Verwaltungsmitarbeiter, Juristen, Psychologen, Soziologen, Logopäden, Ergotherapeuten, Hauswirtschaftskräfte, Auszubildende, Berufspraktikanten und Hausmeister unter den Beschäftigten.[7]

Auch die (4) Kompetenzen, mit denen Leitungspersonen ausgestattet sind, differieren nach Einrichtungsart und der eigenen Position in der Hierarchie stark. Dies beginnt bei Team- oder Gruppen*sprechern*. Diese sind in der Regel kaum mit Entscheidungsbefugnissen ausgestattet, die über die der Teammitglieder hinausgeht, sondern haben eher eine beratende Funktion und dienen für die nächste Leitungsebene als Experten vor Ort.

Team- oder Gruppen*leitungen* hingegen nehmen häufig bereits einen Teil der Dienst- und Fachaufsicht wahr und tragen je nach Kompetenzzuschreibung auch

---

5 Beispiel hierfür ist der Verbund sozialtherapeutische Einrichtungen e. V. (VSE), der seit den siebziger Jahren als basisdemokratischer Träger agiert, aber insbesondere auch im Bereich der Kindertageseinrichtungen und der offenen Kinder- und Jugendarbeit existieren eine Vielzahl von Initiativen mit unterschiedlichen Organisationsformen.

6 ASD wird als geläufige Abkürzung für den Allgemeinen Sozialen Dienst in den Kommunen verwendet, auch wenn es regional unterschiedliche Bezeichnungen (KSD, BSD etc.) gibt.

7 Außerdem nicht zu vernachlässigen: Ehrenamtliche sind in manchen Einrichtungen der Kinder- und Jugendhilfe eine wichtige Stütze und stellen andere Anforderungen an Leitung, als Hauptamtliche Mitarbeiter.

Abbildung 1   Zum Verhältnis von Fach- und Leitungswissen

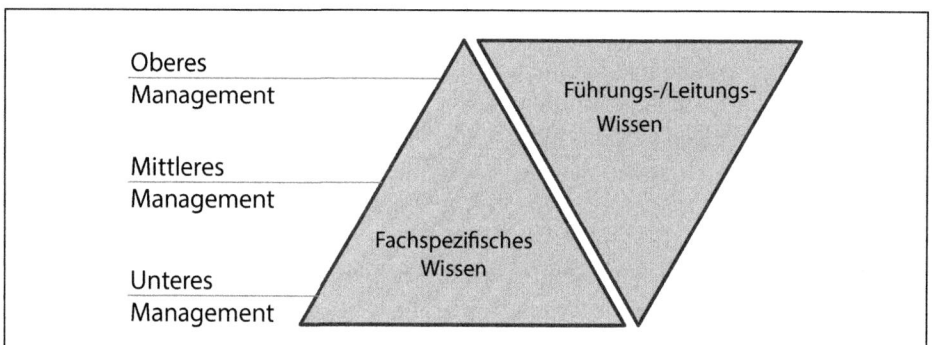

einen Teil der Budgetverantwortung. Auf höheren Leitungsebenen nimmt in der Regel der Abstand zur Einzelfallarbeit und die Verantwortung für Strukturen, Prozesse, Finanzen und Personal zu und damit verändern sich auch die notwendigen Wissensbestände und Leitungskompetenzen.

Besonderheiten der mittleren und unteren Führungsebenen
Insbesondere die Situation der Leitungskräfte auf den unteren und mittleren Führungsebenen stellt sich in der Kinder- und Jugendhilfe häufig als schwierig dar. Dies kann auf verschiedene Faktoren zurückgeführt werden. Zum einen sind die Leitungskräfte auf den Ebenen der Teamleitungen oder Einrichtungs-/Bereichsleitungen oft aus der eigenen Organisation rekrutiert und kommen selten von außen. Dies hat zur Folge, dass sie sich als ehemalige Teammitglieder ein neues Profil schaffen müssen. Insbesondere diese Leitungskräfte haben häufig sehr große Schwierigkeiten damit, Kontrolle auszuüben und ihre neue Rolle aktiv anzunehmen und zu gestalten. Oft sind sie mit Vorwürfen aus dem Team konfrontiert *("Früher hast Du das auch gemacht", "Früher hast Du ganz anders geredet")*.

Auf diesen Ebenen kommt es außerdem häufig zu einer Mischung aus Sachbearbeitungs- und anteiligen Leitungsaufgaben, was den obigen Konflikt noch verstärkt. Diese Leitungen sitzen also häufig in kollegialen Entscheidungsgremien, in denen sie einerseits eine herausgehobene Entscheidungsposition haben und gleichzeitig eigene Fälle einbringen. Oft sind sie zur Teamleitung befördert worden, weil sie selber sich in der individuellen Fallbearbeitung als besonders qualifiziert und kompetent erwiesen haben. Dies ist allerdings nicht zwangsläufig auch die Voraussetzung dazu, eine gute Leitungskraft zu sein, kann dem sogar entgegenstehen, wenn die neue Leitungskraft den Eindruck hat, die Einzelfälle besser zu bearbeiten, als die Teammitglieder. Dies führt häufig zu dem Phänomen der „Supersachbearbeiter", die regelmäßig Einzelfallentscheidungen verändern und den Teammitgliedern das Gefühl der Inkompetenz vermitteln.

Die Rolle ist zusätzlich durch eine „*Sandwich-Konstellation*" gekennzeichnet. Es werden sowohl Anforderungen der Mitarbeiter direkt an die Leitung herangetragen und gleichzeitig auch von den oberen Leitungspositionen. Diese Anforderungen stehen sich oft diametral entgegen. Das Team hat den Anspruch, dass der direkte Vorgesetzte ein Sprachrohr für ihre Anliegen nach oben ist, die nächsten Hierarchiestufen haben hingegen den Anspruch, möglichst vom Alltagsgeschäft und den täglichen Sorgen der einzelnen Dienststellen oder Einrichtungen nicht weiter behelligt zu werden, dies soll Team- oder Einrichtungsleitung abfangen, bzw. lösen. Sich in dieser Position zu bewähren und ein klares Verständnis der eigenen Leitungsrolle zu entwickeln, ist immens schwer.

1.2   Leitungsstile

Eine bekannte Differenzierung von unterschiedlichen Leitungsstilen basiert auf den Forschungen von Lewin/Lippit/White aus dem Jahr 1939 und setzt am Verhalten der Leitungsperson an. Hier wird Führungsverhalten auf einer Skala zwischen autoritären und demokratischen Führungsstilen eingeordnet. Auch das Verhaltensgitter nach Blake/Mouton, das sich auf Leistungsorientierung und Mitarbeiterorientierung konzentriert, sowie die Unterscheidung in transaktionale und transformative Leitungsstile (nach James Burns und Bernard Bass) stellen das Verhalten der Leitungspersonen in den Mittelpunkt.

Sowohl die genannten verhaltensorientierten Ansätze zur Beschreibung von Leitungsstilen, als auch die persönlichkeitsorientierten müssen sich die Kritik gefallen lassen, das sie zu wenig die aktuelle Situation berücksichtigen, in der Leitungshandeln erfolgt. Ob ein Team eng geführt werden muss oder hohe eigene Entscheidungsspielräume bekommen kann, hängt z. B. auch von der Kompetenz der Mitarbeiter ab, von Umwelteinflüssen wie politischen oder gesetzlichen Vorgaben oder von Organisationserfordernissen wie Einsparungsdruck oder Vorstandsentscheidungen. Dies berücksichtigen situative Ansätze wie das Kontingenzmodell von Fiedler, das Modell von Hersey und Blanchard und das Vroom-Yetton-Modell.[8] Diese situativen Ansätze versuchen, bestimmtes Leitungsverhalten mit konkreten analysierten Situationen in Beziehung zu bringen und so das „*richtige*" Leitungsverhalten vorherzusagen.

Ausgehend von einem offenen Organisationsmodell ist eine solche Vorhersage aufgrund von Komplexität und Dynamik aber nur schwer zu treffen. Merchel (2004) entwirft daher ein situatives Modell, das als Grundlage für die Selbstreflexion der Leitungsperson – und damit zur Weiterentwicklung der eigenen Leitungspersönlichkeit – dient (vgl. Abbildung 2).

---

8   Zur Darstellung der unterschiedlichen Leitungsstile vgl. Merchel 2004 und Maelicke 2009b.

Abbildung 2   Leitungsstil als Wechselwirkung zwischen Persönlichkeit und situativen Faktoren*

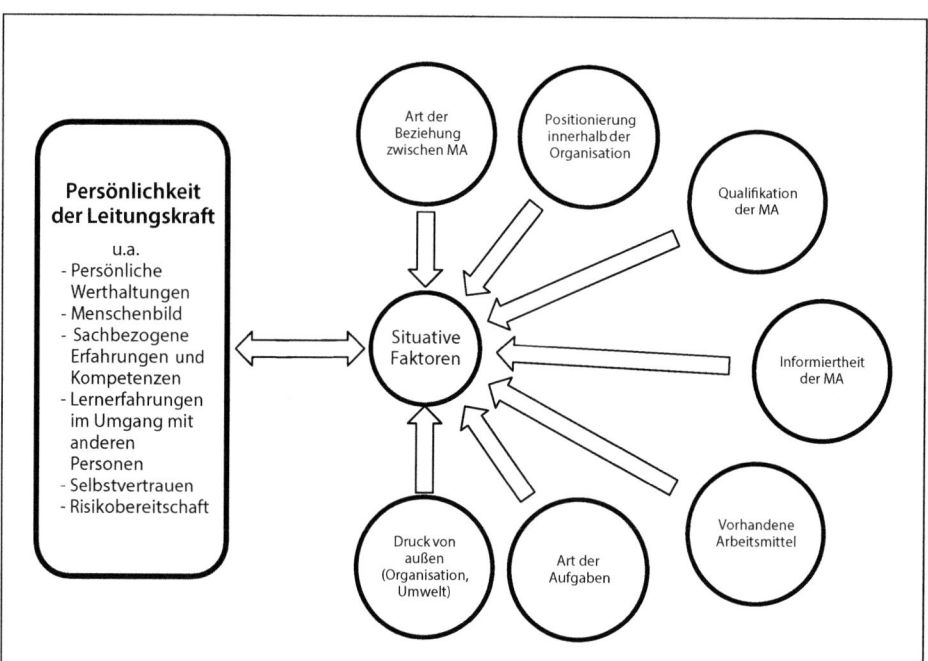

* Die Abkürzung MA steht für Mitarbeiter.

Quelle: nach Merchel 2004, S. 74

1.3   Aufgaben von Leitung

Kernaufgabe von Leitung ist die Steuerung der Organisation(-seinheit). Eigentlich kann dieser Begriff alle organisationsbezogenen Maßnahmen umfassen, die dazu geeignet sind, Einfluss auf die Entwicklung einer Organisationseinheit zu nehmen und ist damit nicht von Maßnahmen der Personalentwicklung und des -managements zu trennen (vgl. Kapitel 1.3.2).

1.3.1 Fach- und Finanzcontrolling

Der Begriff des Controllings wird in der Kinder- und Jugendhilfe häufig als Kontrolle missverstanden. Controlling bezieht sich als Begriff auf das englische Verb to control das in diesem Zusammenhang mit steuern, regeln übersetzt werden kann. Damit ist mit Controlling nicht die Kontrolle im Sinne der Ausübung von Dienst- und Fachaufsicht (s. u.) gemeint. Controlling wird klassischerweise in operatives und strategisches Controlling getrennt, wobei das strategische Controlling klassische Leitungsaufgabe ist und die langfristige, strategische Planung und Steuerung meint und Steuerungswerkzeuge (z. B. Balanced Score Card) aufbaut, während das operative Controlling v. a. kurzfristige Abweichungsanalysen erstellt und das Berichtswesen ebenso bedient wie die Kosten-Leistungsrechnung (vgl. Halfar 2009) und damit häufig in Stabsstellen angesiedelt ist.

Beiden Controllingarten ist gemeinsam, dass sie nur funktionieren, wenn sie sich auf organisationsspezifische Ziele beziehen. Ob sich das Schiff noch auf dem richtigen Kurs befindet, kann nur bestimmt werden, wenn das Ziel auch bekannt ist.

Die klassischen Schritte eines Controllings sind:

- Definition von Zielen
- Definition von Produkten und Maßnahmen
- Definition von Kennzahlen, die abbilden, ob ein Ziel erreicht wurde
- Regelmäßige Abweichungskontrolle, Berichtswesen
- Überprüfung, ob die richtigen Schritte zur Zielerreichung gewählt wurden, ggf. Modifikation.

In der Kinder- und Jugendhilfe tritt neben das klassische Finanzcontrolling, das sich in der Regel ausschließlich auf fiskalische Ziele konzentriert auch ein ausdifferenziertes Fachcontrolling. Dieser Aspekt wird in den Organisationen oft vernachlässigt. Nur ein Zusammenwirken beider Formen von Controlling kann aber zu einer wirksamen Steuerung der Organisation führen.

Hat sich z. B. ein Jugendamt als *Ziel* gesetzt: *Kinder wachsen in ihren Herkunftsfamilien auf* hat dieses Ziel fiskalische und fachliche Dimensionen. Erreicht werden kann das Ziel aber nur auf fachlichem Weg. Hier liegt die strategische Entscheidung der Leitung darin, Maßnahmen zu definieren, wie dieses Ziel erreicht werden soll: Verstärkung von ambulanten Maßnahmen im Vorfeld einer Fremdunterbringung, eine intensivere Verfolgung von Rückkehroptionen bei erfolgter Fremdunterbringung, eine bessere Zusammenarbeit mit anderen kommunalen Stellen (Sozialamt, Wohnungsamt), Verbesserung der Qualifikation der Mitarbeiter in der Einzelfallsteuerung[9], etc.

Ebenso müssen *Kennzahlen* definiert werden, anhand derer zu erkennen sind, ob das gesetzte Ziel erreicht wird, diese Kennzahlen können sich auf fiskalische Aspekte (Senkung der Kosten für Heimunterbringung) ebenso beziehen wie auf Fallzahlen (weniger Hilfen nach §§ 33 und 34 SGB VIII) oder Fachdaten (Steigerung der Rückführungsquote innerhalb der ersten zwei Jahre nach Beginn der Fremdplatzierung um x%) und wann und wie oft diese Zahlen überprüft werden.

---

9   Hier handelt es sich natürlich schon um den Bereich der Personalentwicklung, was erneut deutlich macht, dass Steuern und Personalentwicklung in Dienstleistungsberufen nicht voneinander zu trennen sind.

Interessant wird es im Rahmen des Fachcontrollings aber insbesondere dann, wenn es um die *Suche nach Ursachen* für die Abweichung von den gewünschten Zielen geht. Wo liegen diese und wie kann dem entgegengewirkt werden? Am Beispiel des Ziels *Aufwachsen in der Herkunftsfamilie* können die Ursachen vielfältig sein: sie können sowohl in der Binnenorganisation liegen (wie läuft die Hilfesteuerung ab, sind ausreichend Personalkapazitäten für eine gute Bedarfsfeststellung vorhanden), in der fachlichen Einzelfallsteuerung (Qualität der Diagnostik, Wissen über Rückführung), in den Umweltbedingungen (Vielfalt der Trägerlandschaft), soziodemographischen Faktoren (Bevölkerungsentwicklung, Häufung von Multiproblemfamilien), etc.

Die Komplexität dieser Aufgabe ist enorm und lässt eine weitere Vorbedingung für ein gutes Fach- und Finanzcontrolling erahnen: Die *Kommunikation mit allen Beteiligten*. Denn so wie das strategische Controlling Leitungsaufgabe ist, ist ein funktionierendes Fach- und Finanzcontrolling nur zu gewährleisten, wenn die unterschiedlichen Akteure auf allen Ebenen um die Ziele wissen und in einem gemeinsamen Austausch darüber stehen, wie diese zu erreichen sind, wo Hemmnisse liegen und welche Maßnahmen sinnvoll sind. „Nur langsam setzt sich [...] ein Bewusstsein durch, dass die Umsetzung der Unternehmensziele nur in einem gemeinsamen Prozess aller beteiligten und betroffenen Mitarbeiter und Führungskräfte (inklusive der Vorstandsebene) erreicht werden kann." (Maelicke 2009b, S. 769)

1.3.2 Personalentwicklung[10]

Übereinstimmend wird in der Literatur auf die Bedeutung der einzelnen Mitarbeiter für die Erbringung von sozialen Dienstleistungen hingewiesen[11], die Qualität der erbrachten Leistungen basieren zentral auf den Qualifikationen der Fachkräfte, die diese erbringen. Dementsprechend kommt der Personalentwicklung in Organisationen der Kinder- und Jugendhilfe zentrale Bedeutung zu.

Einarbeitung und Anleitung
Dies beginnt bereits in der Phase der Einarbeitung. Hier sollte zuerst festgelegt werden, was von dem neuen Mitarbeiter in der Einarbeitungsphase erwartet wird, wer konkreter Ansprechpartner bei Problemen ist (z. B. ein Mentor), wie lange die Einarbeitungsphase dauern soll und wer diese begleitet. Dazu sollte ein Einarbeitungskonzept vorliegen, dass insbesondere bei komplexen Aufgabengebieten beschreibt, an welche Tätigkeiten wann und wie herangeführt wird und welche nur begleitet aus-

---

10 Unter Personalentwicklung wird die „Förderung und Motivation von Mitarbeitern durch Entwicklung und Erweiterung fachlicher sowie auch sozialer Kompetenzen" (Maelicke 2009a, S. 764) verstanden. Auf weitere Aufgaben des Personalmanagements, wie z. B. Stellenausschreibungen, Aufgabendefinitionen, Personalplanung etc. wird hier nicht weiter eingegangen.
11 Beispielhaft: Merchel 2004, Kursawe 2007

zuführen sind. Schriftliche Dokumente wie Arbeitshilfen, Verfahrensabläufe i. a. sollten in geordneter Form zur Verfügung gestellt werden (vgl. Merchel 2004). Neben der Konzipierung der fachlichen Einarbeitung sind aber auch die soziale Einbindung in die Organisation und die Sozialisation in die Organisationskultur nicht zu vernachlässigen (vgl. Maelicke 2009a).

Förderung und Qualifikation von Mitarbeitern
Aus unterschiedlichen Quellen bezieht Leitung Informationen über die Qualität der Aufgabenerledigung, das Potenzial, die Motivation und die fachlichen Interessen der Mitarbeiter, hierzu gehören persönliche Gespräche, Fachcontrolling, Ausübung der Fachaufsicht sowie strukturierte Mitarbeitergespräche.

Die Grundausbildung reicht in der Regel nicht aus, um über ein ganzes Berufsleben mit dem hohen Anspruch der professionellen Autonomie tätig zu sein, fachlich-inhaltliche Weiterentwicklungen, neue Anforderungen, neue Handlungsfelder und neue Spezialisierungen müssen durch Fort- und Weiterbildungen abgesichert werden. Dies ist der eine Teil der Personalentwicklung, wo Organisationserfordernisse und persönliche Motivationen der Mitarbeiter zusammenfließen. „Damit ist Fort- und Weiterbildung nicht nur ein Mittel für fachliche und normative Personalentwicklung sowie für Qualitätssicherung, sondern auch ein wichtiges Steuerungsinstrument im Hinblick auf die fachliche und strukturelle Weiterentwicklung der Kinder- und Jugendhilfe" (Arbeitsgemeinschaft für Kinder- und Jugendhilfe – AGJ 2011b, S. 1).

Zu weiteren Maßnahmen der Personalentwicklung gehören auch gezielte Supervisionen, aber auch die Möglichkeiten des Aufgabenwechsels, der Aufgabenerweiterung und der Aufgabenanreicherung sowie Angebote zum Job-Sharing und von der Mitarbeit an speziellen Projekten (Maelicke 2009a, S. 766 f.).

Zur Personalentwicklung gehört es auch, den Aspekt der Motivation der Mitarbeiter nicht aus den Augen zu verlieren. Mitarbeiter in der Kinder- und Jugendhilfe klagen häufig über mangelnde Anerkennung ihrer Fachlichkeit und die Intransparenz von Leitungsentscheidungen (vgl. Abbildung 3). Hier können regelmäßige Mitarbeitergespräche zu einer Verbesserung beitragen.

Management by Objectives (MbO)
Das Management by Objectives oder auch Führen durch Zielvereinbarungen beschreibt einen Prozess, in dem gemeinsam mit allen Mitarbeitern Ziele abgestimmt und für die einzelnen Organisationseinheiten konkretisiert werden. Der notwendige Mitteleinsatz und die Maßnahmen zur Zielerreichung werden durch die Mitarbeiter selber bestimmt. Leitung ist in diesem Verständnis dafür verantwortlich, die Zielerreichung zu kontrollieren und ggf. gegenzusteuern.[12] Damit diese Form der

---

12 Zur Begründung für Leiten durch Zielvereinbarung als besonders geeignetes Konzept für Organisationen der Sozialen Arbeit vgl. ausführlich Merchel 2004, S. 93 ff.

Abbildung 3   Mitarbeiterzufriedenheit im ASD, Ergebnisse der IBN*

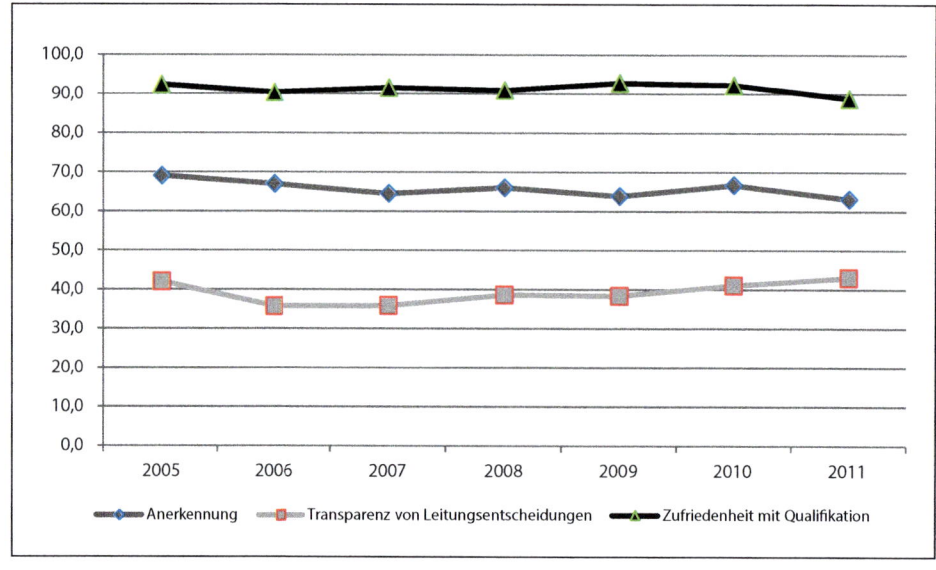

* Die Integrierte Berichterstattung Niedersachsen (IBN) ist ein Projekt des Niedersächsischen Landesamts für Soziales, Jugend und Familie unter wissenschaftlicher Begleitung der GEBIT Münster mit z. Zt. 55 beteiligten Jugendämtern aus Niedersachsen. Orientiert an der Balance Score Card werden seit 2005 Daten zur Sozialstruktur und Kennzahlen aus den Bereichen Kunden- und Mitarbeiterzufriedenheit, Auftragserfüllung und Wirtschaftlichkeit erhoben, ausgewertet und in fachlich orientierten und nach Sozialstrukturdaten gebildeten Vergleichsringen diskutiert.

In der Abbildung werden die Antworten aus einer regelmäßig durchgeführten Mitarbeiterbefragung in den teilnehmenden Jugendämtern dargestellt. Es handelt sich um die prozentualen Anteile der Antworten *stimme voll zu* und *stimme überwiegend zu* auf die Fragen: *„Ich fühle mich für meine Arbeit persönlich und fachlich qualifiziert"*, *„Mein fachlich begründetes Handeln wird anerkannt"* und *„Für mich sind Leitungsentscheidungen transparent und nachvollziehbar".*

Steuerung einer Organisation wirklich funktionieren kann, ist es grundlegend, dass die Ziele klar, eindeutig und überprüfbar formuliert sind, die Leitung Vertrauen in die Mitarbeiter hat und es vereinbarte Formen und Zeiträume für die Fortschritts- und Ergebniskontrolle gibt (vgl. Merchel 2004; Maelicke 2009c).

Strukturierte Mitarbeitergespräche
Mitarbeitergespräche gibt es in unterschiedlicher Form, teilweise im Rahmen der leistungsorientierten Bezahlung, aber auch als allgemeines Instrument des Führens durch Zielvereinbarungen (MbO) oder der Personalentwicklung.

Gemeinsam ist allen diesen Gesprächen, dass sie sich jenseits des Arbeitsalltags auf allgemeinere Interessen der Organisation und der Mitarbeiter beziehen. Bestandteile sollten (jeweils aus Perspektive der Mitarbeiter und der Leitung) die Rückschau, besondere Stärken und Interessen, gemeinsame Zielformulierungen für einen vereinbarten Zeitraum und konkrete Vereinbarungen zu Maßnahmen, wie Fortbildungen sein (vgl. Merchel 2004). Rückmeldungen von Leitung zu den Mitarbeitern und umgekehrt sollten ebenfalls Teil dieser Form der Gespräche sein. Erste Ergebnisse des Projekts „Zukunft Personalentwicklung in der Kinder und Jugendhilfe ZuPe" des Evangelische Erziehungsverband in Hannover (EREV) zeigen, dass das Mitarbeitergespräch ein sinnvolles Instrument zur Personalentwicklung in den erzieherischen Hilfen sein kann. Wenn sie hingegen gleichzeitig als Bewertungs- und Kritikgespräche geführt, zeigen sich allerdings negative Effekte (vgl. Kasper und Schewe 2012).

Fach- und Dienstaufsicht
Die Fach- und Dienstaufsicht beinhaltet die Wahrnehmung der Leitungsverantwortung für Organisation und Mitarbeiter. Dies beginnt bei der Dienstplanung und geht über Regelungen zu flexiblen Arbeitszeiten, Überstundenabbau bis hin zum Umgang mit Überlastungsanzeigen. Diesen Teil der Dienstaufsicht sollte man nicht unterschätzen, da hier durchaus wertvolle Hinweise für die weitere Personalentwicklung gewonnen werden können. So kann die starke Anhäufung von Überstunden einzelner Mitarbeiter ebenso Anzeichen für eine Überlastung wie auch für Unsicherheiten oder Fortbildungsbedarf sein. Die Fachaufsicht muss im Rahmen der Personalverantwortung sicherstellen, dass einerseits gesetzliche Regelungen eingehalten werden, aber auch interne Standards. Im Rahmen der Fachaufsicht können weitere Hinweise für die Personalentwicklung aber auch die fachliche Weiterentwicklung der Einrichtung gesammelt werden.

Hierbei spielt der offene Umgang mit der Macht, die einer Leitungsfunktion innewohnt eine wichtige Rolle. Leitungen in der Kinder- und Jugendhilfe tendieren dazu, ihre eigene Position in der Hierarchie und die damit verbundenen Anteile an Macht zu nivellieren – auch aufgrund der bereits angesprochenen Problemen, die Mitarbeiter mit dem Thema Macht in der eigenen Arbeit mit Adressaten und innerhalb der eigenen Organisation haben (vgl. Kapitel 2.2).

Dies überträgt sich auch auf den ungeliebten Umgang mit der Kontrollfunktion, die Leitung – insbesondere bei hoheitlich wahrgenommenen Aufgaben, im Bereich des Kindesschutzes und der Inobhutnahmen – ausüben muss. In der Kinder- und Jugendhilfe wird an vielen Stellen entscheidend in die Lebenswege von Kindern, Jugendlichen und Familien eingegriffen, in diesem Bewusstsein muss auch eine Kontrolle des gesetzlich abgesicherten und fachlichen richtigen Handelns erfolgen. Dies erstreckt sich häufig auf fachliche Vorgehensweisen aber auch auf die Einhaltung von Dokumentationsstandards und Vorschriften, seien sie gesetzlicher Natur oder einrichtungsintern. Ein verdeckter Umgang mit der der Leitung innewohnenden Macht und der notwendigen Kontrollfunktion führt dazu, dass Leitungskräfte ihre notwendige Steuerungsfunktion nicht wahrnehmen können und häufig zu einer unangemessenen Verlagerung von Verantwortung auf das Team, dass z. B. dazu gezwungen wird, Fehler von Kollegen selber zu korrigieren. Leugnet Leitung in der Kommunikation mit den Mitarbeitern ihre eigene Macht, führt dies erst recht zu ungleichen Verhältnissen – allen ist bekannt, dass ein hierarchisches Gefälle existiert, aber es bleibt unbesprechbar.

1.3.3 Weitere Aufgaben

Zu den weiteren Aufgaben von Leitung, die je nach Organisationsform und Hierarchieebene ebenfalls von Leitungskräften wahrgenommen werden, oder wo sie zumindest die strategischen Richtlinien festlegen und die eigentliche Aufgabenwahrnehmung ggf. delegieren zählen: die Wahrnehmung von Kooperationen mit anderen Institutionen und Anbietern, Netzwerkarbeit, Öffentlichkeitsarbeit, Einwerbung von Spendengeldern, Akquise von Ehrenamtlichen und die Verhandlung von Entgelt- und Leistungsvereinbarungen sowie die Beantragung von Stiftungs- oder Fördermitteln.

2 Professionelles Handeln ermöglichen – Leitung und Personalentwicklung

2.1 Stolpersteine und Konflikte

Leitung, Hierarchie und Macht gehen miteinander Hand-in-Hand. Selbst in Organisationen, in denen sehr partizipative Führungsverständnisse gelebt werden, gibt es Vorstände und Geschäftsführer, die mit einer herausgehobenen Position verbunden sind. In vielen Einrichtungen der Sozialen Arbeit unterliegt das Thema Macht einer tendenziellen Tabuisierung.

Der professionellen Autonomie, der Ablehnung von Hierarchien allgemein und dem Teamgedanken wird in Organisationen der Kinder- und Jugendhilfe traditionell eine hohe Bedeutung zugemessen. Personenbezogene Hilfeleistungen, fachliche Autonomie und die Leitorientierung der Gleichheit stehen im Gegensatz zu Bürokratie, Organisation und Hierarchie. Das Ideal der professionellen Autonomie verbietet Eingriffe von außen und reduziert Leitung auf die Sicherung des organisatorischen Rahmens (vgl. Merchel 2004, S. 9 ff.).

Für Klatezki (2005) besteht professionelles Handeln idealtypisch als Abfolge von Diagnose, Inferenz (Folgerungen) und Behandlung, die durch Qualitätsstandards, Regulierungen und Verfahrensvorschriften in Gefahr geraten, da insbesondere die Inferenz als professionelle Kernkompetenz durch klare Vorgaben nicht mehr vorkommen. Anonyme Regeln und die Dominanz der Verwaltung seien Indizien für das nahe Ende der Professionen. Die Frage bleibt, ob bei der Kritik aus Richtung der Professionstheoretiker ausreichend die aktuelle Ausbildungsrealität berücksichtigt wird (vgl. Böllert 2009). Kommen nach zwölfjähriger Schulzeit und dreijährigem, relativ stark verschultem und vorstrukturiertem Studium 21 oder 22-jährige Sozialpädagogen in ein komplexes Berufsfeld, das viel Selbstreflektion und hohe professionelle Autonomie voraussetzt, und finden dort wenig Strukturierung, Standards und Begleitung ist das Scheitern der Berufsbiographie vorprogrammiert.

2.2 Sozialmanagement und Steuerung – Veränderung der Ansprüche an Leitung

Klatetzki und Nokielski (2010) konstatieren aufgrund des Kostendrucks eine Entwicklung personenbezogener sozialer Dienstleistungsorganisationen von einem bürokratisch-professionellen hin zu einem post-bürokratischen Organisationsmodell. Dies ist dadurch gekennzeichnet, dass zum einen administrative Aufgaben dezentralisiert werden – also z. B. die Budgetverantwortung und Verwaltungstätigkeiten in kleineren Einheiten verortet sind – während gleichzeitig die Entwicklung und Verfolgung der Organisationsstrategie zentralisiert wird – also die Entwicklung der Vision, die Vereinbarung von Zielvorgaben mit den dezentralen Einheiten und die Überwachung der Einhaltung (S. 56 f.). „Das post-bürokratische und post-professionelle Organisationsmodell schafft *über Zielvorgaben regulierte selbstbestimmte Handlungsräume der professionellen Einheiten,* die ihrerseits über die strategische Ausrichtung in einen effizienzsichernden Zusammenhang gebracht werden." (ebd., S. 58, Kursiv im Original)

Neue Steuerung
Ein Beispiel für diese Veränderung ist die Einführung des Neuen Steuerungsmodells durch die KGSt in den neunziger Jahren des 19. Jahrhunderts, das mit unterschiedlichem Erfolg, verschiedener Tiefe und unter intensiven Debatten Einzug in die Kinder- und Jugendhilfe genommen hat. Dies ist verbunden mit der Einführung flacherer Hierarchien und dem damit verbundenen engeren Controlling. Öffentliche Verwaltungen richten ihre Bemühungen somit verstärkt an Ergebnissteuerung, Budgetierung und Flexibilisierung von Arbeitsorganisation und Personalwirtschaft aus. Es wurden markt- und wettbewerbsorientierten Steuerungsformen durch Instrumente wie rechtlich-organisatorische Verselbständigung, Auftraggeber-Auftragnehmer-Modelle und Strategien materieller Privatisierung eingeführt. Gleichzeitig sollten insbesondere kommunale Entscheidungen durch die Einführung direktere Formen der Partizipation legitimiert werden.

Neben den öffentlichen Trägern sollen auch die freien Träger ihr Profil an Effizienz- und Effektivitätskriterien schärfen und betriebswirtschaftliche Handlungskonzepte übernehmen. Die Stichworte dafür sind:

- Wettbewerb anstatt traditionelle Privilegien;
- Qualitätsvereinbarungen nach Zweckmäßigkeit und Wirtschaftlichkeit;
- Budget anstatt Selbstkostendeckung;
- Leistungsentgelte in der Zuwendungspraxis;
- Qualitätsstandards, Wirtschaftlichkeitskriterien und Controllingverfahren;
- personenbezogene Soziale Dienstleistung anstatt Arbeit mit Klienten.

Dezentralisierung

Sowohl in größeren Heimeinrichtungen als auch in Jugendämtern kommt es zu zunehmenden Tendenzen der Dezentralisierung, Verkleinerung der Organisationseinheiten und der Bildung sozialräumlicher Teams. Für die eigene Organisation bietet
das neben den Chancen der besseren Ausrichtung an den Bedarfen der Adressaten
auch die Gefahr, dass sich einzelne Organisationseinheiten verselbständigen, eigene Kulturen, Standards und Ziele entwickeln, die sich mit denen der Gesamtorganisation nicht vereinbaren lassen. In diesen Strukturen werden insgesamt größere
Verantwortlichkeiten auf die jeweiligen Teams vor Ort verlegt. Gleichzeitig ist aber
auch hier die Leitung gefragt, sie macht die Vorgaben von Rahmenbedingungen und
Strukturen, innerhalb derer sich die Autonomie der Teams entwickeln kann. „Führung wird nicht obsolet, sondern manifestiert sich in anderen Weisen: Statt gehor-
samer Anpassung an organisationalen Zielvorgaben und Regeln steht die Ausschöpfung ‚individueller Leistungspotenziale' der Mitarbeiter und Mitarbeiterinnen durch
vermehrte Eigenverantwortung und Autonomie im Mittelpunkt" (Groenemeyer und
Rosenbauer 2010, S. 92).

2.3   Leiten lernen – Das 7 Punkte-Programm?

Die bereits erwähnte Ratgeberliteratur sowie die unterschiedlichen Fortbildungsveranstaltungen, die für (werdende) Führungskräfte angeboten werden, erwecken den
Eindruck, dass es einen gewissen Grundstock an Wissen für Leitungskräfte gibt, des
entsprechend erlern- und anwendbar sei.

Viele der oben geschilderten „*Handlungsanweisungen*" gehen dabei von einem
Steuerungsoptimismus aus, der in komplexen Sozialen Systemen nicht zu halten ist.
Ein großer Teil der Sozialmanagementliteratur und „Anleitungen" für richtiges Leiten scheint damit eine Komplexitätsreduktion vorzunehmen und durch „die Formalisierung und Standardisierung von Dienstleistungen, durch die Festlegung von zu
erreichenden Zielen, durch mehr Kontrolle, [...] durch eine leistungsbezogene Finanzierung und durch größere Machtbefugnisse der Leitungs- und Managementebe-
ne [...] der Komplexität und Mehrdeutigkeit Herr zu werden" (Klatetzki 2010, S. 23).

Dieser Steuerungsoptimismus mit einfachen Reiz-Reaktionsschemata wird der
komplexen Realität nicht gerecht. Leitung kann nicht einfach die erlernten Leitungs-
techniken auf die eigene Organisation übertragen, erstens ist die Reaktion des Systems auf einen konkreten Impuls nicht vorhersehbar, da das System durchaus mit
einer eigenen Logik diesen Impuls verarbeitet und sich dabei auch noch dynamisch
verhält, d. h., der gleiche Impuls kann zu zwei unterschiedlichen Zeitpunkten unterschiedliche Folgen haben, zweitens ist die Komplexität und Dynamik des Systems
nicht durchschaubar. Nicht vernachlässigen darf man außerdem die Tatsache, dass
drittens die Leitungsperson nicht außerhalb des Systems steht, sondern Teil davon

ist und daher über ähnliche Sichtweisen verfügt, wie die Mitarbeiter (vgl. Merchel 2004, S. 24 f.).

So kann der gleiche Leitungsimpuls – z. B. die Installation einer organisationsinternen Arbeitsgruppe zur Überprüfung und Modifikation von Fachstandards, Formularen und Arbeitshilfen – je nach organisationinterner Vorgeschichte, Haltungen der Mitarbeiter zu Standards, individueller Belastungssituation etc. zu ganz unterschiedlichen Ergebnissen führen: Es kann sich ein intensiver fachlicher Diskurs entspannen, der die Organisation inhaltlich weiterbringt und die Mitarbeiter einbindet und motiviert oder zu einer ablehnenden Haltung, die dies als von oben aufgedrückte Zusatzaufgabe versteht, die neben all den anderen organisatorischen Anforderungen von der eigentlichen Arbeit abhält.

Stephan Wolff (2010) beschreibt soziale personenbezogene Dienstleitungsorganisationen als lose verkoppelte Systeme oder auch organisierte Anarchie und konstatiert als Folgerung für Management und Führungsverhalten: „Wer einer organisierten Anarchie vorsteht, hütet gleichsam einen Flohzirkus. *Lose* Kopplung räumt organisatorischen Untereinheiten erhebliches Ermessen im handlungs- wie im kognitiven Bereich ein, das sie ohne direktes Monitoring der Leitung auszuüben vermögen. [...] Lose *Kopplung* verlangt hingegen, dass das Ermessen durch angemessene Maßnahmen der Führung noch im Blick behalten und ggf. justiert werden kann." (ebd., S. 318, Hervorhebung im Original) Und weiter: „Kluges Führungsverhalten in organisierten Anarchien bedeutet angesichts dessen zunächst, sich von der heroischen Version der Handlungswirkung zu verabschieden." (ebd.)

Das vorhandene Leitungswissen kann damit die Voraussetzung dafür schaffen, dass Leitung in der Lage ist, über die Steuerung von Prozessen und Strukturen innerhalb einer Organisation Veränderungen herbeizuführen. Insbesondere die Organisationskultur, die existierenden Verarbeitungsmechanismen steuern, wie dieses Leitungsbemühen aufgefasst und verarbeitet wird. Leitung kann also einerseits Rahmenbedingungen gestalten und verändern – welche Wirkungen diese Interventionen haben, ist nicht zwingend vorhersehbar. Leitung steht dabei in dem Spannungsfeld zwischen Komplexitätsreduktion durch Strukturierung und Setzen von Veränderungsimpulsen durch Irritation und der Anforderung, die Ungewissheit der Folgen der gesetzten Impulse auszuhalten. (vgl. Merchel 2004).

2.4 Wissens- und Kompetenzanforderungen an Leitung in der Kinder- und Jugendhilfe

Insbesondere in der Kinder- und Jugendhilfe – mit den spezifischen Spannungsfeldern, denen sich Leitung ausgesetzt sieht – muss ein Leitungsverständnis gelebt werden, dass eine hohe Autonomie der einzelnen Fachkräfte sicherstellt. „Der Schlüssel zum erfolgreichen Management der Zukunft liegt im dezentralen und individuel-

len Sich-Selbst-Führen der Mitarbeiterinnen und Mitarbeiter." (Schubert 2005, S. 72)
Dies liegt begründet in der

- Hohen professionellen Autonomie der einzelnen Fachkräfte
- Dem uno-actu-Prinzip der personenbezogenen Dienstleistungen, das es erfordert,
  dass im gemeinsamen Aushandeln mit Adressaten eine Entscheidung getroffen
  werden kann. Wenn mit Adressaten (und anderen Fachkräften) z. B. gemeinsam
  Ziele für den nächsten Hilfeplanungszeitraum erarbeitet wurden, wird diese Erarbeitung unglaubwürdig, wenn dies einem „Leitungsvorbehalt" unterliegt.
- Das professionelle Selbstverständnis, basierend auf der Reflexionsfähigkeit,
  schließt ein, sich mit anderen kollegial zu beraten und auszutauschen. Diese Form
  der Beratung unterliegt aber – wie auch alle klientenorientierten Beratungskon-
  zepte – immer dem Vorbehalt der Freiwilligkeit sowohl bei Inanspruchnahme
  als auch Annahme der dort geäußerten neuen Perspektiven und Handlungsvorschläge.

Abbildung 4 stellt die Kompetenz- und Steuerungsbereiche für Leitung dar.

Abbildung 4 Kompetenzmuster in Bezug zu Steuerungsbereichen für Leitung als Bestandteil
von „Leitungskompetenz" nach Merchel (2010, S. 24)

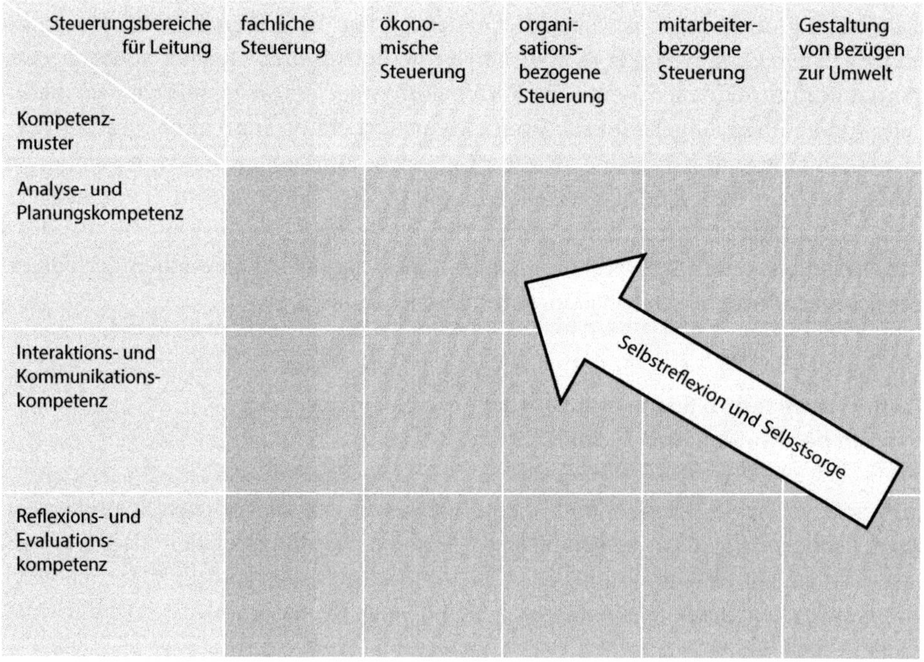

Die Kinder- und Jugendhilfe benötigt dementsprechend Leitungskräfte, die

- in der Lage sind, situativ und personenabhängig (an Qualifikation, Kompetenz, Ausbildungsstand und Bedürfnisse der Mitarbeiter und der gestellten Aufgaben) ihren Leitungsstil anzupassen,
- durch Ziele führen,
- Macht und Kontrolle weder verdecken noch verdrängen, sondern offen und verantwortlich damit umgehen,
- Mitarbeitern die Entfaltungs-, Gestaltungs- und Entwicklungsmöglichkeiten bieten, damit sie fachlich gute Arbeit machen können,
- sowohl fachliche als auch ökonomische Aspekte im Blick behalten und diese aufeinander beziehen können,
- die Rahmenbedingungen für fachlich gute Arbeit möglichst ideal gestalten,
- das Gleichgewicht halten können zwischen notwendiger Strukturierung und Vorgaben einerseits und sinnvoller Irritation andererseits,
- Umwelteinflüsse wahrnehmen und Kooperationsbeziehung gestalten können,
- sich selber in ihrer Rolle hinterfragen und die gleiche reflexive Professionalität an den Tag legen wie die Mitarbeiter.

3   Führungskräfteentwicklung

Aus professionstheoretischer Sicht wurden die verstärkten Bemühungen, Leitung und Steuerung in der Kinder- und Jugendhilfe einzuführen, vielfältig kritisiert[13], vor allem als Deprofessionalisierung und Einschränkung der professionellen Autonomie. Eine andere Herangehensweise ist die Professionalisierung des Managements: „Denn es sind die Führungskräfte, die die adäquaten Rahmenbedingungen setzen, unter denen klientenzentrierte Professionalität erst möglich erscheint." (Langer 2011, S. 64)

Langer (ebd.) hat in einer Studie die verschiedenen akademischen Ausbildungsgänge für Führungskräfte im Non-Profit-Bereich untersucht und kommt vor dem Hintergrund der sich verändernden politischen und ökonomischen Rahmenbedingungen Sozialer Arbeit zu dem Schluss, dass die „akademische Qualifikation in höchster Weise ein derzeit legitimationsrelevantes Interpretationspotential der Ökonomisierung [bedient, S. L.]: nämlich dass im kommunikativen Handeln auf eine ökonomische Führungs- und Organisationskultur in Sozialen Diensten verwiesen werden kann." (ebd., S. 66)

In der Sozialen Arbeit wurden in der Vergangenheit deutlich zu wenig Anstrengungen unternommen, die Definitionsmacht über den Bereich Leitung und Management zu übernehmen. Sie sollte – um der Bedrohung der eigenen Professionalität entgegenzutreten, „so schnell wie möglich ihre ganze Energie dafür verwenden [...],

---

13   Vgl. beispielhaft Klatetzki 2005

selbst definierte Kriterien für Qualität, Relevanz und Effizienz ihrer Arbeit zu entwickeln" (Schimank 2005, S. 160). Bisher wurden (zukünftige) Leitungskräfte kaum gezielt gefördert und auf ihre komplexen Aufgaben vorbereitet. Häufig wurden Personen, die sach- und fachbezogen gute Arbeit geleistet haben, in höhere Positionen befördert ohne darauf zu achten, ob sie spezifische Fähigkeiten und Qualifikationen für gute Leitung beherrschen.

Bleibt die Frage, ob Leitungskräfte in der Kinder- und Jugendhilfe von Ihrer Grundprofession her pädagogisch ausgebildet sein sollten oder aus anderen Professionen kommen können. Ausgehend davon, dass Leitung hier eher als Funktion, denn als Position verstanden wird und zuvörderst die Gestaltung von Rahmenbedingungen für professionelles Handeln zum Inhalt hat, ist dies abhängig davon, wie die Organisation strukturiert ist, welche Kultur vorherrscht, wie die Organisation sich historisch entwickelt hat, wer die Leitung wahrnimmt (Einzelpersonen oder Gremien), wer bzw. was geleitet wird (wie heterogen ist die Mitarbeiterschaft in Hinblick auf ihre Grundqualifikationen) und auf welcher Ebene Leitung angesiedelt ist (vgl. Abbildung 1: Zum Verhältnis von Fach- und Leitungswissen).[14] Je nach Grundqualifikation der Leitungskräfte sind unterschiedliche Zusatzqualifikationen erforderlich. Bei Leitungskräften aus nicht-pädagogischen Bereichen liegt der Bedarf in Bezug auf den Wissenserwerb häufig eher im Bereich der fachlich-inhaltlichen Qualifikation.

Prinzipiell wird von einem Leitungsverständnis ausgegangen, dass eine Leitungsperson nicht zum „*Supersachbearbeiter*" macht, sondern die Zuständigkeit hat für die Organisation und die Mitarbeiter. Hier müssen die grundlegenden Wissensbestände verortet sein. Betrachtet man den Katalog der Kompetenzen für Leitungskräfte in der Kinder- und Jugendhilfe, sind pädagogische Fachkräfte auf eine auf diesen Kriterien beruhende Leitungsaufgabe prinzipiell gut vorbereitet: „Wo eine Führungskraft immer mehr zum Coach und Berater wird, wo es für Mitarbeiter und Führungskraft darum geht zu lernen, persönlich weiterzukommen, Konzepte und Modelle dafür zu entwerfen, was und wie gelernt werden soll, kommen Kompetenzen zum Tragen, die im ursprünglichen Sinne pädagogische Kompetenzen sind." (Sausele 2004, S. 45) Nichtsdestotrotz brauchen auch pädagogisch ausgebildete Leitungskräfte Förderung, um diese Positionen gut füllen zu können. Zum einen ist hier der Wissensaufbau zu nennen. Je nach der jeweiligen Ausgangsqualifikation und den im Berufsleben bereits erworbenen Kenntnissen sind für die unterschiedlichen Berufsgruppen, die eine Leitungsposition übernehmen, weitere Qualifikationen notwendig, z. B. in den Bereichen

- Recht
- Verwaltungswissen

---

14 Die Untersuchung von Dressler und Toppe (2011) kommt für die Landes- und Bundesverbandsebene sogar zu dem Schluss, dass aus Sicht der jetzigen Führungskräfte für die Zukunft betriebs- und volkswirtschaftlich ausgebildete Kräfte gefragt sind und zwischen den Unternehmen der Sozialwirtschaft und der freien Wirtschaft in Führungsfragen keine Unterschiede bestünden (S. 80).

- Betriebswirtschaftslehre
- Controlling
- Sozial- bzw. Jugendhilfeplanung
- Zielformulierung
- Maßnahmen der Personalentwicklung
- Managementtechniken.

Neben den Wissensbeständen sind aber insbesondere die personalen Leitungsfähigkeiten wichtiger Bestandteil der Leitungsaufgabe. Hier sind andere Unterstützungsmöglichkeiten notwendig, als Fortbildungsmaßnahmen. Zu nennen sind hier:

1) Mentoring
2) Kollegialer Austausch
3) Begleitendes Coaching
4) Rotationsverfahren
5) 360° Feedback

Insbesondere das (1) Mentoring ist eine Maßnahme für angehende Leitungskräfte, die über erfahrene Leitungen an die neuen Aufgaben herangeführt werden können, mit diesen im Austausch stehen. Unsicherheiten und Rollenkonflikte können in diesem Rahmen ebenso besprochen werden, wie inhaltliche Fragen. Ebenso zu Beginn können gut (2) kollegiale Austauschverfahren eingesetzt werden, insbesondere auch über Einrichtungsgrenzen hinweg. Oft finden sich solche Gruppen am Rande von Fortbildungsveranstaltungen für Leitungskräfte und bestehen dann jahrelang als informelle Gruppen weiter. (3) Coaching ist sowohl zu Beginn einer Leitungstätigkeit als auch als begleitende Unterstützung kontinuierlich oder punktuell empfehlenswert, insbesondere wenn es um Rollenkonflikte und eigene persönliche Anteile am Leitungsverhalten und deren Reflexion geht. (4) Rotationsverfahren, bei denen Leitungskräfte untereinander für einen begrenzten Zeitraum die Positionen tauschen oder gegenseitig hospitieren, kann eine sinnvolle Variante für Leitungskräfte sein, die lange im gleichen Bereich tätig waren und sich neue Impulse erhoffen. Ganz andere Systeme und neue Denk- und Verhaltensmuster kennenzulernen, kann den eigenen Horizont enorm erweitern. (5) 360° Feedback bietet besondere Chancen für die Selbstreflexion von Leitungskräften. Bei diesem Verfahren werden die Einschätzungen sowohl der direkten eigenen Vorgesetzten, der unterstellten Mitarbeiter und anderer Leitungskräfte auf der gleichen Ebene eingeholt (vgl. Brisach 2008).

Eine grundsätzliche Veränderung der aktuellen Situation der Leitungskräfte setzt allerdings voraus, dass in Organisationen der Kinder- und Jugendhilfe diesem Thema ein deutlich größeres Augenmerk gewidmet wird sowie dringend eine Führungskräfteentwicklung einsetzt, die bereits früh Personen fördert und Leitungskräfte gezielt aufgrund von Leitungskompetenzen auswählt.

Literatur

Arbeitsgemeinschaft für Kinder- und Jugendhilfe – AGJ (2011a). Fachkräftemangel in der Kinder- und Jugendhilfe. Positionspapier der Arbeitsgemeinschaft für Kinder- und Jugendhilfe – AGJ. http://www.agj.de/fileadmin/files/positionen/2011/Fachkraefte mangel.pdf. Zugegriffen: 30. Juli 2012.

Arbeitsgemeinschaft für Kinder- und Jugendhilfe – AGJ (2011b). Anforderungen an Fort- und Weiterbildung als ein Steuerungsinstrument der Personal- und Qualitätsentwick-lung. Diskussionspapier der Arbeitsgemeinschaft für Kinder- und Jugendhilfe – AGJ. https://www.agj.de/fileadmin/files/positionen/2011/Fortbildung.pdf. Zugegriffen: 30. Juli 2012.

Birker, K. (2012). *Teamleitung Crashkurs!* Berlin: Cornelsen.

Böllert, K. (2009). Entwicklung der Profession. In Arbeitsgemeinschaft für Kinder- und Jugendhilfe – AGJ, *Übergänge – Kinder- und Jugendhilfe in Deutschland* (S. 126–143). Berlin: Eigenverlag der AGJ.

Brisach, S. (2008). 360o Feedback. In R. Bröckermann & M. Müller-Vorbrüggen (Hrsg.), *Handbuch Personalentwicklung. Die Praxis der Personalbildung, Personalförderung und Arbeitsstrukturierung* (S. 369–382). Stuttgart: Schäffer-Poeschel.

Dahms, M. (2008). *Motivieren, Delegieren, Kritisieren: Die Erfolgsfaktoren der Führungs-kraft.* Wiesbaden: Gabler.

Dressler, M., & Toppe, K. (2011). *Erfolgreich führen in der Sozialwirtschaft.* Wiesbaden: Gabler.

Ellermann, W. (2011). Erzieherinnen als Managerinnen. In W. Ellermann (Hrsg.), *Organi-sation und Sozialmanagement für Erzieherinnen und Erzieher* (S. 12–24). Berlin, Düs-seldorf und Mannheim: Cornelsen.

Groenemeyer, A., & Rosenbauer, N. (2010). Soziale personenbezogene Dienstleistungs-organisationen im Dispositiv der Kontrolle und Disziplinierung. In T. Klatetzki (Hrsg.), *Soziale personenbezogene Dienstleistungsorganisationen. Soziologische Per-spektiven.* (S. 61–102). Wiesbaden: VS Verlag für Sozialwissenschaften.

Halfar, B. (2009). Controlling in sozialwirtschaftlichen Organisationen. In U. Arnold & B. Maelicke (Hrsg.), *Lehrbuch der Sozialwirtschaft* (S. 664–681). Baden-Baden: Nomos.

Kasper, B., & Schewe, M. (2012). Personalentwicklungsgespräche in Einrichtungen der Erziehungshilfe – Reflektion der ersten Ergebnisse und Empfehlungen aus der ZuPe-Befragung. In Newsletter „Zukunft Personalentwicklung in der Kinder und Jugend-hilfe ZuPe" 5. Newsletter Ausgabe 02/2012 http://www.erev.de/auto/Downloads/Pro jekte/ZuPe/Newsletter_02_2012.pdf. Zugegriffen: 30. Juli 2012.

Kaudela-Baum, S., Nagal, E., Bürkeler, P., & Glanzmann, V. (2011). *Führung lernen.* Ber-lin, Heidelberg: Springer.

Klatetzki, T. (2005). Professionelle Arbeit und kollegiale Organisation. In T. Klatetzki & V. Tacke (Hrsg.), *Organisation und Profession* (S. 253–284). Wiesbaden: VS Verlag für Sozialwissenschaften.

Klatetzki, T. (2010). (Hrsg.). *Soziale personenbezogene Dienstleistungsorganisationen. Soziologische Perspektiven.* Wiesbaden: VS Verlag für Sozialwissenschaften.

Klatetzki, T., & Nokielski, H. (2010). Soziale personenbezogene Dienstleistungsorganisationen als bürokratisch-professionelle Handlungszusammenhänge: Weber und die Folgen. In T. Klatetzki (Hrsg.), *Soziale personenbezogene Dienstleistungsorganisationen. Soziologische Perspektiven* (S. 25–60). Wiesbaden: VS Verlag für Sozialwissenschaften.

KomDat (2012). Heft 1/2012. http://www.akjstat. uni-dortmund.de/fileadmin/Startseite/ Kom_Dat_Heft_1_ 012.pdf. Zugegriffen: 30. Juli 2012.

Kursawe, C. (2007). *Potenzial MitarbeiterInnen. Personalentwicklung für soziale Organisationen – eine qualitative Studie zu vorhandenen Konzepten und Trends.* Bad Heilbrunn: Julius Klinghardt.

Langer, A. (2011). Professionelle Sozialmanagementkompetenzen zwischen Akademisierung und Entscheidungshandeln. In A. Langer & A. Schröer (Hrsg.), *Professionalisierung im Nonprofit Management* (S. 47–66). Wiesbaden: VS Verlag für Sozialwissenschaften.

Loeb, M., & Kindel, S. (2011). Erfolgreich führen für Dummies. Weinheim. Wiley-VCH.

Lorenz, A. (2009). *Die Führungsaufgabe. Ein Navigationskonzept für Führungskräfte.* Wiesbaden: Gabler.

Maelicke, B. (2009a). Personalmanagement. In U. Arnold & B. Maelicke (Hrsg.), *Lehrbuch der Sozialwirtschaft* (S. 754–768). Baden-Baden: Nomos.

Maelicke, B. (2009b). Führung und Zusammenarbeit. In U. Arnold & B. Maelicke (Hrsg.), *Lehrbuch der Sozialwirtschaft* (S. 769–791). Baden-Baden: Nomos.

Maelicke, B. (2009c). Ziele und Aufgaben. In U. Arnold & B. Maelicke (Hrsg.), *Lehrbuch der Sozialwirtschaft* (S. 730–738). Baden-Baden: Nomos.

Merchel, J. (2004). *Leitung in der Sozialen Arbeit. Grundlagen der Gestaltung und Steuerung von Organisationen.* Weinheim und München: Juventa.

Merchel, J. (2010). *Leiten in Einrichtungen der Sozialen Arbeit.* München und Basel: Ernst Reinhardt Verlag.

Sausele, I. (2004). *Leiten lernen. Führungskräfteentwicklung in pädagogisch-sozialen Einrichtungen.* Münster: Waxmann.

Schimank, U. (2005). Die akademische Profession und die Universitäten: New Public Management" und eine drohende Entprofessionlisierung. In T. Klatetzki & V. Tacke (Hrsg.), *Organisation und Profession* (S. 143–164). Wiesbaden: VS Verlag für Sozialwissenschaften.

Schubert, H. (Hrsg.). (2005). *Sozialmanagement. Zwischen Wirtschaftlichkeit und fachlichen Zielen.* Wiesbaden: VS Verlag für Sozialwissenschaften.

Wolff, S. (2010). Soziale personenbezogene Dienstleistungsorganisationen als lose gekoppelte Systeme und organisierte Anarchien. In T. Klatetzki (Hrsg.), *Soziale personenbezogene Dienstleistungsorganisationen. Soziologische Perspektiven* (S. 285–336). Wiesbaden: VS Verlag für Sozialwissenschaften.

Langenohl, Sabrina, Dipl.-Päd. Beschäftigt bei der GEBIT Münster GmbH & Co. KG für den Bereich Fachberatung, Organisationsentwicklung und Personalbemessung v. a. für Jugendämter

Supervision und Kollegiale Fachberatung

Ursula H. Werling

Zusammenfassung

Supervision und Kollegiale Fachberatung sind zentral für die Sicherung der Arbeitsqualität und tragen zur Qualifizierung und Qualitätssicherung der Arbeit innerhalb der
Kinder- und Jugendhilfe bei.

Der vorliegende Beitrag beschreibt neben der Begriffsbestimmung verschiedene
Supervisionsvarianten, geht auf die Unterschiede zwischen Supervision und kollegialer Fachberatung ein und stellt zwei Modelle mit ihren Arbeitsprinzipien und Arbeitsphasen vor: Methode der Kollegialen Fachberatung (Kopp und Vonesch 2010) und die
Methode des Kollegialen Fallverstehens (Schrapper und Thiesmeier 2004). Diese Methoden sind knapp, aber ausreichend beschrieben, so dass sie auch von Personen genutzt werden können, die nicht über eine Berater/innenausbildung verfügen.

Schlüsselwörter

Supervision, Kollegiale Fachberatung, Kollegiale Fallberatung, Intervision, Ausbildungssupervision, Einzelsupervision, Teamsupervision, Gruppensupervision, Berufsbezogene Supervision, Fallsupervision, Coaching, Organisationsberatung, -entwicklung (OE),
Fallverstehen, kollegiales

Für Berufe in sozialen und pädagogischen Handlungsfeldern sind Supervision und
kollegiale Fachberatung[1] zentral für die Sicherung der Arbeitsqualität und tragen zur
Qualifizierung und Qualitätssicherung der Arbeit innerhalb der Kinder- und Jugend-

---

1   Synonyme Begriffe sind Kollegiale Praxisberatung, Kollegiale Fallbesprechung, Kollegiale Fallbera-
    tung und Intervision.

hilfe bei. Ihre diesbezügliche Bedeutung ist unbestritten (Seckinger 2008, S. 43). Aber nicht nur in der Sozialen Arbeit[2], sondern auch in Wirtschaft, Verwaltung, Politik und Sport werden seit einigen Jahren immer häufiger verschiedene Formen der Unterstützung, Begleitung und Reflexion von Arbeitsprozessen, oft unter dem Stichwort Coaching nachgefragt. Weniger bekannt dagegen ist, dass etwa seit einhundert Jahren in Sozialer Arbeit, Psychotherapie und Pädagogik neue Möglichkeiten zur Verbesserung der Beziehungen bei der Arbeit entwickelt worden sind und unter dem Oberbegriff „Supervision" immer mehr Anklang finden. Diese Verfahren sind in der Praxis bewährt, wissenschaftlich untersucht und in ihrer Wirksamkeit bestätigt (Belardi 2009, S. 8). Was aber ist Supervision? Und worin unterscheidet sie sich von der kollegialen Fachberatung?

1   Was ist Supervision? – Definitionsversuche

Nach Belardi (2009, S. 14 f.) scheint das Wort „Supervision" erstmals seit Mitte des 16. Jahrhunderts im Sinne von „Leitung" und „Kontrolle" bei kirchlichen und juristischen Texten verwendet worden zu sein. So lässt sich Supervision aus dem Lateinischen „supervisio" (= super: über, von oben, darüber und visio: Sehen, Anblick) ableiten und mit Überblick, Übersicht/Kontrolle übersetzen. Nach heutigem europäischen Sprachgebrauch kommen noch die Bedeutungen von Hilfestellung, Wissensvermittlung oder Anpassung an die vorgegebenen Arbeitsbedingungen hinzu. Im englischen Sprachraum, besonders in der amerikanisch geprägten Wirtschaftswelt existiert noch ein anderes Begriffsverständnis: Hier ist mit Supervisor der/die unmittelbare Vorgesetzte, der/die Aufsichtführende und Anleiter/in gemeint. Eine einheitliche Definition von Supervision gibt es allerdings nicht.

Pühl (2009) verweist auf vier Definitionen von Supervision, die den Inhalt von Supervision und ihre Kontexte deutlich machen:

1) Die Deutsche Gesellschaft für Supervision (DGSv 1996) definiert Supervision folgendermaßen: „Supervision ist eine Beratungsmethode, die zur Sicherung und Verbesserung der Qualität beruflicher Arbeit eingesetzt wird. Supervision bezieht sich dabei auf psychologische, soziale und institutionelle Faktoren. (…) Supervision unterstützt:
    - die Entwicklung von Konzepten,
    - bei der Begleitung von Strukturveränderungen,
    - die Entwicklung der Berufsrolle." (DGSv 1996, S. 11)

---

2   Die Begriffe Soziale Arbeit und Sozialarbeit werden synonym verwendet.

2) Belardi (2009, S. 15) bietet folgende Definition an: „Das allgemeine Ziel von Supervision ist es, die Arbeit der Ratsuchenden (Supervisanden) zu verbessern. Damit sind sowohl die Arbeitsergebnisse als auch die Arbeitsbeziehungen zu den Kollegen und Kunden wie auch organisatorische Zusammenhänge gemeint."

3) „Supervision ist personenbezogene berufliche Beratung für Professionals. Ihre Aufgabe ist es, Einzelne, Gruppen oder Teams von Professionals zu individueller und sozialer Selbstreflexion zu befähigen. Ziel dieser Reflexion ist die Überprüfung und Optimierung des beruflichen und methodischen Handelns." (Rappe-Giesecke 2003, S. 3)

4) Pühl (2009, S. 13) selbst definiert Supervision als eine Form der berufsbezogenen Beratung, die im Zuge der Differenzierung von Berufsfeldern und der Standardisierung von Berufsvollzügen entstanden sei. Ziel sei die Kompetenzerweiterung bzw. der -erwerb des/der Supervisanden/in bzw. des Supervisanden/innensystems (z. B. Team, Institution).

Was genau unter Supervision zu verstehen ist und welche Erwartungen daran geknüpft werden, ist also theoretisch und konzeptionell vielfältig gefasst. Insofern erstaunt es nicht, dass sich auch innerhalb der Kinder- und Jugendhilfe kein einheitliches Verständnis von Supervision erkennen lässt. Zumal die Kinder- und Jugendhilfe von unterschiedlichen disziplinären Traditionen geprägt ist (Seckinger 2008, S. 43).

2 Formen der Supervision

Wer sich mit den Formen von Supervision beschäftigt, muss zwei Supervisionsintentionen unterscheiden: Ausbildungssupervision und berufsbezogene Supervision.

Die *Ausbildungssupervision* ist der geschichtliche Ursprung der Supervision. Sie entwickelte sich im Zuge der Professionalisierung der amerikanischen Sozialarbeit. (Hier ging es um die Professionalisierung der ehrenamtlichen Helfer/innen bei der Zuteilung von Geldern in den USA.) Im Rahmen der Ausbildung von Sozialarbeitern/innen wurde Supervision ca. 1920 fester Bestandteil der Praxisbegleitung (Pühl 2009, S. 13). Etwa zur selben Zeit (1918) führte die Psychoanalyse Kontrollsitzungen ihrer Ausbildungskandidaten/innen als verbindlich ein. Mit dieser Kontrollanalyse wurde erstmals eine institutionalisierte Form geschaffen, in der eine angehende Fachperson von einem erfahrenen Kollegen bzw. einer Kollegin angeleitet wird und Reflexionshilfen bei den ersten Schritten in einer neuen Berufstätigkeit erfährt (Belardi 2009, S. 22; auch Rappe-Giesecke 2003, S. 4 f.) Dieses „Meister-Schüler-Verhältnis" (Belardi 2009, S. 22) hat sich inzwischen in allen Therapieausbildungen als bewährt durchgesetzt.

Die *berufsbezogene Supervision* hat ihre Wurzeln in der sogenannten Balintarbeit, benannt nach ihrem Begründer Michael Balint (1896–1970), einem ungarischen Arzt und Psychoanalytiker. Er versammelte zuerst Hausärzte um sich, um mit ihnen im geschützten Rahmen über ihre Patienten/innen zu sprechen. Später arbeitete er auch mit Eheberatern/innen und Sozialarbeitern/innen. Ziel war hierbei nicht die Ausbildung, sondern die Verbesserung der Arbeit durch die Reflexion in der Gruppe (Pühl 2009, S. 13).[3]

2.1   Formen oder Settings der Supervision

2.1.1 Einzelsupervision

Historisch betrachtet stand am Anfang der Supervisionsgeschichte das Zwei-Personen-Setting (das auch ‚dyadische Supervision' genannt wird) (Belardi 2008, S. 955). Einzelsupervision bietet die Möglichkeit, das berufliche Handeln in einem geschützten Rahmen unter vier Augen zu reflektieren und zu bearbeiten. Diese klassische Arbeitsform ist heute im Rahmen von Sozialer Arbeit eher selten und findet sich vor allem als Rollen[4]- und Leitungsberatung[5], im Ausbildungskontext, für Personen mit Burn-Out oder mit Mobbing-Problemen (Iser 2011, S. 1608). Krauß (2010, S. 722 f.) beschreibt die Life-Supervision[6] als weitere Sonderform der Einzelsupervision. Der/die Supervisor/in ist während der Arbeit des Supervisanden/der Supervisandin anwesend und gibt fachliche Hinweise, „so als ob die Klienten nicht anwesend wären" (ebd.). Schlippe und Schweitzer (2007, S. 222 f.) und auch Krauß (2010, S. 723) sind sich einig, dass dieses Verhalten im Rahmen einer Life-Supervision ein Innehalten im Prozess bewirke und die Möglichkeit eines reflektierten Entgegensteuerns biete, zudem fördere es den Subjektstatus der Klienten/innen.

---

3   Eine ausführliche Beschreibung der Balint-Gruppenarbeit (inklusive ihrer Regeln) findet sich bei Balint (2010) und Belardi (2009).

4   Rollenberatung: Die Rolle als Summe beruflicher Erwartungen an eine Person ist wichtiger Gegenstand der supervisorischen Beratung. Die Spannung zwischen unterschiedlichen beruflichen Rollen, der Rollenveränderung und -ausgestaltung sowie der Bindung an die jeweilige Person stehen im Mittelpunkt der Supervision (DGSv 1996, S. 22).

5   Die Begriff Coaching hat begrifflich inzwischen den Terminus Leitungsberatung/Leitungssupervision abgelöst. (Coaching wird weiter unten ausführlicher beschrieben.) Ursprünglich meint die Leistungsberatung/Leistungssupervision die auf die Ausgestaltung der übernommenen Führungsrolle bezogene Beratung, die in aller Regel als Einzelberatung stattfindet. Die Entwicklung von Leitungsidentität vor dem Hintergrund der beruflichen Biographie und aktuelle Fragen zur Leitungsrolle stehen hierbei im Mittelpunkt (GDSv 1996, S. 20).

6   oder auch Live-Supervision (Krauß 2010, S. 722)

Gruppensupervision

Für Personen mit einem ähnlichen beruflichen Hintergrund kann die Gruppensupervision eine sinnvolle und ökonomische Alternative zur Einzelberatung sein.[7] Notwendig sind ähnliche berufliche Problem- und Fragestellungen. Der Vorteil liegt nach Krauß (2010, S. 723) darin, dass durch den breiten fachlichen Austausch und die gegenseitigen Ergänzungen jedes Gruppenmitglied neue Einsichten gewinnt. Als Nachteil beschreibt der Autor, dass jedes Gruppenmitglied nur jedes dritte oder fünfte Mal an einer originär eigenen Fragestellung arbeiten kann. Aber durch die fachliche Auseinandersetzung und Identifikationsprozesse an den Fragen und Problemen der Kollegen/innen wird automatisch mitgelernt – was diesen eben genannten Nachteil wieder relativiert. Die Gruppensupervision ist für berufserfahrene Kollegen/innen geeignet, die neue Anregungen, unterschiedliche Sichtweisen und individuelle Erfahrungshorizonte in ihrem Arbeitsfeld suchen (Rappe-Giesecke 2003; Krauß 2010).

2.1.2 Teamsupervision

Teamsupervision gehört zu den am meisten nachgefragten Supervisionen und dient vorrangig der Verbesserung der aufgabenbezogenen Kooperation eines Teams. Sie wird im Wesentlichen zwischen Fall- und Teamsupervision unterschieden.

Bei der *Fallsupervision* liegt der Akzent der Beratung auf der Klärung der Beziehung(en) zwischen den Helfern/innen und Klienten/innen. In der Regel nimmt der/die Teamvorgesetzte an dieser Form der Teamsupervision nicht teil, „um die nötige Offenheit und Fehlerfreundlichkeit sicherzustellen." (Pühl 2009, S. 19). Pühl (ebd.) weist darauf hin, dass sich die Teamsupervision komplizierter gestaltet, wenn der/die Teamvorgesetzte gleichzeitig mit einem Teil der Arbeitszeit Kollege/in ist. In der stationären Kinder- und Jugendhilfe ist dies allerdings eine gängige Praxis. Aufgrund der gestiegenen Qualitätsanforderungen (nicht nur seit der Einführung des § 8a SGB VIII Kindeswohlgefährdung) findet sich immer öfter verordnete Teamsupervision (Pühl 2009, S. 19). „Die Beantwortung der Frage, ob Supervision für bestimmte Handlungsfelder der Kinder- und Jugendhilfe verpflichtend vorgeschrieben werden soll, so wie dies zur Qualitätssicherung in den therapeutischen Ausbildungsgängen und zum Teil auch in der therapeutischen Praxis der Fall ist, hängt wesentlich davon ab, ob Supervision als Kontrollinstrument der Leitung oder als Beratungs- und Qualifizierungsmethode für die Mitarbeiter/innen eingesetzt wird" (Seckinger 2008, S. 44). Dient die Verpflichtung dem Ziel, Arbeitsmotivation und Arbeitsfähigkeit in belastenden Arbeitssituationen zu erhalten, dann drückt sich darin die Fürsorge des/

---

[7]   Obwohl Gruppensupervision in Deutschland erst etwa 1972 aufkam, machte sie bald etwa drei Viertel aller Supervisionen aus. Dies kann auch für die heutige Zeit durch eine neuere Untersuchung von Supervision bei Jugendämtern bestätigt werden (Seckinger 2008, S. 47).

der Arbeitsgebers/in gegenüber dem Personal aus und ist zu befürworten. Dient die Verpflichtung zur Supervision dagegen zur Kontrolle des Personals oder werden Inhalte der Supervision zu einem Bestandteil von Personalbeurteilungen, dann stellt sich die Frage nach dem Sinn solcher Supervisionsformen (Seckinger 2008, S. 44).

Liegt der Fokus der Supervision auf der *Teamsupervision,* stehen die Kooperationsbeziehungen innerhalb eines Teams, zum/r Teamvorgesetzten und zur Gesamtorganisation mit all ihren Schnittstellen im Mittelpunkt und dienen im Wesentlichen der Teamentwicklung. Da in diesem Setting strukturelle und auch konzeptionelle Belange thematisiert und angepasst werden, ist der/die Teamvorgesetzte ein Teil des Subsystems Team und somit ein Mitglied dieser Beratung. Becker und Langosch (1995, S. 331) nennen folgende mögliche Ziele für eine Teamsupervision bzw. Teamentwicklung:

- „Klärung der Aufgabe des Teams und seiner Rolle innerhalb der Organisation,
- Verbesserung der Zusammenarbeit mit anderen Arbeitsgruppen innerhalb der Organisation,
- Analyse und Verstehen der in der Gruppe ablaufenden Prozesse, z. B. der Wechselwirkung zwischen Sach- und Beziehungsproblemen,
- Entwickeln von „Spielregeln" und Verfahren zu besserer Bewältigung von Problemen auf der Sach- und Beziehungsebene,
- Bewusstmachen der gegenseitigen Abhängigkeit der Gruppenmitglieder und Stärkung des gegenseitigen Beistands,
- Entwickeln der Kommunikation zwischen den Gruppenmitgliedern, um die Effektivität zu erhöhen,
- Entwickeln und Einüben von Regeln zur konstruktiven Bearbeitung von Konflikten,
- Verteilen und Akzeptieren der Rolle eines jeden Gruppenmitgliedes."

Oftmals stößt man in einer Teamsupervision an die Grenzen von Organisationsstrukturen, hier wird deshalb auch der Übergang zur Organisationsentwicklung gesehen.

2.1.3 Die Supervision und ihr Nachbarformate Organisationsentwicklung und Coaching

Die Beratungsart von größeren Einheiten (Abteilungen, Institutionen usw.) läuft meist unter den Bezeichnungen *Organisationsentwicklung* (OE), Organisationsberatung oder auch Unternehmensentwicklung und Unternehmensberatung[8]. Ziel der OE ist es, einen langfristigen und geplanten organisatorischen Wandel unter Beteiligung möglichst aller zu erreichen. Belardi (2008, S. 955) weist darauf hin, dass bei

---

8   Unter diesen Stichworten finden sich zahlreiche Bücher und Fachartikel mit verschiedenen Schwerpunktsetzungen.

einer OE immer ökonomische und soziale Ziele gleichermaßen gelten: Neben der Erhöhung der Leistungsfähigkeit einer Organisation gilt es die Qualität der Arbeitsbeziehungen zu verbessern. Organisationsberatung und -entwicklung gelten als die am besten erprobten Möglichkeiten der effizienten und humanen Innovation von Institutionen und Unternehmen. „Im Gegensatz zur bekannten Realität sollen Organisationen nicht mehr durch Krisen zu oftmals verspäteten Veränderungen veranlasst werden. (…) Statt Wandel durch Krisen sollen Organisationen als „lernende Organisation" ihren Wandel planen und sich so auf die sich stets ändernden Bedingungen vorbereiten" (Belardi 2009, S. 105 f.).

Wie oben bereits erwähnt, hat der Begriff *Coaching* den Terminus der Leitungssupervision abgelöst. Da Supervision schon lange in vielen Arbeitsbereichen verankert ist, haben inzwischen fast alle Supervisionen/innen aus Gründen der Kunden/innenakzeptanz den Begriff des Coaching für sich übernommen. Pühl (2009, S. 20) trägt für Coaching folgende Kennzeichen zusammen:

- Die/der Adressat/in der Beratung sind Führungskräfte aus dem Profit- und Nonprofit-Bereich sowie Selbstständige.
- Anlässe für Beratung sind meist konkrete berufliche, persönliche oder strukturelle Konflikte.
- Im Mittelpunkt der Beratung steht fast immer die Rollengestaltung.
- Ziele der Beratung sind Klärung, Veränderung, Erhöhung der Selbst- und Managementkompetenzen, Entlastung, Psychohygiene.
- Die Beratung wird prozesshaft über einen längeren Zeitraum vereinbart oder auch fokussiert als Klärungs- und Entscheidungshilfe angeboten.

Coaching und Supervision sind berufsbezogene Beratungsformen, die viele Ähnlichkeiten und auch Überschneidungen aufweisen. Sie lassen nach Schreyögg (2009, S. 196) aber auch einige Unterschiede erkennen, die sich auf drei Punkt konzentrieren:

- Coaching richtet sich an die Zielgruppe der Führungskräfte, Supervision an die Geführten.
- Coaching ist primär Personalentwicklung, während Supervision vielfach in „Personen-Entwicklung" besteht.
- Coaching strebt Veränderung von oben an, während Supervision eher Veränderung von unten intendiert. (Schreyögg merkt allerdings an, dass diese Unterscheidungsmerkmale nicht absolut trennscharf sind.[9])

---

9 Schreyögg (2009) erläutert ausführlich die jeweiligen Unterschiede und die entsprechenden Gemeinsamkeiten in ihrem Fachbeitrag: Besonderheiten des Coaching – Unterschiede zur Supervision (Schreyögg 2009, S. 196–208).

Der Coaching-Boom der letzten Jahre hat bei Verbänden, Supervisoren/innen und in der Fachöffentlichkeit intensive Diskussionen und Positionierungen provoziert – „mit dem einhelligen Ergebnis, dass Coaching Teil des Supervisionsformats ist" (Pühl 2009, S. 20).

3   Ablauf von Supervision

Werden verschiedene Supervisionskonzepte verglichen, lassen sich Unterschiede bezüglich des Ablaufs und der Gestaltung feststellen. Diese Entwürfe hängen von dem Inhalt, der Form, dem Konzept und dem Verständnis von Supervision ab. Im Kern finden sich allerdings idealtypische (Ablauf-)Phasen, die sich auf den ganzen Supervisionsprozess beziehen oder aber nur für einzelne Supervisionssitzungen Gültigkeit haben (Iser 2008, S. 411 f.):

1) Im Vorfeld erfolgt eine intensive Auftrags- und Institutionsanalyse, in der das Setting geklärt wird: Wie oft finden Supervisions-Sitzungen mit welchem zeitlichen Umfang statt? Wer nimmt teil?
2) Zu Beginn einer jeden Supervisionssitzung wird von einem/r oder mehreren Supervisanden/innen das Thema benannt, ggf. auch ausgehandelt.
3) Die themengebende Person bringt das Thema in Form einer Erzählung ein.
4) Bei Gruppensupervisionen bringen die Anwesenden ihre Sichtweisen ein.
5) Durch permanentes Hypothesenbilden und -überprüfen erfolgt die Problemanalyse im Prozess.
6) Der Kern des Problems (möglicherweise das Verdrängte oder Ungesagte) wird erkannt, benannt und bearbeitet.
7) Durch freie Assoziationen, Rollenspiele, Aufstellungen o. ä. werden neue Perspektiven erarbeitet und besprochen.
8) Das Ziel dieser Phase ist es, Situation und Problem in ihren Zusammenhängen zu verstehen und zu klären.
9) Weiterführende Maßnahmen werden besprochen und ggf. Hausaufgaben vereinbart, die dann in der Folgesitzung besprochen werden.

Wenn sich Gruppen und Teams ohne externe Fachperson treffen, um ihre berufliche Arbeit zu reflektieren, dann sprechen wir von im Gegensatz zur Supervision von Intervision. Die Kollegiale Fachberatung ist somit eine Form der gegenseitigen beruflichen Beratung in einer von Kollegen/innen selbst geleiteten Gruppe (Rimmasch 2010, S. 17) und wird im folgenden Abschnitt näher erläutert.

4   Kollegiale Fachberatung

Thiel (1994) bemerkt, dass die strukturellen Ähnlichkeiten zwischen Supervision und kollegialer Fachberatung größer sind als ihre Differenzen. Er weist darauf hin, dass im Gegensatz zur Supervisions-Literatur bei der Kollegialen Fachberatung größeren Wert auf die Entwicklung und Darlegung von Leitfäden und Prozessmodellen gelegt wird (Thiel 1994, S. 189).[10] Infolgedessen ist in der Fachliteratur eine Vielzahl an Handreichungen, Leitfäden und Ablaufschemata für Kollegiale Fachberatungen zu finden.[11]

Die Methode der Kollegialen Fallberatung nach Kopp und Vonesch (2010) und die Methode des Kollegialen Fallverstehens nach Schrapper und Thiesmeier (2004) werden weiter unten mit ihren spezifischen Phasen näher erläutert.

4.1   Ziele und Kennzeichen der kollegialen Fachberatung

Das Fehlen eines/r ausgebildeten Supervisors/in während der Beratungsrunde ist der deutlichste Unterschied zwischen Supervision und Kollegialer Fachberatung. Die TeilnehmerInnen kommen ohne einen/e Supervisor/in als Gruppenleiter/in aus und die daraus wechselnde Gesprächsführung (Rollenverteilung) ist methodisch vorgesehen (Hendricksen 2011, S. 29). Somit hat jede Person die Möglichkeit, eine Frage-/ Problemstellung einzubringen (während im Gegensatz dazu ein/e Supervisor/in nie einen *„eigenen"* Fall einbringt.) Dies bedeutet nicht, dass unter den Gruppenmitgliedern nicht grundsätzlich Unterschiede bestehen können (z.B. bezüglich der Ausbildung, Qualifikation, beruflichen Hintergründe, Tätigkeitsfeldern oder bei Personen aus der gleichen Organisation sogar bezüglich der hierarchischen Stellung), aber trotzdem sind alle in der Gruppe gleichrangig. Die Arbeit der kollegialen Fachberatung fokussiert sich normalerweise um gemeinsame berufliche Interessen mit ähnlichen Tätigkeits- und Erfahrungshintergründen, die sich mehr um fachliche Fragen drehen. Es ist auch möglich, dass eine Kollegiale Fachberatung innerhalb einer Organisationseinheit stattfindet oder zwischen Mitgliedern unterschiedlicher Organisationen (Lippmann 2005, S. 17 f.). Neben dem gemeinsamen Interessenshintergrund ist der zielgerichtete Prozess zur Lösungsfindung ein wesentliches Kennzeichen der Kollegialen Fachberatung. Hier gilt es, gezielte Lösungen auf konkrete Fragestellungen zu erarbeiten. Rimmasch (2010) definiert die Ziele der Kollegialen Fallberatung folgendermaßen: „Die Ziele (…) liegen darin,

---

10 Die meisten Leitfäden stimmen in ihrer Grundvorstellung der Strukturierung von kollegialer Beratung überein (Thiel 1994, S. 193) und gliedern sich in verschiedene (idealtypische) Phasen: Vorbereitungsphase, Problemschilderung, Befragung, Problemanalyse, Lösungsarbeit und Lösungsfeedback, offener Austausch und Prozessreflexion.

11 Beispielsweise Fallner/Grässlin (1990, 2001); Hendriksen (2011); Herwig-Lempp (2004); Lippmann (2005); Schmitz (2011).

- kurzfristig zu aktuellen Problemen angemessene und umsetzbare Lösungen zu entwickeln,
- langfristig die Problemlösungskompetenz firmenintern durch eine partnerschaftlich anzuwendende, kooperative Problemlösungsstrategie zu erhöhen" (Rimmasch 2010, S. 17).

Ein weiteres Kennzeichen ist die gemeinsam festgelegte Struktur der Beratung: die Gruppe einigt sich auf eine optimale Struktur, die sie für ihre Zielerreichung als geeignet erachtet. Wichtig hierbei sind die Berücksichtigung der Prinzipien der Freiwilligkeit und Verbindlichkeit: Die Teilnahme an der Beratungsrunde ist zwar freiwillig, aber für einen vereinbarten Zeitraum verbindlich. Da alle Gruppenmitglieder gleichrangig sind, gibt es keinen Anlass für eine Honorarzahlung. Jeder/e Teilnehmer/in ist mitverantwortlich dafür, dass das Verhältnis zwischen Geben und Nehmen (Fall einbringen und beraten) unter den Mitgliedern stimmt und die Gruppe somit die in sie gesetzten Erwartungen erfüllt (Lippmann 2004, S. 18 f.).

4.2 Methoden der Kollegialen Fachberatung

Im vorliegenden Beitrag werden aus Platzgründen nur zwei verschiedene Methoden näher erklärt: Neben der Methodik der Kollegialen Fallberatung von Kopp und Vonesch (2010) wird das Modell des sozialpädagogischen Fallverstehens, das Schrapper und Thiesmeier (2004) speziell für die Kinder- und Jugendhilfe entwickelt haben, vorgestellt. Die Methoden werden knapp, aber ausführlich beschrieben, so dass in der Praxis angewendet werden können.

4.2.1 Methodik der Kollegialen Fallberatung nach Kopp und Vonesch (2010)

Als Vorbereitung für die Kollegiale Fallberatung nach Kopp und Vonesch (2010, S. 55 f.) werden verschiedene *Rollen* verteilt. Um ein Gelingen der Kollegialen Fallberatung zu gewährleisten sollten die Rollen verantwortungsbewusst ausgefüllt werden. Neben dem/der Fallgeber/in gibt es die Rollen des/der Beraters/in, des/der Moderators/in, des/der Schreibers/in und des/der Prozessbeobachters/in. Der/die Fallgeber/in schildert mit großer Offenheit sachliche und persönliche Aspekte der aktuellen Situation. Er/sie ist an der Beratung und Lösung interessiert und insofern offen für einen Perspektivwechsel und neue Sichtweisen. Die Berater/innen zeigen ehrliches Interesse und nehmen eine respektvolle Haltung ein. Sie stellen sich auf die Sichtweise des/der Fallgeber/in ein und verzichten auf vorschnelle Ratschläge. Sie unterstützen den Prozess, indem sie ihre Fragen stellen, Eindrücke mitteilen und Möglichkeiten aufzeigen. Der/die Moderator/in sichert den systematischen Ablauf durch Methoden-, Zeit- und Rollendisziplin. Er/sie führt durch die verschiedenen Phasen des Prozesses und unterstützt den/die Fallgeber/in und achtet auf die Einhaltung der

Beraterrolle. Der/die Schreiber/in sichert durch das Protokollieren die Ergebnisse der Diskussion und die Bewertungen in den Phasen. Der/die Prozessbeobachter/in führt die Prozessreflexion als Abschluss der Kollegialen Fallberatung und gibt Feedback zu den einzelnen Rollen. Die Rollen wechseln nach jeder Fallrunde.[12] (Kopp und Vonesch 2010, S. 55 f.)

Der *Ablauf* der Kollegialen Fallberatung ist klar strukturiert. Wichtig hierbei ist die Trennung von Analysephase und Lösungsphase. Nach Kopp und Vonesch (2010) ist für diese Methode kennzeichnend, „dass – nicht wie in vielen vergleichbaren Methoden – das Ziel, auf welches der Beratungsprozess fokussiert, bereits zu Beginn benannt wird, sondern erst nach der Analysephase erarbeitet wird". (Kopp und Vonesch 2010, S. 56) Der zeitliche Rahmen einer Kollegialen Fallberatung beträgt ca. 90 Minuten. Zusätzlich sollten zu Beginn 30 Minuten zusätzlich eingeplant werden.[13]

Der konkrete Ablauf der Methodik der Kollegialen Fallberatung orientiert sich an sieben verschieden langen Arbeitsphasen:

1. Phase: Fallbeschreibung
Ziel der Fallbeschreibung ist die Einführung in die Situation und die Darstellung der Ausgangslage. Der/die Fallgeber/in formuliert das Problemfeld bzw. den Spannungszustand, zu dem er/sie beraten werden möchte, um die Situation zu verändern bzw. weiterzuentwickeln. Diese erste Phase ist für den Erfolg des Beratungsprozesses wichtig: hier wird nicht nur die faktische Basis für den Beratungsprozess dargelegt, sondern er/sie zeigt auch mit der Schilderung bzw. Visualisierung des Problems seine/ihre Interpretation der Situation. Durch die Äußerung seiner/ihrer Gedanken, Gefühle, Schwierigkeiten, Erwartungen, Ziele und Hoffnungen werden die Hintergründe für eine umfassende Beratung vermittelt. Eine große Offenheit ist für den Beratungsprozess förderlich. Der/die Fallgeber/in kann spontan und assoziativ reden und sollte sich keineswegs bewusst kontrollieren. Auf Zusammenfassungen und klare Zielbenennungen kann in dieser ersten Phase ebenso verzichtet werden. Der/die Fallgeber/in soll in dieser Phase nicht unterbrochen werden. Ebenso geht er/sie nicht auf verbale oder nonverbale Kommentare seitens der Berater/innen ein. Hier kann es sogar sinnvoll sein, dass der/die Fallgeber/in nicht direkt zu den Berater/innen spricht, sondern sich auf die Visualisierungen konzentriert. Die zentralen Leitfragen in der Fallschilderung sind:

- „Wie erlebe ich die Situation?
- Was ist meine Rolle in der Situation?
- Was sind meine Ziele und Wünsche?

---

12 Ausführliche Rollenbeschreibungen und Regieanweisungen können als Kopiervorlagen aus Vonesch und Kopp (2010, S. 181–190) entnommen werden.
13 Bei einer erfahrenen Gruppe und abhängig von der Problemstellung kann sich eine Fallrunde auf 75 Minuten verkürzen. Bei der erstmaligen Durchführung sind rund 60 Minuten für Einführung und Vorbereitung notwendig.

- Was sind meine Gedanken und Gefühle?
- Wie hat sich die Situation entwickelt oder verändert?
- Wie bin ich mit den Ereignissen oder Problemen umgegangen?
- Was haben meine Maßnahmen ausgelöst?
- In welchen Punkten möchte ich beraten werden?" (Kopp und Vonesch 2010, S. 78)

Die Berater/innen schweigen während der Fallschilderung, sie unterbrechen den/die Fallgeber/in nicht und verzichten auf verbales oder nonverbales Feedback.

2. Phase: Analysen- und Hypothesenerstellung
Ziel dieser Phase ist die Ermöglichung der Perspektivenerweiterung des/der Fallgebers/in durch seine/ihre Berater/innen. Die Phase kann mit einem „Blitzlicht"[14] zur subjektiven Befindlichkeit der Berater/innen eröffnet werden. Im nächsten Schritt spiegeln sie dem/der Fallgeber/in ihre eigenen Wahrnehmungen und Befindlichkeiten zurück. Sie richten ihre Vermutungen jedoch nicht direkt an den/die Fallgeber/in, sondern sprechen *„über"* ihn/sie, diskutieren den Fall also „beraterintern" (Kopp und Vonesch 2010, S. 80). Bei einer sach- und lösungsorientierten Methodik steht die sachbezogene Lösungserarbeitung im Vordergrund. Die Beratung ist sachbezogen, fach- und lösungsorientiert und die Berater/innen können ihren fachlichen Hintergrund einbringen und zu einer möglichst breiten Sicht der Situation beitragen. Steht die personen- und entwicklungsorientierte Methodik im Mittelpunkt so geht es im Schwerpunkt um die persönliche Entwicklung. Die Beratung ist lern- und entwicklungsorientiert und Assoziationen seitens der Berater/innen sind durchaus erwünscht. Allerdings sind psychologisierende, interpretierende oder therapeutische Interventionen durch die Moderation zu unterbinden. Die zentralen Leitfragen für die Berater/innen in der Analyse- und Hypothesenerstellung sind:

- „Wie wirkt die Situation auf mich?
- Was löst die Situation in mir aus? (Gedanken, Ideen, Bilder)
- Was zeigt sich im geschilderten Fall?
- Was fällt mir zur Rolle des Fallgebers in der Situation ein?
- Welche Eindrücke und Vermutungen habe ich?
- Welche Abhängigkeiten, Einflüsse, Muster werden für mich sichtbar?" (Kopp und Vonesch 2010, S. 81).

3. Phase: Fokussierung auf Ziel bzw. Schlüsselthema
In diesem Schritt wird der zentrale Ansatzpunkt für die weiteren Schritte herausgearbeitet. Der/die Fallgeber/in reflektiert das Gehörte unter den Fragestellungen, was die

---

14 Blitzlicht: Die Berater/innen schildern in einer kurzen Runde, was die Schilderungen bei ihnen ausgelöst haben, wie sie sich fühlen und machen nur Aussagen über ihre subjektive Befindlichkeit (Ich-Aussagen).

Hinweise auslösen, was neues erkennbar ist, welche Zusammenhänge sichtbar werden, wie ich selbst die Situation geprägt habe und was mir mehr, was weniger hilft. Im nächsten Schritt werden die neuen Erkenntnisse zusammengefasst und der Ansatzpunkt für das weitere Vorgehen formuliert. Bei der Sach- und lösungsorientierten Methodik ist dies ein konkretes, sachliches Ziel oder ein Sollzustand: Was muss bis wann erreicht werden? Aus welchen Aspekten lassen sich Teilziele ableiten? Bei der personen- und entwicklungsorientierten Methodik entsteht ein individuelles Thema, das als Schlüssel für die persönliche Entwicklung bearbeitet werden muss. Dies ist laut den Autoren Kopp und Vonesch (2010) der anspruchsvollste und für alle Teilnehmenden der forderndste Teil: „Die Formulierung des Schlüsselthemas stellt an den Fallgeber hohe Anforderungen. Er muss sich mit Kernfragen des persönlichen Verhaltens bzw. mit Mustern des Vorgehens auseinandersetzen. Das Schlüsselthema darf aber nicht in Form eines Problems überhöht werden, sondern soll positiv und handlungsorientiert formuliert werden" (Kopp und Vonesch 2010, S. 82). Bewährt habe sich dabei die Formulierung *„Wie kann ich erreichen, dass …?"*

4. Phase: Erarbeiten von Lösungsvorschlägen
Das Ziel der Lösungserarbeitung ist es, möglichst viele und unterschiedliche Ideen, Lösungsvorschläge und Vorgehensmöglichkeiten aufzuzeigen. Innerhalb der sach- und lösungsorientierten Methodik ist diese Phase der Hauptteil der Fallrunde, die den Teilnehmenden den Hauptnutzen bringt. Steht die personen- und entwicklungsorientierte Methodik im Mittelpunkt, kann es immer wieder vorkommen, dass der/die Fallgeber/in auf diese Phase verzichten möchte, da er/sie seine/ihre Wünsche und Erwartungen bereits mit der Analyse und Zieldefinition gedeckt sieht. Grundsätzlich gilt für die Zusammenarbeit, dass die Lösungen nicht bewertet werden, dass die Lösungen nicht diskutiert, sondern weiterentwickelt werden, dass mögliche denkbare Handlungsschritte im Vordergrund stehen und nicht etwa persönliche Empfehlungen (Kopp und Vonesch 2010, S. 83).

5. Phase: Ideenbewertung
Bei der Phase der Ideenbewertung werden die möglichen Lösungsansätze ausgewählt und einzelne Maßnahmen, die weiterverfolgt oder umgesetzt werden sollen, konkretisiert. Hierbei gibt der/die Fallgeber/in eine kurze Stellungnahme zu den einzelnen Lösungsvorschlägen ab: Was ist neu? Was wurde bereits probiert? In dieser Phase ist es auch möglich, einen konkreten Aktions- und Maßnahmeplan (Aktion, Verantwortung, Termin, Ressourcen) auszuarbeiten. Die Berater/innen überlassen die Ideenbewertung dem/der Fallgeber/in.

6. Phase: Probehandeln
Auf Wunsch können ausgewählte Vorgehensweisen detailliert ausgearbeitet oder unter Umständen in Rollenspielen konkret eingeübt werden. Für die Vorbereitung, Durchführung und Auswertung sind allerdings zusätzlich mindestens 45 Minuten

einzuplanen. Auf die bisherigen Rollen kann in dieser Zeit verzichtet werden. Die Autoren merken an, dass dieser handlungsorientierte Teil nur in Ausnahmefällen in die Fallberatung integriert wird, da dieser den Zeitrahmen beträchtlich verlängert (Kopp und Vonesch 2010, S. 85).

7. Phase: Prozessreflexion
Am Ende der Fallrunde steht die Prozessreflexion. Ziele sind die Analyse der Zusammenarbeit in der Kollegialen Fallberatung und die Verbesserung des Prozesses. Durch gegenseitiges Feedback nutzt das Team den Erfahrungsaustausch und die Rollendefinition für gemeinsames und individuelles Lernen. Auf diese Phase sollte keinesfalls verzichtet werden. Die zentralen Leitfragen für die Prozessbeobachtung sind:

- „Wie stellt der Fallgeber die Situation dar? (Visualisierung, Schilderung)
- Wie steuert der Moderator den Ablauf? (Ziel, Methode, Rolle)
- Wie unterstützen die Berater den Fallgeber? (Fragen, Hypothesen, provokative Sichtweisen, Lösungen)
- Wer dominiert die Gruppe? Wer hält sich zurück? (Beteiligung)
- Wie wird das Ziel bzw. Schlüsselthema definiert? (Diskussion zwischen Fallgeber und Berater)
- Wie geht die Gruppe mit „Durchhängern", Problemen, Konflikten und schwierigen Thema um?
- Wer verletzt Spielregeln? Wie reagiert die Gruppe darauf?
- Werden die Prinzipien von „Wahrheit", „Vertrauen" und „Verantwortung" in der Gruppe gelebt?" (Kopp und Vonesch 2010, S. 86)

Die Autoren Kopp und Vonesch (2010, S. 90) resümieren, dass die Methode der Kollegialen Fallberatung eine Methode zur Erhöhung der problemorientierten Selbstreflexionsfähigkeit darstellt.[15]

4.2.2 Kollegiales Fallverstehen nach Schrapper und Thiesmeier (2004)

Schrapper und Thiesmeier (2004, S. 122) entwickelten speziell für die Kinder- und Jugendhilfe eine spezifische Form der Gruppen- und Teamarbeit zur Unterstützung der fallbezogenen Diagnose-, Beratungs- und Entscheidungsverfahren. Die Methode des Kollegialen Fallverstehens geht in ihrer Systematik auf das Modell kollegialer Beratung von Fallner und Grässlin (1990, 2001) zurück und wurde von Schrapper und Thiesmeier (und zahlreichen weiteren Kollegen/innen) weiterentwickelt.[16]

---

15 Am Ende des Beitrags findet sich eine zusammenfassende Darstellung des Prozessverlaufs.
16 Siehe dazu auch das Verlaufsschema des Kollegialen Fallverstehens (Schrapper und Thiesmeier 2004) am Ende des Beitrags.

Ablauf und Arbeitsschritte des Kollegialen Fallverstehens
Der Ablauf des Kollegialen Fallverstehens strukturiert sich in vier Arbeitsphasen und orientiert sich an den folgenden Leitfragen:

- „Was ist der Fall? Wer soll beraten werden? (Fallvorstellung)
- Welche Informationen sind noch wichtig? Was müssen wir noch wissen? (Rückfragen)
- Wer denkt/empfindet/wünscht/befürchtet was? Welche Bilder und Assoziationen zum Fall und zur Szene entstehen? (Identifikationen/Fallinszenierung)
- Was wird gebraucht? Welche Aufträge gibt es an die HelferInnen? Welche Ressourcen stehen zur Verfügung? (Mögliche Handlungsorientierungen)
- Wer tut was bis wann? (Nächste Schritte und Interventionen)
- Wie war's? Was hat's gebracht? (Reflexion)" (Schrapper und Thiesmeier 2004, S. 123)

1. Phase: Fallvorstellung und Rückfragen
In dieser ersten Arbeitsphase stellt der/die Fallgeber/in den zu besprechenden Fall schriftlich und möglichst mit einem Genogramm[17] vor. Die Zeit für die Fallvorstellung sollte vorab festgelegt werden und 15 Minuten nicht überschreiten. Zum Ende der Fallvorstellung formuliert der/die Fallgeber/in die Beratungsfrage, zu welchem Thema und mit welchem Schwerpunkt die kollegiale Beratung erfolgen soll. Auch in diesem Verfahren können durch die Berater/innen Rückfragen gestellt werden, die jedoch keine Bewertungen und Interpretationen enthalten sollen (Schrapper und Thiesmeier 2004, S. 123).

2. Phase: Fallverstehen/Fallinszenierung
Aufgabe dieser zweiten Arbeitsphase ist es, die im Familien- und Helfer/innensystem erlebte Beziehungsmuster, Ängste, Hoffnungen und Befürchtungen bewusst zu rekonstruieren und emotional in Szene zu setzen. Aus diesem Grund werden die vorgestellten Personen als Rollen zur Identifikation an die Teilnehmenden der Beratungsrunde verteilt, zudem die zentralen Rollen des Helfer/innensystems besetzt. Hierdurch soll ein differenzierender Zugang zum Familien-Hilfesystem eröffnet werden, was die einzelnen zurzeit bewegt und wie es weitergehen kann. Entscheidend ist es, dass die einzelnen Rollen aus den Augen der jeweiligen Personen (Vater, Mutter, Kind, Jugendlicher etc.) erzählen, wie sie die Situation erleben, was sie fühlen, wie sie den Kontakt untereinander sehen etc. Der/die Fallgeber/in übernimmt keine Identifikationsrolle, er/sie hat in dieser Phase die Chance, einen Blick von außen auf das Fallsystem zu werfen (Schrapper und Thiesmeier 2004, S. 124).

---

17 Genogramm ist die Bezeichnung für eine piktografische Darstellung, um Familienbeziehungen zu veranschaulichen (ausführlich dazu Hildenbrand 2005; MacGoldrick et al. 2009).

3. Phase: Was wird gebraucht? Wie können die nächsten Schritte aussehen?
In dieser dritten Phase geht es um das systemische Ordnen und Strukturieren der genannten und gesammelten Eindrücke und Ideen. Auf eine polarisierende, be-/ver-
urteilende Bewertung soll verzichtet werden. Alle Ideen und Eindrücke haben ihre
Berechtigung, auch solche, die widersprüchlich sind. Hier gilt es, alle Aspekte der Familiendynamik und Wechselwirkungen miteinander zu verbinden. Ziel ist es, der fall-
zuständigen Fachkraft eine Vorstellung darüber zu vermitteln, welche unterschiedlichen Vorstellungen und Handlungsstrategien es geben kann und wie sie damit mit
dem Fall weiterarbeiten kann. „Da ist es notwendig, sich zu vergegenwärtigen, was
aufgrund der bisherigen Aussagen in den Identifikationen und in der Fallvorstellung
von einem jungen Menschen und ggf. seiner Familie aber auch im Helfersystem „gebraucht" wird, um erst danach Ideen und Hinweise für mögliche nächste Arbeitsschritte zusammenzustellen" (Schrapper und Thiesmeier 2004, S. 124 f.). Im nächsten
Schritt werden dann aus diesen „ersten Ideen" konkrete und realistische Maßnahmen
entwickelt.

4. Phase: Reflexion
Auch in diesem Modell der Kollegialen Fallberatung ist die Reflexion wichtig. Hierbei
geht es um die Reflexion der Arbeit, die Zufriedenheit in der Beantwortung der Beratungsfrage und die Arbeitsfähigkeit der Gruppe. Schrapper und Thiesmeier (2004,
S. 125) weisen darauf hin, dass dieser letzte Arbeitsschritt wichtig ist, um eine Kultur
offener Rückmeldungen und konstruktiver Beratung zu entwickeln, in der auch kritische Einschätzungen über unterschiedliche Vorstellungen, Werte und Arbeitsweisen
Raum finden.[18]

   Diese Methode des Kollegialen Fallverstehens kann im Rahmen sozialpädagogischer Diagnosen eingesetzt werden, da in den meisten Fallberatungen viele Fakten
und Einschätzungen vorliegen. Die zentrale Aufgabe dieser Methode besteht darin,
die Vielfalt der Fakten und ihre möglichen Bedeutungen in einem strukturierten und
nachvollziehbaren Prozess zusammenzufassen, „auf den Punkt zu bringen, um dann
die Frage zu beantworten, was zu tun oder zu lassen sei" (Schrapper und Thiesmeier
2004, S. 125).

5   Vor- und Nachteile der Kollegialen Fachberatung

Belardi (2009) schreibt der Kollegialen Fachberatung einen gesicherten Erfolg zu,
wenn verschiedene Bedingungen erfüllt sind: Zum Erfolg tragen eine gute Selbstreflexion und Gruppenerfahrung der Teilnehmer/innen bei, eine hohe Professionalität
(z. B. Ausbildung und Berufserfahrung), geringes Konkurrenzdenken, weitgehende

---

18   Vgl. grundlegend hierzu: Jansen/Schrapper (1994)

Angstfreiheit, realistische Ansprüche an die Kollegiale Fachberatung und vorherige positive Erfahrungen mit geleiteter Supervision (Belardi 2009, S. 90 f.).

In einem Vergleich zwischen Kollegialer Fachberatung und Supervision kommt Schmelzer (1997) zu dem Ergebnis, dass beide Formen nicht direkt vergleichbar seien und die Kollegiale Fachberatung diverse Vorteile habe, allerdings auch einige Nachteile zu benennen sind. Die Vorteile Kollegialer Fachberatung sind u. a.:

- die Stärkung des Selbsthilfegedankens und die Reduzierung der Abhängigkeit von Experten/innen,
- die hohe intrinsische Motivation und Eigeninitiative der Teilnehmer/innen,
- ökonomische Vorteile durch die Honorarfreiheit,
- wechselseitige Unterstützung, Ermutigung und Feedback,
- die Gelegenheit zur Erweiterung des persönlichen Erfahrungsrahmens, zum Kennenlernen neuer, anderer Perspektiven und zum Austausch von Ideen,
- eine von vielen Maßnahmen zur Qualitätssicherung,
- emotionaler Beistand in schwierigen Situationen und Konflikten,
- Atmosphäre der Offenheit durch weitgehende Unabhängigkeit von der Kontrolle (wenig Angst vor Sanktionen oder „Karriereschäden"),
- relativ große Freiheit der Gruppenzusammensetzung,
- Förderung der Selbstbeobachtung und Selbstreflexion,
- Gelegenheit zum Erwerb von Fähigkeiten und Erfahrungen außerhalb der formalen Strukturen eines Ausbildungsprogramms,
- Nutzung der jeweiligen persönlichen Stärken und
- vorbeugende Wirkung gegen Isolation am Arbeitsplatz, Stress und Burn-Out (Schmelzer 1997, S. 372 f.).

Neben diesen Vorteilen benennt Schmelzer (1997) allerdings auch einige Nachteile der Kollegialen Fachberatung, diese sind u. a.:

- Überhöhte Ansprüche und illusorische Ziele,
- Gefahr einer Überforderung (bei zu großen Problemen),
- mögliche fehlende Kompetenz bei bestimmten Themen, Prozesse und Inhalte,
- gemeinsame „blinde Flecken"[19] durch fehlende Außenperspektive,
- mangelnde Aufgaben- und Zielorientierung,

---

19 Ein *„blinder Fleck"* bezeichnet in der Sozialpsychologie die Teile des Selbst oder Ichs, die von einer Persönlichkeit nicht wahrgenommen werden. Der *„blinde Fleck"* wird im sogenannten Johari-Fenster dargestellt: Das Johari-Fenster ist ein Fenster bewusster und unbewusster Persönlichkeits- und Verhaltensmerkmale zwischen einem Selbst und anderen oder einer Gruppe. Entwickelt wurde es 1955 von den amerikanischen Sozialpsychologen Joseph Luft und Harry Ingham. Die Vornamen dieser beiden wurden für die Namensgebung herangezogen (Belardi 2009, S. 89).

- möglicherweise inadäquate Schwerpunktsetzungen (z. B. Unterstützung auf der emotionalen Ebene geben, obwohl eine aktive Problemorientierung notwendig wäre),
- zu heterogene Gruppenzusammensetzung,
- Notlösung bzw. Ersatz für andere Supervisionsangebote (wenn z. B. aus finanziellen Gründen externe professionelle Supervision unterbleibt) (Schmelzer 1997, S. 373).

Anhang

Arbeitsablauf der Kollegialen Fallberatung nach Kopp und Vonesch (2010)

1. Fallbeschreibung	15 min	Schilderung und Visualisierung der Situation durch Fallgeber/in; kurze Verständnisfragen der Berater/innen
2. Analyse und Hypothesen-erstellung	20 min	Berater/innen schreiben bzw. spiegeln eigene Eindrücke und ermöglichen dadurch eine neue Problemsicht bzw. eine Perspektivenerweiterung
3. Fokussierung auf Ziel bzw. Schlüsselthema	10 min	Fallgeber/in konkretisiert die wesentlichen Problempunkte oder das für das eigene Verhalten im Spannungsfeld persönliche Schlüsselthema
4. Lösungsvorschläge	20 min	Berater/innen erarbeiten mögliche Vorgehens- und Verhaltensweisen (ähnlich einem Brainstorming)
5. Ideenbewertung	10 min	Fallgeber/in legt weiteres Vorgehen bzw. konkrete Maßnahmen fest
6. Probehandeln	mind. 45 min	Nach Bedarf können Maßnahmen detailliert ausgearbeitet oder in Rollenspielen ausprobiert werden
7. Prozessreflexion	15 min	Gemeinsame Analyse von Ablauf und Rollen; gegenseitiges Feedback zu Verbesserung der Zusammenarbeit

Quelle: nach Kopp und Vonesch 2010, S. 57

Arbeitsablauf des Kollegialen Fallverstehens nach Schrapper und Thiesmeier (2004)

Inhalte			Moderationsaufgaben
1. Fallvorstellung	ca. 5 min	Vorstellung anhand a) der Daten und Fakten (möglichst schematisiert z. B. Genogramm) b) des aktuellen Beziehungserlebens zu den beteiligten Personen c) Welche Einbindung gibt es im Umfeld und Sozialraum?	Die Moderation achtet darauf, dass die Fallvorstellung ungestört von Zwischenfragen erfolgen kann.
2. Beratungsfrage	ca. 5 min	Die fallvorstehende Fachkraft formuliert ihr Problem, ihr Anliegen, zu dem sie beraten werden will.	Die Moderation achtet darauf, dass die Beratungsfrage bearbeitet sein muss und vom Team akzeptiert wird.
3. Rückfragen	ca. 5 min	Die Teilnehmer/innen stellen nur solche Informationsfragen, die erforderlich sind, um die Beratungsfrage bearbeiten zu können.	Informationsfragen dürfen keine Interpretationen, vorzeitige Lösungsvorschlage oder verdeckte fachliche Angriffe sein.
4. Identifikationsrunde/ Fallinszenierung	ca. 15 min	Die Teilnehmer/innen übernehmen jeweils eine Rolle aus dem betroffenen Klienten- und ggf. Hilfesystem und beschreiben aus dieser Rolle heraus das derzeitige Erleben der Einzelnen. Welche Wünsche und Befürchtungen haben die Einzelnen?	Die zu identifizierenden Personen werden benannt und die Rollen verteilt, am Ende der Runde fragt die Moderation nach spontanen Antworten, Erwiderungen untereinander, achtet darauf, dass jeder/jede zu Wort kommt, fragt die Wünsche der Beteiligten ab.
5. Sammeln von Bildern, Stimmungen, Eindrücken während der Identifikationsrunde	ca. 10 min	Die aufgetauchten Gefühle, Befindlichkeiten, Begriffe, Bilder etc., werden genannt, die z. Zt. herrschende Atmosphäre im Team beschrieben, Assoziationen zusammengetragen. Rückmeldung von der fallvorstehenden Fachkraft dazu.	Die Begriffe und Einfälle werden aufgeschrieben, aber es soll keine Diskussionen geben, alles ist wichtig. Am Ende gibt es Rückfragen an die fallvorstehende Fachkraft zu ihren Eindrücken und ihrer Befindlichkeit.
6. Was wird gebraucht?	ca. 10 min	Einfälle werden zusammengetragen, die noch keine konkreten Lösungsschritte sein sollen.	Einfälle und Wünsche werden zusammengetragen, die noch keine konkreten Lösungsschritte sein sollen.
7. Wie kann ein erster Schritt aussehen?	ca. 10 min	Mögliche erste Schritte in der weiteren Fallberatung werden zusammengetragen, die fallzustände Fachkraft entscheidet, welchen Schritt sie machen will.	Die Moderation schreibt die Einfälle der Gruppe auf und fragt die fallzuständige Fachkraft, wie sie sich entscheiden will und ob das Team diese Entscheidung mittragen will; bei gegensätzlichen Lösungsschritten sucht die Moderation nach Verbindungen.
8. Reflexion	ca. 10 min	Wie hat sich das Team sin seiner Beratungskompetenz erlebt? Wurde die Beratungsfrage zufriedenstellend beantwortet; wie war die Atmosphäre; welche Probleme gab es in der Zusammenarbeit, der Institution, den Rahmenbedingungen? Wie können sie angegangen werden?	Die Moderation achtet darauf, dass dieser Punkt nicht verloren geht und sorgfältig bearbeitet wird.

Quelle: nach Schrapper und Thiesmeier 2004, S. 130

Literaturverzeichnis

Balint, M. (2010). *Der Arzt, sein Patient und die Krankheit*, 11. Aufl. Stuttgart: Klett-Cotta.

Becker, H., & Langosch, I. (1995). *Produktivität und Menschlichkeit. Organisationsentwicklung und ihre Anwendung in der Praxis*, 4. Aufl. Stuttgart: Ferdinand Enke.

Belardi, N. (2008). Supervision. In D. Kreft & I. Mielenz (Hrsg.), *Wörterbuch Soziale Arbeit. Aufgaben, Praxisfelder, Begriffe und Methoden der Sozialarbeit und Sozialpädagogik*, 6. Aufl. (S. 951–956). Weinheim, München: Juventa.

Belardi, N. (2009). *Supervision. Grundlagen, Techniken, Perspektiven*, 3. Aufl. München: Beck.

DGSv – Deutsche Gesellschaft für Supervision e. V. (1996). *Supervision – professionelle Beratung zur Qualitätssicherung am Arbeitsplatz*. Köln: Deutsche Gesellschaft für Supervision.

Fallner, H., & Grässlin, H.-M. (1990). *Kollegiale Beratung. Eine Systematik zur Reflexion des beruflichen Alltags*. Hille: Busch.

Fallner, H., & Grässlin, H.-M. (2001). *Kollegiale Beratung. Eine Systematik zur Reflexion des beruflichen Alltags*, 2. Aufl. Hille: Busch.

Franz, H.-W., Kopp, R., & Michels-Kohlhage, M. (Hrsg.). (2010). *Kollegiale Fallberatung. State of the Art und organisationale Praxis*, 2. Aufl. Bergisch Gladbach: EHP.

Hendriksen, J. (2011). *Intervision. Kollegiale Beratung in Sozialer Arbeit und Schule*, 3. Aufl. Weinheim und München: Juventa.

Herwig-Lempp, J. (2004). *Ressourcenorientierte Teamarbeit. Systematische Praxis der kollegialen Beratung*. Göttingen: Vandenhoeck & Ruprecht.

Hildenbrand, B. (2005). *Einführung in die Genogrammarbeit*. Heidelberg: Carl Auer.

Iser, A. (2008). *Supervision und Mediation in der sozialen Arbeit. Eine Studie zur Klärung von Mitarbeiterkonflikten*. Tübingen: Dgvt-Verl.

Iser, A. (2011). Supervision. In H.-U. Otto & H. Thiersch (Hrsg.), *Handbuch Soziale Arbeit*, 4. Aufl. (S. 1605–1613). München: Ernst Reinhardt Verlag.

Jansen, B., & Schrapper, C. (1994). Zur Gruppendynamik des „Zusammenwirkens mehrerer Fachkräfte". In E. Jordan & C. Schrapper (Hrsg.), *Hilfeplanung und Betroffenenbeteiligung* (S. 102–112). Münster: Votum Verlag.

Jordan, E., & Schrapper, C. (Hrsg.). (1994). *Hilfeplanung und Betroffenenbeteiligung*. Münster: Votum Verlag.

Kopp, R., & Vonesch, L. (2010). Die Methodik der Kollegialen Fallberatung. In H.-W. Franz, R. Kopp & M. Michels-Kohlhage (Hrsg.), *Kollegiale Fallberatung. State of the Art und organisationale Praxis*, 2. Aufl. (S. 53–92). Bergisch Gladbach: EHP.

Krauß, E. J. (2010). Supervision für soziale Berufe. In W. Thole (Hrsg.), *Grundriss soziale Arbeit. Ein einführendes Handbuch*, 3. Aufl. (S. 719–733). Wiesbaden: VS Verlag für Sozialwissenschaften.

Kreft, D., & Mielenz, I. (Hrsg.). (2008). *Wörterbuch Soziale Arbeit. Aufgaben, Praxisfelder, Begriffe und Methoden der Sozialarbeit und Sozialpädagogik*, 6. Aufl. Weinheim, München: Juventa.

Lippmann, E. (2005). *Intervision. Kollegiales Coaching professionell gestalten*. Berlin: Springer.

MacGoldrick, M., Gerson, R., & Petry, S. (2009). *Genogramme in der Familienberatung*, 3. Aufl. Bern: Huber.

Otto, H.-U., & Thiersch, H. (Hrsg.). (2011). *Handbuch Soziale Arbeit*, 4. Aufl. München: Ernst Reinhardt Verlag.

Pühl, H. (Hrsg.). (2009). *Handbuch der Supervision 3. Grundlagen, Praxis, Perspektiven*. Berlin: Leutner.

Pühl, H. (2009). Was Supervision auszeichnet. In H. Pühl (Hrsg.), *Handbuch der Supervision 3. Grundlagen, Praxis, Perspektiven* (S. 12–24). Berlin: Leutner.

Rappe-Giesecke, K. (2003). *Supervision für Gruppen und Teams*, 3. Aufl. Berlin: Springer.

Rimmasch, T. (2010). Kollegiale Fallberatung – Was ist das eigentlich? Grundlagen, Herkunft, Einsatzmöglichkeiten des Verfahrens. In H.-W. Franz, R. Kopp & M. Michels-Kohlhage (Hrsg.), *Kollegiale Fallberatung. State of the Art und organisationale Praxis*, 2. Aufl. (S. 17–51). Bergisch Gladbach: EHP.

Schlippe, A. v., & Schweitzer J. (2007). *Lehrbuch der systemischen Therapie und Beratung*, 10. Aufl. Göttingen: Vandenhoeck & Ruprecht.

Schmelzer, D. (1997). *Verhaltenstherapeutische Supervision. Theorie und Praxis*. Göttingen: Hogrefe – Verlag für Psychologie.

Schmitz, L. (2011). *Lösungsorientierte Gesprächsführung. Übungen und Bausteine für Hochschule, Ausbildung & kollegiale Lerngruppen*, 2. Aufl. Dortmund: Borgmann.

Schrapper, C., & Thiesmeier, M. (2004). Wie in Gruppen Fälle gut verstanden werden können. In C. O. Velmerig, K. Schattenhofer & C. Schrapper (Hrsg.), *Teamarbeit. Konzepte und Erfahrungen; eine gruppendynamische Zwischenbilanz* (S. 118–132). Weinheim: Juventa Verlag.

Schreyögg, A. (2009). Besonderheiten des Coaching – Unterschiede zur Supervision. In H. Pühl (Hrsg.), *Handbuch der Supervision 3. Grundlagen, Praxis, Perspektiven* (S. 196–208). Berlin: Leutner.

Seckinger, M. (2008). Supervision in der Kinder- und Jugendhilfe. *Supervision, 2*, (S. 43–47).

Thiel, H.-U. (1994). *Fortbildung von Leitungskräften in pädagogisch-sozialen Berufen. Ein integratives Modell für Weiterbildung, Supervision und Organisationsentwicklung*. Weinheim: Juventa.

Thole, W. (Hrsg.). (2010). *Grundriss soziale Arbeit. Ein einführendes Handbuch*, 3. Aufl. Wiesbaden: VS Verlag für Sozialwissenschaften.

Velmerig, C. O., Schattenhofer, K., & Schrapper, C. (Hrsg.). (2004). *Teamarbeit. Konzepte und Erfahrungen; eine gruppendynamische Zwischenbilanz*. Weinheim: Juventa.

Vonesch, L., & Kopp, R. (2010). Rollenbeschreibung und Regieanweisung. In H.-W. Franz, R. Kopp & M. Michels-Kohlhage (Hrsg.), *Kollegiale Fallberatung. State of the Art und organisationale Praxis*, 2. Aufl. (S. 181–190). Bergisch Gladbach: EHP.

Werling, Ursula H., Dipl. Pädagogin, Dipl. Sozialpädagogin (FH), Personalentwicklung (Master of Arts), Weiterbildung im Bereich Sozialmanagement, langjährige Personalverantwortung und Führungstätigkeit in der stationären Jugendhilfe. Lehrbeauftragte an verschiedenen Hochschulen. Kontakt: u.werling@gmx.de

Fachkräftebedarf und Fachkräftedeckung in der Kinder- und Jugendhilfe

Matthias Schilling und Katharina Kopp

Zusammenfassung

Zur Bestimmung des Personalbedarfs in den verschiedenen Arbeitsfeldern der Kinder- und Jugendhilfe wird ein Berechnungsmodell vorgestellt, dass die unterschiedlichen Einflussgrößen sowohl auf der Seite des Fachkräftebedarfs als auch auf der Seite der Fachkräftedeckung berücksichtigt und anschließend Bilanz zieht. Verschiedene Beispiele geben methodische Hinweise darauf, wie Prognosen zum Fachkräftebedarf in Kindertageseinrichtungen oder den weiteren Arbeitsfeldern der Kinder- und Jugendhilfe ermittelt werden können und welchen Herausforderungen sich diese Modellrechnungen stellen.

Schlüsselwörter

Fachkräftebedarf, Fachkräftemangel, Personalbedarfsdeckung, Personalbedarfsermittlung, Personalbedarfsberechnungen, Prognosen

Die aktuelle Situation und bisherige Entwicklung der Fachkräfte in der Kinder- und Jugendhilfe ist vielfach beschrieben und in seiner quantitativen Dimension analysiert worden (Schilling 2014; Schilling 2012; Rauschenbach und Schilling 2010; Fuchs-Rechlin 2010; Züchner und Schilling 2010). Selten wird allerdings ein quantitativer Blick in die Zukunft gewagt. Dies ist verständlich, da der Blick in die Zukunft immer mit vielen Unsicherheiten behaftet ist und sich Aussagen über zukünftige Entwicklungen alsbald als nicht zutreffend herausstellen können. Durch diese Zurückhaltung wird allerdings darauf verzichtet, Entwicklungstendenzen frühzeitig zu erkennen auf die fachpolitisch und fachplanerisch reagiert werden könnte. Die Zurückhaltung ist verständlich, wenn man von dem Anspruch geleitet wird, dass ein Blick in die Zukunft eine exakte Vorhersage sein soll. Dies kann in den meisten Fällen nicht erreicht werden, da die Einflussfaktoren zu komplex sind und im Laufe der Zeit Faktoren auftauchen, die zuvor nicht absehbar waren. Deshalb ist ein anderer Ansatz notwendig, der von dem Grundsatz geprägt ist: Alle Faktoren die aktuell bekannt sind, werden in ihrer bisherigen Entwicklung weiter fortgeschrieben, zu erwartende neue Einflussfaktoren werden in die Berechnung einbezogen und bei Unsicherheiten über die Einflussgröße werden Szenarien eingesetzt, um potenzielle Auswirkungen in den Blick zu nehmen.

Diese Herangehensweise hat nicht den Anspruch, exakte Vorhersagen darüber zu treffen, wie es in 5, 10, 15 oder 20 Jahren sein wird, sondern die Berechnungen sollen aufzeigen, welche Entwicklungen zu erwarten sind, wenn sich die bekannten Faktoren so wie bisher entwickeln werden. Diese *„Verlängerung"* der bisherigen Entwicklung in die Zukunft und die sich dadurch abzeichnenden Zukunftsszenarien können dann fachlich bewertet werden. Kommt es zu einer negativen Bewertung können noch Maßnahmen ergriffen werden, damit die vorausberechnete Situation nicht eintrifft. Die Vorausberechnungen stellen somit ein methodisches Instrumentarium dar, über zukünftige Entwicklungen in einen fachlichen Diskurs einzutreten und Maßnahmen zu entwickeln.

In diesem Beitrag werden die methodischen Schritte der Berechnung des Personalbedarfs und der Personaldeckung beschrieben. Anhand von Berechnungsbeispielen sollen Möglichkeiten und Grenzen dieses Ansatzes aufgezeigt werden, bevor abschließend künftige Herausforderungen für weitere Modellrechnungen benannt werden.

1 Berechnungsmodelle zur Bestimmung des zukünftigen Fachkräftebedarfs und der Fachkräftedeckung

Wenn es um die Berechnung des zukünftigen Fachkräftebedarfs in der Kinder- und Jugendhilfe geht, sind zunächst Entscheidungen darüber zu treffen, ob sich die Bedarfsberechnung auf alle oder einzelne Berufsgruppen und auf alle oder einzelne Arbeitsfelder der Kinder- und Jugendhilfe beziehen soll. Darüber hinaus können regionale Eingrenzung vorgenommen werden, in der Regel für West- und Ostdeutschland, aber auch für einzelne Bundesländer und ggf. einzelne Regionen. Eine Gesamtberechnung für die Kinder- und Jugendhilfe ist sicherlich erstrebenswert, jedoch in der Regel zu komplex. Aus den Ergebnissen können kaum konkrete Handlungsoptionen abgeleitet werden. Deshalb konzentrieren sich die bisherigen Bedarfsberechnungen in der Regel auf einzelne Arbeitsfelder und/oder einzelne Berufsgruppen. So wurden Personalbedarfsberechnungen für Kindertageseinrichtungen in Ostdeutschland Mitte der 1990er Jahre vorgenommen, nachdem sich herausstellte, dass durch den demografischen Einbruch bei den Geburten bis 1995 erheblich weniger Personal benötigt wird (vgl. Galuske und Rauschenbach 1994). Zentrale Einflussgröße war dabei die demografische Veränderung. Ende der ersten Dekade des 21. Jahrhunderts wurde die fachpolitische Entscheidung getroffen, in Westdeutschland ein bedarfsgerechtes Angebot für unter 3-Jährige zu schaffen. Zur Umsetzung dieses Vorhabens war es auch notwendig abzuschätzen, wie viele Fachkräfte für den anstehenden Ausbau benötigt werden (vgl. Schilling 2012; Rauschenbach und Schilling 2010; Sell und Kersting 2010). Eine weitere Variante ist die Fokussierung auf eine Berufsgruppe, z. B. die hochschulausgebildeten Fachkräfte in der Kinder- und Jugendhilfe. Hier konzentriert sich die Frage auf den Ersatzbedarf und fachliche Weiterentwicklungen der einzelnen Arbeitsfelder der Kinder- und Jugendhilfe (vgl. Schilling und Kopp 2012). Letztere Studie ist darüber hinaus ein Beispiel für regional begrenzte Berechnungen zum zukünftigen Fachkräftebedarf (vgl. auch Begemann und Schilling 2011).

Grundsätzlich geht es immer darum zu fragen, wie sich die jeweils definierte Gruppe an Fachkräften in dem konkreten Arbeitsfeld bzw. den konkreten Arbeitsfeldern in den nächsten Jahren entwickeln wird. Ausgehend vom aktuellen Personalbestand in dem zu betrachtenden Arbeitsfeld bzw. Arbeitsfeldern ist zu berechnen, wie viele Personen das Arbeitsfeld vorzeitig verlassen und wie viele in Rente gehen werden. Grundsätzlich lassen sich hierbei der Renteneintritt aufgrund des Alters und der Renteneintritt aufgrund einer verminderten Erwerbsfähigkeit unterscheiden. Die Analyse der bisherigen Entwicklung der Berufsgruppe in dem zu betrachtenden Arbeitsfeld kann darüber hinaus Hinweise geben, wie sich diese Berufsgruppe auch zukünftig entwickeln wird. Eine wichtige Einflussgröße bei allen Personalbedarfsberechnungen ist die demografische Entwicklung, insbesondere bei denjenigen Arbeitsfeldern, die alle Kinder betreffen, wie z. B. die Kindertagesbetreuung. Darüber hinaus haben gerade die jüngsten gesellschaftlichen Entwicklungen gezeigt, dass diesbezüglich auch die Zuwanderung einen wichtigen Parameter darstellt, der auch die demografische Entwicklung mitgestaltet. Neben diesen Grundparametern sind noch zu erwartende fachliche Veränderungen zu berücksichtigen, insbesondere wenn hierzu schon fachpolitische Entscheidungen getroffen sind, wie z. B. beim Ausbau der Angebote für unter 3-Jährige.

Dem Personalbedarf ist dann die Personaldeckung gegenüber zu stellen. Hierzu sind Analysen der aktuellen Kapazitäten der Ausbildungsstätten bzw. der Hochschulen vorzunehmen. Auf der Grundlage der bisherigen Entwicklung der Absolventen/innenzahlen, aber auch der Studienanfänger/innen wird eine Abschätzung der zu erwartenden Absolventinnen und Absolventen der nächsten Jahre vorgenommen.

Aus der Gegenüberstellung des Fachkräftebedarfs und den potenziellen Kapazitäten zur Personaldeckung kann dann abgeleitet werden, ob es zu einem Personalüberschuss oder zu einem Personalfehlbedarf kommen könnte.

Im Folgenden werden die einzelnen Etappen der Berechnung ausführlich dargestellt.

Das dargestellte Berechnungsmodell wurde in abgewandelter und angepasster

Form bereits in vorangegangenen Expertisen verwendet.[1] Im Folgenden soll dieses in erweiterter und allgemeingültiger Form beschrieben werden.

1.1 Einflussfaktoren auf den Personalbedarf

Den zukünftigen Personalbedarf bestimmen – wie bereits eingangs erwähnt – verschiedene Einflussfaktoren. Hierzu gehören der rentenbedingte und der vorzeitige Ausschied, Effekte der demografischen Entwicklung sowie veränderte fachliche Anforderungen. Diese werden in den folgenden Abschnitten näher erläutert.

1.2 Ersatzbedarf durch rentenbedingt ausscheidende Fachkräfte

Zunächst werden Informationen über das durchschnittliche Rentenzugangsalter benötigt, um möglichst genaue Aussagen über die rentenbedingt ausscheidenden Fachkräfte der nächsten Jahre treffen zu können. Die Deutsche Rentenversicherung stellt hierzu regelmäßig Daten zur Verfügung. Diese Daten sind in einzelne Berufsgruppen aufgeschlüsselt. Für die im Rahmen Kinder-und Jugendhilfe relevanten Berechnungen bildet die Berufsgruppe der „Sozial- und Erziehungsberufe" (Berufskennziffer 86–89) die Grundlage. So lag beispielsweise im Jahr 2010 das durchschnittliche Rentenzugangsalter für diese Berufsgruppe bei Frauen bei 62,51 Jahren und bei Männern bei 63,65 Jahren in Westdeutschland (vgl. Deutsche Rentenversicherung 2011, S. 121 f.). Da in Bezug auf Personalprognosen nicht alle Daten der Kinder- und Jugendhilfestatistik geschlechtsspezifisch ausgewertet werden können, wird für das durchschnittliche Rentenzugangsalter ein gewichteter Mittelwert für Männer und Frauen gebildet. Die Gewichtung richtet sich nach dem prozentualen Verhältnis der Beschäftigten in den Arbeitsfeldern der Kinder- und Jugendhilfe. Im Jahr 2010 waren beispielsweise 35 % aller pädagogisch Tätigen in der Kinder- und Jugendhilfe männlich und 65 % weiblich. Bezogen auf das durchschnittliche Rentenzugangsalter ergibt sich somit ein gewichtetes Alter von 63 Jahren für alle in den Arbeitsfeldern der Kinder- und Jugendhilfe Arbeitenden (ohne Kindertageseinrichtungen).

Doch auch jüngere Personen können vor Erreichen des durchschnittlichen Renteneinstiegsalters frühzeitig in Rente gehen. Diese unter 63-Jährigen beziehen aufgrund einer verminderten Erwerbsfähigkeit Rente. Von den Personen, die laut der Rentenstatistik (vgl. ebd.) im Jahr 2010 rentenbedingt ausschieden, erhielten 27,39 % der Rentenzugänger/innen die Rente wegen verminderter Erwerbsfähigkeit. 72,61 % der Berufstätigen in den Sozial- und Erziehungsberufen bezogen Rente, da diese das entsprechende Renteneinstiegsalter erreicht hatten. Anhand dieser Daten lässt sich

---

1   Vgl. u. a. Schilling und Rauschenbach (2010, 2012); Schilling und Kopp (2012); Schilling (2014)

nun bestimmen, wie viele Fachkräfte bis zu einem bestimmten Jahr in Rente gehen werden. In der Regel wird das durchschnittliche Renteneintrittsalter konstant gehalten. Sollen allerdings längere Zeiträume betrachtet werden, muss ins Kalkül gezogen werden, ob in diesem Zeitraum nicht mit einer weiteren Erhöhung des durchschnittlichen Renteneintrittsalters zu rechnen ist. Angesichts der sukzessiven Erhöhung des offiziellen Renteneintrittsalter von 65 Jahren auf 67 Jahren im Zeitraum von 2012 bis 2029 sind hier durchaus relevante Veränderungen zu erwarten.

1.2.1 Ersatzbedarf durch vorzeitig ausscheidende Fachkräfte

Bislang gibt es kaum empirische Untersuchungen darüber, wie lange pädagogische Fachkräfte durchschnittlich ihren Beruf in den jeweiligen Arbeitsfeldern der Kinder- und Jugendhilfe ausüben (vgl. Schilling 2011, S. 124 f.). Sell und Kersting untersuchten 2010 Daten des Instituts für Arbeitsmarkt- und Berufsforschung (IAB) und versuchten, anhand dieser Daten allgemeingültige Aussagen über die Erwerbsverläufe von Erziehern/innen zu treffen. Empirisch belastbare Ergebnisse zu den Erwerbsbiographien dieser Fachkräfte konnten hieraus jedoch nicht gewonnen werden (vgl. Sell und Kersting 2010, S. 9 f.).

Aufgrund dieser unbefriedigenden Erkenntnislage können nur Ergebnisse aus anderen (Arbeits-)Bereichen herangezogen sowie die Erfahrungen aus der Berufspraxis berücksichtigt werden. Auf dieser Basis kann zwar keine abschließend empirisch gesicherte Aussage getroffen werden, aber die Erkenntnisfragmente geben erste plausible Hinweise darauf, welche zukünftigen Entwicklungen prinzipiell möglich sind. Hinweise zur grundlegenden Orientierung geben Erkenntnisse aus dem Bereich der Lehramtsforschung. Im Rahmen von Lehrer/innenbedarfsvorausberechnungen wurden vielfältige Erkenntnisse über die Verweildauer von Lehrer/innen gesammelt und analysiert (Klemm 2009a). Klemm kommt dabei zu der Erkenntnis, dass ca. ein Prozent aller Lehrkräfte pro Jahr endgültig aus ihrem Lehrer/innenberuf ausscheiden (vgl. Klemm 2009b). Diese müssen anschließend wiederum durch neue Lehrkräfte ersetzt werden.

Diese Erkenntnis ist sicherlich nicht vollständig auf das Arbeitsfeld der Kinder- und Jugendhilfe zu übertragen. Die Kinder- und Jugendhilfe bietet (noch) nicht die Beschäftigungssicherheiten der in der Regel verbeamteten Lehrer/innen, aber es handelt sich um ähnlich anspruchsvolle pädagogische Tätigkeiten, die sicherlich mit vergleichbaren – wenn nicht sogar höheren – Risiken der Überlastung verbunden sind. Somit kann vermutet werden, dass die Ausscheiderate von einem Prozent pro Jahr als Untergrenze bei guten Rahmenbedingungen anzusetzen ist. Diese Unsicherheit führt dazu, dass es voraussichtlich mehrere Wechsel gibt, die ggf. auch aus dem Arbeitsfeld der Kinder- und Jugendhilfe hinausführen. Zugleich dient die Beschäftigung zur Sicherung des Lebensunterhaltes und soll zu einer vertretbaren Rente führen. Somit müssen auch hier möglichst lange Beschäftigungszeiten ermöglicht werden. Jedoch umfasst der vorzeitige Ausschied nicht nur den Wechsel in Tätigkeitsbereiche außerhalb der Kinder- und Jugendhilfe sondern auch persönliche Gründe oder Tod werden in diesem Berechnungsfaktor berücksichtigt.

Neben diesen generellen Überlegungen spielen sicherlich auch noch Besonderheiten der einzelnen Arbeitsfelder für den vorzeitigen Ausschied eine Rolle. Hierbei gilt es beispielsweise zu berücksichtigen in welchen Bereichen Fluktuationen aufgrund von Elternzeiten zu erwarten sind und welche Stellen in der Kinder- und Jugendhilfe über längere Zeiträume besetzt sind (z. B. von aus der Elternzeit Zurückgekehrten). Die Expertise „Perspektiven der einschlägigen Hochschulstudiengänge für die Arbeitsfelder der Kinder- und Jugendhilfe" (vgl. Schilling und Kopp 2012) untersuchte dies anhand von Fachgesprächen. Dabei zeigte sich, dass der Großteil aller Berufsanfänger/innen in den stationären Hilfen zur Erziehung startet und später in andere Bereiche zum Beispiel den Bereich der ambulanten Hilfen wechselt. Ebenso waren Abwanderungen vom Allgemeinen Sozialen Dienst (ASD) hin in weitere Bereiche des Jugendamtes wie der Jugendhilfeplanung zu beobachten.

Diese Wechsel innerhalb der Felder der Kinder- und Jugendhilfe können aufgrund der bisherigen Datenlagen nicht abgebildet werden. Nur durch eine repräsentative Längsschnittstudie könnte dieses relativ konfuse Konstrukt der Besonderheiten der einzelnen Arbeitsfelder differenzierter betrachtet werden.

Da ein solches Forschungsdesign jedoch sehr zeit- und kostenintensiv ist, ist es häufig nicht möglich, für Personalprognosen auf solche Längsschnittstudien zurückzugreifen. An dieser Stelle kann behelfsweise mit verschiedenen Entwicklungsszenarien gearbeitet werden.

Schilling und Kopp (2012) gehen in ihrer Untersuchung von einem vorzeitigen Ausschied von durchschnittlich zwei Prozent für die Kinder- und Jugendhilfe in Baden-Württemberg aus. Dieser festgelegte prozentuale Anteil für den vorzeitigen Ausschied, wird anschließend im Berechnungsmodell pro Jahr ausgewiesen. Das heißt, dass die einzelnen Werte pro Jahr für die zu prognostizierende Zeitspanne addiert werden und so das insgesamt vorzeitig ausscheidende Personal ermittelt wird. Eine Berechnung der Prozentwerte pro Jahr der Zeitspanne ist hierbei wichtig, damit die jährliche Veränderung der Grundgesamtheit berücksichtigt wird.

1.2.2 Einfluss demografischer Veränderungen

Die demografische Entwicklung bildet einen nachgelagerten Effekt, welcher den Fachkräftebedarf jedoch maßgeblich beeinflussen kann. Insbesondere in der Kinder- und Jugendhilfe ist die demografische Entwicklung derzeit eine viel diskutierte Variable. Durch den Rückgang des Anteils junger Menschen bis im Jahre 2010 war bei gleichen Rahmenbedingungen (unveränderte Gesetzeslage, gleichbleibende Förderung der einzelnen Bereiche der Kinder- und Jugendhilfe, gleichbleibende Inanspruchnahme etc.) zu erwarten, dass der Bedarf an Leistungen innerhalb der Kinder- und Jugendhilfe ebenfalls rückläufig sein wird (vgl. Schilling 2011, S. 128 ff.). Aufgrund der Zensusergebnisse 2011, gestiegener Geburtenzahlen und der hohen Zahl an Flüchtlingen hat sich allerdings eine Trendwende ergeben und die Bevölkerungszahlen steigen in den untern Jahrgängen voraussichtlich wieder – so zumindest die Ergebnisse der 13. koordinierten Bevölkerungsvorausberechnung des Statistischen Bundesamtes.

In den Arbeitsfeldern in denen es feste Inanspruchnahmequoten gibt (wie z. B. in Einrichtungen der Kindertagesbetreuung) kann dieser Effekt eindeutig bestimmt werden. Nicht ganz so eindeutig ist der demografische Einfluss in den anderen Arbeitsfeldern wie beispielsweise der Kinder- und Jugendarbeit. Auch in den Hilfen zur Erziehung oder im ASD gibt es keine festen Inanspruchnahmequoten, aus denen ein direkter Einfluss auf den Personalbedarf abgeleitet werden könnte.

Aus diesem Grund sollte bei Berechnungsmodellen, die sich auf künftige Personalbedarfe beziehen, die demografische Entwicklung grundsätzlich berücksichtigt werden. Diese demografische Entwicklung kann allerdings auch noch durch andere Effekte wie Angebotsausweitungen (U3-Ausbau), neue fachliche Standards (bessere Ausstattung des ASD) oder – wie aktuell – durch Veränderungen im Zuwanderungsgeschehen überlagert werden. Es bietet sich an, mit verschiedenen Szenarien zu arbeiten, wenn das klare Ausmaß fachlicher Entwicklungen nicht bestimmt werden kann (vgl. Schilling 2012).

Die zukünftige demografische Entwicklung lässt sich auf der Grundlage der koordinierten Bevölkerungsvorausberechnung der Statistischen Ämter des Bundes und der Länder bestimmen – zurzeit liegt die 13. koordinierte Bevölkerungsvorausberechnung vor (vgl. Statistisches Bundesamt 2015). Die 13. koordinierte Bevölkerungsvorausberechnung basiert auf einer Bestandsfortschreibung der Ergebnisse des Zensus 2011.

Zwar lässt sich anhand der 13. koordinierten Bevölkerungsvorausberechnung die demografische Entwicklung bis relativ weit in die Zukunft bestimmen (derzeit bis zum Jahr 2060), es gilt jedoch zu bedenken, dass zukünftige Zeitspannen von zehn Jahren und mehr eine enorm wachsende Ungewissheit mit sich bringen. Politische, gesellschaftliche und ökonomische Rahmenbedingungen können immer weniger eingeschätzt werden.

Exemplarisch wird in der Abbildung 1 die demografische Entwicklung junger Menschen in Deutschland abgebildet. Ausgangspunkt der Indexdarstellung ist der vorausberechnete Bevölkerungsstand am 31. 12. 2014.

In Abbildung 1 wird deutlich, dass sich bei den jugendhilferelevanten Altersgruppen zwischen 2014 und 2030 deutliche Unterschiede zeigen. Während die Zahl der 3- bis 12-Jährigen bis 2030 zunächst noch ansteigen wird, sind deutliche Bevölkerungsrückgänge bei den über 12-Jährigen zu erwarten. Bei den unter 3-Jährigen ist noch mit einem leichten Anstieg bis 2020 zu rechnen. Danach ist wieder mit Rückgängen zu rechnen.

Abbildung 1   Junge Menschen nach Altersgruppen 2014 bis 2030 gemäß den Ergebnissen der 13. koordinierten Bevölkerungsvorausberechnung (Basisjahr 31.12.2013; Variante W2 G1 L1* Index (2014 = 100))

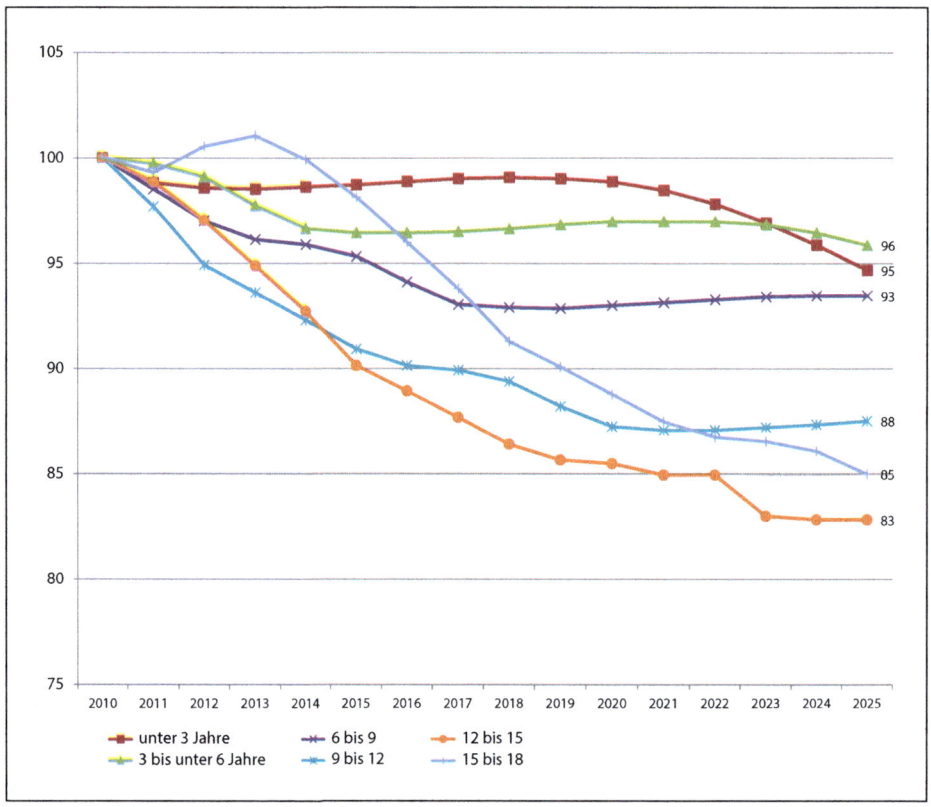

* Variante *W2 G1 L1:* Untergrenze der „mittleren" Bevölkerung, entspricht folgenden Annahmen für Deutschland: Geburtenhäufigkeit: 1,4 Kinder je Frau, Lebenserwartung bei Geburt 2060 für Jungen 84,8/Mädchen 88,8 Jahre, langfristiger Wanderungssaldo 200 000

Quelle: Statistisches Bundesamt: 13. koordinierte Bevölkerungsvorausberechnung; eigene Berechnungen

1.2.3 Fachliche Entwicklungen und Herausforderungen

Neben den kontinuierlichen Einflüssen auf den Personalbedarf wie das vorzeitige und rentenbedingte Ausscheiden sowie die demografischen Einflüsse, sind absehbare fachliche Entwicklungen in dem Berechnungsmodell zu berücksichtigen. Hier ist zwischen vereinbarten Zielsetzungen, der Fortschreibung bisheriger Trends und der Berechnung von wünschenswerten Entwicklungsszenarien zu unterscheiden.

Sofern konkrete Ziele vereinbart sind, wie z. B. der Ausbau der Angebote für unter 3-Jährige in Westdeutschland zwischen den Jahren 2006 und 2013, können diese mit einer hohen Zuverlässigkeit in die Berechnung des Fachkräftebedarfs aufgenommen werden. Allerdings sind auch bei solchen konkreten Zielvorgaben vielfältige Ausgestaltungsmöglichkeiten zu berücksichtigen. Beim bedarfsgerechten Ausbau kann zwar auf der Grundlage von repräsentativen Elternbefragungen geschlossen werden, wie viele Plätze noch zu schaffen sind, aber unter Personalbedarfsgesichtspunkten ist noch zu klären, wie viele Plätze in Einrichtungen und wie viele Plätze in Kindertagespflege zu schaffen sind. Darüber hinaus sind die gewünschten täglichen Betreuungszeiten zu berücksichtigen. Ebenfalls eine zentrale Rolle bei der Personalbedarfsberechnung spielt die Entscheidung, welcher Personalschlüssel angesetzt wird. Weitere Ziele könnten z. B. der Ausbau der Angebote in der Ganztagsschule oder die Ausweitung der Ganztagsplätze in Westdeutschland sein, hierzu liegen aber bisher keine politisch verankerten Zielvorgaben vor.

Die Fortschreibung bisheriger Trends kann sich auf alle Bereiche der Kinder- und Jugendhilfe beziehen. So kann beispielsweise die Analyse der Entwicklung der ambulanten Erziehungshilfen in den letzten Jahren plausibilisieren, dass in diesem Arbeitsfeld der Kinder- und Jugendhilfe die Hilfebedarfe noch weiter steigen werden und somit auch ein erhöhter Personalbedarf zu erwarten ist. Ein anderes Beispiel wäre die Veränderung der Anteile einzelner Berufsgruppen in einzelnen Arbeitsfeldern. So hat sich z. B. in der Heimerziehung gezeigt, dass die einschlägig hochschulausgebildeten Fachkräfte anteilig zugenommen haben. Entsprechende Verschiebungen können sich auch im Qualifikationsprofil der Kindertagesbetreuung ergeben: Rückgang der Kinderpfleger/innen zu Gunsten der Erzieher/innen oder Zunahme der neuen B. A. Kindheitspädagogen/innen, wodurch die Anzahl der Erzieher/innen wiederum geringer werden könnte.

Letztere Überlegungen führen schon zur Entwicklung fachlich wünschenswerter Szenarien. Sofern keine eindeutigen Vorgaben gemacht werden und keine stabilen Trends zu erkennen sind, können in die Personalbedarfsberechnung auch wünschenswerte Ziele aufgenommen werden, um eine fachpolitische Einschätzung zu erhalten, welche zusätzlichen Ressourcen bereitgestellt werden müssen, um diese Ziele zu erreichen. So können z. B. Berechnungen vorgenommen werden, wie viele Fachkräfte mehr benötigt werden, wenn der Personalschlüssel verbessert werden soll.

1.3   Personalbedarfsdeckung

1.3.1 Absolventen/innen der Ausbildungsgänge Erzieher/in, Kinderpfleger/in und Sozialassistent/in

Die zentrale Berufsgruppe in der Kinder- und Jugendhilfe sind die Erzieher/innen. Ende 2010/Anfang 2011 waren von allen 635 000 tätigen Personen in der Kinder- und Jugendhilfe ohne hauswirtschaftlich Tätige und Tätige in der Verwaltung zusammen ca. 350 000 Erzieher/innen. Dies sind immerhin mehr als die Hälfte aller Beschäftigten. Die Anzahl der Kinderpfleger/innen belief sich Anfang 2011 auf knapp 50 000 Personen.

Um abschätzen zu können, wie viel Potenzial die Ausbildungslandschaft für frühpädagogisches Personal für alle Arbeitsfelder der Kinder- und Jugendhilfe in sich birgt, ist zum einen eine dementsprechende Datenbasis zu den Schüler/innen und Absolventen/innen der entsprechenden Ausbildungsgänge erforderlich. Zum anderen wird Wissen darüber benötigt, wie viele der Absolventen/innen nach Beendigung ihrer Ausbildung tatsächlich in das Arbeitsfeld Kindertageseinrichtungen bzw. andere Arbeitsfelder einmünden – wie hoch also die Übergangsquote ist.

Die vorliegenden Datensätze auf der Basis der amtlichen Schulstatistik sind mit Blick auf das wichtigste Qualifikationsprofil, die/den Erzieher/in, mit einigen Unsicherheiten und Einschränkungen verbunden. So steht zur Qualifizierung der frühpädagogischen Fachkräfte zwar bundesweit ein dichtes Netz an sozialpädagogischen Ausbildungsstätten zur Verfügung, allerdings ist die Ausbildungslandschaft nicht bundeseinheitlich geregelt, sondern unterliegt den unterschiedlichen Regelungen der einzelnen Bundesländer (vgl. Janssen 2010). Diese Uneinheitlichkeit im Ausbildungsbereich wirkt sich auch auf die statistische Erfassung der Schüler/innen und Absolventen/innen in den frühpädagogischen Ausbildungsgängen aus. Eine ausführliche Darstellung der länderspezifischen Besonderheiten findet sich bei Wilk (2010).

Zur Abschätzung des zukünftigen Potenzials für die Arbeitsfelder der Kinder- und Jugendhilfe werden aus der Schulstatistik die Absolventen/innen der einschlägigen Ausbildungsgänge herangezogen. Diese stehen ca. mit einem Jahr Verzögerung zur Verfügung. Um genauere Einschätzungen zu den zu erwartenden Absolventen/innen zu gewinnen, kann die Entwicklung der Anfänger/innenzahlen herangezogen werden. Da aus der Schulstatistik abzulesen ist, wie viele Anfänger/innen in der Vergangenheit die Ausbildung abgeschlossen haben, kann hochgerechnet werden, wie viele der in der Statistik erfassten Anfänger/innen voraussichtlich die Ausbildung auch abschließen werden. Somit stehen für weitere drei Jahre relativ sichere Zahlen zu den Absolventinnen und Absolventen zur Verfügung.

Die Absolventen/innenzahlen geben Hinweise auf das mögliche Bruttopotenzial, das die Ausbildung für den Arbeitsmarkt birgt. Allerdings führen die Wege der sozialpädagogischen Fachkräfte nach ihrer Ausbildung nicht in allen Fällen bzw. nicht immer direkt in die Arbeitsfelder der Kinder- und Jugendhilfe. Im Spiegel von Schätzungen und Prognosen zur Deckung des Fachkräftebedarfs ist die Frage nach der Einmündung der Fachkräfte nach Abschluss ihrer Ausbildung, also die Übergangsoder Nettoquote in Arbeitsfelder der Kinder- und Jugendhilfe, von entscheidender Bedeutung.

Hierzu liegen jedoch keine regionalspezifisch belastbaren Untersuchungsergebnisse vor. Für den Bereich der Kindertagesbetreuung wurden im Rahmen der Untersuchungen von Rauschenbach und Schilling (2010) die Kultusministerien zu ihren Erfahrungswerten befragt. Um das Spektrum der Aussagen zu dieser Frage zu erweitern, wurden zusätzlich Interviews mit Schulleitungen von Fach- und Berufsfachschulen, die im Rahmen des Projektes *Weiterbildungsinitiative Frühpädagogische Fachkräfte WIFF* geführt worden sind, herangezogen und ausgewertet. Dabei ergab sich dass die Übergangsquote für Erzieher/innen je nach Bundesland zwischen 65 % und 80 % liegt, bei den Kinderpflegerinnen und Kinderpflegern zwischen 50 % und 80 % und bei den Sozialassistentinnen und Sozialassistenten nur bei bis zu 30 % (vgl. Wilk 2010, S. 123 ff.). Auch eine Befragung von Fachschulschüler(inne)n bestätigt diese hohen Einmündungsquoten bei Erzieher(inne)n (vgl. Projektgruppe ÜFA 2015). Zu den anderen Arbeitsfeldern der Kinder- und Jugendhilfe liegen bislang keine empirisch fundierten Erkenntnisse vor.

1.3.2 Absolventen/innen der einschlägigen Hochschulstudiengänge

Die Stellen, die durch die rentenbedingt und vorzeitig ausscheidenden Fachkräfte frei werden, werden neben den Berufs- und Fachschulabsolventen/innen auch durch Hochschulabsolventen/innen besetzt. In den Arbeitsfeldern der Kinder- und Jugendhilfe wurden diese Stellen bislang von Diplom-Pädagogen/innen, Diplom-Sozialpädagogen/innen und Diplom-Erziehungswissenschaftlern/innen eingenommen. Im Zuge des Bologna-Prozesses sind verschiedene Bachelor- und Masterstudiengänge entstanden, die durch eine Vielzahl unterschiedlicher Bezeichnungen gekennzeichnet sind. Für die Kinder- und Jugendhilfe relevante Bachelor-Studiengänge tragen Titel wie „B. A. Soziale Arbeit", „B. A. Pädagogik", „B. A. Sozialmanagement", „B. A. Sozialpädagogik", „B. A. Erziehungswissenschaft", „Social B. A.", „B. A. Bildung und Erziehung der Kindheit", „B. A. Management von Erziehungs- und Bildungseinrichtungen, „B. A. Pädagogik der Kindheit" und weitere. Ähnlich verhält es sich mit den Master-Studiengängen, die zum Teil auch gängige Titel wie „M. A. Erziehungswissenschaft" tragen, zum Teil aber auch Alleinstellungsmerkmale haben, wie z. B. „M. A. Interkulturelle Bildung, Migration und Mehrsprachigkeit".

Bei dieser Vielzahl an Studiengängen ist es schwierig genau die zu identifizieren, deren Absolventen/innen spezifische Kenntnisse erworben haben, die für Tätigkeiten in der Kinder- und Jugendhilfe benötigt werden. Für die verschiedenen Bachelor- und Masterstudiengänge, die zum Teil erst seit Kurzem bestehen, gibt es bisher kaum Studien, die Auskunft darüber geben, welche Stellen in der Kinder- und Jugendhilfe von Absolventen/innen dieser Studiengänge besetzt werden. Viele Hochschulen beginnen derzeit mit den ersten Absolventen/innenbefragungen der neuen B. A.- und M. A.-Studiengänge, die auch den beruflichen Verbleib erheben (vgl. Schilling und Kopp 2012, S. 20 f.; Projektgruppe ÜFA 2013).

Dies verweist auch auf die Grenzen, die sich bisher hinsichtlich der Erfassung der künftig in der Kinder- und Jugendhilfe arbeitenden Akademiker/innen ergeben.

Das Statistische Bundesamt erfasst in der amtlichen Hochschulstatistik verschiedene Merkmale. Hinsichtlich der Personalbedarfs- und Personaldeckungsfragen sind hier vor allem die Studentenstatistik und die Prüfungsstatistik von Interesse. Die Studierendenstatistik erfasst jährlich Daten zu den Studienanfängern/innen (vgl. Sta-

tistisches Bundesamt 2015a). Die ebenfalls jährlich erhobene Prüfungsstatistik gibt
Auskünfte über die Anzahl von Absolventinnen und Absolventen (vgl. Statistisches
Bundesamt 2015b). Sowohl in der Studierendenstatistik, als auch in der Prüfungsstatistik wird eine bestimmte Fächersystematik angewandt, mit Hilfe derer einzelne Studienfächer verschiedenen Studienbereichen zu geordnet werden (vgl. ebd.,
S. 234 f.). Sowohl unter dem Fachbereich „Erziehungswissenschaften" als auch unter dem Fachbereich „Sozialwesen" werden für die Kinder- und Jugendhilfe relevante Studienanfänger/innen und Absolventen/innen gefasst. Doch unter diesen Fach-
bereichen wird auch eine Vielzahl von Studiengängen gefasst, die für die Kinder- und
Jugendhilfe keine Bedeutung haben (z. B. 254 Sachunterricht (einschl. Schulgarten)).
Hier liegen somit die Grenzen der Hochschulstatistik. Um den Kreis der für die Kin-
der- und Jugendhilfe spezifischen Hochschuldaten weiter einzuengen ist es notwendig, die relevanten Studiengänge an allen Hochschulen zu recherchieren und für diese die Daten bei den Statistischen Landesämtern zu erfragen.

Das Problem die Hochschulabsolventen/innen zu identifizieren, die in die Kin-
der- und Jugendhilfe einmünden wird somit zum einen in den öffentlich zugängigen
Statistiken deutlich, zeigt sich zum anderen jedoch auch an den inhaltlich sehr breit
angelegten Studiengängen. „*Der Großteil aller Bachelorstudiengänge mit dem klassischen Titel „Soziale Arbeit" umfasst zumeist auch einen Teil, welcher für die Arbeit mit
älteren Menschen qualifiziert wie beispielsweise das Berufsfeld Altenhilfe oder Bereiche,
die eher in der Sozialhilfe angesiedelt sind. „Auch zur Arbeit in Psychiatrien und zur Arbeit mit Menschen mit Behinderung sind die Übergänge innerhalb eines Studienganges
teilweise fließend [...]". [An] manchen Stellen ist deshalb eine ausschließliche Betrachtung der Berufsfelder der Kinder- und Jugendhilfe nicht möglich.*" (Schilling und Kopp
2012, S. 20). Um der Frage über den beruflichen Verbleib der Hochschulabsolventen/
innen der oben genannten Studiengänge etwas näher zu kommen, kann derzeit zunächst anhand der Kinder- und Jugendhilfestatistik ausgewertet werden, in welchen
Bereichen der Kinder- und Jugendhilfe wie viele einschlägig hochschulausgebildete
Personen arbeiten. Durch den Vergleich mit der Anzahl der Absolventen/innen der
letzten Jahre kann zumindest grob geschätzt werden, wie hoch der Anteil, derjenigen ist, der den Weg in die Kinder- und Jugendhilfe gefunden hat (vgl. Schilling und
Kopp 2012).

1.4   Gegenüberstellung des Personalbedarfs
und der Personaldeckung (Bilanz)

Nachdem der Personalbedarf gemäß den oben aufgeführten Faktoren berechnet wurde und das Potenzial für die Personaldeckung abgeschätzt ist, werden beide Werte gegenübergestellt. Somit ergibt sich rein rechnerisch entweder eine Passung, ein Fehlbedarf oder ein Überschuss. Diese Gesamtbilanz gibt dann wichtige Hinweise darauf,
wie gravierend Handlungsbedarfe sind. So konnte z. B. von Rauschenbach und Schil-

ling (2010) aufgezeigt werden, dass das Potenzial der Ausbildungsstätten nicht aus-reicht, um die Personalbedarfe für den Ausbau der Angebote für unter 3-Jährige zu decken. Daraufhin wurden in vielen Ländern die Kapazitäten der Ausbildungsstätten für Erzieher/innen erhöht.

2   Beispiele für Berechnungen des Fachkräftebedarfs und der Fachkräftedeckung

Die Berechnungen des Fachkräftebedarfs und der Fachkräftedeckung gehen immer von einem konkreten Zeitpunkt, dem aktuellen Ist-Stand, aus. Somit liegt es in der Natur der Sache, dass die Berechnungen spätestens nach einem Jahr, wenn wieder neue Ist-Zahlen vorliegen, die Endergebnisse wieder angepasst werden müssen. Des-halb wird in diesem grundlegenden Beitrag keine neue Berechnung aufgeführt, son-dern es werden Beispiele zu bisherigen Fachkräftebedarfs- und Fachkräftedeckungs-berechnungen kurz dargestellt.

2.1   Der U3-Ausbau und seine personellen Folgen (2010, 2012 und 2013)

Durch die politische Entscheidung im Rahmen des Kinderförderungsgesetzes ein be-darfsgerechtes Angebot zur Bildung, Betreuung und Erziehung für unter 3-Jährige zu schaffen ergab sich die Notwendigkeit, nicht nur zu berechnen, wie viele Plätze noch geschaffen werden müssen, sondern auch die Frage, wie viele zusätzlichen Fachkräfte benötigt werden.

Der Untersuchungsansatz verfolgte dabei nicht das Ziel den Fachkräftebedarf und die Fachkräftedeckung für die gesamte Kinder- und Jugendhilfe zu berechnen, son-dern nur für das Arbeitsfeld der Kindertagesbetreuung unter der fachlichen Vorgabe, dass die Anzahl der Plätze für unter 3-Jährige gemäß einer Zielgröße erhöht werden sollen. Bei der Berechnung des Personalbedarfs wurden folgende Einflussfaktoren berücksichtigt: die gewünschte und tatsächlich realisierte Inanspruchnahme von Be-treuungsplätzen, die täglichen Nutzungszeiten sowie die Anzahl vorzeitig und alters-bedingt ausscheidender Fachkräfte. Ebenso wird berücksichtigt, wie viele Kinder von einer Person betreut werden sollen und wie sich die Anzahl der pädagogischen Fach-kräfte auf Tagespflege und Einrichtungen verteilt, da hierfür unterschiedliches Per-sonal benötigt wird. Um diesen Personalbedarf zu decken, stehen die Ausbildungs-kapazitäten (Erzieher/innen, Kinderpfleger/innen und Sozialassistenten/innen) sowie die Anzahl an Absolventen/innen relevanter Studiengänge zur Verfügung.

Die ersten Berechnungen wurden auf der Basis der Erhebungsergebnisse der Kin-der- und Jugendhilfestatistik zum 1. März 2009 erstellt und im Jahr 2010 veröffent-licht (vgl. Rauschenbach und Schilling 2010). Durch den fortschreitenden Prozess des Ausbaus der Angebote und den sich dadurch verringernden Personalbedarf war eine jährliche Anpassung der Personalbedarfs- und Personaldeckungsberechnung notwendig. Diese wurden in den Jahren 2012 und 2013 vorgenommen (vgl. Schilling 2012; Schilling 2013). Für die letzte Aktualisierung standen zusätzlich differenziertere Ergebnisse der Elternbefragung des Deutschen Jugendinstitutes für die einzelnen Bundesländer zur Verfügung, so dass verlässlicher berechnet werden konnte, wie viele Fachkräfte noch zusätzlich in jedem Land ausgebildet bzw. rekrutiert werden müssen.

Zu allen drei Untersuchungszeitpunkten kam die Bilanzierung des Personalbedarfs und der Personaldeckung zu dem Ergebnis, dass bis zum August 2013 durch das Ausbildungssystem nicht ausreichend Fachkräfte bereitgestellt werden können. Es ergaben sich je nach Anteil der Kindertagespflege am U3-Ausbau Fehlbedarfe für Westdeutschland von 13 000 bis 20 000 Fachkräften. In Ostdeutschland war rein rechnerisch mit keinen Fehlbedarfen zu rechnen.

2.2 Personalbedarf U3 in Hessen auf der Ebene der Jugendämter (2011)

Die Untersuchungen von Rauschenbach und Schilling trafen immer nur Aussagen zum Landesdurchschnitt. Regionale Disparitäten konnten nicht abgebildet werden. Aus der Praxis wurde vielfach berichtet, dass es in einzelnen Kommunen beim Ausbau der Angebote für unter 3-Jährige bereits in den Jahren 2011 und 2012 zu Engpässen gekommen ist. Deshalb wurde das entwickelte Untersuchungsdesign auf die Jugendamtsbezirke des Landes Hessen übertragen (vgl. Begemann und Schilling 2011). Die besondere Schwierigkeit bei der Übertragung bestand darin, die Personaldeckungskapazitäten der einzelnen Ausbildungsstandorte auf die umliegenden Jugendamtsbezirke aufzuteilen. Da keine Verbleibdaten der Schüler/innen vorlagen, wurden die Schulleiter/innen gebeten zumindest eine Abschätzung über die prozentuale Verteilung auf die umliegenden Jugendamtsbezirke vorzunehmen. In den meisten Fällen war dies den Schulleiter/innen möglich. Somit konnte ein regionalspezifisches Bild des Personalbedarfs und der Personaldeckung gezeichnet werden. Herausragendes Ergebnis war, dass der berechnete Fehlbedarf in Höhe von 3 500 Fachkräften zu 75 % auf zwei Städte und zwei Landkreis von 33 Städten/Landkreisen fielen.

2.3 Der (drohenden) Fachkräftemangel im System der Kindertagesbetreuung in Rheinland-Pfalz (2010)

Die Herausforderung des Personalbedarfs/-deckung wurde auch von Sell und Kersting (2010) für das Land Rheinland-Pfalz untersucht. Der Ansatz von Sell und Kersting variiert zu Rauschenbach und Schilling darin, dass Sell und Kersting nicht nur eine Fortschreibung der bisher erreichten Qualitätsstandards in Rheinland-Pfalz vornahmen, sondern aufzeigten, welche personellen Konsequenzen mit der Verbesserung des Personaleinsatzes sowie der Ausweitung der Ganztagsangebote im Kindergarten verbunden wären. Für die Politik wurde somit ein umfassendes Tableau an potenziellen Entwicklungsszenarien gezeichnet. Bezogen auf die Gegenüberstellung des Personalbedarfs bei verschiedenen Entwicklungsszenarien und der potenziellen Personaldeckung durch das Ausbildungs- und Hochschulsystem ergab sich eine Spannweite von „die aktuelle Kapazitäten reichen aus" bis hin zur Notwendigkeit der Verdoppelung des gesamten Personals in der frühkindlichen Bildung, Betreuung und Erziehung. Die Untersuchung wurde auf der Ebene des Landes Rheinland-Pfalz durchgeführt. Personalbedarfsszenarien auf der Ebene der Jugendamtsbezirke wurden nicht vorgenommen. Allerdings wird empfohlen, das Berechnungsmodell unter Berücksichtigung der regionalspezifischen Besonderheiten von den Jugendhilfeplaner/innen vor Ort selber durchzuführen.

Hervorgehoben werden muss, dass zudem in der Untersuchung erste Erkenntnisse über Berufsbiografien von Erzieherinnen und Erziehern über aufwendige Auswertungen der IAB-Beschäftigungsstichprobe 1974 bis 2004 gewonnen werden konnten (vgl. Sell und Kersting, S. 60 ff.).

2.4 Fachkräftebedarf in der Kinder- und Jugendhilfe bis zum Jahr 2025 (2011)

Neben den Personalbedarfs- und Personaldeckungsberechnungen für die Kindertagesbetreuung, unter besonderer Berücksichtigung des Ausbaus U3 bis zum August 2013, stellt sich auch die Frage, wie sich der Fachkräftebedarf in der gesamten Kinder- und Jugendhilfe entwickeln wird. Hierzu wurde von Schilling (2011) erstmals ein Gesamtmodell entwickelt. Dabei wurden für das Arbeitsfeld der Kindertagesbetreuung neben dem Fachkräftebedarf für den Ausbau U3 noch eine Ausweitung des Anteils der Ganztagskindergartenplätze in Westdeutschland auf 50 % und eine Erhöhung der Versorgungsquote mit Ganztagsschulangeboten in der Grundschule auf 50 % der Grundschulkinder angenommen. Für die Arbeitsfelder Kinder- und Jugendarbeit sowie Hilfen zur Erziehung wird angenommen, dass die demografischen Rückgänge der nächsten Jahre durch höhere fachliche Anforderungen im Personalbestand ausgeglichen werden. Daher wurde für diese Arbeitsfelder der aktuelle Personalbestand fortgeschrieben und ausschließlich das vorzeitige Ausscheiden sowie der Übergang in die Rente berücksichtigt.

Die Gesamtbetrachtung kommt zu dem Ergebnis, dass sich der Personalbedarf für den Zeitraum 2010 bis 2025 voraussichtlich auf 270 000 Fachkräfte für die Kindertagesbetreuung und 63 000 Fachkräfte für die anderen Felder der Kinder- und Jugendhilfe aufsummieren wird, insgesamt 333 000 Fachkräfte. Wenn die im Jahre 2010 erreichten Kapazitäten in der Erzieher/innen- und Kinderpfleger/innenausbildung in den Folgejahren gleich bleiben und sich die Übergangsquote nicht verändert, müssten in den nächsten 15 Jahren ausreichend Erzieher/innen und Kinderpfleger/innen zur Verfügung stehen. Für die anderen Felder der Kinder- und Jugendhilfe haben die einschlägigen Hochschulabsolventen/innen eine größere Bedeutung. Die Hochrechnung der Anzahl der zu erwartenden Absolventinnen und Absolventen wird offensichtlich ausreichen.

Dies gilt allerdings nur unter zwei Voraussetzungen: erstens, dass sich die Nachfrage bei ausbildungswilligen bzw. studieninteressierten jungen Menschen nach den entsprechenden Studiengängen wie aktuell weiter fortsetzen wird; und zweitens, dass alle bereit sind, dort hinzugehen, wo der Bedarf besteht. Angesichts der Tatsache, dass die Anzahl der jungen Menschen zurückgehen wird und der Fachkräftebedarf in allen Branchen durch die nachwachsende Generation nicht mehr gedeckt werden kann, werden die verschiedenen Branchen die jungen Menschen umwerben. Bei den aktuellen Rahmenbedingungen werden die sozialen und pädagogischen Berufe voraussichtlich Schwierigkeiten haben, genügend ausbildungswillige und studienwillige junge Menschen zu gewinnen. Die Konsequenz für die Kinder- und Jugendhilfe kann nur sein, dass die Kinder- und Jugendhilfe in diesen Wettbewerb um junge Menschen einsteigen muss.

Die Langfristperspektive verdeckt allerdings den Blick für zwischenzeitliche Engpässe und die Gefahr, dass es regional zu keiner Passung zwischen Personalbedarf und Personaldeckung kommen kann. Der Ausbau der Angebote für unter 3-Jährige für die unter 3-Jährigen in Westdeutschland wird bis 2013 zu einer sehr angespannten Lage bei der Personalgewinnung führen. Die Berechnungen lassen erwarten, dass durch das Ausbildungssystem voraussichtlich nicht ausreichend Personal ausgebildet werden kann. Die Lücke kann wahrscheinlich nur dadurch geschlossen werden, dass den aktuellen Beschäftigten längere Beschäftigungszeiten angeboten werden, die Übergangsquote von den Fachschulen in den Bereich der Kindertageseinrichtungen noch erhöht wird, die Arbeitsbedingungen so gestaltet werden, dass ältere Mitarbeiter/innen so lange wie möglich in den Beschäftigungsverhältnissen bleiben und einschlägig Ausgebildete für die Arbeit in Kindertageseinrichtungen wieder gewonnen und durch Weiterbildungsangebote erneut auf die pädagogische Arbeit, insbesondere mit unter 3-Jährigen, vorbereitet werden.

2.5 Perspektiven der einschlägigen Hochschulstudiengänge für die Arbeitsfelder der Kinder- und Jugendhilfe in Baden-Württemberg (2012)

In der Untersuchung von Schilling und Kopp (2012) wird eine doppelte Differenzierung bezogen auf eine Berufsgruppe und ein Bundesland vorgenommen. Ziel der Untersuchung ist es, ausschließlich den Personal- und Personaldeckungsbedarf für einschlägig hochschulausgebildete Fachkräfte der Kinder- und Jugendhilfe für das Land Baden-Württemberg zu berechnen.

Unter einschlägig hochschulausgebildet werden Diplom Pädagogen/innen, Sozialpädagogen/innen, Diplom Erziehungswissenschaftler/innen sowie äquivalente Bachelor- und Masterstudiengänge verstanden. Es wurden alle Arbeitsfelder der Kinder- und Jugendhilfe berücksichtigt und differenziert für das Bundesland betrachtet. Die einzelnen Arbeitsfelder (Kinder- und Jugendarbeit, Jugendsozialarbeit, Hilfen zur Erziehung, Jugendamt, Sonstige und Kita) wurden teilweise noch feiner untergliedert (z. B. die Hilfen zur Erziehung in stationäre Hilfen, ambulante Hilfen und Erziehungs- und Beratungsstellen), sodass möglichst präzise Aussagen zur Personalstruktur der einschlägig Hochschulausgebildeten in der Kinder- und Jugendhilfe in Baden-Württemberg getroffen werden konnten. Zur Berechnung des Bedarfs an einschlägig hochschulausgebildetem Personal in den einzelnen Arbeitsfeldern der Kinder- und Jugendhilfe in Baden-Württemberg bildete die amtliche Kinder- und Jugendhilfestatistik die Grundlage. Zudem wurden Daten der Renten- und Beschäftigtenstatistik berücksichtigt und die Hochschulabsolventen/innen der einschlägigen Bachelor- und Masterstudiengänge in Baden-Württemberg erhoben sowie Fachgespräche zur Einschätzung fachlicher Entwicklungen geführt.

Die zentrale Frage der Untersuchung, ob die zu erwartenden Hochschulabsolventen/innen den Personalbedarf in der Kinder- und Jugendhilfe bis zum Jahr 2022 decken, konnte bestätigt werden. Auch unter der Berücksichtigung dass ca. die Hälfte der Hochschulabsolventen/innen nicht in Bereichen der Kinder- und Jugendhilfe arbeiten wird, werden ausreichend einschlägige Akademiker/innen zur Verfügung stehen um den künftigen Personalbedarf zu decken. Dass ca. die Hälfte aller Absolventen/innen außerhalb der Kinder- und Jugendhilfe arbeiten wird, lässt sich aus der Statistik der sozialversicherungspflichtig Beschäftigten der Bundesagentur für Arbeit ableiten (vgl. Schilling und Kopp 2012, S. 21 f.).

Da aus den einzelnen Fachgesprächen verschiedene fachliche Entwicklungen für die einzelnen Arbeitsfelder angesprochen wurden, werden in dem der Expertise zugrundeliegenden Berechnungsmodell pro Arbeitsfeld je zwei Entwicklungsszenarien dargestellt, die somit die Spanne (in der sich der Personalbedarf bewegt) aufweisen. Dementsprechend ergibt sich auch in der Bilanz, also der Summe des künftigen Personalbedarfs aller Arbeitsfelder, eine Spanne. Selbst bei dem Maximum der Spanne reichen die zur Verfügung stehenden Hochschulabsolventen/innen aus, um zu besetzende Stellen auszufüllen. Es entsteht sogar ein leichter Überschuss an Hochschulabsolventen/innen gegenüber dem Bedarf. Somit ist zunächst eine Ausweitung der Studienangebote für diesen Bereich in Baden-Württemberg nicht notwendig (vgl. ebd., S. 51 ff.). Die Untersuchung eröffnet den Hochschulen aufgrund der arbeitsfeldspezifischen Differenzierung die Möglichkeit den Umfang der Studienangebote bezogen auf die jeweiligen Schwerpunkte stärker an die quantitativen Bedarfe der einzelnen Arbeitsfelder anzupassen. So ergaben die Arbeitsfeldanalysen, dass der größte Bedarf an hochschulausgebildeten Fachkräften voraussichtlich im Arbeitsfeld der Hilfen zur Erziehung zu erwarten ist.

Kritisch wird in der Bilanz der Untersuchung darauf hingewiesen, dass die Attraktivität des Berufsfeldes trotz der erfreulichen Botschaft, dass der Bedarf an einschlägig hochschulausgebildeten Personen gedeckt werden kann, nicht zurückgehen darf. Nur wenn die Rahmenbedingungen erhalten oder verbessert werden, werden die einschlägigen Studiengänge weiterhin nachgefragt bleiben und viele Absolventen/innen ihr Studium erfolgreich abschließen. Auch Weiterbildungs- und Weiterqualifizierungsangebote haben diesbezüglich eine tragende Rolle.

Nicht außer Acht gelassen werden darf, dass es trotz des Absolventen/innenüberschusses zu regionalen Engpässen kommen kann. Insbesondere in ländlichen Regionen, die keine Hochschulen in ihrer unmittelbaren Umgebung vorweisen können sind hier gefährdet. Gerade in diesen Regionen müssen, die Einrichtungen und Instanzen auf gute Rahmenbedingungen setzen um Berufsanfänger/innen zu werben.

2.6 Fachkräftebedarf und Fachkräftedeckung in der Kindertagesbetreuung 2014 bis 2025

In der Untersuchung im Rahmen des Fachkräftebarometers der Weiterbildungsinitiative Frühpädagogischer Fachkräfte (WiFF) wurden die Personalbedarfsberechnungen mit Stand 1.3.2014 und auf der Basis der 12. koordinierten Bevölkerungsvorausberechnung aktualisiert (vgl. Schilling 2014). Zunächst wird in der Untersuchung darauf hingewiesen, dass die Anzahl der Beschäftigten in den Kindertageseinrichtungen seit 2006 aufgrund des Ausbaus der Angebote der frühkindlichen Bildung, Betreuung und Erziehung erheblich zugenommen hatte. Die quantitative Entwicklung der Beschäftigten in Kindertageseinrichtungen zeigt eindrucksvoll die massive Ausweitung des Personals um fast 40 % zwischen 2006 und 2013 (Statistisches Bundesamt 2013). Die Erweiterung der Beschäftigten um 140 000 Personen konnte nur dadurch erreicht werden, dass einerseits die Ausbildungskapazitäten für die einschlägigen Berufe ausgeweitet wurden und andererseits viele zeitweilig nicht mehr beruflich aktive Erzieherinnen und Erzieher wieder für die Arbeit in der Kindertageseinrichtung gewonnen werden konnten. Somit zeigt sich, dass die berechneten Personallücken offensichtlich zu einem nicht unerheblichen Teil durch Wiedereinstiege in das Arbeitsfeld der frühkindlichen Bildung verringert werden konnten. Obwohl der U3-Ausbau im Jahre 2014 noch nicht abgeschlossen ist, wird in der Untersuchung darauf hingewiesen, dass die bisherige Fokussierung auf die Erfüllung des Rechtsanspruchs im Jahre 2013 durch die Berücksichtigung weiterer Faktoren des Personalbedarfs abgelöst werden muss. Dies gilt insbesondere für den Ersatzbedarf für Fachkräfte, die aus Altersgründen oder anderen Gründen das Arbeitsfeld verlassen. Die Untersuchung konzentriert sich auf diese Fragestellung. Darüber hinaus könnten in den nächsten Jahren durchaus noch weitere Entwicklungen Personalbedarf generieren. Da es hierzu noch keine verbindlichen politischen Vereinbarungen gibt, werden Abschätzungen für folgende Bereiche in der Untersuchung vorgenommen: noch ausstehender Ausbau U3, Verbesserung des Personalschlüssels, Erweiterung der Ganztagsangebote in Kindertageseinrichtungen für 3- bis 6-Jährige in Westdeutschland,

Ausbau der Ganztagsangebote in der Grundschule unter Beteiligung der Kinder- und Jugendhilfe.

Die Untersuchung kommt zu dem Ergebnis, dass für den berechneten zukünftigen Personalbedarf durch die Ausweitung der Ausbildungskapazitäten ausreichend Absolventinnen und Absolventen zur Verfügung stehen müssten, um den noch ausstehenden U3-Ausbaubedarf sowie den ansteigenden Ersatzbedarf in den nächsten zwölf Jahren bewältigen zu können. Sollte sich die Politik allerdings dazu entschließen, weitere Angebote im Rahmen der Ganztagsbetreuung (Kindergarten und Schulkinderbetreuung) deutlich auszuweiten oder die Qualität durch die Erhöhung des Personaleinsatzes nachhaltig zu verbessern, werden die aktuellen Kapazitäten nicht ausreichen. Deshalb ist es besonders wichtig, dass bei entsprechenden Projekten der Ausweitung der Angebote immer auch der Personalmehrbedarf ausgewiesen und planungstechnisch mit berücksichtigt wird. Dabei sollte die Analyse des Personalbedarfs und der Personaldeckung möglichst regional tief gegliedert werden, um regionalspezifischen Personalengpässen vorzubeugen.

3   Zukünftige Herausforderungen der Modellrechnungen

Die methodischen Ansätze zur Berechnung des zukünftigen Personalbedarfs und die Personaldeckungsmöglichkeiten durch das Ausbildungs- und Hochschulsystem sind in den letzten Jahren vielfach erprobt und weiterentwickelt worden. Dabei dienten diese Berechnungen insbesondere der Abschätzung des Personalbedarfs für den Ausbau der Angebote für unter 3-Jährige. Somit konzentrierten sich die Berechnungen auf eine konkrete Vorgabe und deren Umsetzung. In den nächsten Jahren werden sich noch weitere fachliche Zielsetzungen und Herausforderungen ergeben, die in entsprechenden Modellberechnungen umzusetzen sind. Hier sind für den Bereich der Kindertagesbetreuung die Ausweitung der Ganztagsangebote im Kindergarten, der Personaleinsatz der Kinder- und Jugendhilfe beim Ausbau der Ganztagsschulangebote in der Grundschule, aber auch der Sekundarstufe I zu nennen. Unter qualitativen Gesichtspunkten wird es voraussichtlich um den Bedeutungszuwachs der Kindheitspädagogen/innen sowie die Verbesserung des Personalschlüssels gehen.

Die Entwicklung von Zukunftsszenarien und die damit verbundenen Fachkräftebedarfe für die anderen Arbeitsfelder der Kinder- und Jugendhilfe (Hilfen zur Erziehung, Jugendamt, Kinder- und Jugendarbeit) sind deutlich schwieriger in Modellrechnungen zu fassen, da die Einflussfaktoren vielfältiger als in der Kindertagesbetreuung sind.

Bezogen auf die Weiterentwicklung des methodischen Ansatzes der Personalbedarfs- und Personaldeckungsberechnungen sind in nächster Zeit folgende Herausforderungen anzugehen: Alle bisherigen Berechnungen zeigen auf, dass der Personalersatzbedarf die größte Einflussgröße darstellt. Während die Übergänge in die Rente (vorzeitig und altersbedingt) noch relativ gut durch die Statistiken der Deutschen

Rentenversicherung abgebildet und für die Zukunft abgeschätzt werden können, besteht weiterhin eine große Unsicherheit darüber, wie lange die Fachkräfte in der Kinder- und Jugendhilfe verbleiben und welche Wechsel es zwischen den Arbeitsfeldern der Kinder- und Jugendhilfe gibt. Die Erkenntnisse, die aus dem Beschäftigungspanel des IAB gezogen werden können, werden voraussichtlich nicht ausreichen, um belastbare Aussagen treffen zu können. Hier werden zusätzliche quantitative Studien über Berufsbiografie von Fachkräften in der Kinder- und Jugendhilfe notwendig sein. Eine weitere Herausforderung stellt die kleinräumige Analyse des Personalbedarfs und der Personaldeckung dar. Da diese Analysen in der Fläche sehr aufwendig sind, wird es wahrscheinlich darauf hinauslaufen, dass nicht übergreifende Studien/Berechnungen in Angriff genommen werden, sondern den Fachplanern/innen vor Ort die notwendigen methodischen Instrumentarien an die Hand gegeben werden, um im Lichte der regionalen Besonderheiten und Herausforderungen entsprechende Bedarfsberechnungen selber durchzuführen.

Literatur

Begemann, M.-C., & Schilling, M. (2011). Fachkräftebedarf für die Kindertagesbetreuung in Einrichtungen unter besonderer Berücksichtigung regionaler Herausforderungen. Empirische Analysen und Modellrechnungen zum Personalbedarf in Kindertageseinrichtungen in den Jugendamtsbezirken in Hessen. http://www.forschungsverbund.tu-dortmund.de/fileadmin/Files/Personal_und_Qualifikation/Fachkraeftebedarf_Kindertageseinrichtungen_Hessen.pdf. Zugegriffen: 04.04.2016.
Deutsche Rentenversicherung Bund (2011). Rentenzugang 2011. Statistik der Deutschen Rentenversicherung Band 188, Berlin. http://www.deutsche-rentenversicherung.de/Allgemein/de/Inhalt/6_Wir_ueber_uns/03_fakten_und_zahlen/03_statistiken/statistik_downloads/statistikband_rentenzugang.html. Zugegriffen: 18.03.2013.
Fuchs-Rechlin, K. (2010). *„Und es bewegt sich doch…" Eine Untersuchung zum professionellen Selbstverständnis von Pädagoginnen und Pädagogen.* Münster: Waxmann Verlag.
Galuske, M., & Rauschenbach, T. (1994). *Jugendhilfe Ost. Entwicklung, aktuelle Lage und Zukunft eines Arbeitsfeldes.* Weinheim, München: Juventa.
Janssen, R. (2010). Die Ausbildung Frühpädagogischer Fachkräfte an Berufsfachschulen und Fachschulen. Eine Analyse im Ländervergleich. Expertise für das Projekt Weiterbildungsinitiative Frühpädagogischer Fachkräfte (WiFF), WiFF-Reihe Band 1. München. http://www.weiterbildungsinitiative.de/uploads/media/Janssen.pdf. Zugegriffen: 04.04.2016.
Klemm, K. (2009a). *Wie viele Lehrer braucht das Land? Erfahrungen aus vierzig Jahren Lehrerbedarfsplanung.* In B. Wischer & K.-J. Tillmann (Hrsg.), *Erziehungswissenschaft auf dem Prüfstand* (S. 191–207). Weinheim: Juventa.

Klemm, K. (2009b). *Zur Entwicklung des Lehrerinnen- und Lehrerbedarfs sowie des Erzie-herinnen- und Erzieherbedarfs der Länder Bremen, Hamburg, Mecklenburg-Vorpom-mern, Niedersachsen und Schleswig-Holstein. Ein Gutachten im Auftrag der GEW-Lan-desverbände HB, HH, M-V, NI, S-H.* Essen.

Projektgruppe ÜFA (2013). Übergang von fachschul- und hochschulausgebildeten päd-agogischen Fachkräften in den Arbeitsmarkt. Erste Befunde der Absolventenbefra-gung 2012. http://www.projekt-uebergang.de/Broschuere_UEFA_final.pdf. Zugegrif-fen: 20. 04. 2016.

Projektgruppe ÜFA (2015). Von der Ausbildung in die Kita? Erste Ergebnisse aus dem Forschungsprojekt ÜFA. *Theorie und Praxis der Sozialpädagogik (TPS)*, 3, (S. 48–51).

Rauschenbach, T., & Bien, W. (Hrsg.). (2012). *Aufwachsen in Deutschland. AID: A – Der neue DJI-Survey.* Weinheim und Basel: Beltz Juventa.

Rauschenbach, T., & Schilling, M. (2010). Der U3 Ausbau und seine personellen Folgen. Empirische Analysen und Modellrechnungen. München. http://www.weiterbildungs initiative.de/uploads/media/RauschenbachSchilling.pdf. Zugegriffen: 11. 04. 2016.

Schilling, M. (2011). Untersuchung zum Fachkräftebedarf in der Kinder- und Jugendhilfe bis zum Jahr 2025 für die Arbeitsgemeinschaft Jugendhilfe AGJ zum 14. Kinder- und Jugendhilfetag in Stuttgart 2011. In Arbeitsgemeinschaft für Kinder- und Jugendhil-fe – AGJ, *Was sollen sie können? Aktuelle Herausforderungen bei der Qualifizierung von Fachkräften für die Kinder- und Jugendhilfe* (S. 113–141). Berlin.

Schilling, M. (2012). Personalbedarfsberechnungen für den Bereich Kindertagesbetreu-ung für den Zeitraum von März 2011 bis August 2013. Aktualisierung und Erweiterung der Publikation „Der U3-Ausbau und seine personellen Folgen", Dortmund. http:// www.akjstat.tu-dortmund.de/fileadmin/Analysen/Kita/U3-Ausbau_u_personelle_ Folgen-Aktualisierung-2012-Korrektur-Mai2012.pdf Zugegriffen: 04. 04. 2016.

Schilling, M. (2013). Aktualisierung der landesspezifischen Betreuungsbedarfe für unter 3-Jährige sowie der sich daraus ergebenden Personalbedarfe. Dortmund. http://www. akjstat. tu-dortmund.de/fileadmin/Analysen/Kita/Fachkraeftebedarf_gemaess_lan desspezifischer_Betreuungsbedarfe_2012.pdf. Zugegriffen: 11. 04. 2016.

Schilling, M. (2014). Fachkräftebedarf und Fachkräftedeckung in der Kindertagesbetreu-ung 2014 bis 2025. In K. Hanssen, A. König, C. Nürnberg & T. Rauschenbach (Hrsg.), *Arbeitsplatz Kita. Analysen zum Fachkräftebarometer Früher Bildung 2014* (S. 95–109). München: Weiterbildungsinitiative Frühpädagogische Fachkräfte (wiff).

Schilling, M., & Kopp, K. (2012). Perspektiven der einschlägigen Hochschulstudien-gänge für die Arbeitsfelder der Kinder- und Jugendhilfe. Dortmund. http://www.for schungsverbund.tu-dortmund.de/fileadmin/Files/Personal_und_Qualifikation/For schungsbericht_BW_Hochschulstudiengaenge.pdf. Zugegriffen: 11. 04. 2016.

Sell, S., & Kersting, A. (2010). *Gibt es einen (drohenden) Fachkräftemangel im System Kindertagesbetreuung Rheinland-Pfalz? Eine empirische Untersuchung zum Personal-bedarf in Kindertageseinrichtungen und Kindertagespflege. Eine Studie im Auftrag des Ministeriums für Bildung, Wissenschaft, Jugend und Kultur des Landes Rheinland-Pfalz.* Remagen.

Statistisches Bundesamt (2015). Bevölkerung Deutschlands bis 2060. 13. koordinierte
    Bevölkerungsvorausberechnung. https://www.destatis.de/DE/Publikationen/Thema
    tisch/Bevoelkerung/VorausberechnungBevoelkerung/BevoelkerungDeutschland20
    60Presse5124204159004.pdf?__ blob=publicationFile. Zugegriffen: 15. 03. 2016.
Statistisches Bundesamt (2011a). Bildung und Kultur. Studierende an Hochschulen. Fach-
    serie 11 Reihe 4. 1. Wintersemester 2014/2015. https://www.destatis.de/DE/Publikatio
    nen/Thematisch/BildungForschungKultur/Hochschulen/StudierendeHochschulen
    Endg2110410157004.pdf?__blob=publicationFile. Zugegriffen: 04. 04. 2016.
Statistisches Bundesamt (2011b). Bildung und Kultur. Prüfungen an Hochschulen. Fach-
    serie 11 Reihe 4. 2. https://www.destatis.de/DE/Publikationen/Thematisch/BildungFor
    schungKultur/Hochschulen/PruefungenHochschulen2110420147004.pdf?__blob=
    publicationFile. Zugegriffen: 04. 04. 2016.
Statistisches Bundesamt (2012a). Statistiken der Kinder- und Jugendhilfe. Einrichtun-
    gen und tätige Personen (ohne Tageseinrichtungen für Kinder). https://www.destatis.
    de/DE/Publikationen/Thematisch/Soziales/KinderJugendhilfe/SonstigeEinrichtun
    gen5225403109004.pdf?__blob=publicationFile. Zugegriffen: 15. 03. 2016.
Statistisches Bundesamt (2012b). Statistiken der Kinder- und Jugendhilfe. Kinder und tä-
    tige Personen in Tageseinrichtungen und in öffentlich geförderter Kindertagespflege
    am 01. 03. 2011. https://www.destatis.de/DE/Publikationen/Thematisch/Soziales/Alte
    Ausgaben/TageseinrichtungenKindertagespflegeAlt.html. Zugegriffen: 28. 04. 2016.
Statistisches Bundesamt (2013). Statistiken der Kinder- und Jugendhilfe. Kinder und tä-
    tige Personen in Tageseinrichtungen und in öffentlich geförderter Kindertagespfle-
    ge am 01. 03. 2013. Verfügbar unter: https://www.destatis.de/DE/Publikationen/The
    matisch/Soziales/AlteAusgaben/TageseinrichtungenKindertagespflegeAlt.html. Zuge-
    griffen: 28. 04. 2016.
Wilk, A. (2010). Die Ausbildung frühpädagogischer Fachkräfte in Deutschland im Spiegel
    der amtlichen Statistik. In T. Rauschenbach & M. Schilling (Hrsg.), *Der U3-Ausbau
    und seine personellen Folgen. Empirische Analysen und Modellrechnungen* (S. 102–133).
    München: WiFF.
Züchner, I., & Schilling, M. (2010). Nach dem sozialpädagogischen Jahrhundert – zur
    aktuellen Entwicklung des Arbeitsmarktes für soziale Berufe. *Neue Praxis*, Heft 1,
    (S. 56–69).

Schilling, Matthias, Dr. phil., Dipl.-Pädagoge; Forschungsverbund Deutsches Ju-
gendinstitut/Technische Universität Dortmund; Arbeitsschwerpunkte: Kinder- und
Jugendhilfe, Sozialberichterstattung, Prognosen, Frühkindliche Bildung.

Kopp, Katharina, Master of Arts; Forschungsverbund Deutsches Jugendinstitut/
Technische Universität Dortmund; Arbeitsschwerpunkte: Personal in der Kinder-
und Jugendhilfe, Kinder- und Jugendhilfestatistik, Demografie.

Handlungsfelder

Frühe Förderung von Kindern in Tageseinrichtungen und in Kindertagespflege

Nadia Kutscher

Zusammenfassung

Frühe Förderung als Bildung, Erziehung und Betreuung von Kindern stellt eine grundlegende Aufgabe der Kinder- und Jugendhilfe dar. In diesem Zusammenhang hat sich unter historischen gesellschaftlichen und politischen Bedingungen der Blick auf Kinder und die damit verbundene Förder-Idee verändert. So sind nicht nur Kinder AdressatInnen der Förderung, sondern auch ihre Familien. Aus verschiedenen Disziplinen fließt Erklärungs- und Handlungswissen ein. In Zusammenhang mit einer zunehmenden Kompetenzorientierung in diesem Feld zeigen sich Fragen der Subjektivierung, die als diskursive Rahmung von Förderung in der Kindheit gelesen werden können.

Schlüsselwörter

Bildung, Kindheit, Förderung, SGB VIII, Kindertagesbetreuung, Erziehung, Kindertageseinrichtungen, Kompetenzen, Familie, Bildungsprogramme

Das Kinder- und Jugendhilfegesetz definiert in § 22 Abs. 2 und 3 SGB VIII die Aufgaben der frühen Förderung für die Institutionen der Kindertageseinrichtungen und der Kindertagespflege. Sie sollen „1. die Entwicklung des Kindes zu einer eigenverantwortlichen und gemeinschaftsfähigen Persönlichkeit fördern, 2. die Erziehung und Bildung in der Familie unterstützen und ergänzen, 3. den Eltern dabei helfen, Erwerbstätigkeit und Kindererziehung besser miteinander vereinbaren zu können. (3) Der Förderungsauftrag umfasst Erziehung, Bildung und Betreuung des Kindes und bezieht sich auf die soziale, emotionale, körperliche und geistige Entwicklung des Kindes. Er schließt die Vermittlung orientierender Werte und Regeln ein. Die Förderung soll sich am Alter und Entwicklungsstand, den sprachlichen und sonstigen Fähigkeiten, der Lebenssituation sowie den Interessen und Bedürfnissen des einzelnen Kindes orientieren und seine ethnische Herkunft berücksichtigen." In gesetzlicher Hinsicht wird somit festgelegt, dass durch institutionelle Betreuungs-angebote die Entwicklung des Kindes im Kontext der familialen Erziehung und der Vereinbarkeit von Beruf und Familie gefördert und dabei die Heterogenität der indi-viduellen und sozialen Bedingungen des einzelnen Kindes ebenso wie normierende Kontexte berücksichtigt werden sollen.

Bildung, Förderung und Betreuung im Kindesalter aus historischer Perspektive

Historisch betrachtet hat die Bildung und Förderung im Kindesalter eine lange Tra-dition in der Kinder- und Jugendhilfe bzw. ihren Vorgängerfeldern. So beginnt die spezifische institutionelle Perspektive auf Kinder schon im späten Mittelalter mit der Einrichtung von Findel- und Waisenhäusern (vgl. Trede 2002, S. 650) und setzte sich über Erziehungseinrichtungen für Kinder wie die Halleschen Einrichtungen im 17. Jahrhundert oder das Raue Haus im 19. Jahrhundert fort. In diesen Zusammen-hängen standen zunächst Zucht bzw. auch religiös begründete Disziplinierung und Einsozialisation in kulturelle Praxen verbunden mit erzieherischen Ansätzen im Mit-telpunkt. Im Laufe der Zeit etablieren sich zunehmend stärker kindorientierte, an einer demokratischen und ausdrücklich partizipativen Form der Kindererziehung ausgerichtete Betreuungs- und Erziehungsformen. Diese institutionellen Ansätze ha-ben sich in verschiedenen Ländern insbesondere im 19. und im *„sozialpädagogischen"* 20. Jahrhundert weiterentwickelt und brachten institutionelle und konzeptionelle Formen wie den *„Kindergarten"* und die *„Freiarbeit"* Fröbels, die *„Casa dei Bambini"* Montessoris, die *„Reggio-Pädagogik"*, das *„Dom Sierot"* Korczaks, das *„Kinderheim Baumgarten"* Bernfelds etc. hervor.

Bildungstheoretisch können Jean-Jacques Rousseaus *„Émile"*, Johann Heinrich Pestalozzis *„sittliche Elementarbildung"*, Friedrich Fröbels *„Menschenerziehung"*, Ma-ria Montessoris *„kosmische Erziehung"*, Janusz Korczaks Formulierung von Kinder-rechten, Siegfried Bernfelds psychoanalytisch inspirierte Erziehungstheorie u.v.m. als grundlegende Beiträge für einen sozialpädagogischen Blick auf Kinder und Kind-heit und die Frage, wie deren Aufwachsen institutionell begleitet werden soll, be-trachtet werden.

Während auch vor dem Hintergrund der Arbeiten von Paul Natorp und Herman Nohl sich der Fokus der Bildungsperspektive in der Kinder- und Jugendhilfe im Zuge ihrer disziplinären Ausrichtung und im Kontext der aufkommenden Jugendbewe-gung auch der praktischen Institutionalisierung stärker auf die Jugend fokussier-te (vgl. Böhnisch 2012, S. 22) wurde Kindheit in der Kinder- und Jugendhilfe lange Zeit nur unter der Frage der Betreuung thematisiert. So legt zwar das Reichsjugend-wohlfahrtsgesetz von 1922 die Grundlage für eine strukturelle rechtliche „Vereinheitlichung von Kindheit" im Kontext der Kinder- und Jugendhilfe (Mierendorff 2010, S. 91). Im Kontext der Reformpädagogik beschreibt Ellen Key in ihrem viel beachteten Werk „Das Jahrhundert des Kindes" eine kindzentrierte Perspektive, die eine Idee der sensiblen, autonomiefördernden Bildung repräsentiert: „Das Kind nicht in Frieden zu lassen, das ist das größte Verbrechen der gegenwärtigen Erziehung gegen das Kind. Dahingegen wird, eine im äußeren, sowie im inneren Sinne schöne Welt zu schaffen, in der das Kind wachsen kann; es sich darin frei bewegen zu lassen, bis es an die unerschüttliche Grenze des Rechts des anderen stößt, das Ziel zukünftiger Erziehung sein." (Key 2000, S. 78)

Ellen Key ist allerdings ein Beispiel dafür, dass sich im Zuge einer Hinwendung zu sozialdarwinistischen Theorien lange vor 1933 die disziplinäre und praxisbezogene Entwicklung des Feldes der Erziehung auf eine neue Logik hin orientiert. In der NS-Zeit wird der *„pädagogische"* Zugang durch die Instrumentalisierung im Dienst der nationalsozialistischen Ideologie nicht nur in den Jahren 1933–45 geprägt, in der auch mit Blick auf Kinder und Familien auf der Basis biologistischer und sozialdisziplinierender Thesen zwischen *„wertvollen"* und *„unwerten"* Personen und damit auch Hilfeberechtigten unterschieden wurde. Damit verbunden war auch eine Einteilung von Kindern und Jugendlichen in *„erziehbare"* und *„unerziehbare",* die polizeilicher Verfolgung und Disziplinierung in Jugendkonzentrationslagern, auch unter Mitwirkung von Persönlichkeiten der Sozialpädagogik wie Hans Muthesius, unterworfen wurden (vgl. Schrapper 1993). Durch die komplette Umstellung der Ausbildung auf NS-funktionale Erziehungsmethoden der Entfremdung von Nähe, der Unterordnung und der systematischen Institutionalisierung von Aufwachsen wird eine gesamte PädagogInnengeneration durch die nationalsozialistische Idee geprägt. Nach dem zweiten Weltkrieg wird unter der Aufsicht der Besatzungsmächte eine Neuausrichtung der Betreuung, Bildung und Erziehung von Kindern in öffentlichen Einrichtungen begonnen. Dabei gehen die beiden deutschen Staaten unterschiedliche Wege. Während in der DDR die frühkindliche Erziehung im Sinne der Staatsideologie zentral curricular und weitgehend in der Hand öffentlicher Einrichtungen erfolgt und mit dem Ziel der Staaterziehung und der Vereinbarkeit von Arbeitstätigkeit der Mütter und Familiengründung verbunden ist, besuchen in der BRD Kinder vielfach gar nicht oder erst spät den Kindergarten. Erst in den 2000er Jahren erfolgt ein offensiver Ausbau der institutionellen Angebote auch im U3-Bereich, der in den Rechtsanspruch ab dem 1. August 2013 mündet.

Klaus Mollenhauer (1986) als prägender Theoretiker der Sozialpädagogik nach 1945 betont die Verbindung zwischen sozialpolitischen und gesellschaftlichen Analysen und pädagogischen Fragen für die Sozialpädagogik und in der Folge gewinnt diese historisch-gesellschaftlich kontextualisierende Perspektive auf disziplinärer Ebene der Sozialpädagogik an Bedeutung. So bezeichnet er als Aufgabe von Sozialpädagogik, dass sie „keine ‚Bildungsinhalte' zu vermitteln [habe], sondern Haltungen und Fähigkeiten, die die Bewältigung konkreter Gegenwartsprobleme [...] ermöglichen" und fordert dies vor dem Hintergrund einer Gesellschaftsanalyse (Mollenhauer 2001, S. 27; vgl. Niemeyer 1998, S. 201). Erst seit den 1990er Jahren geraten Kinder jedoch verstärkt als Subjekte der Kinder- und Jugendhilfe – auch rechtlich – in den Fokus. Seitdem hat sich der Blick auf die Kindheit vor dem Hintergrund einer zunehmenden Aufmerksamkeitsökonomie für das frühe Aufwachsen hinsichtlich seiner öffentlichen Wahrnehmung paradigmatisch verändert: Kindheit und Fragen der Frühpädagogik sind zu einem zentralen Thema der Kinder- und Jugendhilfe geworden.

Diskurse und veränderte normative Grundlagen der Bildung und Förderung in der Kindheit

Die Perspektive auf die öffentliche Bildung und Erziehung im Kindesalter formt das Feld der Institutionen und der ihnen zugeschriebenen Aufgaben neu. So wird für die früher vor allem als Betreuungseinrichtungen betrachteten Kindertageseinrichtungen seit der Jahrtausendwende ihr Bildungsauftrag in den Fachdebatten mit besonderer Deutlichkeit thematisiert (vgl. Rauschenbach 2002, 2004).

Es liegt daher nahe, Kinder- und Jugendhilfe und die darin verorteten Bildungs- und Förderangebote in der Kindheit vor dem Hintergrund ihrer diskursiven Rahmung zu betrachten. Einen zentralen Aspekt, der auch als legitimatorische Basis für Bildungsdiskurse mit Blick auf frühe Kindheit als bedeutsame und zu fördernde Lebensphase dient, stellen Debatten um den demographischen Wandel dar, die die quantitative Abnahme der nachwachsenden Generation und im Kontext der ökonomischen Leistungsfähigkeit der Nation problematisieren (vgl. BMFSFJ 2011). Kinder geraten hier als wertvolle Zukunftsressource für das künftige Überleben und den zukünftigen Wohlstand der Gesellschaft in den Blick und Bildung und Förderung erhalten in diesem Zusammenhang die Zuschreibung der Herstellung von Leistungsfähigkeit und Employability (vgl. Olk und Hübenthal 2011) mit dem Ziel der „Erziehung zur Marktlichkeit" (Lessenich 2012, S. 60).

Neben den o. g. bevölkerungsbezogenen Diskursen prägt diese Perspektive auch als ein wohlfahrtsstaatlicher Paradigmenwechsel das Aufmerksamkeitsfeld frühkindlicher Bildung. So werden im Sinn investiven Handelns im aktivierenden Wohlfahrtsstaat (vgl. Kessl und Otto 2009) Bildungsmöglichkeiten zu Investitionen in die Zukunftsressource Kinder (vgl. Kessl 2006; Olk und Hübenthal 2011). Bildung und Förderung soll vor diesem Hintergrund biographische Entwicklungen von Kindern effektiv und effizient befördern, wirksam sein und fokussiert daher sowohl die Kinder selbst als auch ihre Eltern und außerfamiliale institutionelle Kontexte (vgl. u. a. Pietsch et al. 2010; kritisch: Stamm et al. 2009; Moss und Urban 2010). Nichols et al. bezeichnen diese Arrangements von pädagogischen Ermöglichungsräumen als „geographies of opportunity" für „early learners" (Nichols et al. 2012, S. 25).

In diesem Zusammenhang bekommt Bildung in der Kindheit eine präventive Funktion zugeteilt, die neben dem Vermitteln von „richtigem" Wissen und Fähigkei-

ten das Vermeiden „riskanter" Entwicklungen und eine entsprechende Handlungs-
verantwortung von Eltern und PädagogInnen meint (vgl. Bröckling 2004, S. 213;
Oelkers 2009, S. 140 f.; Kutscher 2008; Henry-Huthmacher 2008). Die Frage sozialer
Ungleichheit spielt hierbei insofern eine Rolle als öffentliche Erziehung, Bildung und
Förderung private, familiale Defizite kompensieren bzw. Risiken nicht gelingenden
Aufwachsens minimieren soll (vgl. Kutscher 2013).

Das pädagogische Verhältnis in der frühen Bildung und Förderung im Kontext unterschiedlicher Perspektiven

Das pädagogische Verhältnis, das die Bildung und Förderung im Kindesalter in der
Kinder- und Jugendhilfe prägt, kann innerhalb eines Spannungsverhältnisses von
freiem Explorieren des Kindes einerseits und der (nicht zwingenderweise belehren-
den) Begleitung bzw. Intervention durch Erwachsene andererseits verortet werden.
Auf theoretischer Ebene werden sowohl in Ausbildung und Studium der Früh- bzw.
Kindheitspädagogik als auch in der Praxis unterschiedliche Ansätze rezipiert, die
bis heute die Auseinandersetzung um Ziele, Inhalte und Formen der Bildung in der
Kindheit beeinflussen. Dabei sind sowohl Theorieansätze wie auch Konzepte vertreten, die vielfach gleichermaßen als Orientierungspunkte für eine pädagogische Verhältnisbestimmung dienen und mit Namen wie Johann Amos Comenius, Johann
Heinrich Pestalozzi, Johann Friedrich Herbart, Friedrich Fröbel, Maria Montessori,
Jean Piaget, Johann Hinrich Wichern, Siegfried Bernfeld, Janusz Korczak, Anton S.
Makarenko, Lew Wygotski, Paul Natorp, Hermann Nohl, Rudolf Steiner, Loris Mala-
guzzi, Lilian Fried, Ludwig Liegle, Wolfgang Tietze, Gerd E. Schäfer, Wassilios Fthe-
nakis, u. v. m. verbunden sind.

In der Auseinandersetzung um theoretische Bezüge der Bildung und Förderung
im Kindesalter treffen verschiedene disziplinäre Perspektiven aufeinander, die teils
konfliktäre Grundannahmen, unterschiedliche Begründungszusammenhänge, Menschenbilder und Bildungsvorstellungen beinhalten. So finden sich in den verschiedenen Ansätzen beispielsweise neurobiologische, anthropologische, entwicklungspsychologische, sozialwissenschaftliche oder philosophische Erklärungsmodelle, die
jeweils unterschiedliche implizite oder explizite normative Bezüge dessen, was Bildung, Erziehung und Förderung in der Kindheit ist und leisten soll, umfassen. Vor
diesem Hintergrund entfalten sich dann jeweils unterschiedliche pädagogische Begriffe, die sich zwischen einem gesellschaftsorientierten bzw. einem subjektorientierten Pol bewegen und je nachdem Bildung als Lernen oder Wissens- und Kom-
petenzaneignung, als Entwicklung, als Verhaltenstraining, als Aneignung von Welt,
als Selbstentfaltung oder als sozialen Prozess definieren und in unterschiedlichem
Maß das Verhältnis zwischen dem einzelnen Subjekt und seiner sozialen Welt und
deren Strukturen reflektieren.

Als bildungsrelevant werden in der frühen Kindheit besonders Bindungsverhältnisse als Grundlage für Bildungsprozesse thematisiert (Ahnert 2003) sowie die Bedeutung der Selbsttätigkeit des Kindes, das Lernen durch neue Situationen, daraus entstehende „Krisenerlebnisse" und neue Erfahrungen, die soziale Dimension von Bildung, die Bedeutung des Spiels als zweckfreie und zweckorientierte Bildungstätigkeit sowie der räumlichen, personalen und dinglichen Umgebung für Bildungsprozesse. Darüber hinaus sind sowohl für Kinder selbst als auch für ihre Eltern und die gesamte Familie Transitionsphasen bedeutsame Erfahrungen, die biographische wie organisatorische Herausforderungen an die Akteure stellen und entsprechend institutionelle Begleitung erfordern (vgl. Antoni und Erbach 2007; Griebel und Niesel 2006; Schulting et al. 2005; Kim 2009; Niesel et al. 2009).

Auf der Ebene der Anschlussfähigkeit familialer an institutionelle Erfahrungen und Ressourcen von Kindern verweisen eine Reihe empirischer Studien darauf, dass die soziale Herkunft und die damit verbundene Verfügbarkeit ökonomischen, sozialen und kulturellen Kapitals einen wirkmächtigen Rahmen für die Teilhabe an Bildungschancen darstellt. So zeigen u. a. die Untersuchungen von Annette Lareau (2003), Tanja Betz (2008), Rahel Jünger (2008) und Anna Brake und Peter Büchner (Brake und Büchner 2006, Büchner 2011), dass die Alltagspraxen in einer ressourcenreichen Familie viele institutionell bildungsrelevante Erfahrungen vermitteln, die es den Kindern erleichtern, in Kindertageseinrichtung oder Schule zurechtzukommen und sowohl qualifikationsbezogen als auch angesichts normativer Verhaltenserwartungen in diesen Kontexten erfolgreich zu sein. Die Eltern stellen somit „Gatekeeper" für bildungsrelevante Erfahrungen der Kinder dar (vgl. Betz 2006).

Vor diesem Hintergrund hat sich in den vergangenen Jahren eine erweiterte Perspektive auf das Kind in seinem sozialisatorischen Kontext durchgesetzt, die ausdrücklich in der frühpädagogischen Arbeit auch die Familie mit in den Blick nimmt und auch als Adressatin der pädagogischen Förderung versteht.

Insgesamt finden sich in aktuellen disziplinären Diskursen verschiedene Perspektiven auf das Bild vom Kind bzw. das zugrundeliegende Menschenbild, pädagogische Ziele und Aufgaben und die sich daraus ergebenden pädagogischen methodischen Implikationen. In diesem Zusammenhang befinden sich erziehungswissenschaftliche, sozialwissenschaftliche und psychologische Theorieansätze teils in konfligierenden Auseinandersetzungen, die sich neben Erklärungsansätzen auf Interventionsformen, Diagnostikkonzepte und fachliches Selbstverständnis beziehen.

Gesetzlicher Rahmen und Richtlinien

In der Bundesgesetzgebung (SGB VIII) wird bei der Bildung, Betreuung und Erziehung von Kindern im vorschulischen Alter außerhalb der Herkunftsfamilie zwischen Kindertageseinrichtungen und der Kindertagespflege unterschieden und beide Bereiche wurden mit dem „Tagesbetreuungsausbaugesetz" (TAG) vom 01. 01. 2005 in ihren Aufgaben gleichgestellt. Diese institutionellen Angebote sollen „die Entwicklung des

Kindes zu einer eigenverantwortlichen und gemeinschaftsfähigen Persönlichkeit fördern, die Erziehung und die Bildung in der Familie unterstützen" sowie „den Eltern dabei helfen, Erwerbstätigkeit und Kindererziehung besser miteinander vereinbaren zu können" (12. KJB, S. 264). In § 22 Abs 3 SGB VIII wird präzisiert, dass der Förderauftrag „Erziehung, Bildung und Betreuung des Kindes [umfasst] und [...] sich auf die soziale, emotionale, körperliche und geistige Entwicklung des Kindes [bezieht]. Er schließt die Vermittlung orientierender Werte und Regeln ein. Die Förderung soll sich am Alter und Entwicklungsstand, den sprachlichen und sonstigen Fähigkeiten, der Lebenssituation sowie den Interessen und Bedürfnissen des einzelnen Kindes orientieren und seine ethnische Herkunft berücksichtigen." Dieser Auftrag zu Bildung, Erziehung und Betreuung ist seit 1990 gesetzlich festgeschrieben. Im Jahr 2004 haben die Jugendministerkonferenz sowie die Kultusministerkonferenz einen „Gemeinsamen Rahmen der Länder für die frühe Bildung in Kindertageseinrichtungen" verabschiedet, der die Kindertageseinrichtungen als unverzichtbaren Teil des öffentlichen Bildungswesens beschreibt und Bildungsziele und -inhalte definiert: „Im Vordergrund der Bildungsbemühungen im Elementarbereich steht die Vermittlung grundlegender Kompetenzen und die Entwicklung und Stärkung persönlicher Ressourcen, die das Kind motivieren und darauf vorbereiten, künftige Lebens- und Lernaufgaben aufzugreifen und zu bewältigen, verantwortlich am gesellschaftlichen Leben teilzuhaben und ein Leben lang zu lernen." (JMK und KMK 2004, S. 3). Im Nachgang dieser Entwicklungen haben mittlerweile alle Bundesländer Bildungsprogramme für den Bereich der Kindertageseinrichtungen bzw. auch die Grundschule entwickelt, die als Grundlage und Orientierung für die institutionelle Bildung, Erziehung und Betreuung im Kindesalter gelten. Auf Länderebene wird hier somit definiert, welches Bildungsverständnis in der öffentlichen Erziehung und Bildung, welche Bildungsziele und -inhalte sowie welche Kooperationsformen und Schwerpunkte verfolgt werden (sollen).

Im Jahr 1996 wurde mit einer Übergangsregelung bis 31.12.1998 ein Rechtsanspruch auf einen Kindergartenplatz für alle Kinder ab dem vollendeten dritten Lebensjahr bis zum Schuleintritt festgelegt (§ 24 Abs. 1 SGB VIII). Mit dem Kinderförderungsgesetz vom 10.12.2008 wurde weiter ein Rechtsanspruch auf frühkindliche Förderung in einer Tageseinrichtung oder in der Kindertagespflege für alle Kinder ab Vollendung des ersten Lebensjahres bis zum dritten Lebensjahr eingeführt, der ab dem 1. August 2013 in Kraft tritt und neben einer massiven Ausweitung von institutionellen Betreuungsangeboten für Kinder unter drei Jahren zu einem nicht unerheblichen Teil über einen Ausbau der Kindertagespflege mit realisiert wird. Zusätzlich wurde im November 2012 die Einführung des Betreuungsgeldes beschlossen, das ab dem 1. August 2013 Eltern, die ihre ein- bis dreijährigen Kinder zu Hause erziehen und nicht in öffentlichen Angeboten betreuen lassen, einen Anspruch auf das Betreuungsgeld von zunächst 100 Euro, ab 2014 von 150 Euro im Monat zuspricht. Letztere Regelung ist umstritten, da Studien Befürchtungen wecken, dass durch das Betreuungsgeld die Teilnahmequoten gerade bei Zielgruppen sinken, die die Förderung durch öffentliche Angebote benötigen und KritikerInnen einen stärkeren institutionellen Ausbau anstelle des Betreuungsgeldes befürworten.

Übergänge

In Zusammenhang mit der Übergangsgestaltung zwischen Familie, Kindertageseinrichtung und Grundschule wird die Frage der Anschlussfähigkeit der Bildungsleistungen der verschiedenen Institutionen auf zweierlei Weise entscheidend. Auf einer Ebene der Passung von Bildungszielen und -inhalten zwischen den Institutionen geht es um die Relation zwischen einem subjektorientiertem Verständnis freier Persönlichkeitsentfaltung im Sinne individuell unterschiedlicher Prozesse, Inhalte und Ziele und qualifikationsrelevanten Aspekten wie der Vermittlung und Aneignung schulisch-institutionell erforderter Kompetenzen oder kanonischen Wissens. So wird in den konzeptionellen Grundlagen für den Nationalen Bildungsbericht der Bildungsauftrag im Bereich der Kindertageseinrichtungen wie folgt definiert: „Orientierungsrahmen für alle Leistungen [der Kinder- und Jugendhilfe] ist einerseits das Kind als Persönlichkeit mit individuellen Bedürfnissen, andererseits die Familie – nicht etwa die Schule. Zielrichtung sind individualisierte Bildungsangebote. Im Mittelpunkt stehen zum einen subjektive Momente von Bildungsbedürfnissen und zum anderen Kooperation als gemeinschaftliches Prinzip." (BMBF 2004, S. 80). Als Herausforderung wird dabei thematisiert, dass perspektivisch einerseits Erwartungen an die Bildung in der frühen Kindheit darauf gerichtet sind, bei aller Diffusität dessen, was dabei gemeint ist, so etwas wie „Schulfähigkeit" herzustellen und andererseits die Forderung besteht, den vorschulischen Bereich nicht zu verschulen und darin einen Freiraum für individuelle Prozesse entsprechend des zitierten Bildungsverständnisses zu ermöglichen.

Kompetenzorientierung und Subjektivierung

Im Kontext von Bildungsdiskursen um Kindheit stellt die Zukunftsorientiertheit der Kindheitsphase unter einer Zweckperspektive einen häufigen Bezugspunkt dar (Mierendorff 2013). Dabei ist – auch vor dem Hintergrund der Debatten um Wirkungsorientierung – die Vermittlung und Messung spezifischer Kompetenzen als Maßstab für erfolgreiche Bildung und Förderung ein zentraler Aspekt, der sich sowohl in wissenschaftlichen, praxisbezogenen als auch politischen Zusammenhängen etabliert hat. Beispiele hierfür sind Diagnostikbögen in der frühkindlichen Bildung, mit denen Kompetenzen von Kindern gemessen werden und die als Grundlage für gezielte Förderansätze (z.B. motorische Fähigkeiten, Sprache etc.) dienen sollen (vgl. Bollig et al. 2012). Während die sich etablierende Kompetenzorientierung einerseits die Effekte frühkindlicher Bildung und Förderung deutlicher dokumentierbar und für pädagogische Interventionen nutzbar machen soll, kann festgestellt werden, dass dabei eine subjektbezogene Rhetorik der Befähigung von Kindern sich in einem Produktivitätsdispositiv (vgl. Foucault 1987) der Effektivierung von Kindheit verortet (vgl. Kutscher 2012).

Vielfach benennen auch die Bildungspläne der Bundesländer spezifische Kompetenzbereiche als Teil eines Kompetenzkanons, den Kinder sich in Bildungsinstitutionen aneignen sollen und orientieren sich damit an einem mittlerweile in unterschiedlichen institutionellen Bildungskontexten etablierten Kompetenzbezug in der Beschreibung von Bildungszielen.

Der Begriff „*Kompetenz*" hat dabei sowohl eine semantische Veränderung als auch einen Wandel seiner Kontextualisierung erfahren. Während der Kompetenzbegriff durch Noam Chomsky als Differenzierungsbegriff zu Performanz in Zusammenhang mit der Analyse sprachlicher Fähigkeiten verwendet wird, werden in der Psychologie damit Fähigkeiten eines Individuums beschrieben und in Bezug zu Motivlagen gesetzt. Im Kontext der OECD-Definition, die u. a. den Kriterien für Leistungsstanderhebungen, aber auch dem Kompetenzverständnis in vielen aktuellen Bildungszielbeschreibungen zugrunde liegt, bezeichnet Kompetenz zumeist etwas von außen Beobacht- und Meßbares und rückt damit wiederum nahe an den Performanzbegriff (vgl. Klieme und Hartig 2007, Nicht und Müller 2010). Mit dem Kompetenzbegriff wird diskursiv behauptet, subjektorientiert individuelle Fähigkeiten in den Blick zu nehmen, bei näherer Betrachtung wird jedoch deutlich, dass diese faktisch vor allem unter einer spezifischen Bewältigungsperspektive, die mit von außen definierten Anforderungen verbunden ist, fokussiert werden (vgl. Rychen und Salganik 2003, S. 43) oder wie Klieme und Hartig formulieren: „Die Frage ‚kompetent wofür?' ist notwendiger Bestandteil jeder Kompetenzdefinition" (Klieme und Hartig 2007, S. 17). Es geht also um Leistungsdispositionen, die damit den positiv gemeinten Kompetenzbegriff auf einen am Subjekt zu messenden Output – bzw. mittelfristig auch Outcome (vgl. Kurz 2006) – von Bildungsprozessen beziehen. Damit rückt der Zweckbezug des damit verbundenen Bildungsbegriffs in den Mittelpunkt, der nicht den Menschen als Zweck an sich, sondern seine Fähigkeiten als zweck- und vielfach leistungsorientierte Ergebnisse von Bildungsprozessen legitimiert. Dabei entsteht zum einen die Frage, inwiefern nicht zweckorientierte Fähigkeiten oder Handlungen, die dem Subjekt und seiner Autonomie dienen, darin auch als Bildung mitgedacht werden oder gerade nicht damit vereinbar sind.

Darüber hinaus richtet sich bei der Kompetenzorientierung die Aufmerksamkeit auf die Fähigkeiten, über die ein Subjekt verfügt oder die es sich aneignet. Der Fokus liegt also auf einem Individuum und den in ihm als Ziel oder Ergebnis vorfindbaren Fähigkeiten. Die Frage nach den Bedingungen, unter denen sich ein Subjekt bestimmte Fähigkeiten aneignen kann bzw. welche Fähigkeiten in welchen Lebenslagen und unter welchen Ressourcenbedingungen als sinnvoll erscheinen, gerät in diesem Kontext nur sekundär oder gar nicht in den Blick. Vor diesem Hintergrund kann Kompetenzorientierung somit auch zur Reproduktion ungleicher Bildungschancen beitragen.

Der Fächerkanon „wissenswerten Wissens", den die jeweils in den Programmen beschriebenen Bildungsbereiche repräsentieren, impliziert eine Normierung dessen, was schon im vorschulischen Bereich Bildung umfassen soll. Darüber hinaus etablieren sich auf der Ebene der Institutionen vielfach (unterschiedliche) standardisierte, teils evidenzbasierte Diagnostikverfahren, die ebenso wie die Frage nach Wirkungsnachweisen pädagogischer Ansätze in der Kindheit als Mittel der effektiven Beförderung erfolgreicher Bildungsbiographien interpretiert werden können. Sämtliche dieser Ansätze argumentieren mit dem Ziel der Anschlussfähigkeit vorschulischer und schulischer Bildungsprozesse und der der Steigerung positiver Handlungs- und Zukunftsperspektiven sowie einer primären Subjektorientierung, die gleichzeitig vielfach faktisch eine Ausrichtung auf eine spezifische (Verhaltens- oder Wissens-) Norm hin bedeutet. Die Rhetorik der Subjektorientierung frühkindlicher Bildung steht somit einer Konkretisierung in Form gesellschaftlich-verwertungsorientierter Bildungsanforderungen und -programme gegenüber. Damit wird die Subjektorientiertheit zu einer Figur, die in Verbindung mit Normalisierungsprogrammen und -praktiken im foucaultschen Sinn als Subjektivierung verstanden werden kann. In Zusammenhang mit der Erweiterung der Bildungs- und Förderungsperspektive auf die Familie können Eltern- bzw. Erziehungskompetenztrainings ebenfalls in dieser Logik gelesen werden (vgl. Kutscher 2013).

Literatur

BMBF (Hrsg.). (2004). Konzeptionelle Grundlagen für einen Nationalen Bildungsbericht – Non-formale und informelle Bildung im Kindes- und Jugendalter. http://www.akjstat.tu-dortmund.de/fileadmin/Weiterfuehrende_Links/nonformale_und_informelle_bildung_kindes_u_jugendalter.pdf. Zugegriffen: 25.06.13.

Bollig, S., Kelle, H., & Seehaus, R. (2012). (Erziehungs-)Objekte beim Kinderarzt. Zur Materialität von Erziehung in Kindervorsorgeuntersuchungen. In K. Priem, G. M. König & R. Casale (Hrsg.), *Die Materialität der Erziehung. Kulturelle und soziale Aspekte pädagogischer Objekte* (S. 218–237). Weinheim: Beltz.

Deutscher Bundestag (2005). Bericht über die Lebenssituation junger Menschen und die Leistungen der Kinder- und Jugendhilfe in Deutschland – Zwölfter Kinder- und Jugendbericht. http://dip21.bundestag.de/dip21/btd/15/060/1506014.pdf. Zugegriffen: 25.06.13.

Ahnert, L. (2003). Frühe Kindheit: Bindungs- und Bildungsgrundlagen. *Frühe Kindheit*, 5, (S. 8–12).

Antoni, U., Erbach, C. (2007). Dokumentation einer Zusammenarbeit zwischen Kindergarten und Grundschule. In S. Roux (Hrsg.), *Beobachten und Dokumentieren im Kindergarten* (S. 91–107). Landau: Verlag Empirische Pädagogik.

Betz, T. (2006). ‚Gatekeeper' Familie – Zu ihrer allgemeinen und differentiellen Bildungsbedeutsamkeit. *Diskurs Kindheits- und Jugendforschung*, 1 (2006), 2, (S. 181–195).

Betz, T. (2008). *Ungleiche Kindheiten*. Weinheim: Juventa.

BMFSFJ (2011). Rückgang der Kinderzahl in Deutschland zeigt: Nachhaltige Familienpolitik ist wichtig. Pressemitteilung des Bundesministeriums für Familie, Senioren, Frauen und Jugend (BMFSFJ) am 03. 08. 2011. https://www.bmfsfj.de/bmfsfj/aktuelles/alle-meldungen/rueckgang-der-kinderzahl-in-deutschland-zeigt--nachhaltige-familienpolitik-ist-wichtig/74812?view=DEFAULT Zugegriffen: 25. 06. 13.

Böhnisch, L. (2012). *Sozialpädagogik der Lebensalter*, 6., überarbeitete Aufl. Weinheim und München: Juventa.

Bröckling, U. (2004). Prävention. In U. Bröckling, S. Krasmann & T. Lemke (Hrsg.), *Glossar der Gegenwart* (S. 210–215). Frankfurt a. M.: Suhrkamp.

Büchner, P. (2011). Bildung im Kindesalter – eine Privatsache? Oder: Bildung von Anfang an – ein Anspruch ohne Realität? In S. Wittmann, T. Rauschenbach & H. R. Leu (Hrsg.), *Kinder in Deutschland* (S. 74–81). Weinheim und München: Juventa.

Büchner, P., & Brake, A. (2006). *Bildungsort Familie. Transmission von Bildung und Kultur im Alltag von Mehrgenerationenfamilien*. Wiesbaden: VS Verlag für Sozialwissenschaften.

Griebel, W., & Niesel, R. (2006). Die Bewältigung von Übergängen zwischen Familie und Bildungseinrichtungen als Co-Konstruktion aller Beteiligten. In Kindergartenpädagogik. Online-Handbuch. http://www.kindergartenpaedagogik.de/1220.html. Zugegriffen: 25. 06. 13.

Henry-Huthmacher, C. (2008). Eltern unter Druck. Zusammenfassung der wichtigsten Ergebnisse der Studie. http://www.kas.de/upload/dokumente/2008/02/080227_henry.pdf. Zugegriffen: 01. 08. 2011.

JMK/KMK (2004). Gemeinsamen Rahmen der Länder für die frühe Bildung in Kindertageseinrichtungen. http://www.kmk.org/fileadmin/veroeffentlichungen_beschluesse/2004/2004_06_03-Fruehe-Bildung-Kindertageseinrichtungen.pdf. Zugegriffen: 25. 06. 2013.

Jünger, R. (2008). *Bildung für alle?* Wiesbaden: VS Verlag für Sozialwissenschaften.

Kessl, F. (2006). Aktivierungspädagogik statt wohlfahrtsstaatlicher Dienstleistung? Das aktivierungspolitische Re-Arrangement der bundesdeutschen Kinder- und Jugendhilfe, *Zeitschrift für Sozialreform*, Heft 2, (S. 217–232).

Kessl, F., & Otto, H.-U. (2009). Soziale Arbeit ohne Wohlfahrtsstaat? In F. Kessl & H.-U. Otto (Hrsg.), *Soziale Arbeit ohne Wohlfahrtsstaat? Zeitdiagnosen, Problematisierungen und Perspektiven* (S. 7–21). Weinheim, München: Juventa.

Key, E. (2000). *Das Jahrhundert des Kindes*. Weinheim und Basel: Beltz.

Kim, Y. (2009). Minority parental involvement and school barriers: Moving the focus away from deficiencies of parents. *Educational Research Review*, Volume 4, Issue 2, 2009, (S. 80–102).

Kutscher, N. (2008). Prävention unter Druck: Frühwarnsysteme und Elterntrainings. *Sozial Extra*, Heft 1/2, 32. Jg., (S. 38–41).

Kutscher, N. (2013e). Ambivalenzen frühkindlicher Bildung im Kontext sozialstaatlicher Politiken und Programme. In Sektion Sozialpädagogik und Pädagogik der frühen Kindheit (Hrsg.), *Konsens und Kontroversen. Sozialpädagogik und Pädagogik der frühen Kindheit im Dialog* (S. 45–55). Weinheim und Basel: Beltz Juventa.

Lareau, A. (2003). *Unequal Childhoods. Class, Race, and Family Life.* Berkely, Los Angeles, London: B& T.

Lessenich, S. (2012). Der Sozialstaat als Erziehungsagentur. *APuZ*, 49–50/2012, (S. 55–61).

Mierendorff, J. (2013). Frühe Kindheit und Wohlfahrtsstaat – Wandel des Musters früher Kindheit. In Sektion Sozialpädagogik und Pädagogik der frühen Kindheit (Hrsg.), *Konstellationen und Kontroversen. Sozialpädagogik und Pädagogik der frühen Kindheit im Dialog* (S. 58–72). Weinheim und Basel: Beltz Juventa.

Mierendorff, J. (2010). *Kindheit und Wohlfahrtsstaat. Entstehung, Wandel und Kontinuität des Musters moderner Kindheit.* Weinheim und München: Juventa.

Mollenhauer, K. (1986). *Umwege: über Bildung, Kunst und Interaktion.* Weinheim, München: Juventa.

Mollenhauer, K. (1987). Korrekturen am Bildungsbegriff? *Zeitschrift für Pädagogik, 33.* Jg., Nr. 1, (S. 1–20).

Mollenhauer, K. (1996). *Grundfragen ästhetischer Bildung. Theoretische und empirische Befunde zur ästhetischen Erfahrung von Kindern.* Weinheim und München: Juventa.

Mollenhauer, K. (2001). *Einführung in die Sozialpädagogik. Probleme und Begriffe der Jugendhilfe.* Weinheim und Basel: Beltz.

Moss, P., & Urban, M. (2010). Democracy and Experimentation: two fundamental values for education. http://www.bertelsmann-stiftung.de/bst/de/media/xcms_bst_dms_32994_32996_2.pdf. Zugegriffen: 10. 02. 2012.

Nichols, S., Rowsell, J., Rainbird, S., & Nixon, H. (2013). *Resourcing Early Learners: New networks, new players.* London: Routledge.

Niemeyer, C. (1998). *Klassiker der Sozialpädagogik: Einführung in die Theoriegeschichte einer Wissenschaft.* Weinheim und München: Juventa.

Niesel, R., Griebel, W., & Prechtl, S. (2009). Die Einschulung – der zweite wichtige Übergang. In Online-Familienhandbuch. http://www.familienhandbuch.de/kita/schule/uebergang/ZurEinschulung.php Zugegriffen: 26.10.09.

Oelkers, N. (2009b). Aktivierung von Elternverantwortung im Kontext der Kindeswohldebatte. In C. Beckmann, H.-U. Otto, M. Richter & M. Schrödter (Hrsg.), *Neue Familialität als Herausforderung der Jugendhilfe,* Neue Praxis Sonderheft Nr. 9 (S. 139–146). Lahnstein: Neue Praxis Verlag.

Olk, T., & Hübenthal, M. (2011). Kinder als Effective Citzens? Zur Reform der frühkindlichen Bildung, Betreuung und Erziehung im investierenden Sozialstaat. In Kommission Sozialpädagogik (Hrsg.), *Bildung des Effective Citizen. Sozialpädagogik auf dem Weg zu einem neuen Sozialentwurf* (S. 157–167). Weinheim und München: Juventa.

Pietsch, S., Ziesemer, S., & Fröhlich-Gildhoff, K. (2010). Zusammenarbeit mit Eltern in Kindertageseinrichtungen – Internationale Perspektiven. Ein Überblick: Studien und Forschungsergebnisse. Expertise für das Projekt Weiterbildungsinitiative Frühpädagogische Fachkräfte (WiFF). http://www.weiterbildungsinitiative.de/uploads/media/ WiFF_Expertise_7_Froehlich-Gildhoff.pdf. Zugegriffen: 12.02.2012.

Rauschenbach, T. (2002). Der Bildungsauftrag des Kindergartens: Neubesinnung nach dem PISA-Schock – The education task of the kindergarten: reflection after the PISA shock Rauschenbach, Thomas 2002. *Theorie und Praxis der sozialen Arbeit,* Jg. 53, Heft 3, 2002, (S. 205–213).

Rauschenbach, T. (2004). Bildung für alle Kinder: Zur Neubestimmung des Bildungsauftrags in Kindertageseinrichtungen, In I. Wehrmann (Hrsg.), *Kindergärten und ihre Zukunft* (S. 111–122). Weinheim, Basel und Berlin: Beltz.

Schrapper, C. (1993). *Hans Muthesius (1885–1977) – ein deutscher Fuürsorgejurist und Sozialpolitiker zwischen Kaiserreich und Bundesrepublik.* Münster: Votum.

Schulting, A. B., Malone, P. S., & Dodge, K. A. (2005). The Effect of School-Based Kindergarten Transition Policies and Practices on Child Academic Outcomes. *Developmental Psychology,* Volume 41, Issue 6, November 2005, (S. 860–871).

Stamm, M., Burger, K., & Reinwand, V. (2009). Frühkindliche Bildung als Prävention gegen Schulversagen? Empirische Befunde und kritische Anmerkungen zur frühpädagogischen Forschung. *Zeitschrift für Sozialpädagogik ZfS,* 2009(3), (S. 226–243).

Thole, W., Rossbach, H. G., Fölling-Albers, M., & Tippelt, R. (Hrsg.). (2008). *Bildung und Kindheit. Pädagogik der Frühen Kindheit in Wissenschaft und Lehre.* Opladen: Barbara Budrich.

Trede, W. (2002). Adoption und Vollzeitpflege. In W. Schröer, N. Struck & M. Wolff (Hrsg.), *Handbuch Kinder- und Jugendhilfe* (S. 647–666). Weinheim und München: Juventa.

Kutscher, Nadia, Dr. phil., Dipl. Päd., Dipl.-Sozialpäd. (FH), Professorin für Soziale Arbeit und Ethik an der Universität Vechta.

Kinder- und Jugendarbeit

Benedikt Sturzenhecker und Ulrich Deinet

Zusammenfassung

Die Kinder- und Jugendarbeit ist das dritte große Feld der Kinder- und Jugendhilfe neben Kindertageseinrichtungen und Erzieherischen Hilfen und wird als Bereich von Erziehung und Bildung außerhalb der Familie und den Institutionen des schulischen und beruflichen Bildungswesens angesehen. Das Arbeitsfeld wird gesetzlich von den § 11 und 12 des SGBVIII sowie von Ausführungsgesetzen der Bundesländer bestimmt. Die Kinder und Jugendarbeit hat zwei große Felder: Jugendverbandsarbeit und die Offenen Kinder- und Jugendarbeit. Gemeinsame strukturelle Charakteristika und theoretische Konzepte der beiden Handlungsfelder werden dargestellt. Die Themen der Jugendverbandsarbeit werden anhand der analytischen Kategorie *polarer Spannungsverhältnisse* („Spagat")analysiert. Die Offene Kinder- und Jugendarbeit wird besonders im Blick auf ihre bildungs- und sozialräumorientierten Ansätze hin besprochen. Für beide Felder werden aktuelle Probleme diskutiert, wie die Kooperation mit Schule, die Ausweitung von Partizipation, die Legitimation gegenüber Politik durch Wirksamkeitsdialog usw. Die Analysen zeigen, dass die Kinder- und Jugendarbeit insgesamt ein wichtiges Feld außerschulischer, non-formaler Bildung für Kinder und Jugendliche darstellt, das entwicklungsförderliche Erfahrungen sozialräumlicher Aneignung und demokratischer Partizipation eröffnen kann.

Schlüsselwörter

SGBVIII, Förderung von Entwicklung, Offene Kinder- und Jugendarbeit, Jugendverbandsarbeit, Freiwilligkeit, Bildung, Subjektorientierung, Sozialraum, Sozialraumansatz, Aktivierender Staat, Ganztagsschule, Ganztagsbildung, Selbstbildung, Aneignung, Ehrenamtliche, Demokratie, Partizipation, demographischer Wandel, Qualitätsentwicklung, Kooperation mit Schule, Lebenswelt, System, Wirksamkeitsdialog

Die Kinder- und Jugendarbeit ist ein großes Handlungsfeld der Kinder- und Jugendhilfe in Deutschland. Spätestens seit den 1970er wird sie als drittes Feld von Erziehung und Bildung neben der Familie und den Institutionen des schulischen und beruflichen Bildungswesens (Giesecke 1971) angesehen. Das Arbeitsfeld wird gesetzlich
von den § 11 und 12 des SGBVIII sowie von Ausführungsgesetzen der Bundesländer
bestimmt. § 11 unterscheidet drei organisationelle Formen: „für Mitglieder bestimmte Angebote" (im Folgenden Jugendverbandsarbeit), „die offene Jugendarbeit" (im
Folgenden: Offene Kinder- und Jugendarbeit – OKJA) und „gemeinwesensorien-
tierte Angebote". In diesem Text werden wir zunächst die allen Feldern der Kinder-
und Jugendarbeit zugrunde liegenden Gemeinsamkeiten in gesetzlichem Auftrag
und in theoretischen Konzepten darstellen. Dann werden wir jedoch die zwei wichtigsten und größten Teilbereiche der Kinder- und Jugendarbeit: die Offenen Arbeit
und die Jugendverbandsarbeit getrennt analysieren. Wenn es auch gute Argumente
dafür gibt (vgl. Voigts 2013a), die eindeutige Trennung von Offener Kinder- und Jugendarbeit und Jugendverbandsarbeit zu hinterfragen oder gar aufzulösen, bleiben
wir hier dabei, Gemeinsamkeiten und (besonders strukturelle) Unterschiede zu differenzieren.

1   Zum gesetzlichen Auftrag der Kinder- und Jugendarbeit

Historische Wurzeln der Jugendarbeit (vgl. Gängler 2005) finden sich im 19. Jahrhundert in den dörflichen „*Lichtstuben*" (gemeinschaftliche Handarbeitsräume für
unverheiratete Mädchen ohne oder mit geringer Kontrolle, die auch Jungen besuchten) und den „*Sonntagssälen und Lehrlingsheimen*" (vorrangig zur Freizeitgestaltung
von jungen Männern in handwerklichen Ausbildungen/Berufen). Solche Einrichtungen wurden auch oft durch Vereine getragen, während sich parallel auch bürgerliche
und proletarische Jugendorganisationen bildeten – mit besonders jugendbewegter,
religiöser oder politscher Weltanschauung – , aus denen die späteren Jugendverbände (auch als Dachorganisationen lokaler Vereine) hervorgingen. Anfang des 20.Jahr-
hunderts ist dieses Feld so stark und differenziert entwickelt, dass es in den Blick
staatlicher Regelung und pädagogischer Normierung gerät. So werden etwa im preußischen Jugendpflegeerlass von 1911 erste rechtliche Regelungen zu Formen und Finanzierung von Jugendarbeit geschaffen. Seit 1990 regelt das SGB VIII auch die Belange der Jugendarbeit, die in der fachlichen Debatte (besonders im Anschluss an
Thole 2000) zunehmend (und so auch hier) als „*Kinder- und Jugendarbeit*" bezeichnet
wird, um deutlich zu machen, dass sie sich an Kinder UND Jugendliche wendet (im
Folgenden abgekürzt als KJA). Die beiden Jugendarbeitsparagrafen (seit 1990 unverändert) kodifizieren den Stand einer über hundertjährigen institutionell-strukturel-
len wie theoretisch-konzeptionellen Entwicklung des Feldes.

§ 11 (1) SGBVIII besagt: „Jungen Menschen sind die zur Förderung ihrer Entwicklung erforderlichen Angebote der Jugendarbeit zur Verfügung zu stellen. Sie sollen

an den Interessen junger Menschen anknüpfen und von ihnen mitbestimmt und mitgestaltet werden, sie zur Selbstbestimmung befähigen und zu gesellschaftlicher Mitverantwortung und zu sozialem Engagement anregen und hinführen".

Damit wird zunächst an § 1 SGBVIII angeknüpft und die Förderung von Entwicklung als Aufgabe der KJA bestimmt. Damit stellt das Gesetz die KJA in die Gruppe der Arbeitsfelder der Kinder- und Jugendhilfe, die nicht defizitorientiert sich allgemein der Entwicklungsförderung widmen. KJA wendet sich damit prinzipiell an
alle Kinder und Jugendlichen, unabhängig von ihrem Alter, ihrer gesellschaftlichen
oder ethnischen Herkunft, ihrem Bildungsstand, ihrem Geschlecht und besonders
unabhängig von Problemen, die sie haben oder die ihnen zugeschrieben werden. Die
Angebote der KJA sind „nicht problemfixiert und reaktiv ausgerichtet […] [und] für
alle Jugendlichen Orte und Gelegenheiten der Selbst-Sozialisation und Selbst-Bildung in pädagogisch verantworteten Kontexten" (Scherr 2003, S. 145).

Weiter sind in § 11 SGBVII Wirkungsziele zu erkennen, die KJA mit ihren Adressaten erreichen soll: KJA soll zur Selbstbestimmung befähigen und zu gesellschaftlicher Mitverantwortung und sozialem Engagement anregen. Damit wird präziser
noch als in der Zielformulierung des § 1 SGBVIII (eigenverantwortliche und gemein-
schaftsfähige Persönlichkeit) ein Zusammenhang von personaler Autonomie und ge-
sellschaftlich-sozialer Mitwirkung als Orientierung entworfen. Es entsteht ein Leitbild einer demokratischen Persönlichkeit, die ihre Subjekthaftigkeit entwickelt und
sich mündig mitbestimmend und mitverantwortend in einer demokratischen Gesellschaft engagiert.

§ 11 (2) SGBVIII bezeichnet die Angebotsformen der KJA: Das sind Verbände/Ver-
eine, Gruppen und Initiativen als freie Träger sowie Träger der öffentlichen Jugendhilfe (d. h. Länder, kreisfreie Städte, Kreise und Gemeinden). Kennzeichnend sind
zwei große institutionelle Typen: die Jugendverbandsarbeit (vgl. Böhnisch et al. 1991)
und die Offene Kinder- und Jugendarbeit (vgl. Deinet und Sturzenhecker 2012).

2   Institutionelle Charakteristika und Arbeitsprinzipien

Im Jugendarbeitsparagrafen sind aber außer den Zielen auch Arbeitsprinzipien und
Strukturcharakteristika von KJA bestimmt (vgl. zum Folgenden auch Sturzenhecker
2004).

So wird Jugendarbeit als *„Angebot"* gekennzeichnet; statt (wie Schule) durch
Pflicht, ist sie also durch *Freiwilligkeit* der Teilnahme charakterisiert, was Mollenhauer bereits 1964 (S. 99) als „folgenreichste Bedingung" der KJA ansieht, die „kaum
zu überschätzen" sei. Daraus ergibt sich die Notwendigkeit, der KAJ bei den Interessen der Adressaten anzusetzen, „das Interesse ihrer Teilnehmer rückhaltlos ernst
zu nehmen und als den Inhalt ihrer Arbeit festzulegen" (ebd., S. 102) – nur wenn
die eigenen Interessen im Zentrum stehen, wird eine Teilnahme attraktiv sein. Auch
diese konzeptionelle Erkenntnis von 1964 findet sich im Gesetz von 1990 bis heute

wieder: KJA soll an die Interessen der Kinder und Jugendlichen anknüpfen und auf dieser Basis von den Teilnehmenden „mitgestimmt und mitgestaltet"– wenn man so will: ko-produziert – werden. Charakteristikum von KJA ist also ihre *Partizipativität,* ja ihre demokratische Verfasstheit. KJA kann damit als ein Feld der Demokratiebildung bezeichnet werden: Kinder und Jugendliche werden als fähig und berechtigt angesehen, Settings, Inhalte und Arbeitsweisen gemeinsam (auch mit Fachkräften) zu bestimmen und zu gestalten. Demokratie wird nicht theoretisch vermittelt, sondern konkret praktiziert – so will es zumindest das Gesetz (vgl. Sturzenhecker und E. Richter 2010a; Sturzenhecker 2010).

Im Gesetz nicht explizit genannt, jedoch aus als Folge aus den Bestimmungen deutlich zu schließen ist die *Offenheit* der KJA: Sie ist offen gegenüber allen Zielgruppen, deren Inhalten/Interessen und entsprechend (immer neu) zu entwickelnden Arbeitsweisen. Jugendarbeit hat kein Curriculum und keine methodische Festlegung, sie kann und muss sich auf das einlassen, was bei ihren Adressaten ansteht. Angesichts dieser Offenheit müssen die Beteiligten der KJA immer wieder neu miteinander aushandeln, was mit wem wie wozu wann wo geschehen soll. Dieses Charakteristikum der *Diskursivität* schafft, ja erzwingt, die Basis für demokratische Aushandlungsprozesse und Entscheidungsverfahren. Diese Aushandlungsstruktur kann diskursiv genannt werden, weil die KJA durch eine *formale Machtarmut* des Fachpersonals (oder auch ehrenamtlicher Leitungen) gekennzeichnet ist. Die Machtarmut und die Möglichkeit der Kinder und Jugendlichen, sich zu entziehen, verlangen danach, in gemeinsamen Entscheidungen die eigenen Verhältnisse und Bedingungen verbindlich (also verpflichtend und verbindend) zu klären. So werden explizite oder implizite Arbeitsbündnisse hergestellt. Grundlage solcher machtarmer Diskurse ist auch, dass die Beteiligten sich auf soziale Beziehungen miteinander einlassen müssen. *Beziehungsgebundenheit* kann deshalb als weiteres institutionelles Charakteristikum der KJA bezeichnet werden.

3   Theoretische Konzepte der Kinder- und Jugendarbeit

Seit Langem wird festgestellt, dass Jugendarbeit keine eigene „*Theorie*" habe; gemeint ist damit eine umfassende erziehungswissenschaftliche (Einheits-)Theorie des Feldes. So verstanden hat KJA tatsächlich keine *eine* Theorie (wenn auch Thole 2000 einen wichtigen Versuch dazu vorgelegt hat), aber sie hat seit den 1960er Jahren eine differenzierte theoretische Konzeptdebatte aufzuweisen, deren einzelnen Beiträge zusammengenommen sehr wohl inhaltliche und qualitative Ansprüche an eine Theorie der KJA erfüllen. Die große Breite des Diskurses kann hier nur in Beispielen benannt werden. So liegen etwa Struktur- (Rauschenbach et al. 1995; Sturzenhecker 2004) und Funktionsanalysen (Böhnisch 2012) gerade im Blick auf den Sozialstaat vor, die auch Folgen der Transformation des Wohlfahrtsstaates zu einem „aktivierenden Staat" reflektieren (Sturzenhecker 2003, 2005; Sturzenhecker und E. Richter 2010b);

ethnographische Studien analysieren die Alltagspraxis in der KJA (z. B. Müller et al.
2005; Cloos et al. 2007; Rose und Schulz 2007; Schulz 2010); die Professionalisierung (Münchmeier 1992) und Professionalität (in) der KJA (Thole und Küster-Schapfl
1997) wurden empirisch und theoretisch reflektiert; es liegen aktuelle umfassende Se-
kundäranalysen des empirischen Wissens (Lindner 2008; Schmidt 2010; Oechler und
Schmidt 2013) vor, es gibt organisationstheoretische Versuche (Sturzenhecker 2002)
und eine breite Diskussion um Wirksamkeit und Qualitätsentwicklung (z. B. Deinet
und Sturzenhecker 2007; v. Spiegel 2000; u. v. m.). Seit dem Klassiker einer theoretisch anspruchsvollen Konzipierung von KJA: „Was ist Jugendarbeit?" (Müller et al.
1964) liegt allerdings der Schwerpunkt der Theoriearbeit in der Erstellung normativer
Ansätze, die auf der Basis spezifischer Grundannahmen entwerfen, was KJA soll und
wie sie arbeiten soll.

Auch dazu können hier nur verkürzend einige wichtige Entwicklungslinien und
Inhalte dieser Entwürfe benannt werden: Seit den 1960er Jahren gibt es einen durch-
gängigen Konzeptstrang einer emanzipatorischen Jugendarbeit (Giesecke 1964, 1971),
die den gesellschaftsverändernden Auftrag sowie den subjektorientierten und partizipativen Charakter der Jugendarbeit hervorhebt; zusammengefasst in der Formel:
„Emanzipatorische Bildung des Subjekts" (Scherr 2000, S. 203). In den 1970er und
80er Jahren treten bedürfnisorientierte Ansätze (Damm 1980) verbunden mit einer
Orientierung an dem Alltag und der Lebenswelt der Kinder und Jugendlichen sowie
daraus abgeleiteten raumorientierten Ansätzen (Böhnisch und Münchmeier 1987;
Deinet 2005) hinzu. Die Debatten um eine geschlechtsreflexive Jugendarbeit (auch
als Mädchen- und Jungenarbeit (z. B. Rose 2002; Sturzenhecker 2009) kamen hinzu.
Ebenso entfaltete sich ein Ansatz, der die Gestaltung von Beziehungen in das Zentrum der Jugendarbeit rückt (Hafeneger 1998; Schröder 2002).

Bereits vor der durch die PISA-Studie ausgelösten gesellschaftlichen Diskussion
um (Aus-)Bildung thematisierte die KJA diese Frage (Müller 1993; Brenner und Hafeneger 1996). Auch das differenzierte und einflussreichste Konzept der Subjektorientierung in der KJA (Scherr 1997; zur Subjektorientierung in der Verbandsarbeit Fauser et al. 2006) verortet sich in der Debatte um die (Selbst-)Bildung des Individuums
(Lindner et al. 2003; Lindner und Sturzenhecker 2004). Im ersten Jahrzehnt des
21. Jahrhunderts wurde auch in Bezug auf die Entwicklung der Ganztagsschule das
Verhältnis der KJA zur Schule breit diskutiert (z. B. Deinet und Icking 2006; Schröder
und Leonhardt 2011; Coelen 2002). Aktuell werden Anstöße für die Weiterentwicklung der KJA aus dem Capability-Ansatz abgeleitet (Krafeld 2010, Clark 2015).

Ein zentraler Strang in diesem differenzierten Diskursfeld knüpft sich daraus, dass
seit den Anfängen der Jugendarbeitstheorie in den 1960er Jahren durchgängig thematisiert wird, wie KJA in der Subjektentwicklung bzw. der Selbstbildung oder An-
eignungstätigkeit der Kinder und Jugendlichen assistieren und dabei deren kritische,
gesellschaftlich-demokratische Handlungs- und Einmischungsfähigkeit fördern könne. Das durchzieht die subjekt- bzw. bildungsorientierten Ansätze ebenso wie die
aneignungstheoretischen Sozialraumkonzepte sowie die Versuche, emanzipatorische

Potentiale in (intergenerationellen) Beziehungen und reflexivem Genderbewusstsein entfalten zu wollen.

Solche Konzipierungen von KJA als „Bildung in Freiheit zur Freiheit" (Kentler 1964, S. 51) müssen immer wieder auch ihr Verhältnis zu Gesellschaft und Staat bestimmen, ist KJA doch seit Beginn des 20. Jahrhunderts gekennzeichnet durch eine staatlich-finanzielle Förderung, damit rechtliche Regelung und auch staatlich-politische Einflussnahme. So wird ihr eine Doppelfunktion zwischen jugendpflegerischer Erziehungs- und Kontrollausrichtung einerseits und einer auf Autonomie zielenden (Selbst-)Bildung andererseits attestiert (Böhnisch und Münchmeier 1989, S. 32). Dieser Konflikt inszeniert sich immer wieder neu, indem Staat und Kommunen versuchen, die KJA für ihre jugendpolitischen Zwecke in die Pflicht zu nehmen, während sich Disziplin und Profession für die strukturell bildungsförderliche Eigenständigkeit des Feldes und damit seine emanzipatorischen Potenziale einsetzen (vgl. Sturzenhecker und E. Richter 2010 c).

4   Jugendverbände

Die Jugendverbandsarbeit ist gekennzeichnet durch eine außerordentlich differenzierte Szene von Vereinen und Verbänden. Der Begriff des (Jugend-)Vereins wird hier verwendet, wenn die lokalen, demokratisch strukturierten Organisationen von und mit Kindern und Jugendlichen gemeint sind; der Begriff der (Jugend-)Verbände bezieht sich auf die überregionalen Dachorganisationen solcher Vereine. Der Deutsche Bundesjugendring (DBJR) als bundesweiter Dachverband zählt 26 Jugendverbände, 16 Landesjugendringe und fünf Anschlussverbände zu seinen Mitgliedern. Zählt man aber auch die vielen (ausschließlich) lokalen Initiativen und Vereine hinzu, wird man auf noch höhere Zahlen kommen, wie etwa das „Handbuch Jugendverbände" (Böhnisch et al. 1991), das 250 Verbände aufzählt. Nutzeranalysen gehen davon aus, dass die Angebote der Jugendverbände zwischen mindestens 30 % bis zu 60 % oder gar 70 % aller Kinder und Jugendlichen erreichen (Rauschenbach 2008, S. 188). Eine grobe Klassifizierung von Verbandstypen unterscheidet konfessionelle, ökologische, kulturelle, humanitär-helfende, sport- und freizeitorientierte Arbeiterjugend-, Pfadfinder/innen-, junge Migranten- Verbände. Als strukturelle Charakteristika werden neben den oben genannten Aspekten der Freiwilligkeit und Partizipativität besonders die Wertegebundenheit der einzelnen Verbände hervorgehoben sowie ihre Selbstorganisation (§ 12 SGBVIII) (vgl. Schäfer 2005, S. 496), immer wieder werden aber auch die Prinzipien der Ehrenamtlichkeit und der Interessensvertretung genannt. Seit der Selbstverständniserklärung der westdeutschen (Nachkriegs-) Jugendverbände von St. Martin (vgl. DBJR 1962, 1983) nimmt die Jugendverbandsarbeit für sich in Anspruch, Interessen von Kindern und Jugendlichen gegenüber Gesellschaft und Politik zu vertreten – bis heute (vgl. DBJR 2011). Jugendverbandsarbeit hat gerade im Vergleich mit der Offenen Kinder und Jugendarbeit nur relativ wenige hauptamtliche Fachkräfte[1] und wird besonders vor Ort durch Ehrenamtliche (in der Mehrzahl selbst im jugendlichen Alter) ermöglicht. Im Bereich der Hauptamtlichkeit haben zum 31.12.2010 über die Einrichtungs- und Personalstatistik 1 275 Personen angegeben, dass ihr überwiegender Tätigkeitsbereich in der Jugendverbandsarbeit läge (Statistisches Bundesamt 2012, S. 50).

Die wissenschaftlichen Analysen kreisen immer wieder um eine eher deskriptive Kategorie, nach der Jugendverbandsarbeit gekennzeichnet ist durch *polare Spannungsverhältnisse* (vgl. Fauser 2008, S. 194 ff.), die gern auch als „Spagat" bezeichnet werden (DBJR 1994). Entlang dieses Musters werden hier im Folgenden aktuelle Konfliktlinien der Jugendverbandsarbeit angerissen.

In der Debatte der 1990er Jahre war besonders die Frage relevant, inwieweit Jugendverbände (moderne) *Dienstleistungsanbieter* für Kinder und Jugendliche sein können bzw. sollten oder inwieweit sie sich auf jugendliche *Selbstorganisation* beschränken. Rauschenbach schlug den Jugendverbänden eine stärkere Dienstleistungsorientierung vor: „Vielleicht müssen sich Jugendverbände organisieren wie Selbstbedienungsrestaurants und Heimwerkermärkte, also in einer Spannweite von hoher und geringer Eigenbeteiligung, von mehr oder weniger fremden und vorgefertigten Leistungen und Diensten" (Rauschenbach 1998, S. 25). Andere, gerade empirische Erkenntnisse zeigen jedoch, dass dieser Spagat die Spezifik der Jugendverbände nicht abbilden und ein Dienstleistungsansatz ihren Strukturen und Möglichkeiten nicht entsprechen kann. Das liegt schon daran, dass man zwar ein Spagat von *Hauptamtlichkeit vs. Ehrenamtlichkeit* konstruieren kann, letztlich aber die Ehrenamtlichen an der lokalen (Vereins)Basis der Verbände in Koproduktion mit den Mitgliedern und Teilnehmenden die Verbandspraxis erzeugen. Die Leistung des Hauptamtes kann in der Jugendarbeit nicht darin bestehen, Teilnehmende wie Kunden zu thematisieren und ihnen Dienstleistungen anzubieten, sondern sie besteht im Wesentlichen darin, „Ressourcenzusammenhänge und Gelegenheitsstrukturen" (Fauser et al. 2008, S. 287) für Ehrenamtliche und Mitglieder vorzuhalten, die diese dann mit einem Verbandsleben nach ihren eigenen inhaltlichen und sozial-kulturellen Vorstellungen füllen. Angesichts der geringen Anzahl von Hauptamtlichen im Verhältnis zu Mitgliedern und Ehrenamtlichen wäre eine flächendeckende Dienstleistung ohnehin nicht möglich. Es zeigt sich allerdings, dass die Hauptamtlichen sehr wohl der Aufgabe nachkommen, Gelegenheitsstrukturen zu offerieren, denn empirische Untersuchungen demonstrieren: Hauptamt schafft Ehrenamt! (vgl. Seckinger et al. 2008, S. 36 f.).

Die besprochene Problematik könnte analytischer gefasst werden als der Spagat von Jugendverbänden zwischen *„Erziehungsinstitution und lokalen Milieus"* (vgl. Sturzenhecker 2001). Bereits in dem prägenden „Grundsatzgespräch von St. Martin"

---

1   So macht beispielsweise der Landesjugendring Niedersachsen folgende Rechnung auf: „In Niedersachsen sind 500 000 Jugendliche in Jugendverbänden Mitglied. Dort werden sie von 50 000 Ehrenamtlichen betreut. Diese Ehrenamtlichen erhalten Unterstützung von 50 durch das Land geförderte Bildungsreferent-inn-en."

dienten sich die Jugendverbände Staat und Gesellschaft als Jugenderzieher an. Die
Aufgabe des Jugendverbandes wird damals verstanden als „Einführung des jungen
Menschen in seine späteren Aufgabenkreise", indem ihm „seine Pflichten und Rechte innerhalb der Familie, im Rahmen des Berufs- und Arbeitslebens und in Politik
und Gesellschaft deutlich gemacht" (DBJR 1962, 1983, S. 119) werden. Diente diese
Selbstverständigung durchaus dazu, die Jugendverbände – statt sich in einem autonomen „Jugendreich" zu isolieren – aktiv in Gesellschaft und Politik zu integrieren,
so führte sie doch auch dazu, im Gegenzug zur finanziellen Unterstützung Erzie-
hungsaufträge des Staates zu übernehmen. So sind Jugendverbände nach Corsa (2007,
S. 120) „einerseits Träger der Jugendbewegung, sind jugendliche Selbstorganisation
und Interessenvertretung. Andererseits bieten sie aber immer auch eine Brücke in die
Welt der Erwachsenen – und sind damit eine Erziehungsinstitution zur gesellschaftlichen Integration der nachwachsenden Generation". Die staatlichen Erziehungsauf-
träge – kritisch immer wieder als „politische Inpflichtnahme" bezeichnet – zeigen
sich zum Beispiel in dem Umschwung von der Struktur- zur Projektförderung (seit
den 1990er Jahren), mit der staatliche Finanzierungpläne auch der verbandlichen Jugendarbeit Zielgruppen, Ziele und Inhalte diktieren (z. B. Programme zur Gewalt-
und Drogenprävention, Integration, Mädchen- und Jungenarbeit, Medienkompetenz
etc.) und deren Umsetzung in „Wirksamkeitsdialogen" (vgl. LJR NRW 2011) abprüfen
wollten. Als Gegenpol wurde jedoch besonders empirisch erkennbar, dass die Realität
der Jugendvereine von den lokalen Milieus, also den Kindern und Jugendlichen, Mitgliedern und Ehrenamtlichen auf ihre eigene Weise gestaltet wird und kaum durch
staatliche Vorgaben dominiert werden kann (vgl. Sturzenhecker 2007). So zeigte die
wichtigste empirische Studie der vergangenen Jahre, das Forschungsprojekt zur Realität und Reichweite evangelischer Jugendverbandsarbeit (Fauser et al. 2008), dass die
aus Freunden bestehenden Gruppe das Zentrum des gemeinsamen Handelns der Jugendvereine vor Ort ist. Die dort erfahrene Gemeinschaft hat für die Beteiligten den
höchsten Stellenwert. Freundschaft, gemeinsame Aktivität, Spaß und Sinnhaftigkeit
sind hier eng miteinander verbunden. Das Gemeinschaftsgefühl kommt (auch) zustande, weil sich hier Leute treffen, die (aus ihrer eigenen Wahrnehmung) zueinander
passen. Zwar halten die Nutzer/innen der evangelischen Jugendarbeit ihre Gruppen
für prinzipiell offen für alle, aber es zeigt sich, dass die Mitglieder aus Freundeskreisen und Familien, also aus dem eigenen sozialen Background rekrutiert werden. Insgesamt wird deutlich, dass die Milieus selbsterzeugt und selbstbestimmt sind in ihrer
sozialen Zusammensetzung, ihren kulturellen Regeln und Inhalten.

Damit lässt sich auch klar erkennen, dass Jugendverbandsarbeit als jugendliche
non-formelle *Selbstbildung statt als staatlich gesteuerte Erziehung* verstanden werden
muss. Bildungsprozesse in diesem Feld hängen entscheidend davon ab, „ob und wie
durch die Jugendlichen selber Fragen aufgeworfen, Erfahrungen angeeignet, Auseinandersetzung mit sich selbst und mit anderen geführt, Kompetenzen entwickelt und
Engagement praktiziert werden" (Fauser et al. 2008, S. 282). Die Gelegenheitsstrukturen solcher Jugendarbeit erlauben es, ein breites Spektrum von Kompetenzen an-

zueignen (vgl. Düx et al. 2007), die sich – im Unterschied zu den formellen Ausbildungssettings von Schule – nur in den für Jugendarbeit typischen selbsttätigen und selbstbestimmten Erfahrungen entfalten können.

An den Ergebnissen der Studie von Fauser et al. (2008) kann ein weiterer Spagat und zwar zwischen der *Offenheit für neue Mitglieder/Teilnehmende und der (milieubedingten) Geschlossenheit* von Jugendvereinen und Verbänden deutlich gemacht werden. Das zeigte sich besonders in der seit den 2000er Jahren von der Politik geforderten Aufnahme von Kindern und Jugendlichen mit Migrationshintergrund, die trotz der immer wieder deklarierten Aufnahmebereitschaft nicht ohne Weiteres in die sozial-kulturellen Milieus vor Ort integriert werden können (vgl. Assmann et al. 2011). Das führte jedoch zu der insgesamt inklusiveren Strategie, junge Migrantinnen und Migranten zu unterstützen, eigene Vereine und Verbände aufzubauen (vgl. Jagusch 2011, zur Inklusion im Jugendverband vgl. Voigts 2013b, zur OKJA Voigts 2013c).

Da Jugendverbände sich aktuell gedrängt sehen, die Nachmittagsangebote in der Ganztagsschule mitzuveranstalten, entsteht ein neuer Spagat der *Beteiligung an Ganztagsschule vs. Selbstbildung in lokalen Milieus.* Mit ihren potenzialen non-formeller Bildung gehören Jugendverbände sicherlich unverzichtbar zur kommunalen Bildungslandschaft, können aber aufgrund ihrer Struktur ehrenamtlicher Selbstorganisation und selbstgestalteter Peer-Milieus kaum ein dauerhaftes und verlässliches (Teil)Angebot im Ganztag bieten, das eher durch Hauptamtliche gewährleistet werden müsste. Dennoch scheint dies eine ganze Reihe von Jugendverbänden zu versuchen, die sich damit als Dienstleister für Schule auch institutionell sichern möchten (vgl. Seckinger et al. 2009, S. 56 ff.).

Auch durch diese Entwicklung entsteht die Tendenz zu einem neuen Spagat zwischen *Verbetrieblichung und demokratischer Strukturiertheit* in der Jugendvereine (vgl. H. Richter und Sturzenhecker 2011). Jugendvereine übernehmen dann Dienstleistungsaufgaben in Ganztagsschule und Jugendhilfe (zum Beispiel als Träger von Einrichtungen Offener Kinder- und Jugendarbeit) aus ökonomischen Gründen. Teils werden Zweckbetriebe gegründet, in der Form von (auch gemeinnützigen) GmbHs, die auf die Erwirtschaftung von Gewinnen in der ansonsten gemeinnützigen Körperschaft des Vereins ausgerichtet sind. Da die Jugendverbände aber bis heute immer den Anspruch präsentiert haben, „Werkstätten der Demokratie" zu sein (vgl. DBJR 2011), stellt sich die Frage, ob die ehrenamtlich geleistete, demokratisch lokale Selbstbestimmung der Vereine angesichts dieser ökonomischen Interessen und Zwänge noch gewährleistet werden kann.

Deutlicher noch als dieser Spagat ist eine Entwicklung zur *Familiarisierung im Widerspruch zur demokratischen Verfasstheit* von Jugendvereinen zu erkennen. Die empirischen Studien (Richter et al. 2007; Fauser et al. 2008) verdeutlichen, dass Jugendverbände ihre Mitglieder in einem hohen Maße aus Familien und Freundeskreisen rekrutieren, deren Angehörige schon im Verband aktiv sind. Es kommt also, wer ohnehin zur spezifischen Subkultur des Verbandes passt – wer real verwandt oder „wahlverwandt" ist. In der Untersuchung zu Jugendvereinen junger Migranten zeigt sich gar, dass die Mitglieder durchgängig das Gefühl haben: „Wir sind eine Familie" (Jagusch 2011, S. 287). Solche familienhaften Gemeinschaftsinszenierungen laufen Gefahr, die zeitaufwändigen und anstrengenden demokratischen Entscheidungsprozesse und Strukturen durch die sozial selbstverständlichen Handlungsmuster und Hierarchien ihrer Milieus zu ersetzen (vgl. H. Richter und Sturzenhecker 2011; Riekmann 2011).

Um das Spagatbild theoretisch zu fundieren, hat Fauser vorgeschlagen, Jugendverbände als dialektische Spannungsverhältnisse zu verstehen, die entstünden, weil Verbände den Subjektstatus ihrer teilnehmenden Kinder und Jugendlichen berücksichtigten müssten (Fauser 2008, S. 194 ff.), ihnen aber andererseits als institutionelle Struktur (inklusive Hauptamt und Funktionären) gegenüberstehen. Möglicherweise kann diese Struktur auf noch abstraktere Weise analysiert werden als der konstitutive Grundwiderspruch von Jugendverbänden zwischen lebensweltlichen Basismilieus der lokalen Jugendvereine und ihren Potenzialen demokratisch-kommunikativer Aushandlung und Entscheidung einerseits und dem überregionalen Verband als an den Medien von Macht und Geld orientierten System-Institution. In diesem Doppelcharakter des Übergangs von Lebenswelt zum System liegt aber vielleicht genau die Chance von Jugendverbandsarbeit als intermediäre Organisation, subjektorientiert Selbstbildung und Demokratieerfahrung zu ermöglichen und zwischen kommunalen Milieus von Kindern und Jugendlichen und dem gesellschaftlichen System von Staat und Politik zu vermitteln. So können Jugendverbände doch eine integrative Funktion wahrnehmen, ohne sich zum Erzieher und Kontrolleur der Jugenden aufspielen zu müssen.

5   Offene Kinder- und Jugendarbeit

Die Offene Kinder- und Jugendarbeit (OKJA) wurde in den westdeutschen Bundesländern nach dem Zweiten Weltkrieg insbesondere als Freizeitangebot für Kinder und Jugendliche nach der Schule entwickelt. Auch in der DDR gab es vergleichbare offene Jugendeinrichtungen als Jugendclubs etc. Durch unterschiedliche jugendpolitische Bedingungen in den Bundesländern, besonders aber aufgrund kommunaler Rahmenbedingungen hat sich das Feld sehr unterschiedlich entwickelt und konzeptionell differenziert. Zu den Einrichtungsformen der OKJA gehören heute große und kleine Einrichtungen, Jugendtreffs im ländlichen Raum, Mädchentreffs, Kinder- und Jugendkulturarbeit in Jugendkunstschulen, Soziokulturelle Zentren, Jugendkulturzentren, Abenteuerspielplätze, Spielmobile und selbstverwaltete Jugendzentren (vgl. Deinet und Sturzenhecker 2012). Bis vor einigen Jahren konnte die OKJA zum Teil noch ausgebaut werden, insbesondere im ländlichen Raum. Durch die Entwicklung von Kinder- und Jugendförderplänen haben einzelne Länder, wie z. B. NRW, diesen Ausbau forciert. Dennoch ist die Jugendarbeit heute insgesamt von einem Rückgang sowohl der Beschäftigtenzahl als auch der Zahl der Einrichtungen geprägt, die heute bundesweit bei 17 000–18 000 Einrichtungen angenommen wird. Seit den 2000er Jahren kam es zu einer starker Abnahme der Mitarbeiter/innen um 40 % (vgl. Schmidt 2010, S. 34, neueste Daten bei: Seckinger et al. 2016).

Zahlreiche Untersuchungen der Altersstruktur der Offenen Kinder- und Jugendarbeit in den letzten Jahrzehnten zeigen immer wieder deutliche Verschiebungen in Richtung der Verjüngung des Klientels: Holger Schmidt (2010, S. 39) stellt fest, dass „die Offene Kinder- und Jugendarbeit derzeit im Kern von 12- bis 17-jährigen Kindern und Jugendlichen besucht wird, ältere Jugendliche und junge Erwachsene weitgehend nicht mehr von ihr angesprochen werden"

Im Geschlechterverhältnis wurde schon in 1970er Jahren ein starkes Übergewicht der Jungen im Vergleich zu den Mädchen festgestellt. Trotz zahlreicher Anstrengungen, z. B. durch mädchenspezifische Angebote und eine geschlechtsbewusstere Pädagogik insgesamt die Anteile von Mädchen im offenen Bereich der Einrichtungen zu erhöhen, hat sich dieses Bild nicht deutlich verändert. Insgesamt spricht Offene Kinder- und Jugendarbeit eher bildungsferne Jugendliche an (vgl. Schmidt 2010, S. 42).

Die Positionierung der Offenen Kinder- und Jugendarbeit und ihr spezifisches Mandat im System der Kinder- und Jugendhilfe lassen sich wie folgt zusammenfassen: Offene Kinder- und Jugendarbeit ist Erziehung, Bildung, Betreuung für alle Kinder und Jugendlichen. Mit dem § 11 (1) des SGB VIII ist sehr deutlich ein Charakter der Kinder- und Jugendarbeit beschrieben, der diese von anderen Arbeitsbereichen der Jugendhilfe unterscheidet:

- Offene Kinder- und Jugendarbeit gehört nicht zum Jugendschutz oder der Jugendsozialarbeit (kann aber Gefährdungen reflexiv aufgreifen und Benachteiligungen abbauen helfen),
- Kinder- und Jugendarbeit ist nicht Prävention im Vorfeld der Hilfen zur Erziehung (kann aber Persönlichkeit stärken und Kompetenzen entfalten helfen),
- Kinder- und Jugendarbeit ist nicht Hilfe zum Übergang in den Beruf (kann diese Wirkung aber entfalten) (vgl. Deinet et al. 2010).

6   Bildungs- und Sozialraumansatz in der OKJA

Konzeptionell hat besonders der Sozialraumansatz (vgl. Deinet 2005) Bedeutung für die OKJA bekommen (vgl. Lindner 2011).Eine sozialräumliche Jugendarbeit versteht subjektive Bildungsprozesse insbesondere als sozial-räumliche Aneignungsprozesse, die eingelagert sind in den gesellschaftlichen Räumen bzw. den Räumen, die sich Kinder und Jugendliche schaffen. Diese stehen oft im Gegensatz zu den formellen Bildungsräumen und -orten. Der Beitrag der Offenen Kinder- und Jugendarbeit kann auf der Grundlage des Aneignungskonzeptes darin bestehen, Bildungsorte und -räume mehrdimensional zu denken und „Räume" zu schaffen, die Aneignungsprozesse fördern. Jugendarbeit stellt Räume zur Verfügung, die wie in kaum einer anderen In-

stitution von Kindern und Jugendlichen angeeignet und die auch entsprechend verändert werden können. Dabei werden besonders non-formelle und informelle Bildungsprozesse von Kindern und Jugendlichen gefördert (zum Bildungskonzept in
der Offenen Kinder und Jugendarbeit vgl. Lindner und Sturzenhecker 2004; Sting
und Sturzenhecker 2012).

Dem sozialräumlichen Ansatz folgend kann es keine eindeutigen und verallge-
meinerbaren Konzepte der OKJA geben, sondern diese sind insofern sozialraum-
orientiert, weil die Themen und Probleme der Kinder und Jugendlichen jeweils sozialräumlich neu analysiert und definiert werden müssen.

Mit ihrem sozialräumlichen Ansatz schafft die OKJA auch Bezüge zu einer in der
Sozialen Arbeit weit verbreiteten Konzentration auf Problemlagen. Damit sind zwei
Gefahren verbunden: Die im Präventionsparadigma verankerte Annahme von Gefährdungspotenzialen für Kinder und Jugendliche widerspricht dem positiven Jugendbild der Kinder- und Jugendarbeit insgesamt. So entsteht oft eine Schieflage
zwischen Präventionsprojekten und einer insgesamt sozial integrativen Funktion der
OKJA.

Zudem wird der sozialräumliche Ansatz in einer gewissen Verkürzung oft als
Konzentration auf Zielgruppen mit besonderen Problemlagen in benachteiligten
Stadtteilen reduziert, intendiert ist aber eine konsequente Hinwendung zu den Lebenswelten von Kindern und Jugendlichen und eine Ausrichtung der Konzepte in
Bezug auf die jeweilig zu erforschenden und zu interpretierenden Bedarfe. Im Rahmen der Einbindung von Einrichtungen der OKJA in die Programmatik der sozialen Stadt bzw. ähnlicher kommunaler und Landesprogramme steht die OKJA auch in
der Gefahr, die Territorialisierung sozialer Probleme mitzugestalten und die – gerade
für Jugendliche besonders problematische – Stigmatisierung einzelner Stadtteile und
Quartiere zu verfestigen. Andererseits kann sie ihre Potenziale in diesen Programmen auch entfalten und mit niedrigschwelligen Bildungsangeboten Jugendliche erreichen (insbesondere in der Kombination mit mobilen Angeboten), die von keinem
anderen Feld der Jugendhilfe so erreicht werden könnten. Daran anschließend wurden Konzepte einer Forderung demokratisch-gesellschaftlichen Engagements gerade
dieser benachteiligten Jugendlichen entwickelt (Sturzenhecker 2015, Sturzenhecker/
Schwerthelm 2015). OKJA ist nicht nur ein Feld politischer Bildung mit den Adressaten, sondern zunehmend wird gefordert und methodisch entworfen, dass und wie
die Profession die Legitimität des Feldes stärker jugendpolitisch erkämpfen müsse
(vgl. Lindner 2012)

7   Kooperation mit Schule

Die mit dem Konzept der Ganztagsschule intendierten weitreichenden Ziele der
Schaffung eines umfassenden Betreuungs- und Bildungsangebotes können nur durch
eine intensive Zusammenarbeit von Schule, Kinder- und Jugendarbeit und weite-

ren Bereichen der Jugendhilfe erreicht werden, die schon bei der Planung beginnen muss. Die Öffnung von Schule in den jeweiligen Sozialraum bildet eine wesentliche Grundlage zur Verwirklichung des Konzeptes einer Ganztagsbildung, etwa zur Erschließung von informellen und sozialen Bildungsmöglichkeiten (und Partnern), die großen Einfluss auf die Entwicklung der Persönlichkeit von Kindern und Jugendlichen haben. Eine reine Fixierung auf die Organisation eines Betreuungsangebotes an Schulen übersieht diese Möglichkeiten und reduziert Jugendarbeit als Kooperationspartner auf eine reine Dienstleistungsfunktion.

Die Ansätze bzw. Varianten in der Kooperation von Jugendeinrichtungen und Schulen lassen sich wie folgt beschreiben (vgl. Deinet et al. 2010): a) als zeitlich befristete, thematisch orientierte Projektkooperation; b) als kontinuierliche Kooperation mit der neuen Ganztagsschule; c) als interessanter Jugendarbeitsort außerhalb von Schule; d)als jugendarbeitsübergreifende Stadtteilkooperation. Die vielfach entwickelten Kooperationsprojekte zwischen Jugendarbeit und Schule zeigen aber auch Risiken einer zu starken Annäherung der Jugendarbeit an schulisches Lernen und die damit verbundene Gefahr, das eigene Profil zu verlieren (vgl. Sturzenhecker et al. 2014, Lembeck und Lindenberg 2015)

8   Wirkungs- und Qualitätsdebatte

Seit Mitte der 1990er Jahre wurde die öffentlich geförderte OKJA stark beeinflusst durch die Entwicklungen um die Einführung des Neuen Steuerungsmodells (NSM), die Übertragung betriebswirtschaftlicher Verfahren auf die Kinder- und Jugendhilfe und immer wieder durch Kritik von Politik an ihrer mangelnden Leistungsfähigkeit. Einerseits verlangten Kommunen und Länder nun im Gegenzug zu ihrer Finanzierung in Leistungsvereinbarungen von den Einrichtungen der OKJA das angestrebte „Outcome" zu definieren und dessen Erreichung durch Berichtswesen/Controlling bzw. in Qualitäts- bzw. Wirksamkeitsdialogen nachzuweisen. Die wissenschaftliche Debatte der Jugendarbeit sah darin aber auch Chancen, die Professionalität und Leistungsfähigkeit der OKJA durch die Entwicklung von Instrumenten der Qualitätsentwicklung zu steigern. Dazu wurden verschiedene Verfahren entwickelt und diskutiert (vgl. Schumann 1998, v. Spiegel et al. 2002, Senatsverwaltung Berlin 2012). Mit dem Begriff des Wirksamkeitsdialoges verbunden ist ein Kreislaufmodell zwischen politischer Steuerung und Praxis, das mehrere Verfahren aber auch kommunale Entscheidungsebenen miteinander verknüpft (etwa ein kommunales Berichtswesen zur OKJA mit quantitativen und qualitativen Daten). Daraus folgen Anforderungen hinsichtlich der Dialogbereitschaft und Transparenz der OKJA, die eigentlich nur dann erfüllt werden können, wenn Einrichtungen und Projekte bereits Qualitätsentwicklung und Selbstevaluation praktizieren.

Trotz positiver Auswirkungen auf die fachliche Präsentation und Legitimation durch Qualitäts- und Wirksamkeitsdialogen – so wie sie auch in Landkreisen und

Großstädten durchgeführt werden (vgl. Deinet 2007) – konnten diese Strukturver-
änderungen und z. T. deutlichen Kürzungen im Bereich der OKJA nicht verhindern.

9   Ausblick: OKJA zwischen Innovationen oder Stagnation

Vor dem Hintergrund veränderter gesellschaftlicher Rahmenbedingungen und mit
Blick auf die aktuellen Veränderungen der Schullandschaft, insbesondere im Ganz-
tagsschulbereich, stellt sich heute die Frage, wie sich die Offene Kinder- und Jugendarbeit in Zukunft entwickeln wird. Als kommunale Infrastruktur für Kinder und Jugendliche ist sie mit aktuellen Anforderungen, etwa im Bereich der Einrichtung von
Ganztagsangeboten oder der Entwicklung von präventiven Konzepten (z. B. im Bereich der Gewaltprävention) konfrontiert worden. Die Entwicklung neuer Jugendszenen und die sich verändernden Bedürfnislagen von Kindern und Jugendlichen sind
eine ständige Herausforderung für die Offene Kinder- und Jugendarbeit, die sich immer wieder auf neue Entwicklungen flexibel einstellen muss. Zu den Veränderungen
gehört auch der demographische Wandel und in der Folge im kommunalen Bereich
die Herausforderung, z. B. aus Kinder- und Jugendeinrichtungen heraus generations-
übergreifende Einrichtungen zu entwickeln.

Insbesondere die Bildungsdebatte und die Veränderung der Schullandschaft verändern die Rahmenbedingungen der Offenen Kinder- und Jugendarbeit, so wie sie
sich in den letzten Jahrzehnten entwickelt hat. Die zweite wesentliche Herausforderung für die Zukunft der Offenen Kinder- und Jugendarbeit ist die demographische
Entwicklung in Deutschland, die dazu führt, dass der Anteil der Kinder und Jugendlichen an der Gesamtbevölkerung deutlich zurückgeht. Damit stellt sich für die Offene Kinder- und Jugendarbeit die Zielgruppenfrage erneut unter ganz anderen Rahmenbedingungen dar: Wenn sie zur Zeit bundesweit max. 10 Prozent eines Jahrgangs
erreicht, ergeben sich unter den Bedingungen des demographischen Wandels und
des damit verbundenen Rückgangs der Besucherzahlen erhebliche Herausforderungen. Ob und wie sich die demographische Situation auch durch den Zuzug von
Flüchtlingen verändern wird, ist noch unklar. Jedenfalls beginnt in der Jugendarbeit
auch eine Diskussion über die Arbeit mit Kindern und Jugendlichen aus dieser Gruppe (Deinet 2016).

Literatur

Assmann, P., Schwarze, K., Sterzenbach, A.-H., & Voigts, G. (2011). „Weil sie davon ausgehen, dass sie nicht willkommen wären. " Zugangsbarrieren und Teilnahmehemmnisse von Jugendlichen mit Migrationshintergrund in Berliner Jugendverbänden. *deutsche jugend* 2, (S. 76–83).

Böhnisch, L., & Münchmeier, R. (1989). *Wozu Jugendarbeit? Orientierungen für Ausbildung, Fortbildung und Praxis*. Weinheim und München: Juventa.

Böhnisch, L. (2013). Die sozialintegrative Funktion der Offenen Kinder- und Jugendarbeit. In Deinet, U., & Sturzenhecker, B. (Hrsg.), *Handbuch Offene Kinder- und Jugendarbeit*, 4., völlig überarbeitete und aktualisierte Neuaufl. (S. 3–9). Wiesbaden: Springer VS.

Böhnisch, L., Gängler, H., & Rauschenbach, T. (Hrsg.). (1991). *Handbuch Jugendverbände*. Weinheim: Juventa.

Brenner, G., & Hafeneger, B. (Hrsg.). (1996). *Pädagogik mit Jugendlichen. Bildungsansprüche, Wertevermittlung und Individualisierung*. Weinheim und München: Juventa.

Coelen, T. (2002). „Ganztagsbildung" Ausbildung und Identitätsbildung durch die Kooperation zwischen Schulen und Jugendeinrichtungen. *Neue Praxis*, 2002 (1), (S. 53–66).

Clark, Z. (2015). *Jugend als Capability? Der Capabilities Approach als Basis für eine gerechtigkeits- und ungleichheitstheoretische Jugendforschung*. Weinheim und Basel: Beltz Juventa.

Cloos, P., Köngeter, S., Müller, B., & Thole, W. (2009). *Die Pädagogik der Kinder- und Jugendarbeit*, 2., durchges. Aufl. Wiesbaden: VS Verlag für Sozialwissenschaften.

Corsa, M. (2007). „…nur einfach das Leben lernen…" Die Realität von Jugendverbandsarbeit – eine Herausforderung. *deutsche jugend*, 3, (S. 120–127).

Damm, D. (1980). *Die Praxis bedürfnisorientierter Jugendarbeit*. München: Juventa.

Deinet, U. (Hrsg.). (2005). *Sozialräumliche Jugendarbeit. Grundlagen, Methoden, Praxiskonzepte*. Wiesbaden: VS Verlag für Sozialwissenschaften.

Deinet, U. (2006). *Kommunale Wirksamkeitsdialoge in der Offenen Kinder- und Jugendarbeit*. Hrsg. vom Ministerium für Generationen, Familie, Frauen und Integration NRW. Düsseldorf.

Deinet, U. (2007). Verfahren und Chancen des Wirksamkeitsdialogs. In B. Sturzenhecker & U. Deinet (Hrsg.), *Konzeptentwicklung in der Kinder- und Jugendarbeit. Reflexionen und Arbeitshilfen für die Praxis* (S. 184–201). Weinheim: Juventa.

Deinet, U. (2016). Offene Kinder- und Jugendarbeit mit Flüchtlingen: Herausforderung und Chance. *deutsche jugend*, 2016 (4), (S. 149–160).

Deinet, U., & Icking, M. (Hrsg.). (2006). *Jugendhilfe und Schule. Analysen und Konzepte für die kommunale Kooperation*. Opladen: Barbara Budrich.

Deinet, U., Icking, M., Leifheit, E., & Dummann, J. (2010). *Jugendarbeit zeigt Profil in der Kooperation mit Schule*. Reihe: „Soziale Arbeit und Sozialer Raum" (Hrsg. U. Deinet), Bd. 2. Opladen: Barbara Budrich.

Deinet, U., & Sturzenhecker, B. (2013). *Handbuch Offene Kinder- und Jugendarbeit*, 4., völlig überarb. und akt. Neuaufl. Wiesbaden: Springer VS.

Deinet U., & Janowicz, M. (Hrsg.). (2016). *Berufsperspektive Offene Kinder- und Jugendarbeit. Bausteine für Personal- und Organisationsentwicklung.* Weinheim: Beltz Juventa.

DBJR – Deutscher Bundesjugendring (1962/1983). Selbstverständnis und Wirklichkeit der heutigen Jugendverbandsarbeit (1962). In M. Faltermaier (Hrsg.), *Nachdenken über Jugendarbeit. Zwischen den fünfziger und achtziger Jahren; eine kommentierte Dokumentation mit Beiträgen aus der Zeitschrift „deutsche jugend"* (S. 119–122). München: Juventa.

DBJR – Deutscher Bundesjugendring (Hrsg.). (1998). *Jugendverbände im Spagat: zwischen Erlebnis und Partizipation.* Münster: Votum.

DBJR – Deutscher Bundesjugendring (2011). *Impulse für eine starke Demokratie.* http://www.dbjr.de/positionen/2011. html. Zugegriffen 26. Juli 2012.

Düx, W., Prein, G., Sass, E., & Tully, C. J. (2008). *Kompetenzerwerb im freiwilligen Engagement. Eine empirische Studie zum informellen Lernen im Jugendalter,* 2. Aufl. Wiesbaden: VS Verlag für Sozialwissenschaften.

Fauser, K. (2008). *Gemeinschaft aus Sicht von Jugendlichen. Eine empirische Untersuchung über die Rolle von Gemeinschaft für das Nutzungsverhalten von Jugendlichen in einem Jugendverband.* Verlag: Barabara Budrich.

Fauser, K., Fischer, A., & Münchmeier, R. (Hrsg.). (2006). *Jugendliche als Akteure im Verband. Ergebnisse einer empirischen Untersuchung der Evangelischen Jugend.* Opladen: Barbara Budrich.

Gängler, H. (2005). Die Anfänge der offenen Kinder- und Jugendarbeit. In U. Deinet, & B. Sturzenhecker (Hrsg.), *Handbuch Offene Kinder- und Jugendarbeit,* 3. Aufl. (S. 503–509). Wiesbaden: VS Verlag für Sozialwissenschaften.

Giesecke, H. (1964). Versuch 4. In C. W. Müller, H. Kentler, K. Mollenhauer & H. Giesecke, *Was ist Jugendarbeit? Vier Versuche zu einer Theorie* (S. 119–176). München: Juventa.

Giesecke, H. (1971). *Die Jugendarbeit.* München: Juventa.

Hafeneger, B. (1998). Der pädagogische Bezug. Thesen zur Standortbestimmung einer vernachlässigten Dimension der Jugendarbeit. In D. Kiesel, A. Scherr & W. Thole (Hrsg.), *Standortbestimmung Jugendarbeit. Theoretische Orientierungen und empirische Befunde* (S. 104–126). Schwalbach: Wochenschauverlag.

Jagusch, B. (2011). *Praxen der Anerkennung. Vereine von Jugendlichen mit Migrationshintergrund.* Schwalbach/Ts.: Wochenschau.

Krafeld, F.-J. (2010). Der Befähigungsansatz (Capabiliy Approach) als Perspektivenwechsel in der Förderung junger Menschen. *deutsche jugend,* 7–8, (S. 310–317).

Kentler, H. (1964). Versuch 2. In C. W. Müller, H. Kentler, K. Mollenhauer & H. Giesecke, *Was ist Jugendarbeit? Vier Versuche zu einer Theorie* (S. 37–88). München: Juventa.

KomDat – kommentierte Daten der Kinder und Jugendhilfe 1 und 2. (2011). *Jugendleiter/-innen werden sichtbar - erste Ergebnisse der Statistik zur Juleica,* (S. 21–23).

Lembeck, H.-J., & Lindenberg, M. (2015). *„Die beste Schulpause". Qualitative Weiterentwicklung der Kooperation von Schule und Offener Kinder- und Jugendarbeit (OKJA) im Ganztag. Prozessbegleitung der Zusammenarbeit des Schorsch mit der Stadtteilschule Hamburg-Mitte.* https://www.diakonie-hamburg.de/export/sites/default/.content/downloads/Fachbereiche/KJ/OKJA_Schule_Hamburg_Mitte_Bericht_09.2015.pdf Zugegriffen: 22. April 2016.

LJR – Landesjugendring NRW e. V. (2011). *Wirksamkeitsdialog Jugendverbandsarbeit – eine Zwischenbilanz.* Düsseldorf: LJR NRW.

Lindner, W. (Hrsg.). (2008). *Kinder- und Jugendarbeit wirkt. Aktuelle und ausgewählte. Evaluationsergebnisse der Kinder- und Jugendarbeit.* Wiesbaden: VS Verlag für Sozialwissenschaften.

Lindner, W. (2011). Jugendarbeit. In H.-U. Otto & H. Thiersch (Hrsg.), *Handbuch Sozialarbeit Sozialpädagogik* (S. 669–675). München: Reinhard.

Lindner, W. (Hrsg.). (2014). *Political (Re-)Turn? Impulse zu einem neuen Verhältnis von Jugendarbeit und Jugendpolitik.* Wiesbaden: Springer VS.

Lindner, W., & Sturzenhecker, B. (Hrsg.). (2004). *Bildung in der Kinder- und Jugendarbeit – vom Bildungsanspruch zur Bildungspraxis.* Weinheim und München: Juventa.

Lindner, W., Thole, W., & Weber, J. (Hrsg.). (2003). *Kinder- und Jugendarbeit als Bildungsprojekt.* Opladen: Leske + Budrich.

Mollenhauer, K. (1964). Versuch 3. In C. W. Müller, H. Kentler, K. Mollenhauer & H. Giesecke (Hrsg.), *Was ist Jugendarbeit? Vier Versuche zu einer Theorie* (S. 89–118). München: Juventa.

Müller, C. W., Kentler, H., Mollenhauer, K., & Giesecke, H. (1964). *Was ist Jugendarbeit? Vier Versuche zu einer Theorie.* München: Juventa.

Müller, B. (1993). Außerschulische Jugendbildung oder: Warum versteckt Jugendarbeit ihren Bildungsanspruch? *deutsche jugend* 7–8, 310–319.

Müller, B., Schmidt, S., & Schulz, M. (2005). *Wahrnehmen können. Jugendarbeit und informelle Bildung.* Freiburg i. Br.: Lambertus.

Münchmeier, R. (1992). Institutionalisierung pädagogischer Praxis am Beispiel der Jugendarbeit. *Zeitschrift für Pädagogik* 3, 371–384.

Oechler, M., Schmidt, H. (Hrsg.). (2013). *Empirie der Kinder- und Jugendverbandsarbeit.* Wiesbaden: Springer VS.

Rauschenbach, T. (1994). Jugendverbände im Spagat: Jugendverbände zwischen (alter) Programmatik und (neuer) Funktion. In Deutscher Bundesjugendring (Hrsg.), *Jugendverbände im Spagat: zwischen Erlebnis und Partizipation* (S. 12–26). Münster: Votum.

Rauschenbach, T., Sachße, Ch., & Olk, Th. (1995). *Von der Wertgemeinschaft zum Dienstleistungsunternehmen. Jugend- und Wohlfahrtsverbände im Umbruch.* Frankfurt a. M.: Suhrkamp.

Riekmann, W. (2011). *Demokratie und Verein. Potenziale demokratischer Bildung in der Jugendarbeit.* Wiesbaden: VS Verlag für Sozialwissenschaften.

Richter, H., & Sturzenhecker, B. (2011). Demokratiebildung am Ende? Jugendverbände zwischen Familiarisierung und Verbetrieblichung. *deutsche jugend* 2, (S. 61–67).

Richter, H., Riekmann, W., & Jung, M. (2007). Demokratische Bildung in der Jugendverbandsarbeit. *deutsche jugend* 1, (S. 30–37).

Rose, L. (2002). Gender. Zur Bedeutung der Kategorie Geschlecht in der Jugendarbeit. In T. Rauschenbach, W. Düx & E. Sass (Hrsg.), *Jugendarbeit im Aufbruch. Selbstvergewisserung, Impulse, Perspektiven* (S. 83–108). Münster: Votum.

Rose, L., & Schulz, M. (2007). *Gender-Inszenierungen*. Königstein/Ts.: Ulrike Helmer.

Schäfer, K. (2005). Jugendverbände. In D. Kreft & I. Mielenz (Hrsg.), *Wörterbuch Soziale Arbeit*. (S. 496–499). Weinheim, München: Juventa.

Scherr, A. (1997). *Subjektorientierte Jugendarbeit. Eine Einführung in die Grundlagen emanzipatorischer Jugendpädagogik*. Weinheim und München: Juventa

Scherr, A. (2000). Emanzipatorische Bildung des Subjekts. *deutsche jugend* 5, (S. 203–208).

Scherr, A. (2003). Subjektorientierung – eine Antwort auf die Identitätsdiffusion der Jugendarbeit? In T. Rauschenbach, W. Düx & E. Sass (Hrsg.), *Kinder- und Jugendarbeit – Wege in die Zukunft. Gesellschaftliche Entwicklungen und fachliche Herausforderungen* (S. 139–151). Weinheim: Juventa.

Schröder, A. (2002). Beziehungen in der Jugendarbeit, wie sie gestaltet und reflektiert werden. *deutsche jugend* 2, (S. 59–69).

Schröder, A., & Leonhardt, U. (2011). *Wegweiser Kooperation zwischen Jugendarbeit und Schule. Wie Jugendarbeit schulisches Lernen erweitert*. Schwalbach/Ts.: Wochenschauverlag.

Schulz, M. (2010). *Performances. Jugendliche Bildungsbewegungen im pädagogischen Kontext*. Wiesbaden: VS Verlag für Sozialwissenschaften.

Schumann, M. (1998). Qualitätsentwicklung und Wirksamkeitsdialog in der Offenen Kinder- und Jugendarbeit (Projekt WANJA). *deutsche jugend* 7–8, (S. 328 ff.).

Schmidt, H. (Hrsg.). (2010). *Empirie der Offenen Kinder- und Jugendarbeit*. Wiesbaden: VS Verlag für Sozialwissenschaften.

Schmidt, H. (2010). Empirische Forschungsergebnisse zur Offenen Kinder- und Jugendarbeit. In Schmidt, Holger (Hrsg.), *Empirie der Offenen Kinder- und Jugendarbeit* (S. 13–127). Wiesbaden: VS Verlag für Sozialwissenschaften.

Seckinger, M., Pluto, L., Peucker, C., & Gadow, T. (2009). *DJI - Jugendverbandserhebung. Befunde zu Strukturmerkmalen und Herausforderungen*. München: DJI.

Seckinger, M., Pluto, L., & Peucker, C. (2016). *Einrichtungen der offenen Kinder- und Jugendarbeit. Eine empirische Bestandsaufnahme*. Weinheim: Beltz Juventa.

Senatsverwaltung für Bildung, Jugend und Wissenschaft Berlin (2012). *Handbuch Qualitätsmanagement der Berliner Jugendfreizeiteinrichtungen*, 3. überarbeitete Aufl. Berlin.

Spiegel, H. v. (Hrsg.). (2000). *Jugendarbeit mit Erfolg. Arbeitshilfen und Erfahrungsberichte zur Qualitätsentwicklung und Selbstevaluation*. Münster: Votum.

Spiegel, H. v., Sturzenhecker, B., & Deinet, U. (2002). Qualitätsstandards Offener Jugendarbeit selbst bestimmen oder übernehmen? Die Modelle „QQS" (Qualitätsentwick-
lung/Selbstevaluation) und „WANJA" (Selbstbewertung) im Vergleich. *deutsche jugend* 6, (S. 247–255).

Statistisches Bundesamt (2012). *Statistiken der Kinder- und Jugendhilfe – Einrichtungen
und tätige Personen.* Wiesbaden.

Sting, S., & Sturzenhecker, B. (2013). Bildung und Offene Kinder- und Jugendarbeit. In U.
Deinet & Sturzenhecker, B. (2013). *Handbuch Offene Kinder- und Jugendarbeit,* 4., völlig überarbeitete und aktualisierte Neuaufl. (S. 375–388). Wiesbaden: Springer VS.

Sturzenhecker, B. (2001). Die Basis bestimmt. Perspektiven für Partizipation in Jugendverbänden. *das Baugerüst,* 4, (S. 54–59).

Sturzenhecker, B. (2002). Planung in der „organisierten Anarchie" Offener Jugendarbeit.
deutsche jugend, 6, (S. 266–270).

Sturzenhecker, B. (2003). Aktivierende Jugendarbeit? In H.-J. Dahme, H.-U. Otto, A.
Trube & N. Wohlfahrt (Hrsg.), *Soziale Arbeit für den aktivierenden Staat* (S. 381–390).
Leverkusen: Leske + Budrich.

Sturzenhecker, B. (2004). Strukturbedingungen von Jugendarbeit und ihre Funktionalität
für Bildung. *neue praxis,* 5, (S. 444–454).

Sturzenhecker, B. (2005). Aktivierung in der Jugendarbeit. In H. J. Dahme & N. Wohlfahrt
(Hrsg.), *Aktivierende Soziale Arbeit. Theorie – Handlungsfelder – Praxis* (S. 13–149).
Baltmannsweiler: Schneider.

Sturzenhecker, B. (2007). Zum Milieucharakter von Jugendverbandsarbeit. Externe und
interne Konsequenzen. *deutsche jugend,* 3, (S. 112–119).

Sturzenhecker, B. (2009). Jungenarbeit in der Kinder und Jugendarbeit. In D. Pech
(Hrsg.), *Jungen und Jungenarbeit – eine Bestandsaufnahme des Forschungs- und Dis-
kussionsstandes* (S. 83–99). Baltmannsweiler: Schneider.

Sturzenhecker, B. (2010). Demokratiebildung – Auftrag und Realität in der Offenen Kin-
der- und Jugendarbeit. In H. Schmidt (Hrsg.), *Empirie der Offenen Kinder- und Jugendarbeit* (S. 131–146). Wiesbaden: VS Verlag für Sozialwissenschaften.

Sturzenhecker, B. (2015). *Gesellschaftliches Engagement von Benachteiligten fördern –
Band 1. Konzeptionelle Grundlagen für die Offene Kinder- und Jugendarbeit.* Gütersloh:
Verlag Bertelsmann Stiftung.

Sturzenhecker, B., & Deinet, U. (Hrsg.). (2009). *Konzeptentwicklung in der Kinder und Jugendarbeit,* 2. Aufl. Weinheim und München: Juventa.

Sturzenhecker, B., & Richter, E. (2010a). Demokratiebildung in der Kinder- und Jugendarbeit – partizipative Potentiale stärker nutzen. In G. Himmelmann & D. Lange
(Hrsg.), *Demokratiedidaktik. Impulse für die Politische Bildung* (S. 103–114). Wiesbaden. VS Verlag für Sozialwissenschften.

Sturzenhecker, B., & Richter, E. (2010b). Kinder und Jugendarbeit zwischen Aktivierung
und Bildung. In A. Liesner & I. Lohmann (Hrsg.), *Gesellschaftliche Bedingungen von
Bildung und Erziehung. Eine Einführung* (S. 204–215). Stuttgart: W. Kohlhammer.

Sturzenhecker, B., & Richter, E. (2010c). Die Kinder- und Jugendarbeit. In W. Thole (Hrsg.), *Grundriss Soziale Arbeit*, 3., überarb. und erw. Aufl. (S. 469–475). Wiesbaden: VS Verlag für Sozialwissenschaften.

Sturzenhecker, B., Richter, E., & Karolczak, M. (2014). Kooperative Steuerung des Ganztags zwischen Jugendarbeit und Schule. Einige Ergebnisse eines Modellprojekts. *deutsche jugend*, (2014), 7/8, (S. 297–304).

Sturzenhecker, B., & Schwerthelm, M. (2015). *Gesellschaftliches Engagement von Benachteiligten fördern – Band 2. Methodische Anregungen und Praxisbeispiele für die Offene Kinder- und Jugendarbeit.* Gütersloh: Verlag Bertelsmann Stiftung.

Thole, W. (2000). *Kinder- und Jugendarbeit. Eine Einführung.* Weinheim und München: Juventa.

Thole, W., & Küster-Schapfl, E.-U. (1997). *Sozialpädagogische Profis. Beruflicher Habitus, Wissen und Können von PädagogInnen in der außerschulischen Kinder- und Jugendarbeit.* Opladen: Leske + Budrich.

Voigts, G. (2013a). Jugendverbände und die Offene Kinder- und Jugendarbeit. In U. Deinet & B. Sturzenhecker (2013.). *Handbuch Offene Kinder- und Jugendarbeit*, 4., völlig überarb. und akt. Neuaufl. (S. 809–815). Wiesbaden: Springer VS.

Voigts, G (2013b). Inklusion als Gestaltungsprinzip in der Kinder- und Jugendverbandsarbeit – eine empirische Analyse. In H. Schmidt & M. Oechler (Hrsg.), *Empirie der Kinder- und Jugendverbandsarbeit.* Wiesbaden: Springer VS.

Voigts, G. (2013c). Inklusion in der Offenen Kinder- und Jugendarbeit. In Deutsches Institut für Urbanistik (Hrsg.), *Mehr Inklusion wagen?!. Dokumentation der Fachtagung der Arbeitsgruppe Jugendhilfe.* Berlin, (S. 117–126).

Benedikt Sturzenhecker, Dr. phil., Dipl.-Päd. ist Professor für Erziehungswissenschaft unter besonderer Berücksichtigung der Sozialpädagogik und außerschulischen Bildung an der Universität Hamburg, Fakultät für Erziehungswissenschaft, Psychologie und Bewegungswissenschaft. Arbeitsschwerpunkte: Offene Kinder- und Jugendarbeit, Jugendverbandsarbeit, Demokratiebildung in Jugendarbeit und Kindertageseinrichtungen.

Ulrich Deinet, Dr. rer. soc., Dipl.-Pädagoge, Professur für Didaktik/Methodik der Sozialpädagogik an der Fachhochschule Düsseldorf, Leiter der Forschungsstelle für sozialraumorientierte Praxisforschung und -Entwicklung (fspe@fh-duesseldorf.de); Mitherausgeber des Online-Journals „Sozialraum.de". Arbeitsschwerpunkte: Kooperation von Jugendhilfe und Schule, Sozialräumliche Jugendarbeit, Sozialraumorientierung, Konzept- und Qualitätsentwicklung.

Kulturelle Kinder- und Jugendarbeit

Hildegard Bockhorst

Zusammenfassung

Kulturelle Kinder- und Jugendarbeit ist nach § 11 des SGB VIII (KJHG) ein Handlungsfeld der außerschulischen Jugend*bildung.* Ihr Ziel ist es, Kindern und Jugendlichen den Zugang zu Kunst und Kultur zu ermöglichen und junge Menschen darüber zu befähigen, ihr Leben selbstbestimmt und sozial verantwortlich zu führen. Neben der Kinder- und Jugendhilfe haben auch der Kulturbereich und der formale Bildungsbereich eine Verantwortung für dieses Handlungsfeld. Der Pisa-Schock und wachsende Erkenntnisse über sozial ungerecht verteilte und für viele Menschen in Deutschland nicht verwirklichte Teilhabe- und Bildungschancen führten Anfang des 21. Jahrhunderts sowohl in der Kinder- und Jugendpolitik wie auch in der Kultur- und Bildungspolitik zu der Positionsbestimmung, dass die Kulturelle Kinder- und Jugendbildung eine Querschnittsaufgabe ist, der auf allen föderalen Ebenen und in allen Politikfeldern mehr Aufmerksamkeit zukommen muss.

Kulturelle Vielfalt leben, Stärken sichtbar machen, Lebenskunst lernen und *Künste öffnen Welten* lauten kulturpädagogische Leitbilder der Fachstrukturen für dieses Handlungsfeld. Sie verweisen auf die zentralen Ziele und Qualitätsvorstellungen, die diesem Praxisfeld zugrunde liegen: d. h. Kindern und Jugendlichen vielfältige ästhetisch-künstlerische Erlebnis-, Gestaltungs- und Kommunikationsräume zu eröffnen, sie in der Unterschiedlichkeit ihrer kulturellen Interessen anzuerkennen und durch Teilhabe an Kunst und Kultur in ihrer Persönlichkeitsentwicklung zu stärken.

Als feldmarkierende Bezeichnung hat sich der Begriff der *Kulturellen Bildung* zur Erfassung dieses Praxisfeldes in seiner Pluralität und Differenz durchgesetzt. Für die kulturellen Fachorganisationen in der Bundesvereinigung Kulturelle Kinder- und Jugendbildung (BKJ) bringt die Dachmarke *Kulturelle Bildung* ein modernes Profil von Kinder- und Jugendkulturarbeit zur Unterstützung von *Bildung als Lebenskompetenz* (Bundesjugendkuratorium 2002) zum Ausdruck. Zudem wird damit angemessen Bezug genommen auf den Verantwortungsrahmen der Kinder- und Jugendhilfe für die Trias von Bildung, Erziehung und Betreuung (vgl. BMFSFJ 2005).

Schlüsselwörter

ästhetische Erziehung, Bildungsbericht 2012, Bildung durch Künste, Bundesvereinigung Kulturelle Kinder- und Jugendbildung (BKJ), Jugendkulturarbeit, Kinderkulturarbeit, Kulturelle Bildung, Kulturelle Kinder- und Jugendarbeit, Kulturpädagogik, Lebenskunst, Jugendkulturbarometer, Medienbildung, Teilhabe

Kulturelle Bildung hat viele Gesichter

TanzZeit und *Rhythm is it* in vielen Bildungs- und Kultureinrichtungen // A-Capella-Gesang und Breakdance treffen auf Videokunst, Poetry Slam auf Akrobatik, Ballett auf Beats in Projekten des jfc-Medienzentrums // Freude an *Spiel, Musik und Tanz* in Musikschulen, Chören, Tanzwerkstätten, Zirkusprojekten und Spielmobilangeboten finden // *Theateraufführungen und Kunstausstellungen* besuchen // *Anders sein!* erleben beim Kölner Filmfest *CINEPÄNZ* // *RAUSKOMMEN!* im gleichnamigen Wettbewerb der Jugendkunstschulen oder durch Teilnahme am Bundeswettbewerb *Jugend jazzt* // *Rap für Courage* zeigen beim Jugendkulturfest der evangelischen Jugend // in der Ausbildung einer Drogeriemarktkette als Azubi *Theater spielen* // während der *Schulkinowochen* spannende Filme sehen und reflektieren // durch das mobile Angebot *Kunstbus* des Jugendamtes Interessen entdecken an Kunst und Kultur // in Jugend- und Kulturzentren mehr über die kreative Nutzung des Internets lernen // in medienpädagogischen Zentren eigene Filme drehen und Computerspiele entwickeln // als Mitglied der Jugendjury für den Deutschen Jugendliteraturpreis Literatur auszeichnen // anderen Kulturen begegnen in internationalen Jugendkulturprojekten // als Jugendliche mit Profis des Pina Bausch Tanzensembles zusammenarbeiten und *Kontakthof* aufführen // *Mit Freu(n)den Lesen* in Leseclubs und als *Buchpiraten* die Bibliotheken entern // Kinderrechte gestalten und erfahren im *MachMIT! Museum* // sich als Freiwillige im *FSJ Kultur* engagieren // den *Kompetenznachweis Kultur* erwerben und seine Stärken sichtbar machen // …

Diese Beispiele zeigen: Im Handlungsfeld der Kulturellen Kinder- und Jugendarbeit gibt es eine Vielfalt von Trägern, Einrichtungs- und Angebotsformen. Aber so unterschiedlich die Beispiele sind, sie fokussieren auf das gleiche Ziel: Jungen Menschen einen produktiven oder rezeptiven Handlungs- und Reflexionsrahmen zu eröffnen, damit sie ihre Alltagserfahrungen in symbolisch-kulturellen sowie künstlerischen Formen bearbeiten und in außerschulischen aber auch formalen und informellen Kontexten die eigene Identität herausbilden können. Mit einer Vielfalt von frei-gemeinnützigen, öffentlichen und auch privatwirtschaftlichen Akteuren und einer dementsprechenden Fülle unterschiedlicher Konzepte, Intentionen und Zuständigkeiten präsentiert sich zu Beginn des 21. Jahrhunderts auf kommunaler, Landes- und Bundesebene, in und außerhalb von Schule, ein komplexes, durch Ästhetik und Künste geprägtes Handlungsfeld der Kulturellen Kinder- und Jugendbildung (vgl. Bockhorst et al. 2012).

Der Begriff der Kulturellen Bildung hat sich – sowohl in der Praxis als auch in der Politik – als pragmatische Sammelbezeichnung für ein gesellschaftspolitisches Konzept von Jugendkulturarbeit mit vielfältigen ästhetisch-künstlerischen Ausdrucksformen, Angeboten, Einrichtungen und Orten durchgesetzt (Zacharias 2001; Fuchs 2008a). Als Synonyme für die Feldbeschreibung werden ebenso gebraucht: Kulturpädagogik, ästhetische Erziehung, künstlerische Bildung, Jugendkulturarbeit, Kulturelle Jugendbildung u. v. m. Akzentuierungen in den Begrifflichkeiten leiten sich für die unterschiedlichen Akteursgruppen aus ihren geschichtlichen Wurzeln, Wissenschaftsbezügen und strukturellen Verortungen her und spiegeln entsprechende Schwerpunkte in Jugend(verbands-)arbeit, Sozialer Arbeit, Soziokultur oder Kultureller Bildung, Musik, Theater, Tanz, Kunst- oder Bildungskontext wider (Fuchs 2011a; Zacharias 2001, 2012).

Der nachfolgende Beitrag beschreibt das Handlungsfeld in seinen Rahmenbedingungen, theoretischen und rechtlichen Grundlagen, Schwerpunkten, Konzeptqualitäten und Herausforderungen, wie sie sich aus der Expertise der auf die Kulturelle Kinder- und Jugendbildung spezialisierten Akteure herleiten und in dem bundeszentralen Dachverband, der Bundesvereinigung Kulturelle Kinder- und Jugendbildung (BKJ) mit ihren 57 Mitgliedsorganisationen vertreten werden (BKJ 2011a, 2011b, 2011c; Bockhorst 2011a).

Ein Handlungsfeld zwischen Jugend-, Bildungs- und Kulturarbeit

„Kinder- und Jugendkulturarbeit [ist] ein zugleich in andere Handlungsfelder integriertes wie auch eigenständiges Handlungsfeld des Bildungs-, Erziehungs-, Jugendhilfe- und Kunstbereichs", heißt es in dem von Werner Thole, Stephan A. Kolfhaus und Peter Kamp verfassten Jugendkulturbericht für Nordrhein-Westfalen. „Sie ließe sich definieren als ein organisiertes Handlungsfeld, in dem sich die Alltags- und Lebenserfahrungen von Kindern und Jugendlichen mit künstlerischen Medien und ästhetischen Handlungsformen begegnen" (MAGS und KM NRW 1994, S. 4).

Die Fachverbände der Kulturellen Bildung (vgl. www.bkj.de) sprechen von einem „magischen Dreieck" (Zacharias 2012), in welchem sich die Querschnittsaufgabe der Kulturellen Kinder- und Jugendbildung zwischen Kinder- und Jugendhilfe, Kunst- und Kulturvermittlung sowie Schule und Kita theoretisch und praktisch verortet. Sie ist zudem ein trisektorales Angebot von staatlich-öffentlichen ebenso wie frei-gemeinnützigen Trägern sowie Akteuren der Kulturwirtschaft und kommerziellen Freizeitanbietern. Die Formen ästhetisch-künstlerischer Praxis können zwischen aktiver Betätigung und rezeptiver Wahrnehmung wechseln, sie können stärker in der Hochkultur oder der Subkultur, im Bereich der Amateurkulturarbeit oder der professionellen Kunst verankert sein. Ästhetisch-künstlerische Ausdrucks- und Gestaltungsprozesse gehören zum menschlichen Leben dazu; von Anfang an und lebenslang, in privaten und öffentlichen Räumen, an allen Orten des Lebens, und sie entwickeln sich entsprechend ihrer sozialen und kulturellen Kontexte ständig weiter.

Von daher ist es fast unmöglich, das Handlungsfeld der Kulturellen Kinder- und Jugendarbeit zwischen Kunst, Kultur und Alltag präzise zu beschreiben und begrifflich abzugrenzen. Auch die Autorengruppe des Bildungsberichts 2012 konstatiert diese Schwierigkeit bei ihrem Versuch einer definitorischen Bestimmung des Bereichs „Kulturelle/musisch-ästhetische Bildung" und hat festgestellt, dass die „Grenzen zu handwerklichen Techniken und alltäglichen Kulturtechniken" sowie zu „Formen der Kultur des Lebensalltags" fließend sind und dass viele „Bereiche einer systematisierten Darstellung nur schwer zugänglich sind" (Autorengruppe Bildungsberichterstattung 2012, S. 158 f.).

Folgt man den Dokumentationen und Analysen der bundesweit auf die Kulturelle Kinder- und Jugendbildung spezialisierten Träger, dann ist Vielfalt und Pluralität von kreativ-künstlerischen Arbeits- und Angebotsformen sowie Träger- und Einrichtungsstrukturen Programm! Diese Breite kultureller Bildungsmöglichkeiten wird für unverzichtbar angesehen, weil es nur so gelingen kann, an den vielfältigen und sich ständig weiter entwickelnden kulturellen Interessen, Ausdrucksformen und Kommunikationsstilen von Kindern und Jugendlichen anzuknüpfen. Sich bilden mit Kunst gehört zur Lebenswelt dazu. Dies kann man in kulturpädagogischen Angeboten von spezialisierten Trägern wie Musikschulen, Jugendkunstschulen, theaterpädagogischen Zentren, Radio-, Film und Medienwerkstätten, Kindermuseen, Tanzetagen und Leseclubs, Chören und Musikvereinen, Bibliotheken, Zirkusschulen und Spielmobilen. Ebenso möglich ist dies in Projekten der Jugendkulturarbeit in Jugend- und Wohlfahrtsverbänden, in den Kirchen, in Einrichtungen der offenen Tür, in Gewerkschaften, Migrantenorganisationen oder selbstorganisierten Jugendszenen; jedenfalls dann, wenn hier die Auseinandersetzung mit Kunst und Kultur gefördert wird und umso wirkungsvoller, je mehr auch in diesen Praxisfeldern mit KünstlerInnen, KulturpädagogInnen und Fachorganisationen der Kulturellen Bildung zusammengearbeitet wird. Vermehrt tragen auch klassische Kunst- und Kultureinrichtungen wie Opernhäuser, Philharmonien, Museen und Kunsthallen mit ihren Vermittlungsangeboten zur Kulturellen Kinder- und Jugendbildung bei. Gegenwärtig sind es entscheidend die Schulen und hier die Ganztagsschulen, die – im Zuge der Entwicklung kultureller Schulprofile und in ihrer Zusammenarbeit mit dem Kulturbereich – zu immer bedeutsameren Orten der Kulturellen Bildung werden. Dem Lebenslauf folgend sind die „Orte" Kultureller Bildung nicht als „Häuser", sondern vielmehr als „Gelegenheiten" zu identifizieren: u. a. in der Familie, in Kindertagesstätten, in der Schule, in der Jugendgruppe, in Freiwilligendiensten, in der beruflichen Bildung, in der Weiterbildung, in generationsoffenen Projekten u. s. w.

Ein Handlungsfeld besonderer *Art:* Sich bilden durch Künste!

Die Spezifizierung kultureller Handlungsfelder (gegenüber sonstigen erzieherischen und sozialpädagogischen Feldern der Kinder- und Jugendhilfe und anderen Bereichen der außerschulischen Jugendbildung) ergibt sich im wesentlichen durch ihren Bezug auf die Künste, als Inhalt wie auch als Methode, und sie zeichnet sich durch ein professionelles Vermittlungsangebot von Fachkräften aus, die für diese Praxis künstlerisch und kulturpädagogisch qualifiziert sind.

Trotz aller Vielfalt und Unübersichtlichkeit in der Kulturellen Bildung, so ein Ergebnis des Bildungsberichts 2012, ist ihr „Kernbereich […] kaum strittig" (Autorengruppe Bildungsberichterstattung 2012, S. 159). Es sind die unterschiedlichen künstlerischen „*Sparten*", die spezifischen „Nutzungs- und Angebotsformen kultureller/musisch-ästhetischer Bildung in den verschiedenen sozialen Lebenszusammenhängen und Lebensphasen, bezogen auf die Erstellung von Literarischen Texten, die Bildenden und Darstellenden Künste sowie die Musik in ihren spartenspezifischen und – übergreifenden Kunstformen (z. B. Happening, Action Art, Oper, Musical). Neben den *klassischen* Ausprägungen zählen auch modernere Kunstformen (z. B. Installation, Aktionskunst, Einsatz Neuer Medien) und lebensstilspezifische Ausdrucksformen (z. B. Poetry Slam, Streetart) dazu" (ebd.).

In dem *Handbuch Kulturelle Bildung* (2012), welches erstmalig das gesamte Feld der Kulturellen Bildung vermisst, findet sich durch die Fachexpertise von 176 AutorInnen und 180 Beiträgen eine umfängliche Erfassung von kultureller Praxis und ästhetisch-künstlerischen Bildungsformaten. Entscheidend ist, dass auch dort – wie im Bildungsbericht 2012 – die Beschreibung des Handlungsfelds der Logik der künstlerischen Sparten folgt. Differenziert werden die *Praxisfelder* Bildende Kunst, Literatur, Medien, Musik, Tanz, Theater, Museum, Jugendkunstschulen, Spiel, Zirkus und in jeder dieser Sparten werden die Orte und Kontexte durchdekliniert, in welchen man sich kulturell bilden kann: in Kunst- und Kultureinrichtungen, in den außerschulischen Feldern der Kinder- und Jugendarbeit, in Kita und Schule, in informellen Szenen und in besonderen sozialen Kontexten (vgl. Bockhorst et al. 2012).

Der bereits 1994 im Auftrag des Nordrhein-Westfälischen Ministeriums für Arbeit, Gesundheit und Soziales (MAGS) und des Kultusministeriums des Landes von Thole/Kolfhaus/Kamp vorgelegte Bericht zur „Kinder- und Jugendkulturarbeit in Nordrhein-Westfalen" systematisiert in seiner mehrbändigen Bestandsaufnahme das Handlungsfeld ähnlich dem *Handbuch Kulturelle Bildung* und vertritt ebenso, dass das spezifische Profil Kultureller Kinder- und Jugendarbeit in der „Verknüpfung von Alltagserfahrungen mit Kunsterfahrungen" liegt (ebd. S. 4).

Man kann also festhalten: Die besondere Eigen*art* dieses Praxisfeldes ist darin zu sehen, dass in ihr soziale, kreative und politische Lernprozesse an ästhetisch-symbolische Formen gebunden sind. Tanz und Musik, Spiel und Theater, kreatives Schreiben und Lesen, Bildende Kunst, Zirkus, neue und alte Medien etc. sind Reflexions-, Kommunikations- und Gestaltungsmittel, die Welt als Ausdruck menschlicher Kultur wahrzunehmen, sie mit kreativer und sozialer Phantasie neu zu deuten, sie sinnlich-konkret zu begreifen und zu verändern.

Theoretische Grundlagen und Begriffsverständnis: Jugend/Arbeit/ Kultur/Künste/Bildung

Hilfreich erscheint es angesichts von Pluralität und Vielfalt, kurz auf die zentralen Begriffe für die Kulturelle Kinder- und Jugendarbeit einzugehen, weil sich über deren Verständnis bzw. Deutung die konzeptionellen Grundlagen erklären und Vermittlungsformate, Inhalte und Qualitätsvorstellungen dessen bestimmen lassen, was dieses Praxisfeld auszeichnet.

Jugend ist die Lebensphase, in welcher sich der Heranwachsende aus den Erziehungsverhältnissen und mit Identitätsvorstellungen und Verwirklichungsbedingungen eines guten und gelingenden Lebens experimentieren können muss sowie Fähigkeiten ausbilden sollte, die ihn trotz einer immer unübersichtlicher werdenden, von sozialen Umbrüchen und Widersprüchen gekennzeichneten Wirklichkeit, sozial und kreativ handlungsfähig machen. Im Handlungsfeld der Kulturellen Bildung gehen die freien Träger/Fachorganisationen davon aus, dass sie mit ihrem Format die *andere Seite* der Bildung, d. h. nicht den kognitiv geprägten Wissenstransfer und unmittelbar auf Verwertung abzielende Qualifikationsbemühungen bedienen, sondern dass sie die Bildung der Sinne, der Wahrnehmung und der Urteilsfähigkeit unterstützen und für Heranwachsende in der Kooperation mit Schule und Einrichtungen der Jugendarbeit Bildungsangebote bereitstellen können, die jungen Menschen mehr Chancen auf Teilhabe und Lebenskunst eröffnen. Die Ausrichtung nicht auf die Künste allein, sondern ebenso auf das Subjekt, den jungen Menschen mit seinen Interessen und Bedürfnissen prägen die Kulturelle Bildung. „Kunst allein reicht nicht" für die Akteure der Kulturellen Kinder- und Jugendarbeit, so Kurt Eichler, der Vorsitzende der Landesvereinigung in NRW, sondern als „Bestandteil von Jugendarbeit" haben die Strukturen der Kulturellen Bildung und ihre „Angebote den gesetzlich verankerten Erfordernissen von Partizipation, Integration, Prävention und Emanzipation zu entsprechen" (Landesvereinigung Kulturelle Jugendarbeit NRW 2005, S. 21). In einer Zeit, wo Schule sich ausweitet und digitale Medien den Alltag bestimmen, ist es für Jugendliche zudem wichtig, dass die Möglichkeiten kultureller Bildungsangebote ihnen genügend Zeit und (Frei-)raum für ihre Freizeit- und Kommunikationsbedürfnisse eröffnen und sie in ihrer Medienkompetenz begleiten. Unverzichtbar gehört hierzu eine Haltung von KünstlerInnen, KulturpädagogInnen und KulturvermittlerInnen, Kinder und Jugendliche als *„Experten in eigener Sache"* wertzuschätzen und durch ihre Vermittlungskunst die Stärken eines jeden Heranwachsenden sichtbar zu machen. Das Menschenrecht auf Teilhabe an Kultur und Bildung für jedes Kind und jeden Jugendlichen und zunehmend ungleich verteilte Ressourcen für gelingende Bildung als Lebenskompetenz fordern die Fachstrukturen Kultureller Bildung dazu heraus, ihre Kulturangebote zielgruppenspezifisch und sozialräumlich zu konzipieren und in Kooperation mit Trägern aus dem Sozial- und Bildungsbereich umzusetzen.

Arbeit ist zunächst eine Tätigkeit, ein herstellender Vorgang der Gestaltung von Dingen und sozialer Kommunikation, ein Prozess sozialen und politischen Handelns, Erfahrens, Verstehens und wiederum Veränderns und neu Schaffens von Bedingungen menschlicher Entwicklung und alltäglicher Reproduktion. Im Fall von Jugendkulturarbeit ist Arbeit eine Tätigkeitsform in der symbolischen Form der Künste und ästhetischen Praxis zur Gestaltung von Welt ebenso wie zur Auseinandersetzung mit sich selbst und der Arbeit an der eigenen Persönlichkeit. Die Theorie der Subjektbildung bewertet gerade dieses Moment des ästhetisch-künstlerisch Aktivseins und Tätigwerden-Könnens als besonders gute Chance für eine nachhaltige Persönlichkeitsförderung. Die spielerischen Möglichkeiten veränderter Welt- und Selbstdarstellungen und die Dichte von ästhetischer Erfahrung vergrößern nachweislich Bildungschancen. Im aktiven Theaterspiel, in einer Musicalproduktion oder in der Entwicklung einer Ausstellung erleben sich die Jugendlichen selbst als Handelnde, deren Tun Bedeutung gewinnt. Die Möglichkeiten des Probe-Handelns mittels der Künste, die Erfahrung von Selbstwirksamkeit im öffentlichen Auftritt und Zeigen seiner *„Kunstwerke",* die Anerkennung ihrer Selbst als handlungsfähiges Subjekt sind die entscheidenden Chancen des kulturpädagogischen Prozesses und Qualitäten einer Persönlichkeitsbildung, die ankommt und wirkt.

Kultur bietet dem Menschen den Rahmen von Arbeit, Familie, Freundeskreis und Alltag, in welchem er sein Leben gestalten und in unterschiedlicher Art und Weise tätig werden kann. Kunst, Wissenschaft, Religion, Wirtschaft und Politik zählen zu möglichen *„symbolischen Formen",* mit denen Menschen(-gruppen) ihre Lebensweise gestalten; in der Unterschiedlichkeit ihrer Kulturen, als Ordnungs- und Unterscheidungsmuster ihrer Gemeinschaften. Kultur impliziert in allen Gemeinschaften ein Wertesystem, welches Haltungen und Vorstellungen von Arbeit, von Lernen und Leben prägt und als Orientierungssystem funktioniert: über Rituale, Bräuche, Sitten, Normen, Institutionen, die Kleidung, die Sprache, die Musik, die Architektur etc. Kultur als gesellschaftliche Realität eröffnet den Menschen verschiedene Entwicklungsmöglichkeiten und nimmt entscheidend Einfluss auf seine Teilhabe und Bildungschancen und damit auf die Handlungsfähigkeit des Subjekts, Kultur wiederum zu verändern.

Kulturtheoretisch gehört zu dem Grundverständnis Kultureller Bildung der oben umrissene, weite Kulturbegriff, der die Vielfalt von Kulturformen und Medien, von Alltagskulturen und Schönen Künsten einschließt. Mit einem weiten Kulturbegriff reduziert sich eine kulturelle Bildungsarbeit eben nicht auf die Vermittlung eines wie auch immer gearteten Kunst-Kanons, sondern entwickelt ihre Potenziale als Feld umfassender sozialer, politischer und Kultureller Bildung. Die Künste haben in den

Kontexten der Kinder- und Jugendkulturarbeit eine Bildungsfunktion und mit diesem Verständnis von Kultur den wichtigen Zweck, welchen professionelle Kultur-pädagogInnen und KünstlerInnen zu verwirklichen suchen: ästhetisch-künstlerische Erfahrungsprozesse im Hinblick auf ihre Wirkungen für die Emanzipation der Subjekte zu konzipieren und nach ihrem Beitrag für eine Humanisierung von Gesellschaft zu bewerten (Fuchs 2008a, 2012).

Bildung ist die subjektive Seite von Kultur und bedeutet die Fähigkeit, sich in einer immer komplexeren Welt zurechtzufinden. Wilhelm von Humboldt hat die klassische Bestimmung von Bildung als den individuellen Prozess der „wechselseitigen Verschränkung von Mensch und Welt" betrachtet, in der „der wahre Zweck des Menschen […] die höchste und proportionierlichste Bildung seine Kräfte zu einem Ganzen" ist (Fuchs 2008a, S. 68). Das Subjekt bildet sich dabei selbst, in der neugierigen Entdeckung seiner Selbst und seiner sozialen Umwelt. Zur Bildung des Menschen gehört, dass er die ihn umgebende Welt, als Kultur, entsprechend seiner Bedürfnisse und Interessen zu gestalten weiß. In dieser Tradition vertreten sozialwissenschaftliche Bildungstheoretiker wie Heydorn, Adorno, Holzkamp und Scherr, dass es bei Bildung nicht vordergründig um den Transfer und die Optimierung von Wissen, um Qualifikation und die Förderung funktionaler, vermeintlich arbeitsmarktrelevanter Kompetenzen gehen darf, sondern dass umfassende Persönlichkeitsbildung sich durch die „Unterstützung von Prozessen der Entwicklung individueller Subjektivität und Reflexivität" auszeichnet (Scherr 2008, S. 137 f.).

Im Feld der Kulturellen Kinder- und Jugendarbeit geht man davon aus, dass junge Menschen für ihre Persönlichkeitsentwicklung *„beide Seiten der Bildung"* brauchen, eine gute Schulbildung ebenso wie umfassende Teilhabechancen an außerschulischen Kinder- und Jugendkulturangeboten, um alle ihre Möglichkeiten und Fähigkeiten zu entwickeln und folgende drei Kompetenzbereiche ausbilden zu können: Die Fähigkeit, autonom zu handeln (Selbstkompetenz), die Fähigkeit, die kognitiven und technischen Instrumentarien der Gegenwart zielbewusst einzusetzen (Fachkompetenz), die Fähigkeit, in heterogenen Gruppen und Kulturen erfolgreich interagieren zu können (Sozialkompetenz).

Entsprechend der subjektorientierten Ansätze moderner Bildungstheorie, an denen die Träger Kultureller Bildung ihr professionelles Verständnis ausrichten, ist es für diesen umfassenden Kompetenzerwerb und das Gelingen von Bildung von besonderer Bedeutung, „den inneren Zusammenhang der emotionalen, kognitiven und handlungspraktischen Dimensionen von Subjektivität zu berücksichtigen" (Scherr 2008, S. 141). Dass hierbei die Künste als „Wow-Faktor" (Bamford 2011) wirkungsvoll ins Spiel kommen, erklärt sich eben aus ihrem besonderen Potenzial.

Künste sind eine spezifische Form der symbolischen Weltaneignung und Selbst-Bildung. Ihre eigentümlichen Möglichkeiten, zu Erkenntnis zu gelangen und ihre besonderen Lernqualitäten zeichnen die Kulturelle Bildung – als spezifisch künstlerisch geprägtes Bildungsangebot – aus: das Experiment, der Perspektivwechsel, das Probe-Handeln, der Freiraum nicht linearer Weltaneignung, Konstruktionsmöglichkeiten eigener Modelle von Welt und Neu- und Umdeutung von Wirklichkeit, die Erfahrung eigener Stärke und Selbstwirksamkeit durch gelungene Gestaltungen und öffentlich sichtbare, kreative Selbstäußerungen. Im Handbuch „Grundbegriffe Ganztagsbildung" erläutert Rainer Treptow (2008), wieso die Künste besonders gut geeignet sind, in den „Welten der Bildung" mitzuwirken (ebd., S. 264 ff.). Nach seinen Ausführungen wird „mit Kunst die Begrenzung auf die kognitive Seite [der Bildung, d. Verf.] überschritten und die emotionale Seite angesprochen, also eine Korrespondenz zwischen Sinneserfahrung und Reflexion angestrebt. […] Typisch ist dabei die Verbindung von Selbsttätigkeit und Verständigung mit anderen: […] Durch die Erfahrung der Veränderung von Dingen, Bewegungs- und Ausdrucksformen sowie durch das Verstehen von Unterschieden werden subjektive Wahrnehmungs-, Deutungs- und Wissensbestände differenziert. Ästhetische Urteilsfähigkeit, kritischer Vergleich und Erweiterung eigener Gestaltungsfähigkeiten tragen so zur Grundlegung menschlicher Bildung bei. Sie wird verstanden als Vermögen, das Selbst im Horizont kultureller Praxis urteils- und handlungsfähig werden zu lassen. Es kann dadurch am gesellschaftlichen Leben teilhaben und eben jene kulturellen Rahmungen beeinflussen, in denen es sich befindet" (ebd., S. 264).

Kulturelle Kinder- und Jugendbildung – die „Kunst, Kultur und Alltag" nach den Richtlinien des Kinder- und Jugendplans verbindet (BMI und BMFSFJ, GMBI 2009, S. 786) – kann damit zu Recht als das „Herzstück einer ganzheitlichen Bildung" (BKJ 2012) angesehen werden, wie es Bundesbildungsministerin Schavan in der Pressekonferenz zum Start des Förderprogramms „Kultur macht stark. Bündnisse für Bildung" formulierte (BMBF 2012). Das besondere Potenzial einer subjektorientierten „Bildung in den Künsten" liegt in der Ganzheitlichkeit und Stärkenorientierung ihrer Lernkultur. In ihren unterschiedlichen produktiven, rezeptiven und reflektierenden ästhetisch-künstlerischen Formaten, in Kursen, Projekten und freien Gruppen, in der Schule und außerhalb von Schule, eröffnet die Kulturelle Bildung die Möglichkeit, mit allen Sinnen, mit Kopf, Herz und Hand zu lernen, eigene Interessen zu verfolgen und Bildungsmotivation zu entwickeln. Aus eigener Kreativität und Stärke wird Selbstwirksamkeit erfahrbar und entsteht Empowerment. Mit Musik, mit darstellender und bildender Kunst, Medien und Literatur, im ästhetischen Umgang mit Alltagsgegenständen u. v. m. können Kinder und Jugendliche sich anders darstellen und neu erfinden. Sie können eine Haltung zu Fragen des Lebens entwickeln, ihren Vorstellungen von Zukunft nachgehen und zeigen, welches Potenzial in ihnen steckt (Fuchs 2012).

Rechtliche Grundlagen im Kinder- und Jugendhilfegesetz (KJHG)

Die Rahmenbedingungen im Feld der Kulturellen Kinder- und Jugendarbeit werden insbesondere durch die Politikfelder Jugend, Kultur sowie Bildung gestaltet. Auf der Basis des kooperativen Föderalismus sind sie in Ländern und Kommunen sehr unterschiedlich und selten eindeutig geregelt. So ist z. B. die Förderung der Musikschulen in Baden-Württemberg dem Landesjugendplan zugeordnet, in Nordrhein-Westfalen ist sie Teil der Kulturförderung und in Bayern ist sie ressortiert im Bildungsbereich. Die Jugendkunstschulen wiederum sind in Berlin Teil des Bildungssektors, zählen aber in Nordrhein-Westfalen traditionell und eindeutig zum Politikfeld Jugendarbeit.

Rechtliche Grundlagen für die Kulturelle Kinder- und Jugendbildung als öffentliche und sozial- und jugendpolitische Gewährleistungsaufgabe finden sich nur im „Kinder- und Jugendhilfegesetz" (KJHG). Im Kultur- und Bildungsbereich gibt es keine vergleichbare, bundesgesetzliche Grundlage. Als Bereich „Öffentlicher Fürsorge" auf der Basis von Art. 74 GG heißt es im Sozialgesetzbuch VIII (KJHG) in § 11: „Jungen Menschen sind die zur Förderung ihrer Entwicklung erforderlichen Angebote der Jugendarbeit zur Verfügung zu stellen." Hierzu gehören auch Angebote der Kulturellen Bildung (§ 11 Abs. 3, 1 KJHG). Die einzelnen Bundesländern setzen die Förderung der Kulturellen Kinder- und Jugendbildung durch entsprechende Ausführungsgesetze zum SGB VIII (z. B. § 10 des Dritten AG-KJHG NRW) um. Sie haben in den Landesjugend(förder-)plänen Regelungen für die Unterstützung der Kulturellen Kinder- und Jugendarbeit/-bildung getroffen und nehmen mit verschiedensten landesspezifischen Förderprogrammen (wie dem *„Kulturrucksack"* in NRW oder dem *„Kulturpass"* in Thüringen) entscheidend Einfluss auf die Rahmenbedingungen dieses kulturpädagogischen Handlungsfeldes mit seinen vielfältigen Akteursebenen und unterschiedlichen Einrichtungen und Fachangeboten.

Die Förderrichtlinie für die Kulturelle Bildung im Kinder- und Jugendplan des Bundes ist ein gelungenes Spiegelbild einer ganzheitlichen, jugendpolitischen Aufgabenstellung für das Handlungsfeld. Gut 30 bundeszentrale Infrastrukturen der Kulturellen Kinder- und Jugendbildung und der Dachverband BKJ werden daraus jährlich mit derzeit 8,64 Mio. Euro (2012) gefördert, um Kinder- und Jugendliche zu „… befähigen, sich mit Kunst, Kultur und Alltag phantasievoll auseinander zu setzen. Sie [die Kulturelle Bildung, d. Verf.] soll das gestalterisch-ästhetische Handeln in den Bereichen Bildende Kunst, Film, Fotografie, Literatur, elektronische Medien, Musik, Rhythmik, Spiel, Tanz, Theater, Video u. a. fördern. Kulturelle Bildung soll die Wahrnehmungsfähigkeit für komplexe soziale Zusammenhänge entwickeln, das Urteilsvermögen junger Menschen stärken und sie zur aktiven und verantwortlichen Mitgestaltung der Gesellschaft ermutigen" (BMI und BMFSFJ, GMBI 2009, S. 786).

Als Rahmenbedingung für die Förderung der Kulturellen Bildung von Kindern bis 18 Jahren ist zudem bedeutsam, dass die Bundesrepublik Deutschland am 20. 11. 1989 die UN-Kinderrechtskonvention unterzeichnet hat. Auf allen föderalen

Ebenen kommt damit der Kinder- und Jugendpolitik die federführende Aufgabe zu, das anerkannte „*Recht*" auf Kulturelle Bildung für jedes Kind und jeden Jugendlichen auch zu gewährleisten. Dazu heißt es in Artikel 31: „Die Vertragsstaaten erkennen das Recht des Kindes auf Ruhe und Freizeit an, auf spiel- und altersgemäße aktive Erholung sowie auf freie Teilnahme am kulturellen und künstlerischen Leben. [...] Die Vertragsstaaten achten und fördern das Recht des Kindes auf volle Beteiligung am kulturellen und künstlerischen Leben und fördern die Bereitstellung geeigneter und gleicher Möglichkeiten für die kulturelle und künstlerische Betätigung sowie für aktive Erholung und Freizeitbeschäftigung" (National Coalition 2000, S. 14).

Geschichtliche Entwicklung – konzeptionelle Veränderungen: „Die musischen Zeiten liegen hinter uns."

Erst mit seiner Neufassung 1990 benennt das Kinder- und Jugendhilfegesetz die Kulturelle Bildung als Aufgabe der Kinder- und Jugendförderung. Natürlich gab es auch davor das Handlungsfeld, allerdings bis Ende der 1970er/Anfang der 1980er nicht mit dem heutigen Verständnis von Kunst als sozialer Praxis und den Qualitätsansprüchen einer Kulturellen Bildung, die auch soziales und politisches Lernen unterstützen will (vgl. Fuchs 2008b; Treptow 1993; Zacharias 2001).

Als „musische Bildung" wurden alle Ausdrucksformen von Musik, Spiel und Tanz bis in die zweite Hälfte des 20. Jahrhunderts erfasst. Nach 1945 prägte zunächst das problematische Erbe der musischen Jugendbewegung der 20er Jahre, als Gegenpol zur Technisierung, Versachlichung und Industrialisierung des Alltags, die kulturpädagogischen Konzepte und bedingte die Abkehr von politischen und gesellschaftlichen Inhalten. Allerdings führten gesellschaftliche Konflikte, Schüler-, Lehrlings- und Studentenbewegung sowie eine jugendpolitische Debatte, die bei den Trägern der Jugend(kultur-)arbeit „*Chancengleichheit*", „*Emanzipation*" und „*Partizipation*" auf die Agenda holte, Ende der 1960er Jahren dazu, diese musischen, gesellschaftsfernen „*heile-Welt*"-Konzeptionen zu verändern. (Bockhorst 2001). Der Bedarf, nicht weiter „musische Bildung" für einen pädagogisch angeleiteten Umgang mit den Künsten zu verwenden, ergab sich aus der Ideologiekritik der späten 1960er Jahre, als man in einer kritischen Aufarbeitung der Tradition sehr deutlich die „politische Verführbarkeit", die implizit in der Praxis und Theorie der musischen Bildung angelegt war, herausarbeitete" (Fuchs 2011a, S. 831 ff.). Zudem forcierten internationale, kulturpolitische Debatten die Entwicklung eines gesellschaftskritischen, soziokulturellen Bildungsverständnisses bei den Trägern der außerschulischen Kulturellen Jugendbildung. Allen voran die Diskurse im Europa-Rat und in der UNESCO veränderten seit den späten 1960er Jahren das Verständnis von Kulturpolitik als bloßer Kulturpflege hin zu einem Verständnis von Kulturpolitik und kultureller Bildungspolitik als aktiver Gesellschaftspolitik. Der Name „Bundesvereinigung Musische Jugendbildung" wurde in dieser Zeit verändert, ebenso wie die Bezeichnung des Förderprogramms im Bundesjugendplan, welches seit 1973 als Programm *„Kulturelle Bildung"* geführt wird.

Bemerkenswert ist, dass sich in den 1970er und beginnenden 80er Jahren sowohl die Jugendarbeit als auch die Kulturarbeit gesellschaftspolitischer ausrichten und in ihren Konzepten annähern. Im Rahmen einer *„Offensiven Jugendhilfe"* und *„emanzipatorischen Jugendarbeit"* und einer *„Kulturpolitik als Gesellschaftspolitik"* und *„neuen Kulturpädagogik"* beginnen beide Handlungsfelder parallel – und zunächst relativ unabhängig voneinander – ihre Bildungspraxis im Hinblick auf lebensweltbezogene, chancengerechte, kapitalismuskritische, interkulturelle und teilhabeorientierte Dimensionen weiterzuentwickeln (Bockhorst 2001). Immer seltener und wenn, dann nicht im Zusammenhang differenzierter Fachargumentation, sondern in Situationen, wo es um bereichsspezifische Interessenvertretung, um Infrastruktursicherung, Fördermittel und Verteilungsfragen geht, werden folglich auch die bekannten und fachlich unangemessenen *„Gespenster-Debatten"* geführt: um die *„Instrumentalisierung"* der Künste in der Sozialpädagogik oder politischen Bildung bzw. um eine verschulte, lebensferne, nicht selbstbestimmte und Qualifikationsinteressen bedienende Praxis in Feldern der Kulturellen Bildung (Bockhorst 2008, 2011b).

Unter KünstlerInnen und kulturpädagogischen Akteuren im Feld der Kinder- und Jugendkulturarbeit wächst das gesellschaftspolitische Einvernehmen darüber, die Spannungsverhältnisse zwischen Kunst und Pädagogik, zwischen kultureller Sozialarbeit und sozialer Kulturarbeit, zwischen ästhetischer Bildung und Vermittlung von Kunst, produktiv werden zu lassen: Im Sinne von emanzipatorischen Bildungsgelegenheiten, welche in und durch Künste symbolisch neue Freiheits- und Möglichkeitsräume besetzen sollen, geleitet von den Interessen junger Menschen. Denn in der Kulturellen Bildung steht der Mensch im Mittelpunkt: seine gleichen Rechte und die dazugehörige Wertschätzung seiner unterschiedlichen kulturellen Interessen, Alltagskulturen, ästhetischen Codes, kreativen und künstlerischen Ausdrucksformen und traditionellen kunsthandwerklichen Praxen.

Eine Kinder- und Jugendförderung mit dem Potenzial der Künste, einer subjektorientierten Pädagogik und den emanzipatorischen Gestaltungsmerkmalen von Jugendarbeit ist wahrscheinlich der erfolgreichste Weg, um Kinder und Jugendliche zu befähigen, sich in unterschiedlichen Lebenswelten zu behaupten, mit Widersprüchen konstruktiv umzugehen und ein sozial verantwortliches Konzept eines guten Lebens zu entwickeln. Nicht in der Alternative *„Jugendarbeit"* oder *„Bildungsarbeit in und durch Künste"*, sondern in der Integration ihrer konzeptionellen Stärken und entsprechenden Kooperationen könnte die Zukunft einer chancen- und teilhabegerechten, bestmöglichen Unterstützung junger Menschen liegen!

Inhaltliche Formate wie internationale Jugendkulturbegegnungen, Freiwilligendienste Kultur und Bildung sowie MIXED UP-Kooperationen von Kunst, Kultur mit Kita und Schule sind Beispiele für tragfähige Brücken, die Partizipation und social inclusion ermöglichen können. Auch der von der BKJ entwickelte Bildungspass *„Kompetenznachweis Kultur"* (vgl. Schorn und Timmerberg 2009) kann als gelungenes

Instrument bzw. Verfahren angesehen werden, junge Menschen in ihrer Persönlichkeitsbildung zu unterstützen und Fachkräfte in einer auf Dialog, Respekt und Stärkenorientierung ausgerichteten Vermittlungskunst zu qualifizieren.

Dem Engagement des Dachverbandes BKJ und seiner 55 bundes- und landesweiten Mitgliedsverbänden ist es zuzuschreiben, dass der Lebenswelt- und Sozialraumbezug in dem Handlungsfeld seit Ende des 20. Jahrhunderts deutlich verankert ist und die Kulturelle Bildung als integriertes wie auch profiliertes Feld von Jugendarbeit und Schule anerkannt ist: mit einer klaren Fachlichkeit in den Künsten aber ebenso mit einer konsequenten gesellschaftlichen Ausrichtung auf das Subjekt und seine Interessen (BKJ 2004, 2011c).

Bildung, die ankommt: Kulturpädagogische Prinzipien und Qualitäten

Eine Verortung der Kulturellen Bildung im Rahmen der Kinder- und Jugendarbeit setzt Maßstäbe für die Theaterarbeit, die Musikschularbeit, das Jugendkunstschulprojekt etc. Zur *„Kunst der Vermittlung"* gehören die Jugendarbeits-Grundsätze wie *„Lebensweltbezug", „Selbstwirksamkeit", „Freiwilligkeit"* und *„Partizipation".* Eine Kulturelle Bildung in der Tradition der Kinder- und Jugendarbeit fordert die Akteure heraus, ihre Bildungs- und Vermittlungskonzepte so auszugestalten, dass sie

- an den Stärken der Heranwachsenden ansetzen und sie zu aller erst in ihren Fähigkeiten und Möglichkeiten ernst nehmen und anerkennen;
- der Neugierde der Kinder und Jugendlichen, ihrer Entdeckerlust und Spielfreude Raum geben;
- sie lustvoll dazu motivieren und ernsthaft dazu befähigen, ihren Wahrnehmungen mit den unterschiedlichen Künsten einen Selbst-Ausdruck zu geben;
- sie in ihrer Eigenaktivität anregen und ihnen eine Art Assistenz in ihrer Identitätsarbeit sein, partnerschaftlich und partizipativ.

Interesse und Spaß zählen zu Kernaspekten eines jugend(kultur-)politischen Bildungsverständnisses. Beide fungieren – neben Offenheit und Subjektorientierung – als *„elementare Katalysatoren"* und *„Motoren des Lernens".* Dabei ist in der Jugendkulturarbeit „ein Spaß gemeint, der buchstäblich vor der so genannten Spaßgesellschaft zu retten wäre, denn er meint hier nicht schrille Grenzüberschreitung, verantwortungsblinden Hedonismus und folgenloses Instant-Vergnügen, sondern auch und vielmehr: Hingabe, Vertiefen, Versenken in einen Gegenstand, höchste Konzentration, Eigenverantwortlichkeit, Interesse und Herausforderung in der Realisierung selbst gewählter Aufgaben und hohe Identifikation mit dem eigenen Tun, welches insofern eher einem Verständnis von Sinn folgt" (Lindner 2003, S. 20).

Aber ebenso gilt es, den Rahmen dafür zu sichern, dass sich die besonderen Potenziale und Qualitäten einer *„Bildung durch Künste"* in den Feldern der Sozialen Arbeit und Jugend(verbands-)arbeit auch entfalten können und die Qualitätsmerkmale einer Kulturellen Bildung auch in diesen Angebotsbereichen umgesetzt werden (BKJ 2010a, S. 14 ff., 2010b).

Zu den kulturpädagogischen Prinzipien einer guten Praxis Kultureller Kinder- und Jugendbildung zählen – neben den bereits genannten Erfahrungen von Selbstwirksamkeit und Stärkenorientierung – insbesondere:

- Anerkennung und die maximale Selbst-Entfaltung und Kultivierung ästhetischer Expressivität;
- No education, dafür Assistenz, Möglichkeitsräume für Empowerment-Erfahrungen durch Partizipation an Kunst und Kultur;
- Chancen zum Experiment, zum Perspektivwechsel und zu ästhetischen Wahrnehmungs- und Erfahrungsmöglichkeiten, die zeigen „dass alles auch ganz anders sein könnte";
- Offenheit in den Vermittlungskonzepten, die jungen Menschen Zeit und Raum lassen, Neues auszuprobieren und blockierte oder verschüttete Optionen anzugehen;
- Arbeit an der Differenz;
- Begleitung der Praxis durch professionelle KulturpädagogInnen und KünstlerInnen;
- Beförderung öffentlicher Präsentationsmöglichkeiten für Jugendliche und ihre ästhetischen Vorstellungen und künstlerischen Produktionen (vgl. Lindner 2003; Braun und Schorn 2012).

Eine solche Praxis umfassender Bildung könnte für die Kinder- und Jugendarbeit Modellfunktionen erfüllen: „Das heißt keineswegs, dass nun alles inhaltlich an ihr zu orientieren wäre. Aber strukturell hat sie Vorbildfunktion. An ihr kann man lernen, was heute analog auch in der Gesellschaft mit ihren differenten Lebensformen wichtig ist: Anerkennung des Differenten, Verbot von Übergriffen, Aufdeckung impliziter Überherrschung, Widerstand gegen strukturale Vereinheitlichung, Befähigung zu Übergängen ohne Gleichmacherei" (Lindner 2003, S. 83). Mit diesem Profil bescheinigt Werner Lindner der Kulturellen Kinder- und Jugendbildung eine Ausnahme-Qualität: „Hervorzuheben ist, dass die kulturelle Kinder- und Jugendarbeit eine der wenigen gesellschaftlichen Instanzen ist, die es erlauben, die essentielle Freiheit der Bildung gegen alle Funktionalisierungen wirklich ernst zu nehmen, und die deshalb für umfassende Bildungsaufgaben in besonderem Maße geeignet ist" (ebd.).

Politischer Zuspruch und gesellschaftlicher Bedeutungszuwachs im 21. Jahrhundert

Das Handlungsfeld der Kulturellen Kinder- und Jugendbildung hat durch seine nachweislichen und nachhaltigen Bildungswirkungen in den letzten zehn Jahren erheblich an Akzeptanz gewonnen. Dies wird sichtbar an dem breiten politischen Zuspruch, dokumentiert beispielsweise durch den Enquete-Bericht „Kultur in Deutschland" (Deutscher Bundestag 2007), die Auflage großer Förderprogramme wie „Kultur macht stark. Bündnisse für Bildung" (BMBF 2012) oder das Modellprogramm „Kulturagenten für kreative Schulen" (Forum K&B 2011), wenngleich vor allem die BKJ immer wieder darauf aufmerksam macht, dass weitere Anstrengungen nötig sind, um das Handlungsfeld in seiner „*Reichweite*", „*Ausgewogenheit*", „*Zukunftssicherheit*", „*Abstimmung*" und „*Durchlässigkeit*" weiterzuentwickeln und jedem Kind und jedem Jugendlichen zu seinem Recht auf Teilhabe an Kunst, Kultur und Bildung zu verhelfen (BKJ 2011a, S. 5).

Die Kulturelle Bildung ist „ein besonders wichtiges Standbein" (Klaus Schäfer 2012, S. 357) in der Kinder- und Jugendförderung, so NRW-Staatssekretär Schäfer in seiner Analyse zu Jugendpolitik und Kulturelle Bildung. Ihre Bedeutung unterstrich auch die Jugend- und Familienministerkonferenz (JFMK), das Fachgremium der für die Kinder-, Jugend- und Familienpolitik zuständigen MinisterInnen und SenatorInnen der Bundesländer, mit dem Beschluss zur „Situation der kulturellen Jugendbildung in Deutschland" (Jugend- und Familienministerkonferenz 2008). Darin heißt es: „1. In einer so vielfältigen Gesellschaft wie in Deutschland, in der Menschen aus unterschiedlichen Kulturen und mit unterschiedlichen sozialen und Bildungshintergründen zusammen leben, besteht die Herausforderung darin, allen Kindern und Jugendlichen zu Angeboten der Kultur den Zugang zu ermöglichen u. a. zu Kunst und Literatur, Musik und Theater, Spiel und Tanz, Medienbildung und Jugendkultur. [...] 3. Die JFMK ist der Auffassung, dass kulturelle Kinder- und Jugendbildung zum Kern des Bildungs- und Erziehungsauftrages in formeller, nichtformeller und informeller Bildung gehört. Sie sieht in der kulturellen Jugendbildung darüber hinaus eine zentrale Voraussetzung zur Chancengerechtigkeit und Integration von Kindern und Jugendlichen aus sozial benachteiligten und bildungsfernen Familien. [...] 4. Die JFMK ist der Auffassung, dass dem Bereich kultureller Kinder- und Jugendbildung für Kinder und Jugendliche sowohl auf der Bundesebene als auch auf der Länderebene und der kommunalen Ebene mehr Aufmerksamkeit zukommen muss" (ebd.).

Ebenso positiv äußert sich die Kultusministerkonferenz (KMK) in ihrer Empfehlung vom 01. 02. 2007 zur Rolle der Kulturellen Bildung: „... Die Kultusministerkonferenz betrachtet die Kulturelle Bildung als einen unverzichtbaren Beitrag zur Persönlichkeitsentwicklung junger Menschen. Kulturelle Bildung unterstützt die Persönlichkeitsentwicklung in vielfältiger Weise; sie vermittelt kognitive und nichtkognitive Kompetenzen; sie trägt zur emotionalen und sozialen Entwicklung und zur Integration in der Gemeinschaft bei ..." (KMK 2007).

Auch um ein Signal gegen die Verengung der öffentlichen Bildungsdebatten im
Anschluss an die Pisa-Studien zu setzen, entschied die Kultusministerkonferenz
im Jahr 2009 für den *Bildungsbericht 2012,* die Kulturelle Bildung im Horizont moderner Allgemeinbildung als Schwerpunktthema darzustellen. „Durch die Bestimmung
des Themas *Kulturelle/musisch-ästhetische Bildung im Lebenslauf* als Schwerpunktthema wird auf die Verunsicherungen im Diskurs über Bildung Bezug genommen,
die diesem Bereich gegenüber Kernfächern in der Schule eine nachrangige Bedeutung zuweisen wollen, und eine verstärkte Aufmerksamkeit auf diesen Aspekt von
Bildung als einem unverzichtbaren Bestandteil der Persönlichkeitsbildung im Kanon
der Allgemeinbildung gelenkt. […] In einer Welt, deren soziale, politische und ökonomische Prozesse von einer Fülle ästhetischer Medien geprägt werden, wird kul-
turelle/musisch-ästhetische Bildung zu einer wichtigen Voraussetzung für autonome
und kritische Teilhabe an Gesellschaft und Politik" (Autorengruppe Bildungsberichterstattung 2012, S. 157).

Die deutliche Akzeptanz von Politik, „vor allem gegenüber einer stark dominierenden Auffassung von politischer Bildung durch die Organisationen der Jugendarbeit" (Klaus Schäfer 2012, S. 385), eroberte sich die Kulturelle Kinder- und Jugendbildung aber erst zu Beginn des 21. Jahrhunderts und post Pisa. „Der Wert dieser
kulturellen Bildung scheint inzwischen in der Öffentlichkeit weitgehend erkannt zu
sein. Auch wenn Schiller bereits im 18. Jahrhundert in seinen Briefen *Über die ästhetische Erziehung des Menschen* die Notwendigkeit kultureller Bildung für die Persönlichkeitsentwicklung beschrieb und die Neurobiologie diesen Wert für den na-
turwissenschaftlich durchleuchteten Menschen des 21. Jahrhunderts eindrücklich
unterstreicht, brauchte die Erkenntnis Zeit, nicht zuletzt infolge der Pisa-Studie, die
die Wahrnehmung durch eine ausschließende Fokussierung auf kognitive Kernfächer
verengte. Diese Phase scheint jedoch nun überstanden zu sein – glücklicherweise"
(Deutscher Bundestag 2007, S. 8).

Für die Zukunft wird es entscheidend sein, die bisher stark segmentierten Bereiche formaler, informeller und non-formaler Bildung im Lebenslauf in ein kohären-
tes, aufeinander aufbauendes und vor allem durchlässiges Gesamtsystem zu bringen.
Hierfür bedarf es quantitativ wie qualitativ nachhaltiger Verbesserungen (BKJ 2011a,
S. 20 f.). Insbesondere gilt es, das Problem der rigiden Abgrenzung der verschiedenen
Ressorts – Kultur, Bildung, Jugend, Arbeit und Soziales, Stadtentwicklung u. v. m. –
sowohl auf kommunaler als auch auf Landes- und Bundesebene zu überwinden und
auch die fördertechnische Hürde des Kooperationsverbots aufzuheben.

Eine besondere Chance dafür, dass die Persönlichkeitsbildung durch Kulturelle
Kinder- und Jugendarbeit gelingen kann, liegt letztlich in der Synthese der Prinzipien
von Jugendarbeit und produktiver und rezeptiver künstlerischer Vermittlungspraxis.
Die für Kultur und Jugend zuständige NWR-Ministerin Ute Schäfer ist überzeugt,
dass die Kulturelle Bildung auch junge Menschen aus sozial benachteiligten Familien
erreichen kann, wenn eben dieser „integrative Blick dazu gehört" (Ute Schäfer 2012,
S. 10) und die Kulturelle Bildung ihr Profil im Sinne einer doppelten Fachlichkeit

durch ihre beiden Seiten, die sozialpädagogische und die künstlerisch-kulturpädagogische Perspektive definiert. „Das muss – aus jugendpolitischer, aber auch aus kulturpolitischer Sicht – kein Gegensatz sein. Es kommt vielmehr auf die Verortung, den Zugang und die professionelle Kompetenz an. Es kann – und ist es zumeist auch – ein Gewinn sein, dass sich die unterschiedlichen Ansätze miteinander verbinden" (Klaus Schäfer 2012, S. 359).

Herausforderungen und Perspektiven für die Zukunft

Mit ihrem Bedeutungszuwachs, ihrem enormen Verbreitungsgrad und ihren besonderen Bildungsqualitäten, d. h. ihrem Potenzial, prinzipiell für jeden Menschen unabhängig von seiner Herkunft, seiner Sprache, seiner Fähigkeiten und Fertigkeiten einen Partizipations- und Gestaltungsrahmen eröffnen zu können, hat sich das Handlungsfeld in eine weitreichende gesellschaftliche Verantwortung hineinbegeben. Die Kulturelle Kinder- und Jugendbildung ist „Instrument und Ort geworden, um Teilhabe zu erreichen oder möglich zu machen. Der in früheren Zeiten immer wieder eingebrachte Vorwurf, Kulturelle Bildung hätte lediglich das sogenannte ‚Bildungsbürgertum' im Auge, ist durch die Praxis längst widerlegt worden" (Klaus Schäfer 2012, S. 359).

Was bleibt ist die Herausforderung und gesellschaftspolitische Verantwortung: Bildung und Teilhabe an Kunst und Kultur für alle Menschen, von Anfang an und ein Leben lang zu verwirklichen (vgl. Maedler 2008; Bockhorst 2008). Für die Infrastrukturen der Kulturellen Bildung ist die entscheidende Frage angesichts großer kultureller Ungleichheit, Bildungsarmut und fehlender Zugänge zu Kunst und Bildung (vgl. Bildungsbericht 2012; Jugendkulturbarometer 2012), wie es ihnen gelingen kann, in ihren Handlungsfeldern die Selektionsmechanismen zu durchbrechen und ihrem hohen Bildungsanspruch sowohl in der Breite (Zugänglichkeit) wie auch in der Tiefe (Bildungswirkungen) gerecht zu werden. Folgende Handlungsoptionen scheinen für die Zukunft von großer Bedeutung:

1. Zusammenwirken in lokalen Netzwerken und Kooperation mit Kindertagesstätten und Schule
Die Erkenntnis, dass Bildungschancen in Deutschland sozial vererbt werden und dass Teilhabechancen einer integrativen Perspektive bedürfen, welche die Ansätze der Kinder- und Jugendförderung und sozialen Arbeit verknüpft mit den Bildungskonzepten in Kunst und Kultur, fordert zu einem engen Zusammenwirken in lokalen Bildungslandschaften und zu konsequenter Kooperation der Strukturen der Kulturellen Bildung mit Schule und Kindertagesstätten, sozialräumlichen Partnern der Jugendarbeit und Eltern heraus. *„Durch Zusammenarbeit zum Bildungserfolg"* lautet für die Fachorganisationen der Kulturellen Bildung die strategisch-politische Perspektive für die Zukunft (BKJ 2009a, 2011c). Sie versuchen ihren Einfluss dahingehend zu

verstärken, dass sich Bildungsorte wie Kindertagesstätten und Schulen zu attraktiven, kreativen Orten ganzheitlicher Persönlichkeitsbildung weiterentwickeln und sich Kulturorte wie Theater, Museen u. a. als Bildungsorte entsprechend profilieren. Verbindliche Kooperationen von KünstlerInnen, KulturpädagogInnen und kulturellen Einrichtungen mit der formalen Bildung, mit Organisationen der sozialen Arbeit, in Kontexten informeller Bildung, in Kulturnetzwerken und lokalen Bildungsbündnissen sollen einer „Kultur des Aufwachsens" Rechnung tragen. Sie können als Türöffner wirksam werden, um mehr Kinder und Jugendliche an möglichst vielen Orten ihres Lebens zu erreichen, um sie in ihren „Capabilities" (Schrödter 2011) und ihren „Widerstandsressourcen" (Keupp 2011) zu stärken und durch den Besitz von „kulturellem Kapital" (ebd.) zu einer gelingenden persönlichen Lebensführung zu befähigen.

2. Anerkennung kultureller Unterschiede und konsequente Subjektorientierung gegen sozial enclusion

Die andere Perspektive, Kinder und Jugendliche in ihren Teilhaberechten an Kunst, Kultur und Bildung zu unterstützen, liegt in der Weiterentwicklung einer streng am Subjekt ausgerichteten Praxis, welche jede Art der Funktionalisierung und Instrumentalisierung verbietet und in ihrer Orientierung an den Stärken jedes Einzelnen Wege zur Partizipation und gelingender Teilhabe eröffnet. Mit einer verantwortlichen Zielgruppenperspektive kann es gelingen, in Vorhaben der Kulturellen Bildung die Brücke zu schlagen zwischen der vielfältigen Lebenswelt der Teilnehmenden, ihren Bildungsinteressen sowie biografischen Voraussetzungen und einem künstlerischen Gestaltungsangebot bzw. Vermittlungsprozess, so dass sich jeder Mensch in dieser Praxis mit seiner ihm eigenen Geschichte und (transkulturellen) Identität respektiert fühlt, sich anerkannt sieht mit seinen bereits erworbenen Kenntnissen und Wissensbeständen und hierauf aufbauend Gelegenheiten bekommt, seine Kreativität und Produktivität zu vervollkommnen. *„Cultural diversity"* fordert dazu heraus, die Vorstellungen einer monokulturellen Sozialisation aufzugeben und *„gewohnte Kultur-Sicherheiten"* infrage zu stellen. Die Anerkennung kultureller Unterschiede, die Orientierung am persönlichen Bedarf und die Ausrichtung an den individuellen Voraussetzungen und Wünschen der Menschen in der Kulturellen Bildung werden für die Zukunft unabdingbar, aber auch machbar sein und eine Kultur social inclusion auszeichnen. Das *„Prinzip der Teilnehmerorientierung"* muss stärker für professionelles, kulturpädagogisches Handeln betont werden, um altersmäßigen, körperlichen und kognitiven Unterschieden und der Verschiedenheit von kultureller Biografie und Sozialisation Rechnung zu tragen. Das heißt nicht, dass mit einer Adressaten-Differenzierung eine Zielgruppen-Perspektive zu verbinden ist, welche die Teilnehmenden als besondere Problemgruppe oder unfertige, hilfebedürftige, möglicherweise sogar bemitleidenswertes Subjekte stigmatisiert. Vielmehr geht es um eine Adressatenperspektive, die die Besonderheiten von Kindern und Jugendlichen zum Ausgangsmaterial eines künstlerischen Prozesses macht und die Vorlieben, Bedürfnisse und Gewohnheiten *„ihrer Klientel"* als Vermögen ansieht.

3. Frühkindliche Kulturelle Bildung und kulturelle Medienbildung stärken
In einer Welt, deren soziale, politische und ökonomische Prozesse durch vielfältige kulturelle Wandlungsprozesse und durch eine Fülle ästhetischer Medien geprägt werden, „wird kulturelle/musisch-ästhetische Bildung zu einer wichtigen Voraussetzung für autonome und kritische Teilhabe an Gesellschaft und Politik" (Autorengruppe Bildungsberichterstattung 2012, S. 157). Insbesondere der frühen Begleitung der unter Sechsjährigen durch qualifizierte Bildungsgelegenheiten mit Musik, Spiel und Tanz sowie der kulturellen Medienbildung sollte daher in der Weiterentwicklung der Kinder und Jugendarbeit bzw. Kulturellen Bildung ein besonderer Stellenwert eingeräumt werden.

4. Verbesserte Rahmenbedingungen und Infrastruktursicherung
Gesellschaftspolitisch wird es für die Weiterentwicklung des Handlungsfeldes der Kulturellen Kinder- und Jugendbildung entscheidend sein, dass von der Politik Rahmenbedingungen geschaffen werden, die zum einen die Autonomie und Vielfalt der Strukturen in diesem Feld durch eine aufgabengerechte Finanzausstattung gewährleisten und zum anderen zu weniger Versäulung und Abgrenzung der Felder führen. Für ihren Veränderungswillen brauchen Kultur- und Bildungspartner die Unterstützung von ästhetisch-künstlerischen Angeboten und Infrastrukturen auf allen föderalen Ebenen; nicht als *„freiwillige Leistung"*, sondern als *„öffentliche Pflichtaufgabe"* und ausgestaltet als Gemeinschaftsaufgabe von Bund, Ländern und Kommunen. „Das Kooperationsverbot sollte daher baldmöglichst abgeschafft [...] werden" (Deutscher Städtetag 2012, S. 4).

Die Stichworte *Demografischer Wandel, Vielfalt der Kulturen, Globalisierung* und *Digitalisierung* kennzeichnen gesellschaftliche Veränderungen, welche mehr Investitionen in die Kulturelle Bildung rechtfertigen und ohne kulturell gebildete Persönlichkeiten nicht zu bewältigen sind! Zu einer auskömmlichen Finanzierung gehören bildungspolitische Förderanstrengungen, die der Kulturellen Bildung in allen Schulformen einen höheren Stellenwert geben, die die Künste und die Kulturvermittlung in den Ausbildungen von ErzieherInnen und LehrerInnen stärken und die Rahmenbedingungen und Ressourcen für kulturelle Schulentwicklung finanziell entscheidend verbessern. Hierzu gehört eine Kulturförderung, die es den Kultureinrichtungen ermöglicht, Kulturelle Bildung zu ihrer Kernaufgabe zu machen und das eigene Bildungsprofil für neue Zielgruppen und ein jugendliches Publikum zu erproben und zu festigen.

Literatur

Autorengruppe Bildungsberichterstattung (2012). *Bildung in Deutschland 2012. Ein indikatorengestützter Bericht mit einer Analyse zur kulturellen Bildung in Deutschland.* Bielefeld: W. Bertelsmann.

Bamford, A. (2011). Der WOW-Faktor. Schlussfolgerungen und Perspektiven der weltweiten Analyse der Qualität künstlerischer Bildung. In T. Braun (Hrsg.), *Lebenskunst lernen in der Schule. Mehr Chancen durch Kulturelle Schulentwicklung* (S. 69–79). München: kopaed.

Bockhorst, H. (2001). Kulturelle Jugendbildung und Soziokultur: Übereinstimmung in den Bildungszielen – Differenzen in der Praxis? In Bundesvereinigung Kulturelle Jugendbildung (Hrsg.), *Kultur Jugend Bildung. Kulturpädagogische Schlüsseltexte 1970–2000* (S. 289–298). Remscheid.

Bockhorst, H. (2008). Kulturelle Bildung – Schlüssel für Lebenskunst und Teilhabe. Konzeptionelle Grundlagen und Strategien in der BKJ. In J. Maedler (Hrsg.), *TeileHabeNichtse. Chancengerechtigkeit und Kulturelle Bildung* (S. 78–101). München: kopäed.

Bockhorst, Hildegard (2011a). Kulturelle Bildung: Lebenskunst lernen – Bilden mit Kunst. In B. Hafeneger (Hrsg.), *Handbuch Außerschulische Jugendbildung* (S. 231–245). Schwalbach: Wochenschau Verlag.

Bockhorst, H. (2011b). Kulturelle Bildung und Teilhabe. Zur Idee von Freiheit in der BKJ. In H. Bockhorst (Hrsg.), *KUNSTstück FREIHEIT. Leben und lernen in der Kulturellen BILDUNG* (S. 11–24). München: kopaed.

Bockhorst, Hildegard (2011c). Lernziel Lebenskunst. Kulturelle Bildung in gesellschaftlicher Verantwortung. In T. Braun (Hrsg.), *Lebenskunst lernen in der Schule. Mehr Chancen durch Kulturelle Schulentwicklung* (S. 50–65). München: kopaed.

Bockhorst, H., Reinwand, V., & Zacharias, W. (Hrsg.). (2012). *Handbuch Kulturelle Bildung.* München: kopaed.

Braun, T., & Schorn, B. (2012). Ästhetisch-kulturelles Lernen und kulturpädagogische Bildungspraxis. In H. Bockhorst, V. Reinwand & W. Zacharias (Hrsg.), *Handbuch Kulturelle Bildung* (S. 128–134). München: kopaed.

Bundesjugendkuratorium (BJK). (2002). Münchmeier, R., Otto, H.-U., & Rabe-Kleberg, U. (Hrsg.). *Bildung und Lebenskompetenz. Kinder- und Jugendhilfe vor neuen Aufgaben.* Opladen: Leske + Budrich.

Bundesministerium des Innern (BMI), & Bundesministerium für Familie, Senioren, Frauen und Jugend (BMFSFJ). (Hrsg.). (2009). *Gemeinsames Ministerialblatt GMBl Nr. 38. Richtlinien über die Gewährung von Zuschüssen und Leistungen zur Förderung der Kinder- und Jugendhilfe durch den Kinder- und Jugendplan des Bundes (KJP) vom 28. August 2009.* Berlin.

Bundesministerium für Bildung und Forschung (BMBF). (2012). Kultur macht stark. Bündnisse für Bildung. http://www.buendnisse-fuer-bildung.de/. Zugegriffen: 01. Oktober 2012.

Bundesministerium für Familie, Senioren, Frauen und Jugend (BMFSFJ). (2005). *Zwölf-ter Kinder- und Jugendbericht. Bericht über die Lebenssituation junger Menschen und die Leistungen der Kinder- und Jugendhilfe in Deutschland. Bildung, Betreuung und Er-ziehung vor und neben der Schule.* Berlin: Eigendruck.

Bundesvereinigung Kulturelle Kinder- und Jugendbildung (Hrsg.). (2002). *Kultur leben lernen. Bildungswirkungen und Bildungsauftrag der Kinder- und Jugendkulturarbeit.* Remscheid: BKJ.

Bundesvereinigung Kulturelle Kinder- und Jugendbildung (Hrsg.). (2004). *Kultur öffnet Welten. Soziale und kreative Kompetenz durch kulturelle Bildung.* Remscheid: BKJ.

Bundesvereinigung Kulturelle Kinder- und Jugendbildung (Hrsg.). (2009). *Lebenskunst lernen. Mit Kunst und Kultur Schule gestalten.* Remscheid: BKJ.

Bundesvereinigung Kulturelle Kinder- und Jugendbildung (Hrsg.). (2010a). *Stark im Le-ben durch Kunst und Kultur. Kulturelle Bildung. Tätigkeitsbericht 2009.* Remscheid: BKJ.

Bundesvereinigung Kulturelle Kinder- und Jugendbildung (Hrsg.). (2010b). *Studie zur Qualitätssicherung in der Kulturellen Bildung.* Remscheid: BKJ.

Bundesvereinigung Kulturelle Kinder- und Jugendbildung (Hrsg.). (2011a). *Kultur öffnet Welten. Mehr Chancen durch Kulturelle Bildung.* Remscheid: BKJ.

Bundesvereinigung Kulturelle Kinder- und Jugendbildung (Hrsg.). (2011b). Kulturelle Bildung. Stark im Leben mit Kunst und Kultur. Remscheid: BKJ.

Bundesvereinigung Kulturelle Kinder- und Jugendbildung (BKJ). (Hrsg.). (2011c). Kul-turelle Bildung. Reflexionen, Argumente, Impulse, Heft 8: Lokale Bildungslandschaf-ten: Remscheid.

Bundesvereinigung Kulturelle Kinder- und Jugendbildung (BKJ). (2012). BKJ Pressein-formation. http://www.bkj.de/fileadmin/user_upload/documents/Presse/12_09_20_ BKJ_Buendnisse_fuer_Bildung.pdf. Zugegriffen: 20. 9. 2012.

Deutscher Bundestag (Hrsg.). (2007). *Kultur in Deutschland. Schlussbericht der Enquete-Kommission des Deutschen Bundestages.* Drucksache 16/7000.

Deutscher Städtetag (2012). *Bildung gemeinsam verantworten.* Münchner Erklärung des Deutschen Städtetages anlässlich des Kongresses „Bildung gemeinsam verantworten" am 8./9. November 2012. http://www.staedtetag.de/imperia/md/content/dst/muench ner_erklaerung_2012_final.pdf. Zugegriffen: 08. März 2013.

Exner, C., & Schmidt-Apel, S. (2005). Kultur- und Medienarbeit. In U. Deinet & B. Stur-zenhecker (Hrsg.), *Handbuch Offene Kinder- und Jugendarbeit,* 3., völlig überarb. und erw. Aufl. (S. 197–205). Wiesbaden: VS Verlag für Sozialwissenschaften.

Forum K& B GmbH (2011). Modellprogramm „*Kulturagenten für kreative Schulen".* http:// www.kulturagenten-programm.de/kontakt/. Zugegriffen: 05. Mai 2012.

Fuchs, M. (2008a). *Kultur-Teilhabe-Bildung.* München: kopaed.

Fuchs, M. (2008b). *Kulturelle Bildung.* Grundlagen – Praxis – Politik. München: kopaed.

Fuchs, M. (2011a). Kulturelle Bildung. In H.-U. Otto, & H. Thiersch (Hrsg.), *Handbuch So-ziale Arbeit. Grundlagen der Sozialarbeit und Sozialpädagogik* (S. 831–840). München: Ernst Reinhardt Verlag.

Fuchs, M. (2011b). *Kunst als kulturelle Praxis. Eine Einführung in die Ästhetik und Kunsttheorie für die Praxis.* München: kopaed.

Fuchs, M. (2012). *Kultur und Subjekt. Bildungsprozesse zwischen Emanzipation und Anpassung.* München: kopaed.

Jugend- und Familienministerkonferenz (JFMK). (2008). *Situation der kulturellen Jugendbildung in Deutschland.* http://www.berlin.de/sen/jugend/jfmk-agjf/beschluesse. html. Zugegriffen: 05. August 2012.

Keupp, H. (2011). Was brauchen „Kinder der Freiheit"? In Bockhorst, Hildegard (Hrsg.), *KUNSTstück FREIHEIT. Leben und lernen in der Kulturellen BILDUNG* (S. 27–47). München: kopaed.

KJHG – *Sozialgesetzbuch Achtes Buch Kinder- und Jugendhilfe.* http://www.bmfsfj.de/Re daktionBMFSFJ/Broschuerenstelle/Pdf-Anlagen/Kinder-_20und_20Jugendhilfege setz_20-_20SGB_20VIII,property=pdf,bereich=bmfsfj,sprache=de,rwb=true.pdf. Zugegriffen: 08. März 2013.

Kultusministerkonferenz (KMK). (2007). *Empfehlung der Kultusministerkonferenz zur kulturellen Kinder- und Jugendbildung.* http://www.kmk.org/fileadmin/veroeffentlichun gen_beschluesse/2007/2007_02_01-Empfehlung-Jugendbildung.pdf. Zugegriffen: 05. August 2012.

Landesvereinigung Kulturelle Jugendarbeit NRW (Hrsg.). (2005). *Kulturelle Jugendarbeit macht Schule.* Dortmund: Eigenverlag.

Lindner, Werner, & Landesvereinigung Kulturelle Jugendarbeit (Hrsg.). (2003). *Ich lerne zu leben. Evaluation von Bildungswirkungen.* Dortmund: LKJ NRW.

Lindner, W., & Sturzenhecker, B. (Hrsg.). (2004). *Bildung in der Kinder- und Jugendarbeit – vom Bildungsanspruch zur Bildungspraxis.* Weinheim und München: Juventa.

Maedler, J. (Hrsg.). (2008). *TeileHabeNichts. Chancengerechtigkeit und Kulturelle Bildung.* München: kopaed.

Ministerium für Arbeit, Gesundheit und Soziales (MAGS), & Kultusministerium des Landes Nordrhein-Westfalen (Hrsg.). (1994). *Bericht Kinder- und Jugendkulturarbeit in Nordrhein-Westfalen. Bestandsaufnahme, Perspektiven, Empfehlungen. Jugendkulturbericht.* Düsseldorf: LKD-Verlag.

National Coalition für die Umsetzung der UN-Kinderrechtskonvention in Deutschland (Hrsg.). (2000). *Kinderrechte sind Menschenrechte. Impulse für die zweite Dekade 1999–2009.* Bonn: Arbeitsgemeinschaft für Jugendhilfe.

Schäfer, K. (2012). Jugendpolitik und Kulturelle Bildung. In H. Bockhorst, V. Reinwand & W. Zacharias (Hrsg.), *Handbuch Kulturelle Bildung* (S. 356–362). München: kopaed.

Schäfer, U. (2012). Gelingendes Aufwachsen verbessern. In LKD-Landesarbeitsgemeinschaft kulturpädagogische Dienste/Jugendkunstschulen (Hrsg.), *infodienst. Das Magazin für Kulturelle Bildung* (Nr. 104) (S. 9–12). Unna: LKD-Verlag.

Scherr, A. (2008). Subjekt- und Identitätsbildung. In T. Coelen & H.-O. Otto (Hrsg.), *Grundbegriffe Ganztagsbildung. Das Handbuch* (S. 137–145). Wiesbaden: VS Verlag für Sozialwissenschaften.

Schrödter, M. (2011). Wohlergehensfreiheit – Welche Lebenschancen brauchen junge Menschen? In H. Bockhorst (Hrsg.), *KUNSTstück FREIHEIT. Leben und lernen in der Kulturellen BILDUNG* (S. 48–59). München: kopaed.

Schorn, B., & Timmerberg, V. (Hrsg.). (2009). *Neue Wege der Anerkennung von Kompetenzen in der Kulturellen Bildung. Der Kompetenznachweis Kultur in Theorie und Praxis.* München: kopaed.

Treptow, R. (1993). *Bewegung als Erlebnis und Gestaltung. Zum Wandel jugendlicher Selbstbehauptung und Prinzipien moderner Jugendkulturarbeit.* Weinheim und München: Juventa.

Treptow, R. (2008). Kunst und Kultur. In T. Coelen, & H.-O. Otto (Hrsg.), *Grundbegriffe Ganztagsbildung. Das Handbuch* (S. 263–271). Wiesbaden: VS Verlag für Sozialwissenschaften.

Zacharias, W. (2001). *Kulturpädagogik. Kulturelle Jugendbildung. Eine Einführung.* Opladen: Leske + Budrich.

Zacharias, W. (2012). Pluralität und Praxisvielfalt Kultureller Bildung. In H. Bockhorst, V. Reinwand & W, Zacharias (Hrsg.), *Handbuch Kulturelle Bildung* (S. 708–709). München: kopaed.

Bockhorst, Hildegard, Jahrgang 1955, Studium der Soziologie und Erziehungswissenschaften in Bielefeld. Seit 1980 Geschäftsführerin der Bundesvereinigung Kulturelle Kinder- und Jugendbildung (BKJ). Ehrenamtlich Geschäftsführerin des Rates für Soziokultur und kulturelle Bildung des Deutschen Kulturrats und Vorstandsmitglied in der Arbeitsgemeinschaft für Kinder- und Jugendhilfe (AGJ). Nach 33 Jahren hat sie die Geschäftsführungstätigkeit bei der BKJ beendet. Seit dem 1.1.2014 hat sie die Redaktionsverantwortung für Kulturelle Bildung Online – Die Wissensplattform für Kulturelle Bildung inne. Verantwortlich für zahlreiche BKJ-Publikationen und für die Schriftenreihe „Kulturelle Bildung" im Kopaed-Verlag. Herausgeberin des „Handbuchs Kulturelle Bildung" (2012), gemeinsam mit Vanessa Reinwand-Weiss und Wolfgang Zacharias. Kontakt über www.kubi-online.de und per Mail über redaktion@kubi-online.de.

Jugendsozialarbeit

Andrea Pingel

Zusammenfassung

Junge Menschen haben einen Anspruch auf Entwicklung, Bildung, Ausbildung und Teilhabe. Jugendsozialarbeit (§ 13 SGB VIII) unterstützt die Jugendlichen, deren umfassende gesellschaftliche Integration aufgrund von sozialer Benachteiligung und/oder individueller Beeinträchtigung gefährdet ist. Mit arbeitsweltbezogener Jugendsozialarbeit, durch Schulsozialarbeit und Angebote des Jugendwohnens sowie mit aufsuchenden, mobilen und offenen sozialpädagogischen Ansätzen will Jugendsozialarbeit Benachteiligung entgegenwirken und individuelle Weiterentwicklung fördern. Wachsende soziale Ungleichheit und steigende Anforderungen im Bildungs- und Berufssystem stellt Jugendsozialarbeit vor große Herausforderungen und erfordert arbeitsfeldübergreifende Kooperationen, zumal die Absicherung ihrer Angebote durch die kommunale Jugendhilfe häufig nur unzureichend gewährleistet ist.

Schlüsselwörter

Arbeitgeber, Arbeitsagentur, Arbeitsmarkt, Arbeitswelt, Arbeitsweltbezogene Jugendsozialarbeit, Armut, Aufsuchende Jugendsozialarbeit, Ausbildung, AWO Bundesverband, Beeinträchtigung, Befähigung, Begleitete Ausbildung, Benachteiligung, Beruf, Berufsbildungsbericht, Berufsschule, Berufsvorbereitende Bildungsmaßnahme, Berufsvorbereitung, Bildungsangebote (informell, non-formal), Bundesagentur für Arbeit, Bundesarbeitsgemeinschaft Evangelische Jugendsozialarbeit (BAG EJSA), Bundesarbeitsgemeinschaft Jugendsozialarbeit (BAG JSA), Bundesarbeitsgemeinschaft Katholische Jugendsozialarbeit (BAG KJS), Bundesarbeitsgemeinschaft örtlich regionaler Träger der Jugendsozialarbeit (BAG ÖRT), Bundesarbeitsgemeinschaft Streetwork, Case Management, Der Paritätische Gesamtverband, Deutsches Jugendinstitut (DJI), Deutsches Rotes Kreuz, Die 2. Chance, Einmischung, ESF-Bundesprogramme,

ESF-Mittel, Europäischer Sozialfond, Exklusion, Fachkräfte, sozialpädagogische, Förderschule, Ganztagsschule, Initiative „Jugend stärken", Inklusion, Integration, Integra-
tionsplanung, Internationaler Bund (IB), Jugendamt, Jugendarbeit, Jugendaufbauwerk
(BAG JAW), Jugendberufshilfe, Jugendhilfestatistik, Jugendmigrationsdienste, Jugend-
notdienst, Jugendpolitik, Jugendsozialarbeit, Jugendwerkstatt, Jugendwohnen, Ju-
gendwohnheim, Jungen/Jungenarbeit, Junge Erwachsene, Kommunale Jugendhilfe,
Kompetenzagenturen, Kompetenzentwicklung, Kompetenzfeststellung, Kompetenzorientierung, Kooperation, Kooperationsverbund Jugendsozialarbeit, Kooperationsverbund Schulsozialarbeit, Mädchen/Mädchenarbeit, Maßnahmen, Migration, Mobile Jugendarbeit, Pflichtleistung, Rechtsanspruch (bedingt/unbedingt), Schulabschluss,
Schule, Schulsozialarbeit, Schulverwaltung, Schulverweigerung, SGB II, SGB III, SGB IX,
SGB XII, Sonderpädagogischer Förderbedarf, Soziale Gerechtigkeit, Sozialpädagogische Unterstützung, Streetwork, Teilhabe, Träger, Übergang Schule-Beruf, Übergangs-
begleitung, Übergangsmanagement (regional/kommunal), Ungleichheit, Vergabe,
Wirtschaft

Jugendsozialarbeit will angesichts ungleicher Bedingungen des Aufwachsens gerade
den jungen Menschen Teilhabe ermöglichen, die mit geringeren sozialen oder persönlichen Ressourcen in ein eigenständiges Leben starten müssen. Dies betrifft besonders alle Jugendlichen, die aus unterschiedlichen Gründen Schwierigkeiten haben, die Anforderungen im Bildungs- und Berufssystem erfolgreich zu bewältigen
und die in der Gefahr stehen, gesellschaftlich ausgegrenzt oder diskriminiert und
benachteiligt zu werden.[1] Um sozialer Benachteiligung wirksam zu begegnen, geht es
in der Jugendsozialarbeit immer auch darum, Partei für junge Menschen zu ergreifen
und anwaltschaftlich sozialen, materiellen und kulturellen Rahmenbedingungen, die
ihre Teilhabe einschränken, entgegenzuwirken. Der 14. Kinder- und Jugendbericht
spricht von einer neuen Verantwortung für das Aufwachsen von Kindern und Jugendlichen, da die wachsende soziale Ungleichheit die Gefahr berge, dass junge Menschen als „Bildungsverlierer" frühzeitig und dauerhaft abgehängt werden (BMFSFJ
2014. S. 415).[2] Deshalb ginge es mehr denn je darum, möglichst umfassend dafür Sorge zu tragen, dass Jugendliche auf ihrem Weg zum Erwachsenwerden und in das Berufsleben die Unterstützung und Begleitung erfahren, die sie benötigen. Die daraus
folgende zentrale sozialpolitische Forderung der letzten Jahre „Kein/e Jugendliche/r
soll verloren gehen" kann wohl inzwischen als jugendpolitischer Konsens gesehen
werden, verbunden mit dem Bemühen der Jugendsozialarbeit, diese Übergänge zu
sichern und zu ermöglichen – und das unabhängig von Herkunft und auch mit eher

---

1   Zu allgemeinem Anspruch, Zielgruppen und Arbeitsweisen vgl. auch Wiesner 2006, S. 219 ff.
2   Siehe zu den Lebenslagen auch die Kapitel 5 und 6 zu „Jugend" und „jungem Erwachsenenalter". Vgl.
    auch die Ausführungen zur Jugendsozialarbeit, S. 324–331.

niedrigen formalen Qualifikationen.[3] Die grundsätzliche Bedeutung der Jugendsozialarbeit und zuverlässiger Unterstützungsstrukturen in den Kommunen wird in der aktuellen jugendpolitischen Debatte um die soziale und berufliche Integration junger Geflüchteter wie auch angesichts der Reform des Kinder- und Jugendhilferechts besonders hervorgehoben: Alle jungen Menschen haben einen gesetzlichen Anspruch auf Entwicklung, Bildung, Ausbildung und Teilhabe. Im Rahmen der Jugendhilfe unterstützt Jugendsozialarbeit (§ 13 SGB VIII) junge Menschen – möglichst zuverlässig und „inklusiv" – und sichert ihren Übergang in das Berufsleben, wenn ihre umfassende gesellschaftliche Integration aufgrund von sozialer Benachteiligung und/oder individueller Beeinträchtigung oder einer Behinderung gefährdet ist.

Die historischen Wurzeln der Jugendsozialarbeit liegen (nach ersten Anfängen in der Weimarer Republik) vor allem in der Zeit nach dem 2. Weltkrieg, als es galt, mit Millionen junger Menschen, die großteils ohne abgeschlossene Ausbildung waren (darunter viele Waisen und Flüchtlinge), eine demokratische Gesellschaft aufzubauen. Schnell entstanden auf Selbsthilfebasis „Jugendnotdienste" (ganz überwiegend in freier Trägerschaft), die Jugendwohnheime, gemeinnützige Ausbildungsstätten, Lehrgänge und weitere Unterstützungsleistungen entwickelten und etablierten, um vor allem der Berufsnot zu begegnen (Breuer 2007). Bereits im Mai 1949 haben die gemeinnützigen freien Träger der Jugendhilfe die Bundesarbeitsgemeinschaft Jugendaufbauwerk (BAG JAW) gegründet, die später – nachdem der Begriff „Jugendsozialarbeit" sich bereits seit Anfang der 50er-Jahre immer mehr etabliert hatte[4] – in Bundesarbeitsgemeinschaft Jugendsozialarbeit (BAG JSA) umbenannt wurde. Diese war maßgeblich – u. a. durch die Herausgabe der Fachzeitschrift *Jugend – Beruf – Gesellschaft"* – daran beteiligt, dass die Jugendsozialarbeit bundesweit neue Ansätze und Programme (mit)entwickelte, die auf die veränderten Lebenslagen und jeweiligen Bedarfe benachteiligter Jugendlicher reagierten.

Seit Juli 2007 ist an die Stelle der BAG JSA der Kooperationsverbund Jugendsozialarbeit getreten, in dem sieben Bundesorganisationen der Jugendsozialarbeit auf Bundesebene zusammenarbeiten.[5] Der Kooperationsverbund gibt u. a. die Fachzeitschrift

---

3 Die Bildungsforschung geht davon aus, dass rund 20 Prozent der Jugendlichen in ihrer Teilhabe und ihrem Bildungserfolg gefährdet sind; etwas mehr als 50 Prozent der Schüler/-innen schließt andererseits inzwischen mit der allgemeinen Hochschulreife (Abitur) die Schule ab; bis zu 17 Prozent der jungen Erwachsenen bleiben am Ende ohne abgeschlossene berufliche Qualifikation (vgl. hierzu auch den 5. Nationalen Bildungsbericht, Bielefeld 2014).

4 Im „Handbuch Jugendsozialarbeit" wird in zwei Bänden ausführlich die Jugendsozialarbeit (auch in ihrer historischen Entwicklung) dargestellt. Hilfreich sind auch die Beiträge zur Entwicklung in der DDR und nach der Wende (Münchmeier und Fülbier 2001). Zur ausführlichen Geschichte nach dem 2. Weltkrieg und der Entwicklung der Arbeitsformen siehe darin insb. den Beitrag von Breuer (S. 47–63).

5 Die Arbeiterwohlfahrt (AWO), die Bundesarbeitsgemeinschaft Evangelische Jugendsozialarbeit (BAG EJSA), die Bundesarbeitsgemeinschaft Katholische Jugendsozialarbeit (BAG KJS), die Bundesarbeitsgemeinschaft örtlich regionaler Träger der Jugendsozialarbeit (BAG ÖRT), Der Paritätische Gesamtverband (Der Paritätische), das Deutsche Rote Kreuz (DRK) und der Internationale Bund (IB).

„*DREIZEHN*" heraus. In derzeit acht Bundesländern arbeiten Landesarbeitsgemein-schaften der Jugendsozialarbeit. Darüber hinaus gibt es weitere Kooperationen im Rahmen der Jugendsozialarbeit, die als Interessensvertretung oder Fachorganisation auf den unterschiedlichen Ebenen zusammenarbeiten, so beispielsweise auf Bundes-ebene die BAG Streetwork/Mobile Jugendarbeit, der Kooperationsverbund Schulso-zialarbeit oder die BAG der Fanprojekte.

1 Gesetzliche Grundlage und Arbeitsfelder der Jugendsozialarbeit

Jugendsozialarbeit ist mit dem aktuellen Kinder- und Jugendhilfegesetz seit 1991 mit dem § 13 SGB VIII als Teil der Jugendhilfe benannt. Ihr zentraler Auftrag ist die so-ziale Integration junger Menschen[6]: Kinder und Jugendliche dürfen – gerade, wenn sie unter schwierigen Bedingungen aufwachsen – nicht benachteiligt und in ihrer Entwicklung beeinträchtigt werden. Junge Männer und Frauen dürfen auch nicht aufgrund ihres Geschlechts, ihrer Herkunft oder besonderer Entwicklungs- und Lernprobleme ausgegrenzt werden. Daraus ergeben sich unterschiedliche Anfor-derungen an eine individuelle und sozialräumlich ausgerichtete Förderung durch die Jugendsozialarbeit, die sich anders als die Hilfen zur Erziehung direkt an die jungen Menschen wenden und nicht an die Eltern (Wiesner 2006, S. 219). Der 12. Kinder-und Jugendbericht skizziert die Aufgaben der Jugendsozialarbeit, indem er ihre non-formalen und informellen Erziehungs-, Beratungs- und Bildungsangebote hervor-hebt, die stark an der Lebenswelt der Jugendlichen orientiert sind. Jugendsozialarbeit versteht sich demnach als eigenständiger Bildungsakteur, der kompetenzorientiertes „Alltagswissen" (Rauschenbach 2009) bietet und somit im Sinne einer Befähigung und Alltagsbewältigung auf eine selbstständige Zukunft vorbereiten kann. Jugend-sozialarbeit steht in engem Zusammenhang mit anderen Leistungen für förderbe-dürftige Jugendliche nach dem Zweiten, Dritten und Zwölften Sozialgesetzbuch sowie dem jeweiligen Schulrecht der Länder. Daraus ergibt sich eine besondere Not-wendigkeit zur umfangreichen Kooperation und Vernetzung (§ 13 Abs. 4 SGB VIII). In der Praxis kommt es daher zu zahlreichen Überschneidungen in Rechts- und Fi-nanzierungsfragen (Wiesner 2006, S. 218 ff.).

---

6   Der Begriff „*Jugendsozialarbeit*" tauchte zuerst 1977 im damaligen Entwurf für das neue Jugendhil-fegesetz auf, nachdem ihre Arbeitsfelder im Jugendwohlfahrtsgesetz im § 5 Abs. 1 Nr. 7 bereits auf-geführt waren. Dort hieß es, dass das Jugendamt Erziehungshilfe während der Berufsvorbereitung, -ausbildung und -tätigkeit inklusive der Unterbringung zur Verfügung stellen muss (Wiesner 2006, S. 218 und ders. 1995, S. 156). Einen eigenen Leistungsbereich stellt die Jugendsozialarbeit erst mit dem Kinder- und Jugendhilfegesetz dar. Sofern bei einem Jugendlichen ein erzieherischer Bedarf im engeren Sinne vorliegt, haben die Hilfen im Sinne des § 27 SGB VIII Vorrang, Ausbildungsbeglei-tung und Beschäftigungsmaßnahmen können auch deren Bestandteil sein (§ 27 Abs. 3) (ebd., S. 157).

▶ **SGB VIII Zweites Kapitel/Leistungen der Jugendhilfe**

Erster Abschnitt/Jugendarbeit, Jugendsozialarbeit, erzieherischer Kinder- und Jugendschutz

§ 13 Jugendsozialarbeit

(1) Jungen Menschen, die zum Ausgleich sozialer Benachteiligungen oder zur Überwindung individueller Beeinträchtigungen in erhöhtem Maße auf Unterstützung angewiesen sind, sollen im Rahmen der Jugendhilfe sozialpädagogische Hilfen angeboten werden, die ihre schulische und berufliche Ausbildung, Eingliederung in die Arbeitswelt und ihre soziale Integration fördern.

(2) Soweit die Ausbildung dieser jungen Menschen nicht durch Maßnahmen und Programme anderer Träger und Organisationen sichergestellt wird, können geeignete sozialpädagogisch begleitete Ausbildungs- und Beschäftigungsmaßnahmen angeboten werden, die den Fähigkeiten und dem Entwicklungsstand dieser jungen Menschen Rechnung tragen.

(3) (3) Jungen Menschen kann während der Teilnahme an schulischen oder beruflichen Bildungsmaßnahmen oder bei der beruflichen Eingliederung Unterkunft in sozialpädagogisch begleiteten Wohnformen angeboten werden. In diesen Fällen sollen auch der notwendige Unterhalt des jungen Menschen sichergestellt und Krankenhilfe nach Maßgabe des § 40 geleistet werden.

(4) Die Angebote sollen mit den Maßnahmen der Schulverwaltung, der Bundesagentur für Arbeit, der Träger betrieblicher und außerbetrieblicher Ausbildung sowie der Träger von Beschäftigungsangeboten abgestimmt werden.

Arbeitsweltbezogene Jugendsozialarbeit

Arbeitsweltbezogene Jugendsozialarbeit bietet denjenigen jungen Menschen, die beim Übergang in den Beruf Schwierigkeiten haben, eine sozialpädagogische Begleitung und Unterstützung an, die im Gesetz allerdings nicht weiter definiert wird (§ 13 Abs. 1 SGB VIII). Sie umfasst unterschiedliche Formen der Beratung, Bildung und Begleitung in der Berufsorientierung, bei der Vorbereitung und Bewältigung einer Ausbildung sowie auch teilweise eigene Bildungs-, Ausbildungs- und Beschäftigungsangebote für Jugendliche mit besonderem Unterstützungsbedarf, etwa in Form von Jugendwerkstätten und Produktionsschulen (§ 13 Abs. 2), wenn diese nicht seitens der Arbeitsförderung o. a. geleistet wird. Jugendsozialarbeit hat damit sowohl eine präventive als auch eine ausgleichende Funktion (Münder et al., S. 163). Die arbeitsweltorientierte Jugendsozialarbeit ist eng mit der Berufsfindung und Ausbildung verwoben und reicht in ihrem Anspruch auf umfassende Integration benachteiligter junger Menschen deutlich über die Zuständigkeiten der Jugendhilfe hinaus (Wiesner

2006, S. 219); insofern Maßnahmen nicht von der Jugendhilfe, sondern etwa der Arbeitsagentur oder dem SGB II finanziert bzw. eng mit diesen Rechtskreisen verbunden sind, spricht man traditionell auch von der „Jugendberufshilfe", wobei das besondere Profil der Jugendsozialarbeit/Jugendberufshilfe im Rahmen der Jugendhilfe auf
der sozialpädagogischen Ausrichtung liegt, die die persönliche Entwicklung junger
Menschen fördert, die partizipativ und lebenslagenorientiert arbeitet sowie an den
Bedarfen und Gestaltungsinteressen junger Menschen selber ansetzt.

Schulbezogene Jugendsozialarbeit

Nicht allein im beruflichen, sondern auch im allgemeinen Bildungssystem hat die Jugendsozialarbeit den Auftrag, Benachteiligungen und Beeinträchtigungen entgegenzuwirken. Daher kommt ihr bei der Kooperation von Schule und Jugendhilfe eine
besondere Bedeutung zu. Dieses Arbeitsfeld hat sich in den letzten Jahren stark weiterentwickelt und vergrößert, dies hat u. a. mit dem Ausbau der Ganztagsschule zu
tun. Darüber hinaus werden die schulischen Defizite in der individuellen Förderung
gerade benachteiligter Kinder und Jugendlicher und ihre möglicherweise fehlenden
Kompetenzen für die spätere Berufstätigkeit (spätestens seit den Pisaergebnissen und
angesichts der demografischen Entwicklung noch verstärkt) öffentlich stark problematisiert.

Angebote der Jugendsozialarbeit an Schule richten sich häufig an Jugendliche mit
besonderen Bedarfen bzw. beschäftigen sich mit dem Thema „Beruf" – so geht es
vor allem darum, zuerst den Schulabschluss zu bewältigen und dann den Übergang
in die Arbeitswelt zu schaffen (z. B. Berufsorientierung oder Kompetenzfeststellung).
Daneben werden von sozialpädagogischen Fachkräften eher präventiv ausgerichtete Projekte – oft auch im Rahmen der Ganztagsgestaltung – angeboten, sodass die
Jugendsozialarbeit einen wichtigen Partner für Ganztagsschulen darstellt (Züchner
2014).

Auch die kontinuierliche Schulsozialarbeit, die fest an einer Schule verortet ist
und sich grundsätzlich an alle Schüler_innen richtet, wird häufig als Aufgabe der Jugendsozialarbeit nach § 13 Abs. 1 SGB VIII aufgefasst.[7] In der Fachdiskussion wird
von der Notwendigkeit der Schulsozialarbeit für alle Schulen von der Grundschule
über die Förderschulen bis zur Berufsschule ausgegangen, die aber bei Weitem noch
nicht realisiert ist. Dabei kommt es vor allem auf ihr sozialpädagogisches Profil und

---

7 Tatsächlich wird Schulsozialarbeit im SGB VIII nur indirekt benannt. Es wird seit Langem diskutiert,
   der wachsenden Bedeutung der Jugendhilfe in der Schule durch eine stärkere Ausformulierung der
   unterschiedlichen Formen und Angebote im Gesetz Rechnung zu tragen bzw. diese weiter abzusichern, indem die gesetzliche Grundlage ausgeweitet wird. Derzeit finden sich weitere Regelungen
   vor allem in Bestimmungen der Ausführungsgesetze auf Länderebene oder auch in den jeweiligen
   Schulgesetzen (vgl. auch Wiesner 2006, S. 226).

Bildungsverständnis an: Sie kann jungen Menschen eigene Bildungsräume im umfassenden Sinne eröffnen. Schulsozialarbeit versteht sich als Akteur, der Schule verändert, sozialräumlich öffnet und perspektivisch mitgestaltet – auch wenn sich dies in der Praxis oft als mühsam und langwierig erweist. Eine wesentliche Voraussetzung besteht allerdings darin, die Arbeit der Träger der Jugendhilfe und der sozialpädagogischen Fachkräfte in der Schule besser abzusichern und gemeinsame strukturelle und fachliche Standards durchzusetzen (Olk; Speck 2014).

Zielgruppenspezifische und mobile Ansätze der Jugendsozialarbeit

Grundsätzlich geht es im Sinne des § 13 Abs. 1 SGB VIII darum, sozialpädagogische Hilfen zu leisten, wenn dies zur Vermeidung von Benachteiligung notwendig ist. Dies kann ganz unterschiedliche Formen der Begegnung, Beratung und Unterstützung junger Menschen durch sozialpädagogische Fachkräfte umfassen. Wichtig ist allerdings, dass diese nicht nur allgemein zur Verfügung gestellt werden, sondern dass sie die verschiedenen Zielgruppen erreichen und beteiligen (Wiesner 2006, S. 220). Auch schwer erreichbare junge Menschen, die z. B. durch Drogenkonsum, Gewaltbereitschaft, Armut oder aufgrund von Lernbehinderungen eher am Rande der Gesellschaft stehen, sind durch Bildung, Beratung sowie individuelle Formen der Begleitung und Teilhabe vor Ausgrenzung zu schützen. Dies kann allein oder in Gruppen, aufsuchend, zu Fuß im Stadtteil oder mit Bussen in einer größeren Region geschehen. Häufig werden Angebote in Kooperation mit festen Jugendhäusern und im Rahmen von sozialräumlichen Konzepten umgesetzt (Dölker 2013; Pingel 2010, S. 10).

Die mobilen Angebote der Jugendsozialarbeit werden im Gesetz nicht explizit genannt. Auch sie sind im Grenzbereich zwischen Jugendarbeit einerseits und Hilfen zur Erziehung/sozialer Gruppenarbeit andererseits angesiedelt. Manchmal wird dieser Begriff auch als Oberbegriff zu aufsuchenden Ansätzen und zum klassischen Streetwork verstanden. Es gibt jedoch auch eigene, gemeinwesenorientierte Konzepte, die direkt unter dem Namen *„Mobile Jugendarbeit"* firmieren (Reuting 2013).

Jugendwohnen

Das Jugendwohnen ist ein Unterstützungsangebot für junge Menschen, die primär ausbildungs- und arbeitsmarktbedingt an einem neuen Wohnort auf sich allein gestellt sind und ihren Alltag gestalten (müssen). Jugendwohnheime bieten diesen jungen Menschen während der Ausbildung ein Zuhause und eine sozialpädagogische Begleitung. Dieses Angebot richtet sich an verschiedene Zielgruppen, insbesondere auch an junge Menschen, die aus sozialen Gründen nicht mehr in ihrer Herkunftsfamilie wohnen können, die individuell beeinträchtigt oder sozial benachteiligt sind und daher besonderer Unterstützung bedürfen, um einen Ausbildungsplatz zu finden bzw. eine Ausbildung zu bewältigen.[8] Angesichts der demografischen Entwicklung und der steigenden Erwartung an Mobilität einerseits und sozialpädagogischer Unterstützung andererseits steht das Jugendwohnen vor großen Aufgaben. In der Unterbringung junger Geflüchteter oder auch als niedrigschwelliges Angebot für junge Volljährige sind Jugendwohneinrichtungen derzeit sehr stark nachgefragt. Hinzu kommt eine zunehmende Wohnungsnot, sodass sich viele Auszubildende in den Ballungsräumen keinen eigenen Wohnraum mehr leisten können. Dabei ist verstärkt zu berücksichtigen, dass das Jugendwohnen im Rahmen der Jugendhilfe ein überörtliches/überregionales Angebot ist, sodass die kommunale Jugendhilfe aufgrund der überwiegend überörtlichen Belegung ihre Planungsaufgabe nur begrenzt wahrnehmen kann und neue Formen der überregionalen Jugendhilfeplanung nötig werden (Osinski; Ritzerfeld 2012).

Migration als Fachdienst- und Querschnittsaufgabe

Eine wesentliche Zielgruppe der Jugendsozialarbeit sind junge Migrant_innen (Münder et al. 2009, S. 168). Speziell an die Neuzuwanderer_innen unter ihnen richten sich die Jugendmigrationsdienste (JMD), ein vom Bund finanziertes langfristiges Programm mit bundesweit rund 400 Standorten in unterschiedlicher freier Trägerschaft. Ihre Aufgabe ist es, junge eingewanderte Menschen (mit Bleibeperspektive) bei ihrer Integration in Bildung, Arbeit und (deutscher Mehrheits-)Gesellschaft zu unterstützen. Die überwiegende Zahl der Jugendlichen wird mit einem individuellen Integrationsplan im Rahmen eines Case Managements auf ihrem Weg in Beruf und Gesellschaft begleitet. Für die JMDs stellen zudem Fragen der sozialräumlichen Kooperation und der interkulturellen Öffnung einen wesentlichen Aufgabenbereich dar. Aufgrund der aktuellen Entwicklungen in der Migration sind diese Beratungsdienste seit 2015 zunehmend für junge Geflüchtete geöffnet, die vorher nicht die Zielgruppe waren.

Die interkulturelle Öffnung stellt – neben dem weiteren Ausbau von Angeboten durch Migrantenorganisationen als Träger der Jugendsozialarbeit – eine ganz wesentliche Herausforderung für die Jugendsozialarbeit dar, denn junge Menschen mit Migrationshintergrund sind weit überdurchschnittlich von Armut und Scheitern im deutschen Bildungssystem betroffen. In hohem Maße bleiben sie langfristig ohne Ausbildung und Beruf – so verfügen 42 Prozent der in Deutschland lebenden Ausländer_innen nicht über einen beruflichen Abschluss (Datenreport 2016, S. 100).[9]

---

8   Vgl. dazu die Ergebnisse des Forschungsprojektes *„leben. lernen. chancen nutzen",* die der Verband der Kolpinghäuser unter dem Titel „Jugendwohnen in Deutschland" 2012 veröffentlicht hat.

9   Weitere Informationen zur Arbeit und zu den Grundlagen der Jugendmigrationsdienste finden Sie unter www.jmd-portal.de. Zur Situation junger Migrant_innen auf dem Arbeitsmarkt vgl. auch die Ergebnisse des 5. Nationalen Bildungsberichts sowie des Berufsbildungsberichts 2016.

Was macht also zusammenfassend die Jugendsozialarbeit im Kern aus und wie arbeitet sie praktisch? Ihr Erkennungsmerkmal ist wohl, dass sie in der Jugendhilfe der „Profi für Fragen der aktuellen und zukünftigen beruflichen und sozialen Integration" (Schruth 2009, S. 2) ist. Methodisch relevant sind hierfür zunehmend Formen der individuellen, langfristigen Begleitung junger Menschen am Übergang Schule – Beruf sowie das Case Management. Neben der mitunter schwierigen Zusammenarbeit mit dem Bildungssystem stellen auch die Jugendlichen, die nicht mehr über die Schule oder andere Institutionen erreicht werden, „entkoppelt" höchstens noch oder nicht einmal mehr Grundsicherung beziehen, teilweise auf der Straße leben oder sich ohne Rechtsstatus illegal in Deutschland aufhalten (Mögling u. a. 2015), eine besondere Herausforderung dar. Nötig sind niedrigschwellige, aufsuchende Ansätze, die z. B. in Kooperation mit offenen Jugend(beratungs)häusern oder anderen Stellen (wie etwa dem Allgemeinen Sozialen Dienst (ASD) oder den Grundsicherungsträgern) kreative „Hilfen aus einer Hand" liefern und sozialräumlich und gemeinwesenorientiert vernetzt arbeiten.

2 Jugendsozialarbeit als Teil der Jugendhilfe – Empirische Verortung

Faktisch ist die Jugendsozialarbeit nur ein kleiner Arbeitsbereich der Jugendhilfe. So beträgt der Anteil der Jugendsozialarbeit an den Gesamtausgaben der Kommunen für die Kinder- und Jugendhilfe bundesweit seit Langem nicht mehr als ca. 1,2 Prozent. Im Jahr 2010 (so die Ergebnisse der letzten Vollerhebung, aktuellere Zahlen stehen leider nicht zur Verfügung) standen von den insgesamt rund 28,9 Mrd. Euro, die von Bund, Ländern und Kommunen in die Kinder- und Jugendhilfe investiert wurden, der Jugendsozialarbeit rd. 391 Mio. Euro zur Verfügung; das sind – ähnlich wie in den Vorjahren – gerade einmal 1,4 % Prozent. Darin eingerechnet sind auch die Ausgaben des Bundes, die zuletzt bei 98 Mio. Euro lagen, wobei hier vor allem Programmmittel zu Buche schlagen, die aus dem Europäischen Sozialfonds (ESF) in die Jugendsozialarbeit geflossen sind. Die Jugendsozialarbeit ist in den letzten Jahren stark von diesen Bundesprogrammen geprägt worden (gerade neu angelaufen ist das Programm „Jugend stärken im Quartier", das derzeit in ca. 175 Kommunen umgesetzt wird), neue Formen der Koordination sowie der niedrigschwelligen Zugänge sollen die Umsetzung des § 13 SGB VIII befördern.[10]

---

10 Bis Ende 2013 wurden im Rahmen der Bundesinitiative „Jugend stärken" rund 370 kommunale „Kompetenzagenturen" und Koordinierungsstellen „Schulverweigerung – Die 2. Chance" mit ESF-Mitteln gefördert. Darüber hinaus gibt es in den einzelnen Bundesländern unterschiedlich ausgerichtete Programme der Jugendsozialarbeit, die teilweise neue Übergangsmodelle zwischen Schule und Beruf oder auch die Kooperation von Jugendsozialarbeit und Schule fördern.

Abbildung 1   Personal in der Kinder- und Jugendhilfe nach Arbeitsfeldern der Jugendsozialarbeit, Deutschland

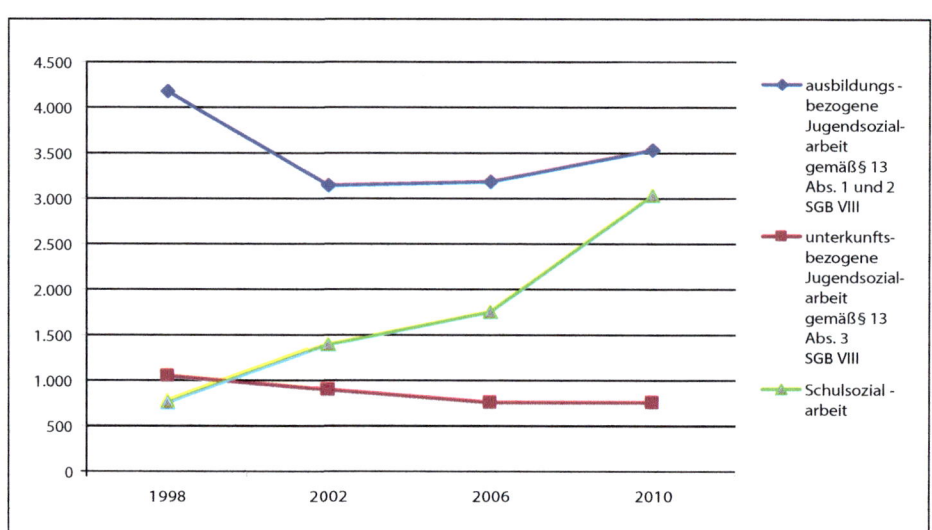

Die Einrichtungsstatistik der Kinder- und Jugendhilfe ist in Bezug auf die Jugendsozialarbeit nicht sehr auskunftsfähig, sie liefert aber zumindest alle vier Jahre einen
Überblick über das Personal, das der Jugendsozialarbeit in den Jugendämtern und
bei öffentlichen und freien Trägern, die in der Jugendsozialarbeit tätig sind, zur Verfügung steht.[11]

Abb. 1 zeigt die Entwicklung des Personalumfangs nach Arbeitsfeldern wie sie in
der Statistik der Jugendsozialarbeit zugrechnet und bezeichnet werden, nicht aufgeführt sind hier die Jugendmigrationsdienste. Kinder- und Jugendhilfestatistik 2010
(Bundesamt für Statistik 2012)

So zeigt sich, dass – auf niedrigem Gesamtniveau – in den letzten Jahren nur die
Schulsozialarbeit einen nennenswerten Personalzuwachs verzeichnen kann (In dieser
Statistik finden sich die zusätzlichen Stellen, die mit dem Bildungs- und Teilhabepa-
ket der Bundesregierung entstanden und nun zumindest teilweise durch Länder und
Kommunen fortgeführt werden, noch nicht.). Die arbeitsweltbezogenen Angebote
wie auch das Jugendwohnen aber sind seit 1998 in der Summe sogar zurückgegangen.

---

11   Wie im Gesetz werden auch fachlich und organisatorisch Jugendarbeit (§ 11 SGB VIII), Jugendsozial-
     arbeit (§ 13) und der pädagogische Kinder- und Jugendschutz (§ 14) häufig gemeinsam unter dem
     Stichwort „Jugendförderung" in den Jugendämtern zusammengefasst. Teilweise fällt daher eine Zu-
     ordnung und Unterscheidung der Arbeitsbereiche, der Angebote und des Personals bei den kom-
     munalen Jugendämtern sowie den Trägern schwer. Manche Aufgaben, wie etwa Streetwork oder
     Schulsozialarbeit, werden je nach Kommune unterschiedlich zur Jugendsozialarbeit oder zur Ju-
     gendarbeit gerechnet.

Nur rund 3 Prozent des Personals in den Jugendämtern bundesweit steht der Jugendsozialarbeit zur Verfügung, davon wiederum der größte Teil für die Schulsozialarbeit. Ein erheblicher Teil der rund 600 Jugendämter setzt in dem Arbeitsfeld Jugendberufshilfe kein Personal ein, Personalanteile für das Jugendwohnen gibt es so gut wie nicht.[12] Die regelmäßige Befragung des Deutschen Jugendinstituts bei den Jugendämtern bestätigt den Befund (wie er auch der Wahrnehmung vieler freier Träger in der Praxis entspricht), dass es zahlreiche Jugendämter gibt, die Jugendsozialarbeit gar nicht oder nur teilweise als ihre Aufgabe begreifen – nur 34 Prozent der Jugendämter berücksichtigen diese in ihrer Jugendhilfeplanung (vgl. Gadow et al. 2012). Trotz der wachsenden Bedeutung für dieses Aufgabenfeld am Übergang Schule – Beruf gaben weit mehr als die Hälfte aller Jugendämter an, dass keine Angebote im Bereich der berufsbezogenen Jugendsozialarbeit bekannt bzw. vorhanden seien. Besonders fällt auf, dass seit der letzten Befragung von 2004 ein dramatischer Rückgang zu verzeichnen ist, der sich in dieser Höhe wohl nur mit der Einführung des SGB II erklären lässt. Bei vielen Jugendämtern führte dies offensichtlich dazu, dass das ganze Arbeitsfeld und insbesondere die Jugendberufshilfe zunehmend aus dem Blick gerät und wesentlich weniger Angebote – vor allem von freien Trägern der Jugendhilfe – finanziert werden (vgl. dazu Pingel 2010, S. 25–28).[13]

Insgesamt zeigen diese Befunde, dass die Schulsozialarbeit einen wachsenden Arbeitsbereich darstellt. Dagegen ist die „klassische" arbeitsweltbezogene Jugendsozialarbeit/Jugendberufshilfe in der Jugendhilfe bundesweit gesehen nur ein kleines Arbeitsfeld, auch beim sozialpädagogisch begleiteten Jugendwohnen zeichnet sich im Rahmen der Jugendhilfe keine Ausweitung ab.[14]

Die Jugendsozialarbeit ist rechtlich, fachlich und ideell also sehr wohl in der Jugendhilfe verankert, aber in der Regel stehen nur wenige Ressourcen in den Kommunen für ihre Aufgaben zur Verfügung. Aufgrund der zahlreichen Schnittstellen vor allem zur Schule und zur Arbeitswelt ist der Kooperationshinweis zur Einmischung wie auch zur Abstimmung der Angebote in § 13 Abs. 4 SGB VIII von großer – auch praktischer – Relevanz für die kommunale Jugendsozialarbeit. Vernetzung und rechtskreisübergreifende Koordination vor Ort ist angesichts der unterschiedlichen

---

12 Bezogen auf das Personal in den kommunalen Jugendämtern zeigt die Statistik, dass bundesweit der „Jugendberufshilfe" nur 337 Personalstellen zur Verfügung stehen. Allein die Schulsozialarbeit konnte das Personal bei den Jugendämtern von 516 in 2006 auf 784 Personen in 2010 steigern.

13 59 Prozent aller Jugendämter fördern oder kennen *keine* Angebote der sozialpädagogisch begleiteten Ausbildungs- und Beschäftigungsmaßnahmen im Sinne des § 13 Abs. 1 u. 2 SGB VIII; 2004 traf dies nur auf 39 Prozent zu).

14 Auch Einrichtungen des Jugendwohnens werden nicht umfassend in der Jugendhilfestatistik erfasst. Eine Finanzierung der nach Selbstauskunft über 550 Einrichtungen mit rund 60 000 Plätzen erfolgt auch über die Arbeitsförderung im SGB III (Ausbildungsbeihilfen) sowie durch die Wirtschaft bzw. Arbeitgeber selber. Außerdem bietet das Jugendwohnen in Form von Wohnangeboten (Internaten, Wohnheimen) in Verbindung mit Maßnahmen der Rehabilitation Unterstützungsstrukturen für behinderte und benachteiligte junge Menschen, wobei auch hier andere Kostenträger (u. a. SGB XII) beteiligt sind (vgl. Verband der Kolpinghäuser (Hrsg.) 2011).

Geldgeber, Akteure und Maßnahmenvielfalt unabdingbar und eine wesentliche Aufgabe der öffentlichen und freien Jugendhilfe in dem Feld der schulischen und beruflichen Integration/des Übergangs. Dass sie auch dieser Aufgabe – auch wegen fehlender Ressourcen – zurzeit oft nur unzureichend gerecht werden kann, ist besonders bedauerlich.

3   Jugendsozialarbeit am Übergang zwischen Schule und Beruf – weiterhin bedeutsam?

Berufsfindung und Ausbildung sind zentrale Herausforderungen der modernen Jugendphase – beide gelten als sekundäre Sozialisationsprozesse, die nicht nur die Bildungsbiografie, sondern auch die Persönlichkeitsentwicklung und die soziale Handlungsfähigkeit in hohem Maße prägen. Trotz weitgehender zeitlicher und inhaltlicher Entgrenzung dieser Jugendphase in den letzten Jahrzehnten besteht diese Herausforderung nach wie vor oder hat sich angesichts wachsender sozialer Ungleichheit – besonders für Jugendliche in prekären Lebenslagen – noch weiter verschärft (BMFSFJ 2013, S. 186). Und wer am Ende ohne Beruf bleibt, ist weitgehend von Teilhabe ausgeschlossen. Denn der „Beruf ist quasi das Nadelöhr für Identität und Lebenslage" (Müller u. a. 2014, S. 64). Die Bewältigung von teilweise sehr langen, fließenden Übergängen, von der Schule in die Ausbildung, von der Jugend in das Erwachsenenleben, in eine in vielerlei Hinsicht unsichere Zukunft hält also diverse Anforderungen und Zumutungen für junge Menschen bereit, die sie selber kaum beeinflussen können (Schröer 2013). Eine sichere Berufsperspektive bleibt dabei für viele – nicht zuletzt aufgrund ihrer sozialen Herkunft – trotz aller Anstrengungen unerreichbar oder sie ist nur ein Zwischenschritt in einem zunehmend flexiblen Arbeitsleben (Hurrelmann 2009). Fragen der Übergangsgestaltung und der sozialen wie beruflichen Integration betreffen deshalb Jugendliche und junge Erwachsene fortlaufend und umfassend, auch oder gerade weil sich der konkrete Eintritt in das Berufsleben nach einer langen Bildungsphase stark nach hinten verschoben hat. Der Beginn der Ausbildung liegt derzeit im Schnitt bei 19,4 Jahren (BMBF 2016).

Verstärkt durch die Ausbildungs- und Arbeitsmarktkrisen der letzten Jahre sind zahlreiche Maßnahmen mit dem Ziel entstanden, Jugendliche zu unterstützen und weiterzubilden, denen aus unterschiedlichen Gründen nach der Schule nicht direkt der Weg in eine Ausbildung gelingt – dies waren im Ausbildungsjahr 2014/2015 – trotz demografisch bedingter Rückgänge und entgegen der Prognosen – immer noch 271 000 Jugendliche und betrifft fast ein Drittel der Schulabgänger_innen, davon sehr viele die eigentlich direkt eine Ausbildung beginnen wollten und auch einen erfolgreichen Schulabschluss nachweisen können (Berufsbildungsbericht 2016). Viele dieser Angebote wie die berufsvorbereitenden Bildungsmaßnahmen (BvB) werden über die Arbeitsförderung bzw. die Agentur für Arbeit und die Jobcenter finanziert (SGB III oder auch SGB II), teilweise handelt es sich auch um (berufs)schulische Formate.

Über die Jugendhilfe wird nur ein sehr kleiner Teil dieser Angebote (mit)finanziert oder verantwortet.[15]

Während einzelne Kommunen im Übergangsmanagement und in der Jugendsozialarbeit weiterhin sehr aktiv sind, führte in vielen Kommunen der in Fragen der beruflichen Integration bestehende rechtliche Vorrang des SGB II (§ 10 Abs. 3 SGB VIII) dazu, dass Förderungen der Jugendsozialarbeit nach § 13 SGB VIII eingeschränkt wurden. Vor diesem Hintergrund zeigt sich verstärkt, dass die frei-gemeinnützigen Träger der Jugendsozialarbeit aus traditionellen Tätigkeitsfeldern im Bereich der Jugendsozialarbeit zurückgedrängt wurden und gleichzeitig die Finanzierung der Jugendsozialarbeit immer weniger von Zuwendungen aus der Jugendhilfe geprägt ist, sondern durch Vergabe von Aufträgen für Arbeitsmarktdienstleistungen unter Marktbedingungen. Hierbei werden Angebote von verschiedenen (auch gewerblichen) Trägern bzw. Dienstleistern mit großem Kostendruck und Niedriglöhnen umgesetzt, bei denen fachliche Standards kaum eingehalten werden (können). Auch wird in manchen Kommunen ignoriert, dass zahlreiche junge Menschen aufgrund sozialer Benachteiligung und möglicher individueller Beeinträchtigung zur gelingenden sozialen Integration berufsbezogene, sozialpädagogische Hilfen benötigen, für die weiterhin die Jugendhilfe Verantwortung trägt (Schruth 2011, S. 9). Insgesamt sind zudem Angebote der Arbeitsförderung mit dem Vorrang auf schnelle Vermittlung in Arbeit häufig nicht geeignet, um junge Menschen mit hohem individuellem Entwicklungs- und Unterstützungsbedarf angemessen zu erreichen und erfolgreich zu fördern (vgl. dazu Münder und Wiesner 2007, S. 154–157). Insgesamt sollten zudem alle Bestrebungen dahin gehen, dass tatsächlich nur diejenigen Jugendlichen, die Unterstützungsbedarf haben im Rahmen des sogenannten „Übergangsystems" gefördert werden und alle anderen direkt eine reguläre duale oder vollzeitschulische Ausbildung (evt. auch mit Unterstützung) beginnen können.

Bei der Jugendsozialarbeit handelt es sich im Prinzip um eine kommunale Pflichtleistung: Wenn ein erhöhter Unterstützungsbedarf bei jungen Menschen vorliegt, dann „ist der Träger der öffentlichen Jugendhilfe objektiv rechtlich verpflichtet, sozialpädagogische Hilfen nach § 13 anzubieten"[16]. Wenn die jeweiligen Voraussetzungen vorliegen, die eine Förderung begründen, ergibt sich ein Rechtsanspruch, der

---

15 Mit der Einführung des SGB II am 01. 01. 2005 haben sich für die Jugendsozialarbeit Einschnitte und neue Herausforderungen ergeben. Die bereits bestandene „Konkurrenz" zwischen der Jugendsozialarbeit und der Arbeitsförderung hat sich durch die grundsätzliche Neuausrichtung der Sozial- und Arbeitsmarktpolitik nach dem Prinzip des „Forderns und Förderns" mit der entsprechenden Ausweitung der Zielgruppen verschärft bzw. verändert. Die aktive Integration in den Arbeitsmarkt ist nun dem SGB II vorbehalten, was dazu beigetragen hat, dass Förderungen nach § 13 SGB VIII in einigen Kommunen eingeschränkt oder sogar eingestellt wurden. Besonders problematisch ist dies auch durch die Sanktionsregelungen im SGB II, von denen junge Menschen (bis 25 Jahren) in besonderer Härte und in höherem Ausmaß betroffen sind.

16 Münder und Wiesner 2007, S. 197. Ob damit ein individuell einklagbarer (subjektiver) Rechtsanspruch auf Leistungen nach § 13 Abs. 1 SGB VIII oder zumindest nach § 13 Abs. 2 SGB VIII vorliegt,

zwar verbindlich ist, der aber dennoch nicht „unbedingt" gilt.[17] Eine Folge ist, dass es
in der Praxis sehr schwierig werden kann, eine entsprechende Förderung durch die
Jugendsozialarbeit zu erhalten – besonders für junge Menschen über 18 Jahren. Ebenso wenig lassen sich mit Hinblick auf die Rechtslage Angebote der Schulsozialarbeit
oder der aufsuchenden Jugendsozialarbeit finanziell verbindlich absichern oder ein-
klagen.

Angesichts dieser Finanzierungs- und Zuständigkeitsprobleme stellt sich die Frage, inwieweit die gesetzlichen Regelungen zur Integration junger Menschen in dieser
Form ausreichend sind und ob eine rechtliche Möglichkeit besteht, die Umsetzung
des § 13 SGB VIII und die Absicherung einer entsprechenden Infrastruktur verbindlicher zu gestalten oder auf rechtlichem Weg den Anspruch der Jugendlichen auf diese
Leistungen zu verbessern (vgl. Schruth 2011). Dies wäre sicher wünschenswert – allerdings ist derzeit nicht abzusehen, wie realistisch bzw. erfolgversprechend eine entsprechende Änderung z. B. in dem bald reformierten SGB VIII wäre.[18] Während also
mit der bestehenden Rechtslage jugend- und sozialpolitische Zukunftsfragen für die
Integration junger Menschen (die auch für die Kommunen von wesentlicher Bedeutung sind) oft ungelöst bleiben, besteht gleichzeitig die Gefahr, dass junge Menschen
im Zuständigkeitsgerangel zwischen den unterschiedlichen Sozialgesetzbüchern/
Rechtskreisen und Akteuren im wahrsten Sinne verloren gehen oder nur subopti-
mal, und weder abgestimmt noch kontinuierlich gefördert werden. Die zahlreichen
Programme, Projekte, Bündnisse und jugendpolitischen Initiativen, die derzeit versuchen, mit kooperativen Angeboten rechtskreisübergreifend jungen Menschen Hilfen aus einer Hand anzubieten und ein kommunal abgestimmtes Übergangsmanagement umzusetzen (wie etwa die nun vielerorts entstandenen *Jugendberufsagenturen*)
sind einerseits damit umso wichtiger für die Jugendsozialarbeit und ihre Zielgruppen,
kranken andererseits aber in der Umsetzung genauso an den geschilderten Rahmenbedingungen. Der kommunalen Jugendhilfe (und hier vor allem der Jugendsozialarbeit) kommt bzw. käme für die Koordination und Absicherung der Übergänge
junger Menschen eine besondere Verantwortung und Aufgabe im Interesse der betroffenen jungen Menschen zu, auch wenn die Rahmenbedingungen für eine kontinuierliche und abgestimmte Zusammenarbeit mit der Schule genauso wie mit den

---

ist unter den Expert_innen umstritten (Münder und Wiesner 2007, S. 17), in Einzelfällen konnten
aber zuletzt Leistungen erfolgreich eingeklagt werden (vgl. dazu auch die Informationen des Berliner Rechtshilfefonds Jugendhilfe.)

17 Vgl. Schäfer im *„Frankfurter Kommentar"*, 2009, S. 165. Auch Münder nimmt für die sozialpädagogisch begleiteten Ausbildungs- und Beschäftigungsmaßnahmen gem. § 13 Abs. 2 eine objektive
Rechtsverpflichtung des öffentlichen Jugendhilfeträgers und einen subjektiven Rechtsanspruch der
jungen Menschen an (Münder 2006, S. 251 ff.).

18 Allerdings wäre wohl davon auszugehen, dass eine höhere individuelle Verbindlichkeit mit einer
größeren Normierung und deutlicheren Festlegung der Zielgruppen und Arbeitsfelder einhergehen
würde, die für die bislang sehr flexible, offene und mannigfaltige Jugendsozialarbeit auch eine Einschränkung bedeuten könnte.

Jobcentern bislang oft unzureichend sind. Es ist zu hoffen, dass aus den Erfahrungen mit dem aktuellen Bundesprogramm „Jugend stärken im Quartier" entsprechende Signale ausgehen, die eine solche Koordination auch faktisch vor Ort ermöglicht (vgl. Pingel 2014)!

4   Ausblick

Die Jugendsozialarbeit steht an einer Wegmarke: Der Einstieg in den Beruf gelingt durch sehr unterschiedliche Entwicklungen auf dem Arbeitsmarkt und im Schulsystem vielen jungen Menschen nicht reibungslos, überhaupt gibt es keinen klaren Übergang mehr in ein geradliniges Erwachsenenleben, keine „*Normalbiografie*". Dennoch ist dies genau das, was sich viele Jugendliche wünschen. Die Verwirklichung von Chancengerechtigkeit und Teilhabe für *alle* Jugendlichen im Bildungs- und Berufsbildungssystem und am Übergang Schule – Beruf stehen daher auch weiterhin im Zentrum der Jugendsozialarbeit. Die Chancen zur Verwirklichung dieser zentralen Zielsetzung sind nicht zuletzt wegen der weiterhin anhaltenden – demografisch und konjunkturell bedingten – eher förderlichen Situation auf dem deutschen Ausbildungsmarkt gewachsen. Die Zahl der unbesetzten Ausbildungsplätze steigt, genauso wie auch die Zahl der „unversorgten" Bewerber_innen. Diese paradox scheinenden Entwicklungen zeigen: Die Übergangs- und Passungsprobleme bleiben bestehen! So sind die Ansprüche der Betriebe an die Jugendlichen gewachsen, ohne dass diesen das Lernen in der Schule besser gelingt; oftmals bringen sie nicht die gewünschten – teilweise auch nicht die notwendigen – Voraussetzungen für eine erfolgreiche Ausbildung mit. Somit steigt der Kompetenzentwicklungs- und Förderbedarf in der Begleitung von jungen Menschen in Schule, Übergang und Ausbildung (Pingel, Würfel 2016). Die Umsetzung eines Rechts auf Teilhabe, Bildung und Ausbildung – in Form einer zuverlässigen Ausbildungsgarantie –, die Förderung neuer Ausbildungsmodelle – auch für junge Menschen mit Behinderung – und die Weiterentwicklung von Förderansätzen für Jugendliche, die noch umfassendere Unterstützung zur erfolgreichen Bewältigung des Übergangs benötigen, sind aktuelle Vorhaben in der Jugendsozialarbeit.

Auch im Sinne einer verstärkten Inklusion in der Jugendhilfe müssen Angebote der Ausbildungs- und Arbeitsmarktintegration für Jugendliche weiter geöffnet werden, die neben sozialpädagogischen auch „sonderpädagogische" Förderbedarfe haben. Pädagogische Zugänge müssen also zunehmend niedrigschwellig, barrierefrei und handlungsfeldübergreifend sein, um auch sehr ressourcenarmen bzw. durch ein Handicap beeinträchtigten jungen Menschen Integration zu ermöglichen. Dabei geht es nicht allein um die zukünftige Berufsfähigkeit, sondern auch darum, dass diese Angebote selber Erfahrungen von Selbstwirksamkeit, Partizipation und Erfolg vermitteln, dass sie Freiräume bieten, um Neues zu erleben und Alternativen auszuprobieren (Oehme 2011).

So bietet etwa der Capability-Ansatz mit seiner Frage nach dem guten Leben und den Chancen jedes Einzelnen, dieses für sich tatsächlich zu verwirklichen, eine mögliche Orientierung für die Jugendsozialarbeit. Die Dimension der sozialen Gerechtigkeit wird wieder deutlicher in die sozialpädagogische Fachdebatte eingeführt und hebt hervor, um was es in der Praxis einer handlungs- und befähigungsorientierten Jugendsozialarbeit gehen muss: wertschätzende Beziehungen, Selbstwirksamkeitsgefühle, Verwirklichungs- und Anerkennungschancen (Müller 2015, S. 7). Vieles hängt davon ab, inwieweit die Jugendsozialarbeit als Teil der Jugendhilfe zukünftig finanziell, personell und pädagogisch-methodisch in der Lage ist (bzw. in diese versetzt wird), gemeinsam mit anderen Akteuren Jugendliche verlässlich und angemessen zu erreichen und zu begleiten. Inwiefern kann es gelingen, die notwendigen Ressourcen in der Gesellschaft und konkret in den Kommunen für diese Aufgabe zu akquirieren? Hierfür muss der anwaltschaftliche Auftrag der Jugendsozialarbeit vielleicht noch stärker in das eigene wie das öffentliche Bewusstsein treten – sprich: Die jugendpolitische und gerechtigkeitsorientierte Einmischung der Jugendsozialarbeit ist (weiterhin) notwendig.

Literatur

Autorengruppe Bildungsberichterstattung (Hrsg.). (2014). *Bildung in Deutschland 2014. Ein indikatorengestützter Bericht mit einer Analyse zur Bildung von Menschen mit Behinderungen.* Bielefeld: W. Bertelsmann.

Böllert, K. (2008). Jugend ohne Arbeit oder wenn der Arbeit die Jugend ausgeht. *DREIZEHN, Zeitschrift für Jugendsozialarbeit,* Nr. 1./Juni, (S. 10–13).

Bundesministerium für Bildung und Forschung (Hrsg.). (2016). *Berufsbildungsbericht 2016.* Berlin und Bonn.

Bundesministerium für Familie, Senioren, Frauen und Jugend (BMFSFJ). (Hrsg.). (2013). *14. Kinder- und Jugendbericht. Bericht über die Lebenssituation junger Menschen und die Leistungen der Kinder- und Jugendhilfe in Deutschland.* Berlin.

Bundesministerium für Familie, Senioren, Frauen und Jugend (BMFSFJ). (Hrsg.). (2005). *12. Kinder- und Jugendbericht, Bericht über die Lebenssituation junger Menschen und die Leistungen der Kinder- und Jugendhilfe in Deutschland; Bildung, Betreuung und Erziehung vor und neben der Schule.* Berlin.

Breuer, K. H. (2007). *Beiträge zur Geschichte katholischer Jugendsozialarbeit.* Köln: Books on demand.

Der Paritätische Gesamtverband (Hrsg.). (2010). *Ausgrenzung entgegentreten – Neujustierung der Hilfen für Jugendliche und junge Erwachsene.* Berlin.

Dölker, F. (2013). Sozialraumorientierung, Aktivierung und Anerkennung – Methodische Anforderungen in der aufsuchenden Jugend(sozial)arbeit. *DREIZEHN, Zeitschrift für Jugendsozialarbeit,* Nr. 10/November, (S. 18–22).

Fülbier, P., & Münchmeier, R. (Hrsg.). (2001). *Handbuch Jugendsozialarbeit*, Bd. 1 u. 2, Münster: Votum.

Gadow, T., Peuckert, C., Pluto, L., Santen, E. van, & Seckinger, M. (2012). *Wie geht's der Kinder- und Jugendhilfe? Empirische Befunde und Analysen*. Weinheim und Basel: Beltz Juventa.

Kooperationsverbund Jugendsozialarbeit (Hrsg.). (2011). *Kriterien und Empfehlungen zur Entwicklung eines Kohärenten Fördersystems für junge Menschen am Übergang in den Beruf* (Beiträge zur Jugendsozialarbeit Nr. 1). Berlin.

Lindner, W. (2009). Bildungsverständnis der Jugendsozialarbeit, Sozialpädagogische Bildung und Lebensbewältigung. *Sozial Extra*, Nr. 9/10, (S. 35–37). Berlin.

Mögling, T., Tillmann, F., & Reißig, B. (DJI im Auftrag der Vodafone Stiftung Deutschland). (2015). *Entkoppelt vom System. Jugendliche am Übergang ins junge Erwachsenenalter und Herausforderungen für Jugendhilfestrukturen. Eine Studie des Deutschen Jugendinstituts im Auftrag der Vodafone Stiftung Deutschland*. Düsseldorf.

Müller, C., & Schulz, F. (2015). Den Blick weiten – von den Jugendlichen ausgehen – Angebote überprüfen. *DREIZEHN, Zeitschrift für Jugendsozialarbeit*, Nr. 14/Juni, (S. 4–9). Berlin.

Müller, C. (2011). Soziale Gerechtigkeit und Verwirklichungschancen im Kontext der Jugendsozialarbeit. *Jugendsozialarbeit aktuell (LAG KJS NRW)*, Nr. 97/März.

Müller, B., Zöllner, U., Diezinger, A., & Schmid, A. (Hrsg.). (2015). *Lehrbuch Integration von Jugendlichen in die Arbeitswelt. Grundlagen für die soziale Arbeit*. Weinheim und Basel: Beltz.

Münder, J., & Wiesner, R. (2007). *Kinder- und Jugendhilferecht. Handbuch*. Baden-Baden: Nomos.

Münder, J., Jordan, E., Kreft, D., Lakies, T., Lauer, H., Proschk, R., & Schäfer, K. (2006). *Frankfurter Lehr- und Praxiskommentar zum KJHG/SGB VIII*, 5. Aufl. Münster.

Münder, J., Meysen, T., & Trenczik, T. (Hrsg.). (2009). *Frankfurter Kommentar SGB VIII Kinder- und Jugendhilfe*, 6. vollst. überarb. Aufl. Baden-Baden: Nomos.

Oehme, A., & Schröer, W. (2009). Bildung für den Übergang: Sozialpädagogische Anforderungen an Jugendsozialarbeit. *DREIZEHN, Zeitschrift für Jugendsozialarbeit*, Nr. 3/Juni, (S. 20–23). Berlin.

Oehme, A. (2011). Inklusion und Jugendsozialarbeit – Inklusive Jugendsozialarbeit?. *DREIZEHN, Zeitschrift für Jugendsozialarbeit*, Nr. 5/Juni, (S. 14–16).

Olk, T., & Speck, K. (2014). Schulsozialarbeit – ein unverzichtbares sozialpädagogisches Angebot am Ort Schule. *DREIZEHN, Zeitschrift für Jugendsozialarbeit*, Nr. 11/Mai, (S. 4–8). Berlin.

Osinski, A., & Ritzerfeld, J. (2012). Jugendwohnen und Inklusion. *Beiträge zur Jugendsozialarbeit – Inklusion in Handlungsfeldern der Jugendsozialarbeit*, Nr. 2/Dezember, (S. 36–40). Berlin.

Otto, H.-U., & Ziegler, H. (2008). *Capabilities – Handlungsbefähigung und Verwirklichungschancen in der Erziehungswissenschaft*. Wiesbaden: VS Verlag für Sozialwissenschaften.

Pluto, L., Gragert, N., Santen, E. van, & Seckinger, M. (2007). *Kinder- und Jugendhilfe im Wandel.* München: DJI.

Pingel, A., & Würfel, W. (2016). Beruf. In S. Bundschuh, E. Ghandour & E. Herzog (Hrsg.), *Bildungsförderung und Diskriminierung – marginalisierte Jugendliche zwischen Schule und Beruf* (S. 78–85). Weinheim und Basel: Beltz Juventa.

Pingel, A. & Steimle, H. E. (2015). Jugendsozialarbeit macht mobilplus – Wie Jugendsozialarbeit grenzüberschreitende Mobilität junger Menschen ermöglicht. In IJAB (Hrsg.), *Forum Jugendarbeit international 2013–2015* (S. 77–99). Bonn.

Pingel, A. (2015). Grundsätzlich notwendig und zukünftig dringend gefragt: Jugendsozialarbeit. *forum arbeit,* 1/15, (S. 3–6). Berlin.

Pingel, A. (2015). 25 Jahre KJHG heißt auch 25 Jahre § 13 SGB VIII. *DREIZEHN, Zeitschrift für Jugendsozialarbeit,* Nr. 13/Mai, (S. 50–53). Berlin.

Pingel, A. (2010). Jugendsozialarbeit § 13 SGB VIII als Aufgabe der Jugendhilfe. (Arbeitspapier der Stabsstelle), Berlin. 2010. http://www.jugendsozialarbeit.de/media/raw/JSA _als_kommunale_Aufgabe_Jugendhilfe.pdf. Zugegriffen 1. August 2012.

Reuting, M. (2013). Mobile Jugendarbeit – von der Niedrigschwelligkeit zur Veränderung von Verhältnissen. *DREIZEHN, Zeitschrift für Jugendsozialarbeit,* Nr. 10/November, (S. 15–17).

Schröer, W. (Hrsg.). (2013). *Handbuch Übergänge.* Weinheim und Basel: Beltz Juventa.

Schruth, P. (2011). Zum notwendigen Bestand der Jugendsozialarbeit als Teil der Jugendhilfe. *DREIZEHN, Zeitschrift für Jugendsozialarbeit,* Nr. 4/Januar, (S. 9–13). Berlin.

Statistisches Bundesamt (2012). *Statistiken der Kinder- und Jugendhilfe, Einrichtungen und tätige Personen (ohne Tageseinrichtungen für Kinder) Ergebnisse 2010.* Wiesbaden.

Verband der Kolpinghäuser (Hrsg.). (2012). *Jugendwohnen in Deutschland.* Köln.

Würfel, W. (2008). „Förderung der beruflichen Ausbildung und Eingliederung in die Arbeitswelt". *Blätter der Wohlfahrtspflege,* 2/2008, (S. 53–55).

Wiesner, R. (2006). *SGB VIII Kinder- und Jugendhilfe; Kommentar,* völlig überarbeitete 3. Aufl. München: Beck.

Wiesner, R. (1995). *SGB VIII Kinder- und Jugendhilfe; Kommentar.* München: Beck.

Züchner, I. (2014). Jugendsozialarbeit und Ganztagsschule – ein empirischer Blick. *DREIZEHN, Zeitschrift für Jugendsozialarbeit,* Nr. 11/Mai, (S. 14–17).

Andrea Pingel M. A.; Dipl.-Politikwissenschaftlerin; koordiniert und unterstützt die Zusammenarbeit der Organisationen im Kooperationsverbund Jugendsozialarbeit seit dessen Gründung im Sommer 2007.

Jugendhilfe als Kooperationspartnerin von Schule – Strukturmaßnahmen im Bildungssetting

Anke Spies

Zusammenfassung

Jugendhilfe und Schule haben derzeit eine Vielzahl von Berührungspunkten und sich überschneidenden bzw. ergänzenden Aufträgen. Neben den direkt im schulischen Feld installierten oder projektierten Möglichkeiten, in denen Jugendhilfe und Schule zu Kooperationspartnerinnen werden können, gehören auch die Zusammenarbeit zwischen Kindertageseinrichtungen und Grundschulen zur Gestaltung von Transitionen. Außerdem markieren die Anbindung von Kinderschutzkonzepten, Familienzentren oder Beratungsangeboten an schulische Infrastruktur und die (individuellen) Begegnungen im Rahmen von erzieherischen Hilfen wichtige Schnittstellen der Zusammenarbeit von Jugendhilfe und Schule. Dieser Beitrag führt von aktuellen Strukturentwicklungen über Differenzierungen der Kooperationsformen in diesem vielschichtigen Handlungskontext hin zu den konkreten Praxen von Jugendhilfe im institutionellen Bildungssetting.

Schlüsselwörter

Anerkennung, Anschlussfähigkeit, Beratung, Berufswahlorientierung, Bildungsbiografie, Bildungssetting, Differenzverhältnisse, Einzelfallhilfe, Eltern, Erzieherischer Kinder- und Jugendschutz, Familienzentren, Ganztagsschule, Grundschule, Gruppenarbeit, Hort, Inklusion, Institutionen, Jugendhilfeplanung, Kinderschutz, Kindertageseinrichtung, Kinder- und Jugendarbeit, Kommunale Bildungsplanung, Kooperation, Lebensweltorientierung, Lernen, Migrationsgesellschaft, Partizipation, Schule, Schulentwicklung, Schulsozialarbeit, Schulverweigerung, Sekundarstufe I., Soziales Lernen, Subsidiaritätsprinzip, Träger, Transitionen/Übergänge, Unterricht

Strukturelle Entwicklungen

Einst drohte die Kultusbehörde des Landes Bayern im Kontext der Reformen des Kinder- und Jugendhilfesystems mit Verfassungsklage, sofern die Jugendhilfe einen expliziten Bildungsauftrag im Jugendhilferecht benennen würde (vgl. Hornstein 2002). Seitdem die OECD-Studien den Nachweis erbracht haben, dass sich im deutschen Bildungswesen soziale Benachteiligungen unmittelbar in mangelnden Bildungschancen niederschlagen und die internationale Staatengemeinschaft ein inklusives Schulsystem verlangt, verändert sich die kompensatorische Funktion die Jugendhilfe zur Bearbeitung von „Folgeproblemen schulischer Sozialisation" (Hornstein 2002, 48). Die intensive Beschäftigung des Dt. Städtetages mit strukturellem (Dt. Städtetag 2007) und schulischen Reformbedarfen (Dt. Städtetag 2012) belegt, wie hoch das wirtschaftliche Interesse an bildungsstrukturellen Veränderungen ist. Heute sind mit Ganztagssettings und Inklusionskonzepten strukturelle und soziale Maßnahmen zum Abbau von benachteiligenden Bildungsbedingungen verbunden, die auf unterschiedliche Formen der konzeptuellen Kooperation zwischen Schule und Jugendhilfe setzen.

Kommunale Bildungsplanung (vgl. BMFSFJ 2005) geht davon aus, das Verhältnis zwischen Schule und Jugendhilfe nicht länger in Zuständigkeiten, sondern in gemeinsamen „Verantwortlichkeiten" (Dt. Städtetag 2007) innerhalb der sog. Bildungslandschaft zu verstehen. Im Zuge dieser Entwicklung beginnen Kommunen als Schul- *und* Jugendhilfeträger Ganztagsformatentwicklungen an ein kommunales Gesamtkonzept im Verständnis von *Ganztagsbildung* (vgl. Coelen und Otto 2008) zu binden. Dafür verorten sie die konzeptionelle Entwicklungsarbeit mancherorts innerhalb der Infrastruktur, die der Jugendhilfe beispielsweise mit § 78 SGB VIII für die strukturierte Vernetzung der interinstitutionelle Zusammenarbeit zur Verfügung steht (vgl. Spies 2017). Über die Maximen der Sozialraum- und Lebensweltorientierung und evaluativer Verfahren sowie Planungsstrukturen, die Jugendhilfe für die Gestaltung von nicht-formellen Bildungssettings in die Kooperationskonstruktionen einbringt, erhalten Schulentwicklungsprozesse Impulse, die sowohl zu konzeptionellen Innovationen als auch in problematische Kontroversen führen können.

Die strukturelle Ausgangslage der Kooperationsbeziehungen ist komplex: Allein durch die schulische Bindung an die kultusbehördliche Erlasslage haben wir bundesweit 16 verschiedene Ausgangslagen zur Entwicklung der Zusammenarbeit multiprofessioneller Teams in inklusiv orientierten schulischen Settings und ebenso viele Erlassvarianten zur kooperativen Gestaltung ganztägiger Schulformate. Reformerwartungen sind außerdem mit kultusbehördlichen Regelungen der Länder verbunden, die in Deutschland seit Beginn der 2000er-Jahre der einzelnen Schule sowohl die Erweiterung der Entscheidungsautonomie[1] (vgl. Weiß 2011) zugestehen

---

1   Das Modell der ‚eigenverantwortlichen Schule' ist beispielsweise 2006 in Nordrhein-Westfalen, seit 2007 in Niedersachsen, seit 2009 in Thüringen und seit 2013 Bayern in der Schulgesetzgebung festgehalten.

als auch über rechtswirksame Erlassvorgaben sozialbenachteiligte Kinder systematisch fördern (vgl. KMK 2001) wollen. Da aber jede staatliche Schule nicht nur an Rahmungen durch Ganztagsschul- bzw. Inklusionserlasse sondern auch an kultusministeriell formulierte Qualitätskriterien und verbindliche Verfahren zur Qualitätssicherung gebunden ist und in ihrer Leistung an vereinheitlichten evidenzbasierten Kriterien gemessen wird, die sich auf fachliche Unterrichtsleistungen und nicht auf das pädagogische Konzept im Bezug zum Sozialraum beziehen, muss trotz Autonomiepostulat von einem *wachsenden* Einfluss der Kultusbürokratie ausgegangen werden, weil deren outputorientierte Steuerungsmodelle Einfluss auf das Konzept der Einzelschule nehmen (vgl. de Boer 2014a).

Auf der strukturellen Ebene der Schulentwicklung verlangen behördliche Steuerungsvorgaben, außerdem konzeptionelle Anpassungsleistungen im Sinne von „Restabilisierungsmaßnahme(n)" (ebd.) des bestehenden Systems, womit die Entwicklungschancen von Schulen letztlich eingeengt werden. Als Nebeneffekt werden vielfältige Kooperationen nötig (vgl. de Boer 2014a), deren Umsetzungskonsequenzen aber (noch) nicht im Aufgabenprofil von Leitungs- und Lehrkräften abgebildet sind. Die Schulautonomie steht außerdem in Abhängigkeit zur Fähigkeit von Leitung und Kollegium, die „Maßnahmen der Systemsteuerung" (Altrichter et al. 2011, 13) für die Einzelschulentwicklung zu transformieren.

Als Kooperationspartnerin bringt Jugendhilfe mit dem SGB VIII eine eigene rechtliche Rahmung und administrative Regelungen in das Kooperationsverhältnis ein. So kommt es zu einer Vielzahl an Kooperationsvarianten die u. a. im Subsidiaritätsprinzip begründet sind und sich auch auf rechtlich verankerte Kooperationsaufträge der Jugendhilfe beziehen, wie sie für die Zusammenarbeit in der Schuleingangsphase im Kontext der Regelungen zur Arbeit der Kindertagesstätten oder dem generellen Kooperationsauftrag in § 81 SGB VIII festgehalten sind. Da aber Träger und Institutionen der Jugendhilfe der Verbesserung von Entwicklungsbedingungen von Kindern und Jugendlichen verpflichtet sind und gem. § 1 SGB VIII für deren Förderung den Eltern zur Seite stehen, um „positive Lebensbedingungen für junge Menschen und ihre Familien sowie eine kinder- und familienfreundliche Umwelt zu erhalten oder zu schaffen" (ebd.), ist jegliche Zusammenarbeit seitens der Jugendhilfe mit Schule *keinesfalls* zu deren Nutzen und Entlastung zu konzipieren, sondern muss *alleine* an der Optimierung von Entwicklungsmöglichkeiten der Kinder und Jugendlichen ausgerichtet sein.

Das Kooperationsverhältnis zwischen Schule und Jugendhilfe kann also nur insofern zu konzeptionellen Veränderungen auf der strukturellen Ebene führen, wie das Spannungsfeld zwischen schulbehördlichen Vorgaben, den pädagogischen Interessen der Einzelschule sowie ihren sozialräumlichen Gegebenheiten mit den fachlichen Ansprüchen der Handlungsfelder, die Jugendhilfe in die Kooperationsverhältnisse einbringt, in Einklang gebracht werden können. Wenngleich Träger und Institutionen der Jugendhilfe in erstaunlicher Vielfalt mit Schulen kooperieren, kann noch nicht von einer Kooperation mit dem Schul*system* die Rede sein. Dessen Regelungsstrukturen können durchaus (z. B. in Niedersachsen) dazu zu tendieren, mit kultusbehördlicher Trägerschaft und landesschulbehördlichen Ansprüchen auf Weisungsbefugnisse die fachliche Aufsicht (!) für Handlungsfelder der Jugendhilfe zu beanspruchen (vgl. Spies 2017).

Über zwanzig Jahre nachdem Holtappels (1995) auf der Grundlage empirischer Studien gefordert hat, das sozialerzieherische Handlungsrepertoire der Jugendhilfe für die konzeptionelle Umstrukturierungen der Schulorganisation zu nutzen, um den Einfluss lebensweltlicher Belastungen auf biografische Entwicklungsmöglichkeiten zu reduzieren und schulische Strukturschwachstellen zu kompensieren, scheinen sich die von Bönsch (2004) für Schule erfassten „Statusfragen und Taubheiten gegenüber sozialen Problemen" (ebd. 138) hartnäckig auf administrativer Ebene zu halten. Insofern ist Betonung der fachlichen Eigenständigkeit der Jugendhilfe als inhaltlich-thematische sowie methodische Erweiterung von Bildungsangeboten (vgl. BMFSFJ 2005; Coelen und Otto 2008) ungebrochen notwendig und die Warnung vor der Instrumentalisierung der Jugendhilfe als „Ausfallbürge" (Sengling 1995, 163) für das Schulsystem nach wie vor aktuell.

Handlungsfelder im Wandel

Die von Holtappels (2004) für die Lösung von „binnenstrukturellen Probleme(n)" (ebd., S. 128) des Schulsystems geforderte Zusammenarbeit betrifft aus Perspektive der Jugendhilfe mehrere Handlungsfelder, die zwischenzeitlich auf eine unterschiedlich intensive Tradition und Konzeptvielfalt der Kooperation zurückblicken können. Besonders vielfältig scheinen sich die Kooperationskonstrukte derzeit im Zusammenhang mit der Grundschule zu entwickeln: Neben der Kindertagesstätte und ihrer Rolle in der Schuleingangsphase sind Horte ebenso wie Kinder- und Jugendarbeit zu attraktiven Partnern bzw. Ressourcen für die Gestaltung ganztägiger Bildungssettings geworden. Auch Schulsozialarbeit wird spätestens im Rahmen der Umsetzungsverfahren des Inklusionsauftrags und seit den befristeten Verträgen, die im Rahmen des Bildungs- und Teilhabepakets (BuT) 2012 abgeschlossen wurden, zu einer begehrten Unterstützung für die Primarstufe. In der Sekundarstufe I hat sich das Handlungsfeld längst etabliert, leidet aber ungebrochen unter projektierten, also befristeten Arbeitsbedingungen und fehlender rechtlicher Verortung in der Jugendhilfe, so dass Konkurrenzen um Trägerschaften, Weisungsbefugnisse und Fachaufsicht nach wie vor fortbestehen. Vielerorts ist sie zugleich die Schnittstelle zur Jugendberufshilfe und reicht damit über den schulischen Rahmen hinaus.

Seit mit den OECD-Studien die Bedeutung der *frühkindlichen Bildung* und der Gestaltung der Schuleingangsphase fachliche und bildungspolitische Aufmerksamkeit erhält, entwickeln sich regionale und z. T. kultusministeriell strukturierte Kooperationskonzepte. Sie sollen bildungsbiografische und strukturelle Benachteiligungen auszugleichen versuchen, indem z. B. die administrative Struktur mancherorts das Handlungsfeld der Kultusbehörde zuordnet und von dort Bildungspläne und Strukturvorgaben für die *Kindertagesstätten* (§ 22 SGB VIII) vorgegeben werden. Die Befunde von Lichtblau (2013) machen den Beitrag der pädagogischen Arbeit im Handlungsfeld Kita zur nachhaltigen Verbesserung der Interessensentwicklung von Kindern aus sozial benachteiligten Familien sichtbar und belegen, dass der weitaus größere pädagogische Entwicklungsbedarf in schulischer Verantwortung liegt. Mit der Absicht, die primären und sekundären Herkunftseffekte von Bildungsbenachteiligung in der Schuleingangsphase zueinander ins Verhältnis zu setzen, verweist Becker (2016) auf die institutionelle und bildungspolitische Vernachlässigung der Grundschule. Er betont die langfristige Tragweite von Niveauunterschieden am Anfang des Bildungsverlaufs, die soziale Ungleichheit fortschreiben. Für die konzeptionelle Weiterentwicklung solcher Kooperationen ist zu diskutieren, inwieweit sich die Kindertagesstätte als Handlungsfeld der Jugendhilfe auf schulische Konzepte, die ein tradiertes Leistungsverständnis fokussieren einlassen kann, ohne den Auftrag der Förderung der Persönlichkeitsentwicklung zu vernachlässigen (vgl. Spies 2015). So scheint sich vor allem Schule mit der Reproduktion von sozialer Ungleichheit und deren Wechselwirkungen zu schulischen Setzungen und Leistungsmaßstäben auseinandersetzen zu müssen.

Gleichfalls aus dem fachlichen Rahmen der Kindertagesstätte ist der *Hort* als Kooperationspartner von Grundschulen einem bemerkenswerten Wandlungsprozess ausgesetzt: Mit der Absicht, seine Potenziale in schulische Konzepte einfließen zu lassen, werden im Zuge der Ganztagsschulentwicklung viele Einrichtungen entweder integriert oder aufgelöst bzw. über Trägerkooperationen in den Schulbereich überführt. Eine Entwicklung, die nach den Befunden von Gängler et.al (2013) zulasten der Interessen und Ressourcen der Hortpädagogik geht, die in ihrem professionellen Selbstverständnis von schulischen Konzepten sogar „konterkariert" (vgl. Lenz et al. 2009, 185) und als Handlungsfeld der Jugendhilfe aufgegeben wird (vgl. Markert 2014). Die eigenständige Jugendhilfeleistung des Hortes, der im *individuellen* Bedarfsfall die *präventive* Aufgabe hat, familienunterstützend und -ergänzend die Entwicklung des Kindes zu fördern, geht u. a. aufgrund der veränderten Betreuungsschlüssel oder der Ansprüche an fachliche Qualifikation verloren. Damit können die Erwartungen, die den Förderauftrag des Hortes als „anerkannte soziale Bildungseinrichtung" (Markert 2014, 365) zur Erziehung, Bildung und Betreuung mit Bezug auf soziale, emotionale, körperliche und geistige Entwicklung und Lebensweltorientierung in ganztägige Schulkonzepte verlegen, nicht mehr erfüllt werden (vgl. Spies 2016).

Im Versuch, koordiniertes Handeln zur wechselseitigen Unterstützung im Interesse eines gemeinsamen Ziels innerhalb schulischer Strukturvorgaben umzusetzen, werden beide Kooperationspartner mit Veränderungen ihrer pädagogischen Profile konfrontiert: Der Formatwechsel vom Hort in den (offenen, additiven, kooperativen) Ganztag verlangt ein pädagogisches Gesamtkonzept, das den Funktionswandel des Hortes zum kooperativen Ganztagshandlungsfeld abbildet.

In additiven oder kooperativen Ganztagsformaten aller Schulstufen sind Weiterentwicklungen ‚schulnaher‘ Angebote (Hausaufgabenhilfe im Jugendzentrum)
der offenen und verbandlichen *Kinder- und Jugendarbeit* (gem. § 11 SGB VIII) über
‚schulgebundene‘ AG-Formate oder kommunale Konstrukte der Betreuungskoope-
ration möglich. Hier werden nicht-formale Lern- und Bildungsangebote vorgehalten.
Sie sollen das schulische Bildungsverständnis erweitern und das Spektrum der pädagogisch zu begründenden Angebote innerhalb des Gesamtkonzepts einer Schule sowie die Chancen der individuellen Förderung vergrößern. Der postulierte Zugewinn
für individuelle Entwicklungen ist international belegt (Dyson 2012).

Auch wenn die Vielfalt an möglichen Varianten kooperativer Ganztagssettings
kaum überschaubar ist, lässt sich festhalten, dass über AG-Formate eine deutlich größere Zahl an Kindern und Jugendlichen die Chance erhält, die persönlichkeits- und
gemeinschaftsfördernden Angebote der örtlichen Vereine, Verbände und offenen Jugendfreizeiteinrichtungen wahrzunehmen. Das persönlichkeits- und gemeinschafts-
fördernde Selbstverständnis der Kinder- und Jugendarbeit ist, ebenso wie die Hort-
tradition, fraglos anschlussfähig an das von Enderlein (2007) vorgelegte Modell der
im schulischen Setting nicht hinreichend befriedigten alterstypischen Grundbedürf-
nisse von Grundschulkindern. Sie fordert schulische Settings, die angemessene Ent-
wicklungsräume eröffnen, damit junge Menschen neben der kognitiven Entwicklung
förderliche Anregungen erhalten, um seelisch, körperlich und sozial gesund aufwachsen zu können. Sofern Kinder- und Jugendarbeit in Ganztagssettings eingebunden wird, um altersgerechte Aktionsräume und Beziehungsangebote im schulischen
Kontext zu ermöglichen, verlagert sich aber der Ort der Angebote ebenso wie die Bedingungen ihrer Wahrnehmung. Das solcherart institutionell organisierte „Zusammensein mit Gleichaltrigen" (ebd.) wird beispielsweise im Zusammenhang mit schulischen Anmeldeverfahren um die vor allem für die offene Kinder- und Jugendarbeit
gültige Maximen der Freiwilligkeit und Partizipation reduziert.

Außerdem birgt die Platzierung nicht-formaler Angebote im schulischen Ganztag die Gefahr, dass Soziales Lernen zum externen Vermittlungsinhalt deklariert
und – unter Betonung schulischer Normen – in den Aufgabenbereich des Kooperationspartner verlagert wird. Auch die Betrachtung der als zu gering beurteilten
Nutzungsbereitschaft zuvor als bedürftig markierter Adresat_innen kann zu problematischen Ermächtigungen führen: So schlagen Lettau et. al. (2016) am Ende ihrer
Analyse der Effekte nicht-formaler Ganztagsangebote vor, Lehrkräfte an Stelle von
Eltern oder Schüler_innen über die Teilnahme am Ganztagsangebot entscheiden zu
lassen. Die für Jugendarbeit programmatische Orientierung an demokratischen Prinzipien, die von Erwachsenen sichergestellt werden und in partizipativer Beteiligung
von Kindern und Jugendlichen ihren Ausdruck finden, wäre also eine Maxime, die
das Handlungsfeld Jugendhilfe im Kooperationskontakt offensiv zu vertreten hätte –
sofern es seine fachliche Eigenständigkeit bewahren will.

Wenn *Schulsozialarbeit* (unabhängig von regional differierenden Begrifflichkeiten,
vgl. Spies und Pötter 2011) vorgehalten wird, haben Schüler_innen in ihrem schu-

lischen Alltag sozialpädagogisch professionalisierte Fachkräfte zur Seite, die innerhalb eines konzeptionell begründeten Rahmens das schulische Setting strukturell ergänzen, um Persönlichkeitsentwicklung und gesellschaftliche Anschlussfähigkeit (vgl. Spies und Pötter 2011) junger Menschen zu unterstützen.

Aktuell etabliert sich die Einsicht, dass die (bildungs)biografischen Verläufe von Mädchen und Jungen im schulpflichtigen Alter durch Schulsozialarbeit in der Anwendung des komplexen Zusammenspiels des methodischen Repertoires der Sozialen Arbeit sinnvoll und nachhaltig flankiert werden können (vgl. u. a. Speck und Olk 2011). Dafür werden mit sozialpädagogischer Handlungskompetenz und an den Maximen und aktuellen Standards der Jugendhilfe orientiere Angebote zur *Förderung des sozialen Lernens,* der *individuellen Orientierung und Hilfe* sowie zur strukturellen *Verbesserung von Bildungsbedingungen* bereitgestellt. Außerdem ist Schulsozialarbeit maßgeblich an der Gestaltung von Settings beteiligt, deren Aufgaben sowohl im schulischen als auch im Auftragsbereich von Jugendhilfe liegen. In dieser Schnittmenge sind soziales Lernen, schulbezogene Einzelfallhilfen und partizipative Gestaltungsvarianten der Kooperation mit Eltern angesiedelt. Mit der Implementierung von Schulsozialarbeit können pädagogische und strukturelle Impulse in den schulischen Organisationsentwicklungsprozess gelangen, der allerdings institutionell und bildungspolitisch eigenen Steuerungslogiken unterliegt und den Einfluss der Jugendhilfe auf schulische Entwicklungsprozesse begrenzt bzw. diese den schulischen Ordnungsprinzipien unterordnet. Wenn beispielsweise schulhoheitliche Ordnungswidrigkeiten, wie Schulverweigerung als Kooperationsaufgabe zur Bereitstellung von strukturierten *Hilfen* im Bildungssetting begriffen werden, statt sie entlang der gültigen Rechtslage als Ordnungswidrigkeit mit strafendem/disziplinierendem Charakter zu behandeln ist die Positionierung von Schulsozialarbeit vom Perspektivwechsel schulpolitisch verantwortlicher und schulpädagogisch tätiger Akter_innen abhängig. Die Position von Schulsozialarbeit bliebt auch hier zwiespältig: Neben der unterstützenden Funktion kommt ihr – wie auch hinsichtlich weiterer schulischer Anliegen des sozialen Lernens – eine disziplinierende Funktion zu: Wolter (2017) zufolge repräsentiert Schulsozialarbeit als Teil des pädagogischen Arrangements von Schule (auch) deren Führungsanspruch hinsichtlich geltender „(Wissens-)Ordnungen" (ebd. i. D.), die im Sinne von normativ aufgeladenen Anpassungsleistungen als pädagogisches und legitimes Ziel zu vertreten sind (vgl. auch Bauer und Bolay 2013).

Von Schulsozialarbeit wird erwartet, dass sie ihre Expertise der Fallklärung auf die „*strukturellen* Entstehungsursachen innerhalb und außerhalb der Schule" (Braun und Wetzel 2006, S. 41, Hervorheb. im Original) gründet. Dafür stehen ihr explizit sozialpädagogische Verfahren der strukturierten Einzelfallhilfe zur Verfügung die biografische, institutionelle und systemische Reflexionen sowie Partizipationsstrukturen beinhalten (vgl. u. a. Ader 2011). Im methodischen Vorgehen innerhalb der Einzelfallhilfe ist vor allem die tragende Rolle von Beratung hervorzuheben, die zwischen der hochspezialisierten schulpsychologischen Beratung und den meist geringen schulischen Beratungsressourcen angesiedelt ist.

Hier schließen Konzepte der Kooperation an, die beispielsweise Angebote der *Erziehungsberatung* im schulischen Kontext platzieren (de Boer 2014b) oder über Familienzentren an Schule platzieren und damit ein Handlungsfeld der Jugendhilfe in den schulischen Kontext bringen, dass (u. a.) einerseits als Hilfe zur Erziehung (§ 28 SGB VIII) und andererseits als Unterstützung für Kinder und Jugendliche konzipiert ist, die von einer familiären Trennungs- bzw. Scheidungssituation (§ 17 SGB VIII) betroffen sind. Die Evaluation der Praxis solcher Platzierung von Jugendhilfeangeboten im Bereich von Grundschulen zeigt, dass sowohl Lehrkräfte als auch Eltern in hohem Maße bereit sind, die Beratungsangebote zu nutzen, um die Situation von Kindern in der Schule zu verbessern (vgl. de Boer 2014b).

Perspektiven – Interaktionen und Konzepte

Jugendhilfe als Strukturelement schulischer Bildungssettings scheint sich zu etablieren und gleichzeitig zu differenzieren. Im Zuge der Auflösungsbewegungen der bislang gängigen Versäulungsstruktur von Bildung, Betreuung und Erziehung scheinen sich mit den Handlungsfeldern zugleich auch die Aufgabenprofile der nunmehr in Kooperationsverhältnissen tätigen Fachkräfte zu wandeln (vgl. Spies 2016). Sofern die Kooperationsbeziehungen unabhängig von den Entwicklungen in den beteiligten Handlungsfeldern betrachtet werden, scheint dies zunächst eine wünschenswerte positiv konnotierte Entwicklung zu sein. Im Falle der Konsequenzen, die Kooperationsbeziehungen oder konzeptuelle Einbindungen ehemals eigenständiger Handlungsfelder der Jugendhilfe in nunmehr schulisch konnotierte Bildungssettings haben können, ist von einem anhaltenden Klärungsprozess auszugehen, dessen diskursive Gestaltung

a) die intensive Einbindung weiterer Handlungsfelder wie z. B. den Kinderschutz (§ 8a SGB VIII) und den Erzieherischen Kinder- und Jugendschutz (§ 14 SGB VIII) betrifft,

aber

b) vor allem die Kooperationsbeziehungen und Interaktionen (vgl. Spies 2016) ebenso wie jene in multiprofessionellen Teams thematisieren wird,

und außerdem

c) didaktisch motivierte Settings der Gruppenarbeit reflektiert, die in schulischer Tradition in der Regel innerhalb einer ‚*Klasse*‘ oder Freizeit-AG Verwendung finden, während Gruppenangebote im Jugendhilfekontext explizit auf Gruppendynamik und eigene, gruppendidaktische Komponenten (vgl. Uhlendorff und Rosenbauer 2008) rekurrieren.

Dabei wird die Auseinandersetzung zugleich die Bedeutung von Differenzen, die *unter migrationsgesellschaftlichen Bedingungen* (vgl. Mecheril 2105) zu Teilhabebarrieren (u. a. soziale Ungleichheit, sexuelle Orientierung, Alter, Dis-/Ability) führen, erschließen müssen, um dem tatsächlich (und nicht nur programmatisch) entgegenwirken zu können (vgl. Dannenbeck 2012). Letztlich stehen Schule und Jugendhilfe vor der *gemeinsamen* Aufgabe ihre kooperative Zusammenarbeit an der Reflexion schulischer Exklusionstraditionen sowie den „integrationspraktischen Traditionen (sozial)pädagogischer Handlungskonzepte" (ebd. 18) auszurichten. Untersuchungen und Analysen von Heinrich et al (2014), Idel et al (2012) oder Reh/Breuer (2012) belegen, dass Nachhaltigkeit und Reichweite solcher Kooperationsverhältnisse in weiten Teilen von Fragen der Anerkennung von Differenz und den professionellen Selbstverständnissen der beteiligten Akteur_innen abhängig sind und administrative Top-Down-Strategien zu Abwehrhaltungen führen können.

Demnach verlangen Kooperationsverhältnisse Idel et al. (2012) zufolge, die Klärung von Aufgabendifferenzierungen, partizipatorische Strukturen in Entscheidungsprozessen und differente Handlungsmodelle. Die Auseinandersetzung mit den „neuen Formen der Systemkommunikation" Dannenbeck (2012, 16) muss von einer ‚Zwickmühle' ausgehen (vgl. de Boer und Spies 2014), da konzeptionelle und kooperative Gestaltungsspielräume sowohl kommunalen als auch kultusbehördlichen Rahmungen unterliegen. Die z. T. widersprüchlichen bildungs- bzw. sozialpolitisch zu verantwortenden Strukturvorgaben, die von der „Machbarkeitsfiktion" einer Qualitätssteigerung per Verordnung (vgl. Idel 2016) ausgehen, treffen auf die Bedingungen der je einzelnen Schule und beeinflussen dort die Auseinandersetzung mit den sich verändernden Aufgabenprofilen der beteiligten Akteur*innen. Die Anforderungen, die ein Kooperationsprozess an die „intermediäre Sphäre" (ebd.) in der Einzelschule stellt, werden einerseits auf unterschiedlichen Ebenen professionellen pädagogischen Handelns wirksam. Andererseits sind es Herausforderung für die beteiligten Leitungsebenen, die zwischen Strukturvorgaben und Prozessen der Konzeptentwicklung vermitteln müssen während sie zeitgleich Teil dieses Prozesses ist.

Jugendhilfe steht in der Kooperation mit Schule nicht nur vor der Herausforderung, sich auf die nur (sehr) langsam vollziehende „Rekontextualisierung der Überzeugungen" (Bonsen und Berkemeyer 2011, S. 734) von Lehrkräften einzulassen. Um die beschworene gemeinsame Verantwortung zu übernehmen, müssen Beteiligten die Chance haben, Ziele und Bedingungen der Kooperationsanlässe festzulegen, aneinander anzupassen und sich im *organisationalen Lernen* zu verorten. Andernfalls können Entwicklungsimpulse keine Veränderungen herbeiführen. Die entsprechenden Aushandlungsprozesse bringen allerdings Verunsicherungen mit sich (vgl. Feld 2014), die unter anderem in den Differenzverhältnissen der beteiligten Professionen begründet sind. Innerhalb des hierarchischen, leistungsbezogenen Systems einer Schule wären *Interaktionsentwicklungen* zweier pädagogischer Professionen zu rekonstruieren. Da beide Kooperationspartner unterschiedliche Arbeitsstrukturen und Problemverständnisse in den Entwicklungsprozess einbringen, bilden sich in ihren Erläuterungen zur Gestaltung der Zusammenarbeit die unterschiedlichen Erwartungen professionsbezogener, stillschweigendener Übereinkommen oder Verhaltensweisen ab (vgl. Weick und Sutcliffe 2010, 122). Damit werden Entwicklungsprozesse ebenso wie soziale Strukturen und symbolische Ordnungen der Interaktionsverhältnis sichtbar. Veränderungsprozesse, die sich aus Regeln, Denkweisen und Interaktionen der beteiligten Akteure entwickeln können, sind dann als Veränderungsbedingungen des Systems rekonstruierbar „if you want to change a system, before you change the rules, look first at the ways the people think and interact together (Senge 2000, 19).

Hier scheint allerdings sinnvoll, Zuständigkeiten auszuhandeln: Analysen zu Kooperationsverhältnissen im schulischen Zusammenhang belegen die Ausweitung von Handlungsmöglichkeiten wenn ein *prozessorientiertes Verständnis,* das die „Positionierung entlang professionsspezifischer Zuständigkeiten" (vgl. ebd.) vertritt. Dann wird konzeptioneller Handlungsspielraum für eine differenzsensible kollegiale Anerkennungskultur (Idel et al. 2012) gewonnen und einzelfallbezogene von prozessbezogenen Interaktionsstrukturen unterscheidbar (vgl. Spies 2016).

Das Jugendhilfesystem bietet mit der Kinder- und Jugendarbeit, dem Hort und der Schulsozialarbeit drei große Handlungsfelder zur engen kooperativen Zusammenarbeit für die Ganztagsschulentwicklung, die empirischen Dauerbeobachtungen (vgl. Börner et al 2014) zufolge das Schulformat bereichern, aber in Wirkung und Reichweite von Schulklima und Angebotsqualität abhängig sind (vgl. u. a. Speck und Jensen 2014). Rekonstruktionen, die zur Konturierung der jeweiligen pädagogischen Professionalität im *gemeinsamen* Auftrag zur Reduktion von Barrieren in bildungsbiografischen Verläufen *und* ganztägiger Schulentwicklung stehen noch aus. Dafür müssten sowohl die Bedingungen unter denen präventive Aufträge und sozialpädagogische Fallzugänge als auch die strukturellen Konsequenzen der kooperativen Zusammenarbeit in einem *sowohl* an Teilhabechancen und sozialer Gerechtigkeit *als auch* an Leistung orientierten Bildungssystem untersucht werden. Derzeit scheinen Bedingungen kooperativer Settings und kollegialer Verhältnisse, von widersprüchlichen, bildungs- und kommunalpolitisch gesteuerten Entwicklungs- und Qualitätsmaßgaben, dem Einfluss des Leitungshandelns und der Funktion von Steuergruppen sowie Netzwerk(verständnisse)n oder schulbehördlichen bzw. trägerverantworteten Strukturvorgaben abhängig zu sein (vgl. de Boer/Spies 2014). Exemplarische Rekonstruktionen zur Zusammenarbeit belegen Konzeptlücken aufgrund divergierender Kooperationsverständnisse (vgl. u. a. Heinrich et. al. 2014, Idel et. al 2012, Spies 2016).

Die Bedingungen und Prozesse des Dialogs zwischen Jugendhilfe und Schule, der für Kooperationsverständnisse jenseits schulischer Delegationstraditionen- (vgl. Schäfer 1981) zu *gemeinsamen Kooperationsmaximen* führen können sollten, sind ebenfalls noch nicht empirisch erfasst. Bislang scheint sich ein Kooperationsverständnis der Zusammenarbeit zu halten, das weitgehend normativ versucht, Bedingungen für Kooperationsanlässe festzulegen und aneinander anzupassen (vgl. dazu u. a. Böhm-Kasper et al 2013, Heinrich et. al. 2014, Spies 2013b).

Unabhängig vom jeweiligen Handlungsfeld braucht Kooperation ein gemeinsames Konzept des *koordinierten Handelns und der wechselseitigen Unterstützung im Interesse des gemeinsamen Ziels,* das dynamisch und unter Berücksichtigung der Interaktion mit anderen bildungspolitischen Zielen sowie sozialräumlichen Gegebenheiten (vgl. Dyson, A. 2010) konzipiert wird. Dafür hat Eder (2015) im Anschluss an seine empirischen Analysen ganztägiger Schulformate drei Maximen für ein *pädagogisches Gesamtkonzept* der Einzelschule formuliert: Er kombiniert Lebensweltorientierung in Anlehnung an Bronfenbrenners Ökologie der Lebenswelt (vgl. Eder 2015) mit „Prinzipien der Autonomie bzw. der Selbstorganisation" (ebd. 77) der Schüler_innen und verknüpft beides mit der Zusammenführung von formalen und nichtformalen Bildungsangeboten. Neben der „Vernetzung der Lebensräume" (ebd.) der Kinder und Jugendlichen greift er den Partizipationsgrundsatz der Jugendarbeit auf und ergänzt dies durch „das Prinzip der Vielfalt der Lern- und Tätigkeitsangebote" (ebd.) Sozialraumbezogene Modellen der Schulentwicklung in England verweisen darauf, dass derartige Konzeptionen der Schulsozialarbeit eine explizit intervenierende Position zuweisen (vgl. Dyson und Raffo 2007) würden.

Bedingungen von Kooperationssettings fordern vor allem von Handlungsfeldern der Jugendhilfe Anpassungsleistungen, die zu Veränderungen von Aufgabenprofilen führen. Das noch unklare Berufsbild der explizit auf das schulische Feld bezogenen Fachkräfte wird absehbar auch die Entwicklungen in den Beziehungen zwischen Schule und Jugendhilfe betreffen. Aus Sicht der Jugendhilfe müssen Chancen und Risiken dieser Wandelungen von Praxis beschrieben und abgewogen werden. In den Reflexionen der Praxis finden sich Desiderata der Forschung, die in diesem Zusammenhang immer mehrdimensional die Positionen und Diskurse der beteiligten erziehungswissenschaftlichen Teildisziplinen berücksichtigen muss und als selbstkritische Beiträge der Jugendhilfeforschung beispielsweise Umgangsweisen und Vereinnahmungen hinsichtlich der Disziplinierungspraxen (vgl. Wolter 2016), Genderfragen (vgl. Spies 2014), der Begründung pädagogischen Handelns (vgl. Hollenstein 2011), der Positionierung zwischen Lebensweltorientierung und Leistungsorientierung (vgl. Bauer und Bolay 2013) und Systemfragen (vgl. Vogel 2013) auch mit Befunden der Organisationspädagogik oder der schulpädagogischen Analyse ins Verhältnis setzen müssten.

Literatur

Ader, S. (2011). Fallverstehen und Kollegiale Beratung in schulischen Zusammenhängen: Es könnte so sein, aber auch ganz anders. In F. Baier & U. Deinet (Hrsg.) *Praxisbuch Schulsozialarbeit* (S. 159–178). Opladen: Barbara Budrich.

Altrichter, H., Heinrich, M., & Soukup-Altrichter, K. (2011). *Schulentwicklung durch Schulprofilierung?* Wiesbaden: VS Verlag für Sozialwissenschaften.

Bauer, P., & Bolay, E. (2013). Zur institutionellen Konstituierung von Schülerinnen und Schülern als Adressaten der Schulsozialarbeit. In A. Spies (Hrsg.), *Schulssozialarbeit in der Bildungslandschaft* (S. 47–69). Wiesbaden: Springer VS.

Becker, R. (2016). Chancenungleichheit bei der Einschulung und in der Primarstufe. Theoretische Überlegungen und empirische Evidenzen. *ZfG.*, 9. Jg., Heft 1/2016, (S. 7–19).

[BMFSFJ] Bundesministerium für Familie, Senioren, Frauen und Jugend (Hrsg.). (2005). 12. Kinder- und Jugendbericht. Bericht über die Lebenssituation junger Menschen und die Leistungen der Kinder- und Jugendhilfe. www.bmfsfj.de/doku/Publikationen/kjb/data/download/kjb_060228_ak3.pdf. Zugegriffen: 19.01.2016.

Böhm-Kasper, O., Dizinger, V., & Heitmann, V. (2013). Interprofessionelle Kooperation an offenen und gebundenen Ganztagsschulen. *Zeitschrift für Grundschulforschung,* 6 (2), (S. 53–69).

Bönsch, M. (2004). Kooperation von Jugendhilfe und Schule aus schulpädagogischer Sicht: Warum sollte sich Schule (auch) zur Jugendhilfe hin öffnen? In B. Hartnuß & S. Maykus (Hrsg.), *Handbuch Kooperation von Jugendhilfe und Schule. Ein Leitfaden für Praxisreflexionen, theoretische Verortungen und Forschungsfragen* (S. 126–139). Berlin: Deutscher Verein.

Bonsen, M., & Berkemeyer, N. (2011). Lehrerinnen und Lehrer in Schulentwicklungsprozessen. In E. Terhart, H. Bennewitz & M. Rothland (Hrsg.), *Handbuch der Forschung zum Lehrerberuf* (S. 731–747). Münster: Waxmann.

Börner, N., Conraths, A., Gerken, U., Steinhauer, R., Stötzel, J., & Tabel, A. (2014). Bildungsbericht Ganztagschule NRW 2014. http://www.forschungsverbund. tu-dortmund.de/fileadmin/Files/Jugendhilfe_und_Schule/BiGa_NRW_2014.pdf. Zugegriffen: 20.04.2016.

Braun, K.-H., & Wetzel, K. (Hrsg.). (2006). *Soziale Arbeit in der Schule.* München: Ernst Reinhardt Verlag.

Coelen, T., & Otto, H.-U. (2008). Zur Grundlegung eines neuen Bildungsverständnisses. In T. Coelen & H.-U. Otto (Hrsg), *Grundbegriffe Ganztagsbildung. Das Handbuch* (S. 17–25). Wiesbaden: VS Verlag für Sozialwissenschaften.

Dannenbeck, C. (2012). Jugendhilfe und Schule auf dem Weg zu inklusiven Verhältnissen – theoretische (Re-)Fundierung, politischer Auftrag und Praxisreflexion. In J. Schwab & R. Markowetz (Hrsg.), *Die Zusammenarbeit von Jugendhilfe und Schule. Inklusion und Chancengerechtigkeit zwischen Anspruch und Wirklichkeit* (S. 16–27). Bad Heilbrunn/Obb.: Klinkhardt.

De Boer, H., & Spies, A. (2014). Kooperationssettings im Kontext inklusiver Grundschulentwicklung. In M. Lichtblau, D. Blömer, A.-K. Jüttner, K. Koch, M. Krüger & R. Werning (Hrsg.), *Forschung zu inklusiver Bildung – Gemeinsam anders lehren und lernen* (S. 186–198). Bad Heilbrunn: Klinkhardt.

De Boer, H. (2014a). Das Neue in Schulentwicklungsprozessen kleiner Grundschulen. In M. Göhlich, S. M. Weber, A. Schröer & J. Schwarz (Hrsg.), *Organisation und das Neue.* Reihe: Organisation und Pädagogik, Bd. 15 (S. 103–114). Wiesbaden: Springer VS.

De Boer, H. (2014b). Individuelle Förderung und Lernen in der Gemeinschaft als Themen der Schulentwicklung. In B. Kopp, S. Martschinke, M. Munser-Kiefer, M. Haider, E. Kirschhock, G. Ranger & G. Renner (Hrsg.). (2013). *Individuelle Förderung und Lernen in der Gemeinschaft.* Reihe: Jahrbuch Grundschulforschung, Bd. 17 (S. 122–125). Wiesbaden: Springer VS.

Deutscher Städtetag (2007). „Aachener Erklärung". https://www.jena.de/fm/1727/aache ner_erklaerung.pdf.

Deutscher Städtetag (2012). „Münchner Erklärung". http://www.staedtetag.de/imperia/ md/content/dst/muenchner_erklaerung_2012_final.pdf.

Dyson, A., & Raffo, C. (2007). Education and disadvantage: the role of community-oriented schools. *Oxford Review of Education,* Vol. 33, No. 3, July 2007, (S. 297–314).

Dyson, A. (2010). Die Entwicklung inklusiver Schulen: drei Perspektiven aus England. *DDS – Schule und Inklusion,* Jg. 2010, Heft 2, (S. 115–129).

Dyson, A. (2012). „Gute Schulen sind oft nicht mehr gut genug". http://www.ganztags schulen.org/de/2579.php. Zugegriffen: 20. 01. 2016.

Eder, F. (2015). Zwischen Anspruch und Wirklichkeit. Die Lernkultur verschränkter Ganztagschulen im Spannungsfeld zwischen sozialpolitischen, gesellschaftlichen und pädagogischen Erwartungen. In K. Wetzel (Hrsg.), *Öffentliche Erziehung im Strukturwandel – Umbrüche, Krisenzonen, Reformoptionen* (S. 53–80). Wiesbaden: Springer VS.

Enderlein, O. (2007). Die übersehenen Lebensbedürfnisse der Kinder. In B. Overwein & A. Prengel (Hrsg.), *Recht auf Bildung. Zum Besuch des Sonderberichterstatters der Vereinigten Nationen in Deutschland* (S. 212–223). Opladen: Verlag Babara Budrich.

Feld, T. C. (2014). Zur organisationalen Erschließung des „Neuen" in kooperativen Bildungsarrangements. In M. Göhlich, S. M. Weber, A. Schröer & J. Schwarz (Hrsg.), *Organisation und das Neue,* Reihe: Organisation und Pädagogik, Bd. 15 (S. 227–236). Wiesbaden: Springer VS.

Fingerle, M. (2007). Der riskante Begriff der Resilienz – Überlegungen zur Resilienzförderung im Sinne der Organisation von Passungsverhältnissen. In G. Opp & M. Fingerle (Hrsg.), *Was Kinder stärkt. Erziehung zwischen Risiko und Resilienz,* 2. völlig neu bearb. Aufl. (S. 299–310). München: Ernst Reinhardt Verlag.

Gängler, H., Weinhold, K., & Markert, T. (2013). Miteinander? Nebeneinander? Durcheinander? Der Hort im Sog der Ganztagsschule. In *neue praxis,* Heft 2, (S. 154–175).

Grundmann, M., Bittlingmayer, U. H., Dravenau, D., & Groh-Samberg, O. (2004). Die Umwandlung von Differenz in Hierarchie? Schule zwischen einfacher Reproduktion und eigenständiger Produktion sozialer Bildungsungleichheit. *ZSE: Zeitschrift für Soziologie der Erziehung und Sozialisation,* 24 (2004) 2, (S. 124–145).

Heinrich, M., Faller, C., & Thieme, N. (2014). Neue alte Bildungsungleichheit durch professionskulturellen Dissonanzausgleich in differenziellen Lernmilieus? *DDS,* 106. Jhg. 1, (S. 31–49).

Hollenstein, E. (2012). Die Praxis der Schulsozialarbeit und das Prinzip der pädagogischen Freiheit. *Unserer Jugend,* 64. Jg., Heft. 2/2012, (S. 83–90).

Holtappels, H. G. (2004). Schule und Sozialpädagogik – Chancen Formen und Probleme der Kooperation. In W. Helsper & J. Böhme (Hrsg.), *Handbuch der Schulforschung* (S. 465–482). Wiesbaden: VS Verlag für Sozialwissenschaften.

Holtappels, H. G. (1995). Ganztagserziehung als Gestaltungsrahmen der Schulkultur. Modelle und Perspektiven eines zeitgemäßen Schulkonzepts. H. G. Holtappels (Hrsg.), *Ganztagserziehung in der Schule* (S. 12–48). Opladen: Leske + Budrich.

Hornstein, W. (2002). Jugendhilfe und Bildung zu Zeiten der Bildungsreform der 70er-Jahre und im Zeichen der PISA-Debatte. *DISKURS*. Heft 2, (S. 45–50). http://ec.eu ropa. eu/education/migration/germany9_de.pdf. zugegriffen 18. 6. 2012.

Idel, T.-S. (2016). Zusammenarbeit als Aufgabe von Lehrkräften. Professionstheoretische Überlegungen zu Erfordernissen, Zumutungen und Grenzen von Kooperation. In C. Lähnemann, A. Leuthold-Wergin, H. Hagelgans & L. Ritschel (Hrsg.), *Professionelle Kooperation in und mit der Schule. Erkenntnisse aus der Praxisforschung*. Greifswald: MV-Verlag.

Idel, T.-S., Neto Carvalho, I., & Schütz, A. (2012). Kollegiale Anerkennung und Schulentwicklung. Über Voraussetzungen schulischer Veränderungsbemühungen. In J. Košinàr, S. Leineweber, H. Hegemann-Foger & U. Carle (Hrsg.), *Vielfalt und Anerkennung. Internationale Perspektiven auf die Entwicklung von Grundschule und Kindergarten* (S. 54–68). Baltmannsweiler: Schneider Verlag Hohengehren.

KMK Konferenz (2001). Kultusministerkonferenz veröffentlicht die Ergebnisse von PISA, einer OECD-Studie zum internationalen Vergleich von Schulleistungen. https://www. kmk.org/presse/pressearchiv/mitteilung/kultusministerkonferenz-veroeffentlicht-die-ergebnisse-von-pisa-einer-oecd-studie-zum-internationalen-vergleich-von-schuelerleistungen.html. Zugegriffen 29. 01. 2016.

Lenz, K., & Laskowski, W. (2009). Leistungsfähigkeit schulischer Ganztagsangebote. Wechselseitige Verantwortung für Bildung, Erziehung und Betreuung im Spannungsfeld von Schule, Hort und Familie in Sachsen. Dresden: Technische Universität. https://tu-dresden.de/die_tu_dresden/fakultaeten/erzw/erzwisg/gshp/professur/leis tungsfaehigkeit_schulischer_ganztagsangebote. Zugegriffen: 21. 01. 2016.

Lettau, W.-D., Niehoff, S., Radisch, F., & Fussangel, K. (2016). Bildungsgerechtigkeit an offenen Ganztagsgrundschulen: Einflussfaktoren der Teilnahmeentscheidung. *ZfG*, 9. Jg., Heft 1/2016, (S. 52–64).

Lichtblau, M. (2013). Inklusive Förderung auf Basis kindlicher Interessen – Ergebnisse einer Längsschnittstudie zur Interessensentwicklung soziokulturell benachteiligter Kinder. *Zeitschrift für Grundschulforschung*, Jg. 6, Heft 1, (S. 71–87).

Markert, T. (2014). Die Kindertageseinrichtung Hort – ein Irrtum der Kinder- und Jugendhilfe? *Zeitschrift für Sozialpädagogik*, Jg. 12, Heft 4, (S. 361–376).

Mecheril, P. (2015). Das Anleigen der Migrationspädagogik. In R. Leiprecht & A. Steinbach, *Schule in der Migratiosngesellschaft. Band 1 Grundlagen – Diversität – Fachdidaktiken* (S. 25–53). Schwalbach/Ts: Debus.

Reh, S., & Breuer, A. (2012). Positionierungen in interprofessionellen Teams – Kooperationspraktiken an Ganztagsschulen. In S. Huber & F. Ahlgrimm (Hrsg.), *Kooperation. Aktuelle Forschung zur Kooperation in und zwischen Schulen mit anderen Partnern* (S. 185–202). Münster: Waxmann.

Schäfer, A. (1981). *Disziplin als pädagogisches Problem*. Essen: Neue Deutsche Schule Verl. Ges.

Senge, P. M., Cambron-McCabe, N., Lucas, T., Smith, B., Dutton, J., & Kleiner, A. (2000). *Schools that learn: A Fifth Discipline Fieldbook for Educators, Parents, and Everyone who cares about Education*. New York: Doubleday.

Sengling, D. (1995). Jugendhilfe – Ausfallbürge auch für die Schule? In G. Reiß (Hrsg.), *Schule und Stadt. Lernorte, Spielräume, Schauplätze für Kinder und Jugendliche* (S. 163–173). Weinheim: Juventa.

Speck, K., & Olk, T. (Hrsg.). (2010). *Forschung zur Schulsozialarbeit. Stand und Perspektiven*. Weinheim: Juventa.

Speck, K., & Jensen, S. (2014). Kooperation von Jugendhilfe und Schule im Bildungswesen. *DDS*, Jg. 106., Heft 1, (S. 9–29).

Spies, A. (2017). Grundschulentwicklung mit der Bündnispartnerin Schulsozialarbeit. In S. Ahmed, F. Baier & M. Fischer (Hrsg.), *Schulsozialarbeit in Grundschulen. Konzepte und Methoden für eine Praxis mit Kindern und Familien*. Opladen: Budrich-Verlag (i. D.).

Spies, A. (2016). Im Spannungsfeld zwischen Strukturvorgaben, Konzeptentwicklung und professionellen Selbstverständnissen – Grundschule und Jugendhilfe auf dem Weg in ein kooperatives Ganztagssetting. In C. Lähnemann, A. Leuthold-Wergin, H. Hagelgans & L. Ritschel (Hrsg.), *Professionelle Kooperation in und mit der Schule. Erkenntnisse aus der Praxisforschung*. Greifswald: MV-Verlag.

Spies, A. (2015). Die Transition vom Kindergarten zur Grundschule – Der Zeitpunkt der Weichenstellung zum Einstieg in den Anfangsunterricht oder mystifizierter Übergang im Bildungssystem? In K. Wetzel (Hrsg.), *Öffentliche Erziehung im Strukturwandel – Umbrüche, Krisenzonen, Reformoptionen* (S. 33–52). Wiesbaden: Springer VS.

Spies, A. (2013). Grundschule in der lokalen Bildungslandschaft – Schulentwicklung im kommunalen Setting. In B. Kopp, S. Martschinke, M. Munser-Kiefer, M. Haider, E. Kirschhock, G. Ranger & G. Renner (Hrsg.), *Individuelle Förderung und Lernen in der Gemeinschaft*. Reihe: Jahrbuch Grundschulforschung, Bd. 17. (S. 126–129). Wiesbaden: Springer VS.

Spies, A. (2013b). Das ‚Schulklima‘ im Kontext von Adressierungs- und Aneignungsprozessen: Eine explorative Annäherung an die Sicht der Adressatinnen und Adressaten von Schulsozialarbeitsangeboten und die Positionen der schulischen Kooperationspartner. In A. Spies (Hrsg.), *Schulsozialarbeit in der Bildungslandschaft. Möglichkeiten und Grenzen des Reformpotenzials* (S. 71–98). Wiesbaden: Springer VS.

Spies, A. (2008). Beruf und Arbeit. In T. Coelen & H.-U. Otto (Hrsg.), *Grundbegriffe der Ganztagsbildung. Das Handbuch* (S. 280–288). Wiesbaden: VS Verlag für Sozialwissenschaften.

Spies, A., & Pötter, N., (2011). *Soziale Arbeit an Schulen – Einführung in die Schulsozialarbeit.* Wiesbaden: VS Verlag für Sozialwissenschaften.

Uhlendorff, U., & Rosenbauer, N. (2008). Didaktische Konzepte in der Kinder- und Jugendarbeit. In T. Coelen & H.-U. Otto (Hrsg.), *Grundbegriffe Ganztagsbildung. Das Handbuch* (S. 476–484). Wiesbaden: VS Verlag für Sozialwissenschaften.

Vogel, C. (2013). Schulsozialarbeit als Ausdruck von Strukturpathologien und als Mittel zu deren Entschärfung. In A. Spies (Hrsg.), *Schulsozialarbeit in der Bildungslandschaft* (S. 137–193). Wiesbaden: Springer VS.

Weick, K. E., & Sutcliffe, K. M. (2010). *Das Unerwartete managen.* Hamburg: Schaeffer Pöschel.

Weiß, W. (2011). *Kommunale Bildungslandschaften. Chancen, Risiken und Perspektiven.* Weinheim und München: Juventa.

Wolter, J. (2017). Disziplin. In H. Bassarak (Hrsg.), *Lexikon der Schulsozialarbeit.* Baden-Baden: Nomos (i. D).

Anke Spies, Prof. Dr. phil., Institut für Pädagogik der Carl von Ossietzky Universität Oldenburg. Arbeitsschwerpunkte: Pädagogik und Didaktik des Elementar- und Primarbereichs; Schulentwicklung in der Primarstufe; Kooperation Schule-Jugendhilfe/Schulsozialarbeit; Prozesse von Inklusion und Exklusion anke.spies@uni-oldenburg.de; www.staff.uni-oldenburg.de/anke.spies.

Erzieherischer Kinder- und Jugendschutz

Bruno W. Nikles

Zusammenfassung

Der Erzieherische Kinder- und Jugendschutz (E.) erweitert die straf- und ordnungsrechtlichen Regelungen des Jugendschutzes durch Angebote der Information, Kommunikation und des Lernens. Ziel ist, Eltern und Erziehungspersonen sowie die jungen Menschen selbst zu befähigen, Gefährdungen im öffentlichen Raum, durch Konsum von Suchtmitteln oder Medieninhalten zu erkennen, zu reflektieren und abzuwehren. Rechtliche Grundlage bildet der § 14 SGB VIII – Kinder- und Jugendhilfe.

Schlüsselwörter

Kinderschutz, Jugendschutz, Jugendarbeit, Elternarbeit, Familienbildung, Medienpädagogik, Konsumpädagogik

Begriff

Der Erzieherische Kinder- und Jugendschutz (im Weiteren abgekürzt: E). umfasst Informations-, Aufklärungs-, Beratungs- und Schulungsangebote öffentlicher und privater Träger des Erziehungssektors, insbesondere der Jugendhilfe und Schule, an junge Menschen, Eltern und Erziehungsberechtigte zum *Schutz von Kindern und Jugendlichen vor Gefährdungen und Beeinträchtigungen ihres Entwicklungsprozesses.* Die abwehrende Perspektive richtet sich insbesondere auf Tatbestände wie gesundheitsgefährdende Stoffe (z. B. Alkohol, Tabak, Drogen), Medieninhalte (z. B. Gewaltdarstellungen, sozialethische Desorientierung, ideologische Gefährdungen), auf konfliktträchtiges soziales Verhalten (z. B. Gewalt, Mobbing) oder sonstige Verletzungen von Persönlichkeitsrechten. Wirkungsorientiert soll erreicht werden, dass einerseits

Eltern und Erziehungspersonen ihrem Schutzauftrag gegenüber jungen Menschen gerecht werden und andererseits die Kinder und Jugendlichen lernen, Einflüsse abzuwehren oder sich mit ihnen reflektiert auseinanderzusetzen.

Der E. ist rechtlich in § 14 Sozialgesetzbuch, Achtes Buch: Kinder- und Jugendhilfe (SGB VIII) als eigenständiger Bereich der Jugendhilfe geregelt. Er wird in der Fachwelt relativ isoliert betrachtet, obwohl das Kinder- und Jugendhilfegesetz von Schutzregelungen durchdrungen ist und diese in den letzten Jahren sogar durch interventionistische Regelungen verstärkt wurden. Die Gründe hierfür und für die unzureichende Verknüpfung der Rechtsmaterien SGB VIII, Jugendschutzgesetz (JuSchG) und Jugendmedienschutz-Staatsvertrag (JMStV) sind vor allem historischer und rechtssystematischer Natur und davon abgeleiteter Zuständigkeiten. Im Hinblick auf die Handlungsfelder und die sich stellenden Herausforderungen scheinen viele Abgrenzungen anachronistisch und fachlich schwer begründbar. Die Aufgabe, den Erziehungsaspekt mit dem Schutzparadigma zu verbinden, ist Teil des *„gesamterzieherischen Bemühens"* (Carlhoff 1993, S. 96) und in diesem Sinne in voller Breite umzusetzen.

Die in § 14 SGB VIII formulierte Aufgabe konstituiert kein eigenständiges Handlungsfeld mit organisatorischen und räumlichen Bezügen, sondern stellt eine „Querschnittsaufgabe" dar. Diese bezieht sich auf junge Menschen und Erziehungspersonen und kann sinnvollerweise nicht auf den institutionellen Rahmen der Jugendhilfe beschränkt bleiben. Insoweit sind auch wichtige Kooperationspartner der Jugendhilfe, die in § 81 SGB VIII genannt werden, beispielsweise Schule und Schulverwaltung, der Öffentliche Gesundheitsdienst oder die Polizei- und Ordnungsbehörden einzubinden (Darstellung der Breite des Kinder- und Jugendschutzes in: Bienemann et al. 1995; auch: Nikles et al. 2013).

Abgrenzungen und Bezüge zum weiteren Kinder- und Jugendschutz

Der Kinder- und Jugendschutz gründet in der „regulativen" Grundüberlegung, dass das Gelingen des Aufwachsens junger Menschen nicht nur von der personalen Zuwendung, von Hilfe und Unterstützung sowie von der Förderung von Lebenskompetenzen abhängig ist. Schutzregelungen sollen dazu beitragen, dass die Entwicklungsprozesse nicht nachhaltig durch äußere Einflüsse beeinträchtigt werden.

Die Entfaltung dieser Grundüberlegung ist gesellschafts- und kulturspezifisch unterschiedlich ausgeprägt, weshalb die Jugendschutzregelungen bereits innerhalb der europäischen Staaten schwer vergleichbar sind. Selbst zunächst identisch erscheinende rechtliche Vorschriften müssen im jeweils spezifischen sozial-kulturellen Kontext interpretiert werden. Zudem sind die Aufmerksamkeitsmuster im Hinblick auf Gefährdungen sowie die Handlungskontexte der Maßnahmen dem gesellschaftlichen Wandel, gelegentlich auch aktuellen Übertreibungen oder gar spezifischen thematischen „Konjunkturen" ausgesetzt. Die im JSchuG beispielsweise festgelegten Tatbestände sind Ausdruck bestimmter sozial-kultureller Sichtweisen. Die Normen treffen zum Teil auch auf gewerbliche und ökonomische Interessen beziehungsweise Konfliktlinien und sind hinsichtlich ihrer Wirkungen abhängig von der Akzeptanz in der Gesellschaft.

Für Deutschland lassen sich *vier Formenkreise* unterscheiden (Überblick: Nikles et. al. Jugendschutzrecht 3. Aufl. 2011, S. 1–37).

Erstens werden zum sogenannten gesetzlichen Jugendschutz *strafrechtliche und ordnungsrechtliche gesetzliche Regelungen* gezählt. Eine zentrale Rolle spielt hier das Jugendschutzgesetz (JuSchG). Es regelt den Jugendschutz im öffentlichen Raum unter anderem mit Beschränkungen der Abgabe von Alkohol und Tabakwaren an junge Menschen, dem Verbot der Zulassung des Aufenthalts an gefährdenden Orten (z. B. Spielhallen), sorgt für ein System von Altersfreigaben ((Druckerzeugnisse, Filme, CD-ROMs, DVDs u. a. m.), legt Sendezeitengrenzen im Fernsehen und Vertriebsbeschränkungen bei jugendgefährdenden Trägermedien fest. Die straf- und ordnungsrechtlich bewehrten Vorschriften richten sich an Gewerbetreibende, Unternehmen und Erziehungspersonen. Das Verhalten von Kindern und Jugendlichen selbst wird rechtlich nicht sanktioniert, unterliegt jedoch folgerichtig den regulierenden Maßnahmen, was auf deren Handlungsebene auch zu Konflikten führen kann. Dabei sind diese Konflikte durchaus vielfach Ausdruck der Versuche junger Menschen, die ihnen gesetzten Grenzen zu testen und Erfahrungen zu sammeln. Der staatliche Föderalismus bringt es mit sich, dass für die Telemedien (Rundfunk und Internet) die Bundesländer zuständig sind. Im Jugendmedienschutz-Staatsvertrag (JMStV) haben diese untereinander gesetzlich geregelt, wie die jugendschutzbezogene Regulierung dieser Medien zu handhaben ist.

Zweitens hat sich neben den kontrollierend-ordnenden Regulierungen mit dem hier behandelten E. ein Bereich von Maßnahmen entwickelt, der auf die *aktive Mitwirkung der Erziehungspersonen und jungen Menschen* selbst setzt. Deren Beteiligung und deren Kompetenzen sollen Gefährdungen besser erkennen lassen und diesen durch eigene Verhaltenssteuerung entgegenwirken. Zu den Maßnahmen und Aktivitäten können auch die vielfältigen Ansätze der Medienerziehung oder der Konsumerziehung gezählt werden, selbst wenn dort die Schutzperspektive eine eher indirekt eingebrachte ist.

Drittens beinhaltet das SGB VIII in § 1 die programmatische Aussage, „Kinder- und Jugendliche vor Gefahren für ihr Wohl" zu schützen und dazu beizutragen, *„positive Lebensbedingungen für junge Menschen und ihre Familien sowie eine kinder- und familienfreundliche Umwelt* zu erhalten oder zu schaffen." Hierin sieht der Kinder- und Jugendschutz die gesetzliche Verankerung eines „strukturellen Jugendschutzes", indem ohne Regulierungen oder Interventionen Bedingungen geschaffen werden, die Gefährdungen mindern oder ausschließen. Eine solche Handlungsperspektive vermeidet auch die „präventive Überlastung" unserer Gesellschaft durch allgegenwärtige Präventionsprogramme, die vielfach mehr versprechen als sie einhalten können.

Viertens ist in den letzten Jahren der *Kinderschutz* als Bezeichnung für Maßnahmen der Jugendhilfe in die öffentliche und fachliche Aufmerksamkeit gerückt, die dazu beitragen können, frühzeitig Vernachlässigungen und Misshandlungen in Familie, sozialem Nahraum und in Institutionen der Erziehung und Erziehungshilfe vorzubeugen und sie zu unterbinden. Zwar unterliegen diese Maßnahmen dem Schutzgedanken, doch sind diese eher dem Bereich der *Hilfen zur Erziehung* und deren organisatorischer und institutioneller Absicherung zuzurechnen als dem „klassischen" Jugendschutz.

Die genannten Formenkreise werden mit ihrer jeweils eigenen Aufmerksamkeits- und Handlungslogik vielfach voneinander getrennt oder gar gegeneinander abgeschottet betrachtet. Die damit verbundenen Abgrenzungen können durchaus kritisch gesehen werden, weil damit komplexere Wirkungszusammenhänge ausgeblendet werden und abgestimmte umfassendere Handlungskonzepte nicht entstehen. Der Nachweis von direkten Wirkungen, etwa von medialen Einflüssen mag im Einzelfall möglich sein, ist allerdings generell wissenschaftlich nur schwer zu führen. Es gab und gibt im engeren Feld des Jugendschutzes keine entfaltete empirische Forschung über die kausalen Wirkungen von einzelnen Jugendschutz-Regelungen. Vielfach muss unter Bedingungen des Nichtwissens über Wirkungszusammenhänge mit Gefährdungsvermutungen operiert werden. Von großer Bedeutung ist deshalb ein ständiger übergreifender *Diskurs* darüber, welchem *Menschenbild* und welchen *Verhaltensnormen* eine Gesellschaft sich verpflichtet sieht. In dieser Perspektive werden die einzelnen oben genannten Formenkreise des Kinder- und Jugendschutzes durch gemeinsame Aufmerksamkeitsfiguren miteinander verbunden. Schließlich ist darauf hinzuweisen, dass fast alle Jugendschutzregelungen – in gewisser Weise auch die straf- und ordnungsrechtlichen – einen präventiven Charakter tragen.

Historische Entwicklung

Während der Jugendarbeitsschutz seit dem Preußischen Regulativ aus dem Jahre 1839 über die Jahrzehnte hinweg eine deutliche Entfaltung erfahren und sich in den Grundzügen weitgehend gefestigt hatte, war die Weimarer Republik mit dem Reichslichtspielgesetz (1920) und mit dem Gesetz zur Bewahrung der Jugend vor Schund- und Schmutzschriften (1926) eine Zeit heftigster Auseinandersetzungen um die damaligen „neuen Medien", verbunden mit innenpolitischen Debatten über Medienfreiheit und Zensur. Der E. beginnt parallel zu diesen ersten gesetzlichen Regelungen. Quasi in deren Windschatten gab es beispielsweise Initiativen von Jugendverbänden, des Schulsystems und auch einzelner Verlage, jugendgeeignete Literatur zu fördern und eine Art von literarischer Erziehung zu etablieren. In historischer Sichtweise handelte es sich um Versuche, den Modernisierungsprozess der Gesellschaft im Sinne pluraler Wertorientierungen, individueller Entscheidungsfreiheit und freier Medienproduktion zu begleiten und im moralischen Diskurs zu verarbeiten.

Eine weitere solche Phase erlebte die junge Bundesrepublik Deutschland in den 1950er Jahren im Zusammenhang der Jugendschutzgesetze (Gesetz über jugendgefährdende Schriften, GjS; Gesetz zum Schutze der Jugend in der Öffentlichkeit, JÖSchG). Die derzeitige Epoche ist erneut durch einen enormen Bedeutungszuwachs der Medien und vor allem dadurch gekennzeichnet, dass Medieninhalte nahezu grenzenlos und auf verschiedenen konvergenten technischen Plattformen Verbreitung finden. Sie durchdringen das Alltagsleben in einer vormals noch nie erlebten Intensität. Dies verstärkt zum einen die Notwendigkeit der Selbstregulierung durch die Anbieter medialer Inhalte und verlangt zum anderen, durch Kommunikation und über ein erzieherisches Wirken Prozesse der Eigenregulierung und Reflexion der Rezipienten zu erreichen. In diesem Sinne steht auch der E. vor qualitativ neuen Herausforderungen.

Die wohl zentrale neue Herausforderung besteht in der „ubiquitären" Qualität medialer Inhalte. Das heißt über Lebens-, Sozial- und Kulturräume hinweg sind diese Inhalte „allgegenwärtig", überall verbreitet und einer zunehmenden Zahl von Menschen zugänglich. Ein möglicherweise noch viel tiefgreifenderer Sachverhalt liegt in der Veränderung des Verhältnisses von „Öffentlichem" und „Privatem". Und dies nicht nur im Bereich der Medien, wo selbstgenerierte private Themen und Lebensinhalte öffentlich verbreitet werden und damit der offenen sozialen und auch kommerziellen Nutzung zur Verfügung stehen. Man kann diese Entwicklung als Bereicherung des Lebens sehen. Zugleich aber sind als Gefährdungsmomente auch Ausbeutung, Fehlleitung psycho-sozialen Verhaltens oder Verletzungen von Persönlichkeitsrechten kritisch zu verfolgen. Machtverhältnisse, Privilegierungen und Deprivilegierungen werden in der sich entwickelnden neuen Kultur nicht nur aufgebrochen, sondern auch neu konstituiert.

Rechtliche Einordnung

Der E. ist als § 14 Teil des ersten Abschnittes „Jugendarbeit, Jugendsozialarbeit, erzieherischer Kinder- und Jugendschutz" des SGB VIII, wobei bereits in der Überschrift des Abschnitts auffällt, dass der Erziehungsaspekt adjektivisch dem Kinder- und Jugendschutz hinzugefügt ist und nicht (am Wortanfang groß geschrieben) einen feststehenden Fachbegriff bildet.

Fachlich zutreffend kommentiert finden wir den E. bei Struck in Wiesner (2015, § 14 Rz. 1). Dort wird der E. als eigenständiger Bereich der Kinder- und Jugendhilfe charakterisiert, der in enger Verbindung zu anderen Teilbereichen, vor allem der Jugendarbeit und Familienbildung steht und diese Arbeitsfelder ergänzt. Das leitende Paradigma ist der „Begriff der Prävention". „Damit sind", so Struck, „alle Anstrengungen gemeint, die darauf zielen, eine Gefährdung und mögliche Schädigung frühzeitig zu erkennen und zu verhindern." Mit Bezug auf die Regierungsbegründung zum Gesetzentwurf weist der Kommentator darauf hin, dass den Herausforderungen der Jugendgefährdung nicht „repressiv, sondern offensiv durch Information und Aufklärung der gefährdeten Personen begegnet werden [soll], um dadurch eine Verhaltensänderung herbeizuführen." In der weiteren Kommentierung wird unter Verweis auf § 1 Abs.3 Nr. SGB VIII verdeutlicht, dass der „Kinder- und Jugendschutz ein durchgängiges Prinzip der KJHilfe" ist (Rz.3).

Zum Handlungsrahmen des E. wird von Schäfer in Münder (2013, § 4, Rz. 5) ausgeführt, dass die im Gesetz genannten Zielgruppen (Eltern, Erziehungsberechtigte, Kinder und Jugendliche) keine Beschränkung des erzieherischen Kinder- und Jugendschutzes auf die Jugendarbeit und Jugendsozialarbeit zulassen. Über diese Bereiche hinaus wende sich der Paragraf auch an andere Institutionen der Erziehung und Bildung und ihre Fachkräfte. Schäfer weist zudem richtigerweise darauf hin, dass sich die Aufgaben des E. in den letzten Jahren ausgeweitet haben, insbesondere im Blick auf die Veränderungen und Herausforderungen der Erziehung durch die Entwicklung der sogenannten neuen Medien (Rz. 7). In letzterem Zusammenhang ist der Blick auf den Jugendmedienschutz-Staatsvertrag und die Bemühungen, das Jugendschutz-Paradigma auch in den Angebotsbereichen der Telemedien und des Internets stärker zu verankern, wichtig.

Die im zweiten Kapitel „Leistungen der Jugendhilfe" und dessen erstem Abschnitt „Jugendarbeit, Jugendsozialarbeit, erzieherischer Kinder- und Jugendschutz" des SGB VIII festgelegten Aufgaben des öffentlichen Trägers der Jugendhilfe unterliegen einem Landesrechtsvorbehalt (§ 15). Die sich aus der Verfassung, dem Grundgesetz der Bundesrepublik Deutschland (GG), ergebende Gesetzgebungskompetenz der Bundesländer im Bereich der Kinder- und Jugendhilfe („Fürsorge" und „Bildung", so die Sprache des GG) eröffnet auch im Bereich des E. den Ländern einen Raum für Konkretisierungen und weitere Ausgestaltungen. Dieser wird, allerdings in unterschiedlicher fachlicher Breite und organisationsbezogener Tiefe, von den meisten Bundesländern genutzt. So findet das Erfordernis erzieherischer Aufgabenerfüllung im Kinder- und Jugendschutz seinen politischen Niederschlag in Kinder- und Jugendförderplänen, die als Teil der Haushaltsplanung gesetzlich geregelt werden und damit Intention und Umfang des Engagements markieren (vgl. Schäfer in Münder 2013, § 15, RZ. 1 ff.). Zudem regeln in einigen Bundesländern Erlasse die Kooperation zu beteiligender Behörden (z. B. der Jugendämter, Polizei- und Ordnungsbehörden).

In fast allen Bundesländern existieren Arbeitsgemeinschaften, die zugleich als Fachstellen und „Dach"-Organisationen tätig sind und dem organisatorischen Formenkreis freier gemeinnütziger Jugendhilfeträger zuzurechnen sind (hierzu: Bienemann 1998). Die eigentliche gesetzliche Angebots- und Handlungsverantwortung für den Erzieherischen Kinder- und Jugendschutz liegt allerdings bei den örtlichen öffentlichen Trägern der Jugendhilfe, d. h. bei den Kreisen und Städten.

Konzeptionelle Zuordnungsfragen

Der E. beinhaltet bereits begrifflich eine gewisse Spannung. Mit dem Begriff „Jugendschutz" umrissene gesellschaftliche Vorkehrungen gehen davon aus, dass es Einflüsse, Gelegenheiten und Bedingungen gibt, die dem Aufwachsen junger Menschen abträglich sind und die deshalb von ihnen ferngehalten werden sollen. Im Prozess der Sozialisation, das heißt dem Hineinwachsen in die Erwachsenenwelt, werden Kinder und Jugendliche geradezu zwangsläufig diesen Einflüssen ausgesetzt und müssen sich auch mit ihnen auseinandersetzen. Die Erziehung als eine intentional gelenkte und normativ bestimmte Einflussnahme auf den Sozialisationsprozess sucht Wege, die Entwicklung des jungen Menschen zu einer selbstbestimmten und eigenverantwortlichen Persönlichkeit zu fördern. Die Kunst der *Verknüpfung des Schutz- und des Förderungsparadigmas* besteht darin, darauf zu achten, dass Kinder und Jugendliche größtmögliche Chancen der Entfaltung erhalten, ihre Entwicklungsressourcen auch aktiv nutzen können, und dass dabei zugleich der Belastungsgrad möglicher Gefährdungen auf ein Maß begrenzt wird, bei dem die jungen Menschen entsprechend ihrem Entwicklungsstand keinen Schaden nehmen können. In diesem Sinne könnte man in den Erziehungs- und Sozialwissenschaften diskutierte Ansätze wie das Empowerment oder den „Capability-Approach" mit dem Ziel verbinden, Haltungen und Fähigkeiten zu fördern, Belastungen aushalten („Resilienz") und meistern („Kompetenz") zu können.

Damit ließen sich auch Distanzen und Diskussionssperren überwinden, die das Verhältnis der Sozialpädagogik zum Jugendschutz über Jahrzehnte kennzeichneten und nicht zuletzt dazu führten, dass in einschlägigen Handbüchern der Sozialarbeit und Sozialpädagogik eine Thematisierung des Kinder- und Jugendschutzes weitestgehend unterblieb (vgl. Otto; Thiersch 2011 u. Voraufl.). Dies mag unter anderem darin begründet sein, dass eine auf die Förderung der Individualität gerichtete Erziehung verständlicherweise Schwierigkeiten hat, kollektiven Gefährdungsvorstellungen zu folgen. In der Tat kann die gesellschaftspolitische Regulierungsaufgabe nur von generellen Sichtweisen ausgehen und muss die Beurteilung der individuellen Entwicklungsprozesse denjenigen überlassen, die für die Erziehungskontexte Verantwortung tragen.

Der Kinder- und Jugendschutz zeigt seinerseits Defizite in der politisch-rechtlichen Umsetzung von Erkenntnissen über die *Aneignungsprozesse junger Menschen* und steht damit auch unter Veränderungsdruck. Der Vorwurf, der Jugendschutz würde „bewahrpädagogischen Mustern" folgen, geriet allerdings in den letzten Jahrzehnten zunehmend zu einer ideologischen Figur. Generell stellt sich nämlich immer die Frage, in welchem Verhältnis Schutz auf der einen und Befähigung auf der anderen Seite stehen sollen. Die politischen Forderungen nach einer Stärkung der Kinderrechte, der Inklusion von jungen Menschen mit Handicaps oder sozial-kulturellen Belastungen sowie der Akkulturation Zugewanderter eröffnet zusätzlich die Debatte darüber, wie die Anstrengungen um ein gelingendes und geschütztes Aufwachsen

unter besserer Einbeziehung der Beteiligung junger Menschen sicherzustellen ist –
und welche Handlungsformen wir dazu benötigen.

Die gesellschaftlichen Verhältnisse erfordern aus mehreren Gründen eine verstärkte Förderung des E. und eine weitere Aktivierung der Handlungsprogramme. Zum einen ist die Begrenzung des Zugangs zu Gefährdungspotentialen in öffentlichen Räumen schwieriger geworden. Wo vor Jahrzehnten noch der Zugang zu
Medieninhalten vor Kinokassen kontrollierbar war, sind die Inhalte heute geradezu überall, zu fast jeder Zeit und über Räume hinweg präsent und erreichbar. Zudem trägt die Globalisierung unter anderem zu einer Pluralisierung von Kultur-
und Wertmustern bei, die es erforderlich erscheinen lässt, im Erziehungsprozess
Kommunikation zu verstärken und Orientierung zu geben. Die Gefahr, dass andere oder gar niedrigere Schutzregelungen und -verständnisse anderer Länder, etwa
im Mediensektor, unsere Jugendschutz-Standards aushebeln, darf nicht übersehen
werden.

Handlungsformen

Die (präventive) Grundausrichtung des E. kommt am sinnvollsten zur Geltung, wenn
er nicht vorschnell auf bereits gefährdete junge Menschen gerichtet ist (sekundäre
bzw. selektive Prävention). Dadurch wird der kontrollierende und repressive Aspekt
des Jugendschutzes über Gebühr so betont, dass die Angebote und Aktivitäten eher
kontraproduktiv wirken könnten. Primär sollte es im E. um eine Stärkung der jungen
Menschen im Umgang mit angebotenen Denk- und Handlungsoptionen gehen. So
wird es in der Medien- und Konsumpädagogik praktiziert. Dazu gehören vor allem
die Vermittlung von technischen Kompetenzen, die Schaffung von Transparenz über
die Angebote und die mit ihnen verbundenen Interessen sowie die Förderung der Bereitschaft zur Kommunikation innerhalb des erzieherischen Settings, etwa zwischen
Eltern, Erziehern und Lehrern einerseits und den Kindern und Jugendlichen andererseits oder jeweils untereinander.

Zu den konkreten Handlungsformen gehören, beispielhaft aufgezeigt, unter anderem im Rahmen der Jugendarbeit medienpädagogische Angebote in Freizeiteinrich-
tungen, in der Schule die sachgerechte Information über Gefährdungskontexte, in
der Familien- und Elternbildung die Stärkung der Erziehungskompetenz und Kom-
munikationsfähigkeit, Kinder zu einem reflektierten Verhalten in Gefährdungssituationen anzuhalten (vgl. die Beispiele in: Präventiver Kinder- und Jugendschutz
2007). Je nach Alter, Entwicklungsstand und Lebenssituation junger Menschen bestehen unterschiedliche Schutzbedürfnisse, denen auch alters-, geschlechts- und sozial-
gruppenspezifisch entsprochen werden muss. Die Angebote und Handlungsformen
des E. sind mithin darauf abzustimmen.

Systematisch gliedern lassen sich die Angebote im Wesentlichen in folgende Bereiche: Unmittelbare pädagogische Angebote, Informations- und Beratungsangebote,

Fortbildungsangebote, Kooperations- und Vernetzungsaktivitäten und Öffentlichkeitsarbeit (vgl. Kriterien 1992).

Es steht außer Zweifel, dass auch öffentliche Kampagnen oder Filmclips, die die Aufmerksamkeit der Erwachsenen auf Gefährdungen lenken, denen Kinder beispielsweise beim Surfen im Internet ausgesetzt sein können, einen Beitrag zum E. leisten. Zur Verfügung steht zudem eine Vielzahl von Informationsschriften, die von Institutionen und Organisationen des Kinder- und Jugendschutzes herausgegeben, vertrieben und inzwischen in der Regel auch in digitaler Form angeboten werden. Schließlich ist darauf hinzuweisen, dass speziell *auf Kinder zugeschnittene Internetportale* existieren, die eine altersgerechte Nutzung von Medieninhalten ermöglichen. Im Sinne eines „technischen Jugendschutzes" sind einerseits Jugendschutzfilter und andererseits Jugendschutzprogramme Hilfsmittel des E. Erstere werden als Software auf Computern/Servern installiert und geben den Kindern und Jugendlichen zum Beispiel nur einen bestimmten Raum an Internetquellen frei und protokollieren die Nutzung. Letztere werden von Unternehmen (Anbietern von Medieninhalten) zur Regelung von Zeitbegrenzungen und Zugriffsbeschränkungen genutzt. Der technische Jugendschutz entlastet letztlich nicht von der erforderlichen Begleitung der jungen Menschen bei ihrem Medienkonsum. Eltern und Erziehungspersonen bleiben in ihrer Verantwortung.

Zuständigkeiten

Das SGB VIII weist den E. als Aufgabe dem öffentlichen Träger der Kinder- und Jugendhilfe zu. Zuständig sind also auf der örtlichen Ebene die Kreise und Kreisfreien Städte sowie nach jeweiligen landesrechtlichen Bestimmungen gegebenenfalls auch kreisangehörige Städte. Die örtlichen Träger nehmen diese Fachaufgabe in ihren Jugendämtern und Einrichtungen wahr. Es gibt keinen Rechtsanspruch auf Leistungen, allerdings hat der öffentliche Träger die Aufgabe des E. grundsätzlich zu gewährleisten. In der Ausgestaltung ist er ansonsten frei und hat einen weiten Spielraum. Sinnvollerweise und dem Charakter des E. als Querschnittsaufgabe entsprechend wird er die freien Träger der Jugendhilfe und die oben bereits genannten Institutionen und Organisationen mit Bezug zur Lebenswelt der jungen Menschen in die Förderung und Ausgestaltung der Aufgabe einbeziehen. Die überörtliche Zuständigkeit liegt bei den Landesjugendämtern. Die Personalausstattung, insbesondere bei kleineren Jugendämtern, ist in vielen Fällen sehr begrenzt und häufig auf wenige Prozentanteile des Stellenvolumens der zuständigen Fachkraft bemessen und vielerorts deshalb kritisch zu beurteilen. Fachlich tragfähig ist gegebenenfalls eine Kombination mit den Aufgaben der Jugendarbeit, ist doch diese ein wichtiges Handlungsfeld, in dem die Querschnittsbetrachtung des E. sich konkretisiert. Als nicht unproblematisch muss dagegen eine Kombination des E. mit ordnungsbehördlichen Aufgaben gelten, allein schon um die präventive und erzieherische Arbeit nicht durch Symbole und Handlungen repressiver Art zu belasten. Dagegen spricht vieles dafür, die Kooperation der zuständigen Behörden nachhaltig zu pflegen und zu stärken.

Wie oben bereits erwähnt, tragen die örtlichen öffentlichen Träger der Jugendhilfe, d. h. die Kreise und Städte mit ihren Jugendämtern, für die Angebote und Aktivitäten im Erzieherischen Kinder- und Jugendschutz die Verantwortung. Sie werden in den meisten Bundesländern, zum Teil seit Beginn der jugendschutzrechtlichen Entwicklung nach dem Zweiten Weltkrieg, durch Landesarbeitsgemeinschaften Kinder- und Jugendschutz unterstützt. Diese Unterstützungsleistungen in Form von Informations-, Beratungs- und Fortbildungsmaßnahmen können die zum Teil personell schwach ausgestatteten örtlichen Strukturen jedoch nicht ersetzen.

Die Landesarbeitsgemeinschaften nehmen, je nach Bundesland in unterschiedlicher Schwerpunktsetzung, Vernetzungsaufgaben hin zur Kriminalprävention, zu medienpädagogischen Aufgabenfeldern, zur Suchtprävention und zum schulischen Sektor wahr. Auf Bundesebene existiert die Bundesarbeitsgemeinschaft Kinder- und Jugendschutz, in der die Landesarbeitsgemeinschaften, die Spitzenverbände der Freien Wohlfahrtspflege und verschiedene weitere Fachinstitutionen zusammenarbeiten.

Politik

Aufgrund des Umstandes, dass vielfältige Schutzregelungen und auf das Alter von Kindern und Jugendlichen bezogene Rechtsnormen in unterschiedlichen Rechtsgebieten zu finden sind (Ramm 1990; Nikles et al., Jugendschutzrecht 2011, Teil V), erscheinen auch die politischen und administrativen Zuständigkeiten als stark fragmentiert. Die fachliche Einflussnahme auf das politische Geschehen ist keineswegs einfach und erfordert erhebliche Anstrengungen von den wenigen vorhandenen, meist gemeinnützig arbeitenden Akteuren.

Die seit den 1990er Jahren zu beobachtende Verlagerung der politischen Aufmerksamkeit auf die Kindheitsphase und damit auf den Begriff „Kinderschutz" dauert trotz mancher Korrekturbemühungen im Sinne einer wieder umfassender zu konzipierenden Jugendpolitik an. Vor wenigen Jahren wurden diese durch die Organisationen der Jugendhilfe und das Bundesjugendkuratorium angestoßen. Die Jugendphase muss, gerade weil sie durch bestimmte epochale soziale Entstrukturierungen gekennzeichnet ist, in ihrer Gesamtheit betrachtet werden. Der Blick auf die sich verschiebenden und überlappenden „Übergänge" bis hin zur Erwachsenenrolle darf nicht durch die Dominanz politischer Leitbegriffe verdeckt werden. Im Kontext der Analyse von Veränderungen der Lebenswirklichkeit bleiben auch die durch die Jugendschutzgesetzgebung formal gesetzten Altersgrenzen und Zugangsregelungen zu Veranstaltungen und Gelegenheiten im Jugendalter ein Thema.

Der 14. Kinder- und Jugendbericht (2013) hat sich als erster Bericht ausführlicher mit dem Kinder- und Jugendschutz befasst, allerdings nicht in der vollen Breite. Da

Kinder- und Jugendschutz-Aspekte aber nur zu einem Teil im Kompetenzbereich der verfassten Kinder- und Jugendhilfe liegen, bleibt die Gesamtbetrachtung ein durchaus ernstes und noch einzulösendes Desiderat. Eine Reaktivierung des „Einmischungsanspruchs" der Kinder- und Jugendhilfe in korrespondierende Handlungsfelder des Bildungs-, Gesundheits- und Sozialsystems steht ebenso weiterhin auf der Agenda wie die Forderung nach Verstärkungen der Rechte und der Partizipation junger Menschen.

Informationen

Informationen zum Kinder- und Jugendschutz lassen sich in vielfältiger Weise über die Angebote im Internet erschließen (www.jugendschutz.de; www.bag-jugendschutz.de; www.handbuch-jugendschutz.de; www.jugendschutz.net; www.klicksafe.de). Es handelt sich dabei um aktuelle Nachrichten, Hinweise auf Tagungen und Projekte, Informationen zu rechtlichen Fragen, lexikalische Informationen, bibliografische Nachweise spezieller Literatur, kostenfrei zugängliche Beiträge der Jugendschutz-Zeitschriften oder pädagogische Handreichungen. Hilfestellungen geben die örtlichen öffentlichen Träger der Jugendhilfe (Jugendämter) sowie Fachinstitutionen, die über einzelne Gefährdungskontexte informieren (z. B. die Bundeszentrale für gesundheitliche Aufklärung). Spezielle Fachzeitschriften (Kinder- und Jugendschutz in Wissenschaft und Praxis, Berlin; AJS-Forum, Köln; ajs-informationen, Stuttgart; projugend, München; thema jugend, Münster) thematisieren darüber hinaus das breite Spektrum der Jugendschutzthemen.

Literatur

Bienemann, G., Hasebrink, M., & Nikles, B. W. (Hrsg.). (1995). *Handbuch des Kinder- und Jugendschutzes. Grundlagen, Kontexte, Arbeitsfelder.* Münster: Votum.

Bienemann, G. (1998). Kooperationspartner Kinder- und Jugendschutz. In U. Deinet & B. Sturzenhecker (Hrsg.), *Handbuch Offene Jugendarbeit* (S. 510–513). München: Juventa.

Carlhoff, H.-W. (1993). Erzieherischer Kinder- und Jugendschutz. In W. Gernert (Hrsg.), *Das Kinder- und Jugendhilfegesetz 1993. Anspruch und praktische Umsetzung; eine Einführung in das Achte Buch Sozialgesetzbuch (SGB VIII)* (S. 94–98). Stuttgart: Boorberg.

Kriterien (1992). Kriterien für den Erlaß von Ausführungsbestimmungen der Länder zur Ausgestaltung von § 14 KJHG (erzieherischer Kinder- und Jugendschutz) aufgrund § 15 KJHG. Bundesarbeitsgemeinschaft Kinder- und Jugendschutz vom 22. September 1992 (1993). In *Jugendschutz. Rechtsgrundlagen in der Bundesrepublik Deutschland.* (S. 14–19). Stuttgart: Boorberg.

Münder, J. (Hrsg.). (2013). *Frankfurter Kommentar zum SGB VIII: Kinder- und Jugendhilfe,* 7. vollst. überarb. Aufl. Baden-Baden: Nomos.

Nikles, B. (2011). *Jugendschutzrecht. Kommentar zum Jugendschutzgesetz (JuSchG) und zum Jugendmedienschutz-Staatsvertrag (JMStV) mit auszugsweiser Kommentierung des Strafgesetzbuches (StGB) sowie weiterer Bestimmungen zum Jugendschutz.* 3., neu gestalt. u. überarb. Aufl. Köln: Luchterhand.

Nikles, B., Roll, S., & Umbach, K. (2013). *Kinder- und Jugendschutz. Eine Einführung in Ziele, Aufgaben und Regelungen.* Opladen, Berlin, Toronto: Barbara Budrich.

Otto, H.-U., & Thiersch, H. (Hrsg.). (2011). *Handbuch Soziale Arbeit. Grundlagen der Sozialarbeit und Sozialpädagogik,.* 4. völlig neu bearb. Aufl. München, Basel: Ernst Reinhardt Verlag.

Zentrum Bayern Familie und Soziales. Bayerisches Landesjugendamt (Hrsg.). (2007). *Präventiver Kinder- und Jugendschutz. Gesamtkonzept.* München.

Ramm, T. (1990). *Jugendrecht.* München: Beck.

Bundesministerium für Familie, Senioren, Frauen und Jugend (Hrsg.). (2013). *14. Kinder- und Jugendbericht. Bericht über die Lebenssituation junger Menschen und die Bestrebungen der Kinder- und Jugendhilfe in Deutschland.* Bundestags-Drucksache 17/12200 vom 30. 01. 2013. Berlin,

Wiesner, R. (Hrsg.). (2015). *Sozialgesetzbuch VIII: Kinder- und Jugendhilfe; Kommentar,* 5. überarb. Aufl. München: Beck.

Nikles, Bruno W., Prof. em. Dr. rer.soc., Universität Duisburg-Essen/Vorstandsvorsitzender der Bundesarbeitsgemeinschaft Kinder- und Jugendschutz, Berlin. E-Mail: bruno.nikles@uni-due.de.

Förderung der Erziehung
in der Familie und Frühe Hilfen

Claudia Buschhorn

Zusammenfassung

Im Handlungsfeld *Förderung der Erziehung in der Familie* werden sehr vielfältige und heterogene Unterstützungssettings – von Angeboten zur Förderung der elterlichen Erziehungskompetenz über Beratungen in konkreten Belastungssituationen bis hin zu stationären Hilfen – in pluralen Strukturen subsumiert. Der Zielsetzung des Kinder- und Jugendhilfegesetzes entsprechend, präventive Angebote der in den Fokus zu rücken und gesetzlich zu verankern, widmet das SGB VIII den Leistungen zur ressourcenorientierten Förderung, zum Aufbau von Kompetenzen für die eigenverantwortliche Teilhabe am gesellschaftlichen Leben und zur Entlastung von Familien – im Vorfeld der Hilfen zur Erziehung (§§ 27 ff. SGB VIII) – mit den §§ 16 bis 21 SGB VIII einen eigenen Abschnitt.

Innerhalb der §§ 16 bis 21 SGB VIII wird eine fortschreitende Verdichtung von allgemeinen primärpräventiven Leistungen zur Förderung der Erziehungskompetenz (§ 16 SGB VIII) über Beratungsleistungen in konkreten Problem- und Belastungssituationen (§§ 17 und 18 SGB VIII) hin zu stationären Hilfen in spezifischen Lebenssituationen (§§ 19 bis 21 SGB VIII), in denen aber noch kein Hilfebedarf nach §§ 27 ff. SGB VIII vorliegt, sichtbar. Diese Systematik ist leitend für die Struktur des vorliegenden Beitrages.

Schlüsselwörter

Förderung der Erziehung in Familie; Familienbildung; Familienberatung; Beratung in Fragen der Partnerschaft, Trennung und Scheidung; Gemeinsame Wohnformen für Mütter/Väter und Kinder; Frühe Hilfen; Kinderschutz; Hilfen zur Erziehung; Erziehungsberatung

Familiale und gesellschaftliche Transformationsprozesse[1] wirken sich u. a. auf Vorstellungen und Leitbilder von „guter Elternschaft" und damit auf das familiale Erziehungsgeschehen, die Beziehungen zwischen Eltern(teilen) und Kindern sowie
auf eine besondere Inblicknahme der Bildungs- und Erziehungsfunktion von Familien aus. Seit den 2000er Jahren zeigen sich „[n]eue Aufmerksamkeiten für Familie"
(Fegter et al. 2015, S. 3) und Elternschaft. Zwar waren die elterlichen Praktiken der
sogenannten „Krisenfamilie" (Mierendorf und Olk 2007, S. 542) stets Gegenstand sozialpädagogischer Betrachtung und Diskussionen, jedoch ist das derzeit beobachtbare Interesse für elterliche Praktiken übergreifender und tangiert Elternschaft generell. Entsprechend vielfältig und heterogen sind die Angebote, die im Kontext der
Kinder- und Jugendhilfe, insbesondere auch im Handlungsfeld *Förderung der Erziehung in der Familie* gefasst werden: hierunter lassen sich Angebote zur Förderung der
elterlichen Erziehungskompetenz über Beratungen in konkreten Belastungssituationen hin zu stationären Hilfen – in pluralen Strukturen subsumieren.

Um einen grundlegenden Überblick über das vielfältige Leistungsangebot dieses
Handlungsfeldes zu ermöglichen, orientiert sich dieser Beitrag an der rechtlichen
Systematik, normiert im Artikel 1 des Kinder- und Jugendhilfegesetzes, dem SGB
VIII. Der Zielsetzung des Kinder- und Jugendhilfegesetzes entsprechend, die präventiven Angebote der Kinder- und Jugendhilfe in den Fokus zu rücken und gesetzlich
zu verankern, widmet das SGB VIII den Leistungen zur ressourcenorientierten Förderung, zum Aufbau von Kompetenzen für die eigenverantwortliche Teilhabe am
gesellschaftlichen Leben und zur Entlastung von Familien – im Vorfeld der Hilfen
zur Erziehung – einen eigenen Abschnitt (vgl. Wiesner 2011, S. 81). Dieser Abschnitt
umfasst hierbei die §§ 16 bis 21 SGB VIII unter der Überschrift „Förderung der Erziehung in der Familie".

Mit der Normierung von Leistungen zur Förderung und Stärkung der elterlichen
Erziehungskompetenz in den genannten Paragrafen des SGB VIII folgt der Gesetzgeber einem verfassungsrechtlichen Auftrag, da, so führt Proksch (2009) aus, nach
Art. 6 Abs. 1 GG[2] Familie unter einem besonderen staatlichen Schutz steht: Dieser
Schutz von Familien umfasst nicht nur den Schutz vor ungerechtfertigten Eingriffen
des Staates in die elterliche Erziehung, sondern fordert vielmehr auch die Teilhabe
an staatlichen Leistungen (vgl. ebd., S. 178). Ebenso ist die elterliche Erziehungsver-

---

1   Vgl. hierzu und weiterführend u. a. Peter/Hahnen in diesem Band.
2   „(1) Ehe und Familie stehen unter dem besonderen Schutze der staatlichen Ordnung.
    (2) Pflege und Erziehung der Kinder sind das natürliche Recht der Eltern und die zuvörderst ihnen
        obliegende Pflicht. Über ihre Betätigung wacht die staatliche Gemeinschaft.
    (3) Gegen den Willen der Erziehungsberechtigten dürfen Kinder nur auf Grund eines Gesetzes von
        der Familie getrennt werden, wenn die Erziehungsberechtigten versagen oder wenn die Kinder
        aus anderen Gründen zu verwahrlosen drohen.
    (4) Jede Mutter hat Anspruch auf den Schutz und die Fürsorge der Gemeinschaft.
    (5) Den unehelichen Kindern sind durch die Gesetzgebung die gleichen Bedingungen für ihre leib-
        liche und seelische Entwicklung und ihre Stellung in der Gesellschaft zu schaffen wie den ehe-
        lichen Kindern." (Artikel 6 GG).

antwortung, wie sie in Art. 6 Abs. 2 GG normiert ist, nicht allein dann ausreichend staatlich geschützt, wenn der Staat kontrollierend und eingreifend sein Wächteramt ausübt, sondern es besteht, der Auffassung von Rätz/Schröer/Wolff (2014) folgend, der Auftrag, Bedingungen zu schaffen und Leistungen zur Förderung und Stärkung der Erziehungskompetenz bereitzuhalten, die es Eltern ermöglichen, ihr Erziehungsrecht aber auch ihre Erziehungspflicht bestmöglich wahrzunehmen (vgl. ebd., S. 119).

Aus der Bezeichnung *Förderung der Erziehung in der Familie* wird deutlich, dass sich die hier geregelten Leistungen nicht immer trennscharf von den Hilfen zur Erziehung (§§ 27 ff. SGB VIII) unterscheiden lassen, die demselben Ziel dienen. Bereits innerhalb der §§ 16 bis 21 SGB VIII wird zudem eine fortschreitende Verdichtung von allgemeinen primärpräventiven Leistungen zur Förderung der Erziehungskompetenz (§ 16 SGB VIII) über Beratungsleistungen in konkreten Problem- und Belastungssituationen (§§ 17 und 18 SGB VIII) hin zu stationären Angeboten in spezifischen Lebenssituationen (§§ 19 bis 21 SGB VIII), in denen aber noch kein Hilfebedarf nach §§ 27 ff. SGB VIII vorliegt, sichtbar (vgl. Struck 2011, S. 186). Diese Systematik soll leitend für die Struktur der nachfolgenden Ausführungen sein.

1 Leistungen zur Förderung der Erziehungskompetenz (§ 16 SGB VIII)

Hier werden die öffentlichen Träger der Jugendhilfe mittels *Soll-Vorschrift* verpflichtet, universell-präventive Angebote zur *allgemeinen Förderung der Erziehung in der Familie* bereitzuhalten, zu deren Inanspruchnahme weder Krisen- noch Konfliktsituationen oder gar Erziehungsdefizite als Voraussetzung definiert werden (vgl. Schindler 2011, S. 212). Jedoch ist diese Pflichtaufgabe sehr abstrakt formuliert und § 16 Abs. 2 SGB VIII enthält lediglich Leistungsbeispiele: Angebote der Familienbildung oder Angebote der Familienfreizeit und -erholung. Individuelle Rechtsansprüche für Adressat_innen entstehen hieraus nicht (vgl. Bauer 2016, S. 890).

Unter § 16 Abs. 1 Satz 1 SGB VIII finden sich zunächst Aussagen über die *Adressat_innen* der Leistungen: Familienförderung, so führt Struck (2011) diesbezüglich aus, gilt nicht nur der Familie, „deren Anerkennung auf einer Rechtsbeziehung ihrer Mitglieder durch Eheschließung, Abstammung oder Adoption beruht" (ebd., S. 189), sondern orientieren sich an einem weiten Familienbegriff, in welchem alle Lebensformen, in denen Verantwortungsübernahme zwischen Generationen erfolgt, eingeschlossen sind (vgl. Bauer 2016, S. 889). Um der Pluralisierung von Familienformen Rechnung zu tragen, werden somit allgemein Mütter, Väter, andere Erziehungsberechtigte sowie junge Menschen unter 27 Jahren als Adressat_innen genannt. Der im Rahmen des Bundeskinderschutzgesetzes zum 01.01.2012 neu eingeführte Absatz 3 benennt nun ausdrücklich auch schwangere Frauen und werdende Väter als Adressat_innen von Angeboten, die dem Aufbau und der Förderung der elterlichen Beziehungs-, Erziehungs- und Versorgungskompetenzen dienen.

Ziele der allgemeinen Förderung der Erziehung in Familie sind, dass Mütter, Väter und andere Erziehungsberechtigte ihre Erziehungsverantwortung (besser) wahrnehmen können. Hiermit werden einerseits sozialstrukturelle Veränderungen und die Heterogenität familialer Lebensformen (s. o.), andererseits – und auch damit einhergehend – gewandelte Anforderungen an Erziehung und auch Bildung in Familie (vgl. Oelkers 2009; Walper 2012; Walper und Grgic 2013) in den Blick genommen. Als weiteres Ziel wird das Recht des Kindes auf eine gewaltfreie Erziehung normiert. Im Juli 2000 wurde dieses Recht von Kindern in das Bürgerliche Gesetzbuch (BGB) aufgenommen. Dort heißt es in § 1631 (2) „Kinder haben ein Recht auf gewaltfreie Erziehung. Körperliche Bestrafungen, seelische Verletzungen und andere entwürdigende Maßnahmen sind unzulässig" (ebd.). Diesem Ziel entsprechend hat der Gesetzgeber das Spektrum der allgemeinen Förderung der Erziehung in Familie um Angebote ergänzt, die Eltern einen gewaltfreien Umgang mit ihren Kindern in „herausfordernde[n] Situationen" (Schindler 2011, S. 213) ermöglichen (vgl. hierzu weiterführend auch Rätz et al. 2014, S. 125 f.).

Bei den *Leistungsangeboten* im Kontext der Förderung der Erziehung in der Familie handelt es sich nicht um individuelle oder individualisierbare Dienst-, Sach- oder Geldleistungen, sondern um die Teilhabe an allgemein zugänglichen Veranstaltungen oder die Nutzung öffentlicher Einrichtungen, die grundsätzlich voraussetzungsfrei, d. h. jenseits von individuellen Problemstellungen für alle Familien geöffnet sind (vgl. Bauer 2016, S. 890).

Primär geht es um die Erweiterung von Handlungskompetenzen zur Gestaltung des familiären Zusammenlebens, vor allem durch Angebote der *Familienbildung* (§ 16 Abs. 2 SGB VIII): Familienbildung wird hier, den Ausführungen Strucks (2011) folgend, verstanden als ein eigenständiger, mit anderen Arbeitsfeldern der Kinder- und Jugendhilfe und auch der Erwachsenenbildung verbundener Bereich, in dem der Familie insgesamt und ihren Mitgliedern – unter Berücksichtigung der unterschiedlichen Bedarfe, Lebenslagen und Interessen – Angebote bereit gestellt werden, um Erfahrungen und Lernprozesse in der Familie zu ermöglichen und die innerfamiliäre Bindung zu unterstützen (vgl. ebd., S. 191 f.). Mit Einführung des Präventionsgesetzes im Juli 2015 werden hier nun explizit auch familiäre Gesundheitskompetenzen erwähnt, die es durch entsprechende Angebote zu fördern gilt. Hierzu können Angebote der *Familienfreizeit und Erholung,* insbesondere in herausfordernden Familiensituationen (§ 16 Abs. 2 Satz 3 SGB VIII), beitragen (vgl. Schindler 2011, S. 214). Weiterhin sollen Familien zur Mitarbeit in selbst organisierten Gruppen befähigt werden, die ohne professionelle Anleitung bspw. in Familienzentren stattfinden können. Darüber hinaus zählen Ehevorbereitungskurse und Kurse zur Vorbereitung auf das Zusammenleben mit Kindern zu den Angeboten der Familienbildung.

Familienbildung ist generell von großer Heterogenität mit Blick auf ihre Organisationsstrukturen gekennzeichnet und findet etwa in Familienbildungsstätten und -werken, in Form von Elternarbeit in Kindergärten und Familienzentren, in Mehrgenerationenhäusern und Volkshochschulen sowie in Pfarrgemeinden statt (vgl.

Textor 2006, S. 374 ff.). Auch mit Blick auf die Angebotsstruktur beschreibt Giehl (2011) eine große Vielfalt: So stellt Familienbildung mit Kursen zu praktischen Themen (Kochen, Säuglingskursen) einen Handlungsbezug zum familialen Alltag her und fördert Kinder durch Bewegungsangebote. Darüber hinaus gehören z. B. Kommunikationstrainings für (junge) Paare oder Exkursionen zu den angebotenen Formen der Familienbildung (vgl. ebd., S. 285). Auch können dies Angebote zu unterschiedlichen Lebensphasen von Kindern und Erwachsenen – bspw. auch „Leben nach dem Tod eines Ehepartners" – sein oder Angebote, die sich an den unterschiedlichen Informations- und Unterstützungsbedarfen (Familienerweiterung, Trennung etc.) orientieren (vgl. Struck 2011, S. 192 und Textor 2006, S. 375).

Mit Blick auf den Aspekt der *Erziehungsberatung* (§ 16 Abs. 2 Satz 2 SGB VIII) wird dann deutlich, dass sich die oben genannten Leistungen nicht immer trennscharf von den Hilfen zur Erziehung abgrenzen lassen; anders als in der Erziehungsberatung gemäß § 28 SGB VIII erfolgt innerhalb der Angebote im Sinne von § 16 SGB VIII jedoch keine Einzelfallorientierung, sondern gemeint sind hier allgemeine Informationen in einem größeren Kreis oder einmalige Gespräche mit Ratsuchenden (vgl. hierzu und weiterführend Bauer 2016, S. 898 ff.).

Der dritte Abschnitt des § 16 stellt – wie bereits angeführt – eine Erweiterung des Adressat_innenkreises im Zuge der Einführung des Bundeskinderschutzgesetzes dar. Konstatierte Schindler 2011 mit Blick auf eine fehlende Rechtgrundlage für die Beratung Schwangerer im Rahmen von Leistungen im Sinne des § 16 SGB VIII noch eine „Regelungslücke" (ebd., S. 211), so werden nun explizit auch werdende Eltern als Adressat_innen genannt. Durch diese Erweiterung werden insbesondere Angebote der Frühen Hilfen fokussiert, die sich an werdende Eltern sowie Väter und Mütter mit Kindern bis zu drei Jahren richten und der Förderung der elterlichen Beziehungs-, Erziehungs- und auch Versorgungskompetenz dienen.[3]

Obwohl die primärpräventive Ausrichtung dieses Paragrafen in fachpolitischen Diskussionen immer wieder hervorgehoben wird, macht ein Blick auf die für Leistungen nach § 16 SBG VIII verausgabten Mittel deutlich, dass es sich eher um einen „Erinnerungsposten" (Wiesner 2010, S. 33) als um eine zentrale kinder- und jugendpolitische Aufgabe handelt: Die Ausgaben für die oben genannten Leistungen betrugen über Jahrzehnte hinweg nur etwa 4 % der Gesamtausgaben für die öffentliche Jugendhilfe (vgl. ebd.), Struck spricht in 2011 gar von lediglich 0,5 % (vgl. ebd., S. 191). Diese Zahlen verdeutlichen, zumindest mit Blick auf die aufgewendeten Mittel, dass Eltern-, Familienbildung und -erholung lange Zeit eher ein „Schattendasein im Gesamtspektrum der Aufgaben der Kinder- und Jugendhilfe fristet[e]" (ebd.). Leistungen, die nicht mit einem Rechtsanspruch für die Adressat_innen ausgestattet sind, stellen scheinbar nach wie vor „angesichts klammer kommunaler Kassen Kürzungspotentiale [dar]" (Schindler 2011, S. 212), obwohl, wie Proksch (2009) betont, auch

---

3 Die Diskussion um Frühe Hilfen wird in einem eigenen Unterpunkt im Beitrag aufgegriffen werden.

„Soll-Leistungen" Regelleistungen sind, die vom öffentlichen Träger der Kinder- und Jugendhilfe nur in besonderen, begründeten Einzelfällen versagt werden dürfen, wobei Finanzmangel *keinen* Rechtfertigungsgrund darstellt (vgl. ebd., S. 179).

Allerdings ist nach Einschätzung des 14. Kinder- und Jugendberichtes zu konstatieren, dass insbesondere in den letzten Jahren die eingangs bereits erwähnte verstärkte öffentliche Aufmerksamkeit für familiale Erziehung generell, die „bislang eher betuliche Szene der Familienbildung in Bewegung gebracht [hat], viele Erziehungs- und Familienberatungsstellen veranlasst, ihre Angebote zum Gemeinwesen zu öffnen [...] und schließlich [...] neue Leistungsfelder der Kinder- und Jugendhilfe wie die Frühen Hilfen hervorgebracht [hat]" (BMFSFJ 2013, S. 895).

2   Beratungsleistungen in konkreten Problem- und Belastungssituationen (§§ 17 und 18 SGB VIII)

Im Gegensatz zur allgemeinen Förderung der Erziehung in der Familie ist der § 17 SGB VIII – *Beratung in Fragen der Partnerschaft, Trennung und Scheidung* – als individueller (einklagbarer) Rechtsanspruch von Müttern und Vätern ausgestaltet und zwar sowohl mit Blick auf die universell-präventiv ausgerichteten Leistungen, die das partnerschaftliche Leben in der Familie unterstützen, als auch für Beratungs- und Unterstützungsleistungen in Krisen- und Notsituationen (vgl. Rätz et al. 2014, S. 127 ff.). *Adressat_innen* sind Mütter und Väter, die für ein Kind zu sorgen haben oder diese Sorge tatsächlich übernehmen. Damit besteht der Anspruch nicht nur für die Personensorgeberechtigten, sondern orientiert sich darüber hinaus an den tatsächlichen Verhältnissen und umfasst so auch Beratung für die Beziehung mit einem neuen Partner, einer neuen Partnerin, der/die kein Elternteil des Kindes ist (vgl. ebd.).

Zentrales Anliegen dieser unterschiedlichen Beratungsformen ist der Schutz der Kinderinteressen im Eltern- und Partnerschaftskonflikt durch die Förderung der elterlichen Handlungskompetenz (vgl. Struck 2011, S. 199). So wird – soweit möglich – das präventive Ziel verfolgt, die eheliche, familiäre und elterliche Gemeinschaft zu erhalten, zu fördern und zu festigen. Kommt es zu einer (gerichtlichen) Trennung, soll der Beratungsanspruch (Abs. 1 Nr.2 und 3 sowie Abs. 2) dazu führen, dass Bedingungen für eine dem Wohl des Kindes oder Jugendlichen förderliche Wahrnehmung der Elternverantwortung unterstützt werden und dass Eltern ein einvernehmliches Konzept zur Wahrnehmung der gemeinsamen elterlichen Sorge entwickeln.[4]

Schindler (2011) sieht hier auch die Gefahr einer normativ orientierten Beratung, die auf eine gemeinsame Sorge beider Eltern abzielt: Zwar sei es erwiesen, dass Kinder die elterliche Trennung besser verarbeiten könnten, wenn ihnen die Beziehung

---

4   Diesbezüglich führt Struck (2011) aus, dass nach der Kindschaftsrechtsreform im Jahr 1989 die gemeinsame Sorge faktisch zur Regel geworden sei, da nur im Ausnahmefall die gemeinsame Sorge nach einer entsprechenden Begründung aufgehoben werden soll (vgl. ebd., S. 200 sowie § 1671 BGB).

zu beiden Elternteilen erhalten bleibt, jedoch erreiche dieses Konzept bspw. in Fällen massiver Gewalt innerhalb der Familie seine Grenzen. Wesentlich scheint es zu sein, Kinder angemessen an den Klärungsprozessen zu beteiligen (vgl. ebd., S. 217). Dieses von allen Beteiligten einvernehmlich entwickelte Konzept für die nacheheliche Elternschaft kann im Falle einer Scheidung auch als Grundlage für eine mögliche richterliche Entscheidung über das Sorgerecht dienen oder als Vergleich im familiengerichtlichen Verfahren aufgenommen werden (vgl. AGJ 2012, S. 174). Das Gericht entscheidet jedoch nach der Kindschaftsrechtsreform nur noch dann über das Sorgerecht, wenn ein Elternteil den Antrag auf das alleinige Sorgerecht stellt (vgl. hierzu weiterführend auch Struck 2011, S. 203 ff.).

Mit dem Recht auf Beratung bei Trennung und Scheidung geht auch die *Pflicht des Jugendamtes zur frühzeitigen Information der Eltern* über Beratungsmöglichkeiten im Scheidungsverfahren einher. Damit das Jugendamt dieser Pflicht nachkommen kann, bedarf es eines entsprechenden Hinweises von Seiten des Familiengerichtes; dieses ist verpflichtet, das Jugendamt nach Eingang eines Scheidungsantrages zu informieren, wenn „gemeinschaftliche minderjährige Kinder vorhanden sind" (§ 17 Abs. 3 SGB VIII). Aus dieser Pflicht des Jugendamtes, die Eltern über alle Beratungsangebote im örtlichen Einzugsbereich zu informieren, folgt wiederum keine Pflicht der Eltern, Beratung in Anspruch zu nehmen (vgl. Struck 2011, S. 212). In hochstrittigen Konstellationen, insbesondere auch in Fragen des Sorgerechtes, kann jedoch das Familiengericht die Inanspruchnahme einer Beratung in einer Familien- und Erziehungsberatungsstelle anordnen, was unter Umständen eine „besondere Herausforderung" (Struck 2011, S. 211) für die Praxis darstellen kann.

In diesem Kontext ist erneut ein Zusammenhang mit der Erziehungsberatung (§ 28 SGB VIII) erkennbar (s. o.): Während § 17 SGB VIII zwar in erster Linie die Konfliktregelung durch die Eltern (unter Beteiligung des Kindes/Jugendlichen) fördert, steht im Rahmen der Erziehungsberatung nach § 28 SGB VIII die Klärung und Bewältigung familiärer Konflikte mit Blick auf die gesamte Familie im Vordergrund, die sich bereits bspw. durch Verhaltensauffälligkeiten beim Kind/Jugendlichen äußern. Diese Trennung ist jedoch in der Praxis auf Basis einer „ganzheitlichen Problemsicht" (Struck 2011, S. 200) kaum durchhaltbar.

Die dargelegten Angebote auf Grundlage des § 17 SGB VIII stehen insgesamt im engen inhaltlichen und zeitlichen Zusammenhang mit den Leistungsangeboten des § 18 SGB VIII: Mit dem Anspruch auf *Beratung und Unterstützung der Personensorge und des Umgangsrechtes für Alleinerziehende* wird in der Chronologie einer partnerschaftlichen Beziehung gewissermaßen am Schlusspunkt angesetzt (vgl. Schindler 2011, S. 218). Beide Elternteile haben auf Grundlage des § 18 SGB VIII jeweils individuelle Ansprüche auf Beratung und Unterstützung bei der Ausübung der Personensorge nach einer (gerichtlichen) Trennung. Unter diesen breit gefassten Begriff der Hilfen bei der Ausübung der Personensorge fallen auch, so führt Wiesner (2010) aus, Hilfen in Erziehungsfragen, jedoch beschränke sich in der Praxis das Hilfespektrum auf dieser Rechtsgrundlage oft auf Fragen der Unterhaltes – insbesondere mit Blick auf die Geltendmachung von Unterhaltsansprüchen des Kindes sowie Beratungen über eigene Unterhaltsansprüche des betreuenden Elternteils (vgl. ebd., S. 33).

Anspruchsberechtigte einer Beratung bezüglich der Ausübung der Personensorge sind Mütter oder Väter, die allein für ein Kind/einen Jugendlichen zu sorgen haben oder tatsächlich sorgen (§ 18 Abs. 1 SGB VIII). Mit dieser Formulierung wird der Tatsache Rechnung getragen, dass in der Regel auch bei gemeinsamer elterlicher Sorge ein Elternteil die alleinige alltägliche Erziehungsverantwortung übernimmt. Der formulierte Beratungsanspruch soll berücksichtigen, dass alleinerziehende Elternteile, so führen Rätz et al. (2014) aus, oftmals mit besonderen Belastungen konfrontiert werden und – wenn der Übernahme der alleinigen Erziehungsverantwortung eine Trennung vorausging – sich zudem in eine völlig neue Lebenssituation einfinden müssen (vgl. ebd., S. 134). Prekären finanziellen und sozialen Verhältnissen sehen sich viele alleinerziehenden Elternteile – unabhängig von einer Trennung oder Scheidung – ausgesetzt, insbesondere dann, wenn sie aus einem „einfacheren Arbeitermilieu" (Grundmann 2011, S. 171) stammen, was wiederum zu weiteren Belastungen innerhalb des Familienlebens und auch der kindlichen Entwicklung führen kann (vgl. ebd., S. 170 f.).

Nicht verheiratete Eltern haben zudem das *Recht auf Beratung über die Abgabe einer Sorgeerklärung* gegenüber dem öffentlichen Träger der Jugendhilfe; das Jugendamt ist verpflichtet, eine Mutter, die mit dem Vater des Kindes nicht verheiratet ist, nach der Geburt auch über die Möglichkeit einer gemeinsamen elterlichen Sorge durch die Abgabe einer Sorgeerklärung auf Grundlage des § 1626a BGB zu beraten. Für den Vater besteht die Möglichkeit der Beratung über die Abgabe einer Sorgeerklärung erst durch die Neuerungen im Rahmen des Gesetzes zur Weiterentwicklung der Kinder- und Jugendhilfe (KICK) (vgl. Proksch 2009, S. 197).[5]

Darüber hinaus gehören auch die *Beratung und Unterstützung von Kindern und Jugendlichen im Kontakt mit Personen, die zum Umgang mit ihnen berechtigt sind* – z. B. Großeltern oder Geschwister –, zum Angebotsspektrum. Deutlich wird an dieser Stelle auch, dass das Kind bzw. die/der Jugendliche ein eigenes Umgangsrecht mit beiden Elternteilen hat: Den Ausführungen Kindlers (2009) folgend wird hiermit anerkannt, dass zum Wohl des Kindes der regelmäßige Kontakt und eine emotionale Bindung zu beiden Elternteilen gehört (vgl. ebd., S. 110), ein Konzept, welches jedoch in Fällen von innerfamilialer Gewalt an seine Grenzen stoßen kann. Gleiches gilt im Hinblick auf alle Personen, zu denen die Kinder eine soziale und emotionale Beziehung besitzen, wenn die Aufrechterhaltung dieser Bindung und Beziehung für die kindliche Entwicklung förderlich ist. Mit dieser Regelung wird insbesondere auch die Pflicht des/der Sorgeberechtigten betont, dem Kind Umgang mit anderen,

---

5   Interessant ist, dass das Jugendamt sowohl vom Familiengericht über die rechtsgültige Scheidung von Eltern, wenn minderjährige Kinder in der Familie leben (§ 17 Abs. 3 SGB VIII), als auch durch das Standesamt über die Geburt eines Kindes nicht verheirateter Eltern (§ 52a SGB VIII) informiert wird.

nicht sorgeberechtigten Personen, wie z. B. Großeltern, zu ermöglichen – sofern dies nicht dem Wohl des Kindes entgegensteht (vgl. ebd.). Hierbei haben die Personensorgeberechtigten gegenüber dem öffentlichen Träger der Jugendhilfe das Recht auf Beratung.[6]

3   Stationäre Hilfen in spezifischen Lebenssituationen (§§ 19 bis 21 SGB VIII)

Im Folgenden werden stationäre Hilfeleistungen angeführt, welche der Förderung der Erziehung in der Familie dienen, in denen jedoch (noch) kein Hilfebedarf nach § 27 ff. SGB VIII im Sinne einer Nicht-Gewährleistung einer dem Wohl des Kindes bzw. der/des Jugendlichen entsprechenden Erziehung[7] vorliegt.

Die §§ 19 bis 21 SGB VIII regeln zu diesem Zweck spezifische Angebote der Kinder- und Jugendhilfe für besondere Lebenslagen, die Kinder, Jugendliche und deren Familien „vor Probleme stellen, welche die Familie nicht alleine meistern kann" (vgl. Sünderhauf-Kravets 2011, S. 223). Die Leistungen umfassen dabei *gemeinsame Wohnformen für Mütter/Väter und Kinder* (§ 19 SGB VIII), *Angebote in familiären Notsituationen*, wenn Eltern bzw. der Elternteil, der die überwiegende Betreuung und Versorgung des Kindes/der Kinder übernommen hat, diese nicht übernehmen kann (§ 20 SGB VIII), sowie *Unterstützung bei notwendiger Unterbringung zur Erfüllung der Schulpflicht*, wenn Eltern aus beruflichen Gründen keinen festen räumlichen Lebensmittelpunkt haben (§ 21 SGB VIII). Auf all diese Leistungen besteht bei Vorliegen der je spezifischen Voraussetzungen ein einklagbarer Rechtsanspruch (vgl. Rätz et al. 2014, S. 134), im Rahmen des § 21 SGB VIII besteht einschränkend hierzu lediglich ein Anspruch auf Beratung und Unterstützung und nur in „geeigneten Fällen" auch ein Anspruch auf die Übernahme der Kosten durch den öffentlichen Jugendhilfeträger (vgl. Struck 2011, S. 244).

Der Gesetzgeber hat für die oben genannten Leistungen – ebenso wie für alle zuvor angeführten Leistungsangebote – ein Hilfeplanverfahren nach § 36 SGB VIII[8] nicht explizit vorgesehen, dies sollte jedoch, so betont Sünderhauf-Kravets (2011), zum fachlichen Standard gehören, um sicherzustellen, dass die Leistungen zielgerecht erbracht werden und die angebotenen Unterstützungsleistungen stets dem aktuellen

---

6   Vgl. hierzu weiterführend auch Struck (2011, S. 220 ff.).
7   Vgl. hierzu und weiterführend den Beitrag von Richter in diesem Band.
8   Das Hilfeplanverfahren gemäß § 36 SGB VIII gilt als die wesentliche Regelung über die Mitwirkung und Mitgestaltung bei Hilfen zur Erziehung und der Eingliederungshilfe durch Kinder, Jugendliche, Eltern und andere Personensorgeberechtigte sowie durch junge Volljährige. Diese Vorschrift trägt der Erkenntnis Rechnung, dass sich die Kinder- und Jugendhilfe als „Partner der Familien" (Schmidt-Obkirchner 2011, S. 523) begreifen muss und dass sich ihre Leistungen an den individuell unterschiedlichen und sich im Verlauf der Hilfen möglicherweise auch wandelnden Lebenslagen, Wünschen und Bedürfnissen der einzelnen Familienmitglieder orientieren sollte (vgl. ebd sowie den Beitrag von Schrapper in diesem Band).

Bedarf der betreuten Adressat_innen entsprechen (vgl. ebd., S. 231). Daraus ergibt
sich jedoch auch die Möglichkeit, dass die Leistungen nach §§ 19 bis 21 SGB VIII zu
sehr in die Nähe der Hilfen zur Erziehung zu rücken, was für die Praxis der Ausgestaltung der Leistungen im Einzelfall, so stellt Däxl (2004) heraus, wenig hilfreich
sei. Denn gerade der niedrigschwellige Zugang zu den Angeboten eröffne Chancen
für Mütter/Väter und Kinder durch die explizite Fokussierung der ressourcenorientierten Förderung von elterlichen Beziehungs-, Versorgungs- und Erziehungskompetenzen (vgl. ebd.). Demgegenüber gilt als eine Voraussetzung für den Anspruch auf
Hilfen zur Erziehung, dass eine dem Wohl des Kindes/des Jugendlichen entsprechende Erziehung nicht gewährleistet ist, dass also bereits eine „erzieherische Mangelsituation" (Tammen 2011, S. 246) besteht, die im Bereich der Förderung der Erziehung
in der Familie auf Grundlage der hier dargestellten Paragrafen (noch) nicht vorliegt
bzw. vorliegen muss, um diese Angebote in Anspruch zu nehmen.

Adressat_innen der Angebote auf Basis *des § 19 SGB VIII sind alleinerziehende*[9]
Mütter und Väter, die allein für mindestens ein Kind – dabei darf das jüngste Kind das
sechste Lebensjahr noch nicht vollendet haben – sorgen und zu einer eigenverantwortlichen, selbstständigen Lebensführung gemeinsam mit einem Kind/mit Kindern
noch nicht in der Lage sind (vgl. Wiesner 2010, S. 33). Das Alter der Eltern spielt für
eine Inanspruchnahme einer solchen Leistung keine Rolle, typischerweise seien jedoch Unterstützungsbedarfe, insbesondere mit Blick auf Pflege und Erziehung eines
Kindes, bei minderjährigen und jungen volljährigen Mädchen und Frauen zu finden,
so Sünderhauf-Kravets (2011, S. 223). Auch Schwangere können bereits vor der Geburt diese Unterstützungsform in Anspruch nehmen.

Voraussetzung für eine Hilfeleistung sind „Defizite in der Persönlichkeitsentwicklung" (ebd., S. 224); wirtschaftliche Notsituationen oder sozialisationsbedingte
Schwierigkeiten sind häufig flankierende Problematiken. Bei den *Unterstützungsangeboten* nach § 19 SGB VIII handelt es sich um „komplexe, multifunktionale Leistungen"
(ebd.: Struck 2011, S. 234), die darauf abzielen, die Persönlichkeitsentwicklung, insbesondere mit Blick auf die Verselbstständigung, die Berufsfindung und die Übernahme der Elternrolle des allein erziehenden Elternteils zu unterstützen (vgl. ebd.).
Vorausgesetzt wird, dass Mütter bzw. Väter die Bereitschaft und die Fähigkeit für die
Entwicklung einer tragfähigen Beziehung zu dem Kind/den Kindern mitbringen sowie die Motivation, eine eigenständige Lebensperspektive zu entwickeln (vgl. Rätz
et al. 2014, S. 134).[10]

---

9   Mit dem Status „alleinerziehend" ist den Ausführungen Strucks (2011) folgend nach Einführung des
    KICK in 2005 die faktische Alleinsorge und nicht der rechtliche Status gemeint (vgl. ebd., S. 233).
10 Bei minderjährigen Müttern und jungen Volljährigen bis zum 21. Lebensjahr ist den Ausführungen
    Sünderhauf-Kravets (2011) folgend zu prüfen, ob die Voraussetzungen für Hilfen zur Erziehung nach
    §§ 27 ff. SGB VIII oder für Hilfen für junge Volljährige in betreuten Wohnformen (§ 41 SGB VIII)
    vorliegen. Hilfen nach § 19 SGB VIII kommen vorrangig dann zum Tragen, wenn die Entwicklung
    der Persönlichkeit mit dem Ziel der eigenverantwortlichen Übernahme der Elternverantwortung im
    Vordergrund steht (vgl. ebd., S. 226).

Wo genau die „Unterbringung in einer geeigneten Wohnform" (§ 19 Abs. 1 SGB VIII) stattfindet und wie intensiv die Unterstützung von Müttern/Vätern mit ihrem Kind/ihren Kindern ausfällt, variiert je nach individuellen Voraussetzungen und Unterstützungsbedarfen: Es gibt Mutter/Vater-Kind Heime, die als vollstationäre Einrichtung eine „Rundumversorgung und -betreuung" (Sünderhauf-Kravets 2011, S. 224) bieten, und Wohngemeinschaften, in denen die Bewohner_innen tagsüber von Fachkräften betreut und beraten werden. Letztere fördern ebenso die erwünschte Verselbständigung der Bewohner_innen durch realitätsnahe Alltagsbedingungen wie betreute Einzelwohnungen, die insbesondere in der Übergangsphase am Ende einer Maßnahme nach § 19 SGB VIII sinnvoll seien (vgl. ebd., S. 225).

Auch die Entwicklung einer beruflichen Perspektive ist Bestandteil der Leistungen (§ 19 Abs. 2 SGB VIII). Die Aufnahme oder Fortführung einer schulischen oder beruflichen Ausbildung wird durch zusätzliche Kinderbetreuung bzw. Tagespflege (§ 23 SGB VIII) unterstützt (vgl. Rätz-Heinisch et.al. 2009, S. 123). Die Aufnahme oder Fortführung einer beruflichen oder schulischen Ausbildung ist jedoch keine Leistungsvoraussetzung; bleiben hier die Bemühungen erfolglos, so ist dieser Umstand keine Berechtigung zur Einstellung der Leistung (vgl. Struck 2011, S. 235). Zur Bestimmung von Umfang, Intensität und Art der Leistung müssen auch die Kinder, obwohl sie nicht direkt zur Zielgruppe der Leistungen zählen, mit einbezogen werden und es gilt zu überprüfen, ob im Bedarfsfall elementarpädagogische Förderangebote und/oder Hilfen zur Erziehung in Betracht kommen (vgl. Rätz et al. 2014, S. 134).[11]

Durch den *Ausfall der Betreuungspersonen eines Kindes* bis zum Alter von 14 Jahren kann eine *Notsituation* entstehen, in der das Kind betreut und versorgt werden muss, um dessen Wohl zu gewährleisten. Leistungen nach § 20 SGB VIII sollen sicherstellen, dass Kindern bei krankheitsbedingtem oder auf anderen zwingenden Gründen beruhendem Ausfall der Hauptbetreuungsperson der familiäre Lebensraum erhalten bleibt (vgl. Struck 2011, S. 239). Eine Unterbringung außerhalb der Familie – ohne dass ein Ausgleich „mangelnder elterlicher Erziehungsleistungen" (Schmidt-Obkirchner 2011, S. 343) im Sinne von Hilfen zur Erziehung nötig ist – soll vermieden

---

11 Hierbei ist zu beachten, dass seit den Änderungen durch das KICK im Jahr 2005 Hilfen zur Erziehung auch den Unterstützungsbedarf des Kindes eines minderjährigen Elternteils – in der Regel ist hier die Mutter gemeint – abdecken, der selbst Hilfen zur Erziehung auf Basis dieser Paragrafen erhält. Durch eine entsprechende Ergänzung der §§ 27 und 35a SGB VIII ist nun normiert, dass Hilfen zur Erziehung bzw. Eingliederungshilfen für ein schwangeres Mädchen ab der Geburt ihres Kindes auch die Unterstützung und Betreuung des Kindes umfassen. Hiermit soll den Ausführungen von Struck (2011) folgend vermieden werden, dass eine junge Frau, die bisher Hilfen zur Erziehung auf Grundlage des § 34 SGB VIII in einer Einrichtung erhält, infolge der Schwangerschaft bzw. Geburt nun einer anderen Rechtsgrundlage zugeordnet wird und ggfs. die Einrichtung wechseln muss (vgl. ebd., S. 233). Darüber hinaus können auch die Kinder in einer Mutter/Vater-Kind Einrichtung einen eigenen Anspruch auf Hilfen zur Erziehung haben. Die gemeinsame Unterbringung in einer Einrichtung nach § 19 SGB VIII geht einer getrennten Heimunterbringung oder sonstigen betreuten Wohnform nach § 34 SGB VIII vor: Nur wenn die Pflege, Erziehung und Betreuung des Kindes/der Kinder nicht in ausreichendem Maße sicher gestellt werden kann, ist das Kind/sind die Kinder getrennt von der Mutter/dem Vater unterzubringen (vgl. Sünderhauf-Kravets 2011, S. 226).

werden. Hilfen auf Basis des § 20 SGB VIII umfassen dabei neben der *Versorgung und Betreuung der Kinder* auch die praktische Erledigung notwendiger *Hausarbeiten*. Ziel ist es, Versorgungs- und Betreuungsengpässe zu überbrücken und den Ist-Stand in der Familie aufrecht zu erhalten (vgl. Sünderhauf-Kravets 2011, S. 229).

Die im Gesetzestext genannten Konstellationen, in denen *Adressat_innen* einen Anspruch auf diese Unterstützungsangebote haben, sind der Ausfall eines alleinerziehenden Elternteils, der Ausfall beider Elternteile oder der Ausfall des maßgeblich mit der Betreuung befassten Elternteils, wenn der andere Elternteil wegen Berufstätigkeit das Kind/die Kinder nicht betreuen und versorgen kann (§ 20 SGB VIII). Hierbei wird, so Struck (2011), nur die berufsbedingte Abwesenheit des einen Elternteils anerkannt, nicht etwa die begrenzten Fähigkeiten in Erziehung und Haushaltsführung des anderen Elternteils (vgl. ebd., S. 239). In diesem Fall gilt es dann zu überprüfen, ob nicht doch Voraussetzungen für die Gewährung von Hilfen zur Erziehung vorliegen. Den Ausführungen Sünderhauf-Kravets (2011) folgend ist es im Sinne des Gesetzes, wenn bei einer Erwerbstätigkeit beider Eltern und einer partnerschaftlichen Aufteilung der Kinderbetreuung bei Ausfall eines Elternteils nicht eine traditionelle Rollenaufteilung bevorzugt wird. Darüber hinaus sei es sachgerecht, die Leistungen auch bei Ausfall von Pflegeeltern, Stiefeltern oder nichtehelichen Lebenspartner_innen, die überwiegend die Kinderbetreuung übernehmen, zu gewähren (vgl. ebd., S. 227).

Als Gründe für den Ausfall der Betreuungsperson nennt § 20 Abs. 1 SGB VIII „gesundheitliche oder andere zwingende Gründe". Mit *gesundheitlichen Gründen* sind vorübergehende physische oder psychische Erkrankungen (einschließlich Suchterkrankungen) gemeint, andere *zwingende Gründe* sind solche, die nicht unbedingt vorhersehbar waren (z. B. die Entbindung eines Geschwisterkindes). Wichtig ist hierbei, dass die Notsituation vorübergehender Natur ist, da das Ziel der Leistungen ist, den familiären Lebensraum für Kinder zu erhalten, bis die Eltern hierzu wieder selbst in der Lage sind (vgl. Struck 2011, S. 240). Gründe, die auf einer frei getroffenen Entscheidung beruhen, bspw. die Aufnahme einer Ausbildung oder Berufstätigkeit, sind nicht als zwingende Gründe anzusehen, ebenso muss der ausfallende Elternteil – bspw. bei Pflegebedürftigkeit – nicht zwingend das häusliche Umfeld verlassen haben, damit das Recht auf oben genannte Leistungen besteht (vgl. Sünderhauf-Kravets 2011, S. 228). Eine weitere Voraussetzung für die Leistungsgewährung ist, dass Angebote der Förderung des Kindes in Tageseinrichtungen oder Tagespflege nicht ausreichen. Angebote gemäß § 20 SGB VIII sind also auch ergänzend zur Betreuung von Kindern in Tageseinrichtungen oder Tagespflege möglich.

Auch bei *Ausfall eines alleinerziehenden Elternteils* (§ 20 Abs. 2 SGB VIII) ist Voraussetzung zur Leistungsgewährung, dass Angebote nach diesem Paragrafen notwendig sind, um das Wohl des Kindes zu gewährleisten, und dass Angebote in Tagespflege und Tageseinrichtungen nicht ausreichen (vgl. Struck 2011, S. 242). Ist die vorrangig anzustrebende Versorgung des Kindes im elterlichen Haushalt jedoch nicht möglich – da bspw. eine geeignete Pflegeperson, die das Kind Tag und Nacht betreut, nicht vorhanden ist – ist auch eine vorübergehende Unterbringung des Kindes in einer Einrichtung oder einer Kurzzeitpflegestelle als geeignete und erforderliche Leistung nach § 20 Abs. 2 SGB VIII anzusehen (vgl. ebd.).

Schließlich umfassen die Leistungen zur Förderung der Erziehung in der Familie nach § 21 SGB VIII auch noch die *Unterstützung bei notwendiger Unterbringung zur Erfüllung der Schulpflicht. Adressat_innen* sind hier Familien, in denen beide Eltern oder ein alleinerziehender Elternteil einen Beruf ausüben, der einen ständigen Ortswechsel erfordert: Hierzu zählen Binnenschiffer_innen, Schausteller_innen, Zirkusmitarbeiter_innen und deren schulpflichtige Kinder sowie deren sich in Ausbildung befindlichen Kinder, solange sie minderjährig – höchstens jedoch 21 Jahre alt – sind (vgl. Sünderhauf-Kravets 2011, S. 229). Die Hilfe umfasst *Beratung in Fragen der Unterbringung, Betreuung und Versorgung des Kindes* sowie seiner *schulischen Fragen.* Für die „Unterbringung in einer geeigneten Wohnform" (§ 21 SGB VIII) stehen eigens für die betroffenen Kinder und Jugendlichen eingerichtete Wohngruppen und Internate („Schifferkinderheime", „Heime für Zirkus- und Schaustellerkinder") zur Verfügung, wobei auch allgemeine Einrichtungen des betreuten Wohnens für Jugendliche oder Internate geeignete Wohnformen sind. Der durch Leistungen der Kinder- und Jugendhilfe auszugleichende Tatbestand, so betont Struck (2011), sei jedoch *nicht ein erzieherisches Unvermögen der Eltern,* sondern die berufsbedingte Unmöglichkeit der Eltern, den Kindern/den Jugendlichen vom Ort ihrer Berufsausübung aus die Erfüllung der Schulpflicht zu ermöglichen.

4   Frühe Hilfen

Insbesondere aufgrund einiger tragischer Fälle von Kinderwohlgefährdungen und Kindestötungen sowie der hieraus erfolgten „medialen Inszenierung" (Wolff 2007, S. 46–2) ist es in den letzten Jahren zu einer verstärkten Diskussion um Möglichkeiten der elterlichen Unterstützung als Erweiterung der etablierten Angebote der Familienbildung und der Hilfen zur Erziehung gekommen. Im aktuellen Diskurs um Angebote zur Förderung der elterlichen Beziehungs-, Erziehungs- und Versorgungskompetenz sind insbesondere sogenannte *Frühe Hilfen* in den Fokus der Betrachtung gerückt.[12]

---

12 „Frühe Hilfen bilden lokale und regionale Unterstützungssysteme mit koordinierten Hilfsangeboten für Eltern und Kinder ab Beginn der Schwangerschaft und in den ersten Lebensjahren mit einem Schwerpunkt auf der Altersgruppe der 0 bis 3-Jährigen. Sie zielen darauf ab, Entwicklungsmöglichkeiten von Kindern und Eltern in Familie und Gesellschaft frühzeitig und nachhaltig zu verbessern. Neben alltagspraktischer Unterstützung wollen Frühe Hilfen insbesondere einen Beitrag zur Förderung der Beziehungs- und Erziehungskompetenz von (werdenden) Müttern und Vätern leisten. Damit tragen sie maßgeblich zum gesunden Aufwachsen von Kindern bei und sichern deren Rechte auf Schutz, Förderung und Teilhabe.

   Frühe Hilfen umfassen vielfältige sowohl allgemeine als auch spezifische, aufeinander bezogene und einander ergänzende Angebote und Maßnahmen. Grundlegend sind Angebote, die sich an

Als Zielgruppe von Frühen Hilfen werden in der Begriffsbestimmung des Nationalen Zentrums Frühe Hilfen (NZFH) zunächst alle Schwangeren, Väter und Mütter mit Kindern zwischen 0 und 3 Jahren genannt. *Insbesondere,* so heißt es in der Definition des NZFH weiter, richten sich die Angebote jedoch an Schwangere und Eltern in Problemlagen, was auf eine Schwierigkeit bei der Bestimmung der Zielgruppe hindeutet: Die einerseits weit gefasste Zielgruppe *alle (werdenden) Eltern* und die andererseits erfolgte Eingrenzung auf *Familien in Problemlagen* scheint widersprüchlich; Hentschke et al. (2011) konstatieren diesbezüglich eine „gewisse Diffusität" (ebd., S. 52) innerhalb des Verständnisses von Frühen Hilfen. Darüber hinaus wird in der Begriffsbestimmung des NZFH eine Kontrollfunktion, die Frühe Hilfen dieser Definition zu Folge innehaben, deutlich: Reicht das Angebot nicht aus, um erkennbare Risiken für das Wohl der Kinder zu reduzieren, so ist es Aufgabe der Frühen Hilfen bzw. der hier tätigen Fachkräfte, eine Weitervermittlung der (werdenden) Eltern in (unter Umständen) intensivere Maßnahmen zu initiieren. Die Basis Früher Hilfen, so heißt es in der Begriffsbestimmung weiter, stellen multiprofessionelle Kooperation zwischen Akteuren unterschiedlicher Handlungsfelder sowie auch ehrenamtliches Engagement dar. Frühe Hilfen sollen, so die Vorstellung des NZFH, zu einer Vernetzung bzw. einer Kooperation insbesondere von Akteuren der Schwangerschaftsberatung, des Gesundheitswesens, der Frühförderung und der Kinder- und Jugendhilfe sowie weiteren sozialen Diensten wie bspw. den Systeme, die der finanziellen und materiellen Absicherung von (werdenden) Familien dienen können (SGB II, III und XII), beitragen. Verfolgt wird hierbei das Ziel, eine flächendeckende Versorgung von Familien mit individuell passgenauen und bedarfsgerechten Unterstützungsangeboten einzurichten.

Frühe Hilfen sind rechtlich normiert im zum 01. 01. 2012 in Kraft getretenen Bundeskinderschutzgesetz (insbesondere im Artikel 1, dem Gesetz zur Kooperation und Information im Kinderschutz) sowie auch in der bereits erwähnten Erweiterung des § 16 SGB VIII. In § 1 KKG *Kinderschutz und staatliche Mitverantwortung* heißt es:

> „Aufgabe der staatlichen Gemeinschaft ist es, soweit erforderlich, Eltern bei der Wahrnehmung ihres Erziehungsrechtes und ihrer Erziehungsverantwortung zu unterstützen, damit sie im Einzelfall ihrer Verantwortung besser gerecht werden können, im Einzelfall Risiken für die Entwicklung ihrer Kinder frühzeitig erkannt werden können und im Einzelfall eine Gefährdung des Wohls eines Kindes vermieden werden kann" und weiter heißt es: „[...] zu diesem Zweck umfasst die Unterstützung der Eltern bei der Wahrnehmung

---

alle (werdenden) Eltern mit ihren Kindern im Sinne der Gesundheitsförderung richten (universelle/ primäre Prävention). Darüber hinaus wenden sich Frühe Hilfen insbesondere an Familien in Problemlagen (selektive/sekundäre Prävention). Frühe Hilfen tragen in der Arbeit mit den Familien dazu bei, dass Risiken für das Wohl und die Entwicklung des Kindes frühzeitig wahrgenommen und reduziert werden. Wenn die Hilfen nicht ausreichen, eine Gefährdung des Kindeswohls abzuwenden, sorgen Frühe Hilfen dafür, dass weitere Maßnahmen zum Schutz des Kindes ergriffen werden." (NZFH 2009, S. 14 f.).

ihres Erziehungsrechtes und ihrer Erziehungsverantwortung durch die staatliche Gemeinschaft insbesondere auch Information, Beratung und Hilfe [...]. Kern ist die Vorhaltung eines möglichst frühzeitigen, koordinierten und multi-professionellen Angebots im Hinblick auf die Entwicklung von Kindern vor allem in den ersten Lebensjahren für Mütter und Väter sowie schwangere Frauen und werdende Väter *(Frühe Hilfen)"* (§ 1 KKG, Hervorhebungen C. B.).

Das Wort *Frühe* innerhalb der Bezeichnung Frühe Hilfen bezieht sich auf zwei Aspekte. Einerseits ist hier die biografische Perspektive im Sinne einer besonderen Aufmerksamkeit der Hilfen für die Anfangszeit des Lebens eines Kindes gemeint. Andererseits bezieht sich das Attribut auf die präventive Absicht der Angebote, welche die Familien erreichen sollen, bevor das Wohl des Kindes/der Kinder gefährdet ist (vgl. Bauer 2016, S. 902).

Die Ausgestaltung dieses präventiven Bereiches wirft zahlreiche Fragen auf: So befasst sich auch der 13. Kinder- und Jugendbericht mit der Diskussion der Frage, ob Frühe Hilfen vom Gedanken einer möglichst frühen Förderung bzw. einem Recht auf Befähigung von (werdenden) Eltern getragen werden oder ob sie vor allem die präventive Verhinderung von möglichen Kindeswohlgefährdungen fokussieren sollten (vgl. BMFSFJ 2009, S. 50 ff.). Auch der 14. Kinder- und Jugendbericht verortet Frühe Hilfen zwischen „frühzeitiger, niedrigschwelliger Information und Unterstützung aller Eltern mit Säuglingen und Kleinkindern auf der einen Seite und der Realisierung eines frühen Schutzauftrages im Sinne des staatlichen Wächteramtes für ,Risiko- oder Problemgruppen' auf der anderen Seite" (BMFSFJ 2013, S. 300).

Deutlich wird anhand dieser Überlegungen, dass Eltern in den Blick genommen werden, einerseits als Personen, die mit einer neuen Lebenssituation – der Geburt eines Kindes – konfrontiert werden, sowie andererseits als potentielle *Kindeswohlgefährder_innen*. Darüber hinaus werden verschiedene Verständnisse von Prävention im Zusammenhang mit Frühen Hilfen deutlich: Prävention als Unterstützungsleistung zur Verbesserung der Versorgungs- und Handlungskompetenzen oder aber als gezielte Maßnahme, um einer Kindeswohlgefährdung vorzubeugen (vgl. Wiesner 2010, S. 32).

Es kann konstatiert werden, dass neben der Diskussion um möglichst frühzeitige Unterstützung von (werdenden) Eltern(teilen) und deren Kindern auch die Idee des vorbeugenden Handelns in der Kinder- und Jugendhilfe nicht neu ist: Bereits der 8. Kinder- und Jugendbericht, der 1990 veröffentlicht wurde, definiert Prävention im Sinne eines vorbeugenden Handelns als „zentrale Strukturmaxime der Kinder- und Jugendhilfe" (BMFSFJ 1990, S. 85). Eine präventive Orientierung – so die Autor_innen des Berichts – richtet ihren Blick auf drohende Konflikte und Risiken bei Individuen oder in Sozialräumen und versucht, möglichst frühzeitig in diesen Prozess einzugreifen, um die Wahrscheinlichkeit für das Eintreten einer risikohaften Entwicklung zu reduzieren (vgl. ebd.). Der Präventionsbegriff wurde somit schon früh in sozialpädagogischen Diskussionszusammenhängen gebraucht, um z. B. bestimmte Eingriffe gegenüber den Adressat_innen zu legitimieren. Präventives Handeln ist heute zwar zu einer der Hauptmaximen der Kinder- und Jugendhilfe und des gesamten Feldes der Sozialen Arbeit geworden, aber eine einheitliche Systematik und eine inhaltliche Bestimmung fehlen bislang (hierzu u. a. Ziegler 2006; Böllert 2011; Buschhorn und Böllert 2015).

Prävention wird als Schlagwort in Praxiskontexten und damit auch im Kontext der Angebote Früher Hilfen vielfach verwendet, gilt jedoch auch als ein umstrittenes Unterfangen (vgl. Bathke 2016, S. 753). Mit den Definitionsschwierigkeiten des ursprünglich aus dem medizinischen Kontext entnommen Präventionsbegriffes geht auch eine Kritik an zugrunde gelegten Prämissen einher: So wurde der Prävention bereits 1990, etwa von Schrottmann, eine ideologische, ökonomische sowie kontrollierende und stigmatisierende Funktion vorgeworfen (vgl. ebd.). Lindner (2003) folgend entwickelten sich moderne Lebensentwürfe und -lagen offener, flexibler oder gar unberechenbarer, sodass er die Zukunftsorientierung von Prävention problematisch sieht: Sie könne nicht ein zukünftiges (unerwünschtes) Handeln verhindern, wenn es keine zuverlässigen Prädiktoren für künftig erwartbares Handeln gibt. „Denn man kann nicht verhüten, was man nicht weiß, und schon gar nicht das, was man nicht wissen kann" (ebd., S. 286).

Herriger merkt hierzu bereits 1986 an: „Prävention, […] das sind alle jene gesellschaftlich organisierten Maßnahmen, mittels derer die Bedingungen hergestellt werden, die die Konformität der Gesellschaftsmitglieder mit den Verhaltenserwartungen des sozialen Systems erzielen und das Auftreten normabweichender Verhaltensweisen verhindern sollen" (ebd., S. 6).

Ziegler (2006) wird an dieser Stelle deutlicher und stellt das Risiko der Stigmatisierung durch Prävention heraus: Denn oftmals zielen Präventionskonzepte pauschal auf sogenannte „Problemgruppen" (ebd., S. 147) oder „Krisenfamilien" (ebd.) ab – wie es auch in der Definition des NZFH betont wird.

Helming et al. (2008) führen mit Blick auf Zuschreibungsprozesse im Kontext Früher Hilfen aus, dass „alte Denk- und Deutungsmuster der Fürsorge" (ebd., S. 2) deutlich werden in einer „einseitigen Konzentration der Diskussion von Prävention in Form von Screening und Risikoeinschätzung auf das gefährdete Kind, das vorrangig das Kind von armen Leuten und Außenseitergruppen ist, das Kind als Objekt der Sorge, statt es im Zusammenhang zu sehen mit den Müttern […] [und] auch den Vätern und deren Möglichkeiten und Lebensbedingungen" (ebd.). Deutlich wird an dieser Sicht eine Defizitorientierung: Alle Lebensweisen und Ansichten, die nicht einer vorher definierten gesellschaftlichen Norm – wie bspw. dem Bild der traditionellen bürgerlichen Kleinfamilie – entsprechen, gelten als risikoreich und werden damit mögliches Ziel von Präventionsmaßnahmen (vgl. Holthusen et al. 2011, S. 23).

Die stigmatisierende Wirkung ergibt sich aus der (notorischen) Defensiv- und Defizitorientierung der Präventionsabsicht. Denn Prävention geht von Mängeln, Defiziten, Gefahren oder möglichen Normabweichungen aus, um diesen Abweichungen zuvorzukommen: Aus dieser Logik heraus kann der Prävention eine „misstrauens-

und verdachtsgeleitete Wirklichkeitskonstruktion" (ebd., S. 24) vorgeworfen werden. Angesichts dessen, dass es in der Gesellschaft zunehmend weniger klar ist, was (von der Gesellschaft) als „normal" akzeptiert wird, können sich solche Normalitätsannahmen lediglich als „Normalitätsfiktionen" erweisen und laufen somit eigentlich automatisch ins Leere. „Verallgemeinerbare Normalitätsentwürfe verlieren zu Gunsten einer Ausdifferenzierung unterschiedlichster Lebensentwürfe zunehmend mehr an Bedeutung" (Böllert 2011, S. 1127), was dazu führt, dass viele Angebote, wie hier etwa Angebote im Kontext Früher Hilfen, das ihnen zugrunde liegende Verständnis von Normalität mit Blick auf (werdende) Eltern(teile) kritisch reflektieren sollten (vgl. Buschhorn und Böllert 2015, S. 109). Diese Individualisierungsprozesse, so Böllert (2011) weiter, können einerseits als Zugewinn an individuellen Gestaltungsmöglichkeiten begriffen werden. Andererseits sind die Zugangsmöglichkeiten zu diesen Gestaltungsmöglichkeiten oftmals ungleich verteilt. Materielle und soziale Ressourcen werden als notwendige Voraussetzungen für die Teilhabe an Individualisierungsprozessen und zur Realisierung selbstbestimmter Lebensentwürfe angesehen, die jedoch erst auf der Grundlage individueller Kompetenzen und Fähigkeiten entwickelt werden können. In diesem Sinne bedeutet Prävention dann, so folgert Böllert (2011), „strukturelle und kontextuelle Möglichkeiten und Voraussetzungen dafür zu schaffen, dass selbstbestimmte Lebensentwürfe tatsächlich realisiert werden können" (ebd., S. 1125). Prävention umfasst hiernach solche strukturbezogenen Angebote, die über die Gestaltung von Lebensbedingungen individuelle Teilhabemöglichkeiten beeinflussen. Diesem Präventionsverständnis folgend geht es also vielmehr darum, die vielfältigen und heterogenen Bedingungen und Verhältnisse, in denen Kinder in Familien aufwachsen, stärker in den Blick zu nehmen, um gedeihliches Aufwachsen zu ermöglichen bzw. bestmögliche Rahmenbedingungen hierfür zu schaffen, statt einseitig auf verhaltenspräventive Maßnahmen zu fokussieren und auf damit verbundene Normalvorstellungen von Familie und Elternschaft zu rekurrieren (vgl. Rauschenbach 2011, S. 3).

Im letzteren Sinne kann Prävention schnell als vorgelagerter staatlicher Eingriff missverstanden werden und damit die grundgesetzlich geschützten Sphären von Privatheit und Selbstbestimmung verletzen (vgl. Bundesjugendkuratorium 2008, S. 8). Eine Sichtweise, die junge Eltern von vornherein als mögliche Gefährdung für das Wohl ihrer Kinder betrachtet, ist den Ausführungen Wiesners (2010) folgend wenig geeignet, um das notwendige Vertrauen aufzubauen, das Voraussetzung für jede Beratungs- und Hilfebeziehung und damit auch für die Annahme von Angeboten Früher Hilfen ist (vgl. ebd., S. 33). Dementsprechend kritisch sind alle Versuche eines Risiko-Screenings von (werdenden) Eltern zu betrachten, auch weil sie sich im Rahmen einiger Untersuchungen (vgl. u. a. Bastian 2011; Hentschke et al. 2011) als wenig aussagekräftig erwiesen haben. Resümierend stellen Hentschke et al. (2011) zudem heraus, dass Frühe Hilfen das Potential haben könnten, einen niedrigschwelligen Zugang zu Familien zu eröffnen und frühzeitig vielfältige Unterstützungsangebote durch die Vernetzung unterschiedlicher Akteur_innen vorhalten zu können. Mit Blick auf dieses Ergebnis könnten Angebote Früher Hilfen also eine Ergänzung zu den etablierten Hilfen des Regelsystems darstellen und möglicherweise eine „Lücke im System" (ebd., S. 58) schließen, wenn man Frühe Hilfen als *niedrigschwelliges Angebot an alle (werdenden) Eltern und jungen Familien,* welches auf die Deckung von Bildungs-, Beratungs- und Unterstützungsbedarfen zielt, die sich aus der Erweiterung des Familiensystems durch die Geburt von Kindern ergeben, versteht.

Innerhalb der Kinder- und Jugendhilfe werden für eine rechtliche Rahmung Früher Hilfen im SGB VIII den vorangegangenen Ausführungen folgend derzeit die Paragrafen §§ 16–19 sowie die Hilfen zur Erziehung, insbesondere mit Blick auf ambulante Hilfeformen wie bspw. Erziehungsberatung (§ 28) oder auch Sozialpädagogische Familienhilfe (§ 31), diskutiert. Deutlich wird, dass derzeit bereits verschiedene Angebote, die unter den Begriff „Frühe Hilfen" gefasst werden können, wie z. B. Elternbildungsangebote (s. o.), durch das Aufgabenspektrum der Kinder- und Jugendhilfe abgedeckt werden, jedoch leidet die konkrete Verfügbarkeit der Leistungen oft nach wie vor darunter, dass in Zeiten knapper Kassen Gestaltungsspielräume nicht genutzt werden.

Die Formulierung eines eigenständigen Leistungstatbestandes *Frühe Hilfen* im SGB VIII ist jedoch, so führt Wiesner (2010) aus, nur schwer realisierbar; hierzu wäre eine Typisierung von Hilfeformen nötig (vgl. ebd., S. 35). Frühe Hilfen fassen aber vielfältige (neue und bereits etablierte) Angebote im Sinne einer die Systemgrenzen überschreitenden Hilfekategorie zusammen, es gibt somit nicht *die* Frühen Hilfen, da Frühe Hilfen sich auf eine besondere Lebenslage – die Geburt eines Kindes – beziehen, nicht auf eine besondere Leistung. Es würden beträchtliche Schnittmengen mit bereits normierten Leistungstatbeständen im SGB VIII entstehen (s. o.) und es würde nicht beachtet, dass es sich eigentlich um eine Systemgrenzen überschreitende Angebotskategorie handelt (vgl. Wiesner 2010, S. 35). Deshalb sollte an bestehende Leistungstatbestände angeknüpft werden; als besonders geeignet erweist sich im Anschluss an die oben dargelegten Überlegungen die Allgemeine Förderung der Erziehung in der Familie gemäß § 16 SGB VIII. Dagegen erscheint eine generelle Anknüpfung an die Hilfen zur Erziehung zu hochschwellig, da sich Frühe Hilfen von ihrer Konzeption her (zunächst einmal) voraussetzungslos an alle (werdenden) Eltern, unabhängig von einem erzieherischen Defizit, richten. Die §§ 17 bis 21 SGB VIII sind zwar – anders als § 16 SGB VIII – mit einem individuellen Rechtsanspruch der Adressat_innen auf die dort genannten Leistungen ausgestattet, allerdings fokussieren diese Paragrafen auf mögliche Krisen und bereits eingetretene Notstände (vgl. hierzu auch Rätz et al. 2014, S. 129 ff.), weshalb auch hier eine Verankerung Früher Hilfen als zu hochschwellig erscheint.

Zur Fixierung Früher Hilfen im § 16 SGB VIII wäre allerdings eine Modifikation dieses Paragrafen sinnvoll, im Sinne der Formulierung eines Rechtsanspruches auf bestimmte Leistungen, etwa auf Beratung und Hilfe in Fragen des Aufbaus elterlicher Erziehungs-, Beziehungs- und Versorgungskompetenzen (vgl. Buschhorn 2012, S. 189).

Unklar ist bislang die Rolle des Gesundheitssystems, da bereits mit Blick auf die Kinder- und Jugendhilfe deutlich wird, dass es nicht den *Königsweg* zur Etablierung Früher Hilfen gibt. Darüber hinaus, so betont Wiesner (2010), sieht das Gesundheitssystem seine Aufgabe in einer allgemeinen Gesundheitsförderung bzw. Krankheitsvorsorge und nicht in einem präventiven Kinderschutz (vgl. ebd., S. 39). Hier stehen sich zwei grundsätzlich unterschiedlich finanzierte Systeme gegenüber: einerseits das steuerfinanzierte und auf örtlicher Ebene gesteuerte System der Kinder- und Jugendhilfe und auf der anderen Seite das beitragsfinanzierte und stärker vom Bund gesteuerte System der gesetzlichen Krankenversicherung.

Derzeit wird primär die Kinder- und Jugendhilfe in die Leistungsverantwortung genommen, der Bereich Gesundheit (SBG V) etwa bleibt, was die finanzielle Leistungsübernahme angeht – auch aufgrund fehlender Kooperationspflichten analog den Regelungen im SGB VIII –, außen vor. Der *mangelnde Einbezug des Gesundheitswesens* in die rechtliche Rahmung wird möglicherweise die Bildung disziplinübergreifender Netzwerke vor Ort erschweren, da eine strukturelle Verknüpfung beider Systeme mit Blick auf eine gesetzliche Rahmung nach wie vor nicht gegeben ist.

Jedoch sollten Überlegungen zur Einbeziehung des Gesundheitswesens ebenso weiterverfolgt werden wie eine Verankerung Früher Hilfen vor allem in den entsprechenden Paragrafen im SBG V aber auch in weiteren relevanten Gesetzbüchern, um den systemübergreifenden Charakter von Angeboten Früher Hilfen auch rechtlich zu fixieren (vgl. Buschhorn 2012, S. 191). Einen möglichen Schritt in diese Richtung stellt das Gesetz zur Stärkung der Gesundheitsförderung und der Prävention (Präventionsgesetz – PrävG), welches im Juli 2015 vom Bundestag verabschiedet wurde, dar. Mit Blick auf die nach § 26 PrävG vorgesehene „präventionsorientierte Beratung einschließlich Informationen zu regionalen Unterstützungsangeboten für Eltern und Kind" im Rahmen der U-Kinderuntersuchungen sowie die sich hieran anschließende „Präventionsempfehlung in Form einer ärztlichen Bescheinigung" (ebd.) – auch mit Bezug auf „verhaltensbezogene Leistungen zur Gesundheitsförderung und Prävention in Lebenswelten" (§ 20a PrävG) –, erscheint eine wissenschaftliche Begleitung der Implementierungs- und Umsetzungsprozesse dieses Leistungsangebots wünschenswert.

Literatur

Arbeitsgemeinschaft Kinder- und Jugendhilfe/Bundesarbeitsgemeinschaft Landesjugendämter. (Hrsg.). (2012). *Handlungsempfehlungen zum Bundeskinderschutzgesetz: Orientierungsrahmen und erste Hinweise zur Umsetzung*. Berlin.

Bastian, P. (2011). *Der Nutzen psychologisch-klassifikatorischer Diagnoseinstrumente in Frühen Hilfen: Wissenschaftliche Schriften*. Münster: Monsenstein und Vannerdat.

Bathke, S. (2016). Frühe Hilfen. In: Schröer/Struck/Wolff (Hrsg): *Handbuch der Kinder- und Jugendhilfe (S. 752–777)*. Weinheim und Basel: Beltz.

Bauer, P. (2016). Förderung der Erziehung in der Familie. In: Schröer/Struck/Wolff (Hrsg): *Handbuch der Kinder- und Jugendhilfe (S. 886–907)*. Weinheim und Basel: Beltz.

Böllert, K. (2011): Intervention und Prävention. In Otto, H./Thiersch, H. (Hrsg.), *Handbuch Soziale Arbeit. Grundlagen der Sozialarbeit und Sozialpädagogik (S. 1125–1140)*. München/Basel: Ernst Reinhardt Verlag.

Buschhorn, C./Böllert, K. (2015). Adressierung von (werdenden) Eltern in Familienbildung und Frühen Hilfen. In *neue praxis (Sonderheft 12)*, S. 3–11.

Bundesjugendkuratorium. (Hrsg.). (2008). *Schutz vor Kindeswohlgefährdung: Anmerkungen zur aktuellen Debatte*. München.

Bundesministerium für Familien, Senioren, Frauen und Jugend. (Hrsg.). (2009). *13. Kinder- und Jugendbericht: Bericht über die Lebenssituation junger Menschen und die Leistungen der Kinder und Jugendhilfe in Deutschland*. Berlin.

Bundesministerium für Familien, Senioren, Frauen und Jugend (Hrsg.) (2013): *14. Kinder- und Jugendbericht. Bericht über die Lebenssituation junger Menschen und die Leistungen der Kinder und Jugendhilfe in Deutschland*. Berlin.

Buschhorn, C. (2012). *Frühe Hilfen: Versorgungskompetenz und Kompetenzüberzeugung von Eltern*. Wiesbaden: VS Verlag für Sozialwissenschaften.

Däxl, I. (2004). *Gemeinsame Wohnformen für Mütter/Väter und Kinder: Fachliche Grundlagen des § 19 SGB VIII – Möglichkeiten und Grenzen*. Bayrisches Landesjugendamt, Mitteilungsblatt 4/2004.

Fegter, S./Heite, C./Mierendorff, J./Richter, M. (2015): Neue Aufmerksamkeiten für Familie – Diskurse, Bilder und Adressierungen in der Sozialen Arbeit. *neue praxis (Sonderheft 12)*, S. 3–11.

Giehl, L. (2011). Familienbildung. In Deutscher Verein für öffentliche und private Fürsorge (Hrsg.), *Fachlexikon der Sozialen Arbeit (S. 285)*. Baden-Baden: Nomos.

Grundmann, M. (2011). Kinderarmut und Wohlfahrtsproduktion. In K. Böllert (Hrsg.), *Soziale Arbeit als Wohlfahrtsproduktion (S. 167–181)*. Wiesbaden: VS Verlag für Sozialwissenschaften.

Helming, E./Sandmeir, G./Sann, A./Walter, M. (2008): *Kurzevaluation von Programmen zu Frühen Hilfen für Eltern und Kinder und soziale Frühwarnsysteme in den Bundesländern. Abschlussbericht*. München.

Henrichs, F. (2008). Gemeinsame Wohnformen für Mütter/Väter und Kinder. In AGJ (Hrsg.), *Kinder- und Jugendhilferecht von A–Z (S. 139–140)*. München: Verlag C. H. Beck.

Hentschke, A.-K., Bastian, P., Dellbrügge, V., Lohmann, A., Böttcher, W. & Ziegler, H. (2011). Parallelsystem Frühe Hilfen? Zum Verhältnis von frühen präventiven Familienhilfen und ambulanten Erziehungshilfen. *Soziale Passagen*, 1, S. 49–59.

Herriger, N. (1986): *Präventives Handeln und Soziale Praxis*. Weinheim: Beltz.

Holthusen, B./Hoops, S./Lüders, C./Ziegleder, D. (2011): Über die Notwendigkeit einer fachgerechten und reflektierten Prävention. Kritische Anmerkungen zum Diskurs. *DJI Impulse*, 2/2011, S. 22–25.

Kindler, H. (2009). Umgang und Kindeswohl: Empirische Befundlage und Folgerungen. *ZKJ – Zeitschrift für Kindschaftsrecht und Jugendhilfe, 95*, 110–114.

Lindner, W. (2003). Verlassen von allen guten Geistern? Anmerkungen zum Verhältnis von Innerer Sicherheit, Prävention und fachlichen Maximen der Kinder- und Jugendarbeit. In Dahme, H./Otto, H./Trube, A./Wohlfahrt, N. (Hrsg.), *Soziale Arbeit für den aktivierenden Staat* (S. 277–294). Opladen: Barbara Budrich.

Mierendorf J./Olk, T. (2007): Kinder- und Jugendhilfe. In: Ecarius, J. (Hrsg): *Handbuch Familie* (S. 542–567). Wiesbaden.

Nationales Zentrum Frühe Hilfen. (Hrsg.). (2009). Begriffsbestimmung „Frühe Hilfen". http://www.fruehehilfen.de/wissen/fruehe-hilfen-grundlagen/begriffs-bestimmung. Zugegriffen: 22. Februar 2011.

Oelkers, N. (2009). Die Umverteilung von Verantwortung zwischen Staat und Eltern – Konturen einer post-wohlfahrtsstaatlichen Transformation eines sozialpädagogischen Feldes. In F. Kessl & H.-U. Otto (Hrsg.), *Soziale Arbeit ohne Wohlfahrtsstaat: Zeitdiagnosen, Problematisierungen und Perspektiven* (S. 71–86). Weinheim und München: Juventa.

Proksch, R. (2009). Beratung in Fragen der Partnerschaft, Trennung und Scheidung gemäß §§ 17, 18 SGB VIII. *Frankfurter Kommentar SGB VIII, Kinder- und Jugendhilfe* (S. 176–185). Baden Baden: Nomos.

Rätz-Heinisch, R., Schröer, W. & Wolff, M. (2009). *Lehrbuch Kinder- und Jugendhilfe.* Weinheim: Juventa.

Rätz, R.; Schröer, W. & Wolff, M. (2014). *Lehrbuch Kinder- und Jugendhilfe.* Weinheim: Beltz Juventa.

Rauschenbach, T. (2011). Einleitende Worte zum „Mythos Prävention". *DJI Impulse*, 2/2011, S. 3.

Schindler, G. (2011). Förderung der Erziehungskompetenz. In J. Münder, R. Wiesner & T. Meysen (Hrsg.), *Kinder- und Jugendhilferecht* (S. 211–222). Baden-Baden: Nomos Verlag.

Schmidt-Obkirchner, H. (2011). Hilfen zur Erziehung. In R. Wiesner (Hrsg.), *SGB VIII. Kinder- und Jugendhilfe: Kommentar* (S. 319–451). München: Verlag C. H. Beck.

Schone, R. (2008). *Kontrolle als Element von Fachlichkeit in den sozialpädagogischen Diensten der Kinder- und Jugendhilfe: Expertise.* Berlin: AGJ.

Schone, R. (2010). Kinderschutz – zwischen Frühen Hilfen und Gefährdungsabwehr. *IzKK-Nachrichten*, 1, 4–7.

Schrottmann, R. (1990). *Prävention oder Ist Vorbeugen besser als Heilen? Zur Präventions-Disskussion im psychosozialen Bereich.* Heidelberg.

Struck, J. (2011). Förderung der Erziehung in der Familie. In R. Wiesner (Hrsg.), *SGB VIII. Kinder- und Jugendhilfe: Kommentar* (S. 187–245). München: C. H. Beck.

Sünderhauf-Kravets, H. (2011). Unterstützung in spezifischen Lebenslagen. In J. Münder, R. Wiesner & T. Meysen (Hrsg.), *Kinder- und Jugendhilferecht* (S. 223–231). Baden-Baden: Nomos Verlag.

Tammen, B. (2011). Hilfen zur Erziehung. In J. Münder, R. Wiesner & T. Meysen (Hrsg.), *Kinder- und Jugendhilferecht* (S. 245–276). Baden-Baden: Nomos Verlag.

Textor, M. (2006). Familienbildung als Aufgabe der Jugendhilfe. https://www.familien handbuch.de/cms/Familienbildung-Jugendhilfe.pdf. Zugegriffen: 20. Februar 2013.

Walper, S. (2012). Vom Einfluss der Eltern. *Der andere Blick auf Bildung. DJI-Impulse,* 4, 10–13.

Wiesner, R. (2010). Finanzierungsmöglichkeiten Früher Hilfen: Zwischen Früher Förderung von Eltern und Kindern und Hilfen zur Erziehung. *IzKK-Nachrichten,* 1, 32–36.

Wiesner, R. (2011). Die Entwicklung des Kinder- und Jugendhilferechts. In J. Münder, R. Wiesner & T. Meysen (Hrsg.), *Kinder- und Jugendhilferecht* (S. 67–87). Baden-Baden: Nomos Verlag.

Wolff, R. (2007). Inwiefern können Fachkräfte des Sozialen Dienstes durch ihr Handeln Kindern schaden bzw. zur Kindeswohlgefährdung beitragen? In H. Kindler (Hrsg.), *Handbuch Kindeswohl nach § 1666 BGB und Allgemeiner Sozialer Dienst (ASD)* (Kapitel 46). München: DJI.

Ziegler, H. (2006). Prävention und soziale Kontrolle. In Scherr, A. (Hrsg.), *Soziologische Basics* (S. 146–153). Wiesbaden: VS Verlag für Sozialwissenschaften.

Buschhorn, Claudia, Dr. phil., Diplom-Pädagogin, Wissenschaftliche Mitarbeiterin am Institut für Erziehungswissenschaft, Arbeitsbereich Sozialpädagogik der Universität Münster. Aktuelle Arbeitsschwerpunkte: Frühe Hilfen, Kinder- und Jugendhilfe, quantitative Sozialforschung, Wirkungsorientierte Evaluationsforschung, Kooperation Jugendhilfe und Schule. Kontakt: buschhorn@uni-muenster.de.

Kindertagesbetreuung

Peter Cloos und Annette Richter

Zusammenfassung

Kindertagesbetreuung ist ein komplexes Dienstleistungssystem, das unterschiedliche öffentlich verantwortete Betreuungsformen beinhaltet und in dessen Kontext sich ein weites Spektrum an Angeboten zur qualitativen Sicherung und Weiterentwicklung, zur Aus- und Fortbildung sowie der Forschung entwickelt hat. Zentrale Handlungsfelder der Kindertagesbetreuung sind die Tageseinrichtungen für Kinder und die Tagespflege. Die Kindertagesbetreuung lässt sich als ein öffentlich verantwortetes und organisiertes Handlungsfeld der Interaktionsarbeit mit Kindern und ihren Familien verstehen. Kindertagesbetreuung hat sich insbesondere im Kindergartenalter als ein Normalangebot in der Biografie von Kindern etabliert. Historisch lässt sich aber ableiten, dass Kindertagesbetreuung einen multifunktionalen Charakter aufweist. Auch wenn der Schwerpunkt der Kindertagesbetreuung in der Erziehung, Bildung und Betreuung von Kindern mit dezidiert familienergänzendem Charakter liegt, wird an Kindertagesbetreuung als multifunktionales Handlungsfeld ein breites Spektrum an sozial-, arbeitsmarkt-, frauenpolitischen und ökonomischen Erwartungen adressiert. Angesichts vielfältiger Reformbemühungen lässt sich Kindertagesbetreuung aktuell durch eine institutionelle Ausweitung, eine qualitative Profilierung und organisationale Ausdifferenzierung kennzeichnen. Damit verbunden ist Prozess der Professionalisierung des Personals, eine Profilierung der Bildungsfunktion bei gleichzeitiger Ausweitung der Aufgaben. Kindertagesbetreuung wird sich in Zukunft von einem monoprofessionellen Betreuungssystem zu einem multiprofessionellen und interdisziplinär vernetzten Handlungsfeld wandeln.

Schlüsselwörter

Kindertagesbetreuung, Kindergarten, Tageseinrichtungen für Kinder/Kindertagesein-
richtungen, Kindertagespflege/Tagespflege, Krippe, Hort, Professionalisierung, Akademisierung, Dienstleistungsmix

Kindertagesbetreuung ist ein Begriff mit wissenschaftlicher Unschärfe, der unterschiedliche öffentlich verantwortete Betreuungsformen zusammenfasst. Daneben
lässt sich eine Vielzahl weiterer Begriffe finden, die Ähnliches bezeichnen sollen, wie
Kindheitspädagogik, Elementarpädagogik, Pädagogik der frühen Kindheit etc. Im
Gegensatz zu diesen schließt der Begriff Kindertagesbetreuung allerdings nicht die
wissenschaftliche Auseinandersetzung mit eben diesem Handlungsfeld ein. Formen
der Kindertagesbetreuung sind Tageseinrichtungen für Kinder und Tagespflege, die
als Angebote der Kinder- und Jugendhilfe nach den §§ 22 bis 26 SGB VIII vorgehalten werden.

Historisch lässt sich ableiten, dass Kindertagesbetreuung einen multifunktionalen
Charakter aufweist (vgl. Honig 2004) (vgl. Kap. 1). Dieser spiegelt sich auch in den
organisationalen und rechtlichen Konturen dieses Handlungsfeldes, die sich durch
eine erheblich gestiegene öffentliche Aufmerksamkeit in den letzten 15 Jahren in hohem Maße verändert haben. Somit lässt sich mittlerweile ein breites Spektrum an Angeboten für Kinder und ihre Familien finden, das sich mit verschiedener Betreuungsdauer, mit differenter Schwerpunktsetzung und mit unterscheidbaren pädagogischen
Ansätzen an unterschiedliche (Alters-)Gruppen von Kindern richtet. Neben diesen
öffentlich verantworteten Angeboten für Kinder und ihre Familien lässt sich jedoch
ein in seiner Dynamik und Verbundenheit mit Kindertagesbetreuung kaum wissenschaftlich erschlossener Markt an privaten, informellen und kommerziellen Dienstleistungen finden, der im Rahmen eines Bildungs- und Betreuungsmixes von Kindern und ihren Familien genutzt wird (vgl. Mangold et al. 2013). Das Spektrum reicht
hier u. a. von privat organisierter Betreuung durch Freunde, Verwandte oder bezahlte
Betreuungspersonen, eher informelle Treffs, wie die selbst organisierte Spielgruppe,
über überwiegend privat-gewerbliche Angebote in den Bereichen Bildung, Freizeit,
Kultur und Konsum, wie das Kindermuseum, das Theaterangebot oder der Indoor-
Spielplatz. Hier finden sich ebenso vielfältige Angebote für Kinder und ihre Familien
im Bereich der Prävention und Beratung, der Unterstützung und Förderung, wie das
Präventionsprojekt zur Unterstützung benachteiligter Familien nach der Geburt im
Rahmen Früher Hilfen oder der Schulvorbereitungskurs einer Sozialpädagogin, die
sich selbstständig gemacht hat. Im Fokus dieses Beitrags liegen Kindertageseinrich-
tungen und Kindertagespflege.

Kindertagesbetreuung ist rechtlich und organisatorisch gerahmt und kann durch
quantitative Ausweitung, qualitative Profilierung und organisationale Ausdifferenzierung gekennzeichnet werden (vgl. Kap. 2). Auch wenn der Schwerpunkt der Kinder-

tagesbetreuung in der Erziehung, Bildung und Betreuung von Kindern mit dezidiert familienergänzendem Charakter liegt, wird an Kindertagesbetreuung als multifunktionales Handlungsfeld ein breites Spektrum an sozial-, arbeitsmarkt-, frauenpolitischen und ökonomischen Erwartungen adressiert. Die Kindertagesbetreuung lässt sich zum einen als ein öffentlich verantwortetes und organisiertes Handlungsfeld der Interaktionsarbeit mit Kindern und ihren Familien verstehen. Zum anderen darf aber nicht unbeachtet bleiben, dass im Kontext dieses Handlungsfelds sich ein weites Spektrum an Angeboten zur qualitativen Sicherung und Weiterentwicklung, zur Aus- und Fortbildung sowie der Forschung entwickelt hat. In diesem Sinne kann Kindertagesbetreuung als ein komplexes Dienstleistungssystem beschrieben werden (vgl. Kap. 3), das in Zukunft mit spezifischen Herausforderungen konfrontiert sein wird (vgl. Kap. 4).

1 Historische Entwicklung

Die Institutionalisierung von Kindertagesbetreuung reicht weit zurück bis ins 18. Jahrhundert und speist sich nach Erning et al. (1987) wesentlich aus einem Doppelmotiv: Zum einen war sie als familienbezogene Maßnahme im Sinne von Fürsorge zur Verhinderung von Armut und Verwahrlosung angelegt. Sie wurde insbesondere von den religiösen Verbänden als eine Notlösung betrachtet, die nicht dauerhaft die Bedeutung der Familie für die Erziehung der Kinder schmälern sollte. Zum anderen spielten hier aber durchaus kindbezogene, auf Bildung und Erziehung ausgerichtete Motive eine Rolle, auch wenn diese durchaus sehr unterschiedlich ausgestaltet sein konnten und sich stets unterschiedlich stark an Schule orientierten oder sich von dieser abgrenzten. Die Entstehung institutioneller Kindertagesbetreuung entwickelte sich somit in enger und spannungsreicher Bezogenheit auf Familie und Schule.

Nachdem sich im Europa des 18. Jahrhunderts Vorformen institutioneller Kindertagesbetreuung wie Spiel- und Warteschulen zunehmend verbreitet hatten, und in diesen als sinnvoll erachtete Tätigkeiten wie Stricken und Nähen die Hauptbeschäftigung der Kinder war, lässt sich zu Anfang des 19. Jahrhunderts eine Formenvielfalt an Betreuungseinrichtungen finden. Neben Bewahr-, Sitz-, Hüte- und Vorschulen sowie Kleinkindschulen gab es auch erste Kindergärten. Mit der außerfamiliären Betreuung wurde auf eine zunehmende Trennung von Haushalt und Arbeit reagiert. Kinder sollten nach bestimmten Wertevorstellungen und hinsichtlich einer künftigen Arbeitstüchtigkeit erzogen werden. Die Fremdbetreuung eröffnete darüber hinaus Frauen Arbeitsmöglichkeiten, was letztlich auch der finanziellen Absicherung der Haushalte diente.

Zwei zentrale Einrichtungen Anfang des 19. Jahrhunderts waren Kleinkindbewahranstalten und Kindergärten. Sie stehen für zwei unterschiedliche Konzepte von Kindertagesbetreuung. Johann Georg Wirth (1807–1851), Gründer und Leiter von Kleinkindbewahranstalten, sah die Aufgabe außerhäuslicher Bildung und Erzie-

hung im Vorschulalter darin, defizitäre Erziehungsleistungen der Eltern auszugleichen. In diesem Sinne gehörten Übungen zu Kompetenzen in den Bereichen Mathematik, (Schrift-)Sprache, Kunst, Naturwissenschaft und Religion in Kombination
mit sinnlichen Übungen zum Curriculum seiner Bewahranstalten. Theodor Fliedner
(1800–1864) rückte noch viel stärker die Erziehung zur Ordnung, Sauberkeit und
Fleiß, Disziplin, Religiosität und Sittsamkeit in den Mittelpunkt. Demgegenüber
stand das Konzept des Kindergartens, wie es für die Erziehung und Betreuung von
Kindern im Alter von drei bis sechs Jahren durch Friedrich Fröbel (1782–1852) 1840
in Blankenburg (Thüringen) begründet wurde. Mit eigens entwickelten Spielgaben
zielte Fröbels Betreuungskonzept von Kindern des aufgeklärten Adels und wohl-
habenden Familien des Bürgertums auf eine bildende Auseinandersetzung des Kindes mit der Welt und dem eigenen Ich (vgl. Erning et al. 1987, S. 37). Fröbel vertrat
die Ansicht, dass die familiäre Erziehung *aller* Kinder ergänzungsbedürftig sei und
alle Kinder einen Kindergarten besuchen sollten. Inhalte und Didaktik, orientiert an
einer allgemeinen Menschenbildung, sollten altersangemessen sein und aufeinander
aufbauen. Wesentlich bei Fröbels Konzeption des Kindergartens ist, dass er die Bedeutung des kindlichen Spiels für die frühkindliche Entwicklung unterstrich. Im gemeinsamen Spiel mit Beschäftigungsmitteln und Spielgaben, durch Gartenarbeit und
Bewegungsspiele sollte ein beiläufiger, nachgehender und behutsamer, nicht beleh-
render, bestimmender und eingreifender Unterricht geschehen. Fröbel und Fliedner
entwickelten nicht nur pädagogische Konzeptionen der Kindertagesbetreuung, sie
versuchten diese auch als Berufsfeld zu etablieren. In Kaiserswerth entstand 1836 die
erste Ausbildungsinstitution (vgl. auch Franke-Meyer und Reyer 2015).

In der zweiten Hälfte des 19. Jahrhunderts wurde der Bildungsauftrag des Kindergartens zunehmend eigenständig und losgelöst von der Schule formuliert. Zum einen
wollten die konfessionellen Träger ihren christlichen Vorstellungen entsprechend
die primäre Zuständigkeit der Familie für die Erziehung von Kindern vor der Schule nicht angegriffen sehen. Zum anderen hatten aber auch die Schulverwaltungen
darauf gedrungen, dass der Kindergarten nicht den Aufgaben der Schule vorgreife.
Darüber hinaus wurde frühkindliche Bildung in einem diskontinuierlichen Stufen-
modell konzipiert. Die Entwicklungsaufgaben der frühkindlichen Stufe sollten erst
gänzlich abgeschlossen sein, bevor schulisches Lernen beginne könne (vgl. Franke-
Meyer und Reyer 2010). Eine Verbindung zwischen dem Konzept der Kindergärten
und Bewahranstalten, auch mit dem Ziel, das Recht auf Bildung für Kinder aller Klassen durchzusetzen, realisierte sich in den Volkskindergärten. Dessen Konzept wurde
wesentlich durch Berta von Marenholtz-Bülow (1811–1893) und Henriette Schrader-
Breymann (1827–1899) gestaltet. Hier entfernte sich Kindertagesbetreuung auch im
Rahmen der Raumgestaltung zunehmend von Schule. Angelehnt an Johann Heinrich
Pestalozzis Idee der Wohnstube setzte der Volkskindergarten auf eine größtmögliche
Familienähnlichkeit.

In der Weimarer Republik setzten sich schließlich diejenigen Kräfte durch, die
den Kindergarten weiterhin als Teil des Fürsorge und nicht des Bildungswesens an-

sahen. Das 1922 in Kraft getretene Reichsjugendwohlfahrtsgesetz (RJWG) schrieb die Kinderbetreuung als familienergänzende Institution dem Jugendhilfebereich zu, definierte aber auch Mindeststandards etwa hinsichtlich der Gruppen und Raumgröße, der Raumausgestaltung sowie der Ausbildung des Personals. Damit wurden Grundbedingungen für die Verberuflichung und Professionalisierung des Handlungsfeldes geschaffen. Eine qualitative Weiterentwicklung erfuhr der Kindergarten durch reformpädagogische Konzepte, wie sie z. B. durch Maria Montessori vertreten wurden.

In der Zeit des Nationalsozialismus prägten in Deutschland autoritäre, rassistische und faschistoide Motive den Erziehungsauftrag von Kindergärten. Nationalsozialistisches Gedankengut stand fortan über dem Versuch einer wissenschaftlich begründeten Kleinkinderziehung. Der Missbrauch der Institution und des erzieherischen Auftrags spiegelt sich in den damaligen Maximen wie Liebe zum Führer, Vaterlandsliebe, Tapferkeit, Pflichtgefühl, pünktlicher Gehorsam sowie bewusste und gewollte Unterordnung (vgl. Aden-Grossmann 2011, S. 67).

Kindertagesbetreuung im westlichen Nachkriegsdeutschland war in der Zeit des Wiederaufbaus eine Nothilfemaßnahme für vernachlässigte und elternlos gewordene Kinder. Ein Mangel an Betreuungsplätzen, ein Anteil an qualifiziertem Fachpersonals unter 50 % und autoritäre Erziehungsstile prägten dieses Handlungsfeld. Auch die Aufbruchstimmung nach 1968 im Kontext der Kinderladenbewegung und die erneuten Versuche, den Kindergarten als erste Stufe des Bildungssystems zu definieren (vgl. Deutscher Bildungsrat 1970), konnten langfristig nichts daran ändern, dass Kindertagebetreuung als sozial- und bildungspolitisches Gestaltungsfeld in Westdeutschland weitgehend vernachlässigt wurde. Dies mag erstens damit zusammenhängen, dass den um 1970 etablierten, stärker schulisch orientierten Programmen kaum nachhaltige Wirkungen nachgewiesen werden konnten (vgl. u. a. Dollase 2007). Zweitens wollte sich die bundesrepublikanische Familienpolitik von der Politik der DDR abgrenzen, die ihr System der Kindertagesbetreuung stark ausbaute. So wurde in der Bundesrepublik Deutschland der familiären Erziehung gegenüber der öffentlichen Betreuung ein Vorrang eingeräumt.

Demgegenüber integrierte man in der sowjetischen Besatzungszone qua Gesetz im Jahre 1946 die Kindergärten in das Bildungswesen. Mit Staatsbildung der Deutschen Demokratischen Republik (DDR) war der staatliche Träger der Einrichtungen das Ministerium für Volksbildung. Formales Ziel, nicht zuletzt auch zur Gleichstellung und für eine Berufstätigkeit der Frauen, war die Schaffung von Plätzen für alle Kinder in ganztägig geöffneten Einrichtungen. Die den zentralen und verbindlichen Bildungsplänen und Erziehungsprogrammen folgende pädagogische Arbeit in Kindergärten hatte zwei Aufträgen zu folgen: der politischen Erziehung als „Beitrag zum Aufbau der sozialistischen Gesellschaft" einerseits (Aden-Grossmann 2011, S. 97) und der Erlangung der Schulreife aller Kinder andererseits. Den unterschiedlichen politischen Ausrichtungen in Ost- und Westdeutschland entsprechend hat sich die Betreuungsquote in Deutschland unterschiedlich entwickelt. Von 1965 bis 1985 wuchs die Quote bei Kindern im Kindergartenalter im früheren Bundesgebiet von 28 % auf 69 %, in der DDR von 53 % auf 93 %. Im Krippenalter blieb die Quote in der Bundesrepublik konstant unter 2 %, in der DDR wuchs sie von 14 % auf knapp 50 % (vgl. Konsortium Bildungsberichterstattung 2006). Nach einer über 40-jährigen äußeren und inneren Kontinuität der Kindergärten der DDR (vgl. Konrad 2004, S. 213) wurde durch die Wiedervereinigung von Ost- und Westdeutschland aus den zentral gesteuerten Institutionen die Zuständigkeit auf die einzelnen Bundesländer basierend auf westdeutscher Gesetzesgrundlage übertragen.

Grundsätzlich unterscheidet sich in vielen Punkten die Geschichte der Betreuung von Kindern unter und über drei Jahren – auch wenn die Vielfalt an unterschiedlichen Betreuungsformen eine klare Abgrenzung erschwert. Kinderkrippen und Kinderhorte verzeichnen eine ähnlich lange Entwicklungsgeschichte. Darüber hinaus ist ihnen mit den Kindergärten sowie dessen Vor- und Nachfolgemodellen im Wesentlichen das Doppelmotiv gemein. Kinderkrippen sind im deutschsprachigen Raum ab Mitte des 19. Jahrhunderts gegründet worden. In diesen Einrichtungen wurden vornehmlich Kinder im Säuglingsalter betreut, da in den anderen institutionalisierten Betreuungsangeboten Kinder häufig bereits im Alter von anderthalb Jahren aufgenommen wurden (vgl. Reyer 2005, S. 506). Gegründet durch Vereine etablierten sich Kinderkrippen in Städten bis Ende des Zweiten Weltkrieges eher als altersspezifische Einrichtung, die einem reinen Betreuungsauftrag folgte. Pädagogische Aufträge und Konzepte hatten in der Geschichte der Kinderkrippen kaum Bedeutung. Kinderhorte als familienergänzende und schulbegleitende Institutionen für Kinder von sechs bis zehn Jahren haben ebenfalls ihren Ursprung im 19. Jahrhundert. Vorläufermodelle waren Bewahranstalten für größere Kinder, insbesondere Arbeitsschulen (vgl. Rabe-Kleberg 2005, S. 98).

Die Kindertagespflege ist in Deutschland im Vergleich zu den anderen Formen der Kindertagesbetreuung vergleichsweise jung. Erst ab 1973 wurde diese privat organisierte Kindertagesbetreuungsform durch einen Aufruf der Frauenzeitschrift Brigitte öffentlich zur Kenntnis genommenen. Modellversuche trugen dann dazu bei in Orientierung an dem schwedischen Modell der Dagmamas (vgl. Heitkötter und Jurczyk 2010, S. 154) den Beruf der Tagesmütter zu etablieren. Seither galt das informelle Selbsthilfemodell kontinuierlich als ein bedeutsames Alternativangebot zu Kindertageseinrichtungen.

2   Rechtliche und organisationale Rahmenbedingungen

Die Tagesbetreuung von Kindern basiert auf zwei Grundprinzipien der verfassungsrechtlichen Ordnung der Bundesrepublik Deutschland. Für das Wesen und die Sicherung von Kindertagesbetreuung sind das in § 20 (1) des Grundgesetzes (GG) festgeschriebene Sozialstaatsgebot sowie der in § 6 (1) GG formulierte besondere Schutz von Ehe, Familie und Kindern durch die staatliche Ordnung grundlegend. Das Recht wie auch die Pflicht zur Pflege und Erziehung der Kinder wird dabei ausdrücklich den Eltern zugewiesen; über die Einhaltung dessen wacht die staatliche Gemeinschaft, so § 6 (2) GG. Diese verfassungsrechtlichen Grundprinzipien werden im SGB VIII hinsichtlich ihrer Ausgestaltung konkretisiert. Die Kinderbetreuung in Tageseinrichtungen und in der Tagespflege wird in den §§ 22 bis 26 des SGB VIII geregelt. Nach § 22 SGB VIII haben diesen den Auftrag, die Erziehung und Bildung in der Familie zu unterstützen und zu ergänzen. Diesem Auftrag werden sie gerecht, indem sie erstens „die Entwicklung des Kindes zu einer eigenverantwortlichen und gemeinschaftsfähigen Persönlichkeit" fördern (§ 22 (2) SGB VIII) und zweitens „den Eltern dabei helfen, Erwerbstätigkeit und Kindererziehung besser miteinander vereinbaren zu können" (§ 22 (3) SGB VIII). Damit richtet sich das Angebot gleichermaßen an Kinder *und* ihr Familien. Bei der Ausgestaltung von Angebotsformen soll die Grundrichtung der Erziehung der Eltern beachtet werden (§ 9 SGB VIII). Dementsprechend sind die Erziehungsberechtigten an wesentlichen Entscheidungen bezüglich der Erziehung, Bildung und Betreuung der Kinder zu beteiligen (§ 22a (2) SGB VIII). Das Angebot hat sich an den Bedürfnissen der Kinder und ihrer Familien zu orientieren (§ 22a (3) SGB VIII).

Die rechtliche Rahmung der Kindertagesbetreuung wurde in den letzten Jahren durch mehrere Gesetzesvorhaben verändert. Nach der Umsetzung des Rechtsanspruchs auf einen Kindergartenplatz 1996 wurde das SGB VIII 2005 wesentlich durch das Tagesbetreuungsausbaugesetz (TAG) sowie das Kinder- und Jugendhilfeentwicklungsgesetz (KICK) und 2008 durch das Kinderförderungsgesetz (KiföG) reformiert. Alle drei Gesetze beabsichtigen, einen quantitativen Ausbau der Kindertagesbetreuung, insbesondere für Kinder unter drei Jahren voranzubringen. Dies wird allerdings an die Bedingung der Schaffung eines qualitativ hochwertigen und umfangreichen Angebotes geknüpft. So ist eine Ausbauphase bis zum 13. 07. 2013 verbunden mit der Einführung eines Rechtsanspruchs für alle Kinder vom vollendeten ersten bis zum vollendeten dritten Lebensjahr (siehe § 24 (2) SGB VIII) gesetzlich vorgesehen. Den Gesetzesgebern war klar, dass der quantitative Ausbau nur mit Hilfe der Kindertagespflege zu schaffen ist. Somit sollte sich diese zu einer „attraktiven, gleichrangigen Alternative" (§ 23 TAG) zur öffentlich finanzierten Kindertagesbetreuung entwickeln. Um ihre Qualität zu sichern, wurden bestimmten Qualitätskriterien in den §§ 23 und 43 SGB VIII präzisiert. Diese umfassen u. a. eine Eignung hinsichtlich der Persönlichkeit der Tagespflegeperson, der Sachkompetenz, der Kooperationsbereitschaft mit Erziehungsberechtigten und anderen Tagespflegepersonen sowie die Bereitstellung kindgerechter Räumlichkeiten. Als geeignet gelten Tagespflegepersonen zudem, wenn sie vertiefte Kenntnisse in der Kindertagespflege insbesondere durch die Teilnahme an qualifizierten Lehrgängen nachweisen können.

Der veränderte gesetzliche Rahmen hat wesentlich dazu beigetragen, dass sich die organisationale Kontur der Bildung, Erziehung und Betreuung in der Kindertagespflege und in Kindertageseinrichtungen in seinen Grundzügen verändert hat. Mittlerweile hat sich Kindertagesbetreuung insbesondere im Kindergartenalter als ein Normalangebot in der Biografie von Kindern etabliert, denn immer mehr Kin-

der nutzen Kindertagesbetreuung in immer jüngeren Jahren für eine immer längere
Dauer am Tag. Kindertagesbetreuung stellt quantitativ das größte Angebot innerhalb
der Kinder- und Jugendhilfe dar. Laut Bildungsbericht 2014 (vgl. Autorengruppe Bildungsberichterstattung 2014) wurden 2013 in rund 48 800 Einrichtungen von mehr
als 444 000 pädagogischen Fachkräften und zusätzlich fast 44 000 Tagespflegepersonen mehr als 3,3 Millionen Kinder betreut. Davon waren 596 000 Kinder unter drei
und 443 000 über sechs Jahre. Die Betreuungsquote ist bis 2013 im Kindergartenalter
auf 93 % und im Alter unter drei Jahren auf 29 % angestiegen. Konstant geblieben ist,
dass dem Subsidiaritätsprinzip entsprechend der überwiegende Anteil der Einrichtungen, das heißt rund Zweidrittel, in freier Trägerschaft sind und privat-gewerbliche
Träger nur eine marginale Rolle spielen. Elterninitiativen stellen hier eine besondere
Betreuungsform dar, da hier die Eltern InitiatorInnen und TrägerInnen der Einrichtungen sind. Entweder orientieren sie sich an der Tradition der ab ca. 1968 entstandenen Kinderläden und/oder wurden aufgrund von geringen Betreuungsangeboten
durch Eltern in Eigeninitiative geschaffen.

Die rechtliche Gleichstellung von Kindertageseinrichtungen und Kindertagespflege führte dazu, dass die Kindertagespflege sich von einem eher informellen zu einem
stärker regulierten und qualitativ besser abgesicherten Angebot wandelte. Genutzt
wird das Angebot insbesondere zur Betreuung von Kindern bis drei Jahren. Als Vorteile der Kindertagespflege gelten die größere Familienähnlichkeit der Betreuungsform und der bessere Betreuungsschlüssel. Dieser ermöglicht eine intensivere Zuwendung zum sehr jungen Kind, das auf eine hohe Beziehungsqualität angewiesen ist.
Ebenso wird als vorteilhaft angesehen, dass Betreuungszeiten zwischen Eltern und
Tagespflegeperson flexibel vereinbart werden können.

Der quantitative und qualitative Ausbau der Kindertagesbetreuung geht einher
mit ihrer qualitativen Profilierung und Ausdifferenzierung sowie einer organisationalen Verknüpfung mit anderen Angeboten. So finden zwar die Begriffe Kinderkrippe (Betreuung bis zu drei Jahren), Kindergarten (zwischen drei Jahren bis zum Schuleintritt) und Hort (im Schulalter) noch weiterhin Verwendung, jedoch bieten viele
Einrichtungen nicht nur eine Betreuungsform, sondern immer häufiger eine Betreuung aller Altersgruppen unter einem Dach an. Der im SGB VIII verwendete Terminus Tageseinrichtung für Kinder erscheint damit treffender für die Beschreibung
dieser gemischten Angebotsformen zu sein. In Tageseinrichtungen werden Kinder
häufig in Gruppen mit unterschiedlicher Altersmischung, zuweilen ohne Gruppen-
struktur betreut. Zunehmend seltener sind altershomogene Gruppen zu finden, in
den letzten Jahren wieder mehr reine Krippen mit Betreuung von Kindern unter drei
Jahren. Kinder werden in Kindertageseinrichtungen unterschiedlich lang am Tag betreut. Die Betreuungsdauer kann regelmäßig am Vormittag, über Mittag oder ganztags stattfinden. Mittlerweile können Betreuungsangebote auch flexibel und stundenweise gebucht werden. Mit der Aufforderung, einen Beitrag zur Verbesserung der
Vereinbarkeit von Familie und Beruf zu leisten, werden immer mehr Ganztagsplätze
angeboten. Während in den westlichen Bundesländern 2013 jedoch nur 35 % der Drei-

bis Sechsjährigen und 43 % der unter Dreijährigen ganztägig betreut wurden, lag diese Quote in den östlichen Ländern in beiden Altersgruppen bei über 70 % (vgl. Autorengruppe Bildungsberichterstattung 2014).

Insgesamt lässt sich in den letzten 15 Jahren eine erhebliche Ausdifferenzierung und Profilbildung innerhalb der bestehenden Angebotslandschaft identifizieren. Neben Einrichtungen, die sich an den weit verbreiteten und als ‚klassisch‘ geltenden pädagogischen Ansätzen wie Waldorf-, Montessori- oder Reggio-Pädagogik orientieren, finden sich zunehmend mehr Angebote mit sehr unterschiedlichen Ausrichtungen, wie z. B. Bewegungs-, Musik-, Waldkindergärten oder auch bilinguale Kindertageseinrichtungen. Darüber hinaus lässt sich ein Trend zur Integration mehrerer Angebotsformen unter einem Dach oder in enger Kooperation finden: Familienzentren z. B. verbinden Kindertagesbetreuung u. a. mit Angeboten der Familienbildung und -beratung, in Bildungshäusern kooperieren Kindergarten und Schule und in Mehrgenerationenhäusern werden generationenübergreifende Angebote kombiniert. Im Rahmen der Umsetzung der UN-Konvention über die Rechte von Menschen mit Behinderungen (vgl. UNO 2008) wird es auch für Kindertagebetreuung notwendig, eine gleichberechtigte Teilhabe von Menschen mit Behinderungen in allen Lebensbereichen zu erzielen. Kindertageseinrichtungen weisen schon seit langem eine weitaus höhere Quote an integrativen Betreuungsplätzen als z. B. Schulen an. Trotzdem werden „noch immer etwa 28 % der Kinder mit Behinderungen separiert in Einrichtungen betreut, die ausschließlich Kinder mit Behinderungen aufnehmen" (Autorengruppe Bildungsberichterstattung 2012, S. 57 f.). Die Betreuung von Kindern mit Behinderung im Krippenalter stellt bislang noch weitgehend eine Ausnahme dar.

3   Aktuelle Entwicklungen

Wie der historische Überblick in diesem Beitrag zeigen konnte, ist die Institutionalisierung von Kindertagesbetreuung eine „Geschichte der Konflikte und Auseinandersetzungen um seine Aufgaben" (Honig 2004, S. 28). Diese Konflikte halten bis heute an. Sie haben sich angesichts der gewachsenen öffentlichen Aufmerksamkeit für die Kindertagesbetreuung noch einmal verschärft und drehen sich insbesondere um die Frage, welche Kontur diese in Zukunft haben soll. Feststellen lässt sich, dass sich ihre Kontur durch die angestoßenen Reformen in den letzten 15 Jahren nachhaltig verändert hat. Die beobachtbaren Veränderungen lassen sich am besten als eine Profilierung der Bildungsfunktion (1) bei gleichzeitiger Ausweitung der Aufgaben (2), als Prozess der Professionalisierung (3) und der zunehmenden Ankoppelung der Profession an Forschung beschreiben (4).

(1) *Profilierung der Bildungsfunktion:* Der historische Überblick konnte aufzeigen, dass sich Kindertagebetreuung in Deutschland insbesondere nach 1920 eher an einem Betreuungs- und Vereinbarkeitsmodell orientiert hat (vgl. Scheiwe 2010). Dieses bein-

haltet, dass das Angebot sich eher an Kinder von Eltern mit besonderen Bedürfnissen und nicht an alle richtet, es gebührenpflichtig ist, Bildung konzeptionell nicht in den Mittelpunkt gestellt wird und gegenüber der Schule und der Familie ein eigenständiger Erziehungs- und Bildungsauftrag verfolgt wird. In den letzten Jahren, spätestens seit Veröffentlichung der ersten PISA-Ergebnisse im Jahr 2001, ist der erneute Versuch zu beobachten, den Standort der Kindertagesbetreuung zwischen Sozial- und Bildungspolitik neu zu bestimmen. Formal-rechtlich ist die Kindertagesbetreuung weiterhin der Kinder- und Jugendhilfe zugeordnet. Allerdings lässt sie sich deutlicher als bisher einem Bildungsmodell zuordnen. Kennzeichen davon ist die Normalisierung des Besuchs von Kindertagesbetreuung im Lebenslauf von Kindern durch die Einführung des Rechtsanspruchs auf einen Kindergartenplatz 1996 und die Ausweitung des Rechtsanspruchs vom vollendeten ersten Lebensjahr ab 2013. Hinzu kommen die Ausweitung von Qualitätsansprüchen und die Einführung von Bildungsplänen in allen Bundesländern, die als offene Curricula und als Orientierungshilfe das pädagogische Handeln rahmen sollen. Kindertagesbetreuung wird hier stärker über ihre Bildungsfunktion definiert, zumal in den Bildungsplänen nun das domänespezifische Lernen in Bildungsbereichen wie „Sprache, Schrift, Kommunikation", „Mathematik, Naturwissenschaft, (Informations-)Technik", „Musische Bildung" und „Körper, Bewegung, Gesundheit" (JMK/KMK 2004, S. 4 ff.) hervorgehoben wird.

Diese Entwicklung ist damit in Zusammenhang zu bringen, dass die frühe Kindheit in zunehmendem Maße als die Phase angesehen wird, in der die „entscheidenden Grundlagen für eine erfolgreiche Akkumulation des sozialen und kulturellen Kapitals" gelegt werden (Olk 2005, S. 55). Zur Sicherung gesamtgesellschaftlicher Entwicklung und wirtschaftlicher Prosperität rücken Kinder von einem „marginalisierten Rand in das Zentrum wohlfahrtsstaatlicher Strategien" (ebd.), sodass deren Bildung mittlerweile als gesellschaftlicher Zentralwert angesehen wird. Die Entdeckung der Frühen Kindheit als zentrales Politikfeld lässt sich mit ökonomischen Interessen in Verbindung bringen. „Immer wieder verweisen Bildungsökonomen auf die hohe Rendite frühkindlicher Bildungsinvestitionen im Vergleich zu Bildungsinvestitionen im späteren Lebenszyklus" (Spieß 2012, S. 20). Kindertagesbetreuung ‚rechnet' sich, auch weil durch die Kinderbetreuung die Erwerbstätigkeit von Frauen steigen kann. Auch wenn die Forschungslage in Deutschland noch nicht befriedigen kann, so deuten Studien an (vgl. zusammenfassend Baader et al. 2012), dass Kinder, die eine Einrichtung der Kindertagesbetreuung besucht haben, in puncto Kompetenzentwicklung und Bildungschancen Vorteile gegenüber Kindern aufweisen, die keinen Kindergarten besucht haben. Neben einer allgemeinen Förderung von Kindern wird aber insbesondere in der aktuellen Debatte darauf gesetzt, Kinder zu fördern, die ungleiche Startchancen aufweisen. Im Blickpunkt sind hier explizit Kinder mit Migrationshintergrund und ökonomisch benachteiligte Familien. Eine Kompensation ungleicher Startchancen (vgl. Betz 2008, 2010) soll vor allen Dingen durch die Erhöhung der Nutzungsquote und durch eine intensivere Förderung, insbesondere im Bereich Sprache erfolgen.

(2) *Ausweitung der Aufgaben:* Kindertagesbetreuung auf eine Bildungsfunktion zu reduzieren, würde der tatsächlichen Palette der Erwartungen, die an dieses Feld herangetragen werden, nicht gerecht werden. Der multifunktionale Charakter der Kindertagesbetreuung (vgl. Honig 2004, S. 27 f.) besteht weiterhin darin, im Sinne von Arbeitsmarktpolitik, das Potential (hochqualifizierter) Frauen durch Betreuungsangebote für den Arbeitsmarkt zu nutzen, im Sinne von Sozialpolitik defizitäre Erziehungsleistungen und herkunftsbedingte Kompetenzdefizite zu kompensieren und im Sinne von Bildungspolitik allen Kindern eine qualitativ hochwertige Bildung zukommen zu lassen. Daneben werden angesichts der Debatte um Kindeswohlgefährdung und sexuellem Missbrauch zunehmend mehr Erwartungen an Kindertagebetreuung herangetragen, ihrem Schutzauftrag nachzukommen (vgl. Bastian et al. 2008; Robert et al. 2011). Präventionsangebote sollen darüber hinaus Risikolagen und Gewalt entgegenwirken und zu besserer Gesundheit und Bewegung, zu mehr Resilienz und Wohlbefinden beitragen (vgl. Keupp 2011). Die gemeinsame Sorge um die Kinder schließt ein, Kindern angesichts ihrer besonderen Vulnerabilität und ihres spezifischen Abhängigkeitsverhältnisses zu Erwachsenen verlässliche Beziehungen anzubieten, ihren Pflegebedürfnissen nachzukommen und sich um positive Bedingungen des Aufwachsens zu kümmern (vgl. Hering und Schröer 2008). Zudem haben die durch die Bundesländer etablierten Bildungspläne neue Standards für die Kindertagesbetreuung gesetzt und das Aufgabenspektrum erweitert. So sollen Kindertagesbetreuung und Schule durch eine vermehrte Zusammenarbeit die Anschlussfähigkeit der Bildungssysteme erhöhen (vgl. Griebel und Niesel 2011; Cloos et al. 2013) und Erziehungspartnerschaften mit den Eltern geschaffen werden (vgl. Cloos und Karner 2010b; Betz 2015). Eine an Bildungsbereichen orientierte Förderung sowie die individuelle Begleitung der Kinder durch Beobachtung und Dokumentation soll intensiviert werden (vgl. Viernickel und Völkel 2009; Cloos und Schulz 2011). Diese Aufgaben können nur gewährleistet werden, wenn Kindertagesbetreuung zunehmend mehr mit anderen sozialen, gesundheits- und bildungsbezogenen sowie kulturellen Organisationen kooperiert und sich als Teil eines Netzwerks von Dienstleistungen für Kinder und ihre Familien versteht (vgl. Bertelsmann 2008; Rauschenbach 2009). Insgesamt hat sich damit auch das Verhältnis von Kindertagesbetreuung, Schule und Familie in erheblichem Maße verschoben. Kindertagesbetreuung ergänzt nun nicht mehr nur die Erziehung in der Familie, sondern stellt neben dieser einen zentralen (bildungs-)biografisch bedeutsamen Ort des Aufwachsens für Kinder dar (vgl. Cloos und Karner 2010a; Rauschenbach 2009). Zudem entwickelt sich – wie schon von Friedrich Fröbel gefordert – eine engere Verknüpfung und Anschlussfähigkeit zwischen Kindertagesbetreuung und Schule.

(3) *Professionalisierung:* Resümiert man die aktuelle Diskussion, haben kindheitspädagogische Fachkräfte auf Basis verlässlicher Beziehungen, auf Grundlage systematischer Beobachtung mit Blick auf die in den Rahmenplänen für Bildung formulierten Bildungsthemen und pädagogischen Grundsätze in multiprofessionellen

Teams individuelle Bildungsförderung im partnerschaftlichen Dialog mit den Kindern und Eltern zu betreiben. Die Bildungsförderung geschieht vernetzt im Sozialraum. Die Fachkräfte legen ein besonderes Augenmerk auf die Übergänge im Kindesalter sowie auf die Herausforderungen von Diversität. Sie legen Grundlagen für spätere Bildungserfolge und arrangieren kontinuierliche Bildungsverläufe, sie federn Bildungsungleichheiten ab und sichern die Bildungsqualität durch Qualitätssicherungssysteme. Sie garantieren eine bessere Vereinbarkeit von Familie und Beruf.

Die hier pointiert zusammengefassten veränderten Erwartungen an Fachkräfte in der Kindertagesbetreuung erhöhen den Druck, das *Feld* zu professionalisieren. Auch die wenigen hier vorliegenden Studien unterstreichen den Professionalisierungsbedarf (vgl. Aktionsrat Bildung 2012). Parallel werden hier – grob gefasst – vier Strategien verfolgt. Erstens wird die Weiterentwicklung der ErzieherInnenausbildung unterstützt (vgl. Diller und Rauschenbach 2006). Zweitens wird die Professionalisierung der pädagogischen Praxis z. B. durch Modellvorhaben zur Umsetzung der Bildungspläne und durch Qualitätssicherung in der Weiterbildung (vgl. WIFF 2012) vorangetrieben. Der Weiterbildungsmarkt ist in den letzten Jahren erheblich expandiert (vgl. Beher und Walter 2010). Der Grad der Weiterbildungsnutzung ist im Vergleich zu anderen Handlungsfeldern sehr hoch, denn 96 % der Fachkräfte in Kindertageseinrichtungen gibt an, in den letzten zwölf Monaten eine Weiterbildung besucht zu haben (vgl. Beher und Walter 2012, S. 67). Drittens ist seit 2004 neben die berufs- und fachschulische Ausbildung von KinderpflegerInnen/SozialassistentInnen und ErzieherInnen ein wachsendes Feld an kindheitspädagogischen Studiengängen getreten. Die aktuell ca. 70 bestehenden Studienangebote divergieren in ihrer formalen und inhaltlichen Kontur erheblich. An eine kindheitspädagogische Hochschulausbildung werden viele Erwartungen adressiert. Vor allen wird mit der Hochschulausbildung eine Professionalisierung insbesondere in Form einer gesteigerten Reflexivität und der Herausbildung eines forschenden Habitus verbunden (vgl. Fröhlich-Gildhoff et al. 2011). Angesichts der (noch) geringen Ausbildungskapazitäten der Studiengänge im Vergleich zur fachschulischen Ausbildung ist nur ein schleichender Akademisierungsprozess zu erwarten, zumal die Berufs- und Aufstiegschancen der hochschulisch Ausgebildeten im Feld der Kindertagesbetreuung noch weitgehend ungeklärt sind. Viertens wird beabsichtigt, die Professionsentwicklung voranzubringen, indem Kindertagesbetreuung als Forschungsfeld weiter etabliert wird (Betz und Cloos 2014).

(4) *Ausweitung der Forschung:* Lange Zeit bekleidete die Forschung zur Kindertagesbetreuung innerhalb der Erziehungswissenschaft in Deutschland eine Randstellung – dies im starken Kontrast zu der oben dargestellten Entwicklungsdynamik ihrer Handlungsfelder und der viel früher ausgebauten Forschung im internationalen Kontext. Nach der Zeit der großen Bildungsreformen der 1960er und 1970er Jahre, in der auch eine frühpädagogische Forschung eine erste Blütezeit erlebte, wurde die Entwicklungsdynamik des Handlungsfelds jedoch weder politisch wahrgenommen noch die Professionsentwicklung empirisch durch Forschung vorangebracht – im Gegen-

satz zu anderen pädagogischen Handlungsfeldern, die auch mithilfe des Ausbaus ihrer Forschungsaktivitäten und -infrastrukturen sich zunehmend professionalisierten konnten (vgl. Fried 2005). Im Kontext der gewachsenen öffentlichen Aufmerksamkeit für die frühe Kindheit ist hier jedoch eine vor der Jahrtausendwende kaum möglich gehaltene Entwicklungsdynamik zu beobachten. Das interdisziplinäre Interesse an der frühen Kindheit und der öffentlichen Kindertagesbetreuung sind in einem nie dagewesenen Maß gestiegen. So haben sich hier die Anzahl des wissenschaftlichen Personals, die Forschungsmittel und -institute erheblich erhöht. Mittlerweile wird das disziplinäre Wissen auch in mehreren Handbüchern (u. a. Stamm und Edelmann 2013) gebündelt und im Rahmen einer auf dieses Themengebiet zugeschnittenen ersten wissenschaftlichen Zeitschrift aktualisiert. Somit kann resümiert werden, dass Kindertagesbetreuung heute – im Gegensatz zur wenige Jahre alten Feststellung von Rabe-Kleberg (2005 S. 105) – „an die Produktion und den Transfer wissenschaftlicher Erkenntnisse" mittlerweile angeschlossen ist.

4   Herausforderungen und Perspektiven

Mit dem gestiegenen öffentlichen Interessen an der frühen Kindheit und dem damit verbundenen Ausbau von öffentlich verantworteter Kindertagesbetreuung werden immer mehr Kinder immer früher für eine immer längere Dauer am Tag außerfamiliär betreut. Der Besuch eines Angebots der Kindertagesbetreuung ist zum Normalangebot im Lebenslauf von Kindern geworden. Somit wird die familiäre Erziehung nun nicht mehr nur ergänzt. Vielmehr sieht sich die Familie einem öffentlichen Sektor gegenüber, dessen gesellschaftliche Bedeutung mittlerweile so hoch gewichtet ist, dass „der (frühe) Besuch der Einrichtungen auch im Vergleich zur Betreuung in der Familie als höherwertig eingestuft" wird (Betz 2010, S. 116). Der Nicht-Besuch wird als erhebliche Bildungsbenachteiligung angesehen (vgl. ebd.). Dies wird mit einer zunehmenden Skepsis gegenüber den Bildungsleistungen der Familie insgesamt begründet. Zusammen betrachtet kann von einer „Neuformatierung des Aufwachsens von Kindern sowie ein Neujustierung des Zusammenspiels von Familienkindheit und Kita-Kindheit, von privater und öffentlicher Verantwortung" (Rauschenbach 2009, S. 148 f.) gesprochen werden. Hieraus ergeben sich für die Forschung und Praxis der öffentlichen Kindertagesbetreuung Forschungsdesiderate und neue Herausforderungen.

Erstens lässt sich festhalten, dass im Kontext dieser „Neuformatierung des Aufwachsens von Kindern" (ebd.) wenig darüber bekannt ist, wie sich Kindheit in den Institutionen der Kindertagesbetreuung gestaltet und wie sich diese in den letzten Jahren verändert hat. Es ist wenig bekannt, welche Nebenfolgen sich aus diesen veränderten Bedingungen des Aufwachsens von Kindern in der frühen Kindheit ergeben. Aus Perspektive der neueren Kindheitsforschung (vgl. Honig 2009) ist davon auszugehen, dass nicht nur die Professionellen und die durch Kindertagesbetreuung bereitgestellten Rahmenbedingungen Kindheit konstituieren. Vielmehr sind Kinder als Akteure zu betrachten, die ihre Kindheit mit hervorbringen. Dies ist allerdings empirisch in Deutschland bislang nur wenig in den Blick geraten (vgl. jedoch Schulz 2013). Kinder als Akteure in einem institutionellen Angebot zu betrachten heißt für die pädagogische Praxis, sie erstens im Sinne von Selbstbildung als aktive Bildungs- akteure zu konzipieren und ihnen zweitens vielfältige Möglichkeiten der Partizipa- tion einzuräumen. In diesem Sinne wären Settings der Kindertagesbetreuung „Kin- derstuben der Demokratie" (Hansen et al. 2009). Für die pädagogische Praxis der Kindertagesbetreuung ist dies bislang jedoch noch nicht hinreichend fruchtbar ge- macht worden.

Zweitens liegen zwar mittlerweile einige Erkenntnisse zur Wirksamkeit der Be- treuung von Kindern auch in Bezug auf ungleiche Lebens- und Bildungschancen vor (vgl. Baader et al. 2012; Roßbach 2011a, b), jedoch lässt sich festhalten, dass das empi- rische Wissen über den Alltag von Kindertagesbetreuung, das pädagogische Handeln der Fachkräfte und das Zusammenspiel der unterschiedlichen Bildungs- und Betreu- ungssettings insgesamt noch gering ist.

Angesichts der Beobachtung, dass die Kindergruppen in der Kindertagesbetreu- ung zunehmend heterogener zusammengesetzt sein werden, dort Kinder mit sehr unterschiedlichen Migrationserfahrungen, mit verschiedenem sozio-ökonomischen Hintergrund und mit divergierenden Förderbedarfen zusammentreffen, stellt sich *drittens* die Frage, wie in Zukunft ein inklusives Bildungs- und Betreuungssetting für Kinder vor und neben der Schule (vgl. Heimlich 2013; Prengel 2010) geschaffen wer- den muss, das vor dem Hintergrund heterogener gesellschaftlicher Erwartungen den individuellen Bedürfnissen der Kinder gerecht werden kann und ihnen umfassende Verwirklichungschancen ermöglicht (vgl. Keupp 2011).

Angesichts der gestiegenen Erwartungen an die Kindertagesbetreuung stellt sich *viertens* die Frage nach dem professionellen Profil dieses Handlungsfelds. Dies be- zieht sich zum einen auf ihr spezifisches Aufgabenprofil, das sie *als Teil* eines Dienst- leistungsmixes für junge Kinder und ihre Familien angesichts von unterschiedlichen Erwartungen an Bildung, Betreuung, Kinderschutz, Prävention und Kompensation wahrnimmt. Zum anderen bezieht sich dies auf ihr spezifisches Qualifikationsprofil, das sich derzeit im Spannungsfeld von geringer formaler Professionalisierung – wie im Falle der Kindertagespflege – und Prozessen der Akademisierung des Personals bewegt. Hier sind aufeinander aufbauende Konzepte zu entwickeln, die die unter- schiedlichen Qualifikationsmöglichkeiten zwischen Ausbildung, Studium, Fort- und Weiterbildung integrieren und dazu beitragen, das gesamte System der Kindertages- betreuung zu professionalisieren. Dies schließt die pädagogischen Fachkräfte ebenso ein wie diejenigen Personen und Organisationen, die pädagogische Arbeit vor Ort durch Planung, Beratung, Management und Forschung absichern und weiterent- wickeln. Ebenso ist damit aber die Frage angesprochen, wie das Verhältnis von all- gemeinen pädagogischen Grundqualifikationen und spezifischen Kompetenzen in der Aus-, Fort- und Weiterbildung insgesamt zu gestalten ist. Die Beantwortung dieser Frage ist entscheidend, wenn bedacht wird, dass das pädagogische Personal alltägliche Pflegesituationen genauso zu bewältigen hat wie die auf einen Bildungsbereich bezogene Fördersituation oder das Management einer vernetzten Zusammenarbeit im Stadtteil. In Zukunft ist zu erwarten, dass diese komplexen Anforderungen nicht mehr nur allein von einzelnen Fachkräften sondern vermehrt in multiprofessionelle Teams in interdisziplinärer Zusammenarbeit im bestehenden Bildungs- und Betreuungsmix, abgestützt durch ein ausgebautes System der Planung, Beratung, des Managements und der Forschung bewältigt werden. Das spezifische Profil der Kindertagesbetreuung wird sich in Zukunft somit von einem monoprofessionellen Betreuungssystem zu einem multiprofessionellen und interdisziplinär vernetzten Handlungsfeld zu wandeln haben.

Literatur

Aden-Grossmann, W. (2011). *Der Kindergarten: Geschichte – Entwicklung – Konzepte.* Weinheim und Basel: Beltz.

Aktionsrat Bildung (2012). *Professionalisierung in der Frühpädagogik.* Münster: Waxmann.

Autorengruppe Bildungsberichterstattung (2012). *Bildung in Deutschland 2012. Ein indikatorengestützter Bericht mit einer Analyse zur kulturellen Bildung im Lebenslauf.* Bielefeld: Bertelsmann Verlag.

Autorengruppe Bildungsberichterstattung (2014). *Bildung in Deutschland 2012. Ein indikatorengestützter Bericht mit einer Analyse zur Bildung von Menschen mit Behinderungen.* Bielefeld: Bertelsmann Verlag.

Baader, M. S., Cloos, P., Hundertmark, M., & Volk, S. (2012). Soziale Ungleichheit in der frühkindlichen Bildung, Betreuung und Erziehung. In M. Kuhnshenne, I. Miethe, H. Sünker & O. Venzke (Hrsg.), *(K)eine Bildung für Alle – Deutschlands blinder Fleck. Stand der Forschung und politische Konsequenzen* (S. 17–49). Opladen, Berlin und Toronto: Barbara Budrich.

Bastian, P., Diepholz, A., & Lindner, E. (Hrsg.). (2008). *Frühe Hilfen für Familien und soziale Frühwarnsysteme.* Münster: Waxmann.

Beher, K., & Walter, M. (2010). *Zehn Fragen – Zehn Antworten zur Fort- und Weiterbildungslandschaft für frühpädagogische Fachkräfte.* WiFF Studie Nr. 6. München: DJI.

Beher, K., & Walter, M. (2012). *Qualifikationen und Weiterbildung frühpädagogischer Fachkräfte Bundesweite Befragung von Einrichtungsleitungen und Fachkräften in Kindertageseinrichtungen: Zehn Fragen – Zehn Antworten.* WiFF Studie Nr. 15. München: DJI.

Bertelsmann-Stiftung (Hrsg.). (2008). *Kommunale Netzwerke für Kinder. Ein Handbuch zur Governance frühkindlicher Bildung.* Gütersloh: Bertelsmann.

Betz, T. (2008). *Ungleiche Kindheiten. Theoretische und empirische Analysen zur Sozialberichterstattung über Kinder.* Weinheim und München: Juventa.

Betz, T. (2010). Kompensation ungleicher Starchancen. Erwartungen an institutionalisierte Bildung, Betreuung und Erziehung für Kinder im Vorschulalter. In P. Cloos & B. Karner (Hrsg.), *Erziehung und Bildung von Kindern als gemeinsames Projekt. Zum Verhältnis familialer Erziehung und öffentlicher Kinderbetreuung* (S. 113–134). Baltmannsweiler: Schneider Hohengehren.

Betz, T. (2015). *Das Ideal der Bildungs- und Erziehungspartnerschaft. Kritische Fragen an eine verstärkte Zusammenarbeit zwischen Kindertageseinrichtungen, Grundschulen und Familien* (im Auftrag der Bertelsmann Stiftung). Bertelsmann Stiftung: Gütersloh.

Betz, T., & Cloos, P. (Hrsg.). (2014). *Kindheit und Profession. Konturen und Befunde eines Forschungsfeldes.* Weinheim und Basel: Beltz Juventa.

Cloos, P., & Karner, B. (Hrsg.). (2010a). *Erziehung und Bildung von Kindern als gemeinsames Projekt. Zum Verhältnis familialer Erziehung und öffentlicher Kinderbetreuung.* Baltmannsweiler: Schneider Hohengehren.

Cloos, P., & Karner, B. (2010b). Elternarbeit oder Erziehungspartnerschaft? Zum Programm eines veränderten Elternbildes. In P. Cloos & B. Karner (Hrsg.), *Erziehung und Bildung von Kindern als gemeinsames Projekt. Zum Verhältnis familialer Erziehung und öffentlicher Kinderbetreuung* (S. 169–189). Baltmannsweiler: Schneider Hohengehren.

Cloos, P., Oehlmann, S., & Sitter, M. (2013). Der Übergang vom Kindergarten in die Grundschule. In L. Böhnisch, K. Lenz, W. Schröer, B. Stauber & A. Walther (Hrsg.), *Handbuch Übergänge.* Weinheim und München: Beltz Juventa.

Cloos, P., & Schulz, M. (Hrsg.). (2011). *Kindliches Tun beobachten und dokumentieren. Perspektiven auf die Bildungsbegleitung in Kindertageseinrichtungen.* Weinheim und München: Juventa.

Deutscher Bildungsrat (1970). *Strukturplan für das Bildungswesen.* Stuttgart: Klett.

Diller, A., & Rauschenbach, T. (2006). *Reform oder Ende der Erzieherinnenausbildung. Beiträge zu einer kontroversen Debatte.* München: DJI.

Dollase, R. (2007). Bildung im Kindergarten und Früheinschulung. Ein Fall von Ignoranz und Forschungsamnesie. *Zeitschrift für Pädagogische Psychologie.* 21, (S. 5–10).

Erning, G., Neumann, K., & Reyer, J. (Hrsg.). (1987). *Geschichte des Kindergartens. Band I: Entstehung und Entwicklung der öffentlichen Kleinkindererziehung in Deutschland von den Anfängen bis zur Gegenwart.* Freiburg i. Br.: Lambertus.

Franke-Meyer, D., & Reyer, J. (2010). Das Verhältnis öffentlicher Kleinkinderziehung zur Familie und zur Schule aus historisch-systematischer Sicht. In P. Cloos & B. Karner (Hrsg.), *Erziehung und Bildung von Kindern als gemeinsames Projekt* (S. 26–40). Baltmannsweiler: Schneider Hohengehren.

Franke-Meyer, D., & Reyer, J. (2015). *Klassiker der Pädagogik der Kindheit.* Weinheim und Basel: Beltz.

Fried, L. (2005). Zum Stand der Forschung im Bereich der Pädagogik der frühen Kindheit. In C. Schweppe & W. Thole (Hrsg.), *Sozialpädagogik als forschende Disziplin. Theorie, Methode, Empirie* (S. 277–289). Weinheim und München: Juventa.

Fröhlich-Gildhoff, K., Nentwig-Gesemann, I., & Pietsch, S. (2012). *Kompetenzorientierung in der Qualifizierung frühpädagogischer Fachkräfte.* München: DJI.

Griebel, W., & Niesel, R. (2011). *Übergänge verstehen und begleiten. Transitionen in der Bildungslaufbahn von Kindern.* Berlin und Düsseldorf: Cornelsen Scriptor.

Hansen, R., Knauer, R., & Sturzenhecker, B. (2009). Die Kinderstube der Demokratie. Partizipation von Kindern in Kindertageseinrichtungen. *TPS: leben, lernen und arbeiten in der Kita, 2,* (S. 46–50).

Heimlich, U. (2013). *Kinder mit Behinderung. Anforderungen an eine inklusive Frühpädagogik.* WiFF Expertise Nr. 33. München: DJI.

Heitkötter, M., & Jurczyk, K. (2010). Öffentliche Erziehung in privater Hand? Die Besonderheiten der Kindertagespflege. In P. Cloos & B. Karner (Hrsg.), *Erziehung und Bildung von Kindern als gemeinsames Projekt. Zum Verhältnis familialer Erziehung und öffentlicher Betreuung* (S. 153–168). Baltmannsweiler: Schneider Hohengehren.

Hering, S., & Schröer, W. (Hrsg.). (2008). *Sorge um die Kinder. Beiträge zur Geschichte von Kindheit, Kindergarten und Kinderfürsorge.* Weinheim und München: Juventa.

Honig, M.-S. (2004). Wie bewirkt Pädagogik, was sie leistet? Ansatz und Fragestellung der Trierer Kindergarten-Studie. In M.-S. Honig, M. Joos & N. Schreiber: *Was ist ein guter Kindergarten Theoretische und empirische Analysen zum Qualitätsbegriff in der Pädagogik* (S. 17–37). Weinheim und München: Juventa.

Honig, M.-S. (Hrsg.). (2009). *Ordnungen der Kindheit. Problemstellungen und Perspektiven der Kindheitsforschung.* Weinheim und München: Juventa.

Jugendministerkonferenz, & Kultusministerkonferenz (JMK/KMK). (2004). *Frühe Bildung in Kindertageseinrichtungen. Gemeinsamer Rahmen der Länder.* Bonn: MS.

Keupp, H. (2011). Verwirklichungschancen von Anfang an. Frühe Förderung als Betrag zur Befähigungsgerechtigkeit. In G. Robert, K. Pfeifer & T. Drößler (Hrsg.), *Aufwachsen in Dialog und sozialer Verantwortung. Bildung – Risiken – Prävention in der frühen Kindheit* (S. 49–70). Wiesbaden: VS Verlag für Sozialwissenschaften.

Konrad, F.-M. (2004). *Der Kindergarten. Seine Geschichte von den Anfängen bis in die Gegenwart.* Freiburg i. Br.: Lambertus.

Konsortium Bildungsberichterstattung (Hrsg.). (2006). *Bildung in Deutschland. Ein indikatorengestützter Bericht mit einer Analyse zu Bildung und Migration.* Bielefeld: Bertelsmann.

Mangold, K., Muche, C., & Volk, S. (2013). *Educational Mix. Regionale Dienstleistungsinfrastrukturen der Frühen Kindheit.* Weinheim und Basel: Beltz Juventa.

Olk, T. (2005). Lebenssituation von Kindern und Familien. In K. Esch, E. Mezger & S. Stöbe-Blossey (Hrsg.), *Kinderbetreuung – Dienstleistung für Kinder* (S. 39–72). Wiesbaden: VS Verlag für Sozialwissenschaften.

Prengel, A. (2010). *Inklusion in der Frühpädagogik. Bildungstheoretische, empirische und pädagogische Grundlagen.* WiFF Expertise Nr. 5. München: DJI.

Rabe-Kleberg, U. (2005). Öffentliche Kindererziehung: Kinderkrippe, Kindergarten, Hort. In H.-H. Krüger & T. Rauschenbach (Hrsg.), *Einführung in die Arbeitsfelder des Erziehungs- und Bildungswesenswissenschaft,* 4., durchges. Aufl. (S. 89–105). Opladen und Farmington Hills: Barbara Budrich.

Rauschenbach, T. (2009). *Zukunftschance Bildung. Familie, Jugendhilfe und Schule in neuer Allianz.* Weinheim und München: Juventa.

Reyer, J. (2005). Kinderkrippen. In D. Kreft & I. Mielenz (Hrsg.), *Wörterbuch Soziale Arbeit. Aufgaben, Praxisfelder, Begriffe und Methoden der Sozialarbeit und Sozialpädagogik* 5., vollst. überarb. und erg. Aufl. (S. 506–509). Weinheim und München: Juventa.

Robert, G., Pfeifer, K., & Drößler, T. (Hrsg.). (2011). *Aufwachsen in Dialog und sozialer Verantwortung. Bildung – Risiken – Prävention in der frühen Kindheit.* Wiesbaden: VS Verlag für Sozialwissenschaften.

Roßbach, H. G. (2011a). Langfristige Auswirkungen außerfamilialer frühkindlicher Betreuung. In R. Kißgen & N. Heinen (Hrsg.), *Familiäre Belastungen in früher Kindheit. Früherkennung, Verlauf, Begleitung, Intervention* (S. 169–178). Stuttgart: Klett-Cotta.

Roßbach, H. G (2011b). Auswirkungen öffentlicher Kindertagesbetreuung auf Kinder. In S. Wittmann, T. Rauschenbach & H. R. Leu (Hrsg.), *Kinder in Deutschland. Eine Bilanz empirischer Studien* (S. 173–180). Weinheim: Juventa.

Scheiwe, K. (2010). Institutionenwandel in der frühkindlichen Erziehung. Ein europäischer Vergleich. In P. Cloos & B. Karner (Hrsg.), *Erziehung und Bildung von Kindern als gemeinsames Projekt. Zum Verhältnis familialer Erziehung und öffentlicher Betreuung* (S. 41–59). Baltmannsweiler: Schneider Hohengehren.

Schulz, M. (2013). Frühpädagogische Konstituierung von kindlichen Bildungs- und Lernprozessen. In *Zeitschrift für Soziologie der Erziehung und Sozialisation (ZSE)*, 33, (S. 26–41).

Spieß, C. K. (2012). Eine ökonomische Perspektive auf das deutsche System. In *Aus Politik und Zeitgeschichte; Beilage zur Wochenzeitung Das Parlament*, 62, (S. 20–26).

Stamm, M., & Edelmann, D. (Hrsg.). (2013). *Handbuch frühkindliche Bildungsforschung.* Wiesbaden: Springer VS.

UNO (2008). *Übereinkommen über die Rechte von Menschen mit Behinderungen Convention on the Rights of Persons with Disabilities (CRPD)* vom 13.12.2006. Resolution 61/106 der Generalversammlung der UNO. In Kraft getreten am 03.05.2008. http://www.institut-fuer-menschenrechte.de/fileadmin/user_upload/PDF-Dateien/Pakte_Konventionen/CRPD_behindertenrechtskonvention/crpd_en.pdf. Zugegriffen: 25. Oktober 2012.

Viernickel, S., & Völkel, P. (2009). *Beobachten und dokumentieren im pädagogischen Alltag.* Freiburg i. Br.: Herder.

WiFF (2012). www.weiterbildungsinitiative.de/ueber-wiff. html Zugegriffen: 29. März 2013.

Gesetzestexte

Deutscher Bundestag (Hrsg.). (2010). Grundgesetz für die Bundesrepublik Deutschland. Berlin.

Sozialgesetzbuch (SGB) Achtes Buch (VIII) – Kinder- und Jugendhilfe – in der Fassung der Bekanntmachung vom 11. September 2012.

KICK (2005). Gesetz zur Weiterentwicklung der Kinder- und Jugendhilfe (Kinder- und Jugendhilfeweiterentwicklungsgesetz – KICK 2005). Berlin.

KiföG (2008). http://www.bmfsfj.de/RedaktionBMFSFJ/Abteilung5/Pdf-Anlagen/kifoeg-gesetz,property=pdf,bereich=bmfsfj,sprache=de,rwb=true.pdf, Abgerufen am 07.08. 2012.

TAG (2004). Tagesbetreuungsausbaugesetz. Stand Dezember 2004. Berlin.

Cloos, Peter, Dr.; geb. 1965; ist Professor für die Pädagogik der frühen Kindheit an der Stiftung Universität Hildesheim, Fachbereich Erziehungs- und Sozialwissenschaften, Institut für Erziehungswissenschaft; er ist Sprecher des Kompetenzzentrums Frühe Kindheit Niedersachsen. Seine Forschungsschwerpunkte sind Erziehung und Bildung in Kindertageseinrichtungen, Qualitative Forschungsmethoden (der Pädagogik der frühen Kindheit), institutionelle und situative Übergänge im Lebenslauf und Alltag von Kindern und professionelles Handeln in Arbeitsfeldern der Pädagogik der frühen Kindheit. Kontakt: cloosp@uni-hildesheim.de

Richter, Annette, M. A.; geb. 1981; ist Dozentin an der Pädagogischen Akademie Elisabethenstift in Darmstadt und unterrichtet dort in der Fachschule für Sozialpädagogik. Bis Juli 2011 arbeitete sie als wissenschaftliche Mitarbeiterin an der Stiftung Universität Hildesheim, Fachbereich Erziehungs- und Sozialwissenschaften, Institut für Erziehungswissenschaft im vom BMBF und ESF der EU geförderten Forschungsprojekt ‚Prozessorientierte Verfahren der Bildungsdokumentation in inklusiven Settings'. Ihre Arbeitsschwerpunkte sind Bildung und Erziehung in Tageseinrichtungen für Kinder, Übergangsgestaltung vom Kindergarten zur Grundschule, Prozessorientierte Beobachtungs- und Dokumentationsverfahren sowie Erziehung und Bildung in Europa. Kontakt: richter@eva.elisabethenstift.de

Handlungsfeld Hilfen zur Erziehung

Martina Richter

Zusammenfassung

Die Hilfen zur Erziehung umfassen ein breites Spektrum ausdifferenzierter sozialpäd-agogischer Leistungen und sind zu einem Kernbereich der Kinder- und Jugendhilfe avanciert. Seit dem Inkrafttreten des Kinder- und Jugendhilfegesetzes expandieren die erzieherischen Hilfen und etablieren sich nach der Kindertagesbetreuung zum zweit-größten Arbeits- und Handlungsfeld. Insbesondere die Fallzahlen in den ambulanten Erziehungshilfen und hier vor allem der Sozialpädagogischen Familienhilfe erfahren eine nicht unerhebliche Zunahme in der Inanspruchnahme. Begründen lässt sich die-se Zunahme über eine vermehrte öffentliche Aufmerksamkeit für Familien vor allem in prekären Lebenslagen, die nicht zuletzt im Kontext medial inszenierter Debatten um Kindeswohl verstärkt adressiert und auch kontrolliert werden.

Der Beitrag entfaltet die zentralen Entwicklungen im Bereich der Hilfen zu Erziehung, richtet den Blick auf die familialen Lebenslagen und Lebensformen ihrer Adressatin-nen und Adressaten und analysiert die häufig prekären strukturellen Bedingungen der sozialpädagogischen Hilfeerbringung angesichts unterfinanzierter kommunaler Haus-halte.

Schlüsselwörter

Hilfen zur Erziehung, Hilfen zur Erziehung, ambulant, Hilfen zur Erziehung, stationär, Sozialpädagogische Familienhilfe, Adressatinnen und Adressaten, Familie, Eltern, Inob-hutnahme, Personal, Kindeswohl, Kinder- und Jugendhilfegesetz

1   Einleitung

1.1   Hilfen zur Erziehung als Kernbereich der Kinder- und Jugendhilfe

Die Hilfen zu Erziehung gelten in der bundesdeutschen Kinder- und Jugendhilfe-landschaft als zentrales sozialpädagogisches Angebot für Kinder, Jugendliche und Familien. Sie bieten Unterstützung bei vielfältigen familialen Problemkonstellationen und Sozialisationsanforderungen. Mit dem Inkrafttreten des Kinder- und Jugend-hilfegesetzes (KJHG/SGB VIII) 1990 bzw. 1991[1] gewinnen die Erziehungshilfen eine zunehmende Bedeutung und bilden ein ausdifferenziertes sozialpädagogisches An-gebotsspektrum aus (vgl. Birtsch et al. 2001; Moch 2011; Albus 2012). Nach der Kin-dertagesbetreuung entwickeln sie sich zum zweitgrößten Arbeits- und Handlungsfeld in der Kinder- und Jugendhilfe. Nahezu 1 Mio. junge Menschen und ihre Familien nehmen in 2011 Hilfen zur Erziehung in Anspruch.[2] Ohne die Erziehungsberatung, die im Spektrum der Erziehungshilfen den größten Anteil einnimmt, werden 547 653 junge Menschen erreicht (Fendrich et al. 2012, S. 6). Die Hilfen zur Erziehung haben in den letzten Jahren auch quantitativ stetig einen Zuwachs erfahren. In 2011 deutet sich erstmalig mit Blick auf die Fallzahlen eine allmähliche Konsoldierung an. Zwar zeigt sich gegenüber 2010 eine Zunahme in den Fallzahlen, jedoch fällt der Anstieg mit 12 800 Leistungen geringer aus als in den Vorjahren. Gleichwohl ist festzuhal-ten, dass sich die Fallzahlen auf einem historisch hohen Niveau befinden. Begrün-det werden die Expansion und strukturelle Ausdifferenzierung der Erziehungshil-fen prinzipiell mit verbesserten – gerade auch rechtlichen – Voraussetzungen einer Inanspruchnahme, aber auch mit einer zunehmenden Prekarisierung familialer Le-benslagen sowie Fragilität familialer Lebensformen. Der anhaltende Zuwachs in der Inanspruchnahme kann als ein Signal dafür gelesen werden, dass sich einerseits ge-genwärtig ein wachsender Bedarf an Förderungs- und Unterstützungsleistungen für Familien zeigt. Andererseits deutet einiges darauf hin, dass von einer gestiegenen öf-fentlichen Aufmerksamkeit für Kindeswohl die Rede sein kann und in der vermehr-ten Inanspruchnahme erzieherischer Hilfen eine stärkere soziale Kontrolle von Fami-lien – insbesondere in sozialstrukturell benachteiligten Lebenslagen – zum Ausdruck kommt (vgl. z.B. Chassé 2008; Rätz-Heinisch et al. 2009; Tabel et al. 2011; Gadow et al. 2013; Fegter et al. 2015).

Die Bedingungen, unter denen die Leistungen im Bereich der Erziehungshilfen erbracht werden, wandeln sich gleichzeitig grundlegend. Mit dem Anstieg der Fall-zahlen insbesondere zwischen 2005 und 2010 steigen auch die finanziellen Aufwen-

---

1   Das Kinder- und Jugendhilfegesetz (KJHG/SGB VIII) trat in den alten Bundesländern am 01. 11. 1991 und in den neuen Bundesländern mit der Wiedervereinigung am 03. 10. 1990 in Kraft.
2   998 847 junge Menschen und ihre Familien nahmen in 2011 Erziehungshilfen in Anspruch (Fendrich et al. 2012, S. 6).

dungen für den Bereich der Hilfen zur Erziehung auf 6,87 Mrd. Euro im Jahr 2010 (BMFSFJ 2013, S. 335). Dieser Kostenanstieg aufgrund zunehmender Fallzahlen belastet die unterfinanzierten kommunalen Haushalte und löst eine kritische Debatte zu Fragen der ‚Weiterentwicklung und Steuerung der Hilfen zur Erziehung‘ aus (vgl. z. B. JFMK 2012). Es zeigen sich Bestrebungen politischer Akteure, eine Reduktion der Inanspruchnahme durch ein Aufweichen des Rechtsanspruchs auf Erziehungshilfen zu erwirken. Flankierend wird die Implementation vor allem sozialraumorientierter Erziehungshilfen mit einem Fokus auf Angebote für Gruppen sowie Ganztagsschulen als Ort niedrigschwelliger Angebote für Eltern, Jugendliche und Kinder gegenüber kostenintensiveren einzelfallbezogenen Hilfen bestärkt (kritisch: Otto und Ziegler 2012; s. auch Kessl und Reutlinger in diesem Band). Die knappen Finanzen in zahlreichen Kommunen bedeuten oftmals bereits jetzt eine Verkürzung von Hilfen und mit der Einführung der Fachleistungsstunde in den ambulanten Erziehungshilfen reduziert sich häufig die Zeit, die für die Adressatinnen zur Verfügung steht. Die sich verdichtende Arbeit sowie ein Absenken der Gehälter bedingen vielfach eine tendenzielle Prekarisierung der Arbeitssituation im Bereich der Kinder- und Jugendhilfe resp. Hilfen zur Erziehung (vgl. Eichinger 2009). Insgesamt ist vor dem Hintergrund dieser skizzierten Entwicklungen gegenwärtig von einem „zweiten Ökonomisierungschub" (BMFSFJ 2013, S. 335) zu sprechen, der die Hilfen zur Erziehung aus kommunaler Finanznot heraus unter vermehrten Legitimationsdruck stellt und aus vor allem fiskalen Motiven Belege ihrer Wirksamkeit einfordert (Albus et al. 2010; Albus et al. 2011; Gadow et al. 2013).

1.2 Expansion und Ausdifferenzierung der Hilfen zur Erziehung

Erzieherische Hilfen umfassen weniger ein eindeutig abgrenzbares und festgelegtes Set spezifischer Hilfeangebote, als vielmehr ein breites Spektrum ausdifferenzierter sozialpädagogischer Leistungen für Minderjährige und ihre Familien, das kurzzeitige familienunterstützende Hilfen bis hin zu langfristigen Unterbringungen außerhalb der eigenen Familie, wie bei einer Vollzeitpflege oder einer stationären Erziehungshilfe umfasst. Die Erziehungshilfen sind als professionelles Handlungsfeld dabei jeweils unterschiedlich historisch zu verorten, so dass es „kein in Theorie und Praxis der Erziehungshilfen gewachsenes gemeinsames Fachverständnis" geben kann (Birtsch et al. 2001, S. 13; vgl. auch Krause und Peters 2009; Moch 2011; Albus 2012; Ahmed und Höblich 2012).

Erzieherische Hilfen sind einerseits im KJHG/SGB VIII rechtlich kodifiziert und versammeln stationäre (Vollzeitpflege § 33, Heimerziehung § 34, Betreute Wohnformen § 34), teilstationäre (Tagesgruppen § 32) und ambulante (Soziale Gruppenarbeit § 29, Erziehungsbeistandschaft § 30, Sozialpädagogische Familienhilfe § 31, Intensive Sozialpädagogische Einzelbetreuung § 35, Eingliederungshilfe für seelisch behinderte Kinder und Jugendliche auch stationär und teilstationär) Angebote. Andererseits

entstehen Neuentwicklungen, Modifizierungen und Ergänzungen zu bereits bestehenden Leistungen wie etwa die so genannten flexiblen, integrierten Hilfeformen, die
als Reaktion auf eine Kritik an einer „Versäulung" des Angebotsspektrums zu verstehen ist (vgl. Rößler 1991). Diese ‚Versäulung' von Hilfen wird dahingehend gedeu-
tet, dass sie einer kreativen Entwicklung eines individuellen Hilfeangebotes im Wege
steht (vgl. Münder 2007). Vor dem Hintergrund dieser Entwicklungen hin zu flexiblen, integrierten Hilfen wird nicht selten in Kommunen dazu übergegangen, mehrere Hilfeformen von unterschiedlicher Intensität unter einem Begriff, der regional
variiert wie z. B. ‚ambulante Erziehungshilfen', ‚familienorientierte Hilfen', ‚familien-
pädagogische Hilfen' zusammenzufassen (Gadow et al 2013, S. 155), um auf diese
Weise auf Problemlagen, die eine flexible, individuell zugeschnittene Hilfe erfordern,
reagieren zu können. Diese Hilfeformen, die nicht explizit im KJHG/SGB VIII kodifiziert sind, werden unter dem Label ‚Hilfe zur Erziehung § 27,2 KJHG/SGB V III'
erfasst und bewilligt (ohne Verbindung zu Hilfen gem. §§ 28 bis 35 KJHG/SGB VIII).
Damit ist der Anspruch verbunden, sowohl beim Hilfeeinstieg als auch im Hilfever-
lauf, die Leistungen auf die AdressatInnen individuell abzustimmen, ohne eine Selektion und Klassifikation von Problemen vorzunehmen, die lediglich eine Zuordnung
zu bereits bestehenden Angeboten bedeutet (Klatetzki 1995; Peters und Koch 2004;
Rosenbauer 2008).

Neueren Datums mit Blick auf eine Ausdifferenzierung des Angebotsspektrums
der Hilfen zur Erziehung ist die stärkere Beachtung von Frühen Hilfen, d. h. die Unterstützung von Familien während der Schwangerschaft und nach der Geburt eines
Kindes, bei der gerade auch Familienhebammen eingesetzt werden. Familienhebammen arbeiten an der Schnittstelle von Kinder- und Jugendhilfe und Gesundheitswesen. Die Bedeutungszunahme von Frühen Hilfen in der Kinder- und Jugendhilfe
veranlasst zahlreiche Jugendämter, Leistungen von Familienhebammen in ihr An-
gebotsspektrum aufzunehmen. Während die Etablierung von Frühen Hilfen in einigen Kommunen in Kooperation mit den Gesundheitsämtern vollzogen wird, geschieht sie anderenorts in Eigenregie der Jugendämter (vgl. Bastian et al. 2010; Gadow
et al. 2013; Buschhorn und Böllert 2015).

Die individuelle Ausformung der Leistung im Einzelfall kennzeichnet prinzipiell
die Hilfen zur Erziehung und kommt auch etwa in der Verpflichtung zu einer fallbezogenen Hilfeplanung nach § 36 KJHG/SGB VIII zum Ausdruck. Zugleich richtet
sich der Grad der Individualisierung der Hilfe an dem Kontext aus, in dem sie geleistet wird. Gruppenbezogene Angebote wie etwa die Soziale Gruppenarbeit, Tagesgruppen oder Wohngruppen nach § 34 KJHG/SGB VIII stehen im Vergleich zu individuellen Hilfen wie Erziehungsberatung, Erziehungsbeistandschaft oder Intensive
Sozialpädagogische Einzelbetreuung vor der Herausforderung, die Bedürfnisse heterogener Adressatinnen zu erfassen, mit ihnen umzugehen und sie auch gegeneinander abzuwägen. In Gruppenangeboten zeigen sich mit Blick auf die individuelle
Ausgestaltung Grenzen, wenn die Erwartungen der Adressaten mit denen anderer
in Konflikt geraten. Zugleich bieten gerade Gruppenangebote Bildungsgelegenheiten

und Unterstützungsmöglichkeiten, die sich innerhalb von Einzelfallhilfen nicht eröffnen (Wolf 2002; s. auch Albus 2012).

Prinzipiell sind die Erziehungshilfen rechtlich als sozialpädagogische Leistungen für Minderjährige und ihre Familien definiert, auf die ein individueller Rechtsanspruch der Personensorgeberechtigten dann besteht, wenn „eine dem Wohl des
Kindes oder des Jugendlichen entsprechende Erziehung nicht gewährleistet ist und
die Hilfe für seine Entwicklung geeignet und notwendig ist" (§ 27 Abs. 1 KJHG/SGB
VIII). Demnach wird der Rechtsanspruch mit dem jeweiligen erzieherischen Bedarf
einer Familie begründet. Die Inanspruchnahme einer Erziehungshilfe ist freiwillig.
Gleichwohl ist unübersehbar, „dass bisweilen hinter ‚freiwilligen‘ Inanspruchnahmen
durchaus – ausgesprochen wie unausgesprochen – Androhungen von Zwangsmaß-
nahmen stehen können" (Oelerich 2008, S. 486). Einschränkungen in der Freiwilligkeit einer Inanspruchnahme sind im Rahmen von (drohenden) Sorgerechtsentzü-
gen oder auch als Auflage in Jugendgerichts- und Familiengerichtsverfahren gegeben
(vgl. ebd.).

Der Anspruch auf erzieherische Hilfen steht ausschließlich den Personensorgeberechtigten zu. Kinder oder minderjährige Jugendliche haben gegenwärtig noch kein
Recht, einen eigenen Antrag auf Leistungen nach dem KJHG/SGB VIII zu stellen. Ihnen kommt gem. § 8 Abs. 3 KJHG/SGB VIII das Recht auf Beratung durch die Jugendämter zu und dies auch ohne, dass die Personensorgeberechtigten davon in Kenntnis
gesetzt werden (Rätz-Heinisch et al. 2009, S. 76). Leistungsansprüche werden somit
vorrangig aus der Perspektive der Personensorgeberechtigen begriffen und nicht mit
einem Rechtsanspruch des Kindes auf Erziehung begründet (gem. § 1 KJHG/SGB
VIII) (Münder 2001, S. 1004). Insofern sind es also weniger die jungen Menschen
selbst, die über ein Recht auf Erziehungshilfen verfügen, sondern die Personensorgeberechtigten, d. h. in der Regel die Eltern. Damit sind die Erziehungshilfen prinzipiell nachrangig (subsidiär) zur ‚natürlichen‘ Erziehung der Eltern. Der Art. 6 Abs. 2
der Grundgesetzes lautet „Pflege und Erziehung der Kinder sind das natürliche Recht
der Eltern und die zuvörderst ihnen obliegende Pflicht. Über ihre Betätigung wacht
die staatliche Gemeinschaft". Dieser Artikel wird ebenfalls im § 1 Abs. 2 KJHG/SGB
VIII aufgeführt. Damit wird dem Staat die Berechtigung gegeben, Maßnahmen zu ergreifen, die der Beobachtung und Verbesserung der Erziehungsleistungen von Eltern
dienen. Die Hilfen zur Erziehung und Kinderschutzmaßnahmen zielen hierauf ab
(vgl. Ziegler 2012, S. 673). Ein Eingriff durch die Gesellschaft erfolgt insofern nur im
Notfall, d. h. wenn Eltern diese Erziehungsfunktion nicht übernehmen (können) und
Schaden abzuwenden ist. Den Hilfen zur Erziehung wird damit – durchaus in ähnlicher Weise wie der Fürsorgeerziehung als ihr historischer Vorgänger – vor allem ein
traditioneller Nothilfecharakter zugeschrieben (Ziegler 2012, S. 672).

Vor diesem Hintergrund wird dem Kinder- und Jugendhilfegesetz (KJHG/SGB
VIII) insgesamt ein elternzentriertes oder auch elternlastiges Familienverständnis at-
testiert (z. B. Münder 2001, S. 1004). Diese normative Orientierung des KJHG/SGB
VIII wird insgesamt nicht erst seit seiner Verabschiedung Anfang der 1990er Jahre

als ‚*Familialisierung*' bzw. ‚*Refamilialisierung*' der Kinder- und Jugendhilfe kontrovers diskutiert (Karsten und Otto 1987; Peters 1990; Böllert 1995; s. auch Richter 2013), berührt diese Debatte nicht zuletzt die grundlegende Frage nach der Positionierung von Kinder- und Jugendhilfe neben Familie und Schule als allgemeine und selbständige Sozialisationsinstanz mit professionellen Strukturen und Methoden (Mierendorff und Olk 2007; s. auch Ziegler 2012).

1.3   Zur Inspruchnahme der Hilfen zur Erziehung

Die Betrachtung der bundesweiten Entwicklung der Hilfen zur Erziehung zeigt, dass sie sowohl in den 1990er- als auch in den 2000er Jahren stetig gestiegen sind. Der Anstieg, der sich in den Fallzahlen, finanziellen Aufwendungen und personellen Ressourcen ausdrückt, verläuft dabei keineswegs kontinuierlich, sondern vielmehr in Etappen und entlang von regionalen Disparitäten. Die erzieherischen Hilfen steigen in dem Zeitraum von 2000 bis 2011 um 38 % (bzw. 38 Indexpunkte). Vor allem zwischen 2005 und 2011 zeigt sich eine Zunahme von 26 Indexpunkten. In hervorgehobener Weise erfahren die ambulanten erzieherischern Hilfen einen Zuwachs. Im Zeitraum von 2000 bis 2011 haben sich die Fallzahlen mehr als verdoppelt, d. h. in diesem Bereich ist ein Anstieg von 109 Indexpunkten festzustellen. Auffallend deutlich ist der Zuwachs zwischen 2005 und 2011 mit einer Zunahme von 79 Indexpunkten, demgegenüber fällt der Anstieg ab 2009 gemäßigter aus. Für den Bereich der ambulanten Erziehungshilfen kommt der Erziehungsberatung eine wichtige Bedeutung zu. Die in Anspruch genommenen Erziehungsberatungen liegen in 2011 bei 451 194 bzw. bei einem Anteil von 45 % und bewegen sich damit über den weiteren ambulanten Angeboten und Fremdunterbringungen. Zwischen 2000 und 2011 zeigt sich ein Zuwachs von 13 Indexpunkten im Bereich der Erziehungsberatungen. Diese Zunahme bezieht sich jedoch vor allem auf den Zeitraum zwischen 2000 und 2005, während 2005 und 2011 die Zahl der Beratungen stagnieren (Fendrich et al. 2012, S. 6 f.).

Im Bereich der ambulanten, aufsuchenden Hilfen kommt der Sozialpädagogischen Familienhilfe ein herausragendes Gewicht zu. 21 % der jungen Menschen nehmen aktuell diese Form der familienorientierten Erziehungshilfe in Anspruch. Es folgen mit 6 % die Angebote aus dem Bereich ‚Hilfen zur Erziehung § 27,2 KJHG/SGB V III' und mit 4 % die Erziehungsbeistandschaften. Soziale Gruppenarbeit, Betreuungshilfen, Erziehung in einer Tagesgruppe und Intensive Sozialpädagogische Einzelbetreuung (ISE) kommt mit anteiligen Werten, die sich zwischen 2,6 % und 0,6 % bewegen, eine im Vergleich geringere Bedeutung mit Blick auf die Inanspruchnahme zu (vgl. ebd.). Bei den Fremdunterbringungen in einer Pflegefamilie oder einem stationären Setting zeigt sich für 2011, dass 18 % der jungen Menschen entsprechend aufwachsen, davon sind 10 % in der Heimerziehung und 8 % in der Vollzeitpflege (vgl. ebd.).

Die Ausdifferenzierung und quantitative Zunahme in der Inanspruchnahme erzieherischer Hilfe ist eine Entwicklung, die nicht zuletzt auch durch eine so genannte

‚*Ambulantisierung*' erzieherischer Hilfen, d. h. einer – nicht immer fachlich begründbaren – Bevorzugung von ambulanten gegenüber stationären Erziehungshilfen, befördert wird (vgl. Bürger 1999; Münder et al. 2006). Mit der Bevorzugung ambulanter erzieherischer Hilfe vor stationären wird generell die Aufmerksamkeit vermehrt auf die elterlichen Erziehungskompetenzen und -muster gerichtet, die etwa in der Erziehungsberatungsstellen und der Sozialpädagogischen Familienhilfe bestärkt und bearbeitet werden sollen. Dass mit dem Fokus auf die Eltern per se ihre systematische Beteiligung inbegriffen ist, zeigt sich indes keineswegs als generelles Charakteristikum der Erziehungshilfen, auch wenn sich etwa in den stationären Hilfen zur Erziehung der Trend deutlich zeigt, dass Elternarbeit konzeptionell verankert wird und Eltern z. B. bei einer Fremdunterbringung ihres Kindes in ihrer Erziehungsverantwortung weiterführend unterstützt werden, um eine Rückführung in die Familie zu eröffnen (vgl. Funk 2002; Homfeldt und Schulze-Krüdener 2007; Albus 2012).

Einsparkonzepte und Versuche, Fremdunterbringungen zu vermeiden bzw. zu reduzieren, sind prägend für die Debatte um stationäre Erziehungshilfen der letzten Jahre. Die verstärkte Inanspruchnahme ambulanter Erziehungshilfen gilt somit durchaus auch als Ausdruck dafür, eine Abkehr von den kostenintensiveren stationären Erziehungshilfen zu vollziehen, um die öffentlichen Haushalte zu entlasten. Fachliche Prämissen treten damit nicht selten zu gunsten von ökonomischen Argumenten in den Hintergrund (vgl. ebd.). Gleichwohl zeigen sich aktuell gegenläufige Tendenzen, da offensichtlich Debatten um Kinderschutz dazu beitragen, dass die Fremdunterbringung vor allem von jungen Kindern deutlicher zum Thema wird und als Hilfsangebot vermehrt in Betracht kommt (vgl. Gadow et al. 2013). Stagnieren die Fremdunterbringungen in den stationären Hilfen zur Erziehung lange Zeit, so lässt sich für die letzten fünf Jahre eine Zunahme in den Fallzahlen der Vollzeitpflege und Heimerziehung feststellen. Jedoch zeigt sich seit Anfang der 2000er Jahre nichtsdestotrotz, dass mehr ambulante Leistungen in Anspruch genommen werden als Kinder und Jugendliche in Pflegefamilien oder Heimen leben (Fendrich et al. 2012, S. 9 f.; vgl. zur Pflegekinderhilfe auch Kindler et al. 2011). Prinzipiell ist festzustellen, dass die traditionell bestehenden Grenzen zwischen Pflegekinderhilfe und Heimerziehung an Trennschärfe verlieren und sich auch im Bereich der Pflegekinderhilfe tendenziell Professionalisierungsprozesse zeigen. So entstehen aus der Heimerziehung heraus verschiedene Betreuungsarrangements wie z. B. Erziehungsstellen oder aber professionelle Lebensgemeinschaften in denen pädagogische Fachkräfte eines Heims mit den zu betreuenden Kindern in einer Lebensgemeinschaft zusammenwohnen. Die Rede von *der* Heimerziehung ist damit keineswegs mehr sinnvoll, zeigt sich doch insgesamt für den Bereich der stationären Erziehungshilfen eine Ausdifferenzierung und Formenvielfalt (Wolf 2002, im Überblick: Freigang und Wolf 2001).

Die ‚*Inobhutnahme*' (gem. § 42 SGB VIII) ist gesetzestechnisch nicht als Hilfe zur Erziehung zu fassen, gleichwohl wird sie inhaltlich bei den erzieherischen Hilfen mitverhandelt. Als hoheitliche Form der Krisenintervention ist die Inobhutnahme eine vorläufige Maßnahme zum Schutz von Minderjährigen und an sie schließen häufig erzieherische Hilfen an. Eine Inobhutnahme ist sowohl Nothilfe auf Wunsch von jungen Menschen, die sich oftmals als ‚Selbstmelder' an das Jugendamt oder Schutzstellen richten als auch repressiv empfundenes ordnungspolitisches ‚In-Verwahrung-Nehmen' aus Gefährdungssituationen heraus (Trede 2001, S. 788).

Gegenüber dem Jugendwohlfahrtsgesetz (JWG), das vor allem als eingriffs- und ordnungsorientiert zu kennzeichnen ist, gilt das neue Kinder- und Jugendhilfegesetz prinzipiell als stärker adressaten- und dienstleistungsorientiert (vgl. Schattner 2007). Gleichwohl verändert sich der Vollzug hoheitlicher Aufgabe der Kinder- und Jugendhilfe gerade seit Mitte der 2000er Jahre grundlegend, indem die Fallzahlen ansteigen. Der an die Kinder- und Jugendhilfe gerichtete Interventionsauftrag gewinnt insofern an Bedeutung. Sie übt ihr staatliches Wächteramt auch mit Blick auf die Daten (wieder) deutlicher aus (Pothmann 2012; BMFSFJ 2013). In 2011 liegt die Höhe der vorläufigen Schutzmaßnahmen oder auch Inobhutnahmen durch die Jugendämter bei 38 500 Fällen und ist damit höher als je zuvor. Im Vergleich zu 2005 und damit dem Jahr des Inkrafttretens des § 8a SGB VIII sowie der Novellierung des § 42 SGB VIII hat die Anzahl der Inobhutnahmen um 12 800 Fälle zugenommen (+49 %). Der Anstieg der vorläufigen Schutzmaßnahmen seit 2005 und insbesondere auch zwischen 2010 und 2011 (+6 %) dokumentiert, „dass in den Jugendämtern nach wie vor mit einer hohen und aller Voraussicht nach auch noch weiter steigenden Aufmerksamkeit gegenüber potenziellen Gefährdungslagen von Kindern vor Vernachlässigung und Misshandlungen agiert wird" (Pothmann 2012, S. 10). Mit der Inobhutnahme ist ein Instrument benannt, dass den Jugendämter rechtlich die Möglichkeit einräumt, in akuten Krisensituationen und unmittelbaren Gefährdungslagen das Kind bzw. Jugendlichen zumindest vorübergend aus der Familie zu nehmen und dies gegen den Willen der Eltern. Dies geschieht gegenwärtig in ¾ aller Fälle. In den Anfängen der statistischen Erfassung liegt die Fallzahl noch bei 2/3. Vorherrschend sind insofern in zunehmender Weise Fälle, die sich im Gefährungsbereich bewegen (vgl. ebd.).

2   Lebenslagen und Lebensformen von Adressatinnen und Adressaten erzieherischer Hilfen

Der Anstieg der Fallzahlen in den erzieherischen Hilfen wird vor allem mit den sich verschlechternden sozioökonomischen Lebenslagen von Familien und den offensichtlich fragiler werdenden familialen Familienkonstellationen begründet (Tabel et al. 2011; Rätz et al. 2009). So belegen empirische Untersuchungen regelmäßig den Zusammenhang zwischen Armuts- und Belastungsquoten in Kommunen sowie der Höhe der Inanspruchnahmezahlen der Hilfen zur Erziehung (Pothmann et al. 2011; Fendrich et al. 2012). Gerade die Lebenslagen, aber auch die Lebensformen von AdressatInnen spiegeln sich in unterschiedlicher Weise in der Inanspruchnahme der Erziehungshilfen wider. Kinder, Jugendliche und ihre Familien werden mit Blick auf ihre Lebenslagen und -formen, die nicht selten korrespondieren, verschiedentlich adressiert und erreicht bzw. sind sozialer Kontrolle ausgesetzt (vgl. Richter 2011, 2013).

Für die Inanspruchnahme der Sozialpädagogischen Familienhilfe, die als *die* ambulante familienbezogene Hilfe im Bereich der Kinder- und Jugendhilfe gelten kann, zeigt sich, dass die Familien sich besonders häufig in prekären Lebenslagen befinden. 67 % der Adressatinnen der Sozialpädagogischen Familienhilfe leben ganz oder teilweise von ALG II-Bezügen, einer bedarfsorientierten Grundsicherung oder von Sozialhilfe (BMFSFJ 2013, S. 338). Dieser Anteil liegt bei Alleinerziehenden mit 76 % sogar noch einmal deutlich höher (Frindt 2013, S. 11 f.). Prekäre materielle Lebenslagen erweisen sich daher als eine wesentliche Dimension im Kontext des familialen Hilfebedarfs in der Sozialpädagogischen Familienhilfe.

Differenziert nach familialen Lebensformen zeigt sich zudem, dass die Inspruchnahme einer Sozialpädagogischen Familienhilfe bei Alleinerziehenden höher ist als bei Familien mit zwei Elternteilen. Dabei handelt es sich in hervorgehobener Weise um Mütter. Die Inanspruchnahme bei Familien, in denen nur ein Elternteil lebt, liegt etwa fünfmal höher als die Inanspruchnahme bei Familien, in denen beide Elternteile zusammenleben. Insofern ist die Sozialpädagogische Familienhillfe in erster Linie als eine Hilfeform anzusehen, die sich an Alleinerziehende richtet. Die Inanspruchnahme einer Sozialpädagogischen Familienhilfe bedingt sich weiterhin durch die Anzahl der Kinder, die für alle Familienkonstellationen als ‚Armutsrisiko' betrachtet werden muss (vgl. Pothmann 2009; Gadow et al. 2013).

Mit dem Verweis auf die hohe Anzahl an vor allem alleinerziehenden Müttern im Bereich der Sozialpädagogischen Familienhilfe wird vielfach implizit eine Defizitperspektive nahegelegt, wonach diese ihrer Erziehungsverantwortung gegenüber ihren Kindern nicht in angemessener Weise nachkommen. Demgegenüber kommen aktuelle Untersuchungen, wie etwa die Studie von Ziegler et al. (2010), in der 300 Bedarfsgemeinschaften und Ein-Eltern-Familien im Vergleich mit Zwei-Eltern-Familien befragt wurden, zu dem Schluss, dass die elterliche Lebensform ‚alleinerziehend' keineswegs als per se problematisch einzuschätzen ist. Alleinerziehende, und hier vor allem Mütter, haben vielmehr in höherem Maße strukturelle Anforderungen zu bewältigen, wie z. B. Armut, Arbeitslosigkeit und fehlende soziale Unterstützung im Alltag mit ihren Kindern (Rauschenbach et al. 2009, S. 9). Auffallend ist in Bezug auf das Familienleben, dass von Alleinerziehenden tendenziell ein egalitäreres und weniger konservatives Mutter- und Familienbild vertreten wird als das sich das bei den Müttern aus Zwei-Eltern-Familien zeigt (Ziegler et al. 2010, S. 101 f.). Empirisch zeigt sich außerdem, dass die befragten alleinerziehenden Mütter fast ausnahmslos aussagen, bei den Bedürfnissen ihrer Kinder nicht zu sparen. Die hohe Inanspruchnahme der Sozialpädagogischen Familienhilfe durch alleinerziehende Mütter ist, so Ziegler et al. (2010), offensichtlich nach wie vor auf eine bestehende normative Idealisierung der (leiblichen) Zwei-Eltern-Familie zurückzuführen, während der Familienstatus „Alleinerziehend" vielen Institutionen selbst als Risikoindikator dient und Ein-Eltern-Familien daher als besondere Problemgruppe wahrgenommen werden (vgl. ebd.).

Der Defizitblick auf Eltern, der sich gegenwärtig öffentlich zeigt, bezieht sich insofern nicht zuletzt gerade auf Mütter (vgl. Richter und Andresen 2012). Die quantitativ hohe Bedeutung von Alleinerziehenden, und hier vor allem von Müttern, sowie die nach wie vor von ihnen getragene Erziehungsverantwortung spiegelt sich bisher allerdings keineswegs in entsprechenden Forschungsaktivitäten wieder. Mütter bzw. alleinerziehende Mütter tauchen systematisch nahezu nicht auf. Vielmehr wird im Bereich der Erziehungshilfen in Fach- wie Forschungsdebatten fast durchgehend der ,*geschlechtsneutrale*' Begriff der ,*Eltern*' verwendet. Zwar finden sich in der (historischen) Familienforschung Analysen zu Mütterlichkeit und Väterlichkeit bzw. zu Mutter- und Vaterrollen, die etwa unter der Perspektive einer Neudefinition von Geschlechterverhältnissen nachgezeichnet werden (vgl. z. B. Herwartz-Emden 1995; Rendtorff 2004; im Überblick; Villa und Thiessen 2009). Vergleichbare Untersuchungen für den Bereich der Hilfen zur Erziehung sind jedoch nur vereinzelt zu finden (Sabla 2009; Brändel und Hüning 2012). Eine Differenzierung nach Vätern und Müttern im Bereich der sozialpädagogischen Forschung stellt vor diesem Hintergrund eine notwendige Perspektive für die Kinder- und Jugendhilfeforschung dar (Friebertshäuser et al. 2007, s. auch Böllert 2012).

Im Vergleich zur Sozialpädagogischen Familienhilfe zeigt sich mit Blick auf die Lebenslagen der Adressatinnen und Adressaten der Erziehungsberatungsstellen ein etwas anderes Bild. Unterschiedliche empirische Studien lassen zunächst einmal erkennen, dass die Adressatinnen von Erziehungsberatungsstellen prinzipiell aus allen sozialen Bevölkerungsgruppen kommen. Die amtliche Kinder- und Jugendhilfestatistik zeigt, dass im Jahr 2010 20 % der Personen, die Erziehungsberatung (gem. § 28 KJHG/SGB VIII) in Anspruch nehmen, (auch) auf staatliche Transferleistungen verwiesen sind (Gadow et al. 2013, S. 134). Im Vergleich zu anderen Formen erzieherischer Hilfen handelt es sich jedoch um den mit Abstand niedrigsten Anteil an Hilfeempfängerinnen mit Bezug von sozialstaatlichen Transferleistungen. Im Bereich der Vollzeitpflege ist demgegenüber der höchste Anteil (78 %) festzustellen (vgl. Fendrich et al. 2012, S. 13).

3   Strukturelle Bedingungen der Erbringung erzieherischer Leistungen

Die Bedingungen, unter denen die Leistungen in den Hifen zur Erziehung erbracht werden, unterliegen grundlegenden Veränderungsprozessen (Gadow et al 2013, S. 154). Zahlreiche Kommunen sehen sich einer prekären Haushaltslage gegenüber, die die Gestaltungsspielräume in der sozialpädagogischen Hilfeerbringung deutlich einschränkt. Gleichwohl zeigt sich in aktuellen Daten, dass sich gegenüber dem Jahr 2006, indem die Personalexpansion im Bereich der Erziehungshilfen als beendet erklärt wurde, auf einen „Aufschwung" verwiesen werden kann (Fendrich 2012, S. 49). Eine noch in 2006 befürchtete Spaltung der Kinder- und Jugendhilfe, d. h. Wachstumsschübe in der Kindertagesbetreuung, Stagnation und Abbau in den Erziehungshilfen sowie der Kinder- und Jugendarbeit – hat sich in dieser Form offensichtlich nicht weiter fortgesetzt (vgl. Fuchs-Rechlin und Rauschbach 2012). Vielmehr ist eine Zunahme der Beschäftigtenzahlen in der Kinder- und Jugendhilfe zu verzeichnen, die zu einem nicht unwesentlichen Teil auf die Hilfen zur Erziehung zurückgeht. Ende des Jahres 2010 sind über 80 000 Beschäftigte im Bereich der Erziehungshilfen tätig. In 2006 lag die Anzahl der Beschäftigten demgegenüber noch bei gut 62 000, d. h. es zeigt sich ein Anstieg um 29 Prozent (BMFSFJ 2013, S. 280 f.). Die Personalzunahme zeigt sich sowohl in den ambulanten als auch stationären Hilfen. Alleinige Ausnahme ist die Erziehungsberatung, bei der nahezu keine Zunahme festzustellen ist (vgl. ebd.). Im ambulanten Leistungsspektrum werden in 2006 noch 11 000 Vollzeitäquivalente gezählt, demgegenüber sind in 2010 16 000 Vollzeitäquivalente (+ 42 Prozent) zu verzeichnen. In diesem Zeitraum zeigt sich eine Zunahme der Beschäftigten um mehr als 7000 Personen (+ 44 Prozent). Der Anstieg schlägt sich vor allem im Feld der SPFH (+ 2 688 Beschäftigte bzw. 80 Prozent) und Hilfen nach § 27, 2 SGB VIII (+1 971 Beschäftigte bzw. + 49 Prozent) nieder (BMFSFJ 2013, S. 281). Der Personalzuwachs in den stationären Erziehungshilfen fällt im Vergleich zu den ambulanten erzieherischen Hilfen deutlicher aus. Zwischen 2006 und 2010 ist ein Anstieg von mehr als 10 000 Personen (+ 26 Prozent) zu verzeichnen, was einem Plus von fast 8 000 Vollzeitäquivalenten entspricht (+ 25 Prozent). Im Arbeits- und Handlungsfeld der stationären Erziehungshilfen ist demnach in absoluten Zahlen, einschließlich Vollzeitstellen, der Beschäftigtenzuwachs noch größer ausgefallen als in den ambulanten Hilfen zur Erziehung (BMFSFJ 2013, S. 281).

Diese zunächst einmal positiv anmutende Entwicklung im Personalbereich der Hilfen zur Erziehung ist gleichwohl aus einer Binnensicht zu relativieren, wenn nicht nur die aktuellen Entwicklungen zwischen 2006 und 2010 in den Blick genommen werden, sondern auch die Veränderungen seit den 1990er-Jahren. Hierbei wird deutlich, dass in einigen Arbeits- und Handlungsfeldern der neuerliche Anstieg beim Personal die starken Rückgänge bis Mitte der 2000er-Jahre keineswegs kompensieren konnte (Fuchs-Rechlin und Rauschenbach 2012, S. 2). Auch ist die Differenz zwischen Beschäftigtenzahlen und Vollzeitäquivalenten zu problematisieren, da Teilzeitarbeit zur Normalität geworden ist. Die ‚*Erosion des Normalarbeitsverhältnisses*' im Sinne von Vollzeitbeschäftigung schreitet ebenso voran wie atypische Arbeitszeitmodelle. 2010/11 sind in der Kinder- und Jugendhilfe insgesamt nur noch 43 % der Beschäftigten vollzeittätig, im Westen 45 %, im Osten sogar nur 32 %. Damit sind insgesamt die Vollzeitquoten in der Kinder- und Jugendhilfe auch im Vergleich zu anderen ebenfalls frauendominierten Berufsgruppen auffallend niedrig (vgl. ebd.).

4   Diskussion

Die erzieherischen Hilfen stellen mit ihrem ausdifferenzierten sozialpädagogischen Leistungsspektrum einen zentralen Bestandteil der Kinder- und Jugendhilfe dar. Im Vordergrund steht die individuelle Förderung von Kindern und Jugendlichen, die Gewährleistung des Kindeswohls sowie die Beratung und Unterstützung der Personensorgeberechtigten, d. h. der Eltern, um damit die gesetzlich verankerte Übernahme elterlicher Verantwortung zu stärken (vgl. Albus 2012). Die Inanspruchnahme der Erziehungshilfe verzeichnet einen stetigen Zuwachs. Gerade das Fallvolumen in den ambulanten Erziehungshilfen und hier in erster Linie das der Sozialpädagogischen Familienhilfe weist eine nicht unerhebliche Zunahme auf, die als Konsequenz einer Verschiebung von privater und öffentlicher Verantwortung für das Aufwachsen von Kindern zu lesen ist, d. h. als veränderte Form der Aufgabendelegation von Staat und Familie (vgl. Richter 2011; Oelkers 2011; Bütow et al. 2014). Die Kritik an einer Eingriffsorientierung begleiten die Entwicklung und Etablierung der Hilfen zu Erziehung bzw. Sozialpädagogischen Familienhilfe bis in die Gegenwart. Eine Aktivierung elterlicher Verantwortung wird – trotz Hierarchisierung familialer Lebensformen und daraus resultierender benachteiligter Existenzweisen – politisch gefordert. Die Kinder- und Jugendhilfe als soziale Akteurin steht vor der Herausforderung, sowohl einer wohlmeinenden Vereinnahmung von Familien zu entgehen als auch einer aktivierungspädagogischen Rhetorik und Praxis kritisch-reflexiv zu begegnen, in der den Familien ihre soziale Marginalisierung als kulturelle Inferiorität zur Last gelegt wird (vgl. Richter et al. 2009; Fegter et al. 2015).

Literatur

Ahmed, S., & Höblich, D. (2012). Hilfen zur Erziehung. In W. Thole, D. Höblich, & S. Ahmed (Hrsg.), *Taschenwörterbuch Soziale Arbeit* (S. 122–124). Bad Heilbrunn: Julius Klinkhardt (UTB).

Albus, S. (2012). Die Erzieherischen Hilfen. In W. Thole (Hrsg), *Grundriss Soziale Arbeit* (S. 477–482). Wiesbaden: VS Verlag für Sozialwissenschaften.

Albus, S., Greschke, H., Klingler, B., Messmer, H., Micheel, H.-G., Otto, H.-U., & Polutta, A. (2010). *Wirkungsorientierte Jugendhilfe.* Schriftenreihe Wirkungsorientierte Jugendhilfe Band 10. Münster: Waxmann.

Bastian, P., Hensen, G., Lenzmann, V., Lohmann, A., Ziegler, H., & Böttcher, W. (2010). Evaluation Früher Hilfen – Möglichkeiten und Grenzen kontextbezogener Wirkungsevaluation. In R. Müller & D. Nüsken (Hrsg.), *Child Protection in Europe. Von den Nachbarn lernen – Kinderschutz qualifizieren* (S. 169–182). Münster, New York, München und Berlin: Waxmann.

Birtsch, V., Münstermann, K., & Trede, W. (Hrsg.). (2001). *Handbuch der Erziehungshilfen. Leitfaden für Ausbildung, Praxis und Forschung.* Münster: Votum.

Böllert, K. (1995). *Zwischen Intervention und Prävention. Eine andere Funktionsbestimmung Sozialer Arbeit.* Neuwied, Kriftel und Berlin: Luchterhand.

Böllert, K. (2012). Die Familie der Sozialen Arbeit. In K. Böllert & C. Peter (Hrsg.), *Mutter+Vater=Eltern?* (S. 117–133). Wiesbaden: VS Verlag für Sozialwissenschaften.

Brändel, B., & Hüning, J. (2012). Mütter in der Erziehungshilfe. In K. Böllert & C. Peter (Hrsg.), *Mutter+Vater=Eltern?* (S. 181–209). Wiesbaden: Springer VS.

Bütow, B., Pomey, M., Rutschmann, M., Schär, C., & Studer, T. (Hrsg.). (2014). *Sozialpädagogik zwischen Staat und Familie. Alte und neue Politiken des Eingreifens.* Wiesbaden: Springer VS.

Bürger, U. (1999). *Erziehungshilfen im Umbruch. Entwicklungserfordernisse und Entwicklungsbedingungen im Feld der Hilfen zur Erziehung.* München: SOS-Kinderdorf e. V.

Bundesministerium für Familie, Senioren, Frauen und Jugend (BMFSFJ). (2013). *14. Kinder- und Jugendbericht.* Berlin.

Buschhorn, C., & Böllert, K. (2015). Adressierungen von (werdenden) Eltern in Familienbildung und Frühen Hilfen. In S. Fegter, C. Heite, J. Mierendorff & M. Richter (Hrsg.), *Neue Aufmerksamkeiten für Familie. Diskurse, Bilder und Adressierungen in der Sozialen Arbeit* (S. 98–111). neue praxis Sonderheft Nr. 12. Lahnstein: Verlag neue praxis.

Chassé, K.-A. (2008). Wandel der Lebenslagen und Kinderschutz. Die Verdüsterung der unteren Lebenslagen. *Widersprüche,* 28. Jg., Heft 109, (S. 71–83).

Eichinger, U. (2009). *Zwischen Anpassung und Ausstieg. Perspektiven von Beschäftigen im Kontext det Neuordnung Sozialer Arbeit.* Wiesbaden: VS Verlag für Sozialwissenschaften.

Fegter, S., Heite, C., Mierendorff, J., & Richter, M. (Hrsg.). (2015). Neue Aufmerksamkeiten für Familie. Diskurse, Bilder und Adressierungen in der Sozialen Arbeit. *neue praxis,* Sonderheft Nr. 12. Lahnstein: Verlag neue praxis.

Fendrich, S., Pothmann, J., & Tabel, A. (Hrsg. von Arbeitsstelle Kinder- und Jugendhilfestatistik) (2012). *Monitor Hilfen zur Erziehung 2012.* Dortmund. http://www.akjstat.tu-dortmund.de/fileadmin/Startseite/Monitor_HzE_2012.pdf. Zugegriffen: 21. 02. 2013.

Freigang, W., & Wolf, K. (2001). *Heimerziehungsprofile.* Weinheim und Basel: Beltz.

Friebertshäuser, B., Matzner, M., & Rothmüller, N. (2007). Familie: Mütter und Väter. In J. Ecarius (Hrsg.), *Handbuch Familie* (S. 179–198). Wiesbaden: VS Verlag für Sozialwissenschaften.

Frindt, A. (2013). *Aufsuchende (Erziehungs-)Hilfen für Familien (SPFH u. a. § 20, § 27 Abs. 2, § 31).* Materialen zum 14. Kinder- und Jugendbericht (hrsg. von der Sachverständigenkommission 14. Kinder- und Jugendbericht). München: Verlag DJI. http://www.dji.de/bibs/14-KJB-Expertise-Frindt.pdf. Zugegriffen: 21. 02. 2013.

Fuchs-Rechlin, K., & Rauschenbach, T. (2012). Kinder- und Jugendhilfe – Ein Wachstumsmotor des Arbeitsmarktes. *KOMDAT,* 15. Jg., Heft 1/12, (S. 1–4).

Funk, H. (2002). Elternarbeit. In W. Schröer, N. Struck & M. Wolff (Hrsg.), *Handbuch Kinder- und Jugendhilfe* (S. 681–692). Weinheim und München: Juventa.

Gadow, T., Peuker, C., Pluto, L., van Santen, E., & Seckinger, M. (2013). *Wie geht's der Kinder- und Jugendhilfe? Empirische Befunde und Analysen*. Weinheim und Basel: Beltz Juventa.

Herwartz-Emden, L. (1995). *Mutterschaft und weibliches Selbstkonzept. Eine interkulturell vergleichende Untersuchung*. Weinheim und München: Juventa.

Homfeld, H.-G., & Schulze-Krüdener, J. (2007). *Elternarbeit in der Heimerziehung*. München und Basel: Ernst Reinhardt Verlag.

Jugend- und Familienkonferenz (JFMK). (2012). *Weiterentwicklung und Steuerung der Hilfen zur Erziehung*. Beschluss der JFMK am 31. 05./01. 06. 12. Hannover.

Karsten, M.-E., & Otto, H.-U. (1987). Die sozialpädagogische Ordnung der Familie. Einleitung. In M.-E. Karsten & H.-U. Otto (Hrsg.), *Die sozialpädagogische Ordnung der Familie. Beiträge zum Wandel familialer Lebensweisen und sozialpädagogischer Interventionen* (S. IX–XXXI). Weinheim und München: Juventa.

Kindler, H., Helming, E., Meysen, T., & Jurczyk, K. (2011). *Handbuch Pflegekinderhilfe*. München: DJI.

Klatetzki, T. (Hrsg.). (1995). *Flexible Erziehungshilfen. Ein Organisationskonzept in der Diskussion*. Münster: Votum.

Krause, H.-U., & Peters, F. (2009). *Grundwissen Erzieherische Hilfen. Ausgangsfragen, Schlüsselthemen, Herausforderungen*. Weinheim und München: Juventa.

Mierendorff, J., & Olk, T. (2007). Kinder- und Jugendhilfe. In J. Ecarius (Hrsg.), *Handbuch Familie* (S. 542–567). Wiesbaden: VS Verlag für Sozialwissenschaften.

Moch, M. (2011). Hilfen zur Erziehung. In H.-U. Otto & H. Thiersch (Hrsg.), *Handbuch Soziale Arbeit* (S. 613–632). München und Basel: Ernst Reinhardt Verlag.

Münder, J. (2001). Kinder- und Jugendhilfegesetz (KJHG). In H.-U. Otto & H. Thiersch (Hrsg.), *Handbuch Sozialarbeit/Sozialpädagogik* (S. 1001–1019). Neuwied und Kriftel: Luchterhand.

Münder, J. (2007). *Kinder- und Jugendhilferecht*, 6. erw. Aufl. Neuwied. München: Luchterhand.

Münder, J., Baltz, J., Kreft, D., Lakies, T., Meysen, T., Prosch, R., Schäfer, K., Schindler, G., Struck, N., Tammen, B., & Trenczeck, T. (2006). *Frankfurter Kommentar zum SGB VIII: Kinder- und Jugendhilfe*, 5. Aufl. Weinheim: Juventa.

Oelerich, G. (2008). Hilfen zur Erziehung. In T. Coelen & H.-U. Otto (Hrsg), *Grundbegriffe Ganztagbildung. Das Handbuch* (S. 485–493). Wiesbaden: VS Verlag für Sozialwissenschaften.

Oelkers, N. (2011). Eltern. In H.-U. Otto & H. Thiersch (Hrsg.), *Handbuch Soziale Arbeit* (S. 306–312). München und Basel: Ernst Reinhardt Verlag.

Otto, H.-U., & Ziegler, H. (2012). Impulse in eine falsche Richtung – Ein Essay zur „Neuen Steuerung" der Kinder- und Jugendhilfe. *Forum Jugendhilfe*, Heft 1/2012, (S. 17–25).

Peters, F. (1990). Zur Kritik der sozialpädagogischen Familienhilfe. *Widersprüche*, Heft 34, (S. 29–48).

Peters, F., & Koch, J. (Hrsg.). (2004). *Integrierte erzieherische Hilfen. Flexibilität, Integration und Sozialraumbezug in der Jugendhilfe*. Weinheim und München: Juventa.

Pothmann, J. (2009). Sozialpädagogische Familienhilfe im Zahlenspiegel. *Forum Erziehungshilfen*, 15. Jg., Heft 2, (S. 68–70).

Pothmann, J. (2012). Inobhutnahme – eine Hilfe mit unterschiedlichen Gesichtern. *KOMDAT*, 15. Jg., Heft 2/12, (S. 10–11).

Rätz-Heinisch, R., Schröer, W., & Wolff, M. (2009). *Lehrbuch Kinder- und Jugendhilfe: Grundlagen, Handlungsfelder, Strukturen und Perspektiven*. Weinheim und München: Juventa.

Rauschenbach, T., & Pothmann, J. (2008). Im Lichte von „KICK", im Schatten von „Kevin". *KomDat Jugendhilfe*, 11. Jg., Heft 3, (S. 2–6).

Rauschenbach, T., Pothmann, J., & Wilk, A. (2009). Armut, Migration, Alleinerziehend-HZE in prekären Lebenslagen. *KomDat*, Heft Nr. 01/09, (S. 9–11).

Rendtorff, B. (2004). Geben und Lehren – Mütterlichkeit und Väterlichkeit im pädagogischen Kontext. In D. Klika & V. Schubert (Hrsg.), *Bildung und Gefühl* (S. 78–93). Baltmannsweiler: Schneider Hohengehren.

Richter, M., Beckmann, C., Otto, H.-U., & Schrödter, M. (2009). Neue Familialität als Herausforderung der Jugendhilfe (Einleitung). In C. Beckmann, H.-U. Otto, M. Richter & M. Schrödter (Hrsg.), *Neue Familialität als Herausforderung der Jugendhilfe* (S. 1–14). neue praxis Sonderheft Nr. 9, Lahnstein: Verlag neue praxis.

Richter, M. (2011). Familienhilfe. In H.-U. Otto & H. Thiersch (Hrsg.), *Handbuch Soziale Arbeit* (S. 387–393). München und Basel: Ernst Reinhardt Verlag.

Richter, M. & Andresen, S. (2012). Orte „guter Kindheit". Aufwachsen im Spannungsfeld öffentlicher und familialer Verantwortung. *Zeitschrift für Erziehungswissenschaft* 32. Jg., Heft 3, (S. 250–265).

Richter, M. (2013). *Die Sichtbarmachung des Familialen. Gesprächspraktiken in der Sozialpädagogischen Familienhilfe*. Weinheim und Basel: Beltz Juventa.

Rößler, J. (1991). Vom klassischen Heim zum Wohnungsverbund. In F. Peters (Hrsg.), *Jenseits von Familie und Anstalt. Entwicklungsperspektiven in der Heimerziehung I* (S. 97–111). Bielefeld: KT-Verlag.

Rosenbauer, N. (2008). *Gewollte Unsicherheit? Flexibilität und Entgrenzung in Einrichtungen der Jugendhilfe*. Weinheim und München: Juventa.

Sabla, K.-P. (2009). *Vaterschaft und Erziehungshilfen. Lebensweltliche Perspektiven und Aspekte einer gelingenden Kooperation*. Weinheim und München: Juventa.

Schattner, H. (2007). Sozialpädagogische Familienhilfe. In J. Ecarius (Hrsg.), *Handbuch Familie* (S. 593–613). Wiesbaden: VS Verlag für Sozialwissenschaften.

Tabel, A., Fendrich, S., & Pothmann, J. (2011). Warum steigen die Hilfen zur Erziehung? Ein Blick auf die Entwicklung der Inanspruchnahme. *KOMDAT Jugendhilfe*, 14. Jg., Heft 3/11, (S. 3–6).

Trede, W. (2001). Hilfen zur Erziehung. In H.-U. Otto, & H. Thiersch (Hrsg.), *Handbuch Sozialarbeit Sozialpädagogik* (S. 787–803). Neuwied und Kriftel: Luchterhand.

Villa, P., & Thiessen, B. (Hrsg.). (2009). *Mütter – Väter: Diskurse Medien Praxen*. Münster: Westfälisches Dampfboot.

Wolf, K. (2002). Hilfen zur Erziehung. In W. Schröer, N. Struck & M. Wolff (Hrsg.), *Handbuch Kinder- und Jugendhilfe* (S. 631–665). Weinheim und München: Juventa.

Ziegler, H., Seelmeyer, U., & Otto, H.-U. (2010). *Arbeitslos mit Kindern. Bewältigungsstrategien und institutionelle Unterstützung*. Bielefeld http://www.kom-sd.de/fileadmin/uploads/komsd/Abschlussbericht_Arbeitplus.pdf. Zugegriffen: 12. 02. 13.

Ziegler, H. (2012). Kinder- und Jugendhilfe als Erziehungs- und Bildungsinstanz. In U. Bauer, U. H. Bittlingmayer & A. Scherr (Hrsg.), *Handbuch Bildungs- und Erziehungssoziologie* (S. 665–682). Wiesbaden: Springer VS.

Richter, Martina, Prof. Dr., Dipl.-Päd., Juniorprofessur für Schule und Jugendhilfe, Universität Duisburg-Essen. Arbeitsschwerpunkte: Theorien Sozialer Arbeit, Kinder- und Jugendhilfeforschung, Familienforschung, Ganztagsschulforschung, Qualitative Methoden empirischer Sozialforschung (insb. Gesprächsanalysen)

Pflege und Adoption

Brita Ristau-Grzebelko

Zusammenfassung

Die Rahmenbedingungen der Pflegekinderhilfe sind in den letzten Jahren sowohl von fachlicher, politischer als auch von juristischer Seite verändert worden. Die Rückbindung aller Entscheidungen an das Kindeswohl und an den Willen sowie die subjektiven Zugänge des heranwachsenden Pflegekindes machte die Pflegekinderhilfe im Kontext der Hilfen zur Erziehung zu einem wichtigen und leistungsfähigen professionellen Angebot, gerahmt durch den fachlichen Dienst neben dem ASD. Im internationalen Vergleich bleibt die verfassungsrechtliche Absicherung des Elternrechts in Deutschland ein Hemmnis, Adoptionen inzwischen auch gegen den Willen der Eltern und als einen Ausweg aus dem Fürsorgesystem für viele ältere Kinder zu ermöglichen. Die Angebote der Vollzeitpflege und Adoption sind damit eher nicht aufeinander bezogen.

Schlüsselwörter

Adoption, Vollzeitpflege, Pflegekinderhilfe, Kindeswohl, Kindeswille

1 Begriffsbestimmungen

Die Erziehung von Kindern in Adoptiv- und Pflegefamilien ist eine Leistung der Kinder- und Jugendhilfe, bei der Kinder, die aus den unterschiedlichsten Gründen nicht mehr im leiblichen Elternhaus aufwachsen können, auf Dauer bei Erwachsenen aufwachsen, mit denen sie in der Regel nicht leiblich verwandt sind. Sie leben in neuen Familien, die alle Charakteristika biologisch begründeter Familien aufweisen. Die Erwachsenen haben für sie die *„soziale Elternschaft"* übernommen. Die Aufnahme von Kindern und Jugendlichen in *„fremden"* Familien wird seit langem durch die bei-

den Rechtsinstitute, die als „Adoption" und „Vollzeitpflege" (auch „Familienpflege")
bekannt sind, geregelt.

Die *Adoption* ist die in den §§ 1741–1766 BGB geregelte Aufnahme eines Minderjährigen als Kind, damit gemeint ist die rechtlich wirksame, dauerhafte und in der
Regel irreversible Integration eines *„fremden"* Kindes in eine Familie mit allen damit
verbundenen Rechten und Pflichten. Mit ihr einher geht die Beendigung aller rechtlichen Beziehungen des angenommenen Kindes zu dessen biologischer Familie, es sei
denn, es handelt sich um eine Adoption durch Verwandte oder die Adoption eines
Volljährigen (§§ 1767–1772 BGB). Bei der Adoption ist entsprechend dem Verwandt-
schaftsgrad der annehmenden Eltern und dem Adoptivkind zwischen Fremdadoption, Auslandsadoption und Adoption durch Stiefeltern und Verwandte zu unterscheiden. Unter der Fremdadoption versteht man die Annahme von in Deutschland
lebenden Kindern und Jugendlichen durch nicht verwandte Personen. Zum Zeitpunkt der Aufnahme in die neue Familie liegt der gewöhnliche Aufenthalt der zur
Adoption freigegebenen Kinder in Deutschland, die Staatsangehörigkeit des Kindes
ist dabei unbedeutend. Bei Auslandsadoptionen handelt es sich um die Aufnahmen
von Kindern und Jugendlichen, die zum Zweck der Adoption ins Inland geholt werden. Es sind nichtdeutsche Kinder und Jugendliche, deren gewöhnlicher Aufenthalt
vor Beginn des Adoptionsverfahrens im Ausland lag und die ohne die beabsichtigte
Adoption nicht nach Deutschland gereist wären. Eine Stiefelternadoption bezeichnet
die Annahme eines Kindes durch Stiefvater oder Stiefmutter, die Verwandtenadop-
tion setzt ein bestehendes Verwandtschaftsverhältnis zwischen Adoptivkind und An-
nehmendem bis zum 3. Grad voraus (Happ-Margotte 1997).

Als *Vollzeitpflege* wird die kurz-, mittel- oder längerfristige Unterbringung eines
Kindes oder Jugendlichen in einer Fremd- oder Verwandtenpflegefamilie im Rahmen
der Kinder- und Jugendhilfe bezeichnet. Die Vollzeitpflege nach § 33 des Kinder- und
Jugendhilfegesetzes (Achtes Sozialgesetzbuch SGB VIII) ist neben der Heimerziehung (§ 34 SGB VIII) eine der beiden stationären und familienersetzenden Hilfen
zur Erziehung, auf die die Personensorgeberechtigten einen Rechtsanspruch haben,
wenn „eine dem Wohl des Kindes oder des Jugendlichen entsprechende Erziehung
nicht gewährleistet ist und die Hilfe für seine Entwicklung geeignet und notwendig
ist" (§ 27 SGB VIII). Die Unterscheidung der Vollzeitpflege im Gegensatz zur Tagespflege (§ 23 SGB VIII) besteht in der Unterbringung, Betreuung und Erziehung eines
Kindes oder Jugendlichen über Tag und Nacht außerhalb des Elternhauses in einer
anderen Familien, währenddessen sich die Betreuung im Rahmen der Tagespflege auf
einen zeitlich fixierten Rahmen pro Tag bezieht und eine „Hilfe zur Erziehung" im
Sinne des SGB VIII in der Regel nicht voraussetzt.

Das Verhältnis zwischen Adoption und Vollzeitpflege ist in der Kinder- und Jugendhilfe unter anderem durch den § 36 SGB VIII dahingehend geregelt, dass von
einem Vorrang der Adoption gegenüber der längerfristigen Fremdunterbringung
von Minderjährigen in Heimen oder Pflegefamilien ausgegangen wird: „Vor und
während einer längerfristig zu leistenden Hilfe außerhalb der eigenen Familie ist zu

prüfen, ob die Annahme als Kind in Betracht kommt" (§ 36 SGB VIII). Trotz dieser Empfehlungen bleiben die Fremdunterbringungen (Vollzeitpflege und Heimerziehung) deutlich über denen der Adoptionen. So wurden im Jahr 2011 4 060 Kinder und Jugendliche in Adoptivfamilien aufgenommen, davon wurden 104 Minderjährige durch nicht verwandte Adoptiveltern adoptiert. Die Zahl der Fremdadoptionen ist dabei in den Jahren von 1993 bis 2011 von 3 393 auf 1 690 Minderjährige zurückgefallen. Kamen im Jahr 1991 auf 1 285 zur Adoption vorgemerkte Kinder und Jugendliche 21 826 vorgemerkte Adoptionsbewerber, einem Verhältnis von einem Minderjährigen zu siebzehn Bewerbern, hat sich das Verhältnis im Jahr 2011 drastisch reduziert. Auf 859 zur Adoption vorgemerkte Kinder und Jugendliche kamen 5 957 Adoptionsbewerber, ein Verhältnis von einem Minderjährigen zu sieben Bewerbern.

Sind die Adoptionen stark zurückgegangen, verzeichnen wir auf Seiten der Hilfen zur Erziehung außerhalb des Elternhauses (hier Vollzeitpflege in einer andern Familie und Heimerziehung, sonstige betreute Wohnform) unterschiedliche Entwicklungen im Verhältnis der beiden stationären Hilfeformen zueinander. Die Fallzahlen im Bereich der Vollzeitpflege weisen einen Anstieg in den Jahren von 1991 bis 2011 von 48 017 auf 61 894 Minderjährige aus. Die Zahlen der Heimerziehungen sind, nachdem sie in den Jahren 1991 bis 2007 um knapp 16 000 von 68 190 auf 52 793 zurückgegangen sind, wieder angestiegen und erreichen 2011 einen Wert von 65 367 Minderjährigen.

2   Adoptionsrecht

Während das *Adoptionsrecht* im Bürgerlichen Gesetzbuch von 1990 noch deutlich in der Tradition des römischen Rechts stand, in dessen Mittelpunkt in erster Linie die Interessen der Annehmenden (Vermögenssicherung, Fortbestand des Namens) gesehen wurden, steht heute außer Frage, dass das Wohl der annehmenden Kinder im Mittelpunkt steht und alle Bemühungen der Adoptionsvermittlungsstellen auf das Kind und seine Bedürfnisse gerichtet sind. „Wesentliche Aufgabe der Vermittlungsstelle ist es daher, Kinder zu geeigneten Adoptionsbewerbern zu vermitteln, nicht aber, für die Bewerber ‚passende' Kinder zu finden" (Bundesarbeitsgemeinschaft der Landesjugendämter 1994, S. 2). Die Grundlagen dafür wurden – unter dem Druck des europäischen Adoptionsübereinkommens von 1976 – durch das am 1. 7. 1977 in Kraft getretene Adoptionsgesetz gelegt. Zu deren wichtigsten Regelungen gehören im Weiteren (siehe §§ 1741–1766 BGB):

* Das minderjährige Adoptivkind wird rechtlich vollständig in die neue Familie eingegliedert und erhält das volle Erbrecht. Es erlöschen alle rechtlichen Bindungen zu den leiblichen Eltern und deren Verwandten. Das angenommene Kind ist wie ein eheliches nicht nur mit den Adoptiveltern, sondern mit den neuen Großeltern, Onkeln, Tanten u. w. verwandt.

- Die Annahme des Kindes wird nicht mehr durch einen Vertrag, sondern durch den Ausspruch des Familiengerichts begründet (Dekretsystem gegenüber dem früheren Vertragssystem).
- Die Einwilligung zur Adoption kann erfolgen, wenn das Kind acht Wochen alt ist.
- Die Altersgrenzen der Annehmenden wurden auf 25 bzw. 21 Jahre gesenkt.
- Die Annehmenden müssen nicht mehr kinderlos sein.
- Ausländische Kinder erhalten mit der Adoption die deutsche Staatsbürgerschaft.
- Die Adoption ist unauflösbar und kann nur in eng begrenzten Ausnahmefällen unter den Erfordernissen des Kindeswohls aufgehoben werden.

Zusammen mit dem materiellen Adoptionsrecht hat auch die rechtliche Grundlage der Jugendhilfeinstanzen im Bereich der Adoptionsvermittlung eine grundlegende Neufassung erfahren. Das Adoptionsvermittlungsgesetz, dass gleichzeitig einer Qualifizierung der Praxis der Adoptionsvermittlung dient, die zu den Pflichtaufgaben der Jugendämter und Landesjugendämter gehören, beinhaltet folgende Zielstellungen:

- Sicherung des Rechtsanspruchs der Adoptiveltern, der leiblichen Eltern und der Adoptivkinder auf eingehende Beratung und Unterstützung durch die Adoptionsvermittlungsstellen;
- Gründung fachlich qualifizierter Adoptionsvermittlungen im Bereich der Jugendämter und der freien Träger;
- Errichtung zentraler Adoptionsvermittlungsstellen bei den Landesjugendämtern mit den Aufgaben der fachlichen Beratung der örtlichen Adoptionsvermittlungsstellen und des überregionalen Ausgleichs bei Adoptionsbewerbern und Kindern;
- Meldepflicht der Säuglings- und Kinderheime hinsichtlich der Erfassung der für eine Adoptionsvermittlung in Betracht kommenden Kinder.

Eine Adoption kann im Hinblick auf ihre Offenheit auf unterschiedliche Art und Weise von den Betroffenen gestaltet werden. Unterschieden wird zwischen folgenden Formen:

- Halboffene Adoption: Die halboffene Adoption bedeutet, dass sich die Adoptiveltern und Herkunftseltern persönlich kennengelernt haben, ein gemeinsames Gespräch stattgefunden hat, ohne dass es zum Austausch von persönlichen Daten kommt. Beide Parteien können sich somit ein Bild voneinander machen und über die Vermittlungsstelle Briefe in anonymer Form austauschen. Diese Form nimmt in der Praxis zu.
- Offene Adoption: Die offene Adoption bedeutet, dass sich die abgebenden und annehmenden Eltern persönlich als auch aus den Daten (Namen, Adressen etc.) kennen. Diese Formen entwickeln sich immer dann, wenn das Kind bereits längere Zeit als Pflegekind in der aufnehmenden Familie gelebt hat und dann von den leiblichen Eltern zur Adoption freigegeben wird. Im Rahmen dieser Form

können sporadische Kontakte der biologischen Eltern mit den Adoptiveltern und den Kindern zu stande kommen, wobei diese Form in der Praxis der Adoptionsvermittlung eher selten vorkommt.

- Inkognito-Adoption: Die Inkognito-Adoption als die zur Zeit noch häufigste Form der Adoptionsvermittlung beinhaltet, dass die abgebenden Eltern nicht erfahren, wer ihr Kind annimmt. Die annehmenden Eltern kennen die Daten und die Geschichte der abgebenden Eltern und die Vorgeschichte des Kindes.

Seit Beginn der 1990er Jahre wird immer deutlicher, dass auf Seiten der abgebenden Eltern ein langwieriger Prozess der Trauer und der gedanklichen Verbindung zu ihrem zur Adoption freigegebenen Kind stattfindet und sich auf Seiten der Adoptivkinder die unbekannte Herkunft negativ auf ihr Leben in der Adoptivfamilie auswirken kann und sie unter starken Identitätskonflikten leiden. In diesem Zusammenhang wird die Inkognitoadoption zunehmend in Frage gestellt (Textor 1991).

3   Pflegekinderhilfe

Die *„Vollzeitpflege"* gemäß § 33 SGB VIII ist eine Hilfe zur Erziehung eines Kindes oder Jugendlichen über Tag und Nacht außerhalb des Elternhauses in einer anderen Familie. Bei mehr als fünf aufgenommenen Kindern bzw. Jugendlichen liegt keine Familienpflege, sondern eine Betreuung in einer Einrichtung (Großpflegestelle) vor. Die Familienpflege soll dem Kind oder Jugendlichen die familiäre Erziehung durch die Eltern – je nach den Erfordernissen des Einzelfalls auf kurze (befristete) *Zeit* oder auf *Dauer* – ersetzen. Beide Formen stehen gleichermaßen nebeneinander. Die Regelungen zur Vollzeitpflege im SGB VIII sind i. V. m. den §§ 36 (Mitwirkung und Hilfeplanung), 37 (Zusammenarbeit außerhalb der eigenen Familie), 38 (Ausübung der Personensorge), 39/40 (Leistungen zum Unterhalt und zur Krankenhilfe), 44 (Pflegeerlaubnis), 91 ff. (Heranziehung zu den Kosten) und den Vorschriften des § 1632 Abs. 4 BGB (Schutz vor Herausgabeverlangen der leiblichen Eltern) zu sehen. Die Rechte und Pflichten der Pflegepersonen im BGB werden i. V. m. den §§ 1630 (Bestellung eines Pflegers, Familienpflege), 1632 (Herausgabe des Kindes, Umgangsbestimmung), 1684/1685 (Umgang des Kindes mit den Eltern und mit weiteren Personen), 1688 (Familienpflege, Betreuung nach dem KJHG) beschrieben. Dem betroffenen Kind kann in seine Person betreffenden gerichtlichen Angelegenheiten ein Verfahrenspfleger gemäß § 50c FGG zur Seite gestellt werden, der die individuellen Interessen des Kindes im Gerichtsverfahren zu vertreten hat. Ausdrücklich verwiesen wird darauf, dass die Bestellung des Verfahrenspflegers zu erfolgen hat, wenn Gegenstand des Verfahrens die Wegnahme des Kindes von Pflegepersonen ist (§ 50 FGG Abs. 2 Nr. 3).

Neben der Vollzeitpflege nach § 27 i. V. m. § 33 SGB VIII gibt es Pflegeverhältnisse, die nicht im Rahmen der Hilfen zur Erziehung nach § 27 SGB VIII begründet werden

(z. B. bei befristeter Unterstützung der Eltern durch Nachbarschafts- und Verwandt-
schaftspflege, ohne das die Voraussetzungen des § 27 SGB VIII gegeben sind). Hier
besteht kein Anspruch auf Leistungen der Jugendhilfe nach § 39 SGB VIII, gegebenenfalls aber auf Hilfe zum Lebensunterhalt nach dem BSHG.

Wenn § 33 SGB VIII von einer Hilfe „in einer anderen Familie" oder „Familienpflege" spricht, in den §§ 37, 44 SGB VIII aber auch der Begriff der Pflegeperson Verwendung findet, so wird deutlich, dass bei der Vermittlung von Kindern in Voll-
zeitpflegestellen ein „offener" Familienbegriff zugrunde liegt. Damit einhergeht, dass
sich bei der Auswahl von Pflegepersonen nicht am Modell der traditionellen Kleinfamilie orientiert wird, sondern auch unverheiratete Paare, Einzelpersonen, in größeren und anderen Haushaltsgemeinschaften lebende Personen zu berücksichtigen
sind, wenn diese im Einzelfall eine Erfolg versprechende Erziehungsarbeit gewährleisten können. Der Begriff der Herkunftsfamilie wird demgegenüber eng gefasst. Er
bezieht sich allein auf die biologischen Eltern eines Kindes bzw. Jugendlichen und
die Hilfe zur Erziehung „ in einer anderen Familie" kann damit auch eine Verwand-
tenpflegestelle sein. Ausschlaggebend ist hierbei, dass ein erzieherischer Bedarf besteht, der durch die leiblichen Eltern des Kindes oder Jugendlichen nicht erfüllt wird
und die Unterbringungsform die notwendige und geeignete Hilfe zur Erziehung im
Sinne des § 27 SGB VIII darstellt. Wenn diese Voraussetzungen erfüllt werden, sind
die Kosten zur Erziehung auch für die Kinder und Jugendlichen, die von Verwandten, auch von Großeltern, betreut werden, neben dem notwendigen Unterhalt für das
Kind oder den Jugendlichen zu zahlen.

In der Praxis der Kinder- und Jugendhilfe haben sich die verschiedenen Formen
der Vollzeitpflege entlang der zeitlichen Perspektive, die mit der Unterbringung angestrebt wird, entwickelt. Entsprechend der *Dauer* und der *Zielsetzung* der Vollzeitpflege lassen sich vor allem folgende Formen unterscheiden:

- Kurzzeitpflege: Gemeint sind jene Pflegeverhältnisse, in denen bei befristetem
  Ausfall der Herkunftsfamilie eine Pflegefamilie die Versorgung und Erziehung
  eines Kindes übernimmt, als auch die Aufnahme von Kindern in Krisen- und
  Notsituationen, in denen Kinder aus ihren bisherigen Lebenszusammenhängen
  herausgenommen werden müssen – oder selbst aus ihnen flüchten – und in einem
  Übergangszeitraum bis zur Klärung ihrer weiteren Entwicklungsperspektive
  Schutz und Zuwendung erfahren.
- Übergangspflege: Pflegefamilien übernehmen für einen befristeten, auf kürzere
  oder längere Dauer befristeten Zeitraum die Erziehung und Versorgung eines
  Kindes, dessen Herkunftsfamilie hierzu nicht in der Lage ist (z. B. Krankheit, Belastung durch Beziehungsprobleme), die jedoch weiterhin die Verantwortung für
  das Kind wahrnehmen möchte und könnte. In der Zeit der Entlastung und Hilfe
  durch eine Übergangspflege soll die Herkunftsfamilie soweit wie möglich an der
  Erziehungssituation in der Pflegefamilie auch mit dem Ziel beteiligt werden, die
  Identifikation und den Status des Kindes in seinen Bezügen zur Herkunftsfamilie
  nicht zu lösen.

- Dauerpflege: In den auf Konstanz abgestellten Pflegeverhältnissen werden Minderjährige mit oder ohne eine kontinuierliche Mitwirkung ihrer Eltern auf Dauer in einer Pflegefamilie untergebracht. Wenn diese Form der Pflegefamilienerziehung in der Vergangenheit noch als „Ersatzfamilie" beschrieben wurde, eröffnet der Blick auf die individuellen Bedürfnisse des Kindes, sein Alter und die Zielsetzung der Hilfe auch eine mögliche Integration der Herkunftsfamilie in die Pflegefamilie und damit die Tendenz zur „Ergänzungsfamilie".
- Adoptionspflege: Hierbei handelt es sich um eine von den vorgenannten Typen abzugrenzende und rechtlich besonders bestimmte Form eines Pflegeverhältnisses (§ 1744 BGB). Das Kind wird mit dem Ziel der Adoption zur „Eingewöhnung" bei den überprüften Adoptionsbewerbern aufgenommen.

Die Grenzen zwischen den verschiedenen Formen können fließend sein, wobei der Hilfeplanung (§ 36 SGB VIII) dabei die Aufgabe zukommt, im Rahmen fachlich qualifizierter sozialpädagogischer Entwicklungsprognosen Aussagen über die erwartete Funktion der Vollzeitpflege zu treffen und diese ggf. im Rahmen regelmäßiger Überprüfungen des Hilfeplans zu revidieren. Kontinuitätssichernde Planung („permanency planning") als Ansatz, der die Sicherung der Zukunftsperspektive der Kinder und Jugendlichen in den Mittelpunkt stellt, beinhaltet ein seit den 1970er Jahren entwickeltes Konzept in den USA und Großbritannien, dass entweder eine Rückführung des Kindes möglichst rasch unter optimaler Unterstützung des Herkunftsmilieus zu realisieren versucht oder aber auf Dauer eine gesicherte Lebensperspektive des Kindes in der Pflegefamilie oder in einem Adoptionsverhältnis sichern soll.

4   Aktuelle Trends

Die Rahmenbedingungen der Pflegekinderhilfe sind in den letzten Jahren sowohl von fachlicher und politischer als auch von juristischer Seite verändert worden. Das DJI in Kooperation mit dem DIJuF öffnen sich einer neuen Zielperspektive, aus denen heraus die Pflegekinderhilfe im Zusammenspiel aller Beteiligten eine neue fachliche, organisatorische und fachliche Absicherung erfahren soll (Kindler et al. 2010). Zentral aus sozialpädagogisch forschender Sicht und aus rechtlich organisatorischer Sicht ist die Rückbindung aller Entscheidungen der Pflegekinderhilfe an das *Kindeswohl* und an die Interessen, den *Willen sowie die subjektiven Zugänge des heranwachsenden Pflegekindes*. Es gibt einen Aufbruch, in dem die Pflegekinderhilfe nicht mehr nur als eine nicht sonderlich ernst genommene Alternative zur Heimerziehung mit einem nicht als wichtigen und leistungsfähigen professionellem Dienst neben dem ASD wahrgenommen werden kann.

Entwicklungspsychologische Erkenntnisse wie die Suche nach der „am wenigsten schädlichen Alternative" (Goldstein et al. 1997, S. 49), die Berücksichtigung des kindlichen Zeitempfindens (Heilmann 1998, S. 15), die neueren Erkenntnisse der Bindungsforschung – die auf die Qualität der Bindung abstellt – (Brisch 2005; Grossmann und Grossmann 1998; Dornes 1997; Maywald 1997) und die Traumatheorie (Tress 1986) und Resilienzforschung (Bender und Lösel 2004) haben Eingang in die Pflegekinderhilfe gefunden. Auswirkungen haben die Rezeptionen dieser Erkenntnisse und Erfahrungen in Bezug auf die Inanspruchnahme und zeitliche Perspektive der Familienpflege und hinsichtlich der Art und Weise der Gestaltung der Umgangskontakte. Auch die seit den 1990er Jahren stark geführte Fachdiskussion in Bezug auf die Frage, ob die Pflegefamilie eine Ersatz- oder Ergänzungsfamilie sei, findet überwiegend in der Diskussion um die Aufrechterhaltung von Kontakten des Pflegekindes zu seinen Herkunftseltern, einer möglichen Rückkehr der Kinder und der Zusammenarbeit mit der Herkunftsfamilie statt. Neben der Eltern- vs. Kindorientierung und/oder der Orientierung am Ergänzungs- vs. Ersatzfamilienkonzept der Mitarbeiter der Jugendhilfe werden diese Polarisierungen erst mit der Untersuchung von Gehres (2005) neu diskutiert. In der Perspektive, das Konzept der „Pflegefamilie als eine andere Familie" (Gehres 2005, S. 247) für die Sozialisation von Kindern und Jugendlichen zu begründen, werden die beiden Modelle, das exklusive sowie das inklusive Konzept pflegefamilialer Sozialisation dialektisch aufgehoben und ihre jeweiligen Stärken fallspezifisch genutzt, um optimale Spielräume für den Autonomiebildungsprozess der Pflegekinder zu gewährleisten. Sowohl die theoretische Verortung auf die Bindungstheorie, die wichtig bleibt, aber nicht als ausschließlich zu betrachten ist, als auch die Polarisierungen in den Debatten Ergänzungs- oder Ersatzfamilie haben die Entwicklungen in der Pflegekinderhilfe vorangetrieben, werden derzeit von einer sich allmählich breit zentrierten Theorieentwicklung, die unterschiedlichste Anschlüsse sucht und weiterentwickelt, erweitert. Die aktuelle Pflegekinderhilfe ist geprägt durch eine stärkere miteinander vernetzte Experten einbindende Aktivität. Die Pflegekinderhilfe, auch repräsentiert durch einen spezialisierten Dienst, gestaltet Übergänge, die sehr vielfältig sind (Meysen 2011, S. 150). Übergänge vom Kind zum Pflegekind, vom Jugendlichen zum Pflegekind, von der Familie mit Kind zur Familie ohne Kind, vom Erwachsenen zum Pflegefamilienbewerber, vom Paar zur Pflegefamilie, von der Familie, die vom ASD betreut wird zur Familie, die von der Pflegekinderhilfe betreut wird, von Jugendamt zu Jugendamt, vom Pflegekind zum Kind oder zum Heimkind und vom Pflegekind zum selbständigen Erwachsenen. Eine grundlegende nicht nur sprachliche Veränderung eines Etikettenwechsels in der Pflegekinderhilfe bedeutet, dass die Kinder und Jugendlichen, ihre Interessen und Entwicklungschancen in den Mittelpunkt gestellt werden und das Zentrum bilden, aus denen die Qualitätskriterien und fachlichen Standards aller Netzwerkpartner und insbesondere der Sozialen Dienste abgebildet werden. Zu empfehlende Qualitätsindikatoren wären die psychische Gesundheit, soziale Teilhabe und Bildungserfolg der Pflegekinder, die qualifizierte Prüfung, Förderung und Begleitung von Rückführungen und die Förderung von Kontinuität und Stabilität im Leben von Pflegekindern (Küfner et al. 2010, S. 868).

Im internationalen Vergleich[1] kann festgestellt werden, dass sich trotz unterschiedlicher Systeme und Regelungsansätze viele Parallelen in den Wohlfahrtssystemen der verschiedenen Länder wiederfinden. Vorrang der freiwilligen Hilfen und die Zurückhaltung beim Ausschluss von Umgangskontakten werden in allen untersuchten Ländern deutlich. Unterschiede hingegen sind bei der Ausgestaltung von Eingriffen in das elterliche Sorgerecht sowie bei der Planung und Sicherung von dauerhaften Lebensumständen erkennbar. Das SGB VIII beinhaltet im internationalen Vergleich fortschrittliche Gedanken, wie etwa die Berücksichtigung des kindlichen Zeitempfindens, die Zusammenarbeit mit den Beteiligten und die Partizipation des Kindes. In der ausreichenden Vorbereitung auf die Verselbständigung des Jugendlichen in Deutschland sehen die Niederlanden und England aufzunehmende Qualitätskriterien ihres Systems. Im internationalen Vergleich hat die deutsche Pflegekinderhilfe bei der rechtlichen Absicherung von Dauerpflegeverhältnissen in Bezug auf § 37 SGB VIII für eine „andere, dem Wohl des Kindes oder Jugendlichen förderliche und auf Dauer angelegte Lebensperspektive" kein zivilrechtliches Pendant. Das verfassungsrechtlich geschützte Elternrecht in Deutschland ermöglicht es nicht wie in England, Adoptionen inzwischen auch gegen den Willen der Eltern und als Ausweg aus dem Fürsorgesystem für viele auch ältere Kinder zu ermöglichen. Die Konsequenz bleibt in der Einführung anderer Möglichkeiten wie z. B. die *„Special Guardianship"*, die eine geplante und gelebte Stabilität im Pflegeverhältnis verfestigen, zumal die Anzahl der Rückführungen in Deutschland sehr gering ist.

Kontinuität und Stabilität, zwei wichtige Aspekte im Kinderleben, bedeuten Dauerhaftigkeit der Lebensverhältnisse, um weitere Brüche zu vermeiden und Schwebezustände aufzulösen. Die zeitliche Unbestimmtheit der deutschen Vorschriften steht hierzu im Widerspruch und die Niederlanden und England binden Rückführungsbemühungen bereits am Beginn des Pflegeverhältnisses im Rahmen eines „Clearing" an bestimmte zeitliche Vorgaben. In den Ländern ist anerkannt, dass nach Ablauf eines Jahres eine Verfestigung des Pflegeverhältnisses eintritt und für Deutschland steht die Frage nach der Einführung fester zeitlicher Grenzen nur im Rahmen der Umsetzungen der §§ 1632 BGB und 37 SGB VIII. Sicherheit für die Fachkräfte und Transparenz für die Betroffenen stehen dann möglichen Einbußen in der Flexibilität gegenüber.

Im Vergleich mit England zeigen die deutschen gerichtlichen Entscheidungen eine gewisse Unsicherheit in Fragen des Ausschlusses von Umgang. Während England konsequent die Interessen des Kindes in den Vordergrund stellt und stringent vom Kind aus argumentiert und denkt, muss der Ausschluss hierzulande „erforderlich" und das Kindeswohl durch die Herausnahme „gefährdet" sein.

Neuere zu übernehmende Entwicklungen sind die Familientages, -wochen- und -ferienpflege. Als zeitweise Entlastung der Eltern, auch in Kombination mit Heim-

---

1 Der Vergleich bezieht Slowenien, Schweden, England und die Niederlande mit ein (Küfner und Schönecker 2010, S. 97).

unterbringung ist die „Teilzeitpflegeelternschaft" in England und den Niederlanden fest etabliert. Juristische Kompetenzen werden in beiden benannten Ländern durch spezialisierte Anwälte bereitgestellt, die auf Seiten des Jugendamtes und des Kindes beschäftigt sind.

Der Blick über die Grenzen zeigt, dass dort länger andauernde Pflegeverhältnisse teilweise besser geschützt werden und die Möglichkeit der Adoption genutzt werden kann, um aus dem Fürsorgesystem herauszukommen. Ein Rechtsentwicklungsbedarf für Deutschland wird deutlich, indem Dauerpflegeverhältnisse verbesserten rechtlichen und staatlichen Schutz erhalten. Auch wird die Arbeit mit der Herkunftsfamilie während der Platzierung des Kindes in der Pflegefamilie in anderen Ländern deutlich stärker und qualifizierter angegangen. Allein auf den Gesetzgeber zu verweisen, reicht nicht aus. Es geht um den weiteren Ausbau der Pflegekinderhilfe auch durch die Vermittlung älterer Kinder in Pflegefamilien. Was die internationale Forschung bereits belegt, ist, dass das Alter des Kindes kein aussagekräftiger Faktor für die Erfolgsprognose der Hilfe ist. Die damit einhergehende veränderte Vermittlungspraxis stellt hohe Anforderungen an die Qualität der fachlichen Arbeit mit einer Erweiterung der Angebotspalette über neue und andere Konzepte der Werbung und Vorbereitung von Pflegeeltern, deren stetigen Weiterqualifizierung und der Schaffung einer professionellen Infrastruktur der Begleitung und Unterstützung wie sie in erfolgreichen Interventionsprogrammen aus dem Ausland wie z. B. „*Multi Treatment Foster Care*" oder auch „*Early Treatment Foster Care*" (Helming et al 2010, S. 451) bekannt geworden sind.

Literatur

Bender, D., & Lösel, F. (2004). Risikofaktoren, Schutzfaktoren und Resilienz bei Misshandlung und Vernachlässigung. In U. Egle, S. O. Hoffmann & P. Joraschky (Hrsg.), *Sexueller Missbrauch, Misshandlung, Vernachlässigung*, 3. Vollst. akt. und erw. Aufl. (S. 85–104). Stuttgart: Schattauer.

Blandow, J. (2004). *Pflegekinder und ihre Familien. Geschichte, Situation und Perspektiven des Pflegekinderwesens.* Weinheim: Juventa.

Brisch, K. H. (2005). *Bindungsstörungen: von der Bindungstheorie zur Therapie.* Stuttgart: Klett-Cotta.

Bundesministerium für Familie, Senioren, Frauen und Jugend (Hrsg.). (2000). *Mehr Chancen für Kinder und Jugendliche. Stand und Perspektiven der Jugendhilfe in Deutschland. Band 1.* Münster: Votum.

Deutsches Jugendinstitut (Hrsg.). (1987). *Handbuch Beratung im Pflegekinderbereich.* München: DJI Verlag.

Deutsches Jugendinstitut; Deutsches Institut für Jugendhilfe und Familienrecht e. V. (2006). *Projektbericht „Pflegekinderhilfe in Deutschland – Teilprojekt 1 Exploration".* München und Heidelberg.

Dornes, M. (1997). *Die frühe Kindheit, Entwicklungspsychologie der ersten Lebensjahre.* Frankfurt a. M.: Fischer Taschenbuch.

Egle, U., Hoffmann, S. O., & Joraschky, P. (Hrsg.). (2005). *Sexueller Missbrauch, Misshandlung, Vernachlässigung.* 3. Vollst. akt. und erw. Aufl. Stuttgart: Schattauer.

Gehres, W. (2005). Jenseits von Ersatz und Ergänzung: Die Pflegefamilie als eine andere Familie. *Zeitschrift für Pädagogik,* 3. Jg., Heft 3, (S. 246–271).

Goldstein, J., Freud, A., Solnit, A. J., & Goldstein, S. (1974). *Das Wohl des Kindes. Grenzen professionellen Handelns.* Frankfurt a. M.: Suhrkamp.

Grossmann, K., & Grossmann, K. (1998). Eltern-Kind-Bindung als Aspekt des Kindeswohls. In Deutscher Familiengerichtstag e. V. (Hrsg.), *Zwölfter Deutscher Familiengerichtstag. Brühler Schriften zum Familienrecht,* Band 10 (S. 76–89). Bielefeld: Gieseking Verlag.

Gudat, U. (1987). *Beratungsmethodik und behördliche Sozialarbeit.* Deutsches Jugendinstitut In Deutsches Institut für Jugendhilfe und Familienrecht e. V., *Projektbericht „Pflegekinderhilfe in Deutschland – Teilprojekt 1 Exploration"* (S. 103–113). München und Heidelberg.

Happ-Margotte, D. (1997). Adoption – im Spiegel der Statistik. In T. Rauschenbach & M. Schilling. (Hrsg.), *Die Kinder- und Jugendhilfe und ihre Statistik. Band 2, Analysen, Befunde, Perspektiven* (S 125–148). Neuwied: Luchterhand.

Heilmann, S. (1998). *Kindliches Zeitempfinden und Verfahrensrecht.* Neuwied: Luchterhand.

Jordan, E. (2000). Pflegefamilien – Profile, Entwicklungen, Qualifizierungsbedarfe. In Bundesministerium für Familie, Senioren, Frauen und Jugend (Hrsg.), *Mehr Chancen für Kinder und Jugendliche. Stand und Perspektiven der Jugendhilfe in Deutschland. Band 1* (S. 230–255). Münster: Votum.

Helming, E., Bovenschen, I., Spangler, G., Köckeritz, C., & Saidmeir, G. (2011). Begleitung und Beratung von Pflegefamilien. In H. Kindler, E. Helmig, T. Meysen & K. Jurczyk (Hrsg.), *Handbuch Pflegekinderhilfe* (S. 448–479). München: Deutsches Jugendinstitut e. V.

Junker, R. (1978). *Pflegekinder in der Bundesrepublik Deutschland.* Frankfurt a. M.: Eigenverlag des DPWV.

Kindler, H., & Lillig, S. (2004). Psychologische Kriterien bei Entscheidungen über eine Rückführung von Pflegekindern nach einer früheren Kindeswohlgefährdung. *Praxis der Rechtspsychologie,* 14. Jg., Heft 2, (S. 368–397).

Kindler, H., Helmig, E., Meysen, T., & Jurczyk, K. (Hrsg). (2010). *Handbuch Pflegekinderhilfe.* München: Deutsches Jugendinstitut e. V.

Maywald, J. (1997). *Zwischen Trauma und Chance. Trennung von Kindern im Familienkonflikt.* Freiburg i. Br.: Lambertus.

Küfner, M., Helmin, E., & Kindler, H. (2010). Weiterführende Fragen. In H. Kindler, E. Helmig, T. Meysen & K. Jurczyk (Hrsg), *Handbuch Pflegekinderhilfe* (S. 852–870). München: Deutsches Jugendinstitut e. V.

Küfner, M., & Schönecker, L. (2010). Rechtliche Grundlagen und Formen der Vollzeit-pflege. In H. Kindler, E. Helmig, T. Meysen & K. Jurczyk (Hrsg), *Handbuch Pflegekin-derhilfe* (S. 48–101). München: Deutsches Jugendinstitut e. V.

Meysen, T. (2012). Gestaltung von Übergängen aus Sicht der Fachkräfte. In DIJuF (Hrsg.), *„Lotsen im Übergang" Rahmenbedingungen und Standards bei der Gestaltung von Über-gängen* (S. 149–156). Berlin.

Niederberger, J. M. (1997). *Kinder in Heimen und Pflegefamilien. Fremdplatzierung in Ge-schichte und Gesellschaft.* Bielefeld: Kleine Verlag.

Nienstedt, M., & Westermann, A. (1988). Die Chancen von Kindern in Pflegefamilien aus psychologischer Sicht. In Evangelische Akademie (Hrsg.), *Dokumentation 3. Tag des Kindeswohls. 31. 08. – 01. 09. 1988* (S. 105–132). Locum: Selbstverlag.

Nienstedt, M., & Westermann, A. (1989). *Pflegekinder. Psychologische Beiträge zur Soziali-sation von Kindern in Ersatzfamilien.* Münster: Votum.

Rauschenbach, T., & Schilling, M. (Hrsg.). (1997). *Die Kinder- und Jugendhilfe und ihre Statistik. Band 2, Analysen, Befunde, Perspektiven.* Neuwied: Luchterhand.

Tress, W. (1986). *Das Rätsel der seelischen Gesundheit. Traumatische Kindheit und früher Schutz gegen psychogene Störungen.* Göttingen: Vandenhoeck und Ruprecht.

Zitelmann, M. et al. (2004). *Vormundschaft und Kindeswohl – Forschung mit Folgen für Vormünder, Richter und Gesetzgeber.* Köln: Bundesanzeiger-Verlag.

Dr. Brita Ristau-Grzebelko, DRK Bildungszentrum Teterow gGmbH, Arbeitsschwer-punkte: Berufliche Bildung, Fort- und Weiterbildung, Schulleitung.

Andere Aufgaben der Kinder- und Jugendhilfe

Reinhard Joachim Wabnitz

Zusammenfassung

Bei den sog. anderen Aufgaben der Kinder- und Jugendhilfe nach den §§ 42 bis 60 SGB VIII handelt es sich um wichtige, überwiegend „klassische" Aufgaben zum Schutz von Kindern und Jugendlichen (insbesondere der vorläufigen Inobhutnahme und der Erteilung von Erlaubnissen zur Vollzeitpflege und zum Betrieb von Einrichtungen), der Zusammenarbeit mit den Familien- und Jugendstrafgerichten, der Beratung und Unterstützung von unverheirateten Müttern, im Bereich von Beistandschaft, Vormundschaft und Pflegschaft für Kinder und Jugendliche sowie um administrative Tätigkeiten der Beurkundung. Die anderen Aufgaben werden grundsätzlich von den Trägern der öffentlichen Jugendhilfe selbst wahrgenommen, zumeist von den Jugendämtern; allerdings können auch Träger der freien Jugendhilfe in bestimmten Fällen solche Aufgaben wahrnehmen oder damit betraut werden.

Schlüsselwörter

Andere Aufgaben der Kinder- und Jugendhilfe X, Beratung und Unterstützung bei Vaterschaftsfeststellung und Geltendmachung von Unterhaltsansprüchen X 8, Beurkundung, vollstreckbare Urkunden X 10, Inobhutnahme von Kindern und Jugendlichen X 2, Mitwirkung in Verfahren nach dem Jugendgerichtsgesetz X 6, Mitwirkung in Verfahren vor den Familiengerichten X 4, Schutz von Kindern und Jugendlichen in Familienpflege und in Einrichtungen X 7, Erlaubnis zur Kindertagespflege X 7.1, Erlaubnis zur Vollzeitpflege X 7.2, Erlaubnis für den Betrieb einer Einrichtung X 7.3, Unterbringung, Versorgung und Betreuung ausländischer Kinder und Jugendlicher X 3, Vormundschaft, Pflegschaft und Beistandschaft X 9

1   Gegenstand und Besonderheiten der „anderen Aufgaben"

1.1   Was sind „andere Aufgaben" der Kinder- und Jugendhilfe?

Bei den sog. anderen Aufgaben der Kinder- und Jugendhilfe nach § 2 Abs. 3 Nr. 1 bis 13[1] sowie nach den §§ 42 bis 60 – mitunter nicht ganz zutreffend auch als „hoheitliche Aufgaben" bezeichnet – handelt es sich um Aufgaben

- zum Schutz von Kindern und Jugendlichen (§§ 42 bis 49),
- der Unterbringung, Versorgung und Betreuung ausländischer Kinder und Jugendlicher (§§ 42a bis 42 f.),
- der Zusammenarbeit mit den Familien- und Jugendstrafgerichten (§§ 50 bis 52),
- der Beratung und Unterstützung von unverheirateten Müttern und im Bereich von Beistandschaft, Vormundschaft und Pflegschaft (§§ 52a bis 58a) sowie
- um administrative Tätigkeiten der Beurkundung (§§ 59, 60).

Anders als die Leistungen der Kinder- und Jugendhilfe nach den §§ 11 bis 41 folgen die anderen Aufgaben nicht ein und denselben Strukturprinzipien; sie stellen gewissermaßen eine „wenig homogene Restkategorie" dar (Wiesner SGB VIII § 2 Rdnr 13). Es handelt sich bei Ihnen jedoch zumeist um „klassische" Aufgaben der Kinder- und Jugendhilfe, und sie waren überwiegend bereits im RJWG bzw. im JWG verankert und haben in den vergangenen Jahren erneut besondere Aktualität erlangt, seitdem das Thema „Kinderschutz" in den Mittelpunkt der fachlichen und politischen Aufmerksamkeit gerückt ist – siehe dazu auch §§ 8a und 8b sowie das KKG.

Mit Ausnahme von § 53 Abs. 2 („Anspruch") enthalten die §§ 42 bis 60 vom Wortlaut her rein objektiv-rechtliche Verpflichtungen der Träger der öffentlichen Jugendhilfe. Mitunter stellt sich gleichwohl die Frage, ob dennoch mit weiteren Vorschriften auch subjektive, vor den Verwaltungsgerichten einklagbare Rechtsansprüche von jungen Menschen oder Personensorgeberechtigten korrespondieren (vgl. dazu im Einzelnen Wabnitz, 2005, S. 218 ff.).

1.2   Träger der öffentlichen und freien Jugendhilfe

Die anderen Aufgaben werden – anders als bei den Leistungen (vgl. § 3 Abs. 2 Satz 1) – gemäß § 3 Abs. 3 Satz 1 grundsätzlich von den Trägern der öffentlichen Jugendhilfe selbst wahrgenommen. Allerdings können auch Träger der freien Jugendhilfe gemäß § 3 Abs. 3 Satz 2 in bestimmten Fällen solche Aufgaben wahrnehmen oder damit betraut werden, wenn dies gesetzlich ausdrücklich bestimmt ist (!), wenn der Träger

---

1   Hinweis: Paragrafen ohne Gesetzesbezeichnung sind solche des SGB VIII (Kinder- und Jugendhilfe)!

der öffentlichen Jugendhilfe dies so entscheidet und wenn sich ein Träger der freien Jugendhilfe zur Übernahme einer anderen Aufgabe bereit erklärt. Träger der freien Jugendhilfe haben insoweit also kein originäres, sondern ein abgeleitetes (derivatives) Betätigungsrecht, und dies gemäß § 76 Abs. 1 ggf. nur im Bereich der anderen Aufgaben nach den §§ 42, 42a, 50 bis 52a und 53 Abs. 2 bis 4, nicht jedoch bei den übrigen anderen Aufgaben nach den §§ 43 bis 60; Letztere können zumeist bereits von ihrer hoheitlichen Struktur her nicht von Trägern der freien Jugendhilfe wahrgenommen werden.

Auch bei Wahrnehmung von anderen Aufgaben durch Träger der freien Jugendhilfe aufgrund § 76 Abs. 1 bleibt gemäß § 76 Abs. 2 weiterhin der Träger der öffentlichen Jugendhilfe für die Erfüllung dieser Aufgaben verantwortlich. Er kann deshalb dem Träger der freien Jugendhilfe auch sachlich-inhaltliche Vorgaben für die Wahrnehmung von anderen Aufgaben nach § 76 Abs. 1 machen, was im Bereich der Leistungen der Kinder- und Jugendhilfe so nicht möglich ist (vgl. § 4 Abs. 1 Satz 2). Träger der freien Jugendhilfe sind hier also deutlich weniger *„frei"* als bei der Erbringung von Leistungen nach § 3 Abs. 2 Satz 1 (Näheres siehe Wabnitz 2015b, Kapitel 1.3, 3, 10 und 11, sowie zur historischen Entwicklung der anderen Aufgaben Wabnitz 2015, S. 316–338).

2 Inobhutnahme von Kindern und Jugendlichen

Inobhutnahme ist die vorläufige (!), nicht dauerhafte Unterbringung eines Kindes oder einer/eines Jugendlichen durch das JA zu deren/dessen Schutz bei einer geeigneten Person, in einer Bereitschaftspflegestelle, in einer Einrichtung oder in einer sonstigen betreuten Wohnform, einer Jugendschutzstelle u. a. Gemäß § 76 Abs. 1 können die Träger der öffentlichen Jugendhilfe Träger der freien Jugendhilfe an der Durchführung dieser Aufgabe beteiligen oder ihnen diese Aufgabe übertragen. Aufgrund von § 42 können bzw. müssen ggf. auch gegen den Willen von jungen Menschen oder Personensorgeberechtigten in Kompetenz des JA (Schutz-)Maßnahmen bei Gefahren für das Wohl von Kindern und Jugendlichen ergriffen werden.

Im Jahre 2014 hatten die Jugendämter in Deutschland insgesamt ca. 48 100 Kinder und Jugendliche in Obhut genommen, wesentlich mehr als in den Vorjahren (Statistisches Bundesamt, Statistiken der Kinder- und Jugendhilfe, Vorläufige Schutzmaßnahmen 2014).

2.1 Adressatenkreis

§ 42 betrifft drei Gruppen von Kindern und Jugendlichen. Gemäß § 42 Abs. 1 Satz 1 Nr. 1 ist das JA berechtigt und verpflichtet, ein Kind oder einen Jugendlichen in seine Obhut zu nehmen, wenn das Kind oder der Jugendliche um Obhut bittet (sog.

„*Selbstmelder*"). Dies ist zum Beispiel der Fall, wenn ein Kind oder ein Jugendlicher von zu Hause weggelaufen ist, sich von einer Reisegruppe entfernt hat oder sonst „*verloren gegangen*" ist etc. Dieselbe Berechtigung und Verpflichtung obliegt dem JA im häufigeren Falle des sog. „*Fremdmelders*", wenn gemäß § 42 Abs. 1 Satz 1 Nr. 2 eine dringende Gefahr für das Wohl des Kindes oder des Jugendlichen die Inobhutnahme erfordert. Dies ist z. B. der Fall, wenn ein Kind/Jugendlicher in einem jugendgefährdenden Milieu oder sonst in einer gefährlichen Situation gefunden oder aufgegriffen wird, besonders häufig nachts, an Wochenenden, auf der Straße etc. Schließlich gehören gemäß § 42 Abs. 1 Satz 1 Nr. 3 zum Adressatenkreis von § 42 ausdrücklich auch ausländische Kinder oder Jugendliche, die unbegleitet nach Deutschland kommen und wenn sich weder Personensorge- noch Erziehungsberechtigte im Inland aufhalten (dazu sogleich auch 3).

§ 42 erfasst auch die früher in § 43 geregelten Fälle der Inobhutnahme von Kindern oder Jugendlichen, die sich im Einvernehmen mit den Personensorgeberechtigten bei einer bestimmten Person oder in einer bestimmten Einrichtung aufgehalten haben, wenn dort (nunmehr) eine entsprechende Gefahrenlage besteht. Aufgrund von § 42 hat das JA zudem auch die Befugnis, das gefährdete Kind oder die/den Jugendlichen auch seinen Personensorgeberechtigten selbst zu entziehen (Fieseler und Hannemann 2005, S. 197, S. 201).

Fraglich ist, ob mit den rein objektiv-rechtlich formulierten Bestimmungen des § 42 auch (durch Interpretation zu ermittelnde) subjektive Rechtsansprüche des betroffenen Kindes oder Jugendlichen korrespondieren. Dies ist zu bejahen, da der Adressatenkreis der (präzise formulierten!) Normen des § 42 klar bestimmt und § 42 (im Lichte auch von Art. 6 Abs. 2 Satz 2 GG bzw. § 1 Abs. 3 Nr. 3 SGB VIII) gerade dazu bestimmt ist, dem Schutz der betroffenen Kinder und Jugendlichen zu dienen (vgl. im Einzelnen Wabnitz, 2005, S. 219 bis 223 mit weiteren Nachweisen).

2.2   Aufgaben des Jugendamtes

In § 42 Abs. 1 Satz 2, Absätze 2 bis 5 sind zahlreiche weitere konkrete Aufgaben des JA für den Fall der Inobhutnahme normiert, insbesondere im Bereich der Risikoabschätzung, der Unterbringung, Betreuung und Versorgung. Mitunter hat das JA auch Rechtshandlungen mit Blick auf das Kind oder die/den Jugendliche(n) vorzunehmen und/oder einen Vormund zu bestellen. Bei Beendigung der Maßnahme ist das Kind oder die/der Jugendliche an die Personensorgeberechtigten herauszugeben – oder ggf. ist das Familiengericht anzurufen. Häufig ist auch über die Gewährung von weiteren Hilfen und Leistungen zu entscheiden.

2.3 Freiheitsentziehende Maßnahmen

Freiheitsentziehende Maßnahmen gegen den Willen des Kindes oder Jugendlichen sind gemäß § 42 Abs. 5 Satz 1 im Rahmen der Inobhutnahme nur zulässig, wenn und soweit diese erforderlich sind, um eine Gefahr für Leib oder Leben des Kindes oder des Jugendlichen oder eines Dritten abzuwenden. Die Freiheitsentziehung ist gemäß Satz 2 ohne Entscheidung des Familiengerichts spätestens nach Ablauf des Tages nach ihrem Beginn zu beenden. Wird z. B. ein Jugendlicher am ersten Tag noch in der Nacht um 1 Uhr in Obhut genommen, muss er ohne gerichtliche Entscheidung spätestens am zweiten Tag bis Mitternacht (24 Uhr) entlassen werden; bei Beginn der Maßnahme am ersten Tag um 23 Uhr gilt dasselbe. Ggf. erwirkt das JA eine vorläufige Entscheidung des Familiengerichtes zur Verlängerung der Inobhutnahme, bis das Gericht eine endgültige Entscheidung trifft; dann handelt es sich nicht mehr um eine freiheitsentziehende Maßnahme „ohne gerichtliche Entscheidung" im Sinne von § 42 Abs. 5 Satz 2.

Entscheidungen über freiheitsentziehende Maßnahmen über § 42 Abs. 5 Satz 1 hinaus trifft das Familiengericht ggf. auch aufgrund von § 1631b BGB.

2.4 Weitere Aufgaben des Familiengerichtes

Das Familiengericht trifft Entscheidungen über Eingriffe in das elterliche Sorgerecht auf der Grundlage der §§ 1666 ff. BGB, wenn solche bei Kindeswohlgefährdung geboten sind. Das JA hat dazu das Familiengericht in den Fällen von § 42 Abs. 3 Satz 1 Nr. 2, Abs. 5 Satz 2 oder § 8a Abs. 2 Satz 1 anzurufen.

3   Unterbringung, Versorgung und Betreuung ausländischer Kinder und Jugendlicher

Mit Wirkung im Wesentlichen vom 01.11.2015 ist das Gesetz zur Verbesserung der Unterbringung, Versorgung und Betreuung ausländischer Kinder und Jugendlicher in Kraft getreten, mit dem entsprechende neue Vorschriften in das SGB VIII eingefügt worden sind. § 42 betrifft die Vorläufige Inobhutnahme von ausländischen Kindern und Jugendlichen nach unbegleiteter Einreise mit neuen Aufgaben für das JA. In § 42b sind bundes- und landesweite Verfahren zur Verteilung unbegleiteter ausländischer Kinder und Jugendlicher geregelt, ergänzt durch die ebenfalls neuen §§ 42c (Aufnahmequote), 42d (Übergangsregelung), 42e (Berichtspflicht), 42f (Behördliches Verfahren zur Altersfeststellung) sowie § 88a (Örtliche Zuständigkeit für vorläufige Maßnahmen, Leistungen und die Amtsvormundschaft für unbegleitete ausländische Kinder und Jugendliche). Weitere Vorschriften des SGB VIII sind geändert und ergänzt worden – § 76 Abs. 1 dahingehend, dass bei der Durchführung der Aufgaben nach § 42a auch anerkannte Träger der freien Jugendhilfe beteiligt werden können.

4   Mitwirkung in Verfahren vor den Familiengerichten

Gemäß § 50 Abs. 1 Satz 1 unterstützt das JA das Familiengericht bei allen Maßnahmen, die die Sorge für die Person (nicht das Vermögen!) des Kindes oder Jugendlichen betreffen, gemäß Satz 2 Nr. 1 bis 3 insbesondere in Kindschafts-, Abstammungs- und Adoptionssachen nach dem FamFG. Maßnahmen der Personensorge, die durch das Familiengericht zu regeln sind, sind insbesondere solche nach §§ 1626 ff. BGB. Sinn und Zweck der Vorschrift ist, dass der Sachverstand der Mitarbeiterinnen und Mitarbeiter der sozialpädagogischen Fachbehörde JA im allgemeinen sowie mit Blick auf dort ggf. bereits „bekannte" junge Menschen und deren Familien in das familiengerichtliche Verfahren eingebracht wird. Dementsprechend unterrichtet das JA gemäß § 50 Abs. 2 das Gericht insbesondere über angebotene und erbrachte Leistungen und bringt erzieherische und soziale Gesichtspunkte zur Entwicklung des Kindes oder des Jugendlichen ein und weist auf weitere Möglichkeiten der Hilfe hin.

Im Gesetz über das Verfahren in Familiensachen und in den Angelegenheiten der freiwilligen Gerichtsbarkeit (FamFG) ist an mehreren Stellen (§§ 156 Abs. 3, 157 Abs. 1 Satz 2, 162 FamFG) konkret vorgeschrieben, dass das Familiengericht das JA zu beteiligen hat. Die „Korrespondenznorm" im SGB VIII dazu ist § 50.

JA und Familiengericht haben bei Verfahren nach § 50 SGB VIII bzw. § 162 FamFG eigenständige Aufgaben und Funktionen. Das JA als sozialpädagogische Fachbehörde hat eine Hilfe- und Beratungsfunktion, das Familiengericht primär eine Entscheidungsfunktion. Die Aufgabe des Familiengerichtes ist mit einer gerichtlichen Entscheidung (abgesehen von Fällen ihrer Überprüfung und ggf. Abänderung) prinzipiell beendet, während die Aufgaben der Jugendhilfe sehr häufig fortgeführt werden, oft auf der Grundlage langfristig angelegter Verständigungs- und Hilfeprozesse. Beide Institutionen, JA und Familiengericht, führen ihre Aufgaben eigenständig, eigenverantwortlich und gleichberechtigt durch. Insbesondere unterliegt das JA keinerlei gerichtlicher Weisungsbefugnis, und es steht im Verhältnis zu ihm in keinerlei „Unter-Über-Ordnungsverhältnis"; allerdings sind JA und Familiengericht in gemeinsamer Verantwortung auf arbeitsteilige Kooperation miteinander („Verantwortungsgemeinschaft") angewiesen (Wiesner ZfJ 2003, S. 121).

5   Annahme als Kind; Adoptionsvermittlung

Das JA ist auch bei Adoptionen in vielfacher Weise beteiligt, u. a. nach § 51. Darüber hinaus haben JA und LJA bereits „im Vorfeld" umfangreiche Aufgaben im Bereich der Adoptionsvermittlung nach dem Adoptionsvermittlungsgesetz (AdVermiG).

6   Mitwirkung in Verfahren nach dem Jugendgerichtsgesetz

Mitwirkung in Verfahren nach dem Jugendgerichtsgesetz (JGG) bedeutet breit angelegte Mitwirkung als Aufgabe der Jugendhilfe in allen Verfahrensstadien des Jugendstrafverfahrens und ggf. davor und danach mit dem Ziel der umfassenden Begleitung und Betreuung von strafverdächtigen bzw. straffällig gewordenen Jugendlichen und jungen Volljährigen, geregelt in § 52 sowie in den §§ 38, 45, 47, 50 JGG. § 52 SGB VIII stellt die Verbindung zwischen Jugendhilfe- und Jugendstrafrecht her. Die Aufgabe wird von den Jugendämtern ausgeübt. Nach §§ 3 Abs. 3, 76 Abs. 1, 52 Abs. 3 können anerkannte Träger der freien Jugendhilfe daran beteiligt oder können ihnen Aufgaben übertragen werden.

7   Schutz von Kindern und Jugendlichen in Familienpflege und in Einrichtungen

Aus Gründen der Qualitätssicherung und insbesondere des präventiven Schutzes von Kindern und Jugendlichen bestehen Erlaubnispflichten nach den §§ 43 bis 49. Es gibt drei Arten von jeweils durch Verwaltungsakte zu erteilenden Erlaubnissen nach den §§ 43, 44 bzw. 45 – und dabei unterschiedliche Zuständigkeiten, Voraussetzungen und Rechtsfolgen. Bei Verstößen gegen die §§ 43, 44, 45 ff. drohen zudem Bußgelder sowie ggf. Geld- und Freiheitsstrafen nach den §§ 104, 105.

7.1   Erlaubnis zur Kindertagespflege

Die Erlaubnispflicht bei Kindertagespflege gemäß § 43 dient in erster Linie der Qualitätssicherung im Bereich der Kindertagespflege und zielt darauf ab, dass nur persönlich/sachlich kompetente und kooperative Kindertagespflegepersonen tätig werden sollen. Auch wenn diese keine hauptamtlich tätigen Fachkräfte mit einschlägiger Berufsausbildung sind, sollen sie über vertiefte, in qualifizierten Lehrgängen oder in anderer Weise erworbene einschlägige Fachkenntnisse verfügen (§ 43 Abs. 2). Einer Pflegeerlaubnis bedarf gem. § 43 Abs. 1 allerdings nur, wer Kinder außerhalb von deren Wohnung in anderen Räumen während des Tages in einem zeitlichen Umfang von mehr als 15 Stunden wöchentlich gegen Entgelt und zudem länger als drei Monate betreuen will. Die auf fünf Jahre befristete Erlaubnis befugt zur Betreuung von bis zu fünf fremden (nicht: eigenen!) Kindern (§ 43 Abs. 3), wenn nicht durch Landesrecht aufgrund von § 43 Abs. 4 etwas anderes geregelt wird. Zuständig ist das JA, das gemäß § 76 Abs. 1 an dieser Aufgabe anerkannte Träger der freien Jugendhilfe beteiligen oder diese Aufgabe ihnen zur Ausführung übertragen kann.

7.2   Erlaubnis zur Vollzeitpflege

§ 44 regelt die „klassische" Erlaubnis zur Vollzeitpflege, die – verbunden mit den Möglichkeiten ihrer Versagung (Abs. 2), ihrer Rücknahme oder ihres Widerrufes (Abs. 3 Satz 2) und mit Unterrichtungspflichten (nach Abs. 4 sowie nach § 37 Abs. 3 Satz 2) und mit Überprüfungskompetenzen des JA (nach Abs. 3 Satz 1 sowie § 37 Abs. 3 Satz 1) – präventiv bzw. reaktiv darauf abzielt, vor Gefahren für das Wohl des Kindes oder Jugendlichen zu schützen. Allein dieser Aspekt ist inhaltlicher Maßstab für entsprechende Entscheidungen des dafür zuständigen JA, und nicht etwa Bedarfskriterien. Nach zutreffender allgemeiner Auffassung korrespondiert deshalb mit den rein objektiv-rechtlich formulierten Regelungen des § 44 auch ein subjektiver Rechtsanspruch von Pflegepersonen auf Erlaubniserteilung, sofern keine Anhaltspunkte dafür bestehen, dass im Sinne von § 44 Abs. 2 das Wohl des Kindes oder des Jugendlichen in der Pflegestelle nicht gewährleistet ist (GK-SGB VIII und Fieseler § 44 Rz. 26; Wabnitz 2005, S. 225).

Allerdings bestehen von der grundsätzlichen Erlaubnispflichtigkeit bei Vollzeitpflege zahlreiche Ausnahmen gemäß § 44 Abs. 1 Satz 2 Nr. 1 bis 6, wenn unter anderem das Gefährdungsrisiko nach Vermittlung der Pflegeperson durch das JA, bei nahen Verwandten, bei Vormündern/Pflegern, bei kurzer Dauer oder bei Adoptionspflege als gering anzusehen ist.

Mit der Erlaubnispflicht zur Vollzeitpflege korrespondiert gemäß § 37 Abs. 2 Satz 1 ein ausdrücklicher gesetzlicher Rechtsanspruch der Pflegeperson auf Beratung und Unterstützung durch das JA.

7.3   Erlaubnis für den Betrieb einer Einrichtung

Potentiell noch erheblich höher als bei Vollzeitpflege ist das Risiko einer Gefahr für das Wohl des Kindes oder des Jugendlichen bei Unterbringung in einer Einrichtung einzuschätzen, und deshalb bestehen gemäß § 45 Abs. 1 Satz 2 nur wenige Ausnahmen vom Grundsatz der strikten Erlaubnispflicht für den Betrieb einer Einrichtung gemäß § 45 Abs. 1 Satz 1. Die Erlaubnis ist gemäß § 45 Abs. 2 Satz 1 zu erteilen, wenn das Wohl der Kinder und Jugendlichen in der Einrichtung gewährleistet ist. Liegen alle gesetzlichen Voraussetzungen für eine Erlaubniserteilung vor, ist diese dem Träger der Einrichtung insbesondere mit Blick auf dessen Grundrecht der Freiheit der

Berufsausübung nach Art. 12 Abs. 1 GG zu erteilen; nach allgemeiner Auffassung hat er dabei zugleich einen subjektiven Rechtsanspruch auf Erlaubniserteilung (Wabnitz 2005, S. 225 mit weiteren Nachweisen).

Einrichtungen im Sinne von § 45 sind u. a. Tageseinrichtungen für Kinder, Heime für Kinder und Jugendliche, Wohngemeinschaften, Kinderhäuser, Jugendwohnheime u. a., wo sich Kinder oder Jugendliche ganztägig oder für einen Teil des Tages zwecks Erziehung, Bildung, Betreuung und Unterkunft aufhalten. Zuständig für die Erlaubniserteilung nach § 45 ist nicht wie bei § 43 und § 44 das örtliche JA, sondern gemäß § 85 Abs. 2 Nr. 6 i. V. m. § 69 Abs. 1 und 3 das LJA des überörtlichen Trägers der öffentlichen Jugendhilfe. Der Grund dafür liegt auf der Hand: wegen des größeren Gefahrenpotentials in Einrichtungen und der sich daraus ergebenden Notwendigkeit der strikten Beachtung von Aspekten des Kindeswohls sollen die entsprechenden Entscheidungen nicht auf der Ebene des örtlichen Trägers fallen, der gemäß §§ 27 ff, 78 a ff, 79, 80, 85 Abs. 1 auch für die Hilfegewährung (einschließlich der jeweiligen Kostenfolgen!) verantwortlich ist.

In § 45 Abs. 3 bis 7, §§ 46 bis 48 sind zahlreiche weitere detaillierte Vorschriften u. a. über Beratung der Einrichtungen; Einzelheiten der Erteilung, der Rücknahme oder des Widerrufes der Erlaubnis; der Abstellung von Mängeln, der Beteiligung anderer Behörden, der örtlichen Prüfung; betreffend Meldepflichten des Trägers einer erlaubnispflichtigen Einrichtung bis hin zur Tätigkeitsuntersagung (§ 48) enthalten. Das Nähere regelt gemäß § 49 (ggf.) das Landesrecht.

8   Beratung und Unterstützung bei Vaterschaftsfeststellung und Geltendmachung von Unterhaltsansprüchen

In § 18 sind fünf subjektive Rechtsanprüche auf Beratung und Unterstützung bei der Personensorge, bei der Ausübung des Umgangsrechts und in Unterhaltsfragen enthalten. Des Weiteren wird das JA auf Antrag Beistand nach § 55 Abs. 1 in den beiden in § 1712 Abs. 1 Nr. 1 und 2 BGB vorgesehenen Fällen (Feststellung der Vaterschaft und Geltendmachung von Unterhaltsansprüchen). Gleichsam „dazwischen" ist – objektiv-rechtlich formuliert – § 52a „angesiedelt". Danach hat das JA „von sich aus" Müttern von Kindern, deren Eltern nicht miteinander verheiratet sind, nach der Geburt Beratung und Unterstützung bei der Vaterschaftsfeststellung und der Geltendmachung von Unterhaltsansprüchen, bei der Beurkundung, mit Blick auf eine mögliche Beistandschaft und auf die Möglichkeit der gemeinsamen elterlichen Sorge anzubieten – mit Blick auf Fragen mithin, die hier besonders oft relevant werden. Nach allgemeiner Auffassung korrespondiert mit dieser in jeder Hinsicht präzisen Vorschrift des § 52a, die erkennbar Schutzwirkung gerade mit Blick auf Mütter nach der Geburt entfalten soll, auch ein subjektiver Rechtsanspruch auf Beratung und Unterstützung (vgl. Wabnitz 2005, S. 232 f.).

9   Vormundschaft, Pflegschaft und Beistandschaft

Die §§ 53 bis 58a normieren umfangreiche, zumeist „klassische" Aufgaben des JA (im Falle des § 54 des LJA) im Bereich von Vormundschaft, Pflegschaft und Beistandschaft. Das JA muss dabei u. a. mit dem Familiengericht sowie mit den Vormündern und Pflegern zusammenarbeiten, die ihrerseits gemäß § 53 Abs. 2 einen expliziten Rechtsanspruch auf Beratung und Unterstützung durch das JA haben.

Kein Kind oder Jugendlicher soll ohne gesetzlichen Vertreter sein. Im „Normalfall" sind dies Mutter und/oder Vater als Inhaber des elterlichen Sorgerechts nach §§ 1626, 1629 BGB. Ein Vormund ist gemäß §§ 1793 ff. BGB der rechtliche „Komplett-Ersatz" dafür (Näheres dazu Wabnitz 2014, Kapitel 12.1). Durch eine Pflegschaft wird die elterliche Sorge (anders als bei der Vormundschaft) nicht umfassend, sondern lediglich in bestimmten Teilbereichen ersetzt („Ergänzungspflegschaft" nach § 1909 BGB). Von der Vormundschaft und der Pflegschaft zu unterscheiden ist schließlich die Beistandschaft des JA. Dabei handelt es sich von der Sache her um ein „freiwilliges Serviceangebot" des JA mit Blick auf die beiden Themenkreise: Feststellung der Vaterschaft und/oder Geltendmachung von Unterhaltsansprüchen etc. (§ 1712 Abs. 1 Nr. 1 und 2 BGB).

In den §§ 53 bis 58 setzt der Gesetzgeber des SGB VIII weite Teile des 4. Buches des BGB (Familienrecht) voraus. In § 55 Abs. 1 wird deshalb lediglich wiederholt, was bereits ausführlich im BGB geregelt ist: „Das Jugendamt wird Beistand, Pfleger oder Vormund in den durch das Bürgerliche Gesetzbuch vorgesehenen Fällen (Beistandschaft, Amtspflegschaft, Amtsvormundschaft)." Gemäß § 55 Abs. 2 Satz 4 soll ein vollzeitbeschäftigter Beamter oder Angestellter höchstens 50 Vormundschaften oder Pflegschaften führen. Zusätzlich enthält das SGB VIII Regelungen über die Beratung und Unterstützung von Vormündern und Pflegern (§ 53), die Zusammenarbeit mit dem Familiengericht (§§ 53, 55 und 56) sowie die Erteilung von Erlaubnissen zur Übernahme von Vereinsvormundschaften durch das LJA (§ 54).

Im Jahre 2014 bestanden bundesweit jeweils ca. 32 800 Amtsvormundschaften und Amtspflegschaften der Jugendämter (Statistisches Bundesamt, Statistiken der Kinder- und Jugendhilfe, Pflegschaften, Vormundschaften, Beistandschaften 2015) – ohne solche von Privatpersonen oder Vereinen.

10   Beurkundung, vollstreckbare Urkunden

Gemäß § 59 Abs. 1 Satz 1 ist die „Urkundsperson" beim JA befugt, zahlreiche wichtige Erklärungen nach dem 4. Buch BGB Familienrecht zu beurkunden. Für die Praxis ist es wichtig zu wissen, dass diese Beurkundungen – anders als beim Notar – kostenlos (!) durch das JA vorgenommen werden. U. a. handelt es sich um zentrale „Status begründende" familienrechtliche Erklärungen wie Vaterschaftsanerkennung (Nr. 1), Sorgeerklärungen (Nr. 8) u. a. Ggf. findet gemäß § 60 aus solchen Urkunden auch die Zwangsvollstreckung statt.

Literatur

Fieseler, G., & Hannemann, A. (2006). Gefährdete Kinder – Staatliches Wächteramt versus Elternautonomie?, *ZKJ,* (S. 117).

Jans, K.-W., Happe, G., Saurbier, H., & Maas, U. (Hrsg.). (Stand 2016). *Kinder- und Jugendhilferecht,* 3. Aufl. Stuttgart und Berlin: Kohlhammer.

Kunkel, P.-Chr. (Hrsg.). (2016). *Sozialgesetzbuch VIII Kinder- und Jugendhilfe. Lehr- und Praxiskommentar (LPK-SGB VIII):* 6. Aufl. Baden-Baden: Nomos.

Münder, J. et al. (2013). *Frankfurter Kommentar zum SGB VIII: Kinder- und Jugendhilfe (FK-SGB VIII),* 7. Aufl. Weinheim, Berlin und Basel: Juventa.

Statistisches Bundesamt (2015). *Statistiken der Kinder- und Jugendhilfe, Pflegschaften, Vormundschaften, Beistandschaften 2014.* Wiesbaden. www.destatis.de

Statistisches Bundesamt (2015). *Statistiken der Kinder- und Jugendhilfe, Vorläufige Schutzmaßnahmen 2014.* Wiesbaden. www.destatis.de

Wabnitz, R. J. (2005). *Rechtsansprüche gegenüber Trägern der öffentlichen Kinder- und Jugendhilfe nach dem Achten Buch Sozialgesetzbuch (SGB VIII).* Berlin: Eigenverlag der Arbeitsgemeinschaft für Kinder- und Jugendhilfe (AGJ).

Wabnitz, R. J. (2014). *Grundkurs Familienrecht für die Soziale Arbeit,* 4. Aufl. München und Basel: Ernst Reinhardt Verlag.

Wabnitz, R, J. (2015a). *25 Jahre SGB VIII. Die Geschichte des Achten Buches Sozialgesetzbuch von 1990 bis 2015.* Berlin: Eigenverlag der Arbeitsgemeinschaft für Kinder- und Jugendhilfe (AGJ).

Wabnitz, R. J. (2015b). *Grundkurs Kinder- und Jugendhilferecht für die Soziale Arbeit,* 4. Aufl. München und Basel: Ernst Reinhardt Verlag.

Wabnitz, R. J., Fieseler, G., & Schleicher, H., (Hrsg.). (Stand 2016). *Kinder- und Jugendhilferecht. Gemeinschaftskommentar zum SGB VIII (GK-SGB VIII).* Kluwer, Köln, Neuwied: Luchterhand Wolters.

Wiesner, R. (2003). Zur gemeinsamen Verantwortung von Jugendamt und Familiengericht für die Sicherung des Kindeswohls. *ZfJ,* (S. 121).

Wiesner, R. (Hrsg.). (2015). *SGB VIII. Kinder- und Jugendhilfe,* 5. Aufl. München: C. H. Beck.

Abkürzungsverzeichnis

FamFG	Gesetz über das Verfahren in Familiensachen und in den Angelegenheiten der freiwilligen Gerichtsbarkeit
GK-SGB VIII	Gemeinschaftskommentar zum Kinder- und Jugendhilferecht
JA	Jugendamt
KKG	Gesetz über Kooperation und Information im Kinderschutz
LJA	Landesjugendamt
SGB VIII	Achtes Buch Sozialgesetzbuch (Kinder- und Jugendhilfe)

ZfJ   Zentralblatt für Jugendrecht
ZKJ   Zeitschrift für Kindschaftsrecht und Jugendhilfe

Wabnitz, Reinhard Joachim, Prof. Dr. jur. Dr. phil., Magister rer. publ., Ministerialdirektor a. D., Hochschule RheinMain, Wiesbaden; Mitglied in zahlreichen Verbänden und Organisationen der Kinder- und Jugendhilfe und des Krankenhauswesens auf regionaler, Landes- und Bundesebene, u. a. Vorsitzender der Sachverständigenkommission für den 14. Kinder- und Jugendbericht, Schiedsstellenvorsitzender, Mitglied im AGJ-Vorstand (2003 bis 2015); ca. 320 wissenschaftliche Publikationen und Fachveröffentlichungen zum Kinder- und Jugendhilfe- sowie Familienrecht, zur Kinder- und Jugendhilfe(politik) und zum Krankenhaus- und Gesundheitswesen.

Interventionsanlässe

Soziale Ungleichheiten im Kindes- und Jugendalter

Ivo Züchner

Zusammenfassung

Im folgenden Beitrag wird soziale Ungleichheit verstanden als die ungleiche Verteilung materieller oder immaterieller Ressourcen in einer Gesellschaft, aus denen sich wiederum ungleiche und differente Möglichkeiten zur gesellschaftlichen Teilhabe ergeben. Als eine der zentralen Kategorien der Gesellschaftsforschung gilt soziale Ungleichheit auch als hoch relevant für das nicht-monetäre Unterstützungssystem *Kinder- und Jugendhilfe*. Diese hat qua Gesetz die Aufgabe *allen* Kindern und Jugendlichen das Recht auf Förderung ihrer Entwicklung und Erziehung zu einer eigenverantwortlichen und gemeinschaftsfähigen Persönlichkeit sicherzustellen, Benachteiligungen zu vermeiden und abzubauen, sowie für gleiche Teilhabechancen aller Kinder und Jugendlichen zu sorgen.

Im vorliegenden Beitrag wird nach einer begrifflichen und theoretischen Bestimmung sozialer Ungleichheit auf die Möglichkeiten der Erfassung und Indikation, sowie die aus ihr resultierenden Auswirkungen eingegangen. Abschießend werden die in diesem Zusammenhang stehenden Herausforderungen für die Kinder- und Jugendhilfe thematisiert.

Schlüsselbegriffe

soziale Ungleichheit, materielle Ungleichheit, Teilhabe, Ressourcen, Armut, Benachteiligung

Soziale Ungleichheit ist eine der zentralen Kategorien in der Gesellschaftsforschung. Soziale Ungleichheit betont dabei, dass Menschen nicht nur unterschiedlich sind, sondern dass eine gewisse Ungleichheit auch gesellschaftlich erzeugt wird. In den letzten Jahren ist das Thema soziale Ungleichheit im Kindes- und Jugendalter dabei insbesondere in Verbindung mit der Frage nach herkunftsbedingt unterschiedlichen Bildungs- und Teilhabechancen diskutiert worden.

1   Begriff und Theorien sozialer Ungleichheit

Begriff soziale Ungleichheit

Mit dem Begriff soziale Ungleichheit wird allgemein die ungleiche Verteilung materieller oder immaterieller Ressourcen in einer Gesellschaft und die daraus resultierenden unterschiedlichen Möglichkeiten zur gesellschaftlichen Teilhabe bezeichnet. „Soziale Ungleichheit im weiteren Sinne (…) liegt überall dort vor, wo die Möglichkeiten des Zuganges zu allgemein verfügbaren und erstrebenswerten sozialen Gütern und/oder sozialen Positionen, die mit ungleichen Macht- und/oder Interaktionsmöglichkeiten ausgestattet sind, dauerhafte Einschränkungen erfahren und dadurch die Lebenschancen der betroffenen Individuen, Gruppen oder Gesellschaften beeinträchtigt bzw. begünstigt werden." (Kreckel 1992, S. 17). Vertikale Ungleichheit (als soziale Ungleichheit „im engeren Sinne") betrifft für Ihn diejenigen Formen von sozialer Ungleichheit „die sich mit Hilfe eines Gesellschaftsmodells von hierarchisch übereinander angeordneten Abstufungen (Klassen, Schichten, Statusgruppen o. ä.) erfassen lassen" (Kreckel 2004, S. 17). Vermittelt und erzeugt werden diese Ungleichheiten und Abstufungen durch Faktoren, die die gesellschaftliche Positionierung als auch die Teilhabechancen entscheidend beeinflussen. Hradil nennt als „Basis-Dimensionen sozialer Ungleichheit" materiellen Wohlstand (Einkommen und Besitz), Macht, Prestige und (neuerdings auch:) Bildung" (Hradil 2005, S. 31).

Dass Menschen ungleich sind, ist ihre Wesensart. Dass gesellschaftliche Unterschiede bestehen, die grundlegend Teilhabechancen beeinflussen, macht es zu einer Herausforderung und Aufgabe für Kommunen, Länder, Staaten, die sich als (Teil eines) Sozialstaat verstehen, der im Grundprinzip allen Menschen zunächst einmal gleiche Chancen auf Entwicklung und Teilhabe zusichert.

Die *Kinder- und Jugendhilfe* ist neben den monetären Unterstützungssystemen eine der zentralen politischen Antworten auf soziale Ungleichheit im Kindes- und Jugendalter, eine ihrer wesentlichen Aufgaben ist es, für gleiche Chancen der Teilhabe und Persönlichkeitsentwicklung im Heranwachsen zu sorgen. Das SGB VIII betont in § 1 das Recht auf Förderung aller junger Menschen in ihrer Entwicklung und Erziehung zu einer eigenverantwortlichen und gemeinschaftsfähigen Persönlichkeit und definiert die Aufgabe der Jugendhilfe in Absatz 3 darin, dementsprechend junge Menschen in ihrer individuellen und sozialen Entwicklung zu fördern und dazu beizutragen, „Benachteiligungen zu vermeiden oder abzubauen". Auch im 14. Kinder- und Jugendbericht wird die Rolle der Kinder- und Jugendhilfe betont: *„Die Ungleichheiten mindern:* Dem Sozialstaat ist es bislang nicht gelungen, herkunftsbedingte Benachteiligungen nachhaltig abzubauen. Im Gegenteil: Die Ausweitung öffentlicher Verantwortung für das Aufwachsen junger Menschen hat sogar unbeabsichtigt zur Entstehung weiterer Ungleichheiten beigetragen. Der Abbau der Ungleichheiten ist eine zentrale Herausforderung der kommenden Jahre, bei der der Kinder- und Jugendhilfe eine wichtige Aufgabe zukommt: Sie muss dafür Sorge tragen, dass benachteiligte Kinder und Jugendliche Zugang zu fördernden Angeboten, Diensten und Einrichtungen erhalten, und muss gewährleisten, dass Barrieren, die den Zugang zu den Angeboten erschweren oder unmöglich machen, abgebaut werden." (BMFSFJ 2013, S. 50)

Ursachen sozialer Ungleichheit

Die Analyse der Entstehung, der Verbreitung und der Auswirkungen von sozialer Ungleichheit haben eine lange Tradition in Theorie und Forschung (vgl. Hradil 2005). Mit Blick auf die Theorielinien lassen sich beispielhaft ausgewählte, verschiedene Ansätze benennen

- So ist die marxistische Gesellschaftstheorie als eine Theorie der Ungleichheiten zu verstehen, eine Theorie „ungleicher Klassen". Ein Kernelement ist dabei, dass Ungleichheit (die ungleiche Verfügung über Arbeits- und Produktionsmittel) konstitutiv für kapitalistische Gesellschaften ist. Der Kapitalismus bzw. marktwirtschaftliches Handeln basiert auf Ungleichheit und dem Bestreben des einzelnen, ein mehr an bestimmten Gütern für sich zu gewinnen. Im Kapitalismus stehen sich die Klasse der Besitzer der Produktionsmittel und die Klasse der Besitzlosen gegenüber. Letzte sind gezwungen ihre Arbeitskraft zu verkaufen. Dabei besteht ein Interessenswiderspruch, da – so Marx und Engels – die Kapitalisten den Arbeiterinnen und Arbeitern einen Teil des von ihnen produzierten Mehrwertes vorenthalten.
- Funktionalistische Ansätze (u. a. nach Talcott Parsons) betonten die soziale Ungleichheit als ein funktional notwendiges Strukturmerkmal für die Stabilität eines sozialen Systems, da die Ungleichheit einen Anreizes schafft, der sicherstellt, dass ein Streben nach und die Entscheidungs- und Leitungspositionen mit den dafür geeigneten Personen besetzt sind. Die Höhe der eigenen Position richtet sich nach der Bedeutung der Aufgaben, die der einzelne übernimmt, und der Rang dieser Position entscheidet über die damit in Zusammenhang stehende Entlohnung, d. h. sie wird durch die „Funktionalität" der Position für die Gesellschaft bestimmt.
- Schließlich haben Milieutheorien (Vester; Bourdieu) sowohl marxistische als auch funktionale Theorien aufgegriffen und weiterentwickelt. Eine bspw. in der Kinder- und Jugendhilfe, aber auch der Bildungsforschung breit rezipierte Theorie zur sozialen Ungleichheit heutiger Zeit ist die Kapitaltheorie von Pierre Bourdieu (vgl. Bourdieu 1982). Neben seinem Habituskonzept geht Bourdieu davon

aus, dass Menschen über eine sehr unterschiedliche Ausstattung mit verschiedenen Kapitalsorten verfügen die maßgeblich seine gesellschaftliche Position und mögliche Entwicklung bestimmen. Kapital ist dabei für Bourdieu akkumulierte Arbeit. Dabei unterscheidet Bourdieu ökonomisches Kapital, kulturelles Kapital und soziales Kapital. Neben dem ökonomischen Kapital kommen als eigenständige Kapitalsorten kulturelles Kapital (Besitz kultureller Güter, kulturelle Praxis, Bildungszertifikate) sowie soziales Kapital zum Tragen. „Das soziale Kapital ist die Gesamtheit der aktuellen und potentiellen Ressourcen, die mit dem Besitz eines dauerhaften Netzes von mehr oder weniger institutionalisierten Beziehungen gegenseitigen Kennens oder Anerkennens verbunden sind; oder, anders ausgedrückt, es handelt sich dabei um eine Ressource, die auf der Zugehörigkeit zu einer Gruppe beruhe" (Bourdieu 1983, S. 5).

Ohne diese Theorielinien an dieser Stelle weiter auszuformulieren wird deutlich, dass hier soziale Ungleichheit in den verschiedenen Theorielinien als Entwicklungsprozess verstanden werden kann, der gesellschaftlich bedingt ist, in dem aber auch gesellschaftlich Handelnde eine aktive Rolle spielen.

2   Erfassung sozialer Ungleichheit

Der empirische Blick auf soziale Ungleichheit kann Unterschiedliches in den Fokus nehmen: Zum einen Ungleichheit in der Gesellschaft, gesamtgesellschaftlich die ungleiche Verteilung von Ressourcen (3.1), zum anderen die Position der/des einzelnen in der Gesellschaft (3.2.)

2.1   Indikatoren sozialer Ungleichheit einer Gesellschaft

2.1.1 Materielle Ungleichheit/Armut

Soziale Ungleichheit kann aus unterschiedlichen Perspektiven betrachtet werden. Traditionell wurde gesamtgesellschaftlich die ungleiche Verteilung von *materiellen* Ressourcen analysiert. So ist beispielsweise im Vergleich von Staaten der *GINI- Koeffizient* ein Maß für die ungleiche Verteilung von Einkommen/Vermögen in einer Gesellschaft. Der Gini-Koeffizient nimmt einen Wert zwischen 0 bei Gleichverteilung und 1, wenn nur eine Person das komplette Einkommen erhält (d. h. bei maximaler Ungleichverteilung), an. Beispielhaft kann der GINI-Koeffizient in ausgewählten Staaten Europas verglichen werden (vgl. Abb. 1).

Sichtbar wird, dass die Einkommen selbst in den Ländern der EU und ihrer europäischen Partner sehr unterschiedlich gespreizt sind. Spanien, Großbritannien und Italien weisen unter den ausgewählten Ländern die stärksten Ungleichheiten zwi-

Abbildung 1 Gini-Koeffizient des verfügbaren Äquivalenzeinkommens ausgewählter Staaten der EU und ihrer Partner (2014, in %)

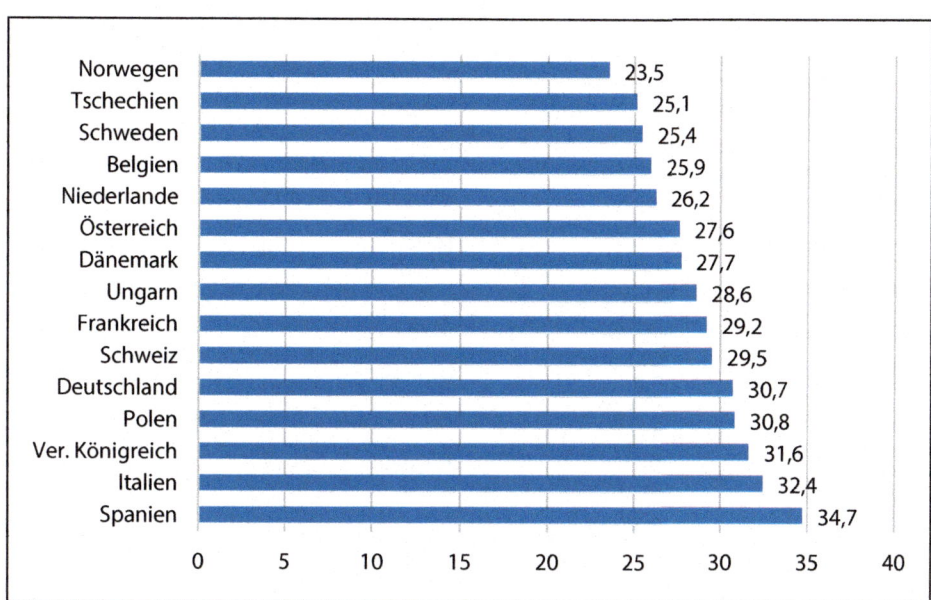

Quelle: Eurostat 2016, basierend auf EU-SILC

schen Arm und Reich auf; auf der anderen Seite geht die Schere in Schweden, Norwegen, Tschechien oder auch Belgien nicht so weit auseinander. Deutschland kann in dieser Auswahl im „oberen" Mittelfeld eingeordnet werden.

Ein *anderes Maß für ist die Verteilung der Einkommen und Vermögen auf Haushalte bzw. Armutsquote* (bzw. heute formuliert man eher: „Quote der von Armut Bedrohten"), mit der auch internationale Vergleiche angestellt werden können. Allerdings ist die Errechnung der Armutsquoten ein nur begrenzt aussagefähiges Ungleichheitsmaß, da es ein relationales Maß am Durchschnittseinkommen darstellt. Je nach Setzung der Quotengrenze sind diejenigen arm, die 40, 50 oder 60 % des durchschnittlichen Einkommens bzw. des Medians der Haushaltseinkommen nicht erreichen. So kann ermittelt werden, wie hoch der Anteil in der Bevölkerung ist, der „von Armut bedroht ist", allerdings ist dieses relationale Maß abhängig von der Grenzsetzung der Quote und vom Einkommen generell – Armut in einem „reichen" Land wie bspw. Katar ist so gemessen absolut etwas anderes als Armut in Bangladesch.

Betrachtet man dies am Beispiel der in der EU zumeist verwendeten Armutsgrenze die unterhalb 60 % des gewichteten nationalen Nettoeinkommens liegt, so zeigen sich am Beispiel der von Armut bedrohten Kinder und Jugendlichen unter 16 Jahren wiederum starke Unterschiede (vgl. Tab. 1).

Tabelle 1   Von Armut bedrohte Kinder und Jugendliche unter 16 Jahren (in % der altersentsprechenden Bevölkerung) 2014

Staat	„at risk of poverty" in %	Staat	„at risk of poverty" in %
Norwegen	11,7	Österreich	23,8
Dänemark	14,4	Polen	27,4
Finnland	15,5	Litauen	28,5
Schweden	16,3	Irland	29,0
Niederlande	17,0	Vereinigtes Königreich	30,8
Schweiz	17,6	Italien	31,9
Tschechien	19,3	Spanien	35,4
Deutschland	19,3	Griechenland	36,0
Frankreich	21,4	Bulgarien	45,2
Belgien	22,3		

Definition „von Armut bedroht": unterhalb der 60 % Grenze des medianen Nationalen gewichteten Haushaltsnettoeinkommen nach soziale Transfers

Quelle: EU-SilC Eurostat, database, abgerufen 19.1.2016

Auch hier wird deutlich, dass der Anteil von durch Armut bedrohten Kindern und Jugendlichen zwischen den Staaten Europas stark schwankt. In Deutschland jedes fünfte Kind von Armut bedroht, damit nimmt Deutschland auch in diesem europäischen Vergleich eher eine (obere) Mittelfeldposition ein. Besonders niedrig ist der Anteil der von Armut bedrohten Kindern und Jugendlichen in den skandinavischen Ländern (mit einem ausgebauten sozialen Transfersystem), in Litauen und Bulgarien ist jedes dritte Kind, in Bulgarien sogar jedes zweite Kind von Armut bedroht.

Andere häufig verwendete Kriterien für eine materiell deprivierte Situation sind der Empfang von Sozialleistungen oder die Arbeitslosenquote – in der Annahme, dass die Notwendigkeit des Bezugs dieser Leistungen auf eine ökonomisch stark eingeschränkte Lebenssituation hinweist.

2.1.2 Ressourcenorientierte Maße sozialer Ungleichheit

Die monetären Maße sind klassische Maße der Ungleichheitsforschung. Mit der Weiterentwicklung von Armuts- und Ungleichheitsforschung geht heute der Blick über das Einkommen bzw. das verfügbare finanzielle Ressourcen hinaus und erweitert den Blick auf soziale Ungleichheit auf weitere objektiv (Wohnraum, Gesundheit) sowie subjektiv empfundene Lebenslagen (Wohlbefinden) aus.

Entsprechend wird mit Blick auf die soziale Ungleichheit in der EU das Konzept der Exklusion verwendet, der die Lebenschancen an objektiven und subjektiven Bedingungsfaktoren erhebt und Felder identifiziert, in denen Personen nur begrenzten Zugang haben. So werden Lebenssituationen mit Blick auf verschiedene dieser Risikofaktoren bewertet. Soziale Ungleichheit in der Gesellschaft kann dann bspw. auch daran bemessen werden, wie hoch der Anteil von Personen (bzw. Kindern und Jugendlichen) in einer Gesellschaft ist, der mehrere dieser Risikofaktoren aufweist (vgl. Room 1995).

2.2 Erfassung sozialer Positionierung von Einzelpersonen

Neben der Betrachtung von sozialer Ungleichheit im Vergleich von Staaten oder auch Bundesländern erfolgt in der Forschung mit Einzelpersonen zumeist auch der Versuch, anhand von empirischen Indikatoren, den/die Einzelperson in einer Gesellschaft mit Blick auf seinen Status und seine Ressourcen zu verorten.

Hier kommen unterschiedliche Maße zum Tragen

a) In Anknüpfung an die unter 2.1 berichteten Punkte mittlere Einkommens, Armutsgrenze die Zahl der Risikolagen zu sortieren (im Verhältnis zur Mitte der Gesellschaft (wie es beispielsweise der 14. Kinder- und Jugendbericht oder auch der Vierte Armuts- und Reichtumsbericht der Bundesregierung tut)

b) Statusindikatoren wie HISEI, SIOPS, ECPOC, die über Informationen über den ausgeübten Beruf (Berufsprestige) und berufliche Entscheidungsmacht gewonnen werden, werden als Indikatoren über die sozioökonomische Lage eingesetzt (wie zum Beispiel bei den PISA Studien)

c) Indikatoren zum kulturellen/sozialen Kapitel, wie sie beispielsweise in den PISA-Studien eingesetzt werden (Besitz kultureller Güter, kulturelle Praxis in der Familie)

So werden *Statusindikatoren* gebildet über Informationen zum ausgeübten Beruf (und endsprechend dem Prestige des Berufes/der wahrscheinlichen sozialen und ökonomischen Ressourcen, die über diesen Beruf erlangt werden, über die berufliche Stellung (Leitung), berufliche Ausbildung (z. B., Studium, Ausbildung, kein Abschluss), den Besitz von kulturellen oder ökonomischen Gütern oder auch das Einkommen. All diese Maße haben den Sinn, die jeweilige Person in einer hierarchisch gedachten Systematik zu verorten. So weist beispielsweise der HISEI (höchster Index der sozioökonomischen Lage in der Familie) mögliche Werte von 16 bis 90 auf, wobei 16 die unterste Grenze und 90 die oberste Grenze des Berufsprestiges (Richter) darstellt (In Abschnitt 5 wird beispielhaft der Einsatz in empirische Forschung demonstriert).

Darüber hinaus werden auch Informationen über die Versorgung mit kulturellem

Kapital (Bücherfrage, Bildungsabschlüsse in der Familie) als Indikatoren von sozialer Ungleichheit verwendet. Aber auch die in Abschnitt 2.1.2 erläuterten ressourcenorientierten Befragungen finden auf der Individualebene (z. B. EU-Silc) des Lebenslagenkonzepts Indikatoren wieder. So operiert der 14. Kinder- und Jugendbericht mit den drei Risikofaktoren a) Elternhaus, das von Armut bedroht ist, b) Elternhaus, in dem die Eltern keiner Erwerbstätigkeit nachgehen und c) Eltern, die keine „ausreichenden" Schulabschlüsse vorweisen können.

Mit diesen Indikatoren auf individueller Ebene wird in der Forschung versucht, den Zusammenhang von sozialer Herkunft und den unterschiedlichen Lebenssituationen und Risikolagen zu analysieren.

3   Auswirkungen von sozialer Ungleichheit im Kindes- und Jugendalter

Soziale Ungleichheiten in einer Gesellschaft werden vor allem im Kontext von Gerechtigkeitsfragen diskutiert. Neben der Sorge um „sozialen Sprengstoff", der mit zunehmender gesellschaftlicher Exklusion vermutet wurde und die offensichtlichen Verelendungsprozesse während der Zeit der Industrialisierung, rückten u. a. mit der Studie über die Arbeitslosen von Marienthal (vgl. Jahoda et al. 1933, 1975) die ökonomischen, gesundheitlichen und psychosozialen Auswirkungen von ressourcenarmen Lebenssituationen auf Arbeitslose und ihren Familien in den Blick der Forschung. Entsprechend wurde bis heute vielfach untersucht, wie sich soziale Ungleichheit auf die verschiedenen Lebenschancen und Lebensbereiche auch von Kindern und Jugendlichen auswirken (vgl. bspw. Palentien 2004; Walper 2005).

Bilanziert man die vorliegenden Forschungsergebnisse, so führen soziale Ungleichheit und ungleich verteilte Ressourcen nicht per se zu schlechterem Leben, viele Problemlagen treten aber bei Kindern und Jugendlichen aus „armen" Familien bzw. in „ungünstigen" Lebenslagen häufiger auf. So sind Zusammenhänge zwischen niedrigerem sozioökonomischen Status und geringerem Bildungserfolg (vgl. Baumert und Schümer 2001), physischen und psychosozialen Beeinträchtigungen, erfasster Delinquenz, schlechterer Wohnsituation sowie schlechterer Gesundheit von Kindern und Jugendlichen relativ gut dokumentiert (vgl. z. B. Palentien 2004; Lauterbach et al. 2002; Dorau 2004). Als psychosoziale Auswirkungen von Armut auf Kinder und Jugendliche wurden zudem verstärkte Depressionen und Resignation bei den Kindern, Zukunftsängste, Rückgang der Schulleistungen und zunehmende soziale Isolation festgestellt (vgl. Walper 2005). Sozialkontakte und das Freizeitverhalten von Kindern ökonomisch schlechter gestellter Familien erweisen sich gegenüber anderen Gleichaltrigen als eingeschränkter (vgl. Engels und Thielebein 2011), wie auch das eigene Wohlbefinden von Kindern aus armen Familienhaushalten geringer eingeschätzt wird (vgl. Beisenherz 2005). Die Familiensituation in ressourcenärmeren Familien ist überdurchschnittlich häufig angespannt, Studien zeigen eine vermehrte Zahl an

Konflikten zwischen den Eltern sowie zwischen Eltern und Kindern (vgl. Liebenwein 2008, S. 50). Kinder in ressourcenärmeren Familien werden häufiger nicht angemessen versorgt und ihre emotionalen Bedürfnisse öfter vernachlässigt. Kindern aus ‚armen‘ Verhältnissen werden oft weniger Entwicklungsanreize geboten, es fehlt den Eltern eher an entsprechenden sozialen Ressourcen und individuellen Kompetenzen (vgl. Holz 2003). Gerade entwicklungs- und bildungsbezogene Einschränkungen führen dazu, dass Kinder und Jugendliche aus armen Familien im späteren Leben häufig einen ähnlichen Status einnehmen, wie ihre Eltern (vgl. Mansel und Palentien 1998). Allerdings – und dies erweist sich als ein wichtiger Ansatzpunkt aller Unterstützungsbemühungen – betonen die meisten Studien auch, dass die Verfügung über und Bereitstellung von anderen personalen, sozialen und institutionellen Ressourcen diesen Auswirkungen entgegenwirken kann.

All dies macht in einer sozialstaatlichen Perspektive soziale Ungleichheit zu einer gesellschaftlichen Aufgabe der Unterstützung von Kindern und Jugendlichen und ihren Familien und eben damit ist insbesondere die Kinder- und Jugendhilfe angesprochen.

4 Soziale Ungleichheit als Herausforderung für die Kinder und Jugendhilfe

Auch wenn die Kinder- und Jugendhilfe ein breites Spektrum an Unterstützungs-, Förderungs- und Bildungsangeboten sowie anderen Leistungen für alle Kinder und Jugendliche und ihre Familien darstellt, richtet sie doch auch und insbesondere ihr Augenmerk auf Kinder und Jugendliche, die einen besonderen Unterstützungsbedarf haben. Dieser Unterstützungsbedarf ist häufig gekoppelt an die beschriebenen Prozesse, die mit sozialer Ungleichheit in Zusammenhang stehen. Die Bearbeitung der Auswirkungen von Bildungsarmut, ökonomischer Armut und fehlender Teilhabe auf Kinder und Jugendliche ist eben auch eine der Hauptaufgaben von Kinder- und Jugendhilfe. Angebote und Leistungen der Kinder- und Jugendhilfe sind so zum einen Reaktionen auf soziale Ungleichheit, gleichzeitig ist soziale Ungleichheit auch Thema der Kinder- und Jugendhilfe. Hilfen und Angebote wie Jugendsozialarbeit, Streetwork oder die Sozialpädagogische Familienhilfe etc. richten sich in der Praxis häufig an Kinder und Jugendliche aus ressourcenärmeren Familien.

Soziale Ungleichheit in der Teilnahme an Kinder- und Jugendhilfe
Der 14. Kinder- und Jugendbericht hat darauf aufmerksam gemacht, dass die Kinder- und Jugendhilfe wachsam sein muss und gerade bei den Angeboten, die sich grundsätzlich an alle Kinder und Jugendliche richten selber soziale Ungleichheit verstärken kann.

Anhand des Datensatzes der AID:A-Studie des DJI (vgl. Rauschenbach und Bien 2012) kann exemplarisch die Teilnahme bzw. Inanspruchnahme von Leistungen der

Kinder und Jugendhilfe nach sozialer Herkunft betrachtet werden.[1] Die Grundlage sind die Angaben zur Lebenssituation von Eltern und ihren Kindern. Als Indikator für den sozioökonomischen Status wurde auch hier der HISEI verwendet.

Vorschulische Aktivitäten mit Kindern/Kindertagesbetreuung
Das größte Arbeitsfeld der Kinder- und Jugendhilfe ist heute die Kindertagesbetreuung, die ab dem Alter von 3 Jahren mehr oder minder zum Normalfall der Biographie von Kindern geworden ist. Allerdings konstatiert bspw. der vierte Armutsbericht der Bundesregierung: „Kinder aus bildungsfernen und einkommensschwachen Elternhäusern sowie insbesondere Kinder mit Migrationshintergrund besuchen seltener und kürzer eine Kindertagesstätte als Kinder ohne Migrationshintergrund" (vgl. BMAS 2012, S. 22). Vergleichbares lässt sich für den sozioökonomischen Status auch anhand des HISEIS zeigen (vgl. Abb. 2).

Deutlich sichtbar wird, dass Angebote für Kinder unter 3 Jahren, wie Krabbelgruppen oder PEKiP-Kurse, deutlich häufiger von Eltern mit höherem sozialem Status wahrgenommen werden als von Eltern mit niedrigem Sozialstatus. Mit Blick auf die Kindertageseinrichtungen findet sich in den AID:A-Daten kein Unterschied nach Schicht, sehr wohl aber bei den Tagesmüttern, die überproportional häufig von ressourcenstärkeren Eltern in Anspruch genommen werden. Gerade weil es hierbei um öffentlich finanzierte Angebote geht, ist ein schichtspezifischer Bias in der Inanspruchnahme für ein sozialstaatliches Hilfs- und Unterstützungssystem eine Herausforderung.

Inanspruchnahme von Angeboten und Unterstützungsleistungen der Kinder- und Jugendhilfe im Jugendalter
In der AID:A-Studie des DJI wurde auch bei älteren Kindern und Jugendlichen selbst die Nutzung ausgewählter Einrichtungen und Unterstützungsangebote erfragt. Dabei wurden die 9–12-Jährigen unter anderem nach der Nutzung von Jugendzentren/Jugendtreffs gefragt. Hier zeigt sich, dass etwa 6 % regelmäßig und etwa 17,5 % ab und zu Angebote dort nutzt bzw. ein solches besucht (n = 2149). In diesem Alter zeigen sich dabei keine schichtspezifischen Unterschiede. Offensichtlich ändert sich dies mit steigendem Alter, in der befragten Gruppe der 13–17-Jährigen werden schichtspezifische Unterschiede für die Nutzung von Jugendzentren bzw. Jugendtreffs deutlich.

Hingegen zeigt sich bei den Ferienfreizeiten ein umgekehrtes Verhalten. In diesen Freizeiten sind Kinder und Jugendliche aus ressourcenstärkeren Familien deutlich häufiger vertreten als Kinder aus ressourcenärmeren Haushalten.

Mit Blick auf andere Angebote der Kinder- und Jugendhilfe zeigt sich, dass die Angebote, die stärker auf Unterstützung, Beratung und Intervention zielen, vermehrt von Jugendlichen aus Familien mit niedrigerem Sozialstatus in Anspruch genommen

---

1   Insgesamt sind die AIDA Daten gewichtet, die Angabe der Fallzahlen wird jedoch ungewichtet berichtet.

Abbildung 2 Inanspruchnahme organisierter Eltern-Kind- Angeboten bzw. von Kindertagesbetreuung nach sozialer Herkunft

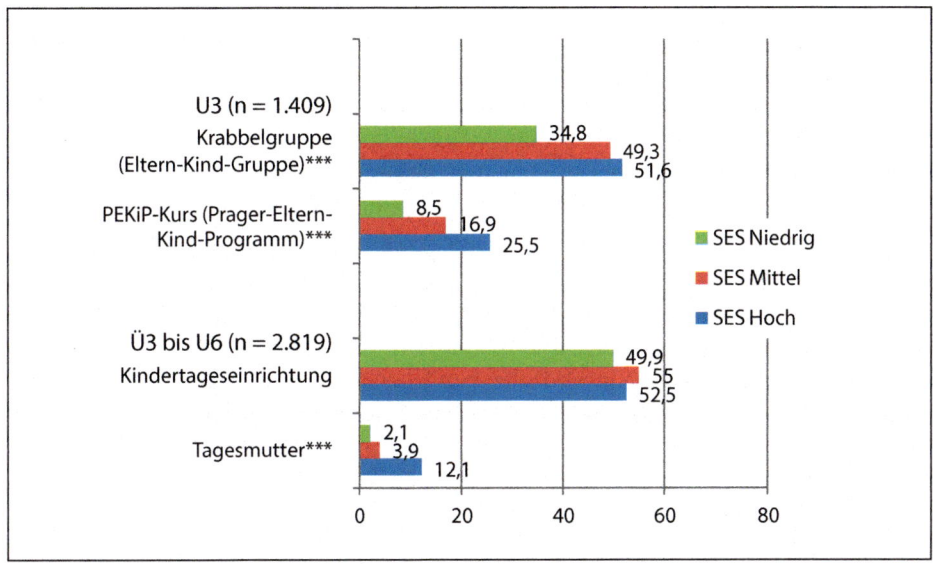

Anmerkung: SES = Sozioökonomischer Status, gemessen am HISEI

Quelle: DJI AID:A 2009 (Elternbefragung), eigene Berechnungen (Daten gewichtet)

Abbildung 3 Nutzung von Einrichtungen und Angeboten der Kinder- und Jugendhilfe durch
13–17-Jährige nach Schicht

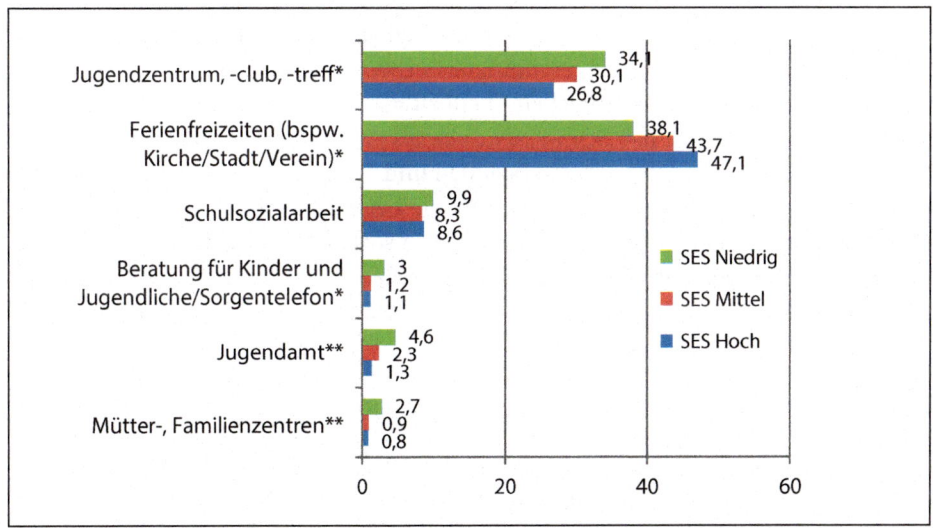

Quelle: DJI AID:A 2009 (Befragung der 13–17-Jährigen), n = 2 808, eigene Berechnungen (Daten gewichtet)

werden. Geht man davon aus, dass wie in Abschnitt 3 geschilderte familiäre und individuelle Problemlagen bei geringerem Sozialstatuts und damit verbunden zumeist
niedrigerem Einkommen häufiger sind, so bleibt zu konstatieren, dass Kinder- und
Jugendhilfe hier eine wichtige Funktion gerade für Kinder aus ressourcenärmeren Familien spielt.

Insgesamt zeigt sich so ein ambivalentes Bild. So erreichen die an konkreten Problemlagen orientierten Angebote offensichtlich insbesondere Kinder und Jugendliche aus ressourcenärmeren Familien, die insgesamt auch häufiger von solchen
Problemlagen betroffen sind. Die freiwilligen und für alle offenen Angebote der Kin-
der- und Jugendhilfe werden – vielleicht mit der Ausnahme der Jugendtreffs und Jugendzentren – aber durchaus und teilweise sogar überproportional von Kindern und
Jugendlichen auch durchaus ressourcenstärkeren Familien genutzt. Wenn diese Nutzung als wichtige Bildungs- und Erfahrungsräume angesehen werden, ist zumindest
zu diskutieren, inwieweit die Jugendhilfe damit zur Benachteiligung von Kindern aus
ressourcenärmeren Familien beiträgt – worauf ja auch der 14. Kinder- und Jugendbericht hinweist.

5   Bilanz

Soziale Ungleichheit im Kindes- und Jugendalter, die in Deutschland im Vergleich
zu anderen europäischen Staaten in mittlerer Weise ausgeprägt ist, entscheidet heute ganz wesentlich über weitere Zukunftchancen – in puncto Teilhabe, in puncto
Bildung und Beruf aber auch im Bereich der Gesundheit und des Wohlbefindens.
In Zeiten größer werdender Spaltung der Gesellschaft wächst damit auch das Problem für eine steigende Anzahl Kinder und Jugendlicher. Die Kinder- und Jugendhilfe ist neben monetären Hilfesystemen die zentrale gesellschaftliche Antwort zu
Unterstützung und Hilfe in eingeschränkten Lebenslagen. Offensichtlich erreichen
viele der Hilfen auch die entsprechend bedürftigen Adressaten und Adressatinnen.
Kinder- und Jugendhilfe hat sich immer auch als Anwalt insbesondere der ‚benachteiligten' Kinder und Jugendlichen verstanden und versucht, zur Herstellung gleicher
Lebenschancen beizutragen. Gleichzeitig ist sie bei wachsender Bedeutung für alle
Kinder und Jugendlichen auch Mitverursacherin sozialer Ungleichheit und steht vor
der Herausforderung, auch dabei schichtspezifische Unterschiede auszugleichen und
nicht durch ihre Angebote noch zu verstärken.

Literatur

Baumert, J., & Schümer, G. (2001). Familiäre Lebensverhältnisse, Bildungsbeteiligung und Kompetenzerwerb. In Deutsches PISA-Konsortium (Hrsg.), *PISA 2000. Basiskompetenzen von Schülerinnen und Schülern im internationalen Vergleich* (S. 323–407). Opladen: Leske + Budrich.

Beisenherz, G. (2005). Wie wohl fühlst du dich? In C. Alt (Hrsg.), *Kinderleben*. Band 1 (S. 157–186). Wiesbaden: VS Verlag für Sozialwissenschaften.

Bourdieu, P. (1982). *Die feinen Unterschiede. Kritik der gesellschaftlichen Urteilskraft.* Frankfurt a. M.: Suhrkamp.

Bundesministerium für Arbeit und Soziales (BMAS). (2012). *Lebenslagen in Deutschland. Der Vierte Armuts- und Reichtumsbericht der Bundesregierung.* Berlin.

Bundesministerium für Familie, Senioren, Frauen und Jugend (BMFSFJ). (2013). *14. Kinder und Jugendbericht.* Berlin.

Dorau, R. (2004). Der Lebenslagenindex. In W. Bien & A. Weidacher (Hrsg.), *Leben neben der Wohlstandsgesellschaft* (S. 15–37). Wiesbaden: VS Verlag für Sozialwissenschaften.

Engels, D., & Thielebein, C. (2011). *Forschungsprojekt Zusammenhang von soziale Schicht und Teilnahme an Kultur-, Bildungs- und Freizeitangeboten für Kinder und Jugendliche. Schlußbericht.* Berlin: BMAS.

Ganzeboom, H. B. G., De Graaf, P. M., & Treiman, D. J. (1992). A Standard International Socio-Economic Index of Occupational Status. Social Science Research, 21, (S. 1–56).

Hradil, S. (2005). *Soziale Ungleichheit in Deutschland,* 8. Aufl. Wiesbaden: VS Verlag für Sozialwissenschaften.

Holz, G. (2005). Frühe Armutserfahrungen und ihre Folgen – Kinderarmut im Vorschulalter. In M. Zander (Hrsg.), *Kinderarmut* (S. 88–109). Wiesbaden: VS Verlag für Sozialwissenschaften.

Holz, G., & Koluda, S. (2003). *Armut im frühen Grundschulalter. Abschlussbericht.* Frankfurt a. M.: ISS-Pontifex 1.

Jahoda, M., Lazarsfeld, P. F., & Zeisel, H. [1933] (1975). *Die Arbeitslosen von Marienthal. Ein soziographischer Versuch über die Wirkungen langandauernder Arbeitslosigkeit.* Frankfurt a. M.: Suhrkamp.

Kreckel, R. (2004). *Politische Soziologie soziale Ungleichheiten,* 3. Aufl. Frankfurt a. M. und New York: Campus.

Lauterbach, W., Lange, A., & Becker, R. (2002). Armut und Bildungschancen. In C. Butterwegge & M. Klundt (Hrsg.), *Kinderarmut und Generationengerechtigkeit* (S. 153–170). Opladen: Leske + Budrich.

Liebenwein, S. (2008). *Erziehung und soziale Milieus. Elterliche Erziehungsstile in milieuspezifischer Differenzierung.* Wiesbaden: VS Verlag für Sozialwissenschaften.

Mansel, J., & Palentien, C. (1998). Vererbung von Statuspositionen. In P. A. Berger & M. Vester (Hrsg.), *Alte Ungleichheiten – neue Spaltungen* (S. 231–253). Opladen: Leske + Budrich.

Palentien, C. (2004). *Kinder- und Jugendarmut in Deutschland.* Wiesbaden: VS Verlag für
    Sozialwissenschaften.

Rauschenbach, T., & Bien, W. (Hrsg.). (2012). *Aufwachsen in Deutschland. AID: A – Der
    neue DJI-Survey.* Weinheim: Beltz Juventa.

Room, G. (1995). *Beyond the Threshold. The Measurement and Analysis of Social Exclusion.*
    Bristol: The Policy Press.

Walper, S. (2005). Auswirkungen von Armut auf die betroffenen Kinder und Jugend-
    lichen. *Stimme der Familie,* 52. Jg., Heft 3/4, (S. 3–7).

Prof. Dr. Ivo Züchner, Universitätsprofessor, Philipps-Universität Marburg, Erziehungswissenschaften, Institut für Erziehungswissenschaft. Arbeitsschwerpunkte:
Bildung im Kindes- und Jugendalter; Jugendarbeit/Jugendbildung; Ganztagsschule;
Ausbildung und Arbeitsmarkt für pädagogische/soziale Berufe; Soziale Arbeit im internationalen Vergleich; Jugendforschung. Kontakt: zuechner@staff.uni-marburg.de.

Devianz

Nina Oelkers

Zusammenfassung

In dem Beitrag geht es um Devianz oder Abweichung als Interventionsanlass für die Kinder- und Jugendhilfe. Die Unterscheidung von Normalität und Abweichung wird als Bezugspunkt für Interventionen problematisiert. Handlungsweisen von Kindern und Jugendlichen, die gesellschaftlich als abweichend bewertet werden, stehen im Fokus der Betrachtung. Erziehungshilfen, als mögliche Reaktion auf Devianz und Delinquenz von jungen Menschen, werden systematisiert und erörtert. Als Interventionsanlässe im Kontext von Erziehungshilfen lassen sich drei Aspekte herausstellen: (1) der Förderbedarf bei Nichtgewährleistung des Kindes- und Jugendwohls, (2) der Schutzbedarf bei Gefährdung des Wohls von Kindern und Jugendlichen sowie (3) der Erziehungsbedarf straffällig gewordener Jugendlicher und Heranwachsender. Abschließend wird die Notwendigkeit einer devianzpädagogischen Perspektive in der Kinder- und Jugendhilfe bzw. der Sozialen Arbeit aufgegriffen.

Schlüsselbegriffe

Normalität und Abweichung, Normalisierung/Normalisierungsauftrag, Hilfen zur Erziehung/Erziehungshilfen, Devianzpädagogik, Intervention/Interventionsanlass

1 Normalität und Abweichung

Devianz oder Abweichung bezeichnet in der Regel Verhaltensweisen und Handlungen von Individuen und Gruppen, die sich mit Erwartungen, Normen, Normalitätsannahmen und Wertvorstellungen, die als richtig und erwünscht angesehen werden, nicht vereinbaren lassen. Devianz beinhaltet folglich eine Nichtübereinstimmung mit

gesellschaftlich akzeptieren Handlungsweisen und ist nur im Verhältnis zu den bestehenden sozialen Normen zu bestimmen (vgl. Plewig 2008, S. 222).

Vorab sei angemerkt, dass Devianz in vielerlei Hinsicht gesellschaftlich nützlich
und notwendig ist, denn ohne Abweichung von üblichen und bekannten Verhaltensweisen ist keine Weiterentwicklung einer Gesellschaft möglich. So wären wissenschaftliche, technische, künstlerische und soziale Innovationen bei absoluter Verhal-
tenskonformität nicht denk- und umsetzbar. Aber auch als sozialschädlich bewertete
Abweichung von der Konformität und Normalität (z. B. Kriminalität) hat eine gesellschaftliche Funktion: Normalität gilt als ‚Kitt' der Gesellschaft, denn die Vorstellung
von geteilten Werten und Normen hat eine soziale Integrationsfunktion, die durch
eine gewisse Quote an Abweichung erst wahrnehmbar, bestätigt und gestärkt wird
(vgl. Durkheim 1973). Allerdings führt in diesem Gesellschaftsmodell eine zu hohe
Quote an Abweichung, Pluralismus, sozialem Wandel, Differenzierung zu Normlo-
sigkeit (Anomie) und gilt damit als schädlich für eine Gesellschaft (vgl. Bettmer 2005;
ausführlich: Böhnisch 2005). Um eine zu hohe Abweichungsquote zu verhindern werden gesellschaftliche Praktiken der Normalisierung entwickelt und eingesetzt (bspw.
Kontrolle und Sanktionierung), die die bestehenden Normen und Werte durchsetzen und festigen sollen. Ansatzpunkt für die Normalisierungspraktiken ist die Unterscheidung von konformem und abweichendem Verhalten einerseits sowie von
akzeptierter/geduldeter und nicht akzeptabler/duldbarer Abweichung. Die Bestimmung von abweichendem beziehungsweise konformem Verhalten erfolgt über das
Konzept der Norm, im Sinne einer Steuerung von sozialen Interaktionen (vgl. Popitz
1980). Die Definition von Abweichung über das Konzept der Norm oder der Normalität ist jedoch mit Referenzproblemen verbunden: Ein Verhaltensmuster kann je Be-
zugsgruppe sowohl als abweichend wie auch als konform definiert werden, denn mit
Blick auf ganze Gesellschaften, aber auch schon auf kleinere gesellschaftliche Einheiten, kann nicht von einem einheitlichen normativen Bezugsrahmen ausgegangen
werden. Die Definition und Durchsetzung von Normen und Normalitätsvorstellungen in einer Gesellschaft hat folglich auch immer etwas mit (Deutungs)macht gesellschaftlicher Gruppen zu tun.

Devianz ist damit nicht nur ein bedeutender gesellschaftlicher Aspekt, sondern
auch ein zentraler Gegenstand Sozialer Arbeit (vgl. Dollinger und Oelkers 2015,
S. 9 f.). Dies gilt für den Bereich der praktischen Arbeit in sozialpädagogischen
Handlungsfeldern, wie der Kinder- und Jugendhilfe, genauso, wie für Wissenschaft
und Forschung. Die Zentralität von Fragen der Normalität und Abweichung findet
ihre Begründung in dem gesellschaftlichen ‚Normalisierungsauftrag' den Soziale Arbeit innehat. Soziale Arbeit und damit auch Kinder- und Jugendhilfe hat als Dienstleistungsarbeit (vgl. Olk et al. 2003) eine spezifische gesellschaftliche Funktion, die
auch in der Bewachung und Reproduktion von Normalzuständen beziehungsweise Normalverläufen besteht (vgl. Berger und Offe 1980). Sozialpädagogische und sozialarbeiterische Praxis enthält unausweichlich Zielbestimmungen, die sich an bestimmten Normalitätsvorstellungen orientieren. Soziale Arbeit gilt als integrierende

‚Normalisierungsarbeit' (vgl. Olk 1986, S. 13; Offe 1987, S. 175), im Sinne einer eben auch kontrollierenden Anpassung der Individuen an die Normen der Gesellschaft.[1] Dieser Normalisierungsauftrag setzt Normalitätsvorstellungen voraus, sodass sich Soziale Arbeit auf Normallebensverläufe und (historisch-)spezifische Lebensführungsmodelle bezieht (vgl. Günnewig und Kessl 2013). Im Sinne dieser Normalisierungsarbeit hat Soziale Arbeit als wohlfahrtsstaatlich verfasste Sozialisationsinstanz den „Auftrag der geplanten Unterstützung und aktiven Beeinflussung subjektiver Lebensführung in Fällen, in denen diese als sozial problematisch oder als potenziell sozial problematisch bestimmt wird" (Günnewig und Kessl 2013, S. 93). Soziale Arbeit, und damit auch Kinder- und Jugendhilfe, fungiert als eine Form systematischer Regulation individueller normkonformer Lebensführung (vgl. Oelkers et al. 2008, S. 240), war und ist also auf die aktive Herstellung von Normalität gerichtet.[2]

Normalisierung und Erzeugung von Konformität erfolgt durch soziale Kontrolle und Sanktionierung von Abweichung. Allerdings gelten rein äußerliche Kontrollen menschlichen Verhaltens als ineffektiv, so dass Sozialisations- und Enkulturationsprozesse mit dem Ziel der Verinnerlichung von Normen und Verhaltenserwartungen eine besondere Bedeutung zukommt: Es geht um die Veränderung von Persönlichkeitseigenschaften (vgl. Dollinger und Oelkers 2015, S. 9). Die Funktion von Sozialisation und Erziehung ist auch der Aufbau sogenannter „innerer Kontrollinstanzen" und damit die Durchsetzung von Konformität gegenüber Normen von „Innen" (vgl. Lamnek 1996, S. 304 f.). Devianz ist damit ein Anlass für Interventionen unterschiedlichster Professionen. Mit Blick auf die Kinder- und Jugendhilfe sind dies insbesondere erzieherische Interventionen. Allerdings ist Devianz ein problematischer Interventionsanlass und bedarf der Klärung, was als solche zu verstehen ist, welches die Bezugspunkte und Maßstäbe dafür sind und was an Abweichung noch geduldet wird.

---

1   Kleve, Koch und Müller fragen zwar, ob Soziale Arbeit überhaupt noch die Funktion inne haben könne „soziale Abweichungen von gesellschaftlichen Normvorstellungen zu re-normalisieren" (ebd. 2003, S. 36 f.), denn Normalität als Bezugspunkt und Zielperspektive ist aufgrund anhaltender Enttraditionalisierungsprozesse, die sich auch als Pluralisierung und Individualisierung von Lebensführungsweisen beschreiben lassen, uneindeutiger geworden (vgl. Seelmeyer 2008; Oelkers et al. 2010). Jedoch ist Normalisierung trotz Uneindeutigkeit nicht obsolet, allerdings in ihrer Bestimmung zur unumgehbaren Herausforderung Sozialer Arbeit geworden.

2   Die Zielbestimmung gesellschaftlicher Integration wird zwar durch sich (auf-)lösende moralische Unterscheidungen von Normalität und Abweichung zunehmend schwieriger (vgl. Bettmer 2005, S. 6) und Seelmeyer stellt in diesem Zusammenhang die Frage nach dem möglichen ‚Ende der Normalisierung', kommt jedoch zu dem Ergebnis, dass ‚Normalität' nach wie vor eine zentrale Zielperspektive Sozialer Arbeit darstellt (vgl. Seelmeyer 2008).

2   Normalität: Ein problematischer Bezugspunkt

Im Alltagsverständnis ist Normalität ein selten hinterfragtes Deutungsmuster. Auch theoretisch-analytisch kann Normalität als ‚Grundwelt‘[3], als Selbstverständlichkeit, als Nichtthematisiertes und Unhinterfragtes gefasst werden (vgl. Berger und Luckmann 1980; Böhnisch 1994, S. 36 f.; 2008). Erst die Abweichung von ‚der Normalität‘ lässt diese in das Bewusstsein treten. Es wird selbstverständlich davon ausgegangen, dass ‚normale‘ Handlungsweisen oder Personen von solchen unterschieden werden können, die in irgendeiner Weise abweichend z. B. außergewöhnlich, unpassend, störend, irritierend usw. sind (vgl. Stehr 2006, S. 130 f.). Normalität und Abweichung werden folglich als Gegensätze betrachtet. Aus diesem Verständnis resultiert die Annahme, dass Abweichung bzw. Devianz als Merkmal und Eigenschaft bestimmter Menschen und ihrer Handlungen deutlich feststellbar sei. Konsequenz daraus ist die problematische Vorstellung einer Zweiteilung von Menschen in „normale“ Menschen, die dem wie auch immer festgelegten Standard der Normtreue entsprechen und dem „Abweichler“, der wahlweise als „kriminell“, „gewaltbereit“, „verrückt“, „krank“, „pervers“, „unmoralisch“, „behindert“, „hilfsbedürftig“, „asozial“, „verwahrlost“ u. v. m. bezeichnet wird (ebd., S. 130). Die Bezeichnung einer Person oder ihres Verhaltens als deviant ist regelmäßig mit einem Werturteil und mit Stigmatisierungs- bzw. Kriminalisierungsprozessen verbunden. Die Stigmatisierungen können sich z. B. auf ‚abweichende‘ Eigenschaften oder Merkmale (Geschlecht, Hautfarbe, Kleidung, Behinderung etc.) und/oder Verhaltensweisen (bspw. sexuelle, politische, religiöse oder kulturelle Orientierungen und Praktiken) beziehen.

Die Bezeichnung ‚Devianz‘ oder ‚Abweichung‘ bezieht sich zusammengenommen also auf menschliche Handlungen oder Verhaltensweisen, die als irritierend, problematisch oder sogar gesellschaftlich unerträglich eingestuft werden. In diesem weit gefassten Devianzbegriff gelten Personen und Handlungsweisen als abweichend, wenn diese nicht den gesellschaftlichen Normalitätsvorstellungen von richtigem, vernünftigem, erwünschtem und/oder konformem Verhalten entsprechen. Gesellschaftliche Normen werden so als absolut und unhinterfragbar gesetzt. Devianz ist aus einer solchen Perspektive immer eine Fehlanpassung, die nicht mit dem Normsystem konform geht. Was als ‚normal‘ angesehen wird, ist allerdings historisch, kulturell und sozial veränderlich. Es ist zum Teil auch nicht klar geregelt was falsch und richtig ist, so dass die normativen Grenzziehungen unscharf sind. Devianz ist zudem in hohem Maße von den Normsetzungen und -durchsetzungen dominanter gesell-

---

3   Böhnisch beschreibt in Anlehnung an den wissenssoziologischen Begriff der „Grundwelt“ von Berger und Luckmann (1972) Normalität folgendermaßen: „Normalität wird verstanden als eine ‚Grundwelt‘, die das sozial Selbstverständliche in der Gesellschaft darstellt – das Selbstverständliche, das nicht mehr thematisiert werden muß. Die Gesellschaft funktioniert, weil sie eben einen nicht hinterfragten Grundbestand an normativen Orientierungen hat. ‚Grundwelt‘ beinhaltet ja, daß etwas Konsens ist, daß es nicht immer wieder durch Verfahren oder Argumentationen neu hergestellt werden muß“ (Böhnisch 1994, S. 36 f.).

schaftlicher Gruppen abhängig.[4] Es besteht ein breiter Toleranzbereich, Verhaltensweisen und Handlungen nach Einzelfall und Situation unterschiedlich zu bewerten (vgl. Dollinger und Raithel 2006, S. 11). Würden dagegen empirisch vorfindbare, statistische Abweichungsquoten für die Bestimmung von ‚Normalität' herangezogen werden, dann wären einige Abweichungen normal, weil eben gesellschaftlich weit verbreitet.[5] Es stellt sich folglich eher die Frage, unter welchen Bedingungen jemand abweicht, wie und warum jemand kriminalisiert wird und wer warum befugt ist, Devianz zuzuschreiben.

Das Problem der Trennschärfe und Flexibilität wird auch in der Differenzierung von Devianzarten und -feldern nach Dollinger und Raithel (2006, S. 13) aufgegriffen. Unterschieden werden konventionelle, provozierende, problematische Devianz sowie Kriminalität. Dabei gelten Verhaltensweisen als konventionelle Devianz, die an der Grenze zwischen Konformität und Devianz angesiedelt und damit aus der Normalisierungsperspektive eher unspektakulär sind (vgl. ebd., S. 12). Zu diesem Bereich gehören auch wissenschaftliche, technische, künstlerische und soziale Innovationen, die in Bezug auf geltende (Geschmacks)Normen und Verhaltenserwartungen abweichend sind (bspw. neue Haarmoden oder neue musikalische Stilrichtungen). Diese Verhaltensweisen haben ein großes Potential zukünftig als normal zu gelten, allerdings ist es von den gesellschaftspolitischen Bewertung und dem aktuellen normativen Konsens abhängig, ob eine Innovation positiv oder negativ aufgenommen wird. Normverletzendes Verhalten, das auf Missbilligung stößt, ohne grundsätzlich kriminell zu sein, wird dagegen als provozierende Devianz bezeichnet (vgl. ebd.). Es geht dabei um Verhaltensweisen die unerwünscht sind, aber in der Regel nicht formell sanktioniert, also geduldet werden (z. B. Unhöflichkeit). Allerdings können provozierend deviante Handlungen, wie ungebührliches Verhalten, sehr wohl informell sanktioniert werden bspw. durch soziale Ächtung oder Antipathie. Davon abzugrenzen ist eine Devianz, die nicht nur provoziert, sondern darüber hinaus auch als Problem anerkannt ist (problematische Devianz). Hier geht es um unerwünschtes nicht tolerierbares Verhalten, das spezielle Maßnahmen zur Behebung oder Regulation (bspw. bei Drogenkonsum) hervorruft. Problematische Devianz „erfährt einen Grad an Missbilligung, der besondere Gegenmaßnahmen plausibel macht und zu deren Institutionalisierung führt" (ebd., S. 12). Kriminalität ist ein weiteres Beispiel für problematische Devianz und stellt eine klar umrissene Art von Abweichung dar: Hier geht es um Verhalten, das gegen strafrechtlich kodifiziert Normen verstößt. Allerdings diffe-

---

4 Allein schon die sich rasant entwickelnden technischen Möglichkeiten erweitern die Handlungsoptionen, die – wenn sie von definitionsmächtigen gesellschaftlichen Gruppen als schädlich betrachtet werden – mit zeitlicher Verzögerung strafrechtlich kodifiziert und damit kriminalisierbar werden (bspw. Devianz im Internet).

5 Ausgehend von einer klaren Unterscheidung zwischen normal (ideal) und abnormal (abweichend) wäre bspw. Heterosexualität, Gesetzestreue etc. normal. Werden dagegen auch statistische Abweichungsquoten berücksichtigt ist bspw. ein gewisser Prozentsatz homosexuell orientierter Menschen oder vorübergehende Delinquenz im Jugendalter normal (vgl. Link 2006).

riert auch hier der Grad der Wahrnehmung als Problem nach unterschiedlichen Kriminalitätsformen: Zum Beispiel wird Bagatellkriminalität eher weniger als Problem betrachtet, dagegen wird sexuelle Gewalt stark problematisiert (vgl. ebd.). Darüber hinaus gibt es Devianzarten, die nicht als kriminell, wohl aber als problematisch kategorisiert werden bspw. Krankheit, Behinderung, Arbeitslosigkeit etc.. Zusammenfassen lässt sich, dass selbst Kriminalität als Interpretation sozialer Ereignisse „nur als kulturelle Bezeichnung, d. h. als Kriminalisierung im Sinne einer Bedeutungszuweisung" existiert (Dollinger 2010, S. 175). Kriminalität ist geprägt durch gesellschaftliche Sinnkonstitutionen, so dass Verbrechen nicht (nur) als kriminelles Ereignis, sondern vielmehr als ein soziales Ereignis wahrzunehmen und zu thematisieren ist (vgl. Lautmann 2005, S. 258).

Mit Blick auf die unterschiedlichen Devianzarten wird deutlich, dass Abweichung und die daraus abgeleiteten Handlungsbedarfe im Zusammenhang mit den bestehenden sozialen Normen zu betrachten sind. Eine wesentliche Unterscheidung richtet sich auf informelle (etwa Sitten, Gebräuche) und formal kodifizierte Normen. „Das Maß an Verbindlichkeit, das den Normen zugesprochen wird, drückt sich im Grad ihrer Institutionalisierung und in der Härte der negativen Sanktionen aus, die im Falle einer entdeckten Normverletzung angewendet werden. Normen sind folglich von unterschiedlichem Gewicht, haben differierende Geltungsbereiche und sind historischem Wandel unterworfen" (Plewig 2008, S. 222). Devianz bleibt – insbesondere jenseits von Kriminalität bzw. strafrechtlich relevanter Abweichung – ein mehrfach unklarer Interventionsanlass. Dies gilt auch und insbesondere in der Kinder- und Jugendhilfe.

3   Devianz von Kindern und Jugendlichen

Delinquente junge Menschen geraten zunehmend in das Blickfeld öffentlicher, politischer und medialer Wahrnehmung, so dass sich der Eindruck verbreitet, die Anzahl würde steigen, sie würden immer früher und brutaler abweichen. Mit Blick auf Kinder und Jugendliche werden deviante Verhaltensweisen problematisiert, die sowohl informelle als auch formal kodifizierte Normen verletzen. Es ist von entscheidender Bedeutung, welches abweichende Verhalten geduldet wird und welches Handlungsbedarf markiert. Zu den nicht geduldeten Phänomenen zählt insbesondere Kriminalität bzw. Delinquenz. Erfüllen die Verhaltensweisen der jungen Menschen einen Straftatbestand nach dem allgemeinen Strafgesetzbuch (StGB) und sind diese strafmündig, kommt das Jugendstrafrecht bzw. das Jugendgerichtsgesetz (JGG) zur Anwendung um erneuten Straftaten des jungen Menschen entgegenzuwirken.[6] Sind al-

---

6   Der Anwendungsbereich umfasst Jugendliche (zur Tatzeit 14- bis unter 18-Jährige) und Heranwachsende (zur Tatzeit 18- bis unter 21-Jährige). Bei Heranwachsenden ist im Einzelfall zu entscheiden, ob das JGG oder StGB zur Anwendung kommt (§ 105 JGG). Möglich ist dies, wenn der Täter zur Zeit

lerdings die devianten Kinder und Jugendlichen noch nicht strafmündig oder befindet sich das abweichende Verhalten unterhalb der strafrechtlichen Eingriffsschwelle, sind die Interventionsanlässe weniger eindeutig. Der Verstoß gegen die Leitbilder eines geordneten Lebens oder die Störung der Stabilität gesellschaftlicher und wirtschaftlicher Ordnung markieren einen eher unscharfen Interventionsbedarf (vgl. Boogaart und Plewig 2007).

Wird das Strafrecht (als kodifizierte Norm) als Maßstab genommen, geht es um Kriminalität oder besser um Delinquenz von jungen Menschen,[7] die auch in der Polizeilichen Kriminalstatistik (PKS) abgebildet wird. Dies gilt auch für tatverdächtige aber strafunmündige Kinder unter 14 Jahren, die bis zu einer Kategorie von „bis zu unter 6 Jahren" in der PKS ausgewiesen sind. Der Blick auf die in der PKS erfassten Kinder zeigt, dass die Zahlen 1) auf niedrigem Niveau und 2) rückläufig sind (vgl. PKS 2010, S. 87). Dies gilt sowohl absolut, wie auch in Relation zu der kleiner werdenden Altersgruppe (vgl. Spiess 2010: Schaubild 9). Wird die Qualität der in der PKS erfassten Taten beachtet, zeigt sich, dass es sich überwiegend um rechtswidrige Taten im Bagatellbereich handelt (z. B. Ladendiebstahl oder ‚Schwarzfahren' in öffentlichen Verkehrsmitteln). Die Annahme, dass sich das Durchschnittsalter tatverdächtiger Kinder verjüngt habe, lässt sich nach den Ergebnissen der PKS-Daten-Analyse von Steffen ebenfalls nicht halten (vgl. Steffen 2002, S. 157). Die PKS lässt allerdings vermuten, dass Menschen in der Lebensphase „Jugend" ihren delinquenten Höhepunkt erreichen. Denn auch für die Jugendlichen (14- bis unter 18-Jährige) gilt, dass sie vor allem Eigentumsdelikte (Diebstahl), Körperverletzungen und Sachbeschädigungen begehen (vgl. PKS 2010, S. 100). Delinquentes Verhalten Jugendlicher richtet im Vergleich zu Kriminalitätsdelikten erwachsener TäterInnen also einen eher geringen wirtschaftlichen Schaden an und wird häufig spontan und eingebunden in Gruppenprozesse verübt.

Ohnehin sind in der PKS nur diejenigen Delikte erfasst, die bekannt geworden sind. Zu dem ‚tatsächlichen' Umfang von Devianz und Delinquenz junger Menschen sagen diese Daten wenig aus. Ausgehend von den Ergebnissen kriminologischer Dunkelfeldforschung ist jedoch davon auszugehen, dass die überwiegende Mehrheit in der Phase der Kindheit oder Jugend mindestens einmal im strafrechtlichen Sinne abweicht, allerdings nur ein kleiner Teil als tatverdächtig in die PKS gelangt. In der überwiegenden Anzahl der Fälle wird also die Abweichung von offiziellen Insti-

---

der Tat nach seiner sittlichen und geistigen Entwicklung noch einem Jugendlichen gleichstand, oder wenn es sich nach Art, Umständen oder Beweggründen um eine Jugendverfehlung, also jugendtypische Delinquenz (z. B. Graffiti, Fahren ohne Fahrerlaubnis etc.) handelt.

7   Beide Begriffe beziehen sich auf das Strafrecht als Maßstab für die Bewertung von Abweichung, besitzen aber einen unterschiedlichen Grad an ‚Vorwerfbarkeit' bezüglich der Tat (vgl.: Bettmer 2005, S. 1; Plewig 2005). Der Kriminalitätsbegriff beinhaltet eine besondere Missbilligung des Verhaltens, die mit dem Delinquenzbegriff nicht transportiert wird. Bezogen auf jugendtypische Normverstöße und Gesetzesübertretung und die damit einhergehende Verantwortungsfrage scheint der Delinquenzbegriff angemessener.

tutionen weder entdeckt noch sanktioniert. Trotzdem (oder gerade deswegen) wird
das abweichende Verhalten spätestens mit dem Übergang in das Erwachsenenalter
wieder aufgegeben (vgl. Maschke 2003, S. 20). Delinquentes Verhalten Minderjähriger ist folglich im Wesentlichen als ubiquitäres (allgemein verbreitetes), passage-
res und damit vorübergehendes Phänomen zu charakterisieren (vgl. Dollinger und
Schmidt-Semisch 2010, S. 11), ist also in aller Regel nur eine (mehr oder weniger lang
andauernde) Episode im Leben. Angesichts der empirischen Erkenntnisse über die
massenhafte Verbreitung und damit die Normalität von Normbrüchen sowie die Episodenhaftigkeit selbst schwerer Normbrüche verlieren Maßnahmen zur ‚Normalisierung' an Plausibilität. Gelegentliche Polizeiauffälligkeit junger Männer ist im statistischen Sinne kein hervorstechendes, sondern vielmehr ein gewöhnliches Phänomen,
so liegen junge Männer zwischen 15 und 25 Jahren regelmäßig an der Spitze der PKS[8]
(vgl. Spiess 2012, S. 17). Die Ubiquität zeigt sich darüber hinaus in einer Fülle von Be-
fragungsstudien über delinquentes Verhalten: Die große Mehrheit der jungen Menschen berichtete dabei von eigenen Rechtsbrüchen (Schumann 2003, 2010). Fast alle
männlichen Jugendlichen begehen Straftaten, nach eigenen Angaben sogar mehrfach. Abweichung, ja sogar Kriminalität, ist im Jugendalter in statistischer wie ent-
wicklungspsychologischer Sicht durchaus normal und gehört als Grenztestung zum
Prozess des Aufwachsens dazu (vgl. Heinz 2003; Holthusen 2011, S. 7). Der episodi-
sche Charakter von Delinquenz wird in diversen Längsschnittstudien deutlich, die
teils kriminelle Karrieren, teils delinquente Lebensläufe untersuchten. Ziel dieser
Studien war es, die chronischen Kriminellen zu identifizieren. Allerdings fanden sich
stattdessen überwiegend „Täter, die bald wieder konform geworden waren" (Schumann 2010, S. 243). Es ist allerdings darauf hinzuweisen, dass die Episodenhaftigkeit
delinquenten Verhaltens Jugendlicher nicht unbedingt Folge erfolgreicher Sanktionen ist, sondern sich selbst kriminelle Verhaltensweisen Jugendlicher im Dunkelfeld
mit der Zeit verlieren (häufig sogar schneller als im Hellfeld), ohne dass die betreffenden Jugendlichen Kontakt zu Polizei oder Justiz hatten.[9] Jugendkriminalität endet
demnach mehrheitlich ohne Kontakt zu formellen Kontrollinstanzen im Sinne einer
Spontanbewährung (vgl. Heinz 2006, S. 19 f.).

Allerdings geht es in der Kinder- und Jugendhilfe auch um Verhalten, das nicht
unter den engen strafrechtlichen Abweichungsbegriff fällt. Hier werden über den ab-

---

8   Anstiege jugendlicher Tatverdächtiger in der PKS sind somit weniger durch Veränderungen im Kri-
    minalitätsverhalten Jugendlicher zu erklären, als vielmehr durch eine gesteigerte Kontrollintensität
    im Umgang mit (adoleszenztypischem) kriminellem Verhalten (vgl. ebd., S. 15).

9   Nur eine kleine Gruppe von Kindern und Jugendlichen zeigt dauerhaft delinquentes Verhalten und
    bestimmt unter dem Label ‚Mehrfach- und Intensivtäter' häufig die öffentlichen Diskussionen (vgl.
    Holthusen 2011, S. 7). Einer Minderheit von fünf bis zehn Prozent der sogenannten Mehrfach- oder
    Intensivtäter kann ein überproportional großer Teil an Straftaten zugerechnet werden, wobei selbst
    diese Tätergruppe häufig nicht länger als zwei bis drei Jahre in den Registern zu finden ist (vgl. Spiess
    2012, S. 19). Daraus lässt sich ableiten, dass selbst Mehrfachauffälligkeit im Jugendalter kein hinrei-
    chender Hinweis auf eine kriminelle Karriere ist (vgl. ebd.).

grenzbaren Bereich der Kriminalität hinaus gesellschaftliche Erwartungen zu Grunde gelegt, die sich in der Regel auf die Entwicklung der Kinder und Jugendlichen und ihr (soziales) Verhalten beziehen.[10] Die begrifflich unterstellten Defizite richten sich regelmäßig auf den Stand der Entwicklung, Erziehung und Sozialisation. Was an Devianz (in diesem weit gefassten Sinne) im Kindes- und Jugendalter als nicht hinnehmbar angesehen wird, fällt in den Bereich öffentlicher Kontrolle und Intervention: Beispielsweise der Kinder- und Jugendhilfe, Kinder- und Jugendpsychiatrie oder Justiz. Dies gilt nicht nur für Devianz jenseits der Kriminalitätskategorie, sondern auch für strafrechtlich relevantes Verhalten strafunmündiger junger Menschen. Es ist festzustellen, dass sich Devianz als mehrfach unscharfer Interventionsanlass zeigt, in dessen Kontext es zudem um Kategorisierungen unterschiedlicher (z. T. auch konkurrierender) Professionen und Institutionen geht.

3.1 Devianz als Interventionsanlass in der Kinder- und Jugendhilfe

In historischer Perspektive ist Kinder- und Jugendhilfe als Jugendfürsorge von Beginn an auf die Normalisierung, Disziplinierung und Kontrolle von Abweichung ausgerichtet (vgl. Jordan 2005, S. 31 ff.). Auch die zunächst wenig naheliegende Verknüpfung der Klausel ‚Kindeswohl‘ mit dem Interventionsanlass ‚*Devianz*‘ hat Wurzeln in der Geschichte des Kinder- und Jugendhilferechtes. Dem ordnungsrechtlichen Anspruch, Kinder (insbesondere proletarischer Familien) besser an die gesellschaftlichen Erfordernisse anzupassen, fehlte ein passendes Eingriffsinstrument für Kinder unterhalb der Strafmündigkeitsgrenze[11] sowie für Verstöße gegen Ordnungsvorstellungen, die keine strafgesetzliche Relevanz besaßen (vgl. Plewig 1994, S. 12). Mit der Konzeption der Generalklausel ‚Kindeswohl‘ und der rechtlichen Strukturierung des Verhältnisses zwischen Staat, Familie und Kind im BGB von 1900 endete die langjährige Diskussion um die Gefährdung von ‚*verwahrlosten*‘ Kindern. Mit der Verabschiedung des Jugendwohlfahrtsgesetzes (RJWG) 1922/24 war der Staat umfassend berechtigt, in die Familie einzugreifen. Dies tat er einerseits unter dem Stichwort ‚*Pflege*‘ und andererseits unter dem Label ‚*Fürsorge*‘. Die Begriffe haben sich zwar weitgehend geändert, allerdings zeigt sich dieser auf Devianz gerichtete ordnungsrechtliche Anspruch auch heute noch an verschiedenen Stellen. Abweichung im Kindes- und Jugendalter stellt nach wie vor einen Interventionsanlass in die Familie dar.

Die Reform des Jugendwohlfahrtsgesetzes bzw. die „Neuordnung" des Kinder- und Jugendhilferechts markierte eine inhaltliche Ausrichtung, die sich weitgehend

---

10   So wird Devianz von Kindern und Jugendlichen jenseits der strafrechtlich relevanten Abweichung mit Begriffen wie ‚entwicklungsgehemmt‘, ‚entwicklungsgestört‘, ‚fehlentwickelt‘, ‚auffällig‘, ‚psychopathisch‘, ‚schwererziehbar‘, ‚schwersterziehbar‘, ‚unerziehbar‘, ‚verwahrlost‘, ‚verwildert‘ oder insgesamt ‚verhaltensgestört‘ thematisiert (vgl. Myschker 2009, S. 44).

11   Vor dem Inkrafttreten des JGG 1923 lag diese bei 12 Jahren, danach bei 14 Jahren.

von der Kontrolle und Disziplinierung zur Sozialisation, Erziehung und Bildung gewandelt hat. Das Ziel des Gesetzgebers von 1990/91 war, ein präventives Leistungsgesetz[12] zur Förderung der Entwicklung von Kindern und Jugendlichen zu schaffen
und den „Perspektivwechsel der Jugendhilfe vom staatlichen Eingriff zur staatlichen
Dienstleistung" zu unterstreichen (vgl. Wiesner 1991, S. 345). Auch wenn das Kin-
der- und Jugendhilfegesetz (SGB VIII) auf diskriminierende Verhaltensbeschreibungen wie bspw. ‚Verwahrlosung‘ oder ‚Gefährdung oder Schädigung der Entwicklung‘ sowie eine darauf gründende repressive Fürsorgeerziehung verzichtet (vgl. Jordan 2005,
S. 64 f.), sind sozialpolitische Maßnahmen, so auch Kinder- und Jugendhilfe, dennoch als Intervention in die Lebensverhältnisse ihrer AdressatInnen zu verstehen,
die in wesentlichen Teilen als öffentlich organisierte personenbezogene Dienstleistungsarbeit stattfindet.[13] Kinder- und Jugendhilfe kommt – neben eigener professionsspezifischer Ziele – die Aufgabe zu, innerhalb der sozialpolitisch festgelegten
und geforderten Normalität, ‚handlungsfähige‘ und ‚normale‘ Subjekte hervorzubringen. Dies gilt nicht nur für Interventionen, sondern auch für Prävention, denn diese kann auch als eine der Abweichung vorbeugende Intervention begriffen werden.
Präventive Maßnahmen sind kein Gegensatz zur Intervention, sondern eine zeitlich
spezifizierte Form. In diesem Sinne ist Intervention vorbeugendes/präventives und
nachgehendes/reaktives Eingreifen. Die meist auf Caplan (1964) zurückgeführte Differenzierung in primäre, sekundäre und tertiäre Prävention[14] verweist auf den Zeitpunkt des Eingreifens, wenn Normabweichung vermieden, frühzeitig oder reaktiv
bearbeitet werden soll.

Kinder- und Jugendhilfe zeigt sich im Sinne einer unterstützenden Infrastruktur
mit bspw. freiwilligen Beratung- und Aufklärungsangeboten wenig eingriffsintensiv
und normalisierend. Allerdings gibt es Handlungsfelder der Kinder- und Jugendhilfe,
die wesentlich deutlicher auf die Bearbeitung von Abweichung ausgelegt sind. Insbesondere die Erziehungshilfen bieten ein entsprechendes Leistungsspektrum, denn
„Erziehungshilfen umfassen ein Feld von Interventionsformen, die deutlich in die
Lebensverhältnisse von Familien, Kindern und Jugendlichen eingreifen. Dabei gibt
es Traditionen, die stark auf die Normalisierung, Sanktionierung und Besserung von

---

12 Jugendhilfe ist gemäß § 2 SGB VIII der Oberbegriff für alle Leistungen (§§ 11–41) und anderen Auf-
    gaben (§§ 42–60) nach dem Kinder- und Jugendhilfegesetz (vgl. Wiesner und Zarbock 1991). Der
    Begriff der Leistung verweist darauf, dass das Angebot von den AdressatInnen erkennbar gewünscht
    sein muss.

13 Jegliche Sozialpolitik wird bspw. von Kaufmann (1982) als „Intervention in die sozialen Verhältnisse"
    verstanden (ebd., S. 55 ff.).

14 Prävention bezeichnet die Summe jener Maßnahmen, die die Übereinstimmung der Gesellschafts-
    mitglieder mit diesen Normalitätsstandards sichern und so Störungen der gesellschaftlichen Ord-
    nung im Vorgriff ausschließen (vgl. Herriger 1996). Der Prävention voraus geht die Konstruktion
    von (potentiellen) Risikogruppen, die vorbeugend kontrolliert und normalisiert werden sollen (vgl.
    Ziegler 2001). Zudem setzt Intervention die Macht zur Durchsetzung systematischer Unterscheidun-
    gen ‚normaler‘, ‚akzeptabler‘, ‚unerwünschter‘ bzw. ‚schädlicher‘ Handlungen, Lebens- und Daseins-
    weisen voraus.

Menschen gerichtet sind, und neuere Entwicklungslinien, die eher Ressourcen für die Bewältigung von aktuellen und zukünftigen Lebens- und Entwicklungsproblemen zu Verfügung stellen wollen. Diese entgegengesetzten Orientierungen lassen sich in nahezu allen Erziehungshilfen nachweisen [...]" (Wolff 2005, S. 631). Aus diesem Grund werden im Folgenden insbesondere die Hilfen zur Erziehung im Hinblick auf den Interventionsanlass Devianz betrachtet.

3.2   Erziehungshilfen als Reaktion auf Devianz

Diagnosen und Prognosen unterschiedlicher Professionen definieren in diesem weiten unscharfen Bereich der Devianz Interventionsanlässe für die Kinder- und Jugendhilfe (vgl. Oelkers et al. 2013). Zwar sind die ‚eigenen‘ (sozial)pädagogischen Abweichungskategorien wie Erziehungsschwierigkeiten oder Förderbedarf im Bereich emotionaler und sozialer Entwicklung zentral, aber da Kinder- und Jugendhilfe Schnittstellen zum Gesundheitswesen und der Justiz aufweist, sind es auch ‚professionsfremde‘ Abweichungskategorien, die Handlungsbedarf aufzeigen.[15] Wenn es um strafrechtlich relevante Devianz geht, stehen entweder strafunmündige junge Menschen unter 14 Jahren oder strafmündige Jugendliche (über 14 Jahren) und Heranwachsende (bis 21 Jahre) im Fokus, deren Devianz Interventionsanlass für die Kinder- und Jugendhilfe darstellen kann. Die Leistungen der Kinder- und Jugendhilfe werden gegenüber jungen Menschen einzelfallbezogen gewährt.

Die Interventionsanlässe im Kontext der Erziehungshilfen lassen sich systematisch in drei Gruppen aufteilen: (1) Förderbedarf bei Nichtgewährleistung des Kindes- und Jugendwohls, (2) Schutzbedarf bei Gefährdung des Wohls von Kindern und Jugendlichen sowie (3) Erziehungsbedarf straffällig gewordener Jugendlicher und Heranwachsender. In allen drei Bereichen sind die Erziehungshilfen des SGB VIII relevant. Allerdings gelangen die devianten Kinder und Jugendlichen bzw. jungen Volljährigen (gemäß § 41 SGB VIII) über unterschiedliche Wege in die Maßnahmen der Kinder und Jugendhilfe. Diese Gruppen sind zwar analytisch trennbar, allerdings bestehen praktisch erhebliche Überschneidungen.

Förderbedarf bei Nichtgewährleistung des Kindes- und Jugendwohls: Die Nichtgewährleistung des Kindes- und Jugendwohls markiert gemäß § 27 Abs. 1 SGB VIII einen Förderbedarf. Personensorgeberechtigte haben „bei der Erziehung eines Kindes oder eines Jugendlichen Anspruch auf Hilfe[16] (Hilfe zur Erziehung), wenn eine dem Wohl des Kindes oder des Jugendlichen entsprechende Erziehung nicht gewährleistet ist und die Hilfe für seine Entwicklung geeignet und notwendig ist". Art und

---

15   So kann es im Grenzbereich zum Gesundheitswesen auch um junge Menschen mit der Diagnose dissozialen Persönlichkeitsstörung, ‚Störung des Sozialverhaltens‘ etc. gehen oder im Grenzbereich zur Justiz um ‚selbst- oder fremdgefährdende‘ junge Menschen sowie um deren ‚schädliche Neigungen‘.

16   Hilfe zur Erziehung wird insbesondere nach Maßgabe der §§ 28 bis 35 gewährt.

Umfang der Hilfe richten sich nach dem erzieherischen Bedarf im Einzelfall (§ 27 Abs. 2 SGB VIII). Anlass für Hilfen zur Erziehung sind unter anderem Erziehungsprobleme, Entwicklungsschwierigkeiten, Verhaltensauffälligkeiten von Kindern und Jugendlichen, auf die mit unterschiedlichen Maßnahmen reagiert werden kann: Je nach dem ob die vorliegenden Probleme angemessen durch familienunterstützende (Erziehungsberatung, sozialpädagogische Familienhilfe, soziale Gruppenarbeit, Erziehungsbeistände), familienergänzende (Tagesgruppe) oder familienersetzende (Vollzeitpflege, Heimerziehung/sonstige Wohnformen, intensive sozialpädagogische Einzelbetreuung) Hilfen bearbeitet werden können, werden den Leistungsberechtigten entsprechende Angebote unterbreitet.[17] Wenn ein Förderbedarf aufgrund einer Nichtgewährleistung des Kindes- und Jugendwohls nach § 27 SGB VIII vorliegt, besteht ein Leistungsanspruch der Eltern (oder Personensorgeberechtigten). Voraussetzung ist allerdings deren Bereitschaft, die Unterstützung anzunehmen.

Schutzbedarf bei Gefährdung des Wohls von Kindern und Jugendlichen: Liegt allerdings ein Schutzbedarf durch die Gefährdung des Kindes- oder Jugendwohls vor, kann das Familiengericht die oben genannten Erziehungshilfen gemäß § 1666 Bürgerliches Gesetzbuch (BGB) anordnen. Nach § 1666 Abs. 1 BGB hat das Familiengericht Maßnahmen zu treffen, die zur Abwendung der Gefahr erforderlich sind, wenn das körperliche, geistige oder seelische Wohl des Kindes oder sein Vermögen gefährdet ist und die Eltern nicht gewillt oder nicht in der Lage sind, die Gefahr abzuwenden. Zu den gerichtlichen Maßnahmen bei Gefährdung des Kindeswohls gehören nach Abs. 3 Satz 1 insbesondere Gebote, öffentliche Hilfen wie zum Beispiel Leistungen der Kinder- und Jugendhilfe und der Gesundheitsfürsorge in Anspruch zu nehmen sowie nach Satz 2 Gebote, für die Einhaltung der Schulpflicht zu sorgen. Hier finden sich bereits Hinweise, dass deviantes Verhalten von Kindern und Jugendlichen (wie bspw. Schulabsentismus), im Rahmen des staatlichen Wächteramts zum Interventionsanlass werden kann. Eine besondere Herausforderung ist der Schutzbedarf Strafunmündiger, die als besonders gefährdet und/oder gefährlich gelten. Das Vorliegen von aggressiven, delinquenten Verhaltensweisen, Dissozialität, Suchtmittelmissbrauch, Trebegang, Schulabsentismus und/oder Prostitution bietet deutliche Interventionsanlässe, auch unterhalb der Strafmündigkeitsgrenze und auch jenseits strafgesetzlicher Relevanz. Dies zeigt die Analyse von Konzepten freiheitsentziehender Maßnahmen in der Kinder- und Jugendhilfe (vgl. Hoops und Permien 2006, S. 37). Die Voraussetzungen für die Genehmigung einer geschlossenen Unterbringung ist eine Gefährdung des Kindeswohls gemäß § 1631b BGB im Sinne eines

---

17 Beispielsweise sollen mit *sozialer Gruppenarbeit* (§ 29 SGB VIII) in der Regel deutliche Entwicklungsstörungen und Verhaltensprobleme von Kindern und Jugendlichen überwunden werden. Mit der Unterstützung eines *Erziehungsbeistands* oder eines *Betreuungshelfers* (§ 30 SGB VIII) sollen Kinder und Jugendliche ihre Entwicklungsprobleme unter Einbeziehung ihres sozialen Lebensumfelds bewältigen. Diese ambulante Erziehungshilfe in Form von Beratung, Begleitung und Intervention kann sowohl präventiven als auch resozialisierenden Charakter haben.

Schutzes vor Fremd- oder Selbstgefährdung.[18] Das Vorliegen erzieherischer Gründe allein reicht nicht aus (vgl. ausführlich dazu Oelkers et al. 2013).

Erziehungsbedarf straffällig gewordener Jugendlicher und Heranwachsender: Der Erziehungsbedarf straffällig gewordener Jugendlicher und Heranwachsender ist relativ klar geregelt, denn für diese Gruppe gilt das Jugendstrafrecht, das dem Leitgedanken der ‚*Erziehung*' folgt. Der Erziehungsgedanke kommt im Gesetzeswerk des JGG zum Ausdruck.[19] Insbesondere in den sogenannten ambulanten Maßnahmen zeigt sich der Anspruch, auf Abweichung mit Erziehung zu reagieren sowie Haftstrafen zu vermeiden und damit möglichst wenig zu stigmatisieren. Vor allem die Erziehungsmaßregeln (§ 9 JGG) und dort die Weisungen[20] (§ 10 JGG) charakterisieren diesen Anspruch (vgl. Plewig 2008, S. 224 f.). Überschneidungen mit den Maßnahmen der Kinder- und Jugendhilfe (gemäß § 27 SGB VIII) zeigen sich, wenn der Richter dem Jugendlichen bzw. dem jungen Volljährigen (gemäß § 41 SGB VIII) im Rahmen einer Weisung (§ 10 JGG) auferlegt, bei einer Familie oder in einem Heim zu wohnen, sich der Betreuung und Aufsicht einer bestimmten Person (Betreuungshelfer[21]) zu unterstellen oder an einem sozialen Trainingskurs (s. auch § 29 SGB VIII) teilzunehmen. Weiter kann der Richter gemäß § 12 JGG dem Jugendlichen nach Anhörung des Jugendamts auch auferlegen, unter den im SGB VIII genannten Voraussetzungen (s. § 27 SGB VIII) Hilfe zur Erziehung in Form der Erziehungsbeistandschaft im Sinne des § 30 SGB VIII oder in einer Einrichtung über Tag und Nacht oder in einer sonstigen betreuten Wohnform[22] im Sinne des § 34 SGB VIII in Anspruch zu nehmen. Alle Weisungen werden aus Anlass der Straftat verhängt und sollen Erziehungsdefizite des Jugendlichen ausgleichen.

---

18 Als ‚ultima ratio' für besonders schwierige junge Menschen wird mit freiheitsentziehenden Maßnahmen auf deren Devianz reagiert. Es muss allerdings eine erhebliche Eigengefährdung des jungen Menschen bestehen, die nur mit einer freiheitsentziehenden Maßnahme, also nicht durch andere Hilfeformen, beendet werden kann, um diese Maßnahme zu begründen.

19 Auch für den Jugendstrafvollzug gilt der Erziehungsgedanke. Während für Erwachsene das Strafziel Resozialisierung gilt und damit die Legalbewährung gemeint ist, strebt das JGG den „künftigen rechtschaffenen und verantwortungsbewussten Lebenswandel" an (§ 21 Strafaussetzung zur Bewährung; § 91 Aufgaben des Jugendstrafvollzuges).

20 „Weisungen sind Gebote und Verbote, welche die Lebensführung der Jugendlichen Regeln und dadurch seine Erziehung fördern und sichern sollen" (§ 9 JGG Abs. 1).

21 Der Erziehungsbeistand gemäß § 12 JGG (i. V. m. §§ 27, 30 SGB VIII) soll einer Verwahrlosung aufgrund von Entwicklungsproblemen vorbeugen. Der Begriff des Betreuungshelfers ist im SGB VIII ergänzt worden, um Betreuungspersonen einzubeziehen, die im Rahmen des JGG bestellt werden (§ 38 JGG). Die Aufgaben des Betreuungshelfer gehen über die Betreuung im Rahmen von Betreuungsweisungen hinaus (§ 10 5 JGG), da dieser auch im Vorfeld von förmlichen Verfahren als erzieherische Maßnahme zur Diversion (§§ 45 und 47 JGG) oder zur Vermeidung von Untersuchungshaft (§ 71 JGG) eingesetzt wird.

22 Die Auferlegung von *Heimerziehung und anderen stationären Erziehungshilfen* durch den Richter gemäß § 12 JGG (i. V. m. § 34 SGB VIII) erfolgt, wenn weniger einschneidende – insbesondere ambulante – Maßnahmen nicht ausreichen. Allerdings kommt Heimerziehung nicht in Frage bei „verfestigten kriminellen Neigungen", um den negativen Einfluss auf andere Heimbewohner zu vermeiden.

Zusammengenommen kann festgestellt werden, dass an den Zuschreibungen von Devianz unterschiedlichste Institutionen bspw. aus Schule, Jugendamt/Kinder- und Jugendhilfe, Polizei, Justiz (Jugendstrafgericht oder Familiengericht), Gesundheitswesen etc. beteiligt sind. In einigen Erziehungshilfen (z. B. Erziehungsbeistandschaft, soziale Gruppenarbeit, Heimerziehung oder andere stationären Unterbringungen) ,treffen' sich die jungen Menschen aus den drei oben genannten Gruppen, da die Wege in die Maßnahme eben unterschiedlich sein können.

4   Aktualität einer devianzpädagogischen Perspektive

Deviantes Handeln stellt zusammengenommen ein komplexes Phänomen dar, mit dem insbesondere die Soziale Arbeit in ihren Handlungsfeldern konfrontiert wird. Davon ausgehend, dass Devianz aus sozialpädagogischer Perspektive in der Regel als ein erzieherisches Problem betrachtet wird, das mit (sozial)pädagogischen Mitteln zu bearbeiten sei, gerät der sozial- und devianzpädagogische Umgang mit Abweichung in den Fokus (vgl. Dollinger und Oelkers 2015; Huber und Schierz 2015.). So stellt sich auch aktuell die Frage nach einer Devianzpädagogik, die trotz der Vielfalt und Mehrschichtigkeit von ,Devianz' (z. B. Sucht, Prostitution, Kriminalität, Sachbeschädigung, psycho-soziale Auffälligkeiten u. a.), in der Lage ist, Grundzüge eines pädagogischen Umgangs mit devianten AdressatInnen zu benennen bzw. nach einer Pädagogik, die über eine mehrperspektivische, verstehende Analyse von Devianz, Interventionskonzepte generiert, die einen Zugang zu der betreffenden Adressatengruppe ermöglichen (vgl. Jansen et al. 2006). Devianzpädagogik markiert so verstanden einen *verstehenden Zugang* und *reflektierten, nichtstigmatisierenden Umgang* mit kindlichen und jugendlichen Handlungsweisen und -mustern, die als abweichend definiert wurden. Diese Handlungen können u. U. auf individuelle Krisen und Lebensführungsprobleme verweisen, aber auch auf institutionelle und gesellschaftliche Definitionsprozesse und Konstruktionen von Devianz, die Lebenskrisen erst generieren können (vgl. Dollinger und Oelkers 2015, S. 23; Huber und Schierz 2015). So betont Plewig in seinem Entwurf von Devianzpädagogik den Vorrang ,struktureller Mitverantwortung', also der Bedeutung institutioneller Zuschreibungspraxen und gesellschaftlicher Kontexte von Devianz (2000, 2001, 2005, 2008). Die Lebenswirklichkeit, Sichtweisen, Deutungen und Interessen der Jugendlichen sowie der sie umgebenden Instanzen sozialer Kontrolle sind aus einer so verstandenen devianzpädagogischen Perspektive grundsätzlich mit einzubeziehen (vgl. auch Böhnisch und Schröer 2015; Schmidt 2015). Devianzpädagogische Kinder- und Jugendhilfe agiert so zwangsläufig im Spannungsfeld zwischen den Rechten Einzelner, also der Kinder und Jugendlichen, und den (Normalisierungs)Ansprüchen der Gesellschaft. Devianzpädagogische Ansätze erstrecken sich zwischen Vorbeugung und Eingriff, also zwischen Konzepten der Prävention und Intervention, oder kreisen auch mal um die Frage der minimalen oder Nicht-Intervention. Hier lässt die Ubiquität und Episodenhaftigkeit von Devianz oder sogar Delinquenz im Lebensverlauf (s. o.) vermuten, dass Nicht-Intervention/Diversion sich günstiger auswirken kann, als Interventionen. Diesem Hinweis folgend müssen auch ‚helfende' Interventionen der Kinder- und Jugendhilfe hinsichtlich ihres Anteils an Prozessen der Stigmatisierung und Verfestigung von devianten Karrieren kritisch in den Blick genommen werden. Besonders die politisch häufige Forderung nach ‚harter' Sanktionierung von delinquentem Verhalten junger Menschen fördern eher den Einstieg in eine kriminelle Karriere, als einen solchen zu verhindern (vgl. Dollinger und Schmidt-Semisch 2010, S. 11). Jene kleine Gruppe von Menschen, die rückblickend seit der Kindheit ein dauerhaftes, mehrfaches und intensives delinquentes Verhalten zeigt, begründet keinen Generalverdacht gegenüber jungen Menschen, auch wenn sie sich deviant verhalten. Für die Kinder- und Jugendhilfe stellt die Fokussierung auf den Schutz der Gesellschaft vor Abweichung keine fachlich angemessene Handlungsmaxime dar. Die Rechte des Individuums und die gesellschaftlichen Anforderungen gilt es im Einzelfall abzuwägen. Vielmehr muss es aber neben berechtigten Normalisierungsanforderungen der Gesellschaft, die über Sozialisation, Erziehung und Bildung zu leisten sind, um ein Verbesserung von Handlungsbefähigung und Verwirklichungschancen gehen (vgl. Oelkers et al. 2008, S. 316). Die Erweiterung von Handlungsfähigkeiten und -möglichkeiten vergrößert auch die nicht-abweichenden und/oder ‚legalen' Handlungsoptionen.

Literatur

Berger, J., & Offe, C. (1980). Die Entwicklungsdynamik des Dienstleistungssektors. *Leviathan*, Jg. 8, 1, (S. 41–75).

Berger, P. L., & Luckmann, T. (1980). *Die gesellschaftliche Konstruktion der Wirklichkeit. Eine Theorie der Wissenssoziologie*, 22. Aufl. Frankfurt a. M.: Fischer.

Bettmer, F. (2005). Abweichung und Normalität. In H.-U. Otto & H. Thiersch (Hrsg.), *Handbuch Sozialarbeit/Sozialpädagogik*, 3. Aufl. (S. 1–6). München: Ernst Reinhardt Verlag.

Böhnisch, L. (1994). *Gespaltene Normalität. Lebensbewältigung und Sozialpädagogik an den Grenzen der Wohlfahrtsgesellschaft*. Weinheim und München: Juventa.

Böhnisch, L. (2005). Lebensbewältigung. Ein sozialpolitisch inspiriertes Paradigma für die Soziale Arbeit. In W. Thole (Hrsg.), *Grundriss Soziale Arbeit*, 2. überarb. und akt. Aufl. (S. 199–214). Wiesbaden: VS Verlag für Sozialwissenschaften.

Böhnisch, L. (2008). Normalität. In D. Kreft & I. Mielenz (Hrsg.), Wörterbuch Soziale Arbeit. 6. überarbeitete und aktualisierte Aufl. (S. 620–622). Weinheim und München: Juventa.

Böhnich, L., & Schröer, W. (2015). Devianz als Bewältigungsverhalten. In B. Dollinger & N. Oelkers (Hrsg.), *Sozialpädagogische Perspektiven auf Devianz*. Reihe: Verbrechen & Gesellschaft (S. 120–135). Weinheim und Basel: Beltz Juventa.

Boogaart van den, H., & Plewig, H.-J. (2007). Devianz. In Deutscher Verein für öffentliche und private Fürsorge (Hrsg.), *Fachlexikon der sozialen Arbeit* (S. 199–200). Baden-Baden: Nomos.

Dollinger, B. (2010). Ansatzpunkte eines reflexiven Begriffs von Jugendkriminalität. Eine
kulturtheoretische Annäherung. In B. Dollinger & H. Schmidt-Semisch (Hrsg.),
Handbuch Jugendkriminalität. Kriminologie und Sozialpädagogik im Dialog. (S. 173–
186). Wiesbaden: VS Verlag für Sozialwissenschaften.

Dollinger, B., & Raithel, J. (2006). *Einführung in die Theorien abweichenden Verhaltens:
Perspektiven, Erklärungen und Interventionen.* Weinheim und Basel: Beltz.

Dollinger, B., & Schmidt-Semisch, H. (2010). Sozialpädagogik und Kriminologie im Dialog. Einführende Perspektiven zum Ereignis „Jugendkriminalität". In B. Dollinger &
H. Schmidt-Semisch (Hrsg.), *Handbuch Jugendkriminalität. Kriminologie und Sozialpädagogik im Dialog* (S. 11–12). Wiesbaden: VS Verlag für Sozialwissenschaften.

Dollinger, B., & Oelkers, N. (2015). Zur Einleitung: Sozialpädagogische Perspektiven auf
Devianz. In B. Dollinger & N. Oelkers (Hrsg.), *Sozialpädagogische Perspektiven auf
Devianz.* Reihe: Verbrechen & Gesellschaft (S. 9–32). Weinheim und Basel: Beltz Ju-
venta.

Dollinger, B., & Oelkers, N. (2015). Professionelles Handeln im Kontext von Jugend-/Kri-
minalität. In B. Dollinger & N. Oelkers (Hrsg.), *Sozialpädagogische Perspektiven auf
Devianz.* Reihe: Verbrechen & Gesellschaft (S. 34–48). Weinheim und Basel: Beltz Juventa.

Durkheim, E. (1973). *Der Selbstmord.* Neuwied und Berlin: Luchterhand.

Günnewig, N., & Kessl, F. (2013). Professionelle Rationalisierung alltäglicher Lebensführung: Wie Fachkräfte den Alltag der Nutzerinnen denken und deuten. In N. Oelkers &
M. Richter (Hrsg.), *Aktuelle Themen und Theoriediskurse in der Sozialen Arbeit* (S. 93–
107). Frankfurt a. M.: Peter Lang.

Heinz, W. (2003). *Jugendkriminalität in Deutschland. Kriminalstatistische und kriminologische Befunde.* Aktualisierte Ausgabe Juli 2003. Universität Konstanz. Konstanzer Inventar Kriminalitätsentwicklung. http//:www.uni-konstanz.de/rtf/kik. Zugegriffen:
20.09.2012.

Heinz, W. (2006). *Kriminelle Jugendliche – gefährlich oder gefährdet?* Konstanz: UVK Universitätsverlag.

Herriger, N. (1996). Kompetenzdialog. Empowerment in der sozialen Einzelhilfe. *Soziale
Arbeit,* 6/1996., 45. Jg., (S. 190–195).

Holthusen, B. (2011). *Projekt: Polizeilich mehrfach auffällige Strafunmündige Ergebnisbericht für die Fachpraxis.* München: DJI.

Hoops, S., & Permien, H. (2006). „Mildere Maßnahmen sind nicht möglich!" – Freiheitsentziehende Maßnahmen nach § 1631 b BGB in Jugendhilfe und Jugendpsychiatrie.
München: Deutsches Jugendinstitut..http://www.gbe-bund.de/gbe10/trecherche. prc_
them_rech?tk=200&tk2=240&p_uid=gast&p_aid=1893675&p_sprache=D&cnt_ut=
1&ut=240 Zugegriffen: 20.09.2012.

Huber, S., & Schierz, S. (2015). Was charakterisiert „das Sozialpädagogische" an sozial-pädagogischen Zugängen zu Devianz? In R. Braches-Chyrek (Hrsg.), *Neue diszi-plinäre Ansätze in der Sozialen Arbeit* (S. 70–85). Opladen & Farmington Hills: Bar-bara Budrich.

Jansen, I., Peters, O., & Schreiber, W. (2006). *Devianzpädagogische Analysen. Integrati-ve sozialpädagogische Arbeit mit einer psycho-sozial belasteten Klientel.* Norderstedt: Books on Demand.

Jordan, E. (2005). *Kinder- und Jugendhilfe.* Weinheim und München: Juventa.

Kaufmann, F.-X. (1982). Elemente einer soziologischen Theorie sozialpolitischer Inter-ventionen. In F.-X. Kaufmann (Hrsg.), *Staatliche Sozialpolitik und Familie* (S. 51–86). München und Berlin: Oldenbourg.

Kleve, H., Koch, G., Müller, M. (Hrsg.). (2003). *Differenz und Soziale Arbeit: Sensibilität im Umgang mit dem Unterschiedlichen.* ASFH-Reihe: Berliner Schriften zur Sozial-arbeit und Pflege. Berlin und Milow: Schibri.

Lamnek, S. (1996). *Theorien abweichenden Verhaltens. Eine Einführung für Soziologen, Psychologen, Pädagogen, Juristen, Politologen, Kommunikationswissenschaftler und So-zialarbeiter,* 6. Aufl. München: Wilhelm Fink Verlag.

Lautmann, R. (2005). Das Kaninchen und die Schlange: Der sozialwissenschaftliche Ra-tionalismus ratlos vor dem Verbrechen. *Kriminologisches Journal,* Jg. 37, (S. 252–267).

Link, J. (2006). *Versuch über den Normalismus. Wie Normalität produziert wird,* 3. Aufl. Göttingen: Vandenhoeck & Ruprecht.

Maschke, W. (2003). Kinder- und Jugenddelinquenz. Stimmt das Schreckgespenst von den ‚gewalttätigen Kids'? In Landeszentrale für politische Bildung (Hrsg.), *Der Bürger im Staat. Sicherheit und Kriminalität,* Heft 1/2003, (S. 19–24).

Myschker, N. (2009). *Verhaltensstörungen bei Kindern und Jugendlichen: Erscheinungsfor-men – Ursachen – Hilfreiche Maßnahmen.* Stuttgart: W. Kohlhammer Verlag.

Oelkers, N., Feldhaus, N., & Gaßmöller, A. (2013). Soziale Arbeit und geschlossene Unter-bringung – Erziehungsmaßnahmen in der Krise? In K. Böllert, N. Alfert & M. Hum-me (Hrsg.), *Soziale Arbeit in der Krise* (S. 159–182). Wiesbaden: Springer VS.

Oelkers, N., Otto, H.-U., Schrödter, M., & Ziegler, H. (2010). „Unerziehbarkeit" – Zur Ak-tualität einer Aussonderungskategorie. In M. Brumlik (Hrsg.), *Ab nach Sibirien? Wie gefährlich ist unsere Jugend* (S. 184–216). Weinheim und Basel: Beltz.

Oelkers, N., Steckmann, U., & Ziegler, H. (2008). Normativität in der Sozialen Arbeit. In J. Ahrens, R. Beer, U. H. Bittlingmayer & J. Gerdes (Hrsg.), *Beschreiben und/oder Bewer-ten I. Normativität in sozialwissenschaftlichen Forschungsfeldern. Münsteraner Schrif-ten zur Soziologie Bd. 1.* (S. 231–256). Berlin: LIT.

Offe, C. (1987). Das Wachstum der Dienstleistungsarbeit: Vier soziologische Erklärungs-ansätze. In T. Olk & H.-U. Otto (Hrsg.), *Soziale Dienste im Wandel. Bd. 1: Helfen im Sozialstaat* (S. 171–198). Neuwied und Darmstadt: Luchterhand.

Olk, T. (1986). *Abschied vom Experten. Sozialarbeit auf dem Weg zu einer alternativen Pro-fessionalität.* Weinheim und München: Juventa.

Olk, T., Otto, H.-U., & Backhaus-Maul, H. (2003). Soziale Arbeit als Dienstleistung – Zur analytischen und empirischen Leistungsfähigkeit eines theoretischen Konzepts. In T. Olk & H.-U. Otto (Hrsg.), *Soziale Arbeit als Dienstleistung* (S. IX). München und Unterschleißheim: Luchterhand.

Plewig, H.-J. (1994). Das ,Kindeswohl' – Grenzen der Sozialdisziplinierung durch Kinderrechte. In C. Steindorff (Hrsg.), *Vom Kindeswohl zu den Kinderrechten* (S. 7–20). Neuwied: Luchterhand.

Plewig, H.-J. (2000). Devianzpädagogik. In F. Stimmer (Hrsg), *Lexikon der Sozialpädagogik und Sozialarbeit* (S. 138–144). München: Oldenbourg.

Plewig, H.-J. (2001). Delinquenz. In H.-U. Otto & H. Thiersch (Hrsg), *Handbuch Sozialarbeit, Sozialpädagogik* (S. 243–252). Neuwied: Luchterhand.

Plewig, H.-J. (2005). Delinquenz. In H.-U. Otto & H. Thiersch (Hrsg.), *Handbuch Sozialarbeit/Sozialpädagogik*, 3. Aufl. (S. 243–253). München: Ernst Reinhardt Verlag.

Plewig, H.-J. (2008). Devianz und Delinquenz. In T. Coelen, H.-U. Otto (Hrsg.), *Grundbegriffe Ganztagsbildung. Das Handbuch.* Wiesbaden: VS Verlag für Sozialwissenschaften.

Bundeskriminalamt (Hrsg.). *Polizeiliche Kriminalstatistik (PKS). (2010). Die Kriminalität in der Bundesrepublik Deutschland.* Wiesbaden: Bundesministerium des Inneren.

Popitz, H. (1980). *Die normative Konstruktion von Gesellschaft.* Tübingen: J. C. B. Mohr.

Schmidt, F. (2015). Konstruktion von Devianz im Blick sozialpädagogischer Fachkräfte. In B. Dollinger & N. Oelkers (Hrsg.), *Sozialpädagogische Perspektiven auf Devianz.* Reihe: Verbrechen & Gesellschaft (S. 102–117). Weinheim und Basel: Beltz Juventa.

Schröer, W., Struck, N., & Wolff, M. (Hrsg.). (2005). *Handbuch Kinder- und Jugendhilfe.* Weinheim und München: Juventa Verlag.

Schumann, K. F. (2003). *Delinquenz im Lebensverlauf. Bremer Längsschnittstudie zum Übergang von der Schule in den Beruf bei ehemaligen Hauptschülern.* Bd. 2. Weinheim und München: Juventa.

Schumann, K. F. (2010). Jugenddelinquenz im Lebensverlauf. In B. Dollinger & H. Schmidt-Semisch (Hrsg.), *Handbuch Jugendkriminalität. Kriminologie und Sozialpädagogik im Dialog* (S. 243–257). Wiesbaden: VS Verlag für Sozialwissenschaften.

Seelmeyer, U. (2008). *Das Ende der Normalisierung? Soziale Arbeit zwischen Normativität und Normalität.* Weinheim unf München: Juventa.

Spiess, G. (2010). Jugendkriminalität in Deutschland – zwischen Fakten und Dramatisierung. Kriminalstatistische und kriminologische Befunde. Konstanzer Inventar Kriminalitätsentwicklung. http://www.uni-konstanz.de/rtf/gs/Spiess-Jugendkriminalitaet-2010.pdf Zugegriffen: 06. 12. 2011.

Spiess, G. (2012). Jugendkriminalität in Deutschland – zwischen Fakten und Dramatisierung. Kriminalstatistische und kriminologische Befunde. http://www.uni-konstanz.de/rtf/gs/Spiess-Jugendkriminalitaet-2010.pdf. Zugegriffen 01. 12. 2012.

Steffen, W. (2002). Analyse der Kinderdelinquenz in Deutschland. *DVJJ-Journal.* 2/2002, (S. 155–161).

Stehr, J. (2006). Normalität und Abweichung. In A. Scherr (Hrsg.), *Soziologische Basics. Eine Einführung für Pädagogen und Pädagoginnen* (S. 130–134). Wiesbaden: VS Verlag für Sozialwissenschaften.

Wiesner, R. (1991). Das neue Kinder- und Jugendhilferecht – Chancen und Herausforderungen für die Jugendhilfepraxis. *ZfJ.*, Jg. 78, Nr. 7–8, (S. 345–354).

Wiesner, R., & Zarbock, W. (Hrsg). (1991). *Das neue Kinder- und Jugendhilfegesetz (KJHG) und seine Umsetzung in die Praxis.* Köln: Heymanns.

Ziegler, H. (2001). Prävention – Vom Formen der Guten zum Lenken der Freien. *Widersprüche. Zeitschrift für sozialistische Politik im Bildungs-, Gesundheits- und Sozialbereich.* (79), (S. 7–24).

Prof. Dr. Nina Oelkers, Professorin für Soziale Arbeit an der Universität Vechta. Arbeitsschwerpunkte: Transformationsprozesse Sozialer Arbeit, gesellschaftlicher Umgang mit Devianz, Sicherheitsforschung, Kinder- und Jugendhilfe. Kontakt: nina.oelkers@uni-vechta.de

Gesundheit – Krankheit – Sucht

Stephan Sting

Zusammenfassung

Die Aufmerksamkeit auf die Gesundheit von Kindern und Jugendlichen ist in jüngerer Zeit gestiegen. Dies ist Folge einer gesellschaftsweiten Veränderung des Gesundheitsverständnisses, die neue Formen der Sozialdisziplinierung mit sich bringt. Der Umgang mit dem Körper verliert dabei seine Selbstverständlichkeit. Körper und Gesundheit erscheinen prinzipiell herstellbar und gestaltbar, was ihre Bedrohlichkeit ins Blickfeld rückt. In Studien zur Kinder- und Jugendgesundheit werden zahlreiche gesundheitliche Probleme thematisiert, was Gesundheit auch in der Kinder- und Jugendhilfe zum Alltagsthema werden lässt. Jugendkulturelle Formen des Umgangs mit Körper und Gesundheit und gesellschaftliche Bestrebungen zur Gesundheitsförderung treffen in dem Zusammenhang aufeinander. Dies wird exemplarisch im Bereich des Substanzkonsums und suchtrelevanten Verhaltens aufgezeigt. In der Kinder- und Jugendhilfe wird für eine gesundheitsbezogene Sensibilität plädiert, die gesundheitliche Aspekte in die alltägliche Erziehungs- und Bildungsarbeit einbezieht.

Schlüsselbegriffe

Gesundheitsförderung, Gesundheitliche Ungleichheit, Gesundheitsbezogene Bildung, Körper, Rausch, Risikoverhalten, Sozialdisziplinierung, Substanzkonsum, Übergänge

Ein Blick in die Geschichte der Sozialen Arbeit zeigt, dass soziale Probleme und gesundheitliche Belastungen seit jeher Hand in Hand gehen. Dies gilt für den Bereich der Kinder- und Jugendhilfe in besonderem Maße, wo der Gesundheitszustand der Kinder und Jugendlichen als Indikator für deren soziale Benachteiligung betrachtet wird. Die gesundheitliche Situation macht die sozialen Schwierigkeiten körperlich

sichtbar und damit in ihren Konsequenzen wahrnehmbar und begreifbar. So diente
z. B. Pestalozzi (1971) in seinem Stanser Brief die Beschreibung des körperlichen Zu-
stands seiner Kinder als Manifestation ihrer Hilfsbedürftigkeit: „Viele von ihnen traten mit eingewurzelter Krätze ein, dass sie kaum gehen konnten, viele mit aufgebro-
chenen Köpfen, viele mit Hudeln, die mit Ungeziefer beladen waren, viele hager, wie
ausgezehrte Gerippe ..." (S. 9).

Auch heute sind es häufig körperlich sichtbare Auffälligkeiten wie Mangelernäh-
rung bei Säuglingen und Kleinkindern oder Spuren von Gewalteinwirkungen, die
auf eine Kindeswohlgefährdung hindeuten und Interventionen der Kinder- und
Jugendhilfe als Anlass dienen. Höfer fasst ihre Untersuchung der Gesundheit von
Jugendhilfejugendlichen, deren Lebenssituation sie als ein „Mosaik der Benachteiligungen" charakterisiert, in der These zusammen, dass „die Jugendlichen aus der Jugendhilfe auch gesundheitlich eine besondere ‚Risikogruppe' darstellen" (Höfer 2000,
S. 49). Eine Analyse des Gesundheitszustands der besonders exponierten Gruppe der
„Straßenjugendlichen" liest sich wie eine Wiederholung der Beschreibung Pestalozzis:
„Angesichts einer solchen unsteten, von großer Unruhe geprägten Lebensweise sowie
der oft mangelhaften sanitären Ausstattung der Quartiere von Szeneangehörigen erweist es sich für die Jugendlichen als schwierig, auf eine regelmäßige Körperpflege zu
achten. Infolgedessen kann es zu infektiösen Hautkrankheiten oder zum Befall mit
Ungeziefer wie Läusen kommen" (Flick und Röhnsch 2008, S. 48).

Flick und Röhnsch (2008) kommen zu dem Ergebnis, dass der generell schlechte
Gesundheitszustand der Straßenjugendlichen im Lauf der Zeit zu einer eigenständigen, „wesentlichen Belastungsquelle" wird, die die soziale Re-Integration behindert
(S. 253). Dementsprechend reichen psychosoziale Interventionen nicht aus, sondern
diese müssen um gesundheitsorientierte Maßnahmen der Gesundheitsförderung und
Krankenversorgung ergänzt werden. In ähnlicher Weise lassen sich z. B. Übergewicht
und Adipositas bei Kindern und Jugendlichen als „soziosomatisches Phänomen" betrachten, als „Reaktion auf Misserfolge im Bildungssystem" und Schwierigkeiten in
der Familie (vgl. v. Kardorff und Ohlbrecht 2007, S. 159 ff.). Im weiteren Verlauf der
Entwicklung wird das Übergewicht für die betroffenen Kinder und Jugendlichen allerdings zu einem eigenen Belastungsfaktor, der gesundheitliche Folgeprobleme nach
sich zieht und die Gefahr der Ausgrenzung und Stigmatisierung verstärkt. Auch an
diesem Beispiel wird also sichtbar, dass psychosoziale und gesundheitsbezogene Unterstützungsformen miteinander zu verschränken sind. Dies macht eine gesundheitsbezogene Sensibilität der Kinder- und Jugendhilfe unumgänglich.

Demgegenüber zeichnet sich die jüngere Geschichte der Kinder- und Jugendhilfe sowie der Sozialen Arbeit insgesamt eher durch ein „Vergessen" des Gesund-
heitsbezugs aus (vgl. Schröer und Sting 2006). Neuere Entwicklungen im Feld der
Gesundheitswissenschaften werden in der Kinder- und Jugendhilfe wenig wahrgenommen und umgekehrt werden im deutschsprachigen Raum im Gesundheitssektor nach wie vor soziale Aspekte von Gesundheit und Krankheit vernachlässigt
(vgl. Homfeldt und Sting 2011, S. 568). Eine Folge davon sind Schnittstellenprobleme

zwischen unterschiedlichen institutionellen Hilfesettings, die daraus resultieren, dass die Jugendhilfe die gesundheitlichen Probleme ihrer AdressatInnen „übersieht", während die Angebote des Gesundheitssektors „aufgrund ihrer Komm-Struktur sowie ihrer insgesamt starken Mittelschichtorientierung" Kinder und Jugendliche aus Jugendhilfekontexten oft nicht angemessen erreichen (Flick und Röhnsch 2008, S. 264).

In den letzten zwei Jahrzehnten ist das Bild der *gesunden Jugend"* insgesamt brüchig geworden. Wiederkehrende Berichte zu Stress, Übergewicht oder Essstörungen, zu Unfällen, psychischen Problemen oder riskanten Formen des Substanzkonsums im Jugendalter zeugen von einer zunehmenden Sorge um die Gesundheit der Heranwachsenden. Hintergrund dieser Besorgnis ist die Tatsache, dass die Jugendphase der einzige Lebensabschnitt ist, in dem in den letzten Jahrzehnten die Mortalitäts- und Morbiditätsraten angestiegen sind. Die HBSC-Studien („Health Behaviour in School Aged Children") z.B. verzeichnen seit den 1980er Jahren eine Verschlechterung des Gesundheitszustands der SchülerInnen (vgl. BMG 2011, S. 13). Diese Entwicklung wird als Indikator für generelle Schwierigkeiten und Gefährdungen des Aufwachsens in der heutigen Gesellschaft betrachtet. In der groß angelegten KiGGS-Studie, in der deutschlandweit Daten zur Kinder- und Jugendgesundheit erhoben worden sind, kippt das Bild der gesunden Jugend in ein Panorama von Belastungen und Auffälligkeiten (vgl. Sting 2009, S. 92), in dem sich gesundheitliche Symptomatiken bis hin zu „Epidemien" häufen (vgl. z.B. das Szenario eine globalen „Übergewichtsepidemie" in Kurth und Schaffrath Rosario 2007, S. 736).

Kinder und Jugendliche werden zunehmend als eine spezifische gesundheitliche Problemgruppe betrachtet, die eine besondere Aufmerksamkeit erfordert, da sie zum einen als „Seismographen" für gesellschaftliche Veränderungen und deren Auswirkungen auf den Gesundheitszustand der Gesellschaft insgesamt gelten und da zum anderen die gesundheitliche Situation und das Gesundheitsverhalten von Heranwachsenden aufgrund des Entwicklungsbezugs dieser Lebensphase wichtige Weichenstellungen für die Zukunft beinhaltet (vgl. Homfeldt und Sting 2006, S. 130 f.). Die wachsende Besorgnis um die Gesundheit von Kindern und Jugendlichen zeugt darüber hinaus von einer gesellschaftsweiten Veränderung des Gesundheitsverständnisses, die auch die Kinder- und Jugendhilfe betrifft. Daher möchte ich im Folgenden zunächst wichtige Aspekte dieser Veränderung skizzieren.

1   Kinder- und Jugendgesundheit im Kontext eines veränderten Gesundheitsverständnisses

Zwei sich überschneidende Entwicklungen haben in den letzten Jahrzehnten zu einer Veränderung des in unserer Gesellschaft etablierten Gesundheitsverständnisses geführt. *Erstens* hat das *aktive, bewusste Handeln des Subjekts zugunsten der eigenen Gesundheit* eine neue Bedeutung erlangt (vgl. Homfeldt und Sting, 2006, S. 96). Die Berücksichtigung der Alltagsvorstellungen von Gesundheit, die Bezugnahme auf die agency-Debatte in der Gesundheitsforschung und die Hinwendung zu einem dynamischen Gesundheitsbegriff haben zur Folge, dass der Einzelne stärker für seine Gesundheit zur Verantwortung gezogen wird. Gesundheit ist nicht bloße Abwesenheit von Krankheit, sondern sie ist – zumindest auch – Resultat menschlich gestalteter Lebensbedingungen und Lebensweisen und des bewussten, gesundheitsbezogenen Handelns.

Dieses neue Verständnis von Gesundheit, dessen Verbreitung mit der Gesundheitsdefinition der Weltgesundheitsorganisation (WHO) aus dem Jahr 1948 eingeleitet worden ist[1], ist in vielerlei Hinsicht plausibel, und es entspringt einer berechtigten Kritik an überkommenen gesundheitsbezogenen Vorstellungen und Denkweisen. Allerdings wird kritisch angemerkt, dass sich dahinter die Durchsetzung einer neuen Form der Sozialdisziplinierung verbirgt, die mit der Transformation der Arbeits- und Lebensformen einhergeht. Neue Verhaltensanforderungen wie Flexibilität, die Ausbalancierung von sozialer und räumlicher Mobilität und die Herausbildung neuer Kommunikations- und Leistungsfähigkeiten erfordern Gesundheit als existentielle Voraussetzung (vgl. Herzlich 1991, S. 298; Labisch 1992, S. 321 f.).

Mit der wachsenden Bedeutung von Gesundheit und gesundheitsbezogenem Handeln ist *zweitens* ein *Wandel der somatischen Kultur* verknüpft. Nach Rittner umfasst der Begriff der „somatischen Kultur" körperbezogene Dimensionen wie das Gesundheitsverständnis, Ernährung, Bewegung, Sexualität, Hygiene, körperliche Selbstdarstellung und körperlichen Habitus (vgl. Rittner 1999). Während bisherige Formen der Körperdisziplinierung auf die Trennung von Körper und Rationalität, auf körperliche Distanz und auf die Ausklammerung körperlicher Befindlichkeiten aus Sozial- und Arbeitsbeziehungen setzten, lassen sich gegenwärtig eine Auflockerung dieser Zwänge und eine neue Körperaufmerksamkeit beobachten. Dabei werden zugleich neue Zwänge der Fitness, Beweglichkeit und des Gesundheitsaktivismus eingeführt. Körper und Gesundheit werden auf neue Weise zu Manifestationen des Selbst, wobei die körperbezogene Selbstinszenierung mit der Herstellung des „richtigen Körpers" verbunden wird, der gesellschaftliche Idealbilder von Glück, Schönheit, Erfolg, Attraktivität, Jugendlichkeit und Gesundheit verkörpert (vgl. Rittner 1999, S. 114; Laaser und Hurrelmann, 1998, S. 400). Der Körper markiert nicht mehr den Gegenpol zu Vernunft und Rationalität, sondern der flexible Mensch benötigt einen „flexiblen Körper", für dessen Erhalt und Leistungsfähigkeit er selbst verantwortlich erklärt wird und der entsprechend gesellschaftlichen Anforderungen gestaltet und transformiert werden kann (Sting 2007, S. 106 f.).

Für Jugendliche sind die Veränderungen im gesellschaftlichen Umgang mit Körper und Gesundheit in besonderer Weise relevant. Körper und Gesundheit sind zentrale Entwicklungsbereiche im Jugendalter. Die Verarbeitung der pubertären

---

1 Die WHO definierte Gesundheit als den „Zustand des völligen körperlichen, seelischen und sozialen Wohlbefindens und nicht nur (als) Freisein von Krankheit und Gebrechen" (vgl. www.who.int/governance/eb/who_constitution_en.pdf, 15.11.2012).

Wachstums- und Entwicklungsprozesse stellt eine wichtige Weichenstellung für die gesundheitliche Situation der Heranwachsenden dar, die Fend (2003) in der Formel „einen neuen Körper bewohnen lernen" zusammenfasst (S. 222 ff.). Der Körper erfährt im Übergang zum Jugendalter generell eine erhöhte Aufmerksamkeit, die mit der neuen flexibilisierten Körperkultivierung zusammentrifft. Der hohe Stellenwert, den körperbezogene Selbststilisierungen und expressive Selbstinszenierungen in Jugendszenen haben, zeugt davon, dass der Körper zu einer bedeutenden Instanz der Selbstvergewisserung und Identitätsbildung aufgestiegen ist (vgl. Rittner 1999; Höhn und Vogelgesang 1999). Vor diesem Hintergrund finden gesundheitlich riskante Verhaltensweisen als jugendliche Selbstpraktiken zunehmende Verbreitung. Gesundheitliche Risikoverhaltensweisen wie Rauschtrinken oder Drogenkonsum gelten schon länger als jugendtypische Erscheinung. „Body modifications" mittels Bodybuilding, Tattoos, Piercing, Diäten oder Fitness oder selbstverletzendes Verhalten können ebenso als identitätsrelevante Grenzerfahrungen und Selbstgestaltungen betrachtet werden (vgl. Kasten 2006, S. 14 f., 340 f.; Misoch 2007, S. 150 f.). Dazu kommt die in den letzten Jahren expandierende Schönheitschirurgie, die immer häufiger schon von Jugendlichen und jungen Erwachsenen in Anspruch genommen wird.

Die jugendlichen Körperpraktiken werden mit gesellschaftlichen Zwängen und Erwartungen konfrontiert, die die Selbstverfügung über den Körper mit der Selbstverantwortung für die Erfüllung vorgegebener Körperideale kombinieren. Fend (2003) hat am Beispiel des pubertären Entwicklungsschubs beschrieben, wie biologische Anforderungen des Körpers und gesellschaftliche Körperideale aufeinander prallen. Der gesellschaftliche Kontext gibt bis ins kleinste Detail vor, „was als ‚schön' und was als ‚weniger schön' zu gelten hat" (S. 222). Dabei steht insbesondere bei Mädchen das „kulturelle Attraktivitätsideal der Schlankheit … quer zur natürlichen biologischen Entwicklung, nach der es in der Pubertät zu einer Anreicherung von Fettzellen kommt. […] Sie müssen sich also extrem ‚gegen ihren Körper' verhalten, wenn sie den Idealstandards an Schlankheit entsprechen wollen" (S. 235).

Im Spannungsverhältnis von biologischer Entwicklung, gesellschaftlich kursierenden Körperbildern und Selbstverfügung über den Körper verliert der Umgang mit dem Körper an Selbstverständlichkeit. Während z. B. nach dem Kinder- und Jugendgesundheitssurvey 76,8 % aller 14–17-jährigen Mädchen in Deutschland aus medizinischer Sicht normalgewichtig sind (vgl. Kurth und Schaffrath Rosario 2007, S. 738), hält sich der überwiegende Teil der Mädchen für „zu dick". Die Sorge um das Körpergewicht, die mit Anstrengungen zum Abnehmen (Diäten) verbunden ist, wird inzwischen als pubertätstypische „Gewichtsneurose" oder „Obsession" bezeichnet (vgl. Fend 2003, S. 235) – ein Entwicklungsproblem, das allerdings nichts weiter ist als Ausdruck der Zwänge der gesellschaftlichen Körperformierung.

Die neue Reflexivität und Gestaltbarkeit des Körpers bringt Schattenseiten hervor, die im Jugendalter markant zu Tage treten. Extreme Formen der körperlichen Selbstverfügung, das Eingehen von gesundheitlichen Risiken und radikale Körperabwehr und -verdrängung stehen nebeneinander. Die gestiegene Körperaufmerksamkeit rückt auch die allseitige Bedrohung und Verletzlichkeit des Körpers ins Blickfeld. Die Mehrzahl der Gesundheitsprobleme im Jugendalter erscheinen dabei zumindest prinzipiell vermeidbar: Sie sind entweder Resultat eines über kollektive Lebensweisen vermittelten kontingenten Fehlverhaltens, Ergebnis eines Umgangs mit dem eigenen Körper, der gesundheitsbezogene Orientierungen ignoriert, oder Folge jugendspezifischer Risikoverhaltensweisen. Der Anstieg von Gesundheitsproblemen im Jugendalter wird als Indiz dafür gewertet, dass Jugendliche durch die Folgen der gegenwärtigen gesellschaftlichen Transformation besonders belastet sind (vgl. Kolip et al. 1995, S. 44 f.; Dür et al. 2011, S. 277).

Jugendliche selbst nehmen die Ambivalenzen der neuen Körper- und Gesundheitskultur deutlich wahr. Auf der einen Seite ist der Wert der Gesundheit für Jugendliche gestiegen, was anzeigt, dass Jugendliche Gesundheit in der Gegenwartsgesellschaft als bedroht betrachten. Eine österreichische Studie zur Gesundheitsförderung unter 14–25-jährigen Partygängern ergab, dass Gesundheit für die Befragten einen zentralen Faktor dafür darstellt, „mitmachen zu können" bzw. in der Gesellschaft „mit dabei zu sein". Auf der anderen Seite steht die Subjektivierung des Körpererlebens durch „Spaß", „Wohlfühlen" und „Genuss" im Vordergrund. Dabei kommt es zum bewussten Sich-Einlassen auf Erlebniskonstellationen, die der Gesundheit eher nicht zuträglich sind (exzessives Partymachen, „abfeiern") (vgl. Großegger 2010, S. 252 f., 259). Die befragten Jugendlichen versuchen die Ambivalenz zwischen Gesundheitsorientierung und jugendkulturellen Körperpraktiken durch eine „Rhythmisierung" auszubalancieren, indem sie zwischen „ungesunden" und „gesunden" Phasen hin und her pendeln. Bemerkenswert ist in dem Zusammenhang, „wie sehr sich Jugendliche über ihr körperliches Wohlbefinden Gedanken machen und (Alltags-)Theorien entwickeln, wie sich dieses Wohlbefinden positiv beeinflussen lässt" (Großegger 2010, S. 266). Die Imperative des neuen Gesundheitsverständnisses scheinen demnach bei Jugendlichen angekommen zu sein.

2   Zur gesundheitlichen Situation von Kindern und Jugendlichen

Im Verlauf des 20. Jahrhunderts hat sich eine Verschiebung des Krankheitsspektrums vollzogen, nach der nicht mehr akute Infektionskrankheiten und Seuchen, sondern chronische Erkrankungen, psychosomatische Beschwerden und psychische Auffälligkeiten im Zentrum des Krankheitsgeschehens stehen. Die Gesundheit von Kindern und Jugendlichen ist in besonderer Weise durch diese *neue Morbidität* charakterisiert (vgl. Ravens-Siebener et al. 2007, S. 871).

In neueren Gesundheitsstudien werden zahlreiche gesundheitliche Belastungen im Kindes- und Jugendalter herausgestellt. Nach Ohlbrecht (2010, S. 144 ff.) sind folgende Gesundheitsprobleme für diese Lebensphasen zentral: *Psychische Auffälligkeiten* wie z. B. Angststörungen, Depressionen oder Störungen des Sozialverhaltens zeigen sich in Deutschland bei bis zu 21,9 % der Kinder und Jugendlichen (vgl. Ravens-Siebener et al. 2007, S. 874). *Entwicklungsstörungen* (z. B. im Bereich der Sprache, Motorik oder Konzentration) finden sich in Abhängigkeit vom sozialen Status bei 39,0 % (höherer Sozialstatus) bis 55,5 % (niederer Sozialstatus) der Kinder und Jugendlichen (vgl. Lampert und Richter 2006, S. 203 ff.). *Ernährungsprobleme* wie Anorexie, Adipositas und Übergewicht haben stark zugenommen. Bei 28,9 % der 11–17-jährigen Mädchen und bei 15,2 % der 11–17-jährigen Jungen wurde in Deutschland eine Essstörung festgestellt (vgl. Ohlbrecht 2010, S. 145). Nach der KiGGS-Studie hat sich die Adipositasrate bei Kindern und Jugendlichen im Zeitraum von 1985 bis 1999 verdoppelt (vgl. Kurth und Schaffrath Rosario 2007, S. 736 f.). Die österreichische HBSC-Studie vermerkt für den Zeitraum von 1998 bis 2010 ebenfalls einen Anstieg der Adipositashäufigkeit bei den befragten 11–15-jährigen SchülerInnen (vgl. BMG 2011, S. 84). Der Anteil der Kinder und Jugendlichen mit *chronischen Erkrankungen* liegt in Deutschland bei 10 % (vgl. Ohlbrecht 2010, S. 145). In Österreich weisen 16,8 % der 11–17-jährigen Kinder und Jugendlichen eine chronische Erkrankung oder Behinderung auf (vgl. BMG 2011, S. 27).

Die häufigste Todesursache im Kindes- und Jugendalter sind *Unfälle und Verletzungen*. Während Straßenverkehrsunfälle im Zeitverlauf leicht abnehmen, bleiben die Unfallraten im Heim- und Freizeitbereich konstant. Generell steigt die Verletzungshäufigkeit in der Adoleszenz stark an (vgl. BMG 2012, S. 28 f.). Ein weiteres Problem stellt schließlich das *gesundheitliche Risikoverhalten* dar, das insbesondere für das Jugendalter charakteristisch ist. Raithel zählt dazu folgende Verhaltensweisen: „hochkalorische Ernährung, restriktives bzw. exzessives Ernährungsverhalten, Bewegungsmangel, Risikosport, ungeschützte Sonnenexposition, Substanzkonsum/-missbrauch, ungeschütztes Sexualverhalten, riskantes Verkehrsverhalten, explizit risikokonnotative Aktivitäten, lautes Musikhören" (Raithel 2004, S. 37).

Für den Zugang der Kinder- und Jugendhilfe zu gesundheitlichen Problemen sind das gesundheitliche Risikoverhalten und der Zusammenhang von sozialer Benachteiligung und Gesundheit von besonderem Belang.

2.1 Gesundheitliche Ungleichheit

Seit den 1990er Jahren gibt es in Deutschland zunehmende Hinweise auf eine sozial bedingte *gesundheitliche Ungleichheit*, die auch Kinder und Jugendliche betrifft. Die ungleiche Verteilung von Entwicklungsstörungen im Kindes- und Jugendalter wurde bereits erwähnt. Nach Lampert und Richter ist z. B. die Säuglingssterblichkeit von einem sozialen Gefälle geprägt. Verbrühungen und Verletzungen im Straßenverkehr sind in der niedrigen Statusgruppe doppelt so häufig wie in der hohen, und auch bei Daten zur psychischen Gesundheit und bei gesundheitsrelevanten Verhaltensweisen wie Bewegung, Ernährung und Rauchen lässt sich ein signifikanter sozialer Gradient erkennen (Lampert und Richter 2006, S. 203 ff.). Die KiGGS-Studie bestätigt in einigen Aspekten den Zusammenhang von sozialer Ungleichheit und Gesundheit. So scheinen Heranwachsende mit niedrigem sozioökonomischem Status deutlich häufiger von psychischen Auffälligkeiten betroffen zu sein als Heranwachsende mit hohem sozioökonomischem Status (vgl. Ravens-Siebener et al. 2007, S. 875). Auch der allgemeine subjektive Gesundheitszustand variiert in Abhängigkeit vom Sozialstatus (vgl. Lange et al. 2007, S. 583), und auch Adipositas ist je nach Sozialstatus ungleich verteilt: 14 % der 14–17-Jährigen aus der niedrigen Statusgruppe gelten als adipös. In der mittleren Statusgruppe sind es 7,5 % und in der hohen nur noch 5,2 % (Kurth et al. 2007, S. 746). Studien aus anderen Ländern untermauern den Zusammenhang von sozialer Benachteiligung und Gesundheit (vgl. Mackenbach 2008; Sting 2008; BMG 2011, 74 ff.).

Die Daten zur gesundheitlichen Ungleichheit belegen die Indikatorfunktion von Gesundheit für soziale Probleme und Belastungen. Dies gilt nicht nur für besonders benachteiligte und armutsgefährdete Bevölkerungsgruppen. „Vielmehr durchzieht die Ungleichverteilung von Gesundheit und Krankheit die gesamte Sozialstruktur einer Gesellschaft. So existiert ein deutlicher sozialer Gradient in der Sterblichkeit, d. h. mit einer stufenweisen Abnahme des Einkommens erhöht sich das Risiko frühzeitiger Sterblichkeit kontinuierlich" (Richter und Hurrelmann 2006, S. 14). Zwischen sozialer und gesundheitlicher Ungleichheit besteht also eine kontinuierliche, lineare Verknüpfung.

Der Zusammenhang von sozialer und gesundheitlicher Ungleichheit macht deutlich, dass die Bearbeitung gesundheitlicher Fragestellungen eine komplexe gesellschaftliche Aufgabe darstellt. Sozialepidemiologische Makroanalysen belegen z. B. einen Zusammenhang zwischen der Einkommensverteilung und dem Gesundheitsstatus. Dies führt dazu, dass nicht unbedingt die reichsten, sondern die sozial ausgewogensten Länder die beste Gesundheit aufweisen. Als Kennzeichen sozial ausgewogener Gesellschaften identifiziert Wilkinson einen stärkeren sozialen Zusammenhalt und ein ausgeprägteres Gemeinschaftsleben, was das Wohlbefinden und Kohärenzgefühl der Bevölkerung positiv beeinflusst (Wilkinson 2001, S. 129 ff., 269 ff.). Diese Erkenntnis legt einerseits sozialpolitische Maßnahmen zur Verringerung der ungleichen Einkommensverteilung nahe. Andererseits erscheinen Maßnahmen zur Stärkung des sozialen Zusammenhalts in sozial benachteiligten Wohnregionen und Nachbarschaften sinnvoll, da vor allem die mangelnde soziale Kohäsion in derartigen Milieus zur „erhöhten Vulnerabilität sozial benachteiligter Bevölkerungsgruppen" beizutragen scheint (Siegrist et al. 2006).

Eine Reihe von gesundheitlichen Belastungen sind vom jeweiligen Lebensstil abhängig, der eine gesundheitsbezogene Komponente enthält (Hradil 2006, S. 49). So hängt Übergewicht bei Kindern und Jugendlichen unmittelbar mit dem Ernährungs- und Bewegungsverhalten zusammen. Lebensstile sind wiederum von strukturellen Voraussetzungen und sozialen Positionierungen abhängig. Die „kulturellen Gesundheitsressourcen" wie Gesundheitswissen, gesundheitsrelevante Werthaltungen und Einstellungen und gesundheitsbezogenes Verhalten enthalten einen Bezug zum sozialen Status (Abel et al. 2006). In sozial benachteiligten Milieus können sich Probleme des Erwerbs von sozialer Anerkennung und Prestige zum „Statusstress" verdichten, der als Ergebnis nicht eingelöster Statuserwartungen Gesundheitsrisiken und gesundheitsgefährdende Verhaltensweisen nach sich zieht (vgl. Kardorff und Ohlbrecht 2007). Zugleich sind gesundheitsbezogene Lebensstile von der Gesundheitssozialisation abhängig, die sich zunächst vor allem in der Familie vollzieht. In der Familie findet eine „Transmission" gesundheitlicher Ungleichheit statt (vgl. Elkeles 2010, S. 118 f.), die das Gesundheitsverhalten, die Bedeutung von Gesundheit in der alltäglichen Lebensführung sowie das Ausmaß an gesundheitlichen Belastungen und Ressourcen umfasst. Probleme in familiären Beziehungen wie ungünstige Trennungsverläufe, familiäre Gewalt oder Vernachlässigung, die häufig Ausgangspunkt für die Inanspruchnahme von erzieherischen Hilfen sind und daher Kinder und Jugendliche aus der Jugendhilfe besonders betreffen, entfalten eine pathogene Wirkung auf die Gesundheit von Kindern und Jugendlichen.

Im Verlauf der Entwicklung gewinnen jugendliche Peergroups an Einfluss auf die Gesundheitssozialisation. Allerdings zeigt sich hierbei, dass Jugendliche Peers nach eigenen Präferenzen wählen, was häufig „sozialstrukturellen Mustern" folgt. „Soziodemografische Charakteristika sind wahrscheinlich starke Prädiktoren für die Findung einer entsprechenden Gleichaltrigengruppe … (so) dass die Gruppe die Effekte des Herkunftsmilieus in der Regel verstärkt" (Ohlbrecht 2010, S. 151, vgl. auch S. 140 ff.). Die Einbindung in Peergroups stellt zwar einen eigenen, von der Herkunftsfamilie relativ unabhängigen Bereich der Gesundheitssozialisation dar, der „die gesundheitliche Ungleichheit im Jugendalter vorübergehend zu nivellieren scheint" (Elkeles 2010, S. 121). Die Chancen für eine nachhaltige Kompensation von gesundheitlichen Benachteiligungen sind dabei jedoch eher gering. Die Verschränkung von sozialer und gesundheitlicher Ungleichheit verweist auf die Notwendigkeit der Verbindung von gesundheitsbezogenen und sozialen Unterstützungsformen in der Kinder- und Jugendhilfe.

2.2   Gesundheitliches Risikoverhalten

Gesundheitliches Risikoverhalten wird inzwischen als selbstverständlicher Bestandteil von Entwicklungsprozessen im Jugendalter betrachtet und ist daher eine charakteristische Nebenerscheinung vieler jugendkultureller Praktiken. Da Jugendliche immer mehr darauf angewiesen sind, sich ohne vorgefertigte Verhaltensmuster selbst zu bilden und sich eigene Werte und Normen zu erarbeiten, werden soziale Experimente und Selbsterprobungen, die gesundheitliche Risiken einschließen, immer unvermeidlicher. Dem jugendlichen Risikoverhalten lässt sich ein großer Teil der Gesundheitsgefährdungen im Jugendalter zurechnen. Viele der dazu zählenden Verhaltensweisen bleiben „episodisch" – d.h. sie verlieren im Übergang ins Erwachsenenalter wieder an Bedeutung.

Peikert et al. bringen in einer Untersuchung zum Vorschein, dass ein überwiegender Teil der Jugendlichen und jungen Erwachsenen Musik in einer Lautstärke hört, die im hörschädigenden Bereich liegt (vgl. Peikert et al. 2008, S. 76 ff.). Die KiGGS-Studie bestätigt, dass in der Altergruppe der 15–17-jährigen Jungen die meisten Verletzungen infolge von Unfällen oder Gewalt zu verzeichnen sind (vgl. Kahl et al. 2007, S. 720). Im Straßenverkehr gelten die jungen Erwachsenen im Alter von 18–25 Jahren als Hauptrisikogruppe. Obwohl ihr Anteil an der Gesamtbevölkerung in Deutschland nur 8,2 % beträgt, stellen sie ca. 20 % der Verunglückten und Getöteten im Straßenverkehr. Mehr als zwei Drittel der Getöteten starben durch eigenes Verschulden (Statistisches Bundesamt 2012, S. 5)

Jugendliches Risikoverhalten weist einen klar erkennbaren Geschlechtsbezug auf. Verkehrsunfälle und Gewaltdelikte sind bei männlichen Jugendlichen sehr viel häufiger als bei weiblichen (vgl. Beobachtungsstelle Straßenverkehrssicherheit 2010, S. 5 f.; BMFSFJ 2009, S. 129). Demgegenüber sind Essstörungen und selbstverletzendes Verhalten unter weiblichen Jugendlichen sehr viel weiter verbreitet als unter männlichen. Vor allem bei Mädchen hängen Essstörungen sehr stark mit den körperbezogenen Entwicklungsanforderungen im Kontext vorherrschender Schlankheitsnormen zusammen, können aber auch Ausdruck von belastenden Lebensereignissen und psychosozialen Beeinträchtigungen sein. Selbstverletzungen als „absichtliche Form der Schädigung des eigenen Körpers" (z. B. durch Ritzen an Armen oder Beinen, durch Verbrennungen am Körper) sind bei weiblichen Jugendlichen doppelt so häufig wie bei Jungen (vgl. BMFSFJ 2009, S. 137). Zudem tritt selbstverletzendes Verhalten meist in der Pubertät zum ersten Mal auf, ist also eng mit der weiblichen Entwicklung im Jugendalter verknüpft. In vielen Fällen beruht es auf vorausgehenden Gewalterfahrungen, traumatischen Lebensereignissen oder Erfahrungen der Demütigung und Vernachlässigung, und es scheint Funktionen wie die Bewältigung von Belastungen, die narzisstische Selbstregulation oder die emotionale Entlastung zu erfüllen (vgl. Homfeldt und Sting 2006, S. 144 f.). Selbstverletzendes Verhalten ist in Jugendhilfesettings relativ häufig vorzufinden und daher für die Kinder- und Jugendhilfe ein hochrelevantes Thema.

In den Gesundheitswissenschaften gilt gesundheitliches Risikoverhalten im Jugendalter als ambivalent. Während es unter gesundheitlichen Gesichtspunkten als problematisch betrachtet wird, erfüllt es unter der Perspektive jugendlicher Entwicklung produktive Funktionen. Es enthält einen engen Bezug zur Identitätsbildung, indem es Selbsterprobungen und Grenzerfahrungen ermöglicht und Wege zur Selbstdarstellung, zum Erwerb von sozialer Anerkennung und zur Markierung von Zugehörigkeiten eröffnet. Da die gesundheitlichen Folgeprobleme in vielen Fällen erst auf lange Sicht bemerkbar werden, überwiegt in der Gegenwart das produktive Moment. Das „Risiko" wird damit nicht bewusst eingegangen, sondern es stellt sich als indirekte, meist nur mehr oder weniger wahrscheinliche Folge eines aktuell positiv bewerteten Verhaltens dar (vgl. Raithel 2004, S. 39).

3   Sucht und Rausch

Der Konsum von legalen und illegalen Rauschsubstanzen stellt die am meisten verbreitete Form des gesundheitlichen Risikoverhaltens dar, die in der Regel unter der
Perspektive der Suchtgefährdung betrachtet wird. Ich möchte daher im Folgenden
auf diese Form des gesundheitlichen Risikoverhaltens näher eingehen und dessen
Stellenwert im Aufwachsen von Jugendlichen erläutern.

Der Substanzkonsum im Jugendalter erfährt hohe gesellschaftliche Aufmerksamkeit, da in dieser Lebensphase der Einstieg in unterschiedliche Formen des Konsums
erfolgt und jugendtypische, exzessive Konsumpraktiken öffentliche Besorgnis erregen. Jugendliche und junge Erwachsene stellen jedoch nicht die Hauptkonsumen-
tengruppen; insbesondere beim Alkoholkonsum, der *„Kulturdroge Nr 1"* in unserer
Gesellschaft, sind Männer zwischen 40 und 60 Jahren die Gruppe mit den höchsten
Konsumraten und den meisten Suchtproblemen. Während bisherige Untersuchungen zur Konsumpraxis von Jugendlichen von einer Vorverlagerung des Konsum-
beginns beim Konsum von Alkohol und Tabak ausgingen (vgl. Sting 2011, S. 310),
wird dies durch die jüngsten „Drogenaffinitätsstudien" der Bundeszentrale für gesundheitliche Aufklärung (BZgA) nicht bestätigt. Demnach findet der erste Alkoholkonsum im Durchschnitt mit 14,5 Jahren statt; bei Rauchern erfolgt der erste Tabak-
konsum mit durchschnittlich 14,3 Jahren. Eine signifikante Geschlechterdifferenz ist
in beiden Fällen nicht zu erkennen (vgl. BZgA 2012, S. 25; BZgA 2012a, S. 25).

Die Drogenaffinitätsstudien der BZgA werden seit den 1970er Jahren mit relativ
konstanten Methoden in regelmäßigen Abständen durchgeführt. Deswegen eignen
sie sich für die Analyse langfristiger Tendenzen. Insgesamt zeigen sie, dass Jugendliche durchaus bereit sind legale und illegale Substanzen zu konsumieren, dass sie
aber zugleich an der zunehmenden Gesundheitsorientierung der Gesamtbevölkerung
partizipieren. Ähnlich wie bei Erwachsenen ist der Konsum von Alkohol und Tabak
seit den 1970er Jahren rückläufig. 95–98 % der erwachsenen Bevölkerung im deutschsprachigen Raum trinken regelmäßig oder gelegentlich Alkohol. Der Alkoholkonsum stellt eine Normalität in unserer Gesellschaft dar, in die Kinder und Jugendliche
im Verlauf der Entwicklung hineinwachsen. So berichten 97,2 % der 18–25-Jährigen
in Deutschland von Erfahrungen mit Alkohol (BZgA 2012, S. 23). Der regelmäßige
(mindestens wöchentliche) Alkoholkonsum ist allerdings bei den 18–25-Jährigen von
70,0 % im Jahr 1976 auf 39,8 % im Jahr 2011 gesunken; bei den 12–17-Jährigen sank er
von 28,5 % im Jahr 1986 trotz eines Zwischenanstiegs in den 2000er Jahren auf 14,2 %
im Jahr 2011 (BZgA 2012, S. 56). Ähnliche Entwicklungen zeichnen sich beim Ta-
bakkonsum ab. Aktuell (2011) bezeichnen sich 11,7 % der 12–17-Jährigen und 36,8 %
der 18–25-Jährigen als RaucherInnen. Dies sind die niedrigsten je gemessenen Werte.
1979 waren noch 30,2 % der 12–17-Jährigen und 59,2 % der 18–25-Jährigen RaucherInnen (vgl. BZgA 2012a, S. 46 ff.).

Eine Besonderheit des jugendlichen Substanzkonsums ist der Konsum von illegalen Substanzen, der im Jugend- und jungen Erwachsenenalter eine stärkere Ver-

breitung findet als in anderen Altersgruppen, der aber im Vergleich zu legalen Substanzen eine relativ geringe Rolle spielt. Zwar sind etwas weniger als die Hälfte der Heranwachsenden inzwischen bereit, illegale Drogen auszuprobieren, doch bleibt es in den meisten Fällen bei wenigen Konsumexperimenten. Der von Mitte der 1990er Jahre bis Mitte der 2000er Jahre konstatierte Anstieg der Lebenszeitprävalenzen für den Konsum illegaler Drogen unter Jugendlichen und jungen Erwachsenen (BZgA 2004, S. 7–13) ist überwiegend auf Cannabiserfahrungen zurückzuführen. Während bei allen anderen illegalen Drogen die Konsumraten relativ gering sind, hat sich Cannabis bei einer Minderheit der Jugendlichen als Alltagsdroge etabliert (Kraus et al. 2008, S. 113; Lamprecht und Thamm 2007, S. 605). Seit Mitte der 2000er Jahre ist ein Rückgang des Konsums von Cannabis und anderen illegalen Drogen zu beobachten (BZgA 2008; Kraus 2008; BZgA 2011). 2010 verfügen 45,2 % der männlichen und 35,4 % der weiblichen jungen Erwachsenen über Cannabiserfahrungen. Einen regelmäßigen Konsum geben nur 5,7 % der männlichen und 0,9 % der weiblichen jungen Erwachsenen an. Bei den Jugendlichen liegen die Werte noch deutlich niedriger (BZgA 2011, S. 13,16 f.).

Eine weitere Besonderheit des jugendlichen Substanzkonsums besteht in der Präferenz für Rauscherfahrungen. Während der regelmäßige Alkoholkonsum unter Jugendlichen und jungen Erwachsenen rückläufig ist, lässt sich dies bei Alkoholrausch-Erfahrungen nicht eindeutig erkennen. Bei den 12–17-Jährigen blieben die Alkoholrausch-Erfahrungen zwischen 30,0 % im Jahr 1979 und 27,1 % im Jahr 2011 relativ konstant; bei den 18–25-Jährigen ist eine Zunahme von 72,6 % auf 80,2 % zu verzeichnen (BZgA 2012, S. 63). Trotz des generellen Rückgangs des Substanzkonsums scheinen also Rauscherfahrungen durch den Konsum von Alkohol oder illegalen Substanzen für Jugendliche und junge Erwachsene nach wie vor eine relevante Bedeutung im Entwicklungsprozess zu haben.

Der Substanzkonsum zielt generell nicht auf Sucht, sondern auf Rausch. Zwar schlägt sich die Präferenz der Heranwachsenden für das Rauschtrinken in einer erhöhten Zahl von Krankenhausaufenthalten nieder, doch handelt es sich hierbei eher um konsumbezogene Unfälle als um Suchtprobleme. Suchtprobleme in Verbindung mit Cannabiskonsum werden bereits im jungen Erwachsenenalter manifest, die Fallzahlen sind aber im Vergleich zu alkoholbezogenen Problemen sehr gering (vgl. Sting 2010, S. 8 f.).

Es gibt Indizien dafür, dass Rauscherfahrungen eine besondere Rolle bei der Gestaltung jugendlicher Übergänge und Statuspassagen spielen. Dem Substanzkonsum wird schon seit längerem eine spezifische Funktionalität bei der Bewältigung von Entwicklungsaufgaben im Jugendalter zugeschrieben: Z.B. kann er die Ablösung vom Elternhaus unterstützen, Zugang und Zugehörigkeit zu Gleichaltrigengruppen vermitteln, körperliche Selbst- und Grenzerfahrungen ermöglichen, zur Auseinandersetzung mit gesellschaftlichen Wert- und Normvorstellungen führen und so zur Identitätsentwicklung beitragen (Kastner und Silbereisen 1988; Leppin et al. 2000, S. 11). Jungaberle unterscheidet eine Reihe von „motivationalen Grundthemen" (z.B.

Angstüberwindung, Neugier, Suche nach Grenzen, Zugehörigkeit, Auflehnung/Protest, Problembewältigung), die den jugendlichen Umgang mit psychoaktiven Substanzen leiten. Rauscherfahrungen werden dabei gezielt herbeigeführt und zugleich mittels unterschiedlicher Strategien kontrolliert (Jungaberle 2007, S. 186, S. 178). Eine Tübinger Studie zum jugendlichen Rauschtrinken zeigt, dass die Kontrolle des Alkoholkonsums ein wesentliches Moment der Organisation von Trinkereignissen darstellt (Institut für Erziehungswissenschaft 2009, S. 8).

Rauscherfahrungen werden meist in spezifische Situationen und Gruppenzusammenhänge (setting) eingebettet und mit besonderen Erwartungshaltungen und Stimmungen (set) wie Entspannung, Feiern, Spaß und Geselligkeit verknüpft, die die Substanzwirkung wesentlich beeinflussen. Das Zusammensein mit Anderen, das Gemeinschaftserlebnis macht den eigentlichen „Sinn" des Rausches aus (Institut für Erziehungswissenschaft 2009, S. 9). In Peergroups werden Rituale für den Umgang mit Substanzen und Erklärungsmuster für Rauscherlebnisse weiter gegeben. Substanzkonsum kann als Aufnahmeritual und zur Markierung besonderer Situationen dienen (Blätter 2007, S. 84 f.).

Die Eigenschaft des Rauschs, temporäre Bewusstseinsveränderungen hervorzurufen, prädestiniert ihn für die Gestaltung von sozialen Übergängen und Statuspassagen. Während in unserer Gesellschaft allgemein verbindliche und gesellschaftlich vorgegebene Übergangsrituale weitgehend an Bedeutung verloren haben, müssen Heranwachsende ihre Entwicklungsaufgaben im Rahmen einer selbsttätigen Initiations- und Übergangsarbeit bewältigen. Die Übergangsarbeit erfolgt angesichts einer Vielfalt von Lebensoptionen zunehmend im „Selbstexperiment". Das Eingehen von Risiken, wie sie Rauscherfahrungen im Hinblick auf ihre körperlichen, psychischen und sozialen Folgewirkungen enthalten, ist eine wesentliche Begleiterscheinung. Zentrales Motiv von Rauscherfahrungen ist jedoch nicht das individuelle Risiko, sondern ihr sozialintegrativer Aspekt. Rauschrituale stiften Zusammengehörigkeit und schaffen soziale Distinktionen (Bartsch 2007, S. 219). Sie bringen kollektive Ereignisse hervor, die eine identifikatorische Basis für gemeinsame Erfahrungen und Erzählungen bilden.

Während beim größten Teil der Heranwachsenden Substanzkonsum und Rauscherfahrungen „im Kontext einer normativen Adoleszenzentwicklung" zu betrachten sind und im Hinblick auf eine spätere Suchtgefährdung eher unproblematisch erscheinen, skizzieren Petermann und Roth daneben eine zweite Konsumpraxis, die sich nur bei wenigen Jugendlichen auffinden lässt, die als „Indikator für maladaptive Entwicklungsverläufe" gesehen werden kann und die den Beginn einer Missbrauchs- oder Suchtproblematik andeutet (vgl. Petermann und Roth 2006, S. 116). Auch Jungaberle verweist auf einen „problematischen" Konsumtypus, bei dem der Substanzkonsum weniger instrumentellen Strategien zur Erreichung von Entwicklungszielen folgt, als eine alternative Problembewältigungsstrategie bei unzureichenden biopsychosozialen Ressourcen darstellt (vgl. Jungaberle 2007, S. 185).

In der Kinder- und Jugendhilfe ist dementsprechend ein differenzierter Blick erforderlich, der einerseits die Normalität und produktive Funktionalität jugendlicher Konsum- und Rauschpraktiken anerkennt, der sich aber andererseits die Aufmerksamkeit auf sich andeutende problematische Entwicklungen im Einzelfall bewahrt. Insgesamt zeigen die skizzierten Tendenzen des Substanzkonsums, dass sich Heranwachsende trotz einzelner gegenläufiger Ereignisse und Befunde zunehmend gesundheitsbewusst verhalten und dass die seit den 1990er Jahren sich durchsetzende „Pflicht zur Gesundheit" (Herzlich 1991) auch von ihnen akzeptiert zu werden scheint.

4   Konsequenzen für die Kinder- und Jugendhilfe

Die enge Verschränkung von sozialen und gesundheitlichen Problemen macht deutlich, dass die Auseinandersetzung mit gesundheitlichen Aspekten des Aufwachsens für die Kinder- und Jugendhilfe unumgänglich ist. Fachkräfte in der Kinder- und Jugendhilfe benötigen eine *gesundheitsbezogene Sensibilität*. Sie müssen keine gesundheitlichen Experten sein, aber eine Aufmerksamkeit für das Wohlbefinden und gesundheitliche Probleme entwickeln. Zur Bearbeitung gesundheitliche Probleme sind häufig interprofessionelle Kooperationen und Vernetzungen mit Einrichtungen des Gesundheitswesens, des Bildungssystems oder der Behindertenhilfe erforderlich (vgl. Homfeldt und Sting 2011, S. 577). Dabei auftretende Konflikte und Konkurrenzen werden insbesondere im Hinblick auf das Spannungsfeld von Jugendhilfe und Jugendpsychiatrie schon länger diskutiert (vgl. Homfeldt und Sting 2006, S. 196 ff.). Zugleich zeigt sich in diesem Feld aber auch die Unumgänglichkeit übergreifender und komplementärer Perspektiven.

Ein weiterer Aspekt ist die gesundheitsverträgliche Gestaltung der Rahmenbedingungen und Institutionen der Kinder- und Jugendhilfe. In der aktuellen Fassung des nationalen Gesundheitsziels „gesund aufwachsen" wird für eine settingbezogene Gesundheitsförderung plädiert. Dementsprechend sind Faktoren wie die räumliche Gestaltung, die Zeitstruktur, Ernährungs- und Bewegungsmöglichkeiten sowie Atmosphäre und Arbeitsklima in den jeweiligen Institutionen für die Gesundheit relevant. Vor diesem Hintergrund werden z. B. Maßnahmen zur betrieblichen Gesundheitsförderung in Kindertagesstätten angeregt, die neben der Gesundheit der Kinder auch die Gesundheit des Personals im Blick haben und generell zur Erhöhung des Wohlbefindens in der Einrichtung beitragen sollen (vgl. BMG 2010, 45).

Spezifische Maßnahmen und Programme der Gesundheitsförderung bewegen sich häufig zwischen anlassbezogener Reaktion auf Auffälligkeiten, Bearbeitung realer Gesundheitsprobleme und Intensivierung der gesundheitsbezogenen Sozialdisziplinierung. So dienten z. B. einzelne spektakuläre Fälle von Kindesmisshandlung und -vernachlässigung in Deutschland als Anlass für die Etablierung *„früher Hilfen"*, die inzwischen durchaus hilfreiche Formen alltagspraktischer Unterstützung für werdende und junge Familien bereitstellen, aber auch eine an der Kindergesundheit orientierte, kontrollierende Intervention in das Familiensystem beinhalten können (vgl. BMG 2010, 29 f.).

In der Kinder- und Jugendhilfe stellt Gesundheit im Unterschied zu spezifischen Gesundheitsförderungsprogrammen ein Alltagsthema dar, das in die alltägliche Gestaltung von Lebenszusammenhängen eingebettet ist. Gesundheitliche Fragen werden zum Gegenstand pädagogischer Auseinandersetzungen – nicht als Sonderaktivitäten, sondern als Begleiterscheinung von Alltagssituationen wie z. B. Mahlzeiten, Freizeitgestaltung oder dem Umgang mit Rauscherfahrungen. In diesem Kontext findet eine implizite oder explizite *gesundheitsbezogene Bildungsarbeit* statt, bei der gesundheitsbezogene Haltungen und Praktiken der Professionellen Auswirkungen auf das Gesundheitshandeln der Kinder und Jugendlichen haben. Eine gesundheitsbezogene Sensibilität kann dabei zu einer bewussten, expliziten Positionierung im Hinblick auf Gesundheit führen. In Bezug auf das Gesundheitsthema „Ernährung" ginge es dann beispielsweise weniger um die Durchsetzung einer gesundheitswissenschaftlich legitimierten „Ernährungspyramide", die eine normativ vorgegebene Zusammensetzung an Nahrungsmitteln beschreibt, als um die Konstituierung und Reflexion von Essen als Element der sozialen Alltagspraxis. Die Konstituierung des Essens als geselliges, genussorientiertes Ritual liefert gerade in der Arbeit mit sozial benachteiligten Heranwachsenden Ansatzpunkte für eine konstruktive Auseinandersetzung mit Ernährungsfragen (vgl. Deneke 2002).

Ein anderes Beispiel ist das Ernstnehmen von Rausch- und Risikoerfahrungen in ihrer Bedeutung als Übergangsrituale und Grenzwahrnehmungen. Nur eine unvoreingenommene, nicht-repressive Auseinandersetzung mit jugendlichen Rausch- und Risikopraktiken bietet Zugänge für eine pädagogische Risikobegleitung und Kultivierung der Praxisformen sowie für die Wahrnehmung spezifischer Problemkonstellationen. Dabei kann sich die Perspektive nicht nur auf die gesundheitlichen Risiken bestimmter Praxisformen richten, sondern entsprechend der übergreifenden entwicklungs- und bildungsbezogenen Relevanz müssten gesundheitliche Aspekte im Kontext sozialer Positionierungen und jugendlicher Gesellungsformen verortet werden. Gesundheitsförderung wäre dann mehr als die Vermeidung von Risikoverhalten. Vielmehr geht es um die Herstellung von Wohlbefinden und „Kohärenzgefühl" (Antonovsky 1997) – einer Stimmigkeit mit sich selbst und der umgebenden Welt, in die gesundheitsrelevante Praktiken, soziale Inklusion und Positionierung und biographische Entwicklungsverläufe einfließen.

Unumgänglich für eine gelingende gesundheitsbezogene Bildungsarbeit ist es, von der Heterogenität der Kinder und Jugendlichen auszugehen und die Diversität und Ungleichheit der Lebenswelten und somatischen Kulturen zu berücksichtigen. Die enge Beziehung von sozialem und gesundheitlichem Status macht die Berücksichtigung des sozialen Faktors von Gesundheit notwendig. Aufgrund der Einbettung des Gesundheitshandelns in spezifische Lebenslagen, soziokulturelle Milieus und Gesellungskontexte müssen gesundheitsbezogene Aktivitäten mit einer sozialen Reflexivität verknüpft werden, die das Wechselspiel von sozialen Rahmungen und

individueller Konstitution analysiert (vgl. Homfeldt und Sting 2006, S. 117 ff.). Für
die Kinder- und Jugendhilfe bedeutet dies, einerseits fallbezogen und zielgruppenspezifisch Zugänge zu Gesundheitsthemen zu entwickeln, diese aber andererseits
zu einem selbstverständlichen Bestandteil der Arbeit von Regelinstitutionen zu machen, um stigmatisierende Sonderprogramme und -projekte für *„Risikogruppen"* zu
vermeiden.

Literatur

Abel, T., Abraham, A., & Sommerhalder, K. (2006). Kulturelles Kapitel, kollektive Lebensstile und die soziale Reproduktion gesundheitlicher Ungleichheit. In M. Richter & K.
Hurrelmann (Hrsg.), *Gesundheitliche Ungleichheit* (S. 185–198). Wiesbaden: VS Verlag
für Sozialwissenschaften.

Antonovsky, A. (1997). *Salutogenese. Zur Entmystifizierung der Gesundheit.* Tübingen:
dgvt Verlag.

Barsch, G. (2007). Drogenkonsum und soziale Ungleichheit. In B. Dollinger, & H.
Schmidt-Semisch (Hrsg.), *Sozialwissenschaftliche Suchtforschung* (S. 213–234). Wiesbaden: VS Verlag für Sozialwissenschaften.

Beobachtungsstelle Straßenverkehrssicherheit (Hrsg.). Basic Fact Sheet 2007. Allgemeine Kennzahlen. http://www.bmvit.gv.at/service/publikationen/verkehr/strasse/down
loads/broschuere/kennzahlen.pdf. Zugegriffen: 28. 01. 2010.

Blätter, A. (2007). Soziokulturelle Determinanten der Drogenwirkung. In B. Dollinger &
H. Schmidt-Semisch (Hrsg.), *Sozialwissenschaftliche Suchtforschung* (S. 83–96). Wiesbaden: VS Verlag für Sozialwissenschaften.

Bundesministerium für Familie, Senioren, Frauen und Jugend (BMFSFJ). (2009). *13. Kin-
der- und Jugendbericht. Bericht über die Lebenssituation junger Menschen und die Leistungen der Kinder- und Jugendhilfe in Deutschland.* Berlin.

Bundesministerium für Gesundheit (Hrsg.). (2010). Nationales Gesundheitsziel. Gesund aufwachsen: Lebenskompetenz, Bewegung, Ernährung. Berlin. http://www.ge
sundheitsziele.de//cms/medium/433/Nationales_Gesundheitsziel_Gesund_aufwach
sen_2010.pdf. Zugegriffen: 15. 11. 2012.

Bundesministerium für Gesundheit (BMG). (2011). *Gesundheit und Gesundheitsverhalten von österreichischen Schülern und Schülerinnen. Ergebnisse des WHO-HBSC-Sur-
vey 2010.* Wien.

Bundeszentrale für gesundheitliche Aufklärung (BZgA). (2004). *Die Drogenaffinität Jugendlicher in der Bundesrepublik Deutschland 2004. Teilband illegale Drogen.* Köln.

Bundeszentrale für gesundheitliche Aufklärung (BZgA). (2008). *Die Drogenaffinität Jugendlicher in der Bundesrepublik Deutschland. Alkohol-, Tabak- und Cannabiskonsum.
Erste Ergebnisse zu aktuellen Entwicklungen und Trends.* Köln.

Bundeszentrale für gesundheitliche Aufklärung (BZgA). (2011). *Der Cannabiskonsum Jugendlicher und junger Erwachsener in Deutschland 2010.* Köln.

Bundeszentrale für gesundheitliche Aufklärung (BZgA). (2012). *Die Drogenaffinität Jugendlicher in der Bundesrepublik Deutschland 2011. Teilband Alkohol.* Köln.

Bundeszentrale für gesundheitliche Aufklärung (BZgA). (2012a). *Die Drogenaffinität Jugendlicher in der Bundesrepublik Deutschland 2011. Teilband Rauchen.* Köln.

Deneke, C. (2002). Selbst is(s)t der Mann! Gesunde Ernährung für Jugendliche. Bericht aus einem Bundesmodell. http://www.zukunft.niedersachsen.de/ernaehrung-nb/Deneke.Christiane.pdf. Zugegriffen: 01. 03. 2007.

Dür, W., Griebler, R., & Hojni, M. (2011). Die Gesundheit der Jugend in Österreich als Grundlage für politische Maßnahmen. In Bundesministerium für Gesundheit, Familie und Jugend (Hrsg.), *6. Bericht zur Lage der Jugend in Österreich* (S. 275–293). Wien.

Elkeles, M. (2010). Armut und Gesundheit im Jugendalter. In H. Hackauf, & H. Ohlbrecht (Hrsg.), *Jugend und Gesundheit* (S. 112–135). Weinheim und München: Juventa.

Fend, H. (2003). *Entwicklungspsychologie des Jugendalters.* Wiesbaden: VS Verlag für Sozialwissenschaften.

Flick, U., & Rönsch, G. (2008). *Gesundheit auf der Straße. Gesundheitsvorstellungen und Umgang mit Krankheit im Kontext von Jugendobdachlosigkeit.* Weinheim und München: Juventa.

Großegger, B. (2010). „Zu viel Gesundheit ist auch nicht gesund, weil da geht mir etwas ab". In H. Hackauf & H. Ohlbrecht (Hrsg.), *Jugend und Gesundheit* (S. 252–270). Weinheim und München: Juventa.

Herzlich, C. (1991). Soziale Repräsentationen von Gesundheit und Krankheit und ihre Dynamik im sozialen Feld. In U. Flick (Hrsg.), *Alltagswissen über Gesundheit und Krankheit* (S. 293–302). Heidelberg: Asanger.

Höfer, R. (2000). *Jugend, Gesundheit und Identität.* Opladen: Leske + Budrich.

Höhn, M., & Vogelgesang, W. (1999). Körper, Medien, Distinktion. Zum Körperkult und zur Körperkultivierung in Jugendszenen. In H. G. Homfeldt (Hrsg.), *„Sozialer Brennpunkt" Körper* (S. 136–154). Baltmannsweiler: Schneider Hohengehren.

Hölling, H., & Schlack, R. (2007). Essstörungen im Kindes- und Jugendalter. *Bundesgesundheitsblatt-Gesundheitsforschung-Gesundheitsschutz* 5/6, (S. 794–799).

Homfeldt, H. G., & Sting, S. (2006). *Soziale Arbeit und Gesundheit. Eine Einführung.* München: Ernst Reinhardt Verlag.

Homfeldt, H. G., & Sting, S. (2011). Gesundheit und Krankheit. In H.-U. Otto & H. Thiersch (Hrsg.), *Handbuch Soziale Arbeit* (S. 567–579). München: Ernst Reinhardt Verlag.

Hradil, S. (2006). Was prägt das Krankheitsrisiko: Schicht, Lage, Lebensstil? In M. Richter & K. Hurrelmann (Hrsg.), *Gesundheitliche Ungleichheit* (S. 33–52). Wiesbaden: VS Verlag für Sozialwissenschaften.

Institut für Erziehungswissenschaft der Universität Tübingen, & Forschungsinstitut tifs (2009). *Einflussfaktoren, Motivation und Anreize zum Rauschtrinken bei Jugendlichen* (Forschungsprojekt im Auftrag des Bundesministeriums für Gesundheit). Tübingen.

Jungaberle, H. (2007). Qualitative Drogen- und Suchtforschung – am Beispiel eines kulturwissenschaftlichen Forschungsprojekts. In B. Dollinger & H. Schmidt-Semisch (Hrsg.), *Sozialwissenschaftliche Suchtforschung* (S. 169–194). Wiesbaden: VS Verlag für Sozialwissenschaften.

Kahl, H., Dortschy, R., & Ellsäßer, G. (2007). Verletzungen bei Kindern und Jugendlichen (1–17 Jahre) und Umsetzung von persönlichen Schutzmaßnahmen. *Bundesgesundheitsblatt-Gesundheitsforschung-Gesundheitsschutz*, H. 5–6, (S. 718–727).

Kardorff, E. v., & Ohlbrecht, H. (2007). Essstörungen im Jugendalter – eine Reaktionsform auf gesellschaftlichen Wandel. *Diskurs Kindheits- und Jugendforschung*, (2), H. 2, (S. 155–168).

Kasten, E. (2006). *Body-Modification. Psychologische und medizinische Aspekte von Piercing, Tattoo, Selbstverletzung und anderen Körperveränderungen*. München: Ernst Reinhardt Verlag.

Kastner, P., & Silbereisen, R. K. (1988). Die Funktion von Drogen in der Entwicklung Jugendlicher. In N. Bartsch & H. Knigge-Illner (Hrsg.), *Sucht und Erziehung. Band 2: Sucht und Jugendarbeit.* (S. 23–32). Weinheim und Basel: Beltz.

Kolip, P., Nordlohne, E., & Hurrelmann, K. (1995). Der Jugendgesundheitssurvey 1993. In P. Kolip, K. Hurrelmann & P.-E. Schnabel (Hrsg.), *Jugend und Gesundheit* (S. 24–48). Weinheim und München: Juventa.

Kraus, L. (2008). Epidemiologischer Suchtsurvey 2006. Repräsentativerhebung zu Gebrauch und Missbrauch psychoaktiver Substanzen bei Erwachsenen in Deutschland. *Sucht 54*, Sonderheft 1.

Kraus, L., Papst, A., & Steiner, S. (2008). *Europäische Schülerstudie zu Alkohol und anderen Drogen 2007 (ESPAD). Befragung von Schülerinnen und Schülern der 9. und 10. Klasse in Bayern, Berlin, Brandenburg, Hessen, Mecklenburg-Vorpommern, Saarland und Thüringen.* München: IFT.

Kurth, B. M., & Schaffrath, R. A. (2007). Die Verteilung von Übergewicht und Adipositas bei Kindern und Jugendlichen in Deutschland. *Bundesgesundheitsblatt-Gesundheitsforschung-Gesundheitsschutz*, H. 5–6, (S. 736–743).

Laaser, U., & Hurrelmann, K. (1998). Gesundheitsförderung und Krankheitsprävention. In K. Hurrelmann & U. Laaser (Hrsg.), *Handbuch Gesundheitswissenschaften* (S. 395–424), Weinheim und München: Juventa.

Labisch, A. (1992). *Homo Hygienicus. Gesundheit und Medizin in der Neuzeit.* Frankfurt a. M. und New York: Campus.

Lampert, T., & Richter, M. (2006). Gesundheitliche Ungleichheit bei Kindern und Jugendlichen. In M. Richter & K. Hurrelmann, K. (Hrsg.), *Gesundheitliche Ungleichheit* (S. 199–220). Wiesbaden: VS Verlag für Sozialwissenschaften.

Lampert, T., & Thamm, M. (2007). Tabak-, Alkohol- und Drogenkonsum von Jugendlichen in Deutschland. Ergebnisse des Kinder- und Jugendgesundheitssurveys (KiGGS). *Bundesgesundheitsblatt-Gesundheitsforschung-Gesundheitsschutz 5/6*, (S. 600–608).

Leppin, A., Hurrelmann, K., & Petermann, H. (2000). Schulische Suchtprävention: Status Quo und Perspektiven. In A. Leppin, K. Hurrelmann & H. Petermann (Hrsg.), *Jugendliche und Alltagsdrogen* (S. 9–21). Neuwied, Kriftel und Berlin: Luchterhand.

Mackenbach, J. P. (2008). Sozioökonomische gesundheitliche Ungleichheiten in Westeuropa: Von der Beschreibung über die Erklärung zur Intervention. In J. Siegrist & M. Marmot (Hrsg.), *Soziale Ungleichheit und Gesundheit* (S. 281–315). Bern: Huber.

Misoch, S. (2007). Körperinszenierungen Jugendlicher im Netz: Ästhetische und schockierende Präsentationen. *Diskurs Kindheits- und Jugendforschung*, (2), H. 2, (S. 139–154).

Ohlbrecht, H. (2010). Die Lebenswelten von Familie und Peers und ihre Auswirkungen auf die Gesundheit. In H. Hackauf & H. Ohlbrecht (Hrsg.), *Jugend und Gesundheit* (S. 136–159). Weinheim und München: Juventa.

Peikert, B., Schaepe, C., Waltert, B., Weissgrab, C., Wüste, K., & Zimmermann, M. (2008). Hörschäden durch Freizeitlärm (Soziakusis). Erfassung von Musikhörgewohnheiten Jugendlicher und junger Erwachsener. In H. Hackauf & M. Jungbauer-Gans (Hrsg.), *Gesundheitsprävention bei Kindern und Jugendlichen* (S. 73–90). Wiesbaden: VS Verlag für Sozialwissenschaften.

Pestalozzi, J. H. (1971). *Pestalozzi über seine Anstalt in Stams*. Weinheim und Basel: Beltz.

Petermann, H., & Roth, M. (2006). *Suchtprävention im Jugendalter. Interventionstheoretische Grundlagen und entwicklungspsychologische Perspektiven*. Weinheim und München: Juventa.

Raithel, J. (2004). *Jugendliches Risikoverhalten. Eine Einführung*. Wiesbaden: VS Verlag für Sozialwissenschaften.

Ravens-Siebener, U., Wille, N., Bettge, S., & Erhart, M. (2007). Psychische Gesundheit von Kindern und Jugendlichen in Deutschland. *Bundesgesundheitsblatt-Gesundheitsforschung-Gesundheitsschutz*, H. 5–6, (S. 871–878).

Richter, M., & Hurrelmann, K. (2006). Gesundheitliche Ungleichheit: Ausgangsfragen und Herausforderungen. In M. Richter & K. Hurrelmann (Hrsg.), *Gesundheitliche Ungleichheit* (S. 11–31). Wiesbaden: VS Verlag für Sozialwissenschaften.

Rittner, V. (1999). Körper und Identität. Zum Wandel des individuellen Selbstbeschreibungsvokabulars in der Erlebnisgesellschaft. In H. G. Homfeldt (Hrsg.), *„Sozialer Brennpunkt" Körper* (S. 104–116). Baltmannsweiler: Schneider Hohengehren.

Schröer, W., & Sting, S. (2006). Vergessene Themen der Disziplin – neue Herausforderungen für die Sozialpädagogik? In C. Schweppe & S. Sting (Hrsg.), *Sozialpädagogik im Übergang. Neue Herausforderungen für Disziplin, Profession und Ausbildung* (S. 17–30). Weinheim und München: Juventa.

Siegrist, J., Dragano, N., & Knesebeck, O. v. (2006). Soziales Kapital, soziale Ungleichheit und Gesundheit. In M. Richter & K. Hurrelmann (Hrsg.), *Gesundheitliche Ungleichheit* (S. 157–170). Wiesbaden: VS Verlag für Sozialwissenschaften.

Statistisches Bundesamt (2012). Verkehrsunfälle. Unfälle von 18–24-Jährigen im Straßenverkehr. Wiesbaden. https://www.destatis.de/DE/Publikationen/Thematisch/TransportVerkehr/Verkehrsunfaelle/Unfaelle18bis24jaehrigen5462406117004.pdf?__blob=publicationFile. Zugegriffen: 15.11.2012.

Sting, S. (2007). Der Körper als Bildungsthema. In H. G. Homfeldt (Hrsg.), *Soziale Arbeit im Aufschwung zu neuen Möglichkeiten oder Rückkehr zu alten Aufgaben?* (S. 102–112). Baltmannsweiler: Schneider Hohengehren.

Sting, S. (2008). Gesundheitliche Ungleichheit. In G. Knapp & H. Pichler (Hrsg.), *Armut, Gesellschaft und Soziale Arbeit* (S. 419–439). Klagenfurt, Ljubljana und Wien: Hermagoras.

Sting, S. (2009). Gesundheitsförderung und Gesundheitsprävention im Kindes- und Jugendalter. Soziale Arbeit als Erfüllungsgehilfin der Gesundheitswissenschaften? In M. Behnisch & M. Winkler (Hrsg.), *Soziale Arbeit und Naturwissenschaft* (S. 86–105). München: Ernst Reinhardt Verlag.

Sting, S. (2010). Suchtprävention im Kindes- und Jugendalter. Expertise zum 13. Kinder- und Jugendbericht der Bundesregierung. In Sachverständigenkommission des 13. Kinder- und Jugendberichts (Hrsg.), *Materialien zum 13. Kinder- und Jugendbericht. Mehr Chancen für gesundes Aufwachsen* (S. 789–826). München: DJI.

Sting, S. (2011). Sucht. In Bundesministerium für Wirtschaft, Familie und Jugend (Hrsg.), *6. Bericht zur Lage der Jugend in Österreich* (S. 309–322). Wien.

Wilkinson, R. G. (2001). *Kranke Gesellschaften. Soziales Ungleichgewicht und Gesundheit.* Wien und New York: Springer.

Sting, Stephan, Prof. Dr. phil., Professor für Sozial- und Integrationspädagogik am Institut für Erziehungswissenschaft und Bildungsforschung der Alpen-Adria-Universität Klagenfurt, Arbeitsschwerpunkte: Sozialpädagogische Bildungsforschung, Sozialpädagogik im Kindes- und Jugendalter, Soziale Arbeit und Gesundheit, Suchtprävention.

Gewalt – Verständnisse, Phänomene, Erklärungsansätze und Konsequenzen für die Kinder- und Jugendhilfe

Kurt Möller

Zusammenfassung

Analysen zur sog. ‚Kinder- und Jugendgewalt' sollten die Gewalt-Betroffenheit von Minderjährigen und Heranwachsenden sowohl hinsichtlich der Opfer- als auch der Täterseite fokussieren und dabei die wechselseitige Beeinflussung und die Verschränkung beider Seiten berücksichtigen. Der Beitrag klärt daher zunächst den Terminus ‚Gewalt' in seinen Facetten, präsentiert dann zentrale empirische Befunde zu Gewaltwiderfahrnissen wie auch zur Gewaltakzeptanz von Kindern und Jugendlichen und diskutiert anschließend Gefährdungs- und Risikofaktoren für diese Erscheinungen und ihre Zusammenhänge sowie darauf bezogene Erklärungsansätze. Am Schluss werden Konsequenzen für die Kinder- und Jugendhilfe gezogen.

Deutlich wird die Unerlässlichkeit eines differenzierten Gewaltbegriffs, eine vor allem kultur-, alters-, milieu- und genderspezifisch unterschiedlich konturierte und hohe Gewaltinvolviertheit auf verschiedenen Ebenen und die Notwendigkeit, zu ihrer Erklärung in Absehung von relativ abstrakten monokausalen Theorien das konkrete Zusammenspiel biologischer, psychischer sowie sozialer – und hierbei auch insbesondere struktureller – Faktoren zu beachten. Insofern wird zum einen argumentiert, dass eine nur individuell ansetzende und/oder mikrosozial agierende Bearbeitung von Gewaltproblematiken solange unzureichend ist wie nicht ebenfalls in den gesellschaftlichen Meso- und Makrobereichen Begünstigungsfaktoren abgebaut werden. Zum anderen wird für eine auf den einzelnen Fall bezogene Strategie plädiert, die Kompetenzen herausfordert bzw. sich zu Nutze macht, jene Wissensbestände und Modelle adäquat umzukontextuieren, die nach dem aktuellen Stand wissenschaftlicher Evaluationserkenntnisse als gesichert bzw. wirkmächtig gelten können.

Schlüsselbegriffe

Gewaltbegriff, Gewaltakzeptanz, Gewalterleiden, Gewalt bei Kindern und Jugendlichen, Gewalt – empirische Befunde, Gewalt – Entstehungs- und Entwicklungshintergründe, Gewalt – Konsequenzen für ihre Bearbeitung

Gewalt – Schieflagen ihrer Thematisierung

Gewalt ist ohne Zweifel ein Dauerbrenner in gesellschaftlichen Debatten, speziell jedoch auch in der pädagogischen und der sozialarbeiterischen Diskussion. Insbesondere in den letzten Jahrzehnten scheinen Besorgnisse über die sogenannte *Kinder- und Jugendgewalt* anzuwachsen und auch den (sozial)pädagogischen Diskurs über das Verhältnis von Kindern und Jugendlichen einerseits und Gewalt andererseits zu bestimmen (vgl. Melzer et al. 2015).

Dabei steht zumeist das aktive Gewaltverhalten von Kindern und Jugendlichen im Mittelpunkt. Vergleichsweise eher selten wird auf deren Opferstatus im Kontext gesellschaftlicher Gewalt, die von Erwachsenen – u. a. etwa von Eltern und/oder beruflich Erziehenden – ausgeht, Bezug genommen. Noch seltener werden die Folgen strukturell bedingter Schädigungen thematisiert, denen junge Menschen durch Krieg, Vertreibung, Fluchtfolgen, Elend, Hunger, Zwangsrekrutierung als Kindersoldaten und ähnliche Phänomene ausgesetzt sind.

Diese relativ einseitige Fokussierung ist prima facie nicht überraschend, sehen Erziehende im Alltagsgeschäft doch konkrete Interventionsanlässe vor allem dann gegeben, wenn eine individuell und sozial unproblematische Entwicklung ihrer Adressat_innen gefährdet erscheint oder wenn ihren Vorstellungen und Plänen vom Erziehungsgeschehen situativ oder über einen längeren Zeitraum hinweg von eben diesen – u. U. gewaltförmig – Widerstand entgegengesetzt wird. Bei genauerer Betrachtung gibt die Schwerpunktsetzung auf die sogenannte *Kinder- und Jugendgewalt* jedoch aus mindestens zwei Gründen Anlass zum Erstaunen: Zum ersten sind Kinder und Jugendliche weltweit weitaus häufiger Opfer als Täter von Gewalt. Zum zweiten wissen wir seit langem um die vielfach bestehende Interdependenz von Gewaltakzeptanz und Gewalterleiden, also um den Zusammenhang zwischen Täter- und Opferrolle.

Gewalt als Anlass zur Prävention und Intervention im Kontext der Kinder- und Jugendhilfe zu behandeln, erfordert mithin beide Seiten der Gewalt-Betroffenheit von Kindern und Jugendlichen zu thematisieren: jene Seite, bei der die Gewalt von ihnen ausgeht und jene Seite, in der sie passiv von ihr betroffen sind. Mehr noch: Die anzunehmende Wechselwirkung und die oft auch biografisch wirksame Verschränkung zwischen beiden Seiten muss zudem in den Blick genommen werden.

Um dies tun zu können, müssen wir uns zunächst in einem *ersten Schritt* genauer des Gegenstands der Erörterung vergewissern. Was ist unter ,Gewalt' zu verstehen? Lässt sich eine plausible und zugleich handhabbare Begriffsbestimmung finden?

Ist geklärt, um welchen Phänomenbereich es sich handelt, wenn von ‚Gewalt' die Rede ist, lässt sich im Anschluss in einem *zweiten Schritt* der Blick auf relevante einzelne Erscheinungen richten. Konkret: Wir können im Bezug auf einschlägige Forschungsergebnisse die Quantitäten und Qualitäten der aktiven und passiven Gewaltbetroffenheit von Kindern und Jugendlichen sowie deren Entwicklungstendenzen in Deutschland (vgl. als internationalen Überblick Junger-Tas e. a.2010; Möller 2015) zu bestimmen bzw. in ihren Vermessungen zu erfassen suchen.

Ein *dritter Schritt* kann sich dann den Hintergründen der Erscheinungen widmen: Welche Gefährdungs- bzw. Risikofaktoren sind identifizierbar, welche Distanz(ierungs)momente sind zu konstatieren und welche Erklärungsansätze lassen sich für die empirischen Daten finden?

Der *vierte Schritt* rückt dann die Frage nach den Konsequenzen für die Kinder- und Jugendhilfe ins Zentrum.

1   Gewalt – ‚catch all term'?

Gewalt ist einer der schillerndsten und schwammigsten Termini, deren wir uns in der Alltagssprache wie im wissenschaftlichen Raum bedienen. Gebräuchliche Definitionen von Gewalt sind dementsprechend nahezu unübersehbar zahlreich. Ja, es scheint fast, als sei der Begriff ein *‚catch all term',* ein „Blankobegriff" (Borkowski et al. 1983), mit dem sich alles und nichts belegen lässt.

Bereits ein kurzer Blick auf die Geschichte des Gewaltbegriffs gibt zu erkennen, dass seine Verwendung nicht nur interindividuell und milieuspezifisch, sondern auch kulturell und historisch variiert. Vier Grundzüge des etymologisch vom althochdeutschen *„waltan"* = herrschen abzuleitenden Terminus sind zu benennen:

Zum Ersten: In der mittelalterlichen Gesellschaft wurde *‚Gewalt'* im Wesentlichen im Sinne von Verfügungsgewalt verstanden. Sie hatte die Bedeutung einer willkürlichen Befugnis wie sie sich in den lateinischen Worten *„potestas"* und *„potentia"* ausdrückt. Ihre Anwendung galt als das *‚Recht des freien Mannes',* als legitime, vielfach auch *‚gottgewollte'* Macht- und Herrschaftsausübung (vgl. Elias 1976; Hofmann 1985). Den negativen Anklang von *„violentia",* wie er auch heute noch z. B. im englischen *„violence"* und im französischen *„violence"* nachhallt, bekam der Gewaltbegriff erst in der frühen Neuzeit. Gewalt als Kompetenzbegriff wurde allmählich durch eine neuere Aktionsbedeutung abgelöst. Je stärker das „Monopol legitimen physischen Zwangs" (Max Weber) bei einer kontrollierenden Staatsmacht verankert wurde, und je weiter sich psychische *‚Selbstzwang-Apparaturen'* auf der Seite der Individuen vervollkommneten, umso mehr vollzog sich eine Pejorisierung des Gewaltbegriffs. Sie brachte eine Bedeutungsverlagerung mit sich, die auch in seiner Verwendung für eine Akzentverschiebung von der Kompetenz- und Machtfülle des Ausübenden hin

zur Destruktionskraft von Gewaltsamkeit und damit stärker für die Fokussierung ihrer Wirkungsseite sorgte. Mit Neidhardt (1986) lässt sich darin die Karriere des Begriffs zum „Superlativ von Immoralität" ausmachen.

Zum Zweiten: Spätestens seit der zweiten Hälfte des 20sten Jahrhunderts ist eine
gewisse „Entgrenzung des Gewaltbegriffs" (Kielmansegg 1978) zu registrieren. Sie
schlägt sich zum einen in seiner ,*Psychisierung*' nieder, also darin, dass im Gegensatz
zum deutschen Strafrecht des 19ten Jahrhunderts, wo Gewalt noch als rohe körperliche Kraft bestimmt wurde, auch Nötigung und psychisch ausgeübter Zwang als Gewalt gefasst wurden (vgl. hier das *Läpple-Urteil* von 1968, in dem das Blockieren von
Straßenbahnschienen durch Protestierende gegen Fahrpreiserhöhungen juristisch
als „gewaltsame Nötigung" eingestuft wurde). Zum anderen gewannen in der Folge
einer solchen Dehnung des Begriffs gesellschafts- und staatskritische Positionen an
Widerhall, die den Begriff der „strukturellen Gewalt", später auch den der „kulturellen Gewalt" als Bezeichnung für die Legitimationszusammenhänge von „struktureller Gewalt", in den Diskurs einbrachten (vgl. Galtung 1969, 1975, 1978, 1993). Damit
wird eine „Sozialverhältnisgewalt (force)" (Papcke 1983) gemeint, die die Einengung
von Entwicklungsmöglichkeiten von Individuen aufgrund der gesellschaftlichen Ungleichverteilung von Macht zur Sprache bringt. Sachverhalte wie Armut, Unterdrückung, Entfremdung u. a. m. gelten als ihre Indizien. Konkreter: Wenn die tatsächliche Befriedigung materieller, kultureller, somatischer oder psychischer Bedürfnisse
von Menschen ihrer potentiell möglichen nicht entspricht, liegt nach Galtung „strukturelle Gewalt" vor.

Zum Dritten: ,*Gewalt*' erfährt mit diesen Begriffsverwendungen eine „Entperso-
nalisierung des Akteurskonzepts" (Neidhardt 1986) und „verliert" – so etwa Callies
(1974, 4) – die „tatbestandlichen Konturen". Als Folge dieser Ausweitung, die von
manchen auch als „uferlose Ausdehnung" (Schulte 1983) und Einladung zu inflatio-
närem Gebrauch der ,*Gewalt*'-Vokabel kritisiert wird, entsteht die Gefahr, dass der
indirekte, ,*stumme Zwang der Verhältnisse*', der nun auch mit dem Terminus belegt
wird, einen Verlust der Operationalisierbarkeit des Gewaltbegriffs mit sich bringt
(vgl. Nardin 1973).

Zum Vierten: Mit der Pejorisierung der Gewaltmoral, der Erweiterung des Be-
griffsverständnisses und der Psychisierung und Strukturalisierung des Gewaltbegriffs,
der damit verbundenen Schwächung seiner Definitionsklarheit und seiner Abgren-
zungsfähigkeit gegenüber anderen Formen des Zwangs kann eine Aufweichung der
Unterschiede zwischen legaler und illegaler bzw. zwischen legitimer und illegitimer
Gewaltanwendung um sich greifen.

Diese hier knapp referierte Begriffsgeschichte scheint gute Gründe dafür zu liefern, den Gewaltbegriff in rechts- und sozialwissenschaftlichen Zusammenhängen
eng zu führen, sei es weil eine Inflationierung der Verwendung die Aussagefähig-
keit des Begriffs schmälert, sei es weil sie Militanz von System-, speziell aber auch
von Demokratiegegnern scheinbar Legitimität zu verleihen vermag, sei es weil man
einen „okkasionellen Dezisionismus" (Löwith 1960) befürchtet, der die Begriffe je-

weils passend für die eigenen Partialinteressen setzt und deutet, sei es weil auch die Strafbarkeit bestimmten politischen Handelns für Zwecke des Systemerhalts ausweitbar ist oder sei es aus noch weiteren Gründen. Dennoch kann nicht davon abgesehen werden, dass die Verwehrung bzw. Beschränkung zustehender Rechte (z. B. des Rechts auf Teilhabe und Bildung) sowie der Befriedigung grundlegender Bedürfnisse auf Seiten der davon betroffenen Subjekte (z. B. aufgrund unzureichender Sozialtransfers) als eine sie schädigende Entwicklungsbehinderung wahrgenommen wird und – dies zeigt sich empirisch (siehe unten) – mit einer Gefährdung bzgl. personaler Gewaltakzeptanz im Zusammenhang steht. Gleichwohl wird hier aus Gründen der Operationalisierbarkeit und empirischen Erfassbarkeit der mit ‚Gewalt‘ bezeichneten Phänomene dafür plädiert, solche Aspekte als aus Macht- und Herrschaftsverhältnissen resultierenden „Zwang" zu verstehen und damit nicht in den unmittelbaren Erfassungsbereich von „Gewaltakzeptanz" aufzunehmen.

Unter ‚Gewaltakzeptanz‘ ist demnach eine Orientierung zu verstehen, die die aktive Seite von Gewaltbetroffenheit – im analytischen Gegensatz dazu steht ‚Gewalterleiden‘ als mehr oder minder passives Opfer – bezeichnet. Im Einzelnen handelt es sich dabei um eine der folgenden Gewaltformen:

- eigene Gewalttätigkeit,
- Bereitschaft zu eigener Gewalttätigkeit,
- Propagierung, Stimulation, Billigung oder Duldung fremdausgeübter Gewalt in konkreten Situationen,
- generelle, d. h. auch: nicht nur die eigene Person betreffende Befürwortung von Gewalt als Verhaltens- bzw. Handlungsoption.

Gewalt wird dabei als die (intendierte bzw. grob fahrlässig in Kauf genommene) physische oder psychische Schädigung von Personen und/oder Sachen bzw. auch die Drohung damit verstanden. Als personale Gewalt liegt sie vor, wenn ihr Ausagieren und die Verantwortung für sie bestimmten Personen zugerechnet werden kann. Als institutionelle Gewalt wird sie begriffen, wenn gesellschaftliche Einrichtungen die oben beschriebene Gewaltakzeptanz zeigen und wenn staatliche Institutionen oder deren Einheiten dabei das staatliche Gewaltmonopol über das gesellschaftlich als legitim erachtete Ausmaß legitimen Zwangs (z. B. in obrigkeitsstaatlich-repressiver Weise) ausdehnen und verletzen. Im Gegensatz zum in psychologischen Zusammenhängen gebräuchlichen Aggressionsbegriff, der eine persönliche Haltung der Aggressivität auf Seiten des Akteurs voraussetzt, hat der Terminus Gewalt den Vorteil, dadurch, dass er auf diese Unterstellung verzichtet, eben auch den zuletzt genannten Typus von Schädigung zu erfassen.

2   Gewalt – Erscheinungen, Ausmaße, Entwicklungen

Die Größe des Gewaltproblems, sämtliche seiner Aspekte und ihre Veränderungen im Zeitverlauf abzubilden, würde den Rahmen dieses Beitrags sprengen. Um dennoch das gesellschaftliche Gewicht der Problematik wenigstens ungefähr einschätzbar werden zu lassen, soll ein (unumgänglich selektiver) Überblick gegeben und eine Skizze der Grundzüge von Entwicklungen gezeichnet werden.

2.1   Kinder und Jugendliche als Opfer von Gewalt

UNICEF zufolge (vgl. zum Folgenden UNICEF-Report 2011 und 2016) erleiden jedes Jahr weltweit zwischen 500 Millionen und 1,5 Milliarden Kinder irgendeine Form von Gewalt. 250 Mio. Kinder wachsen in Kriegs- und Krisenregionen auf. Die Beschneidung bzw. Verstümmelung von Mädchen, Zwangsheiraten, Zwangsprostitution von Minderjährigen und ähnliche Phänomene sind millionenfach verbreitet. Auch wenn Artikel 19 der UN-Kinderkonvention jedem Kind das Recht einräumt, vor Gewalt geschützt zu werden, so sind doch nur knapp fünf Prozent der Kinder dieser Welt durch nationale Gesetze vor allen Formen von Gewalt geschützt. Nur 29 Staaten haben Gewalt in allen Zusammenhängen ausdrücklich verboten. In 35 Entwicklungs- und Schwellenländern erfahren drei Viertel aller Kinder unter 14 Jahren in der Familie gewaltsame Bestrafungen. In einigen Ländern werden Kinder legal mit Stock- und Peitschenhieben traktiert. Sie können zu Steinigungen, Amputationen, Todesstrafe oder lebenslanger Haft verurteilt werden. In 42 Ländern ist Gewalt als Form der Bestrafung und in 156 als Strafmaßnahme in Betreuungseinrichtungen erlaubt. Auch Gewalt an Schulen ist in mehr als 80 Staaten weiterhin zugelassen.

Nach der ersten weltweiten UN-Studie über Gewalt gegen Kinder (vgl. Pinhero 2006) ist jedoch nicht allein institutionell zugelassene, sondern auch institutionell ausgeübte Gewalt ein weit verbreitetes und sehr ernst zu nehmendes Problem: Rd. acht Mio. Minderjährige leben z. Zt. aufgrund von Behinderung oder wegen des Zerbrechens ihrer Familie in Heimen – oft unter nach deutschen Maßstäben völlig unzumutbaren Bedingungen. Etwa 1 Mio. Heranwachsende sind inhaftiert, meist wegen Bettelns, Herumstreunens, kleinerer Diebstähle oder anderer geringfügiger Straftaten. Auch hier herrschen größtenteils Bedingungen, die in keiner Weise den Standards von deutschen Vollzugsanstalten gleichen. Zudem wirken sich strukturelle Zwänge entwicklungsschädigend aus: Ca. 218 Mio. Kinder unter 15 Jahren müssen arbeiten, um zum Überleben ihrer Familien beizutragen, 126 Mio. von ihnen unter gefährlichen Bedingungen. Über 5,7 Mio. Kinder auf der Welt arbeiten in Schuldknechtschaft. Schon diese Zahlen zeigen auf: Zu den wichtigsten Risikofaktoren von Gewalterleiden gehören die wirtschaftliche Situation und der soziale Status. Das Risiko, ermordet zu werden – immerhin schätzt die UN die Zahl der minderjährigen Mordopfer für 2002 auf 53 000 Fälle –, ist in den Entwicklungs- und Schwellenländern für Kinder und Jugendliche doppelt so hoch wie in den Industrieländern. Kinder und Jugendliche, die sozial benachteiligt sind, sind besonders gefährdet: z.B. Straßenkinder, Behinderte, ethnische Minderheiten und Flüchtlingskinder.

Keineswegs beschränken sich Gewalterfahrungen von Minderjährigen auf die sog. ‚Dritte Welt'. Auch in den Industrieländern und in Europa ist die Problematik verbreitet. Auch wenn noch keine europaweit repräsentativen Daten vorliegen, können bereits einige Schlaglichter dies verdeutlichen: Aufgrund von Gewalt in Familien sterben in den Industrieländern 3 500 Kinder jährlich an den Folgen von Misshandlung und Vernachlässigung. Die Zahl der schweren Misshandlungen ohne Todesfolgen wird, je nach Land unterschiedlich, um das 100- bis 1000fache höher eingeschätzt (vgl. ebd.). In der elterlichen Erziehung generell sind die Praktiken landesweit recht unterschiedlich (vgl. Bussmann et al. 2008). Immerhin aber pflegen noch fast 50 % der spanischen und französischen Eltern einen „gewaltbelasteten" Erziehungsstil, d. h. setzen schallende Ohrfeigen, Schlagen mit Gegenständen und Tracht Prügel ein, und erziehen in Deutschland nur 28,2 % völlig körperstrafenfrei. Hinzu kommt: In Europa werden nach Schätzungen des Europarates (vgl. UNICEF-Report 2011) etwa 20 % der Kinder in irgendeiner Form Opfer sexueller Gewalt (vgl. auch Mac Kay und Vincenten 2014). Auch diesbezüglich ist die Familie der hauptsächliche Risikokontext.

In Deutschland lebende (ca. 15-jährige) Jugendliche geben nach der ersten deutschlandweit repräsentativen Studie von Baier et al. (2009) zu 16,8 % (Jungen: 20,2 %; Mädchen 13 %) an, in den letzten 12 Monaten auf irgendeine Weise Opfer körperlicher Gewalt geworden zu sein, wobei etwa ein Drittel (5,5 %) davon erklärt, auch Täter gewesen zu sein. Knapp die Hälfte von ihnen (8 %) hat nach Eigenauskunft sogar schwere Gewalt erlitten; 3,9 % der Befragten hatten fünf oder mehr Opfererfahrungen (vgl. ebd., 39). Nur ein knappes Viertel der Gewaltdelikte wird zur Anzeige gebracht (vgl. ebd., S. 42), weshalb die Daten der jährlichen Polizeilichen Kriminalstatistik (vgl. zuletzt für 2015: http://www.bka.de/DE/Publikationen/PolizeilicheKriminalstatistik/pks__node.html) diesbezüglich nur ein höchst unvollständiges Bild zeichnen. Die meisten dieser Vorfälle erleben junge Menschen im öffentlichen Raum unter Gleichaltrigen, knapp ein Viertel im Kontext der Schule und weniger als ein Zehntel im Familien- oder Verwandtschaftskreis (Baier et al. 2009, S. 49).

Letzteres bedeutet nicht, dass innerfamiliäre Gewalterfahrungen vernachlässigbar wären. In Deutschland schlägt nach einer Forsa-Umfrage für die Zeitschrift ‚Eltern' zwar im Vergleich zu früher zunehmend ein geringerer Teil der Eltern ihre Kinder, geben aber immerhin noch 40 % an, gelegentlich einen „Klaps auf den Po" zu geben, und verteilen noch 10 % Ohrfeigen (Forsa 2011). Diese Zahlen fallen niedriger aus als die des Familiengewaltreports von 2005 (vgl. Bussmann 2005a) (dort: „Klaps auf den Po" rd. 76 %; Ohrfeigen ca. 61 %), liegen aber auf der dort bereits festgestellten Entwicklungslinie einer zunehmenden Ächtung elterlicher Gewalt: 90 % der Eltern befürworten das gesetzliche Leitbild gewaltfreier Erziehung wie es in Deutschland seit 2000 im BGB festgeschrieben ist. Allerdings: Nach derselben Studie „verharrt" der Gebrauch körperlicher Gewalt in der „gewaltbelasteten" Gruppierung der Erziehen-

den „auf relativ hohem Niveau" (ebd., 5), so dass nach vorsichtiger Schätzung von
2 bis 3 Mio. misshandelten deutschen Minderjährigen auszugehen ist (vgl. ebd., S. 6),
wobei die überproportional hohe (vgl. z. B. Baier et al. 2006, 254; Baier et al. 2009,
S. 54) Gewalt in Migrantenfamilien noch nicht eingerechnet ist. Eher zugenommen
zu haben scheint zumindest in dieser Gruppierung die „Psychisierung" von elterlicher Gewalt (z. B. das „Niederbrüllen"; Bussmann 2005a, S. 6). Nach der repräsentativen KFN-Studie (vgl. Baier et al. 2009) unter Neuntklässler_innen haben über 15 %
von ihnen seitens ihrer Eltern schwere Gewalt (z. B. mit Faust oder Gegenstand geschlagen) oder sogar Misshandlung (regelrecht „geprügelt" oder „zusammengeschla-
gen" worden zu sein) erlebt (ebd., S. 51 f.).

Bei der in der Schule erlittenen Gewalt spielt zwar auch körperliche Gewalt eine
Rolle – ein gutes Fünftel der Neuntklässler_innen gibt an (vgl. ebd., S. 57 f.), innerhalb der letzten 12 Monate getreten, geschlagen, erpresst oder beraubt worden zu
sein (3,8 % der Jungen und 0,8 % der Mädchen dies sogar mehrfach monatlich) –, es
dominiert aber das Mobbing (im englischsprachigen Raum Bullying), also das über
einen längeren Zeitraum betriebene, systematische Schikanieren und Drangsalieren,
vor allem mittels Beleidigungen, Demütigungen, Gerüchtestreuen, Drohungen und
Ausgrenzungen bis hin zu einem anhaltenden Gefühl der Hilflosigkeit. Genaue quantitative Daten zum Vorkommen und zur Entwicklung zu bekommen, ist aus methodischen Gründen zwar schwierig (vgl. Riebel 2011), auf der Basis vereinzelter vorlie-
gender Studien (siehe dazu z. B. Baier et al. 2009; Schäfer und Korn 2004; Loesel und
Bliesener 2003; Hayer et al. 2003; Hanewinkel und Knaack 1997), ist aber zu schließen,
dass ca. 15 % der Schüler_innen ein- oder mehrmals monatlich Mobbing-Opfer werden, ein Kern von 5–10 % sogar mehrmals in der Woche Mobbing erlebt (vgl. Trenz
2006) – eine Zahl, die bei rd. 10 Mio. Schüler_innen in Deutschland einer absoluten
Betroffenheit von einer halben bis einer Million Kinder und Jugendliche entspricht.
1,5 % dürften Täter/Opfer sein, also mal zu den Tätern und mal zu den Opfern zählen (vgl. ebd.). Mehr als jede/r 20. Schüler_in berichtet auch von Mobbing durch
Lehrkräfte, bei Jugendlichen mit Migrationshintergrund sind es noch deutlich mehr
(vgl. Baier et al. 2009, 62). Eine neuere Entwicklung betrifft das sog. Cyber-Mobbing
im Internet oder über Handy-Kommunikation. Jüngere Studien des „Bündnis gegen
Cybermobbing" (Schneider et al. 2013), des Instituts für Konflikt- und Gewaltforschung der Universität Bielefeld (vgl. Sitzer et al. 2012), des Forsa-Instituts (vgl. Techniker-Krankenkasse 2011) und von Forschern der Uni Hohenheim (vgl. https://www.
uni-hohenheim.de/pressemitteilung.html?&tx_ttnews[tt_news]=9072&cHash=b60
bff64f1) erbringen – offensichtlich aufgrund unterschiedlicher methodischer Anlagen – unterschiedliche Prävalenzraten (so auch zusammenfassend bei Hörmann/
Stoiber 2015). Danach soll ein Siebtel (Schneider et al. 2013; Sitzer et al. 2012), mehr
als ein Fünftel (Hohenheim-Studie) oder – diese Studie (TKK) beansprucht Repräsentativität – bis ein Drittel der deutschen Jugendlichen davon betroffen sein. Ältere
Studien stellen zumeist eine etwas geringere Betroffenheit fest. Die Quote derjenigen,
die häufiger und besonders stark darunter leiden, liegt danach im einstelligen Pro-

zentbereich (vgl. die europäische Repräsentativ-Studie von Livingstone et al. 2011 sowie im Überblick Kindler 2011).

Die Folgen für die durch Mobbing Viktimisierten sind groß: Ein Fünftel der Betroffenen fühlt sich dauerhaft belastet (vgl. Schneider et al. 2013). Neben nachlassenden Schulleistungen (Kochenderfer und Ladd 1996) und Schulabsenz (Kulis 2001) werden Isolationstendenzen (Lagerspetz et al. 1982) sowie psychische oder psycho-somatische Symptome (Alsaker 2003) und langfristig Anfälligkeit für Depression (Hawker und Boulton 2000) bzw. Suizid (vgl. Seals und Young 2004) wahrscheinlicher.

Auch ohne hier noch näher auf die Folgen *struktureller Zwänge* eingehen zu können (wie z. B. verstellte öffentliche Räume, anomische Schulstrukturen, Exposition medialisierter Gewalt o. ä.), wird deutlich: Kinder und Jugendliche sind global, aber auch in der westlichen Welt und speziell in Deutschland einem alles andere als unerheblichen Ausmaß an Gewalt und Gewaltgefährdungen sowie problematischen einschlägigen Entwicklungen ausgesetzt. Unter dem Stichwort ‚*Gewalt*' nur auf die sog. ‚*Kinder- und Jugendgewalt*' zu blicken, würde bedeuten, die Relationen der passiven und aktiven Gewaltbetroffenheit völlig einseitig wiederzugeben und damit wesentliche Rahmenbedingungen der Entstehung und Entwicklung der Gewaltakzeptanz von Kindern und Jugendlichen auszublenden.

2.2 Gewaltakzeptanz von Kindern und Jugendlichen

Ein erster Blick auf *Gewalttäter*schaften gibt zu erkennen: Nach der Polizeilichen Kriminalstatistik (siehe für 2015: www.bka.de/DE/Publikationen/PolizeilicheKriminalstatistik/pks__node.html) stellen Kinder 3,4 % und Jugendliche 9,2 % der Tatverdächtigen überhaupt und 3,8 % (Kinder) bzw. rd. 12,2 % (Jugendliche) bei der Gewaltkriminalität. Minderjährige sind damit überproportional gewaltkriminell belastet. Insgesamt werden jedoch jährlich nur 1,2 % aller in Deutschland lebenden Jugendlichen wegen Gewaltkriminalitätsverdachts polizeilich erfasst; ein knappes weiteres Prozent wird polizeiauffällig wegen vorsätzlicher, leichter Körperverletzung, die die Polizei nicht dem Deliktbereich der ‚Gewaltkriminalität' zuordnet (vgl. Baier et al. 2009, S. 20; Baier 2011, S. 38; Baier 2015, S. 172). Die einschlägigen Tatverdächtigenbelastungszahlen (TVBZ) der Kinder und Jugendlichen, d. h. die Anteile der polizeilich wegen Verdachts auf Gewaltausübung Registrierten in der jeweiligen Altersgruppe bezogen auf 100 000 Einwohner_innen, sind in den beiden letzten Jahrzehnten alles in allem deutlich gestiegen. Bei allen Gewaltdelikten gibt es allerdings seit 2007, bei Raub schon seit 1998, rückläufige Tatverdächtigenbelastungszahlen (TVBZ) in diesen Altersgruppen. Rd. fünfmal häufiger als Mädchen werden Jungen wegen Gewaltdelikten registriert; allerdings holen die Mädchen auf: 1993 waren Jungen noch siebenmal so stark wie sie belastet (vgl. Baier et al. 2009, S. 23). Ausländische Jugendliche werden etwa dreimal häufiger polizeilich Gewalttaten verdächtigt als deutsche. Der Anstieg der auf sie bezogenen TVBZ ist jedoch über letzten zwei Jahrzehnte hin-

weg deutlich geringer als die der deutschen (vgl. ebd.). Für ihre hohe Verdächtigen-
rate aber auch für einen Großteil der Zunahme der PKS-registrierten Kinder- und
Jugendgewalt generell, ist die in der Bevölkerung vergleichsweise erhöhte bzw. gestiegene Anzeigebereitschaft verantwortlich zu machen. Dies zeigt nicht zuletzt ein Vergleich der TVBZ mit den Abgeurteilten- bzw. Verurteiltenziffern, die in den letzten
10 bis 15 Jahren nur geringfügig gestiegen sind (vgl. ebd., S. 26).

Stellt man in Rechnung, dass eher die härteren Fälle gerichtlich verfolgt werden,
lässt sich hieraus keineswegs die in den Medien und z. T. auch von Polizeivertretern
oft beschworene Brutalisierung der von Minderjährigen ausgehenden Gewalt schließen. Auch die ärztliche Behandlungsbedürftigkeit von Opfern und der angerichte-
te finanzielle Schaden sinkt eher (vgl. Baier 2011, S. 48). Die Entwicklung der Daten
der Deutschen Gesetzlichen Unfallversicherung über sog. ‚Raufunfälle‘ an Schulen
gibt für die Brutalisierungsannahme ebenso wenig Veranlassung: Zum einen ging
seit dem Jahr 2000 die Rate der gewaltbedingten Schülerunfälle insgesamt deutlich
zurück. Zum anderen sanken im selben Zeitraum die gewaltbedingte Unfälle, die
Frakturen nach sich zogen; um rd. 40 % auf 0,72 Fälle je 1000 Schüler_innen bspw.
zwischen 2000 und 2011 (Deutsche Gesetzliche Unfallversicherung 2012; zusammenfassend auch Deutsches Jugendinstitut 2016).

Aufgrund dessen, dass Polizei-, Gerichts- und Versicherungsstatistiken nur das
Hellfeld der Gewaltdelinquenz ausleuchten, weil nur ca. jede vierte Gewalttat (mit
einer Spreizung zwischen mehr als jeder dritten begangenen schweren Körperverletzung bzw. räuberischen Erpressung und jeder elften leichten Körperverletzung oder
Sachbeschädigung) zur Anzeige gebracht wird (vgl. Baier 2011, S. 43 f.) und viele Folgen versicherungsrechtlich nicht in Erscheinung treten, sind zudem Dunkelfeldstu-
dien zu Rate zu ziehen. Sie haben außerdem den Vorteil, nicht nur – wie die PKS –
Nichtdeutsche, sondern auch deutsche Minderjährige mit Migrationshintergrund
ausweisen zu können. Ergänzt man die Ergebnisse vereinzelter Studien der letzten
Jahre (z. B. Boers und Reinecke 2007; Boers et al.2010; Dünkel et al. 2007; Fuchs et al.
2005) um die Erkenntnisse der für Gesamtdeutschland repräsentativen Studie des
KFN (Baier et al. 2009) mit Neuntklässler_innen, also einer Gruppierung, die quantitativ betrachtet in der altersspezifischen Gewaltspitze liegt (zu hier aus Platzgründen nicht darstellbaren Daten für Kinder vgl. Baier et al. 2010, S. 257 ff.), so ergibt
sich: Etwa jeder siebte Jugendliche begeht eine Gewalttat pro Jahr. Etwa mehr als jeder 25. ist nach Selbstauskunft zu den Mehrfachtätern zu rechnen, d. h. hier: er hat
mindest fünf Delikte im Zeitraum der letzten 12 Monate ausgeführt. Monatlich mehrfach ausgeübtes Mobbing ohne physischen Gewalteinsatz wird von 19 % berichtet; es
richtet sich zu 13,6 % gegen andere Schüler_innen, zu 5,4 % gegen Lehrpersonen (ebd.,
91). Mehrfachtäter sind für etwa 50 % sämtlicher Gewaltdelikte verantwortlich zu machen. Jugendliche mit familiärer Migrationsgeschichte geben in etwa doppelt so häufig an wie ihre deutschen Gleichaltrigen ohne Migrationshintergrund, Gewalt- bzw.
auch Mehrfachgewalttäter zu sein. Sind Jungen bei Gewaltvorkommnissen insgesamt
dreimal häufiger Ausführende als Mädchen – wenn man die indirekte, verdeckte und

relationale, also Beziehungen schädigende Gewalt einbezieht, schmilzt dieser Vorsprung allerdings zusammen (Scheithauer et al. 2007) –, so liegen sie bei den Mehrfachtäterschaften noch deutlicher vorn: bei den deutschen Jugendlichen etwa um das 3,5fache, bei z. B. türkischen Jugendlichen um das 4-fache, bei den Jugendlichen aus Ex-Jugoslawien sogar um das 11-fache (vgl. Baier et al. 2006, S. 247).

Gewaltbilligung und -duldung ist unter Kindern und Jugendlichen gerade in Bezug auf Mobbingvorfällen bei den sog. *„bystandern"* zu beobachten. Bei mindestens rd. der Hälfte von ihnen kann aber eine echte Befürwortung der jeweiligen Tat ausgeschlossen werden. Sie sind sich bewusst, dass sie eigentlich die Verpflichtung hätten, den Drangsalierten zu helfen (Whitney und Smith 1993). Aus verschiedenen Gründen (Fehlen von Wissen um adäquate Eingriffsstrategien, Zuschreibung unzureichender Kompetenz, Beobachtung von Ignoranz anderer gegenüber dem Geschehen, Angst, selber zum Opfer zu werden u. a.) setzen sie sie aber nicht um.

Auf den Ebenen von personaler *Gewaltbereitschaft* und *Gewaltbefürwortung* lässt sich ebenfalls eine deutliche Jungendominanz feststellen, eine erheblich stärkere Belastung migrantischer Jugendlicher ist aber nur für muslimische Jugendliche zu konstatieren, die zu 24 % zu personaler Gewalt positiv eingestellt sind (nichtmuslimische Migranten zu 16 % und nichtsmuslimische Einheimische zu 14,9 %; Wetzel/Brettfeld 2007, S. 310). Eine Ausnahme bildet die Orientierung an Gewalt legitimierenden Männlichkeitsnormen. Sie liegt (vgl. Baier et al. 2009, S. 71 ff.) bei Jungen mit deutschen Eltern bei 4,9 %, bei Jungen mit familiärer Migrationsgeschichte durchweg höher, bei türkischen, ex-jugoslawischen und nordafrikanischen bzw. arabischen Jugendlichen sogar deutlich höher, nämlich zwischen 21,8 % (Ex-Jugoslawen) und 24,9 % (Nordafrikaner/Araber). Im Zeitverlauf registriert die Gewaltforschung aber alles in allem in Deutschland wie unter Eltern und in der Erwachsengesellschaft insgesamt einen Rückgang gewaltbejahender Einstellungen und eine erhöhte Gewaltsensibilität bei jungen Menschen; dies auch aufgrund der Ächtung erzieherisch gemeinter Gewalt durch das im Jahre 2000 erlassene Gewaltschutzgesetz. (vgl. ebd.; Bussmann 2005b).

3   Gewalt – Entstehungs- und Entwicklungshintergründe

Allgemeine Theorien zur Erklärung von Gewalt im Allgemeinen und von Gewalt bei Kindern und Jugendlichen im Besonderen sind so zahlreich und rekurrieren auf derart komplexe Zusammenhänge, dass sie hier nicht einmal nur ansatzweise diskutiert werden können, ohne den Rahmen dieses Beitrags zu sprengen. Sie lassen sich grob danach ordnen, ob sie stärker die Rolle des Individuums, Aspekte der sozialstrukturellen Gegebenheiten oder Umstände der Sozialisation akzentuieren (vgl. Möller 2001). In nuce laufen moderne Erklärungsansätze jedoch darauf hinaus, als bio-psycho-soziale Modelle die Interdependenz dieser Ebenen zu betonen. Dies gilt für die aktive wie die passive Seite von Gewalterfahrung.

- In Hinsicht auf die passive Seite, also die Faktoren der *Opferwerdung*, lässt sich summa summarum festhalten (vgl. Deegener und Körner 2011a):
  - Begünstigende in der jeweiligen *Persönlichkeit* des Opfers repräsentierte Faktoren sind vor allem: insgesamt negatives Selbstbild und geringes Selbstwertgefühl, Wahrnehmung von Herausforderungen eher als Belastung denn als „Uplift", tatsächlich gering entwickelte Coping-Fähigkeiten, erhöhte Ängstlichkeit, häufig unangenehme Gefühle, z. B. solche der Unzufriedenheit, der Beunruhigung, ja des Unglücks, relativ hohe Labilität, Tendenz zu sorgenvoller, pessimistischer, ja z. T. depressiver Lebenseinstellung, geringe Selbstkontrolle, vergleichsweise starke Belastung mit (psycho)somatischen Beschwerden und schlecht entwickelte soziale Kompetenz.
  - Die *Sozialisation* und die *Strukturen des sozialen Umfelds* von (potentiellen) Opfern sind gekennzeichnet u. a. von sozialem Rückzug und Isolation, emotional nicht zugewandten, oft auch zurückweisenden und geradezu feindseligen Eltern, Mangel an liebevollen Erwachsenen, guten Freunden und sozialer Unterstützung überhaupt, gehäufter Dissonanz in den nahen sozialen Beziehungen, vergleichsweise großem Stresserleben u. a. m.
- Wie aktuelle Auswertungen von Reviews und Metaanalysen zur Entstehung und Entwicklung von *Gewaltakzeptanz* und im Umkehrbild auch die (weniger vorhandenen) Studien und Überblicke zu den Ursachen von Gewaltdistanz und -distanzierungsprozessen zeigen (vgl. Möller 2001; Lösel und Bender 2005; Deegener und Körner 2011b), spielen individuell verankerte Faktoren, die Lebensumstände (des Aufwachsens) im sozialen Umfeld und situativ-interaktive Gelegenheitsstrukturen zusammen (zum Folgenden vgl. auch Scheithauer et al. 2012; Andresen und Heitmeyer 2012; Haug 2010; Heitmeyer und Hagan 2002).
  - Zu den wichtigen *individuellen Faktoren* zählen neben medizinischen und biologischen Faktoren (Defizite in der sozial-kognitiven Informationsverarbeitung, psychische Störungen etc.) eine geringe Qualität erfahrener Bildung (weniger des formalen Bildungsniveaus), negative Einstellungen zum Lernen und gegenüber der Schule, konventionelle und stereotype Vorstellungen von Männlichkeit und Weiblichkeit bzw. vom Geschlechterverhältnis, die Empfindung von Desintegration, Benachteiligung und Diskriminierung, geringes Vertrauen in den deutschen Rechtsstaat, Gewalt bejahende Einstellungen (z. B. die Befürwortung Gewalt legitimierender Männlichkeitsnormen), die Bevorzugung vergeltungsorientierter Konfliktlösungsversuche, häufiger Konsum gewalthaltiger Medien, hoher Alkohol- und Drogengebrauch und unzureichend entwickelte Selbst- und Sozialkompetenzen (wie die Fähigkeit zum Aufbau eines positiv-kritischen Selbstwerts, Impulskontrolle, Reflexivität, verbale Konfliktfähigkeit etc.), die sich auch als niedrige Resilienzfaktoren auswirken (gering ausgebildete internale Kontrollattribuierungen und Selbstwirksamkeitsüberzeugungen, kaum Rollendistanz, mangelhaftes proaktives Bewältigungshandeln, kein oder wenig vorausplanendes Verhalten etc.).

- Die Einbindung in das *soziale Umfeld* enthält Risikofaktoren vor allem dann, wenn die Familie einen niedrigen sozio-ökonomischen Status besitzt (z. B. aufgrund von Arbeitslosigkeit und/oder Armut), der berufliche und bildungsmäßig Status der Eltern gering ist, die familiären Wohnverhältnisse benachteiligend wirken, ein Autonomie unterstützendes, doch zugleich regelgeleitetes Erziehungsverhalten nicht entwickelt ist, Elterngewalt erfahren wird, Gewalt in der Partnerschaft und/oder kriminelles sowie anderweitig antisoziales Verhalten der Eltern beobachtet und miterlebt wird, soziale Unterstützung innerhalb der Familie und im sozialen Umfeld insgesamt ausbleibt oder kaum zur Verfügung steht, Modelle für positives Bewältigungshandeln Mangelware sind, Peer-Beziehungen uniplex strukturiert sind und der Freundeskreis im wesentlichen aus delinquent, vor allem aber gewaltsam agierenden Freunden besteht.

- Gewalt fördende *Gelegenheitsstrukturen* bieten Interaktionen, in denen die oben genannten Aspekte situativ relevant werden und eben dies durch bestimmte Charakteristika der Orte, der Zeitpunkte und der sozialen Kontexte, in denen sie stattfinden, begünstigt wird. So schaffen etwa sozial unkontrollierte Räume, affektiv aufgeheizte Stimmungslagen, durch Alkohol- und Drogenkonsum bedingte Stimulationen und Enthemmungen, das Vorhandensein potenzieller Opfer, unterschiedliche Machtkonstellationen (z. B. durch die zahlenmäßige Überlegenheit von Tätern) und gewaltgenerierend und -eskalativ wirkende Gruppendynamiken Gewaltausübung begünstigende Bedingungen.

Kataloge von Gewalt förderlichen Aspekten wie diese benennen zwar relevante Faktoren; zwischen ihnen und im Verhältnis zu Gewaltakzeptanz lassen sich auch auffällige Korrelationen finden. Sie geben aber weder über ihre Gewichte im einzelnen noch über ihre Reihenfolge in der Ursachenkette und die Mechanismen ihres Zusammenwirkens oder typische Entwicklungsverläufe Auskunft. Diesbezüglich befindet sich die Forschung noch eher in einem Anfangsstadium. Gleichwohl kann als gesichert gelten, dass Risikofördernde Bedingungen die Wahrscheinlichkeit von Gewaltakzeptanz in der Kinder- und Jugendphase erhöhen, wenn sie bereits das frühkindliche Aufwachsen beeinflussen, kumulativ auftreten, in Wechselwirkung miteinander treten, dauerhaft vorliegen, intensiv erfahren werden und Risikomindernde Faktoren nicht oder kaum zur Verfügung stehen.

Festzuhalten bleibt darüber hinaus in jedem Fall: Strukturelle Ursachen bedingen ganz wesentlich Gewaltakzeptanz. Die augenscheinlich auf ethnische oder religiöse Zugehörigkeit zurückzuführende höhere Gewaltbelastung migrantischer Jugendlicher stellt sich vor diesem Hintergrund als methodisches Artefakt dar: Dieses entsteht, weil sich Risiko fördernde Faktoren von Gewaltakzeptanz in dieser Gruppierung ballen und Risiko mindernde Faktoren bei ihr unterdurchschnittlich vertreten sind (vgl. dazu zusammenfassend Scheithauer 2012 et al.; sehr instruktiv auch Baier et al. 2006). Die höhere Belastung der Jungen scheint vor allem mit einer geschlechtsspezifischen Ungleichverteilung von sozialen Dominanzorientierungen und „hierarchischen Selbstinteressen" (Rippl 2002; Hadjar 2004) zusammenzuhängen, die wiederum auf dem Umstand fußt, dass wir in einer Gesellschaft leben, die von maskulinen Hegemonialstrukturen (vgl. Connell 2006) geprägt ist.

4 Gewalt – Konsequenzen für die Kinder und Jugendhilfe

Nicht nur deshalb, weil die Forschung empirisch gesicherte Kausalanalysen noch recht wenig vornimmt, Wirkungszusammenhänge, -richtungen und -stärken erst ansatzweise erschlossen hat (vgl. aber z. B. Baier et al. 2009), ihre Verortung und Funktion im biografischen Verlauf nur grob skizzieren kann (vgl. z. B. Scheithauer 2012 et al., S. 51, S. 53) und Zusammenhänge oft nur makrosozial für ganze Altersgruppen und/oder Status- und Bildungsgruppen untersucht und sie allenfalls auf Typiken für bestimmte Gruppierungen herunterbricht, sondern auch deshalb, weil das komplexe Zusammenspiel Gewalt beeinflussender Faktoren sich von Fall zu Fall unterschiedlich darstellt, ist die Wirksamkeit von Gewaltprävention und -intervention in ausschlaggebender Weise davon abhängig, inwieweit es gelingt, bei konkreten Einzelnen bzw. Gruppen tatsächlich vorliegende Mechanismen zu identifizieren, die gewaltgenerierend bzw. -eskalierend wirken, und auf sie reduzierend Einfluss zu nehmen. Daraus folgt u. a.:

- Durch universelle Maßnahmen primärpräventiv in den Makro- und Mesobereichen der Gesellschaft politisch, pädagogisch bzw. sozialarbeiterisch und anderweitig für das Nichtentstehen bzw. den Abbau gewaltförderlicher Bedingungen und die Ermöglichung der Entfaltung von Distanz(ierungs)faktoren Sorge zu tragen, ist zwar weiterhin höchst wichtig, um Strukturen und Rahmenbedingungen positiv zu gestalten (vgl. Möller 2015); an der konkreten Arbeit mit gewaltakzeptierenden und entsprechend gefährdeten Personen wie in ihrem lebensweltlichen Umfeld (z. B. mit Eltern und Lehrkräften) führt aber kein Weg vorbei.
- Soziale Arbeit allgemein, aufgrund ihrer altersspezifischen Adressat_innengruppen und ihrer herausgehobenen Risikolage insbesondere darin auch die Kinder- und Jugendhilfe, sind daher in besonderer Weise prädestiniert für eine zu Zielführungszwecken je nach
  - Alter und Entwicklungsstand (z. B. Kindheits- oder Jugendphase),
  - Gewaltform (z. B. physisch oder psychisch),
  - Gewalttyp (z. B. instrumentell oder expressiv),
  - Gewaltperformanz (reaktiv oder proaktiv),
  - Risikokonstellation (z. B. hoch oder niedrig) und
  - Zielgruppe (z. B. geschlechtsheterogene oder -homogene) zugeschnittene selektive (nach anderer Diktion: sekundärpräventive) wie indizierte (tertiärpräventive) Arbeit in diesem Feld.

- Ungeachtet der Erfordernis adäquater Reaktionen auf pathologisches und/oder situativ zu Tage tretendes Aggressionsverhalten von Kindern und Jugendlichen im Rahmen dissozialen Verhaltens in Einrichtungen der Kinder- und Jugendhilfe (dazu: Dutschmann und Lukat 2011) empfiehlt sich nach aktuellem Kenntnisstand für ein langfristiges, konzeptionell eingebettetes und systematisches Bearbeiten von Gewaltakzeptanz sowie Gewalterleiden arbeitsfelderübergreifend ein multimodales Vorgehen, das Maßnahmen auf verschiedenen Ebenen in den Blick nimmt und aufeinander abstimmt:
    - personenzentrierte,
    - familienbezogene,
    - kita- und (vor)schulbezogene und
    - das Umfeld einbeziehende.
- Erfolge sind am ehesten dann zu erreichen, wenn nicht nur Gewalt begünstigende Faktoren angegangen werden, sondern mehr noch Gewalt auf Distanz haltende Ressourcen genutzt und verstärkt werden.
- Zudem sollten Maßnahmen nicht nur kurzzeitpädagogisch angelegt sein, um nachhaltige Effekte erzielen zu können (Bond und Hauf 2004).
- Der oben dargestellte Forschungsstand macht deutlich, dass dabei ein geschlechts- und migrationssensibles Herangehen unerlässlich ist.
- Wirklich ursachenbezogene, wissenschaftlich fundierte und gut evaluierte Gewaltpräventionsprogramme, Interventionsstrategien und Opferschutzanstrengungen (vgl. im Überblick: www.gruene-liste-praevention.de; Schubarth 2010, 2014; Deutsches Jugendinstitut 2007; Rössner et al. 2002) mögen hilfreich sein. Letztlich kommt es aber darauf an, die von ihnen ausgehenden Vorschläge und Anregungen wie auch die wissenschaftlichen Erkenntnisse der Gewaltforschung, die von ihnen zur Verfügung gestellten analytischen Instrumentarien sowie Praxiswissen in den jeweiligen Kontext vor Ort zu transformieren (vgl. auch Beelmann und Raabe 2009). Einerseits ist dabei die Orientierung an anerkannten Qualitätskriterien der Planung, Implementierung, Durchführung und Evaluation von Programmen aussichtsreich (vgl. etwa Preiser 2006; kurz: Schubarth 2010, 182 ff.). Andererseits jedoch ist vor allem auch eine Umkontextuierung im Sinne einer „nicht-identischen Reproduktion" (Luhmann 2005, S. 379 ff.) gefordert, um eine evaluativ festgestellte Wirksamkeit auch in der Praxis vor Ort tatsächlich als Effektivität konstatieren zu können (vgl. Beelmann und Hercher 2015; Scheithauer 2012 et al.).
- Eine erfolgreiche Transformationsleistung setzt auf Seiten der Fachkraft neben fundiertem Wissen und Können auch bestimmte Haltungen voraus. Zu ihnen gehört fundamental neben den Grundelementen von Professionalität, nämlich Relationierungsfähigkeit, Reflexivität und demokratische Werteorientierung (vgl. Dewe und Otto 2015),
    - zumindest in dem Sinne lebensweltorientiert vorzugehen, dass jener Ausschnitt des Universums, der dem Subjekt gegeben ist (Schütz 1932), zur Grundlage des fachlichen Handelns gemacht wird,

- darin die Funktionen der Gewaltakzeptanz für das betroffene Subjekt identifiziert
- und ihnen funktionale Äquivalente entgegengestellt werden.
- Insofern Einstellungs- und Verhaltensänderungen intendiert sind, macht sie dafür
  nötig, die eigene Person als das vielleicht wichtigste Werkzeug zu betrachten, demzufolge beziehungsorientiert zu arbeiten und ein Fachkraft-Adressat_innen-Ver-
  hältnis aufzubauen, das von Vertrauen, wechselseitigem Respekt und einer Autorität gekennzeichnet ist, die sich auf ein gewisses Ausmaß an geteilten Werten und
  Normen sowie die Erwartbarkeit ihrer Einlösung durch die Beteiligten bezieht.
- Gewalt(akzeptanz) nicht nur als sozial unerwünschten Lebensbewältigungsver-
  such zu betrachten, sondern sie auch als Resultat von persönlichen Bilanzierun-
  gen der Ansprüche auf Lebensgestaltung zu verstehen, führt auf der Suche nach
  geeigneten Bearbeitungsansätzen insoweit weiter, als Bedürfnisse nach Kontrol-
  lerfahrungen, Integration, sinnlichem Erleben und Sinn entdeckt werden können,
  für die andere, gewaltferne Befriedigungsformen sowohl unmittelbar sozialarbeiterisch und pädagogisch als auch über Strategien politischer Einmischung zu erschließen sind, die als funktionale Äquivalente wirken können (vgl. Möller 2012;
  2015; Möller et al. 2016).

Literatur

Alsaker, F. D. (2003). *Quälgeister und ihre Opfer. Mobbing unter Kindern – und wie man damit umgeht.* Bern: Hans Huber.

Andresen, S., & Heitmeyer, W. (Hrsg.). (2012). *Zerstörerische Vorgänge. Missachtung und sexuelle Gewalt gegen Kinder und Jugendliche in Institutionen.* Weinheim und München: Juventa.

Baier, D. (2011). Jugendgewalt in Deutschland – eine Bestandsaufnahme. In G. Deegener & W. Körner (Hrsg.), *Gewalt und Aggression im Kindes- und Jugendalter. Ursachen, Formen, Intervention* (S. 35–53). Weinheim und Basel: Beltz.

Baier, D. (2015). Körperverletzung. In W. Melzer, D. Hermann, U. Sandfuchs, M. Schäfer, W. Schubarth & P. Daschner (Hrsg.), *Handbuch Aggression, Gewalt und Kriminalität bei Kindern und Jugendlichen* (S. 171–175). Bad Heilbrunn: Verlag Julius Klinkhardt.

Baier, D., Pfeiffer, C., Rabold, S., Simonson, J., & Kappes, C. (2010). *Kinder und Jugendliche in Deutschland: Gewalterfahrungen, Integration, Medienkonsum.* Forschungsbericht Nr. 109. Hannover: Kriminologisches Forschungsinstitut Niedersachsen.

Baier, D., Pfeiffer, C., Simonson, J., & Rabold, S. (2009). *Jugendliche in Deutschland als Täter und Opfer von Gewalt. Erster Forschungsbericht zum gemeinsamen Forschungsprojekt des Bundesministeriums der Innern und des KFN.* Forschungsbericht Nr. 107. Hannover: Kriminologisches Forschungsinstitut Niedersachsen.

Baier, D., Pfeiffer, C., & Windzio, M. (2006). Jugendliche mit Migrationshintergrund als Opfer und Täter. In W. Heitmeyer & M. Schröttle (Hrsg.), *Gewalt. Beschreibungen – Analysen – Prävention*. Schriftenreihe der Bundeszentrale für politische Bildung 563, (S. 240–268). Berlin.

Beelmann, A., & Hercher, J. (2015). Wirksamkeit und Qualitätskriterien von Prävention und Intervention. In W. Melzer, D. Hermann, U. Sandfuchs,M. Schäfer, W. Schubarth & P. Daschner (Hrsg.), *Handbuch Aggression, Gewalt und Kriminalität bei Kindern und Jugendlichen* (S. 573–578). Bad Heilbrunn: Verlag Julius Klinkhardt.

Beelmann, A., & Raabe, T. (2009). The effects of preventing antisocial behaviour and crime in childhood and adolescence: Results and implications of research reviews and meta-analyses. *European Journal of Developmental Science*, 3, (S. 260–281).

Boers, K., & Reinecke, J. (2007). *Delinquenz im Jugendalter. Erkenntnisse einer Münsteraner Längsschnittstudie*. Münster: Waxmann.

Boers, J., Reinecke, J., Bentrup, C., Kanz, K., Kunadt, S., Mariotti, L., Pöge, A., Pollich, D., Seddig, D., Walburg, C., & Wittenberg, J. (2010). Jugendkriminalität – Altersverlauf und Erklärungszusammenhänge. *Neue Kriminalpolitik*, 2, (S. 58–66).

Bond, L. A., & Hauf, A. M. C. (2004). Taking Stock and Putting Stock in Primary Prevention: Characteristics of Effective Programs. *Journal of Primary Prevention*, 24, 3, (S. 199–221).

Borkowski, M., Murch, M., & Walker, V. (1983). *Martial Violence – the Communitiy Response*. London und New York: Routledge.

Bussmann, K.-D. (2005a). Familiengewalt-Report. http://bussmann2. jura. uni-halle.de/ FamG/Bussmann_FamilienGewaltReport.pdf. Zugegriffen: 23. 07. 2016.

Bussmann, K. (2005b). *Report über die Auswirkungen des Gesetzes zur Ächtung der Gewalt in der Erziehung. Vergleich der Studien von 2001/2002 und 2005 – Eltern-, Jugend- und Expertenbefragung*. Berlin: Bundesministerium der Justiz.

Bussmann, K.-D., Erthal, C., & Schroth, A. (2008). Wirkung von Körperstrafenverboten. Erste Ergebnisse der europäischen Vergleichsstudie zu den „Auswirkungen eines gesetzlichen Verbots von Gewalt in der Erziehung". *Recht der Jugend und des Bildungswesen*, 4, (S. 404–422).

Callies, R.-P. (1974). *Der Begriff der Gewalt im Systemzusammenhang der Straftatbestände*. Tübingen: Mohr.

Connell, R. W. (2006). *Der gemachte Mann. Konstruktion und Krise von Männlichkeiten*. Wiesbaden: VS Verlag für Sozialwissenschaften.

Deegener, G., & Körner, W. (2011a). Bedingungsfaktoren der Täter- und/oder Opferwerdung. In G. Deegener & W. Körner (Hrsg.), *Gewalt und Aggression im Kindes- und Jugendalter. Ursachen, Formen, Intervention* (S. 163–182). Weinheim und Basel: Beltz.

Deegener, G., & Körner, W. (2011b). Risiko- und Schutzfaktoren – Gegenstand und Grundlagen psychologischer, medizinischer und sozialpädagogischer Diagnostik. In G. Deegener & W. Körner (Hrsg.), *Erfassung von Kindeswohlgefährdung in Theorie und Praxis* (S. 201–250). Lengerich: Pabst.

Deutsche Gesetzliche Unfallversicherung (2012). *Gewaltbedingte Unfälle in der Schüler-Unfallversicherung 2010.* München: Deutsche Gesetzliche Unfallversicherung.

Deutsches Jugendinstitut/Arbeitsstelle Kinder- und Jugendkriminalitätsprävention (2007). *Strategien der Gewaltprävention im Kindes- und Jugendalter. Eine Zwischenbilanz in 6 Handlungsfeldern.* München: Deutsches Jugendinstitut.

Deutsches Jugendinstitut, Arbeitsstelle Kinder- und Jugendkriminalitätsprävention (2016). Zahlen, Daten, Fakten zu Jugendgewalt. http://www.dji.de/fileadmin/user_upload/jugendkriminalitaet/Zahlen-Daten-Fakten-Jugendgewalt_Juni_2016.pdf. Zugegriffen: 23. 07. 2016.

Dewe, B., & Otto, H.-U. (2015). Professionalität. In H.-U. Otto & H. Thiersch (Hrsg.), *Handbuch Soziale Arbeit. Grundlagen der Sozialarbeit und Sozialpädagogik,* 5. erw. Aufl. (S. 1245–1255). München: Ernst Reinhardt Verlag.

Dünkel, F., Gebauer, D., & Geng, B. (2008). *Jugendgewalt und Möglichkeiten der Prävention. Gewalterfahrungen, Risikofaktoren und gesellschaftliche Orientierungen von Jugendlichen in der Hansestadt Greifswald und auf der Insel Usedom – Ergebnisse einer Langzeitstudie 1998 bis 2006.* Mönchengladbach: Forum Verlag Godesberg.

Elias, N. (1976). *Über den Prozeß der Zivilisation,* 2 Bde. Frankfurt a. M.: Suhrkamp.

Forsa (2011). *Gewalt in der Erziehung,* Tabellenband. Berlin: Gesellschaft für Sozialforschung und statistische Analysen.

Fuchs, M., Lamnek, S., Luedtke, J., & Baur, N. (2005). *Gewalt an Schulen 1994–1999–2004.* Wiesbaden: VS.

Galtung, J. (1969). Violence, Peace and Peace Research. *Journal of Peace Research, 6,* (S. 167–192).

Galtung, J. (1975). *Strukturelle Gewalt. Beiträge zur Friedens- und Konfliktforschung.* Reinbek bei Hamburg: rororo.

Galtung, J. (1978). Der besondere Beitrag der Friedensforschung zum Studium der Gewalt: Typologien. In K. Röttgers & H. Saner (Hrsg.), *Gewalt. Grundlagenprobleme in der Diskussion der Gewaltphänomene* (S. 9–32). Basel und Stuttgart: Schwabe.

Galtung, J. (1993). Kulturelle Gewalt. *Der Bürger im Staat, 43,* 2, (S. 106).

Hadjar, A. (2004). *Ellenbogenmentalität und Fremdenfeindlichkeit bei Jugendlichen. Die Rolle des Hierarchischen Selbstinteresses.* Wiesbaden: VS Verlag für Sozialwissenschaften.

Hanewinkel, R., & Knaack, R. (1997). Mobbing: Eine Fragebogenstudie zum Ausmaß von Aggression und Gewalt an Schulen. *Empirische Pädagogik, 11,* 3, (S. 403–422).

Haug, S. (2010). *Jugendliche Migranten – muslimische Jugendliche. Gewalttätigkeit und geschlechterspezifische Einstellungsmuster. Kurzexpertise für das Bundesministerium für Familie, Senioren, Frauen und Jugend.* Berlin: Bundesministerium für Familie, Senioren, Frauen und Jugend.

Hawker, D. S., & Boulton, M. J. (2000). Twenty years' research on peer victimization and psycho-social maladjustment: A meta-analytic review of cross-sectional studies. *Journal of Child Psychology & Psychiatry, 41,* 4, (S. 441–455).

Hayer, T., Petermann, F., & Scheithauer, H. (2003). *Bullying unter Schülern. Erscheinungsformen, Risikobedingungen und Interventionskonzepte.* Göttingen: Hogrefe.

Heitmeyer, W., & Hagan, J. (Hrsg.). (2002). *Internationales Handbuch der Gewaltforschung.* Opladen: Westdeutscher Verlag.

Hörmann, C., & Stoiber, M. (2015). Mobbing – Cybermobbing. In W. Melzer, D. Hermann, U. Sandfuchs,M. Schäfer, W. Schubarth & P. Daschner (Hrsg.), *Handbuch Aggression, Gewalt und Kriminalität bei Kindern und Jugendlichen* (S. 179–182). Bad Heilbrunn: Verlag Julius Klinkhardt.

Hofmann, J. (1985). Anmerkungen zur begriffsgeschichtlichen Entwicklung des Gewaltbegriffs. In A. Schöpf (Hrsg.), *Aggression und Gewalt. Anthropologische und sozialwissenschaftliche Beiträge.* Würzburg: Königshausen und Neumann.

Junger-Tas, J., Marshall, I. H., Enzmann, D., Killias, M., Steketee, M., & Gruszczynska, B. (Hrsg.). (2010). *Juvenile Delinquency in Europe and Beyond. Results of the Second International Self-Report Delinquency Study.* New York: Springer.

Kielmansegg, P. Graf (1978). Krise der Totalitarismustheorie. In M. Funke (Hrsg.), *Totalitarismus. Ein Studien-Reader zur Herrschaftsanalyse moderner Diktaturen* (S 61–79). Düsseldorf.

Kindler, H. (2011). Cyberbullying und Cyberaggression durch Kinder und Jugendliche. In G. Deegener & W. Körner (Hrsg.), *Gewalt und Aggression im Kindes- und Jugendalter. Ursachen, Formen, Intervention* (S 267–283). Weinheim und Basel: Beltz.

Kochenderfer, B. J., & Ladd, G. W. (1996). Peer victimization: Cause or consequence of school maladjustment? *Child Development, 67,* (S. 1305–1317).

Kulis, M. (2001). *Mobbing in Schulen: Durchführung und Konzeption einer Telefonberatung.* Unveröffentlichte Magisterarbeit, Ludwig-Maximilians-Universität, München.

Lagerspetz, K. M. J., Björkqvist, K., Berts, M., & King, E. (1982). Group aggression among school children in three schools. *Scandinavian Journal of Psychology, 23,* (S. 45–52).

Livingstone, S., Haddon, L., Görzig, A., & Ólafsson, K. (2011). Risks and Safety on the Internet: The Perspective of European Children. Full Findings. LSE, London: EU Kids Online

Lösel, F., & Bender, D. (2005). Protective factors and resilience. In D. P. Farrington, J. Coid & A. Blumstein (Hrsg.), *Early prevention of adult antisocial behaviour* (S. 130–204). Cambridge: Cambridge University Press.

Löwith, K. [1935] (1960). Der okkasionelle Dezisionismus von C. Schmitt. In K. Löwith, *Gesammelte Abhandlungen. Zur Kritik der geschichtlichen Existenz* (S. 93–127). Stuttgart: Kohlhammer.

Lösel, F., & Bliesener, T. (2003). *Aggression und Delinquenz unter Jugendlichen.* Neuwied: Luchterhand.

Luhmann, N. (2005). *Einführung in die Theorie der Gesellschaft.* Heidelberg: Carl Auer.

MacKay, M., & Vincenten, J. (2014). *National Action to Address Child Intentional Injury – 2014: Europe Summary.* Birmingham: European Child Safety Alliance.

Melzer, W., Hermann, D., Sandfuchs,U., Schäfer, M., Schubarth, W., & Daschner, P. (Hrsg.). (2015). *Handbuch Aggression, Gewalt und Kriminalität bei Kindern und Jugendlichen.* Bad Heilbrunn: Verlag Julius Klinkhardt.

Meyer, A., Schindler, V., Bässmann, J., Marks, E., & Linssen, R. (2005). *Beccaria-Standards zur Qualitätssicherung kriminalpräventiver Projekte.* Hannover: Landespräventionsrat Niedersachsen.

Möller, K. (2001). *Coole Hauer und brave Engelein. Gewaltakzeptanz und Gewaltdistanzierung im Verlaufe des frühen Jugendalters.* Opladen: Leske + Budrich.

Möller, K. (2012). Gestaltungsbilanzierungen – Integrations- und Desintegrationserfahrungen im biographischen Verlauf. In W. Heitmeyer & P. Imbusch (Hrsg.), *Desintegrationsdynamiken. Integrationsmechanismen auf dem Prüfstand* (S. 187–208). Wiesbaden: Springer VS.

Möller, K. (2015). Gewalt und soziale Desintegration. In H.-U. Otto & H. Thiersch (Hrsg.), *Handbuch Soziale Arbeit. Grundlagen der Sozialarbeit und Sozialpädagogik,* 5. erw. Aufl. (S. 633–643). München: Ernst Reinhardt Verlag.

Möller, K., Grote, J., Nolde, K., & Schuhmacher, N. (2016). *„Die kann ich nicht ab!" Ablehnung, Diskriminierung und Gewalt bei Jugendlichen in der (Post-)Migrationsgesellschaft.* Wiesbaden: Springer VS.

Nardin, T. (1973). Conflicting Conceptions of Political Violence. In C. P. Cotter (Hrsg.), *Political Science Annual, 4,* (S. 75–126).

Neidhardt, F. (1986). Gewalt – Soziale Bedeutungen und sozialwissenschaftliche Bestimmungen des Begriffs. In Bundeskriminalamt (Hrsg.), *Was ist Gewalt? Auseinandersetzungen mit einem Begriff* (S. 109–147). Bd. 1. Wiesbaden: BKA.

Papcke, S. (1983). Formen und Funktionen von Gewalt in historischer und systematischer Perspektive. In J. Callies (Hrsg.), *Gewalt in der Geschichte* (S. 19–36). Düsseldorf.

Pinheiro, P. S. (2006). *World Report on Violence against Children.* Geneva: United Nations.

Preiser, S. (2006). Qualitätskriterien für Programme zur Gewaltprävention und Gewaltverminderung. In I. Hertzstell, S. Blaschke, I. Loisch & C. Hanckel (Hrsg.), *Vom Nürnberger Trichter zum Laptop? Schule zwischen kognitivem und sozialemotionalem Lernen. Kongressbericht der 16. Bundeskonferenz 2004. Berichte aus der Schulpsychologie* (S. 487–494). Bonn: Deutscher Psychologen Verlag.

Riebel, J. (2011). Mobbing an Schulen. In G. Deegener & W. Körner (Hrsg.), *Gewalt und Aggression im Kindes- und Jugendalter. Ursachen, Formen, Intervention* (S. 184–201). Weinheim und Basel: Beltz.

Rippl, S. (2002). Bildung und Fremdenfeindlichkeit. Die Rolle schulischer und familialer Sozialisation zur Erklärung von Bildungsunterschieden im Ausmaß von fremdenfeindlichen Einstellungen. *Kölner Zeitschrift für Soziologie und Sozialpsychologie* 1, (S. 135–146).

Rössner, D., Wagner, U., Coester, M., Laue, C., & Gutsche, G. (2002). *Empirisch gesicherte Erkenntnisse über kriminalpräventive Wirkungen. Eine Sekundäranalyse der kriminalpräventiven Wirkungsforschung. Gutachten für die Landeshauptstadt Düsseldorf.* Düsseldorf: Landeshauptstadt Düsseldorf.

Schäfer, M., & Korn, S. (2004). Mobbing in der Schule. In Deutsches Kinderhilfswerk e. V. (Hrsg.), *Kinderreport Deutschland 2004* (S. 275–286). München: kopaed.

Scheithauer, H., Hayer, T., & Bull, H. D. (2007). Gewalt an Schulen am Beispiel von Bullying: Aktuelle Aspekte eines populären Themas. *Zeitschrift für Sozialpsychologie, 38,* (S. 141–152).

Scheithauer, H., Rosenbach, C., & Niebank, K. (2012). *Gelingensbedingungen für die Prävention von interpersonaler Gewalt im Kindes- und Jugendalter.* 3. korr. und überarb. Aufl. Bonn: Stiftung Deutsches Forum für Kriminalprävention.

Schneider, C., Katzer, C., & Leest, U. (2013). Cyberlife – Spannungsfeld zwischen Faszination und Gefahr. Cybermobbing bei Schülerinnen und Schülern. Eine empirische Bestandsaufnahme bei Eltern, Lehrkräften und Schüler/innen in Deutschland. Karlsruhe: Bündnis gegen Cybermobbing e. V. http://www.buendnis-gegen-cybermobbing. de/fileadmin/pdf/studien/cybermobbingstudie_2013.pdf. Zugegriffen: 23. 07. 2016.

Schubarth, W. (2010). *Gewalt und Mobbing an Schulen. Möglichkeiten der Prävention und Intervention.* Stuttgart: Kohlhammer.

Schubarth, W. (Hrsg.). (2014). *Nachhaltige Prävention von Kriminalität, Gewalt und Rechtsextremismus. Beiträge aus Wissenschaft und Praxis.* Potsdam: Universitätsverlag Potsdam.

Schulte, H. (1983). Gewaltloser Widerstand – Ziviler Ungehorsam. *Recht und Politik. 3,* (S. 140–146).

Seals, D., & Young, Y. (2004). Bullying and Victimisation: Prevalence and Relationship to Gender, Grade Level, Ethnicity, Self-Esteem and Depression. *Adolescence, 38,* (S. 735–747).

Sitzer, P. Marth, J., Kocik, C., & Müller, K. N. (2012). Cyberbullying bei Schülern und Schülerinnen. Ergebnisbericht der Online-Studie. Bielefeld: Institut für Konflikt- und Gewaltforschung http://www.uni-bielefeld.de/cyberbullying/downloads/Ergebnisbe richt-Cyberbullying.pdf. Zugegriffen: 23. 07. 2016.

Techniker-Krankenkasse (Hrsg.). (2011). *TK-Meinungspuls Gesundheit. Kurzerhebung „Cybermobbing".* Zusammenfassung der wesentlichen Ergebnisse. http://www.bagkjs.de/ media/raw/TKKurzerhebung_Cybermobbing.pdf Zugegriffen: 23. 07. 2016.

Trenz, C. (2006). *Mobbing unter Kindern und Jugendlichen.* http://www.praeventionstag. de/html/GetDokumentation.cms?XID=145 Zugegriffen: 23. 07. 2016.

UNICEF (Hrsg.). (2011). *UNICEF-Report 2011: Mit allen Daten zur Situation der Kinder in der Welt.* Frankfurt a. M.: Fischer Taschenbuch-Verlag.

UNICEF (Hrsg.). (2016). *UNICEF-Report 2016. Flüchtlingskindern helfen: Mit allen Daten zur Situation der Kinder in der Welt.* Frankfurt a. M.: Fischer Taschenbuch-Verlag.

Whitney, I., & Smith, P. K. (1993). A survey of the nature and extent on bullying in junior/ middle and secondary schools. *Educational Research, 35,* (S. 3–25).

Bundeskriminalamt (Hrsg.). www.bka.de/DE/Publikationen/PolizeilicheKriminalstatis tik/pks__node.html. Zugegriffen: 23. 07. 2016.

www.gruene-liste-praevention.de Zugegriffen: 23. 07. 2016.

Möller, Kurt, Prof. Dr.; Hochschule Esslingen, Fakultät für Soziale Arbeit, Gesundheit und Pflege; Arbeits- und Forschungsschwerpunkte: Gewalt, Extremismus, Menschenfeindlichkeit, männliche Sozialisation, Jugendkulturen, Jugendarbeit; zahlreiche Publikation zu diesen und weiteren Themenbereichen (siehe auch: http://www.hs-esslingen.de/de/mitarbeiter/kurt-moeller.html).

Printed by Printforce, the Netherlands